BIBLIOTHEK

DES

DEUTSCHEN HISTORISCHEN INSTITUTS IN ROM

—

BAND XXXII

AUDIENTIA LITTERARUM CONTRADICTARUM

Untersuchungen über die päpstlichen Justizbriefe und die
päpstliche Delegationsgerichtsbarkeit
vom 13. bis zum Beginn des 16. Jahrhunderts

von

PETER HERDE

Zweiter Teil

MAX NIEMEYER VERLAG TÜBINGEN
1970

ISBN 3 484 80030 5

©

Max Niemeyer Verlag Tübingen 1970
Satz und Druck:
Allgäuer Zeitungsverlag GmbH Kempten/Allgäu
Einband:
Großbuchbinderei Heinr. Koch Tübingen

INHALTSVERZEICHNIS

Formularii
audientiae litterarum contradictarum recensio vulgata Bonifacii
papae VIII cum additionibus posterioribus

Z

Regeln über die äußeren Merkmale der Papsturkunden
und über die Datierung

Z 1 Est notandum, quod littere domini pape alie bullantur cum serico, alie cum filo canapis.

Z 2 Que autem cum serico bullantur, debent habere nomen domini pape per omnes litteras elevatum prima semper apice existente et facta cum aliquibus spatiis infra se, reliquis litteris eiusdem nominis de linea ad lineam attingentibus et cum floribus vel sine hoc modo: *Bonifatius ēpc* etc. Et ubi dicitur *Dilecto filio*, D debet elevari hoc modo: *Dilecto* etc.

5

Üb. zu Z im Text : D f. 19' : Quod (Quomodo *D*) litterarum domini pape alie bullantur cum filis sericis, alie cum cordis canapis. Et quod in scriptura litterarum servandi sunt certus modus et certi actus. Et quod in aliquibus faciende sunt littere elevate (relevate *D*), in aliquibus depresse, et de aliis circa materiam istam. Item quod litterarum ipsarum semper designanter scribitur sive per nonas (nom̄ *D*) sive per kalendas et de hiis, qualiter (qualitatis *D*) quis cognoscere possit et scire. – *Fr f. 104 Üb.*: Regule secrete cancellarie domini nostri pape.

Z 1 I *P f. 7'; H f. 1; S f. 1; M f. 1; D f. 19'* II *C f. 397; A f. 17; O f. 3; T f. 85'* – *Fr f. 104.* – –

[1] Et est notandum *H* : Et notandum est *CAO* : Notandum est *D* | litterarum *AOT* | domini] nostri *add DFr*

[2] alie] vero *add D* : et alie *T* | canapo *D*.

Z 2 I *P f. 7'; H f. 1; S f. 1; M f. 1; D f. 19'* II *C f. 397; A f. 17; O f. 3; T f. 85'* – *Fr f. 104.* – –

[1] autem *om A* | sericis *D* : filo serico *T*

[2] per omnes litteras *om P*

[3] spatiis] et *add M* : sfaciis *korr.* *D²* | se *om Fr* | relinquis *D* : reliquas litteras *Fr*

[4] vel] et *DCTFr* | sine] eis *add H* | in hoc *C* : ex hoc *Fr* | modo *einkorr.* *C* | Bonifatius *PSMD* : Clemens *H CAOT* | Bonifatius – modo *om Fr* | ep̄s *SDO* | etc.] servus servorum dei etc., *folgt gestr.* salm̄ et aplīcam bñ *C* | Et *om M*

[5] dicit *MCAO* | Dil. fil. *PAS* : Dilct. fil. *C* : Dil. fi. *D* | D] ista littera D in grossis *C* | debet] ita fieri *(? zerstört)* et *add C* | Dil. etc. *PS* : Dil. fil. etc. *C* : Dilecto filio etc. *M* : Dilc̄o *D* : Dilecto etc. *T*.

Z 3 *Salī et aplīcam ben̄* in omnibus sic scribitur.

Z 4 Littera autem prime dictionis (omnium litterarum, que taxantur), que immediate sequitur ad *benedictionem*, semper debet esse magna in omnibus litteris, puta sic *Ad audientiam* etc., nisi in simplicibus, ubi debet esse mediocris isto modo: *Conquestus* etc.

Z 5 Item notandum, quod in istis litteris cum serico titulus debet esse super nominibus, ut supra factus est in *eps* hoc modo Ꝑ vel aliter, ut placebit scriptori, non tamen in omnibus (,videlicet ubi competenter | fieri non possunt, ut in *ecclīis* vel aliis locis, in quibus, si taliter esse non potest, fiet longus); in illis autem cum filo canapis semper planus hoc modo: –.

T f. 86

5

Z 6 Item notandum, quod in litteris cum serico

(II) prima littera nominis debet esse divisa vel cum floribus, ut supra in nomine *Clemens*; et

---

Z 3 I *P f. 7'; H f. 1; S f. 1; M f. 1; D f. 19'* II *C f. 397; A f. 17; O f. 3; T f. 85' – Fr f. 104. – –*

[1] Salī et apcā ben̄ *P* : Salutē et aplīcam ben̄ *H* : Salī et aplīcam ben̄ *MDO* : Salm̄ et aplīcam bn̄dictōnē *S* : Salm̄ et aplīcam bn̄ *C* : Salī etc. *A* : Salī 7 aplīcam ben̄ *T* : Salutē etc. *Fr* | In *CAOFr* | in omnibus sic] ut *D.*

Z 4 I *P f. 7'; H f. 1; S f. 1; M f. 1; D f. 19'* II *C f. 397; A f. 17; O f. 3; T f. 85' – Fr f. 104. – –*

[1] omnium – taxantur *om PHSMD* | que taxantur *om CFr*

[2] inmediate *SD* | ad] post *C* : *om D* | debet semper *P* | semper *om Fr* | magna debet esse *D* | magna esse *PS*

[3] sic] *verblichen C* : hic *T* | Audientiam] nostram *add T* | simplicibus] licitis *(!) Fr*

[4] isto] hoc *MFr* | Conquestus] est nobis *add COT* : Conquestum est nobis *Fr* | etc. *om T.*

Z 5 I *P f. 7'; H f. 1; S f. 1; M f. 1; D f. 19'* II *C f. 397; A f. 17; O f. 3; T f. 85'/86 – Fr f. 104. – –*

[1] notandum est *HCAOT* | istis] omnibus *C* : omnibus istis *AOT* | titulus] tiralus *(!) O* : semper *add Fr*

[2] supra factus est *om H* | factum *D* : est *om T* | Eplīs *P* : epīs *H* : eps̄ *S* : Eꝑs̄ *D* : Eꝑs̄ *T* : epīs *Fr* | Ꝑ] *die einzelnen Hss. geben hier verschieden gestaltete Formen des diplom. Kürzungszeichens* | vel aliter *om A* | aliter] alias *PD* : taliter *OT*

[3] videlicet – 5 longus *om PHSMD* | posset *T*

[4] in 1°] dictione *add T* | si] sic (sit *?) Fr* | fit *Fr*

[5] planus] plane *D* : plenius *T* : placuit *(!) Fr* | –] *om PMAO* : .– *C* : .–. *S* : eps̄ *D* : .7. *T* : Epūs etc. *Fr.*

Z 6 I *P f. 7'; H f. 1; S f. 1; M f. 1; D f. 19'* II *C f. 397; A f. 17; O f. 3; T f. 86 – Fr f. 104. – –*

[1] notandum est *CO* : dicendum est *Fr* | cum] de *HM*

[2] primo *A* | prima – Clemens et *om PHSMD* | nominis *om CTFr*

[3] ut] hec *add T* | supra *gestr. T*

[4] in] cum *CFr* | Clemens] Bonifatius *Fr (= Bonifaz IX.)* | et] sed *Fr*

quando ſ attingit *t* ex parte antea in eadem dictione, *t* debet aliquantulum
prolongari ab ſ hoc modo: *teſtimonium* etc. Illud idem fit de *t*, cum coniun-
gitur ad *c* in eadem dictione hoc modo: *dilecto* etc.

Z 7   Item notandum, quod *N* de *Nulli ergo* etc. et *S* de *Si quis autem* etc.
semper in omnibus litteris, ubi scribuntur, debent esse magne et elevate, ut
hic, et maiores , ut forme competet.

Z 7a   Item nota, quod omnes littere longe, que sunt in prima linea, ut
l, b, et ſ et similia, debent tangere superiorem lineam et etiam prime littere
nominum. Et omnes littere, que tractum recipiunt sub linea, ut *p, f, ſ, q* et
similia, debent fieri ut hic.

Z 8   Item nota, quod in litteris papalibus non recipiuntur omnes breviature
ut iste ꝑ ꝑ et hiis similes nec tale 2.

---

5 ſ]. s. *PD* : littera ſ *T* : *om Fr* | t] *CP* :
t 7 s *D* | ex] et *(?)* si in *Fr* | ex
parte – t 2° *om P* | antea] ante *SA* :
anteriori *DFr* | t 2°] 7 *(* = et*) D*

6 prolongari] delongari *A* : elongari
T | ab ſ *om C* | ſ]. s. *P* | testimonio *M* :
testes *korr. D²* : ſt *T* | etc. *om
SMFr* | fit] fac *HM* : fiat *Fr* | t] c
T : C *Fr* | cum] quando *D* | con-
iungitur] attingit *AT* : contingit *C*
(contingerit *?*) *O* : iungitur *D* :
attingat *Fr*

7 ad *om Fr* | C *P* : t *TFr* | in eadem
dictione *om Fr* | dilecto] ct *T*.

Z 7   I *P ſ. 7'; H ſ. 1; S ſ. 1; M ſ. 1;
D ſ. 19'/20*   II *C ſ. 397; A ſ. 17; O
ſ. 3; T ſ. 86 – Fr ſ. 104. – –*

1 Item *om Fr* | notandum] nota
CAOT | N de *om CAO* | etc. *om
DFr* | et *om CAO* | S de] *om CAO* :
de B *(!) Fr*

2 debeant *S* | elevate et magne *S* |
elevate *aus* levate *korr. H*

3 hic] Nulli ergo *add D* : Nulli etc.
Si quis etc. *add T* : Nulli ergo etc.
Si quis autem etc. *add Fr* | et –

competet *om T* | ut forme] ubi for-
ma *M* : secundum quod foram *(!)
Fr* | competet] competit *SDAFr* :
s vero *(ſ. 20)* sicut hic S *add D² auf
Rasur.*

Z 7a   I *P* –; *H* –; *S* –; *M* –; *D* –   II *C
ſ. 397; A ſ. 17; O ſ. 3; T ſ. 86 – Fr
ſ. 104. – –*

1 longe *om Fr*

2 ſ *(? korr.)* ſ b 1 *Fr* | et etiam] etc.
Fr

3 nominum propriorum *C* | sub linea
om CFr | f *om T* | q *om Fr* | et
similia *om CTFr*

4 fieri ut hic *om, dahinter Rest der
Zeile leer Fr* | hic] sic *C* : p. ſ. ein-
korr. add A* : ſ *add T*.

Z 8   I *P ſ. 7'; H ſ. 1; S ſ. 1; M ſ. 1;
D ſ. 20*   II *C ſ. 397; A ſ. 17; O ſ. 3;
T* – – *Fr ſ. 104. – –*

1 notandum *Fr* | abreviature *Fr*

2 ut sunt *Fr* | p] q; et 2 *(?) add C* :
9 7 *add A* : 9 *add O* | p q; ꝑ *S* | similia
Fr | nec tale 2 *om CAO* | nec] ut *H* |
tale] tales *M* : t; *D* | 2] . . *H* : 7
(= et*) SM* : vel vel 9 *D* : 2 vel 9 *Fr*.

Z 9 Item nota, quod littere domini pape non debent lineari cum plumbo vel cum incausto; quod si fieret, essent suspecte.

Z 10 Item nota, quod in nulla parte sui debent continere foramen vel suturam apparentem.[a]

a) *Zusätze in S:*

1. Item nota, quod in litteris indulgentiarum non debet esse *Nulli ergo* etc., et
5 si ponatur, littere sunt rescribende; tamen sunt cum filo serico.

2. Notandum est, quod dictio, que est ante datam littere, non debet dividi sed poni tota in uno latere, verbi gratia *per-* in uno latere et *-hibere* in alio.

3. Item est sciendum, quod, quando in littera dicitur *ad instar*, littere debent esse levate vel inherentes in nomine pape hoc modo: *Clemens*, et sic in aliis.

10 4. Item in simplicibus litteris tenendum est, quod, ⟨si⟩ in ultima linea sunt II partes tantum, data tota debet esse ibidem; et si sunt ibidem tres partes, tunc *pontificatus* esse poterit in secunda linea.

5. Item nota, quod, quando aliquod privilegium propter vetustatem petitur renovari et dicatur propter nimiam vetustatem consumptum et inseratur in
15 litteris alterius pontificis, littere in nomine pontificis debent esse parve sic: *Innocentius* etc.

Z 11 Item nota, quod ille littere, que bullantur cum filo canapis, debent habere primam litteram nominis domini pape elevatam (sine floribus et divisione) et reliquas communes (preter *l*, *ſ*, *b* et similia, que debent tangere

---

Z 9 I *P –; H ſ. 1; S ſ. 1; M ſ. 1; D –* II *C ſ. 397; A ſ. 17; O ſ. 3; T ſ. 86 – Fr –. – –*
[1] notandum *M* | liniari *M* | plumbo] vel cum stanno *add C*
[2] vel] nec *add H* : nec *M* | vel cum incausto *om C* | cum *om A* | incausto] encastro *(!) AO* | fierent *T*.

Z 10 I *P ſ. 7'; H –; S ſ. 1; M –; D ſ. 20* II *C ſ. 397; A ſ. 17; O ſ. 3; T ſ. 86 – Fr ſ. 104. – –*
[1] nota *om P* | in *om T* | sui] dicte littere *S* | retinere *D* | foramen] formam *Fr* | vel] seu *T*
[2] suturam] scisuram *S* | apparenter *S*.
[6] dicto *S* | datam *v. sp. Hd. korr. aus* data *S*
[8] instrar, *zweites r einkorr. S* | debet *S*

[9] esse *einkorr. S*
[10] si *om S*
[11] debent *S*.

Z 11 I *P ſ. 7'; H ſ. 1; S ſ. 1; M ſ. 1; D ſ. 20* II *C ſ. 397; A ſ. 17; O ſ. 3; T ſ. 86 – Fr ſ. 104. – –*
[1] notandum *M* | ille *om T* | littere *om Fr*
[2] nominis domini pape *om H* | nominis *om M* | elevatam] elevatam domini pape *(!) S* : *unlesbar C* : elevatum *Fr* | sine floribus et divisione] *om PHSM* : et plenam *D* | et] cum *CFr*
[3] et *om P* | reliquas] aliquas *HM* | communes] omnes *T* | preter – lineam] *om PHSD* : *hinter* Bonifatius *MFr* :ut dictum est *add Fr* | 1] f *add M* : b *T* | b *om T*

superiorem lineam,) hoc modo: *Bonifatius* etc. [Ubi dicit:] *Dilecto filio, D*
debet esse tale D vel tale ♌ seu huiusmodi forme et sic de similibus.   5

Z 12   Item nota, quod in omnibus litteris apostolicis data tota debet esse
in eadem linea vel in duabus, ita quod *Dat. Lateran.* (vel *Rome apud sanctum*
Petrum) sit semper in una linea [vel *Dat. Lateran. kl. ianuarii* sit in una
linea] et *pontificatus nostri anno septimo* [sit] in alia

(II) si tota non potest poni | in una.   *O f. 3'*
Item nota, quod *V kl. ianuarii* vel *kl.*
ianuarii non debet tenere duas lineas
nec *pontificatus* etiam duas lineas.

---

⁴ Bonifatius *PHSMD (davor* C *!)* ;
Clemens *CAO* : 1. ſ. *T* : *om Fr* |
Bonifatius] episcopus *add D* | etc.
om Fr | Et ubi *HFr* | Ubi dicit
om CAOT | Dil. fil. *PCT* : dil. filiis
S : dil. fi. *D* | D] *die einzelnen Hss.*
geben hier verschieden gestaltete For-
men des Majuskel D

⁵ tale 1°] talis *HCOT* : tāl *A* | D] *die*
einzelnen Hss. geben hier verschie-
den gestaltete Formen des Majuskel
D | vel tale ♌ *om CTFr* | vel tale –
Z 12, 1 esse *om H* | tale 2°] talis *AO* |
tale 2° – *Z 12, 1* esse *om M* | ♌] *die*
einzelnen Hss. geben hier verschiedene
Formen des unzialen D | seu *om D* |
seu huiusmodi forme *om C* | huius-
modi] talis *S* : huius *D* | forme]
Dilecto filio etc. *add Fr* | sic] ita *Fr* |
similibus etc. *T.*

Z 12   I *P f. 7'; H f. 1; S f. 1; M f. 1;*
D f. 20 II *C f. 397; A f.17; O f.3/3';*
T f. 86 – Fr f. 104. – –
¹ Item – esse *om HM (vgl. Z 11, 5)* |
dat. *CD* | tota] *om D* : hinter esse
Fr
² eadem] una *SCT* | linea *hinter gestr.*
littera *S* | vel 1°] non *C* | duobus
Fr | ita] Item nota *CA* : Item *O* :
sic *T* | ita quod] hoc modo *D* : ut

sic *Fr* | Dat.] data *O* : *folgt überstr.*
Rasur *D* : Datum *Fr* | Dat. Lateran.
vel *om T* | Lateran.] littere *H* :
Rome *Fr* | vel 2° – 3 Lateran. *om*
PDFr | vel 2° – Petrum *om HS*
³ in *om H* | vel – linea *om CAOT* |
Lateran.] littere *H* | kl.] k. *H*
⁴ septimo] . . *C* : primo *AM (? un-*
deutlich) OFr : secundo *T* | sit *om*
CAOT | alia] secunda linea *Fr*
⁵ si tota – 8 lineas *om PHSMD* | totum
TFr | una] *Fr fährt fort:* vel Datum
Aueniom. *(!)* in una linea et totum
residuum in alia. Sed si dicatur :
Datum apud Villam nouam vel
similiter et oportet fieri in duabus
lineiis *(!)*, fiat sic : Datum apud
Villam nouam Aueniom. *(!)* diocesis in una linea et totum residuum in alia vel sic : Datum (apud
om) Villam nouam Aueniom. *(!)*
diocesis X kln. maii in una linea et
totum residuum in alia et sic de
aliis
⁶ Item – 7 lineas *om Fr* | nota – ianu-
arii *in C unleserlich* | vel kl. ianuarii
om T
⁷ debent *C* | lineas – duas *om T*
⁸ etiam *om A* | duas – secus *in C un-*
leserlich | lineas] regulas sive lineas
T

Quod, si secus fieret, littere essent corrigende, scilicet si *Dat. Lateran. kl.*
esset in una linea et quod sequitur in alia vel

(I) econverso vel forte suspecte essent.

(II) *Dat. Rome* in una linea et *apud sanctum Petrum* in alia, vel *pontificatus nostri* in una linea et *anno primo* in alia.

Z 13 Item nota, quod in litteris apostolicis omnia propria nomina personarum, locorum, nomina officiorum et dignitatum debent habere primam litteram elevatam, sic: *Petrus, Canonicus, Episcopus* et similia.[a]

a) *Zusatz in S (sachlich zu Z 12 gehörig):* Item nota, quod *Dat.* tenetur modo in una linea et *Avinion.* in capite alterius, sed hoc sustinetur in illis, in quibus necesse est.

Z 14 Et quia hic de data est mentio, de illa dicatur. Notandum, quod

---

[9] littere essent] esset *H* | essent *om T* | essent corrigende] essent suspecte et rescribende gratis *CAO* : essent rescribende gratis et multum suspecte *Fr* : gratis essent rescribende *T* : ymmo rescribende *add D* | scilicet si] secundum *H* | si *om M* | Dat.] *folgt Rasur D* : Datum *Fr* | Dat. Lateran.] Datam littere. Et si *H* | Lateranen. *D* : Auinion. *T* : *om Fr* | kl. – quod *in C unleserlich* | kl. augusti *D* : II kl. *T*

[10] essent *PHSM* : debet esse *D* | linea *om PHM* | et quod sequitur *korr.* *D²* | quod – linea et *om A* | quod sequitur] residuum *Fr* | alia] linea *add SM* : ianuarii etc. *add C*

[11] vel forte] littere *M* | in una linea et *om Fr*

[12] sanctum Petrum – alia vel *in C unleserlich*

[13] linea *om Fr* | et] *es folgt nochmals* 11f. apud sanctum Petrum – 13 in una alia *(statt* linea*) A.*

Z 13   I *P f. 7'; H f. 1; S f. 1; M f. 1; D f. 20* II *C f. 397; A f. 17; O f. 3'; T f. 86 – Fr f. 104. – –*

[1] Nota] *om H* : Notandum *M* | apostolicis – nomina *in C unleserlich* | apostolicis] papalibus *M* : appostolicis *Fr* | nomina propria *Fr* | personarum locorum nomina *om M*

[2] nomina] *om CAOFr* : .. *T* | et] vel *H* : *einkorr. M* : *om CT* | dignitatum] numerum *(korr.) add T*

[3] sic] sicut *H* : ut videlicet *T* | Petrus] P. *AO* : Unus *add T* | Canonicus – et *in C unleserlich* | Episcopus] *vor* Canonicus *H* : nisi ubi papa scribit se episcopum quia tunc cum parva scribitur littera *add T* | et similia] etc. *D*

[5] Auinionis *S*

[6] necesse] nō *S.*

Z 14   I *P f. 7'; H f. 1/1'; S f. 1/1'; M f. 1; D f. 20/20'* II *C f. 397/397'; A f. 17/17'; O f. 3'; T f. 86/86' – Fr f. 104. – –*

[1] dat. *PSDCO* | est] fit *M* | est mentio de data *Fr* | dicatur de illa *Fr* | Et est notandum *CAO* : Et etiam notandum *T* | quod – semper *in C unleserlich*

data scribitur (semper in litteris papalibus) secundum nonas, secundum idus et secundum kalendas mensium, (que debent scribi breviate ut hic: *non.*, *id.* vel *X kl.*; et si aliter fieret, littere essent suspecte;) que denotantur per hos versus: ⁵

| Asin ter denos, plus uno epta Feb octo vicenos. *S f. 1'*
| Immo sex captant, reliqui sibi quatuor aptant. *A f. 17'*
| Idem septenos, Februus sex, Ida novenos. *C f. 397'*
Nisa tenent octo, sunt Idus omnibus octo.

Isti versus sunt taliter intelligendi: In ista dictione *Asin* sunt quatuor ¹⁰ littere, scilicet *A, S, I* et *N*, per quas intelliguntur quatuor menses, scilicet per *A*: |Aprilis, per *S*: September, per *I*: Iunius, per *N*: November, qui *H f. 1'* habent *ter denos*, id est **XXX** dies. *Plus epta* valet quantum septem; unde *epta*, id est septem menses, habent | *plus uno*, id est **XXXI** dies, scilicet *D f. 20'* Ianuarius, Martius, Iulius, Augustus, Maius, October et December. *Feb*, id ¹⁵ est Februarius, *octo vicenos*, id est habet **XXVIII** dies.

Item in ista dictione *Immo* | sunt quatuor littere, scilicet *I, O* et geminum *T f. 86'* *M*, per quas intelliguntur quatuor menses, per *I*: Iulius, per *O*: October, per

---

² dat. *PDO* : datum *S* | semper – papalibus *om PHSDFr* | in litteris papalibus *om M* | in papalibus litteris *C* | secundum 1⁰ *om M* | secundum 2⁰ *om MAOTFr* | secundum idus *om C*

³ ydus *Fr* | secundum *om MCAOTFr* | que – suspecte *om PHSMD* | que debent] et *Fr* | debet *AO* | scribi] sibi *Fr* | breviate] cum brevitate *Fr* | hic] sic *Fr*

⁴ V non. *OT* | non. id. *in C unleserlich* | vel id. *Fr* | VIII kl. *T* | kl.] kln. *Fr* : et sic *add T* | fierent *C* | que] dat. *add COT* | que – Schluß *om Fr, dafür andere Fassung, vgl. Zusatz* | denotantur] denotatur *CT* : dat. nominatur *A*

⁵ versus] sequenter *add H* : subscriptos *add T*

⁶ Asin ter *in C unleserlich* | epta] epte *C* : apta *A* | orto *A*

⁷ ymmo *D* | sex] sed *T*

⁸ septenas *D* : sepdenos *T* | Februs

HMAO : febris *DT* | sex] sed *T* | yda *M* : ydus *D* | novenas *D*

⁹ tenet *H* | ydus *D* | octo 2⁰] oto *S*

¹⁰ Isti enim *T* | taliter sunt *T* | intelligendi] interligendi *H* : Nam *add D* | Asin *om C* | quatuor] IIII^{or} *C*

¹¹ et *om SCO* | quatuor] IIII^{or} *PCO*

¹² Apprilis *D*

¹³ habet *O* | tredenos *T* | XXX] triginta *MO* | Pluos *(!) A* | epta *korr. aus* apta *A* | valet *doppelt C*

¹⁴ epto *PSM* | septem] VII *A* | habet *CAO* | uno] die *add T* | id est] die *A* | XXXI] triginta unum *T* | dies *om D*

¹⁵ Marcius *PDCT* | Mayus *C* | October *O* | Feb] Fe *CO* | Feb id est *om H*

¹⁶ Febroarius *C* | octodicenos *(!) T* | habet *om MD*

¹⁷ inmo *S* : ymmo *C* | IIII^{or} *PCO* | et *om M*

¹⁸ per quas – geminum M *om HM* | quos *SC* | intlliguntur *(!) A* | IIII^{or} *PCO* | Octuber *O*

geminum *M*: Martius et Maius, qui habent *sex* nonas; omnes alii habent
20 *quatuor* nonas.

Per istam dictionem *Idem*, que tenetur relatione ad *Immo*, intelliguntur
isti menses, scilicet Iulius, October, Martius et Maius, qui habent *septenos*,
id est XVII kalendas; Februarius habet *sex*, id est XVI kalendas. In ista
dictione *Ida* sunt tres littere, scilicet *I*, *D* et *A*, per quas intelliguntur tres
25 menses, scilicet Ianuarius, December et Augustus, qui habent *novenos*, id
est XVIIII kalendas.

Item in ista dictione *Nisa* sunt quatuor littere, per quas intelliguntur
quatuor menses, scilicet September, November, Aprilis et Iunius, qui tenent
octo, id est XVIII kalendas, sed quilibet mensis habet *octo idus*.

30 *In Fr steht statt des Textes S. 11 Zeile 4 bis Schluß:* Et nota, quod, quando
scribitur aliquis mensis, qui habet ultimam litteram *r*, debet scribi isto modo:
Ianuar; Februar; Octobr;

Z 15 [Notandum ergo breviter, quod omnes menses habent octo idus.]
Item nota, quod Maius, October, Iulius et Martius habent sex nonas; omnes
alii menses habent quatuor nonas. Item nota, quod Ianuarius, December et

---

[19] gemminum *ST* | scilicet Martius
M | Marcius *PDCA* | Mayus *HC* |
VI *DC* | sex nonas] septenas *H* |
sex – 22 habent *om M* | habent *om H*
[20] IIII^or *CO* : IIII *A*
[21] relative *PHSDA* | ymmo *C* : inmus
(!) D
[22] isti] illi iidem *CO* : iidem *A* : illi
idem *T* | menses predicti *D* | scili-
cet – Maius *om CAOT* | Marcius
D | Mayus *H* | septenas *PHSDAO* :
sepdenos *T*
[23] Februus *S* : Februarii *HA* | Febru-
arius – kalendas *marg. einkorr. P* |
habet sex *om CAO (hier sex v. and.
Hd. einkorr.)* | sex] VI *DT* | XVI]
sexdecim *M* | kalendas *in C un-
leserlich* | Item in ista *T* | In ista –
26 kalendas *om C*
[24] yda *D* | silicet *S* | tres] quatuor *T*
[25] scilicet *om AO* | novenas *HD* | id
est *om PHMAO*
[26] XIX *HMDA*

[27] in ista *einkorr. C* | Nisa] misi *S* :
nisi *A* | IIII^or *PCO* : IIII *T*
[28] IIII^or *PCO* | silicet *S* | September –
Iunius] November Iunius Septem-
ber et Aprilis *M* | et *om T* | tenent]
habent *M*
[29] octo 1°] VIII *PDA* | id est] scilicet
quilibet ipsorum habet *D* | sed
quilibet] quilibet autem *D* | queli-
bet *S* | octo 2°] VIII *PDAOT* |
ydus *D*.

Z 15 I *P f. 7'; H f. 1'; S f. 1'; M f. 1;
D f. 20'* II *C f. 397'; A f. 17'; O f.
3'; T f. 86'*. – –
[1] Notandum – idus *om P CAOT* |
octo] VIII *D* | ydus *D*
[2] Maius *unklar C* | Octuber *O* | Mar-
cius *PDCAT* | sex] *om C* : VI
PDAOT | omnes – nonas *om D*
[3] menses *om P* | IIII^or *PHCAO* :
IIII *T* | nota *om T*

Augustus habent XIX kalendas; September, November, Aprilis et Iunius
habent XVIII kalendas; Iulius, October, Martius et Maius habent XVII   5
kalendas; Februarius habet XVI kalendas.

Z 16 Sciendum est, | quod prima | dies cuiuslibet mensis in data littera- *P f. 8 M f. 1'*
rum dicitur *kl.*, secunda dicitur *VI non.*, tertia dicitur *V non.*, quarta dicitur
IIII non.,

(I) quinta dies dicitur *III non.*, sexta dies dicitur *II non.*, septima dies dicitur *non.*; et hoc observatur in mensibus habentibus sex nonas; et idem fit in hiis, qui habent IIII nonas secundum numerum.	(II) et sic deinceps usque ad *non.*; 5 et idem de mensibus habentibus IIII nonas.

Completis autem nonis devenitur ad idus; et dicitur: *VIII id.*, *VII id.* etc.   10
usque ad *idus.* Et tunc postea dicitur *kl.* nominando mensem sequentem
illum, in quo littere conceduntur, videlicet si littere concedantur die XV infra
Maium, dices: *Dat.Lateran. V XII kl. Iunii,* et sic de [singulis et] aliis mensibus.

---

⁴ XVIIII *POT* | XIX kalendas –
5 habent 1° *om C* | Item *(so)* Sep-
tember – 5 kalendas 1° *hinter* XVII
kalendas *AOT* | November et Apri-
lis ac Iunius *S* | Iulius *H*

⁵ habent 1° *om HM* | XVIII] XVI
T | Item Iulius *CAO* | Iulius – 6
kalendas 1° *om M* | Octuber *O* |
Marcius *DCA* | Mayus *HC* | habent
2° *om DC*

⁶ kalendas 1° – *Schluß om MD* | ka-
lendas 1°] Item October, November, Aprilis et Iunius habent XVIII
kl. *add C* | Februarius – *Schluß om*
T | XVI] XVIII *C* | kalendas 2°
om P.

Z 16 I *P f. 7'/8; H f. 1'; S f. 1'; M*
f. 1/1'; D f. 20' II C f. 397'; A f.
17'; O f. 3'; T f. 86'. – –

¹ Sciendum est] Et est sciendum *C* :
Et sciendum est *AOT* | est *om D*

² dicitur 2°] ubi mensis habet sex
(VI *T*) non. *M (einkorr.) T* | tertia
vero *H* | dicitur 3° *om CAOT* | V] *om*

H : quinto *S* : VI *T* | quarta] vero
add H : IIII *T* | dicitur 4°] dies *C* :
die *AOT*

³ IIII] IIII^or *O* : quarto *ST*

⁴ quinta] sexta, *darüber einkorr.* quin
P | dies *om M*

⁵ dies *om M* | dicitur *om D*

⁶ hoc] hec *D* | servatur *HMD*

⁷ VI *PD*

⁸ idem fit] Idus sic *D* | que *S* | IIII]
quatuor *M* : IIII^or *D*

¹⁰ idus 1°] ydus *D* | id. 2°] ydus *D* |
VII id. *om CT* | id. 3°] *om PH* :
Idus *D* |

¹¹ ydus *D* | tunc *om T* | postea dici-
tur] postmodum *H* | dicetur *A*

¹² illum *om CT* | quo] mense *add H* |
conceduntur *SD* | die *om M* | XV]
quindecima *S* : XVI kl. *M* : XVI *D*

¹³ Mayum *P* : mensem Maii *CAOT* |
dicens *H* : dicas *D* | Lateran.] Lug-
dun. *CO* : litterarum *D* : Auinion.
T | XVII] XVI *CT* | singulis et *om*
CAOT | et *om H.*

D f. 21

Z 17   Recollige ergo iterum et dic, quod Ianuarius, Martius, Maius, | Iulius, Augustus, October et December XXXI dies habent, Aprilis, Iunius, September et November XXX, Februarius XXVIII.

Z 17a   Nec est ponendus in data aliquis punctus; et est facienda cum competentibus intervallis, si spatium litterarum hoc patiatur; si vero hoc non patiatur, potest strictius scribi.

Z 17b   Item semper debet VIII et VIIII ita scribi, alioquin littera rescriberetur gratis.

Z 17c   *(Zusatz in MC)*[1]:

Sex nonas Maius, October, Iulius et Mars,
Quatuor et reliqui; tenet Idus quilibet octo;
Ianus et Augustus denas nonasque December,
5   Iulius, October, Mars, Maius epta decemque;
Iunius, Aprilis, September et ipse November
Ter senas retinent, Februusque bis octo kalendas.
Iunius, Aprilis, September, November tricenos,
Plus uno reliqui, habet Februus octovicenos.

Z 17   I P f. 8; H f. 1'; S f. 1'; M f. 1'; D f. 20'/21 II C –; A –; O –; T –.
[1] ergo *korr.* D² | Marcius PD | Maius *om* D
[2] habent] scribitur guardiano Minorum vel priori Predicatorum *add* S | Ap̄lrilis S : Apprilis D
[3] XXX dies H.

Z 17a   I P –; H –; S –; M f. 1'; D – II C –; A –; O –; T f. 86'. – –
[1] faciendus M
[2] patiatur] sic: Dat. Auinion. VIII kl. etc. *(ohne Spatien)* M.

Z 17b   I P –; H –; S –; M f. 1'; D – II C –; A –; O –; T f. 86'. – –

[1] rescribetur T.

Z 17c   I M f. 1'; II C f. 397'. – –
[2] *Davor* Unde versus C | Mayus C
[3] et] ac C
[4] Ianuus M | nonasque] nonas atque M
[5] Iulius] Iunius C | Mayus C | epta] septemque M : octo C
[6] Iunius] Iulius C
[7] Febriusque M | bis octo] biscito *(!)* C : *om* M
[8] September November] septemque novemque C : novembque *(!)* M
[9] Februus M.

---

[1] *Abhängig von der Massa computi des Alexander de Villa Dei; vgl. die Nachweise Bd. 1 S. 189f.*

(T hat folgende Fassung)[1]:   10

Sex nonas Maius, October, Iulius et Mars,
Quatuor et reliqui; tenet idus quilibet octo;
Ianus et Augustus nec non mensis duodenus
Denas et nonas dicuntur habere kalendas;
Iunius, Aprilis nec non September, November   15
Ter senas retinent, Februusque bis octo kalendas.
Bis sextus monadem quarto superaddit in anno.
Iulius, October, Mars, Maius epta decemque,
Nomen sortiri decet a mense sequenti.

T f. 86'. – –
[11] *noñ T*
[13] *Ianuarius T*

[18] epta] septa *T* | decmque *(!) T*
[19] Nomen] Nonus *T* | sortur *(!) T* |
  decet] deceret has *T*.

---

[1] *Aus der Massa computi des Alexander de Villa Dei; vgl. Bd. 1 S. 189*

N^a

Kleines Regel- und Formelbuch

(in GDAOEB)

N^a1 Et est sciendum imprimis, quod quandoque dominus papa scribit patriarche, archiepiscopo et episcopo, quandoque abbati, decano, archidiacono, preposito et aliis similibus personis habentibus personatum vel aliam dignitatem. Quando scribit patriarche, archiepiscopo et episcopo, scribit
5 hoc modo: *Bonifatius[1] episcopus servus servorum dei. Venerabilibus fratribus .. patriarche Constantinopolitan.[2], .. archiepiscopo Neapolitan.[3] et .. episcopo Acerrarum[4] salutem et apostolicam benedictionem.* Quando vero scribit abbatibus, prioribus, decanis, archidiaconis et aliis inferioribus per-

---

N^a 1 *A f. 17'/18; O f. 1; D f. 21; E f. 13; B f. 15 – G f. 13'/14 n. 1. – – D Üb.*: Qualiter papa scribit cardinalibus et aliis prelatis etc. *Dazu marg.*: Qualiter inferioribus prelatis. Qualiter excommunicatis, infidelibus etc. Quid ponitur loco salt. Qualiter regibus. – *E Üb.*: Incipit formularium scriptorum et procuratorum Romane curie. – *O marg.*: Electis. – *G Üb.*: Qualiter papa scribat singulis personis salutationes suas. – –

[1] Et est sciendum] Item sciendum est *A*: ciendum *B (Initiale fehlt)*: om *G* | imprimis] om *A*: in primis *DEB* | quod om *G* | quod – dominus *auf Rasur D²* | quandoque] quando *B* | dominus] noster *add D* : om *B*

[2] patriarchis *G* | archiepiscopis *G* | et *üb. d. Z. einkorr. A* | episcopis *G* | abbatibus *G* | dacano *(!) B*: decanis *G* | archidiaconis *G*

[3] prepositis *G* | habentibus *hinter* dig-

nitatem *BG* | personatus *G* | aliam om *G*

[4] dignitates *G* | Quando] Cum enim *B*: enim *add G* | scribitur *AOE* | et] vel *G* | scribit] eis *add G*

[5] Bonifatius] Benedictus *E*: Clemens *G* | episcopus – dei] etc. *B*

[6] .. patriarche] patriarche .. *A*: patriarche *ODB* | Constantinopolitan.] Aquilegen. *E*: et *add B*: Ierosolimitan. *G* | .. 2° om *DB* | Neapolitan.] Remen. *E*: Capuan. *G* | et] ac *B* | .. 3° om *DB*

[7] Acerrarum] Auinionen. *E* : Venafran. *G* | *hinter* salutem *Rasur D* | et apostolicam benedictionem] etc. *B*

[8] scribit] scribitur *A* : cardinalibus non episcopis *add G* | abbatibus] *davor a. Rd. v. and. Hd. einkorr.* electis *O* : electis abbatibus *B* | prioribus – archidiaconis om *G* | archidiaconis om *B* | et] aut *G*

---

[1] *Bonifaz VIII.*   [2] *Konstantinopel.*   [3] *Neapel.*   [4] *Acerra.*

sonis, vocat omnes indifferenter *dilectos filios*, nisi forte scriberetur excommunicatis vel interdictis, et scribit eis hoc modo: *Bonifatius*[5] *episcopus*   10
servus servorum dei. Dilecto filio . . decano vel *archidiacono Capuan.*[6] *salutem*
etc. Et salutationis principium et finis non mutantur, nisi forte scribat
excommunicatis, quos nec *fratres* nec *filios* vocat, sed scribit eis hoc modo:
Bonifatius[5] etc. *G. comiti Acerrarum*[7] *spiritum consilii sanioris.* | Si   *A f. 18*
vero regi, scribit sic: *Bonifatius episcopus servus servorum dei. Carissimo*   15
in Christo filio C. illustri regi Sicilie[8] *salutem et apostolicam benedictionem.*

---

[9] indifferenter *v. zweiten i ab auf
Rasur D*[2] | nisi forte – scribit eis]
quibus scribit *DB* | forte scribe-
retur] fuerit aliquis *G* | excom-
municatus vel interdictus *G*
[10] et scribit eis *om G* | Bonifatius]
Bo. *A* : Benedictus *E* : Clemens
G | episcopus – 11 dei] etc. *AODB*
[11] servorum dei] etc. *G* | Dilectis
filiis *ODEBG* | *. . om DB* | *. . decano
– archidiacono] . .* tituli sancti Laurentii in Lucina presbitero cardinali,
*. . abbati monasterii sancti . . de . .
et decano G* | vel] et *DB* | Capuan.]
ecclesie Capuan. *D* : om *B* | salutem
om B
[12] Et] *om G* | mutantur] mutatur *OE* :
mittatur *D* | scribatur forte *G*
[13] excommunicatis] et interdictis *add
O (einkorr. v. and. Hd.) DB* : vel
Iudeis *add G* | nec filios vocat] ap-
pellat nec filios *G* | sed] Et *O* | sed
scribit eis *om G*
[14] Bonifatius] Bo. *A* : Benedictus *E* :
Clemens episcopus *G* | etc.] episco-
pus servus servorum dei *ODE* | *G.*]
T. *G* | G. comiti Acerrarum *om D* |
Acerrarum] *. . A* | sanioris] *add G* :
Nota, quod Iudeis, Sarracenis vel
paganis non dicit salutem, sed

loco verborum illorum dicit: ,,Deum
diligere et timere". Si scribit imperatori, dicit sic: ,,Clemens etc.
Karissimo in Christo filio F. illustri
Romanorum imperatori et semper
augusto salutem etc." Imperatrici
scribit eodem modo, quia solus imperator ,,augustus" et imperatrix
,,augusta" dicuntur
[15] vero] scribit *add DG* | scribit] dicit
G | sic] scribit *add E* | Bonifatius]
Bo. *A* : Benedictus *E* | Bonifatius –
dei *om G* | episcopus – dei] etc. *B* |
Karissimo *G*
[16] filio] nostro *add A (radiert) D* | C.]
R. *E* : K. *B* : Ph. *G* | regi Sicilie
illustri *E* : regi Francorum illustri
B | Sicilie] Francorum *G* | et apos-
tolicam benedictionem] etc. *BG,
letztere add.: (f. 14)* Regi et regine
dicit ,,karissimo in Christo". Ducibus, comitibus vel similibus scribit:
,,Nobili dilecto filio . . comiti vel . .
duci vel marchioni vel baroni". Ceteris autem inferioribus dicit: ,,Di-
lectis filiis".

---

[5] *Bonifaz VIII.*   [6] *Capua.*   [7] *Acerra.*   [8] *Karl II. von Sizilien.*

Nᵃ2   Simplex forma contra clericos et laicos super terris, debitis.

Bonifatius episcopus servus servorum dei. Venerabili fratri . . episcopo Gaietan.⁹ salutem et apostolicam benedictionem. Conquestus est nobis Paganus de Aprano¹⁰ clericus Gaietan.⁹ diocesis, quod Nicolaus de Fractis¹¹ clericus, . . de . . miles et . . de . . laicus eiusdem diocesis super quibusdam decimis,ᵃ terris, possessionibus et rebus aliis iniuriantur eidem. Ideoque fraternitati tue per apostolica scripta mandamus, quatinus partibus convocatis audias causam et appellatione remota debito fine decidas, faciens, | quod decreveris, per censuram ecclesiasticam firmiter observari. Testes autem, qui fuerint nominati, si se gratia, odio vel timore subtraxerint, per censuram eandem appellatione cessante compellas veritati testimonium perhibere. Dat. Lateran. idus martii, pontificatus nostri anno octavo.¹²

5

D f. 21'

Nᵃ 2   *A f. 18; O f. 1; D f. 21/21'; E f. 13; B f. 15 n. 1 – G f. 14 n. 2. –– D ohne Üb. im Text, doch marg. wie hier, doch fehlt* super terris debitis | super terris debitis *om B* | super] decimis *add G* | debitis] etc. *add G*
³ Bonifatius – benedictionem] Iud. *B* | Bonifatius] Benedictus *E* : Clemens *G* | Venerabili – Gaietan.] Venerabilibus fratribus . . archiepiscopo Rothomagen. et . . episcopo Beluacen. *G* | . . *om E*
⁴ Gaietan.] Gaiatanen. *das 3. a aus e korr. A* : Gayetan. *D* | et *auf Rasur D²* | Conquestus – 5 diocesis] Guillelmus de . . clericus nobis conquerendo monstravit *G*
⁵ Paganus] P. *A* : Petrus *E* : R. *B* | de Aprano *om B* | Aprano] . . *AE* : aprano *D* | Gaietan.] . . *A* : Gayatan. *D* | Gaietan. diocesis *om O* | Nicolaus] A. *A* : N. *BG* | de Fractis *om B* | Fractis] . . *AEG*

⁶ clericus] presbiter *G* | . . 1° *om G* | . . de . . 1°] de *D* : P. *B* | et – laicus *om G* | . . de . . 2°] de *D* : C. *B* | eiusdem] Gaietan. *O* : . . *G* | diocesis] civitatis et diocesis *G* | quibusdam *om G*
⁷ decimis] pecu(n)iarum summis *E* | terris] debitis *add G* | aliis rebus *B*
⁸ Ideoque] fr *add B* | tue] vestre *G*
⁹ audiatis *G* | et] de *D* : *om B* | remota] usuris cessantibus *add EG* | fine debito *G* | decidas] terminetis *G*
¹⁰ facientes *G* | decreveritis *G*
¹¹ fuerint] firmiter *D* | nominati] nomina *G*
¹² per censuram eandem] censura simili *B* | per *radiert A* | censuram eandem] cen. e. *A* | eamdem *E* | compellas] cogatis *G*
¹³ Lateran. – octavo *om B* | Lateran.] literan. *D* : Auinion. *E* : Rome apud sanctum Petrum *G* | idus martii] *om E* : VI kalendas iulii *G*
¹⁴ octavo] *am Rand nachgetr. D²* : primo *EG*.

---

⁹ *Gaeta.*   ¹⁰ *Abgeg. bei Gaeta (?).*   ¹¹ *Ausonia nö. von Gaeta.*
¹² *1302 März 15. Zur Datierung vgl. Bd. 1 S. 144.*

a) *Zusatz in D zu N* ^{a} *2 im Text*: *sibi in perpetuum beneficium assignatis.* – *Dazu*   15
marg.: Nota, quod, quando agitur super decimis, semper debet dici ut hic vel:
ad ecclesiam spectantibus.

N ^{a} **3**   Et nota, quod in nullo rescripto ponuntur ultra tres dioceses, et s ^{i}
quarta apponatur, erunt littere rescribende gratis ^{a}. Unde diligenter attendende sunt dioceses iudicum, ad quos impetrantur. Item nota, quod non
debet numerari inter illas tres dioceses diocesis actoris. ^{b}

a) *Zusatz in B zu N* ^{a} *3 im Text*: nisi iudex fuerit de una illarum quatuor.   5
b) *Zusatz in B n. 4 zu N* ^{a} *3*: | Item, quod in eadem littera non debent poni   *B. f. 15'*
ultra octo nomina illorum, contra quos quis conqueritur; et si plura ponerentur,
littere essent rescribende gratis; non tamen viciarentur littere, licet ultra predicta octo nomina esset nomen unius mulieris, que esset uxor alicuius predictorum. Sed nomina conquerentium possunt esse tot, quot placet, et tot dioceses,   10
quot sunt impetrantes sive conquerentes. Et quod supra dicitur de uxoribus verum
est, dummodo una et non plures; nam si essent plures, littere non transirent.

N ^{a} **4**   Item nota, quod, ubicumque agitur super debitis vel pecunie summa, debet poni in conclusione post illa verba *appellatione remota: usuris*
cessantibus, nisi forte conqueratur patriarcha, archiepiscopus, episcopus,
capitulum, conventus aut aliquod collegium vel rector nomine ecclesie aut
capellanus ^{a} pape.   5
Et ubi ponitur *debitis*, non debet poni *pecunie summa* et econverso.

N ^{a} 3   *A f. 18; O f. 1; D f. 21'; E f. 13;*
B f. 15 n. 2/3 – G f. 14 n. 3. – –
A Üb.: Nota; *auch OE; dazu O*
marg.: Ultra tres dioceses vel civitates. – *G Üb.*: Quot dioceses poni
debeant in litteris apostolicis et
ubi.
[1] Et *om BG* | ponitur *G* | dioceses]
civitates vel dioceses *B*
[2] ponatur *B* | lit̃re *A* | gratis *om B*
[3] impetrantur] *G add*: et dioceses
iudicum in narratione ponantur |
vor Item *E Üb.*: Nota | Item –
actoris] *om AG* : *in D durch* va-cat
getilgt | nota *om B* | non *üb. d. Z.*
nachgetr. B
[4] diocesis *om D* | actorum *E*

[8] viciarentur *v. and. Hd. aus* mutaren-
tur *korr. B*
[10] esse *om B.*

N ^{a} 4   *A f. 18; O f. 1; D f. 21'; E f.*
13; B f. 15' n. 5 – G f. 14 n. 4. – –
OE Üb. Nota. – *D* ^{2} *marg.*: Usuris
cessantibus: quando debent poni
hec verba et quando non. – *O marg.*:
Quando usuris et quando non. – *G*
Üb.: Notula doctrinalis.
[1] Item *om G* | nota *om B* | ubicumque]
quandocumque *E* : vibicunque *(?)*
B | pecunia *E*
[2] poni] sequi *G*
[3] patriarcha *hinter* episcopus *B*
[4] aut capellanus pape *om OG*
[5] cappellanus *DB*

Et quando dicitur: *in elemosinam sibi collatis* vel *in pios usus erogari precepit*, non debet dici *super debitis*, sed *quadam pecunie summa.*

a) *Zusatz in B zu Nᵃ4 im Text, in A von anderer Hand am Rand einkorrigiert:* aut scriptor.

10

Nᵃ5 Item nota, quod, quandocumque littere impetrantur ad tres iudices, debet poni post illam clausulam *Testes* clausula illa : *Quod si non omnes hiis exequendis potueritis interesse, duo vestrum ea nichilominus exequantur.* Sed si unus iudicum fuerit episcopus, trium videlicet, ubi dicitur *duo vestrum*, dicetur : *tu, frater episcope, cum eorum altero ea nichilominus exequaris.* Sed si sunt duo episcopi et unus abbas vel decanus vel alia persona, non mutatur clausula illa, sed ponetur per ordinem, sicut superius posita est.

5

Nᵃ6 Item nota, quod, quandocumque mulier conqueritur de laicis extra patrimonium beati Petri sive cum viro sive per se sola, debet sequi post verba illa *terris, possessionibus et rebus aliis* : *ad dotem ipsius spectantibus*, *E f. 13'* nisi forte esset vidua vel pauper orphana, et tunc | haberet indifferenter contra omnes sub hac forma:

5

———————

⁷ Et] quod *A* : *om OE* | dicit *O* | ele-
mosina *AOEBG* (elōa) | collata *B* |
vel] quos *üb. d. Z. v. and. Hd. O* :
quos *add B* | in 2° *om G* | in pios] im-
pios *D* | usus] sibi *add B* | errogari *OB*
⁸ sed] super *add B*
¹⁰ aut] vel *A.*

Nᵃ 5   *A f. 18; O f. 1; D f. 21'; E f. 13;
B f. 15' n. 6 – G f. 14 n. 5. – – AOE
Üb.*: Nota. – *D² marg.*: Clausula
„Quod si non omnes". – *O marg.*:
Quod si non omnes

¹ Item *om G* | Item nota] Nota etiam
O | nota] etiam *add G* | nota – littere
auf Rasur D²
² Testes] etc. *add B* | clausula illa *om
G* | illa] ista *D*
³ duo] aut unus *add B*
⁴ trium videlicet] tunc dicetur (dice-
tur *om B) DB* | duo *om AE*
⁵ dicetur] *om AD*: debet dici *EB* |

episcope] episcopus *D*: . . episcope
G | exequeris *D*
⁶ sint *B*
⁷ mutabitur (mutabr̄) *B* | illa clau-
sula *B* | illa] Quod si non omnes
etc. (etc. *om G*) *add BG* | superius]
prius *A* | posita est] est expressum
B : est posita *G* | est] videlicet duo
vestrum etc. *add D.*

Nᵃ 6   *A f. 18; O f. 1; D f. 21'; E f.
13/13'; B f. 15' n. 7 – G f. 14 n. 6. – –
AOE Üb.*: Nota. – *D² marg.*: Mulier
extra patrimonium. – *O marg.*: Ad
dotem.

¹ quandocumque] quando *A* | con-
queratur *B* | laico *B*
² se *om G*
³ illa verba *BG*
⁴ haberet] habetur *A* : *v. and. Hd. aus*
debet *korr. B*
⁵ contra] communiter *A.*

Nª7 | Bonifatius[1] episcopus servus servorum dei. Venerabili fratri . . *D f. 22*
archiepiscopo Neapolitan.[2] et dilectis filiis . . archipresbitero et P. canonico
Neapolitan. salutem et apostolicam benedictionem. Conquesta est nobis
A. de . . pauper orphana . . diocesis, quod nobilis vir P. dominus de . ., *B f. 16*
P. et M. de . . laici Aquinaten.[3] diocesis super terris, debitis, possessionibus | *G f. 14'*
et rebus aliis iniuriantur eidem. – mandamus, quatinus illos, sub quorum
iurisdictione iniuriatores ipsi consistunt, moneatis attentius, ut eidem pauperi super hiis exhiberi faciant iustitie complementum, alioquin vos partibus
convocatis *etc.*, facientes *etc.*; proviso, ne in terram dicti nobilis excommunicationis et interdicti sententiam proferatis, nisi a nobis super hoc mandatum   10
receperitis speciale. Quod si non omnes *etc.* Testes *etc.* Dat. *etc.*

Nª 7   *A f. 18; O f. 1; D f. 22; E f. 13';
B f. 15'/16 n. 8 – G f. 14/14' n. 7. – –
O Üb.:* Forma pro paupere orphano. – *D² marg.:* Pro orphana nota.
Attende clausulam „Illos" etc. et
quando debet poni. – *O marg.:* Proviso. – *G Üb.:* Pro paupere orphano.
[1] Bonifatius] Iohannes *A* : Benedic-
tus *E* : Clemens *G* | Bonifatius – 3
benedictionem] Iud. *B* | servus –
dei] etc. *G* | . . *om DE*
[2] archiepiscopo] episcopo *OG* | Nea-
politan.] . . *A* : *om OG* | . . *om DE* |
archipresbitero] archidiacono *OG* |
3 P.] . . *AO* : *om E* : Guillelmo
de . . *G* | canonico] ecclesie *add D*
[3] Neapolitan.] Gaietan. *O* : Herben.
G | et apostolicam benedictionem]
etc. *OG* | Conquesta – 4 diocesis]
Querelam Ar. pauperis orphane
recepimus continentem *G*
[4] de . . pauper *om B* | . . 1° *om D* |
. . 2° *om B* | vir nobilis *G* | P] . . *G* |
dominus] *aus* dictus *korr. A* : *om
B* | de 2°] castri *G* | . . 3° *om DB*
[5] P] D. *A* : *om B* | de . . *om B* |
. . *om D* | Aquinaten.] . . *A* : Aqui-

tan. *B* : Lucan. *G* | diocesis] civi-
tatis et diocesis *G* | super] quibus-
dam *add D* | debitis possessionibus]
domibus *G*
[6] eidem] etc. *add B*
[7] iniuriatores *om G* | moneatis] monen-
tis *D* : moneat *B*
[8] super] sub *E* | iustitie] in facie *D* |
partibus convocatis *om B*
[9] convocatis] audias causam *add G* |
faciens *A* | nobilis] auctoritate pre-
sentium *add D* (auctoritate *expun-
giert*) : *in B v. and. Hd. einkorr.* |
excommunicationis] *durch Unterstr.
getilgt O* : *om DEB*
[10] et] vel *G* | sententias *O* | proferatis]
promulgetis *A*
[11] speciale] *folgt* Testes etc. *am Rand
nachgetr. A* : *ab* ec *auf Rasur, dann*
etc. *add D²:* Testes autem etc. *add
B:* Testes etc. *add G* | Quod–Dat.
etc. *ausgestr. v. and. Hd., dann von
dieser wieder eingefügt B* | etc. 1°]
tu frater . . episcope cum eorum
altero ea nichilominus exequaris
add G | Testes *durch Unterstr. ge-
tilgt A* | Testes etc. *om BG* | Datum
E | etc. 3° *om B.*

---

[1] *Bonifaz VIII.*   [2] *Neapel.*   [3] *Aquino n. von Neapel.*

O f. 1'   **Nᵃ8** | Et nota, quod pauper orphanus vel pauper vidua non potest impetrare simul contra clericos et laicos sed divisim. Quando impetrat contra laicos, debet dici | *Mandamus, quatinus illos* etc., quando contra clericos: *Mandamus, quatinus partibus convocatis* etc.ᵃ ᵇ

5   a) *Zusatz in B als n. 9 vor Nᵃ8*: Nota, quod hodie non dicitur *pauper vidua*, sed solum *C. relicta quondam H. laici vidua*.

b) *Zusatz in B als n. 10 hinter Nᵃ8*: Item nota, quod pauperi orphano datur alia conclusio contra laicum et alia contra clericum; contra utrumque sibi non datur in eadem littera super terris *etc.* vel super pecunie summa, sed oportet,

10   ut fiant due littere, una videlicet, in qua impetret contra laicum, et alia, in qua impetret contra clericum; alias littera esset rescribenda gratis expensis abbreviatorum, et super hoc infra *laicus* dicetur.

Nᵃ9   Item nota, quod, quandocumque impetratur contra aliquem nobilem, debet poni clausula illa *Proviso* etc., nec debet dici *miles*; eo casu, quo dicitur quis nobilis, intelligitur miles.

Similiter cum impetratur contra castellanum vel comestabulum, potesta-

5   tem, consilium vel commune alicuius terre vel castri, debet poni *Proviso*.

Similiter etiam, quando impetratur contra aliquem vel aliquos habenies generalem administrationem super aliquam civitatem vel castrum aut villam, tunc dicetur : *Proviso, ne in universitatem* vel *commune civitatis* vel *castri excommunicationis vel interdicti sententiam* etc.ᵃ

Nᵃ 8   *A f. 18; O f. 1'; D f. 22; E f. 13'; B f. 16 n. 9 – G f. 14' n. 8. – – AOE Üb.*: Nota. – *D²marg.*: Orphanus non potest etc. – *O marg.*: Orphanus.
1 Et *om D* | vidua *radiert A* | impetrare] *folgt* contra *gestr. E*
2 Quando] *dahinter v. and. Hd. einkorr.* enim *O* : vero *add G*
3 laicos] clericos *A* | illos] partibus convocatis *A* | quando] etiam *add D* : cum vero *B* | clericos] laicos *A* : debet dici *add B*
4 Mandamus quatinus *om D* | partibus convocatis] illos *A* | etc. *om B*.

Nᵃ 9   *A f. 18/18'; O f. 1'; D f. 22; E f. 13'; B f. 16 n. 11 – G f. 14' n. 9. – – AE Üb.*: Nota. – *D² marg.*: Proviso, quando debet poni clausula ista attende. – *O marg.*: Miles, quando proviso etc.

1 Item] Et *B* | quod *om G*
2 illa clausula *B* | clasula *(!) G* | Proviso] ne in terram *add G* | nec – 3 miles *om B* | eo casu quo] cum eo quod *O* : nam eo ipso quod *D* : ea causa quod *E* : quia cum eo ipso quod *G*
4 impetratur] miles *add D* | vel *om G* | conestabulum *A* : conuestabulum *EG* : conestabularium *B*
5 vel consilium *G* | vel 1° *om DB* | vel commune *om G* | Proviso] etc. *add BG*
6 Etiam similiter *B* | etiam *om G*
7 super] supra *B* | vel] *om B* : aut *G* | castrum] castellum *OG* | aut] vel *BG*
8 dicitur *DBG* | Proviso – 9 etc.] *in D in anderer Fassung, vgl. Zusatz a* | in] terram *add G*
9 excommunicationis vel *om E*

Et si sit nobilis, castellanus vel ~~comestabulus~~ | aut similis persona,   *A f. 18'*
debet sic dici : *Proviso, ne in terram dicti nobilis et universitatem* vel *commune*
etc.

a) *D hat für die Formel folgende Fassung: Proviso, ne aliqua alia singularis*
persona predicte universitatis auctoritate presentium ad iudicium evocetur, et ne in
universitatem vel *commune civitatis* vel *castri auctoritate presentium excommuni-*   15
cationis vel interdicti sententiam etc.

Nª 10   Item nota, quod, quando impetratur pro laico crucesignato, ponitur illa clausula : *propter quod voti sui executio impeditur.* Sed quando
impetratur pro clerico crucesignato, non ponitur illa clausula *propter quod*
etc.

Nª 11   Item nota, quod laicus contra laicum extra patrimonium impe-
trare | non potest, nisi crucesignatum se dicat et nisi fuerit pauper orphanus,   *D f. 22'*
et tunc ponitur clausula illa contra laicos : *Mandamus, quatinus illos* etc.

Nª 12 | Item nota, quod, quando contra patriarcham, archiepiscopum   *B f. 16'*
vel episcopum impetratur, ubi dicitur : *facientes, quod decreveritis, per*

---

[10] sit *hinter* nobilis *B* | vel comestabu-
lus] *etc. B* | conestabulus *A* : conue-
stabulus *E* : connestabulus *G* | si-
miles *B*
[11] sic *om B* | ne *doppelt D* | et] vel *D* |
vel commune *om E* | comunem *D*
[14] persona *om D.*

Nª 10   *A f. 18'; O f. 1'; D f. 22; E f.*
13'; B f. 16 n. 12 – G f. 14' n. 10. – –
AE Üb.: Nota. – *D² marg.:* Crucesignatus.
[1] laico] clerico *G* | non ponitur *G*
[2] propter quod] quare *G* | impediatur
A | impeditur – *Schluß om G*
[3] impetretur *B* | illa *om B.*

Nª 11   *A f. 18'; O f. 1'; D f. 22/22'; E*
f. 13'; B f. 16 n. 13 – G f. 14' n.
11. – – AE Üb.: Nota. – *D² marg.:*
Laicus non nisi etc.
[1] patrimonium] terras ecclesie Romane *E* : beati Petri in Tuscia

super terris debitis possessionibus
etc. *add B* : sancti Petri *add G*
[2] dicat] *G add* : et tunc post illa verba
„iniuriantur eidem" poni debet
clausula illa „Quare voti sui exe-
cutio impeditur" | et] vel *DB* : *om*
G | orphanus] *korr. aus* orphana *D* :
vel vir cum uxore ad dotem etc.
add B
[3] illa clausula *BG* | illos] sub quorum
add G.

Nª 12   *A f. 18'; O f. 1'; D f. 22'; E f.*
13'; B f. 16' n. 14 – G f. 14' n. 12. – –
AOE Üb.: Nota. – *D marg.:* Quandoque auctoritate nostra, quandoque per censuram etc. – *O marg.:*
Quando auctoritate nostra et quando per censuram.
[1] Item] Et *G*
[2] vel *om D* | episcopum] vel pro eis
aliquid *add D* | decreveritis] *aus*
decreveris *korr. B* : decreveris *G*

censuram ecclesiasticam, ponatur : *auctoritate nostra,*[a] et tunc in illa clausula
Testes autem, ubi dicitur : *per censuram eandem,* dicatur : *per censuram*
5 *ecclesiasticam* vel *censura simili.*

　　a) *Zusatz in B :* Illud idem fit in clausula *Contradictores* etc., quia, cum talis
clausula scribitur contra patriarcham, archiepiscopum vel episcopum, dicitur :
auctoritate nostra, et non : *per censuram ecclesiasticam;* et tunc sequitur illa
clausula : *Testes autem,* in qua dicitur : *per censuram ecclesiasticam.*

Nª 13　　　　　　　　Forma pro crucesignato.

Bonifatius[1] *etc.* Venerabili fratri *etc.* Conquestus est nobis P. de . . laicus
crucesignatus . . diocesis, quod . . abbas monasterii de . . , nobilis vir . .
castellanus castri de . . et B. de . . laicus . . diocesis super terris, debitis,
5 possessionibus et rebus aliis iniuriantur eidem, propter quod *etc.* – mandamus,
quatinus vocatis, qui *etc. usque* observari; proviso, ne in terram dicti nobilis
etc. ut supra.[2] Testes *etc.*

---

[3] ponitur *B* : ponetur *G* | tunc *om B*
[4] eandem] vel censura simili *add OG* |
　dicatur] dicetur *G* | dicatur – eccle-
　siasticam *om B*
[5] vel censura simili *om OG, letztere*
　add : Item nota, quod non dicitur
　„sacriste", nisi dicatur „secularis
　ecclesia" (*statt* ecclesie) | censuram
　D | simili censura etc., *dieses* etc.
　ausgestr. u. v. and. Hd. hinzuge-
　schrieben : dicas per censuram ec-
　clesiasticam *B.*

Nª 13　*A f. 18'; O f. 1'; D f. 22'; E f.*
　13'; B f. 16' n. 15 – G f. 14' n. 13. – –
[1] *Üb. om D (marg. :* Pro crucesignato)
　B | Forma *om G*
[2] Bonifatius] Benedictus *E* : Clemens
　G | Bonifatius – etc. 2°] Iud. *B* |
　etc. 1°] episcopus servus servorum
　dei *E* | fratri] . . *add E* : . . episcopo
　salutem *add G* | etc. 2°] salutem
　etc. *üb. d. Z. einkorr. D²* | Con-
　questus – 3 diocesis] W. laico
　crucesignato accepimus conquerente
　te *G* | P.] . . *AE* : C. *B* | de . . *om B*

[3] . . 1°] *om D* : Maguntin. *B* | . . 2°
　om DEB | monasterii de . .] mo-
　nasterii . . de . . *AE* | de *om G* |
　de . .] et *B* : *om G* | . . vir nobilis
　et . . castellanus *G* | vir] de *add D* :
　viri *B* | . . 4° *om EB*
[4] castri *om A* | de . . 1°] P. *G* | et B. –
　laicus *om G* | B.] R. *E* | . . 2° *om*
　EB | . . 3° *om B* | . . diocesis] dio-
　cesis . . *E* | super] quibusdam *add*
　D | debitis *om E*
[5] etc.] voti sui executio impeditur
　add OG | mandamus – 6 etc. *om A*
[6] vocatis] convocatis *O* : partibus
　convocatis *EBG* | qui *om OEBG* |
　usque] ad *add B* | ne – nobilis *om*
　AB | nobilis] et universitatem dicti
　castri excommunicationis vel inter-
　dicti sententiam *G*
[7] etc. ut supra] excommunicationis
　vel *(beide Wörter durch Unterstrei-*
　chen getilgt) interdicti sententiam
　proferas, nisi a nobis super hoc
　mandatum receperis speciale *O* | ut
　supra *om EBG* | etc. 2°] Dat. *add B.*

---

[1] *Bonifaz VIII.*　　[2] *Vgl. Nª 9.*

Nª 14 Item nota, quod, si clericus conqueratur, potest conqueri contra clericos et laicos. Si vero laicus conqueratur, non potest conqueri contra laicos, nisi conqueratur super usuris vel super pignorum detentione vel nisi dicat se crucesignatum vel super iure patronatus velª pauperem orphanum vel nisi sit aliqua vidua, et tunc est *ad dotem*; alias non conceduntur littere.ᵇ ᶜ   5

a) *Zusatz in B* : nisi interveniat iuramentum vel sit pauper orphanus (vel nisi sit *usw. wie Text oben*). – *Zusatz in O marginal von späterer Hand*: nisi interveniat iuramentum vel nisi se dicat (pauperem orphanum *usw. wie Text oben*).

b) *Zusatz in DB* : nisi forsan laicus contra laicum cum clerico super re ad   10 eos communiter spectante vel simul impetret, quo casu laico et etiam laicis cum clerico simul impetrantibus contra laicum seu etiam laicos datur littera, etiamsi de terris ecclesie non existant.

c) *Zusatze in A marginal von anderen Händen* : Si clericus in minoribus ordini-bus constitutus et eius uxor conquerantur de laicis et consulibus .. civitatis   15 et .. diocesis super pecuniarum summis et terris, possessionibus et rebus aliis ad eos communiter spectantibus, non datur littera. Laicus contra laicum potest conqueri super usuris, pignorum detentione, matrimonio, dote sive donatione propter nuptias, iure patronatus.

Nª 15 Item nota, quod laicus conquerens super decimis non auditur vel super iniuriis simpliciter vel se verberatum dicat etiam a quocunque.ª

a) *Zusatz in D vor Nª15* : Item nota, quod, quando agitur super spolio decimarum, debet dici : *in quarum possessione vel quasi iure illas percipiendi fuerant et tunc etiam existebant, contra iustitiam spoliavit.*   5

Nª 14   *A f. 18'; O f. 1'; D f. 22'; E f. 13'; B f. 16' n. 16 – G von hier an abweichend. – – AOE Üb.*: Nota. – *D² marg.*: Nota causas, in quibus potest laicus contra laicum impe-trare.
¹ quod *v. späterer Hd. einkorr.* B | clūcus(!) A | contra] clericum et laicum vel contra *add* B
² conqueritur OBD | non *om* O
³ laicos] clericos tantum O | super 2° *om* E | pignoris B
⁴ super *om* AD | pauperem orphanum *om* B (*vgl. Zus. a*)
⁵ nisi sit *om* B est *om* B | concedūr E
¹¹ vel *om* B | quo] etiam *add* D | et] ac D | laicis] laicus B

¹² clerico] laico, *v. and. Hd. am Rand* : alias clerico B

¹³ existat B.

Nª 15   *A f. 18'; O f. 1'; D f. 22'; E f. 13'; B f. 16' n. 17. — – AOE Üb.*: Nota. – *D² marg.*: Nota spolium decimarum, in quarum possessione etc. (*gehört zu Zusatz a*). Laicus super decimis non auditur nec super iniectione manuum (manum D). – *O marg.*: Decime.

² simpliciter *korr. aus* supliciter O | vel] si *v. and. Hd. einkorr. add* O : nisi B | quocunque] quoquam A.

Nᵃ 16   Item nota, quod laicus non potest conqueri de laicis nisi in casibus superius expressis vel nisi conqueratur super matrimoniis, dote seu donatione propter nuptias | vel nisi sit questio super iure patronatus vel alia re, de qua specialiter habeat cognoscere iudex ecclesiasticus.ᵃ ᵇ

E f. 14

5   a) *Zusatz in B* : et tunc auditur contra quoscunque et undecunque sit, quod in istis casibus non dicit se crucesignatum.

D f. 23   b) *Zusatz in D* : | Ista regula intelligitur secundum illam, que incipit: „Item nota, quod, quandocumque plures seu duo etc." infra IIIIº fo. Vᵃ regula.[1]

Nᵃ 17   Item nota, quod, si due persone in eadem littera conqueruntur, dicendum est in conclusione : *et rebus aliis ad eos communiter pertinentibus* vel *spectantibus*, si sint etiam fratres.ᵃ

5   a) *Zusatz in B* : nisi decanus et capitulum, abbatissa et conventus et similia, que faciunt unum corpus, ubi non dicitur : *ad eos communiter pertinentibus.*

Nᵃ 18   Item nota, quod, quando actor et reus sunt eiusdem diocesis vel si non sint, dummodo littera committatur in diocesim rei, non est necesse, quod exprimatur diocesis actoris.

Nᵃ 19   Item nota, quod non potest committi extra diocesim nisi per dietam.[2]

Nᵃ 16   *A f. 18'; O f. 1'; D f. 22'/23; E f. 13'/14; B f. 16' n. 18. – – AOE Üb.*: Nota. – *D² marg.*: Potest super quibus iudex ecclesiasticus potest cognoscere *(!)*. – *O marg.*: Dos matrimonialis.
 ² matrimonio *O*
 ³ sit *om B* | questio] fiat *add B* | iuris *D* | pronatus *(ohne Kürzel) A*
 ⁸ *D marg.*: Attende infra.

Nᵃ 17   *A f. 18'; O f. 1'; D f. 23; E f. 14; B f. 16' n. 19. – – AOE Üb.*: Nota. – *D² marg.*: Quando dicitur: „Ad eos communiter spectantibus". – *O marg.*: communiter.
 ¹ persone] vel plures *add O (v. späterer Hd. einkorr.)* : vel plures *add B* | conquerantur *B*
 ² conclusione *v. and. Hd. korr. aus*

commissione *B* | spectantibus vel pertinentibus *B*
 ³ si] etiamsi *B* | etiam *om B*.

Nᵃ 18   *A f. 18'; O f. 1'; D f. 23; E f. 14; B f. 16' n. 21 (hinter n. 19, zugleich mit Nᵃ 20 zusammengeflossen). – – AOE Üb.*: Nota.
 ¹ et reus – *Nᵃ 20 Z. 1* actor *om B* | eiusdem] civitatis vel *(?) add O v. späterer Hd. einkorr.*
 ² littera] *om A* : non *add D* | committatur] comutatur *D*.

Nᵃ 19   *A f. 18'; O f. 1'; D f. 23; E f. 14; B f. 16' n. 20 (vor Nᵃ 18). – – OE Üb.*: Nota. – *D² marg.*: Per dietam non ultra eam potest committi causa.
 ¹ per] unam *add B*.

---

¹ *Der Hinweis wurde offensichtlich gedankenlos aus der nicht mehr erhaltenen Vorlage von D übernommen. (vgl. N 40).*
² *VIº 1, 3, 11 (vgl. Bd. 1 S. 144).*

Nᵃ 20   Item nota, quod, quando impetratur et actor et reus sunt eiusdem civitatis et diocesis, littera non potest committi extra diocesim propter constitutiones domini Bonifatii[1] nisi in certis casibus, videlicet quando aliquis de diocesi conqueritur de episcopo vel universitate seu collegio, quorum merito potentiam perhorrescat. Si vero de aliis personis inferioribus conqueratur et committatur littera extra diocesim, tunc narrabitur littera hoc modo :   5

Nᵃ 21   Bonifatius[2] etc. Dilecto filio . . canonico Aquinat.[3] etc. Conquestus est nobis Paganus de Aprano[4] clericus Gaietan.[5] diocesis, quod Nicolaus Campellen.[6] | clericus eiusdem diocesis super terris, debitis, possessionibus   B f. 17 et rebus aliis iniuriatur eidem. Cum autem dictus Paganus, sicut asserit, predicti Nicolai potentiam merito perhorrescens, eum infra civitatem et   5 diocesim Gaietan. nequeat convenire secure, – mandamus, quatinus partibus convocatis etc.

Nᵃ 20   *A f. 18'; O f. 1'; D f. 23; E f. 14; B f. 16' (noch n. 21, mit Nᵃ 18 zusammengeflossen). – – OE Üb.:* Nota. – *O marg.:* Cum autem.

[1] Item – actor *om B (vgl. Nᵃ 18 Z. 1)* | sint *OE* | earundem *B*

[2] potest committi] impetratur *B*

[3] domini *om B* | videlicet] quod *add A*

[4] vel] de *add B*

[5] potentia *A* | perorrescat *AO*: porrescat *D*: perorrescit *B*

[6] conqueritur *D* | littera] causa *B*

[7] modo] ut sequitur *add B.*

Nᵃ 21   *A f. 18'; O f. 1'; D f. 23; E f. 14; B f. 16/'17 n. 21. – – A Üb.:* Forma super terris, debitis, possessionibus et rebus aliis cum clausula „perhorrescens".

[1] Bonifatius etc.] Benedictus episcopus servus servorum dei *E* | Bonifatius – Aquinat. etc. *om B* | etc. 2°] *om A*: salutem etc. *O*

[2] Paganus] P. *ADEB* | Aprano] . . *AEB* : *om D* | Gaietan. diocesis] diocesis . . *A* : . . diocesis *DEB* | Nicolaus Campellen.] N. de . . *ADB* : A. de . . *E*

[3] eiusdem diocesis] . . diocesis *B* | super] certis *add O* | debitis *om OD*

[4] et rebus *auf Rasur D²* | iniuriantur *D* | dictus] idem *E* | Paganus] P. *ADEB* | sicut asserit *om OEB*

[5] predicti Nicolai] dicti N. *hinter* potentiam *B* | predicti] dicti *E* | Nicolai] N. *ADB* : A. *E* | merito *om E* | perorrescens *AODB* | et] seu *D* : vel *B*

[6] Gaietan.] : *om AEB* . . *D* | secure] *folgt einkorr.* etc. *D²*

[7] etc. *om AOE.*

---

[1] *Konstitution Bonifaz' VIII. VI° 1, 3, 11.*   [2] *Bonifaz VIII.*   [3] *Aquino n. von Neapel.*   [4] *Abgeg. bei Gaeta (?).*   [5] *Gaeta.*   [6] *Campello sul Clitunno, n. von Spoleto (?).*

N^a22   Et nota, quod, quandocumque actor et reus sunt eiusdem diocesis et committatur extra diocesim, debet esse dicta clausula *Cum autem* nisi in | casibus supradictis, et iudex non posset audire nec subdelegare extra illam^{a 1}.

O f. 2

5   a) *Zusatz in B von 2. Hand : Cum autem prefatus . ., sicut asserit, potentiam venerabilis fratris nostri . . episcopi . ., cuius ipse . . familiaris existit et qui eum in causa huiusmodi defendere nititur, merito perhorrescens etc.*

N^a23   Fallit tamen hec regula in causis matrimonialibus, que non committuntur nisi ordinariis propriis,² nisi quando appellatur ab eis vel quando habentur suspecti; tunc scribitur aliis episcopis, et in hoc stilus prevalet iuri, sine clausula.

N^a 22   *A f. 18'; O f. 1'/2; D f. 23 (hinter N^a 23); E f. 14; B f. 17 (noch n. 21 aber hinter N^a 23). – – D² marg.*: Iudex non potest causam delegare neque alteri committere. – *O marg.*: Cum autem.
¹ Et nota] Ita *DB* | quandoque *D*
² committitur *O* : committuntur *D*
³ supradictis *om A* | et *om B* | potest *B* | delegare nec audire *B* | subdelegare] delegare *D*.

N^a 23   *A f. 18'; O f. 2; D f. 23 (vor N^a 22); E –; B f. 17 (noch n. 21 vor N^a 22). – – A Üb.*: Nota. – *D² marg.*: Quando potest committi causa cum clausula „Cum autem"

et quando non. Stilus prevalet iuri.
¹ hec] secunda *D* : predicta *B* | causis] casibus *A* : *in B* casibus *zu* causis *korr. v. and. Hd.* | que – 2 eis] quando appellatur ab ordinariis, quibus dicte cause solummodo committuntur *DB*
² nisi 2° *am Rand v. and. Hd. nachgetr. O* | vel] et *D*
³ tunc] quia tunc *O*: enim *add DB* | episcopis] etiam sine clausula „Cum autem" *add B* | et *om B* | et – 4 iuri *hinter* 4 clausula *O*
⁴ iuri] quia *add AD* | sine clausula *om B* | clausula] Cum autem etc. *add D.*

---

¹ *VI° 1, 3, 11.*
² *Gemäß c. 60 Conc. Lat. IV = X 5, 31, 12 (vgl. oben Bd. 1 S. 194).*

N

Notulae

N 1 Item nota, quod secundum constitutionem domini Bonifatii pape VIII[1] cause audiende auctoritate litterarum sedis apostolice non committuntur nisi personis dignitate preditis vel personatum obtinentibus sive cathedralium ecclesiarum canonicis[a]

(I) vel guardiano Minorum seu priori Predicatorum, qui post canonicos ponuntur cum clausula.[b]

(II) vel | officialibus superiorum prelatorum, id est archiepiscoporum vel episcoporum, aut priori Predicatorum et guardiano Minorum | cum clausula *Non obstante*,[c] qui ultimo poni debent post alios iudices etiam canonicos.[d]

A f. 19

D f. 23'

10

N 1 I P *f. 8; H f. 1'; S f. 1'; C' f. 433 – Fr f. 104* II C *f. 397'; A f. 18'/19; M f. 1'; O f. 3'; D f. 23/23'; E f. 14; T f. 86'; B f. 17 n. 22/23.* – – *PS Üb.*: Scribitur gardiano (guardiano S) Minorum vel priori Predicatorum. – *C Üb.*: De hiis, quibus per apostolicas litteras cause committi possunt. – *AE Üb.*: Nota. – *B Üb.*: Quibus personis committuntur cause. – *D² marg.*: Cause non committuntur nisi personis in dignitate constitutis. Cause possunt etiam committi religiosis cum etc.

[1] Item *om Fr* | Item nota] Notandum est *C'* | notandum *M* : nota de rescriptis *Fr* | consuetudinem *AE* | domini] *om SC (zerstört?)* : sancte memorie *ADEB* : bone memorīe domini *O* | Bonifatii] *B. POE* : Boni. *A* : Benedicti *T*

[2] VIII] datu *(!) S* : VIII° *D* | audiende] audientie *C'Fr* : audie *AEM* : *aus* audientie *korr. T* | litterarum] *om MT* : apostolicarum

add *Fr* | non committuntur *hinter* 4 canonicis *C'*

[3] predictis *SA* | vel] seu *Fr* | obtinentibus] habentibus *Fr* | sive] vel *Fr* | ecclesiarum cathedralium *H* | chathedralium *C* : kathederalium *(!) Fr : hinter* cathedralium *Rasur D*

[5] vel guardiano – *Schluß om C'* | gardiano *PFr* | seu] vel *Fr* | officialibus] principibus *add B*

[6] Predicatorum] ac qualiter ordinantur *add H* | id est – 7 episcoporum *om O, danach* id est episcoporum *v. and. Hd. einkorr.* | id est] *om MT* : et *E* | archiepiscoporum vel *om ADEB*

[7] ponuntur] scribuntur Fr | cum clausula *om Fr* | clausulis *HS* | episcoporum] etc. *add ADEB* | aut] et *E*

[8] et] vel *B* | gardiano *CADET*

[9] Non obstante] Cum autem *M* | qui – *Schluß om B (vgl. Zusatz c)*

[10] debet *T* | etiam] et *MT*

[11] canonicos] ecclesiasticos *E*

---

[1] *VI° 1, 3, 11. Über die Datierung vgl. Bd. 1 S. 142 u. 146.*

a) *Zusatz in B, in O marginal von anderer Hand* : qui, si fuerint regulares, debet fieri mentio de ipsorum ordine.

b) *Zusatz in S* : et debet poni ordo Predicatorum vel Minorum.

15 c) *Zusatz in D* : que est infra Iº folio regula duodecima, ubi dicitur: ,,Item nota, quod gardiano etc. indulgentia etc.''[1]

In B schließt N 1 : *(Non obstante) indulgentia, que eidem fratrum Predicatorum vel Minorum ordini, cuius tu, fili inquisitor, professor existis, a sede apostolica dicitur esse concessa, quod ipsius ordinis fratres non teneantur se intromittere de* 20 *quibuscunque negociis, que ipsis per sedis eiusdem litteras committuntur, nisi in eis de concessione huiusmodi plena et expressa mentio habeatur.* Et debet poni hec clausula immediate post clausulam *Testes* etc. Et si esset littera, in qua non ponitur clausula *Testes*, debet immediate post conclusionem clausula poni *Non obstante indulgentia*, et tunc post eam etiam *Quod ⟨si⟩ non omnes* etc. *Dat.* 25 Et debent poni dicti prior et guardianus ultimo post alios iudices etiam canonicos. Et nota, quod post clausulam *Non obstante indulgentia* sequitur immediate clausula *Quod si non omnes* etc.

d) *Zusatz in MT* : et officiales, nisi propter vitandam repeticionem, ubi duobus prioribus scriberetur; tunc potest prior Predicatorum preponi et ante 30 constitutos in dignitate.

Item nota, quod, ubi scribitur notario pape, debet vocari *magister* et precedere abbatem et monachos in ordinatione iudicum, etiamsi esset simplex canonicus.

Zusatz in O am Rand von anderer Hand : Sed si ille, cui scribitur, non est prior vel gardianus sed inquisitor forte heretice pravitatis, dicitur tunc ita : *Non* 35 *obstante indulgentia, qua ordini fratrum Predicatorum* seu *Minorum, cuius tu, fili inquisitor, professor existis, a sede apostolica* etc. Et nota, quod post clausulam *Non obstante indulgentia* sequitur clausula *Quod si non omnes. Dat.*

B f. 17'　　N 2 | Item nota, quod nullus potest extra suam civitatem vel diocesim

---

24 eam] eius *B* | si *om B*

28 et] ac *M*

29 prior potest *T* | proponi *T*

31 debent *M* | magistri *M*

32 monachos] mon. *MT* | etiamsi] etsi *M* | canonicus *om M*.

N 2　I *P f. 8; H f. 1'; S f. 1'; C' f. 433* II *C f. 397'; A f. 19; M f. 1'; O f. 3'/4; D f. 23'; E f. 14; T f. 84; B f. 17' n. 24.* – – *C Üb.*: Doctrina de hiis, qui trahunt et trahuntur extra diocesim, et de hiis, qui trahi non possunt per litteras apostolicas. –

AE Üb.: Nota. – *M Üb.*: De hiis, de quibus per apostolicas litteras potest committi doctrina. De hiis, qui trahunt et trahuntur extra dioceses, et de hiis, qui trahi non possunt per litteras apostolicas. *Dazu marg.*: Doctrina de clausula Cum autem. – *B Üb.*: Quis possit trahi extra suam diocesim. – *D² marg.*: Qui trahunt et trahuntur sine clausula Cum autem

[1] nota *om T* | potest *hinter* 2 trahi *B* | suas civitates et dioceses *CAMO*

---

[1] *N 35. Da der Folioverweis nicht auf D zutrifft, muß es sich um eine gedankenlose Übernahme aus der Vorlage von D handeln.*

[per dictas litteras] in causam trahi, nisi ~~patriarcha, | archiepiscopus~~ et epis-   *T f. 84*
copus, qui sine clausula *Cum autem* trahunt et trahuntur.ᵃ   *O f. 4*

    a) *Zusatz in CMT (in C im Index als c. IIII)* : Idem servatur de officialibus
vel vicariis ipsorum episcoporum. – *MT fährt fort* : ⟨vel⟩ officialibus capituli   5
sede episcopali vacante.

N 3   Item capitulum ecclesie cathe|dralis, universitas civitatis, castri et   *H f. 2*
ville sine *Cum autem* trahuntur et non trahunt.

N 4 | Item nota, quod alia capitula, conventus et alie singulares persone   *S f. 2*
non trahunt nec trahuntur sine clausula *Cum autem,*ᵃ que talis est : *Cum*
autem dictus conquerens, sicut asserit, dicti talis *potentiam merito perhorrescens*
eum infra Reatin.[1] *civitatem et diocesim nequeat convenire secure, – mandamus;*

(civitatem) *D* (civitates) *TE* (civitatem) | vel] et *B*
[2] per dictas litteras *om CAMO DETB* | trahi in causam *C* | et] *üb. d. Z. einkorr. P* : *om C'*
[3] trahuntur et trahunt *AODB* : trahuntur et non trahunt *E*
[5] vel 1°] et *M* | vel 2°] et *M* : *om T.*

N 3   I *P f. 8; H f. 1'/2; S f. 1'; C' –*
II *C f. 397'; A f. 19; M f. 1'; O f. 4;*
D f. 23'; E f. 14; T f. 84; B f. 17'
n. 25. – – C c. 5 (c. 4 = Zusatz a
zu N 2) Üb.: Clausula Cum autem
vel dictorum iniuriantium potentia. – *A Üb.*: Nota. Cum clausula
Cum autem. – *OE Üb.*: Nota. –
B Üb.: Qui possunt trahi extra
suam diocesim et alios non trahunt
sine clausula.
[1] cathedralis ecclesie *D* | et universitas *M* | universitas *aus* universitatis *durch Expungieren korr.*
P | civitas *T*
[2] sine] clausula *add HMO (v. and.*
Hd. einkorr.) DETB | sine Cum
autem *om A* | Cum autem *om E*
non *om D* | trahunt] sine clausula
add. A.

N 4   I *P f. 8; H f. 2; S f. 2; C' f. 433*
II *C f. 397'; A f. 19; M f. 1'; O f. 4;*
D f. 23'; E f. 14; T f. 84; B f. 17'
n. 25a. – – S Üb.: Cum autem. -
AE Üb.: Nota. – *M marg.*: Clausula Cum autem. Clausula perhorrescenti. Clausula *(?)* episcopi
et absentie in causa matrimoniali
(zu Zusatz b gehörig). – *OT marg.*:
Clausula Cum autem. – *D*² *marg.*:
Qui non trahuntur nec trahuntur
sine trahuntur etc. (!)
[1] Item nota quod *om B* | notandum
M | capitula] et *add H* : tabula *T* |
singulares] *om D* : *hinter* persone *B*
[2] non] nec *SCAMODET* | trahuntur nec trahunt *CAMODETB* |
clausula *om C'* | clausula Cum
autem] dicta clausula *B* | que talis
– *Schluß*] *om C'AB* : etc. *DE*
[3] dicti] vel dictorum iniuriantium
etc. *add T* | dicti talis potentiam]
potentiam dicti vel dictorum iniuriantium *M* | talis clerici *CO* |
perorrescens *O*
[4] eum] cum *C* : vel eos *add M* |
Reatin.] *hinter* civitatem *H*: Ratin.
S : *om CMT* : Gaietanam *O* |
diocesim] Patauien. *add M* : Pic-

---

[1] *Rieti.*

5 vel dic: *Cum autem dictus* talis, *sicut asserit, civitatem seu diocesim Reatin. intrare non audens dictos . . infra eas nequeat convenire secure, – mandamus.*[b]

 a) *Zusatz in C' (statt N 3)* : preter capitula ecclesiarum cathedralium, que trahuntur sed non trahunt.

 b) *Zusatz in HM* : Item notandum, quod, cum uxor trahere vult virum coram
10 alio episcopo quam coram suo, ponitur ista clausula in causa matrimoniali : *Cum autem dicta M., sicut asserit, propter potentiam dicti P. presentiam venerabilis fratris nostri . . episcopi, cui esset in hoc casu scribendum, secure adire non possit*; vel, quando episcopus est absens : *Cum autem venerabilis frater noster episcopus, cui esset in hoc casu scribendum, in remotis agere dicatur ad presens nec de vicino*
15 *ipsius reditu speretur, – mandamus, quatinus.*

 In A steht das dem ersten entsprechende Beispiel am Rande von anderer Hand: *Cum autem dicta mulier presentiam venerabilis fratris nostri episcopi, cui esset in hoc casu scribendum, propter eiusdem laici potentiam, quam, sicut asserit, merito perhorrescit, nequeat adire secure, fraternitati tue* etc.

20 *Davor steht in A von derselben anderen Hand wie oben ebenfalls am Rande*: *Cum autem dictus . ., sicut asserit, . . civitatem seu diocesim intrare non audens, dictum vel dictos infra eas nequeat convenire secure, discretioni* etc. Aliam clausulam *Cum autem* invenies in 27 folio.[1]

N 5 Item nota, quod, cum dicitur, quod nullus potest trahi extra etc., intelligendum est,

---

tavien. *add T* | nequeant *S* | mandamus] quatinus *add CO*: *om T*
5 vel dic – 6 secure *Randnachtrag P* | dic] sic *HSCMOT* | talis] . . *CO* : *om T* | seu] vel *ST* | Reatin.] Ratin. *S* : *om C* : Burdegalen. *T*
6 non audens intrare *H* | audiens *T* | . .] tales *M* : *om T* | mandamus] *om P* : quatinus *add COT*
8 trahunt] trahuntur *C'*
9 nota *H* | quod cum] quando *M*
11 M.] mulier *H*
12 . . *om M* | episcopi] ac quando omittitur scribere episcopo exclusa *add H* | casu v. and. Hd. einkorr., dazu marg. Nachtrag vel in hac parte *M*
13 vel quando – 15 quatinus *om H*.

N 5 I *P f. 8; H f. 2; S f. 2; C' f. 433* II *C f. 397'/398; A f. 19; M f. 1'; O f. 4; D f. 23'; E f. 14; T f. 84; B f. 17' n. 26.* – – *A Üb.*: Nota clausulam „de utriusque". – *OE Üb.*: Nota. – *B Üb.*: Quando de voluntate partium trah(itur) extra vel ad locum. – *O marg.*: Clausula de utriusque. – *D² marg.*: De utriusque partis procuratorum assensu. Attende, quando fit mentio de loco. – *T. marg.*: De utriusque partis.
1 nota quod cum] quando *B* | quod 1° u. 2° *om T* | trahi extra] extra suam civitatem vel diocesim trahi *C'* | etc.] *om AODETB* : suam diocesim etc. *M*
2 intelligendum est] intellige *AOET* : intelligitur *D* : intelligit *B*

---

[1] *Auch hier scheint es sich um einen gedankenlos abgeschriebenen Verweis aus der Vorlage zu handeln, da in A f. 27 nichts Entsprechendes steht.*

(I) quando actor sive conquerens
et reus sive ille, de quo conqueritur,
sunt eiusdem civitatis et diocesis; et
tunc oportet, quod iudex sit de
eadem civitate vel diocesi cum eisdem vel de alia, et tunc *Cum autem.*

(II) quando | actor et reus sunt   *C f. 398*
eiusdem diocesis vel civitatis; et tunc
iudex aut erit de diocesi vel civitate,   5
et tunc sine clausula, aut extra, cum
clausula *Cum autem*; nisi de voluntate partium, et tunc debet exprimi
in littera, ibi videlicet: *Quocirca
discretioni tue* : „*de utriusque partis*   10
procuratorum assensu" *per apostolica
scripta* etc.; quando vero ponitur eis
etiam locus, tunc dicetur sic: *Mandamus quatinus apud* talem locum *de
utriusque* etc.[a]   15

a) *Hierhin gehört der Zusatz von C' hinter N 61* : Nota, quod in quacumque
littera ponatur *de utriusque partis* etc., non debet poni *Cum autem.*

N 6   Item nota, quod in causis matrimonialibus, licet interdum commit-
tantur extra,

³ seu *H* | quod quando *T*
⁴ et 1°] vel *H* | civitatis et diocesis *B*
| et 2° *om C*
⁵ et tunc] cum eisdem *H* | iudex –
6 extra] oportet, quod iudex sit
de eadem civitate vel diocesi cum
eisdem; si sit de diocesi vel civitate
actoris, tunc est littera rescribenda,
quia trahit ad suam, aut de alia,
et tunc *M* | aut *gestr. B* | civitate
vel diocesi *B* | vel] aut *C* : erit
de *add E*
⁶ et *om D* | et tunc *om COEB* | aut]
si *AT* : *om DE*
⁷ vel] et *S* | cum 1°] de *add S* | cum
eisdem *om H* | nisi] fieret *add M* |
parcium voluntate *T*
⁸ vel] ut *H* | vel de alia *einkorr. P* |
tunc] cum *(doppelt) add P* | autem]
non datur *add H* | et tunc] etiam
B | exprimi] poni *B*
⁹ ibi] ubi *D* | quocirca] quod *C*
¹¹ assensu *aus* ascensu *korr. O*
¹² scripta] mandamus quatinus *add C* :
mandamus *add M* | vero] eciam *C* :

om M | eis etiam *om CMB* | eis
om AODET
¹³ tunc *om M* | dicetur] dicitur *CM* :
diceretur *T* | sic *om M* | Mandamus]
Quocirca etc. ut supra mandamus *M*
¹⁴ talem] . . *AO* : *om DEB* | locum] . .
add E : vocatis partibus *add T* |
de utriusque *om AMT*
¹⁵ etc. *om MB*.

N 6   I *P f. 8; H f. 2; S f. 2; C' f. 433*
II *C f. 398; A f. 19; M f. 1'/2; O f. 4;*
D f. 23'; E f. 14; T f. 84; B f. 17'
n. 27. – – *AOE* : Nota. – *B Üb.*:
In matrimonialibus non pon(itur)
clausula perhorrescentie. – *O marg.*:
Matrimonium. – *D² marg.*: Cause
matrimoniales non requirunt clausulam „Cum autem".
¹ nota quod *om B* | in *om D* | matri-
monialibus] non datur clausula Cum
autem *add H* | committatur *HAEB* :
committuntur *D* : convertantur *T*
² extra] ex causa *H* : diocesim *marg.*
einkorr. add B

(I) nunquam datur nec scribitur
Cum autem.

(II) nunquam tamen ponitur clausula *Cum autem*; et in hoc casu stilus curie prevalet iuri[a] [b].

a) *Zusatz in MT* : Et in illis causis semper scribitur episcopo ordinario,[1] nisi sit appellatum | ab eius officiali vel vicario aut iudice. Et si a commissario vel officiali dato appelletur, et si tunc trahatur altera pars extra, ponitur clausula *Cum autem*, que talis est : *Cum autem dictus* talis *propter potentiam prefati ..., quem merito perhorrescit, presentiam venerabilis fratris nostri episcopi, cui esset in hoc casu scribendum, nequeat adire secure, – mandamus, quatinus.* Ubi autem appellatur a gravamine illato in causa matrimoniali, potest trahi extra cum clausula *Cum autem* solita et coram aliis iudicibus quam episcopo, prout pars elegerit, nisi partes conveniant, quo casu potest scribi tribus, dummodo unus sit episcopus.

b) *Zusatz in B von späterer Hand*: Hoc verum, quando appellatur ab ordinario vel quando habetur suspectus; tunc debet scribi aliis ordinariis sine clausula *Cum autem.*

N 7 Item nota, quod, quando iudex

(I) non recipitur extra,

(II) est de diocesi rei,

non est vis, si in conquerente non dicitur : talis *diocesis* sive *civitatis.*

N 8 Item nota, quod semper in conquerente et in eo, de quo conqueritur, debet dari cognomen.

---

[3] datur nec scribitur] ponitur *C'* | tamen nunquam *T*
[4] in *om A* | casu *om B*
[5] curie *om EB* | iuri *om B*
[8] appellatur *T* | et] sed *T*
[9] talis 2° *om T* | prefate *T* | .. *om MT*
[10] episcopi] .. *add M*
[14] conveniant] conquerant *M.*

N 7 I P f. 8; H –; S f. 2; C' f. 433
II C f. 398; A f. 19; M f. 2; O f. 4; D f. 23'; E f. 14; T f. 84; B –. – – AE *Üb.*: Nota.
[1] nota *om AT*
[2] extra] diocesim conquerentis *v. and. Hd. einkorr. add S*
[3] vix *CE* | si in *Loch P* | conquerenti *D* | non 2° *üb. d. Z. einkorr. P* |

non dicitur *om C'* | dicatur *T* | talis *om AMDT* | diocesis sive civitatis] .. civitatis vel diocesis *C'* : civitatis et diocesis *C* : civitatis vel diocesis *AMODET.*

N 8 I P f. 8; H f. 2; S f. 2; C' f. 433
II C f. 398; A f. 19; M f. 2; O f. 4; D f. 23'; E f. 14; T f. 84; B f. 17' n. 28. – – AE *Üb.*: Nota. – B *Üb. (auch zu N 10 gehörig)*: De nominibus et cognominibus impetrantium. – O *marg.*: Cognomen. – D² *marg.*: Cognomen non deficere debet in aliquo.
[1] semper *om PHCAMODETB* | conqueritur] semper queritur *C*
[2] semper debet (debent *B*) *AMODETB* | cognomina *B.*

---

[1] *Gemäß c. 60 Conc. Lat. IV = X 5, 31, 12 (vgl. Bd. 1 S. 194).*

N 8 a Item nota, quod, si sit religiosus, debet exprimere ordinem et maxime in reo.

N 9 | Item semper debet dici *clericus* vel *laicus* sive *civis*   *E f. 14'*

(I) nisi dicatur *armiger* sive *miles*   (II) vel *canonicus* aut *rector* vel etc.   alias, exprimendo dignitatem suam, vel *armiger* sive *miles* vel *nobilis.*

N 10 Item nota, quod Iudeus non dicitur nec *clericus* nec *laicus* nec *civis*ᵃ ᵇ; item Iudea non dicitur *mulier* nec *civis.*ᶜ

a) *Zusatz in D* : orphanus vel opidanus.

b) *Zusatz in T* : sed vocatur Iudeus.

c) *Zusatz in O von späterer Hand* : nec *uxor* nec *mater* nec *filia* nec *soror* nec   5 *vidua* sed tantummodo *Iudeus* et *Iudea.*

Zusatz in D : nec *uxor* nec *soror* nec *mater.*

N 11 Item nota, quod in femina semper dicitur *mulier*, nisi dicatur *uxor, soror, filia* et hiis similia vel *pauper orphana, domicella* vel *vidua*ᵃ ᵇ.

N 8a I – II *C f. 398; A f. 19; M f. 2; O f. 4; D f. 23'; E f. 14; T f. 84; B –.* – – *AE Üb.:* Nota. – *D² marg.:* Ordo debet exprimi.
¹ nota quod *om MOT*
² reo] et diocesis *add MT.*

N 9 I *P f. 8; H f. 2; S f. 2; C' f. 433* II *C f. 398; A f. 19; M f. 2; O f. 4; D f. 23'; E f. 14'; T f. 84; B f. 17' n. 29.* – – *A Üb.:* Nota. – *D² marg.:* Qualiter persone debent exprimi.
¹ dici *hinter* civis *C'*
² dicat *C'* | sive] et *add C'* | vel 1°] aut *C* : sive *MT* | aut] vel *C* | vel 2°] aut *MT*
³ exmendo *mit er-Kürzel M*
⁴ armiger] attinget *C* | sive] seu *T* | nobilis] civitatis sive (seu *T*) diocesis *add MT.*

N 10 I *P f. 8; H f. 2; S f. 2; C' f. 433* II *C f. 398; A f. 19; M f. 2; O f. 4; D f. 23'; E f. 14'; T f. 84; B f. 17' n. 30.* – – *AE Üb.:* Nota *(in A doppelt, da Z. 2 item neuer Abschnitt beginnt).* – *B Üb.:* De Iudeo et Iudea quando appellentur. – *D² marg.:* Nota contra Iudeos, qualiter nominari debent.
¹ nec 1°] *om PHSC'MB* | nec 3°] neque *E*
² item] nota quod *add H* : nec *C'CMTB* : *om D* | non *om C'CMTB* | dicitur *hinter* mulier *B* | mulier] laica *P* | nec] sive *C'* : neque *E*
⁵ nec soror *marg. einkorr. O.*

N 11 I *P f. 8; H f. 2; S f. 2; C' f. 433* II *C f. 398; A f. 19; M f. 2; O f. 4; D f. 23'; E f. 14'; T f. 84; B f. 17' n. 31.* – – *AE Üb.:* Nota. – *B Üb.:* Quando femina dicatur mulier. – *D² marg.:* Christiana dicitur mulier, uxor etc. – *T marg.:* Nota de femina.
¹ Item] Unde *MT* | nota *om PHAO* | in *om C'MODTB* | femina] forma *C*: Christiana *add D*: feminea *B* | semper *om H* | dicatur *C* : diceretur *B*
² soror] vel *add C* : *om T* | filia] mater *add S* | et] vel *C* | hiis *om MT* | vel vidua vel domicella *H* | domicella *om PSC'.*

a) *Zusatz in M (teilweise zu N 10 gehörig)* : sed vocatur *Iudeus* vel *Iudea*, *pauper orphanus* vel *pauper orphana*, *domicella* vel *vidua civitatis vel diocesis.*

b) *Zusatz in T* : sed *pauper orphanus* vel *pauper orphana*, *domicella* vel *vidua civitatis vel diocesis*.

N 12 Item nota, quod, cum dicitur : *Maria relicta quondam Iohannis,* debet semper poni : *laici vidua*[a] [b].

a) *Zusatz in S (vor N 12)* : ubi dicitur : *Iohanna relicta quondam .. laici vidua*; et si fuerit clericus, dicetur : *relicta quondam .. clerici in minoribus ordinibus constituti vidua.*

b) *Zusatz in O von späterer Hand* : vel *nata mulier* aut *monialis*, que non potest sola convenire nec agere. – *Dazu marginal* : nec alii constituti sub potestate aliena. B. Franc.[1]

N 12a Item nota, quod proprium nomen non debet dividi in litteris papalibus, quod teneat duas lineas, et si fiat, vitium est.

N 12b Item nota, quod littera non debet ultra exire in una linea vel incipere quam in alia; et debent esse equales linee post primam, que aliquantulum latior debet esse; et debet habere competentia spatia et equalia a lateribus.

D f. 24 **N 13** | Et est sciendum, quod, quando dominus papa scribit imperatori-

N 12 I *P f. 8; H f. 2; S f. 2; C' f. 433* II *C f. 398; A f. 19; M f. 2; O f. 4; D f. 23'; E f. 14'; T f. 84; B –. – – AE Üb.*: Nota. – *D²* marg.: Vidua.
[1] nota quod cum] quando *CMO* | cum] quando *HDT* : om *AE* | quondam om *PSC'* | Iohannis de.. *CMOT* : I. de .. *ADE*
[2] semper debet *C'* | vidua] diocesis vel civitatis add *M* : .. diocesis add *D* : civitatis vel diocesis .. add *T*.

N 12a I *P –; H f. 2; S –; C'* – II *C f. 398; A –; M f. 2; O f. 4; D –; E –; T f. 84; B –.*
[1] nota] notandum *M* | proprium] primum *T*
[2] est] de honestate est add *MT*.

N 12b I *P –; H f. 2; S –; C'* – II *C f. 398 A –; M f. 2; O f. 4; D –; E –; T f. 84; B –.*

[1] nota] notandum *M*
[2] post] preter *COT* | que] eciam *C*
[3] latior *unleserlich C* | a om *H*.

N 13 I *P f. 8/8'; H f. 2'; S f. 2; C' f. 433* II *C f. 398; A f. 19; M f. 2; O f. 6'; D f. 24; E f. 14'; T f. 84/84'; B f. 17'/18 n. 32.* – – *CM Üb.*: Modus, quem servat dominus papa in salutationibus litterarum suarum. *M fährt fort*: Rescripta, quamvis superius distincte aliquod *(? korr.)* dixit, nunc autem exempla m(onstrando) *(? zerstört)*. – *B Üb.*: Quando scribitur imperatoribus et regibus. – *D²* marg.: Reges papa vocat carissimos in Christo filios. – *In PHSM gehen N 17 Z. 3* Infideli – *N 18 voraus, nicht in C',* wo diese Notulae fehlen.
[1] Et *Initiale korr. C'* | est sciendum]

---

[1] *Es handelt sich um den päpstlichen Sekretär Bartholomeus Francisci (vgl. unten S. 66 Anm. 1).*

bus | sive regibus, vocat eos *carissimos in Christo filios* | et impera|trices   *T f. 84'*
et reginas *carissimas in Christo filias* in salutatione; in prosecutione vero   *P. f. 8'*
litterarum addit *nostros* vel *nostras*ª.   *B f. 18*

a) *Zusatz in MT* : sic: *Carissimo in Christo filio Carolo illustri Romanorum*   5
imperatori[1] *semper augusto*, vel sic: *Karissimo in Christo filio P. Francorum regi*[2]
illustri, vel sic: *Carissime in Christo filie Marie Aragonum regine*[3] *illustri salutem*
etc.

N 14 Comites, duces, barones et alios nobiles vocat *dilectos filios* et non
dicit *nostros*.ª

a) *MT hat folgende Fassung*: Comites vero, duces, barones vocat *dilectos*
filios et filias sic: *Dilecto filio nobili viro Hugoni comiti* etc., nec est necesse in
comitibus, ducibus, dalphino et similibus addi *civitatis .. diocesis ..*; in   5
aliis dominis temporalibus et in inferioribus est ponendum, alias rescribitur
littera.

---

nota *S* : sciendum est *A* | quod
om B | dominus *om B* | impera-
tori *H*

[2] eos] omnes *E* | karissimos *CD* |
et imperatrices – 3 filias *om C'*

[3] et] sive *C* | karissimas *C* | in saluta-
tione *om DB* | in prosecutione *om*
CAO (*urspr., dann* salutatione
durch Unterstr. getilgt u. darüber
prosecutione *einkorr.) E* | vero]
om H : autem *B*

[4] nostros vel nostras] *om C* : nostras
vel nostros *D* | vel nostras *om C'* |
vel] et *A*

[5] sic – in *zerstört M* | filio] nostro
einkorr. add T | Carolo] ā *(?)* Ka-
rolo *M*

[6] vel sic Karissimo *zerstört M* | filio]
nostro *einkorr. add T* | Francie *T*

[7] filie] nostre *einkorr. add T* | Marie
Aragonum *zerstört M*.

N 14 I *P f. 8'*; *H f. 2'*; *S f. 2*; *C'* –
II *C* –; *A f. 19*; *M f. 2*; *O f. 6'*;
D f. 24; *E f. 14'*; *T f. 84'*; *B f. 18*
n. 32a. – – *B Üb.*: De nobilibus. –
*D*² *marg.*: Comites etc. dilectos.

[1] Comites – 2 nostros *in MT andere*
Fassung, vgl. Zusatz a | nobiles *om*
PHSOT | vocat] eos *add ADE*

[3] barones *om M*

[4] et – Dilecto *zerstört M* | Hugoni]
H. *M*

[5] dalphino et *zerstört M* | .. 1° u. 2°
om T | civitatem vel diocesim *M*

[6] in *om M* | ponendum – re(scribatur)
zerstört M.

---

[1] *Karl IV. (1346–78)*.

[2] *Wahrscheinlich Philipp VI. von Frankreich (1328–50)*.

[3] *Wahrscheinlich Maria von Cypern, Gemahlin (seit 1315) Jakobs II. von*
Aragon, gest. 1321.

N 15 Quando vero scribit patriarchis, archiepiscopis et episcopis,

(I) scribit sic : *Bonifatius*[1] *etc. ve-nerabili fratri salutem.*

(II) etiam episcopis cardinalibus, dicit: *Venerabilibus fratribus salutem* etc., et in prosecutione addit *nostros*, et hoc etiam in presbiteris et dia-conis cardinalibus,ª ut : *Sua nobis dilectus filius noster . . presbiter* vel . . *diaconus cardinalis* etc.

a) *Zusatz in MOT* : quos in salutatione appellat *dilectos filios* et in prosecu-tione addit *nostros*.

N 16 Quando autem scribit electis, abbatibus et aliis personis, vocat | eos *dilectos filios*, nisi aliquis predictorum esset excommunicatus, suspensus vel interdictus; et tunc non vocat eum nec *carissimum* nec *venerabilem*

S f. 2'
O f. 7

N 15 I *P f. 8; H f. 2'; S f. 2; C' f. 433*
II *C f. 398; A f. 19; M f. 2; O f. 6';*
D f. 24; E f. 14'; T f. 84'; B f. 18
n. 32b. – – *B Üb.*: Qualiter scribitur
patriarchis etc. ac cardinalibus. –
*D*² *marg.*: Archiepiscopis etc. venerabiles, presbiteros, diaconos, sub-
diaconos, cardinales dilectos.

[1] vero] *om C'*: autem *M* | scribit *om
MDT* | et *om C'DB* | episcopis
einkorr. E

[2] scribit sic *om C'* | Bonifatius etc.
om C' | venerabilis fratris *H* :
venerabilis fratribus *C'* | etiam
episcopis] *om C* : et *D* : etc. *B*

[3] salutem 1°] etc. *add PH* : *om C'* |
dicit Venerabilibus *zerstört M* |
venerabili fratri *OT* | fratri *M* |
salutem 2° *om B*

[4] et] sed *DB* | et – nostros *om O* |
in prosecutione] episcopis cardi-
nalibus *AODEB* | nostris *ODB*

[5] et hoc – 6 cardinalibus *hinter* 10
nostros *O* | hoc] hec *AE* : *om B* | in
om B | et 2° *om T* | dyaconis car-
dinalibus *ab* dy *zerstört M* | dia-
conibus *O*

---

[1] *Bonifaz VIII.*

---

[6] ut] scribit sic *ADEB* : *zerstört M* |
Sua *zerstört M*

[7] . . 1°] *om CT* : A. *D* : P. *B* | . . pres-
biter . . *E* | . . 2° *om MDEB* |
vel . . diaconus *om CT*

[9] quos – filios *om O*.

N 16 I *P f. 8'; H f. 2'; S f. 2/2'; C' f.
433 (Auszug)* II *C f. 398; A f. 19;
M f. 2; O f. 6'/7; D f. 24; E f. 14';
T f. 84'; B f. 18 n. 32c.* – – *B Üb.*:
Qualiter scribitur excommunicatis.
– *D*² *marg.*: Abbates, electos et
inferiores prelatos dilectos *(vgl.
N 17)*. – *T marg.*: Qualiter papa
scribit excommunicato.

[1] Quando – scribit *om C'* | autem]
vero *B* | electis] . . *add H* : clericis
S | electis abbatibus *ab* elec *zer-
stört M* | et aliis personis] prioribus
etc. *C'* | personis quibuscunque *D* |
vocat eos *om C'*

[2] eos *om T* | dilectis filiis *C'* : dilec-
tum filium *T* | dilectos – 3 venera-
bilem *zerstört M* | nisi – *Schluß om
C'* | predictorum *om B* | vel suspen-
sus *H* | suspensionis *B*

[3] eum] ipsum *C* : *om T* | nec 1° *om O*

fratrem nec *dilectum filium* nec salutat eum, sed ~~loco salutationis dicit~~ : *spiritum consilii sanioris* [ut : *Bonifatius*[1] *episcopus servus servorum dei* . . *spiritum consilii sanioris*].   5

N 17   Item nota, quod, quando scribit Iudeis, Sarracenis vel paganis et aliis similibus, loco salutationis dicit : *deum verum et vivum diligere et timere,* vel : *viam veritatis agnoscere et timere,* vel sic: *Infideli regi Marochitano viam veritatis agnoscere et timere,* vel sic: *Nobili viro soldano Babilonie et Damasci timorem divini nominis* | *et amorem.*

M f. 2'

N 17a   Cum vero scribitur aliis, sic: *Carissimo in Christo filio F.*[2] *illustri Romanorum imperatori et semper augusto, Ierusalem et Sicilie regi,* vel : *Carissime in Christo filie Iohanne regine Francorum*[3] *salutem* etc., vel : *Caris-*

---

[4] fratrem *om CT* | nec dilectum filium *zerstört M* | dilectum] dicit *B* | dicitur *T* | dicit spiritum *zerstört M* | spiritum] episcopum *T*

[5] sanioris etc. *D* | ut – 6 sanioris *om CAMODETB* | . .] I. de . . *H* : *om S*.

N 17   I *P f. 8'; H f. 2'; S f. 2'; C'* – II *C f. 398; A f. 19; M f. 2/2'; O f. 7; D f. 24; E f. 14'; T f. 84'; B f. 18 n. 33*. – – *AE Üb.* Nota. – *B Üb.*: Qualiter scribatur Iudeis et Saracenis. – *D*[2] *marg. (teilweise auch auf N 16 bezüglich)*: Excommunicatos etc., Iudeos nec venerabiles nec carissimos nec dilectos vocat. Iudei, Sarraceni, pagani non salutantur.

[1] quod *om M* | quando *om H* | Saracenis *S*: Serracenis *B* | vel *om MB* | paganis – 2 similibus *ab* paga *zerstört M* | et aliis] vel *B*

[2] dicit] scribit *H* : *om M* | vivum et verum *P* : verum et unicum *CAM(zerstört)ODETB* | vivum] unum *H*

[3] veritatis agnoscere *ab* verita *zer-*

stört *M* | et] ac *AOEB* | vel 2°] ut *O* | vel sic *om PS* | vel sic – 4 timere *om AM'DEB* | Infideli – *Schluß steht in P f. 8, H f. 2 u. S f. 2 vor N 13, ebenso in M f. 2, hier aber nochmals f. 2/2' (= M')* | Infideli] magnifico viro *add T* | . . regi *PHS* | Morachitin. *S* : Marrochitan. *C* : Morochitan. *M* : Marochicen. *T*

[4] et] ac *O* | timere] tenere *PSM* | viro *om HM* | soldano] . . soldano *C* : *B*. soldano *D* : saldano *B* | Babillonie *O* : Babylonie *D* | et 2°] vel *H*

[5] timorem – nominis *zerstört M'* | divini] domini *v. and. Hd. korr. B* | divini nominis] domini nostri *H* | et *einkorr. B*.

N 17a   I *P f. 8; H f. 2; S f. 2 (alle vor N 13); C'* – II *nur M f. 2 (nicht aber f. 2' wie M' in N 17)*. – – *M Üb.*: Quando scribitur regibus. –

[1] sic *om HM* | *F*.] . . *P*

[2] et 1° *om HM*

[3] Iohanne] I. quondam *PHS* | Francie *H* | salutem *om M*

---

[1] *Bonifaz VIII*.

[2] *Friedrich II., römischer Kaiser seit 1220, gest. 1250 (vgl. oben Bd. 1 S. 143)*.

[3] *Johanna I., Tochter König Heinrichs I. von Navarra, Gemahlin König*

simo in Christo filio B. illustri regi Anglie[1] salutem etc., vel sic: *Dilecto filio*
nobili viro I. comiti de tali loco.

N 18 | Item nota, quod vacante sede cardi|nales sic salutant reges :
Excellenti et magnifico principi carissimo ecclesie filio domino A. regi Castelle
ac Legionis[2] illustri miseratione divina O. Tusculanus[3] et S. Penestrinus[4]
episcopi, I. tituli sancti Laurentii in Lucina[5] et P. tituli[6] sancte Sabine pres-

A f. 19'
H f. 2'

---

[4] filio 2°] tali *add PH*
[5] I.] . . *H* | tali] . . *PM* | tali loco *om*
H | loco *om M*.

N 18   I *P f. 8; H f. 2/2'; S f. 2 (alle*
vor N 13); C' – II *C f. 398; A f.*
19'; M f. 2 u. 2' (= M'); O f. 7;
D f. 24; E f. 14'; T f. 84'; B f. 18
n. 34. – – AE Üb.: Nota. – *M Üb.*:
Nota, qualiter scribunt cardinales
vacante sede. – *B Üb.*: Qualiter
scribatur regibus et aliis sede vacante. Cardinales salutantes sede
vacante. – *D² marg.*: Qualiter scribere debent cardinales vacante
sede. – *T marg.*: Qualiter cardinales
scribunt sede vacante.
[1] notandum *MM'* | sic cardinales
HM | sic] scribunt et *add M'T* :

scribunt regibus *add B* | reges] eos *B*
[2] Excellentissimo *E* | et *om C* | caro
M' | domino *om B* | A.] H. *B* | rege
D
[3] ac] et *HMM'* | Legionis] Regionis
SC : Legioni *A* : longioris *D* |
illustri . . *H* | P. miseratione *A* |
O.] C. *PMB* : T. *H* : Io. *CM'T* :
om A : A. *E* | S.] P. *HCM'ET* :
G. *(?) B* | Penestrin.] Pennen. *M*
[4] I.] Io. *B* | sancti Laurentii in Lu-
cina] sancte Potentiane *CM'T* |
in Lucina *om B* | Lucina] Basian.
(!) M | P.] T. *CM'T* | tituli 2° *om*
B | sancte Sabine] sancti *C* : sancte
Sabastine *M'* : sancte Sebastiane
T : sancte Crucis Sabine *B* | pres-
biteri] et *add A*

Philipps IV. von Frankreich seit 1284 August 16; gestorben 1304 April 2. Dazu
und zum Folgenden vgl. oben Bd. 1 S. 143.

   [1] *Einen englischen König, dessen Initiale B. ist, gibt es nicht. Offenbar ist der*
Buchstabe verderbt und dafür E. zu setzen, was sich dann auf Eduard I. (1272–
1307) beziehen würde.

   [2] *Wahrscheinlich Alfons X. (1252–1284), da Alfons XI. (1312–1350) für*
die Bonifazredaktion zu spät ist.

   [3] *Die Namen der folgenden Kardinäle sind mehrfach fiktiv. Der hier genannte*
Kardinal könnte Ordonis Alurz (1278–85) sein (vgl. Eubel s. v.).

   [4] *Simon de Belloloco (1294–97). Die Variante P. ließe sich auf Petrus de*
Capella (1306–12) deuten, doch ist das wohl eine spätere Modernisierung.

   [5] *Hier paßt kein Name aus der Liste der Kardinäle tit. s. Laurentii in Lucina;*
Iohannes de Toleto (1244–62) ist zu früh. Auch die Variante sancte Potentiane
führt nicht weiter.

   [6] *Auch dieser Name scheint fiktiv oder korrumpiert zu sein. Die Variante T.*
könnte auf Thomas Jorz (1305–10) bezogen werden, ist aber wohl ebenfalls fiktiv.

biteri, R. sancti Angeli[1], *M. sancte Marie in via lata*[2] *et O. sancti Adriani*[3] 5
diaconi cardinales salutem in domino. Cum vero scribunt aliis comitibus,
ducibus et nobilibus et aliis prelatis, preponunt se sic : *Miseratione divina*
etc. *dilecto filio* etc. *salutem in domino.*[a]

a) *Zusatz in CM'OT* : Si vero singulariter scribant eisdem, non preponunt se.

N 19   (I) Item nota, quod dominus papa in litteris suis nemini dicit
dominus, videlicet ut dicat: *Conquestus est nobis dominus* .. seu *domina*
.., nec etiam *dompnus.*

(II) Item nota, quod dominus papa
in litteris suis neminem vocat *dominum* vel *dompnum*, ut dicat: *Conquestus est nobis dominus Petrus*;
tamen bene dicitur: *Nicolaus domi-* 5
nus talis *castri.*[a]

a) *Zusatz in B* : et tunc debet dici : *dilectus filius nobilis vir P. dominus*

5 R.] L. *CAM'ODTB* : B. *M* : I. *E* |
  Angeli] Stephani *B* | M. – lata *om*
  CAM'ODETB | in via lata *om S* |
  O. sancti Adriani] M. sancti Georgii
  ad velum aureum *B* | O.] C. *P* :
  N. *CAM'ODET*
6 cardinalis *T* | scribitur *B* | ducibus
  comitibus *HM'TB*
7 et 1°] *om O* : etiam *T* | et 2°] *om*
  S : ac *B* | et aliis] vel *M'T* : *om D* |
  prelatis] ut collegium *add CAM'*
  ODET : et collegiis *add B* | pre-
  ponuntur *S* | se *om SA* | sic – *Schluß*
  om ADEB | M. (B. *S*) miseratione
  HS : .. miseratione *MT* : et mise-
  ratione *M'* | divina] C. Tusculanus *M*
8 etc. 1°] C. Tusculanus *H* : *om PS* |
  dil. fil. *SOT* : dilectis filiis *M* |
  filio .. *H* | etc. 2° *om M'OT* | salu-
  tem in domino *om S* | in domino]
  etc. *M. – In PHSM folgt N 13.*
9 eisdem *om C* | se] ad libitum faciunt
  add O (spätere Hd.).

N 19   I *P f. 8'; H f. 2'; S f. 2'; C' f. 433*
  II *C f. 398; A f. 19'; M f. 2'; O f. 7;*
  D f. 24; E f. 14'; T f. 84'; B f. 18/18'
  n. 35. – – AE Üb.: Nota. – B *Üb.*:
  Papa nullum dominum (dm̄ *B*)
  vocat. – D² *marg.*: Papa neminem
  vocat dominum vel dominam, sed
  dominum castri vel ville vocat.
1 Item 2°] et *B* | notandum *M* | quod]
  quando *add ADEB (gestr.)* | papa]
  scribit *add DB (gestr.)*
2 nemini] neminem *S*
3 domino *C'* | videlicet – 4 dominus ..
  om C' | dompnum] domnum *C* :
  dominam *DB* | dicat 2°] dicit *T*
4 dominus ..] .. dominus *H* | Petrus]
  P. *CAD* : H. *B*
5 .. *om H* | dompnus *om C'* | tamen]
  cum *D* | dicat *B* | Nicolaus] P.
  AEB : Petrus *DO* : nomen *C*
6 talis] .. *A* : *om MDET* | castri]
  .. diocesis *add M* : diocesis *add T*.

---

[1] *Auch hier findet sich in der Kardinalsliste kein passender Name; Riccardus
de Anibaldeschis (1239–74) ist wohl zu früh. Auch die Variante T. paßt nicht.*

[2] *Hier paßt kein Name.*

[3] *Ottobuono Fieschi (1251–76) ist wohl zu früh. Von den Varianten ließe sich
N. auf Napoleon Orsini (1288–1342) deuten, doch scheint das eher eine Modernisierung zu sein.*

B f. 18' *castri*, vel : *dilecta* | *in Christo filia nobilis mulier M. domina* talis *castri*, nec debet postea dici *miles*.

N 20   Item nota, quod mortuum non appellat nec *carissimum filium* nec

C f. 398' | *dilectum filium* nec *nobilem* nec etiam *venerabilem fratrem*, sed dicit : *bone memorie* talis, vel : *quondam* talis,

(II) vel in papa: *felicis recorda-*

5   *tionis* vel *sancte memorie.*[a]

a) *Zusatz in CMT* : de rege dicit *clare memorie* vel *inclite recordationis.*

D f. 24' **N 21**   De iudicibus quot dantur et ipsorum ordine (sciendum est), quod | tribus ad plures scribi consuevit et duobus interdum scribitur

(II) non tamen sine speciali man-

dato.[a]

5   a) *B hat dafür hinter N 62 folgende Fassung*: Item nota, quod uni, duobus aut tribus iudicibus scribi consuetum est et non pluribus.

N 20   I *P f. 8'; H f. 2'; S. f 2'; C' f. 433*
II *C f. 398/398'; A f. 19'; M f. 2';*
O f. 7; D f. 24; E f. 14'; T f. 84'; B
f. 18' n. 36. – – AE Üb.: Nota. – *B*
Üb.: Quando de mortuo fit mentio. – *D² marg.*: Mortuos nec venerabiles nec carissimos nec dilectos
vocat sed etc., ut testu *(!)*. – *T*
marg.: Qualiter loquitur de mortuis.

[1] appellet *B* | nec 1° *om MB* | filium]
nec fratrem venerabilem *add C'*:
v. sp. Hd. durch Unterstr. getilgt
O

[2] nec 1°] etiam *add M* | nec 2° – fra-
trem *om C'* | etiam *om MTB* | fra-
trem *om B* | dicet *PCMO*

[3] talis 1° *om C'CAMODETB* | talis
2°] . . *A* : *om DEB*

[4] vel] *einkorr. C* : *om MT* | in papa]
papam *C* : in Christo papa *ADE* :
in ipso papa *B* | felicis] etc. Boni-
facius *add B*

[5] vel – memorie *om B* | sancte] vel pie
add MT

[6] dicitur *C* | clare – recordationis *om*

C | clare vel inclite memorie recor-
dationis *M*.

N 21   I *P f. 8'; H f. 2'; S f. 2'; C' f. 433*
II *C f. 398'; A f. 19'; M f. 2'; O f. 7;*
D f. 24/24'; E f. 14'; T f. 84'; B
hinter N 62 f. 20'. – – *H Üb.*: De
iudicibus et ipsorum ordinibus. –
SM Üb.: De iudicibus. – *AOE Üb.*:
Nota de iudicibus. – *M marg.*: De
iudicibus. – *D² marg.*: Quot iudices
dantur in litteris apostolicis. – *In*
T N 21 – N 25 Z. 1 ecclesie *durch*
va-cat getilgt, dazu durchstrichen.

[1] De *Initiale nicht ausgeführt C'* |
iudicibus] autem *add P (einkorr.)*:
vero *add CMT* | dentur *CAMODE* |
ordine] nomine *C'* | sciendum est
om PHSC' | est *om MT*

[2] tribus ad plures] tribus *H* : uni vel
tribus *CMOT* : uni vel duobus aut
tribus *ADE* | ad plures] aut pluri-
bus *P* | scribere *H* | scribi consuevit]
scribitur *T* | et – scribitur *om ADE* |
scribitur *om CMOT*

[3] non – mandato *om AODE*.

N 22 Item nota, quod, quando scribitur patriarche, archiepiscopo vel episcopo,

(I) non dicitur *ecclesie*, nec si electo.[a]

(II) electo vel canonico aut officiali, non dicitur *ecclesie*.[b]

a) *Zusatz in S* : sed cum scribitur electo, debet poni proprium nomen.

b) *Zusatz in B* : hoc verum, quando scribitur uni soli canonico, sed si scriberetur pluribus, deberet dici : *canonicis ecclesie Florentin*.[1] *salutem*; et etiam ⟨in⟩ officiali non dicitur *ecclesie*.

N 23 Item quando scribitur abbati, si sit monachus,

(II) debet exprimi monasterium,

quando vero abbas est secularis et non religiosus, dicitur : *abbati secularis ecclesie* ... Illud idem fit, si scribitur sacriste, scilicet ponitur *secularis ecclesie*, nisi fuerit in ecclesia cathedrali, quia hic non dicitur *secularis*, sed solum : *sacriste ecclesie*[a] [b].

N 22 I P f. 8'; H f. 2'; S f. 2'; C' f. 433 II C f. 398'; A f. 19'; M f. 2'; O f. 7; D–; E f. 14'; T f. 84'; B f. 18' n. 37. – – *In P ist diese Note am Rande nachgetragen. – E Üb.*: Nota. – B *Üb.*: Intitulatio patriarcharum.

[1] Item nota quod *om C'* | quod *om MB* | scribit B | vel *om B*

[2] episcopo] aut electo *add C'*

[3] nec si electo *om C'* | si] scribit H | vel electo A | electo] ad huiusmodi prelaturas *add MT* | vel canonico *om M* | aut *om C* | aut officiali *om B*

[7] in *om B*

[8] ecclesie] *es folgt in B noch durchstrichen* Sequitur ulterius in pargameno contumando ulterius et hic nichil deficit. *Das Folgende in B Nachtrag von einer Hd. saec. XVI (N 23 ff.)*.

N 23 I P f. 8'; H f. 2'; S f. 2'; C' f. 433 II C f. 398'; A f. 19'; M f. 2'; O f. 7; D f. 24'; E f. 14'; T f. 84'; B f. 18' n. 38. – – *AE Üb.*: Nota. – B *Üb.*: Intitulatio abbatis et sacriste. – D[2] *marg.*: Abbates monasteriorum et abbates collegiatarum ecclesiarum, qui dantur in iudices.

[1] Item] *om C'* : nota quod *add P (gestr.) ADET* : nota *add C* : nec *add O* | abbati scribitur C | si – 2 monasterium] scribitur sic: .. abbati monasterii H | monachus] in monasterio A : monasterium T

[2] debet – monasterium] *om PSC' CODE* : dicitur abbati monasterii .. diocesis *MT*

[3] est abbas *CMT* | est *om AODE* | secularis] ecclesie *add CAMODET* | .. abbati H

[4] .. *om MO* | Illud – secularis ecclesie *om C'* | scribatur *CAODETB* | .. sacriste P | scilicet] sed H : silicet *(!) S* : quia B | scilicet ponitur] quod ponatur *CAMODET* | ponitur] sacriste *add H* | secularis *om T*

[5] ecclesie] .. diocesis *add M* : diocesis *add T* | nisi] si S : si vero C' | fuerit] sit *CAODEB* : sint *MT* | quia – dicitur] non ponitur C' | hic] *om AMODET* : tunc B

[6] solum] abbati ecclesie vel *add MT* : abbati vel *add D* | sacriste *einkorr*. P | ecclesie] .. *add H* : Pampilonen. *add C'*

---

[1] *Florenz.*

a) *In B lautet die Notula so* : Item nota, quando scribitur, si sit monasterium, dicitur *abbati monasterii*; quando vero scribitur abbati secularis et collegiate, dicitur: *dilecto filio abbati secularis* et *collegiate ecclesie.*

b) *Zusatz in MT* : Idem si scribatur priori secularis ecclesie; si enim sit in cathedrali, non ponitur *secularis*, alias sic.

N 23 a   Item nota, quod, quando scribitur officiali, non ponitur *ecclesie* sed solum : *officiali Parisien*[a] [1].

a) *Zusatz in C'* : Item nota, quod officiali non scribitur in executione gratiarum.

N 24   Item nota, quod non scribitur nisi officialibus superiorum prelatorum, unde si scribatur sic: .. *officiali Brivaten*[2]. *Claromonten*[3]. *diocesis*, littere erunt rescribende.

N 25   Item nota, quod, quando scribitur priori, non debet dici *ecclesie*[a], nisi fuerit prior ecclesie cathedralis, et tunc [semper] ponitur : *priori ec-*

---

[11] alias] vel *M.*

N 23a   I *P ƒ. 8'; H ƒ. 2'; S ƒ. 2'; C' ƒ. 433*   II *nur M ƒ. 2'.* – – *M Üb.*: Officiales.

[1] quod *om M*

[2] .. officiali *H* | offic. Par. *P* | Parisien.] Lugdunen. *C'.*

N 24   I *P ƒ. 8'; H ƒ. 2'; S ƒ. 2'; C' ƒ. 433*   II *C ƒ. 398'; A ƒ. 19'; M ƒ. 2'; O ƒ. 7; D ƒ. 24'; E ƒ. 14'; T ƒ. 84'; B ƒ. 18' n. 39.* – – *AE Üb.*: Nota. – *B Üb.*: Quibus officialibus scribitur. – *D*[2] *marg.*: Officialibus non scribitur inferioribus.

[1] Item – non] Nec umquam *M* | non] quando *S* | scribitur *om C'* | nisi *om S* | offic̄ *M* | superiorum] maiorum *CAMOETB* : maioribus *D* | prelatorum] patri prelature videlicet patriarcharum archiepiscoporum et episcoporum *D*

[2] si scribatur] subscribitur *C* : si scribitur *D* : si scriberetur *B* | sic *om C'B* | .. *om ETB* | Briuacen. *SA* :

Brinaten. *ME* : Priuaten. *O* : Bimicen. *T* : Butrun. *B* | Claromonten.] Caluomon. *H* : Clar. *A* : Claromoten. *T* : *om B*

[3] erunt] essent *B.*

N 25   I *P ƒ. 8'; H ƒ. 2'; S ƒ. 2'; C' ƒ. 433*   II *C ƒ. 398'; A ƒ. 19'; M ƒ. 2'; O ƒ. 7; D ƒ. 24'; E ƒ. 14'/15; T ƒ. 84' u. 83 (durch Verbinden der Vorlage getrennt); B ƒ. 18' n. 40.* – – *AE Üb.*: Nota. – *M Üb.*: Priori. – *B Üb.*: Priori; non dicatur prior, nisi sit ecclesie cathedralis. – *D*[2] *marg.*: Qualiter scribitur prioribus et quibus.

[1] nota quod *om B*

[2] cathedralis ecclesie *M* | semper *om CAMODETB* | ponitur] ecclesie *add A* : ita *add DE* | priori] *om AMOT* : .. priori *E* | priori ecclesie ..] ut *(.. add O)* priori ecclesie Dunaclenus (Dumelmen. *M* : Dunelmen. *O* : Dunolen. *T*) *CMOT* : .. priori ecclesie .. *add A*

---

[1] *Paris.*   [2] *Brioude, Haute-Loire.*   [3]   *Clermont.*

clesie . . ; et quando scribitur ~~priori Sancti Andree,~~ que est civitas in Scotia[1],
debet scribi : .. *priori cathedralis ecclesie Sancti Andree | in Scotia* ; et sic   *E f. 15*
olim ponebatur in omnibus cathedralibus ecclesiis.[b]   5

a) *Zusatz in MT (in T f. 84' beginnend)* : nec *priori prioratus,* sed dicitur :
| *priori monasterii . . diocesis.*   *T f. 83*

b) *Zusatz in H* : Item quando scribitur priori collegiate ecclesie, debet dici :
priori secularis ecclesie.

Zusatz in S : Nota, quod, si prior non fuerit in ecclesia cathedrali, potest dici :   10
prior sancti Venantii Camer⟨acen.⟩ ;[2] si ponatur ecclesia, dicetur : *prior secularis*
ecclesie sancti Venantii.

Zusatz in B (gehört sachlich zu N 23) : Intitulatio sacriste monasterii et
cathedralis vel collegiate ecclesie. – Item nota, quod interdum scribitur sacriste
alicuius monasterii non tamen in gratiosis, et tunc dicetur sic : *Dilecto filio ⟨. .⟩*   15
sacriste secularis ecclesie. Sed si scribatur sacriste ecclesie cathedralis, tunc
dicas : *Dilecto filio ⟨. .⟩ sacriste Avinionen.*[3] Sed si scribatur duobus sacristis,
scilicet cathedralis et collegiate ecclesie, dicitur sic : *Dilectis filiis ⟨. .⟩ maioris*
et secularis sancti Agricoli Avinionen. ecclesiarum sacristis salutem etc.

Zusatz einer eigenen Note in S nach N 25 Zusatz b : Notandum est, quod in   20
litteris conservatoriis iudices sive conservatores, qui dantur in ipsis conservatoriis, debent esse dignitate prediti et non possunt esse canonici cathedralium
ecclesiarum secundum constitutionem Bonifatii pape VIII.[4]

                                                                                            C' f. 433'
N 26 | Item quando | scribitur priori monasterii vel decano monasterii   *H f. 3*
vel preposito monasterii, semper debet dici : *per priorem* vel *per decanum*

---

[3] priori] ecclesie *add HC'* : .. priori
MO | Sancte *A* | est *om S* | Yscotia
PS : Squocia *C* : Iscotia *O* : Scacia
D : Scossia *T*

[4] debet scribi *om P* | .. *om PHSC'*
CMDTB | cathedralis ecclesie] ec-
clesie cathedralis *T* : *om B* | Sancti
Andree *om S* | Andre *A* | Scocia *S* :
Scossia *T* | et sic – *Schluß om C'B*

[5] ecclesiis] etc. *add D*

[6] prioratus] .. diocesis *add M* | sed – 7
monasterii *om M*

[13] *die Punkte läßt B überall aus*

[17] Aviniom. *B*

[22] prediti] predicte *S.*

N 26   I *P f. 8'* ; *H f. 2'/3* ; *S f. 2'* ; *C' f.*
433'   II *C f. 398'* ; *A f. 19'* ; *M f. 2'* ;

O f. 7 ; *D f. 24'* ; *E f. 15* ; *T f. 83* ; *B*
f. 18' ; *n. 42.* – – *AE Üb.* : Nota. –
B Üb. : Intitulatio prioris simplicis
decani vel prepositi. – *P marg.* :
Nomina iudicum, quibus scribitur
(bezieht sich auf alle entsprechenden
Noten). – *D² marg.* : Quando per
priorem soliti gubernari vel decanum etc. poni debet.

[1] Item] vero *add E* : quod *add T* |
monasterii 1° *om C'B* | vel *om B* |
monasterii 2°] .. *add H* : *om C'*
CAMODETB

[2] vel 1°] aut *C'* | monasterii] .. *add*
H : *om MB* | per priorem] per pre-
positum priorem *E* | vel 2° *om B* |
per 2° *om C'CADE*

---

[1] *St. Andrews in Schottland.*   [2] *Cambrai.*   [3] *Avignon.*   [4] *VI° 1, 3, 11.*

vel *per prepositum soliti gubernari* (et idem fit in narratione); nec ponitur
ordo in salutatione.ᵃ

5   a) *Zusatz in H* : sed in narratione bene nec non *per priorem soliti* etc.

Zusatz in MT : nisi sit decanus ruralis ecclesie, et idem de archipresbitero,
quia tunc dicitur : *decano decanatus ruralis . . diocesis* vel *archipresbitero archipresbiteratus . . diocesis*, licet forte isti non possint esse iudices.¹

N 27   Item nota, quod rectori vel capellano alicuius capelle non scri-
biturᵃ [nec infirmario seu elemosinario etiam ecclesie cathedralis].

a) *Zusatz in MT* : nec alicui beneficiato nisi illis, de quibus supra dictum est.

N 28   Item nota, quod in hiis omnibus debet poni *ecclesie*ᵃ : decano,
preposito, archipresbitero, (archidiacono), cantori, thesaurario, precentori,
succentori, cancellario et magistro scolarium et plebano plebis.

5   a) *Zusatz in T* : ubi fit vel narratur fuisse iudex, nisi ubi scribitur capiti
ordinis, ut Cluniacensis et similibus, que sunt capita religionis alicuius, sed
dicitur : *abbati . . diocesis.*

---

³ vel per] aut *C'* | vel per prepositum
om CE | per *om DB* | solitum *T* |
et – narratione *om PHSC'B*

⁴ salutatione] hoc fit *add P*

⁶ idem] dicitur *add M*

⁷ quia] qui *T* | decanus *T* | . . *om T* |
archipresbiter *T*

⁸ . . *om T* | possunt *T*.

N 27   I *P f. 8'; H f. 3; S f. 2'; C' f. 433'*
II *C f. 398'; A f. 19'; M f. 2'; O f. 7;*
D f. 24'; E f. 15; T f. 83; B f. 18' n.
43. – – AE Üb.: Nota. – *B Üb.:*
Rectori vel capellano non scribitur. – *O marg.:* Quibus non scribitur. – *D² marg.:* Rectori non scribitur.

¹ notandum *M* | rectori] priori *H* |
cappellano *SD* | capelle] ecclesie
HB : cappelle *D* | non *doppelt E* |
scribitur] ut iudici *zu* ut indixi *korr.*
add B

² nec – cathedralis *om C'CAMO
DETB* | informacio *(!) S* | seu

elemosinario *om PH* | elemosi-
nacio *S*.

N 28   I *P f. 8'; H f. 3; S f. 2'; C' f. 433'*
II *C f. 398'; A f. 19'; M f. 2'; O f. 7;*
D f. 24'; E f. 15; T f. 83; B –.
– – AE Üb. : Nota. – *M Üb.:* In
quibus ecclesie ponitur. – *O marg.:*
Quibus dignitatibus debet poni ec-
clesie. – *D² marg.:* In quibus debet
poni ecclesia.

¹ Item nota] Notandum *M* | quod
om T | in *om C* | omnibus hiis *T* |
debetur *H* | ecclesie] . . *add H* :
videlicet *add C'*

² preposito] archiepiscopo *add C* |
archipresbitero] archiepiscopo *C'* :
om ADE | archidiacono *om PHSC'*
M | maiori cantori *T* | precentori]
priori *C'* : presentori *T*

³ et 1° *om CAOD* | magistris *PHS* |
scolarum *PHSC' CAMOET* | et 2°]
ac *S* | plebano] *doppelt A* : *zerstört*
M | plebis] plebanis *S*

⁶ . . *om T*.

---

¹ *Vgl. oben S. 29.*

N 29   Item nota, quod, quando ~~scribitur archidiacono vel canonico~~ maioris ecclesie, non est vis, utrum ponatur vel non ponatur *ecclesie*.[a]

a) *Zusatz in T* : nisi eis cum aliis scribatur, in quibus debeat poni.

Zusatz in O (Nachtrag von einer Hand saec. XVI) B : imo secundum aliquos omnino non ponitur.   5

N 30   Item nota, quod, quando scribitur archiepiscopo vel episcopo, dicitur : *Quocirca* vel *ideoque fraternitati tue*, quando aliis personis, dicitur : *Quocirca* vel *ideoque discretioni tue* vel *vestre*.

N 31 | Item nota, quod, si scribitur uni episcopo et duobus aliis vel   *S f. 3*
duobus episcopis et uni alii, dicitur : *Quocirca discretioni vestre*.[a]   *B f. 19*

N 29   I *P f. 8'; H f. 3; S f. 2'; C' f. 433'* *(Auszug)* II *C f. 398'; A f. 19'; M f. 2'; O f. 7; D f. 24'; E f. 15; T f. 83; B f. 18' n. 44.* – – *AE Üb.*: Nota. – *B Üb.*: Quando scribitur archidiacono et canonico maioris ecclesie, dicitur ecclesie. – *D² marg.*: In cathedrali canonico non ponitur ecclesia aut archidiacono.

[1] Item – scribitur] In *C'* | quod *om MTB* | archidiacono] vero *add C'* vel] et *C'*

[2] est vis – ponatur 2°] debet poni *T* | vis] vix *PH (korr.)* : necesse *CA MODEB* | utrum – *Schluß*] ponere ecclesie *C'* | utrum] an *M* | ponatur 1°] ponitur *(?) P* : ecclesia *add CAM(zerstört)ODB* | ponatur ecclesie *om CAM (teilw. zerstört) OEB* | ecclesie 2° *om D*

[4] aliquos] quosdam *O*.

N 30   I *P f. 8'; H f. 3; S f. 2'; C' f. 433'* II *C f. 398'; A f. 19'; M f. 2'; O f. 7; D f. 24'; E f. 15; T f. 83; B –.* – – *E Üb.*: Nota. – *D² marg. (teilweise auch auf N 31 bezüglich)*: Patriarche etc. dicitur fraternitati, aliis discretioni etc., quandoque tribus vestre, quando vero uni tue.

[1] nota *om PSO* | quod *om M* | scribi-

tur] patriarche *add CDT* | episcopo] in conclusione *add C'*

[2] dicitur] scribitur *M* | ideoque] ideo *PE* | tue] vel vestre si sint plures *add T* | tue – aliis *in M zerstört* | quando – *Schluß om C'AT* | personis] scribitur *add H*

[3] ideoque] ideo *P* | tue vel *om E* | vel vestre *om CMOD*.

N 31   I *P f. 8'; H f. 3; S f. 3; C' f. 433'* II *C f. 398'; A f. 19'; M f. 2'; O f. 7; D f. 24'; E f. 15; T f. 83; B f. 19 n. 45.* – – *B Üb.*: Si episcopo et duobus aliis, dicitur : discretioni vestre. – *D² marg. vgl. bei N 30.*

[1] Item nota quod] et *C'*: *om CAMO DET* | quod *om B* | si] quando *HB* : vero *add CAMODET* | scribatur *SC'T* | uni *om B* | et] vel *ET* | et duobus aliis *om A* | aliis vel duobus *in M zerstört* | aliis] puta decano et cantori (vel succentori *add S*) *add PS* | vel duobus *om H* | vel duobus – alii *om B*

[2] alii] cantori *PHS* : alio *C'* | dicitur] dicetur *HS* : non dicitur fraternitati sed *B* | Quocirca] *hinter* vestre *H* : *om B* | vestre] vestri et non fraternitati *S*

a) *Zusatz in S* : Nota, quod, si episcopus datur pro parte aliqua in conventione, dicetur : *Quod si non* etc. *duo vestrum* etc.; sed si episcopus datur pro parte curie, tunc dicetur : *Quod si non omnes* etc., *tu frater episcope* etc.

Zusatz in B (n. 46) : Quando ponitur *ideoque* vel *quocirca*. – Item nota, quod *ideoque* locum solum ⟨habet⟩ in simplicibus, non in revocatoriis,[1] in quibus de stilo et usu cancellarie ponitur solum *quocirca*.

N 32 Item nota, quod, si scribitur solum duobus iudicibus[a], non ponitur clausula *Quod si non omnes*.[b]

a) *Zusatz in T* : dicitur post illa verba *mandamus quatinus* : *vos vel alter vestrum*.

b) *Zusatz in B* : sed : *Quod si non ambo* etc. – *D fügt an dieser Stelle fälschlich hinzu* : et non dicitur in narratione post illa verba *mandamus, quatinus vos vel duo*.[2]

N 33 Item nota, quod, quando scribitur tribus iudicibus

(II) et non dicitur in ⟨conclusione⟩ post illa verba *mandamus, quatinus* : *vos vel duo aut unus vestrum,*

---

[7] habet *om B*
[8] stillo *B*.

N 32 I *P f. 8'; H f. 3; S f. 3; C' f. 433'* II *C f. 398'; A f. 19'; M f. 2'; O f. 7; D f. 24'; E f. 15; T f. 83; B f. 19 n. 47. – – AE Üb.*: Nota. – – *B Üb.*: Quod si non omnes. – *O marg.*: Ubi debet poni clausula Quod si non omnes etc. – *D² marg.*: Quando quod si non omnes, quandoque vos vel duo.
[1] si] quando *ADB* : *om E* | scribatur *HSC'* | solum] *hinter* iudicibus *P* : *om B* | iudicibus – ponitur *in M zerstört* | non] nec *T* | ponetur *HSC'*: ponatur *D*
[2] omnes] etc. *add B.*

N 33 I *P f. 8'; H f. 3 (mit N 32 zusammengeflossen); S f. 3; C' f. 433'* II *C f. 398'; A f. 19'; M f. 2'; O f. 7; D f. 24'; E f. 15; T f. 83; B f. 19 n. 48. – – AE Üb.*: Nota. – *B Üb. wie N 32. – D² marg.*: Ubi ponitur clausula Quod si non omnes. – *T marg.*: Quod si non omnes.
[1] Item – 5 omnes *om H* | Item nota quod *om C'T* | nota quod *om B* | quod *om MD* | quando] vero *add C'* : si vero *T* | scribitur *om C'T* | tribus *doppelt S* | iudicibus *om C'T*
[2] et non – 4 duo *in D fälschlich hinter N 32,2* omnes | non *om A* | conclusione] narratione *alle Hss*
[3] post illa verba *in M zerstört*
[4] vel duo – vestrum] etc. *B* | aut unus vestrum *om ADE*

---

[1] *Vgl. S. 51 Anm. 1*   [2] *Vgl. N 33.*

datur illa clausula : *Quod si non omnes hiis exequendis potueritis interesse,*   5
duo vestrum ea nichilominus exequantur, que debet scribi post *Testes.*

N 34   Item nota, quod, quando

(I) aliquis trium iudicum est episco-   (II) in conventione datur episcopus,   pus pro tertio,

consuevit dici : *Quod si | non omnes* etc., *tu, frater episcope, cum eorum altero*   *D f. 25*
ea[a] etc.[b]   5

a) *Zusatz in C'* : *nichilominus exequaris;* quando sunt duo episcopi, dicitur:
duo vestrum ea etc.

Zusatz in T : *nichilominus exequaris*; alias non, nisi in causis, que de sui natura
spectant ad suum examen, ut matrimonium et similia.

b) *Zusatz in H* : Item nota, quod ista clausula subsequens ponitur indifferen-   10
ter in litteris apostolicis, que per audientiam contra quoscumque Mendicantes
impetrantur, si petatur etiam contra aliquos exemptos vel alias, et fuit ordinatus
de mandato sanctissimi patris et domini nostri, domini B. pape XII. pontificatus
sui anno quarto quasi in principio eiusdem anni,[1] et ponitur post *Testes* immediate. *Es folgt die Rubrik* : Nota clausulam novam contra privilegia. *Darauf der*   15
Text: Non obstante, si eidem ordini a dicta sede sit indultum, quod persone ipsius
ordinis ad iudicium trahi aut suspendi vel excommunicari seu ipse ac dicti ordinis
loca interdici non possint per litteras apostolicas non facientes plenam et expressam
ac de verbo ad verbum de indulto huiusmodi mentionem et qualibet alia dicte sedis
indulgentia generali vel speciali cuiuscumque tenoris existat, per quam presentibus   20
non expressam vel totaliter non insertam tue iurisdictionis explicatio in hac parte

---

[5] datur] et dicetur sic *C'* : non datur
A | illa *om B* | illa clausula *om C'* |
hiis – 6 exequantur] etc. *ADE* :
om B | potueritis interesse *in M*
zerstört | poteritis *O*

[6] eo *M* | que] clausula semper *add*
C' : et *CAMODETB* | scribi debet
H | scribi] poni *C'*.

N 34   I *P f. 8'; H f. 3; S f. 3; C' f. 433'*
II *C f. 398'; A f. 19'; M f. 2'; O f. 7;*
D f. 24'/25; E f. 15; T f. 83; B f. 19
n. 49. – – AE Üb.: Nota. – *B Üb.*
wie *N 32. – D²* marg.: Alias Tu
frater episcope.

[1] Item nota quod *om C'* | nota quod
om B | quando] si *P*

[2] conventione *in M zerstört*

[3] pro tertio *om D*

[4] consuevit] debet *M* | consuevit dici]
dicitur *C'* | Quod – etc. *om C'* |
etc.] Nota de clausula, que adiungi-
tur, quando episcopus cum aliis
iudicibus pro iudice impetrat *add*
H (eingearbeitete Rubrik) | tu] vero
add C' | . . episcope *C'*

[5] ea *om CAMODEB* | etc.] nichilo-
minus exequaris *add H* : *om C'MT*

---

[1] *D. h. im Januar 1338. Bei der hier angeführten Klausel handelt es sich um*
Reg. cancellariae Benedicti XII n. 8 (ed. v. Ottenthal, Regulae cancellariae apos-
tolicae S. 10).

valeat quomodolibet impediri, que quoad hec ipsis nolumus aliquatenus suffragari.
Item nota, quod ista clausula ponenda est in litteris iustitie, quando infra duas
vel tres dietas non est locus idoneus, ubi possit causa committi, et ponitur post
25 *Testes* : *non obstantibus constitutionibus de duabus et una dietis*,[1] *cum, sicut asseri-*
tur, in patria illa locus partibus vicinior idoneus non existat, ubi possit huiusmodi
causa committi.

Zusatz in M : Item nota, quod in causa matrimoniali, etiam si episcopus pro
tertio non detur, semper debet dici : *Quod si non omnes* etc. et *tu, frater episcope,*
30 etc.

N 35 Item nota, quod guardiano Minorum et priori fratrum Predicatorum scribitur cum hac clausula : *Non obstante indulgentia, qua, fili guar-*
H f. 3' *diane* sive *fili prior, ordini tuo a sede* | *apostolica dicitur esse concessum,* | *quod*
O f. 7'
P f. 9 *ipsius ordinis* | *fratres non teneantur se intromittere de quibuscumque negotiis,*
A f. 20 *que ipsis per eiusdem sedis litteras commit* | *tuntur, nisi in eis de concessione*
M f. 3 *huiusmodi plena et expressa mentio habeatur.* | Et hec clausula debet poni
immediate post *Testes*.[a]

a) *Zusatz in O von späterer Hand am Rande von f. 7 unten* : Clausula *Non ob-*
stante. Nota, quod hec clausula ponitur ante illam *diem vero* etc.
10 *Zusatz in T* : Et post sequitur *Quod si non omnes*, si scribatur tribus.

28 quod – mat(rimoniali) *in M zer-*
stört.

N 35 I *P f. 8'/9; H f. 3/3'; S f. 3; C' f.*
433' (hinter N 36) II *C f. 398'; A f.*
19'/20; M f. 2'/3; O f. 7/7'; D f. 25;
E f. 15; T f. 83; B –. – – AE Üb.:
Nota. – M *Üb.*: Nota *(zerstört)*,
quod ista clausula semper ponitur
in ordine Mendicantium, licet non
detur propter *(?)*. Clausula non
obstante. – *P marg.*: Guardiano
non obstante indulgentia. – *D²*
marg.: Quando scribitur guardiano
Minorum, quando priori Predicatorum, debet poni clausula non
(doppelt) obstante etc. – *T marg.*:
Pro gardiano vel priore Predicatorum.
1 Item nota quod guar *in M zer-*
stört | quod] quando *add CT* |
guardiano – 2 clausula] quando

scribitur priori fratrum Predicatorum et quando scribitur priori
vel gardiano Minorum semper poni-
tur clausula infrascripta *C'* | gar-
diano *PCADET* | fratrum ordinis
Minorum *S* | et] *om M* : vel *D* | . .
priori *O* | priori – Predicatorum]
Predicatorum priori A | fratrum]
om HCMODET: ordinis *add S* |
Predicatorum] p(ra)tor(um) *(!) D*
2 cum hac] ponitur hec *CT* | hac]
illa *H* : hec *D* | qua] quia *S* : *in*
M zerstört | fili prior sive fili gar-
diane *C'* | gardiane *PCADT*
3 sive] seu *D* | fili *om H* | concessa *D* |
quod ipsius or *in M zerstört*
4 quibusdam *DE*
5 per eiusdem se *in M zerstört* | in
om T
6 Et] tunc *add D*
7 inmediate *SCD.*

1 *Gemäß c. 37 Conc. Lat. IV = X 1, 3, 28 und VI° 1, 3, 11. Vgl. Bd. 1 S. 193 f.*

N 36 Item nota, quod non semper, quando scribitur tribus ~~iudicibus~~, clausula illa *Quod si non omnes* ponenda est, quoniam non ponitur in omnibus litteris, ubi dicitur : *per vos vel alium seu alios*; sed solum in simplicibus et revocatoriis[1] et aliis, que habent cause cognitionem, ponitur.[a]

a) *Zusatz in O von späterer Hand (saec. XV)* : et in expectationibus pro pauperibus clericis.

N 37 Item nota, quod, quando impetratur contra archiepiscopum vel episcopum, ubi dicitur : *faciens, quod decreveris, per censuram ecclesiasticam*, dicetur : *auctoritate nostra*, et ubi dicitur in *Testes* : *censura simili*, dicetur : *per censuram ecclesiasticam*. Illud idem fit, cum dicitur : *contradictores per censuram ecclesiasticam*, dicitur : *auctoritate nostra*.

N 36 I *P f. 9; H f. 3'; S f. 3; C' f. 433' (vor N 35)* II *C f. 398'; A f. 20; M f. 3; O f. 7'; D f. 25; E f. 15; T f. 83; B f. 19 n. 50.* – – *AE Üb.*: Nota. – *B Üb. wie N 32.* – *D² marg.*: Quandoque vos vel duo, quandoque Quod si non omnes poni debet. – *T marg.*: Quod si non omnes.

¹ Item *om C'* | quod non *om T* | quando] dum *C'* : *om D*

² cum clausula *D* | illa clausula *MB* | ponenda – non *om C'* | quoniam non] non tamen *CT* : non enim *(?) M* | quoniam] quod *A* : quando *OE* : quia *DB* | ponitur] videlicet *add C'* | omnibus) illis *CT*

³ vel] *om M* : per *add C* | vel – alios] etc. *B* | sed solum *om C'*

⁴ et 1° *om T* | et aliis *om C'* | cause] *om D* : esse *B* | cognitionis *B* | ponitur *om TB*.

N 37 I *P f. 9; H f. 3'; S f. 3; C' f. 433'* II *C f. 398'; A f. 20; M f. 3; O f. 7'; D f. 25; E f. 15; T f. 83; B.* – – – *AE Üb., M marg.*: Nota. – *D² marg.*: Auctoritate nostra et quando Per censuram etc. – *T marg.*: Auctoritate nostra.

¹ Item *om M* | quod *om M* | contra] patriarcham *add T*

² ibi *T* | dicit *C'* | decernis *C*

³ dicetur – 4 ecclesiasticam *om C* | dicetur 1°] dicatur *C'*: dicitur *AMOET* : *om D* | et ubi – 4 ecclesiasticam *om C'* | in] clausula *add D* | censuris similiter *D* | dicetur 2°] dicitur *HAMODET*

⁴ fit] sic *(?) H* : erit *(?) M* : est *ODE* | fit – dicitur] est in illa clausula *CT* | cum dicitur] in *C'AMOE* | cum dicitur contradictores] contradictores ubi dicitur *D* | contradictores] autem *add H* : contra *O* | per – *Schluß om C'*

⁵ dicetur *HS*.

---

¹ *Über diese Briefarten vgl. Herde, Beiträge 69 f., u. Marinus von Eboli 63 ff. (= Quellen u. Forschungen 42/43 S. 177 ff.)*

C f. 399
L f. 85a

N 38 Item nota, quod in nullo rescripto debent poni ultra tres dioceses vel civitates, et si quarta ponatur, littere erunt rescribende gratis, nisi | iudex fuerit de una | illarum.

T f. 83'

N 39 Item nota, quod in una littera non debent esse nisi octo nomina; tamen | si ultra octo nomina sit aliqua mulier et sit alicuius precedentium uxor, littere valent.

N 40 Item nota, quod, quandocumque plures seu duo impetrant, etiam si fratres fuerint, dicetur post illa verba *et rebus aliis* : *ad eos communiter pertinentibus*, nisi decanus et capitulum

5 (I) vel abbas et conventus vel abbatissa et conventus conquerantur, ubi non dicitur : *ad eos communiter pertinentibus*, cum unum corpus sint.

(II) abbas vel abbatissa et conventus et similia, que faciunt unum corpus, ubi non dicitur : *ad eos communiter pertinentibus*.

N 38 I *P f. 9; H f. 3'; S f. 3; C' f. 433'* II *C f. 398'/399; A f. 20; M f. 3; O f. 7'; D f. 25; E f. 15; L f. 85a (beginnt erst mit* 3 illarum, *alles vorhergehende verloren); T f. 83; B –. – – S Üb.*: Non debent poni ultra tres dioceses in littera. – *C Üb.*: Quot dioceses possunt esse in rescripto. – *AE Üb.*: Nota. – *P marg.*: Non debent poni ultra dioceses in una littera. – *O marg.*: At(tende) de diocesibus.
¹ Item *om M* | quod *om M* | rescripto] possunt esse nec *add T* | debent] debet *C'* : esse nec *add T* | tres *om T*
² quarta] ultra *CAMODET* | ponantur *CMOT* : apponantur *ADE*
³ illarum] item *add C*.

N 39 I *P f. 9; H f. 3'; S f. 3; C' f. 433'* II *C f. 399; A f. 20; M f. 3; O f. 7'; D f. 25; E f. 15; L f. 85a; T f. 83/83'; B –. – – C Üb.*: Quot nomina possunt esse in una littera. – *AE Üb.*: Nota. – *D² marg.*: Quot persone possunt esse in rescripto. – *O marg.*: At(tende).
¹ Item *om M* | quod *om D* | nisi] ultra *C'C* | VIII *PA*

² tamen] tantum *C* : cum *D* | ultra] inter *S* | VIII *PA* | nomina *om CAMODELT* | sit 2°] si *LT*
³ littere valent] debet *C* | littere *om T* | valet *T*.

N 40 I *P f. 9; H f. 3'; S f. 3; C' f. 433'* II *C f. 399; A f. 20; M f. 3; O f. 7'; D f. 25; E f. 15; L f. 85a; T f. 83'; B –. – – S Üb.*: Communiter spectantibus. – *AE Üb.*: Nota. – *PT marg.*: Communiter pertinentibus. – *D² marg.*: Ad eos communiter spectantibus quandoque ad ecclesiam vel monasterium.
¹ Item *om M* | nota quod *om C'* | quod *om CM* | quandoque *T* | duo seu plures *AM* : duo vel plures *L* | seu duo *om C'* | inpetrant *SL* | etiam si] et *C*
² dicitur *D*
⁴ vel 2°] aut *C'* | vel 3°] et *CE* | et 2°] vel *E*
⁶ ubi non 1°] ut ibidem *S* : in supradictis non *C'* | ubi 2° – 7 pertinentibus 2° *einkorr. A*
⁷ pertinentibus 2°] etc. *add D* | sint] fuerit *H*.

N 41 Item nota, quod, si conquerantur preceptor ~~et fratres alicuius~~
hospitalis vel domus, dicetur post illa verba *et rebus aliis* : *ad dictum hospitale* seu *dictam domum spectantibus* sive *pertinentibus.*

N 42 Item nota, quod in omnibus litteris papa dicit, ubi nominat
hospitale sancti Spiritus de Urbe[1] : *hospitale nostrum sancti Spiritus in
Saxia de Urbe,* [videlicet dicit *nostrum,* et quilibet papa sic scribit].

N 43 Item nota, quod, si episcopus conqueratur super terris, | debitis   *E f. 15'*
etc., post illa verba *et rebus aliis* dicetur : *ad mensam suam episcopalem
spectantibus* [vel *pertinentibus*].[a]

a) *Zusatz in D : et que* | *a bonis aliis ipsius ecclesie sunt omnino discreta.*   *D f. 25'*

N 41 I *P f. 9; H f. 3'; S f. 3; C' f. 433'*
II *C f. 399; A f. 20; M f. 3; O f. 7';*
D f. 25; E f. 15; L f. 85a; T f. 83';
B f. 19 n. 51. – – AE Üb.: Nota. –
B Üb.: De hospitalibus vel domibus eorundem. – *D² marg.*: Quandoque ad hospitale. – *T marg.*: Ad
dictam ecclesiam spectantibus.
[1] Item *om M* | conqueratur *HSC'
AMETB* : conqueritur *L* | et]
vel *B* | frater *B*
[2] dom *(!)* vel hospitalis *L* | vel] et *E* |
dicitur *B*
[3] seu] ad *add B* | dictam *om MD* |
pertinentibus sive spectantibus *M* |
sive] seu *CADELTB* | sive per-
tinentibus *om C'.*

N 42 I *P f. 9; H f. 3'; S f. 3; C' –*
II *C f. 399; A f. 20; M f. 3; O f. 7';*
D f. 25; E f. 15; L f. 85a; T f. 83';
B f. 19 n. 52. – – AE Üb.: Nota. –
B Üb.: De hospitali sancti Spiri-
tus. – *M marg.*: Hospitale sancti
⟨Spiritus⟩. – *D² marg.*: Hospitale
sancti Spiritus de Urbe.
[1] Item *om M* | quod] ubicunque
add B | omnibus *om B* | litteris]
apostolicis *add B* | pape *C* : pp̄
AME | papa dicit] domini pape
dicitur *H* | dicit *om CAMODELTB*

| ubi *om B* | nominatur *C A (ohne
Kürzungszeichen) DEL*
[2] de Urbe *om T* | Urbe] dicit *add
CAODELT*: dicitur *add MB* | ho-
spitale 2°] hospitalem *L* | sancti
Spiritus 2° *om PHS*
[3] videlicet – scribit *om CAMO
DELTB* | sic scribit] scribit ita *H.*

N 43 I *P f. 9; H f. 3'; S f. 3; C' f. 433'*
II *C f. 399; A f. 20; M f. 3; O f. 7';*
*D f. 25/25'; E f. 15/15'; L f. 85a:
T f. 83'; B f. 19 n. 52a. – – AE Üb.*
Nota. – *B Üb.*: De mensa cathedrali. – *P marg.*: Nota de episcopo.
– *D² marg.*: Pro episcopo ad mensam suam episcopalem. Quando
separata sunt bona mense a bonis
ecclesie *(gehört zu Zusatz a).* –
T marg.: Ad mensam suam episcopalem.
[1] Item *om M*
[2] etc. *om M* | post] dicetur post *M* |
dicetur] dicitur *PC* : *om M* | epis-
copalem].. *add D*
[3] vel pertinentibus] quando ponitur
usuris cessantibus *v. and. Hd. add
H* : *om CAMODELTB*
[4] ab | *(f. 25')* a bonis *D* | ipsius *ein-
korr. D.*

---

[1] *S. Spirito in Rom und der angegliederte Orden.*

N 44 Item nota, quod semper, cum quis conqueritur super debitis,
C' f. 434 terris etc. vel pecunie summa, post illa | verba *appellatione remota* debet
sequi : *usuris cessantibus,* nisi conqueratur patriarcha, archiepiscopus,
episcopus, abbas et conventus, collegium vel capitulum aliquod[a] sive rector
5   nomine ecclesie.

a) *Zusatz in H* : aut scriptor domini pape et nisi conqueratur de Iudeo
etiam laico.
Zusatz in C' : aut capellanus pape.
Zusatz in C : aut scriptor apostolicus.
10   *Zusatz in A am Rande von späterer Hand (saec. XV)* : sive scriptor pape vel
capellanus pape.

S f. 3'   **N 45** | Preterea ubi ponitur *super debitis,* non debet poni: *pecunie
summa,* nec econverso.

N 46 Item nota, quod, quando dicitur : *in elemosinam sibi collatis* seu
H f. 4 *quos in pios usus* | *erogari precepit,* debet dici : *super quadam pecunie summa*
et non *super debitis.*

N 44   I *P f. 9; H f. 3'; S f. 3; C' f.
433'/434* II *C f. 399; A f. 20;
M f. 3; O f. 7'; D f. 25'; E f. 15';
L f. 85 a; T f. 83'; B –. – – S Üb.*:
Usuris cessantibus. – *C Üb.*: Clausula usuris cessantibus. – *AE Üb.*:
Nota. – *POT marg.*: Usuris cessantibus. – *D² marg.*: Quando debet
poni usuris cessantibus et quando
non.
[1] Item *om M* | debitis *om ADEL* |
terris debitis *HT*
[2] terris etc. *om C'* | vel] et *D* | vel
pecunie summa *om H* | summa] in
revocatoriis in simplicibus *add T* |
post] ante *add T* | verba *om C'*
[3] sequi] poni *T*
[4] vel episcopus *EL* | et *om L* | vel
aliquod *D*
[5] ecclesie] vel aliquis cum eo *(.. E* :
om AL) add AMOEL : vel aliquis
cum *D.*

N 45   I *P f. 9; H f. 3'; S f. 3'; C' f. 434*
II *C f. 399; A f. 20; M f. 3; O f. 7';
D f. 25'; E f. 15'; L f. 85 a; T f. 83';
B –.*
[1] Preterea *schließt in A an das Vorhergehende an (N 44), ebenso DL*
[2] nec econverso] vel econtra *P* : nec
econtrario *S* : vel *(? zerstört)* econverso *C* : et econverso *AMODELT.*

N 46   I *P f. 9; H f. 3'/4; S f. 3'; C'
f. 434* II *C f. 399; A f. 20; M f. 3;
O f. 7'; D f. 25'; E f. 15'; L f. 85 a;
T f. 83'; B –. – – AE Üb.*: Nota. –
D² marg.: In elemosinam erogatus.
[1] Item *om M* | quod *om M* | dicitur
om CAMODEL | collatam *T*
[2] quas *PHSC'* | in pios] impios *D* |
usos *(!) L* | errogari *O* : erogare *T* |
precepit erogari *S* | debet dici]
dicatur *C'* | dicere *PHCMODELT* |
super – summa] quandam pecunie
summam *H* | summa pecunie *D.*

N 47 Item nota, quod laicus contra laicum super terris, debitis et possessionibus non potest impetrare extra patrimonium beati Petri in Tuscia[1], nisi dicat se crucesignatum, et tunc post illa verba *iniuriantur eidem* sequetur : *propter quod voti sui executio impeditur*, vel nisi fuerit pauper orphanus vel orphana aut vir cum uxore et tunc *ad dotem*.[a]

a) Zusatz in C' hinter N 61, aber hierhin gehörig : Item nota, quod, quando impetratur pro clerico crucesignato, non ponitur illud verbum : *propter quod voti sui*, sed : *mandamus, quatinus partibus convocatis* etc.

N 48 Item nota, quod, si mulier conqueratur extra patrimonium sive cum viro vel sine viro, dicetur post illa verba *et rebus aliis* : *ad dotem ipsius .. spectantibus*, posito nomine uxoris, si cum viro; si absque viro, dicetur : *ad dotem suam*, nisi esset vidua vel pauper orphana, et tunc indifferenter habet contra omnes.

N 47 I *P f. 9; H f. 4; S f. 3'; C' f. 434*
II *C f. 399; A f. 20; M f. 3; O f. 7';*
D f. 25'; E f. 15'; L f. 85a; T f. 83';
B –. – – C Üb.: Clausula voti sui. –
AE Üb.: Nota. – *O marg.*: Clausula
voti sui. – *D² marg.*: Laicus extra
patrimonium etc. impetrare non
potest nisi ut textu. – *T marg.*:
Laicus contra laicum.
[1] Item *om M* | terris] certis *DT* |
et *om CAMODELT* | et posses-
sionibus *om C'*
[2] possessionibus non] ponē *(!) L* |
inpetrare *S* | Petri *om L* | in Tuscia
om C' | Tuscia] Triscia *(!) L*
[3] nisi] ubi *C* | iniuriatur *CAMODEL* |
eisdem *PST* | sequitur *SCT* : se-
quatur *C'* : sequi debet *M*
[4] quod *om S* | executio impeditur]
etc. *ADEL* | executioni *S* : prose-
cutio *C'* | inpeditur *S* | vel *om
PSC'* : et *korr. H*
[5] vel] aut *L* | aut – dotem *om PSC'* |
tunc] *om E* : post illa verba et

rebus aliis ponitur *add T* | dotem]
ipsius spectantibus *add T*.

N 48 I *P f. 9; H f. 4; S f. 3'; C' f. 434*
II *C f. 399; A f. 20; M f. 3; O f. 7';*
D f. 25'; E f. 15'; L f. 85a; T f. 83';
B f. 19 n. 53. – – *C Üb.*: Clausula
ad dotem. – *AE Üb.*: Nota. – *B Üb.*:
Super quo potest conqueri mulier
extra patrimonium beati Petri. –
D² marg.: Quando debet dici ad
dotem etc.
[1] Item *om M* | nota *om D* | si mulier]
similia *(?) C* | patrimonium] ma-
trimonium *ST* : beati Petri *add B* |
sive] vel *TB*
[2] vel] sive *C'MOE* : aut *C* | et dice-
tur *ADEL* | ipsius ..] ipsius *PHA
DEL* : .. ipsius *S* : ipsius I. *CMO* :
.. *T* : suam *B*
[3] posito – 4 suam *om B* | nomen *C'* |
ipsius uxoris *M* | dicetur] *om C'*:
dicas *CT*
[4] suam] etc. *add C'* | pauper *om C*
[5] habetur *C'* | omnes] etc. *add D*.

---

[1] *Das tuszische Patrimonium n. von Rom; über dessen Ausdehnung vgl. Bd. 1 S. 208.*

N 49 Item nota, quod laicus potest, undecunque sit, sive mulier impetrare contra clericum super terris, debitis et rebus aliis et super usuris.[a]

a) *Zusatz in H* : Item nota, quod potest impetrare contra Iudeum super terris, debitis, possessionibus et super usuris, nec ponitur *usuris cessantibus*.

N 50 Item nota, quod vidua et pauper orphanus potest impetrare super eisdem contra laicum etiam.

N 51 Item nota, quod pauper orphanus non potest impetrare contra clericum et laicum simul in eadem littera, quia contra clericum conclusio est : *partibus convocatis*, contra laicum vero conclusio erit : *quatinus illos, sub quorum* etc.

N 49 I *P f. 9; H f. 4; S f. 3'; C' –*
II *C f. 399; A f. 20; M f. 3; O f. 7';*
D f. 25'; E f. 15'; L f. 85a; T f. 83';
B f. 19 n. 54. – – *AE Üb.*: Nota. –
B Üb.: Laicus contra clericum
potest. – *D² marg.*: Laicus contra
clericum potest etc.

¹ Item] *om M* : Unde *T* | potest]
hinter mulier *M* : possunt *hinter*
impetrare *B* | undecuique *(!) L* |
sit] *om L* : fit *T* : sint *B* | sive
mulier *hinter* laicus *B* | mulier]
contra laicum *add C* | contra clericum impetrare *MB*

² contra – usuris *om C* | super –
usuris *om AMODELB* | terris] certis *T*.

N 50 I *P f. 9; H f. 4; S f. 3'; C' f. 434*
II *C f. 399; A f. 20; M f. 3; O f.*
7'; D f. 25'; E f. 15'; L f. 85a;
T f. 83'; B –. – – *S Üb.*: Conclusio
pro paupere orphano *(auch zu N 51
gehörig).* – *AE Üb.*: Nota.

¹ Item *om M* | nota *om D* | nota quod
om C | quod *om M* | et] vel *L* |
orphana *C'LT* | potest – *N 51, 1* orphanus *om D* | possunt *C'CA* |

super – laicum] contra laycum
super terris debitis *C'* | super eisdem
om A

² eidem *T* | etiam] etc. *C'*: *om E* |
etiam – *N 51, 2* laicum *om S*.

N 51 I *P f. 9; H f. 4; S f. 3'; C' f. 434*
II *C f. 399; A f. 20; M f. 3; O f. 7';*
D f. 25' (mit N 50 zusammengeflossen); E f. 15'; L f. 85a; T f. 83';
B –. – – *A Üb.*: Nota.

¹ Item – *2* in eadem *om M* | Item –
orphanus *om D* | Item – *2* laicum
om S | nota *om C* | quod] vidua vel
add *C'*

² clericum et laicum] laycos et clericos *C'* | eadem] una *C'* | quia] quam
S : item *C* | clericos *C'* | conclusio]
clausula *H* : sic *add S* | est conclusio *CT*

³ convocatis partibus *T* | sed contra
T | laicum] laycos *C'* : *om T* | vero]
vel *S* | conclusio erit] clausula erit
H : *om C'CAMODELT* | mandamus quatinus *C'* | quatinus *om
CAMODELT*

⁴ etc.] *om C'* : iurisdictione etc.
L.

N 52 Item nota, quod laicus conquerens super decimis non auditur.[a]

a) *Zusatz in D* : Sed super concessis ante concilium generale[1] potest audiri.

Zusatz in T : in appellationibus, nisi fundet se eas in feodum ab ecclesia vel alias legitime tenere easdem.

N 53 Item nota, quod laicus, si conqueratur super iniuriis sibi illatis simpliciter, non auditur.

N 54 | Item si laicus dicat se verberatum vel carceri mancipatum vel diffamatum, non auditur, contra quemcunque impetret.   *P f. 9'*

N 54a Item nota, quod monachis contra abbatem et conventum non dantur iudices, qui inter eos possint aliquid iudicare.

N 54b Item nota, quod, si conqueratur episcopus de clericis suis, fiet conclusio : *partibus convocatis.*

N 52 I *P f. 9; H f. 4; S f. 3'; C' f. 434*
II *C f. 399; A f. 20; M f. 3; O f. 7'; D f. 25'; E f. 15'; L f. 85a; T f. 83'; B –. – – E Üb.*: Nota. – *D² marg.
(auch zu Zusatz a gehörig)* : Laicus super decimis non auditur, sed super concessis ante concilium auditur.
[1] Item *om M* | quod *om M* | conquerent *(!) L* | decimis *korr. aus* debitis P | auditur] immo cum clausula posita supra in 11° folio *add and. Hd. O*
[3] fundet *korr. T.*

N 53 I *P f. 9; H f. 4; S f. 3'; C' f. 434*
II *nur T f. 83'. – – Ohne Übb. u. Varianten.*

N 54 I *P f. 9'; H f. 4; S f. 3'; C' f. 434*
II *nur T f. 83'.*
[1] Item] nota quod *add C'* : et *T* | laicus *om T* | dicat] conqueratur *S* | vel 2°] seu *T*
[2] non auditur] et *T* | auditur] quamvis *add H* | impetraret *H.*

N 54a I – II *C f. 399; A f. 20; M f. 3; O f. 7'; D f. 25'; E f. 15'; L f. 85a; T f. 83'; B ohne Nr. hinter n. 54*

f. *19. – – AE Üb.*: Nota. – *B Üb.*: Monacus contra abbatem vel conventum non potest. – *D² marg.*: Non datur iudex monaco contra abbatem.
[1] Item *om M* | nota v. and. Hd. einkorr. E | quod] *om D* : pro *add B* | monachus *AEL* : monacho *D* | et conventum *om A*
[2] qui] quod *D* | possunt *A* | aliquid *om B.*

N 54b I – II *C f. 399; A f. 20; M f. 3; O f. 7'; D f. 25'; E f. 15'; L f. 85a; T f. 83'; B f. 19 n. 55. – – AE Üb.*: Nota. – *B Üb.*: Conclusio, quando episcopus conqueritur de clericis. – *D² marg.*: Conclusio pro episcopo contra clericos.
[1] Item *om M* | quod *om M* | episcopus conqueritur *M* : episcopus conqueratur *B* | de] super *C* | suis *om DB* | fiet] fiat *M* : fiat *aus* fuit *korr. O* : datur *E*
[2] conclusio] quod *add B* | partibus] per *A* | partibus convocatis] vocatis partibus etc. *B* | convocatis etc. v. and. Hd. einkorr. O.

[1] *Gemäß c. 14 Conc. Lat. III = X 3, 30, 19. Vgl. Bd. 1 S. 211.*

A f. 20'   **N 55** | Item nota, quod laicus contra laicum impetrare non potest, ut supra dictum est, nisi conqueratur super usuris vel pignorum detentione seu fuerit pauper orphanus vel vidua

D f. 26   (I) sive nisi, cum conqueritur su-   (II) vel nisi dicat | se crucesigna-
    5   per terris, debitis, possessionibus et   tum,ᵃ ut supra dictum est[1].
            rebus aliis, dixerit se crucesignatum,
            ut in alia notula diximus[1].

        a) *Zusatz in AMOEL* : vel super iure patronatus vel quod observetur iura-
    mentum *(in MO am Schluß der Note)*.

O f. 8   **N 56** | Item nota, quod laicus conquerens super matrimonio seu dona-
L f. 85b   tione propter nuptias | vel super iure patronatus aut super tali re, de qua
            habeat cognoscere iudex ecclesiasticus, auditur contra quoscunque impetret
            et undecunque sit, etsi contra laicum impetret; in hiis casibus non dicet se
    5   crucesignatum.

N 55   I *P f. 9'; H f. 4; S f. 3'; C' f. 434*   N 56   I *P f. 9'; H f. 4; S f.3'; C' f. 434*
    II *C f. 399; A f. 20'; M f. 3; O f. 7';*   II *C f. 399; A f. 20'; M f. 3; O f. 8;*
    D f. 25'/26; E f. 15'; L f. 85a;   *D f. 26 (mit N 55 zusammenge-*
    T f. 83'; B –. – – AE Üb.: Nota. –   *flossen); E f. 15'; L f. 85a/b; T*
    D² marg.: Extra patrimonium lai-   *f. 83'; B –. – – AE Üb.*: Nota.
    cus contra laicum non auditur nisi   [1] Item *om L* | Item nota] Notandum
    etc.   *M* | Item – 4 dicet *om D* | quod *om*
[1] Item *om M* | quod *om M* | laicum]   *T* | matrimonio] patrimonio, *dar-*
    clericum *C'C* | potest] extra patri-   *über v. and. Hd.* mrio *S* | seu] vel
    monium *add D*   *P* : super *add C'*
[2] vel] et *T* | pignoris *S* | detentione]   [2] vel – patronatus *om C'* | vel su-
    detentionem *C* : obligacione de-   per] aut *M* | aut super] sive *M* |
    tencione *T*   de *doppelt A*
[3] seu] si *add AT* | vel vidua *om E*   [3] habeat] *aus* haberet *korr. M* : habe-
[4] cum *om H* | conqueratur H | se   bat *O* : habet *D*
    crucesignatum – *N 56, 4* dicet *om*   [4] etsi] etiam si *CAMOELT* | impe-
    D | crucesignatum] ut dictum est   trat *A* | in] et *T* | in hiis *om E* |
    add M   casibus] omnibus *(!) L* | dicat *C'* :
[5] debitis] et *add P* | supra *om M*   diceret *L*
[6] aliis] vel nisi *add H* | aut dixerit *C'*   [5] crucesignatum] *danach in P Zusatz*
[7] et ut *S* | in alia notula] superius *C'*   Proviso – dabatur, *vgl. N 61*
[8] vel 2°] aut *OEL* | servetur *M*.   *Zusatz b.*

---

[1] *Vgl. N 47.*

N 57   Item nota, quod, si quis conqueratur super terris, debitis, possessionibus et rebus aliis contra universitatem alicuius civitatis, castri vel ville vel contra ducem, comitem, baronem, nobilem, potestatem, exgravatorem, capitaneum, iudicem, universitatis rectorem, scultetum, conestabulum, scabinum, castellanum, vicecomitem seu contra quemcunque secularem | officialem vel dominum habentem generalem administrationem seu contra consiliarios, anxianos et alios similes, dicetur in littera statim post illa verba | *observari : Proviso, ne in universitatem predictam excommunicationis vel interdicti sententiam proferas, nisi a nobis super hoc mandatum receperis speciale. Testes* etc.[a]

5

H f. 4'

B f. 19'

10

N 57   I *P f. 9'; H f. 4/4'; S f. 3';*
C' f. 434 II *C f. 399'; A f. 20';*
M f. 3; O f. 8; D f. 26; E f. 15';
L f. 85b; T f. 85; B f. 19/19' n. 56.
– – In C geht voraus der Zusatz
Nota quod – evocetur, *vgl. bei N 61*
Zusatz c. – AE Üb.: Nota. *– B Üb.:*
Quando ponitur clausula Proviso. –
P marg.: Proviso non datur contra
universitatem, contra alios sic. –
M marg.: Clausula Proviso. –
D² marg.: Quando debet poni clausula Proviso, ne aliqua alia etc. et
ne et ne etc. *(!).*

[1] Item *om M* | quis] aliquis *PB* |
conqueritur *B* | super terris debitis] de *D* | debitis] et *add C*

[2] et rebus aliis] etc. *CAMODELB :*
et eciam *T* | contra *om M* | alicui
L | civitatis] vel *add S* | vel castri
ville *M*

[3] vel] aut *S* | duce *L* | vel baronem *L* |
baronem] etc. *B* | potestatem] *aus*
petentem *korr. P* : et *add H* :
potentem *C'C* | exgravatorem] exaggravatione *H* : exgravatione *S* :
exgranatorem *(!) A* : *om B* |
exgravatorem – 4 conestabulum]
hinter 5 secularem *P*

[4] iudicem capitaneum *B* | univer-

sitatis *om B* | scultetum] scolarum
P | comestabulum *CODEL* : *om B*
[5] scabinum] *om C* : scabinum senescallum *vor* 4 conestabulum *T* |
vicecomitem *om B* | seu *om L* |
seu contra quemcunque *om C'* |
contra *om PHS* | quoscunque *B* |
secularem] scolarem *H* : *hinter*
6 officialem *C'*: *om B*
[6] officiales *B* | dominos *B* | habentibus *B* | amministrationem *M*
[7] anxianos] auxiliatores *H* : ansianos
C' : auxiliarios *CT* : ancianos *M* :
antianos *O* : *om B* | et alios similes
om M | dicitur *B*
[8] firmiter observari *C'*, *dahinter folgt
in C' Zusatz b von N 61* | Proviso]
etc. *add H* : attentius *add S* | Proviso ne] Provisione et *D* | universitate *D* | universitatem predictam] terram vel nullam etc. *S* |
universitatem – *N 58, 1* ne in *om T* |
predictam – *N 59, 1* universitatem
om D | predictam] dicti loci *H* :
auctoritate presentium *einkorr. B*
| excommunicationis vel] *om H* :
durch Unterstr. getilgt A
[9] receperis] receperitis *HL* : mandatum *add M*
[10] Testes etc. *om AMELB* | etc. *om.*
O.

a) *Am Rande von N 57 steht in O von derselben Hand* : Dominus Ar. abbas Fontis Frigidi Cisterciensis ordinis sancte Romane ecclesie vicecancellarius[1] quoad universitatem et collegium subtraxit clausulam illam *Proviso* et clausulam *Cum autem* tempore domini Clementis pape V. Pictavis.[2] *Darunter steht von anderer Hand* : Dominus Benedictus papa XII.[3] mandavit non dari litteras contra tres universitates seu duas sed contra unam solam et poni in litteris ante *Testes* : *Proviso, ne alique singulares persone de dicta universitate auctoritate presentium ad iudicium evocentur.*

M f. 3' **N 58** Item contra alios dicetur : | *Proviso, ne in terram dicti comitis* vel *ducis* vel *baronis* vel *nobilis excommunicationis* etc.

E f. 16 **N 59** Item si contra officiales, dicetur: | *Proviso, ne in universitatem dicte*
S f. 4 *civitatis* vel | *castri* seu *ville,* nominando locum terre, in quo officialis est.[a]

N 58   I *P f. 9'; H f. 4'; S f. 3'; C' f. 434* II *C f. 399'; A f. 20'; M f. 3/3'; O f. 8; D –; E f. 15'; L f. 85b; T f. 85; B f. 19' n. 57.* – – C *Üb.*: Proviso contra nobilem. – A *Üb.*: Nota. – P *marg.*: Proviso. – T *marg.*: Clausula Proviso.

[1] Item – ne in *om T (vgl. N 57, 8)* | Item] *om C'* : nota M : nota *add B* | alios] vero *add C'* | dicetur] *om H* : dicitur *AOLB* | terram – *N 59, 1* ne in *om B* | vel *om C'*

[2] vel baronis *om CAMOELT* | vel 2°] aut *C'* | nobilis] etc. *add T* | excommunicationis] interdicti *HT (hier dazu Randvermerk*: Proviso – interdicti *wie Text, dann fortfahrend*: sententiam proferas, nisi a

nobis mandatum receperis speciale) : *om CAMOEL.*

N 59   I *P f. 9'; H f. 4'; S f. 3'/4; C' f. 434* II *C f. 399'; A f. 20'; M f. 3'; O f. 8; D f. 26; E f. 15'/16; L f. 85b; T f. 85; B f. 19' n. 57.* – – A *Üb.*: Nota.

[1] Item – universitatem *om D (vgl. N 57, 8)* | Item – in *om B (vgl. N 58, 1)* | Item] nota *add T* | Item si] Si vero *C'* | officialem etc. *H* | dicitur *M*

[2] vel ville vel castri *T* | vel *om C'M* | seu] vel *SC'M* | terre] vel loci *add T* | terre – 3 est *auf Rasur O* | quo] qua *PHC'B* | est] *vor* officialis *H* : *om E* : excommunicationis etc. *add T*

---

[1] *Arnaldus Novelli, Abt des Zisterzienserklosters Fontis Frigidi in der Diözese Narbonne, Vizekanzler 1307–1316. Am 18. oder 19. Oktober 1310 wurde er Kardinalpriester von S. Prisca. Da hier noch kein Bezug auf seine Kardinalswürde genommen wird, stammt der Nachtrag also von 1307–1309 (vgl. Bresslau 1, 256 u. folg. Anm.).*

[2] *In Poitiers residierte Klemens V. mit kurzen Unterbrechungen von 1307 April 17 – 1309 August 17 (vgl. Tables des registres de Clément V, bearb. v. Y. Lanhers [Paris 1948], 33 ff.).*

[3] *In den Kanzleiregeln Benedikts XII. findet sich keine derartige Anweisung; nur der zweite Teil, die Proviso-Klausel in Reskripten gegen Genossenschaften, ist dort als Nr. 9 überliefert (ed. v. Ottenthal, Regulae cancellariae apostolicae S. 11).*

a) *Zusatz in S* : ~~Item si dicatur scultetus~~ vel *scabinus Furnen*.[1] etc.: *Proviso, ne in universitatem dicte ville Furnen*.[1] etc.; et sic est, quando universitas non iniuriatur; sed quando iniuriatur universitas, non debet esse clausula *Proviso*, quia alia pena non imponitur universitati.

Item si dicatur *maior et scabini ville* de tali loco, debet esse *Proviso*; sed si dicatur *maior, scabini ac universitas ville* de tali loco, non debet esse *Proviso*.

Zusatz in T : Item nota, quod dicta clausula *Proviso* non ponitur, quando impetratur contra nobilem in causa appellationis.

N 60 Item nota, quod, si aliquis impetret contra aliquem predictorum nobilium, et sit dominus alibi, dicetur : *Proviso, ne in terram dicti nobilis et universitatem* de tali loco – nominando | locum, ubi dominus est – *excommunicationis* etc. usque in finem per omnia ut supra[2].

C' f. 434'

N 61 Item nota, quod hec clausula *Proviso* semper datur, cum impetratur contra aliquem omnium predictorum, nisi impetretur super usuris vel

---

[7] provisio *S*

[8] provisio *S*.

N 60 I *P f. 9'; H f. 4'; S f. 4; C' f. 434/434'* II *C f. 399'; A f. 20'; M f. 3'; O f. 8; D f. 26; E f. 16; L f. 85 b; T f. 85; B f. 19' n. 58.* – – *AE Üb.*: Nota. – *D² marg.*: Proviso contra nobilem datur, quando contra ipsum etc.

[1] Item *om M* | Item nota quod *om C'* | quod *om MB* | aliquis] quis *P* : *om H* | impetret] impetrat *H* : *om C'* | aliquem predictorum] dictorum aliquem *S*

[2] et 1°] ut *T* : *om B* | sit] si *C'* : sic *DT* | alibi *om M* | dicetur] pro dicetur *P* : dicitur *SMTB* | Proviso] attentius *add S* | Proviso ne] Provision. *D*

[3] universitate *D* | de tali loco *om C* | tali loco] . . loco *P* : . . . *HC'AMOE* : *om DLTB* | locum *om M* | excommunicationis] interdicti *H* : vel

interdicti *add C'* : *om C* : *durch Unterstr. getilgt A*

[4] etc.] ut supra *add CODELT* : *om B* | in] ad *S* | per – supra *om CA MODELTB* | omnia] etc. *add P* | ut] sicut *S* | ut supra] etc. *H*.

N 61 I *P f. 9'; H f. 4'; S f. 4; C' f. 434'* II *C f. 399'; A f. 20'; M f. 3'; O f. 8; D f. 26; E f. 16; L f. 85b; T f. 85; B f. 19' n. 59.* – – *A Üb.*: Nota. – *B Üb.*: In quibus casibus non datur clausula Proviso. – *O marg.*: At- (tende) non datur Proviso in tri- bus. – *D² marg.*: Non datur Proviso in causis infra descriptis.

[1] Item *om M* | quod *om MT* | Proviso] provisio *S* : *einkorr. C'* | datur] *einkorr. P* : ponitur *B* | cum] quando *M* | impetratur *expungiert A*

[2] predictorum omnium *MT* | omnium *om B* | predictorum] etc. usque in finem per omnia ut supra *add P (durch* va-cat *getilgt)* | vel] alias *A*

---

[1] *Furnes in Westflandern.*   [2] *Vgl. N 57.*

super manuum iniectione vel super matrimonio, sicut de omnibus inferius patebit in formis, quoniam, cum super usuris vel pignorum detentione seu
5   manuum iniectione sive causa matrimoniali agitur, clausula illa *Proviso* non datur.[a][b][c]

a) *Zusatz in H* : Item nota, quod clausula subsequens ponitur, quando impetratur contra universitatem, et ponitur ante *Testes* : *Proviso, ne aliqua singularis persona dicte universitatis auctoritate presentium ad iudicium evocetur.*

10   *Zusatz in B* : nec datur super appellatione, sed solum in littera simplicis querele; nec datur dicta clausula, quando impetratur contra universitatem, et hoc a tempore Clementis V.;[1] ante dabatur.

b) *Sachlich hierhin gehört der Zusatz in P vor N 57* : *Proviso* non datur contra universitatem a tempore domini C. pape V.[1] citra; antea dabatur.

15   *Ebenfalls hierhin gehört der Zusatz von C' in N 57* : Clausula *Proviso* ne non ponitur hodie, cum impetratur contra universitatem.

In C im Index entsprechend c. XIIII : Hodie non ponitur *Proviso*, cum impetratur contra universitatem.

c) *Zusatz in B als n. 60* : Ista clausula ponitur loco clausule *Proviso*, de qua
20   supra ad clausulam. – Item quod loco dicte clausule a tempore Benedicti XII. introducta est ista clausula,[2] que ita dicit : *Proviso, ne aliqua singularis persona de universitate predicta auctoritate presentium ad iudicium evocetur*, et hoc idem servatur, si impetretur contra universitatem cleri alicuius civitatis vel diocesis. *Dazu die Marginalnotiz*: Vide eius regulam cancellarie antepenultimam.[2]

C f. 399'   *Sachlich hierhin gehört auch in C der Zusatz vor N 57* : | Nota, quod, si impetretur super terris etc. contra universitatem civitatis, castri vel ville, post illa verba *observari* ponitur ista clausula : *Proviso, ne aliquis singularis persona alicuius universitatum predictorum auctoritate presentium ad iudicium evocetur.*

---

[3] super 1° *om ET* | vel super – 5 iniectione *om CT* | ineccoñ *D* | sicud *L* | inferius *om AMODELB*
[4] patebit] p̄tebit *D* : p̄ceb(it) *L* | quoniam cum] *om A* : quia *B* | cum] *v. anderer Hd. einkorr. O* : quando *D* : *om EL* | super usuris] in predictis casibus *B* | vel] *om AMO*

DEL : et *B* | seu] vel *H* : *om AMODEL* | seu – 5 Proviso *om B*
5 iniecto *L* | sive] seu *S* : et *CAMODELT* | causam *D* | matrimonii *H* | agatur *C'* | clausula illa *om AODELT* | illa *om M* | Proviso] provisio *S*
[25] Nota quod] non quid *C*.

---

[1] *Klemens V. (1305–1314).*
[2] *Diese Klausel wird auch bezeugt in den Kanzleiregeln Benedikts XII., vgl. v. Ottenthal, Regulae cancellariae apostolicae S. 11 (= Be XII, 9).*

N 62 Et est sciendum, quod hec clausula ~~Testes~~ non datur in hiis casibus :

(I) 1. Non datur, si super usuris contra clericos tantum seu contra clericos et laicos agitur.[a]

2. Non datur etiam, si super usuris, et postea in eadem littera dicatur : *Iidem quoque* vel *preterea talis et talis super terris, debitis* etc., si, ut dictum est, super usuris contra clericum solum vel contra clericum et laicum agatur.

3. Non datur in causis matrimonialibus.[b]

4. Non datur super diffamatione.[c] [c']

5. Non datur super manuum iniectione contra clericum vel contra

(II) Non datur contra clericos super usuris, etiam si agatur in una littera contra clericos et laicos,

et etiam si sit in eadem littera super usuris : *Preterea* talis *et* talis *super terris* etc.; sed solum quando agitur super usuris contra laicum tantum ponitur.[a']

N 62 I *P f. 9'/10; H f. 4'/5; S f. 4/4'; C' f. 436* II *C f. 399'/400; A f. 20'/21; M f. 3'; O f. 8/8'; D f. 26–27; E f. 16/16'; L f. 85b/c; T f. 85/85'; B f. 19'–20' n. 61.* – – *S Üb.*: Testes. – *C Üb.*: In quibus litteris non ponitur clausula illa Testes autem. *Im Text Üb. v. späterer Hd.*: Regula, in quibus litteris clausula Testes ponitur et in quibus non. – *AE Üb.*: Nota. – *B Üb.*: In quibus casibus non debet poni clausula Testes. – *D² marg.*: Ubi debet poni hec clausula Testes et ubi non. – *T marg.*: Clausula Testes.

[1] Nota et est *L* | Et] *Initiale nicht ausgeführt C: davor überflüssige Initiale E A* : Set *T* | est *om D* | est sciendum] sciendum est *E* : nota *B* | hec *om B* | Testes] autem *add C (einkorr.)* : etc. *add B* | dantur *D* | hiis *einkorr. P* | casibus] VI *add B*

[2] si – 4 agitur] contra clericos super usuris *C'* | Non 2° – clericos] Quando impetratur *B* | clericus *L*

[3] tantum – 4 clericos 1° *om S* | etiam si – littera *om B* | in *om D*

[4] clericos et laicos 2°] clericum et laycum *T* | laicos 2°] simul *add B*

[5] Non – 11 agatur] Preterea et super terris etc. Sed solum quando agitur super usuris contra laicum tantum et tunc ponitur *C'* | et *om MO* | et – sit] etc. *L* : *om B* | et – si] si *ADE* | sint *ADE* | super usuris 2° *om T* | super 2° – 9 ponitur *om B*

[6] usuris 2°] Iidem quoque etc. vel *add T* | talis 1°] .. *AE* : *om DL* | talis 2°] .. *AE* : *om DL* : etc. *add T*

[7] dicatur *om S* | Idem *HS* | terris] certis *D* : terras deb. *L* | etc. *om T* | solum quando *om T*

[8] talis 2°] et talis *add P*

[10] vel] quando *add H*

[11] agitur *HS*

[12] Non datur] Nec *B* | causis] casibus *L* | matrimonialibus] etc. *add D*

[13] Non datur] Nec *B*

[14] Non datur] Nec *B* | vel – 15 et *auf Rasur u. teilw. v. and. Hd. einkorr. A* | vel. – 15 clericum *om DB* | contra 2° *om T*

15 clericum et laicum, quamvis dicatur in eadem littera : *Preterea super ter-*
ris, debitis etc.; sed contra laicum solum[d] datur.

6. Non datur, cum de aliquo crimine agitur.[e]

7. Non datur, si clericus super criminali conveniatur.

8. Non datur, cum in litteris dicitur : *contra tenorem privilegiorum*
20 vel *indulgentiarum.*

9. Non datur, si dicitur [in litteris] : *contra iuramentum suum su-*
D f. 26' *per hoc prestitum temere | veniendo.*

10. Non datur, cum mandatur, quod arbitrium confirmetur.[f]

11. Non datur in litteris, que dicuntur *Post iter arreptum.*[g]

25 12. Non datur in litteris super monachatu, que dicuntur *Preces et*
mandata

(I) 13. Non datur in litteris super   (II) et *Cum olim.*
eodem, que dicuntur *Cum olim.*

14. Non datur in litteris

---

15 clericum et] *om E* : clericum vel contra *L* | laicum] in eadem littera *add T* | dicatur] diceretur *PS* : dicetur *H* : *hinter* littera *B* | in eadem littera *om T* | Preterea] propterea *T* : *om B* | terris *om H*

16 debitis *om CAMODELT* | sed *om PS* | solum contra laicum *C'CMOT* | datur] solum *add D* : *hinter* sed *B*

17 Non] Nec *B* | cum] quando *M* | de] super *B* | agitur *hinter* cum *B*

18 Non datur] Nec *B* | criminale *D* : crimina *L* | convenitur super criminali *T* : conveniatur super criminali *B*

19 Non datur] Nec *B* | littera *C'CA MODELT*

20 vel] et *PSC'*

21 Non datur] Nec *B* | si] cum *C'CA MODELTB* | si – litteris] cum in litteris dicitur *H* | dicatur *T* | in litteris *om C'CAMODELTB* | suum] vel *add PS* | super] vel propter *H*

22 veniendo] etc. *add D*

23 Non datur] Nec *B* | mandatur quod *om H* | quod arbitrium] per arbitrium *E* | quod – confirmetur] quod *(einkorr.)* arbitrium confirmari sive observari *A* | confirmetur] consumetur *T*

24 Non – arreptum *om D* | Non datur] Nec *B* | litteris que dicuntur] littera *C'CAMOELTB* | que dicuntur *om HM* | Post] p̄t *B*

25 Non datur] Nec *B* | littera *ADELB* | super monachatu *om C'ADELB* | que dicuntur *om ADELB* | dicuntur] dicitur *HC* : dicitur *hinter* 27 olim *T*

26 mandamus *(?) L*

27 Non – 28 olim] et Cum olim *(wie II) C'; hier folgt sofort* § 18, *ebenso CAMODELB* | et *einkorr. D* : Nec in littera *B*

29 Non datur] Nec *B* | in] super *PH*

(I) dispensationis super defectu natalium, que incipiunt *Accedens*.

(II) super defectu natalium.[i]   30

15. Non datur in litteris *Cum secundum apostolum*.

(I) 16. Non datur in executoriis crucesignatorum et in gratiis eorum, quia bullantur cum | serico.

(II) | Non datur in litteris crucesignatorum.   L f. 85 c

    H f. 5

17. Non datur in litteris, cum mandatur excommunicatori, quod relaxet sententiam excommunicationis latam | contra statuta concilii generalis[1]; in executoria datur.   S f. 4'

18. Non datur in litteris de absolutione monachorum.

19. Non datur, quando diffinitiva sententia mandatur confirmari.   40

(I) 20. Non datur, quando sententia excommunicationis mandatur confirmari; nec si ambe simul.

(II) *(setzt 19 fort)* vel sententia excommunicationis[h] aut ambe simul.[i]

21. Non datur, quando dicitur : *in appellationis causa legitime procedens* etc.   45

(I) usque *faciendum*.

(II) nec quando dicitur *de utroque processu* etc.

---

[30] dispensationis *om C'* | defectum *C* | natalium] que incipit Accedentes *add T*

[31] que – Accedens *om C'* | incipit *HSC'*

[32] Non datur] Nec *B* | in litteris *om D* | Cum *om PHSC'CAMOEL*

[33] Non 1° – 35 serico *om C'* | Non datur 2°] Nec *B* | litteris] executoriis *add A* | crucesignatorum] graciosis nec executoriis *add T* : quia bullantur cum serico *add B*

[34] et] nec *HS*

[35] que cum serico bullantur *H*

[36] Non datur] Nec *B* | excommunicari *C'EL* : excommunicanti *CDTB* : excommunicanti *aus* excommunicari *korr. A* | quod – 38 generalis *om C'*

[37] excommunicationis *om P* | lata *B* | consilii *T*

[38] executoria] vero *add H*

[39] Non – monachorum *in C'CAMO DELB vor § 14, fehlt in T* | Non datur] Nec *B* | de] super *C'AMO DELB* | monachorum] et monacharum *add C'*

[40] Non – 43 simul *om C'* | Non] Nec *B* | diffinitiva] *om A* : diffinitivam *E* : diffinicionem *L* | sententia] *om D* : sententiam *EL*

[41] sententia 1° *hinter* 42 excommunicationis 1° *P* | sententia 2° *hinter* 42 excommunicationis 2° *T*

[42] aut] vel *DB* : *om E*

[43] nec – simul *in S durch Striche zu diesem und zum folgenden Paragraphen gezogen* | ambo *SP*

[44] Non – 47 processu *in C hinter § 22* | Non datur] Nec *B* | dicitur *hinter* causa *H* | legitime *om C'CAMO DELB* | procedens *om PHS*

[45] etc. *om B*

[47] processu *om C* | etc. *om B*

---

[1] c. 19 *Lugd. I (1245)* = *VI° 5, 11, 1. Vgl. Bd. 1 S. 230 Anm. 198.*

22. Non datur in litteris *Sic sibi* nec ubi de obedientia et reveren-
B f. 20   tia agitur, quando abbas conqueriturᵏ; | secus de aliis prelatisˡ.
P f. 10   23. | Non datur in litteris *Contra indulta*, que incipiunt *Sub reli-*
gionis habitu sive *Pium esse dinoscitur.*

24. Non datur, cum impetratur super beneficio, ad cuius collationem
quis se per patentes litteras obligavit.

O f. 8'   25. | Non datur, quando in litteris est : *prout in litteris* | *inde con-*
C f. 400 *fectis* vel *instrumentis* etc.

26. Non datur, quando dicitur, quod excommunicatum clericum recipiunt ad divina.

D f. 27   26a. | Non datur in aliqua littera, que bullatur cum serico.ᵐ

a) *Zusatz in S* : sed datur tantum contra laicos.

60   a') *In B sind Nr. 1 und 2 kurz zusammengefaßt* : Quando impetratur super
usuris contra clericos et laicos simul in eadem littera.

b) *Zusatz in C'* : nec etiam ponitur *Cum autem.*

c) *Zusatz in T* : si laicus contra clericum conqueratur; secus si clericus contra
laicum.

65   *Zusatz in D* : super qua impetrant laici contra clericos et econverso; et hoc
dixit dominus B. Francisci in die sancti Nicolai 1399 cum domino meo T. die VI
decembris, pontificatus domini B. pape ⟨VIIII anno XI.⟩¹

---

[48] Non] Nec *TB* | datur *om DEL* |
litteris] de *add H* | Sic sibi nec *in*
D überstr. Rasur | Sic] Desit *P* :
de sic (sit ?) *S* : sicut *E* : si *B* |
sibi] quod nulli alii *add C'* | nec]
om H : non datur *C'* : vel *C* | et
reverentia *om C'CAMODELB*
[49] .. abbas *C'* | abbates conqueruntur
S | secus] si *add B* | prelatis] *da-*
hinter in P radiert ein Paragraph
von einer halben Zeile, beginnend
Non datur : *om C'CAMODELTB*
[50] indulta] privilegiorum *add C'* | que–
[51] dinoscitur *om C'CAMODEL*
[51] Pium *om H* | esse dinoscitur *um-*
gestellt P | esse *om T* | dignoscitur *B*

[52] Non datur] Nec *B* | cuius] cui *L* |
collationes *B*
[53] se *hinter* litteras *B* | patentes]
p(ar)ntes *L* | obligarit *S*
[54] Non datur] Nec *B* | in litteris est]
dicitur *C'CAMODELTB*
[55] etc. *om C'CAMODELTB*
[56] Non datur] Nec *B* | quando] quod
cum *S* : cum *C* | quod *om D* | re-
cipiant *H* : recepit *C'CA* : recipit
MODELT
[57] a divina *D* | divina] diem *T*
[58] Non – serico *om PHS* | Non datur]
Nec *B* | bulletur *ET* | cum] de *E*
[66] Fraᶜⁱ *D*
[67] B. pape VIII *D*

---

¹ *Bartholomeus Francisci de Pistorio war unter Gregor XI. Sekretär (vgl.*
Baumgarten, Von der Apostolischen Kanzlei S. 114), unter Bonifaz IX. Notar und
Sekretär, seit 1394 regens cancellariae; er behielt diese Ämter bis zu seinem Tode
im August 1405 bei; vgl. v. Hofmann, Forschungen zur Geschichte der kurialen
Behörden 2, 106; Bresslau, Urkundenlehre 1, 262. Der dominus meus T. ist wohl
Thomas Petra, Notar, Sekretär, Skriptor und Abbreviator (vgl. v. Hofmann a. a. O.).

c') *Zusatz in S* : Non datur, cum dicitur : ~~non convictum de aliquo crimine vel~~ *confessum.*

d) *Zusatz in T* : contra tamen clericum coniugatum datur.   70

e) *Zusatz in S* : rapinis aut periurio et quando aliquis inquirit contra aliquem super quibusdam excessibus et dicat : *inquisivit contra eum super quibusdam excessibus.*

Zusatz in T : contra clericum et laicum, secus si contra laicum tantum agat clericus.   75

Zusatz in B : nisi concludatur *partibus convocatis* etc.

f) *Zusatz in T* : nec etiam, cum mandatur compositio observari.

g) *Zusatz in S* : Attende, quod, quando aliquis privat aliquem et dicat : *suis culpis exigentibus privat eum beneficio suo*, non debet esse clausula *Testes*. Nota, quod, quando aliquis impetrans contra aliquem narrat nonnullos excessus expressos, non debet esse clausula *Testes*.   80

h) *Zusatz in T* : id est, quando excommunicationis sententia mandatur usque ad satisfactionem condignam observari, quia sententia excommunicationis non potest confirmari.

i) *Hierhin gehört der Zusatz in AT (in A vor, in T nach Nr. 14)* : | Non datur, quando sententia excommunicationis petitur apostolico munimine roborari et concluditur : *sicut rationabiliter est prolata.*   *A f. 21*

k) *Zusatz in ADELTB* : de monachis sui monasterii.

l) *Zusatz in ADELTB*: Puta, si abbas conqueritur | de priore prioratus vel alio extra suum monasterium immediate subiecto monasterio suo vel spectante ad eum de huiusmodi obedientia denegata, tunc ponenda est clausula *Testes*; et est ratio, nam cum agatur de huiusmodi obedientia denegata et prioratus ipse subiectus sit, oportet, quod ipsa subiectio probetur. Preterea abbas potest precipere sub pena obedientie monacho suo, quicquid sibi | placet, cui monachus obedire tenetur; sed si precipiet priori, dato etiam quod sit monasterio suo subiectus, non tamen dictus prior debet in omnibus obedire. Unde si abbas sub pena obedientie priori vel alteri immediate precipiet extra dictum   *T f. 85'* 90

            E f. 16' 95

---

[76] concludat p(er) canonic(os) *B*

[80] narrans *S* | epressos *S*

[87] sicut *om T* | prolata] observetur *add A* : observata *T*

[88] de monasterii sui monachis *EL* | monasterii] mandatis *D*

[89] si abbas conqueritur *om B* | conqueratur *DEL*

[90] subdicto *B* | suo monasterio *AE* | vel *om D*

[92] Testes] etc. *add B* | nam] quod *B* | cum nam *mit Umstellungszeichen L* | cum *om D* | agitur *ADTB* | et 2°] iam (etiam ?) *add D*

[93] sit *om AT* | quod – probetur] probari ipsius subiectionem *D* : probari (probare *B*) ipsam subiectionem *EB* : probari ipsa subiectio *L* | Preterea] postea *T*

[94] percipere *B* | quidquid *DEL* | cui] cum *D*

[95] obedire] obēdū *L* | precipiat *ELT* : preciperet *B* | dato etiam *doppelt, erstes gestr. E* | sit] fit *L* : *om T*

[96] tamen] tantum *T* | debet] tenetur *B*

[97] obedientie] perciperet *add B* | vel alteri *om A* | immediate precipiet *om B* | precipiat *E* | dictum *om B*

monasterium suum : „Da prioratum tuum nepoti meo", numquid prior ipsi
abbati in hoc casu vel alio simili casu obedire tenetur ? Videtur quod non, nisi
100   alias ostenderet, quod deberet, et sic ponenda est clausula *Testes*.

m) *Zusatz in AMODELB*: Non datur, quando bullatis attestationibus et in
causa conclusio, testes alii admittuntur et appellatur.

Zusatz in B: Item non debet poni in littera, in qua per episcopum petitur
procuratio a suis subditis, quia ius commune facit pro eo, nisi allegaretur
105   exemptio.

Größere Zusätze bestimmter Handschriften.

1) *Zusatz von C' hinter N 61:*

1. Item nota, quod, quando impetratur pro clerico crucesignato, non ponitur
illud verbum *propter quod voti sui*, sed *mandamus, quatinus partibus convocatis*
110   etc.

2. Item nota, quod, si testator fuerit clericus, post illa verba *ad se* additur :
ratione persone sue spectantibus etc.

3. Item nota, quod, quando impetratur super executione testamenti alicuius
patriarche, archiepiscopi, episcopi, non dices *executor testamenti*, sed dices
115   *executor ultime voluntatis bone memorie patriarche, archiepiscopi* vel *episcopi*.
Postea vero in clausula illa *propter quod ipsius testatoris* etc. dicas : *ultime*
voluntatis executio impeditur etc. ut supra.[1]

4. Item nota, quod, quando aliquis frater alicuius ordinis executor testamenti alicuius laici impetrat super executione ipsius testamenti, debet dici
120   post illa verba *iniuriantur eidem* : *propter quod ipsius testamenti executio, quam*
idem frater de licentia sui prelati suscepit et prosequitur, impeditur, – mandamus,
quatinus partibus convocatis etc.

5. Item nota, quod, quando impetratur super executione alicuius testamenti,
tu semper invenies in notis super terris, debitis etc.,[2] unde attendas et dicas
125   *super quadam pecunie summa, terris, possessionibus* etc., alioquin littere erunt
rescribende.[3]

---

[98] suum] *vor* monasterium *AEL* : in-
mediate subdicto *add B* | Da *korr.*
aus Das *A* | tuum] Tunc *E* : *om B*
| numquid] debet *add EL* : num-
quam debet *B*

[99] abbati] obedire *add B* | in hoc –
alio] in hoc vel in *(om EL)* alio
casu *ELB* | casu] *vor* simili *D* : *om*
L | casu – tenetur] obedire *E* : *om B*
| tenetur *om DL* | nisi] unde *B*

[100] deberet] deꝫet *D* | ponenda] dicta
add L | est] dicta *add DB* : illa *add*
E

[101] Non datur] Nec *B* | bullatis] publi-
catis *MOE* : publiꝛ *D* : publicis *L* :
publicantur *B* | attestationes *B* |
et] nec *B* | in *om D*

[102] causa] clīs *B* | conclusio] concluso
ME : concluditur *D* : conclusis *B*

[104] procuratore *B* | subdictis *B*

---

[1] *Vgl. K 47.*   [2] *Vgl. K 1ff.*
[3] *Über die litterae rescribendae vgl. Herde, Beiträge 179.*

6. Item nota, quod, quando super usuris et rebus aliis impetratur, si dicatur : *Preterea* vel *Iidem quoque ac . . clerici* vel *laici super terris et rebus aliis* in narratione, sequetur in conclusione *Super aliis vero partibus* etc. Si autem non dicetur in narratione nisi *Iidem quoque* tantum, non dicetur in conclusione 130 *partibus convocatis*, sed dicetur tantum *Super aliis vero causam audias* etc.

7. Item nota, quod, si agatur contra nobilem super usuris et *Preterea* sequatur vel *Iidem quoque*, ponatur in conclusione illa clausula *Proviso, ne in terram* etc.

8. Item nota, quod, si solus abbas conqueratur de clericis tantum super 135 usuris, non dantur clausule iste *Attentius provisurus* etc. neque *Testes autem* etc. Sed si de laicis conqueratur super usuris, tunc datur clausula *Testes*.

9. Item nota, quod, si patriarcha, archiepiscopus vel episcopus, capitulum, conventus aut collegium super usuris de clericis conqueratur, non ponuntur ille clausule *Attentius* neque *Testes*. Nec etiam ponetur clausula *Attentius*, si 140 super usuris conqueratur aliquis de Iudeis, *Testes* autem sic.

10. Item nota, quod, quando impetratur super iniectione manuum contra clericos et laicos ac mulieres, semper debet dici in conclusione *mulier vero per te* etc. ut in forma,[1] et poni debet post illud *absolvendi*.

11. Item nota, quod, quandocumque impetratur contra clericos et laicos 145 simul super iniectione manuum, non debent poni illa duo verba : *et iidem sacrilegi cum tuarum* etc., sed simpliciter dici debet *et cum tuarum* etc., nisi cum eisdem clericis et laicis aliqua mulier fuerit, et tunc debent poni illa verba *et iidem sacrilegi* etc.

12. Item nota, quod, si agatur contra clericos et laicos simul super iniectione 150 manuum et contra eos vel contra quoscumque agatur subsequenter in eadem littera super terris et rebus aliis, non datur clausula *Testes*, sed datur contra laicos tantum.

13. | Item nota, quod, si episcopus iniecerit manus violentas in clericum *C' f. 435* et super hoc impetratur contra eum, erit conclusio *partibus convocatis*. 155

14. Item nota, quod, si abbas et conventus conquerantur super iniectione manuum facta monacho suo, non dicetur *donec passo iniuriam*, sed dicetur *donec super hiis satisfecerit competenter*.

15. Item nota, quod, si aliquis in monachum sui monasterii manus iniecit, dicetur *donec per abbatem suum* etc.; si vero in monachum alterius monasterii, 160 dicitur *donec per abbatem iniuriam passi* etc. ut in forma.[2]

16. Item nota, quod, quando aliquis conqueritur super manuum iniectione et carceris mancipatione vel sanguinis effusione, non mutatur conclusio,

---

[133] teram *C'*
[138] capitulum *doppelt C'*
[139] ponutur *(!) C'*
[146] debet *C'*

[154] . . episcopus *C'*
[160] . . abbatem *C'*
[161] . . abbatem *C'*

---

[1] *Vgl. K 61.*   [2] *K 62c.*

licet mutari consueverit sic videlicet : *mandamus, quatinus, si de huiusmodi*
165 *manuum iniectione et carceris mancipatione (vel sanguinis effusione) tibi constiterit,*
dictos sacrilegos etc. Sed modo non mutatur, sed simpliciter dicitur : *mandamus,*
quatinus, si est ita, dictos sacrilegos etc. ut in forma.[1]

17. Et nota, quod, quando dominus papa facit vel concedit aliquam indulgentiam alicui ecclesie, monasterio seu hospitali vel subvenientibus potentibus
170 et hiis similibus, et in fine dicatur : *misericorditer relaxamus,* debet fieri cum
serico nec poni debet *Nulli ergo.*

18. Et nota, quod, quando aliquis appellat a sententia lata contra eum pro
aliquo nobili, et concludatur *mandamus, quatinus vocatis* etc., non debet poni
Proviso.

175 19. Similiter, quando aliquis conqueritur de aliquo nobili, si simpliciter
dicat, *quod . . nobilis super terris, debitis* etc. nec exprimat locum sui dominii,
videlicet : *dominus de . .,* non debet poni *Proviso.*

20. Nota, quod, si aliquis heres conqueratur super usuris extortis tam a
patre suo quam ab eo, dicatur sic : *Attentius provisurus, ne auctoritate nostra*
180 *in negotio procedas eodem, nisi dictus conquerens restituerit vel adhuc restituat,*
si quas aliquando ipse vel dictus pater suus extorserunt usuras, cum frustra etc.[2]

21. Nota, quod in quacumque littera ponatur *de utriusque partis* etc., non
debet poni *Cum autem.* – *(Hier folgt in C' das Kapitel „Ea que de bonis" und*
erst dahinter (f. 436) N 62).

185 *2) Zusatz in T hinter N 62:*

1. Nota, quod pro clerico verberato non potest agere nisi idem clericus vel
eius procurator, etiam si fuerit familiaris alicuius; dominus non potest agere.

2. Item pro monacho vel converso vel generaliter pro aliquo religioso super
iniuria sibi illata abbas potest agere ac esse, alias dominus monasterii vel loci,
190 de quo idem iniuriatus est, quia monasterio est illata iniuria nec monacho vel
religioso.

3. Item nota, quod in litteris super usuris, si clerici vel laici convenientur
in eis quocunque modo tam in litteris *Ad audientiam* quam *Conquestus,* dicitur :
clericos censura ecclesiastica, laicos per penam in Lateranensi concilio[3] *contra*
195 *usurarios editam appellatione remota compellas* etc., et locum habet in conclusione. Sed si dicatur : *mandamus, quatinus, si est ita, dictos usurarios, ut dictum*
iuramentum relaxent et dictos fideiussores a dicta fideiussione absolvant, si clerici
vel laici premittantur in litteris, dicatur : *dictos clericos et laicos censura eccle-*
siastica eodemque iuramento relaxato, dictos fideiussores absolutos etc. *dictos*

---

[176] domini *C'*   [190] nec] et *T*
[181] aliquando] aliquem *C'*   [195] usuram *T* | est etc. *T*
[186] Nota *aus* Non *korr. T*   [198] premittatur *T*

---

[1] *K 59 ff.*   [2] *Vgl. K 16 ff.*
[3] *c. 25 Conc. Lat. III = X 5, 19, 3. Vgl. K 16, S. 116 Anm. 4.*

clericos censura simili et eosdem laicos per penam etc. usque ~~compellas. Testes~~ etc.   200

3) *Zusatz in DB hinter N 62 Zusatz m:*

De clausula ponenda, quando littere impetrantur contra Mendicantes, Cistercienses etc. – Insuper notandum est, quod, quandocumque impetratur contra
aliquem de ordinibus Mendicantium seu de ordinibus Cisterciensi, Cluniacensi,
Premonstratensi, sancti Iohannis Ierosolimitani, sancte Marie Theotonicorum,   205
Calatravensi, Grandimontensi, Fontis Ebraldi, Camaldulensi, Vallisumbrose et
Humiliatorum, ponenda est clausula infrascripta, et cum ipsa clausula potest
quilibet de dictis ordinibus in diocesi sua et extra per quemlibet et coram quolibet iudice conveniri. Clausula autem talis est : *Non obstante, si eidem ordini*
a dicta sit sede indultum, quod persone | ipsius ordinis ad iudicium trahi aut sus-   *D f. 30'*
pendi vel excommunicari seu ipse aut dicti ordinis loca interdici non possint per
litteras apostolicas non facientes plenam et expressam de verbo ad verbum de in-
dulto huiusmodi mentionem et qualibet alia dicte sedis indulgentia generali vel
speciali, cuiuscunque tenoris existat, per quam presentibus non expressam vel
totaliter non insertam tue iurisdictionis executio in hac parte valeat quomodolibet   215
impediri, que quo|ad hoc ipsis volumus aliquatenus suffragari. – Et nota, quod   *B. f. 20'*
dicta clausula debet poni post clausulam *Testes* etc. Et si in rescripto non fiat
mentio de sede apostolica, ubi dicitur : *Non obstante, si eidem ordini a dicta*
sit sede indultum etc., dicatur : *Non obstante, si eidem ordini a sede apostolica*
sit indultum etc.   220

Nota clausulam pro magistro et fratribus alicuius hospitalis : *Non obstante,*
si magistro et fratribus dicti hospitalis a sede apostolica sit indultum, quod persone
ipsius hospitalis et membrorum eius ad iudicium trahi aut suspendi vel excommuni-
cari seu ipse aut dictorum hospitalis et membrorum loca interdici non possint per
litteras etc. *(Hier folgt in B noch Zusatz a von N 21).*   225

---

200 clericos *om T*
201 *Der Zusatz in D f. 30/30' hinter*
   Tangl, Kanzleiordnungen Const.
   IX = Barraclough QF 25, 236 ff.
202 De – 203 etc. *om D* | Cisterciensis *B*
203 est notandum *D*
205 Ierosolimitacensi *B* | Teutonicorum
   B | Theotonicorum – 207 Humilia-
   torum] Teutonicorum Camaldulensi Grandimontensi Vallisumbrose
   et Humiliatorum *B*
206 Galatravensi *D* | Fontis Ebraudi *D*
   | Vallicumbros; *D*
207 ipsa clausula] eadem infrascripta
   clausula *D*
208 quemlibet – 209 iudice] quemlibet
   iudicem *D*

209 convenire *D* | autem talis est] est
   ista *B*
212 non facientes – 213 huiusmodi] etc.
   B
213 indulgentia – 215 non] etc. usque *B*
215 executio] explicacio *D* : explicando
   B
216 quod – 217 etc.] quod debet poni in
   eadem clausula post clausulam
   istam Testes *D*
218 a dicta – 219 ordini *om D*
221 Nota – 222 fratribus] Non obstante
   si magistro et fratribus *D* | alicuius
   – 222 fratribus *om D*
224 dictorum] eiusdem *D* | membrorum
   eius *D* | non – 225 etc.] etc. ut supra
   etc. *B*

In D folgt dieses Beispiel:

Conquesti sunt nobis dilecti filii . . capitulum ecclesie Pennen.,[1] quod abbatissa et conventus monasterii sancte Marie de Burgonovo[2] (*vel* ordinis sancti
Augustini) sub cura et secundum instituta fratrum domus hospitalis sancti
230   Iohannis Iherosolimitan. in Rhodo[3] viventes super quibusdam *etc.* vocatis *etc.*
Testes *etc.* Non obstante *ut supra.* Dat Rome.

I

π 1–5

Nachträge zum ganzen Formelbuch

π 1   Commissio inquisitionis contra abbatem.[4]

Iud. Ad ecclesiarum et monasteriorum omnium statum salubriter dirigendum iuxta pastoralis officii debitum intendentes ad eorum reformationem,

---

[227] . . *om D*
[230] *Rohdo D.*

π 1   *P 1 f. 10; H 1 f. 5/5'; S 1 f. 4';*
R 1 f. 1.
[1] *Üb. so S marg. v. and. Hd. – H*[2] *Üb.:*
Nota, quando inquisitio committi-

tur in capite et in membris. Rubrica. – *R Üb.: De accusationibus. Es*
folgt in kleinerer Schrift: Contra abbatem dilapidantem monasterium
acc⟨us⟩atus per monachos.

[2] *Iudex S |* statutum *S*

---

[1] *Penne ö. von Pescara in den Marken.*
[2] *Johanniterhaus in Borgonovo, Kommune Torricella Sicura, ö. von Penne.*
[3] *Insel Rhodos.*
[4] *Diese Urkunde wegen des Benediktinerklosters S. Vincenzo al Volturno (nw.*
von Isernia) ist an den Bischof (Azzo) von Caserta gerichtet und von Bonifaz VIII.
1303 Juni 13 ausgestellt; sie ist überliefert in Reg. Vat. 50 f. 336/336' (vgl. G.
Digard u. a., Les registres de Boniface VIII, Paris 1890–1904, Nr. 5252).
Über den Streit vgl. V. Federici, Ricerche per l'edizione del „Chronicon Vultur-
nense" del monaco Giovanni, in: Bullettino dell'Ist. Stor. Ital. 61 (1949), 82. An-
geklagt ist Abt Giovanni di Cerro. In einem zweiten Apparat seien hier die Va-
rianten der Registerüberlieferung (= Re) gegeben: 2 Iud.] Venerabili fratri . .
episcopo Casertan. *Re |* 6 A.] Archangelus *Re |* . .] Popero *Re |* 7 Wlturno *Re |*
8 . .] Triuentin. *Re |* 9 . .] Cerro *Re |* 10 homicidii *Re |* 11 et 2°] ac *Re |* 12 qui]
et *add Re |* 17 F.] Franciscum *Re |* A.] Archangelum *Re |* 19 et] ac *Re |* 21 fidu-
ciam gerimus in domino *Re |* 22 locum] dictum monasterium *Re |* 24 Francisci
et Archangeli *Re |* 25 I.] Iohannem *Re |* 31 pariture ac alias facture et recepture
Re | 34 etc.] Anagnie idus iunii anno nono *Re. – Besonders aus der Lesart pari-*
ture . . . Zeile 31 ergibt sich, daß für das Formularium audientiae nicht die Re-
gisterüberlieferung, sondern das Original oder Konzept zu Grunde lag.

que ad Romanam ecclesiam nullo pertinent mediante, cum illa deformata
sentimus, partes apostolice sollicitudinis adhibemus. Accedentes siquidem   5
ad presentiam nostram dilecti filii Franciscus de Mala Clocaria et A. de . .
monachi monasterii sancti Vincentii de Vulturno ad Romanam ecclesiam
nullo medio pertinentis ordinis sancti Benedicti . . diocesis nobis exponere
curaverunt, quod Iohannes de . ., qui pro ipsius monasterii abbate se gerit,
incontinentie laborans vitio ac pravitate symoniaca labefactus, homicidiis   10
et aliis criminibus irretitus bona dicti monasterii et hospitalis ipsius cum
personis inhonestis et male conversationis dilapidat et consumit, qui nullam
preterea curam habens de divinis officiis et regularibus institutis vitam ducit
penitus dissolutam suorumque nequaquam compatitur necessitatibus
monachorum, sub cuius umbra iura monasterii predicti depereunt, gravibus   15
propter hoc monasterium ipsum subiacet detrimentis. Cum autem hec et
alia, que de ipso nobis per prefatos F. et A. sunt relata, si veritate nitantur,
limam apostolice correctionis ex|poscant : nos ea nolentes, prout etiam   *Re f. 336'*
nec debemus, sub dissimulatione transire et ad reformationem dicti monasterii, quod dilectione paterna prosequimur, diligentius intendentes frater-   20
nitati tue, de qua gerimus in domino fiduciam specialem, mandamus, quatinus personaliter accedens ad locum et habens pre oculis solum deum
visites et inquiras ibidem tam in capite quam in membris super premissis
et aliis, que continebuntur in articulis tibi exhibendis, tam pro parte F. et
A. predictorum contra dictum I. quam ipsius Iohannis, si quos exhibere   25

---

4 mediante] medio *vor* pertinent *H* :
medio *S* | illa *om H* | deformatas *H*

5 apostolice] auctoritate apostolica *H*

6 dilectus filius *H* | Franciscus – et
A. *om R* | Mala Clocaria] Mala Cle-
caria *H* : . . *S* | et A. de . .] et . .
de . . *P* : *om H*

7 monachus *H* | Vincentii de Vusti-
mo *(!) R* | Wlturano *P* : Vulturano
S | ecclesiam] curiam *R*

8 Benedicti] Augustini *R* | . . dioce-
sis] *om PSR* : diocesis . . *H*

9 curavit *H* | Io. *R* | pro *om R* |
abbatem *R*

10 simoniaca *R* | labetactus *H*

11 criminibus aliis *H* | hospitalitatis *H*

12 convesacionis *(!) S*

13 et] aliis *add H*

14 suorum *H*

16 monasterium *om S* | ipsum] predic-
tum *R* | subiaceat *R*

17 F.] S. *R*

18 limam] limina *P* : legitime *H* :
lineam *S* : *korr. R* | correctionis]
remedium *add H* | expostant *R* |
volentes *P* | etiam *om HR*

19 nec] *om S* : nec velle *korr. v. and.*
Hd. R | non transire *S*

20 prosequimus *(!)* paterna *S* | con-
sequamur *H* | diligentius] dirigimus
S | ntendentes *(!) S*

21 in domino *om P*

22 accedentes *H*

23 menbris *R*

24 F.] S. *R*

25 Iohannis] I. *R*

voluerit contra eos vel aliquos alios monachos monasterii supradicti, que-
cumque visitationis et inquisitionis officio noveris indigere, que super hiis
inveneris, fideliter in scriptis redacta sub tuo inclusa sigillo ad nostram presentiam transmissurus, prefixo partibus termino peremptorio competenti,
H f. 5' | quo personaliter compareant coram nobis mandatis nostris et beneplacitis
in hac parte plenarie parituri et alias facturi et recepturi, quod iustitia
suadebit. Diem vero huiusmodi prefixionis et formam et quicquid inde feceris, nobis per tuas litteras harum seriem continentes fideliter intimare
procures. Dat. *etc.*

π 2 Quod studentes habeant privilegium.

S f. 5 | *Iud.* Volentes circa dilectum filium .. rectorem ecclesie de .. consti-
R f. 24   tutionem | editam in concilio Lugdunensi pro studentibus in scolis apud
         Romanam curiam[1] observari, – mandamus, quatinus eum pro rata temporis,
   5   quo se in scolis ipsis asserit studuisse, non permittas contra constitutionem
         eandem super redditibus suis indebite molestari, revocans nichilominus, si
         quod contra ipsum est occasione predicta temere attemptatum, contradic-
         tores *etc.*

---

[26] alios] aliquos *(also doppelt)* H |
    quocumque *PHS* : quecumque
    korr. R
[27] requisicionis *R*
[28] incluso *SR*
[31] parte] partibus *S* : *einkorr. R* | pari-
    ture *R* | et 1°] vel *S* : ac *R* | facture
    et recepture *R*
[34] Datum *H.*

π 2   *P 2 f. 10; H 2 f. 5'; S 2 f. 5; R 246*
    f. 23'/24.
[1] *Üb. so H² (mit Varianten). – R Üb.:*

Littera defensoria scolari studenti
in Romana curia. – *Üb. om PS.* |
habent *H²* | privilegium] Rubrica
add H²
[2] Iudex *S* | .. 1° *om H*
[3] consilio *SR* | pro] quod *P* : *om R*
[4] eam *PS*
[5] .. asserit se *H* | permittas] ipsum
    add H
[6] quod si *H*
[7] ipsum] tempora *R* | occasione] ec-
    clesie *R.*

---

[1] *VI° 5, 7, 2 (von 1245, vgl. H. Denifle, Die Universitäten des Mittelalters
bis 1400, 1, Berlin 1885, 3 Anm. 11 u. 301ff.). Die Dekretale findet sich nicht in
den Sammlungen der Kanones des Konzils von Lyon 1245. Nach den Untersuchungen von S. Kuttner, Die Konstitutionen des ersten allgemeinen Konzils von
Lyon, in: Studia et documenta historiae et iuris 6 (1940), 86, brachte erst Johannes
Cabassut in seiner Ausgabe 1680 diese Dekretale in die Lyoner Konstitutionen
hinein; auch Friedberg, Prolegomena zum Corpus Sp. L, rechnet sie nicht dazu.
Der hier vorliegende Beleg zeigt jedoch, daß sie zumindest seit Bonifaz VIII. zu
den Konstitutionen des Konzils von Lyon gerechnet wurde.*

π 3 Quod monachi abbati obediant.

Iud. Sua nobis .. abbas (*sive* .. prior) monasterii (*vel* prior prioratus) de .. ordinis .... diocesis petitione monstravit, quod P. et F. de .. ipsius monasterii monachi (*vel* conversi) obedientiam et reverentiam sibi debitam contra iustitiam denegant exhibere. – mandamus, quatinus, si est ita, dictos monachos (*vel* conversos), ut eidem abbati (*vel* priori) obedientiam et reverentiam exhibeant, ut tenentur, monitione premissa per censuram ecclesiasticam, prout iustum fuerit, appellatione remota compellas.

π 3a *Et nota, quod, si episcopus conqueratur contra clericos suos, fit conclusio :* partibus convocatis etc.[1]

π 3b *Item nota, quod monachis contra abbatem et conventum non dantur iudices, qui inter eos possint aliquid iudicare.*[2]

π 4 „Ea que de bonis" in minori forma pro ordine sancti Augustini.

Iud. Dilectorum filiorum .. prioris et fratrum Heremitarum domus Cathalaunen.[3] ordinis sancti Augustini, qui fundati sunt in ordine paupertatis quibusve etiam ex privilegio sedis apostolice proprium habere licet,[4] pre-

---

π 3 *P 3 f. 10; H 3 f. 5'; S 3 f. 5; R 247 f. 24.*
[1] *Üb. so H²* (mit Variante). – R *Üb.*: De maioritate et obediencia. *In kleinerer Schrift folgt:* Forma contra monachos vel conversos denegantes reverenciam et obedienciam (obedienciciam (!) R) abbati vel priori suo prestare. – *Üb. om PS.* | obediant] Rubrica *add H²*
[2] Iud. *om PHS* | abbas sive .. prior] abbas et prior .. H : abbas prior S : abbas sive prior R | prior 2° *om R*
[3] ordinis .. et diocesis .. S | .. diocesis] diocesis .. PH : *om R* | monstrarunt R | et *om R*
[5] denegant] sibi *add H* | si ita est PS.

π 3a *P 3a f. 10; H 3a f. 5'; S 3a f. 5; R 248 f. 24.*
[1] not S | conqueratur episcopus H : conqueritur episcopus S : conqueratur .. episcopus R | fit] sic H | conclusio] est *add H*
[2] etc. *om R.*

π 3b *P 3b f. 10; H 3b f. 5'; S 3b f. 5; R 249 f. 24.* – H² *Üb.*: Alias datur pro episcopo.
[1] not S | monachis] pro monasterio H | datur iudex R
[2] possit R | aliquod H.

π 4 *P 4 f. 10; H 4 f. 5'; S 4 f. 5; R –.*
[3] .. *om S* | domus Heremitarum HS | Cathalan. H
[5] quibusve] quibus nec H

---

[1] *Vgl. N 54b.*   [2] *Vgl. N 54a.*   [3] *Châlons-sur-Marne.*   [4] *So schon im feierlichen Privileg Innocenz' IV. von 1253 Mai 31 (Potthast 14989).*

cibus inclinati presentium tibi auctoritate mandamus, quatinus ea, que de
bonis ipsius domus alienata inveneris illicite vel distracta, ad ius et proprietatem eiusdem domus legitime revocare procures, contradictores *etc.* Testes
etc.

P f. 10'   π 5 | De capellania.

Benedictus *etc.*[1] Virtutibus clarens et meritis, sicut fame laudabilis testimonio commendaris, illam in conspectu nostro gratiam meruisti, quod
personam tuam benivolentia paterna prosequimur et eam libenter attolli-
5   mus honoris gratia specialis. Ut igitur in effectu percipias, quod suggerit
nostre mentis affectus, te capellanorum nostrorum consortio duximus
aggregandum intendentes, quod favoris apostolici presidia plenius sortiaris
sicque per hoc de bono in melius studiis virtutum intendas, quod merito ad
faciendum tibi pleniorem gratiam invitemur.[2]

---

[8] eiusdem] ipsius *H* | Testes] autem
add H.

π 5   *P 5 f. 10'; H 5 f. 5'; S 5 f. 5; R*
297 f. 29.
[1] *R Üb.*: Forma littere gratiose ca-
pellanie domini pape. | capellania]
Rubrica. Pro capellano creando
add H

[2] Benedictus episcopus etc. Dil. fil.
R | claris *H*
[3] commendari *H* | gratiam *om H* :
gratie *R*
[4] prosequamur *H* | eam *om P*
[5] honoribus *H* | in *om H* | affectu *H R*
| recipias *R*
[7] agggrevandum *(!) R*
[8] per] de *S* | intendens *R* | quodque *H.*

---

[1] *Benedikt XI. (vgl. Bd. 1 S. 149).*
[2] *Die Aufnahme in die päpstliche Kapelle, noch um die Mitte des 13. Jh.
ein besonderer Gnadenerweis des Papstes an besonders verdiente Kleriker der Kurie,
ist mit der allgemeinen Entwertung des Kaplantitels hier bereits zu einer Routine-
sache geworden, die gar nicht mehr der Genehmigung des Papstes bedurfte; über
die Entwertung des Titels vgl. R. Elze, Die päpstliche Kapelle im 12. und 13. Jahr-
hundert, in: Zeitschr. f. Rechtsgesch., kan. Abt. 36 (1950), 145 ff.*

II

π 6–28

Kleines Formelbuch für litterae simplices „Super terris etc." und „Super pecunie summa".

π 6 Simplex in patrimonio beati Petri.[1]

Iud. Conquestus est nobis P. Martini de . . laicus . . diocesis, quod I. de . . laicus . . diocesis super terris, debitis, possessionibus et rebus aliis iniuriatur eidem. Ideoque discretioni tue per apostolica scripta mandamus, quatinus partibus convocatis audias causam et appellatione remota usuris   5
cessantibus debito fine | decidas, faciens, quod decreveris, per censuram ecclesiasticam firmiter observari. Testes autem, qui fuerint nominati, si se gratia, odio vel timore subtraxerint, censura simili appellatione cessante compellas veritati testimonium perhibere. Dat. *etc.*

H f. 6

π 7 Cum clausula „Cum autem".

Dilecto filio . . archipresbitero Aquilen.[2] salutem et apostolicam benedictionem. Conquestus est nobis Iohannes Petri civis Reatin.,[3] quod Arnaldus Angeli concivis[4] suus super terris, debitis, possessionibus et rebus aliis iniuriatur eidem. Cum autem[5] dictus Iohannes, sicut asserit, potentiam   5

π 6   *P 6 f. 10'; H 6 f. 5'/6; S 6 f. 5; R 159 f. 16 u. 321 f. 31 (= R').*

[1] *RR' Üb.*: Simplex pro laico contra laicum in terris ecclesie. | in – Petri *om H*[2] | beati] sanctı *S*

[2] laicus *om P* | . . diocesis *om PSRR'* | I.] Iohannes *RR'*

[3] laicus] clericus *RR'* | . . diocesis *om PS* | iniuriantur *H*

[4] tue] vestre vel tue *P*

[8] timore] amore *RR'* | cessante] cessante *R'*

[9] Dat. etc. *om PH*.

π 7   *P 7 f. 10'; H 7 f. 6; S 7 f. 5; R –.*

[1] Cum 1° *om S*

[2] . . *om S* | Aquilen.] Aquilegen. *P* : ecclesie Aquilen. *S*

[3] Iohannes] I. *S* | Ratin. *S* | Arnaldus] Raymundus *H* : Raynaldus *S*

[5] iniuriantur *HS* | Iohannes] Io. *S*

---

[1] *Vgl. N*ª *11, N*ª *16, N 47 ff. Nur ein im Patrimonium ansässiger Laie konnte gegen einen anderen Laien wegen Besitzentfremdung vor dem Papste klagen; über die Zusammenhänge vgl. Bd. 1 S. 208 f..*   [2] *L'Aquila.*   [3] *Rieti.*

[4] *Da sowohl Kläger als auch Beklagter aus dem Patrimonium stammen, zu dem Rieti gehört, können sie auch als Laien wegen Besitzentzug an der Kurie klagen (vgl. oben Anm. 1).*

[5] *Über diese Klausel vgl. N 6 und die Ausführungen Bd. 1 S. 194.*

dicti A. merito perhorrescens eum infra Reatin. civitatem et diocesim nequeat convenire secure, discretioni tue per apostolica scripta mandamus,
quatinus partibus convocatis audias causam et appellatione remota *etc.*
ut in prima usque[1] perhibere. Dat. *etc.*

π 8   „Ad dotem".

Iud. Conquesti sunt nobis Angelus Philippi et Maria eius uxor cives
Reatin.,[2] | quod G. Petri civis Aquilen.[3] super terris, debitis, possessioni-
bus et rebus aliis ad dotem ipsius Marie spectantibus[4] iniuriatur eisdem.
5 Ideoque – mandamus, quatinus partibus convocatis *etc. usque* perhibere.
Dat. *etc.*

R f. 2' (line 2)

π 9 |„Ad dotem" pro vidua.

S f. 5'

Iud. Conquesta est nobis Berta relicta quondam F. de .. laici vidua
Reatin.[5] diocesis, quod Matheus Petri de .. laicus dicte diocesis super
terris, debitis, possessionibus et rebus aliis ad dotem suam spectantibus[6]
5 iniuriatur eidem. Cum autem *etc.* mandamus, quatinus partibus convocatis audias causam et appellatione remota usuris cessantibus debito fine
etc. usque observari. Testes *etc.*

---

[6] Reatin.] *einkorr. P* : Ratin. *S*
[9] ut in prima *hinter* perhibere *P* |
Datum *H.*

π 8   *P 8 f. 10'; H 8 f. 6; S 8 f. 5; R
22 f. 2/2'.*
[1] *R Üb.*: Conqueritur vir et uxor de
rebus spectantibus ad dotem uxoris.
[2] Pħi *P* : Phy *S* : Phi. *R* | uxor eius *R*
[3] Ratin. *S* | Aquilegen. *P* | possessi-
onibus *om H*
[4] ipsius Marie] suam *R* | iniuriantur *H*
[5] Ideoque] discretioni tue *add H* :
om R | usque – 6 etc. *om R*

[6] Dat. etc. *om PH.*

π 9   *P 9 f. 10'; H 9 f. 6; S 9 f. 5'; R
23 f. 2'.*
[1] *R Üb.*: Pro vidua ad dotem. – *Üb.
om S.* | pro vidua *om P*
[2] Berta] .. *H* | F.] Angeli *R* | de ..
om H
[3] Ratin. *S* | Matheus] Martinus *R* |
dicte diocesis] diocesis supradicte *H*
[4] debitis – aliis] etc. *S* | suam] ipsius *S*
[5] iniuriantur *H* | autem *om S*
[6] audias – *Schluß*] et cetera ut supra
R | fine] decidas *add H.*

---

[1] *Vgl. π 6.*   [2] *Rieti.*   [3] *Hier ist der Beklagte außerhalb des Patrimoniums,
in der zum Königreich Sizilien gehörenden Stadt L'Aquila, ansässig; Kläger und
Beklagte sind Laien. Da es jedoch um Dotalgut geht (vgl. Anm. 4), tritt auch hier
die kirchliche Gerichtsbarkeit der Kurie ein.*   [4] *Vgl. N 48 und die Ausführungen Bd. 1 S. 210.*   [5] *Rieti.*   [6] *Hier sind sowohl die Klägerin, eine Witwe, als
auch der Beklagte aus dem Patrimonium; auch in diesem Fall wird also die Klausel
ad dotem suam spectantibus gesetzt (vgl. N 48 u. oben Anm. 3 u. 4).*

π 10 Quando plures conqueruntur.

Iud. Conquesti sunt nobis Petrus et Iohannes Andree fratres laici, quod Martinus Thome clericus Reatin.[1] super quadam pecunie summa et rebus aliis ad eos communiter pertinentibus[2] iniuriatur eisdem. – mandamus, quatinus partibus convocatis audias causam *etc.*

π 11 Pro paupere orphano.

Iud. Conquestus est nobis Angelucius Alberti pauper orphanus[3] Florentin.,[4] quod Vannus et Zazo Vandi fratres cives Florentin. super terris, debitis, possessionibus et rebus aliis iniuriantur eidem. – mandamus, quatinus illos, sub quorum iurisdictione iniuriatores ipsi consistunt, attentius moneas, ut eidem pauperi super hiis exhiberi faciant iustitie complementum,[5] alioquin tu partibus convocatis audias causam et appellatione remota usuris cessantibus debito fine decidas, faciens, quod decreveris, per censuram ecclesiasticam firmiter observari. Testes *etc.*

π 12 Super eodem.

Iud. Conquesti sunt nobis Guillelmus Martini et I. Franci pauperes orphani Narnien.,[6] quod Paulus Ludovici clericus Interampnen.[7] super ter-

π 10   *P 10 f. 10'; H 10 f. 6; S –; R 160 f. 16.*

[1] *H[2] Üb.*: Pro fratribus. – *R Üb.*: Conqueruntur I. et P. fratres super rebus ad eos communiter spectantibus.
[2] Petrus] P. *R* | Iohannes] I. *R* | fratres] de . . *add R*
[3] Martinus Thome] M. P. *R* | Reatin.] *om H* : Floren. *R*
[4] iniuriantur *H* | eidem *R*
[5] partibus – *Schluß*] etc. ut supra *R.*

π 11   *P 11 f. 10'; H 11 f. 6; S 10 f. 5'; R 161 f. 16.*

[2] Angelus *HSR* | Alberti] Albis *H* : Mathei *R* | Floren. *PR* : Florentinen. *S*

[3] Vannus et Zazo Vandi] Vannus et Zozo Vanni *H* : A. et B. *S* : . . . et . . *R* | Floren. *PR*
[4] possessionibus *om H* | possessionibus – aliis] etc. *S* | iniuriatur *S* | eidem] idem *S*
[8] decidas – *Schluß*] etc. ut supra *R.*

π 12   *P 12 f. 10'; H 12 f. 6; S 11 f. 5'; R 163 f. 16.*

[1] *R Üb.*: Super eodem pro duobus fratribus orphanis. – *Üb. om S.* | eodem] contra clericos *add H*
[2] Guillelmus – Franci] G. Martini et I. Francisci *H* : A. et B. *S* : Guillelmus Martini et I. Petri *R*

[1] *Rieti.*   [2] *Vgl. N. 40 u. Bd. 1 S. 204.*   [3] *Über die Klagen der* personae miserabiles *vgl. N 47 u. Bd. 1 S. 210.*   [4] *Florenz.*   [5] *Bei Klagen von Waisen gegen Laien hatte der geistliche Richter zunächst das weltliche Gericht dazu zu veranlassen, dem Kläger Gerechtigkeit zukommen zu lassen; erst dann, wenn das weltliche Gericht versagte, zog er den Fall ganz an sich (vgl N 51 u. Bd. 1 S. 211).*   [6] *Narni w. von Rieti*   [7] *Terni nw. von Rieti.*

ris, debitis, possessionibus et rebus aliis ad eosdem pauperes communiter
5 pertinentibus[1] iniuriatur eisdem. Ideoque discretioni tue – mandamus,
quatinus partibus convocatis audias causam et appellatione remota usuris
cessantibus debito fine decidas, faciens, quod decreveris, per censuram ecclesiasticam firmiter observari. Testes *etc.*

H f. 6'

π 13 | Pro crucesignato.[2]

Iud. Conquestus est nobis Ubertus Lanfranci civis Parisien.[3] crucesignatus, quod Hugo Henrici, concivis suus, super terris, debitis et possessio-
R f. 16' nibus iniuriatur eidem, propter | quod voti sui executio impeditur.[4] – man-
5 damus, quatinus partibus convocatis audias causam *etc.* usuris cessantibus
etc. Testes *etc.*

π 14 Super eodem cum conventione iudicum et locorum.

Dilectis filiis .. abbati sancti Salvatoris[5] et .. preposito sancti Angeli[6]
ac .. archipresbitero sancti Rufi[7] ecclesiarum Reatin. salutem *etc.* Con-

---

[3] Narnien. *scr.*] Norinen. *P* : .. dio-
cesis *H* : *om S* : Nartuen. *R* | Pau-
lus – Interampnen.] C. et D. *S* :
Petrus Lodouici clericus Interemp-
nen. *R* | Interempn. *H*
[4] debitis – aliis] etc. *S* | eosdem] eos *H*
[5] pertinentibus] spectantibus *HR* |
iniuriantur *HS* | iniuriatur – *Schluß*]
etc. ut supra *R*.

π 13 *P 13 f. 10'; H 13 f. 6'; S 12 f. 5';*
R 164 f. 16/16'.
[1] *R Üb.*: Pro laico crucesignato.
[2] Ubertus Lanfranci] Ubertus Fran-
cisci *H* : A. *S* : V. Lamfranchi *R* |
Parisien.] Reatin. *R*

[3] Hugo Henrici] B. *S* : H. Petri *R* |
debitis et possessionibus] etc. *S* |
et *om H* | et possessionibus] pos-
sessionibus et rebus aliis *R*
[4] partibus convocatis *om R*
[5] usuris – *Schluß*] ut supra *R*
[6] Testes etc. *om H.*

π 14 *P 14 f. 10'/11; H 14 f. 6'; S 13*
f. 5'; R 165 f. 16'.
[1] *Üb. in S vor π 15.* | eodem] pro
eodem *add R*
[2] Dilectis] Iud. *R* | .. 1° *om R* | ab-
bati] *om H* | monasterii *add R* |
.. 2° *om H* | preposito *om H* |
Angeli] prepositis *add H*

---

[1] *Vgl. N 40 u. Bd. 1 S. 204.*   [2] *Über Klagen von Kreuzfahrern gegen Laien*
vgl. N 47 und Bd. 1 S. 209.   [3] *Paris.*   [4] *Vgl. N 47.*   [5] *Benediktinerkloster*
S. Salvatore Maggiore bei Rieti; vgl. Kehr, Italia pontificia 4, 24, und I. Schu-
ster, Il monastero imperiale del Salvatore, in: Arch. della R. Società Romana di
Storia Patria 37 (1914), 393 ff. Abt war von 1290 bis ca. 1306 Petrus II., an den
dieses Reskript wohl gerichtet war.   [6] *Kanonikerstift S. Angelo in Rieti (vgl. E.*
Langlois, Les registres de Nicolas IV, Paris 1905, Nr. 1430; G. Digard, Les registres
de Boniface VIII, Paris 1890–1939, Nr. 1258; Ch. Grandjean, Les registres de
Benoît XI, Paris 1905, Nr. 207, 416).   [7] *Kirche S. (Camillo e) Ruffo in Rieti.*

questi sunt nobis Bonushomo Mathei et Petrus Galtheri cives Aquilen.[1]
crucesignati, quod Raynaldus Stephani concivis eorum super quadam
pecunie summa et rebus aliis ad eos communiter pertinentibus iniuriatur
eisdem, propter quod ipsorum voti executio impeditur. Ideoque discretioni
vestre de utriusque partis procuratorum | assensu[2] per apostolica scripta
mandamus, quatinus apud Introducum[3] Reatin.[4] diocesis partibus convocatis *etc. usque* observari. Testes *etc. usque* perhibere. Quod si non omnes
hiis exequendis potueritis interesse, duo vestrum ea nichilominus exequantur.[5]

P f. 11

5

10

π 15   Super pecunie summa pro episcopo.

Dilecto filio .. abbati monasterii de .. Narnien.[6] diocesis salutem *etc.*
Conquestus est nobis venerabilis frater noster .. episcopus Reatin.,[7] quod
Paulus Lamartini miles Reatin.[7] super quadam pecunie summa et rebus
aliis ad mensam suam episcopalem spectantibus[8] iniuriatur eidem. – mandamus, quatinus partibus convocatis audias causam et appellatione remota
debito fine decidas, faciens, quod decreveris, per censuram ecclesiasticam
firmiter observari. Testes *etc.*

5

---

[3] ac .. – Reatin. *om S* | sancti Rufi]
  Ruphi *H*

[4] Bonushomo Mathei et Petrus Gal-
  theri] *A.* et *B. S* : Angelus Mathei
  et P. Iacobi *R* | Galteri *H* | Aqui-
  legen. *P* : Aquilien. *R*

[5] Raynaldus Stephani] *B. S* : Raynaldus Sthefani *R*

[6] pertinentibus] spectantibus et per-
  tinentibus *R* | iniuriantur *R*

[7] executioni *S*

[9] Introducum] Introductum *P* : .. locum *H* : introductum .. *R*

[10] etc. 1° *om P* | observari] etc. *add*
  R | Testes – 11 ea *om H* | usque
  perhibere *om P* | perhibere] in finem
  R

[11] poteritis *S* | exequantur] Dat. etc.
  add R.

π 15   *P 15 f. 11; H 15 f. 6'; S 14 f. 5';*
  R 166 f. 16'.

[1] *S hat die Üb. von* π *14. – R Üb.*:
  Conqueritur episcopus super pe-
  cunie summa et rebus aliis. | pe-
  cunia *P* : peccunie *H*

[2] .. 1° *om R* | monasterii – salutem
  om S | Normen. *P* : Naruien. *R* |
  salutem *om H*

[3] Ratin. *S*

[4] Paulus Lamartini] Paulus Lam-
  bertini *H* : *A. S* : P. Lamberti
  R

[6] causam – 8 firmiter] etc. usque
  R.

---

[1] *L'Aquila.*   [2] *Vgl. N 5 und Bd. 1 S. 193 f.*   [3] *Antrodoco ö. von Rieti.*
[4] *Rieti.*   [5] *Vgl. N 32 ff. u. Bd. 1 S. 199 f.*   [6] *Narni w. von Rieti.*   [7] *Vgl.*
S. 82 Anm. 3.   [8] *Ein Bischof durfte nur wegen des bischöflichen Mensalgutes*
klagen; vgl. N 43 und Bd. 1 S. 206.

π 16　Super eodem contra episcopum.

Dilecto filio . . abbati monasterii de . . Narnien.[1] diocesis salutem *etc*.
Conquestus est nobis Paulus Lamartini miles Reatin.[2] diocesis, quod venerabilis frater noster . . episcopus Reatin.[3] super quadam pecunie summa et
rebus aliis iniuriatur eidem. – mandamus, quatinus partibus convocatis
audias causam et appellatione remota usuris cessantibus debito fine decidas, faciens, quod decreveris, auctoritate nostra[4] firmiter observari. Testes
autem, qui fuerint nominati, si se gratia, odio vel timore subtraxerint,
per censuram ecclesiasticam appellatione remota compellas veritati testimonium perhibere.

π 17　Super eodem contra capitulum.

Dilecto filio . . preposito ecclesie Narnien.[1] salutem *etc*. Conquestus est
nobis T. archipresbiter ecclesie sancti Iohannis Reatin.,[5] quod capitulum
ecclesie Reatin.[2] super terris, debitis, possessionibus et rebus aliis iniuriatur
eidem. Ideoque discretioni tue per apostolica scripta mandamus, quatinus
partibus convocatis audias causam et appellatione remota usuris cessantibus debito fine decidas, faciens *etc. usque* observari.

π 16　*P 16 f. 11; H 16 f. 6'; S 15 f.5 ';*
　　R 167 f. 16';
[1] *H² S Üb.*: Contra eundem episco-
　pum super eodem. – *R Üb.*: Con-
　queritur laicus de episcopo.
[2] monasterii de sancto Nectorio *P* |
　monasterii de . . *om S* | Narinen.
　PHR | salutem *om H*
[3] Paulus Lamartini] Paulus Lamber-
　tini *H* : A. *S* : P. Lamberti *R* |
　Reatinen. *S* | diocesis *om HSR*
[4] Reatinen. *S* | et rebus aliis] etc. *S*
[6] et appellatione – 7 firmiter] etc.
　usque *R*

[8] qui – *Schluß*] etc. *R*
[9] remota] cessante *P*.

π 17　*P 17 f. 11; H 17 f. 6'; S –; R*
　　168 f. 16'.
[1] *R Üb.*: Conqueritur archipresbiter
　de capitulo super terris.
[2] Narinen. *PHR*
[4] ecclesie *om R* | possessionibus *om*
　PHS | iniuriantur *H*
[5] Ideoque – scripta *om R*
[6] audias – *Schluß*] etc. ut supra *R*
[7] observari] Testes etc. *add H*.

---

[1] *Narni w. von Rieti.*　　[2] *Rieti.*　　[3] *Es kommen in Frage die Bischöfe von
Rieti: Nikolaus (1294), Berard (1296–1299), Jacobus (1299), Angelus (1302)
oder Johannes (1302–1339); vgl. Eubel 1, 416 und P. Desanctis, Notizie
storiche sopra il tempio cattedrale, il capitolo, la serie dei vescovi ed i vetusti
monasteri di Rieti (Rieti 1887), 82 ff.*　　[4] *Bei Klagen gegen Bischöfe hat der
delegierte Richter besonders zu vermerken, daß er kraft päpstlicher Autorität handelt;
vgl. N 37 und Bd. 1 S. 203 f.*　　[5] *Kirche S. Giovanni (in Statua) in Rieti.*

π 18 Super eodem pro capitulo cum conventione iudicum, quorum unus est gardianus, cum clausula pro ipso ponenda.

Dilectis filiis .. archipresbitero ecclesie Narnien.[1] (*sive* canonico Narnien.) et .. priori Predicatorum ac .. gardiano fratrum Minorum Narnien. salutem *etc.* Conquesti sunt nobis capitulum ecclesie Reatin.,[2] quod T. archipresbiter ecclesie sancti Iohannis Reatin.[3] super quadam pecunie summa et rebus aliis ad eosdem capitulum communiter spectantibus iniuriatur eisdem. Cum autem iidem capitulum, sicut asserunt, potentiam dicti archipresbiteri *etc. usque* secure,[4] – mandamus, quatinus partibus convocatis audiatis causam et appellatione remota fine debito decidatis *etc. usque* observari. Testes *etc.* Non obstante indulgentia, qua, filii prior et gardiane, ordinibus | vestris a sede apostolica dicitur esse concessum, ut eorundem ordinum fratres non teneantur se intromittere | de quibuscumque negotiis, que eis per ipsius sedis litteras committuntur, nisi de concessione huiusmodi in eisdem litteris plena et expressa mentio habeatur.[5] Quod si *etc.*[6] Dat. *etc.*

5

10

H f. 7
S f. 6

15

π 18 *P 18 f. 11; H 18 f. 6'/7; S 16 f. 5'/6; R 169 f. 16'.*

[1] pro capitulo *om H*[2] *S*

[2] guardianus *SR*

[3] Dilecto filio *H* | ecclesie *om H* | Narinen. *PR* | sive canonico Narnien. *om S* | .. canonico Narinen. *R* | Narinen. *P*

[4] .. 1° *om HS* | ordinis Predicatorum *S* | ac] et *S* | guardiano *HS* | Minorum fratrum ordinum *R* | ordinis Minorum *S* | Narinen. *PR* : Nariñ *H*

[5] etc.] in domino *H* | .. capitulum *H* | ecclesie *om S* | T. *om S*

[6] Io. *S*

[7] ad eosdem – spectantibus *om R*

[8] iniuriantur *HR* | Cum – 9 archipresbiteri *om S* | Cum – 11 obser-vari] etc. usque *R*

[10] audias *H* | debito fine *H* | decidas *HS* | etc. usque observari *om H*

[11] Non obstantibus indulgeñ *H* | qua] que *H* : vobis *add R* | fili *S*

[12] guardiane *HS* | et ordinibus *R*

[13] eorundem] eorum *R*

[15] eidem *S*

[16] si] non *(einkorr. H)* omnes *add HSR* | etc. Dat. etc. *om R* | Dat. etc. *om H.*

---

[1] *Narni w. von Rieti.*

[2] *Rieti.*

[3] *Kirche S. Giovanni (in Statua) in Rieti.*

[4] *In diesem Falle dürfen die delegierten Richter außerhalb der Diözese der Parteien ansässig sein; (vgl. N 4 u. Bd. 1 S. 193).*

[5] *Vgl. N 1 u. Bd. 1 S. 192.*

[6] *Vgl. N 32 ff. u. Bd. 1 S. 199.*

π 19 Super eodem contra monachum.

Venerabili fratri . . episcopo Reatin.[1] et dilectis filiis . . sancti Iohannis[2] et . . sancti Rufi[3] archipresbiteris Reatin. ecclesiarum salutem *etc.* Conquestus est nobis Thomas Reatin., civis Reatin., quod Petrus Symonis
5 monachus monasterii sancti Salvatoris Reatin.[4] ordinis sancti Benedicti super terris, debitis, possessionibus et rebus aliis iniuriatur eidem. – mandamus, quatinus vocatis, qui fuerint evocandi, et auditis hinc inde propositis, quod iustum fuerit, appellatione postposita decernatis *etc. usque* observari. Testes *etc.* Quod si non omnes *etc.*, tu, frater episcope, *etc.*[5]

R f. 17   π 20 | Super eodem contra fratrem ordinis Minorum.

Iud. Conquestus est nobis Thomas Reatin.,[1] civis Reatin., quod frater Paulus Iohannis ordinis Minorum de Urbe[6] super terris, debitis, possessionibus et rebus aliis iniuriatur eidem. – mandamus, quatinus vocatis, qui
5 fuerint evocandi, *etc.* Testes *etc.*

π 19   *P 19 f. 11; H 19 f. 7; S 17 f. 6; R 170 f. 16'.*

[1] *R Üb.:* Conqueritur laicus de monacho super terris, possessionibus et rebus aliis.

[2] filiis A. et B. *S* | . . 2° *om HR*

[3] . . *om PHS* | Ruphi *H* : Ruffi *SR* | Reatin. ecclesiarum archipresbiteris *R*

[4] Thomas Reatin.] C. *S* : I. Romani *R* | Reatin. 2° *om H* | Petrus Symonis] P. *S* : P . . Symonis *R*

[5] monasterii *om S*

[6] debitis – aliis] etc. *S* | possessionibus *om H* | iniuriantur *HR*

[7] vocatis – 8 decernatis] partibus convocatis *S*

[9] Testes etc. *om S* | etc. 2° *om PHS.*

π 20   *P 20 f. 11; H 20 f. 7; S 18 f. 6; R 171 f. 17.*

[1] eodem] pro eodem *add R* | fratres Minorum ordinis *S* | fratrem Minorem *R*

[2] Thomas Reatin. civis Reatin.] Thomas Reatin. *H* : A. Reatin. civis *S* : T. Pauli civis Reatin. *R* | frater – 3 ordinis] B. frater ordinis *S* : frater M. Iohannis ordinis *R*

[3] terris] certis *S* | debitis – 4 eidem] etc. *S*

[5] evocatis *S.*

---

[1] *Über die in Frage kommenden Bischöfe von Rieti vgl. S. 82 Anm. 3.*
[2] *Kirche S. Giovanni (in Statua) in Rieti.*
[3] *Kirche S. (Camillo e) Ruffo in Rieti.*
[4] *Benediktinerkloster S. Salvatore Maggiore bei Rieti, vgl. S. 80 Anm. 5.*
[5] *Vgl. N 34 u. Bd. 1. S. 199.*
[6] *Rom.*

π 21 Super eodem contra eundem.

Iud. pro eodem, quod frater Angelus de Urbeveteri[1] ordinis Predicatorum Viterbien.[2] super terris, debitis, possessionibus et rebus aliis iniuriatur eidem. – mandamus, quatinus vocatis *etc.* Testes *etc.*

π 22 Super eodem contra fratrem ordinis sancti Augustini.

Iud. pro eodem, quod frater Symon de Interampna[3] ordinis Heremitarum sancti Augustini Reatin.[4] super terris, debitis, possessionibus et rebus aliis iniuriatur eidem. – mandamus, quatinus vocatis *etc.* Testes *etc.*

π 23 Pro eodem.

| *Iud. pro eodem*, quod frater P. de Fulgineo[5] monachus monasterii sancti   *P f. 11'*
Pastoris de Reate[4] ordinis Cistercien. super terris et bonis aliis iniuriatur eidem. – mandamus, quatinus vocatis *etc.* Testes *etc.*.

π 24 Super eodem.

Iud. Conquestus est nobis Henricus Martini civis Par⟨men.⟩,[6] quod . .

π 21   *P 21 f. 11; H 21 f. 7; S –; R hat statt π 21 – 27 hinter π 20 folgende Zusammenfassung*: Simili modo contra fratrem Predicatorum ordinis et contra fratrem ordinis Heremitarum sancti Augustini, Cistercien., contra canonicum regularem ordinis Premonstraten., hospitalis sancti Spiritus in Saxia de Urbe etc. et contra omnes Mendicantes, preterquam contra abbatem; tunc dicitur partibus convocatis etc., ut in aliis etc.

π 22   *P 22 f. 11; H 22 f. 7; S –.*

[1] *H[2] Üb.*: Pro eodem.
[2] Symon] Petrus *H* | Interapn. *P* : Interempn. *H*
[3] debitis possessionibus *om H*
[4] vocatis *om H.*

π 23   *P 23 f. 11'; H 23 f. 7; S –.*
[1] *Üb. om P.*
[2] P.] Symon *H*
[3] Reat. *P* : Reatin. *H* | Cisterciensis ordinis *H* | bonis] rebus *H.*

π 24   *P 24 f. 11'; H 24 f. 7; S –.*
[1] *Üb. om P. – H[2] Üb.:* Pro eodem.
[2] Par. *P* : Parisien. *H (vgl. Anm. 7)*

---

[1] *Orvieto.*   [2] *Viterbo.*   [3] *Terni nw. von Rieti.*   [4] *Rieti.*   [5] *Foligno.*
[6] *Wohl* Parmen. *zu ergänzen, trotz der Lesung* Parisien. *in H, die wohl eine Ergänzung von dessen Schreiber ist. Daß der Kläger wahrscheinlich aus Parma stammt, ergibt sich daraus, daß S. Maria Nova in Rom mit S. Frigidian in Lucca verbunden war (vgl. S. 86 Anm. 1) und daß dadurch ein Parmese leicht betroffen werden konnte.*

canonicus ecclesie sancte Marie Nove de Urbe[1] ordinis sancti Augustini
super terris *etc.* – mandamus, quatinus vocatis *etc.* Testes *etc.*

π 25 Pro eodem.

Iud. pro eodem, quod Henricus Petri canonicus . . monasterii Premonstraten. ordinis . . diocesis super terris et rebus aliis iniuriatur eidem. – mandamus, quatinus vocatis *etc.* Testes *etc.*

π 26   *Iud. pro eodem*, quod frater P. hospitalis nostri sancti Spiritus in
Saxia de Urbe[2] super terris, debitis et rebus aliis iniuriatur eidem. — mandamus, quatinus vocatis *etc.* Testes *etc.*

π 27 Super eodem.

Iud. Conquestus est nobis Petrus civis Reatin.,[3] quod . . abbas monasterii
sancti Pauli de Urbe[4] ordinis sancti Benedicti super terris, debitis, possessionibus et rebus aliis iniuriatur eidem. – mandamus, quatinus partibus
5 convocatis *etc.*

π 28 Contra Christianum et Iudeum simul in una littera.

Iud. Conquestus est nobis Romanus *etc.*, quod . . de . . laicus et Ysaac
Iudeus habitator Urbis[5] super terris, debitis, possessionibus et rebus aliis

---

[3] ecclesie *om H*
[4] vocatis *einkorr. P.*

π 25   *P 25 f. 11'; H 25 f. 7; S 19 f. 6.*
[1] *Üb. om PS.*
[2] Hinricus *S* | . . monasterii] mona-
sterii . . *H* : talis monasterii *S*
[3] . . diocesis] diocesis . . *H* | eidem
om S.

π 26   *P 26 f. 11'; H 26 f. 7; S –.*
[1] P.] Petrus *H.*

π 27   *P 27 f. 11'; H 27 f. 7; S –.*
[1] *Üb. om P. – H² Üb.:* Super eadem.

π 28   *P 28 f. 11'; H 28 f. 7; S 20 f. 6;*
R 137 f. 14 u. 172 f. 17 (= R').
[1] *Üb. so H². – PS Üb.:* Super eodem
contra Iudeum. – *RR' Üb.:* Pro
laico contra Iudeum et Christia-
num.
[2] Romanus etc.] P. Thome de Urbe
clericus *RR'* | quod] q. *R* | . . de . .]
Io. de . . *H* : d. *R* | et] quod *add S* |
Isaac *SRR'*
[3] habitatores *RR'* | possessionibus –
aliis] etc. *S*

---

[1] *Augustinerchorherrenstift S. Maria Nova (= S. Francesca Romana al Foro
Romano) in Rom, vom päpstlichen Kanzler Aimerich (1123–1124) den regulierten
Chorherren des hl. Frigidian in Lucca übergeben; vgl. Kehr, Italia pontificia 1, 65.*
[2] *S. Spirito in Sassia in Rom; zur Bezeichnung dieses Spitals vgl. N 42 u.
Bd. 1 S. 206.*   [3] *Rieti.*   [4] *S. Paolo fuori le mura in Rom.*   [5] *Rom.*

iniuriantur eidem. – mandamus, quatinus partibus convocatis audias causam et appellatione remota *etc*., faciens, quod decreveris, a dicto Iudeo 5
per subtractionem communionis fidelium,[1] ab aliis vero per censuram ecclesiasticam firmiter observari. Testes *etc*.

§ 1–13

Nachträge zum ganzen Formelbuch

§ 1 Super decimis.

Iud. Conquestus est nobis P. de . . rector ecclesie de . . . . diocesis, quod
F. et G. de . . clerici, G. miles, H. et I. laici . . quasdam decimas et res alias
ad dictam ecclesiam suam spectantes de iure contra iustitiam detinent et
sibi reddere contradicunt in ipsius rectoris non modicum preiudicium et 5
gravamen. – mandamus, quatinus partibus convocatis.

Vel potest dici simpliciter: super quibusdam decimis et rebus aliis iniuriantur eidem.

§ 2 Super ecclesia.

Iud. In eodem modo pro P. perpetuo vicario ecclesie de . ., quod . . rector
ecclesie de . . . . diocesis super ecclesie eiusdem fructibus et rebus aliis ad
perpetuam vicariam suam ipsius ecclesie spectantibus iniuriatur eidem. –
mandamus, quatinus partibus convocatis. 5

---

[4] iniuriatur *P (hier Kürzungszeichen später nachgetr.) S* | partibus] per *R*
[5] etc.] usuris cessantibus debito fine decidas *RR'*
[6] fidelium] monitione premissa *add H.*
§ 1 *O 1 f. 2; D 1 f. 30' (Üb. Index f. 2); E 4 f. 19'; L 1 f. 86c.*
[1] *D Üb.*: Tractatus super decimis. – *Üb. om E.-O marg.*: Nota, quod laicus conqueri potest super decimis cum hac clausula, videlicet de terris ante consilium *(sic)* Lateranen. sibi concessis in feudum.
[2] Iudex *DL* | de . . 1° *om D* | quod] et *L*
[3] clerici *om O* | G. miles] T. miles *E* | . . 2° *om O*

[4] suam ecclesiam *L* | iustitiam] instituta *D*
[5] preiudicium non modicum *L*
[7] aliis *doppelt E* | iniuriatur *ODL*
[8] eidem] mandamus quatinus partibus convocatis *add E.*
§ 2 *O 2 f. 2; D 2 f. 30' (Üb. Index f. 2); E 5 f. 19'; L 2 f. 86c.*
[1] *D Üb.*: Super vicaria. – *Üb. om E.*
[2] Iud.] Inde *D* | ecclesie . . de . . *E*
[3] ecclesie de . . . . diocesis] ecclesie . . de diocesis *D* | ecclesie eiusdem] eadem ecclesia eiusque *OE* : eadem ecclesia earumque *L*
[4] vicariam] . i. *L* | spectantibus] pertinentibus de iure *O* : *om E.*

---

[1] *Über die Zwangsklausel gegen Juden vgl. Bd. 1 S. 239.*

§ 3 Super fructibus prebende.

D f. 31 | *In eodem modo pro P. de . . canonico ecclesie Melfien.*,[1] quod . . abbas
L f. 86d et conventus monasterii Vultuen.,[2] A. et B. eiusdem ecclesie | canonici, C. et
D. presbiteri, . . et . . laici . . diocesis super fructibus prebende sue ipsius
5 ecclesie et rebus aliis *etc.* – mandamus, quatinus partibus convocatis.
Testes *etc.*

§ 4 Super censibus.

Iud. Sua nobis dilectus filius . . cantor ecclesie Parisien.[3] conquestione
monstravit, quod . . abbas monasterii Vultuen.[2] . . ordinis . . diocesis super
quibusdam censibus et rebus aliis iniuriatur eidem. – mandamus, quatinus
5 vocatis, qui evocandi *etc.*, proviso, ne census ipsi contra Lateranensis statuta concilii sint impositi vel adaucti.[4] Testes *etc.*

*Et nota, quod, quotiens agitur super annuis redditibus, censibus vel pensio-
nibus contra clericos, datur ista clausula „Proviso“.*

Item nota, quod contra clericos et laicos simul non possunt haberi littere
10 *super censibus vel pensionibus, quia si agitur contra laicos, non datur ista*
clausula „Proviso“.[5]

§ 5 Contra molestationes tamquam hominem de corpore.

Iud. Conquestus est nobis I. de . . clericus Rossanen.,[6] quod nobiles

---

§ 3 *O 3 f. 2; D 3 f. 31 (Üb. Index*
f. 2); L 3 f. 86c.

[1] *DL Üb.:* Super prebenda.
[2] In] Iud. *O*
[3] Vultuen.] Wltuen. *D* : *om L* |
ecclesie canonici] eius concanonici
korr. D[2] | C.] G. *L*
[5] etc.] *om OL : einkorr. D*[2]
[6] Testes etc. *om OL.*

§ 4 *O 4 f. 2; D 4 f. 31 (Üb. Index*
f. 2'); L 4 f. 86 d.

[2] Iud. Sua nobis d. f. *korr. D*[2] | dilec-
tus filius . . *om OL* | . . cantor]
P. lator *korr. D*[2]: cantor *L* | eccle-
sie . . Parisien. *D*

[3] Vultuen.] Wltuen. *D* : *om L* |
ordinis *einkorr. D*[2]
[4] iniuriantur *OD* | eidem] etc. *add*
einkorr. D[2]
[5] vocatis – etc.] partibus convocatis
faciens *OL: korr. D*[2]
[6] sunt *L* | inpositi *L* | adaucti] a
danti et *D* : adepti *L*
[7] Et] Nota item *O*: Item *L* | annuis
redditibus *om OL* | pensione *OL*
[9] habere litteras *L*
[10] ista] illa *O.*

§ 5 *O 8 f. 2'; D 5 f. 31 (Üb. Index*
f. 2'); L 5 f. 86d.
[1] *Üb. om OL.*
[2] Rassanen. *DL*

---

[1] *Melfi in Apulien.*   [2] *Vgl. K 185a Anm. 2.*   [3] *Paris.*   [4] *Gemäß c. 7 Conc.*
Lat. III = X 3. 39. 7.   [5] *Vgl. N 61 u. Bd. 1 S. 214.*   [6] *Rossano in Kalabrien.*

viri . . et . . fratres cives Rossanen. falso asserentes ipsum eorum hominem
fore de corpore eum propter hoc contra iustitiam multipliciter impetunt
et molestant. – mandamus, quatinus partibus convocatis.   5

δ 6 Super eodem.

Iud. In eodem modo pro eodem, quod ⟨. .⟩ archimandrita et conventus
monasterii de . .[1] asserentes ipsum fore de corpore dicti monasterii ipsum
propter hoc indebitis exactionibus aggravant et molestant. – mandamus,
quatinus partibus convocatis.   5

δ 7 Super eodem econverso.

Iud. Conquesti sunt nobis . . archimandrita et conventus monasterii
sancti Adriani de Valle Gratis[2] ordinis . . . . diocesis,[3] quod . . et . . laici . .
diocesis homines de corpore ipsius monasterii se ab eorum dominio temere
subtrahentes eis debita et consueta servitia contra iustitiam denegant   5
exhibere. Ideoque – mandamus, quatinus partibus convocatis.

δ 8 Contra illos, qui aufugiunt dominationem abbatis.

Iud. Sua nobis . . abbas et conventus monasterii Cripteferrate[4] ad Romanam *etc.*, quod nonnulli burgenses et alii homines ipsius monasterii se

---

[3] . . laici in diocesi *D* : N. V. et.
fratres cives Rassanen. *L* | asse-
rentes] assignantes *D*
[4] eum] ipsum *OL* | inpetunt *L*.
δ 6 *O 9 f. 2'; D 6 f. 31 (Üb. Index
f. 2'); L 6 f. 86d.*
[1] *Üb. om OL.*
[2] Iud. *om O* | . . *om ODL*
[3] monasterii de . .] monasterii . . *D*:
axū *(!) L* | dicti] de *L*
[4] agravant *O*.
δ 7 *O 10 f. 2'; D 7 f. 31 (Üb. Index
f. 2'); L 7 f. 86d.*

[1] *Üb. om OL.*
[2] monasterii *korr. D²*
[3] sancti . . de . . *D² (korr.) L*
[4] homines *om O*
[5] subtrahentis *L*
[6] Ideoque] etc. *add einkorr. D².*

δ 8 *O 11 f. 2'; D 8 f. 31/31' (Üb.
Index f. 2'); L 8 f. 86d.*
[1] *Üb. om O. – D Üb.*: Contra subdi-
tos, qui affugiunt dominationem
abbatis. | affugiunt *L*
[2] . . *om D* | Cripteferrate *om L*

---

[1] *Ein Basilianerkloster in Kalabrien, an dessen Spitze ein Archimandrit steht.*
[2] *Basilianerkloster S. Adriano auf den Höhen über dem Tal des Crati n. von
Cosenza in Kalabrien.*
[3] *Ergänze:* sancti Basilii Cusentin. diocesis.
[4] *Basilianerkloster Grottaferrata sö. von Rom am Fuße der Albanerberge.*

plerumque ab eorum dominio subducentes ad villas seu castra de . . se
5 transferunt sub aliorum dominio moraturi, propter quod redditus, tallias,
census et alia, que de domibus, pratis, terris, vineis et rebus aliis ipsi monasterio exhibere tenentur, eis hac occasione non solvunt in eorundem abbatis
D f. 31' et conventus preiudicium et dicti monasterii | non modicum detrimentum. –
mandamus, quatinus predictos homines seu burgenses, quod vel huiusmodi
10 redditus, tallias *etc.* eidem monasterio, ut tenentur, exsolvant vel domos,
prata *etc.* et alia, ex quibus ista debentur, libere dimittant eis et eorundem
locorum dominos, ad quos ipsi confugiunt, ut dictos abbatem et conventum
super hiis non impediant indebite vel molestent, monitione premissa previa
ratione compellas. Testes *etc.*

§ 9 Super eodem pro episcopo.

Iud. Petitio venerabilis fratris nostri . . Gaietan.[1] episcopi nobis exhibita
continebat, quod . . de . . laicus et quidam alii laici . . diocesis ipsius episcopi et ecclesie homines de corpore ab eorum dominio se temere subtra-
5 hentes ac se transferre ad aliud dominium presumentes eidem episcopo
opera et servitia debita et consueta exhibere indebite contradicunt in ipsius
O f. 3 episcopi et eiusdem ecclesie | preiudicium et gravamen. Quare idem epi-
scopus nobis humiliter supplicavit, ut providere sibi et eidem ecclesie paterna
sollicitudine curaremus. – mandamus, quatinus, si est ita, eosdem laicos,
10 quod ad episcopi et ecclesie predictorum dominium revertantur ipsisque
opera et servitia debita et consueta exhibeant, ut tenentur, monitione
premissa per censuram ecclesiasticam appellatione remota previa ratione
compellas.

---

[5] tallias] *aus* talis *v. sp. Hd. korr. O* :
tales *D* : tĺis *L*

[7] eorundem] eo tandem *korr. L*

[8] detrimentum] etc. *add D*

[9] seu burgenses] sub burgenses *L* |
quod vel huiusmodi *auf Rasur D*

[12] quos *scr.*] que *ODL*

[13] non] qui *OD* | impediunt *korr. D²* :
inpediant *L* | molestant *D² L.*

§ 9   *O 12 f. 2'/3; D 9 f. 31' (Üb. Index
f. 2'); L 9 f. 86d.*

[1] *Üb. om OL.*

[2] nostri *om O* | Gaietan.] Saraten. *D*

[3] . . de . .] . . *D* : de *L* | . . 3° *om D* |
episcopi et ecclesie] ipsi et *(Lücke
v. ca. 8 Buchst.)* ecclesie *L*

[4] et *einkorr. D²* | corpore] et *add D* |
eorum *korr. D²*

[5] ac] de *add L* | transferri *D*

[6] operas *OL* | contradicere *D*

[8] supplicavit] supposuit *(?) L*

[9] careremus *(!)* etc. *einkorr. D²* |
eiusdem *L*

[10] revertantur dominium *O*

[11] operas *OL*

[13] compellas] etc. *add D.*

---

[1] *Gaeta. Vgl. S. 568 Anm. 1.*

§ 10 Contra illos, qui non admittunt archiepiscopum ad visitandum et denegant sibi procurationes debitas exhibere.

Iud. Conquestus est nobis venerabilis frater noster .. archiepiscopus Montisregalis,[1] quod, licet hactenus predecessores | sui archiepiscopi Montisregalis,[1] qui fuerunt pro tempore, in monasterio de Carbone[2] ordinis sancti Basilii Anglonen.[3] diocesis ac membris eius consueverint ab eo tempore, cuius contrarii memoria non existit, episcopalia iura percipere et visitationis ac correctionis officium in eisdem monasterio et membris per se vel alias personas idoneas exercere ac procurationes ratione visitationis huiusmodi sibi debitas ab eisdem monasterio et membris recipere visitatis, tamen archimandrita et conventus dicti monasterii eundem archiepiscopum eiusque vicarios ad visitandum admittere ac procurationes predictas sibi debitas exhibere ac de aliis iuribus episcopalibus ei respondere indebite contradicunt. Ideoque discretioni tue per apostolica scripta mandamus, quatinus partibus convocatis audias causam et | appellatione remota debito fine decidas, faciens, quod decreveris, per censuram ecclesiasticam firmiter observari. Testes *etc.*

L f. 87a
5

10

D f. 32

§ 11 Executio, quando cavetur alicui per litteras audientie et postmodum convenitur.

Iud. Sua nobis dilectus filius L. canonicus ecclesie sancti .. petitione monstravit, quod, cum .. decanus et capitulum ipsius ecclesie .. diocesis asserentes, quod quidam, qui in ecclesia ipsa recepti fuerant et quorum

5

§ 10 *O 13 f. 3; D 10 f. 31'/32 (Üb. Index f. 2'); L 10 f. 86d/87a.*

1-2 *Üb. om OL.*

3 Iudex *L* | .. *om D*

4 Montisregalis *om L*

5 Montisregalis *om L* | Carbone – 6 Anglonen.] Har'd; *(!) L*

6 Anglon. *O* | consueverunt *D* : consueverit *L*

7 cuius] cui *L* | contrarii] *v. and. Hd. einkorr. O* : *om L* | percipere] pape *L*

8 eisdem] eodem *D* | et] ac *OD*

9 ratione] tempore *L*

10 huiusmodi] humiliter *L*

13 episcopalibus] *v. späterer Hd. zu* archiepiscopalibus *korr. O*

15 audias] audeas *L* | remota] rescripta *D*

17 Testes] etc. *add O.*

§ 11 *O 5 f. 2; D 11 f. 32 (Üb. Index f. 2'); E 1 f. 19; L 11 f. 87a.*

3 dilectus filius *om OEL* | L.] .. *D* : P. *E* | ecclesie sancti ..] .. ecclesie *O* : No. ecclesie *E* | sancti .. petitione] *auf Rasur D²* : p *L*

5 qui *om D*

---

    [1] *Monreale sw. von Palermo.*   [2] *Basilianerkloster Carbone n. von Castrovillari in der Provinz Potenza in Lukanien.*   [3] *Anglona, abgeg. nö. von Tursi in der Provinz Matera (Lukanien).*

receptiones et prebende cassate fuerant per constitutionem nostram, per
quam receptiones et prebendas expectantium vacaturas factas in ecclesiis,
quattuor dumtaxat exceptis, decreverimus irritas et inanes,[1] ipsos super
provisione sua multipliciter molestabant, contra eos ad .. sacristam ..
10 sub certa forma nostras litteras impetrassent, procurator ipsius L. eius
nomine litteris ipsis in audientia publica contradixit,[2] quas tandem ea
conditione absolvit, ut non posset per eas aliquatenus conveniri, quodque
pars altera coram dilecto filio .., capellano nostro et contradictarum
litterarum nostrarum auditore,[3] procuratori promisit eidem, prout in litte-
15 ris ipsius auditoris inde confectis[4] plenius dicitur contineri. Cumque dicti

---

[6] et prebende *om O* | prebendas *L* |
cassate] cessare *E* : cessate *L*
[7] receptiones] *om E (Lücke von ca.*
8 Buchstaben) : redemptiones *L*
[8] IIII[or] *OL* | decreveritis *D*
[9] sua *om L* | .. 1° *om D* | .. 2° *om*
ODE
[10] impetrasset *ODEL* | L.] I. *E*

[11] contraxit *E*
[12] condictione *E* | aliquatenus] ali-
quem *EL*
[13] et *om D*
[14] nostrarum litterarum *O* | eidem – 15
confectis] confectis, *dazu marg. von*
D² *einkorr.*: publicis instrumentis
prout in ipsis *D*

---

[1] *Es handelt sich um die Konstitution Alexanders IV. von 1255 April 5*
„Execrabilis" (Potthast 15776; neuere Drucke von C. Rodenberg in: Epp. saec.
XIII e regestis pontificum Romanorum 3, 349 Nr. 391, u. Les registres d'Alexandre
IV, bearb. v. C. Bourel de La Roncière u. a. Nr. 997). Da die Konstitution als
„nostra" zitiert wird, stammt das Stück mithin von Alexander IV. und ist (1255
April 5 – 1261 Mai 25) zu datieren. Die Konstitution, die wieder außer Kraft
kam und in den Liber Sextus nicht aufgenommen wurde, begrenzte die Zahl der
Exspektanzen für jedes Kapitel auf vier. Vgl. Hinschius 3, 122; Sägmüller 1,
353; J. Haller, Papsttum und Kirchenreform 1 (Berlin 1903), 33; F. Tenckhoff,
Papst Alexander IV. (Paderborn 1907), 263f.; H. Baier, Päpstliche Provisionen
für niedere Pfründen bis zum Jahre 1304 (Münster 1911), 39ff., u. bes. G. Bar-
raclough, The Constitution „Execrabilis" of Alexander IV, in: English Hist.
Review 44 (1934), 193ff., der dieses Stück 208 Anm. 3 u. 209 aus O zitiert.
Der Kläger L. hat an die Kurie appelliert, da das Kapitel ihm offenbar seine
Pfründe im Zusammenhang mit einem Prozeß gegen Kleriker, die ihre Pfründen
durch besagte Konstitution verloren hatten, streitig machen wollte, obschon sie unter
die nach der Konstitution reservierten Pfründen fiel.
[2] *Über dieses Verfahren vgl. Herde, Beiträge 213ff., u. Bd. 1 S. 29.*
[3] *Unter Alexander IV. hatte Iohannes de Camezano dieses Amt inne, vgl.*
Herde, Beiträge 22ff.
[4] *Es handelt sich um sogenannte cautiones, vgl. Herde, Beiträge 216f., u.*
Bd. 1 S. 30.

decanus et capitulum eundem L., quamquam sit unus de reservatis per constitutionem predictam in eadem ecclesia, auctoritate dictarum litterarum nostrarum coram eodem sacrista citari fecissent, ex parte ipsius L. fuit excipiendo propositum coram eo, quod, prout per eiusdem auditoris litteras erat legitime probare paratus, per litteras ipsas ad sacristam ipsum obtentas conveniri de iure non poterat nec debebat. Et quia dictus sacrista dictum L. super hoc audire contra iustitiam denegavit, ipse sentiens ex hoc indebite se gravari ad nostram duxit audientiam appellandum. – mandamus, quatinus vocatis *etc.*

20

§ 12 Revocatio litterarum, que transeunt per fraudem.

Iud. Petitio dilecti filii . . canonici ecclesie de . . nobis exhibita continebat, quod dilectus filius I. sancte Romane ecclesie vicecancellarius[1] . . de . . clericum tunc apud sedem apostolicam constitutum citari fecit sub pena excommunicationis iniungens eidem, ut litteras apostolicas impetratas nomine episcopi | Pictaven.[2] contra dictum . . super ecclesia de . ., quas ipse habebat, ad vicecancellarium deferret eundem. Quare predictus . . nobis humiliter supplicavit, ut providere sibi super hoc paterna sollicitudine curaremus. – mandamus, quatinus predictas litteras et quicquid ex hiis vel ex ipsis secutum extitit, irritum et inane studeas nuntiare. Quicquid autem super hiis duxeris faciendum, nobis per tuas litteras harum seriem continentes studeas fideliter intimare. Dat. *etc.*

5

D f. 32'

10

---

[16] decanus et *om DEL* | capitulum] caplliˆi *L* | L.] I. *O* : P. *E* | quamquam sit] quidquid *D*

[18] L.] P. *E*

[19] quod *om OEL* | prout] habet *add E* | per] huiusmodi *add O*

[22] L.] P. *E*

[24] vocatis] revoc̄ *O*.

§ 12 *O 6 f. 2; D 12 f. 32/32' (Üb. Index f. 2'); E 2 f. 19; L 12 f. 87a.*

[3] I.] B. *E* | . . de . .] noť A. de . . *O*

[4] clicum *(ohne Kürzungszeichen) O* | sub] ex *D*

[5] iniunges *L*

[6] Pictaven.] Novarien. *E* | dictum . .] super *add EL*

[7] differret *DL* : defferret *E*

[9] curaremus] etc. *add einkorr. D²* | et] ut *L* | hiis] eis *D*

[10] ex *om E* | studeas – 11 continentes] studias *(sic) L*

[12] intimare] nunciare *E* | Dat. etc. *om OEL*.

---

[1] *Wahrscheinlich Iohannes de Castroceli, Vizekanzler Cölestins V. (1294). Es kämen auch in Frage: Iohannes Monachus, Vizekanzler Nikolaus' IV. (1288–1292), und Iohannes Leccacorvus, Vizekanzler Gregors X. (1272–1274); vgl. Bresslau, Urkundenlehre 1, 252 ff.*

[2] *Poitiers.*

§ 13 Mandatur, quod remittantur ad cancellariam littere, que
per fraudem dicuntur impetrate.

L f. 87 b   *Iud.* Significavit nobis Alfonsus Petri, rector | ecclesie de . ., quod, cum
ipse olim Petrum Stephani clericum, perpetuum portionarium ecclesie
5   sancte Marie eiusdem de . . Ulixbonen.[1] diocesis, super quibusdam decimis
coram Alfonso Pelagii, magistro scolarium ecclesie Ulixbonen., vicario venerabilis fratris nostri . . episcopi Ulixbonen., non ex delegatione apostolica
traxisset in causam, dictus Petrus proponens eundem vicarium sibi fore ea
ratione suspectum, quod idem rector in dicta ecclesia Ulixbonen. perpetuus
E f. 19'   portionarius existebat, ad eligendum arbitros una cum | parte altera, qui
de huiusmodi suspicionis causa cognoscerent et infra certum terminum
sibi ab eodem vicario prefigendum terminarent eandem, petiit in ipsius
vicarii presentia se admitti. Et quia dictus vicarius diligenter attendens
huiusmodi petitionem dicti Petri contrariam esse iuri pro eo, quod causa
15   dicte suspicionis non coram arbitris, sed coram dicto episcopo probari
debebat, et per hoc ipsum Petrum ad hoc, prout nec debuit, non admisit,
prefatus Petrus propter hoc se asserens appellasse super huiusmodi sua
appellatione ad nos et quondam Gonsalvum Gemetii, canonicum Colimbrien.,[2] nostras sub certa forma litteras dicitur impetrasse. Verum quia
20   tales litteras, cum iustitiam nequaquam contineant, a cancellaria nostra

---

§ 13 *O 7 f. 2'; D 13 f. 32'/33 (Üb.*
Index f. 2'); E 3 *f. 19/19'; L 13 f.*
87 a/b.

[1-2] *Üb. om OL.* – E *Üb. nachgetragen:*
De eodem supra proxime.

[3] Iud. *nachgetragen D²* | Alfonsus
Petri] . . *DEL* | de *om D* | quod
cum *auf Rasur D²*

[4] ipsum *EL* | Petrum] P. *DE :* P(er)
L | Sthephani *L* | patrocinarium *D*

[5] Ulixbonen. *om L*

[6] Alfonso Pelagii] . . *DEL* | magistro
scolarium] scolastico *D :* magistri
scolarium *L* | vicario – 7 Ulixbonen.
om D

[7] legatione *D*

[8] Petrus] P. *DEL*

[9] perpetuus portionarius] patrocina-
rius *D :* perpetuus vicarius *E*

[10] arbitris *L*

[11] suspicionis] suspectionis *E : korr. L*

[12] ipsius] eiusdem *E*

[13] presentiam *O* | dictus *om L*

[14] Petri] P. *D*

[15] suspectionis *E*

[16] debeat *L* | per *nachträglich zu*
propter *korr. O* | Petrum] P. *DEL* |
ad] de *D*

[17] Petrus] . . *D :* P. *L* | asserens]
assignens *D*

[18] nos] uos *O* | Gonsalvum Gemetii]
om DL : . . *E* | Colmabrien. *D :*
Columbrien. *L*

[19] formas *L* | dicitur – 20 litteras
om D

[20] *In O findet sich hier marg. von einer*
Hd. saec. XV die Notiz: non fieret
hodie. | iustitia *L* | obtineant *L*

---

[1] *Lissabon.*   [2] *Coimbra n. von Lissabon.*

non credimus emanasse ipsasque propterea non immerito suspectas habentes – nam etsi forsan per cancellariam transiverint supradictam, id per
occupationem contigit vel errorem –, discretioni vestre in virtute sancte
obedientie ac suspensionis ab ingressu ecclesie, quam in te, frater episcope,
ac | excommunicationis penis, quam in te, fili archidiacone, exnunc pro- *D f. 33*
ferimus, si huiusmodi mandatum nostrum neglexeritis adimplere, districte
precipiendo mandamus, quatinus, si est ita, predictas litteras infra quinque
septimanas post receptionem presentium ad cancellariam remittentes eandem earum pretextu per vos vel alium vel alios ulterius nullatenus procedatis, donec a nobis aliud receperitis in mandatis. Nos enim exnunc irritum   30
decernimus et inane, quicquid super hoc contigerit attemptari. Dat. Pictavis anno tertio.[1]

21 ipsisque *L* | ir'merito *(sic) L*
22 forsam *(sic) D* | transsiverint
   (sic) L
23 occupa– *(Zeilenende, Ergänzung
   fehlt) L*
24 egressu *L*
25 filii *O*
26 adinplere *L* | districte] dis. *E*
27 prefatas *E* | quinque] V *E*

28 transmittentes *L*
29 vel 1°] *om D* : seu *L* | vel 2°] seu *OE*
30 donec aliud a nobis *E* | enim] autem
   E | exnunc *om L* | inritum *L*
31 decrevimus *L* | quicquid] si secus
   O : *auf Rasur D²* : quod *E* : *om L* |
   contingerit *L* | Pictavis – 32 tertio]
   om D : etc. *EL*.

1 *Nach dem Itinerar kommt nur Klemens V. als Aussteller in Frage, der 1307
April 17 – 1309 August 17 mit kleinen Unterbrechungen in Poitiers residierte.
Wegen des angegebenen dritten Pontifikatsjahrs ist dieser Zeitraum auf 1307
November 14 – 1308 November 13 einzuschränken. Vgl. Tables des registres de Clé-
ment V, bearb. v. Y. Lanhers (Paris 1948), 33 ff. Inhaltlich über die Fragen
der Revokation vgl. Herde, Beiträge 240 ff.; über Erschleichung von Reskripten
Herde, Fälschungsdelikt, in: Traditio 21, 240, 325 ff. u. 346 ff.*

K 1–15 e

„Super terris, debitis".

K 1 „Super terris, debitis et rebus aliis" ad iudicem extra, quando actor et reus sunt laici et de diversis civitatibus vel diocesibus[1].

H f. 7' | Venerabili fratri .. episcopo Narnien.[2] salutem *etc.* Conquestus est
5 nobis Petrus Martini civis Reatin.,[3] quod I. Angeli civis Interampnen.[4] super terris, debitis, possessionibus et rebus aliis iniuriatur eidem. Ideoque fraternitati tue per apostolica scripta mandamus, quatinus partibus con-
L f. 87 d vocatis audias causam et appellatione remota | usuris cessantibus debito fine decidas, faciens, quod decreveris, per censuram ecclesiasticam firmiter
10 observari. Testes autem, qui fuerint nominati, si se gratia, odio vel timore subtraxerint, censura simili appellatione cessante compellas veritati testimonium perhibere. Dat. *etc.*

K 1 *P 29 f. 11' (Üb. Index f. 3);
V–; H 29 f. 7/7'; S 21 f. 6; C 16
f. 400 (Üb. Index f. 440); A 1 f. 23;
M 1 f. 5'; O 14 f. 8'; D 14 f. 33
(Üb. Index f. 2'); E 6 f. 19'; L 14
f. 87 c/d; R 174 f. 17.*

[1] *H² Üb.*: Contra laicum. | ad iudicem extra *om S* | extra] tertie diocesis *R*
[2] et quando *D* | laici et *om R* | et *om M* | civitatibus vel *om R* | vel] et *PML* : seu *SADE* : sive *O*
[4] fratri nostro *R* | Narnien.] Theanen. *C* : .. *M* : Neruien. *E* | salutem *om R* | etc.] et apostolicam benedictionem *C*
[5] Petrus Martini] P. *S* : B. Philippi

C : M. *A* : .. *M* : M. Martini *ODEL* : P. Martini *R* | Reatin.] Gaietan. *C* : .. *A* : Ratin. *D* : Roman. *E* : *om L* | I. Angeli] R. *S* : P. Iohannis *C* : I. *A* : I .. *M* : I. S. *R* | Interampnen.] Iteranen. *HS* : Suesen. *C*: .. *A* : Nouarien. *E* : *om L* : Spoletan. *R*
[6] debitis *om D* | possessionibus – aliis] etc. *S* | iniuriantur *D* | eisdem *P*
[9] faciens – 10 observari] etc. *R*
[10] autem – *Schluß*] etc. *R* | si] se *S*
[11] compellas – *Schluß*] etc. ut supra *H*
[12] Datum *L* | Dat. etc.] Dat. *CM* : *om A* : Dat. Auinion. etc. *E*.

[1] *Hier darf nach N 47 ein Laie gegen einen anderen wegen Besitzentzug klagen, da Kläger und Beklagter im Patrimonium, zu dem Rieti und Terni gehören, ansässig sind; (vgl. Bd. 1 S. 208). Beide sind aus verschiedenen Diözesen; der Fall wird an den Bischof einer dritten Diözese delegiert, wofür sich N 2 ff. keine Bestimmungen finden. Die Klausel* Cum autem *wird nicht gesetzt. Vgl. Bd. 1 S. 192 f.*
[2] *Narni. Vgl. K 9.* [3] *Rieti.* [4] *Terni. Die Namen lassen sich hier ebensowenig wie im Folgenden in den bezeichneten Orten nachweisen. Es handelt sich um in Italien weit verbreitete (hier fiktive) Namen, was schon daraus hervorgeht, daß in K 2 dieselben Personen nochmals erscheinen, wobei dieselbe Angelegenheit an einen anderen Richter delegiert wird. Vgl. allgemein Bd. 1 S. 167.*

K 2 Super eisdem, quando iudex et reus sunt de eadem civitate et actor de diversa.[1]

Dilecto filio .. archipresbitero ecclesie | Interampnen.[2] *etc.* Conquestus est nobis P. Martini | de .. laicus, quod I. Angeli civis Interampnen.[2] super quadam pecunie summa et rebus aliis iniuriatur eidem. Ideoque discretioni tue per apostolica scripta mandamus, quatinus partibus convocatis *etc. ut in prima*[3] *usque* Dat. *etc.*

A f. 23'
M f. 6
5

K 3 Super eisdem contra episcopum, qui trahit et trahitur sine clausula | „Cum autem", et ad iudicem religiosum cum clausula sic: „Non obstante" et cum alia: „ad eos communiter pertinentibus".[4]

E f. 20

Dilecto filio .. guardiano ordinis fratrum Minorum Spo|letan.[5] *etc.* Con-

D f. 33'

K 2 *P 30 f. 11' (Üb. Index f. 3); V–; H 30 f. 7'; S 22 f. 6; C 17 f. 400 (Üb. Index f. 440); A 2 f. 23/23'; M 2 f. 5'/6; O 15 f. 8'; D 15 f. 33 (Üb. Index f. 2'); E 7 f. 19'; L 15 f. 87d; R 175 f. 17.*
1 eodem *H*[2] *R* | civitate] et dioccsi *add M*
2 diverso *L*
3 .. *om MD* | ecclesie Interampnen.] ecclesie Interapnen. *P* : ecclesie .. *HA* : .. ecclesie *C* : ecclesie Nouarien. *E* : *om L* : Reatin. *R* | etc.] salutem etc. *CM*
4 Martini *om A* | de .. laicus] laycus .. *E* : civis Spoletan. *R* | Angeli] *om SA* : Nycolay *R* | Interampnen.] Interapnen. *PME* : .. *HA* : Interanen. *S* : Gaietan. *C* : *om L* : Reatin. *R*
5 quidam *D* | summam *D* | aliis] ad eos communiter pertinentibus *add C* | iniuriantur *CDL* | Ideoque – 6 scripta *om R*
6 apostolica] ax *(!) D*

7 etc. 1° *om L* | etc. – Dat. etc.] etc. usque Dat. ut in prima *M* | ut – *Schluß om R* | prima] proxima *ADEL* : proxime *add C* | usque *om S* | usque – etc. *om C* | Dat. etc.] Datam *H* : Datum *D*.

K 3 *P 31 f. 11' (Üb. Index f. 3); V–; H 31 f. 7'; S 23 f. 6; C 18 f. 400 (Üb. Index f. 440); A 3 f. 23'; M 3 f. 6; O 16 f. 8'; D 16 f. 33/33' (Üb. Index f. 2'); E 8 f. 19'/20; L 16 f. 87d; R 176 f. 17.*
1-4 *Üb. om H.* | eodem *R*
2 ad *om C*
3 sic *om MDR* | Non obstante indulgentia concessa ordini suo etc., *Rest der Üb. fehlt S* | et *om D* | cum *om M*
5 .. *om S* | gardiano *PHCLR* | ordinis] *om PEL*: *hinter* fratrum *CAM (einkorr.) OR*: domus ordinis *D*: *hinter* Minorum *L* | loci fratrum *R* | Spoletan.] .. *A* : Spolitan. *M* : Spolaten. *E* | etc. *om CL*

---

[1] *Auch dieser Fall, der N 2ff. nicht berücksichtigt ist, wird ohne die Klausel* Cum autem *delegiert. Richter und Beklagter sind aus derselben Diözese, der Kläger aus einer anderen, die nach N 7 nicht besonders angegeben zu werden braucht.*
[2] *Terni.*   [3] *K 1.*   [4] *Bei Klagen gegen den zuständigen Diözesanbischof erfolgt die Delegation ohne die Klausel* Cum autem *an einen Richter außerhalb der Diö-*

questi sunt nobis P. Martini et Andreas Pauli cives Reatin.,[1] quod venerabilis frater noster . . episcopus Reatin.[2] super quadam pecunie summa et
rebus aliis ad eos communiter pertinentibus iniuriatur eisdem. – mandamus,
quatinus partibus convocatis audias causam et appellatione remota
10 usuris cessantibus debito fine decidas, faciens, quod decreveris, auctoritate
nostra[3] firmiter observari. Testes autem *etc.* Non obstante indulgentia,
qua, fili guardiane, ordini tuo a sede apostolica dicitur esse concessum, ut
ipsius ordinis fratres non teneantur se intromittere de quibuscunque negotiis, que eis per eiusdem sedis litteras committuntur, nisi in eisdem litteris
15 de concessione huiusmodi plena et expressa mentio habeatur. Dat. *etc.*

K 4 Super eisdem pro viro et uxore.

Unde sciendum est, quod, quando vir et uxor impetrant simul, debent poni

---

[6] P. Martini] de . . *add H* : A. *S* :
P. *A* : P. Iohannes *D* : P. I. *E* :
P. Iohannis *L* | Andreas] A.
COMDL | Andreas Pauli] B. *S* :
A. *A* : B. A. *E* : Andreas P. *R* |
Reatin.] . . *A* : Beatin. *E* : *om L*
[7] . . *om HSM* | Reatin.] . . *A* : Bea-
tin. *E* : *om L* | quadam] certa *C* :
quibusdam *MD*
[8] iniuriantur *CD* | eidem *CD* | man-
damus – 10 cessantibus] etc. *S*
[9] partibus] per *R* | et appellatione –
11 observari] etc. *R* | remota] re-
scripta *D*
[10] decreveris] decreveritis ab episcopo
D | auctoritate nostra] per censu-
ram ecclesiasticam *M*
[11] nostra] ab aliis non predictis *add*
D | Testes autem etc. *om PAOR* |
autem *om HMDEL*
[12] tu fili *E* : tibi fili *R* | gardiane *PCL* :
guardiano *R* | et ordini *R* | a sede

apostolica *om R* | concessam *H* :
concessa *AR* | ut] quod *H*
[13] ordinis *om A* | non – *Schluß*] etc.
ut supra *R*
[15] plena] specialis *P* | habeatur] Testes
(autem *add O*) etc. *add PAO* |
Datum *HL* | Dat. etc. *om CM*.

K 4 *P 32 f. 11' (Üb. u. Note Index*
f. 3); V–; H 32 f. 7'; S 24 f. 6;
C 19 f. 400 (Üb. Index f. 440);
A 4 f. 23'; M 4 f. 6; O 17 f. 8';
D 17 f. 33' (Üb. Index f. 2'); E 9
f. 20; L 17 f. 87d; R 131/132 f. 13'
(= R) u. 177/178 f. 17 (= R', die
Note hinter der Formel).
[1-5] *Üb. u. Note vor K 2 von H² nach-*
getr. | eodem *R* | et] ab *H* | uxore]
ad dotem *add R*
[2] Unde *om A* | Unde sciendum] No-
tandum *R* | est *om HD* | quod *om*
MR | impetrant] *om H* : impetrat
R | debet *SRR'* | poni] simul *add L*

---

zese; dasselbe gilt für Patriarchen und Erzbischöfe, vgl. N 2. Da der delegierte
Richter hier ein Guardian der Minoriten ist, der gewöhnlich durch päpstliche Indul-
genzen davon befreit ist, Delegationen zu übernehmen, muß nach N 1 die Klausel
Non obstante *gesetzt werden; vgl. Bd. 1 S. 192. Vgl. auch N 35. Zur letzten Klausel*
(ad eos communiter pertinentibus) *vgl. N 40.*   [5] *Spoleto.*
[1] *Rieti.*   [2] *Vgl. S. 82 Anm. 3.*   [3] *Vgl. N 37 u. Bd. 1 S. 204.*

illa verba] ad dotem ipsius M. spectantibus, *et tunc non recipiunt contradic-*
tionem; *quando non dicitur* ad dotem, *debet poni* : ad eos communiter spec-
tantibus, *et tunc recipiunt contradictionem.*[1]   5

Dilecto filio . . priori fratrum Predicatorum Narnien.[2] Conquesti sunt
nobis P. Martini et Maria eius uxor cives Reatin.,[3] quod capitulum ecclesie Reatin. super terris, debitis, possessionibus et rebus aliis ad dotem
ipsius Marie spectantibus iniuriantur eisdem. – mandamus, quatinus parti-
bus convocatis *etc. usque* observari. Testes *etc.* Non obstante indulgentia *etc.*   10

K 5 Super eisdem pro vidua contra universitatem.

Unde nota, quod, quando vidua impetrat, debet dici : ad dotem suam spectantibus.[4]

---

[3] verba] clausula *RR'* | ipsius M.]
ipsius . . *C* : ipsius S. *A* : ipsius
mulieris *MO* | recipiuntur *O* :
recipiant *L*

[4] quando – 5 contradictionem *om*
RR' | quando] vero *add O* | non
om HC | debent *PEL* | poni] dici
CM | spectantibus] pertinentibus
SCE

[5] contradictionem] quando non dicitur ad dotem debent poni ad eos
communiter *(durch va-cat getilgt)*
non obstante indulgentia contraria
concessa *(einkorr.)* ordini suo *add*
P : contradictorem *E*

[6] . . *om SD* | priori] domus ordinis
add D | fratrum *om M* | ordinis
Predicatorum *S* | Narnien.] Na-
rinen. etc. *PR* : Nauarien. *C* :
. . *A* : salutem etc. *add D*

[7] P. Martini] P. Iohannis *C* : P. de . .
A : P . . *M* | Maria] M. *CAMODEL*
| cives *om C* | Reatin.] Placen. *C* :
. . *A* : Beatin. diocesis *E* : *om L* :
Reatinen. *R* | quod – 8 Reatin. *om C*

[8] Reatin.] . . *A* : Beatin. *L* | terris –

possessionibus] quadam pecunie
summa *E* | debitis *om DR* | posses-
sionibus *om L*

[9] Marie] M. *CAMDEL* | iniuriatur
PCMOE : iniuriam *L* | eisdem] *aus*
eidem *korr. P* : etc. *add M* | parti-
bus] per *RR'*

[10] usque observari *om MRR'* | ob-
servare *E* | Testes (autem *add CO*)
etc. *hinter* indulgentia etc. *PHCA*
ODELRR' | etc. 3°] et *E*.

K 5 *P 33 f. 11' (Üb. u. Noten Index*
f. 3); V–; H 33 f. 7'; S 25 f. 6'; C 20
f. 400 (Üb. u. Noten Index f. 440);
A 5 f. 23'; M 5 f. 6; O 18 f. 8';
D 18 f. 33'/34 (Üb. Index f. 2');
E 10 f. 20; L 18 f. 87d; R 133/134
f. 13' (= R) u. 179/180 f. 17' (=
R', die Noten hinter den Formeln).

[1-5] *Üb. u. Noten vor K 3 von H*[2] *nach-*
getr. – Üb. u. Noten om S. | Super
eisdem] Pro eis *L* | eisdem *aus*
eodem *korr. R* | contra] propter *H* |
universitatem] ad dotem *add RR'*

[2] Unde *om DRR'* | quod *om M* |
quando *einkorr. R*

---

[1] *Vgl. N 40 u. 48 und Bd. 1 S. 204, 210. Der Widerspruch erfolgte in der* audientia
publica, *vgl. Herde, Beiträge 213. Bei Dotalsachen war mithin kein Widerspruch*
gegen ein Reskript möglich.   [2] *Narni.*   [3] *Rieti.*   [4] *Vgl. N 48 u. Bd. 1 S. 210 f.*

Item nota, quod clausula ista Proviso *semper datur, quando impetratur*
contra universitatem civitatis, castri, ville vel contra nobilem.[a1]

S f. 6'
D f. 34

| *Iud.* Conquesta est nobis Maria relicta quondam Petri de . . laici | vidua,
quod universitas hominum eiusdem loci de . . Reatin.[2] diocesis super quadam pecunie summa et rebus aliis dotem suam spectantibus iniuriantur
eidem. – mandamus, quatinus partibus convocatis audias causam et appellatione remota usuris cessantibus *etc. usque* observari. Proviso, ne in universitatem eandem excommunicationis vel interdicti sententias proferas,
nisi a nobis super hoc mandatum receperis speciale. Testes *etc.*

a) *P Index f. 3 hinter K 6, aber hierhin gehörig, hat folgenden Zusatz:* Proviso
non datur contra universitatem a tempore domini C. pape V., sed antea dabatur. –
H hat entsprechend im Text von K 5 den Zusatz: Contrarium servatur hodie
iuxta correctionem ad hic.[3]

---

4 Item] *om M* : et *R* | ista clausula
M | Proviso] etc. *add M* | semper]
non *H* | impetratur] impetrat *P* :
hinter 5 universitatem *M*
5 universitatem – contra *om P* |
castri] vel *add CRR'* | vel] sed
H
6 Iudex *S* | Conquestus *C* | Maria]
M. *CAMDEL* | Petri] P. *CAMO*
ELRR': P(er). *D* | . . *om D* | laici
om H | vidua . . diocesis quod (dio-
cesis quod *einkorr.*) *D*[2]
7 universitas – de . .] nobilis vir . .
dominus de . . *P* | hominum *om A*
| de *om C* | de . . *om H* | Reatin.]
. . *A* : Retin. *E* : *om L*
8 iniuriatur *P* | iniuriatur eidem]
etc. *M*

9 eidem] eisdem *A* : etc. *add D*[2] |
partibus] per *RR'* | audias – 10
cessantibus *om RR'*
10 usuris cessantibus] *om HAD* :
usque *L* | cessantibus *om MO* |
etc. *om H* | usque] etc. *add D* |
usque observari *om M* | Proviso –
12 speciale *om S* | Proviso] ne ali-
qua alia singularis persona dicte
(persona dicte *korr. D*[2]) universitatis auctoritate presentium ad
iudicium evocetur et *add D* | uni-
versitatem eandem] terram dicti
nobilis *P*
11 excommunicationis vel *om D* | sen-
tentiam *CAMODEL*
12 receperitis *L*
14 dabatur] debatur *P*.

---

1 *Vgl. N 57–61 u. Bd. 1 S. 214 ff.*
2 *Rieti.*
3 *Dieser für die Entstehungsgeschichte der Sammlung wichtige Zusatz (vgl.*
Bd. 1 S. 145) zeigt, daß der Grundstock des Formelbuches aus der Zeit vor Kle-
mens V. stammt und daß die Abschaffung der Proviso-Klausel durch diesen Papst
hinsichtlich von Korporationen in den späteren Umarbeitungen nicht genügend
berücksichtigt wurde.

K 6 Pro crucesignato cum clausula „Cum autem".

Unde nota, quod, quando dicit quis se crucesignatum, sequi debet : propter
quod voti sui *etc., ut hic. De clausula* Cum autem, *ubi debet poni, require
in notulis.*[1]

| Dilecto filio .. canonico Reatin.[2] *etc.* Conquestus est nobis Angelus
Petri civis Aquilen.[3] | crucesignatus, quod Galterius Morelli concivis eius[4]
Aquilen.[3] super quadam | pecunie summa et rebus aliis iniuriatur eidem,
propter quod voti sui executio impeditur. Cum autem dictus civis, sicut
asserit, potentiam dicti concivis eius merito perhorrescens eum infra Aquilen.[3] civitatem et diocesim nequeat convenire secure, – mandamus, quatinus partibus convocatis *etc.* Testes *etc.*

P f. 12
L f. 88a
O f. 9
H f. 8

10

K 6   *P 34 f. 12 (Üb. u. Note f. 3);
V–; H 34 f. 7'/8; S 26 f. 6'; C 21
f. 400 (Üb. u. Note Index f. 440);
A 6 f. 23'; M 6 f. 6; O 19 f. 8'/9;
D 19 f. 34 (Üb. Index f. 2'); E 11
f. 20; L 19 f. 87d/88a; R 135 f. 13'
(= R) u. 181 f.*17' (= R').*
1-4 *Üb. u. Note vor K 4 u. K 5 von
H² nachgetr.* | crucesignata *D* | cum
clausula *om C*
2-4 *die Note om R* | nota] notandum *M* |
quod *om M* | quando] cum *C* :
quandocunque *ADL* : quandoque
E | aliquis dicit se *M* | se quis *S* |
sequi debet] semper debet poni *S* :
debet sequi *M*
3 quod *om C* | etc.] executio impe-
ditur *M* | ut] et *D* | ut – 4 notulis
om S | De clausula *om P* | ubi
autem debeat *M* | poni] peti *E*
4 notulis] nota *P* : notabilibus supra
korr. *D²*
5 filio ..] de .. *add C* | I. canonico
DEL : I. de .. canonico *MO* |
Reatin.] .. *A* : Nouarien. *E* | etc.]
om CAMEL : einkorr. *D²* | An-
gelus Petri] A. *SAE* : A. Petri
DLRR' : I. *M*

6 Aquilen.] Aquilegen. *P* : .. *A* :
Aquilan. *(korr. aus* -en *D²) D* |
Galterius Morelli] Guaderius Morelli *H* : B. *S* : G. Morelli *CLRR'* :
G. *A* : S. Morelli *D* : G. *M* :
Gualterius Morelli *O* : P. Morelli *E* |
concivis eius] clericus *korr. aus*
civis *P* : civis *HSMO* : clericus
CADEL : eius concivis *RR'*
7 Aquilen.] Aquilegen. *P* : .. *A* :
Aquilan. *(korr. aus* -en *D²) D* |
quadam] quibusdam *D* | et rebus
aliis] etc. *S* | iniuriatur eidem
korr. *D²*
8 sui – impeditur] etc. *M* | Cum
autem – 10 secure *om RR'* | autem
om H | sicud *L*
9 concivis eius *scr.*] clerici *PHCA
ODELRR'* : civis *S* : G. civis *M* |
perorrescens *OD* | eum] ipsum *M* |
infra – 10 diocesim] in civitate et
dyocesi Aquilen. *C* | Aquilen.] ein-
korr. *P* : hinter 10 diocesim *HM* :
.. *A*
10 et diocesim *om E* | secure] discre-
tioni tue per etc. *add M*
11 partibus] per *RR'* | Testes] autem
add SO | Testes etc. *om RR'*.

---

[1] *Über die betreffenden Klauseln vgl. N 47 u. N 2–6.*   [2] *Rieti.*   [3] *L'Aquila.*
[4] *Die Lesung* concivis eius *ist deshalb richtig, da es sich bei der vorliegenden
Formel um eine Anwendung von N 47 handelt, wonach ein Laie, der Kreuzfahrer*

K 7 Super eisdem pro paupere orphano.

Unde[a] *nota, quod, quando pauper orphanus impetrat contra laicum, debet dici* : mandamus, quatinus illum, *si unus est iniurians*; *si plures, debet dici illos*; *si vero impetrat contra clericos, debet dici* : mandamus, quatinus partibus convocatis *etc.*[1]

C f. 400' | *Iud.* Conquestus est nobis Raynaldus Amari pauper orphanus Aquilen.,[2] quod Iohannes Petri civis Aquilen.[2] super terris, debitis *etc.* – mandamus,

E f. 20'   quatinus illum, sub cuius iurisdictione iniuriator ipse consistit, | attentius moneas, ut eidem pauperi super hiis exhiberi faciat iustitie complementum,
alioquin tu partibus convocatis audias causam *etc. usque* observari.[1] Testes
etc.

K 7   *P 35 f. 12 (Üb. u. Note Index*
f. 3); V –; H 35 f. 8; S 27 f. 6';
C 22 f. 400' (Üb. u. Note f. 440);
A 7 f. 23'; M 7 f. 6; O 20 f. 9; D 20
f. 34 (Üb. Index f. 2'); E 12 f.
20/20'; L 20 f. 88a; R 135a f. 13'/14
(= R) u. 182 f. 17' (= R') (in RR'
nur die Note).

[1] *Üb. om RR'*

[2] Unde] Vener. *L* | Et *RR'* | quod *om ML* | quando] *vor* impetrat *P* : *om HL*

[3] mandamus – dici *om D* | est unus *PHAMEL* | si 1° – 4 illos] vel illos si est unus vel plures iniuriantes *S* | si 2°] vero *add M* | debet *om C* | debet dici *om M*

[4] illos *om H* | vero *om HL* | impetrat]

impetratur *S* : *om L* | clericos] laycos *C* | debet dici *om SL* | man-
damus *om M*

[5] convocatis] audias causam *add C* | etc.] *om HA* : *doppelt M*

[6] *Iud.* – *Schluß om RR'* | Raynaldus Amari] Raynaldus Amati *HO* : A. *S* : R. Amari *C* : I. *A* : R. *M* : Io .. *einkorr. D*[2] : .. *E* : *om L* | Aquilen.] .. *A*

[7] Iohannes Petri] I. Petri *HCDEL* : I. *S* : P. *A* : Io. *M* | Aquilen.] .. *A*

[8] insistit *D* | moneas attentius *A*

[9] moneas] novenas *D* | idem *L* | hiis] hoc *H* | facias *H (korr.) C* : faciant *OEL* | iustice *(!) S*

[10] usque observari *om M* | partibus] per *RR'* | Testes] autem *add E*

---

ist und in der Erfüllung seines Gelübdes behindert wird, gegen einen anderen Laien wegen Besitzentzug an der Kurie klagen kann, wenn beide außerhalb des Patrimoniums ansässig sind, was bei L'Aquila, das bereits im Königreich Sizilien lag, der Fall ist. Dazu tritt nach N 4 die Anwendung der Klausel Cum autem *(Zitierung vor ein Gericht außerhalb der Diözese des Beklagten). Der Text ist an der besagten Stelle (und auch an der betreffenden Stelle weiter unten) bereits in den ältesten Handschriften verderbt.*

[1] *Vgl. N 51. Der geistliche Richter hat bei Klagen von armen Waisen gegen Laien zuerst den zuständigen weltlichen Richter zu veranlassen, Recht zu sprechen; erst wenn dieser sich weigert, zieht er den Fall endgültig an sich. Vgl. Bd. 1, S. 211.*

[2] *L'Aquila. Daß die Personennamen fiktiv sind, zeigt das folgende Stück, wo Personen desselben Namens mit anderen Standesbezeichnungen auftreten.*

a) *In RR' hat die Note folgende Fassung : Et nota, quod, quando pauper orphanus impetrat contra clericum solum, debet dici* : mandamus, quatinus partibus convocatis *etc.; si contra laicos* : mandamus, | quatinus illum (*vel illos*), sub quorum iurisdictione *etc. ut supra.*[1]

K 8 Super eisdem pro pauperibus orphanis contra clericos.

| *Nota, quod, quando plures impetrant sive clerici sive laici, debent poni illa verba* : ad eos communiter spectantibus.[2]

Iud. Conquesti sunt nobis Franciscus et Iohannes Petri fratres pauperes orphani Aquilen.[3] diocesis, quod Galterius Amari clericus Aquilen.[3] super quodam equo et rebus aliis ad eos communiter spectantibus[2] iniuriatur eisdem. – mandamus, quatinus partibus convocatis *etc.* Testes *etc.*

---

[15] iuridictione *R'*.

K 8 *P 36 f. 12 (Üb. u. Note Index f. 3); V –; H 36 f. 8; S 28 f. 6'; C 23 f. 400' (Üb. u. Note Index f. 440); A 8 f. 23'; M 8 f. 6; O 21 f. 9; D 21 f. 34' (Üb. Index f. 2'); E 13 f. 20'; L 21 f. 88a; R 136 f. 14 (= R) u. 183 f. 17' (= R') (jeweils nur die Note).*

[1] *Üb. om RR'.* | clericos] clericum *H* : laicos *A*

[2] Unde nota *H* : Et hic nota *D* : Item nota *RR'* | quod *om M* | impetrant] conquerendo in eadem littera *add S* : simul *add RR'* | sive 1°] sint *add RR'* | sive laici *om R* | debet *M* | debent – 3 verba] semper dices *RR'*

[3] verba] clausula *M* | spectantibus] spectantia *S* : pertinentibus *ADEL* : pertinentibus seu spectantibus *RR'*

[4] *Iud. – Schluß om RR'* | nobis *om O* | Franciscus] F. *CAD* : I. *M* : Francischus *so stets O* | Iohannes] I. *PCADEL* : F. *M* | Petri *om AME* | fratres *einkorr. P* | pauperes] fratres *add P (einkorr.)*

[5] Aquilen. 1°] Aquilani *S* : .. *A* : Nouarien. *E* : *om L* | diocesis] *om PHS* : diᶜ *A* | Galterius] A. *S* : G. *CAM* : Gualterius *O* : S. *D* : Ga. *L* | Amari] Amati *HODEL* : *om A* : .. *M* | clericus *einkorr. C* | Aquilen. 2°] Aquilanen. *S* : .. *A* : diocesis *add M* : *om L*

[6] communiter *om S* | spectantibus] pertinentibus *HSCAMODEL* | iniuriantur *S*

[7] partibus convocatis] illos sub quorum iurisdictione iniuriatores *D* | etc. 1°] ut supra *H* : *om AL* | etc. 2° *om M*.

---

[1] *Vgl. die Formel K 7.*

[2] *Vgl. N 40 u. Bd. 1 S. 204.*

[3] *L'Aquila. Die Personennamen sind fiktiv, vgl. K 7 Anm. 2; oben Bd. 1 S. 167.*

K 9   Super eisdem pro episcopo ad tres iudices.

A f. 24*Et nota, quod, quando impetrant super terris, debitis vel pecunie summa patriarcha, | episcopus vel archiepiscopus seu capitulum ecclesie cathedralis seu abbas et conventus simul, non datur* usuris cessantibus.[1]

5   *Et hic est clausula* Quod si non omnes.[2]

Venerabili fratri .. episcopo Reatin.[3] et dilectis filiis .. sancti Angeli[4] et .. sancte Cecilie[5] Reatin. ecclesiarum archipresbiteris *etc.* Conquestus est nobis venerabilis frater noster .. episcopus Narnien.,[6] quod Angelus et Andreas cives Narnien.[7] super quadam pecunie summa et rebus aliis ad

K 9   *P 37 f. 12 (Üb. u. Note Index f. 3); V –; H 37 f. 8; S 29 f. 6'; C 24 f. 400' (Üb. u. Note Index f. 440); A 9 f. 23'/24; M 9 f. 6; O 22 f. 9; D 22 f. 34' (Üb. Index f. 2'); E 14 f. 20'; L 22 f. 88a; R 138 f. 14 (= R) u. 184 f. 17' (= R').*

[1] *RR' Üb.*: Conqueritur episcopus contra laicum sue civitatis cum convencione iudicum et cum clausula de utriusque partis procuratorum assensu. – *P marg.*: De utriusque partis assensu procuratorum etc. | pro epicsopo *om D* | tres] res *P* : *om C*

[2] Et – 5 omnes] *marg. einkorr. P* : *om R* | Et] hic *add D* | impetratur *PCAMODEL* | terris *om PHSMO* | debitis] possessionibus *D* | vel *om H*

[3] patriarcha – archiepiscopus] contra patriarcham contra *(om P)* episcopum vel archiepiscopum *PH* : per *(om C* : vel *L)* patriarcham (patriarcha *L*) archiepiscopum vel *(om M)* episcopum *CAMODEL* | seu] *om S* : vel *M* | capitulum] capellanum *L*

[4] seu – conventus] seu contra abba-

tem *(om P)* et conventum *PH* : seu per abbatem et (vel *E*) conventum *CAMODEL* | et conventus simul] etc. *S* | simul] seu contra scriptorem *add H* | datur] dicitur *PAMODEL*

[5] Et hic – omnes *om S* | hic est clausula] hec clausula *L* | omnes] etc. *add HCMODE*

[6] Iud. venerabili *RR'* | fratri] nostro *add CRR'* | .. 1° *om SMD* | Reatin.] .. A | .. 2° *om HMD* | Angeli] .. A | .. *(om R)* sancte Cecilie et .. sancti Angeli *RR'*

[7] et] ac *P* | .. *om HMD* | Cecilie] .. A : Sicilie *D* | archipresbiteris] *om PS* : canonicis *vor* ecclesiarum *H* : archid(iaconis) *A*

[8] .. *om SAMD* | Narnien.] Narinen. *PHERR'* : Narin. *C* : .. A : Namen. *D* : *om L* | quod – 9 Narnien. *om D* | Angelus] A. *AM*

[9] Andreas] Iohannes *H* : P. *A* : I. *M* | Narnien.] Narinen. *PHE* : Narin. *C* : .. A : Reatin. *RR'* : *om L* | summa *einkorr. M*

---

[1] *Vgl. N 44 u. Bd. 1 S. 207.*   [2] *Vgl. N 33f. u. Bd. 1 S. 200.*   [3] *Vgl. S. 82 Anm. 3.*   [4] *Kanonikerstift S. Angelo in Rieti (vgl. π 14).*   [5] *Kanonikerstift S. Cecilia in Rieti; vgl. E. Langlois, Les registres de Nicolas IV (Paris 1905) Nr. 3456; G. Digard u. a., Les registres de Boniface VIII (Paris 1890–1939) Nr. 1258, 1545, 4315.*   [6] *Narni. Als Bischöfe kommen in Frage: Orlandus (ca. 1260–1303) und Petrus (1303–1305) (vgl. Eubel 1, 357).*   [7] *Narni.*

mensam suam episcopalem spectantibus iniuriantur eidem. Quocirca discretioni vestre de utriusque partis procuratorum assensu[1] per apostolica scripta mandamus, quatinus partibus convocatis *etc.* Testes *etc.* Quod si non omnes hiis exequendis potueritis interesse, tu, frater episcope, cum eorum altero ea nichilominus exequaris.[a2]

a) *Zusatz in S: Nota, quod verum est, quando episcopus vel archiepiscopus datur ex parte curie; sed quando datur ex parte procuratoris, tunc non est dicendum* : tu, frater episcope, *sed* : duo vestrum; *sed in hoc querendi sunt procuratores.*[3]

Item utriusque partis procuratorum assensu *non ponatur, nisi appareat in littera.*[1]

K 10 Super eisdem contra Iudeos.

Cum clausula nova sive conclusione, quam adinvenit | venerabilis et peritissimus pater dominus Papinianus Parmen. episcopus, sancte Romane ecclesie vicecancellarius.[4]

V f. 1

---

[10] spectante *E*
[11] vestre] tue *aus* vestre *korr. C* : si vero esset solus episcopus iudex diceretur fraternitati tue *add RR'* | procuratoris *H* | ascensu *O*
[12] partibus] per *RR'* | partibus convocatis *om C* | Testes etc. *om L*
[13] omnes *om C* | hiis – 14 exequaris] etc. *RR'* | poteritis *PS* | episcopo *S*
[14] exequeris *D*

K 10 *P 38 f. 12 (Üb. u. Note Index f. 3); V 1 f. 1; H 38 f. 8; S 30 f. 6'; C 25 f. 400' (Üb. u. Note Index f. 440); A 10 f. 24; M 10 f. 6/6'; O 23 f. 9; D 23 f. 34' (Üb. Index f. 2', dort auch nochmals die Note = D'); E 15 f. 20'; L 23 f. 88a; R 173 f. 17 (nur die Note).*

[1] Üb. *om R* | eodem *H* | contra Iudeos *om C*
[2] Cum] pro *H* : et *D'* | Cum – conclusione] Attende clausulam novam contra Iudeos et Christianos simul *R* | sive] sine *L* | sive – 4 vicecancellarius *einkorr.* *P* | quam] quod *C* : primitus *add R (korr.)* | adinvenit] adiuvet *H* : invenit *M* | venerabilis] *hier beginnt V nach vorhergehendem Blattverlust:* vir *add P* | venerabilis – 3 pater *om S* | peritissimus] potentissimus *D* : piissimus *L*
[3] pater *om P* | domino *H* | Pampinianus *PVDD'E* : P. *HAR* : Papianus *S* : Pampannanus *L* | Permen. *C* : Premen. *D'* | Parmen. –

---

[1] *Vgl. N 5 u. Bd. 1 S. 194.*   [2] *Vgl. N 34 u. Bd. 1 S. 200.*
[3] *Vgl. N 31 Zusatz a und die Ausführungen Bd. 1 S. 200. Es handelt sich im letzten Falle um die Verhandlungen vor dem* auditor litterarum contradictarum, *bei denen die Richter ausgewählt werden. Wird dabei anderweitig keine Einigung erzielt, dann stellt die Kurie einen delegierten Richter, die beiden Parteien oder deren Prokuratoren stellen je einen weiteren; vgl. Herde, Beiträge 216 ff.*
[4] *Papinian war Vizekanzler Bonifaz' VIII. und Benedikts XI. 1301–04; vgl. Bresslau, Urkundenlehre 1, 255.*

5
M f. 6'
　　Iud. Conquestus est nobis Martinus Andree civis Reatin.,[1] quod Hambinam Mosse Iudeus, habitator Narnien.,[2] .. et A. laici | super terris, debitis, possessionibus et rebus aliis iniuriantur eidem. – mandamus, quatinus partibus convocatis audias causam et appellatione remota usuris cessantibus debito fine decidas, faciens, quod decreveris, a dicto Iudeo per subtractionem communionis fidelium, ab aliis vero per censuram ecclesiasticam firmiter observari.[3] Testes *etc.*

K 11a　Super eisdem contra religiosos.

D f. 35　　| *Et nota, quod, quando impetratur super terris, debitis etc. contra mona-*

---

ecclesie] olim *S* | episcopus] ecclesie *add R* | Romanen. *L*

5 Iud. – *Schluß om R* | Iudex *L* | Martius *P* : M. *CAM* : Mar. *L* | Andree] *om A* : A. *M* : And. *L* | Reatin.] .. *A* : *om L* | Hambinam] Abraham *PCD* : Habraham *H* : Habinam *SOL* : H. *AM* : Hambna *E*

6 Mosse] Messe *P* : Moysi *C* : *om AM* | Iudeus *om D* | Narnien.] Narinen. *PHE* : .. *A* : *om L* | .. et A.] et .. *PVHCMOD* : A. *S* : ... et .. *AE* : et *L* | laici] laycus *C* : .. diocesis *add A*

7 possessionibus *om L* | possessionibus – aliis] etc. *S* : et possessionibus et rebus aliis *C* | iniuriatur *VSCMO* | eidem] etc. *add M*

8 usuris cessantibus *om HS*

9 decedas *D* | Iudeo] monitione premissa *add S*

10 ecclesiasticam] appellatione etc. *add S*

11 Testes] autem *add MO*.

K 11a　*P 39a f. 12 (Üb. u. Note Index f. 3); V 2a f. 1; H 39a f. 8; S 31a f. 6'/7; C 26a f. 400' (Üb. u. Note Index f. 440); A 10a f. 24; M 11a f. 6'; O 24a f. 9; D 24a f. 35 (Üb. Index f. 2'); E 16a f. 20'; L 24a f. 88a; R 185 f. 17' (nur die Note).*
　[1] *Üb. om R.*
　[2] *Et om R* | *Et – 4 convocatis einkorr. P* | *quod om CM* | *quando]* quandocunque *AD* : quandoque *L* | terris] certis *D* | etc. *om D* | contra monachum] *om C* : aut personas non sui libertatis *add D*[2]

---

　[1] *Rieti.*
　[2] *Narni. Die päpstliche Kanzlei erkannte nach N 10 Juden grundsätzlich nicht als Bürger an, sondern nur als Einwohner, obschon sie vielfach das Bürgerrecht besaßen; vgl. Bd. 1, S. 195 f.*
　[3] *Die kombinierte Strafklausel Papinians liegt hier vor. Für Juden trat anstelle der kirchlichen Zensuren der Entzug des Umgangs mit den Christen, da sie als Nichtgetaufte dem Kirchenrecht und damit kirchlichen Zensuren nicht unterlagen.*

chum, concluditur vocatis, *quando vero contra abbatem vel conventum vel aliquem habentem administrationem, concluditur* partibus convocatis.[1]

| *Iud.* Conquestus est nobis P. Martini de .. laicus Reatin.[2] diocesis,   *S f. 7*
quod .. abbas et conventus monasterii sancti Salvatoris Reatin.[3] super terris, debitis, possessionibus et rebus aliis iniuriantur eidem. – mandamus, quatinus partibus c onvocatis *etc.*

K 11b *Iud.* | Conquestus est nobis .., quod .. abbas monasterii sancti   *L f. 88b*
Salvatoris Reatin.[3] ordinis sancti Benedicti super terris *etc.* – partibus convocatis *etc.*

---

[3] vocatis] etc. *add MO* : qui fuerint etc. *add R* | vel 1°] *über expungiertem* et *V* : et *MDR*

[4] concluditur] quatinus *add M* | convocatis] etc. *add SCMO*

[5] Iud. – *Schluß om R* | Iudex *E* | P. Martini] I. *M* | Martini – laicus] et I. *A* : Martini et I. laici *DEL* | Reatin.] .. *A* : *om L* | diocesis *om D*

[6] .. *om MOD* | monasterii] .. monasterii *H* : *v. and. Hd. einkorr. M* | Salvatoris] .. *A* : *om L* | Reatin.] Reatinen. *H* : .. ordinis *A* : Reatin. (Ratin. *D* : Retin. *zu* Ratin. *korr. E*) ordinis .. *DEL* : Reaiñ *(!) L*

[7] possessionibus *om H* | iniuriatur *VS* | eidem] etc. *add M* : eisdem *D*

[8] convocatis] audias causam *add S* | etc. *om L.*

K 11b   *P 39b f. 12; V 2b f. 1; H 39b f. 8; S –; C 26b f. 400'; A 10b f. 24; M 11b f. 6'; O 24b f. 9; D 24b f. 35; E 16b f. 20'; L 24b f. 88a/b; R –.*

[1] nobis] de .. *add DL* : .. de *add E* | .. 2° *om VCMODE* | .. abbas] abbas .. *H* : .. prior *A* : et coventus *add M* | monasterii *om E* | sancti Salvatoris Reatin.] de .. *A* : sancti *L*

[2] ordinis sancti Benedicti] *om A* : etc. *add M* : ordinis *DL* : .. ordinis *E* | terris] debitis possessionibus *add A* | etc. *om AM* | mandamus quatinus partibus *HAEL*

[3] etc. *om MD.*

---

[1] *Es handelt sich hier, wie das folgende Beispiel zeigt, um die Klage eines Laien. Ist diese gegen einen Mönch gerichtet, der dem Abt Gehorsam schuldet und in allem untersteht, so kann dieser nicht Partei sein; vgl. über die prozeßrechtliche Stellung der Mönche Bd. 1 S. 231. Es tritt dann die Klausel ein:* – mandamus, quatinus vocatis, qui fuerint evocandi, et auditis hinc inde propositis, quod iustum fuerit, usuris cessantibus appellatione remota decernas (–atis), faciens *usw. Ist die Klage aber gegen einen Abt und Konvent (als Korporation) oder einen Mönch, der eine Verwaltungstätigkeit ausübt, etwa gegen einen Prior eines Priorats gerichtet (wie in den Beispielen K 11ca–K 11d), dann wird die normale Klausel der Parteienladung angewandt:* –mandamus, quatinus partibus convocatis audias causam et appellatione remota usuris cessantibus debito fine decidas, faciens *usw., da diese Partei sein können.*

[2] *Rieti.*

[3] *Benediktinerkloster S. Salvatore Maggiore bei Rieti; (vgl. π 14 Anm. 5).*

K 11 c *Iud.* Conquestus est nobis . ., quod conventus monasterii de . . super terris *etc.* – mandamus, quatinus partibus convocatis *etc.*

K 11 ca *Iud.* Conquestus est nobis . ., quod . . prior monasterii . . de . . super terris *etc.* – mandamus, quatinus partibus convocatis *etc.*

H f. 8'   **K 11 d** | *Iud.* Conquestus est nobis . ., quod . . prior monasterii de . . per priorem soliti gubernari[1] super terris *etc.* – partibus convocatis *etc.*[a]

a) *C fügt unpassend hinzu (sachlich zu K 10 gehörig):*

Iud. Conquestus est nobis . . de . . clericus . . diocesis, quod . . et . . Iudei . .
5   diocesis super terris, debitis *etc.* iniuriantur eidem. – mandamus, quatinus partibus convocatis *usque* faciens, quod decreveris, a dictis Iudeis monitione premissa per subtractionem communionis fidelium, ab aliis vero per censuram ecclesiasticam firmiter observari.[2] Testes *etc.* per censuram ecclesiasticam *etc.*

K 11 e *Iud.* Conquestus est nobis . . de . ., quod . . prior prioratus de . . super terris *etc.* – partibus convocatis *etc.*

K 11 f *Iud.* Conquestus est nobis Angelus Petri civis Reatin.,[3] quod

---

K 11c   *P 39c f. 12; H 39c f. 8; V 2c f. 1.*

K 11ca   *O 24d f. 9; D 24c f. 35; E 16c f. 20'; L 24c f. 88b.*

[1] *sancti monasterii de . . D*

[2] *etc. 1°] et D | convocatis om E.*

K 11d   *P 39d f. 12; V 2d f. 1; H 39d f. 8'; S –; C 26c f. 400'; A 10c f. 24; M 11c f. 6' (= M) u. 11e f. 6' (= M'); O 24c f. 9; D 24d f. 35; E 16d f. 20'; L 24d f. 88b; R –.*

[1] *Iud.] om MM' : Item D | nobis . .] de . . add O (einkorr.) | prior] et conventus add M | de] om M : . . de E*

[2] *gubernari] . . diocesis add H : ordinis talis add C | partibus] quatinus partibus P : mandamus qua-*

tinus partibus *HCE* | etc. 2° *om L.*

K 11e   *C 26e f. 400'; A 10d f. 24; M 11d f. 6'; O 24e f. 9; D 24e f. 35; E 16e f. 20'; L 24e f. 88b.*

[1] *Iud.] om M : Item D | . . de . . om M | de . . 1° om AODEL | . . 3° om MD | de 2° om CL | de . . 2°] de etc. M*

[2] *etc. 1°] mandamus quatinus add L | convocatis om C.*

K 11f   *P 39e f. 12; V 2e f. 1; H 39e f. 8'; S 31b f. 7; C 26f f. 400'/401; A 10e f. 24; M 11f f. 6'; O 24f f. 9/9'; D 24f f. 35; E 16f f. 20'/21; L 24f f. 88b; R –.*

[1] *Iud.] om M : Item D | Angelus] A. SAMDEL | Petri om AM | Reatin.] . . A : om L*

---

[1] *Vgl. N 26 u. Bd. 1 S. 202.*

[2] *Vgl. K 10 mit Anm. 3.*

[3] *Rieti. Vgl. K 6, wo ein Angelus Petri Bürger von L'Aquila ist. Die Namen sind fiktiv.*

Petrus Symonis monachus monasterii de .. *talis* ordinis super terris, de-
bitis et rebus aliis iniuriatur | eidem. – mandamus, quatinus vocatis, qui
fuerint evocandi, et auditis hinc inde propositis, quod iustum fuerit, usuris
cessantibus | appellatione remota decernas,[1] faciens, quod decreveris, | per
censuram ecclesiasticam firmiter observari. Testes *etc.*[a]

O f. 9'

E f. 21
C f. 401

a) *Zusatz in O am unteren Rande von f. 9 von anderer, etwa gleichzeitiger Hand:*
Infrascriptam clausulam mandavit dominus Benedictus papa XII[2] *poni in lit-*
teris impetrandis contra Cistercienses et alios quorumcunque ordinis, qui se dicunt
privilegiatos : Non obstante, si eidem ordini a sede apostolica sit indultum, quod   10
persone ipsius ordinis ad iudicium trahi aut suspendi vel excommunicari seu ipse
ac dicti ordinis loca interdici non possint per litteras apostolicas non facientes
plenam et expressam ac de verbo ad verbum de indulto huiusmodi mentionem
et qualibet alia dicte sedis indulgentia generali vel speciali cuiuscunque ⟨teno-
ris⟩ existat, per quam presentibus non expressam vel totaliter non insertam   15
vestre iurisdictionis explicatio in hac parte valeat quomodolibet impediri, que
quoad hoc ipsis nolumus aliquatenus suffragari. – *Eine etwas spätere Hand*
fährt fort : Et nota, quod dicta clausula debet poni post clausulam Testes. *Et si*
in rescripto non fiat mentio de sede apostolica, ubi dicitur : Non obstante, si eidem
ordini a dicta sit sede indultum, *dicatur :* Non obstante, si eidem ordini a sede   20
apostolica sit indultum.

---

[2] Petrus Symonis] P. Symonis *SD* :
  om C : .. *A* : P. *M* : Petrus Sy. *L* |
  monasterii] .. monasterii *A* : *om*
  E | talis ordinis] ordinis .. *PCMOE* :
  ordinis .. diocesis *H* : .. *(om DL)*
  ordinis *ADL* | debitis] possessioni-
  bus *add AMODEL*
[3] et – eidem] etc. *C* | iniuriantur *A* |
  eidem etc. *M*

[4] fuerit *hier getilgt u. hinter* 5 cessan-
  tibus *einkorr. P* | usuris cessanti-
  bus] *om VH* : *in S zwischen* iustum
  und fuerit | facias *H*

[6] Testes] autem *add VO.*

[14] tenoris *scr.*] *om O.*

---

[1] *Vgl. S. 107 mit Anm. 1. Da hier ein Mönch der Beklagte ist, tritt die Klausel*
vocatis *usw. ein.*

[2] *Kanzleiregel Benedikts XII. (1334–1342); vgl. Ottenthal, Regulae cancella-*
riae apostolicae, 10 Nr. 8. Der Nachtrag, der aus einem Kanzleiexemplar der
Kanzleiregeln genommen worden sein muß, erweist O erneut als Kanzleiexemplar
und bietet einen ungefähren terminus ante quem für die Entstehung der Hand-
schrift (vgl. Bd. 1 S. 121).

K 12a Super iniuriis et turbationibus ecclesiarum et aliarum
rerum.

Nota, quod, quando ecclesia dicitur habere duos rectores, dicitur : rector
| medietatis ecclesie de . ., que per duos consuevit gubernari rectores.

**C Ind. f.
440'**

5 *Iud.* Conquestus est nobis Iohannes Thome canonicus ecclesie sancte
Cecilie Reatin.,[1] quod . . prepositus et capitulum ipsius ecclesie super
prebenda sua dicte ecclesie eiusque fructibus, quibusdam pecuniarum summis et rebus aliis iniuriantur eidem. – mandamus, quatinus partibus convocatis *etc.*

K 12b *Iud.* Conquesti sunt nobis . . abbas et conventus monasterii
sancte Marie de Monte Virginis ad Romanam ecclesiam nullo medio per-

---

K 12a *P 40a f. 12 (Üb. u. Note Index
f. 3); V 3a f. 1; H 40a f. 8'; S 32a
f. 7; C 27a f. 401 (Üb. u. Note
Index f. 440/440'); A 11a f. 24;
M 12a f. 6'; O 25a f. 9'; D 25a f. 35
(Üb. Index f. 2'); E 17a f. 21; L
25a f. 88b; R 146 f. 15 (= R) u.
186 f. 17' (= R') (jeweils nur die
Note).*

1-2 *Üb. om R'* | Super – ecclesiarum
hinter 3 quod R | conturbationibus
H² | et 2°] vel *L* | et aliarum rerum
om R

3 *Nota* – 4 rectores *marg. einkorr. P* |
quod *om VM* | ecclesie *R'* | rec-
tores] et unus conqueritur *add R* |
dicitur 2°] sic *add R*

4 ecclesie] *om C* : parrochialis ecclesie
R | de . . *om SR'* | gubernari recto-
res] etc. *A*

5 Iud. – *Schluß om RR'* | Iud.] Item
D | nobis *om S* | Iohannes Thome]
Io. Thome *S* : I. Thome *C* : . . *A* :
Io. *ML* | ecclesie – 6 Reatin.] . .
ecclesie *A*

6 Cecilie] Secilie *D* : *om L* | Reatin.
om L | . . *om VSDL*

7 predicte *CAMODEL*

8 iniuriatur *C* | eidem] eisdem *A* :
etc. *add M* | mandamus quatinus
om MD | convocatis *om C*

9 etc.] *om ML* : ut supra *add O
(spätere Hd.).*

K 12b *P 40b f. 12; V 3b f. 1/1'; H
40b f. 8'; S 32b f. 7; C 27b f. 401;
A 11b f. 24; M 12b f. 6'; O 25b f. 9';
D 25b f. 35/35'; E 17b f. 21; L 25b
f. 88b; R 162 f. 16. – R Üb.:* Con-

1 Conquestus est *A* | . . *om HSO
DR*
queruntur abbas et conventus super quantitate bladi et rebus
aliis.

2 sancti *A* | Marie] Crucis *P* . . *A* |
de Monte Virginis] de Monteuirgis
P : Virginis *VHR* : Montis Virginis *C* : de . . *A* : de Monte Vrginis
O : de *L* | medio] modo *D*

---

[1] *Kanonikerstift S. Cecilia in Rieti (vgl. S. 104 Anm. 5).*

tinentis ordinis sancti Benedicti[1] Avellinen.[2] diocesis, quod venerabilis
frater noster P. Nuscan.[3] episcopus | super quadam quantitate frumenti,
pecu|niarum summis et rebus aliis iniuriatur eisdem. – mandamus, quatinus
partibus convocatis *etc.*, faciens, quod decreveris, ⟨auctoritate nostra⟩[4] *etc.*
usque observari. Testes *etc.*[a]

D f. 35'
V f. 1'

a) *Zusatz in S: Nota dominus Clemens papa V. anno sui pontificatus octavo,
die XVIII. mensis martii mandavit, quod diceretur sic et in suis litteris poneretur :
ad Romanam ecclesiam dumtaxat pertinentis.*[5]

10

K 12c   *Iud.* Conquestus est nobis. I. rector medietatis ecclesie sancti
Petri de . . consuete per duos gubernari rectores, quod Franciscus rector

[3] ordinis sancti Benedicti] . . ordinis
   A | Avellinen.] Auellen. *PVHSMO* :
   Auollinen. *C* : . . *A* : *om L*
[4] P. Nuscan.] . . *A* : I. Nouarien. *E* |
   Nuscan.] diocesis *add C* : Iuscan.
   M : Muscanus *R* | quadam] quidam
   OL | furmenti *(!) O*
[5] iniuriantur *SDR* | eidem *CAD*
[6] partibus convocatis] per censuram
   R | faciens – *etc. om S* | faciens –
   7 observari *om CR* | quod – *Schluß*]
   etc. ADEL | auctoritate nostra *scr.
   (vgl. Anm. 4)] om PVHMO* | *etc.*
   usque – *Schluß om M.*

K 12c   *P 40c f. 12; V 3c f. 1'; H
40c f. 8'; S 32c f. 7; C 27c f. 401;
A 11c f. 24; M 12c f. 6'; O 25c f.
9'; D 25c f. 35'; E 17c f. 21; L 25c
f. 88b; R 293 f. 28'. – R Üb.:* Conqueritur rector medietatis ecclesie
de alio correctore. – *V marg.:* Super
fructibus ecclesie per duos consuete
(doppelt) gubernari rectores.
[1] I.] B. *E* | sancti Petri *om R*
[2] Petri] Stephani *E* : *om L* | de . .]
   diocesis . . *add R* | consuete] consue-
   tudine *S* | Franciscus] F. *SCAM* :
   P. *R*

---

[1] *Benediktinerkloster Montevergine w. von Avellino (ö. von Neapel), seit dem
7. Pontifikatsjahr Alexanders IV. (1261) zinspflichtig; vgl. Liber censuum ed. Fabre
1, 38a. Eine der Formel entsprechende Urkunde findet sich in der relativ reich-
haltigen Empfängerüberlieferung nicht, vgl. die Regesten von G. Mongelli, Abbazia
di Montevergine. Regesto delle pergamene Bd. 2–4 (Rom 1957/58 = Ministero
dell'Interno. Pubblicazioni degli Archivi di Stato 27, 29, 32).*   [2] *Avellino.*
[3] *Nusco ö. von Avellino. Einen Bischof P. belegt Eubel 1, 392 für 1296; danach ist
die Bischofsliste unklar: der folgende bei Eubel belegte Bischof Rogerius stirbt erst
1350. Der Bischof wird hier namentlich genannt, da er persönlich angeklagt ist,
also keine Punkte gesetzt werden konnten, die in Wirklichkeit den Zweck verfolgen,
Reskripte und Privilegien jeweils auf das Amt und nicht dessen gegenwärtigen
Inhaber zu beziehen; vgl. Herde, Ranshofener Urkundenstudien in: Zeitschr. f. bay-
er. Landesgesch. 24, 187 Anm. 15. Ein unmittelbarer Beleg dafür in Clm 16124
f. 7, gedruckt bei Rockinger, Briefsteller, 198 Anm. 2.*   [4] *Ergänzung nach N 37.*
[5] *Die Anweisung Klemens' V. erging also am 18. März 1313; da sie in der vorausgehenden Formel noch nicht beachtet ist, stammt diese mithin aus einer früheren
Zeit, was auch durch den Bischof P. von Nusco (vgl. Anm. 3) bestätigt wird.*

alterius medietatis eiusdem ecclesie Senonen.[1] diocesis super quibusdam
fructibus, redditibus, proventibus et rebus aliis ad medietatem suam dicte
5   ecclesie spectantibus iniuriatur eidem. – mandamus, quatinus partibus convocatis *etc.*

K 13   Super decimis.

P f. 12' | *Nota, quod, quando dicitur* rector ecclesiarum, *debet dici* : quarum una
dependet ab alia.

A f. 24' | *Iud.* Conquestus est nobis . . de . . et de . . rector ecclesiarum, quarum
5   una dependet ab alia, . . diocesis, quod P. Francisci civis Aquilen.[2] super
quibusdam decimis et rebus aliis iniuriatur eidem. – mandamus, quatinus
partibus convocatis *etc.*

---

[3] Senonen.] . . *A* : Mediolan. *E* : se
noñ *L* | Senonen. diocesis *om R*
[4] redditibus] et *add VC* : *om E* |
dicte] eiusdem *A*
[5] iniuriantur *CDL* | eidem] etc. *add*
M | convocatis *om C*
[6] etc.] *om ML* : Testes *add O (spätere*
Hd.) : et Proviso ne dicti annui
redditus *add D.*

K 13   *P 41 f. 12' (Note Index f. 3*
sowie marg. f. 12'); V 4 f. 1'; H 41
f. 8'; S 33 f. 7 (nur die Note); C
28 f. 401 (Note Index f. 440'); A
12 f. 24/24'; M 13 f. 6'; O 26 f. 9';
D 26 f. 35'; E 18 f. 21; L 26 f. 88b;
R 147 f. 15 (von Korrektorhand auf
Rasur = R) u. 293a f. 28' (= R')
(jeweils nur die Noten).
[1] *Üb. so H², Üb. om PVSCAMO*
DELRR'.
[2] Nota – 3 alia *om D* | Nota] Item *R* |
quod *om PVMO* | dicitur] impetrat
R' | duarum ecclesiarum *R'* | debet

dici] ponitur *C* : *om AMEL* : *v.*
späterer Hd. einkorr. O : sic *add*
R
[3] alia] similiter de rectore quinque
ecclesiarum scilicet etc. quarum
quattuor dependent a quinta *add*
R' (vgl. K 14)
[4] Iud. – *Schluß om SRR'* | Iud. –
rector] *in V bereits vorher über der*
Note, dann durch va-cat *getilgt und*
hier erneut eingetragen | Iudex *L* |
nobis *om E* | . . de – rector] . . rec-
tor de . . et de . . *H* | de . . 1°] loco
add C | . . 2° *om D* | et de . .] einkorr.
P : *om AMODEL* | rector *om D*
[5] una *om D* | . . diocesis] diocesis . .
H | Francisci] *om A* : . . *M* | Aqui-
len.] . . *A* : Nouarien. *E* : *om L*
[6] aliis] ad ecclesias ipsas (*om L*) etc.
add AL : ad ecclesias etc. *add D* :
ad ecclesias suas spectantibus *add*
E | iniuriantur *CD* | eidem] etc.
add M
[7] convocatis *om C* | etc. *om L.*

---

[1] *Sens.*
[2] *L'Aquila.*

K 14 *Notula doctrinalis elicitur ex sequenti littera:*[1]

Iud. Conquestus est nobis . . de . ., de . ., de . ., de . . et de . . rector ecclesiarum, quarum quatuor dependent a quinta, . . diocesis, quod P. Francisci *ut supra.*[2]

K 15 *Nota*[a], *quod laicus super decimis seu iniuria personali non auditur; clericus vero, quando conqueritur super decimis, debet dici* : in beneficium sibi assignatis, *ut hic.*[3]

Iud. Conquestus est nobis P. Martini clericus Reatin.,[4] quod Franciscus Angeli civis Reatin. super quibusdam decimis sibi in perpetuum benefi-   5
cium assignatis iniuriatur eidem. – mandamus, quatinus partibus convocatis *etc.*

a) *R hat folgende Fassung der Notula* : *Nota, quod littera super decimis non datur laicis, sed quando clericus impetrat super decimis, dicitur semper* : sibi in perpetuum beneficium assignatis.   10

K 14 *P 42 f. 12' (Note Index f. 3); V 5 f. 1'; H 42 f. 8'; S 34 f. 7 (nur die Note); C 29 f. 401 (Note Index f. 440'); A 13 f. 24'; M 14 f. 6'; O 27 f. 9'; D 27 (nur die Note Index f. 2'); E 19 f. 21; L 27 f. 88b; R 148 f. 15, andeutungsweise auch 293a f. 28' (vgl. K 13).*

[1] Notula – littera] *hinter* 4 supra *L* | Notula] Et circa hoc regula *R* | elicitur] colligitur *S* : trahitur *M* : que elicitur *D* : eligitur *E* : elicitur *korr. aus* eligitur *L* : trahit *R*

[2] Iud. – *Schluß om SD* | Iud. *om R* | . . de . . 1° – de . . 5°] *nur H* : . . de . . de . . de . . et de . . *PV* : . . de . . et . . de . . *CML* : . . de . . *AOE* : D. de . . *R* | rector – 3 quarum *om C* | ecclesiarum] talis etc. *add R*

[3] quarum *om E* | quatuor] IIII[or] *L* : *om R* | a] ex *R* | . . diocesis] talis diocesis *R* | P. Francisci] etc. *add PHL* : P. civis . . etc. *A* : P. *M* : Franciscus P. etc. *E*

[4] ut supra] etc. super etc. *R* | supra] in proxima *add A.*

K 15 *P 43 f. 12' (Note Index f. 3); V 6 f. 1'; H 43 f. 8'; S 35 f. 7; C 30 f. 401 (Note Index f. 440'); A 14 f. 24'; M 15 f. 6'; O 28 f. 9'; D 27a f. 35'; E 20 f. 21; L 28 f. 88b; R 94/95 f. 9.*

[1] decima *C* | seu *om C*

[2] clericus – 3 hic] etc. *S* | vero] auditur *(einkorr.)* nota quod *A* | decima *C*

[4] Iud.] Item *D* | P.] . . *M* : Petrus *O* : P. D. *R* | Martini *om AM* | Reatin.] . . *A* : Reatin. diocesis *CE* : *om L* | Franciscus Angeli] P. Francisci *P* : F. Angeli *SCR* : F. *A* : Fran . . *M* : Andreas More *E*

[5] Reatin.] Reatinen. *S* : . . *A* : *om L* | perpetuum] *om CAMODEL* : imperpetuum *R* | beneficium] beneficiis *D* : *aus* beneficii *korr. L*

[6] iniuriantur *D* | eidem] etc. *add M* | partibus] per *R* | convocatis *om C*

[7] etc. *om MDL.*

---

[1] *D. h. die Klausel* . . . quarum quatuor dependent a quinta.   [2] *K 13.*
[3] *Vgl. N 52 f. u. Bd. 1 S. 211 f.*   [4] *Rieti.*

K 15 a *Iud.* Conquesti sunt nobis dilecti filii .. abbas et conventus monasterii sancti Marcelli[1] .. ordinis .. diocesis, quod .. et .. laici dicte diocesis super terris, debitis *etc.*

K 15 b *Iud.* Conquesta est nobis .. de .. mulier .. diocesis, quod,

L f. 88 c licet ipsa penes quondam | Guillelmum eiusdem loci de .. presbiterum quandam pecunie summam et nonnullas alias res mobiles et immobiles ad eam spectantes recommendare ex causa depositi, dum viveret, ut fideliter
5   custodiret, curavisset, tamen .. de .. laicus .. diocesis, eiusdem Guillelmi heres, pecuniam et res predictas ad manus suas temere recipiens ipsas dicte mulieri restituere et reddere seu sibi de ipsis satisfacere indebite contradicit, quamquam bona eiusdem presbiteri, que ad manus heredis pervenerunt predicti, sufficere dinoscantur. – mandamus, quatinus parti-
10   bus convocatis.

K 15 c *Iud.* Exposuit nobis dilectus filius Henricus de .. laicus .. diocesis, quod, licet .. de .. et .. de .. laici predicte diocesis sibi in qua- dam quantitate pecunie ex causa legitima teneantur seque ad solvendum huiusmodi pecuniam dicto Henrico infra certum terminum iam elapsum
5   astrixerint vinculo proprii iuramenti, iidem tamen laici pecuniam ipsam eidem Henrico solvere indebite contradicunt ab eo pluries congruis tempori- bus requisiti contra iuramentum huiusmodi temere veniendo. Quare dictus Henricus nobis humiliter supplicavit, ut eosdem laicos ad observantiam dicti iuramenti compelli per discretum aliquem mandaremus. – mandamus,
10   quatinus partibus convocatis *etc.*

K 15 a   *A 15 f. 24'; D 28 f. 35'; E 21 f. 21; L 29 f. 88b.*
[2] monastrerii *(!) D* | quod] pro *L* | .. et ..] I. et T. *E* | dicte .. diocesis *A*
[3] debitis *om DEL.*

K 15 b   *A 16 f. 24'; D 29 f. 35'; E 22 f. 21; L 30 f. 88b/c.*
[1] Iud. *om AL* | .. 1° *om D* | .. 3° *om D*
[2] Guillm .. *D :* Guillnn *L* | loci] dio- cesis *D*
[4] recommendare *korr. D*[2] | ut *om DEL*

[5] custodiret *om DEL* | curavisset *om A* | .. diocesis eiusdem] eiusdem diocesis *L* | Guillelmi] G. *A*
[6] pecunias *korr. D*[2]
[8] quamquam *korr. D*[2] | bona] de bonis *korr. D*[2] | eiusdem] ipsius *D* | presbiteri *om L*
[9] predicti] predictorum *A :* predicta *E :* predicti *korr. aus* predicta *(?) L* | dinoscatur *A :* dignoscantur *E.*

K 15 c   *A 16a f. 24' (Nachtrag von etwas späterer Hand).*
[2] de .. 2°] talis diocesis *(letzteres ex- pungiert) add A.*

---

[1] *Nicht zu identifizieren, da nähere Angaben fehlen.*

K 15 d *Iud.* Conquestus est nobis .. de .. clericus .. diocesis, quod .. de .. et .. executores testamenti quondam Iohannis de Bosco clerici dicte diocesis quandam summam pecunie, in qua dictus Iohannes, dum viveret, eidem N. ex causa legitima tenebatur et quam idem Iohannes in eodem testamento de bonis ad eum ratione persone sue spectantibus per manus dictorum .., qui executionem huiusmodi testamenti de sui superioris licentia suscepit et prosequitur, dicto Nicolao preceperat erogari, eidem Nicolao exhibere indebite contradicunt, licet ad id bona sufficiant supradicta. – mandamus, quatinus partibus convocatis *etc.*

K 15 e *Nota, quod ista clausula*[1] *debet poni, quando impetratur contra omnes religiosos* : Non obstante, si eidem ordini a dicta sit sede indultum, quod persone ipsius ordinis ad iudicium trahi aut suspendi vel excommunicari seu ipse aut dicti ordinis loca interdici non possint per litteras apostolicas non facientes plenam *etc.* et qualibet alia dicte sedis indulgentia generali vel speciali cuiuscumque tenoris existat, per quam presentibus non expressam vel totaliter non insertam tue iurisdictionis explicatio in hac parte valeat quomodolibet impediri, que quoad hoc ipsis nolumus aliquatenus suffragari; *et debet poni immediate post* Testes.[2]

K 16–30 xd
Super usuris.

K 16 Super usuris.

Nota, quod super usuris clausula illa Testes *non datur, si impetretur | contra clericos tantum vel contra clericos et laicos simul, etiam si in eadem littera*

D f. 36
E f. 21'

K 15 d *A 16 b f. 24' (Nachtrag von derselben, etwas späteren Hand wie 15 c).*

K 15 e *A 16 c f. 24' (Nachtrag von einer weiteren, etwas späteren Hand).*
[6] cuiuscumque, cum *einkorr. A.*

K 16 *P 44 f. 12' (Üb. u. Note Index f. 3'); V 7 f. 1'; H 44 f. 8'/9; S 36 f. 7; C 31 f. 401 (Üb. u. Note Index f. 440'); A 17 f. 25; M 16 f. 6'; O 29 f. 9'; D 30 f. 35'/36 (Üb.*

Index f. 2'); E 23 f. 21/21'; L 31 f. 88c; R 441/442 f. 42'; B 50 n. 1 u. 2 f. 101/101'.

[1] *Üb. om H. – D (Index) Üb.:* Tractatus super usuraria pravitate. – *D (Text) R vor dem Beispiel:* De usuris.

[2] Et nota *CMOEL* | Nota – usuris *om S* | illa] *hinter* Testes *H* : ista *B* | si] quando *D* | impetratur *AD* | contra – 3 vel *om R*

---

[1] *Vgl. K 11 f. Zusatz a in O.* [2] *Kanzleiregel Benedikts XII., vgl. S. 109 Anm. 2. Zur Datierung von A vgl. Bd. 1 S. 111 f.*

B f. 101'   dicatur : Preterea idem *vel talis* super terris *etc.*[1] | *Clausula* Attentius pro-
5   visurus *non datur, si conqueratur patriarcha, archiepiscopus, episcopus, abbas
       et conventus seu capitulum ecclesie nec contra Iudeos.*[2]

       Iud. Conquestus est nobis Iohannes Blasii de Urbe[3] aurifex, quod Stepha-
       nus Ricius de eadem Urbe[3] laicus multa extorsit ab eo per usurariam pra-
       vitatem. – mandamus, quatinus, si est ita, dictum usurarium, ut sua sorte
10   contentus sic extorta restituat conquerenti, per penam in Lateranensi con-
       cilio contra usurarios editam[4] appellatione remota compellas, attentius
       provisurus, ne auctoritate nostra in negotio procedas eodem, nisi dictus

---

[3] vel] *om* H : si impetretur *add* S | in]
inde C
[4] dicatur] dicitur H : datur C | Pre-
terea – 5 datur *om* H | idem .. R |
talis] *zerstört* P : .. etc. R | Clau-
sula *om* P | Attentius] hactenus A
[5] conqueritur C
[6] seu] se C | ecclesie] cathedralis *add*
S | Iudeos] iudices. Rubrica V :
Super usuris *add* A
[7] *Üb. der Formel in* R : Forma super
usuris laicus contra laicum | Iud.
einkorr. D² | Iohannes] I. HCMR :
Ia. B | Blasii] Blasilii S : *om* M :
Balaxii R : .. B | de Urbe *v.
anderer Hd. einkorr.* M | aurifex]
artifex VHSMO : *om* B | Stepha-

nus] S. SCMR : Stochanus O :
Sthepha(us) *(!)* L : G. B
[8] Ricius] Rubeus H : Martini C : *om*
MB : Vicinus D : Bicii E : dictus
L : Ricti R | extorsit] et adhuc
extorquere nititur *add* CO *(hier v.
anderer Hd. einkorr.)* | eo] eodem
B | usuram S | pravitatem] etc.
add B
[9] mandamus] etc. D | ut] in R | sua
om E
[10] sic] *om* M : sit *v. späterer Hd. korr.
zu* sic O : sit ER | restituat *om* H |
conquerenti] et ab usurarum exactione desistat *add* PCO *(hier v.
späterer Hd. einkorr.)* | in *v. anderer
Hd. einkorr.* B | consilio L

---

[1] *Vgl. N 62, 1; dazu Bd. 1 S. 222, und Herde, Zeugenzwang 271f.*
[2] *Vgl. auch N 44, dazu Bd. 1 S. 207. Ein Verfahren gegen Wucher wurde
nach dieser Klausel vom geistlichen Gericht nur dann eröffnet, wenn der Kläger
nicht selbst des Wuchers schuldig war, bzw. erst dann, wenn er seinen Wucher-
gewinn rückerstattet hatte. Bei Klagen von Personen geistlichen Standes ließ man
von der Klausel ab, da für sie die Vermutung bestand, keinen Wucher zu nehmen
(vgl. Duranti Spec. 1, 13 n. 8, 1, dazu Herde, Zeugenzwang a. a. O.); allerdings
erstreckte sich diese Ausnahme offensichtlich nur auf das Korporationsgut, nicht
auf Privatbesitz der Kleriker. Vgl. auch K 20 a u. K 30 p. Ebenso entfiel die Klausel
bei Klagen gegen Juden, die dem kanonischen Recht nicht unterstanden, selbst
Wucher nahmen und deshalb vom geistlichen Richter nicht geschützt wurden.*
[3] *Rom.*
[4] *Das 3. Laterankonzil von 1179 verhängte gegen Wucherer den Ausschluß von
der Kommunion und vom kirchlichen Begräbnis: Conc. Lat. III c. 25 = Comp. I
5, 15, 2 = X 5, 19, 3.*

conquerens restituerit vel adhuc restituat, | si quas aliquando extorsit usuras, *H f. 9*
cum frustra legis auxilium invocet, qui committit in legem.[1] Testes autem,
qui fuerint nominati, si se gratia, odio vel timore subtraxerint, per censuram 15
ecclesiasticam appellatione cessante compellas veritati testimonium perhibere.[2] Dat. *etc.*

K 17 Super usuris pro armigero contra militem.

Iud. Conquestus est nobis Franciscus Martini de Urbe[3] armiger, quod Ni-
colaus Albrandini de Reate[4] | miles multa extorsit et adhuc extorquere *S f. 7'*
nititur ab eo per usurariam pravitatem. – mandamus, quatinus, si est ita,
dictum usurarium, ut sua sorte contentus sic extorta restituat conquerenti 5
et ab usurarum exactione desistat, per penam *etc. usque* compellas, attentius
etc.[5] Testes *etc.*[6]

---

[13] restituerit] restituat *R* | vel] et *MO (v. anderer Hd. einkorr.)* | vel – restituat *om ELR* | restituat] cum non dicitur et adhuc extorquere nititur *add VA (hier durch va–cat getilgt)* | quas] quis *V*

[14] invocat *CAM* : revocet *L* | committit] et *add C*

[15] qui – 16 perhibere] etc. *R* | qui – *Schluß om B* | timore] amore *A*

[17] Dat. etc.] *om VHM* : etc. *C* : Datum etc. *AD.*

K 17   *P 45 f. 12' (Üb. Index f. 3'); V 8 f. 2; H 45 f. 9; S 37 f. 7/7'; C 32 f. 401 (Üb. Index f. 440'); A 18 f. 25; M 17 f. 6'; O 30 f. 9'; D 31 f. 36 (Üb. Index f. 2'); E 24 f. 21'; L 32 f. 88c; R 443 f. 42'; B 50 n. 3 f. 101'.*

[1] Super usuris *om R* | militem] clericum *H* : Rubrica *add A*

[2] nobis *om L* | Franciscus] Iohannes

P : *F. SCDRB* : .. *M* : Francischus *O* | Martini] Iohannis *C* : *om M* : Alberti *E* : .. *B* | de Urbe] *om VH* : de .. *hinter* armiger *R* | armiger] .. diocesis *add H* | Nicolaus] N. *PSCMB* : Archolaus *D* : *om R*

[3] Albrandini] Alebrandini *P* : *om VHCRB* : .. *A* : Iohannis *OEL* : I. *DM* | Reate] .. *VHMDELRB* | multa *om E* | extorquere] extorqr, *darüber* er *D* : *hinter* nititur *R*

[4] pravitatem] etc. *add B*

[5] sic] *doppelt S* : sit et *C* : sit *E*

[6] exactione] detentione *M* | etc.] *om M* : ut supra *add B* | attentius] provisurus *(andere Hd. fährt marg. fort:)* nisi dictus conquerens restituerit (restitierit *A*) vel adhuc restituat si quas aliquando etc. *add A* : provisurus *add R*

[7] Testes] autem *add A.*

---

[1] *Vgl. S. 116 Anm. 2.*   [2] *Die Testes-Klausel wird nach N 62, 1 bei Wucher-sachen nicht gesetzt, wenn der Beklagte Kleriker ist; da er in diesem Falle jedoch Laie ist, wird sie angewendet; vgl. S. 116 Anm. 1.*   [3] *Rom.*   [4] *Rieti.*
[5] *Vgl. S. 116 Anm. 2.*   [6] *Vgl. S. 116 Anm. 1.*

K 18 Super eisdem contra clericum.

M f. 7 | *Iud.* Conquestus est nobis F. Martini civis Romanus, quod Angelus Petri de Urbe[1] clericus multa extorsit et adhuc extorquere nititur ab eo *C f. 401'* per usurariam pravitatem. – | mandamus, quatinus, si est ita, dictum clericum, ut sua sorte contentus sic extorta restituat conquerenti et ab usurarum *5* exactione desistat, monitione premissa per censuram ecclesiasticam appella- *O f. 10* tione | remota compellas, attentius | provisurus, ne auctoritate nostra *etc. D f. 36'* *usque* qui committit in legem.[2] Testes *non dantur*.[3]

K 19 Super usuris contra presbiterum, clericum et nobilem.

Ubi attende conclusionem et notulam.

Iud. Conquesti sunt nobis Petrus Martini et Iohannes Angeli cives Vi-

K 18   *P 46 f. 12' (Üb. Index f. 3');
V 9 f. 2; H 46 f. 9; S 38 f. 7'; C 33
f. 401/401' (Üb. Index f. 440'); A
19 f. 35; M 18 f. 6'/7; O 31 f. 9'/10;
D 32 f. 36/36' (Üb. Index f. 2');
E 25 f. 21'; L 33 f. 88c/d; R 444 f.
42'; B 50 n. 4 f. 101'.*

[1] Super eisdem] Clericus *M* | eisdem] eodem *E* : eodem pro laico *R* | clericum] Rubrica *add A*

[2] Iudice *L* | est nobis *om V* | F.] . . *M* | Martini] Iohannis *C* : *om MB* | civis] civi *V* : *om H* : clericus *MO* | Romanus] Reatin. *CR* : *om L* | Angelus] A. *CMDELB*

[3] Petri] P. *MLR* : *om B* | de Urbe clericus] clericus Romanus *korr.* *D*[2] | Urbe] Reate *C* | clericus] . . diocesis *add H* | nititur extorquere *R*

[4] pravitatem] *etc. add B* | predictum *v. späterer Hd. aus* dictum *korr. B* | clericum] usurarium *C*

[5] sic] sit *CR* | sic extorta] sit et tota *C*

[7] compellas *om R* | ne – 8 usque] etc. invocet vel cum ei legis auxilium suffragari non debeat *B* | ne –

Schluß] etc. *R* | etc. usque] in negocio procedas eodem nisi dictus conquerens restituerit vel adhuc restituat si quas aliquando extorsit usuras cum frustra legis auxilium invocet vel cum ei legis auxilium suffragari *(L f. 88d)* non debeat *DEL*

[8] qui committit *om C* | legem] etc. *add M* | dantur] contra clericos *add DE* : datur contra clericos *L* : etc. *(dazu marg. v. späterer Hd.)* non datur contra clericos *B.*

K 19   *P 47 f. 12' (Üb. Index f. 3');
V 10 f. 2; H 47 f. 9; S 39 f. 7'; C
34 f. 401' (Üb. Index f. 440'); A
20 f. 25; M 19 f. 7; O 32 f. 10; D –;
E –; L –; R 445 f. 42'; B –.*

[1] usuris] eodem *R* | clericum presbiterum *HS* | nobilem] domicellum cum clausula Cum autem *add R*

[2] Ubi – notulam *om R* | conclusionem] clausulam *C* | notulam] No(ta) *P* : nutulam *(!) V* : clausulam *H*

[3] Iud. *om C* | Petrus] P. *CR* : . . *M* | Martini *om M* | Iohannes] I. *PCR* : . . *M* | Angeli] *om M* : Ar. *R* | Viterbin. *R*

---

[1] *Rom.*   [2] *Vgl. S. 116 Anm. 2.*   [3] *Die Testes-Klausel fällt fort, da der wegen Wucher Beklagte Geistlicher ist; vgl. S. 117 Anm. 2.*

terbien.,[1] quod Cola Rubei presbiter, Paulus Iohannis clericus et nobilis
vir Angelus Blasii de Viterbio[1] domicellus multa extorserunt et adhuc extor- 5
quere nituntur ab eis communiter per usurariam pravitatem. Cum autem
dicti conquerentes, sicut asserunt, potentiam dictorum presbiteri, clerici
et nobilis merito perhorrescentes *etc. usque* secure, – mandamus, quatinus,
si est ita, dictos usurarios, ut sua sorte contenti sic extorta restituant conquerentibus et ab usurarum exactione desistant, presbiterum et clericum 10
monitione premissa per censuram ecclesiasticam, nobilem vero per penam
in Lateranensi concilio contra usurarios editam[2] appellatione remota compellas, attentius provisurus *etc.* Proviso, ne in terram *non datur*[3] *nec* Testes.[4]

K 19a Super eisdem contra presbiteros, clericos et laicos et mulieres simul.

| *Iud.* Conquestus est nobis A. de . . laicus, quod I. de . . presbiter, M. et *B f. 102*
B. de . . clerici, G. et S. de . . laici ac Bona Iohannis et Maria Petri muli-

---

[4] Cola] Colardus *H* : G. *A* : . . *M* |
Rubei] Rubi *S* : *om M* | Paulus] . .
M | Iohannis *om M* | et] ac *R*

[5] Angelus] A. *MR* | Blasii] Blasilii
S : . . *M* : Blaxii *R* | adhunc *S*

[6] ab eis communiter *om R*

[7] dictorum] predictorum *hinter* 8 nobilis *R*

[8] perhorrescentes] perhorrescens *P* :
om R | usque *om MR* | secure] etc.
add M : *om R*

[9] est *om M*

[10] et 1° *om C*

[12] editam contra usurarios *R*

[13] etc. *om M* | ne in terram *einkorr. R* |
terram etc. *C* | non datur *om M* |
Proviso – Testes *einkorr. H²* |
Testes] dantur *add M* : etc. *add O.*

K 19a *D 33 f. 36' (Üb. Index f. 2');
E 26 f. 21'; L 34 f. 88d; B 50 n. 5
f. 102.*

[2] simul *om D*

[3] de . . 1° *om B* | I. de . .] Io *B* | et
om D

[4] de . . 1° *om B* | G. et S. de] et G. et
S. *L* : S. et G. *B* | de . . 2° *om B* |

---

[1] *Viterbo. In den Urkunden des Kommunalarchivs (in ausführlichen Regesten
veröffentlicht von P. Savignoni, L'archivio storico del comune di Viterbo, in: Arch.
della R. Società Romana di storia Patria 18, 1895, 5 ff.; 19, 1896, 5 ff. u. 225 ff.; 20,
1897, 5 ff. u. 465 ff.) und des Kathedralarchivs (ebenso ediert von P. Egidi, L'archivio
della cattedrale di Viterbo, in: Bull. dell'Istituto Storico Italiano 27, 1906, 7 ff.)
finden sich weder die vorliegende Urkunde noch die darin genannten Personen.
Es ist daher auch hier anzunehmen, daß die Namen fiktiv sind.* [2] *Vgl. S. 116
Anm. 4.* [3] *Vgl. N 57–61 u. Bd. 1 S. 214 ff. Die Klausel fällt hier fort, da
es sich um eine Wuchersache handelt und zudem der Adelige aus Viterbo wohl
kein Territorialherr war, dessen Land vom Interdikt betroffen werden konnte.*
[4] *Vgl. N 62, 1. Da hier neben dem Laien auch zwei Kleriker angeklagt werden,
Wucher genommen zu haben, fällt die Klausel mit Rücksicht auf die Kleriker fort;
vgl. S. 116 Anm. 1.*

⁵ eres .. civitatis et diocesis multa extorserunt ab eo *etc. usque* pravitatem. –
mandamus, quatinus, si est ita, dictos usurarios, ut sua sorte contenti sic
extorta restituant conquerenti et ab usurarum exactione desistant, presbiterum et clericos monitione premissa per censuram ecclesiasticam, laicos
vero et mulieres per penam in Lateranensi concilio contra usurarios editam[1]
¹⁰ appellatione remota compellas, attentius provisurus *etc.* Testes *non dantur*
contra clericos nec etiam contra clericos et laicos simul.[2]

K 19 b Super eisdem et rebus aliis cum clausula „Preterea".

Iud. Conquestus est nobis P. laicus .. diocesis, quod S. de .. presbiter,
T. et N. clerici ac I. de .. laicus .. civitatis et diocesis multa extorserunt et

E f. 22 | adhuc extorquere nituntur ab eo per usurariam pravitatem, Preterea L. et G.
⁵ de .. laici dicte diocesis super terris, debitis, possessionibus et rebus aliis
iniuriantur eidem. – mandamus, quatinus, si de huiusmodi usurarum extorsione tibi constiterit, dictos usurarios, ut sua sorte contenti sic extorta restituant conquerenti et ab usurarum exactione desistant, presbiterum et clericos monitione premissa per censuram ecclesiasticam, laicum vero per penam
¹⁰ in Lateranensi concilio *etc.*[3] *usque* compellas, cum frustra *etc. usque* committit
in legem. Super aliis vero partibus convocatis audias causam et appellatione

laici] Roman. *add D* | Bona –
Petri] M. et N. *B* | Maria] M° *D* :
Mᵃ *L* | Petri .. *D* | mulieres ..] ..
mulieres *D*
⁵ .. civitatis et diocesis] civitatis et
diocesis .. *B* | etc. *einkorr. L* | pra-
vitatem etc. *B*
⁸ ab *om D*
⁹ veros *B* | in – usurarios] etc. *B* |
contra] iuxta *D*
¹⁰ Testes etc. *B* | datur *B*
¹¹ contra – simul] ut supra dictum
est in primo notabili *B* | laicos et
clericos *L* | clericos et *om D.*

K 19b   *D 34 f. 36' (Üb. Index f. 3);*
E 27 f. 21'/22; L 35 f. 88d; B 50 n.
6 f. 102.
¹ et] in *E* : *om L*
² P.] *om L* : H. *B* | .. diocesis *om B* |
de .. *om B*

³ T. et N.] M. et B. de .. *E* : et T.
et N. *L* : ac M. et N. *B* | clerici
v. anderer Hd. aus laici *korr. B* |
ac I. de .. laicus] G. et S. de ..
layci *E* | I.] Ia. *B* | de .. *om B* |
diocesis] .. etc. *add DE* : etc. *add*
LB | extorquerunt *(!) D*
⁴ nititur *B* | L.]N. *B* | G.]G .. *D* : C. *E*
⁵ de .. *om B* | debitis *om D*
⁶ eidem etc. *B* | si] est *add L* | extor-
tione *(!) B*
⁸ exactione] executione *B* | desistant]
Attende istam conclusionem *add D*
| presbiterum – 10 usque 2°] Atten-
tius provisurus etc., *dann am*
Rande v. anderer Hd. nachgetr. presbiteros et clericos ut supra in proxima *B*
⁹ laycos *E*
¹¹ et *om B*

¹ *Vgl. S. 116 Anm. 4.*   ² *Vgl. S. 116 Anm. 1.*   ³ *Vgl. S. 116 Anm. 4.*

remota usuris cessantibus debito fine decidas, faciens *etc. usque* observari.[1]
Datum *etc.*

Attende, quod, quando scribitur alicui sacriste, semper debes dicere sacriste   15
secularis ecclesie *etc.*[2]

K 19c *Et nota, quod, quando super usuris et rebus aliis in narratione*   *D f. 37*
⟨*dicitur*⟩, *sequitur* | *in conclusione* : Super aliis vero partibus convocatis
audias *etc.*; *si autem non dicatur in narratione nisi* Idem quoque *tantum,*
non dicatur in conclusione partibus convocatis, *sed dicetur tantum*: Super
aliis vero audias causam *etc.*[3]   5

Item nota, quod, si agatur contra | *nobilem super usuris et* Preterea *se-*   *B f. 102'*
quatur vel Iidem quoque, *ponatur in conclusione illa clausula*: Proviso, ne *etc.*[4]

Item nota, quod, si agatur contra clericos et laicos simul super usuris vel
contra clericos, non datur illa clausula Testes,[5] *nec datur, etiam si conveniatur*
clericus super aliquo criminali.[6]   10

---

[12] remota etc. *B* | debito – faciens *om*
B | usque *om B*

[13] Datum etc.] Dat. *v. anderer Hd.*
nachgetr. B

[14-15] *die Note om B* | Attente *L* | ali-
cui] alii *D* : *om L* | semper – sacriste
om D.

K 19c   *D 35 f. 36'/37; E 28 f. 22; L*
36 f. 88d; B 50 n. 7 f. 102/102'.

[1] Et nota quod *om B* | quando] scri-
bitur *add B* | super] pro *B* | in *om L*

[2] dicitur *scr., om DELB* | partibus
om B

[3] audias *om E* | autem] vero *D* | dica-

tur] dicitur *EB* | Idem quoque tan-
tum] super usuris *DB* | tantum *om*
B

[4] dicatur] dicitur *EB* : dicetur *L* |
sed] si *L* | sed dicitur *doppelt E* |
dicetur] dicitur *B* | tantum *om B*

[6] Item] *Davor* Nota *(Rubrum) E* |
Item nota quod *om B* | super] de
B | et Preterea – 7 quoque *om B* |
sequitur *B*

[7] Idem *L* | in conclusione illa *om B* |
ne etc. *om B*

[8-10] *die Note om B* | et laicos – 9
clericos *om D* | clericum et laicum *E*

[9] clericus *L.*

---

[1] *Da es sich hier um Klagen wegen Wucher und Besitzentzug handelt, müssen*
zwei Exekutionsklauseln gesetzt werden: gegen Wucher soll der delegierte Richter
gegen den Laien gemäß der Bestimmung des 3. Laterankonzils vorgehen, die Besitz-
klage wird durch normale Ladung und Urteilfällung entschieden.

[2] *Vgl. N 23. Das galt allerdings nicht bei Domsakristanen, wo nach Ausweis*
der Note nur sacriste ecclesie . . . *gesetzt wird.*

[3] *Vgl. K 25, u. ö.*

[4] *Da hier neben der Wucherklage auch eine Klage wegen Besitzentzug ein-*
gereicht wurde, tritt der für letztere gemäß N 57 vorgesehene Schutz vor Exkommuni-
kation und Interdikt ein.

[5] *Vgl. N 62, 1 u. S. 116 Anm. 1.*

[6] *Vgl. N 62, 6 u. Bd. 1 S. 227 ff., dazu Herde, Zeugenzwang 276 ff.*

K 19d Super eisdem contra Iudeos et Iudeas.

Iud. Conquestus est nobis Alex(ander) de . . canonicus Ostien.,[1] quod . .
et . . Iudei ac Bella uxor . . Iudei et D. relicta quondam . . Iudei . . diocesis
multa extorserunt et adhuc extorquere nituntur ab eo per usurariam pravitatem. Ideoque discretioni tue per apostolica scripta mandamus, quatinus,
si est ita, dictos Iudeos et Iudeas, ut sua sorte contenti sic extorta restituant
conquerenti et ab usurarum exactione desistant, monitione premissa per
subtractionem communionis fidelium appellatione remota compellas.[2]
Testes autem *etc.* per censuram ecclesiasticam appellatione cessante compellas *etc.*[3]

K 19e Super terris, possessionibus et rebus aliis contra Iudeos.

Iud. Conquestus est nobis G. de . . clericus, quod . . et . . laici ac . . et . .
L f. 89a   Iudei . . diocesis super terris, debitis, possessionibus | et rebus aliis iniurian-
tur eidem. – mandamus, quatinus partibus convocatis *etc. usque* quod

---

K 19d   *D 36 f. 37 (Üb. Index f. 3);*
E 29 f. 22; L 37 f. 88d; B 50 n. 8
f. 102'.

[2] Allex. *DL* : P. *E* : A. *B* | de . . *om
B* | . . et . .] A. et B. *B*

[3] ac Bella – Iudei 2° *om B* | uxor . .
om D | relicta quondam *om D* |
Iudei 2°] Iudea *korr. aus* Iudei *D*[2]:
Iudei *add EL* | . . diocesis] in dio-
cesi moram trahentis *D* : N. diocesis *B*

[4] extorquerunt *D* | nittuntur *B* | ab]
ad *L* | ab eo *om E*

[6] et Iudeas *om DB* | extorta] ablata
B

[7] usuraria *B* | per] et *D*

[8] fidelium communionis *D*

[9] autem *om B* | per – *Schluß om B*
appellatione *om D* | compellas *om
DL.*

K 19e   *D 37 f. 37 (Üb. Index f. 3);*
*E 30 f. 22; L 38 f. 88d/89a; B 50
n. 9 f. 102'.*

[3] de . .] . . *D* : *om B* | A. et B. laici
ac M. et N. Iudei *B* | laici ac . . et
. . *om EL* | et 2° . . *om D*

[4] . . diocesis *om B*

[5] eidem] etc. *add B* | usque quod *om
B*

---

[1] *Ostia. Über dessen mittelalterliche Geschichte vgl. bes. G. Tomassetti, Della
Campagna Romana, in: Arch. della R. Società Romana di storia Patria 20
(1897), 45 ff., und Kehr, Italia pontificia 2, 14 ff.*

[2] *Zur Strafklausel gegen Juden vgl. S. 106 Anm. 3.*

[3] *Der Zeugenzwang tritt hier ein, da die Klage gegen einen Nichtkleriker gerichtet ist.*

decreveris a predictis Iudeis per subtractionem communionis fidelium, ab
aliis vero per censuram *etc. usque* observari.[1] Testes *etc.*[2]

K 19f Contra heredes, ut satisfaciant de usuris extortis a patre.

Iud. Iohannes de .. clericus (*vel* laicus) nobis conquerendo monstravit,
quod P. et C. de .. laici .. diocesis de usuris, quas quondam B. pater eorum,
cuius iidem heredes existunt, ab eo extorsit, dum viveret, satisfacere eidem   5
indebite contradicunt, licet ad eos lucra huiusmodi pervenerint usurarum. –
mandamus, quatinus, si est ita, dictos heredes, ut sua sorte contenti sic extorta I. restituant supradicto, per penam in Lateranensi concilio *etc. usque*
in legem.[3] Testes autem *etc.*[4]

K 19g Super usuris et iuramento extorto.

Iud. Ad audientiam nostram noveris pervenisse, quod L. de .. laicus ..
diocesis multa extorsit et adhuc extorquere nititur a P. de .. | laico per   *D f. 37'*

---

[6] a *om B* | ab] et ab *D* : et super *EL*
[7] censuram ecclesiasticam *B* | usque *om B.*

K 19f *D 38 f. 37 (Üb. Index f. 3);
E 31 f. 22; L 39 f. 89a; B 50 n. 10
f. 102'.*
[3] *Iud. einkorr. D*[2] | Io. *B* | Sua Iohan-
nes clericus .. diocesis petitione
nobis *außer* Iohannes *auf Rasur
D*[2] | de ..] .. *D* : de N. (*N einkorr.
v. anderer Hd.*) *B* | clericus vel lai-
cus *om B* | *hinter* nobis *Lücke v.
3 Buchstaben D*
[4] C. de ..] G. *B* | .. diocesis *om LB* |
quondam etc. *D* | B.] R. *DB* |
eorum *om D*

[5] cuius] cui *L* : *aus* eiusdem *korr·
B* | iidem] .. *add D* : eidem *L* |
extorserat *B*
[6] pervenerunt *B* | usurarum] etc. *add
B*
[8] I.] G. *E* : *om B* | supradicto] .. *add
D* : supradicta *B* | consilio *D*
[9] Testes autem etc.] *om D* : Testes
etc. per censuram etc. *B.*

K 19g *D 39 f. 37/37' (Üb. Index f. 3);
E 32 f. 22/22'; L 40 f. 89a; B 50 n.
11 f. 102'/103.*
[1] extorto] etc. *add D*
[2] Ad *om B* | noveritis *B*
[3] nittitur *(!) B* | a P. de .. laico]
diocesis *marg. einkorr. B*

---

[1] *Die kombinierte Strafklausel gegen Juden und Christen stammt nach K 10
vom Vizekanzler Bonifaz' VIII. und Benedikts XI. Papinian (1301–1304);
damit ist ein terminus post quem für die Datierung des Stückes gegeben.*

[2] *Vgl. S. 117 Anm. 2.*

[3] *Vgl. S. 116 Anm. 2 u. 4.*

[4] *Die Testes-Klausel wird gesetzt, da der wegen Wucher Angeklagte ein Laie
ist; vgl. S. 117 Anm. 2.*

124 Formae

B f. 103
E f. 22'

10

usurariam pravitatem de solvendis et non repetendis usuris huiusmodi
extorto ab eis | nichilominus iuramento. – mandamus, quatinus, si est ita,
dictum usurarium, quod iuramentum huiusmodi relaxet, per censuram
| ecclesiasticam et eo relaxato, ut sua sorte contentus sic extorta L. restituat
supradicto et ab usurarum exactione desistat per penam in Lateranensi
concilio contra usurarios editam[1] appellatione remota compellas, attentius
provisurus, ne auctoritate nostra in negotio procedas eodem, nisi dictus L.
restituerit vel adhuc restituat, si quas aliquando extorsit usuras, cum ei legis
auxilium suffragari non debeat, qui committit in legem.[2] Testes autem *etc.*[3]

K 19h Super eisdem pro abbate et conventu contra clericos
tantum.

5

Iud. Sua nobis dilecti filii . . abbas et conventus monasterii sancte Genovefe Parisien. diocesis ordinis sancti ⟨Augustini⟩[4] conquestione monstrarunt,
quod L. Iohannis et P. Nicolai clerici Parisien. diocesis multa extorserunt
et adhuc extorquere nituntur ab eis per usurariam pravitatem. – mandamus,
quatinus, si est ita, dictos usurarios, ut sua sorte contenti *etc. usque* compellas.

---

5 eis] eo *B* | nichilominus iuramento]
iuramentis nichilominus etc. *B* |
quatinus *om B* | ita] *einkorr.* *D²,*
es folgt secundum stilum *(dahinter*
Lücke von 2 Buchstaben) sic dicitur
huiusmodi iuramento relaxato alias
(letzteres einkorr. D²) add D

7 ut *om DB* | restituatur *L*

8 supradicto *om L*

11 vel] et *E* | aliquando *om B*

12 debeant *LB* | autem *om LB.*

K 19h *D 40 f. 37' (Üb. Index f. 3);*

E 33 f. 22'; L 41 f. 89a; B 50 n. 13
(eine n. 12 fehlt) f. 103.

1 conventu] monasterio *D*

3 dilectus filius *LB* | sancte Geno-
vefe] N. *B* | Genovefe] Genofe *D* :
om L

4 Parisien.] *om L* : *einkorr. B* | Augus-
tini *scr.*] Benedicti *DELB* | mon-
straverit *(?) L* : monstravit *B*

5 Iohannis] I. *B* | Nicolai *om B* |
Parisien. *om L*

6 nititūr *D* : nittuntur *B*

7 usque *om B* | compellas] etc. *add D.*

---

[1] *Der Zwang zur Eideslösung erfolgt durch gewöhnliche kirchliche Zensuren,
der Zwang zur Rückerstattung des Wuchers gemäß den Bestimmungen des 3. Laterankonzils; vgl. S. 116 Anm. 4.*

[2] *Vgl. S. 116 Anm. 2.*

[3] *Die Testes-Klausel wird gesetzt, da der wegen Wucher Angeklagte ein Laie
ist; vgl. S. 116 Anm. 1.*

[4] *Augustinerchorherrenstift Sainte-Geneviève in Paris.*

K 19i *Nota, quod, si solus abbas conqueratur de clericis tantum super usuris, non dantur clausule iste* Attentius provisurus etc. *neque* Testes etc.; *sed si de laicis conqueratur super usuris, tunc datur* Testes etc.

Item nota, quod, si patriarcha, archiepiscopus vel episcopus, capitulum, conventus aut collegium super usuris de clericis conquerantur, non ponentur ille clausule Attentius *neque* Testes; *nec ponetur clausula* Attentius, *si super usuris conqueratur aliquis de Iudeis.* Testes autem *sic.*[1]   5

K 20 Super usuris pro episcopo et aliis.

| *Iud.* Conquestus est nobis venerabilis frater noster . . episcopus Reatin.,[2]   *A f. 25'*
quod Paulus Lamartini miles Reatin[2]. multa extorsit et adhuc extorquere   *R f. 43*
nititur ab eo per usurariam pravitatem. – | mandamus, quatinus, si est ita,   *B f. 103'*
dictum usurarium *etc. usque* compellas. – Attentius *non datur.*[3] Testes *sic.*[4]   5

K 19i *D 41 f. 37'; E 34 f. 22'; L 42 f. 89a; B 50 n. 14/15 f. 103.*

[2] *etc. 1° – etc. 2°] et clausula Testes marg. einkorr. B | neque] nec L | etc. 2° om L*

[3] *dantur E : dicitur B | clausula Testes LB | etc. om B*

[4] *Nota (Rubrum) item E | vel om B*

[6] *Testes] etc. add D | illa clausula B*

[7] *usuris] qq L | conqueritur hinter Iudeis B.*

K 20 *P 48 f. 12' (Üb. Index f. 3'); V 11 f. 2; H 48 f. 9; S –; C 35 f. 401' (Üb. Index f. 440'); A 21 f. 25/25'' M 20 f. 7; O 33 f. 10; D 42 f. 37; (Üb. Index f. 3); E 35 f. 22'; L 43*

f. 89a; R 446 f. 42'/43; B 50 n. 16 f. 103/103'.

[1] *Üb. E hinter der Formel: Super eisdem pro episcopo. | usuris] eisdem DLR | et aliis] om DL : contra militem R*

[3] *Paulus] . . MDEL : P. R : I. B | Lamartini] Lambertini H : Iohannis CO : de . . A : om MDELRB | miles Reatin.] om B, miles marg. v. anderer Hd. einkorr. | et adhuc – 4 ab eo om B*

[4] *ab eo om R | pravitatem] et adhuc nititur extorquere ab eo etc. add B*

[5] *dictum] I. add B | etc.] citra A : om M | usque om B | Attentius – datur om H | Attentius] provisurus add B | Sed Testes sic MO.*

---

[1] *Vgl. K 16 S. 116 mit Anm. 2 und N 62, 1, dazu Bd. 1 S. 222.*

[2] *Rieti.*

[3] *Vgl. K 16 S. 116 mit Anm. 2.*

[4] *Die Testes-Klausel wird hinzugefügt, da die Klage gegen einen Laien gerichtet ist; vgl. N 62, 1 u. Bd. 1 S. 222.*

K 20a　*Quando isti conqueruntur,* Attentius *non datur.*

D f. 38　*In eodem modo pro abbate et conventu, pro capitulo | ecclesie cathedralis et pro collegiis et magnis hospitalibus.*[a] [1]

a) *Zusatz von D²* marginal: *Contra magistros hospitalium super usuris non datur clausula* Testes.

K 20b　Laicus contra monachum.

Iud. Conquesti sunt nobis . . et . . armigeri . . diocesis, quod I. monachus monasterii . . ordinis . . dicte diocesis multa extorsit et adhuc extorquere nititur ab eis communiter per usurariam pravitatem. Ideoque *etc.* mandamus, quatinus, si vocatis, qui fuerint evocandi, inveneris ita esse, dictum monachum, ut sic extorta restituat conquerentibus et ab usurarum exactione desistat, monitione premissa per censuram ecclesiasticam appellatione remota compellas, attentius provisurus, ne auctoritate nostra in negotio procedas eodem, nisi dicti conquerentes restituerint et adhuc restituant, si quas aliquando extorserunt usuras, cum frustra legis auxilium invocet, qui committit in legem. Testes *etc.*[2]

K 20a　*P 49 f. 12' (Üb. Index f. 3');
V 12 f. 2; H 49 f. 9; S –; C 36 f. 401'
(Üb. Index f. 440'); A 22 f. 25';
M 20a f. 7; O 34 f. 10; D 43 f.
37'/38 (Üb. Index f. 3); E 36 f.
22'; L 44 f. 89a; R 447 f. 43; B –*
¹ Quando – datur] *hinter* 3 hospitalibus *M* : Super eisdem *D* : *om EL* :
Super eodem pro abbate et conventu et capitulo ecclesie cathedralis *R* | conquerantur *V* | Attentius] Testes *A*
² In – 3 hospitalibus *in EL sowohl*

Rubrum (E'L') als auch Text (EL)
| In eundem modum *D* | modo]
Conquestus *C* | . . abbate *PO* | et
om D | pro 2°] et *D*
³ et 1° *om E'* | collegio *DR* | magnis]
magistris *HDEE'LR* | hospitalibus]
hospitalium et scriptore domini
pape *H* : hospitalium *DEE'LR* :
in L folgt nochmals 2 In eodem –
cathedralis.

K 20b　*M 20b f. 7.*
⁴ mandamus] etc. *add M.*

---

¹ *Vgl. K 16. Hier werden noch größere Spitäler hinzugefügt. Über deren korporationsrechtliche Stellung vgl. Bd. 1 S. 205.*
² *Gegen einen Mönch tritt die Klausel* vocatis . . . ein, *vgl. K 11a. Zur Attentius-Klausel vgl. K 16 S. 116 Anm. 2. Auffällig ist, daß hier die Testes-Klausel
gesetzt wird, die bei Wuchersachen nach N 62, 1 gegen Kleriker nicht angewendet
werden darf. Wegen der prozeßrechtlich unterschiedlichen Stellung von Mönchen
(vgl. Bd. 1 S. 231) wird sie gegen diese jedoch gesetzt.*

K 21 Super usuris contra Iudeos.

Attende ergo notulam signatam et conclusionem.

Iud. Conquestus est nobis Petrus Fabri de . . laicus, quod Mosse et Abraham Iudei Car|pentoraten.[1] diocesis multa extorserunt et | adhuc extorquere nituntur ab eo per usurariam pravitatem. – mandamus, quatinus, si est ita, dictos Iudeos, ut sua sorte contenti sic extorta restituant conquerenti et ab usurarum exactione desistant, monitione premissa per subtractionem communionis fidelium appellatione remota compellas.[2] *Non datur* Attentius.[3] *Testes dantur.*[a][b][4]

V f. 2'
H f. 9'
5

a) *Zusatz in S: Unde nota, quod, quando impetratur contra Iudeos super usuris, non datur* Attentius *nec etiam contra alios predictos immediate.*[5]

b) *Zusatz in R: Et si est* Iidem quoque super terris, debitis *etc. usque* compellas, *dicetur* : Super aliis vero audias causam et appellatione remota debito fine decidas, faciens, quod decreveris, per eandem subtractionem firmiter observari. Testes *etc.*

Et nota, quod, quando narratur sic : multa extorserunt ab eo per usurariam pravitatem. Ideoque *etc., concluditur sic* : extorta restituant conquerenti monitione premissa per *etc.* – *Andere Hand fügt marginal hinzu: Quando contra cives et Iudeos, concluditur sic* : quatinus, si est ita, dictos usurarios, ut sua sorte contenti sic extorta restituant conquerenti et ab usurarum exactione desistant, monitione premissa, cives et mulierem per penam in Lateranensi concilio contra usurarios editam,[6] Iudeos vero per subtractionem communionis fidelium

10

15

20

K 21   *P 50 f. 12' (Üb. u. Note Index f. 3'); V 13 f. 2/2'; H 50 f. 9/9'; S 40 f. 7'; C 37 f. 401' (Üb. u. Note f. 440'); A 23 f. 25'; M 21 f. 7; O 35 f. 10; D –; E –; L –; R 448 f. 43; B –.*

[1] usuris] eodem *R*
[2] Attende – conclusionem *om R* | ergo] *om S* : igitur *C* | conclusionem] Attentius non datur *add S*
[3] Petrus] P. *CR* : . . *M* | Fabri *om M* | de . .] Reatin. *S* | laicus] . . dio-

cesis *add H* : *om S* | Mosse et Abraham] . . et . . *VHR* : M. et N. *S* : Mosse et Babina *C* : Isaac et Abraam *A* | Abraham] Habraam *MO*
[4] Carpentoraten.] . . *P* : Carpentoraren. *A* : Carpentatoren. *M* | diocesis *om R* | extorquerunt *(!) V* | adhunc *S*
[5] eo] eodem *H* | qutinus *(!) O*
[6] monitione premissa *om R*
[7] Attentius non datur *R*
[8] dantur] datur *SCM* : etc. *R.*

---

[1] *Carpentras (nö. von Avignon).*   [2] *Vgl. K 10 S. 106 mit Anm. 3.*
[3] *Die Attentius-Klausel fiel bei Klagen gegen Juden fort (vgl. K 16 S. 116 mit Anm. 2).*   [4] *Die Testes-Klausel wird bei Klagen gegen Juden wegen Wucher gesetzt; sie werden somit darin den christlichen Laien gleichgestellt (vgl. N 62, 1).*
[5] *Bezieht sich auf K 20a, das also in der Vorlage von S stand, vom Schreiber aber übersprungen wurde.*
[6] *R bringt hier verschiedene Kompositionsmöglichkeiten der Exekutionsklausel gegen Juden und Christen. Die einfache Klausel bei Klagen gegen Juden wegen*

appellatione remota compellas, attentius provisurus, ne auctoritate nostra in negotio ipso procedas, nisi dicti cives et mulier restituerint et adhuc restituant, si quas aliquando extorserunt usuras, cum frustra legis auxilium invocet, qui committit in legem. Testes *etc.*[1] Dat.

K 22 Super usuris extortis a patre mortuo, cuius heredem conquerens se dicit.

P f. 13
L f. 89b

| *Iud.* Conquestus est nobis P. de . . laicus, quod I. de . . laicus . . diocesis multa | extorsit a quondam F. patre suo, cuius idem P. heres existit, per usurariam pravitatem. – mandamus, quatinus, si est ita, dictum usurarium, ut sua sorte contentus sic extorta restituat conquerenti *etc. usque* compellas, attentius provisurus, ne auctoritate nostra in negotio procedas eodem, nisi dictus conquerens restituerit vel adhuc restituat, si quas aliquando ipse vel dictus pater suus extorserunt usuras, cum frustra *etc.* Testes *etc.*[2]

K 22 *P 51 f. 13 (Üb. Index f. 3');*
V 14 f. 2'; H 51 f. 9'; S 41 f. 7';
C 37a f. 401'; A 24 f. 25'; M 22 f.
7; O 36 f. 10; D 44 f. 38 (Üb. Index
f. 3); E 37 f. 22'; L 45 f. 89a/b;
R 449 f. 43; B 50 n. 17 f. 103'.
[1-2] *Üb. om C. – R Üb.:* Super eodem
pro herede laico contra laicum. |
mortuo] alio mortuo *(?) H :* om
DEL | cui *L* | heres *P*
[2] se *om L*
[3] P.] . . *M* | de . . 1°] de N. *B* | laicus
1°] . . diocesis *add P* | I.] G. *C* |
I. de . .] . . *H* | I. – diocesis *einkorr.*
P | de . . 2° *om B* | . . diocesis *om*

VSCMODELRB
[4] quondam] quodam *L* | F.] *om DEL :*
H. *B* | patre] fratre *R* | cuius] *doppelt M :* cui *L* | idem] quidem *D :*
quidam *LB* | P.] . . *M* | extitit *C*
[5] pravitatem] etc. *add B*
[6] restituat *om R* | usque *om B* | compellas] etc. *add B*
[7] ne *einkorr. M* | ne – eodem] ne in
negotio eodem auctoritate nostra
procedas *H* | ne – 8 conquerens] etc.
usque *R* | procedat *(t korr.) D*
[8] vel 1°] et *M*
[9] dictus *om EB* | suus *om E* | extorserit *HB :* extorserint *C.*

Wucher enthält natürlich nicht den Verweis auf die Bestimmung des 3. Laterankonzils (vgl. K 16 S. 116 Anm. 4), da diese gegen Juden nicht angewendet werden
konnte. Auch in diesem Falle tritt als Strafe der Entzug des Umgangs mit den
Christen ein. Kommen Besitzklagen hinzu, so wird die Klausel ähnlich wie bei
Klagen gegen Christen abgewandelt (vgl. K 19b, 19c). Die Attentius-Klausel
wird bei Klagen gegen Juden nicht angewendet (vgl. K 16 S. 116 mit Anm. 2); sie
wird dagegen gesetzt bei Klagen gegen christliche Laien, die als cives voll gekenn-
zeichnet sind, da die Kirche den Juden das Bürgerrecht nicht zuerkannte (vgl.
Bd. 1 S. 195f.). Die Testes-Klausel wird bei Wucherklagen sowohl gegen christliche
Laien als auch gegen Juden gesetzt.

[1] *Vgl. S. 127 Anm. 6.*

[2] *Die Attentius-Klausel wird zugefügt, da der Kläger Laie ist (vgl. K 16); die*
Testes-Klausel, da der Beklagte ebenfalls Laie ist (vgl. N 62, 1).

K 23 Super usuris extortis a conquerente per defunctum contra plures heredes, ad quos lucra pervenerunt usurarum.

Iud. Conquestus est nobis P. de . . laicus, quod G. et I. de . . laici . . diocesis de usuris, quas quondam A. de . . laicus, pater eorum, cuius iidem heredes existunt, ab eo, dum vixit, extorsit, sibi satisfacere indebite contradicunt, licet ad eos lucra huiusmodi pervenerint usurarum. – mandamus, quatinus, si est ita, dictos heredes, ut sua sorte contenti sic extorta restituant conquerenti et ab usurarum exactione desistant, per penam *etc.* Attentius *etc.*[1] Testes *etc.*[2]

K 24 | Super eisdem contra defunctos et vivos clericos et laicos.   *S f. 8*

Iud. Conquestus est nobis Willelmus de . . miles Engolismen.[3] diocesis, quod Raynulphus et G. | clerici quondam Guillelmi ac Petrus laicus quondam   *C f. 402*

K 23   *P 52 f. 13 (Üb. Index f. 3');*
V 15 f. 2'; H 52 f. 9'; S 42 f. 7';
C 38 f. 401' (Üb. Index f. 440');
A 25 f. 25'; M 23 f. 7; O 37 f. 10;
D 45 f. 38 (Üb. Index f. 3); E 38
f. 22'; L 46 f. 89b; R 450 f. 43; B –.

[1] extortis] excommunicatis *S* | a *om*
ELR | conquerente *om R*
[2] plures *om DELR* | heredes] ipsius
add DEL | ad – usurarum *om R* |
pervenerunt] pertineant *V* : pervenerant *SOL* : pervenerint *E* |
usurarum] *vor* pervenerunt *D* : usu
L
[3] P.] G. *C* : . . *M* | quod] et *L* | G.]
A. *S* : P. *C* : . . *M* : I. *R* | I.] B.
S : . . *M* : G. *R* | de . . 2°] *om H* :
1. *E* | laici] laicus *P* | . . diocesis]
om S : diocesis . . *CO*
[4] A.] I. *P* : F. *S* : . . *M* | cuius *om R* |
cuius iidem] cui eidem *L*
[6] huiusmodi lucra *D* | pervenerant *M*
[7] dictus *L*
[8] et ab – desistant *in V durch* va–cat

getilgt | desistant] *om P* : desistunt
C | Attentius etc. *om VD*
[9] Testes etc. *om DEL.*

K 24   *P 53 f. 13 (Üb. Index f. 3');*
V 16 f. 2'; H 53 f. 9'; S 43 f. 8;
C 39 f. 401'/402 (Üb. Index f. 440');
A 26 f. 25'; M 24 f. 7; O 38 f. 10;
D 46 f. 38 (Üb. Index f. 3); E 39
f. 22'/23; L 47 f. 89b; R 451 f.
43/43'; B 50 n. 18 f. 103'.

[3] nobis *om H* | Willelmus] Guillelmus
HO : A. *S* : D. *C* : V. *AR* : . . *ME* :
om DL : M. *B* de . . *om MB* |
Engolismen.] . . *VSDELRB* | Engolismen. diocesis] diocesis . . *H* : . .
add S
[4] Raynulphus] R. *PS* : . . *VHMDELR*
: P. *C* : A. *B* | et G. *om D* | G.] . .
VHMELR : Guillelmus *O* : B. *B* |
Guillelmi] B. *S* : Guissi *C* : G. *MR* :
Guillin. *D* : F. *E* : Guilli *L* : C. *B* |
ac] et *CMOEB* | Petrus] . . *add H* :
P. *SADELR* : I. *C* : . . *M* : D. *B* |
laicus] laici *R*

[1] *Die Klausel wird gesetzt, da der Kläger Laie und der Beklagte kein Jude ist; vgl. K 16 S. 116 mit Anm. 2.*   [2] *Die Klausel wird nach N 62, 1 gesetzt, da der wegen Wucher Beklagte kein Kleriker ist.*   [3] *Angoulême.*

Fulcheti de Dannes[1] Xanctonen.[2] diocesis filii et heredes de usuris, quas
iidem | defuncti a quondam Arnaldo milite patre dicti Guillelmi militis, cuius
idem Guillelmus miles heres existit, dum viveret, extorserunt, sibi satisfacere indebite contradicunt, licet ad eos lucra huiusmodi pervenerint usurarum. Preterea Guillelmus Lamberti rector ecclesie de . . ac predicti clerici,
Guillelmus de Bria[3] miles, Guillelmus Yspani et Thomas eius filius laici ac
nominatus Petrus prefate diocesis Xanctonen.[4] multa extorserunt ab eodem
Guillelmo milite et a predicto Arnaldo patre suo, dum viveret, per usurariam
pravitatem. – mandamus, quatinus, si est ita, dictos usurarios *etc.* rectorem

[5] Fulcheti] F. *VHDLR* : . . *SM* :
Alberti *C* : T. *E* : E. *B* | de 1°
om MB | Dannes] . . *VHCAMDER*
: Danes *S* : *om OLB* | Xanctonen.
diocesis *om LRB* | Xanctonen.]
Xantonen. *VA* : *om DE* | filii] . .
diocesis *add DELB* | quas] quon-
dam *add A*

[6] idem defunctus *R* | a quondam
Arnaldo] quondam ab A. *H* | quon-
dam] quodam *D* : quidem *L* |
Arnaldo] Ar. *V* : A. *SMR* : *om*
CDL : . . *E* : G. *B* | patre *om M* |
patre dicti] predicti *V* | dicti *om R* |
Guillelmi] G. *HSAM* : D. *C* :
Francisci *E* : Guilli *L* : M. *B* | mili-
tis *om B* | cui *L*

[7] idem – miles] ipse *B* | Guillelmus]
G. *SAM* : D. *C* : Guillus *D* : F. *E* :
Guilli *L* : V. *R* | miles *om P* |
extitit *C* | dum viveret] diminue-
rent *VO* | viverent *PVHSCAMOL*
| extorserunt] extor *(Lücke) V* :
usuras et *add D*[2] : extorsit per
usurariam pravitatem *R*

[8] indebite *om M* | pervenit *(?) C* :
pervenerunt *DB*

[9] Guillelmus] A. *S* : P. *C* : G. *M* :
Guillus *L* : I. *R* : H. *B* | Lamberti]
de . . *C* : L. *M* : *om DELB* | rector
ecclesie *doppelt V* | de . . *om B*

[10] Guillelmus 1°] B. *S* : G. *CMDR* :
Guillus *L* : L. *B* | de Bria *om B* |
Bria] . . *VHCMDELR* | Guillelmus
2°] D. *S* : G. *CMR* : Guillus *L* : N.
B | Yspani] Yponi *VH* : Hispani
S : H. *M* : Ispani *O* : *om DELB* :
Ypoliti *R* | Thomas] Guillelmus *P* :
E. *S* : T. *MEB* | ac] et *SB*

[11] nominatus] monachus *R* : predic-
tus *B* | Petrus] P. *SCMDELR* :
D. *B* | prefate] predicte *DELR* :
. . *B* | Xanctonen.] Xantonen. *VA* :
om DELRB | eodem *om S*

[12] Guillelmo] G. *SCAME* : Guillo *L* :
V. *R* : M. *B* | milite *om B* | Arnaldo]
A. *SMDELR* : *om C* : G. *B* |
usuram *B*

[13] pravitatem] etc. *add B* | rectorem –
15 penam etc. *om A*

---

[1] *Abgeg. bei Saintes (?).*　　　[2] *Saintes.*
[3] *In der Nähe von Saintes kommen vier Orte dieses Namens in Betracht:*
Brie-sous-Archiac, arrondissement Jonsac, s. von Saintes; Brie-sous-Matha, arr.
St. Jean-d'Angély, nö. von Saintes; Brie-sous-Mortague, arr. Saintes; Brie-sous-
Barbezieux, arr. Cognac, sö. von Saintes. Welchem dieser Orte der genannte Ritter
zugehört, konnte nicht ermittelt werden.
[4] *Saintes.*

et clericos monitione premissa per censuram ecclesiasticam, | laicos vero per   *R f. 43'*
penam *etc.*[1] Attentius *etc.*[2] Testes *non.*[3]   15

K 25 Super usuris extortis a conquerente et a patre defuncto et super rebus aliis.

| *Iud.* Conquestus est nobis B. de . . clericus, | quod P. et F. de . . laici   *M f. 7'*
. . diocesis multa | extorserunt a quondam I. patre suo, cuius idem clericus   *A f. 26*
heres existit, et adhuc extorquere | nituntur | ab eo per usurariam pravita-   *D. f. 38'*
tem. Iidem quoque super terris, debitis, possessionibus et rebus aliis iniurian- *V f. 3*
tur eidem. – mandamus, quatinus, si de | huiusmodi usurarum extorsione   *B f. 104*
tibi constiterit, dictos usurarios, ut sua sorte *etc. usque* qui committit in   *H f. 10*
legem.[4] Super aliis vero audias causam *etc. usque* observari.[5] Testes *etc.*[6]

14 monitione premissa *om R*   quodam *DR* | I.] *om C* : Io. *B* |
15 etc. 1° *om M* | Attentius etc. *om*   cui *L* | . . clericus *M*
   HDB | non] etc. *PVHOMR* : non da-   5 nituntur] nititur *PSCAR* : *aus* ni-
   tur (etc. *add D*) *DEL* : etc. non Dat. *B.*   titur *korr. O* : nittitur *B* | ab eo
K 25   *P 54 f. 13 (Üb. Index f. 3');*   *om C* | usuram *B*
   V 17 f. 2'/3; H 54 f. 9'/10; S 44 f. 8;   6 Idem *VHDR* | quoque] . . *add HR* :
   C 40 f. 402 (Üb. Index f. 440');   laici *add B* | debitis *om D* | et – 7
   A 27 f. 25'/26; M 25 f. 7/7'; O 39   eidem] etc. *R*
   f. 10; D 47 f. 38/38' (Üb. Index f.   7 eidem] etc. *add B* | quatinus *om S* |
   3); E 40 f. 23; L 48 f. 89b; R 453   si] est ita *add B* | *R hat hier die*
   f. 43'; B 50 n. 19 f. 103'/104.   *Randnote v. anderer Hd.:* Nota con-
1-2 *R Üb.:* Super eisdem et super   clusionem doctrinalem, que locum
   terris, debitis, possessionibus | usu-   habet, quando quis conquerit super
   ris] eisdem *DEL* | et *om C* | a *om D*   usuris et rebus aliis | huiusmodi *om*
2 defuncti *V* : defunto *A* | et *om V*   *C* | extorsione] exactione *C*
3 B.] P. *M* | de . . 1° *om B* | clericus]   8 constiterit tibi *S* | ut sua sorte *om*
   laicus *VR* : laicus diocesis . . *H* | *C* | sorte] contenti *add DELRB* |
   P. et F. de . .] M. et N. *B*   usque – committit *om B* | qui *om R*
4 . . diocesis *om DELB* | quondam]   9 legem] legere *R* | vero] partibus

---

1 *Hier liegt die kombinierte Strafklausel gegen Kleriker und Laien vor: erstere werden durch die gewöhnlichen kirchlichen Zensuren, letztere gemäß der Verfügung des 3. Laterankonzils (vgl. K 16 S. 116 Anm. 4) bestraft.*   2 *Die Attentius-Klausel wird angewendet, da der Kläger Laie ist; vgl. K 16 S. 116 mit Anm. 2.*

3 *Die Testes-Klausel fällt fort, da unter den Beklagten Kleriker sind; vgl. N 62, 1. Die Überlieferung ist hier also in den sonst besten Handschriften PVH verderbt und wurde in späteren berichtigt.*

4 *Die Attentius-Klausel steht hier, da der Kleriker um Privatbesitz, nicht um kirchliches Korporationsgut klagt; vgl. K 16 S. 116 Anm. 2.*

5 *Vgl. K 19c. Sind dieselben Personen wegen Wucher und Besitzentzug ange-klagt (Anschluß mit* Idem *oder* Iidem quoque*), so entfällt in der erweiterten*

O f. 10'　　　　　　**K 26** | Super usuris et rebus aliis.

Et nota, quod, quando est super rebus aliis, conclusio debet esse : mandamus,
quatinus, si de huiusmodi usurarum *etc.*[1]

L f. 89 c　　　| *Iud.* Conquestus est nobis B. de . . clericus, quod M. de . . vidua . . dio-
5　cesis de usuris, quas quondam I. de . . laicus, vir suus, cuius ipsa heres
existit, extorsit ab eo, sibi satisfacere indebite contradicit, licet ad ipsam
lucra huiusmodi pervenerint usurarum, et eadem quoque multa extorsit ab
eo per usurariam pravitatem. Preterea B. rector ecclesie de . . et nobilis
vir P. de . . . . diocesis super terris, debitis, possessionibus et rebus aliis

convocatis *add DELB* | causam]
cam *ohne Kürzungszeichen V* | etc.
1° *om DEL* | usque observari *om B.*

K 26　*P 55 f. 13 (Üb. u. Note Index
f. 3'); V 18 f. 3; H 55 f. 10; S 45 f.
8; C 41 f. 402 (Üb. u. Note f. 440');
A 28 f. 26; M 26 f. 7'; O 40 f. 10';
D 48 f. 38' (Üb. Index f. 3); E 41
f. 23; L 49 f. 89b/c; R 454 f. 43';
B 50 n. 20 f. 104.*
[1] usuris] eisdem *DELR*
[2] *Et – 3 etc. om SB* | Et *om R* | quod
om M | est *hinter* aliis *A* | debet
esse conclusio *R*
[3] usuris *PR* | etc. *om R*
[4] nobis *om R* | B.] R. *C* : *om L* : H.
B | de . . 1° *om B* | clericus] . . dio-
cesis *add DELRB* | de . . 2° *om B* |
. . diocesis] diocesis *S* : dicte dyo-
cesis *C* : *om RB* | diocesis *om M*

[5] usuras *B* | de . .] de *S* : *om B* |
laicus] . . diocesis *add H* | suus] . .
diocesis *add R* | cuius] cui *L* : cicius
R | ipse *LRB*
[6] extorsit *om C* | eo] per usurariam
pravitatem *add A* | sibi] *om C* : et
sibi *B* | licet – 8 pravitatem *om A* |
ipsam] eam *aus* eos *korr. B*
[7] pervenerint] *hinter* usurarum *H* :
pervenerunt *B* | usurarum – 8 eo
om B | et eadem] eadem *korr. aus*
etadem *(!) P* | multa quoque *H*
[8] usurariam pravitatem] usurarum
B | B.] D. *S* : de . . *add R* : G. *B* |
ecclesie] . . *V* : *om H* : . . *add E* |
de . .] N. *B* | et nobilis *v. anderer
Hd. marg. einkorr. M*
[9] vir *om PVHSAMO* | P. *om M* |
de . . *om B* | . . diocesis] talis dioce-
sis *VOE:* diocesis *H* | debitis *om D* |
possessionibus *om B*

Mandatsformel die Wendung über die Ladung der Parteien (partibus convocatis),
*da hier der geistliche Richter die Untersuchung sowohl wegen Wucher als auch
wegen Besitzentzug führt und das Besitzdelikt gleichzeitig mit dem Wucherdelikt
behandelt wird. Sind aber die des Besitzentzuges angeklagten Personen von denen,
die wegen Wucher belangt werden, verschieden (Anschluß mit* Preterea, *vgl. K 26,
27), so muß in der Erweiterung der Mandatsklausel* partibus convocatis *enthalten sein, da ja diese Personen gesondert geladen werden müssen.*
　　[6] *Die Testes-Klausel wird gesetzt, da die Beklagten Laien sind; vgl. N 62, 1.*
　　[1] *In diesem Fall muß in der Mandatsformel die Wucherklage wegen der Verschiedenheit der kirchlichen Zensuren von der Besitzklage getrennt sein; die Klausel*
mandamus, quatinus, si est ita . . . *wird also in der angegebenen Weise umge-
staltet (Ergänzung nach K 16 u. K 25).*

iniuriantur eidem. – mandamus, quatinus, si de huiusmodi usurarum *etc.*,   10
dictam viduam, ut sua sorte *etc.* ¹ Super aliis vero partibus convocatis audias
causam *etc.*,² proviso, ne in terram dicti nobilis *etc.*³ Testes *etc.*⁴

K 27   Super usuris et rebus aliis.

Nota, quod, si plures conquerantur, debet dici : ab eis communiter, *ut hic,*
quicumque impetrent.

Iud. Conquesti sunt nobis F. de . . armiger et Guioneta eius uxor Treco-
ren.⁵ diocesis, quod G. de . . clericus et Iohannes de . . armiger Trecoren.⁵   5
civitatis et diocesis multa extorserunt et adhuc extorquere nituntur ab eis
communiter per usurariam pravitatem. Preterea Stephanus de . . drapperius

---

¹⁰ iniuriarunt *B* | eidem] etc. *add B* |
etc.] extorsione tibi constiterit *B*
¹¹ ut sua sorte *om C* | sorte] contenta
add PDELR | etc.] *einkorr. P* :
om EL | partibus convocatis *hinter*
causam *C*
¹² causam etc. *om D* | etc. 1° *om*
ELR | ne – *Schluß*] etc. *R* | dicti
nobilis *om B* | Testes] non datur *add*
D | Testes etc. *om C* | etc. 3° *om B*.

K 27   *P 56 f. 13 (Üb. u. Note Index*
f. 3'); V 19 f. 3; H 56 f. 10; S 46 f.
8; C 42 f. 402 (Üb. u. Note Index
f. 440'); A 29 f. 26; M 27 f. 7; O
41 f. 10'; D 49 f. 38' (Üb. Index
f. 3); E 42 f. 23; L 50 f. 89c; R
455 f. 43'; B 50 n. 21 f. 104.

¹ usuris] eisdem *DELR*
² Nota – 3 impetrent *om RB* | Et
nota *HEL* | conquerantur] impe-
trent *S* | ab eis] ad eos *HS* | com-
muniter] parti *add E* : per usu-

rariam *add L* | ut – 3 impetrent
om HS | ut] prout *D* | hic] huc *V* :
in hac forma *DEL*
³ quecumque *C* : quandocumque *DL* |
impetrentur *D* : impetret *EL*
⁴ Conquestus est *CML* | F. de . .]
A. *B* | Guioneta] G. *VHDEL* : A.
S : M. *C* : Guicta *A* : Maria *MO* :
C. *R* : B. *B* | Trecoren.] Trecen.
VHCAMO : . . *SERB* : *om DL*
⁵ diocesis *om L* | G. de . .] G. *HB* :
A. *S* | clericus] *om R* : laicus *B* |
Iohannes] I. *SCDB* | de . . 2° *om*
SB | armigeri *R* | Trecoren.] Tre-
cen. *VHSCAMO* : *om DL* : . . *ERB*
⁶ civitatis et *om B* | diocesis] ante-
dicte *add S* : . . *add E* | extorquere]
exquere *(!) C*
⁷ communiter *om C* | pravitatem *om*
C | Stephanus] St. *H* : S. *MDELR* |
Stephanus de . .] D. *S* : B. *B*
drapperius] drapparius *VA* : dra-
perius *HCMO* : *om SDELRB*

---

¹ *Ergänzung nach K 16, 25*   ² *Vgl. K 25 S. 131 Anm. 5.*
³ *Vgl. N 57–60 u. Bd. 1 S. 214 ff. Gegen den Adeligen tritt der Schutz vor*
Exkommunikation und Interdikt ein, da er nur wegen Besitzentzug angeklagt ist.
⁴ *Die Testes-Klausel wird gesetzt, da der wegen Wucher Angeklagte ein Laie*
ist; vgl. N 62, 1. Die Attentius-Klausel ist wie bei K 25 zu setzen; sie folgt in der
Ergänzung nach Anm. 1.   ⁵ *Tréguier in der Bretagne.*

civis Trecoren. super terris, debitis, possessionibus et rebus aliis ad dotem
ipsius G. spectantibus iniuriantur eisdem. – mandamus, quatinus, si de
10 huiusmodi usurarum extorsione tibi constiterit, dictos usurarios *etc. usque*
qui committit in legem.[1] Super aliis vero partibus convocatis audias causam
et appellatione remota usuris cessantibus *etc.*[2] Testes *non.*[3]

K 27a Super usuris contra Iudeam.

Iud. Conquestus est nobis G. civis Maguntin.,[4] quod Mimia relicta quondam Ioseph de . . Iudei vidua Maguntin.[4] multa extorsit *etc.* – mandamus,
quatinus, si est ita, dictam Iudeam, ut sua sorte contenta ab usurarum ex-
5 actione desistat, monitione premissa per subtractionem communionis fidelium appellatione remota compellas.[5] Testes *etc.*[6]

[8] Trecoren.] Trecen. *VHSCAMOR* :
. . *DE* : *om LB* | debitis *om D*
[9] G.] A. *S* : M. *C* : B. *B* | iniuriatur
H | eisdem] eidem *CMR* : etc. *add*
DB | de huiusmodi] est ita *R*
[10] constit̃ *H* | dictos *om D*
[11] qui committit *om RB* | comittit *D* |
legem] etc. *add R* | convocatis] etc.
add PVSAODE | audias – 12 ces-
santibus *om B*

[12] usuris] usque *L* | etc. *om L* | non]
etc. *PVHSCAMOELRB* : datur
add D.

K 27a   *C 43 f. 402 (Üb. Index f. 440').*
[1] Iudeum *C*
[2] Magantin. *zweites a aus u korr. C*
[3] vidua *einkorr. C* | Magantin. *zweites
a aus u korr. C* | multa] mulier *C*
[4] et ab *C.*

[1] *Vgl. K 16 S. 116 mit Anm. 2.*
[2] *Vgl. K 25 S. 131 mit Anm. 5.*
[3] *Die Testes-Klausel darf hier entgegen der Lesung der besten Handschriften
nicht gesetzt werden, da unter den Beklagten ein Kleriker ist; vgl. N 62, 1.*
[4] *Mainz.*
[5] *Über die Zwangsklausel gegen Juden vgl. S. 106.*
[6] *Die Testes-Klausel wird gesetzt, da die Beklagte Jüdin ist; sie entfällt nur,
wenn der Beklagte Kleriker ist; vgl. N 62, 1.*

K 28 | Super usuris, quando usurarius facit sibi prestari
iuramentum ab eo, cui dat pecuniam ad usuram, et cautiones
de non repetendis usuris.

Si ille, qui iuravit, vivat et impetret, propter iuramentum incipit littera Ad
audientiam, *ut hic.*[1]

Iud. Ad audientiam nostram pervenit, quod Petrus et Franciscus Angeli
cives Reatin.[2] multa extorserunt et adhuc extorquere nituntur a Raynaldo
Iacobi concive ipsorum per usurariam pravitatem, de | solvendis et non
repetendis usuris huiusmodi extorto ab eo nichilominus iuramento, con-
fectis exinde publicis instrumentis ac | litteris nec non fideiussoribus aliisque
cautionibus datis ab ipso, factis renun|tiationibus | et penis adiectis. —
mandamus, quatinus, si est ita, dictos usurarios, quod huiusmodi iuramen-

D f. 39

5

P f. 14'

B f. 104'
E f. 23'
C f. 402'

K 28 *P 57 f. 13/14' (f. 13' u. 14
irrtümlich leer gelassen, Üb. u. Note
Index f. 3'); V 20 f. 3/3'; H 57 f.
10; S 47 f. 8/8'; C 44 f. 402/402'
(Üb. u. Note Index f. 440'); A 30
f. 26/26'; M 28 f. 7'; O 42 f. 10';
D 50 f. 39 (Üb. Index f. 3); E 43
f. 23/23'; L 51 f. 89c; R 456 f. 43'/44;
B 50 n. 22 f. 104/104'.*

1-3 *D Üb.*: Contra usurarios et illos,
qui dant pecunias ad usuras et ab
eo, cui mutuant, de non repetendis
usuris extorquent cautiones, obli-
gationes et iuramenta. | usuris] quod
add H[2] | usuraria *L* | faciunt *L* |
prestare *EL*

2 iuramentum *om H*[2] | eo] ei *L* : illo
R | dat *aus* det *korr. V* | dat – 5
hic *om S* | ad usuram *om PR* |
cautionem *CMR*

3 no *ohne Kürzungszeichen V* | repe-
tendo usuras *R*

4 Si – 5 ut hic *om DB* | iuravit *om
CB* | vivet *C* | impetrat *M* | prop-
ter] per *A* | incipit] sequitur *M* |
littera – 5 hic] sic *MEL*

5 audientiam] nostram pervenit *add
O* | ut hic] Rubrica *A*

6 nostram *om L* | pervenit] noveriti[8]
pervenisse *D* : noveris pervenisse
ELB | Petrus] P. *VHSCAMDELRB*
| Franciscus] F. *VHSCAMDERB* :
Franciscus *O* : S. *L* | Angeli *om
CAMB*

7 Reatin.] Romani *SAMO* : Beatiṁ
(korr.) L | extorserunt] extorque-
runt *(!) L* : extorserant *B* | a
Raynaldo] ab A. *B* | Raynaldo]
Raȳ *C* : R. *SMDELR*

8 Iacobi *om MB* | concive ipsorum
om B | de *doppelt P*

9 repetendis] recipiendis *VL* : repe-
teñtis *E* | eo] eis *PDELB* | nichi-
lominus *om VH*

10 exinde] quibusdam *add DELB* | ac]
et *VHR* | fideiussionibus *CAMOL* :
fideiussionibus *aus* fideiussionem
korr. D : de fideiussoribus *B*

11 adiectis] abiectis *S* : etc. *add DB*

12 quatinus *om O* | ita] aut si impetrat
clericus contra civem dices manda-
mus quatinus dictum civem *add R* |
dictos – huiusmodi *om H* | quod] ut
C | iuramenta *C*

---

[1] *Vgl. S. 136 Anm. 5.*   [2] *Rieti.*

tum relaxent et fideiussores super hoc datos a fideiussione huiusmodi absol-
vant, | monitione premissa per censuram ecclesiasticam et eodem iuramento
relaxato ac dictis fideiussoribus absolutis sua sorte contenti non obstantibus
instrumentis, litteris, cautionibus, renuntiationibus et penis predictis prefato
concivi sic ex|torta restituant | et ab usurarum exactione desistant per
penam in Lateranensi concilio contra usurarios editam appellatione remota
compellas,[1] attentius provisurus, | ne auctoritate nostra in negotio procedas
eodem, nisi dictus R. restituerit vel adhuc restituat, si quas aliquando extorsit usuras, cum ei legis auxilium suffragari non debeat, qui committit in
legem.[2] Testes etc.[a] [b] [3]

a) *Zusatz in S: Nota, quod contra laicos etiam datur* monitione premissa, *dum
agitur super iuramento extorto.*[4]

Attende, quod in littera Ad audientiam *debet dici* : cum ei legis etc.; *sed in
littera* Conquestus *debet dici* : cum frustra legis etc.[5]

---

[13] relaxant E | dictos fideiussores C |
super – datos *om* C | ab C | fideius-
sione] *om* C : fideiussionibus B |
absolvent E
[14] et] ab *add* B
[15] ac] *om* S : et AD | fideiussionibus
B | sua] sint *add* B | sorte] sint *add* H
[16] instrumentis litteris] litteris instru-
mentis DELR : litteris nostris B |
cautionibus] iuramentis *add* DELB |
renuncciaconibus *(!)* D | predic-
tis] super hoc datis H

[17] concivi] consorti L : .. B | per]
quod L
[18] in Lateranensi – remota] etc. B |
contra usurarios *om* CR | remota]
previa ratione *add* S
[19] provisurus – 22 legem] etc. DEL |
ne auctoritate – 22 legem] etc. B
[20] R.] .. H
[21] ei] *aus* ea *korr.* V : eis H | debet M
[22] Testes] autem qui fuerint vocati
add C

---

[1] *Die Mandatsklausel wird hier in dem Sinne abgeändert, daß der Beklagte
auch gezwungen wird, den Kläger vom Eid und die Bürgen von der Bürgschaft zu
lösen. Auch hier folgt Strafandrohung gemäß der Verfügung des 3. Laterankonzils;
vgl. K 16 S. 116 Anm. 4.* [2] *Vgl. K 16 S. 116 Anm. 2. Die Klausel wird
angewendet, da die Kläger Laien sind.* [3] *Die Testes-Klausel folgt, da der
Beklagte Laie ist; vgl. N 62, 1.* [4] *Bei Klagen wegen eines erzwungenen
Eides gegen Laien erfolgt also auch vorher eine Ermahnung.*
[5] *Diese Bestimmung erklärt sich aus der Note. Darin wird verfügt, daß das
Exordium* Ad audientiam nostram *angewandt wird, wenn der Kläger, der den
Eid geschworen hat, noch lebt; ist er tot, so wird* Conquestus est nobis *verwendet.
Da das* ei *der Attentius-Klausel sich nur auf einen noch lebenden Kläger beziehen
kann, kann es mithin nur in Urkunden mit dem Exordium* Ad audientiam nostram
gesetzt werden. Im anderen Falle wird frustra *verwendet, womit die Klausel sich
nicht mehr auf eine bestimmte Person bezieht.*

b) *Zusatz in R: Alias sic* : Attentius provisurus, ne contra aliquos Christianos in huiusmodi negotio ad instantiam aliquorum auctoritate predicta procedas, nisi ipsi restituerint vel adhuc restituant, si quas aliquando *etc.*

Preterea nota, quod in huiusmodi forma non debet esse hoc participium con-   30
querens in aliquo casu.

Nota, quod, si iuramentum dicitur fuisse extortum de non petendis usuris, dicitur : Ad audientiam nostram noveris pervenisse, quod .. et .. multa extorserunt et adhuc *etc. usque* pravitatem, de solvendis usuris et non repetendis eisdem extorto nichilominus iuramento. – mandamus, quatinus dictos usurarios,   35
ut huiusmodi iuramentum relaxent, monitione premissa per censuram ecclesiasticam et, ut sua sorte contenti dicto .. sic extorta restituant, per penam in Lateranensi concilio *etc.*,[1] nisi dictus .. restituat *etc. Preterea, ut dictum est, in ista forma non debet poni* conquerens *nullibi*.[2]

K 29 | Super eisdem contra clericos et laicos cum clausula „Cum autem".

H f. 10'

| *Iud.* Ad audientiam nostram pervenit, quod P. abbas secularis ecclesie sancte Crucis,[3] Paulus Martini clericus, I. et M. Iordani cives Romani[4] multa

L f. 89d

---

[39] nullibi] nllibi *R.*

K 29   *P 58 f. 14' (Üb. Index f. 3');
V 21 f. 3'; H 58 f. 10'; S 48 f. 8';
C 45/46 f. 402' (Üb. Index f. 440');
A 31 f. 26'; M 29 f. 7'; O 43 f. 10';
D 51 f. 39 (Üb. Index f. 3); E 44
f. 23'; L 52 f. 89c/d; R 460 f. 44;
B 50 n. 23 r. 104'.*

[1-2] *D Üb.*: Contra abbatem et laicos pro eisdem. – *L Üb.*: Contra abba-

tem et laicos cum clausula Cum autem super eisdem. – *In S geht voraus*: Incipit littera ad audiendam. | Super eisdem *om EL* | contra clericos et laicos *om CR* | clericos] abbatem *EL* | cum clausula] et clausulam *P*

[2] autem] super eisdem *add EL*

[3] Iud. *om R* | P.] .. *S* : M. *B*

[4] sancte Crucis] ordinis .. *add H* : ..

---

[1] *Vgl. S. 116 Anm. 4.*

[2] *Die Wahl des Exordiums* Ad audientiam nostram *und die Tatsache, daß von der Erwähnung eines Klägers* (conquerens) *abgesehen wird, zeigt, daß in einer so wichtigen Angelegenheit wie der Eideslösung der Papst gleichsam selbst inquisitorisch den Fall im gesamtkirchlichen Interesse übernimmt.*

[3] *Santa Croce in Gerusalemme in Rom, seit Alexander II. Stift der Regularkanoniker von S. Frigidian in Lucca, von Urban V. 1370 mit Karthäusern besetzt; vgl. Kehr, Italia pontificia 1, 35 ff.; C. Huelsen, Le chiese di Roma nel medio evo (Florenz 1927), 243. Einen Abt, dessen Name mit P. beginnt, kann ich nicht nachweisen, da es mit der Überlieferung der Urkunden des Stiftes sehr schlecht bestellt ist, vgl. Kehr 36.*

[4] *Rom. Die Namen der genannten Personen sind weit verbreitet, so daß aus ihnen keine Schlüsse bezüglich der Datierung gezogen werden können. Zudem sind sie wohl fiktiv, da Martini, Angeli u. ä. von K 1 ab in vielen Formeln vorkommen.*

5 extorserunt et adhuc extorquere nituntur ab F. et S. Angeli concivibus eorum
communiter per usurariam pravitatem, de solvendis *etc. ut supra usque* penis
adiectis.[1] Cum itaque,[2] sicut accepimus, huiusmodi causa propter potentiam
dictorum abbatis, clerici et concivium infra Romanam civitatem et diocesim
nequeat pertractari secure, discretioni tue per apostolica scripta mandamus,
10 quatinus, si est ita, dictos usurarios *etc. ut supra usque* desistant, abbatem
et clericum monitione premissa per censuram eandem, concives sive laicos
per penam in Lateranensi concilio *etc. usque* compellas,[3] attentius provisurus
etc. ut supra usque in legem.[4] Testes *non.*[5]

---

add M : . . B | Paulus] P. *HCB* |
Martini] M. *M* : Petri *DEL* : *om*
B | et I. et M. *R* | M.] N. *P* : C. *B* |
Iordani *om CMODELB* | Romani]
Reatinen. *C* : Remen. *R* : *om B*

5 extorserunt] extorquerunt *(!)* B |
ab F. et S. Angeli] R. et L. *korr. D*[2] :
a . . et . . *E* : ab . . et . . *L* : ab F.
et G. *R* : ab O. et R. *B* | Angeli]
Angelli *H* : *om M* | eorundem *D*

6 communiter *om C* | pravitatem] et
add H | etc. *om M* | ut supra *om*
RB | penis *om D*

7 adiectis] etc. *add D* | sicud *L* | cau-
sam *H*

8 concivium] conventum *V* | infra]
hii *C* | Romanam] Reatin. *C* : Re-
men. *R* : *om B*

9 nequeant *B* | pertractare *C* : trac-
tari *B* | discretioni – scripta] etc.
B | scripta *om C*

10 ita *einkorr. M* | etc. *hinter* supra
B | ut supra – 12 compellas *om C* |
ut supra *om PR* | . . abbatem *H*

11 clericos *E* | premissa] ple *(? korr.)*
P | eandem] ecclesiasticam *S* | con-
cives] cives *DELB*

12 in Lateranensi concilio *om DELB* |
concilio] cocilio *(!) V* : *om R* | etc.
om VSO : *einkorr. M* | usque com-
pellas *om R* | provisurus *om CDEL*

13 ut supra *om SDEL* | ut supra – in
om B | ut supra – legem *om R* | in
om DE | Testes non] etc. *D* : *om*
B | non] etc. *HR* : datur *add C* :
om M : dantur *add EL* | *In C im*
Index als Nr. 46 findet sich noch
folgende Note (im Text ist der Text
ab 7 Cum itaque als Nr. 46 bezeich-
net) : Qualiter ponitur clausula
Cum autem in litteris de usuris in
tali forma.

---

[1] *Vgl. K 28.*

[2] *Zu dieser Klausel vgl. N 4 f. u. Bd. 1 S. 193 f. Das Delegationsreskript ging also*
an einen Richter außerhalb von Stadt und Diözese Rom.

[3] *Kombinierte Strafklausel gegen Geistliche und Laien; vgl. K 16 S. 116 mit*
Anm. 4, K 19 S. 119 Anm. 2 und K 24 S. 131 Anm. 1.

[4] *Vgl. K 16. Die Klausel wird gesetzt, da die Kläger Laien sind.*

[5] *Die Testes-Klausel fällt fort, da unter den Beklagten Kleriker sind; vgl. N*
62, 1.

K 30 | Super eisdem contra Iudeos.

Iud. Ad audientiam nostram pervenit, quod Aquinetus, Iacob et Iudas de Aguranda[1] Iudei Bituricen.[2] diocesis multa extorserunt et adhuc extorquere nituntur a Fulcando Cardonis clerico Lemovicen.[3] diocesis per usurariam pravitatem, de solvendis et non repetendis usuris huiusmodi extorto ab eo nichilominus iuramento, confectis exinde quibusdam publicis instrumentis ac litteris, fideiussoribus aliisque cautionibus datis ab ipso, factis renuntiationibus et penis adiectis. – mandamus, quatinus, si est ita, dictos Iudeos, quod huiusmodi iuramentum relaxent et dictos fideiussores ab huiusmodi fideiussione absolvant eodemque iuramento relaxato | et predictis fideiussoribus absolutis sua sorte contenti non obstantibus instrumentis, litteris, penis, | cautionibus et renuntiationibus supradictis predicto Fulcando

---

K 30   *P 59 f. 14' (Üb. Index f. 3');* *V 22 f. 3'; H 59 f. 10'; S 49 f. 8'; C 47 f. 402 (Üb. Index f. 440'); A 32 f. 26'; M 30 f. 7'; O 44 f. 10'/11; D 52 f. 39' (Üb. Index f. 3); E 45 f. 23'; L 53 f. 89d; R 462 f. 44' (nur Üb. u. Verweis); B 50 n. 24 f. 104'/105.*

[1] Iudeos] Rubrica *add H* : ut hic notatur *add S*

[2] Aquinetus] .. *V* : Acquinetus *C* : A. *SM* : .. *D* : P. *E* : *om L* : M. *B* | Aquinetus – 3 Aguranda] .. et .. *H* | Iacob] *om VDELB* : B. *S* : Ia. *M* | Iudas] .. *VE* : C. *S* : *om DL* : N. *B* | de Aguranda *om SEB*

[3] Aguranda] .. *VD* : Auguranda *M* : *om L* | Bituricen. diocesis] in Nemasen. diocesis moram trahentes *D* : Nemasen. diocesis *E* : .. diocesis *B* | Bituricen.] Biturien. *M* : *om L* | multa – 4 diocesis *om A*

[4] ab *M* | Fulcando] Fulchando *P* : F. *SM* : Falcando *C* : .. *DEL* : D. *B* | Cardonis] Cordonis *H* : .. *M* : d .. *D* : *om EB* : de .. *L* | Lemovicen.] .. *ELB*

[5] pravitatem] et *add H* | et *om M* | et – huiusmodi] etc. *H* | huiusmodi] huius *C* | eis *L*

[6] exinde] inde *PVHAMO* | quibusdam] quibuscumque *M* : *aus* quibuscumque *v. späterer Hd. korr. O*

[7] ac] nec non *C* : et *D* | litteris] *om CA* : nec non *add B* | fideiussionibus *VHAMOB* | aliisque] aliis *AM* : ab usque *L* | cautionibus] et litteris *add CMO* | datis – renuntiationibus *om B* | ipso] episcopo *V* | renuncciacionnibus *D*

[8] et] ac *P* | adiectis] etc. *add DB*

[9] quod] ut *DELB* | et] ac *B* | fideiussores] super hoc datos *add H*

[10] eodem *B* | relaxato *om H* | et *om V* | et – 11 absolutis *v. anderer Hd. einkorr. B* | dictis *H*

[11] absolutis] dictos Iudeos ut *add D* | sorte] sint *add H* | non] est *add L* | obstante *C*

[12] et *om PCAD* | renuncciacionibus *D* | predicto] prefato *C* : predicta *E* | Fulcando] Fulchando *P* : Fucando *V* : F. *SM* : .. *DEL* : D. *B*

---

[1] *Aigurande-sur-Bouzanne, im arr. La Châtre, sw. von Bourges.*

[2] *Bourges.*   [3] *Limoges.*

restituant sic extorta et ab usurarum extorsione desistant, monitione premissa per subtractionem communionis fidelium appellatione remota com-
15　pellas.[1] Testes *etc.*[2]

K 30a　Super eisdem contra Iudeos.

Iud. Conquestus est nobis .. de .... diocesis, quod .. Iudeus Perusin.,[3]
filius et heres quondam .. Iudei Perusin.,[3] non solum de usuris, quas predictus .., dum viveret, extorsit ab eo, satisfacere indebite contradicit,
5　verum etiam ipse multa extorsit et adhuc extorquere nititur ab eo *etc. ut
supra.*[4]

K 30b　Super usuris.

Iud. I. de .. laicus nobis conquerendo monstravit, quod G. de .. presbiter
et I. de .. laicus .. civitatis et diocesis multa extorserunt et adhuc extorquere nituntur ab eo per usurariam pravitatem. – mandamus, quatinus,
5　si est ita, dictos usurarios *etc.*

K 30ba　Nota.

1. *Nota, quod, si agatur contra clericos et laicos vel contra clericos tantum
super usuris, non datur illa clausula* Testes.[5]

---

[13] extorsione] exactione *CB* | moni-
tione *om E*
[14] communionis] canonis *A.*

K 30a　*C 48 f. 402' (Üb. Index f. 440').*
[1] contra Iudeos *scr.*]pro Iudeis *C*
[3] condam *C*
[5] ipsa *C.*

K 30b　*P 392 f. 38' (Üb. Index f. 6');
V 385 f. 48'; H 439 f. 51; S 350 f.
43'; A 33 f. 26'.*
[1] usuris] Rubrica *add A*

[2] Iud. *om A*
[3] .. 2° *om H* | civitatis et *om A*
[4] ab eo *om S.*

K 30ba　*P 393a f. 38'; V 385a f.
48'/49 (der ganze Abschnitt durch
va-cat getilgt); H 439a f. 51/51';
S 351a f. 43'/44; A 348 f. 58'.*
[1] *Üb. om PV. – A Üb.:* Super usuris.
[2] Et nota *E* | et] vel *S* | et laicos –
clericos *om P*

---

[1] *Die Mandatsklausel gegen die Juden ist hier zusammengesetzt aus Eideslösung, Lösung von der Bürgschaft und Wuchererstattung; als Strafe wird, wie
es gegen Juden üblich ist, der Entzug der Gemeinschaft mit den Christen angedroht;
vgl. S. 106 und K 27a S. 134 Anm. 5.*
[2] *Die Testes-Klausel folgt, da die Beklagten Juden, mithin keine Kleriker
sind; vgl. N 62, 1.*　　　[3] *Perugia.*　　[4] *Vgl. K 30.*　　[5] *Vgl. N 62, 1.*

2. *Nec datur in causis matrimonialibus.*[1]

3. *Item, cum sententie confirmande committuntur.*[2]   5

4. *Item nec, cum dicitur* : contra tenorem privilegiorum vel indulgentiarum *etc.*[3]

5. *Item, quando dicitur* : contra iuramentum suum (*vel* super hoc prestitum) temere veniendo; *et si apponatur in littera, erit rescribenda gratis.*[4]

6. *Item cum mandatur, quod arbitrium confirmetur.*[5]   10

7. *Item cum de aliquo crimine agitur.*[6]

8. *Item cum de inquisitione agitur.*[7]

9. *Item cum de reverentia et | obedientia agitur, ubi abbas conqueritur;*   *H f. 51'*
secus est de aliis prelatis.[8]

10. *Item quandocunque scribitur* : in appellationis causa legitime | pro-   *S f. 44*
cedentes sententiam confirmare *etc.*[9]

11. *Item nec, cum dicitur* : prout in litteris inde confectis | *vel* instru-   *V f. 49*
mentis.[10]

12. *Item nec, cum dicitur* : excommunicatum clericum recipiunt ad
divina.[11]   20

13. *Item cum impetratur super beneficio, ad cuius collationem se quis per
patentes litteras obligavit.*[12]

14. *Item nec datur, si conveniatur clericus super aliquo criminali.*[13]

15. *Item nota, quod, si dicatur in narratione, quando aliquis conqueritur
super usuris:* et adhuc extorquere nititur, *dicetur in conclusione:* ab usurarum   25
exactione desistat; *si autem non ponitur primum in narratione, non ponetur
secundum in conclusione.*[14]

---

[6] nec] nota *P* : om *A* | cum om *V* |
cum dicitur] datur *H* | vel *om A*
[9] et si – gratis *om A* | littera] aposto-
lica *add H* | rescribenda erit *H*
[12] Item – agitur *om PS*
[14] secus] sic *H* | prelatis aliis *S*
[15] scribitur *om A* | procedens *S*
[16] sententiam ipsam *PSA* | confirme-
tis *H*
[17] Item – instrumentis *om PS* | nec

om *A* | instrumentis] plenius con-
tinetur *add H* : etc. *add A*
[19] nec *om A* | quod excommunicatum
SA | receperunt *H* : recipiant *A* |
ad *om A*
[21] cuius] alicuius *H* | se quis] qui se
H | se] si *P*
[23] nec datur *om A* | inveniatur *V*
[25] dicitur *H*
[26] non *om P*

---

[1] *Vgl. N 62, 3.*   [2] *Vgl. N 62, 19. 20.*   [3] *Vgl. N 62, 8.*   [4] *Vgl. N 62,
9. Über die* litterae rescribendae *vgl. Herde, Beiträge 179, 245.*   [5] *Vgl. N 62, 10.*
[6] *Vgl. N 62, 6.*   [7] *Vgl. N 62, 4; dazu Duranti, Spec. iud. 1 de teste § 13 de
testium compulsione n. 8 (ed. Herde, in: Traditio 18, 283 Nr. 5) = Optime conclusiones 20, 5. Dazu oben Bd. 1 S. 224 ff.*   [8] *Vgl. N 62, 22.*   [9] *Vgl. N 62, 21.*
[10] *Vgl. N 62, 25.*   [11] *Vgl. N 62, 26.*   [12] *Vgl. N 62, 24.*   [13] *Vgl. N 62, 7.*
[14] *Vgl. K 17. 18, 19 u. ö.*

16. *Item nota, quod, si super usuris conqueritur patriarcha, archiepiscopus, episcopus vel capitulum seu conventus aut collegium, non ponitur illa clau-* 30 *sula* Attentius, *nec etiam, si conqueritur aliquis de Iudeis.*[1]

17. *Item nota, quod, quando super usuris et rebus aliis agitur, si dicatur :* Iidem quoque et quidam alii super terris *etc., sequetur in conclusione :* Super aliis vero partibus convocatis *etc. Si autem non dicatur* quidam alii, *non dicetur in conclusione* partibus convocatis, *sed tantum :* Super aliis vero 35 audias causam *etc.*[2]

K 30 c   Super usuris extortis a quondam patre suo.

Iud. R. de . . laicus nobis conquerendo monstravit, quod G. de . . presbiter et quidam alii laici . . civitatis et diocesis multa extorserunt a . . quondam patre suo, cuius idem heres existit, per usurariam pravitatem. – mandamus, 5 quatinus, si est ita *etc.*

K 30 d   Super usuris cum „Iidem quoque".

Iud. G. de . . laicus nobis conquerendo monstravit, quod . . de . . et A. de . . laici . . civitatis et diocesis multa extorserunt et adhuc *etc. usque* pravitatem. Iidem quoque super terris *etc.* – mandamus, quatinus, si de 5 huiusmodi *etc.* Super aliis vero *etc.*

---

[31] quando] *einkorr. P :* dicitur *add H* |
agitur *scr.*] *om PVHSA* | si] et *VH*
[32] in conclusione] conclusio *H.*

K 30c   *P 394 f. 38' (Üb. Index f. 6');*
V 386 f. 49; H 441 f. 51'; S 352 f.
44; A 34 f. 26'.

[1] extortis – suo *om S* | suo *om VH*
[2] nobis *om P* | G.] . . *P*
[3] et quidam alii] et . . et . . *P :* et . .
et . . et . . *A* | laici] clerici *S* | . . 1°
om H | civitatis et diocesis *om P* |
diocesis . . *H* | . . 2° *om S*
[4] idem] . . *add HS :* R. *add A*
[5] etc. *om A.*

K 30d   *P 395 f. 38' (Üb. Index f. 6');*
V 387 f. 49; H 442 f. 51'; S 353 f.
44; A 35 f. 26'.

[1] *S Üb.:* Super eodem. | quoque *om P*
[2] laicus] . . diocesis *add P* | de . . 2°
om P | A.] . . *P*
[3] . . civitatis et diocesis] . . diocesis
P : . . diocesis et civitatis *V :* diocesis . . et civitatis . . *H :* . . dic̄ *(!)*
A
[4] Idem *VH* | super *om VH* | terris] . .
H
[5] vero *om H.*

---

[1] *Vgl. K 16.*   [2] *Vgl. K 26.*

K 30e Super eodem cum „Preterea".

|*In eodem modo pro R. de . . laico,* quod B. et C. de . . *etc., ut in alia* P f. 39
usque pravitatem. Preterea . . rector et quidam alii earundem civitatis et
diocesis super terris *etc. ut in alia.*[1]

K 30f Super eodem.

Iud. Ad nostram noveris audientiam pervenisse, quod B. de . . presbiter
et C. de . . laicus . . civitatis et diocesis multa extorserunt a P. de . . milite
per usurariam pravi|tatem extorto ab eo de non repetendis usuris huius- A f. 27
modi nichilominus iuramento. – mandamus, quatinus, si est ita, dictos 5
usurarios ad relaxandum huiusmodi iuramentum presbiterum monitione
premissa per censuram ecclesiasticam, laicum vero per penam in Lateranensi
concilio contra usurarios editam[2] et eo relaxato, ut prefato Petro restituant
sic extorta compellas.

K 30g Contra Iudeos, ut iuramento prestito a debitore et fideiussoribus non obstante satisfaciant de usuris.

Iud. Ad audientiam nostram pervenit, quod A. de . . et quidam alii Iudei
Andegavie[3] commorantes multa extorserunt a . . *etc. usque* pravitatem extorto de non repetendis usuris ab eo nichilominus iuramento et a quibusdam 5

K 30e   *P 396 f. 39 (Üb. Index f. 6');*
  V 388 f. 49; H 443 f. 51'; S 354 f.
  44; A 36 f. 26'.

[1] eodem *(ausgestr.)* usuris *P* | cum
  Preterea *om S*

[2] In *om H* | pro R.] quod . . *P* : pro
  I. *H* | laico] laici . . diocesis *P* | C.]
  E. *P*

[3] et quidam alii] et . . et . . *A* | earun-
  dem] eorum *P* : earum *VS.*

K 30f   *P 397 f. 39 (Üb. Index f. 6');*
  V 388 a f. 49; H 444 f. 51'; S 355 f.
  44; A 37 f. 26'/27.

[1] *Üb. om S.* | eodem] contra presbite-
  rum et laicum *add A*

[2] ad audientiam nostram noveris *PA*

[3] . . 2° *hinter* diocesis *H* | Petro de . .

[1] *Vgl. K 24, 26.*   [2] *Vgl. K 16.*

A | de . . 2° *om H* | milite] de . .
  . . diocesis *add P*

[4] huiusmodi *om A*

[5] nichilominus *om P*

[6] presbiterum] et clericum *(einkorr.)*
  add P

[7] premissa *om P*

[8] contra usurarios *om PVHS* | Petro]
  P. *H.*

K 30g   *P 398 f. 39 (Üb. Index f. 6');*
  V 389 f. 49/49'; H 445 f. 51'/52; S
  356 f. 44/44'; A 38 f. 27.

[1] a – 2 fideiussoribus *om S*

[2] fideiussore *A* | satisfaciat *VA* | usu-
  ris] Rubrica *add A*

[3] et quidam alii] et . . et . . *A*

[5] repetendis *v. anderer Hd. aus* reci-
  piendis *korr. V* | eo] ipso *A*

[3] *Angers.*

S f. 44'
V f. 49'
H f. 52

fideiussoribus suis ad hoc datis. – mandamus, quatinus, si est ita, iuramento
huiusmodi non obstante prefatos Iudeos, | ut eidem . . | de | extorsione
satisfaciant usurarum et a simili de cetero conquiescant, monitione premissa per subtractionem communionis fidelium appellatione remota com-
10 pellas. Testes autem *etc.*

K 30ga Super usuris.

Iud. Ad audientiam nostram pervenit, quod magister I. de . . clericus . .
diocesis quasdam terras, domos, vineas et res alias ad Philippum Nemoris
et I. eius uxorem, cives Placentin.,[1] communiter spectantes sub false vendi-
5 tionis specie in fraudem usurarum simulate concepte titulo pignoris detinet obligatas, licet ex eis perceperit ultra sortem, de non veniendo contra
venditionem huiusmodi datis super hoc litteris, confectis exinde publicis
instrumentis et extorto ab eis nichilominus iuramento. Quocirca discretioni tue per apostolica scripta mandamus, quatinus, si est ita, dictum
10 pignoris detentorem, ut iuramentum huiusmodi relaxet, monitione premissa per censuram ecclesiasticam eodemque iuramento relaxato sua sorte
contentus non obstantibus venditione huiusmodi et instrumentis predictis
pignora ipsa et quicquid ultra sortem perceperit ex eis, P. et I. restituat
supradictis per penam in Lateranensi concilio contra usurarios editam[2]
15 appellatione remota compellas, attentius provisurus, ne auctoritate nostra
in negotio procedas eodem, nisi dicti cives restituerint vel adhuc restituant,
si quas aliquando extorserunt usuras, cum eis legis auxilium suffragari non
debeat, qui committunt in legem. Testes autem *etc.*

K 30h Contra Iudeos, ut relaxent iuramentum et de immode-
rato gravamine satisfaciant.

Iud. Ad audientiam nostram *etc.*, quod . . et . . Iudei . . diocesis a . .
et . . civibus Anagnin.[3] multas extorserunt usuras de non repetendis usuris

---

[6] ad] super *H*
[7] extorsione] tali *add H*
[8] decreto conquiescant *(!) S*
[9] communionis] canonis *A*
[10] autem *om PS.*

K 30ga   *P 399 f. 39 (Üb. Index f. 6').*
  [2] Iud.] . . *P*
  [3] Phm *P*
  [12] huiusmodi] litteris *P.*

K 30h   *P 400 f. 39 (Üb. Index f. 6');*
    V 390 f. 49'; H 446 f. 52; S 357 f.
    44'; A 39 f. 27.
[1-2] *S Üb.:* De eodem. | ut] quod *P* |
    relaxet *V* | et – 2 satisfaciant *om H[2]*
[3] nostram *om S* | etc.] pervenit *H* |
    . . diocesis] diocesis . . *H* | ab *H*
[4] Anagnin.] Magust. *(sic) H* : . . *A* |
    usuras] et *add H* | usuris *om VA*

---

[1] *Piacenza.*   [2] *Vgl. K 16.*   [3] *Anagni.*

extorto ab eis nichilominus iuramento. – mandamus, quatinus, si est ita,   5
dictos Iudeos, ut relaxent huiusmodi iuramentum, per subtractionem
communionis fidelium, contra christianos vero monitione premissa per
censuram ecclesiasticam eoque relaxato, ut predicto . . restituant sic extorta et ab usurarum exactione desistant, per penam in Lateranensi concilio contra usurarios editam[1] appellatione remota compellas, attentius   10
provisurus, ne auctoritate nostra in negotio procedas eodem, nisi dictus
. . restituerit vel adhuc restituat, si quas aliquando extorsit usuras, cum
eis legis auxilium suffragari non debeat, qui committunt in legem. Testes *etc.*

K 30i Ut cives restituant usuras extortas et sint sua sorte
contenti.

Iud. Ad audientiam nostram pervenit, quod . . et quidam alii cives Senonen.[2] multa extorserunt a P. et C. de . . per usurariam pravitatem, de non
repetendis usuris extorto ab eis nichilominus iuramento. Cum igitur iura-   5
menti religio non iniquitatis vinculum sed iustitie debet existere firmamentum, – mandamus, quatinus, si est ita, dictos cives, ut relaxent huiusmodi iuramentum, monitione premissa per censuram ecclesiasticam, ac sua
sorte contenti sic extorta restituant conquerentibus et ab usurarum exactione desistant, per penam *etc.*   10

---

[5] ab eis extorto *VA* | nichilominus
  om H

[6] subtraxionem *S*

[7] fidelium *om P* | per censuram ec-
  clesiasticam *om VSA*

[8] predictis *H* | . . *om S* | restiant *(!) V*

[9] in Lateranensi – *Schluß*] etc. ut
  supra *P*

[11] dictus . .] . . dictus *HS*

[12] vel adhuc restituat *om P* | resti-
  tuant *H* | extorserit *H*

[13] ei *A* | committit *A* | Testes etc.
  om S.

K 30i   *P 401 f. 39 (Üb. Index f. 6'),*

*V 391 f. 49'; H 447 f. 52; S 358
f. 44'; A 40 f. 27.*

[1-2] *S Üb.:* Super eodem. | cives] Iudei
  P V | restiant *(!) V*

[2] contenti] Rubrica *add A*

[3] et] . . et *add H* | et quidam alii] et . .
  de . . . . diocesis *P* : et . . et . . *A* |
  cives Senonen. *om P* | Senonen.]
  . . *A*

[4] de . .] . . diocesis *add P*

[5] repetendis] recipiendis *V* | eo *H*

[6] iustite *(!) S* | debeat *P* | existere]
  esse *S*

[8] ac] ut *PH*

[9] conquerenti *H.*

---

[1] *Vgl. K 16.*   [2] *Sens.*

K 30k Contra usurarios, qui restituant usuras.

P f. 39' | *Iud.* . . de . . conquerendo monstravit, quod . . et . . de . . . . diocesis
multa extorserunt ab eo per usurariam pravitatem et, ut plura ab eis
valeant extorquere, instrumenta super hoc confecta contra iustitiam deti-
5 nent et sibi reddere contradicunt. – mandamus, quatinus, si est ita *etc.*
usque editam ac instrumenta ipsa restituant, per censuram ecclesiasticam *etc.*

K 30l Contra heredes usurarum, ut restituant usuras patris.

In eodem modo pro R. de . ., quod . . de . . laicus de usuris, quas . . quondam pater eius, cuius idem heres existit, a quondam . . patre ipsius, cuius
V f. 50 idem R. heres | existit, dum viveret, extorsit, satisfacere indebite contra-
5 dicit, licet ad eum lucra huiusmodi pervenerint usurarum. – mandamus,
quatinus, si est ita, *etc.*

K 30m Super usuris extortis a patre.

S f. 45 | *Iud.* M. de . . mulier nobis conquerendo monstravit, quod I. rector eccle-
sie . . et quidam alii clerici . . diocesis multa extorserunt tam ab ipsa
A f. 27' quam a quondam . . patre suo, cuius ipsa heres | existit, et adhuc extorquere

K 30k   *P 403 f. 39' (Üb. Index f. 6');*
V 393 f. 49'; H 449 f. 52; S 360 f.
44'; A 41 f. 27; R 479 f. 45'.
[1] *S Üb.*: Super usuris. – *R Üb.*: Conqueritur clericus de usurario, cui
satisfecit, et ut plura extorquere
valeat, eidem instrumenta denegat
exhibere. | qui] non *add PA* | re-
stituunt *PVA*
[2] Iud. – monstravit] In. e. m. pro
clerico . . *R* | . . 1°] B. *P* | de . . 1°]
. . diocesis *add P* | nobis conqueren-
do *A* | . . et . .] M. et P. *P* : *om R* |
. . diocesis] laicis . . diocesis *R*
[3] extorsit *R* | ab] ex *P* | ab eis *om R* |
eis] eo *HA*
[4] valeat *R* | hoc] sorte *R* | detinet *R*
[5] contradicit *R* | ita] dictum *add R*
[6] ac] et *R* | restituat *R*.

K 30l   *P 404 f. 39' (Üb. Index f. 6');*
V 394 f. 49'/50; H 450 f. 52; S 361
f. 44'; A 42 f. 27.

[1] *S Üb.*: Super eodem. | heredes usu-
rarum] usur; *H*[2]
[2] In] Iud. *H* | pro] quod *P* | de . . 1°]
laicus . . diocesis *add P* | . . 2°] M.
P : *om S* | . . 4°] *om PSA* : *hinter*
quondam *H*
[3] . . pater *PA* | eius] suus *H* | idem]
dictus *V* : ipse *H* : . . *add S* | heres
mit überflüssiger er-Kürzung A | et
a *VH* | a quondam – 4 existit *om*
P | . .] *vor* quondam *H* : *om A*
[4] heres *om A* | dum – extorsit *om S* |
extorsit] eidem R. *add H*
[6] etc. *om H.*

K 30m   *S 362 f. 45; A 43 f. 27/27'.*
[1] *Üb. om S*
[2] ecclesie . .] . . ecclesie *A*
[3] . . 1° *om S* | et quidam alii] et . .
et . . *A* | diocesis *om S*
[4] quondam . .] . . quondam *A*

nituntur ab ea per usurariam pravitatem. – mandamus, quatinus, si est ita, 5
dictos *etc. usque* aliquando ipsa vel dictus pater eius extorserunt usuras,
cum frustra *etc.*

K 30n Contra viduam, ut restituat usuras mariti et suas, cum
„Preterea".

Iud. R. de . . nobis conquerendo monstravit, quod M. de . . vidua . .
diocesis de usuris, quas quondam I. laicus, vir suus, cuius ipsa heres existit,
extorsit ab eo, sibi satisfacere indebite contradicit, licet ad eam lucra 5
huiusmodi pervenerint usurarum. Eadem quoque multa extorsit ab eo per
usurariam pravitatem. Preterea . . rector ecclesie de . . | eiusdem civitatis *H f. 53*
et diocesis super terris *etc.* – mandamus, quatinus, si de huiusmodi *etc.*
Super aliis vero partibus convocatis *etc.*

K 30o Ut laicus restituat instrumenta confecta in fraudem
usurarum.

In eodem modo pro . . *clerico,* quod . . de . . . . diocesis multa extorsit
ab eo per usurariam pravitatem et, ut plura valeat extorquere, instrumenta
super sorte confecta contra iustitiam detinet et sibi reddere contradicit. – 5
mandamus, quatinus, si est ita, dictum *etc. usque* editam et instrumenta
ipsa restituat per censuram ecclesiasticam *etc.*

K 30p Ut restituat usuras ille, ad quem bona usurarum pervenerunt.

Iud. Sua nobis . . abbas et conventus monasterii de . . conquestione
monstrarunt, quod, cum quondam R. de . . laicus . . diocesis multa extor-

---

5 nititur *A* | si ita est *A*
6 ipsa *om A* | extorsit S.

K 30n *P 420 f. 40' (Üb. Index f. 6');*
V 398 f. 50'; H 454 f. 52'/53; S 370
f. 45'; A 44 f. 27'.
1 restituat *aus* restiat *korr. V* | cum
Preterea *om S*
3 R.] I. *S* | . . 2° *om S* | vidua . . *om H*
4 de usuris] usuras *A* | ipsa *om P*
5 extorsit *v. anderer Hd. einkorr. A* |
contradixit *P*
7 de . .] *(f. 53)* diocesis . . *add H* |
eiusdem civitatis et] . . *A*
9 vero] audias causam *add H* : *etc.*
add A | etc. *om PVA.*

K 30o *P 421 f. 40' (Üb. Index f. 6');*

V 399 f. 50'; H 455 f. 53; S 371 f.
45'; A 45 f. 27'.
1 laycus *H²*
3 In] Iud. *H* | . . 1° *om HS* | quod]
licet *add A* | . . 2° *einkorr. H* | de . .]
laicus *add S* | . . 3° *om S* | . . diocesis]
diocesis . . *H* | extorsit *(!) S*
6 dictum] . . *add HA*
7 restituat] conquerenti *add H.*

K 30p *P 422 f. 40' (Üb. Index f. 6');*
V 400 f. 50'; H 456 f. 53; S 372 f.
45'/46; A 46 f. 27'.
1 illi *P* | usurarum *om H²* | devenerunt *P*
2 Iud. *om PVHS* | de *om H*
3 cum *einkorr. V* | . . diocesis] dio-
cesis . . *H* : *om A*

sisset ab eis per usurariam pravitatem, R. sancti . . et A. sancti . . mo-
5 nasteriorum abbates eorumque conventus . . diocesis, ad quos bona eadem
S f. 46 iure successionis | devenerunt, eis de usuris huiusmodi satisfacere indebite
contradicunt, licet ad eos lucra pervenerint usurarum. – mandamus, quatinus, si est ita, dictos *etc.*

K 30 q *Iud.* Conquesti sunt nobis G. de . ., canonicus ecclesie de . . .
et Petrus, I. et M. quondam Facii de . ., ac Michahel et B., quondam A,
eiusdem loci de . . filii, laici Taurinen.[1] diocesis, quod C. et T., quondam I.,
et Franciscus, quondam P. de . . filii et heredes, laici predicte diocesis, non
5 solum de usuris, quas quondam I., predictorum I. et P. pater, cuius etiam
iidem I. et P. heredes fuerunt, ipsique I. et P., dum vixerunt, ab eis communiter extorserunt, satisfacere indebite contradicunt, licet ad eos lucra
huiusmodi pervenerint usurarum, verum etiam predicti C. et I. ac F. multa
extorserunt et adhuc extorquere nituntur ab eisdem G., P. et I. ac M. com-
10 muniter per usurariam pravitatem. Ideoque discretioni tue per apostolica
scripta mandamus, quatinus, si est ita, dictos usurarios, ut ⟨sua⟩ sorte contenti sic extorta restituant conquerentibus et ab usurarum exactione desistant,
per penam in Lateranensi concilio contra usurarios editam[2] appellatione
remota compellas, attentius provisurus, ne auctoritate nostra in negotio
15 procedas eodem, nisi dicti conquerentes restituerint vel adhuc restituant,
si quas aliquando extorserunt usuras, cum frustra legis auxilium invocet,
qui committit in legem. Testes autem *etc.*

K 30 r Super eisdem cum invocatione brachii secularis.[3]

Iud. Sua nobis dilectus filius . . quondam . . de . . laici natus laicus . .

[4] et A. sancti . . *om S*
[5] eorumque] eorundem *P* : eorum *V* |
. . diocesis] diocesis . . *HA*
[6] successionis] successorio *P* : suc-
cessiones *V* : successione *S* | de]
ab *P* | indebite satisfacere *S*
[7] lucra] *hinter* pervenerint *S* : huiusmodi *add A*
[8] si est ita *om A* | dictos] *om P* : ab-
bates *add A.*
K 30 q   *A 47 f. 27'.*
[11] sua *scr.*] *om A.*

K 30 r   *V 264 f. 31; H 312 f. 35'; D 53
f. 39' (Üb. Index f. 3); E 46 f. 23';
L 54 f. 89 d; B 50 n. 26 f. 105.*
[1] *Üb. so D² marg. – V Üb. v. späterer
Hd.*: Petuntur usure ab herede
illius, qui extorsit eas in vita. –
H²Üb.: Quando usure repetuntur a
fratre defuncti. – *DEL Üb.*: Super
usuris de gratia speciali, ut credo.
[2] . . quondam – laicus] H. laicus *B* |
. . 2° *om H* | laici natus] *om VHEL* :
einkorr. *D²*

[1] *Turin.*   [2] *Vgl. K 16.*   [3] *Vgl. hierzu den Traktat des Martinus
de Fano, ed. U. Nicolini, Il trattato ,,De imploratione brachii secularis" di Martino da Fano, in: Studia et documenta historiae et iuris 9 (1943), 36 ff.*

diocesis petitione monstravit, quod Albertus quondam Iohannis Theobaldi
laici natus, civis Paduan.,[1] de usuris, quas quondam Albertus Proenzal. dictus
Bagoti, frater eius, cuius ipse heres existit, ab eo, dum vixit, extorserat   5
per usurariam pravitatem, satisfacere sibi indebite contradicit, licet ad
eum lucra huiusmodi pervenerint usurarum. – mandamus, quatinus, si de
plano sine strepitu et figura iudicii tibi constiterit de premissis, dictum
heredem, ut sua sorte contentus conquerentibus restituat sic extorta, per
penam in Lateranensi concilio contra usurarios editam[2] appellatione remota 10
compellas invocato ad hoc, si opus fuerit, auxilio brachii secularis; attentius provisurus *etc.* Testes *etc.* Dat. *etc.*

K 30s Super eisdem extorto iuramento etc. contra clericos
et laicos.

Iud. Ad audientiam nostram pervenit, quod A. et B. clerici, P. et I.
laici .. civitatis et diocesis a B. de .. multa extorserunt | et adhuc extor-   *E f. 24*
quere nituntur per usurariam pravitatem, de non repetendis usuris huius-   5
modi et de non impetrandis super hoc apostolicis litteris aut non veni|endo   *D f. 40*
quoquo modo contra hoc per se vel alium datis litteris diversis, penis

[3] Albertus] A. *B* | quondam – Theo-
baldi] et C. *B* | Io. *L*

[4] laici natus *om VHEL* | cives *B* |
Paduan. *om LB* | Albertus] Rober-
tus *H* : .. *add E* : A. *LB* | Proencal.
H | Proenzal. dictus Bagoti *om
DELB* | dictus Bagoti] dicti Al-
berti *H*

[5] frater *durchstr. B* | eius] eorum *B* |
cuius] cui *L* | ipsi *B* | heredes exis-
tunt *B*

[6] sibi *om LB* | contradicunt *B*

[7] eos *B* | usurarum pervenerunt etc.
B | usurarum] etc. *add D*

[8] tibi *om VE* | dictos heredes *B*

[9] sua *om V* | contenti *B* | conqueren-
tibus] conquerenti *H* : dicto laico
B | restituant *B* | sic] sicut *V*

[10] in Lateranen. – usurarios] etc. *B* |
consilio *D*

[11] compellas] etc. *B* | brachii secula-
ris] etc. *B*

[12] Testes etc. *om VHELB* | Dat. etc.]
Datum etc. *H* : *om B*.

K 30s *D 54 f. 39'/40 (Üb. Index f. 3);
E 47 f. 23'/24; L 55 f. 89d (durch
Blattverlust unterbrochen); B 50 n.
25 f. 105.*

[1-2] *Üb. so D*[2] *marg. – DEL Üb.*: Super
eisdem extorto iuramento et fide
prestita et penis adiectis (et [om
L] penis adiectis et fide prestita
EL).

[3] A. et B.] .. et .. *EL* : M. et N. *B* |
et P. *D* | P. et I.] .. et .. *EL* : A.
et B. *B*

[4] .. civitatis et diocesis] civitatis et
diocesis .. *E* : .. diocesis *B* | a] A.
D | a B.] ab H. *B* | de ..] et P. *B*

[6] inpetrandis *L* | hoc] hiis *B* | litteris
apostolicis *B* | veniendo quoquo
modo *im Text u. am Rand korr. B*

[7] quoquo modo] quomodo *D* : quo-
quo *L* | diversis *om B*

[1] *Padua.*   [2] *Vgl. K 16.*

adiectis, prestitis fide ac etiam iuramento. Ideoque – mandamus, quatinus, si est ita, predictos usurarios, quod iuramentum relaxent huiusmodi, monitione premissa per censuram ecclesiasticam eoque relaxato, ut
litteris, penis ac fide nequaquam obstantibus, quod sua sorte contenti B.
sic extorta restituant et ab usurarum exactione penitus requiescant, clericos
per censuram eandem, laicos vero per penam *etc. ut supra.*[1]

K 30t   Super eisdem extorto etc.

Iud. Ad audientiam nostram pervenisse noveris, quod N. miles .. diocesis a dilecto filio .. abbate monasterii .. multa extorsit et adhuc extorquere nititur per usurariam pravitatem, iuramento de non repetendis usuris
ac aliis obligationibus nec non litteris suis patentibus ab eorum aliquibus
extortis nichilominus ab eodem *etc.* – mandamus, quatinus, si est ita, dictos
usurarios ad relaxandum iuramentum et obligationes huiusmodi et | resti-
tuendas eidem abbati prefatas litteras monitione premissa per censuram
ecclesiasticam, ut sua sorte contenti sic extorta abbati restituant memorato
et ab usurarum exactione desistant, per penam in Lateranensi concilio
contra usurarios editam[1] appellatione remota compellas, attentius *etc.* Testes *etc.*

B f. 105'

K 30u   Contra Iudeos, ut satisfaciant heredibus de gravibus et immoderatis usuris, quas extorserunt a patre.

Iud. Conquesti sunt nobis .. et .. de .. laici, quod .. et .. Iudei ..
diocesis de gravibus et immoderatis usuris, quas quondam a P. de .. laico

---

[8] *hinter* etiam *bricht der Text infolge Blattverlusts ab L* | ac] et *B*
[11] B.] H. et P. *B*
[12] requiescant] acquiescant *EB (hier aber getilgt und v. and. Hd. durch* desistant *ersetzt)*
[13] ut supra *om B.*

K 30t   *D 55 f. 40 (Index f. 3); E 48 f. 24; B 50 n. 27 f 105/105'.*
[1] *Üb. so D² marg. – D (Index) E Üb.:* Super eisdem extorto iuramento, obligationibus et patentibus litteris
[2] pervenisse noveris] noveris perve-nisse *E* : pervenit *B* | N.] .. et .. *E* : M. *B* | milites *E* | .. diocesis] dio-cesis .. *E*

[1] *Vgl. K 16.*

[3] extorserunt *E*
[4] nituntur *DE*
[5] ac] et *B* | eorum aliquibus] eo *B*
[6] etc. *om E* | dictum usurarium *B*
[9] sua] supra *B* | contentus *B* | restituat *B*
[10] desistat *B* | in Lateranen. – 11 re-mota *om B*
[11] attentius etc. *om B* | Testes etc. v. anderer Hd. einkorr. *B.*

K 30u   *D 56 f. 40 (Üb. Index f. 3); E 49 f. 24; B 50 n. 28 f. 105'.*
[3] .. et – laici] A. et *B.* .. diocesis *B* | et 2° *om B* | .. diocesis *om B*
[4] a] A. *DE* | a quondam P. *B* | P.] Petro *E* | de .. laico *om B*

patre eorum, cuius iidem heredes existunt, dum vixit, extorserunt, eis satis-   5
facere indebite contradicunt. – mandamus, quatinus, si est ita, dictos Iudeos,
quod eisdem conquerentibus satisfaciant de immoderato gravamine usurarum, monitione premissa per subtractionem *etc.*, *ut supra proxime*.[1]

K 30v Super usuris pro clerico, qui repetit usuras extortas a patre ab heredibus extorquentis.

Iud. Ad audientiam nostram pervenit, quod quondam B. de . . laicus
Claromonten.[2] diocesis, dum viveret, a quondam H(ugone) dicto Alegrio,
patre Pontii de Alegrio,[3] canonici Anicien.,[4] tunc vivente multa extorsit per   5
usurariam | pravitatem, de non repetendis usuris huiusmodi ab eodem   *D f. 40'*
H(ugone) datis fideiussoribus et litteris, confectis publicis instrumentis
ac extorto ab eo nichilominus iuramento. Verum Iohannes et Guillelmus | de   *V f. 32'*
. . fratres laici filii ac Guillelma mater eorum dicte diocesis et heredes
ipsius B. Pontio de Alegrio,[3] canonico Anicien.,[4] filio et herede dicti Hugonis,   10
de premissis usuris satisfacere indebite contradicunt, quamquam ad eos

---

⁵ iidem] A. et B. *add* B | extorserant
E
⁶ indebite *einkorr.* E | intradicunt
(!) etc. B
⁷ quod – conquerentibus] ut eosdem
conquerentes B | immoderato *aus*
moderato *korr.* E
⁸ subtractionem] subieccione D |
supra proxime] in aliis B.

K 30v   *P 433 f. 41'* (*Üb. Index f. 7*);
V 273 f. 32/32'; *H 321 f. 36'/37*;
S 245 f. 28; *D 57 f. 40/40'* (*Üb.
Index f. 3*); *E 50 f. 24*; *R 483 f. 46.*
¹⁻² *Üb. in PS nur*: Super usuris (*in S
doppelt*) | usuris] eisdem *DE* | cleri-
co] herede *add DER* | extortas] ex-
communicat; *H²*
² extorquentibus. Rubrica *H²*
³ *Iud. om R* | audientiam] aidiam *(!)*
V | B.] R. *DER* | laicus] clericus R
⁴ a] *einkorr. V* : A. *R* | Hugone, *vgl.*
Z. 10] H. *PVSDER* : domino H.

H | dicto Alegrio] domino de . .
VR : de . . laico *H* : domino de Ag.
S : domino *D* : domino . . *E*
⁵ Pontii] P. *R* | Alegrio] Ale. *P* : Al.
V : . . Al. *HSE* : *om D* : . . *R* | cano-
nis *D* | viventem *S*
⁶ usurar; *H* | huiusmodi] *vor* usuris
P : *om S*
⁷ Hugone, vgl. Z. 10] H. *PVHSDE* :
. . *R* | et] ac *S* | confectis] *om V* : ac
H : exinde *add DER*
⁸ ac *om S* | nichilominus] huiusmodi
VH | Iohannes et Guillelmus]
Iohannes et G. *H* : A. et B. *S* : I. et
G. *DE* : Io. et G. *R*
⁹ filii *om DER* | ac] de *D* | Guillelma]
D. *S* : G. *R*
¹⁰ ipsius] eiusdem *E* | B.] R. *PDER* |
Pontio – 13 B. *om DE* | Pontio de
Alegrio] dicto P. *R* | Alegrio] . . *S* :
Aleg. *P* | can ᶜᵃ *S* | heredi *SR* |
Hugonis] H. *PVHR*
¹¹ quamquam] quamcunque *V*

---

¹ *Vgl. K 30 (auch K 30 g, 30 h).*   ² *Clermont.*   ³ *Allègre nw. von Le Puy.*
⁴ *Le Puy.*

lucra ipsarum pervenerint usurarum. – mandamus, quatinus, si est ita, dictos heredes eiusdem B., quod huiusmodi iuramentum relaxent et fideiussores super hoc datos ab huiusmodi fideiussione absolvant, monitione

15 premissa per censuram ecclesiasticam dictoque iuramento relaxato et eisdem fideiussoribus absolutis sua sorte contenti eidem Pontio sic extorta

H f. 37 restituant, | litteris et instrumentis predictis nequaquam obstantibus per penam in Lateranensi concilio contra usurarios editam[1] appellatione remota compellas, attentius provisurus, ne auctoritate nostra in negotio procedas

20 eodem, nisi dictus canonicus restituerit et adhuc restituat, si quas aliquando ipse vel dictus pater suus extorserunt usuras, cum ei legis auxilium suffragari non debeat, qui committit in legem. Testes *etc.*[a]

a) *Zusatz in S und R: Nota, quod hec clausula* cum ei legis auxilium *etc. non ponitur, nisi quando datur littera super usuris, que incipit* Ad audientiam.

K 30w = *Q* 1, 1.

K 30x Super eisdem pro clerico contra laicum.

Iud. Conquestus est nobis . . rector ecclesie de . ., quod M. decanus ecclesie . . et E. de . . laicus dicte diocesis non solum de usuris, quas quondam Ulricus de . . laicus prefate diocesis, cuius ipsi heredes existunt, extorsit

5 ab eo, dum vixit, sibi satisfacere indebite contradicunt, licet ad ipsos lucra huiusmodi pervenerint usurarum, verum etiam ipsi multa extorserunt et adhuc extorquere nituntur ab eodem per usurariam pravitatem. – man-

---

[12] lucrum *H*

[13] B.] R. *B*

[14] monitione – 16 absolutis *om DE*

[15] dictoque] et eodem *R* | eisdem] dictis R

[16] absolvatis *V* | sorte] sint *add H* | contenta *D* | Pontio] P. *DE* : P. sine canonico *R*

[17] et] ad *H* : *einkorr. R* | predictis *om* S | abstañ *(!) D*

[18] in Lateranen. – remota] etc. usque *DE* | in Lateranen. – 19 compellas] etc. *R* | consilio *S*

[19] provisurus – 22 committit] etc. usque *DE*

[20] dictus *om H* | restituat] etc. *add R*

[21] ipse – usuras] extorsit vel pater suus *H* | ei] eis *PH* | iuris vel legis *R*

[23] Et nota *R* | hec clausula] clausula predicta seu verba *R* | auxilium] suffragari *add R*

[24] quando – usuris] in littera *R* | audientiam nostram *R*.

K 30x *D 59 f. 41 (Üb. Index f. 3); E 51a f. 24'; B 50 n. 30 f. 106.*

[1] *Üb. so D² marg. – D (Index) Üb.: Super eisdem pro rectore contra decanum et laicum. – Üb. om E.*

[2] Iud. *om E* | . . 1°] N. *B* | de . .] diocesis *add E* : . . *B* | ecclesie 2°] in *add E* | ecclesie . . *om B*

[3] E. de . .] G. *B* | dicte] prefate E

[4] Ulricus de . .] F. *B* | prefate] . . *B*

[6] pervenerunt *B*

[7] eodem] eo *E* | pravitatem etc. *B*

---

[1] *Vgl. K 16.*

damus, quatinus, si est ita, dictos decanum et E. laicum, ut sua sorte
contenti debita sic extorta restituant conquerenti et ab usurarum exactione desistant, decanum monitione premissa per censuram ecclesiasticam,   10
laicum vero per penam in Lateranensi *etc.*[1]

K 30xa   Eodem modo contra laicos tantum.

Iud. Conquesti sunt nobis . . . . laici, quod . . . . cives de usuris, quas
quondam . ., dum viverent, communiter extorserunt a quondam R. et T.,
quorum dicti conquerentes heredes existunt, eisdem heredibus satisfacere
indebite contradicunt, licet ad eos lucra huiusmodi pervenerint usurarum,   5
et preterea adhuc iidem M. et P. ab ipsis conquerentibus multa communiter
extorquere nituntur per usurariam pravitatem *etc.* – mandamus, quatinus,
si est ita, dictos usurarios, ut sua sorte contenti | sic extorta restituant   *B f. 106'*
conquerentibus et ab usurarum exactione desistant, per penam *etc.* compellas, attentius provisurus *etc.* Testes *etc.*   10

K 30xb   Super eodem contra illos, qui extorserunt et extor-
quent.

Iud. Conquesti sunt nobis Fre. Ricardi de . . miles et G. eius uxor . .
diocesis, quod . . et . . ac . . fratres cives Asten.[2] apud *locum* dicte diocesis commorantes non solum de usuris, quas extorserant a dicto Riccardo,   5
dum vixit, cuius idem frater et sorores existunt, eis satisfacere indebite
contradicunt, verum etiam multa extorserunt et adhuc extorquere nituntur ab eis communiter per usurariam pravitatem. – mandamus, quatinus, si est ita *etc.*

K 30xc   Quando papa dat iudicem ad nullius instantiam con-
tra religiosos ac laicos et Iudeos diversarum provinciarum
per cameram.

⟨*Iud.*⟩ Ad audientiam nostram pervenit, quod nonnulli tam clerici etiam
religiosi quam laici et etiam Iudei in . ., . . et . . provinciis commorantes   5
a diversis aliis personis tam clericis quam laicis in eisdem provinciis commorantibus multa *etc. usque* adiectis. Nos igitur super hiis de oportuno remedio,

---

[8] sua *om D*

[9] et] ac *B.*

K 30xa   *B 50 n. 31 f. 106/106'.*

[1] *Üb. v. and. Hand B.*

K 30xb   *R 452 f. 43'.*

[5] Ricciardo *R.*

K 30xc   *R 461 f. 44.*

[1] *Marg.*: Generalis forma.

[4] Iud. *om R.*

---

[1] *Vgl. K 16.*   [2] *Asti (Piemont).*

prout ex debito pastoralis officii providere *etc.*, quatinus omnes et singulas
personas in dictis provinciis commorantes, cuiusque dignitatis, status,
10 gradus, ordinis vel conditionis extiterint, de quibus tibi summarie et de
plano sine strepitu et figura iudicii ac sola facti veritate inspecta constiterit,
quod ab aliquibus clericis vel laicis infra dictas provincias commorantibus
aliqua extorserunt per usurariam pravitatem seu in futurum extorquere
nitantur, ut quicunque iuramenta *etc. usque* compellas, attentius *etc. ut in
15 forma inferiori,*[1] non obstantibus tam felicis recordationis Bo(nifatii) *etc.*
de dietis[2] seu si aliquibus *etc. in minori forma usque* mentionem.[3] Dat.

K 30xd Nota.

Nota, quod, quando impetratur super usuris et sequitur postmodum illa
clausula : Preterea .. et .. super terris, debitis, possessionibus et rebus
R f. 46 aliis iniuriantur eidem, *dices post clausulam* Attentius : | Super aliis vero
5 partibus convocatis audias causam *etc. Sed si sequatur clausula* : Idem
quoque super terris, possessionibus *etc., dices* : Super aliis vero audias
causam *etc. Si vero diceretur* : Idem quoque et .. et .. laici super terris,
possessionibus *etc., tunc similiter dicetur in conclusione post clausulam* Attentius : Super aliis vero partibus convocatis audias causam *etc.*

K 30xd   *R 481 f. 45'/46.*   [4] iniuriatur *R.*
  [2] sequatur *R*

---

  [1] *Vgl. K 16 u. ö.*
  [2] *Bonifaz VIII. VI° 1, 3, 11.*
  [3] *Vgl. K 11 f. Zusatz a.*

K 31–44

Super pignorum detentione.

K 31 Super pignorum detentione. Que est ipsa eadem forma cum superiori mutatis mutandis.[1] Et primo laicus contra laicum.

Iud. Conquestus est nobis Androinus de Trebis[2] laicus, quod Petrus Florii laicus Morinen.[3] diocesis quasdam terras ipsius titulo pignoris detinet obligatas, licet ex eis perceperit ultra sortem. – mandamus, quatinus, si est ita, dictum pignoris detentorem, ut sua sorte contentus | pignus ipsum et quicquid ultra sortem percepit ex eo, restituat conquerenti, per penam in Lateranensi concilio contra usurarios editam appellatione remota compellas,[4] attentius provisurus *etc.*[5] Testes autem *etc.*[6]

5

V f. 4

10

K 31   *P 60 f. 14' (Üb. Index f. 3');*
V 23 f. 3'/4; H 60 f. 10'; S 50 f. 8'; C
49 f. 402' (Üb. Index f. 440'); A 48 f.
28; M 31 f. 7'; O 45 f. 11; D 60 f.
41/41' (Üb. Index f. 3); E 52 f. 24';
L verl.; R 463 f. 44'; B 33 n. 1 f. 69.
[1] Super – 2 mutandis] Tractatus
super pignorum detentione *D* | de-
tensione *(!) V* | Que – 2 primo *om*
E | Que *aus* Quem *korr. P* | Que
est ipsa *om M* | est *om VHSAO* |
ipsa] *om PVHR* : ipse *O*
[2] cum *om C* | mutandis mutatis *R* |
Et – 3 laicum *om R* | Et primo *om*
DM | laicus contra laicum *marg.*
einkorr. M | laicus] *om P* : clericus *V*
[3] laicum] Rubrica *add H* : clericum *S*
[4] Iud.] Iudex *S* : *om CDE* | nobis
om S | Androinus] *.. VHER* : A.
Martini *C* : A. *SAM* : Adonius *O* :
om D : H. *B* | de *om MB* | Trebis]
.. VHMDER : Trebris *S* : Crebris
C : *om B* |Petrus] P. *VSCAMDERB*

[5] Florii] Flori *VSC* : de *.. ADE* : *..*
M : Fabri *R* : *om B* | Morinen. dio-
cesis *om B* | Morinen.] *.. ADE* |
diocesis *om H* | quasdam] quas *V* |
tituli *C* | detinet pignoris *C* | pignori
V : pignorum *E*
[6] obligatos *C* | percepit *HER* | sor-
tem etc. *B*
[7] dictam *V* | pignorum *E*
[8] quidquid *MDE* | percepit] perce-
perit *SB* : recepit *M* : receperit *D* |
eis *DB* | in Lateranensi – 9 compel-
las] etc. *R*
[9] consilio *E*
[10] etc. 1°] *om M* : ne auctoritate nostra in negocio procedas (procedens
E) eodem nisi dictus conquerens
(einkorr. D² : *.. E)* restituerit vel
adhuc *(D f. 41')* restituat si quas aliquando extorsit usuras cum ei legis
auxilium suffragari non debeat qui
committit in legem *DEB* (*letzteres add*
etc.*)* | autem *om PHAMODERB.*

[1] *D. h. wie bei den Formeln des Kapitels Super usuris; vgl. oben S. 115 ff.
und unten Anm. 4.*   [2] *Trevi nel Lazio, sö. von Rom (?).*   [3] *Thérouanne
(Flandern).*   [4] *Die Strafklausel gegen Laien ist dieselbe wie bei Wuchersachen;
vgl. oben S. 116, Anm. 4.*   [5] *Die Klausel wird wie bei Wuchersachen gesetzt,
weil der Kläger Laie ist (vgl. K 16).*   [6] *Die Testes-Klausel folgt wie bei einfachen Wuchersachen, weil der Beklagte kein Kleriker ist (vgl. N 62, 1).*

K 32 Super pignorum detentione contra clericos ⟨pro laico⟩.

C f. 403
M f. 8

| Iud. Conquestus est nobis Andreas Petri laicus, quod Laurentius Iohannis presbiter et .. de .. et Philippus de .. clerici Parisien.[1] diocesis quasdam terras et res alias ipsius titulo pignoris etc., ut in proxima.[2] – manda-

5

mus, quatinus, si est ita, dictos pignorum detentores, ut sua sorte contenti pignora ipsa et quicquid ultra sortem perceperunt ex eis, restituant con-

E f. 25

querenti, monitione | premissa per censuram ecclesiasticam appellatione remota compellas, attentius etc.[3] Testes non.[4]

S f. 9

K 33 | Super eisdem contra eosdem in alia forma.

H f. 11
A f. 28'

| Iud. Conquestus est nobis Petrus Rubeus laicus, quod Andreas Iohannis

---

K 32   P 61 f. 14' (Üb. Index f. 3');
V 24 f. 4; H 61 f. 10'; S 51 f. 8';
C 50 f. 403 (Üb. Index f. 440');
A 49 f. 28; M 32 f. 7'/8; O 46 f. 11;
D 61 f. 41' (Üb. Index f. 3); E 53
f. 24'/25; L verl.; R 464 f. 44'; B 33
n. 2 f. 69.
[1] DE Üb.: Super eisdem laicus contra
clericos (laycum E). – B Üb. marg.
von and. Hd. : Super eodem laicus
contra presbiterum et clericum . |
pignerum S | pignorum detentione]
eisdem R | pro laico scr.] et laicos
PVCAMOR : et laicos Rubrica
H : om S
[2] Iud.] Item E | nobis om E | Andreas
Petri] A. CMD : A. Petri E : A. P.
R : P. B | laicus] .. diocesis add H :
de .. add DER | Laurentius Iohan-
nis] .. C : L .. M : L.DE : l. R : I. B
[3] .. de – clerici] P .. clerici M : P.
de .. et Philippus O : A. de clericus
D : H. clericus B | de 1°] et P | et
Philippus de .. om CER | clerici]
clericus et .. de .. laicus add R |
Parisien.] Perinen. C | Parisien. dio-
cesis om B

[4] ipsius om P | pignoris] detinet add
C : pigneris M : pignorum E | etc.
om M | in proxima] supra DEB |
proxima] prima C : proximo R
[5] pignoris R
[6] quidquid MDE | perceperint CR :
receperut (!) M | conquerenti] pres-
biterum et clericum add R | ap-
pellatione – 8 attentius etc.] laicos
vero per penam in Lateranensi etc. R
[8] remota om B | compelli H | Testes
non om DEB | non] etc. P : sit add
H : autem etc. S : datur add C :
dantur add R.
K 33   P 62 f. 14'/15 (Üb. Index f. 3');
V 25 f. 4; H 62 f. 10'/11; S 52 f. 9;
C 51 f. 403 (Üb. Index f. 440'); A
50 f. 28/28'; M 33 f. 8; O 47 f. 11;
D 62 f. 41' (Üb. Index f. 3'); E 54
f. 25; L verl.; R 465 f. 44'; B 33 n.
3 f. 69.
[1] DE Üb.: Super eisdem laicus contra
presbiteros, clericos (om E) et lai-
cos de diversis diocesibus | eisdem]
in alia forma add R | eosdem –
forma] tres diversarum diocesum R
[2] Iud.] Item E | Petrus] P. DER |

---

[1] Paris.   [2] K 31.   [3] Die Klausel wird gesetzt, da der Kläger Laie ist
(vgl. K 16).   [4] Die Testes-Klausel wird nicht angewendet, da die Klage gegen
Kleriker gerichtet ist (vgl. N 62, 1).

et Iohannes Petri presbiteri, Elias Iohannis et Blancus Bruni clerici, Petrus
et Iohannes de Brada[1] laici Parisien.,[2] Senonen.[3] et Noviomen.[4] | civitatum
et diocesium quasdam terras, possessiones et res alias ipsius titulo pignoris
detinent obligatas, licet ex eis perceperint ultra sortem. – mandamus,
quatinus, si est ita, dictos pignorum detentores, ut sua sorte contenti pignora ipsa et quicquid ultra sortem perceperunt ex eis, restituant conquerenti, presbiteros et clericos monitione premissa per censuram ecclesiasticam, laicos vero per penam in Lateranensi concilio *etc. usque* in legem.[5]
Testes *non*.[6]

P f. 15

5

10

K 34 Super eisdem et rebus aliis.

Iud. Conquestus est nobis Laurentius Iohannis laicus, quod Petrus et

---

Petrus Rubeus] P. Rubei *HA* :
. . *C* : P . . *M* : P. *B* | laicus] . . dio-
cesis *add H* : *om C* : . . *add D* |
Andreas] A. *CMDER* | Andreas –
3 Petri] I. et G. *B* | Iohannis] . . *M*
[3] et Iohannes Petri *om VH* | Iohan-
nes] I. *CE* : Io. *M* : A. *D* | Petri] . .
M : *om E* | presbiter *H* | Elyas
PO : Helias *HCAD* : H. *M* : Helyas
E : Elisis *R* | Elias – Bruni] ac M.
et I. *B* | Iohannis] Io. *M* | Blancus]
Blaiccus *V* : Blaetus *H* : B. *CMR* :
R. *D* : P. *E* | Bruni] Ruyn *H* :
Brani *S* : Martini *C* : . . *M* : Brumi
D : Bumi *R* | clerici *om E* | Petrus
et Iohannes] P. et I. *CDER* : Petrus et I. *A* : P. et Io. *M* : L. et R. *B*
[4] de Brada] de . . *VHER* : *om MB* |
Brada] Braca *C* : *om D* | Noviomen.
et Senonen. *B* | Semonen. *S* :
Seenon. *C* | et *om PSAM* | Novio-
men.] Novarien. *C*
[5] et possessiones *C* | et 2° *om V* |
pignoris tytulo *S* | pigneris *M* :
pignorum *E*
[6] detinet *R* | obligata *V* | licet –

Schluß] etc. ut supra proxima *R* |
receperint *VHSADE* : receperunt
B | sortem etc. *DB*
[7] quatinus *om C* | detentorum *E* | ut
sua – 8 conquerenti] etc. *B*
[8] quidquid *CMD* | perceperint *HC* :
perceperut *(!) M* : receperunt *DE*
[10] laicos vero] et laicos *C* | in *om S* |
in Lateranensi concilio *om C* | in
Lateranensi – *Schluß*] etc. *B* | con-
cilio *om M* | etc. *om E*
[11] Testes non] etc. *S* : datur *add C* :
om DE

K 34 *P 63 f. 15 (Üb. Index f. 3');*
V 26 f. 4; H 63 f. 11; S–; C 52 f. 403
(Üb. Index f. 440'); A 51 f. 28';
M 34 f. 8; O 48 f. 11; D 63 f. 41'
(Üb. Index f. 3'); E 55 f. 25; L
verl.; R 466 f. 44'; B 33 n. 4 f. 69.
[1] *DE Üb.*: Super eisdem laicus contra
laicos et mulieres et super terris,
debitis contra presbiterum et laicos. – *R Üb.*: Super eisdem contra
laicos et mulieres cum clausula Pre-
terea. | aliis] Rubrica *add H*
[2] Iud.] Item *E* | Laurentius] L. *CDE* :

---

[1] *Abgeg. bei Noyon?*   [2] *Paris.*   [3] *Sens.*   [4] *Noyon.*

[5] *Über die kombinierte Strafklausel gegen Kleriker und Laien vgl. K 19. Die*
Attentius-Klausel wird gesetzt, da der Kläger Laie ist (vgl. K 16).

[6] *Die Testes-Klausel fällt fort, da unter den Beklagten Kleriker sind (vgl. N 62, 1).*

Iohannes dicti Branchi laici ac Berta Petri mulier et Maria eius filia Parisien.[1] diocesis quasdam terras, possessiones et res alias ipsius titulo pignoris
5 detinent obligatas, licet ex eis perceperint ultra sortem. Preterea Iohannes
et Petrus de Luca[2] presbiteri, Albertus de Luca et Laurentius Flore laici
super terris, debitis, possessionibus et rebus aliis iniuriantur eidem. – mandamus, quatinus, si de huiusmodi pignorum detentione tibi constiterit, dictos
pignorum detentores, ut sua sorte contenti pignora ipsa et quicquid ultra
10 sortem *etc. usque* in legem. Super aliis vero partibus convocatis *etc.*[3] Testes
etc.[4]

K 35 Super eisdem et super usuris.

D f. 42
B f. 69'

| *Iud.* Conquestus est nobis Andreas de sancto Laurentio[5] laicus, quod

Lau. *M* : l. *R* : *om B* | Iohannis]
Io. *M* : I. *B* | laicus] . . diocesis *add*
D | Petrus] P. *VHCMDER* : A. *B*
[3] Iohannes] I. *VHCDER* : Io. *M* : B.
B | dicti] de *O* | dicti Branchi] de
Barbon *C* : de . . *M* : *om EDB* |
Branchi] Branchiz *(?) H* : Blanci
R | laici] clerici *C* : de . . *add E* | ac]
om HE : et *AB* | Berta Petri] B . .
M : B. *B* | Maria] M. *PCAMOR* :
E. *D* : . . *E* : *om B*
[4] aliis *C* | ipsius *om B* | pignorum *E*
[5] detinet *D* | detinent – perceperint]
etc. usque *R* | receperint *VDEB* |
hinter sortem *Lücke von ca. 6 Buch-
st. C* | Preterea] Propterea *V* |
Iohannes et Petrus] I. et P. *einkorr.*
C : Io. et P. *MEB* : Iohannes et P. *R*
[6] de Luca 1° *om B* | Luca 1°] Luto
PH : Luco *VA* : . . *CMODER* |
presbiter *V* | Albertus de Luca] A.
de Luca *C* : de . . *D* : . . . de . . *E* :
Ac . . de . . *R* : ac G. *B* | et 2°] *om*
MOC : ac *DE* | et Laurentius Flore
in C zerstört | Laurentius Flore] L.
de Flore *C* : L . . *M* : . . de . .

DER : H. *B* | laici] . . diocesis *add*
A : etc. *add D*
[7] et rebus aliis *om B* | eidem etc. *D*
[8] quatinus *om C* | de huiusmodi] su-
per *(?) zerstört C* | pignoris *R* |
dictas *R*
[9] contenti – 10 sortem *om R* | pignora
zerstört C | pignora – 10 sortem *om*
DE | pignora – 10 convocatis *om*
B | quidquid *M*
[10] sortem *om PVHMO* | partibus] per
R | convocati *V* | etc. 2° *om C*
[11] etc. *om B.*

K 35 *P 64 f. 15 (Üb. Index f. 3');*
V 27 f. 4/4'; H 64 f. 11; S. 53 f. 9;
C 53 f. 403 (Üb. Index f. 440'); A
52 f. 28'; M 35 f. 8; O 49 f. 11; D
64 f. 42 (Üb. Index f. 3'); E 56 f.
25; L verl.; R 467 f. 44'; B 33 n.
5 f. 69'.

[1] *Üb. in O nur als Marginale. – DE
Üb.:* Super eisdem laicus contra
laicum et super terris debitis. | et
super usuris *om R* | usuris] Rubrica
add H
[2] *Iud.*] Item *E* | est *korr. M* | Andreas]

[1] *Paris.*   [2] *Luce (welches?).*   [3] *Über die kombinierte Klausel wegen
Wucher und Besitzentzug vgl. K 19 b.*   [4] *Die Testes-Klausel wird gesetzt, weil
unter den Beklagten kein Kleriker ist (vgl. N 62, 1). Außerdem muß die Attentius-
Klausel angewandt werden, weil der Kläger Laie ist (vgl. K 16).*   [5] *Saint-
Laurent (welches?).*

Petrus Bernardi laicus Parisien.[1] diocesis quasdam terras et res alias ipsius titulo pignoris detinet obligatas, licet ex eis perceperit ultra sortem. Idem quoque multa extorsit et adhuc extorquere nititur ab eo per usurariam pravitatem. – mandamus, quatinus, si est | ita, dictum usurarium, ut sua sorte contentus pignora ipsa et quicquid ultra sortem percepit ex eis, ac sic extorta restituat conquerenti et ab usurarum exactione desistat, per penam in Lateranensi concilio *etc. usque* in legem.[2] Testes *etc.*[3]

5

V f. 4'

K 36 Super pignoratis a patre mortuo, cuius conquerens heres existit.

Iud. Conquestus est nobis Petrus filius et heres quondam Iohannis de .· laici, quod, cum dictus Iohannes Alberto de Baro[4] laico .. diocesis quasdam possessiones suas titulo pignoris obligasset, Henricus filius et heres eiusdem Alberti possessiones ipsas eodem titulo detinet obligatas, licet

5

.. *VER* : Io. *H* : A. *CMB* : *om D* | de sancto Laurentio *om B* | sancto Laurentio] .. *CMDER* | Laurentio *om H* | laicus] .. diocesis *add H* : *om C* | quod] et *V*

[3] Petrus] P. *PCM* : *om D* : .. *E* : B. *B* | Bernardi] de .. *CDE* : .. *M* : *om B* | Parisien. *om B* | et res – 4 perceperit] etc. *B* | ipsius alias *M*

[4] pignoris titulo *S* | pigneris *M* : pignorum *E* | detinent *VH* | perceperit] percepit *M* : receperit *DE*

[5] eo] eodem *D*

[6] sua *einkorr. C*

[7] quidquid *MDE* | sorte *V* | perceperit *VSCADERB* | ac *om R* | sic] *om C* : si *E*

[8] ab *om B* | desistant *D*

[9] in Lateranensi – legem] etc. *B* | in Lateranensi concilio *om PA* | concilio *om CR* | usque in legem *om R* | legem etc. *D* | Testes] autem *add O.*

K 36 *P 65 f. 15 (Üb. Index f. 3'); V*

28 *f. 4'; H –; S 54 f. 9; C 54 f. 403 (Üb. Index f. 440'); A 53 f. 28'; M 36 f. 8; O 50 f. 11; D 65 f. 42 (Üb. Index f. 3'); E 57 f. 25; L verl.; R 468 f. 44'; B 33 n. 6 f. 69'.*

[1] pignor. *P* : pigneratis *S* | patre *om ER* | mortuo *om D*

[2] existit] eistit *(!) C* : est *D*

[3] Iud.] Item *E* | est *om D* | Petrus] P. *PCAMRB* : *om S* | Iohannis] Io. *SDM* : I. *C* : F. *B* | de .. *om B*

[4] laici] laico *P* : .. diocesis *add B* | Iohannes] I. *CR* : Io. *M* : F. *B* | Alberto] *om VE* : A. *MDR* | Alberto – diocesis] *om B, dann marg. einkorr. v. and. Hd.*: quondam Ant(onio) .. diocesis | Baro] .. *PVCMODER* | laico *om CDER*

[5] suas] *vor* possessiones *VDER* : *om B* | pigneris *S* : pignorum *E* | Henricus] H. *SCDER* : H .. *M* : B. *B*

[6] Alberti] A. *MDER* : H. *B* | ipsas *om B* | eodem] eidem *D* | obligatas] obligatis *V* : *om D*

[1] *Paris.*   [2] *Die Attentius-Klausel wird gesetzt, da der Kläger Laie ist (vgl. K 16).*   [3] *Die Testes-Klausel folgt, da der Beklagte nicht Kleriker ist (vgl. N 62, 1).*   [4] *Bar-le-Duc(?). Da keine Diözese angegeben ist, ist eine sichere Deutung nicht möglich.*

tam ipse quam dictus A. pater eius ex eis perceperint ultra sortem. – mandamus, quatinus, si est ita, dictum pignoris detentorem *etc. usque* attentius
usque nisi dictus conquerens restituerit vel adhuc restituat, si quas ipse vel
dictus pater eius extorserunt usuras, cum frustra *etc.*[1] Testes *etc.*[2]

R f. 45

K 37 | Super eisdem et usuris extortis a capitulo et membris
ecclesie et pignoribus.

Iud. Conquesti sunt nobis dilecti filii . . prepositus et capitulum ecclesie
de . . ordinis . ., quod nonnulli religiosi et clerici seculares et laici . . dio-

O f. 11'

cesis quasdam terras, possessiones, prata, | domos, vineas, nemora, decimas
et alias ipsius ecclesie res ac membrorum eius titulo pignoris detinent obli-

C f. 403'

gata, licet ex eis perceperint ultra sortem. Iidem quoque | multa extor-
serunt et adhuc extorquere nituntur ab eis et eisdem membris per usura-

---

[7] tam] tamen *B* | quam] quod *B* | dic-
tus] *om C* : predictus *R* | A.] H. *B* |
eius] eiusdem *CMO* | perceperunt
S : perceperit *AR* | sortem etc. *B*
[8] dictum pignoris] etc. *B* | pigneris
S : pignorum *E* | usque *om B* |
attentius etc. *C*
[9] usque – adhuc] etc. *B* | usque –
10 frustra *om R* | vel 1°] et *M* |
adhuc] *letzte drei Buchst. einkorr. M*
[10] dictus *om B* | dictus pater eius]
pater suus *C* | eius] predictus *add B* |
extorserut *(!) M* | Testes etc. *om*
B | Testes] autem *add V* : autem qui
fuerint nominati *add C*.

K 37 *P 66 f. 15 (Üb. Index f. 3'); V
29 f. 4'; H 65 f. 11; S –; C 55 f. 403/
403' (Üb. Index f. 441); A 54 f.
28'; M 37 f. 8; O 51 f. 11/11'; D 66
f. 42/42' (Üb. Index f. 3'); E 58 f.
25/25'; L verl.; R 469 f. 45; B 33 n.
7 f. 69'.*
[1] eisdem] contra religiosos clericos et
laicos *add DE* | eisdem et *om R* | a]
om H : *aus* et *v. and. Hd. korr. R* |
et 2°] in *add C* | membre *(!) H*

[2] pignorationibus *C*
[3] prepositi *M* | ecclesie] *om P* : . .
ecclesie *E*
[4] de *om HDEB* | ordinis . .] diocesis
. . *add H* : diocesis *add DB* : . . or-
dinis . . diocesis *E* | . . 2° *om MR* |
et religiosi clerici *D* | et 2°] . . *add*
R : ac *B* | et laici] *om P* : et . . laici
R | . . diocesis] diocesis . . *H*
[6] ac] a *V* : *om C* : et *A* | ac membro-
rum eius] ab eis et membris eorum
H | membra, a *aus* – orum *korr. E* :
menbrorum *R* | pignoris titulo
VHADR : pignorum titulo *EB* |
obligatas *PHB*
[7] perceperut *(!) M* : receperint *DEB* :
perceperit *R* | Idem *VR* | Iidem –
8 nituntur] *om B, dann marg. v.
and. Hd.* : Idem quoque extorserunt
et adhuc extorquere nituntur | ex-
torserunt] extorquerunt *(!) V* :
extorserut *(!) M*
[8] et 2°] vel *D* : ab *add B* | eisdem]
eorum *hinter* membris *H* : eiusdem
R : *aus* eius *korr. B* | per *v. and.
Hd. einkorr. B*

---

[1] *Die Attentius-Klausel wird angewendet, da der Kläger Laie ist (vgl. K 16).*
[2] *Die Testes-Klausel folgt, da der Beklagte kein Kleriker ist (vgl. N 62, 1).*

riam pravitatem. – mandamus, | quatinus, si est ita, dictos usurarios, ut *D f. 42'*
sua sorte contenti pignora ipsa et quicquid ultra sortem perceperunt ex 10
eis, ac sic extorta restituant conquerentibus et membris ipsis, religiosos
et clericos monitione premissa | per censuram ecclesiasticam, laicos vero *E f. 25'*
per penam *etc. usque* compellas.[1] *Dat. etc.*

K 38 Super | eisdem contra Iudeos. *A f. 29*

Iud. Conquestus est nobis | Dominicus Iohannis laicus, quod Moises et *H f. 11'*
Astruc Iudei Arelaten.[2] quasdam terras et res alias ipsius titulo pignoris
detinent obligatas, licet ex eis perceperint ultra sortem. – mandamus,
quatinus, si est ita, dictos Iudeos, ut sua sorte contenti pignora ipsa et 5
quicquid ultra sortem immoderate perceperunt ex eis, restituant conque-
renti, monitione premissa | per subtractionem *etc.*[3] Attentius *non.*[4] Testes *etc.*[5] *B f. 70*

---

[9] si *korr. M* | ut sua – 11 sic] etc. *B*
[10] quidquid *CMADE* | ultra sortem
über gestr. ex eis res *(!) C* | perce-
perint *HCAM* : perceperit *R* | ex
eis *einkorr. P*
[11] eis] ipsis *E* | ac] et *H* | conquerenti
H
[13] penam] in Lateranensi concilio *add*
H | etc. usque *om B* | compellas]
etc. *add M* | Datum *HC* | Dat. etc.
om DEB | etc. 2° *om M.*

K 38 *P 67 f. 15; V 29a f. 4'; H 66
f. 11/11'; S –; C 56 f. 403' (Üb.
Index f. 441); A 55 f. 28'/29; M
38 f. 8; O 52 f. 11'; D 67 f. 42' (Üb.
Index f. 3'); E 59 f. 25'; L verl.; R
470 f. 45; B 33 n. 8 f. 69'/70.*
[1] *Üb. om PVMO* | Super eisdem] *om*
H : pro laico *add A*
[2] Dominicus] .. D. *R* | Dominicus

Iohannis] D. Io. *M* : P. *B* | laicus
de .. *R* | Moises] Moyses *PHCO* :
M. *MDERB*
[3] Astruc] Astinc *P* : A. *M* : I. *DE* :
N. *B* | Arelaten. *om B* | Arelaten.
diocesis *CAE* : A. Reatin. diocesis
D | titulo] *om V* : *hinter* pignoris
HE | pignorum *B*
[4] ex] pro *B* | receperint *B* | sortem
etc. *B*
[5] Iudeos] iudices *E* | pignora – 6 eis]
etc. *B*
[6] quidquid *CMDE* | immoderate] *om*
DE : immediate *R* | perceperint *C* :
perceperut *(!) M* : recipiunt *D* :
receperint *E* | conquerenti *om B*
[7] subtractionem] communionis fide-
lium *add RB* | Attentius *om D* |
non] etc. *PB* : moneas *H* : non etc.
R | etc. 2°] *om M* : sic (sed per cen-
suram etc. *add D²) DE.*

---

[1] *Über die kombinierte Strafklausel gegen Kleriker und Laien vgl. K 19a.*
[2] *Arles.*
[3] *Über die Strafklausel gegen Juden vgl. S. 106 Anm. 3.*
[4] *Die Attentius-Klausel wird bei Klagen gegen Juden nicht gesetzt; vgl. K 16
u. S. 116 Anm. 2.*
[5] *Die Testes-Klausel folgt, da unter den Beklagten kein Kleriker ist (vgl. N 62,1).*

K 39 Super pignoribus, ubi prestitum est iuramentum.

Iud. Ad audientiam nostram pervenit, quod .. abbas et conventus monasterii sancti Victoris Parisien.[1] quasdam possessiones Iohannis Petri laici .. diocesis titulo pignoris detinent obligatas, licet ex eis perceperint ultra
5 sortem, extorto ab eo, quod ipsos super hiis minime conveniret, nichilominus iuramento. – mandamus, quatinus, si est ita, dictos abbatem et
V f. 5 conventum ad relaxandum huiusmodi iuramentum monitione premissa | per censuram ecclesiasticam et eo relaxato, ut sua sorte contenti possessiones ipsas et quicquid ultra sortem perceperunt ex eis, laico restituant supra-
10 dicto, per censuram eandem appellatione remota compellas,[2] attentius provisurus *etc.*, cum ei legis auxilium *etc.*[3] Testes *non.*[4]

K 39 *P 68 f. 15 (Üb. Index f. 3');*
V 30 f. 4'/5; H 67 f. 11'; S 55 f. 9;
C 57 f. 403' (Üb. Index f. 441); A
56 f. 29; M 39 f. 8; O 53 f. 11'; D
68 f. 42' (Üb. Index f. 3'); E 60 f.
25'; L verl.; R 471 f. 45; B 33 n. 9
f. 70.

[1] Super] De *C* | pignoribus] pigneribus *S* : eisdem *DE* | prestitum] presertum *(!) H* : positum *A* : *hinter* est *MOR* | est] fuerit *C* | iuramentum] Rubrica *add H*
[2] Iud. *om R* | .. *om VSAR* | monasterii *om C*
[3] sancti Victoris Parisien.] .. *B* | Parisien.] ordinis .. *add HD*[2] *(einkorr.)* | Iohannis – 4 diocesis *om B* | Iohannis Petri] Petri de .. *H* | Iohannis] I. *C* : Io. *M* | Petri] .. *M* | laici – 5 sortem *in V doppelt* | .. diocesis *om H*
[4] pignoris titulo *B* | pigneris *S* : pignorum *E* | perceperint] *om D* : receperint *R*

[5] extorta *D* | eo] eis *DEB* | quod] per *H* : et *C* | super hiis quod ipsos (interim *add D*) minime *DE* | ipsos *hinter* hiis *B* | minime] minus *H* | convenirent *HDE* : convenire *C* : convenierent *(! korr.) B* | nichilominus *om B*
[6] iuramento] *in C zerstört* : etc. *add DB*
[8] ut] et *B* | possessiones] etc. *add B*
[9] ipsas] ipsius *C* | quidquid *CMDE* | perceperint *HCB* : perceperut *(!) M* | laicis *DEB* : .. laico *R* | layco ex eis restituant supradicto *C* | supradictis *DEB*
[10] eandem] ecclesiasticam *M* | eamdem *E* : *hinter* per *B* | appellatione remota *in C zerstört* | provisurus *om CR*
[11] cum – non] Datum etc. *D* : *om E* : Dat. *B* | cum – etc. 2° *om R* | eis *H* | auxilium *om C* | non] etc. *SC*.

---

[1] *Augustinerchorherrenstift St. Victor in Paris.*
[2] *Über die kombinierte Mandatsklausel vgl. oben K 19 g.*
[3] *Die Attentius-Klausel wird gesetzt, da der Kläger Laie ist (vgl. K 16).*
[4] *Die Testes-Klausel entfällt, da die Beklagten Kleriker sind (vgl. N 62, 1).*

K 40 | Super eisdem, ut ille, qui pignus posuit, ipsum recolligat fructibus computatis in sortem.

P f. 15'

Iud. Conquestus est nobis Petrus Rubei laicus, quod, cum ipse a Lucio de Barro[1] milite Sedunen.[2] quandam terram titulo pignoris detineat obligatam et fructibus ex ea perceptis computatis in sortem terram ipsam restituere velit eidem, miles ipse nec terram curat recolligere nec ei | pecuniam, pro qua obligata extitit, exhibere. – mandamus, quatinus | militem ipsum ad restitutionem pecunie deductis fructibus, quos idem creditor de terra ipsa percepit, monitione premissa per censuram ecclesiasticam, sicut iustum fuerit, appellatione remota compellas.[3] Dat. *etc.*

5

M f. 8'
D f. 43

10

K 40 *P 69 f. 15' (Üb. Index f. 3');
V 31 f. 5; H 68 f. 11'; S 56 f. 9;
C 58 f. 403' (Üb. Index f. 441); A
57 f. 29; M 40 f. 8/8'; O 54 f. 11';
D 69 f. 42'/43 (Üb. Index f. 3');
E 61 f. 25'; L verl.; R 472 f. 45;
B 33 n. 10 f. 70.*

[1] Super eisdem *om R* | pignus] *korr.
A* : pignora *E* | posuit pignus
P (marg., nicht Index) R | ipsum]
et *add C* : ipsa *E* : *om R* | recolligit
C

[3] Petrus] *P. CMDERB* | Rubei] ..
M : *om B* | laicus] .. diocesis *add
HDR* : clericus *MO* : diocesis *add
E* | a] ab *C* : A. *DR* | Lucio] L.
VHD : I. *C* : Ia. *M* : Iacobo *O* :
.. *E* : Al. *R* : B. *B*

[4] Barro] Bario *P* : .. *VHMDER* :
Barto *S* : Fractis *CO* : *om B* | Sedunen.] Seduen. *V* : Seducen. *H* :
Serdun. *S* : Gaietan. diocesis *C* :

Gaietan. *MO* : .. *B* | pigneris *S* :
pignorum *E* | detinet *PVSAE* :
detineret *RB*

[5] et] de *add B* | fructus *S* | ex ea perceptis] *om CM* : v. and. Hd. marg.
einkorr. *O* | percipiens *(korr.) S* |
computatis] computans *S* : *v. and.
Hd. marg. einkorr. B* | ipsam] *vor*
terram *H* : *om DE*

[6] ipse miles *B* | .. miles *R* | terram]
ipsam *add H* : certam *S* : *hinter*
recolligere *C* | colligere *B* | ei] eidem
R : ipsi *B*

[7] exstitit *S* : existit *B* | exhibere etc.
B

[8] ad] quod *ER* | ipsius pecunie *C* |
deductis] de dictis *B* | quos] quod
D | idem creditor] creditor predictus *B* | de] in *E*

[9] perceperit *VCD* | et sicut *B* |
iustum] visum *E* : *v. and. Hd. einkorr. B*

[10] Dat.] Datum *HD* | etc. *om M.*

───────────

[1] *Bar (welches?).*   [2] *Sitten.*

[3] *In diesem Beispiel fallen sowohl Attentius- als auch Testes-Klausel fort, da
es sich um keine eigentliche Wuchersache handelt, der Kläger das als vifgage behandelte Pfand ja zurückerstatten will und der Beklagte zur Einlösung gezwungen
werden soll. Es kommt also zu keinem eigentlichen Prozeß (daher der Fortfall der
Testes-Klausel, zumal Notorietät vorliegt), und der Beklagte wird natürlich durch
einfache kirchliche Zensuren (nicht durch die Bestimmung des 3. Laterankonzils)
zum Gehorsam gezwungen.*

K 41　Contra pignoris detentorem renuentem fructus computare in sortem.

Iud. Conquestus est nobis Iohannes de . . laicus . . diocesis, quod B.
de . . laicus dicte diocesis quasdam terras, possessiones et res alias ipsius
5　titulo pignoris detinet obligatas, fructus ex ipsis perceptos in sortem
renuens computare. – mandamus, quatinus, si est ita, prefatum B., ut
S f. 9'　fructus | iam perceptos in sortem computet et recepto, si quid sorti de-
fuerit, ea contentus pignora ipsa restituat conquerenti, per penam *etc.*
Testes *etc.* [1]

K 41a　Super pignoris detentione, terris, possessionibus etc.
contra clericos et laicos simul cum clausula „Iidem quoque“.

Iud. Ad audientiam nostram pervenit, quod . . et . . de . . clerici et . .
de . . laicus . . diocesis quasdam terras, vineas et res alias L. de . . clerici . .
5　diocesis titulo pignoris detinent obligatas, licet ex eis perceperint ultra
sortem. Iidem quoque super terris, possessionibus *etc.* – mandamus, qua-

---

K 41　*P 70 f. 15' (Üb. Index f. 3');*
V 32 f. 5; H 69 f. 11'; S 57 f. 9/9';
C 59 f. 403' (Üb. Index f. 441); A
58 f. 29; M 41 f. 8'; O 55 f. 11';
D 70 f. 43 (Üb. Index f. 3'); E 62
f. 25'; L verl.; R 473 f. 45; B 33
n. 11 f. 70.
[1] pigneris *S* : pignorum *EB* | deten-
tionem *PR* | retinentem *C* : ren-
nuentem *M* | computatis *CA*
[2] sortem] Rubrica *add H*
[3] Iohannes] I. *SCARB* : Io. *ME* |
de . . *om B* | . . diocesis] diocesis
. . *S* | diocesis] *einkorr. C* : *om B*
[4] de . . *om RB* | dicte] . . *PB* : pre-
dicte *hinter* diocesis *H* | terras] res
H | possessiones *om B*
[5] pignoris titulo *C* | pigneris *S* : pig-
norum *EB* | fructus] fratres *M* |
percept(is) *E* | in sortem *v. and.*
Hd. einkorr. B

[6] rennuens *M* | computare] etc. *add*
DB | prefatum] ipsum *(korr.) M* |
B.] G. *B* | ut *om D*
[7] computet] computaret *A* : *marg. v.*
and. Hd. einkorr. B | recepto *om C* |
si quid] si quod *VH* : quidquid *C* |
sorti] forti *V* : forte *MO* | defuerit]
fuerit *B*
[8] ea] eo *HSMB* | pignera *S* | penam]
in Lateranensi *add B* | etc.] compel-
las *add B*
[9] Testes] Attentius *B* | etc.] Datum
etc. *add C* : Dat. etc. *add E.*

K 41a　*D 71 f. 43 (Üb. Index f. 3');*
E 63 f. 25'/26.
[2] clericum *D* | clausula] etc. *add E* |
Iidem quoque *nur marg. D²*
[3] pervenit] pertinet *D* | et 1° *om E*
[4] layci *E* | L. de . .] L. et . . de . . *E*
[5] pignorum *E*

---

[1] *Die Testes-Klausel folgt, da der Beklagte kein Kleriker ist (vgl. N 62, 1).*
Davor ist auch die Attentius-Klausel zu setzen, da der Kläger Laie ist (vgl. K 16).

tinus, si de huiusmodi pignoris detentione tibi constiterit, detentores eorundem, ut sua sorte contenti pignora ipsa et quidquid ultra sortem perceperint *etc. usque* compellas, attentius *etc.*[1] | Super aliis vero audias causam *etc.*[2] *E f. 26*

K 41b Super eodem cum „Preterea" super usuris.

In eodem modo pro eodem contra eosdem etc. usque ultra sortem. Iidem quoque ac .. et .. laici earundem civitatis et diocesis multa extorserunt et adhuc extorquere nituntur ab eo nomine usurarum. – mandamus, quatinus, si est ita, dictos usurarios, ut sua sorte contenti pignora ipsa et quicquid ultra sortem perceperunt ex eis ac sic extorta restituant conquerenti et ab usurarum exactione desistant, clericos monitione premissa per censuram ecclesiasticam, laicos vero per penam in Lateranensi concilio *etc.*; attentius provisurus *etc.*[3] 5

K 41c Super pignorum detentoribus, quando nolunt computare in sortem fructus perceptos.

| *Iud.* G. de .. laicus nobis conquerendo monstravit, quod, cum ipse *B f. 70'*

---

[7] pignorum *E*

[9] compellas etc. *E* | etc. 2° *om E.*

K 41b *P 429 f. 41 (Üb. Index f. 6');*
V 269 f. 31'; H 317 f. 36; S 241 f. 27'; D 72 f. 43 (Üb. Index f. 3'); E 64 f. 26.

[1] *DE Üb.:* Super eisdem et usuris cum clausula Idem quoque etc. *(om D)* | super usuris *om S* | usuris] Rubrica *add H*[2]

[2] In eundem modum *DE* | pro eodem *om P* | etc. *om DE* | ultra *om DE* | Idem *S*

[3] eorundem *S*

[5] si – usurarios *om H* | sorte sua *D* | quidquid *DE*

[6] receperunt *H* : perceperint *D* | ac *om D*

[7] monitione – 8 etc.] etc. ut supra usque compellas *DE*

[8] in Lateranensi concilio *om P* | concilio] editam *add H* : consilio *S*.

K 41c *P 425 f. 41 (Üb. Index f. 6');*
V 265 f. 31/31'; H 313 f. 35'/36; S 239 f. 27'; D 73 f. 43/43' u. 78 f. 44/44' (= D') (Übb. jedesmal Index f. 3'); E 69 f. 26'; R 480 f. 45'; B 33 n. 12 f. 70' (= B') u. 33 n. 17 f. 71/71' (= B).

[1-2] *D Üb.:* Quando noluit restituere pignus nec fructus perceptos computare in sortem. – *D'ER Üb.:* Contra heredes (heredem *E*) defuncti, cui terra fuerat (est *E*) obligata et ex ea perceperat (receperat *R*) ultra (contra *D'*) sortem nolentes (volentes *D'*) fructus (eiusdem *add E*) in sortem computare (computare in sortem *R*)

[3] G.] .. *D* : Io. *B'* | de .. *om BB'* | laicus] .. diocesis *add H* : *om D* | nobis *om P* | cum *om B*

---

[1] *Die Attentius-Klausel wird gesetzt, da der Kläger nicht zu dem in K 16 aufgeführten Personenkreis gehört.* [2] *Anschluß wie K 1ff.* [3] *Vgl. oben Anm. 1.*

D f. 43'
H f. 36
quandam terram | suam quondam I. de . . laico . . diocesis titulo pignoris
obligasset, de qua dictus | I. sortem et amplius fuerat assecutus, . . et . . fi-
lii eiusdem I. . . diocesis, qui in bonis ipsius succedunt, terram ipsam
B f. 71'
V f. 31'
contra iustitiam detinent et sibi reddere | indebite contradicunt, in sortem
adhuc non computatis ex ea perceptis ab ipsis et ab eodem I. | fructus
exigere molientes. – mandamus, quatinus, si est ita, dictos . ., ut de hiis,
D' f. 44'
que | prefatus I. dinoscitur percepisse, contenti et que iidem perceperunt
ex ea restituant conquerenti, per penam in Lateranensi concilio contra
usurarios editam[1] appellatione remota compellas. Testes *etc.*[2]

K 41 d Quod obligator cogatur recolligere pignus.

H f. 36'
V f. 32
Iud. Oblata nobis C. de . . laici | petitio continebat, quod, cum ipse a B.
de . . | laico . . diocesis quandam terram titulo pignoris detinuerit obli-

---

[4] quondam] *om D* | *einkorr. B'* | I.
de . .] P. *B* : Io. *B'* | laico *om EB* |
. . diocesis] diocesis . . *H* | pignorum
EBB'

[5] obligaverit *H* | I.] Io. *B* : P. *B'* |
. . et . .] et *VD'ERB* : et . . *(Punkte
einkorr.) H* : A. uxor et *DB'* |
filii] sibi *S*

[6] eiusdem] eius *(korr.) H* : ipsius
DB' | I.] Io. *B* : et filii sui *B'* |
. . diocesis] diocesis . . *HS* : *om
DD'EB* : diocesis *R* | bonis] litteris
S | ipsius] sui *B'*

[7] indebite *om PVHSDERBB'* | in]
om PVSER : et in *B'* | in sortem]
fructibus ultra sortem *H*

[8] ex] in *PVSR* | ab ipsis – I.] et eidem
Io. *B* | ipsis] eis *DD'ER* | et ab] et
PD'EB' : vel ab *R* | I.] Iohanne
einkorr. P : Io. *B'* | fructibus
PVSER : fructusque *H*

[9] exigere molientes] adhuc nituntur
exigere violenter *H* | molientes] vio-
lentas *V* : nituntur violentos etc.
B : etc. *B* : etc. *add B'* | dictos . .]
predictos . . *D* : et . . *add R* : dilec-
tos filios *B* : predictos filios *B'* |
ut de] de *H* : in *B'*

[10] I.] P. *BB'* | noscitur *D'* : dignosci-
tur *ERB'* | contenti] competenti
V : competenter *H* : contempti *S* |
et] computatis hiis *add B'* | que *om
E* | iidem] iidem . . *H* : idem *D* :
inde *D'*

[11] ex ea restituant] ad restituendum
H | ex *om D'* | in Lateranensi – 12
remota] etc. usque *D'EB'* : etc.
DRB

[12] compellas *om R* | compellas – etc.]
om D : attentius etc. Testes *v. ande-
rer Hd. einkorr. B'* | Testes etc. *om S.*

K 41 d   *P 430 f. 41/41' (Üb. Index f.
6'); V 270 f. 31'/32; H 318 f. 36/36';
S 242 f. 27'; D 74 f. 43' (Üb. Index
f. 3'); E 65 f. 26; B 33 n. 13 f. 70'.*

[1] *E Üb.:* Quando nolunt restituere
pignus nec fructus perceptos com-
putare in sortem. | Quod] Quando
D | colligere *VE* | pignus] Rubrica
add H : terram *D*

[2] de *om B* | laici] diocesis . . *(f. 36')*
add H : diocesis *DB* : *om E* | quod –
3 detinuerit *om D* | cum] tam *add
H* | a B.] A. *PVS* : A . . *H* : A. B. *E*

[3] de . .] de I. *(korr.) H* : *om B* | laico]

---

[1] *Vgl. K 16.*   [2] *Die Testes-Klausel folgt, da unter den Beklagten kein Kleriker ist.*

gatam et fructibus ex ea perceptis computatis in sortem terram ipsam
restituere velit eidem, prefatus B. nec terram recolligere nec pecuniam ei
debitam restituere procurat eidem. – | mandamus, quatinus, si est ita,
eundem B. ad restitutionem pecunie deductis fructibus, quos creditor ipse
de predicta terra percepit, monitione premissa per censuram ecclesiasticam,
sicut iustum fuerit, appellatione remota compellas.

5

P f. 41'

K 41 e Super eodem.

Iud. I. de . . laicus nobis conquerendo monstravit, quod B. de . . laicus
. . diocesis quasdam terras, possessiones et res alias ipsius titulo pignoris
detinet obligatas, fructus ex ipsis perceptos in sortem renuens computare. –
mandamus, quatinus, si est ita, prefatum B., ut fructus iam perceptos in
sortem computet et, recepto si quid sorti defuerit, ea contentus pignora
ipsa restituat conquerenti, per penam *etc.*[1] Testes *etc.* [2]

5

---

laic(is) *hinter* diocesis E | . . diocesis]
diocesis . . H | terram *doppelt* S |
titulo – 4 terram *om* E | pignorum
B | detinent B

[4] et] ac DB | fructibus – terram *om*
DB

[5] nolit H | prefatus – 6 eidem *om* H |
B.] C. S : A. B. D | nec 1°] terram
curat recipere nec pecuniam pro
qua obligata exstitit exhibere vel
sic prefatus B. (A. B. D) nec *add*
DE : nec terram recipere nec pecuniam pro qua obligata extitit exhibere procurat eidem vel sic pre-
fatus B. nec *add* B | colligere D |
ei] et E | ei debitam *om* B

[6] eidem] etc. *add* DB | si est ita
eundem B. *om* DEB

[7] deductis] de dictis B | ipse *om* DEB

[8] predicta terra] terra ipsa DEB |
recepit H : perceperit DE | per –
9 fuerit] sicut iustum fuerit per censuram ecclesiasticam B

[9] compellas] etc. *add* H.

K 41 e *P 426 f. 41 (Üb. Index f. 6');*

V 266 f. 31'; H 314 f. 36; S –; D 75
f. 43' (Üb. Index f. 3'); E 66 f. 26;
B 33 n. 14 f. 70'.

[1] DE Üb.: Quando creditor (conditor
E) fructus in terram sortem (sic,
in – sortem *om* E) renuit computare. |
eodem] super restitutione pignorum
et quod recipiant si quod sorti defuerit *add* V (andere Hd.)

[2] I.] N. DEB | de . . 1° *om* B | laicus]
diocesis . . *add* H | B. de . . laicus]
quod cum ipse a P. laico B

[3] . . diocesis] *om* P : diocesis . . H |
terras *om* DEB | ipsius] ipsius . .
H : ad ipsum hereditario iure spec-
tantes DEB | pignorum EB

[4] detinent B | ipsis] eis DB | percep-
tis P | renuens – 6 sortem *om* D |
computare etc. B

[5] prefatum] dictum EB | B.] P. B

[6] ea] eo HDE : et B | pignora ipsa]
ipsum D : pignus ipsum EB

[7] restituas E | penam] Laternen. *(!)*
add B | etc. 1°] Attentius etc. *add*
B | Testes etc. *om* P.

---

[1] *Vgl. K 16.*   [2] *Die Testes-Klausel folgt, da der Beklagte kein Kleriker ist.*

K 41f De iuramento extorto et de non repetendis possessionibus et non computandis fructibus, antequam esset eis satisfactum.

B f. 71 | *Iud.* Ad audientiam nostram noveritis pervenisse, quod dilecti filii . .
5   prior et conventus monasterii de . ., R. de . . et . . de . . laici . . diocesis
quasdam terras, possessiones et redditus nobilis viri I. de . . titulo pignoris detinent obligatas, licet ex eis perceperint ultra sortem, de non computandis fructibus percipiendis in sortem nec etiam repetendis terris,
possessionibus et redditibus supradictis, antequam eis de sorte satisfactum
D f. 44   extiterit, extorto ab eis nichi|lominus iuramento. Cum igitur iuramentum
iniquitatis vinculum esse non debeat sed iustitie firmamentum, – mandamus,
quatinus, si est ita, dictos pignorum detentores ad relaxandum huiusmodi
iuramentum monitione premissa per censuram ecclesiasticam eoque relaxato, ut sua sorte contenti pignora ipsa et quidquid ultra sortem percepe-
15   runt ex eis restituant nobili memorato, priorem et conventum monitione
premissa per censuram eandem, laicos vero per penam *etc.*[1] Attentius *etc.*[2]

K 41g Super eodem et usuris extortis a patre.

Iud. Ad audientiam nostram pervenit, quod . . et . . laici . . diocesis
quasdam terras Iohannis civis et N. fratrum laicorum titulo pignoris detinent obligatas *etc. ut supra in proxima usque*[3] sortem alias quoque multa
E f. 26'   a P. | quondam predictorum fratrum patre, cuius fratres ipsi heredes exis-

---

K 41f   *D 76 f. 43'/44 (Üb. Index f. 3');*
  E 67 f. 26; B 33 n. 15 f. 71.

  ² eis *om D*
  ⁴ audientiam nostram *korr.* D²
  ⁵ prior] . . *add E* | monasterii *om E* |
    monasterii – diocesis] et laicus dicte
    diocesis *B* | R. de . . *om E* | . . 3°
    om D | laicus *E*
  ⁶ terras *om B* | et redditus *om B* | I.
    de . .] Io. *B* | pignorum *E*
  ⁷ obligatos *D* | ex *einkorr. B* | ultra] in
    B | computando *B*
  ⁸ terris *om B*
  ⁹ redditibus] rebus *E* | eis] eo *EB*
  ¹⁰ igitur] autem *B* | igitur iuramentum
    om E

  ¹¹ debet *D* | firmamentum etc. *B*
  ¹³ relaxata *B*
  ¹⁴ quicquam *E* | perceperint *E*
  ¹⁵ restituant – ¹⁶ premissa] religiosos *B*
  ¹⁶ laicus *E* | Attentius etc. *om B.*

K 41g   *D 77 f. 44 (Üb. Index f. 3');*
  E 68 f. 26/26'; B 33 n. 16 f. 71.

  ² . . et . .] A. et B. *B* | . . diocesis *om B*
  ³ Iohannis] I. *E* : Io. *B* | civis *om*
    EB | N.] P. *B* | pignorum *B*
  ⁴ in *om E* | in proxima *om B* | alias
    quoque] alia que *B*
  ⁵ a P.] A p. *D* | P. – patre] patre quod
    predictorum fratrum *B* | condam
    E | patre *om E* | heres *B*

---

¹ *Vgl. K 16.*   ² *Die Attentius-Klausel ist zu setzen, da der Kläger Laie ist*
(vgl. K 16).   ³ *Vgl. K 41f.*

tunt, extorserunt et adhuc extorquere nituntur ab eis communiter per
usurariam pravitatem, de fructibus ultra sortem percipiendis ex eisdem
pignoribus non computandis in sortem et usuris huiusmodi solvendis et
non repetendis eisdem extortis a dictis fratribus instrumentis et etiam iuramento. Quocirca – mandamus, quatinus, si est ita, dictos usurarios, quod   10
iuramentum relaxent predictum, monitione premissa per censuram ecclesiasticam eoque relaxato, ut instrumentis predictis nequaquam obstantibus
sua sorte contenti sic extorta restituant *etc. ut in aliis.*[1]

**K 42 De venditione simulata in fraudem usurarum facta cum
iuramento.**

Iud. Ad audientiam nostram pervenit, quod B. de . . laicus . . diocesis
quandam domum R. de . . laici dicte diocesis sub false venditionis specie
in fraudem usurarum simulate concepte contra iustitiam detinet et ei   5
reddere indebite contradicit, licet ex ea perceperit ultra sortem (*vel aliter* :
licet ex ea ultra sortem fuerit assecutus) extorto ab eo de non repetendis
domo et fructibus ex ea perceptis nichilominus iuramento. – mandamus,
quatinus, si est ita, simulata venditione huiusmodi non obstante | dictum   *C f. 404*

---

[7] percipiendis – 8 sortem *om B*
[8] et 2°] ac *E* | et non repetendis *om B*
[9] instrumentis *korr. B* | et] ac *B* |
iuramento etc. *B*
[10] Quocirca *om B* | usurarios] . . *E* :
laicos *B*
[11] relaxant *E*
[13] sic *om B* | etc. *om B* | ut *korr. D².*

K 42   *P 71 f. 15' (Üb. Index f. 3');
V 33 f. 5; H 70 f. 11'/12; S 58 f. 9';
C 60 f. 403'/404 (Üb. Index f. 441);
A 59 f. 29; M 42 f. 8'; O 56 f. 11';
D 80 f. 44' (Üb. Index f. 3'); E 71
f. 26'; L verl.; R 106 f. 10'; B 33
n. 19 f. 71'.*

[1] facta] factus *H* : *einkorr. C*
[2] iuramento] De venditione in fraudem *add P*
[3] Iud.] Iudex *S* : *om C* | nostram *om
B* | B.] A. *S* | de . . *om B* | . . dio-
cesis] diocesis . . *H* : *om B*
[4] quasdam *DEB* | domum] *om C* :

terras possessiones *DEB* | R. de . .]
G. *B* | de] Se *S* | dicte diocesis]
diocesis . . *H* : *om B* | falso *P* :
falsa *S*
[5] usure *H* | simulare *V* : simul a te
D² (korr.) | concepte] contempte
V | ei] eam *R*
[6] reddere] restituere *B* | contradicit
indebite *B* | ex] de *H* | percepit *B* |
sortem *om B* | vel – 7 sortem *om E* |
aliter] sic *B* | aliter – 7 sortem *om C*
[7] fuit *B* | assequutus *C* | ab eo] nichi-
lominus *B* | de] alias de non venien-
do contra venditionem huiusmodi
et de non repetendis (alias de *und*
non repetendis *getilgt) add R*
[8] domo] *om D* : bonis *B* | fructibus]
possessionibus *add DE* | ex ea per-
ceptis *om H* | ea] eis *DEB* | nichilo-
minus *om B*
[9] huiusmodi venditione *H* | dictum]
B. *add B*

---

[1] *Vgl. K 41 f. u. ö.*

10
H f. 12 laicum, quod huiusmodi iuramentum relaxet, monitione premissa per cen-
suram ecclesiasticam et eo relaxato, ut sua sorte contentus | pignus ipsum
et quicquid ultra sortem percepit ex eo, R. restituat supradicto, per penam
in Lateranensi concilio *etc.*,[1] attentius *etc.*[2] Testes *etc.*[3]

K 43   De eadem venditione seu de pignoris obligatione cum iuramento in alia forma.

Iud. Ad audientiam nostram pervenit, quod R. de . . clericus et N. de . .
laicus . . diocesis quasdam terras, possessiones et res alias I. de . . militis
A f. 29' titulo pignoris detinent obligatas, licet ex eis perceperint ultra sortem, de |
non computandis fructibus medio tempore perceptis in sortem nec etiam
repetendis terris, possessionibus et rebus predictis, antequam eis de sorte
O f. 12 satisfactum existeret, extorto ab eo nichil|ominus iuramento. Cum | itaque
V f. 5' iuramentum iniquitatis vinculum esse non debeat sed iustitie firmamentum, –
10 mandamus, quatinus, si est ita, dictos pignorum detentores ad relaxandum
huiusmodi iuramentum monitione premissa per censuram ecclesiasticam
eoque relaxato, ut sua sorte contenti pignora ipsa et quicquid ultra sortem

---

11 et] ac *B* | eo] iuramento *add C* |
ut *om R* | ipsum pignus *S*

12 quidquid *MDE* | ultra sortem *om
R* | sortem *om VHE* | percepit]
perceperit *VMD* : *om H* | eo] eis
B | R.] G. *B*

13 in Lateranensi concilio *om EB* | in
Lateranensi – *Schluß*] etc. *D* | La-
teranensi concilio *om C* | attentius
etc. *om SC* | etc. 2° *om M*.

K 43   *P 72 f. 15' (Üb. Index f. 3');
V 34 f. 5/5'; H 71 f. 12; S 59 f. 9';
C 61 f. 404 (Üb. Index f. 441); A
60 f. 29/29'; M 43 f. 8'; O 57 f. 11'/
12; D 84 f. 45; E 75 f. 27; L verl.;
R 107 f. 10'; B –.*

1-2 *Üb. nur marg. D².* | De eadem]
Simili *D²* | seu] et *A* | de 2° *om
HSR* | pigneris *S* | obligatum *H*

4 . . diocesis] diocesis . . *H* | quadam
R | I.] Iohannis *H*

5 pignorum *E* | detinet *H* | perceperit
H

6 computandis] repetendis *CM, urspr. auch O, dann v. and. Hd. zu
computandis korr.*

7 repetendas *S* | rebus et possessioni-
bus *S* | et *om E* | predictis] aliis *E* |
eis] ei *C* | de sorte *om A*

8 satisfactum extiterit *(!) A* : extiterit satisfactum *D* : extiteret *(!)*
satisfactum *E* : existeret *(korr.)*
satisfactum *R*

9 iuramentum – *Schluß*] etc. ut in
aliis *DE* | debet *A*

10 dictas *R* | pignerum *S* | decentores
R | relandum *(!) V*

12 eoque] etque *R* | pignera *S* | quic-
quid] quidquid sic *C* : quidquid *M*

---

[1] *Über die kombinierte Klausel vgl. oben K 19 a.*

[2] *Die Attentius-Klausel wird angewandt, da der Kläger Laie ist (vgl. K 16).*

[3] *Die Testes-Klausel folgt, da der Beklagte kein Kleriker ist (vgl. N 62, 1).*

perceperunt ex eis militi restituant memorato, clericum monitione premissa per censuram eandem, laicum vero per penam *etc.*,[1] attentius *etc.*[2] Testes *non.*[3]

K 43 a   *Nota, quod hec clausula, cum scribitur extra diocesim in similibus litteris, in quibus videtur papa ex officio procedere, poni sic debet.*

Iud. Ad audientiam nostram pervenit, quod . . abbas et conventus monasterii de . . Cisterciensis ordinis Remen.[4] diocesis domum de Foresta[5] cum omnibus suis iuribus et pertinentiis dicte diocesis ad dictum monasterium pertinentem S(ymoni) laico prefate diocesis ad vitam ipsius Symonis etiam sine dictorum abbatis et conventus superioris assensu vendiderunt de facto pro certis pecunie et frumenti quantitatibus, de non veniendo contra huiusmodi venditionem ab eisdem abbate et conventu prestito iuramento, confectis exinde litteris, instrumentis publicis, factis renuntiationibus et penis adiectis etiam in gravem prefati monasterii lesionem, ex qua dictus laicus

---

[13] perceperint *H* : perceperut *(!) M* | memorato] supradicto *H* | clericum] Si est presbiter dicas presbiterum *add R*

[14] eandem] ecclesiasticam *C* | etc. 1°] Si esset miles et laicus . . militem vero et laicum *add R* | attentius etc. *om C* | Testes non] Testes etc. Non *P* : Testes etc. *SMR* : Testes autem etc. *C* : Testes autem non datur *A*.

K 43 a   *M 43 a f. 8'; O 57 a f. 11' (Nachtrag v. späterer Hd., aber noch saec. XIV).*

[1-2] *Die Note marg. nachgetragen O*

[3] *. . om M*

[6] S(ymoni)] S . . *einkorr. M* : *om O* | Symonis] S. *M*

[8] venditionem huiusmodi *O*

[11] etiam *einkorr. O* | dictus laicus *einkorr. O*

---

[1] *Über die Mandatsklausel vgl. oben K 19.*
[2] *Die Attentius-Klausel folgt, da der Kläger Laie ist vgl. K 16.*
[3] *Die Testes-Klausel entfällt, da unter den Beklagten ein Kleriker ist (vgl. N 62, 1).*   [4] *Reims.*
[5] *Von den Zisterzienserklöstern der Diözese Reims Igny, Signy, Bonne-Fontaine, Chéri, Elant und Val-Roy besaß Igny (bei Arcy-le-Ponsart) bereits im Fundationsgut einen in den ältesten Urkunden mit Forest bezeichneten Besitz, vermutlich einen Wald, in dem nach der Rodung eine Grangie entstand und um den es sich hier wohl handelt; vgl. P. L. Péchenard, Histoire de l'abbaye d'Igny de l'ordre de Cîteaux (Reims 1883), 17, 20, 24, dazu die Fundationsurkunde von 1126 (1127 ?) das. 547; vgl. auch 549 f. Das Delegationsreskript ist also für das Kloster Igny ausgestellt worden, jedoch ist die vorliegende wahrscheinlich die einzige erhaltene Überlieferung, jedenfalls findet es sich unter den von Péchenard gedruckten Urkunden nicht. Vgl. auch J.-B.-E. Carré, Histoire du monastère de Notre-Dame d'Igny (Reims 1884), 35 ff.*

etiam longe ultra sortem noscitur percepisse. Quia vero nostra interest super hiis de remedio oportuno providere ac huiusmodi negocium, sicut asseritur, propter .. predicti potentiam infra civitatem seu diocesim .. non
15 poterit pertractari secure, – mandamus, quatinus, si est ita, dictum Symonem, ut huiusmodi iuramentum omnino relaxet, monitióne premissa per censuram ecclesiasticam appellatione remota previa ratione compellas, dictoque iuramento relaxato, non obstantibus litteris, instrumentis, renuntiationibus et predictis penis, venditionem huiusmodi penitus non
20 tenere, audias hinc inde proposita et quod iustum *etc.* Testes *etc.*[1]

R f. 45' **K 44** | De pignore fructuum decimarum.

Iud. Conquesti sunt nobis Guillelmus et Calamus de .. fratres laici .. diocesis, quod .. abbas et conventus monasterii sancti Severini[2] ordinis .. dicte diocesis proventus quarundam decimarum ad eos fratres communiter spec-
B f. 72 tantes detinent titulo pignoris | obligatos, licet ex eis perceperint ultra sortem ipsasque dicti fratres in feudum non detineant ab eisdem. – mandamus, quatinus, si est ita, dictos pignorum detentores *etc.*[3]

---

[13] super hiis *om M* | ac huiusmodi –
15 secure *marg. v. anderer Hd. nachgetragen O*

[15] Symonem] S. *M*

[20] et *einkorr. M.*

K 44 *P 73 f. 15' (Üb. Index f. 3');*
V 35 f. 5'; H 72 f. 12; S –; C 62 f.
404 (Üb. Index f. 441); A 61 f. 29';
M 44 f. 8'; O 58 f. 12; D 81 f. 44';
(Üb. Index f. 3'); E 72 f. 26'; L verl.;
R 476 f. 45'; B 33 n. 20 f. 71'/72.

[1] De] Super *P* | decimarum] Rubrica
add HA : etc. *add C*

[2] Guillelmus] G. *PCAMDER* : A.
B | Calamus] C. *PAMDER* : Galterinus *H* : F. *C* : B. *B* | de .. *om*
HB | laici fratres *C* | .. diocesis]
diocesis .. *H*

[3] .. 1° *om M* | monasterii *om E* |
sancti Severini – 4 diocesis] .. diocesis *B* | Severini] Germani *R* |
ordinis ..] .. ordinis *PCAMOR* :
ordinis *V* | dicte] .. *PCA* : .. *hinter*
diocesis *H*

[4] quarundam] quarum *CB* | decimarum] vinearum *H* | eos] ipsos *H* :
eosdem *CR* : *v. and. Hd. zu* eosdem
korr. O

[5] titulo – 6 detineant *om R* | obligatos] obligatas *P (korr.) VAMO* :
obligatas *vor* titulo *H* : obligat(is)
E

[6] ipsaque *V* : ipsosque *H* | pheudum
A | detineant *scr.*] detinent *PVH*
CAMODEB | eisdem etc. *B*

[7] pignoris *DB* | etc. *om M.*

---

[1] *Die Testes-Klausel folgt, da der Beklagte kein Kleriker ist (vgl. N 62, 1).*
[2] *Nicht zu identifizieren, da jede weitere Angabe (Ort, Diözese) fehlt.*
[3] *Hier tritt die gewöhnliche, gegen Kleriker angewandte Mandatsklausel ein (per censuram ecclesiasticam), vgl. oben K 18. Die Attentius-Klausel ist zu setzen, da die Kläger Laien sind (vgl. K 16). Die Testes-Klausel hat dagegen fortzufallen, da die Beklagten dem Klerikerstande angehören (vgl. N 62, 1).*

K 45–46 ca

De venditione.

K 45 De venditione, in qua venditor ultra dimidiam iusti
pretii est deceptus.

| *Iud.* Conquestus est nobis I. de Porta[1] laicus, quod ipse olim necessitate
coactus fructus cuiusdam prati sui usque ad certum tempus . . abbati et
conventui monasterii de . . ordinis . . vendidit pro certa pecunie quantitate,
| in cuius venditione ultra dimidiam iusti pretii est dece|ptus. Quare
postulavit a nobis, ut eosdem abbatem et conventum ad restitutionem
predictorum fructuum recepto pretio, pro quo empti fuerunt, vel ad supplen-
dum sibi, quod iusto pretio defuit, cogere curaremus. – mandamus, quatinus partibus convocatis *etc.*[2]

D f. 45

5
M f. 9
E f. 27

10

K 45 *P 74 f. 15' (Üb. Index f. 3');*
V 36 f. 5'; H 73 f. 12; S 60 f. 9'; C
63 f. 404 (Üb. Index f. 441); A 62
f. 29'; M 45 f. 8'/9; O 59 f. 12; D
82 f. 45 (Üb. Index f. 3'); E 73 f.
26'/27; L verl.; R 108 f. 10'; B 33
n. 21 f. 72.

[1] venditionibus *E* | venditor] emptor
C : vendicio *E* : ultra] iuxta *H*[2] |
dimidiam] *aus* dimidii *korr. P* :
mediam *M* : dimidium *D*

[2] est deceptus *hinter* 1 venditor *MR* |
deceptus] Rubrica *add H*[2] : deputatus *E*

[3] nobis *om D* | I. de] Io. *B* | Porta] . .
PHCMDER : . . Porta *VSAO* :
om B | laicus] . . diocesis *add*
DERB | necessitate] necesse *M* :
im Text korr. u. marg. v. and. Hd.
einkorr. B

[4] coactus] cohactus *C* : auctus *R* | sui
prati *B* | tempus] temporis spatium
B | T . . abbati *R*

[5] monasterii *om E* | de *om SB* | ordi-
nis . .] . . ordinis *V* : diocesis . . *add*
H : ordinis et . . diocesis *D* : ordinis
. . et diocesis *E* : ordinis . . diocesis
RB | vendidit] *om VH* : vendit *A* :
aus vendiderat *v. and. Hd. korr. B* |
pecuni *(!) S*

[6] venditione] idem laicus *add A* |
dimidium *VHM* | est deceptus]
asserit se fuisse deceptum *A*

[7] postulat *S* | ad] a *V*

[8] dictorum *HSAMO* | fuerint *CD* |
supplendum] supplicandum *S*

[9] quod] venditionis tempore *add A* :
pro *aus* quod *korr. E* : pro *add R* |
defuerit *DEB* | cogere] corrigere *S* |
curaremus] dignaremur etc. *B* |
quatinus *om R*

[10] partibus] per *R* | partibus convo-
catis] *getilgt u. v. and. Hd. einkorr.* :
si est ita partibus convocatis etc.
B | etc. *om MERB.*

---

[1] *Nicht zu identifizieren, da jeder weitere Hinweis auf die Lage des Ortes
(Diözese u. ä.) fehlt.*

[2] *Über die kanonistische Bedeutung von iustum pretium und die Mandatsklausel vgl. oben Bd. 1, S. 281 ff.*

K 46 De eadem in alia materia.

Iud. Conquesti sunt nobis .. abbas et conventus monasterii .. ordinis Cisterciensis .. diocesis, quod ipsi quasdam terras et nemus cum pertinentiis suis dicti monasterii quondam Riccardo de .. militi dicte diocesis vendide-
5 runt pro quadam pecunie quantitate, in quorum venditione dictum mona-sterium ultra dimidiam iusti pretii est deceptum. Unde, cum dictus Riccar-dus rebus sit humanis exemptus, prefati abbas et conventus nobis humiliter
P f. 16 supplicarunt, ut Iohannem militem, filium et heredem dicti R., ad | quem terre et nemus devenerunt predicta, cogi ad restitutionem terrarum et
R f. 11 nemoris predictorum recepto pretio, pro quo empta | fuerunt, vel ad supplen-dum eis, quod iusto defuit pretio, faceremus. – mandamus, quatinus parti-bus convocatis *etc.*[1]

K 46   *P 75 f. 15'/16 (Üb. Index f. 3');
V 37 f. 5'; H 74 f. 12; S 61 f. 9';
C 64 f. 404 (Üb. Index f. 441); A
63 f. 29'; M 46 f. 9; O 60 f. 12; D
83 f. 45 (Üb. Index f. 3'); E 74 f.
27; L verl.; R 109 f. 10'/11; B 33 n.
22 f. 72.*

[1] De eadem *om H* | eodem *SDER* | in] et *V* | materia] Rubrica *add H*[2] : seu manerie *(!) add S* : forma *DER*

[2] Iud. *om C* | .. 2°] de .. *PMODR* : .. de .. *E* : *om B* | ordinis Cister-ciensis *om B*

[3] Cisterciensis *om CDER* | .. dioce-sis] diocesis .. *H* | quod] .. et *D* | ipse *A* | quedam *MOR* | quasdam terras] quandam terram *C* : quod-dam *DE* | et *om MDE* | nemus] vineas *VH* : quoddam nemus *B*

[4] suis *v. and. Hd. marg. einkorr. B* | condam *C* | Riccardo *scr. (vgl. Z. 6)*]

R. *PVHSCAMODER* | Riccardo de ..] B. *B* | dicte] *om R* : .. *B*
[5] quadam] certa *DERB* | pecunie] pecunia *E* : peccunie *B*
[6] dimidium *HMD (korr.) B* | Ric-cardus] Ricardus *P* : R. *HSCAMO DERB*
[7] humanis sit *RB* | exceptus *S*
[8] supplicarunt] postularunt *R* | Io-hannem] Io. *VB* : *CADE* | R.] B. *P (?) VA*
[9] terra *S* | nemora *H* | venerunt *M* | predicti *D*
[10] nemorum *HDE* | recepto] excepto *VH* : recept(is) *D* | empta] empte *H* : empti *C* : empt(is) *aus* empti *korr. D* | fuerant *C* | vel] et *D* | supplicandum *C* : solvendum *R*
[11] eas *V* | iusto] *om VH* : *aus* iuste *korr. D* : iuste *E* | defuerit *DB* : deffuerit *E* | faceremus] etc. *add B* | mandamus – 12 convocatis *om C*
[12] etc. *om DR*.

---

[1] *Über iustum pretium und die Mandatsklausel vgl. oben Bd. 1 S. 281 ff.*

K 46a Super eodem sub false venditionis specie contra nobilem.

Iud. Sua nobis nobilis vir Otto dominus ville de .. Leodien.[1] diocesis | conquestione monstravit, quod, licet quondam I. dominus eiusdem ville, cuius idem nobilis | universalis heres existit, quasdam terras, possessiones et nonnulla alia bona sua, dum viveret, quondam Hermanno de .. militi tunc viventi sub false venditionis specie in fraudem usurarum simulate concepta titulo pignoris obligasset, de non repetendis terris, possessionibus et bonis predictis ac fructibus percipiendis ex eis non computandis in sortem confectis exinde quibusdam publicis instrumentis aliisque cautionibus et litteris datis a I. predicto, factis renuntiationibus et penis adiectis, tamen P. et I. filie et heredes militis prefati, ad quas terre, possessiones et bona huiusmodi pervenerunt, ea eidem nobili restituere indebite contradicunt *etc.* quidquid tam idem quondam miles, dum vixit, quam eedem filie ex eis perceperunt ultra sortem. – mandamus, quatinus, si est ita, dictas filias, ut sua sorte contente, venditione huiusmodi nec non instrumentis, litteris, cautionibus, renuntiationibus et penis | predictis nequaquam obstantibus, pignora ipsa et quidquid dictus quondam miles et ipse filie ultra sortem perceperunt ex eis, nobili restituant supradicto, per penam *etc. usque* compellas.[2] Attentius *etc.*[3]

D f. 45'
B f. 72'

10

15

L f. 90 a

20

K 46a *D 85 f. 45/45' (Üb. Index f. 3'); E 76 f. 27; L 56 f. 90 a (Fragment); B 33 n. 23 f. 72/72'.*

[1] eisdem *DE*

[3] Otto dominus] dominus H. *(letzteres gestr.) B* | ville .. de .. *E* : ville .. *B* | Leodien. diocesis] *fehlt urspr., dann v. anderer Hd. marg. einkorr.* N diocesis *B*

[4] I.] Io. *B* | ville] terre *E*

[5] universalis] filius et *E* : fuit et *B* | extitit *D* | terras et *B*

[6] et *om D* | dum viveret] detineret *E* | viveret] veniret *D* | Hermannus *E* | Hermanno de ..] H. *B*

[8] pignorum *E*

[11] I.] Io. *B* | renuncciationibus *D*

[12] P. *aus* P(er) *korr. D* | P. et I.] .. et B. *C (einkorr. v. and. Hd. u. gestr.) A* : .. et .. *E* | heredes *v. and. Hd. aus* heres *korr. B* | quos *B* | terre et *B* | et 2°] ac *B*

[14] etc. *om EB* | quidquid] quamquam *EB* | quondam *om B* | eedem] eidem *D* : *aus* eidem *korr. E* | filie *om E*

[15] sortem etc. *B*

[17] cautionibus et *B* | renuncciacionibus *D* | et penis *om B* | predictis] *hiermit beginnt wieder L*

[18] quicquid *B* | dictos *L* | dictus quondam] quondam dictus *E*

[19] percepunt *ohne Kürzungsstrich E* | usque *om B.*

[1] *Lüttich.*   [2] *Vgl. K 16.*
[3] *Die Attentius-Klausel folgt, da der Kläger Laie ist (vgl. K 16).*

K 46b　De venditione, in qua deceptus est venditor ultra dimidium ut supra.[1]

Iud. Conquestus est nobis .. de .. clericus .. diocesis, filius et heres
quondam Guillelmi .., quod tam ipse quam dictus G. necessitate coacti
quasdam terras ⟨et⟩ possessiones tunc ad eos communiter spectantes
quondam .. de .. laico dicte diocesis vendiderunt pro certa pecunie quantitate,
in qua quidem venditor ultra dimidiam iusti pretii, sicut asserit, est deceptus. Quare dictus .. nobis humiliter supplicavit, ut, cum paratus sit resti-
tuere pecuniam memoratam, .. et .. dictos filios et heredes dictarum | ter-
rarum et possessionum detentores ad rescindendum venditionem huiusmodi
nec non ad restituendum sibi easdem terras et possessiones vel ad supplen-
dum ei, quod iusto pretio tempore venditionis defuerit, compelli | per
discretum aliquem mandaremus. – mandamus, quatinus partibus convocatis.

K 46c　Contra detentores bonorum pertinentium ad monasterium et conventum ratione professionis in eo emisse per
illum, cuius erant.

Iud. Sua nobis .. abbas et conventus monasterii Salsen.[2] ordinis ....
diocesis petitione monstrarunt, quod Albertus dictus Beye de .. armiger

(margin left) E f. 27'
(margin left) 10
(margin left) B f. 73
(margin left, verse 5) 5
(margin left, verse 5) 5

K 46b　*D 86 f. 45' (Üb. Index f. 3');*
E 77 f. 27/27'; L 57 f. 90a; B 33
n. 24 f. 72'/73.
1-2 *Üb. so D² marg., D Index mit Va-*
rianten. – Üb. om EL. | Item de
venditus *D (Index)*
2 ut supra etc. *D (Index)*
3 Iud. *om E* | nobis] dilectus filius
add B | .. 1° *om D* | .. de – diocesis]
clericus *B* | de .... diocesis clericus
DE : clericus diocesis *L* | filius et
om B
4 quondam *v. and. Hd. einkorr. B* |
Guillelmi] Guilli *ohne Kürzungs-*
strich L : G. *B* | quod *om D*
5 et *scr., om DELB* | tunc *om B* |
communiter *om D*
6 quondam] conde *(!) E* | .. 1° *om*
D | .. de ..] P. *B* | dicte diocesis *om*
B | vendiderint *D* | peccunie *B*
7 quidem] quidam *L* : *om B*

8 dictus ..] D. *B*
9 peccuniam *B* | memoratam] supra-
dictam *E* | .. et ..] et *DL* : M. et
N. *B* | dicti filios *E* : dicti filii *L* :
dicti P. filios *B* | heres *B*
10 et *om D* | rescindendum] restituen-
dum *E* : ue(n)scie(n)du(m) *(!) L*
11 et *om DE*
12 defuit *EL*
13 mandaremus etc. *B* | convocatis
etc. *B.*
K 46c　*D 88 f. 46 (Üb. Index f. 3');*
E 79 f. 27'; L 59 f. 90a; B 33 n. 25
f. 73.
1-3 *Üb. om EL.*
3 erant] *marg. D²* : teneat *D (Index)*
4 Iud. *om E* | Salsen. *om L* | Salsen.
ordinis .. *om B*
5 monstraret *B* | Abbertus *D* : A.
LB | dictus Beye *om LB* | de .. *om*
B | .. *om D*

1 K 45.　　2 *Benediktinerkloster Selz in der Diözese Straßburg.*

et . . eius uxor dicte diocesis quasdam terras, silvas, vineas, domos, possessiones et res alias, que feudales non existunt, pertinentes ad dictos abbatem
et conventum pro eo, quod . . de . . monachus dicti monasterii in eodem
monasterio regularem professionem emisit et que ad monachum ipsum, si
remansisset in seculo, iure hereditario spectassent et eas potuisset existens   10
in seculo aliis libere erogare, contra iustitiam occuparunt et detinent occupatas in ipsorum abbatis et conventus ac monasterii preiudicium non modicum et gravamen. – mandamus, quatinus partibus convocatis *etc.*

K 46 ca   **Quando venditor ultra dimidiam iusti pretii est de-**
ceptus.

Urbanus[1] *etc.* Officiali . . salutem *etc.* Conquestus *etc.*, quod olim ipse
quasdam domos, vineas, possessiones et res alias mobiles et inmobiles ad
eum iusto titulo pertinentes . . laico dicte diocesis vendidit pro certa pecunie   5
quantitate, in quarum venditione dictus clericus, ut asserit, ultra dimidiam
iusti pretii est deceptus. Quare nobis humiliter supplicavit, ut dictum laicum
cogi mandaremus ad restitutionem domorum, vinearum et aliarum rerum
predictarum, recepto pretio, quod pro eis clericus ipse recepit, vel ad sup-
plendum ei, quod de iusto pretio venditionis tempore constiterit defuisse.
Quocirca *etc.* partibus convocatis *etc.* Testes *etc.*[2] Dat.   10

6 . . *om DEB* | uxor eius *B* | terras
   domos vineas silvas *B* | vineas sil-
   vas *L*

7 exuūt *L* | dictus *L*

8 . . de . .] P. *B* | dicti] eiusdem *B* |
   in eodem monasterio *om B*

9 monachum *v. and. Hd. korr. B*

10 spectasset *L*

12 ipsorum] eorum *E* | ac monasterii
   om EL | non modicum *om B*

13 gravamen etc. *B* | etc. *om ELB.*

K 46 ca   *R 477 f. 45'.*

7 Quare *aus* Quando *korr. R.*

1 *Urban V. (1362–70).*
2 *Die Testes-Klausel folgt, da der Angeklagte kein Kleriker ist (vgl. N 62, 1).*

K 47—57 q

Super testamentis.

K 47 Super testamentis.

1. *Unde nota, quod semper debent addi illa verba* usuris cessantibus, *si etiam fuerit testamentum episcopi, quoniam possibile esset, quod executor testamenti | relocaverit pecuniam creditori sub usuris.*

D f. 46'

5   2. *Et nota, quod in testamento episcopi non debet dici* executor testamenti, *sed* executor ultime voluntatis.

3. *Item nota, quod in testamento persone ecclesiastice dicitur post illa verba* et rebus aliis : ad eundem ratione persone sue spectantibus.[1]

K 47   *P 76 f. 16 (Üb. u. Note Index f. 3'); V 38 f. 5'/6; H 75 f. 12/12' (Rubrum und Text); S 62 f. 9'/10; C 65 f. 404/404' (Üb. u. Note Index f. 441); A 64 f. 30'; M 47 f. 9; O 61 f. 12; D 89 f. 46/46' (Üb. Index f. 4); E 80 f. 27'; L 60 f. 90 a; R 412–414 f. 39' u. 408 f. 39 (die Note gesondert vor K 50); B 49 n. 1–3 f. 49.*

[1] *R Üb.*: De testamentis. *Dazu Üb. zu der Note* : No(ta) super testamentis. | Super – 8 spectantibus *in H vor und rechts am Rande von K 46 nachgetragen* | testamentis] Nota *add D*

[2] Unde *om DRB* | addi] poni *D* : poni *hinter* cessantibus *B* | illa] ista *R* | eciam si *CRB*

[3] episcopum *VH* | quoniam] cum *C* :

quia *B* | esset] ecclesia *(?) H* : est *A* | executores *S*

[4] relocarunt *S* : revocaverat *C* : revocaverit *MOEL* : relaxaret *B* | relocaverit – 5 testamenti *om V* | relocaverit – usuris] seu executor ultime voluntatis *H* | creditori] creditoris *L* : vel alias debitori *add B*

[5] Et] Item *D* | Et nota quod] Item *B* | Et – 6 voluntatis *om H* | testamentis *PB*

[6] sed] sicut *D*

[7] ecclesiastice] *vor* persone *P* : ecclesie *HCA* | dicitur] dicuntur *C* : *om R* | post] primo *C* | illa *om VH*

[8] et] ac *VH* | eundem] .. *add PD* : eumdem *E* : debet dici *add R* | sue *om D*

---

[1] *Zu den Notulae vgl. oben Bd. 1 S. 289 ff. und K 57 a.*

Ab executoribus episcopi contra non solventes ea, que debebant episcopo et que in pios usus dari precepit, cum clausula
illa: | „quam idem guardianus" etc.

| *Iud.* Conquesti sunt nobis D. decanus ecclesie .. et frater P. guardianus
fratrum Minorum de .... diocesis, executores ultime voluntatis bone me-
morie I. episcopi Reatin.,[1] quod A. Petri et I. Martini | cives Reatin. super
quadam pecunie summa et rebus aliis ad eundem episcopum ratione persone
sue spectantibus[2] quasque per manus ipsorum executorum in pios usus
erogari precepit, iniuriantur eisdem, propter quod ipsius testamenti executio,
quam idem guardianus de mandato sui superioris suscepit et prosequitur,
impeditur. – mandamus, quatinus partibus convocatis *etc.* usuris cessantibus
etc. Testes *etc.*[3]

9-11 *R Üb.*: Contra impedientes exe-
cucionem episcopi. – *In VCDEL
ist die Üb. fälschlich an die Note
angeschlossen.* | Ab executoribus
einkorr. *P* | Ab] Sub *D* | non *om D* |
debent *D* : debeant *L*

10 eidem episcopo *P* | que] quando
H : qui *CL* | in pios] inppios *(!)
wohl zu* impios *korr. D* | percepit *HD*

11 illa] *om A* : *vor* clausula *LB* | gar-
dianus *PCELB* | etc. *om SB*

12 Iud. – 20 Testes etc. *om DELB* |
Iudex *S* | D.] T. *A* : .. *R* | .. ec-
clesie *PCO* | et frater *om VH* |
frater *om R* | P.] A. *C* | gardianus
PSC

13 .. diocesis] diocesis .. *HCAOR* |
executor *H*

14 I.] A. *H* | Reatin. 1°] Gaietan.
CMO | A. Petri et I. Martini] A ..
et I .. *M* | Reatin. 2°] Gaietan.
CMO

15 eundem] dictum *C* : eumdem *M*

16 quas *H*

17 iniuriatur *ODELB* | eidem *M* |
testamenti] ultime voluntatis *R*

18 gardianus *PHSC* | prosequitur]
prosecutio *C* : proseqū *A*

19 quatinus *om S* | etc. *om MR* | usuris
– *Schluß om S*

20 etc. 1° *om R*.

[1] *Es kommt hier nur der Bischof Jacobus von Rieti in Frage, der 1299
von Bonifaz VIII. eingesetzt wurde (Digard, Registres de Boniface VIII Nr.
3183), am 8. Juni 1302 jedoch ebenfalls von Bonifaz von seinem Amte entbunden
wurde (das. Nr. 4698; vgl. Eubel 1, 416); er muß also kurz darauf gestorben sein.
Ein Johannes, von dem nicht sicher ist, ob er den Bischofsstuhl überhaupt bestieg,
und der 1236 (?) anzusetzen ist, ist zu früh und kommt wegen des Ansatzes der
ersten Redaktion nicht in Frage (vgl. Eubel a. a. O. u. P. Desanctis, Notizie
storiche sopra il tempio cattedrale, il capitolo, la serie dei vescovi ed i vestusti
monasteri di Rieti [Rieti 1887], 82 ff.).*

[2] *Vgl. die vorausgehende Note 3 und oben Bd. 1 S. 289.*

[3] *In N 62 finden sich keine Bestimmungen über den Fortfall der Testes-Klausel
bei Testamentssachen; sie wird also durchgängig gesetzt. Über* usuris cessantibus
in der Mandatsklausel vgl. die vorausgehende Note 1.

K 48 Super eisdem contra executores episcopi, qui denegant solvere debita.

Iud. Conquestus est nobis .. archipresbiter ecclesie sancti Rufi[1], quod
.. archipresbiter ecclesie sancti Iohannis[2] et Ventura canonicus Reatin.,
5 executores ultime voluntatis bone memorie A. episcopi Reatin.,[3] de quadam
pecunie summa et rebus aliis, in quibus idem episcopus, dum adhuc viveret,
tenebatur eidem et de quibus de bonis suis ad eum ratione persone sue
spectantibus[4] per manus ipsorum executorum in sua ultima voluntate satisfieri precepit eidem, satisfacere sibi indebite contradicunt, licet ad id
10 bona sufficiant supradicta. – mandamus, quatinus partibus convocatis *etc.*
usuris cessantibus *etc.* Testes *etc.*[5]

K 48 *P 77 f. 16 (Üb. Index f. 3');*
     V 39 f. 6; H 76 f. 12'; S 63 f. 10;
     C 66 f. 404' (Üb. Index f. 441); A
     65 f. 30'; M 48 f. 9; O 62 f. 12; R
     409 f. 39.

[1] eodem *C* | episcopi *om M*
[2] debitum *C*
[3] .. archipresbiter – Rufi] Iohannes
    de .. clericus .. diocesis *H* | eccle-
    sie *om S* | Rufi] Rasi *P* : .. *V* :
    Ruffi *S* : Ruphi *C* : Iohannis Rea-
    tin. *R*
[4] A. de .. archipresbiter *H* | .. *om*
    PVSCAM | .. archipresbiter – ca-
    nonicus] *V* .. de .. et *P* .. canonici
    R | ecclesie *om S* | Iohannis] Io.

VS : .. *H* | et Ventura] de .. *S* : de
Ventura *C* | Ventura] *V. P* : Von-
tura *C* | Reatin.] Gaietan. *CMO*
[5] A.] I. *S* : .. *R* | Reatin.] Aquinaten.
    C : Gaietan. *MO*
[6] adhuc *om A*
[7] quibus de] quibusdam *M* | de 2°
    om H | sue persone *A*
[8] executori *S*
[9] precepit *om V* | precepit eidem] sibi
    mandavit *H* | sibi *om HCR* | con-
    tradunt *S* | bona sua ad id *H*
[10] etc. *om PVHAMO*
[11] usuris – *Schluß om S* | etc. 1° *om*
    MO | Testes etc. *om R*.

---

[1] *S. (Camillo e) Ruffo in Rieti.*
[2] *S. Giovanni (in Statua) in Rieti.*
[3] *Bischof Angelus von Rieti, der am 8. Juni 1302 Nachfolger des Bischofs*
Jacobus wurde (vgl. S. 179 Anm. 1), jedoch bereits im Juli desselben Jahres starb
(Eubel 1, 416); sein Nachfolger begegnet bereits am 5. August 1302. Es käme
eventuell auch Bischof Andreas in Frage, der am 27. Juli 1286 von Honorius IV.
von Sora nach Rieti transferiert wurde und ca. 1294 starb.
[4] *Vgl. K 47 Notula 3.*
[5] *Vgl. S. 179 Anm. 3.*

K 49 Super eisdem pro executore testamenti prepositi.

Iud. Pro eodem, quod Franciscus Iohannis canonicus ecclesie sancte
Cecilie Reatin.,[1] executor testamenti quondam R. prepositi ecclesie sancti
Angeli Reatin.,[2] quandam pecunie summam et res alias, in quibus idem defunctus, dum adhuc viveret, tenebatur eidem et de quibus de bonis ad eum   5
ratione persone sue spectantibus[3] | per manus ipsius executoris sibi satis-   *O f. 12'*
fieri in ultima voluntate mandavit, contra iustitiam detinet et ei exhibere
indebite contradicit, licet ad id bona sufficiant supradicta. – mandamus,
quatinus partibus convocatis *etc.* Testes *etc.*[4]

K 50 Super eisdem pro muliere executrice cum clausula illa:
„que quidem mulier".

Iud. Conquesta est nobis Maria Pauli mulier, executrix testamenti quondam Angeli civis Parisien.,[5] que quidem mulier secundum consuetudinem

---

K 49   *P 78 f. 16 (Üb. Index f. 3');
V 40 f. 6; H 77 f. 12'; S–; C 67 f.
404' (Üb. Index f. 441); A 66 f.
30'; M 49 f. 9; O 63 f. 12/12'; R
411 f. 39'.*

1-2 *R Üb.*: Contra executorem testa-
menti prepositi. | executione *M* |
prepositi] Rubrica *add H²*

[2] Iud.] In eodem modo *C* | Pro
eodem] Conquestus est nobis .. de
.. *R* | Franciscus] F. *AM* : Francis-
chus *O* : .. F. *R* | Iohannis] .. *M* :
de .. *R* | sancte Cecilie *om R*

[3] Cecilie] Ce. *P* : Cicilie *V* : Marie *H* |
Reatin.] diocesis .. *H* : Capuan.
CMO | condam *CA* | R.] B. *R*

[4] Reatin.] Capuan. *CMO*

[5] de 1°] in *P* | quibus de] quibusdam
HM | de bonis *om A*

[7] voluntate] sua *add H* | mandaverit
A | iustiam (!) *H* | ei] ea *V* : ea sibi
H

[8] condradicit indebite *M* | bona sua
C | mandamus quatinus *om R.*

[9] partibus] per *R* | etc. 1° *om R*

K 50   *P 79 f. 16 (Üb. Index f. 3'); V
41 f. 6; H 78 f. 12'; S –; C 68 f. 404'
(Üb. Index f. 441); A 67 f. 30'; M
50 f. 9; O 64 f. 12'; R 415 f. 39'/40.*

[1] clausulla (!) *A* | illa *om R*

[2] que] quod *H* | quidam *C* | mulier]
Rubrica *add H²*

[3] Maria] M. *CMR* | Pauli] .. *M* : *om
R* | mulier *om P* | executris (!) *H* |
condam *C*

[4] Angeli] A. *MA*

---

[1] *Augustinerchorherrenstift S. Cecilia in Rieti.*
[2] *Augustinerchorherrenstift S. Angelo in Rieti.*
[3] *Vgl. K 47 Notula 3.*
[4] *Vgl. S. 179 Anm. 3.*
[5] *Paris.*

⁵ patrie executrix esse potest,¹ quod Petrus Gregorii de .. laicus .. diocesis
super quadam pecunie summa et rebus aliis, quas dictus defunctus ad se
R f. 40 spectantes per manus ipsius | executricis in pios usus erogari precepit,
iniuriatur eidem, propter quod ipsius testamenti executio impeditur. – mandamus, quatinus partibus convocatis *etc.* usuris cessantibus *etc.* Testes *etc.*²

K 51 Pro testamento laici.

Iud. Conquestus est nobis P. Angeli de .. laicus, quod Oddo de .. clericus
et F. de .. miles .. diocesis, executores testamenti quondam P. laici de ..,
de quadam pecunie summa et rebus aliis, in quibus dictus defunctus, dum
V f. 6' adhuc viveret, tenebatur eidem | et de quibus de bonis suis per manus
A f. 31 | ipsorum | executorum sibi satisfieri in ultima voluntate mandavit, dicto
M f. 9'

---

⁵ executris *(!)* H | Petrus] P.
PCAMR | Gregorii] Grunonii *P* :
Georgii *H* : Grimorii *A* : .. *M* : *om*
R | Gregorii – 6 defunctus *om V* |
laicus *om R* | .. diocesis] diocesis
.. *HC*

⁶ suma *O* | et *einkorr. M* | aliis *ein-
korr. M* | defunctus] .. *C*

⁷ spectantes] dum viveret ut *(ein-
korr.)* dicebat *add H* | executoris
VC

⁸ iniuriantur *VC* | mandamus *om M*

⁹ etc. 1° *om M* | usuris] usque *PVO* :
om R | etc. 2° *om H.*

K 51 *P* 80 *f.* 16 *(Üb. Index f. 3');*
V 42 *f.* 6/6'; *H* 79 *f.* 12'; *S* 64 *f.* 10;
C 69 *f.* 404' *(Üb. Index f. 441);*

A 68 *f.* 30'/31; *M* 51 *f.* 9/9'; *O* 65
f. 12'; *R* 416 *f.* 40.

¹ *R Üb.*: Contra executores testa-
menti laici. | laici etc. *A*

² Iudex *S* | P.] A. *R* | Angeli] *om P* :
A. *VHAO* : Raymondi *C* : .. *M* :
P. *R* | laicus] *om PVCAOR* : dio-
cesis .. *H* | Oddo] O. *PA* : Odo *H* :
S. *C* : *O* .. *M* : C. *R*

³ F.] A. *C* | .. diocesis] diocesis ..
H | condam *C* | P. laici de ..] N.
de .. laici *C* : P. de .. laici *R* |
de .. 2°] .. diocesis *add H* : *om M*

⁴ de] super *M* | dictus] idem *C* : *om A*

⁵ quibus de] quibusdam *M* | de *om
H*

⁶ ipsorum *om M*

---

¹ *Vgl. allgemein über das französische Testamentrecht: E. Chénon, Histoire
générale du droit français public et privé des origines à 1815, 2 (Paris 1929),
260 ff. Über Exekutoren 265 f. (dort aber nichts über die Frage weiblicher Testa-
mentsexekutoren); E. Glasson, Histoire du droit et des institutions de la France,
7 (Paris 1896), 552 f.; über die Verschiedenheit der französischen Rechte bezüglich
der Testamente von Frauen das. 544 ff. (aber ebenfalls ohne Behandlung der Frage
weiblicher Exekutoren). Frauen durften in den meisten Gebieten Frankreichs als
Testamentsvollstrecker fungieren, vgl. H. Auffroy, Évolution du testament en France
des origines au XIII⁰ siècle (Paris 1899), 569 ff.*

² *Vgl. S. 179 Anm. 3.*

A. satisfacere indebite contradicunt, licet ad id bona sufficiant testatoris. –
mandamus, quatinus partibus convocatis *etc. usque* usuris cessantibus *etc.*
Testes *etc.*[1]

K 52 | Super eodem. *H f. 13*

Iud. In eodem modo pro eodem, quod I. clericus et F. laicus, executores
testamenti quondam . . de . . laici, quandam pecunie summam et res alias,
quas dictus defunctus ad se spectantes eidem in ultima voluntate legavit
quasque per manus ipsorum executorum sibi exhiberi precepit, contra iusti-   5
tiam detinent et ei exhibere indebite contradicunt, licet ad id bona sufficiant
testatoris. – partibus convocatis *etc.* usuris cessantibus *etc.* Testes *etc.*[1]

K 53   Super eodem pro testamento rectoris.

Iud. Conquestus est nobis P. de . . laicus, executor testamenti quondam
F. rectoris ecclesie sancte Lucie de . .,[2] quod A. de . . laicus super quadam
pecunie summa et rebus aliis, quas | dictus rector ad se ratione persone sue *C f. 405*
spectantes per manus ipsius executoris in pios usus erogari precepit, iniuria-   5

---

[7] A.] P. *P* | indebite satisfacere *H* |
bona] sua *add C* | testacionis *SC*

[8] mandamus quatinus *om R* | parti-
bus] per *R* | etc. 1° *om CM* | etc. 1° –
cessantibus *om R* | usque *om
PCMO* | usuris *om HSA*

[9] Testes etc.] *radiert S* : Testes autem
etc. *C* | etc. *om M*.

K 52   *P 81 f. 16 (Üb. Index f. 3');
V 43 f. 6'; H 80 f. 13; S –; C 70 f
404' (Üb. Index f. 441); A 69 f. 31;
M 52 f. 9'; O 66 f. 12'; R 417 f. 40.*

[1] eodem] Rubrica *add H*[2] : ad legata
add R

[2] Iud. *om CO* | F.] Franciscus *A*

[3] testamenti *om C* | condam *C* | . .
de . .] P. de . . *H* : I. de . . *CMO* :
de . . *R* | laici] diocesis . . *add H*

[4] dictus] idem *M*

[5] ipsorum] eorum *hinter* executorum
H : *om M*

[6] detinet *V* | ei] ea *P* | contradicunt
indebite *M* | bona sua *C* | suffi-
ciant] satisfaciant *V*

[7] testacionis *C* | partibus] mandamus
quatinus per *R* | convocatis *om A* |
etc. 1° *om M* | cessantibus *om PA* |
etc. 2° *om MR* | etc. 3° *om M*.

K 53   *P 82 f. 16 (Üb. Index f. 3');
V 44 f. 6'; H 81 f. 13; S 65 f. 10;
C 71 f. 404'/405 (Üb. Index f. 441);
A 70 f. 31; M 53 f. 9'; O 67 f. 12';
R 418 f. 40.*

[1] Super eodem *om C* | rectoris] Ru-
brica *add H*[2]

[2] Iud. *om A* | laicus] diocesis . . *add
H* | condam *C*

[3] F.] P. *C* : . . *R* | sancte Lucie]
sancti Pauli *C* | de . . 1°] diocesis . .
add H | A.] M. *C* | de . . 2° *om M* |
laicus] diocesis . . *add H*

[4] quas] usus *add C*

---

[1] *Vgl. S. 179 Anm. 3.*

[2] *Unbestimmbar, da nähere Angaben fehlen.*

tur eidem, propter quod ipsius testamenti executio impeditur. – mandamus,
quatinus partibus convocatis *etc.* usuris cessantibus *etc.* Testes *etc.*[1]

K 54 S u p e r   e o d e m   a b   e x e c u t o r e   c o n t r a   c o e x e c u t o r e m   s u u m ,
q u i   b o n a   t e s t a t o r i s   r e c i p i e n s   i l l a   d i s t r i b u e r e   o m i t t i t .

P f. 16' | *Iud.* Conquestus est nobis P. prior prioratus de . ., executor testamenti
quondam I. de . . mulieris, quod M. de . . canonicus ecclesie sancti Petri de
5   . .,[2] coexecutor eius, quandam pecunie summam et res alias, quas dicta de-
functa ad se spectantes per manus ipsius prioris et eiusdem canonici communiter in pios usus erogari mandavit, temere recipiens ad manus suas
et eas in proprios usus nequiter convertens ipsas erogare in huiusmodi usus
iuxta piam dispositionem ipsius I. indebite contradicit, propter quod pia
D f. 48   testatricis intentio defraudatur. – | mandamus, quatinus partibus convo-
catis *etc.*[3]

[6] propter – impeditur *om A*

[7] etc. 1° *om AM* | etc. 1° – *Schluß*]
ut supra *R* | cessantibus *om C.*

K 54 *P 83 f. 16' (Üb. Index f. 3');*
V 45 f. 6'; H 82 f. 13; S 66 f. 10;
C 72 f. 405 (Üb. Index f. 441); A
71 f. 31; M 54 f. 9'; O 68 f. 12';
D 96 f. 47'/48 (Üb. Index f. 4); E
88 f. 28'; L 67 f. 90c; R 419 f. 40;
B 49 n. 14 f. 99'.

[1-2] *S hat die Üb. von K 55. – DEL Üb.:*
Super eisdem prior contra canoni-
cum (conventum *D* : canonicum
D² marg.) | eisdem *C* | ab] pro
HMO | coexecutorem] executorem
VHCAR | suum] suos *S* : *om R*
[2] qui bona] qua una *(? beschädigt)*
V | illa recipiens *P* | omittit] Ru-
brica *add H²* : emittit *O* : obmittit *R*
[3] Iud. – nobis *om V* | P.] *om CDL* :
. . *E* | prioratus de . . *om DELB* |
de . .] laico *add V*
[4] I. de . .] Io. *B* | mulieris] militis
et . . P. quondam I. de mulieris *E* :
mulieris et mulieris et P. quondam
I. de mulieris *L* | M.] P. *DEL* : G.

B | de . . 2° *om B* | ecclesie sancti
Petri de . .] . . ecclesie *P* : ecclesie . .
DEL : ecclesie de . . *R* : ecclesie
B | de . . *om M*
[5] executor *VSCARB* : quoexecutor
(korr.) D | summam *korr. E* | dicta]
om C : *korr. A* : dicti *EL* : G. Io.
B | defuncta] defunctus *A* : I. *D* :
I. et P. *EL* : *om B*
[6] communiter *om H*
[7] in pios] *aus* impios *korr. D²* | in
pios usus] improvisus *C* | erogare
DE | mandavit – 8 usus *om R* |
recipiens] et *add E*
[8] eas] as *(!) E* | nequiter] nequitur
(!) C : *hinter* convertens *DELB* |
convertens *om C* | ipsos *EL* | erogari
PSM
[9] piam *om DELB* | ipsius *om DELRB* |
I.] Iohannis *H* : Io. *B* | pia] dicte
add H : *om B*
[10] testatoris *CADLR* : testatorum
EL | intentio] mencio *DL* | defrau-
datur] antedicta etc. *add B* | parti-
bus] per *R*
[11] etc.] *om EL* : ut supra *R.*

---

[1] *Vgl. S. 179 Anm. 3.*   [2] *Unbestimmbar, da nähere Angaben fehlen.*
[3] *Vgl. S. 179 mit Anm. 3.*

K 55 Super eodem ab executore contra coexecutores suos dispensantes bona eo irrequisito contra formam testamenti.

Iud. Conquestus est nobis venerabilis frater noster .. episcopus Reatin.,[1] executor ultime voluntatis bone memorie .. episcopi Portuen.,[2] quod venerabiles fratres nostri .. Narnien.[3] et .. Interampnen.[4] episcopi, | coexecutores   *S f. 10'*

K 55   *P 84 f. 16' (Üb. Index f. 3');*
V 46 f. 6'; H 83 f. 13; S 67 f.
10/10'; C 73 f. 405 (Üb. Index f.
441); A 72 f. 31; M 55 f. 9'; O 69
f. 12'; R 420 f. 40.

[1-2] *In S steht diese Üb. vor K 54, hier*
Üb. : Super eodem. | ab executore
om R | executione *S* | coexecutores]
executores *VHSCAR*

[2] dispensantes] dissipantes *PC* :
dispentes *V* : districta *H* | requisito
H : inrequisito *R* | testamenti]
Rubrica *add H²*

[3] est nobis Conquestus *S* | noster
om M | .. *om HS* | Reatin.] Gaietan.
CO : *om M*

[4] .. *om HSCA* | Portuen.] *vor* episcopi *V* : Suassan. *C* : Suessan.
MO

[5] .. 1° *om S* | Narnien.] Narinen.
PA : Theanen. *CMO* : *om R* |
.. 2° *om HS* | Interapnen. *P* :
Interanen. *VH* : Interamnen. *S* :
Calmen. *CM* : Viterbien. *A* : Calinen. *O* : .. *R* | executores *VSCAOR*

---

[1] *Wohl Bischof Johannes von Rieti (1303 August 3 bis ca. 1339; vgl. Eubel 1, 416).*

[2] *Suburbikarisches Bistum Porto (der Ort liegt nw. von Ostia Antica bei Fiumicino sw. von Rom). Es handelt sich sehr wahrscheinlich um den Kardinal Matthaeus de Acquasparta, den bekannten Schüler des hl. Bonaventura, der am 28. Oktober 1302 verstarb (Eubel 1, 36); dieses Datum würde genau in die Entstehungszeit der ersten Redaktion des Formelbuches hineinpassen (vgl. Bd. 1 S. 146 f.). Über den Kardinal vgl. bes. M. Grabmann, Die philosophische und theologische Erkenntnislehre des Kardinals Matthaeus von Aquasparta (Wien 1906); P. Glorieux, Répertoire des maîtres en théologie de Paris au XIIIe siècle, 2 (Paris 1934), 102 ff.; C. Ghirardacci, Della historia di Bologna, 1 (Bologna 1596), 415 ff.; L. Oliger, Alcuni documenti per la storia dell'Inquisizione francescana in Toscana, in: Studi Francescani ser. 3ª, 3 (1931), 195 f.; V. Doucet, L'enseignement Parisien de Mathieu d'Aquasparta (1278–79), in: Arch. Francisc. Histor. 28 (1935), 568 ff.; C. Piana, Matteo d'Acquasparta, in: Enciclopedia Cattolica, 8 (Città del Vaticano 1952), 483 f., u. bes. ausführlich: E. Longpré, Matthieu d'Aquasparta, in: Dict. de théol. cathol. 10, 375 ff. Sein Testament soll noch erhalten sein (vgl. Longpré 381); es ist aber bislang nicht erreichbar.*

[3] *Wohl Bischof Orlandus von Narni (1261–1303); Eubel 1, 357 u. G. Eroli, Descrizione delle chiese di Narni e suoi dintorni le più importanti rispetto all' antichità e alle belle arti (Narni 1898), 159 ff.*

[4] *Wohl Bischof Massaeus von Terni (1299 Januar 26–vor 1316 September 7); Eubel 1, 285 u. F. Angeloni, Historia di Terni (Pisa 1878), 160, sowie bes. E. Rossi-Passavanti, Interamna dei Naarti. Storia di Terni nel medio evo, 2 (Orvieto 1933), 267 f. u. 516.*

sui, eo contempto et irrequisito, qui commode potest et debet de iure requiri,
bona testatoris eiusdem, que per manus ipsorum trium debent in pios usus
communiter erogari, pro sua voluntate dispensant contra testamenti formam temere veniendo. – mandamus, quatinus partibus convocatis.

10　　　*Vel sic*: bona dicti episcopi, que ad se ratione persone sue spectantia per
manus ipsius episcopi et coexecutorum eius in pios usus communiter erogari
mandavit, pro sua voluntate *etc.*

V f. 7　　　**K 56** | Super eodem ab executore unius testamenti contra
executorem alicuius testamenti diversarum personarum.

Iud. Conquestus est nobis I. prepositus .. ecclesie, executor testamenti
quondam P. canonici .. ecclesie, quod B. decanus ipsius ecclesie, executor
5　⟨ultime voluntatis⟩ bone memorie .. episcopi Reatin.,[1] de quadam summa
pecunie et rebus aliis, in quibus dictus episcopus, dum viveret, eidem ca-

---

⁶ eo] et *C* | contempto] contento *H*
(hier p später einkorr) *S* : non
contento *MO* | requisito *S* : inre-
quisito *R* | qui] quod *CA* | comode
PVO : quomodo *M*
⁷ que] ad se ratione persone sue
spectancia *add R* | deberent *H* :
deberet *R* | pios] etc. vel per manus
ipsius .. episcopi et executorum
eius in pios *add R*
⁸ erogari] mandavit *add R* | dispensa-
runt *H* | testamenti] ultime vo-
luntatis testamenti *R*
⁹ partibus] per *R* | convocatis] etc.
add H : ut supra *add R*
¹⁰⁻¹² *Der Zusatz in R in den Text ein-
gefügt, vgl. Z. 7* | sue *einkorr. C*
¹¹ ipsius] .. *H* : *om C* | executorum *CA* |
in pios usus] impios *C* | erogari
communiter *M*
¹² mandavit] precepit *H*.

K 56　*P 85 f. 16’ (Üb. Index f. 4);
V 47 f. 7; H 84 f. 13/13’; S 68 f. 10’;*

*C 74 f. 405 (Üb. Index f. 441);
A 73 f. 31/31’; M 56 f. 9’; O 70 f.
12’/13; R 422 f. 40’.*
¹ executione *S*
² executorem *hinter* personarum *R* |
alicuius] alterius *C* | personarum]
Rubrica *add H²*
³ I. de .. *C* | prepositus .. ecclesie]
preposito ecclesie de .. *R* | ecclesie]
et *add S* : .. *add M*
⁴ condam *C* | P.] Petri *H* | P. cano-
nici – 5 testamenti (*statt* ultime vo-
luntatis) *om S* | .. ecclesie] eccle-
sie .. *H* : ecclesie sancti .. *C* :
ecclesie de .. *R* | B.] L. *C* | ecclesie
2° *om M*
⁵ ultime voluntatis *scr., vgl. K 47, 2*]
testamenti *PVSCAMOR* : *om H* |
quondam bone *R* | .. *om HS* |
Reatin.] Gaietan. *C* : Gaietan. *vor*
episcopi *MO* | pecunie summa
PCM (summa *einkorr.*) *R*
⁶ .. episcopus *R*

---

¹ *Wer der verstorbene Bischof von Rieti ist, ist fraglich. Jacobus und Angelus
sind in K 47 u. 48 bereits durch andere Exekutoren belegt. Man könnte an den 1299
verstorbenen Berardus denken (Eubel 1, 416) oder an einen seiner Vorgänger.*

nonico tenebatur et de quibus ipsi canonico tunc viventi de bonis ad se ratione persone sue spectantibus[1] satisfieri per manus dicti decani, executoris eius, in ultima voluntate mandavit quasque prefatus canonicus ad se ratione persone sue spectantes per manus ipsius prepositi in pios usus erogari precepit, | prefato preposito executori satisfacere indebite contradicit, licet | prefata bona ipsius episcopi ad id suffi|cere dinoscantur, propter quod testamenti ipsius canonici executio impeditur. – mandamus, quatinus partibus convocatis etc.[2]

10
H f. 13'
A f. 31'
O f. 13

K 57 Super usuris, quas defunctus extortas reliquit restituendas per manus executorum.

Iud. Conquestus est nobis .. clericus, quod P. et M. de .. laici, executores testamenti quondam I. de .. laici .. diocesis, de usuris, quas idem defunctus, dum viveret, extorsit ab eo et de quibus per manus ipsorum executorum sibi satisfieri in ultima voluntate mandavit, ei satisfacere indebite contradicunt, licet ad id bona sufficiant testatoris. – mandamus, quatinus partibus convocatis audias causam etc.[3]

5

---

[7] tenebatur – canonico *om VHR* | ipsi] eidem *MO*

[8] sue] *vor* persone *H* : sua *C* | decani] prepositi *H*

[9] quasque] quas *R*

[10] in pios] impios *C* | precepit] mandavit vel precepit *R*

[11] licet *doppelt A*

[12] dinoscuntur *H* : dignoscantur *A*

[13] ipsius *om H* | canonici *om CR* | executio *om S* | impediuntur *S* | partibus] per *R*

[14] etc. *om R.*

K 57 *P 86 f. 16' (Üb. Index f. 4); V 48 f. 7; H 85 f. 13'; S 69 f. 10'; C 75 f. 405 (Üb. Index f. 441); A 74 f. 31'; M 57 f. 9'; O 71 f. 13; R 430 f. 41'.*

[1-2] *R Üb.:* Contra executores non satisfacientes usuras iuxta disposicionem testatoris | defuctus *(!) O* | extortas] exce(a)cus *(!) V* : excrevit *(?) H*

[2] executorum] Rubrica *add H*[2]

[3] .. 1°] *om S* : I. *M* | clericus] diocesis .. *add H* | de .. *om SCMR* | de .. laici] diocesis .. *add H* : laici de .. *C*

[4] quondam] condam *C* : *vor* testamenti *A* | I.] Iohannis *H* | de .. *om SR* | .. diocesis] diocesis .. *HR*

[5] executor *S*

[6] satisfieri] satisferii *(!) S* | satisfieri – ei *om C* | contradicit *C*

[7] sufficiant] satisfaciant *V* | partibus] per *R*

[8] audias causam *om CMOR.*

---

[1] *Vgl. K 47 Notula 3.*

[2] *Vgl. S. 179 mit Anm. 3.*

[3] *Vgl. S. 179 mit Anm. 3.*

Redaktion DEL(R)B

K 57 a   1. *Item nota, quod, si testator fuerit clericus, post illa verba* ad se *additur* : ratione persone sue spectantes *etc.*

B f. 98'   2. | *Item nota, quod, quando impetratur super executione testamenti alicuius patriarche, archiepiscopi vel episcopi, non debes dicere* executor testamenti, *sed dices* executor ultime voluntatis bone memorie .. patriarche, archiepiscopi *vel* episcopi. *Postea vero in clausula illa* propter quod *etc. dicas* ipsius ultime voluntatis executio impeditur *etc. ut in forma.*

   3. *Item nota, quod, quando aliquis frater alicuius ordinis, executor testamenti alicuius laici, impetrat super executione ipsius testamenti, dici debet post illa verba* iniuriantur eidem : propter quod ipsius testamenti executio, quam idem frater de licentia sui prelati suscepit et prosequitur, impeditur. – mandamus, quatinus partibus convocatis *etc.*[1]

   4. *Item nota, quod, quando impetratur super executione alicuius testamenti, tu semper invenies in notis* super terris, debitis *etc. vel* super quadam pecunie summa, terris *etc., alioquin littere erunt rescribende gratis.*[2]

K 57a   *D 89 (Forts.) f. 46'; E 83–89 f. 28; L 62–68 f. 90b; R 435/436 f. 41'; B 49 n. 4–7 f. 98/98'.*

[1] Item – 12 etc. *in EL hinter K 57b u. c und vor K 57d – E. Üb.* : Nota. – *R Üb. für eine (nicht aufgenommene) vorausgehende Note sowie für Note 2 u. 3* : Notule super predictis. | Item *om EL* | Item – 2 etc. *om R* | nota *om B*

[2] etc. *om B*

[3] *E hat hier nochmals die Üb.* : Nota | nota quod *om B*

[4] episcopi] postea *add B* | debet dici *B*

[5] dices *om RB* | .. *om E* | archiepiscopi vel episcopi] etc. *RB*

[6] Postea – illa] Et sequitur postmodum *R* | etc. dicas *om R* | dicas *om B* | ipsius] sue *R*

[7] etc. *om R* | ut] supra *add R*

[8] *E hat nochmals die Üb.*: Nota | nota

quod *om B* | alicui *L* | executor] alicuius *add E*

[9] alicui *L* | laici *om R* | debet dici *(so B)* – 10 testamenti *v. and. Hd. marg. einkorr. B*

[10] iniuriatur *DB* | eisdem *EL* | executio] impeditur *add B*

[11] prelati] seu superioris *add R* | suscepit et *om B*

[12] mandamus – *Schluß om B* | etc. *om ELR.*

[13-17] *Noten 4 u. 5 stehen in EL hinter K 57g und vor K 57h. – E Üb.* : Nota. | Item *om EL* | nota quod *om B* | alicui L.

[14] invenies in *om B* | innotis *D* | terris *om B* | debitis etc.] posset etc. ac si bona dicat *B*

[16] *E Üb.* : Nota | nota quod semper *om B* | exprimi] poni B | exprimi debet *EL* | civitas *v. and. Hd. einkorr. B* | et] vel *ELB (v. anderer Hd. einkorr.)* | ille est *B*

---

[1] *Zu den Notulae vgl. die Ausführungen oben Bd. 1 S. 289 ff.*

[2] *Fachausdruck der päpstlichen Kanzlei für die Neuausfertigung fehlerhafter Urkunden; vgl. Herde, Beiträge, 179.*

5. *Item nota, quod semper debet exprimi civitas et diocesis, de qua est ille, qui iniuriatur conquerenti.*

6. *Nota, quod, quando mulier est executrix testamenti alicuius, dicetur sic :* que quidem mulier secundum morem patrie executrix testamenti esse potest.[1]

K 57b Super testamentis laicus contra laicum.

| *Iud.* Conquestus est nobis P. dictus Rubeus laicus .. diocesis, quod Hugo et Andreas de Anticulo[2] laici .. diocesis, executores testamenti quondam | Petri laici, quasdam terras, pecunie summam et res alias, quas idem P. ad se spectantes sibi in sua ultima voluntate legavit et sibi per manus eorundem executorum dari precepit, contra iustitiam denegant exhibere, licet ad id bona sufficiant testatoris. – mandamus, quatinus partibus convocatis *etc.* usuris cessantibus *etc.* Testes *etc.*[3]

D f. 47

L f. 90 b

5

K 57c Super eisdem presbiter et laicus simul contra laicos.

Iud. Conquesti sunt nobis A. Bruni presbiter et P. de Campello[4] laicus

---

[18] Nota – 20 potest *om ELB.*

K 57b   *D 90 f. 47 (Üb. Index f. 4); E 81 f. 27'; L 61 f. 90 a/b; B 49 n. 8 f. 98'.*

[1] Super testamentis *om EL*

[2] Iud.] *marg. einkorr. D²* : Iudex *B* | P.] Per. *B* | dictus Rubeus] de d *(letzteres getilgt) L* : *om B* | .. diocesis *om ELB*

[3] Hugo et Andreas] A. et B. *B* | Anticulo] *om L* : Pisis *B* | ..] N *v. anderer Hd. einkorr. B*

[4] Petri] P. *DE* : R. *B* | quasdam terras] certam *B*

[5] P.] *om L* : R. *B* | sua *om B* | legavit] legantur *L* | et *om L*

[6] denegant] denegat(is) *E* : denegant *im Text, marg. v. anderer Hd.* denegavit *B*

[7] testatoris] etc. *add D B* | mandamus– Schluß] partibus convocatis *v. anderer Hd. einkorr. B*

[8] etc. 1° – Schluß *om EL* | usuris] usque *D.*

K 57c   *D 91 f. 47 (Üb. Index f. 4); E 82 f. 27'/28; L 62 f. 90 b; B 49 n. 9 f. 98'.*

[1] presbiteri et layci *E* | laici *L*

[2] Bruni *om B* | P. de Campello] B. *B* | Capello *L*

---

[1] *Über die Notulae vgl. die Ausführungen oben Bd. 1 S. 289 ff.*

[2] *Entweder Anticoli Corrado nw. von Subiaco (nö. von Rom) in der Diözese Tivoli (Tiburtin.) oder, was wahrscheinlicher ist, da dieser Ort bedeutender war, das heutige Fiuggi, bis 1911 Anticoli di Campagna, in der Diözese Anagni (Anagnin.), nö. von Anagni (vgl. G. Battelli, Rationes decimarum Italiae nei secoli XIII e XIV, Latium [Città del Vaticano 1946 = Studi e Testi 128] mit Karte).*

[3] *Über die Mandats- und Testes-Klausel bei Testamentssachen vgl. K 47 ff.*

[4] *Wohl Campello sul Clitunno, n. von Spoleto, in der Diözese Spoleto (Spoletan.) (vgl. P. Sella, Rationes decimarum Italiae nei secoli XIII e XIV, Umbria, 2 Bde [Città del Vaticano 1952 = Studi e Testi 161, 162] mit Karte).*

.. diocesis, executores testamenti quondam I. de .. laici .. diocesis, quod
E f. 28 M. et N. laici .. diocesis | super quadam pecunie summa, terris, possessioni-
5 bus et rebus aliis, quas idem defunctus ad se spectantes per manus ipsorum
executorum in pios usus erogari mandavit, iniuriantur eisdem, propter quod
ipsius testamenti executio impeditur. – mandamus, quatinus partibus convocatis *etc.* Testes *etc.*[1]

K 57d Super eisdem clericus contra laicos executores epi-
scopi.

B f. 99 | *Iud.* Conquestus est nobis G. de .. canonicus et infirmarius secularis
ecclesie de .., quod A. et B. miles .. diocesis, executores ultime voluntatis
5 bone memorie .. episcopi .., de quadam pecunie summa et rebus aliis, in
quibus idem episcopus, dum viveret, tenebatur eidem et de quibus per
manus ipsorum executorum in sua ultima voluntate satisfieri precepit eisdem, sibi satisfacere indebite contradicunt, licet ad id bona ad eundem episcopum ratione persone sue spectantia sufficere dinoscantur. Ideoque – man-
10 damus, quatinus partibus convocatis *etc.* Testes *etc.*[1]

K 57e Super eisdem clericus contra clericos et laicos simul.

Iud. Conquestus est nobis L. de .. clericus .., quod P. de .. clericus, B.
et Io. laici Senonen.[2] diocesis, executores testamenti quondam H(ermanni)

---

[3] .. diocesis 1°] *om ELB* | .. diocesis
  2° *om D*
[4] quadam] quibusdam *D*
[5] deffunctus *B* | spectantes *zu* spec-
  tantis *korr.* B
[6] usus pios *B* | erogare *B*
[7] testamenti] testati *L* | impeditur
  etc. *B* | partibus – Schlůß] etc. *B*
[8] Testes etc. *om EL.*

K 57d *D 92 f. 47 (Üb. Index f. 4);
  E 84 f. 28; L 63 f. 90b; B 49 n. 10
  f. 99.*
[1] clerici *L*
[3] de .. – 4 de .. *om B* | de .. *om E* |
  infirmari *(!) L*
[4] ecclesie] dicte *add D* | A. et B.
  miles] .. et .. milites *EL* : A. et
  B. milites *B*

[5] .. 1° *om E* | rebus aliis *v. and. Hd.
  marg. einkorr.* B
[6] et *v. and. Hd. einkorr.* B
[7] executorum ipsorum *E* | sua] *om
  EL* : *v. and. Hd. hinter* voluntate
  einkorr. B | eidem *LB*
[8] episcopum *v. and. Hd. einkorr.* B
[9] dignoscantur *E* | Ideoque etc. *B*
[10] etc. 1° *om DB* | Testes etc. *om B.*

K 57e *D 93 f. 47/47' (Üb. Index f.
  4); E 85 f. 28; L 64 f. 90b/c; B 49
  n. 11 f. 99.*
[1] laicos et clericos *L*
[2] *Iud. einkorr. D²* | de .. 1° *om B* |
  de .. clericus] et F. clerici *B* | cleri-
  cus *om L* | B. et Io.] et .. et .. *E* :
  et I. *L* : H. et M. *B*
[3] Senonen.] .. *ELB* | H(ermanni)] G. *B*

---

[1] *Über die Mandats- und Testes-Klausel bei Testamentssachen vgl. K 47 ff.*
[2] *Sens.*

archidiaconi de . ., quandam pecunie summam et res alias, in quibus dictus
Hermannus eidem L., dum viveret, tenebatur et de quibus per manus ipsorum executorum de bonis ad ipsum ratione persone sue spectantibus prefato
| L. satisfieri in sua ultima voluntate mandavit, contra iustitiam detinent
et ei exhibere indebite | contradicunt, licet ad id bona sufficiant supradicta. –
mandamus, quatinus *etc. ut supra*.[1]

D f. 47'
L f. 90c

K 57f Super eisdem laicus contra laicum in alia forma.

Iud. P. executor testamenti quondam I. de . . laici nobis conquerendo
monstravit, quod N. de . . et A. de . . laici . . diocesis possessiones et alia
bona ipsius I. hereditaria, que per manus eiusdem executoris creditoribus
suis de debitis, in quibus tenebatur eisdem, satisfieri in sua ultima voluntate
mandavit, per violentiam occupantes eidem illicite occupata detinere presumant, propter quod testamenti ipsius executio impeditur. – mandamus,
quatinus, si est ita, detentores predictos, ut possessiones et alia bona predicta
restituant, ut tenentur, monitione premissa per censuram ecclesiasticam
appellatione remota previa ratione compellas. Testes *etc.*[1]

K 57g Super eisdem laicus contra laicum aliter.

Iud. Conquestus est nobis P. de . . laicus, executor testamenti quondam
G. de . . laici, quod I. de . . laicus dicte diocesis, coexecutor suus, quandam

---

⁴ quadam *L*

⁵ Hermannus] H. *EL* : archidiaconus
B | ipsorum] eorundem *B*

⁷ sua *om ELB*

⁸ ei *om B* | licet *einkorr. L* | supra-
dicta etc. *B*

⁹ etc. ut supra] partibus etc. *B* | ut
supra *om EL*.

K 57f　*D 94 f. 47' (Üb. Index f. 4);*
E 86 f. 28; L 65 f. 90c; B 49 n. 12 f. 99.

¹ laicos *EL* | in alia forma *om D*

² testamenti quondam I. *auf Rasur*
D² | quondam testamenti *ELB* |
I. de . .] Io. *B*

³ monstravit *korr. D²* | de . . 1° *om B*

⁴ I.] Io. *B* | eiusdem P. *B* | executo-
rum *EB*

⁵ sua *om EL*

⁶ occupantem *D* : occupent *B* |
eidem] eadem *EL* : et ea *B* | presu-
munt *ELB*

⁷ testamenti] testatorum *E* : testa-
toris *L* | impeditur etc. *DB*

⁸ alia *om B*

¹⁰ ratione] exactione *EL* | Testes etc.
om ELB.

K 57g　*D 95 f. 47' (Üb. Index f. 4);*
E 87 f. 28/28'; L 66 f. 90c; B 49
n. 13 f. 99/99'.

¹ laicum *korr. L* | aliter] et aliter *D* :
taliter *E*

² de . . *om B*

³ de . . 1° *om B* | I. de . .] Iu. *B* |
dicte] einkorr. *D²* : . . *EB* : *om L* |
coexecutor] q(uo)executor *D* : executor *ELB*

---

¹ *Über die Mandats- und Testes-Klausel bei Testamentssachen vgl. K 47 ff.*

B f. 99'
5
E f. 28'

pecunie summam et res alias, quas dictus | G. ad se spectantes per manus dictorum P. et I. communiter in pios usus erogari precepit, recipiens ad manus suas et eas in proprios usus convertens pecuniam et res | ipsas huiusmodi erogari indebite contradicit, propter quod ipsius testamenti executio impeditur et pia testatoris intentio defraudatur. – mandamus, quatinus partibus convocatis.[1]

K 57h Super eisdem, quod compellet omnes de sua diocesi, ut satisfaciant de testamentis.

R f. 41

L f. 90 d
10

Episcopo. Ex parte .. fuit nostris auribus intimatum, quod nonnulli executores testamentorum tue civitatis et diocesis bona, que ab illis per manus eorum eroganda piis locis et pauperibus relinquuntur, iuxta | proprie voluntatis arbitrium distribuere non verentes ea interdum suis, interdum aliorum usibus illicite deputare presumunt in suarum animarum periculum et scandalum plurimorum. Quare humiliter postulasti super hoc de benignitate apostolica provideri. Nos igitur attendentes, quod nichil | magis rebus debetur humanis, quam ut testatorum voluntates ultime firmiter observentur, fraternitati tue, quod executores testamentorum huiusmodi ad debitam executionem illorum monitione premissa per censuram ecclesiasticam compellere valeas, auctoritate presentium concedimus facultatem.[2]

---

[4] manus] ipsorum *add D*
[5] I.] Iu. *B* | in pios usus *om DEL* | erogare *EB*
[6] eas] eos *E* | usus proprios *B* | convertentes *E* | pecunias *B* | ipsas] in *add ELB*
[7] erogare *B*
[8] testatorum *E* | intentio] mentio *D* | defraudatur et cetera *B*
[9] convocatis etc. *B.*

K 57h *D 97 f. 48; E 90 f. 28'; L 69 f. 90c/d; R 425 f. 40'/41; B 49 n. 15 f. 99.*
1-2 *Üb. om D. – R Üb.:* Contra executores testamentorum, ut ad debitam executionem commissorum eisdem procedere compellantur. | eisdem] episcope *add L* | compellet] non pellet *E*

[3] Episcopo] *marg. einkorr. D*² : Iud. *ELB* : Iud. .. episcopo *R* | Ex parte .. *korr. D*² | nostris auribus] in nostris manibus *D* : nobis auribus *L*
[4] tue] tuarum *aus* tue *korr. D*² | tue – 5 pauperibus *v. and. Hd. einkorr. B*
[5] eorum] ipsorum *D* | erogantia *B* | pauperibus *doppelt (marg. u. Text) B* | relinquuntur] *korr. D*² : relinquantur *L* | proprie] pie *R*
[6] ea] eas *L* | interdum suis *om D*
[8] scandali *E* | humiliter] *om D* : a nobis humiliter *R*
[9] debetur rebus *L*
[10] testatorum] testamentorum *E*
[11] ad debitam] ut plenam et debitam *B*
[12] monitione premissa] pre. mo. *R* : facere procurent *B.*

---

[1] *Über die Mandats- und Testes-Klausel bei Testamentssachen vgl. K 47 ff.*
[2] *Vgl. zu dieser Formel oben Bd. 1 S. 294.*

K 57i Super eisdem abbas contra clericum vel laicum, quod satisfaciant sibi de testamento.

Iud. Dilecti filii .. abbas et conventus monasterii .. ordinis .. nobis conquerendo monstrarunt, quod, cum quondam G. de .. laicus quandam pecunie summam et res alias eis in ultima voluntate | legarit per manus R. de .. .. diocesis, quem sui executorem constituerat testamenti, eidem monasterio tribuendas, idem .. id efficere contradicit. Preterea nobilis mulier .. domina de .. et .. filii ipsius nobilis eiusdem diocesis super terris *etc.* – partibus convocatis. – proviso, ne in terram *etc.*[1]

B f. 100

K 57k Super eisdem pro cardinali.

Iud. Sua nobis venerabilis frater noster .. episcopus .. ac dilectus filius noster R. sancte Marie in Cosmedin diaconus cardinalis et alii executores testamenti bone memorie R. sancti Eustachii diaconi cardinalis[2] conquestione monstrarunt, quod P. et N. de .. ecclesiarum rectores et .. et .. 5

K 57i *D 98 f. 48 (Üb. Index f. 4); E 91 f. 28'; L 70 f. 90d; R 426 f. 41; B 49 n. 16 f. 99'/100.*
1-2 *R Üb.*: Contra executores testamentorum super legatis terris cum clausula Preterea et Proviso etc.
2 satisfaciat *DL* | testamento] testamentis episcopi *D* : testamentum *E*
3 monasterii ..] M. *D* : monstrarut *(!) R*
4 cum *om B* | G.] T. *D* : Te. *B* | quadam pecunie summa *L*
5 in *om DL* | legarit *mit übergeschr. offenem a D* : legant *R* : legavit *B* | R.] B. *R*
6 de .. *om B* | .. diocesis] diocesis .. *EL* : diocesis *D* | sui] suum *R* | constiterat *L*
7 monasterio] magistro *R* | ..] B. *R* : R. *B* | efficere] sufficere *D* : indebite *add R* | Preterea] Pretere *(!) E* : Propterea *B*

8 .. 1° *om DB* | .. domina] domina .. *E* | de .. *om B* | terris] debitis *add L*
9 partibus convocatis *om LB* | terram] dicte nobilis et filiorum *add R.*
K 57k *D 99 f. 48/48'; E 92 f. 28'; L 71 f. 90d; R 427 f. 41; B 49 n. 17 f. 100.*
1 *Üb. om D, aber marg. D².* – *R Üb.* : Ut occupantes bona testatoris defuncti executoribus testatoris ipsius ea exhibere cogantur.
2 .. 2° *om E* | ac] et *L* | dilecti filii nostri *R*
3 R.] *om D* : N. *R* | R. – Cosmedin *om B* | in Cosmedin] Noue *R*
4 testamenti] sive ultime voluntatis *add R* | bone memorie *korr. D²* | R.] A. *E* : B. *R* : G. *B* | sancti Eustachii *om B* | Gustachii *D* : Eustacii *E* | diaconi – 7 Eustachii *om L*
5 de .. ecclesiarum rectores] rectores .. ecclesiarum *B* | et .. et ..]

---

[1] *Die Mandatsklausel ist hier die einfache; die Proviso-Klausel wird gesetzt, da eine Adelige gleichzeitig wegen Besitzdelikten angeklagt wird (vgl. N 57 ff.).*

[2] *Bei einem Kardinaldiakon wird von testamentum gesprochen, weil er trotz seiner hohen Stellung keine Bischofsweihe hat; bei Bischöfen muß von ultima*

clerici . . civitatis et diocesis quandam pecunie summam et res alias, quas dictus cardinalis sancti Eustachii spectantes ad se ratione persone sue per *D f. 48'* manus ipsorum executorum in pios | usus erogari precepit, contra iustitiam detinent et eas denegant exhibere, propter quod ipsius testamenti executio 10 impeditur. – mandamus, quatinus dictos rectores et alios, ut eisdem executoribus pecuniam ipsam et res alias exhibeant, ut tenentur, monitione premissa per censuram ecclesiasticam cognita veritate compellas.[1]

---

ac N. et B. *v. and. Hd. marg. einkorr. B* | . . 2° *om D*
[6] . . *om DE*
[7] cardinalis sancti Eustachii] G. cardinalis *B* | sancti Eustachii ad se ratione sue spectantes *korr. D²* | Eustacii *E* | sue persone *LR*

[8] executorum ipsorum *EB* | in pios] impios *D* | erogari *aus* erogare *korr. E*
[9] eas] sibi *add R* : alias *B* | quod *om R*
[10] impeditur etc. *B* | et alios *om B*
[11] ut] et *B* | tenetur *D*
[12] per censuram ecclesiasticam *om L* | compellas etc. *ELRB*.

---

voluntas die Rede sein (vgl. K 47 u. 57a). In R wird dagegen auch bereits bei einem Kardinaldiakon die letztere Bezeichnung zugelassen (vgl. die Variante). Es handelt sich hier wohl um Ricardus Petronus aus Siena, der an der Ausarbeitung des Liber Sextus mitwirkte (vgl. v. Schulte, Geschichte der Quellen 2, 35), von 1296 ab Vizekanzler war (Bresslau, Urkundenlehre 1, 254f.) und als Anhänger der Politik Bonifaz' VIII. von diesem am 4. Dezember 1298 zum Kardinaldiakon von S. Eustachius kreiert wurde (Eubel 1, 12 u. 48). Über seine politische Stellung – er spielte 1303 während der Verschwörung gegen den Papst eine zwielichtige Rolle – vgl. H. Finke, Aus den Tagen Bonifaz' VIII. (Münster 1902 = Vorreformat. Forschungen 2), 106; R. Holtzmann, Wilhelm von Nogaret (Freiburg 1898), 64 u. 106; G. Digard, Philippe le Bel et le Saint-Siège de 1285 à 1304, 1 (Paris 1936), 357; 2 (das.), 154, 180, 183f., 203; T. S. R. Boase, Boniface VIII (London 1933), 92, 198, 320, 346, 349. Er starb am 10. Februar 1314 (Eubel a. a. O.). Als Testamentsvollstrecker käme, wenn die Sigle nicht verderbt ist, nur Raimundus de Ruffo in Frage, der am 19. oder 20. Dezember 1320 als Nepote Johanns XXII. zum Kardinaldiakon von S. Maria in Cosmedin kreiert wurde (vgl. Baluze, Vitae paparum Avenionensium, ed. G. Mollat, 1, 141 u. ö.; Eubel 1, 15 u. 49). Er starb im November 1325. Dann wären jedoch zwischen dem Tod Richards und der Kardinalserhebung Raimunds sechs Jahre vergangen. Das ist an sich möglich. Doch kann nicht ausgeschlossen werden, daß die Siglen verderbt oder fiktiv sind. Die Varianten geben keine Kombinationsmöglichkeiten. An Raimundus Nonnatus, Kardinaldiakon von S. Eustachius von 1239–1240, und Rainerius Capoccius, Kardinaldiakon von S. Maria in Cosmedin 1216–1252, ist nicht zu denken, da es so gut wie ausgeschlossen ist, daß eine so frühe Urkunde etwa 100 Jahre später als Erweiterung der Vulgataredaktion des Formularium audientiae aufgenommen wurde.

[1] *Hier kommt es also nicht zu einem Prozeß vor den delegierten Richtern; diese haben vielmehr die Beklagten sofort zur Herausgabe des testamentarischen Gutes zu zwingen.*

K 571 Super eisdem contra archidiaconum et alios executores episcopi.

| *Iud.* Sua nobis dilectus filius N. de . . clericus conquestione monstravit,   *E f. 29*
quod, cum bone memorie . . episcopus . . sibi pensionem annuam trium
marcharum argenti, donec eidem in competenti beneficio ecclesiastico pro-   5
videret, liberaliter concessisset, prout in litteris ipsius episcopi dicitur
plenius contineri, eodem episcopo ante mortem per quinque annos et amplius solutione prefate pensionis cessante ipsoque postmodum viam universe carnis ingresso . . archidiaconus et alii executores ⟨ultime voluntatis⟩[1]
eiusdem episcopi . . civitatis et diocesis, per quos satisfieri sibi de pensione   10
illa ratione preteriti temporis in sua ultima voluntate mandavit, prefato
clerico de ipsa satisfacere indebite contradicunt, quamquam ad id bona
ad eundem episcopum ratione persone sue spectantia sufficere dinoscantur.
Quocirca – mandamus, quatinus partibus convocatis *etc.*

K 57m Super eisdem pro clerico, qui diu serviverat episcopo
et nullam remunerationem habuit, contra executores suos.

Iud. Dilectus filius M. de . . clericus nobis conquerendo monstravit,   *B f. 100'*
quod, cum ipse | bone memorie . . | episcopo . . diu serviverat fideliter et   *R f. 41'*

K 571   *D 100 f. 48' (Üb. Index f. 4);
E 93 f. 28'/29; L 72 f. 90d; R 428 f.
41; B 49 n. 18 f. 100.*

¹⁻² *R Üb.* : Ut executores episcopi cogantur solvere pensionem non so-
lutam per tot annos iuxta dispositionem episcopi.

² episcopi *om D, steht aber marg.* D²
³ dilectus filius *om* R | N.] M. E |
de . . *om* B
⁴ . . 1° *om* E | . . 2° *om* ER
⁵ in] de *DB* | ecclesiastico beneficio *D*
⁶ dicitur plenius contineri] plenius
continetur *B*
⁷ quinque] V *ELR* | amplius] in *add* L
⁸ ipsoque] ipso quoque *R* : ipseque
B | postmodum *om* B
⁹ ingresse *B* | . . *om* D | ultime volun-
tatis *scr., vgl.* K 47, 2] testamenti
DELRB

¹⁰ . . episcopi civitatis *ER* | per] pro
B | quos] quas *RB* | sibi *om* L
¹¹ ratione *om* L | sua *om* ELRB
¹² quamquam] quidquid *D* | ad] ab *L*
¹³ spectantia *om* L | dinoscantur] dig-
noscantur *E* : etc. *add* B
¹⁴ Quocirca *om* B | etc. *om* ELR.

K 57m   *D 101 f. 48' (Üb. Index f. 4);
E 94 f. 29; L 73 f. 90d; R 429 f.
41/41'; B 49 n. 19 f. 100/100'.*

¹⁻² *R Üb.*: Ut cogantur executores episcopi ad solvendum familiari episcopo (!) pro labore mercedem
² suos *om* D
³ Iud.] Iud. Sua *D²* | M. de *om* B |
de . . *om* R | clericus] diocesis . .
add D | conquestione *D²*
⁴ . . 1° u. 2° *om* E | serviverit *D* |
fideliter] *om DEL* : v. and. Hd.
einkorr. *B*

─────────

¹ *Vgl.* K 47 u. 57 a.

5 devote, idem episcopus morte preventus de promissa sibi pro labore mercede M. non satisfecit eidem. Et licet dictus episcopus in omnibus, quibus in aliquo tenebatur, per manus .. canonici et aliorum, quos executores sui constituit testamenti, .. et .. civitatis et diocesis .. satisfieri in ultima voluntate mandaret, tamen predicti executores de mercede huiusmodi
10 predicto M. satisfacere indebite contradicunt, quamquam bona ipsius episcopi ad eum ratione persone sue spectantia ad id sufficere dinoscantur. – mandamus, quatinus partibus convocatis *etc.*

K 57n Super eisdem contra episcopum, executorem episcopi.

D f. 49
L f. 91a

| *Iud.* Venerabilis frater noster .. episcopus | .., executor ⟨ultime voluntatis⟩[1] bone memorie .. episcopi Alatrin.,[2] nobis conquerendo monstravit, quod .. et .. coexecutores eius .. diocesis eo contempto et irrequisito,
5 qui commode potest et debet de iure requiri, bona eiusdem testatoris, que per manus ipsorum in usus pios debent communiter erogari, pro sua voluntate dispensant contra testamenti formam temere veniendo. – mandamus, quatinus partibus convocatis *etc.*

Vel sic : bona dicti episcopi, que ad se ratione persone sue spectantia[3]

---

[5] episcopus .. *R* | preventus] et *add D* : *aus* proventus *korr. L* | promissa *scr.*] premissa *DERB* : premiss; a *L* | sibi *doppelt E* | laboris *B*

[6] M. *om RB* | Et *v. and.* Hd. einkorr. *B* | in *om RB*

[7] .. *om ER* | executor *R*

[8] .. et .. *om B* | .. et – diocesis *om R*

[9] tamen] *om D* : tam *L* | tamen – 10 indebite *v. and.* Hd. *marg.* einkorr. *B*

[10] M.] Maco *D* : clerico *R* : *om B* | quamquam] quidquid *D*

[11] spectantia *om R* | ad id *om ELRB* | dignoscantur *ER* : dinoscuntur etc. *B*

[12] Quocirca mandamus *R* | quate(us) *D* | partibus] per *DR* | etc. *om LR*.

K 57n *D 102 f. 49 (Üb. Index f. 4); E 95 f. 29; L 74 f. 90d/91a; B 49 n. 20 f. 100'.*

[1] executor *L*

[2] .. 1° u. 2° *om D* | .. 2° *om EL* | ultime voluntatis *scr., vgl. K 47, 2*] testamenti *DELB.*

[3] .. *om E* | Alatrin.] Atrin. *D* : *om L* : N. *B* | nobis *om B*

[4] A. et B. *B* | executores *DELB* | N. diocesis *B*

[5] comode *D* | require *L* | eidem *L*

[6] communiter *hinter* erogari einkorr. *v. and.* Hd. *B*

[7] dispensent *L* | disposuit *B* | veniendo] etc. *add DB*

[8] etc. *om B*

[9] Vel *om B* | sic *scr.*] si *DELB* | que *om B* | sue persone *L*

---

[1] *Vgl. K 47 u. 57a.*

[2] *Alatri (n. von Frosinone, sö. von Rom). Es handelt sich wahrscheinlich um Bischof Nikolaus (1299–1316, vgl. Eubel 1, 79).*   [3] *Vgl. K 47 Notula 3.*

per manus ipsius episcopi et executorum eius in pios usus communiter ero-   10
gari mandavit, pro sua voluntate *etc.*

K 57o Super eisdem pro executoribus scriptoris penitentiarie.

Iud. Conquesti sunt nobis dilecti filii magister Pandulphus de Sabello,[1]
notarius noster, .. de .. canonicus Sanctonen.[2] ac .. de .. scriptor penitentiarie nostre, executores testamenti quondam O. dicte penitentiarie
scriptoris clerici, quod M. B. sancti Stephani in Celiomonte[3] canonicus et   5
Franciscus dicti O. nepos sanctorum Quadraginta iuxta Coliseum de Urbe[4]
clericus ecclesiarum super quibusdam domibus, terris, possessionibus et
rebus aliis, quas dictus defunctus ad se ratione persone sue spectantes per
manus ipsorum executorum in pios et alios usus erogari precepit, iniuriantur eisdem, propter quod ipsius testamenti executio impeditur. Ideoque –   10
mandamus, quatinus partibus convocatis. Testes *etc.*[5]

---

[10] in pios] impios *D*
[11] etc.] partibus convocatis etc. *add D.*

K 57o   *D 103 f. 49 (Üb. Index f. 4);*
E 96 f. 29; L 75 f. 91a; B 49 n. 21
f. 100'.
[1] executionibus *L* | penitentiaria
korr. E
[2] Conquestus est nobis dilectus filius
B | Pandulphus de Sabello] P. de
LB
[3] .. de .. 1° *om B* | Sanctonen.]
Sanccenen. *D : om L : .. B* | .. 3°
om D | .. de .. 2°] G. *B*

[4] executorum *E* | O.] B. *B*
[5] M.] eius *E* | M. B.] N. *B* | Stephani
om L | in Celiomonte *om B* | Celio-
monte *om L*
[6] Franciscus] F. *B* | O.] B. *B* |
Quadraginta – 7 ecclesiarum *om B*
[7] clericus] cononicus *(!) E* | terris]
et *add E*
[9] in pios] impios *D* | et alios *om B*
[10] Ideoque] etc. *add B*
[11] convocatis] etc. *add B* | etc. *om*
B.

---

[1] *Pandolfo, aus dem römischen Geschlecht der Savelli, war unter Benedikt XI.
päpstlicher Notar und besaß zahlreiche Pfründen, vgl. Le registre de Benoît XI.,
ed. Grandjean, Nr. 683, 908, 1110 (belegt von 1303 Nov. 18 – 1304 Mai 8).
Unter Johann XXII. war er 1332 Februar 8 bereits verstorben, vgl. Göller, Die
Einnahmen der apostolischen Kammer unter Johann XXII., 563.*
[2] *Saintes.*
[3] *S. Stefano Rotondo in Rom.*
[4] *Kirche in der Nähe des Kolosseums in Rom.*
[5] *Vgl. S. 179 Anm. 3.*

K 57 p Super eisdem in alia forma.

Iud. Conquesti sunt nobis dilecti filii . . decanus et capitulum ecclesie Eysteten.,[1] quod, licet quondam Henricus dictus de Rotemburgh[2] laicus Herbipolen.[3] diocesis eisdem decano et capitulo de quibusdam vaccis, pe-

E f. 29'
B f. 101
D f. 49'

coribus et | rebus aliis, quibus ipsos, dum vixit, spoliaverat, de bonis ad eum spectantibus satisfieri in sua ultima voluntate | mandasset, tamen . . filius et heres dicti Henrici defuncti | prefatis decano et capitulo iuxta ipsius defuncti voluntatem de vaccis, pecoribus et rebus predictis satisfacere indebite contradicit, quamvis bona huiusmodi, que ad heredem perve-

10   nerunt predictum, sufficere dinoscantur. – mandamus, quatinus partibus convocatis.

K 57 q Super eisdem pro priore et fratribus Predicatorum.

Iud. Conquesti sunt nobis . . prior et fratres ordinis Predicatorum Lugdunen.,[4] quod, licet quondam . . de . . domicellus Viennen.[5] in sua ultima

K 57 p   *D 104 f. 49/49' (Üb. Index f. 4); E 97 f. 29/29'; L 76 f. 91a; B 49 n. 22 f. 100'/101.*
[2] Conquestus est nobis dilectus filius *B*
[3] Eysteten.] Cisteren. *E* : om *L* : N. *B* | dictus om *LB* | Rotemburgh *scr.*] . . Boteburgh *D* : Bouteburg *E* : om *LB* | laycus *v. and. Hd. über* clericus *B*
[4] Erbipolen. *E* | Herbipolen. diocesis om *B* | eiusdem *L* | vaccis] et *add L*
[6] eum] eundem *D* | . .] om *D* : P. *B*
[7] Henrici] H. *LB* | prefatis – 8 defuncti om *D* | prefatis om *L*

[9] quamvis] quamquam *B*
[10] predictum] ad id *add B* | dignoscantur *E* : dinoscuntur etc. *B* | partibus convocatis] per con. *L* : etc. *add B.*

K 57 q   *D 105 f. 49' (Üb. Index f. 4); E 98 f. 29'; L 77 f. 91a; B 49 n. 23 f. 101.*
[2] nobis prior *korr. D²* | fratres] domus *add D² (einkorr.)* | ordinis] fratrum *add DEB* | Lugdinen. *D* : *aus* Ludunen. *korr. L*
[3] . . de . .] om *D* : P. *B* | Vrennen. *D* : Viemcen. *B* | voluntate ultima *B*

---

[1] *Eichstätt (Bayern). Das Reskript hat sich in anderer Überlieferung nicht erhalten; es fehlt bei F. Heidingsfelder, Die Regesten der Bischöfe von Eichstätt (Innsbruck–Erlangen 1915–1938; reicht bis 1324), und war auch in den Beständen des Bayerischen Hauptstaatsarchivs München nicht festzustellen.*
[2] *Rothenburg ob der Tauber (Bayern). Laien, die den Namen Heinrich von Rothenburg führen, sind aus der fraglichen Zeit mehrfach belegt, vgl. etwa Regesta Boica 7, 368 (1343); 8, 44 (1345), 90 (1346), 203 (1351), 297 (1354), 9, 111 (1364), 163; dazu Bayerisches Hauptstaatsarchiv München, Urk. Rothenburg Reichsstadt 297 (1347), 388 (1356), 444 (1360), 456 (1363), 477 (1364). Ein Streitfall eines Bürgers dieses Namens mit dem Domkapitel von Eichstätt war jedoch nicht nachzuweisen.*   [3] *Würzburg.*   [4] *Lyon.*   [5] *Vienne.*

voluntate tam quondam G. de . ., decanum ecclesie . ., quam S. et P. de . .
fratres, I. T. et H. de . . cives Gratianopolitan.[1] sibi in omnibus bonis suis   5
inter ipsos equalibus portionibus dividendis instituisset heredes, idem
quoque G. partem hereditatis huiusmodi ipsum contingentem, quam canonice assecutus fuerat et aliquamdiu possederat pacifice et quiete et
tunc etiam possidebat, in sua ultima voluntate dictis priori et conventui
in elemosinam legavisset, tamen dicti cives prefatos priorem et conventum,   10
quominus partem huiusmodi in elemosinam eis, ut premittitur, erogatam
uti libere valeant et habere, contra iustitiam impedire presumunt in ipsorum
prioris et conventus preiudicium non modicum et gravamen, propter quod
pia dicti G. intentio defraudatur. – mandamus, quatinus partibus convocatis etc.   15

K 58–71 h
Super manuum iniectione.

K 58 | Capitulum super manuum iniectione.   *A f. 32*

*Nota, quod in hac forma, quando impetratur contra clericum, non datur
clausula illa* Testes, *nec etiam, si contra clericum et laicum.*[2]

Item quid debeat in hac forma et quid sit ordo, inferius per ordinem mani-   5
feste liquet.[3]

---

[4] quondam – 5 Gratianopolitan.] G.
et P. fratres nec non T. et H. cives *B*

[5] cives *om   E* | Gratianopolitan.]
Gratienopolinacen. *D* : Grationo-
politan. *E*

[8] possiderat *D* : tenuerat et possederat *B*

[10] legavisset] erogavisset *B* | tamen]
Cum *E*

[11] quominus] ipsi *add B* | parte *LB*
(einkorr. v. and. Hd.) | eis *(korr.*
D²) in elemosinam *D* | elemosina
E | erogata *ELB*

[14] intentio] mentio *unvollst. zu* inten-

tio *korr. D²* | defraudatur] etc. *add*
B | convocatis etc. *einkorr. D²*

[15] etc. *om EL.*

K 58   *P 87 f. 16' (Üb. u. Note Index*
f. 4); V 49 f. 7; H 86 f. 13'; S 70
f. 10'; A 75 f. 32; R 187 f. 17'.

[1] Capitulum – 5 liquet *om R* | iniec-
tione manuum *S*

[3] si *om V*

[4] Item – 5 liquet *hinter* 7 semper *A* |
in *om H* | quid 2°] quis *S* | per or-
dinem *om S*

[5] liquet] Si impetratur contra laicum
datur Testes *add P*

---

[1] *Grenoble.*   [2] *Die Sakrilegien gehören zu den Kriminalsachen. Nach N 62,*
6 entfällt die Testes-Klausel allgemein bei Kriminalsachen; nach N 62, 7 gilt das
besonders, wenn ein Kleriker wegen einer Kriminalsache belangt wird, was hier der
Fall ist.   [3] *D. h. in den folgenden Formeln.*

Super manuum iniectione contra episcopum, ubi debet esse conclusio „partibus convocatis" semper.

Iud. Conquestus est nobis Helias Fabri clericus, quod venerabilis frater noster .. episcopus Reatin.[1] manus iniecit in eum dei timore postposito temere violentas. – mandamus, quatinus partibus convocatis *etc.* Dat. *etc.*

K 59   Super eisdem contra monachum.

Et nota, quod contra monachum ut hic debet esse conclusio.[2]

Iud. Conquestus est nobis Paulus Petri clericus Reatin.,[3] quod Angelus monachus monasterii sancti Salvatoris Reatin.[4] manus iniecit in eum dei timore postposito temere violentas. – mandamus, quatinus, si est ita, dictum sacrilegum tamdiu appellatione remota excommunicatum publice nunties et facias ab omnibus artius evitari, donec passo iniuriam satisfecerit competenter et super hiis debite absolutionis beneficium meruerit obtinere. Dat. *etc.*[a][5]

a) *Zusatz in R: Attende conclusionem contra monachum supra proximo.* –

[6] iniectione manuum *S*
[7] partibus] per *R* | semper] super iniectione manuum *add P* : Rubrica *add H*[2] : *om R*
[8] clericus] Reatin. *add R*
[9] noster *om S* | Reatinus *A*
[10] etc. 1° *om R* | Datum *HA.*

K 59   *P 88 f. 16' (Üb. u. Note Index f. 4); V 50 f. 7; H 87 f. 13'; S 71 f. 10'; A 76 f. 32; R 188 f. 17'.*
[1] eisdem] eodem *R*
[2] Et – conclusio *om R* | quod] quando *add S* | ut hic *om H*[2] | hic] habere *V* | conclusio] conclusiones. Rubrica *H*[2] : talis *add SA*

[3] nobis *om S* | Paulus] Helias *VH* : I. *S* : P. *A* : .. *R* | Petri] Fabri *VH* : Pauli *S* : de .. *R* | clericus] civis *VA* : monachus monasterii sancti Salvatoris *S* | Reatin.] ordinis sancti Benedicti *add S* | Angelus – 4 Salvatoris] L. civis *S* | Angelus] A. *A*
[4] sancti Salvatoris Reatin.] de .. ordinis .. *R* | Salvatoris] .. *P*
[7] evictari *(!) P* | satisfecerit] satisfactum fuerit *H*
[8] meruit *A* | obtinere *doppelt S*
[9] Dat.] Datum *HA* : *om S*

[1] *Rieti. Die Formel ist sicher fingiert. Denn einmal ist es an sich unwahrscheinlich, daß sich ein Bischof eines Sakrilegs schuldig macht; zum anderen ist Helias Fabri in K 62i das Opfer des Bischofs von Poitiers, sein Name ist mithin wahrscheinlich ebenfalls fiktiv.*   [2] *Vgl. unten Anm. 5.*   [3] *Rieti.*
[4] *Benediktinerkloster S. Salvatore Maggiore bei Rieti (vgl. oben S. 80 Anm. 5).*
[5] *Sind Mönche angeklagt, so erfolgt keine Parteienladung, da diese ja in einem Prozeß nicht Partei sein können (vgl. Bd. 1 S. 231). Der delegierte Richter hat nur die Richtigkeit der Anklage zu untersuchen und gegebenenfalls gegen die Angeklagten mit den bezeichneten Zensuren vorzugehen.*

Marginal fährt andere Hand fort: Nota conclusionem et quod monachus pro in-
iectione manuum non mittitur ad curiam absolvendus sicut alii clerici propter
vagabunditatem, quia daretur eis materia delinquendi et evagandi.[1]

K 60 | Super eisdem contra clericum secularem, contra quem   *R f. 18*
subsequens debet esse conclusio, cum sanguinis effusione.

Iud. Conquestus est nobis P. Martini de .. clericus, quod F. Angeli clericus Reatin.[2] manus iniecit in eum usque ad effusionem sanguinis dei ti-
more postposito temere violentas. – mandamus, quatinus, | si est ita, dic-   *V f. 7'*
tum sacrilegum tamdiu appellatione remota excommunicatum publice
nunties et facias ab omnibus artius evitari, donec passo iniuriam satisfecerit
competenter et cum tuarum testimonio litterarum ad sedem venerit apostolicam absolvendus.[3] Dat. *etc.*

K 61 Super eisdem pro capto, verberato et carcerato contra
clericum, laicum et mulierem.

Attende conclusionem mulieris.[4]

Iud. Conquestus est nobis P. Francisci de .. presbiter, quod Angelus
Symonis clericus, Franciscus Raynaldi laicus et Maria Iohannis mulier ..   5

---

[11] monacus *R.*

K 60   *P 89 f. 16' (Üb. Index f. 4);*
        V 51 f. 7/7'; H 88 f. 13'; S 73 f. 11;
        A 77 f. 32; R 189 f. 18.

[2] sequens *S* | effusione] Rubrica *add*
    H[2]

[3] P. Martini de ..] .. *R* | de .. *om S* |
    clericus 1°] Reatin. *add H* | quod –
    clericus 2° *om V* | F. Angeli] P.
    Martini de .. *R* | F. Angeli clericus
    Reatin.] R. de .. laicus .. diocesis
    H | Angeli] A. *A*

[4] Reatin. *om A* | sanguinis effusio-
    nem *H*

[5] postposito] ausu sacrilego *add R*
    (einkorr. v. and. Hd.)

[6] appellatione remota *om A*

[7] satisfecerint *S*

[9] Datum *HA.*

K 61   *P 90/91 f. 16'/17 (Üb. Index*
        f. 4); V 52 f. 7'; H 89 f. 13'; S 72
        f. 10'/11; A 78 f. 32; R 190 f. 18.

[2] clericum] et *add H*[2] : *om S*

[3] conclusionem] clausulam *H*[2] | mu-
    lieris] Rubrica *add H*[2] : *om S*

[4] P.] I. *R* | Francisci *om A R* | pres-
    biter] .. diocesis *add H* | Angelus]
    A. *P A R*

[5] Symonis] Symeonis *V* : C. *R* |
    Franciscus] F. *P A* : C. *R* | Ray-
    naldi] al *R* | Maria Iohannis] Maria
    .. *H* : M. Io. *S* : M. Iohannis *A* |
    mulier ..] diocesis *add H* : mulier
    S A : mulier de .. *R*

---

[1] *Vgl. oben Bd. 1 S. 304 ff.*   [2] *Rieti.*   [3] *Die Absolution von der wegen*
eines Sakrilegs verhängten Exkommunikation ist ein Reservatfall des apostolischen
Stuhles; vgl. Bd. 1 S. 298 f.   [4] *Vgl. die folgende Anm.*

eum ausu sacrilego capientes ac diris afficientes verberibus ipsum carceri
manciparunt et presumpserunt eidem carceri detinere captivum. – mandamus, quatinus, si est ita, dictos sacrilegos tamdiu appellatione remota
P f. 17 excommunicatos | publice nunties et facias ab omnibus artius evitari,
S f. 11 donec passo iniuriam | satisfecerint competenter et cum tuarum testimonio
litterarum ad sedem venerint apostolicam absolvendi; mulier vero per te
absolutionis beneficium assequatur.[1] Dat. *etc.*

K 62 Super eisdem pro . . abbate et conventu contra verberantes monachum cum rebus aliis.

Ubi nota, quod monachus non potest conqueri per se.
Iud. Conquesti sunt nobis . . abbas et conventus monasterii de . ., quod
5 P. et F. laici Ruthenen.[2] diocesis in Petrum et Bartholomeum de . . mona-
H f. 14 chos | dicti monasterii manus iniecerunt dei timore postposito temere vio-
lentas. Iidem quoque super terris, debitis, possessionibus et rebus aliis
iniuriantur eisdem. – mandamus, quatinus, si de huiusmodi iniectione manuum tibi constiterit, dictos sacrilegos *etc. usque* donec super hiis satisfe-

---

6 ausu] asu *(!)* V | duris *VSA* | car-
ceri] carcerari *R*

7 eidem] eundem *S* : *om R* | carceri]
carcere *R* | detineri *H*

8 tandiu *H*

9 facies *R* | artius *om V*

10 et] iidem sacrilegi *add R*

11 venerint ad sedem *P* | apostolicam]
om V : ab *add H*

12 etc. *om H.*

K 62 *P 92 f. 17 (Üb. u. Note Index*
f. 4); V 53 f. 7'; H 90 f. 13'/14;
S –; A 79 f. 32; R 191 f. 18.

1 eisdem] eodem *R* | . . *om H*

2 cum] et super *R*

3 Ubi *om R* | notatur *A* | conqueri]
conveniri *H* | per se *om R*

4 . . 1° *om P* | monasterii de . .] mona-
sterii . . ordinis . . *H*

5 P.] B. *H* | Ruthenen.] . . *A* : *om R* |
Petrum] P. *A* : Pa. *R* | Bartholo-
meum] B. *A* : Ia. *R*

7 Idem *V R*

9 usque – 10 etc. 1°] ut supra proxime
usque absolvendi *R* | donec – 10
etc. 1°] absolvendi, *dahinter* Testes
etc. *getilgt P*

---

[1] *Die Frau braucht nicht zum Zwecke der Absolution an die Kurie zu reisen;*
sie wird nach der erforderlichen Satisfaktion vom delegierten Richter absolviert;
vgl. Bd. 1 S. 305.
[2] *Rodez.*

cerint competenter et cum tuarum *etc.* Super aliis vero audias causam *etc.*   10
usque observari.[1] Testes *etc.*[2]

K 62a–62ka Redaktion CMODELB.

K 62a   Incipit capitulum super iniectione manuum.

Iud. Conquestus est nobis P. de . . clericus . . diocesis, quod I. presbiter,
F. miles et G. laicus . . diocesis ipsum non absque iniectione manuum in
eum dei timore postposito | temere violenta ausu sacrilego capientes eum   *L f. 91b*
carcerali custodie manciparunt. – mandamus, quatinus, si est ita, dictos   5
sacrilegos tamdiu appellatione remota excommunicatos publice nunties
et facias ab omnibus | artius evitari, donec passo iniuriam satisfecerint   *M f. 10*
competenter et cum tuarum testimonio litterarum ad sedem venerint
apostolicam absolvendi. Testes *non*; *nam ista clausula* Testes *non datur*
contra clericos sed contra laicos tantum.[3]   10

---

[10] et – etc. 1° *om A* | aliis] hiis *V* | vero]
etc. *add H* | causam audias *H* | etc.
usque] et appellatione remota usuris cessantibus debito fine decidas
faciens quod decreveris per censuram ecclesiasticam firmiter *R*

[11] Testes etc.] Et si sit clericus ille
qui iniecit non dantur Testes; *dann*
folgt durch Verweisungszeichen hin-
ter 10 causam *eingereiht* : etc. usque
observari Testes etc. *R.*

K 62a   *C 79 f. 405' (Üb. Index f.*
441); M 58 f. 9'/10; O 72 f. 13;
D 106 f. 49' (Üb. Index f. 4); E 99
f. 29'; L 78 f. 91a/b; B 21 n. 1 f. 51.

[1] *DEL Üb.* : Tractatus super iniectione
manuum. | de manuum iniectione *M*

[2] Iud. *om D* | P.] N. *DEL* | P. de *om*
B | clericus *über getilgtem* laicus *B* |
quod I.] quod . . *einkorr. E* | I.

presbiter – 3 G. laicus] . . presbiter . .
miles et *(om CO)* laicus *CODEL* :
P. presbiter H. miles et R. laicus *B*

[3] . . *om E* | ipsum *om M* | non *om C* |
manuum iniectione *M* | in eum *v.*
and. Hd. marg. einkorr. B

[4] eum] eius *E* | timore dei *M* | vio-
lentam *O* : violata *E*

[5] custodia *EL* | manciparunt] etc.
add D² B

[6] nunccies *D* : nuncies *aus* denuncies
korr. B

[7] facies *L* | ab] aliis *add E* | arctius *B* |
satisfecerunt *B*

[8] cum *om C* | venerunt (venerint *B*)
ad sedem apostolicam *DB*

[9] non 1°] etc. *B* | nam – non 2° *om*
DEL | datur *om ELB* | datur] quia
add DELB (hier getilgt)

[10] clericos] non datur *add DELB.*

---

[1] *Die Mandatsklausel ist kombiniert aus derjenigen bezüglich von Sakrilegien*
(vgl. K 60 mit Anm. 3) und der bei Besitzdelikten angewandten (vgl. K 1 ff.).

[2] *Die Testes-Klausel wird sowohl bei Klagen wegen Besitzdelikten (vgl. K 1 ff.)*
als auch bei Klagen wegen Sakrilegien angewandt, wenn Laien angeklagt sind (vgl.
K 62c Notula 1). Hier setzte also die Kanzlei die Klausel, obschon es sich um
eine Kriminalsache handelt, bei der nach N 62, 6 die Klausel eigentlich fortfallen
müßte.   [3] *Vgl. vorige Anm.*

K 62b Super eodem cum „Preterea".

| *In eodem modo pro eodem . . etc. usque* manciparunt. Iidem quoque ac . . et . . laici super terris et rebus aliis iniuriantur eidem. – mandamus, quatinus, si de huiusmodi manuum iniectione et carceris mancipatione tibi
5 constiterit, dictos sacrilegos tamdiu *etc. usque* competenter et iidem sacrilegi cum tuarum *etc. usque* absolvendi. Super aliis vero partibus convocatis audias causam *etc.* faciens *etc.* Testes *non*.[1]

K 62c Notula doctrinalis.

1. *Nota, quod, si agatur contra clericos et laicos simul vel contra clericos tantum,* Testes *non datur; et si contra eosdem vel alios agatur in eadem littera super terris et rebus aliis,* Testes *non datur, sed datur contra laicos tan-*
5 *tum.*[2]

K 62b   *C 80 f. 405' (Üb. Index f. 441); M 59 f. 10; O 73 f. 13; D 107 f. 50; E 100 f. 29'; L 79 f. 91b; B 21 n. 2 f. 51.*

[1] cum Preterea *om D* | Preterea] Parte nostra *L*

[2] In eodem – etc.] Iud. Conquestus est nobis . . *(om D)* de . . clericus . . diocesis quod . . clericus (laicus *L*) . . miles et . . laicus . . diocesis ipsum non absque iniectione etc. ut supra *DEL* : Conquestus est nobis P. clericus quod H. miles et G. laicus . . diocesis ipsum non absque iniectione manuum etc. *B* | eodem modo] e. m. *C* | eodem 2°] quod . . et *add CO* | . . 1° *om M* | ac . . et . .] clericus miles et *D* : H. et G. ac A. et B. *B*

[3] et . . *om M* | laici] . . diocesis *add B* | terris] possessionibus *add D* : debitis possessionibus *add ELB* | iniuriarunt *B* | eidem] etc. *add B* | quatinus *om C*

[5] etc.] ut supra *add MODELB* | competenter – 6 usque *om MODELB*

[7] causam audias *C* | faciens etc.] observari *B* | non] etc. *CL* : datur *add B (v. and. Hd.)*.

K 62c   *C 81 f. 405' (Üb. Indes f. 441); M 59a f. 10; O 74 f. 13; D 108 f. 50; E 101 f. 29'/30; L 80 f. 91b; B 21 n. 3 u. 4 f. 51/51'.*

[1] *Üb. om MODLB. – E Üb.* : Nota

[2] Item nota *CMO* | et *om C* | contra 2° *om M*

[3] tantum] super manuum iniectione *add B* | Testes non datur *om B* | dantur *C* | et si – agatur] Item si agatur contra clericos et laicos simul vel contra clericos tantum super iniectione manuum et contra eosdem vel contra quoscunque agatur subsequenter *DEL* | si *om B* | alios] quoscunque *B*

[4] terris] possessionibus *add B* | datur 1°] dantur *C* | sed datur *om C*

---

[1] *Vgl. K 62a Anm. 2.*   [2] *Vgl. die Ausführungen oben Bd. 1 S. 303.*

2. *Item nota, quod, si episcopus iniecit manus violentas in clericum et impe-*
tratur contra eum, erit conclusio : mandamus, quatinus partibus convocatis.[1]

3. *Item nota, quod, si aliquis in monachum manus* | *violentas iniecit, debent*   *E f. 30*
conqueri abbas et conventus monasterii et non dicetur donec iniuriam passo
satisfecerit, *sed* : donec super hiis satisfecerit competenter, *et est simile in*   10
omnibus religionibus.[1]

4. | *Item si monachus in monachum sui monasterii manus violentas iniecit,*   *B f. 51'*
dicitur : donec per abbatem suum *etc., si vero in monachum alterius monaste-*
rii, dicitur : donec per abbatem iniuriam passo *etc.*[1]

K 62d Super eodem.

| *Iud.* I. de .. clericus nobis conquerendo monstravit, quod P. de ..   *C f. 406*
miles et .. uxor eius manus iniecerunt in eum usque ad effusionem sanguinis
dei timore postposito temere violentas. – mandamus, quatinus, si est ita,
dictos | sacrilegos *etc. usque* competenter et iidem ad sedem *etc. usque* absol-   *D f. 50'*
vendi; mulier vero per te absolutionis beneficium assequatur.[2] Testes *etc.*

---

⁶ *In B folgt Note 2 auf Note 3* | nota
om B | si *om C* | iniecte *C* | clericum
et *korr. M* | impetretur *B*

⁷ conclusio] littere *add DELB* | man-
damus quatinus *om DELB* | con-
vocatis] etc. *add DB*

⁸ nota *om B* | monacum *C* | iniecit]
non *add C* | debent conqueri] con-
querentur *DLB* : conquerentes *E*

⁹ .. abbas *O* | dicetur] datur *C*

¹⁰ satisfecerit 1°] satisfecerint *CO* |
satisfecerit 2°] satisfecerint *ODB* |
et – 11 religionibus *om DELB* | in]
iam *C*

¹¹ religiosis *MO*

¹² Item] nota quod (quod *einkorr.*)
add B | iniecerit *C*

¹³ dicitur] datur *CELB* | .. abbatem
O | suum *om C*

¹⁴ dicetur *CM* | passo iniuriam *B* |
etc.] *in DELB folgt unmittelbar der*

Absatz K 62d 7 Quando – 9 assequantur.

K 62d   *C 82 f. 406 (Üb. Index f.*
441); M 60 f. 10; O 75 f. 13; D 109
f. 50/50' (Üb. Index f. 4); E 102 f.
30; L 81/81a f. 91b; B 21 n. 5 f. 51'.

¹ *DEL Üb.* : Super eisdem in alia forma

² I. de ..] Io. .. *B* | de .. 1° *om*
MODEL | clericus] .. diocesis *add*
B | de .. 2° *om B*

³ ..] I. *M* : *om DE* : M. *B* | eius] ..
diocesis *add MO* | iniecerint *C* |
sanguinis effusionem *B*

⁴ violentas] etc. *add B* | quatinus] etc.
(?) D

⁵ etc. – absolvendi] etc. (et *D* : *om L*)
ut in prima usque (ad *add D*) ab-
solvendi *DELB* | competenter –
usque *om MOD*

⁶ beneficium absolutionis *B* | conse-
quatur *B* | etc. *om M*

---

¹ *Vgl. die Ausführungen oben Bd. 1 S. 303 ff.*
² *Vgl. oben Bd. 1 S. 308.*

Quando vero impetratur contra monachos, sic dicetur : donec passo iniuriam satisfecerint competenter et debite super hoc absolutionis beneficium assequantur.[1]

K 62e Super eodem in maiori forma cum carceri mancipatione.

Iud. Ad audientiam nostram noveris pervenisse, quod V. rector ecclesie de .. et R. et I. de .. laici .. diocesis procurante N. de .. milite ipsius diocesis dilectum filium P. perpetuum vicarium ecclesie de .. non absque manuum iniectione in eum dei timore postposito temere | violenta nequiter capere presumpserunt, dictus quoque miles vicarium ipsum taliter captum ab illis, pannis et quibusdam aliis bonis suis per violentiam spoliatum ausu sacrilego carcerali custodie mancipavit et tamdiu ipsum tenuit captivatum, donec vicarius ipse pro liberatione sua quandam ei pecunie quantitatem solvere quandamque promittere et, quod de premissis querimoniam non deponeret, iuramentum prestitit ac fideiussoriam cautionem, confectis exinde patentibus litteris et penis adiectis, fuit prestare coactus per vim

L f. 91c

10

---

⁷ Quando – 9 assequantur *in DELB als letzter Absatz von K 62c* | Sed quando *B* | vero *om DELB* | monachus *L* : monachos *v. and. Hd. einkorr. B* | sic] *om O* : si *DEL* | dicitur *B*

⁸ satisfecerit *C* | hoc *om M* | beneficium absolutionis *B*

⁹ assequantur] assequatur *C* : etc. *add D.*

K 62e *C 83 f. 406 (Üb. Index f. 441); M 61 f. 10; O 76 f. 13/13'; D 110 f. 50' (Üb. Index f. 4); E 103 f. 30; L 82 f. 91b/c; B 21 n. 6 f. 51'/52.*

¹ eisdem *DEL* | cum] clausula *add CMODELB* | carceris *CMODELB* | mancipatione] mancipatum *C* : etc. *add O*

² noveris] *hinter* pervenisse *C* : noveritis *E* | V.] I. *DELB* | ecclesie] .. *add E*

³ de .. et *om B* | et 1° *om ODL* | et R. *om E* | R.] tibi *(?) D* | I. de ..] P. *B* | procurate *C* | N.] P. *DEL* | N.

de ..] G. *B* | ipsius] dicte *DEL* : *om B*

⁴ diocesis] in *add EL* : .. *B* | P.] A. *DL* : .. *E* : H. *B* | ecclesie] .. *add E* | de ..] *om L* : .. *B*

⁵ iniectione manuum *ODELB* | timore] canore *(!) E* | postposito] ausu sacrilego *add D* : postposita *B* | violentam *O*

⁶ capere *v. and. Hd. marg. einkorr. für getilgtes* spoliare *B* | presumpserunt] ac *add B* | dictus – 7 violentiam *v. and. Hd. marg. einkorr. B*

⁷ ab illis *om B* | illis] ac *add MOEL*

⁸ manciparunt *B* | ipsum *om MDL* | tenuit] detinuit *D* | captivatum tenuerunt *B* | captivum *E*

⁹ ei *om B* | quantitatem] summam *B*

¹⁰ persolvere *B* | quandamque] *hinter* promittere *C* : *om B* | promitteret *B* | querimonia *D* : patrimonium *L*

¹¹ prestitisset *B* | fideiussionem *C* | cautione *L*

¹² patentibus] publicis *L* | per] et *C*

---

¹ *Vgl. oben Bd. 1 S. 304.*

et metum, qui cadere poterant in constantem. – mandamus, quatinus, si est
ita, dictum militem, quod iuramentum ipsum omnino relaxet et fideiussores
ab eodem vicario datos ab huiusmodi fideiussione absolvat, monitione pre-   15
missa per censuram ecclesiasticam appellatione remota compellas iuramen-
to relaxato | eodem dictisque fideiussoribus absolutis huiusmodi sacrilegos   *O f. 13'*
tamdiu appellatione remota *etc. usque* absolvendi eos quoque, quod non
obstantibus litteris et penis eisdem pannos, pecuniam et bona predicta ipsi
vicario cum integritate restituant, | monitione premissa per censuram ean-   *B f. 52*
dem usuris cessantibus appellatione remota previa ratione compellas. Dat.*etc.*

K 62ea Super eisdem in alia forma.

Iud. Sua nobis G. de .. clericus .. diocesis conquestione monstravit,
quod .. presbiter, .. miles et .. laici .. diocesis ipsum non absque iniec-
tione manuum in eum | dei timore postposito temere violenta *etc. usque*   *D f. 51*
absolvendi.   5

K 62f Super eodem pro muliere canonica contra laicum.

Iud. Sua nobis dilecta in Christo filia .. canonica secularis ecclesie de ..,
in qua sunt abbatissa et canonice seculares, conquestione monstravit,
quod, cum .. de .. laicus .. diocesis ad quandam domum ipsius ecclesie

---

¹³ et metum *om L* | poterat *MODE* | con-
stantem] etc.*add D* : virum etc. *add B*

¹⁴ ipsum *om M* | omnino *om E* | et fidei-
ussores *v. and. Hd. marg. ein- korr. B*

¹⁵ ab 1° *om L* | datos] et *add B*

¹⁶ compellas – 18 absolvendi] etc.
usque *C* | compellas] *om E* : ac *add*
B | iuramento] inandato *(!) D*

¹⁷ huiusmodi] dictos *M*

¹⁹ pannos – predicta] pannos bona et
(marg. einkorr. v. and. Hd.) pre-
dictam pecuniam *B* | ipsi – 20 inte-
gritate *om B*

²⁰ monitione premissa] etiam *B* | ean-
dem] ecclesiasticam *CE*

²¹ usuris cessantibus *om D* | previa]
premia *D* : premissa *E* | Dat. etc.]
om CELB : Dat. *M.*

K 62ea *D 111 f. 50'/51 (Üb. Index f.
4); E 104 f. 30; L 83 f. 91c; B 21
n. 7 f. 52.*

¹ alia *om L*

² Iud. *einkorr. D²* | de .. *om B* | .. dio-
cesis *om ELB* | conquestione] pe-
titione *v. and. Hd. einkorr. B*

³ H. presbiter M. miles ac A. et F.
laici *B* | .. diocesis *om B* | manuum
iniectione *B.*

K 62f *C 84 f. 406 (Üb. Index f. 441);
M 62 f. 10; O 77 f. 13'; D 112 f. 51
(Üb. Index f. 4); E 105 f. 30; L
84 f. 91c; B 21 n. 8 f. 52.*

¹ *Üb. om MO. – D Üb. : Super eo-
dem. – EL Üb. : Super eisdem.*

² Iud. *einkorr. D²* | filia *om B* | ..1°]
om ME : G. *B* | ecclesie – 3 secula-
res *om C* | de *om B*

³ in qua – seculares *om B* | abbatisse
M : .. abbatissa *O* | questione *C*

⁴ .. 1°] I. *D* | .. de ..] I... *B* | laicus
om ELB | .. 3°] eiusdem *MODEL*
: *om B* | domum *marg. v. and. Hd.
einkorr., aber hinter* ecclesie *ver-
wiesen M*

5 iuxta eandem ecclesiam sitam, in qua dicta canonica morabatur, tempore
nocturno intendens ipsam vi opprimere nequiter accessisset, tandem fractis eiusdem domus hostiis violenter eam gravibus verberibus afficere non
expavit. – mandamus, quatinus partibus convocatis *etc.*

K 62g *Et nota, quod, si alii sunt manuum iniectores, ⟨alii iniuriatores⟩*
super terris etc. in una eadem littera, dicitur : Super aliis vero partibus convocatis audias *etc.*; *sed si iniuriatores et iniectores sunt iidem, dicitur* : Super
aliis vero audias causam *etc. ut supra proxime.*[1]

5 *Item nota, quod, quando⟨cum⟩que in una eadem littera super manuum in-*
iectione ponitur hec clausula : Preterea *vel iidem quoque . . et . . laici super*
terris *etc., dici debet* : Mandamus, quatinus, si de huiusmodi manuum
iniectione *etc.*; *si vero non sint predicte clausule* Preterea *et alie, dici debet* :
si est ita, dictos sacrilegos *etc.*

K 62h De invasione, combustione, hostiorum fractione, animalium et bonorum asportatione etc.

In eodem modo pro . . rectore ecclesie sancti Thome de Patricio,[2] *quod . .*
E f. 30' abbas monasterii de . . congregata multi|tudine armatorum nocturno
5   tempore ad . . castrum accedens hostiliter combustis et dirutis quibusdam

---

[5] eandem *om D* | ecclesiam sitam]
ecclesiasticam si est ita *L* | sitam
v. and. Hd. einkorr. B
[6] intendens] incedens *M* : accedens
D : intendentes *E* | vi] in *L* : *v. and.*
Hd. einkorr. B | nequiter *om D* |
accessit *B* | tandem] cum *D* : ac
tandem *B*
[7] ostiis *MD*
[8] expavit *v. and. Hd. einkorr. B* |
mandamus quatinus *om MO* | con-
vocatis partibus *C* | etc. *om MDEL.*

K 62g *C 84a f. 406.*
[1] alii iniuriatores *scr.] om C*
[2] terras *C*
[3] audias *einkorr. C*
[5] quandoque *C*
[6] vel super *C.*

K 62h *C 85 f. 406/406' (Üb. Index f.*
441); M 62a f. 10; O 78 f. 13'; D
113 f. 51 (Üb. Index f. 4); E 106 f.
30/30'; L 85 f. 91c; B 21 n. 9 f. 52.
[1-2] *Üb. om MO. – DEL Üb.:* Super
eisdem in alia forma. | conbustione
C | hostium *C*
[3] In – Patricio] Sua nobis P. rector . .
petitione monstravit *B* | eundem
modum *korr. D* | . . *om M* | recto-
rem *korr. L* | sancti Thome de Patri-
cio] . . de . . *MO* : de . . *DE* : de *L* |
quod . . *om M*
[4] de *om B* | de . .] ordinis . . diocesis . .
add D
[5] . .] *om ME* : *hinter* castrum *B* |
combustis et dirutis] et dirutis ac
combustis (et – ac *korr. D*[2]) *D* |
diruptis *C*

---

[1] *Vgl. K 62 u. K 62b.*
[2] *Nicht zu identifizieren, da weitere Anhaltspunkte (Diözese u. ä.) fehlen.*

domibus ipsius rectoris in eodem castro existentibus quedam animalia ipsius abduxit in predam, bona vero in domibus eisdem inventa secum exinde nequiter asportavit in dicti rectoris preiudicium et gravamen. – | mandamus, quatinus partibus convocatis *etc.*

K 62i Super eodem contra episcopum.

Iud. Conquestus est nobis Helias Fabri clericus, quod venerabilis frater noster .. episcopus Pictaven.[1] manus iniecit in eum usque ad effusionem *etc. usque* violentas. – mandamus, quatinus partibus convocatis *etc.*

K 62k Super eodem contra verberantes et capientes monachos.

| *Iud.* Conquesti sunt nobis .. abbas et | conventus monasterii de .., quod P. et F. laici .. diocesis fratres N. et I. ipsius monasterii monachos ausu sacrilego capientes ac duris afficientes verberibus ipsos carceri manciparunt et presumpserunt aliquamdiu eidem carceri detinere captivos.

[6] existentibus] et *add C*
[7] ipsius] eiusdem rectoris *MODELB* | adduxit *CDEL* | eisdem] eiusdem *CMOE* : *korr. B* | secum exinde *einkorr. M*
[8] asportarunt *C* | gravamen] etc. *add B*
[9] etc. *om MOEL.*

K 62i *C 86 f. 406' (Üb. Index f. 441); M 62b f. 10; O 79 f. 13'; D 114 f. 51 (Üb. Index f. 4); E 107 f. 30'; L 86 f. 91c; B –.*
[1] *Üb. om MO.* | eisdem *DEL* | episcopum] ubi debet esse conclusio *add DEL*
[2] Helias Fabri] H .. *M* : H. Fabri *L* | clericus] diocesis .. *add D*
[3] .. *om CM* | Pittauen. *C* : Pictaren. *D* | iniecta *L* | effusionem] sanguinis *add D*
[4] violentas] violent(is) etc. *E* | convocatis *om C* | etc.] Dat. etc. *add O* : *om DEL.*

K 62k *C 87 f. 406' (Üb. Index f. 441'); M 62c f. 10'; O 80 f. 13'; D 115 f. 51; E 108 f. 30'; L 87 f. 91c/d; B 21 n. 10 f. 52.*
[1-2] *Üb. om MO. – DEL Üb.:* Super eisdem contra laicos, qui iniecerunt manus in monachum (monachos *EL*).
[3] Conquestus est nobis *D* | dilecti (dilectus *L*) filii .. abbas *DELB* | conventus] .. *add O* | monasterii] .. *add D* | de *om MELB* | de .. *om O*
[4] F.] G. *B* | .. diocesis] diocesis .. *E* : .. *add D* | et 2° *om E* | I.] de .. *add MEL* : Iohannem de .. *O* : de *add D* : Io. *B*
[5] ac] et *B* | dyris *D* : diris *B* | affligentes *C* : efficientes *D* | ipsos] ipsum *CL* | mancipaverunt *E*
[6] eidem carceri *om D* | detinere captivos] mancipatos detinere etc. *B* | captivis *L*

---

[1] *Poitiers. Der Name Helias Fabri ist hier sicher fiktiv, da er in K 58 mit dem Bischof von Rieti in Verbindung gebracht wird; er wurde wahrscheinlich aus K 58 in diese Formel, die eine Fiktion ist, übernommen.*

– mandamus, quatinus, si de huiusmodi *etc. usque* donec super hiis satisfecerint competenter et cum tuarum testimonio litterarum *etc.* Testes *etc.*[1]
Item nota, quod monachus non potest conqueri per se.[2]

K 62ka Super eisdem contra laicos in alia forma.

Iud. Conquesti sunt nobis ⟨. .⟩ abbas et conventus monasterii de . . . .
diocesis, quod . . et . . laici dicte diocesis ad dictum monasterium manu

D f. 51' accedentes | armata non absque iniectione manuum in dilectos filios . . et

5 . . dei timore postposito temere violenta portas dicti monasterii frangere
ipsosque . . et . . capere et carceri mancipare et detinere aliquamdiu huiusmodi carceri mancipatos temeritate propria presumpserunt alia eisdem
abbati et conventui ac monasterio dampna gravia et iniurias inferendo *etc.*

K 63 Pro capto et carcerato, qui pro liberatione sua pecuniam solvit per vim et metum, qui cadere poterant in constantem.

Iud. Conquestus est nobis L. de . . presbiter, quod . . et . . de . . laici non

---

[7] mandamus – 8 etc. 1° *om B* | de
huiusmodi] est ita *D* | super] per *D*
[8] testimonio litterarum *om DEL* |
Testes etc. *om D*
[9] Item – se] *in DEL* (*ohne* Item)
hinter K 62ka : *om B.*
K 62ka *D 116 f. 51/51' (Üb. Index
f. 4); E 109 f. 30'; L 88 f. 91d; B
21 n. 11 f. 52.*
[2] *Iud. einkorr. D²* | . . *scr.] om DEL* :
dilecti filii *B* | conventus] monaste-
rii *add EL* | de *om ELB* | . . diocesis]
diocesis . . *DB*
[3] . . et . .] F. et N. *B* | dicte] . . *B* |
diocesis 2°] *dahinter Rasur D*
[4] accedentes] attendentes *D* | ma-
nuum iniectione *B* | dilecto filio *L* :
dilectum filium *B* | . . et . .] P.
ipsius monasterii monachum *B*
[5] violentam *L* | portas] poᵣs *D*
[6] ipsumque *LB* | . . et . .] et . . *DL* :
P. *B* | huiusmodi *om B*
[7] mancipatum *L* | presumpserunt *om
D* | alius *L*

[8] ac monasterio *om B* | etc.] *hier folgt
in DEL die Note von K 62k (vgl.
dort 9).*
K 63 *P 93 f. 17 (Üb. Index f. 4);
V 54 f. 7'; H 91 f. 14; S 74 f. 11; C
88 f. 406' (Üb. Index f. 441'); A
80 f. 32/32'; M 63 f. 10'; O 81 f. 13';
D 118 f. 51' (Üb. Index f. 4); E
111 f. 30'; L 89 f. 91d; R 197 f.
18'/19; B 21 n. 13 f. 52'.*
[1] *D hat vor der Üb.:* De quibusdam
notulis super tractatu de iniectione
manuum. – *C Üb.:* Super eodem et
extorsione pecunie. – *Üb. om MO.* |
Super eisdem pro capto *DE* | et *om
R* | incarcerato *E* : incarcerati *L* |
qui] quod *L* | libertate *SD*
[2] caderit *V* | cadere – in *om H* |
poterant – constantem] etc. *PA* :
om V | constantem] constent. (?)
Rubrica *H²*
[3] *Iud.] om M* : Item *O* | nobis] dilec-
tus filius *add B* | L.] B. *DE* : S.
L : P. *B* | de . . 1° *om SR* | pres-

---

[1] *Vgl. S. 203 Anm. 2.*   [2] *Vgl. Bd. 1 S. 231.*

sine iniectione manuum in eum dei timore postposito temere violenta
ipsum | carceri mancipantes tamdiu presumpserunt eum eidem carceri de-
tinere captivum, donec per vim et metum, qui cadere poterant in constantem, pro redemptione sua quandam extorserunt ab eo pecunie quantitatem
(*vel sic* : donec per vim et metum, qui cadere poterant in constantem, pro
liberatione sua coactus est eis quandam solvere pecunie quantitatem). –
mandamus, quatinus, si de huiusmodi manuum iniectione, | carceris manci-
patione et detentione tibi constiterit, dictos sacrilegos *etc.* Super aliis vero
audias causam *etc.* Testes *etc.*

5

A f. 32'

10

R f. 19

K 64 Contra frangentes hostia ecclesie prioratus et verberantes monachos.

| *Iud.* Conquesti sunt nobis . . abbas et conventus monasterii Cluniacen.[1]
Matisconen.[2] diocesis, quod Petrus et Iohannes dicti Cahalles laici . . dio-   *B f. 52'*

---

biter] . . diocesis *add H* | . . et . .]
I. et F. *M* : M. et N. *B* | . . 3° *om*
E | de . . 2° *om CMODELB* | laici]
. . diocesis *add M* | non *om D*

[4] manuum iniectione *PAM* | in eum
om H | violent(is) *V* : violentas *HCL*

[5] carceri 1°] carcerali *EL* | mancipan-
tes – 6 captivum] detinuerunt cap-
tum *B* | tamdiu] tandiu *H* : *vor*
mancipantes *L* | tamdiu – 6 capti-
vum *om D* | presumpserunt] *om*
PVSCAOELR : *marg. einkorr. M* |
eum eidem] eidem *P* : eundem *S* :
eum *C* : eum dicto *B* | eodem car-
cere *R* | carceri 2°] carcarceri *(!) V* |
detinere] detinendo *hinter* captivum *H* : detinentes *C* : detinere
v. and. Hd. zu detinuere *korr. O*

[6] poterint *V* : poterat *CDELR*

[7] redemptione – 8 pro *om R* | redemp-
tione] *darüber einkorr.* alias libera-
tione *P* | quandam – 9 sua *om L* |
extorserunt] *hinter* ab eo *M* : extorserant *E*

[8] vel sic – 9 quantitatem *om P* | pot-
erat *CDEB* | constantem] virum
add B

[9] liberatione] libertate *R* | choactu[s]
R | eis *om H* | solvere quandam
SCM | quantitatem] summam *D*

[10] de huiusmodi – *Schluß*] est ita dictum sacrilegum tamdiu etc. *S*

[11] tibi *om R* | etc.] ut supra *add R* |
Super – 12 causam etc. *om D* | aliis]
vero *add CELB* : etc. *add M*

[12] causam audias *B* | etc. 1° *om M* |
etc. 2° *om M.*

K 64   *P 94 f. 17 (Üb. Index f. 4);
V 55 f. 7'/8; H 92 f. 14; S 75 f. 11;
C 89 f. 406' (Üb. Index f. 441'); A
81 f. 32'; M 64 f. 10'; O 82 f. 13';
D 117 f. 51' (Üb. Index f. 4); E
110 f. 30'; L –; R 198 f. 19; B 21
n. 12 f. 52'.*

[1] Super eisdem contra *DE* | ostia *MD* |
ecclesie *om SR* | prioratus] prior(is)
P : *om R* | et] vulnerantes et *add R*

[2] monachos] Rubrica *add H* : monachum dicti prioris *R*

[3] dilecti filii . . abbas *DEB* | . . *om*
PS | conventus] . . *add A* | Clunia-
cen.] *om A* : Clunacen *MD* : de . .
R : ordinis *B*

[4] Matisconen] . . *SCAB* | Matisconen.

---

[1] *Cluny.*   [2] *Mâcon.*

⁵
V f. 8 cesis ad prioratum de .. eiusdem ordinis Matisconen. diocesis manu acce-
dentes armata fractis hostiis ecclesie prioratus | eiusdem non absque ma-
nuum iniectione in Petrum Francisci et Iohannem Alberti, dicti prioratus
monachos, dei timore postposito temere violenta eos capere ac .. dicti monasterii monachos ausu sacrilego vulnerare acriter presumpserunt. – man-
¹⁰ damus, quatinus, si est ita, dictos sacrilegos *etc. usque* donec super hiis
satisfecerint competenter et cum tuarum *etc.* Testes *etc.*¹

K 65 Pro verberato ligato manus, cui ablata sunt bona ab
universitate.

Nota hic clausulas bonas.

Iud. Conquestus est nobis Gualterius archipresbiter ecclesie sancti

diocesis *om R* | Petrus] P. *SCA
DERB* : P .. *M* | Iohannes] I.
SCA : Io .. *M* : B. *DEB* : Io. *R* |
laici dicti Calles *S* | dicti] de
VHCD : *om ME* | dicti Cahalles]
om B | Cahalles] Chaȷȷ *P* : Challeles
H : *om MER* : .. *CAD* : Challes
O | laici] de *add R* | .. diocesis] dio-
cesis .. *DR*

⁵ prioratum .. de .. *E* | .. *om S* |
de .. eiusdem *om B* | Matisconen.]
hinter diocesis *P* : .. *CAER* : *om
D* : et *B* | manu armata accedentes
S | accedens *C*

⁶ ostiis *MD* | ecclesie *om B* | eiusdem]
vor prioratus *C* : ipsius *vor* prioratus
B | iniectione manuum *DE*

⁷ in] *om C* : dilectos filios *add DEB* |
Petrum] P. *PCADE* : P .. *M* :
M. *R* : G. *B* | Francisci] *om
CAMRB* : Francischi *O* | Iohan-
nem] I. *PCADE* : Io .. *M* : C. *R* :
H. *B* | Alberti] *om CAMRB* : de ..
DE | monachos dicti prioratus *C*

⁸ monachos] *om PVHSAMO* : mo-
nachus *E* | dei – 9 monachos] te-
mere violenta eos capere et *B* |
violentas *C* | ac .. dicti] ac dicti ..
V : ac dicti *HSDE* : ac .. et ..
dicti *R*

⁹ wlnerare *SD* | acriter] atrociter *P* |
presumpserunt] presumpsit *D* : etc.
add B

¹⁰ usque – *Schluß om S* | donec super
hoc *(so C) einkorr. C* | donec – 11
satisfecerint *om DE* | donec – 11
etc. 1° *om B* | hiis] hoc *H*

¹¹ et cum tuarum etc. *om DE* | etc.
2° *om M.*

K 65 *P 95 f. 17 (Üb. u. Note Index
f. 4); V 56 f. 8; H 93 f. 14; S 76 f.
11; C 90 f. 406' (Üb. Index f. 441');
A 82 f. 32'; M 65 f. 10'; O 83 f. 13'/
14; D 119 f. 51'/52 (Üb. Index f.
4/4'); E 112 f. 30'/31; L 90 f. 91d/
92a; R 199 f. 19; B 21 n. 14 f. 52'/53.*

¹⁻² *D Üb.*: Contra universitatem hominum, qui archipresbiterum per eos
captum et disrobatum *(f. 4')* ver-
beraverunt et carceraverunt. | Pro
verberato] *om L* : cum sanguinis
effusione et *add R* | cui – 2 univer-
sitate] ac incarcerato per universi-
tatem *R* | oblata *PSOEL*

³ Nota – bonas *om DRB* | hic] hec *A* |
bonas] pro verberato *add L*

⁴ Iud. *om C* | Gualterius] G. *VHC
AMR* : Walterus *S* : .. *D* : B. de ..
E : *om LB* | ecclesie] *om C* : .. *add
E* | sancti Rufi *om RB*

---

¹ *Vgl. S. 203 Anm. 2.*

Rufi[1] de . ., quod universitas hominum | castri Babuci . . diocesis[2] *E f. 31*
non sine violenta manuum iniectione in eum usque ad effusionem sanguinis
dei timore postposito temere | capi fecerunt et manibus eius post tergum *D f. 52*
ligatis carceris custodie manciparunt, equos et nonnulla alia bona, que
idem archipresbiter secum habebat, sibi nequiter abstulerunt. – mandamus,
quatinus, si de huiusmodi manuum iniectione, sanguinis effusione, carceris 10
mancipatione et detentione tibi constiterit, illos de universitate predicta,
quos super hiis magis culpabiles inveneris extitisse, tamdiu appellatione
remota excommunicatos publice nunties | et facias ab omnibus artius evi- *L f. 92 a*
tari, | donec passo iniuriam satisfecerint competenter et hii de | universi- *B f. 53*
tate prefata, quos inveneris huiusmodi sacrilegii precipuos patratores, cum *O f. 14*
tuarum testimonio litterarum ad sedem venerint apostolicam absolvendi.
Super aliis vero audias causam *etc.*, proviso, ne in universitatem eandem
excommunicationis *etc.*[3] Testes *etc.*

---

[5] Rufi] Rasi *P* : Ruffi *HSO* : . . *CE* :
om D | de . .] diocesis . . *add H* : *om*
B | Babuci] Rabuci *PS* : *om CB* :
. . *AR* : Rabudi *MO* : de *DL* :
. . de . . *E* . . | diocesis] diocesis . .
AR

[6] violenta *om DELB* | iniectione ma-
nuum *C* | manu *R* | sanguinis *om H*

[7] dei] de *P* | postposita *L* | temere]
om PS : *einkorr. M* : violenta *add*
DEL | capi *om S* | manus *HCDEB*

[8] ligatas *VHDELB* : ligant *C* : liga-
tum *R* | equos – 8 abstulerunt *om*
VHR | alia *om M*

[9] nequitur *C* | abstulerunt] etc. *add B*

[10] iniectione] et *add H* | effusione] et
add B

[11] emancipatione *R* | et] ac *C* | illos]
quos inveneris magis culpabiles extitisse tandem etc. usque competenter et hii ex universitate etc.
add A (einkorr. v. späterer Hd.)

[12] magis culpabiles super hiis *R* | hiis]
om C : predictos *M* | extitisse]
existere *S* | extitisse – 14 inveneris
om A | tandiu *H*

[13] nunties] *vor* publice *C* : numpciens
R | facias] *hinter* ab omnibus *M* :
facies *L*

[14] competenter] comperetur *L* | hii
de] huiusmodi *L* : de *R* | de univer-
sitate prefata] universitatis predicte *H*

[15] predicta *CER* | invenerit *E* | sacri-
legi *D* | precipuos *om MO*

[16] tuorum *C* | litterarum – absol-
vendi] etc. *R* | absolvendi] etc. *add*
D

[17] aliis] hiis *C* | vero *om PVSAO* |
etc. *om M* | proviso – *Schluß*] *om*
S : Proviso non *DEL* | ne – *Schluß*
om R | ne – 17 excommunicationis
om B

[18] excommunicationis *om C* | etc. 2°]
om M : sic *DEL*.

---

[1] *S. Rufo in Ceprano sö. von Rom.*

[2] *Bauco, heute Boville Ernica, n. von Ceprano. Zur Diözese Veroli gehörig.*

[3] *Über die Proviso-Klausel vgl. N 57 u. oben Bd. 1 S. 214. Bezüglich der*
Testes-Klausel vgl. S. 203 Anm. 2.

K 66 Contra universitates clericorum pro religiosis super premissis.

Attende formam sine Proviso.

| *Iud.* Conquesti sunt nobis .. prior et fratres domus .. ordinis beate
Marie de Monte Carmeli,[1] | quod universitas clericorum civitatis .. ad do-
mum ipsam temere accedentes ac hostia eiusdem domus ausu temerario
confringentes, campanas, mappas altaris, libros et nonnulla alia bona eiusdem domus ibidem inventa exinde secum asportare nequiter presumpserunt. – mandamus, quatinus, si de huiusmodi hostiorum fractione tibi constiterit, illos de universitate ipsa, quos inveneris huiusmodi sacrilegii precipuos patratores, tamdiu excommunicatos appellatione remota publice
nunties et facias ab omnibus artius evitari, donec passo iniuriam *etc. usque*
absolvendi. Super aliis vero audias causam *etc.* Proviso *non.*[2] Testes *non.*[3]

10

K 66   *P 96 f. 17 (Üb. Index f. 4);
V 57 f. 8; H 94 f. 14/14'; S –; C 91
f. 407 (Üb. Index f. 441'); A 83 f.
32'; M 66 f. 10'; O 84 f. 14; D 120
f. 52 (Üb. Index f. 4'); E 113 f.
31; L 91 f. 92a; R 200 f. 19; B 21
n. 15 f. 53.*

[1] universitatem *AMODER* | cleri-
corum] qui archipresbiterum per
eos captum *add D (irrig, vgl. K
65)* : clericarum *L* | pro] per *C* |
religiosos *C*

[3] Attende – Proviso *om B* | Attende]
ac *DE* | forma *E* | Proviso] Rubrica
add H² : pro iusto *D*

[4] .. 1° *om CD* | .. 2° *om PVHAMO
DE* | domus ..] .. domus *R*

[5] Monte Carmeli] .. diocesis *add H* :
Montecarnili *(?) D* | civitatis ..]
civitatis *M* : .. civitatis .. *D* :
.. civitatis *E* | ad] animi *L*

[6] ac] *om H* : et *DELB* | ostia *MD* :
hostium *B* | eiusdem] ipsius *E* |
temerario ausu *B*

[7] confrangentes *B* | mappas] cappas
R | altaria *C* | bona alia *R*

[8] exinde] *om C* : *hinter* secum *E* |
aportare *C* : hasportare *L* | pre-
sumpserunt] etc. *add B*

[9] hostium *CB (einkorr. v. and. Hd.)* :
ostiorum *MD* | tibi *om CD* | consti-
terit *doppelt E*

[11] tandiu *VH* | tamdiu – 12 usque]
etc. *B* | excommunicatos *hinter* re-
mota *CMO* | excommunicatos – 12
iniuriam *om DEL*

[12] etc. *om M*

[13] alios *E* | vero aliis causam audias
C | audias causam *om MDELB* |
Proviso non *om H* | non 1°] *om
VR* : etc. *B* | non 2°] etc. *HB* :
dantur contra clericos etc. *add R.*

---

[1] *Berg Karmel bei Haifa, Stammkloster des Karmelitenordens.*
[2] *Die Proviso-Klausel entfällt hier, da die angeklagte Korporation aus Klerikern
besteht; N 57 sieht die Klausel nur bei Laienkorporationen vor. Außerdem handelt
es sich hier um Raub, nicht um einfachen Besitzentzug, auf den sich N 57 bezieht.*
[3] *Entfällt gemäß N 62, 7.*

K 67 Contra potestatem et alios detinentes clericum in carcere.

Iud. Conquestus est nobis .. rector ecclesie de .. , quod .. potestas,
capitaneus, ansiani, consilium et commune civitatis Aretii[1] ipsum ausu
sacrilego capi facientes eum carceri manciparunt et adhuc detinent eidem
carceri | mancipatum. – mandamus, quatinus, si est ita, | illos ex predictis
sacrilegis, quos inveneris huiusmodi excessus precipuos | patratores, tamdiu
etc. usque evitari, donec dictum | rectorem pristine restituerint libertati et
ei de iniuria huiusmodi satisfecerint competenter et cum | tuarum *etc.*
usque absolvendi. Proviso *etc.*[2] Testes *etc.*

5

P f. 17'
S f. 11'
D f. 52'
V f. 8'
A f. 33

10

K 67a Super eisdem contra tenentes rectorem ecclesie inclusum.

Iud. Conquestus est nobis N. rector ecclesie .... diocesis, quod .. et ..
laici .. diocesis ipsum in domo sua inclusum contra voluntatem ipsius in
gravem eius iniuriam aliquamdiu tenere ausu sacrilego presumpserunt. –
mandamus, quatinus, si est ita, dictos sacrilegos *etc.*

5

K 67 *P 97 f. 17/17' (Üb. Index f. 4);*
V 58 f. 8/8'; H 95 f. 14'; S 77 f.
11/11'; C 92 f. 407 (Üb. Index f.
441'); A 84 f. 32'/33; M 67 f. 10';
O 85 f. 14; D 121 f. 52/52' (Üb.
Index f. 4'); E 114 f. 31; L 92 f.
92a; R 201 f. 19; B 21 n. 16 f. 53.
[1] potestatem] potentem *C* | detinen-
tes] detentores *E* | clericos *M* |
carcere] Rubrica *add H*[2]
[3] .. 1° *om SD* | .. rector] rector ..
C : I. rector *M* | de ..] diocesis *add.*
DE : .. *B* | quod *om V* | .. potestas]
potestas *PVHDB* : potãs *S* : D.
potestas *M* : potestas .. *E*
[4] capitaneus] et capitanea *H* : .. *add*
E : capitaneos *L* : capitanei *B* |
ansiani] *korr. aus* anciani *P* : anti-
ani *MO* : *om DELRB* | concilium
S : collegium *H* : consiliarii *B* |
Aretii] Tudertan. *C* : Perusin.

MOB : Parisin. *D* : Parisien. *E* :
Perus. *L* : Perusii *R*
[5] eum *om B* | detinent] eum tenent
R | eidem] eundem *SB* : *om CR*
[6] carci *ohne Kürzungszeichen D* |
mancipatum] eundem *add H* : etc.
add B | si est ita *om C*
[7] quos – precipuos] etc. *B* | tamdiu]
tandiu *H* : *om E*
[8] usque *om B* | prestine *E* | restituant
CR
[9] ei *om DELB* | iniuriis *H* | huius-
modi] *vor* iniuria *E* : *om B* | et – 10
usque] etc. *B*
[10] usque absolvendi *om PR* | Proviso
etc. *om R.*

K 67a *C 93 f. 407 (Üb. Index f.*
441').
[3] .. diocesis .. *C*
[5] temere *C.*

---

[1] *Arezzo.*
[2] *Vgl. S. 213 Anm. 3.*

K 68   Super eisdem contra nobilem.

| *Iud.* Conquestus est nobis .. abbas secularis ecclesie de sancto Helia[1] Marsican.[2] diocesis, quod nobilis vir Christoforus comes Esculan.[3] dicte

K 68   *P 98 f. 17' (Üb. Index f. 4); V 59 f. 8', H 96 f. 14'; S 78 f. 11'; C 94 f. 407 (Üb. Index f. 441'); A 85 f. 33; M 68 f. 10'/11; O 86 f. 14; D 122 f. 52' (Üb. Index f. 4'); E 115 f. 31; L 93 f. 92a; R 157 f. 15'/16; B 21 n. 17 f. 53.*

[1] *C Üb.*: Contra nobilem asportantem reliquias et concremantem ecclesiam et domos eius. – *DELR Üb.*: Contra nobilem asportantem (exportantem *ELR*) reliquias ec-

clesie ac domos ipsius ecclesie *(om E)* concremantem. | eodem *M*

[2] .. *om SD* | de *om B* | sancto Helia] .. *CAMODELR* : *om B*

[3] Marsican.] Morin. *P* : Marsitan. *V* : Marit. *H* : Mansitan. *C* : .. *MB* : Matisconen. *E* : *om L* : .. *hinter diocesis R* | Christoforus] .. *VHRB* : L. *C* : R. *MDE* : Riccardus *O* : *om L* | Esculan.] Esculanus *P* : Fundan. *CMO* : .. *D* : *om ELB* : de .. *R* | dicte diocesis] .. diocesis *C* : *om DELB*

[1] *Abgeg. Stift S. Elia in oder bei Opi (am Sangro sö. von Avezzano). Der abbas S. Helie in den Zehntlisten, vgl. Rationes decimarum Italiae, Aprutium-Molisium, bearb. v. P. Sella (Città del Vaticano 1936 = Studi e Testi 69) Nr. 437 u. 501, identisch mit Nr. 628 u. 805 (die Identität, die dem Bearbeiter entging, vgl. das Register, ergibt sich aus der Reihenfolge hinter Opi). 1324 ist ein Abt Berardus belegt (Nr. 628). Sonst hat sich von dem Stift in diesem von Erdbeben oft heimgesuchten Gebiet offensichtlich nichts erhalten.*

[2] *Marsi, abgeg. bei S. Benedetto dei Marsi am Ostufer des ausgetrockneten ehem. Lago Fucino; heutiger Bischofssitz ist Avezzano; vgl. Kehr, Italia pontificia 4, 239 f.*

[3] *Es handelt sich um Christoph, den Sohn des Grafen Thomas II. von Acerra (aus dem Hause der Grafen von Aquino) und Margaretes, der natürlichen Tochter Friedrichs II., der am 1. Dezember 1294 von Karl II. von Anjou zum Grafen von Ascoli Satriano (w. von Bari, in Apulien) ernannt wurde, vgl. zuletzt F. Scandone, Roccasecca, Patria di S. Tommaso da Aquino, in: Archivio Storico di Terra di Lavoro 2 (1959), 7; L. Giustiniani, Dizionario geografico-regionato del Regno di Napoli 2 (Neapel 1797), 12, belegt ihn aus den (verbrannten) angiovinischen Registern ab 1284 (ob die entsprechenden Einträge noch zu rekonstruieren sind, werden erst die folgenden Bände der Serie: I registri della cancelleria angioina ricostruiti da R. Filangieri con la collaborazione degli archivisti Napolitani, Neapel 1950 ff., erweisen). Über seine Tätigkeit unter Robert von Anjou vgl. R. Caggese, Roberto d'Angiò e i suoi tempi, 1 (Florenz 1922), 239 Anm. 2, 244, 245 f. (auch hier unternimmt der Graf Raubzüge im Gebiet der oben genannten Diözese; der Beleg ist vom 21. Juli 1310), 460. Der terminus post quem für unsere Urkunde ist also der 1. Dezember 1294, an dem er zum Grafen ernannt wurde (sofern die Angabe von Scandone zuverlässig ist); der terminus ante quem wäre dann*

diocesis ad eandem ecclesiam hostiliter manu accedens armata reliquias
sanctorum ibidem inventas exinde nequiter secum asportans dictam ecclesiam et eius domos dei timore postposito ausu sacrilego concremavit. –
mandamus, quatinus, si de huiusmodi concrematione ipsius ecclesie tibi
constiterit, dictum sacrilegum *etc. usque* absolvendus. Testes *etc.* Proviso
non datur.[1]

K 69 Super eisdem contra monachos.

Iud. Conquesti sunt nobis dilecti filii .. commendator et fratres domus
sancte | Marie Theotonicorum Ierosolimitan. in Marburg[2] Maguntin.[3]   *B f. 53'*

---

[4] eamdem *M* | manu armata accedens *H*

[5] nequiter *einkorr. P* | exportans *S* : aportans *C* : asportantes *R*

[6] et *einkorr. P* | et eius] eiusque *H* | domus *L* | ausu sacrilego *om P* | concremarunt *PVSAMODEL* : concremuit *H* : etc. *add B*

[7] de – 8 constiterit] est ita *S* | ecclesie ipsius *C* | tibi *om R*

[8] sacrilegum] etc. donec ecclesiam reparaverit supradictam *add D* | etc. 1° *om M* | usque *om B* | absolvendi *PDB* : absolvend̄ *CE* : observandus *R* | Proviso non] Proviso etc. *getilgt B*

[9] datur] *om ADELB* : etc. *add R*.

K 69   *P 99 f. 17' (Üb. Index f. 4); V 60 f. 8'; H 97 f. 14'; S 79 f. 11'; C 95 f. 407 (Üb. Index f. 441'); A 86 f. 33; M 69 f. 11; O 87 f. 14; D 123 f. 52' (Üb. Index f. 4'); E*

116 f. 31/31'; L 94 f. 92a; R 203 f. 19'; B 21 n. 18 f. 53/53'.

[1] *DELR Üb.*: Conqueritur (Conquesti *L* : Conquerur *[!] R*) commendator (comendatur *D* : commendatorem *einkorr. R*) et *(om D)* fratres super iniectione manuum facta *(om R)* in fratrem eorum ordinis *(om L)* professum *(nur ELR)* | eodem *M*

[2] sunt *om C* | .. *om PM* | domus] ecclesie *add DEL*

[3] sancte] beate *EL* | sancte Marie *hinter* Theutonicorum *M* | Theutonicorum *PHSM* : Thetonicorum *E* : Teuthunicorum *L* | Ihrl̄m *P* : Iħerlitañ *(korr.) L* | Ierosolimitan. – Marburg *om B* | in Marburg] et Marburgen. *H* | Marbuc *P* : Marbug *VA* : Maxburg *C* : .. *DE* : *om L* : Marburgen. *R* | Manguntin. *O* : *om L* : .. *B*

---

die Zusammenstellung der ersten Redaktion, also ca. 1304. Das dicte diocesis bezieht sich auf Ascoli Satriano (Esculan.), ebenfalls Bischofssitz, nicht auf Marsican.

[1] *Die Testes-Klausel folgt, da der Angeklagte in diesem Kriminalfall Laie ist; die Proviso-Klausel entfällt, da es sich um Raub handelt (vgl. K 66 Anm. 2).*

[2] *Haus der Johanniter in Marburg/Lahn. Die Urkunde ist in der Empfängerüberlieferung nicht erhalten; auch ein Bruder Ademarius war nicht zu ermitteln.*

[3] *Mainz.*

diocesis, quod P. et F. de .. monachi monasterii de .. ordinis sancti Benedicti dicte diocesis in Ademarium fratrem professum eiusdem domus
manus iniecerunt dei timore | postposito temere violentas. – mandamus,
quatinus, si est ita, dictos sacrilegos tamdiu *etc. usque* donec super hiis
satisfecerint competenter et debite absolutionis beneficium assequantur.
Dat. *etc.*

5
E f. 31'

K 70 Super eisdem et rebus aliis.

Iud. Conquestus est nobis .. clericus, quod A. et P. de .. laici .. diocesis manus iniecerunt in eum dei timore postposito temere violentas.
Preterea Hugo Fabri et Martinus Angeli cives .. super terris, debitis,
possessionibus et rebus aliis iniuriantur eidem. – mandamus, quatinus, si
de huiusmodi manuum iniectione *etc. usque* competenter et iidem sacrilegi
usque absolvendi. Super aliis vero partibus convocatis *etc.* Testes *etc.*

5

---

⁴ P. et F.] P. E. F. *H* | .. 1°] O. *P* |
monasterii de ..] .. monasterii *H* :
.. *B* | de 2° *om L* | sancti Benedicti]
om L : .. *R* : sancti B. *B*

⁵ dicte] .. *B* | Adomarium *VA* : I.
C : Io. *MLB* : Iohannem *OE* :
Iohannem .. *D* : .. *R* | professum]
in *add L*

⁶ manus *v. and. Hd. einkorr. B* | te-
mere *v. and. Hd. einkorr. B* | vio-
lentas] etc. *add B*

⁷ tamdiu] tandiu *H* : *om C* | usque –
Schluß] ut in aliis (etc. *add B*)
DELB | donec *om C* | donec – 8
satisfecerint *om R* | hiis] hoc *H*

⁸ debitum *MO* | consequantur *A* :
assequatur *R*

⁹ Datum *HA* | etc. *om M.*

K 70 *P 100 f. 17' (Üb. Index f. 4);*
V 61 f. 8'; H 98 f. 14'; S –; C 96 f.
407 (Üb. Index f. 441'); A 87 f.

33; *M 70 f. 11; O 88 f. 14; D –;*
E –; L –; R 193 f. 18; B –.

¹ *R Üb.*: Super eodem contra manuum iniectores pro clerico contra
laicum et super terris, debitis, possessionibus etc. *Dazu marg. v. and.*
Hd.: Nota, quod in hac forma,
quando datur contra clericum, non
datur clausula Testes, sed contra
laycum datur.

² .. 1°] I. *MO* | clericus] *om C* : de ..
add R | A.] I. *C* : P. *M* | P.] .. *C* :
A. *M* | de .. *om M*

³ temere *om R*

⁴ Hugo] V. *C* : H. *MR* | Fabri *om M* |
Martinus] M. *CMR* | Angeli] Ange-
lerii *VHMO* : .. *A* : C. *R* | ..]
Gaietan. *C* : de .. *R*

⁶ manuum iniectione *om VH* | etc.]
ut supra proxime *add R* | compe-
tenter *om R* | sacrilegi] etc. *add H* :
cum tuarum etc. *add R*

⁷ absolvend̄ *C* | Testes etc. *om R.*

K 71 Super eisdem contra verberantes, carcerantes et extor-
quentes iuramentum, quod ex hoc querimoniam non faceret,
datis fideiussoribus.

Iud. Ad audientiam nostram pervenit, quod V. rector ecclesie de . . ⟨et⟩
R. et I. de . . laici . . diocesis procurante P. de . . milite dicte diocesis | M.   *H f. 15*
rectorem ecclesie de . . non absque iniectione manuum in eum dei timore
postposito temere violenta nequiter capere presumpserunt. Idem quoque
miles | rectorem ipsum taliter captum ab illis, pannis et quibusdam aliis   *C f. 407'*
bonis suis per violentiam spoliatum ausu sacrilego carceris custodie manci-
pavit et tamdiu detinuit mancipatum, donec rector ipse pro liberatione   10
sua quandam ei quantitatem pecunie solvere quandamque promittere
et, quod de premissis querimoniam non deponeret, iuramentum ac fideiussoriam cautionem confectis exinde patentibus litteris et penis adiectis fuit
prestare coactus per vim et metum, | qui cadere poterant in constantem. –   *V f. 9*
mandamus, quatinus, si est ita, dictum militem, quod iuramentum ipsum   15
omnino relaxet et fideiussores ab eodem rectore super hoc datos ab huiusmodi fideiussione absolvat, monitione premissa per censuram ecclesiasticam appellatione remota compellas et eodem iuramento relaxato dictisque

---

K 71   *P 101 f. 17' (Üb. Index f. 4);*
    V 62 f. 8'/9; H 99 f. 14'/15; S 80 f.
    11'; C 94 f. 407/407' (Üb. Index f.
    441'); A 88 f. 33; M 71 f. 11; O
    89 f. 14/14'; D –; E –; L –; R 204
    f. 19'; B –.
¹ Super eisdem *om R* | verberatos *V* :
    vulnerantes verberantes *R* | car-
    ceratos *C* | et *om C*
² querimoniam *einkorr. P* | non *om*
    M | facient *C*
³ datis] super hoc *add C* | fideiussori-
    bus] super hoc *add R, darauf folgt*
    in R irrig nochmals die Üb. von K 63
    mit den Varianten (vgl. dort) : 1
    incarcerato *R* 2 in constantem] etc. *R.*
⁴ de . .] quod *add O (einkorr.)* | et
    scr.] om PVHSCAMOR
⁵ I. – diocesis] I. laici de . . diocesis
    M | . . diocesis] diocesis . . *HR* |
    de . . milite] milite de . . *M* | militis
    H | dicte] . . *C* | M.] Martinum *H* :
    de . . *add CR* : *om M*

⁶ manuum iniectione *H*
⁷ temere *om M* | violenta *aus* violen-
    tas *korr. C* | nequitur *(!) C* | Idem
    quoque] idemque *PVHAMOR* :
    idem *S*
⁸ ipsum rectorem *M* | taliter] totali-
    ter *S* | illis] procuratoribus *add H*
⁹ spoliatam *C* | carceris] *om PVH*
    SAO : carcerali *MR* | mancipavit]
    manciparunt *C* : *aus* manciparunt
    korr. A
¹⁰ tandiu *VH* | detinuit] detinet *HS* :
    retinuit *C*
¹¹ pecunie quantitatem *PHM* | sol-
    vere – 12 iuramentum *om C*
¹² non *marg. einkorr. M* | deponent *H* |
    ac] et *SC*
¹⁴ poterat *CR*
¹⁶ ab eodem rectore *om H* | super hoc
    om R
¹⁷ premissa] p(re) *C*
¹⁸ compellas – 19 remota *om M* | dic-
    tis *A*

O f. 14'   fideiussoribus absolutis huiusmodi | sacrilegos tamdiu appellatione remota
20   excommunicatos *etc. usque* absolvendi eosque quoque, ⟨quod⟩ non obstantibus litteris et penis eisdem pannos, pecuniam et bona predicta ipsi rectori
cum integritate restituant, monitione premissa per censuram eandem usuris
cessantibus appellatione remota previa ratione compellas. Dat. *etc.*ᵃ

a) *Zusatz in A von anderer Hand:*

A f. 33' | *Iud.* Ad audientiam nostram pervenit, quod . . de . . miles, . . de . . laicus . .
diocesis associatis sibi quibusdam suis in hac parte complicibus . . de ⟨. .⟩
rectorem parrochialis ecclesie de . . dicte diocesis non absque manuum iniectione in eum dei timore postposito temere violenta ausu sacrilego nequiter
capere presumpserunt et tamdiu captum detinuerunt eundem, donec idem
30   rector *etc.* coactus fuit promittere per vim et metum, qui cadere poterant in
constantem, id mandantibus, procurantibus et ratum habentibus universitate
hominum opidi de . . et . . et . . ac . . laicis in dicta diocesi commorantibus. –
mandamus, quatinus, si de huiusmodi manuum iniectione et detentione tibi
constiterit, dictos sacrilegos et illos de universitate predicta, quos super hec
35   magis culpabiles inveneris extitisse, tamdiu appellatione remota excommunicatos publice nunties et facias ab omnibus artius evitari, donec passo iniuriam
satisfecerint competenter et dicti sacrilegi et hii de universitate predicta, quos
inveneris huiusmodi sacrilegii precipuos patratores, cum tuarum testimonio
litterarum ad sedem apostolicam venerint absolvendi. Testes autem *etc.* per
40   censuram ecclesiasticam *etc.* Dat.

K 71a Contra impedientes venientes ad curiam et recedentes
ab ea.

Iud. Significavit nobis dilectus filius . . rector ecclesie de Helprun Wratislavien. diocesis,[1] quod, cum ipse constitutus esset in itinere causa pere-

---

19 tandiu *VH*

20 excommunicatos – 23 remota *om*
    P | eosque] eos *CM* | quoque] *om*
    HR : quod quod *(letzteres radiert)*
    A | quod *scr.*] om *VHSCAMOR*

21 pannos] et add *VH* | pecunia *S*

22 cum] con (9) C | per – 23 remota]
    vel H | eandem] ecclesiasticam *C* :
    ecclesiasticam eandem *R*

23 Datum *PHA*

25 . . diocesis *einkorr. A*

26 . . 2° *om A*

28 sacrilego] ipsum add *A*

30 poterat *A*

31 universitatem *A*

K 71a   *M 71a f. 11; O 90 f. 14'; D*
    124 f. 52'/53 (Üb. Index f. 4'); E
    117 f. 31'; L 95 f. 92a/b; B 21 n.
    19 f. 53'.

1 impedientes] impetrantes *L* | cu-
    riam] Romanam add *MO*

3 . .] P. *B* | ecclesie] . . add *E* | de
    Helprun] de . . *DEL* : om *B* |
    Wratislavien.] . . *MDELB*

4 causa *om B*

---

[1] *Einen Ort Hellbrunn kann ich in der Diözese Breslau nicht nachweisen.*

grinationis et pro quibusdam | suis expediendis negotiis ad sedem aposto- $L\,f.\,92\,b$
licam veniendi, .. et .. de .. laici associatis sibi quibusdam suis in hac
parte complicibus Patavien.[1] diocesis ipsum in flumine Danubii,[2] per quem
transibat, non absque manuum iniectione in eum dei timore postposito
temere violenta ausu temerario capientes et captum aliquamdiu detinentes,
equos, pecunie summam et alias res, quas secum habebat, sibi per violen-   10
tiam abstulerunt, propter quod excommunicationis sententiam per sedem
apostolicam generaliter promulgatam in illos, qui ad predictam sedem
venientes | et recedentes ab ea impediunt, incurrisse noscuntur.[3] – manda- $D\,f.\,53$
mus, quatinus, si est ita, predictos .. usque ad satisfactionem condignam
excommunicatos publice nunties et facias *etc. usque* absolvendi.   15

K 71 b Super eisdem contra verberantes rectores.

Iud. Conquestus est nobis Petrus Lupi rector ecclesie de . . . . diocesis,
quod .. de .. civis Colimbrien[4]. ad instantiam Dominici Geraldi clerici,
portionarii ecclesie .. de .. eiusdem diocesis, manus iniecit in eum dei
timore postposito temere violentas. – mandamus, quatinus, si est ita   5
dict⟨um⟩ sacrileg⟨um⟩ *etc. ut supra.*[5]

---

[5] expediendis] *om E* : peragendis *hinter* negotiis *B* | sedem apostoli-cam] Romanam curiam *B*
[6] veniendi – quibusdam] ire inten-dens quidam N. laicus cum nonnul-lis *B* | .. 1° *om D* | de .. *om M* | laici] .. *add D* | suis *om M*
[7] Patavien.] .. *hinter* diocesis *D* : .. *EB* : *om L* | ipsum] .. quod *D* | flumine] portu fluminis *MO* : fluvio *E* : fluminis *L*
[9] violentas *L*
[10] res alias *MOE* | quas] quos *O* | sibi *om M*
[11] per – 12 promulgatam] per genera-liter sedem apostolicam *L*
[12] generaliter *om E* | in] ut *D* | qui *om D*
[13] ea] eadem *B* | noscuntur] *korr. D²* : etc. *add B*

[14] ..] *om MODL* : etc. *B*
[15] excommunicatos – usque] etc. *B* | facies *L* | absolvendi] Testes etc. Dat. etc. *add MO.*

K 71 b *D 125 f. 53; E 118 f. 31'; L 96 f. 92 b; B 21 n. 20 f. 53'.*
[1] *D² hat hier den für die Entstehung des Formelbuches interessanten Randvermerk* : Ista fuit bullata etc.
[2] Petrus] P. *ELB* | Lupi *om B* | ec-clesie] .. *add E* | de .. *om B*
[3] .. de ..] F. *B* | Colinbrien. *D* : *om L* : Leod. *B* | Dominici] domini *D* | Gheraldi *D* : Ger. *L* : .. *B* | clerici – 4 de .. *om B*
[4] .. 1° *om E* | eiusdem] .. *B*
[5] violentas] etc. *add B*
[6] dictos sacrilegos *DELB* | ut supra *om B.*

---

[1] *Passau.*   [2] *Die Donau.*   [3] *Vgl. Bd. 1 S. 317 f.*   [4] *Coimbra n. von Lissabon.*   [5] *K 60 u. ö.*

K 71c Contra monachum, qui iniecit manum in ⟨clericum⟩.

Iud. Conquestus est nobis P. de .. ⟨clericus⟩ .. diocesis, quod A. monachus monasterii Camen.[1] manus iniecit in eum dei timore postposito temere
violentas. – mandamus, quatinus, si est ita, dictum sacrilegum tamdiu
5 appellatione remota excommunicatum publice nunties et facias ab omnibus
artius evitari, donec passo iniuriam satisfecerit competenter et super hiis
debite absolutionis beneficium meruerit obtinere. Datum *etc.*

K 71d Contra virum et uxorem verberantes clericum.

Iud. Conquestus est nobis I. de .. clericus .. diocesis, quod R. Petri
laicus et N. eius uxor dicte diocesis ipsum non absque iniectione manuum
in eum usque ad effusionem sanguinis dei timore postposito temere vio-
B f. 54 lenta ausu sacrilego capientes | eum carcerali custodie manciparunt. – man-
damus, quatinus, si est ita *etc. ut in aliis.*[2]

**K 71e Super eisdem de manuum iniectione contra universi-
tatem.**

Iud. Conquestus est nobis I. clericus .. diocesis, quod universitas ville
de .. dicte diocesis non sine manuum iniectione in eum usque ad effusionem

---

K 71c   *D 126 f. 53 (Üb. Index f. 4');*
   E 119 f. 31'; L 97 f. 92b; B 21 n.
   21 f. 53'.
  [1] *B Üb.:* Pro clerico contra mona-
   chum. | manus *D* | clericum *scr.*]
   laicum *DEL*
  [2] P. de ..] I. *B* | clericus *scr.*] *om*
   DELB | .. diocesis *om EB* | quod *om L*
  [3] Camen.] Casinen. *E* : *om L* : .. *B* |
   postposito] temere *add EL*
  [4] violentas] etc. *add B*
  [5] facies *L*
  [7] etc. *om B.*

K 71d   *D 127 f. 53 (Üb. Index f. 4');*
   E 120 f. 31'; L 98 f. 92b; B 21 n.
   22 f. 53'/54.
  [2] de .. *om B* | .. diocesis] .. diocesis
   .. *D* : *om B* | R. Petri] P. *B*

[3] dicte – ipsum *om B* | manuum iniec-
   tione *B*
[4] in eum] *marg. einkorr. D*[2] : *om*
   ELB | ad – sanguinis *v. and. Hd.*
   einkorr. E | sanguinis effusionem
   B | violentas *E*
[5] carceri *E* : carceris *L* | mancipa-
   runt] etc. *add B*
[6] ut in aliis *om B.*

K 71e   *D 128 f. 53/53'; E 121 f. 31';*
   L 99 f. 92b; B 21 n. 23 f. 54.
[1-2] *EL Üb.:* Super iniectione manuum
   contra universitatem.
[3] I.] O. *B* | .. diocesis] diocesis .. *D* :
   diocesis *L* : *om B*
[4] de *om B* | dicte *om L* | sanguinis
   effusionem *B*

---

[1] *Wohl Zisterzienserkloster Kamenz in der Diözese Breslau.*
[2] *Vgl. K 60 u. ö.*

sanguinis dei timore postposito temere violenta eum capi fecerunt et car- 5
cerali custodie manciparunt. – mandamus, quatinus, si est ita, illos de universitate predicta, quos inveneris huiusmodi sacrilegii precipuos patra-
tores, tamdiu appellatione remota excommunicatos publice | nunties et *D f. 53'*
facias ab omnibus artius evitari, donec passo iniuriam satisfecerint competenter et cum tuarum testimonio litterarum ad sedem venerint apostolicam
absolvendi. Testes *etc.* 10

K 71f *Item nota, quod, si iniuriatores sunt iidem, semper debet dici* :
Super aliis vero audias causam *etc.*; *si vero alii sint, dicere debes* : Super aliis
vero partibus convocatis *etc.*

K 71g Super eodem contra universitatem.

Iud. Significavit nobis I. Angeli presbiter Viterbien.,[1] quod Le. Ma., | Va. *R f. 18'*
Nim. et alii tunc antiani, consilium et commune, .. laici .. diocesis ipsum
presbiterum per .. de .. et .. de .. laicos dicte diocesis non sine iniectione manuum in eundem presbiterum dei timore postposito temere 5
violenta capi fecerunt et carceri dicti communis manciparunt ac quibusdam libris tam medicinalibus quam ecclesiasticis, pecuniarum summis,
vestibus laneis et lineis, armis et nonnullis aliis bonis, que secum deferebat,
nequiter spoliarunt ipsumque diris tormentis et afflictionibus afflixerunt
et tamdiu in dicto carcere detinuerunt captivum, donec idem presbiter 10
per vim et metum, qui cadere poterant in constantem, pro liberatione sua
coactus fuit eisdem promittere certam pecunie quantitatem. – mandamus,
quatinus, si est ita, tam dictos .. et .. ac alios antianos et illos de consilio
et commune predictis, quos esse repereris precipuos huiusmodi sceleris
patratores, quam .. et .. predictos tamquam sacrilegos tamdiu appella- 15
tione remota excommunicatos publice nunties et facias ab omnibus artius
evitari, donec passo iniuriam satisfecerint competenter et cum tuarum
testimonio litterarum ad sedem venerint apostolicam absolvendi. Super

---

5 eum *v. and. Hd. einkorr. B* | caperi
(!) *L* | et] in *add L*
6 custodia *EL* | manciparunt] etc.
add B
7 quas *L* | huiusmodi *om B*
8 nunccies *D*
9 facias *L* | omnibus] eodem *L* | satis-
fecerit *E*

10 venerint ad sedem *B*
11 etc. *om E.*

K 71f *R 192 f. 18.*

K 71g *R 195 f. 18/18'.*

3 anziani *R*
4 sine *scr.*] obstante *R.*

---

1 *Viterbo.*

aliis vero causam audias et appellatione remota, quod iustum fuerit, auc-
20   toritate nostra decernas, faciens, quod decreveris, per censuram ecclesiasticam firmiter observari. Testes *etc.* Dat. *etc.*

**K 71h Pro capto et carcerato, qui solvit certam pecunie sum-
mam pro libertate sua.**

Iud. Sua nobis dilectus filius T. Lapi clericus Floren(tin.)[1] conquestione
monstravit, quod G. Pedagerii notarius laicorum habitatorum loci Side-
5   ronis[2] ⟨. .⟩ diocesis falso referente Rostagno Mazarti laico balivo dicti loci
Sideronis[2] prefate diocesis, quod dictus T. sibi in quadam summa pecunie
tenebatur, idem Rostagnus ad instantiam dicti G. eundem T. tunc per dictum locum Sideronis transitum facientem et in clericali habitu recedentem
in eodem loco Sideronis ad instantiam dicti G. temere et de facto arrestari
10 fecit et tamdiu eum invitum detinuit arrestatum in ipsius grave preiudicium, donec predictus clericus pro libertate sua quandam eidem G. persol-
vit pecunie quantitatem in ipsius grave preiudicium et gravamen. Quocirca discretioni tue per apostolica scripta mandamus, quatinus, si de
huiusmodi arrestatione et detentione tibi constiterit, prefatos R. et G.
15 propter hoc tamdiu appellatione cessante excommunicatos publice nunties et facias ab omnibus artius evitari, donec super hiis satisfecerint competenter et cum tuarum testimonio litterarum ad sedem venerint apostolicam absolvendi. Super aliis vero audias causam *etc.* Testes *etc.*

K 71h   *R 196 f. 18'.*   [6] Sederonis *R*
[4] habitatore R   [14] arresto *R*.
[5] *om R*

---

[1] *Florenz.*
[2] *Nicht zu identifizieren. Wohl verderbt oder fiktiv.*

K 72–73 a

Super diffamatione.

K 72 | Super diffamatione.

Ubi nota, quod non datur clausula illa Testes.[1]

Super eo, quod quis asseritur vitio incontinentie laborare et aliis criminibus.

| *Iud*. Conquestus est nobis Guillelmus de Massa[2] clericus, quod Thomas de . . laicus . . diocesis falso asserens ipsum vitio incontinentie laborare et aliis fore diversis criminibus irretitum, | eum super hoc apud bonos et graves nequiter diffamavit, propter quod idem clericus dampna gravia et expensas se asserit incurrisse. – mandamus, quatinus partibus convocatis audias causam et appellatione remota debito fine decidas, faciens, quod decreveris, per censuram ecclesiasticam firmiter observari. Testes *non*.[1]

K 72   *P 102 f. 17' (Üb. u. Note Index f. 4); V 63 f. 9; H 100 f. 15; S 81 f. 11'/12; C 98 f. 407' (Üb. Index f. 441'); A 89 f. 33'; M 72 f. 11; O 91 f. 14'; D 129 f. 53' (Üb. Index f. 4'); E 122 f. 32; L 100 f. 92 c; R 2 f. 1; B 13 n. 1 f. 42.*

[1] *DEL Üb.*: Tractatus super (de *L*) diffamationibus (diffamatione *E* : diffammationibus *L*). | diffamatione] et vicio incontinencie *add R*

[2] Ubi – 4 criminibus *om RB* | Ubi *om D* | notatur *C* | quod] ibi *add M* | datur] dicitur *VME* : v. späterer Hd. aus dicitur korr. *O* | illa *om HD*

[3] eo–quis] quibus *S* | asseritur] asseruit *C* : dicitur *M* | laborante *L*

[4] criminibus] Rubrica *add H* : etc.

add *O (einkorr. v. späterer Hd.) D*

[5] Guillelmus] Iohannes *S* : G. *CAMDELRB* | de *om B* | Massa] Nassa *PV* : Nasa *S* : . . *CAMDER* : aus Nassa korr. *O* : *om LB* | clericus] diocesis . . *add H* : . . diocesis pro eo *add B* | Thomas] P. *CB* : T. *AMDELR*

[6] de–asserens *om B* | laicus] *om DEL* : clericus *R* | . . diocesis] diocesis . . *D* | false *C* | ipsum *om H* | continentie *D*

[7] crimibus *E* | irreptitum *(p später expungiert) O*

[9] incurrisse] incurisse *C* : etc. add *D* : incurrississe (!) *E*

[10] causam audias *B*

[11] Testes non] Dat. etc. *C* : dantur add *R* : *om B*.

---

[1] *Vgl. N 62, 4; dazu Herde, Zeugenzwang, in: Traditio 18, 273 ff. u. oben Bd. 1 S. 224 ff.*

[2] *Massa Marittima, Lombarda usw. (? es gibt viele Orte dieses Namens in Italien) oder die Massa Trabaria, der Teil des Kirchenstaates w. von Urbino.*

M f. 11' **K 73** | Super eo, quod quis dicitur fur, falsarius, homicida,
adulter, latro vel alias facinorosus.

Iud. Pro eodem, quod P. Martini de . . clericus . . diocesis falso asserens
ipsum furem *vel* falsarium *vel* adulterum *seu* latronem *vel* homicidam *aut*
5   periurii *vel* homicidii et aliis fore diversis criminibus irretitum, eum super
hoc apud bonos et graves *etc. per omnia usque in finem ut in proxima superiori.*[1]

    K 73a 1. *Et nota, quod, si dicat falso asserentem ipsum falsarium esse
quorundam instrumentorum publicorum, non datur clausula* Preterea.

R f. 1'   2. | *Et nota, quod non ponitur nisi unus actus diffamationis, alii vero
ponuntur sub generalitate.*

5   3. *Item nota, quod laicus super diffamatione impetrare non potest etiam
contra clericum.*

    4. *Item nota, quod, si quis conqueratur super diffamatione, conclusio erit*
partibus convocatis *etc., nisi ex tenore littere aliquis non expressus vocandus
appareat, quia tunc conclusio erit* vocatis *etc.*

K 73 *P 103 f. 17' (Üb. Index f. 4);
V 64 f. 9; H 101 f. 15; S 82 f. 12; C
99 f. 407' (Üb. Index f. 441'); A
90 f. 33'; M 73 f. 11'; O 92 f. 14';
D 130 f. 53' (Üb. Index f. 4'); E
123 f. 32; L 101 f. 92c; R 3 f. 1; B
13 n. 2 f. 42.*

1-2 *Üb.*: Super eodem, quod clericus
alium diffamavit homicidio, adulterio, latrocinio et aliis criminibus.
| eodem *HC* | quis *om S* | dicitur
om C | fur *om VHR* | falsari *L* |
homicida] huiusmodi *L*

2 adulter] et ultra *H* : et *add C* : *om
E* | latro – facinorosus] et periurius
etc. R

3 Iud.] In eodem modo *C* | Pro eo-
dem] Conquestus est nobis . . *add
H* : Pro eo *LB* | P. Martini de . .
om B | Martini *om A* | Martini de

om *M* | de *om L* | clericus] laicus
HC | . . diocesis] diocesis . . *D* : *om
B* | asserens *korr. D*[2]

4 ipsum *doppelt H* | vel 1° *om R* | vel
adulterum *om A* | adulterium *D* |
seu] vel *M* | latrorem *(!) H* | vel
3°] seu *D* | aut periurii vel homi-
cidii] aut periurio aut homicidio
H : *om DELB*

5 crimibus *(!) E* | irreptitum *(p
später expungiert) O*

6 per omnia – *Schluß*] ut supra pro-
xime *R* : ut supra *B* | usque in
finem *hinter* superiori *A* | usque]
us; *M* | proximo *E* | superiori] etc.
add D.

K 73a *R 4–7 f. 1/1'. – – R Üb. vor
Note 4*: Nota conclusiones litterarum simplicium, scilicet conques-
tuum, et has tantum teneas.

---

[1] *Vgl. K 72.*

K 74–94a

Super rapinis etc.

K 74 | Super rapinis, violentiis, spoliationibus, occupationi-   *A f. 34*
bus, depredationibus, assalimentis et aliis diversis iniuriis.
Pro abbate et conventu contra eicientes monachos de grangia
et detinentes eam per vim.

| *Iud.* Conquesti sunt nobis . . abbas et conventus monasterii de . . ordi-   *P f. 18*
nis Cistercien., quod Martinus Petri civis Cremonen.[1] cum quibusdam suis
fautoribus ad grangiam de . . ipsius monasterii nequiter accedentes eiectis
inde turpiter monachis et conversis et bonis ibidem inventis nequiter
asportatis eandem grangiam detinent per violentiam occupatam in anime
sue periculum et dicti | monasterii non modicum preiudicium et gravamen.   *D f. 54*
– mandamus, quatinus, si est ita, prefatum M. et fautores eius tamdiu ex-

---

K 74   *P 104 f. 18 (Üb. Index f. 4);*
V 65 f. 9; H 102 f. 15/15'; S 83 f. 12;
C 100 f. 407' (Üb. Index f. 441');
A 91 f. 34; M 74 f. 11'; O 93 f. 14';
D 131 f. 53'/54 (Üb. Index f. 4');
E 124 f. 32; L 102 f. 92c; B 40 n. 1
f. 83.

[1] Tractatus super *DEL* | violentiis]
sibi *add H²* : violentis *S* : et *add D* |
spoliationibus *om D*

[2] depredationibus *om H²* | assalimen-
tis] assallimentis *VA* : acelimentis
H² : *om S* : assalunctis *(?) M* :
assassimenta *L* | et] ac *H²* : *ein-*
korr. E | adversis *A* | iniuriis] Ru-
bricata *add D* : iniurii *L*

[3] Pro] quod *L* | Per abbatem et con-
ventum *E* | . . abbate *O* | A. con-
ventu *P* | eicientes] cicientes *V* :
Cistercien. *H²* | monachus *L* | de
grangia – 4 vim *om S* | de grangia]
agrangiam *(!) H²* | grangiis *E*

[4] et *om ML* | eam per vim detinentes
D | detinent *PA* : detinentibus *C* |

eam] ea *C* : eas *E* | vim] Rubrica
add H²

[5] Iud. *om D* | nobis . . *om M* | . . 1°
om VS | monasterii . . de . . *E* |
de . .] *om H* : . . *B* | ordinis Cis-
tercien.] . . diocesis *add H* : ordinis . . diocesis *CB* : . . ordinis . .
D : ordinis *EL*

[6] Martinus] M. *PCADML* : P. *EB* |
Petri] P. *S* : *om MAB* : Martini *E* |
civis *om S* | Cremen. *V* : Treveren.
H : Cremon. *S* : Auinionen. *DEB* :
om L | suis] aliis *C*

[7] fauctoribus *SO* | de . . *om B*

[8] exinde *DELB* | monachus *L* | et]
ac *C* : *om E* | conversis] cons; *D*

[9] eamdem *E* | grandiam *(!) V* | de-
tinet *PHS* | occupatam *hinter* 10
gravamen *H* | in] et *H*

[10] monastern. *D* | non modicum *om*
H | gravamen] etc. *add B*

[11] M.] G. *PVHCAO* : . . *E* : P. *B* |
fauctores *V* | eius] suos *H* | tandiu
VHCA

---

[1] *Cremona.*

communicatos publice nunties et facias ipsos per loca, in quibus expedire
videris, nuntiari, donec predictam grangiam cum fructibus inde perceptis
et alia bona sic ablata abbati et conventui restituant memoratis et de dampn-
nis et iniuriis | eisdem illatis debitam satisfactionem impendant.

H f. 15'

K 75 Contra accedentes ad plebem hostiliter abducentes secum in predam porcos et asportantes bona plurima.

V f. 9'　　| *Iud.* Conquestus est nobis M. archipresbiter plebis sancti .. Regin.,[1]
quod I. quondam clericus, civis Regin.,[1] ad dictam plebem hostiliter acce-
5　dens bladum, lectos, porcos, capras et nonnulla bona dicti archipresbiteri
C f. 408　ibidem inventa temere asportare ac inde huiusmodi animalia secum in | pre-
dam abducere nequiter presumpsit. – mandamus, quatinus partibus
convocatis *etc.* Testes *etc.*

---

[12] facies *C*

[13] videris] excommunicatos publice
add *H*

[14] .. abbati *H* : abbatui *(!) B* | me-
moratis *getilgt u. v. and. Hd. marg.
einkorr. B* | de *om HSB*

[15] et *om L* | et iniuriis *om B* | eiusdem
L | illatas *L* | impendant] Datum
etc. *add C* : Dat. *add DB* : etc.
Dat. etc. *add E* : inpendunt Dat.
etc. *L.*

K 75　*P 105 f. 18 (Üb. Index f. 4);
V 66 f. 9/9'; H 103 f. 15'; S–; C
101 f. 407'/408 (Üb. Index f. 441');
A 92 f. 34; M 75 f. 11'; O 94 f. 14';
D 132 f. 54 (Üb. Index f. 4'); E
125 f. 32; L 103 f. 92c; B 40 n. 2
f. 83.*

[1] accedentes] illos qui *D* | adducen-
tes *PVH²A* : aducentes *C* : adeun-
tes *MOEL* : accedentes *D* | secum
– 2 plurima] animalia et quam-
plurima bona eiusdem plebis abstulerunt sive predaverunt *D*

[2] plurima] *om VH* : etc. *add C*

[3] M. *om B* | plebis] *om C* : ecclesie
plebis *DEL* : plebis ecclesie *B* |
sancti .. Regin. *om B* | .. *einkorr.
H* | .. Regin.] Remigii *C* : .. Rinen.
E

[4] I.] P. *B* | quondam] de .. *add H* :
condam *C* : *om B* | clericus] et M.
add M : clerici *O* | civis Regin.]
Regin. civis *A* : de .. *DEL* : .. dio-
cesis *B* | Regin.] Remen. *C* | acce-
dentes *ME*

[5] lectos] lcōs *MD* : scos *L* | capra *V* |
nonnulla] alia *add DEL* : alia dicti
archipresbiteri *add B*

[6] apportare *C* : asportantes *L* | ac]
et *AMO* : *om B* | inde] in *H* : ide
(!) A : *om B* | animalium *H* | se-
cum] maleficio *H* | predam] pre-
dicti archipresbiteri preiudicium *A*

[7] adducere *VHCOL* : aducere *E* |
presumpserunt *PHSCAMO* : as-
sumpserunt *V* : presumpsit etc. *B* |
partibus convocatis *om C*

[8] etc. 1° *om LB* | Testes etc. *om DLB.*

---

[1] *Reggio (Emilia oder Calabria; wohl eher ersteres).*

K 76 Contra accedentes ad villam.

Iud. Conquestus est nobis nobilis vir F. dominus ville de .. Misnen.[1] diocesis, quod B. de .. presbiter dicte diocesis ad dictam villam manu accedens armata villam ipsam concremare ac pannos, laneos et lineos et nonnulla | alia bona dicti nobilis ibidem inventa secum exinde asportare *L f. 92 d* ausu temerario presumpsit. – mandamus, quatinus partibus convocatis *etc.*[a]

a) *Zusatz in MO: Nota, quando impetratur contra laicum super spoliatione etiam beneficii vel rei ecclesiastice, conclusio* : partibus convocatis audias causam *etc.*

K 77 Contra eosdem capientes homines etc.

| *Iud.* Conquesti sunt nobis .. commendator et fratres domus de Alcan- *O f. 15* tara[2] militie Calatraven.[3] Cistercien. ordinis ⟨Caurien.⟩[4] diocesis, quod *E f. 32'*

K 76 *P 106 f. 18 (Üb. Index f. 4);*
V 67 f. 9'; H 104 f. 15'; S –; C 102
f. 408 (Üb. Index f. 441'); A 93 f.
34; M 76 f. 11'; O 95 f. 14'; D 133
f. 54 (Üb. Index f. 4'); E 126 f. 32;
L 104 f. 92 c/d; B 40 n. 3 f. 83.
[1] *Üb. in H vor K 75.* – *D Üb. :* Contra illos, qui predaverunt villam unius nobilis. | villam] Rubrica *add* H²
[2] nobilis *om* L | F.] ff D | dominus] domus *V* | ville *om* L | de ..] .. de .. A : *om* B | ..] Grate *C* | Misnen.] .. *VDE* : .. *hinter* diocesis H : Gaieten. *C* : Gaietan. *MO*
[3] B.] R. *DL* : P. B | de .. *om* B | accedens manu M
[4] ac] et H : *om* C | lineos et laneos *VDEL* | et lineos *om* H | et 2°] ac B
[5] ibidem inventa *korr.* D²
[6] ausu temerario] nequiter *C* | presumpserit *VHO* : presumpserunt *M, urspr. auch C, dann getilgt u. darüber einkorr.* presumpsit : presumpsit etc. *B* | etc. *om* M
[7] Nota quando] Item nota quod quando *O*

[8] conclusio] con *O.*

K 77 *P 107 f. 18 (Üb. Index f. 4);*
V 68 f. 9'; H 105 f. 15'; S 84 f. 12;
C 103 f. 408 (Üb. Index f. 441');
A 94 f. 34; M 77 f. 11'; O 96 f.
14'/15; D 134 f. 54 (Üb. Index f.
4'); E 127 f. 32/32'; L 105 f. 92 d;
R 391 f. 37'; B 40 n. 4 f. 83/83'.
[1] *Üb. in H vor K 76.* – *D Üb.:* Contra illos, qui predaverunt villam et receperunt homines. – *R Üb.:* Contra accedentes ad villam et ipsam excremantes ac bona asportantes. | Vel contra eosdem *(?)* H² | etc.] *om VHAMOEL* : facientes eis extrahi dentes S
[2] .. *om HSDE* | domus *om* S | de Alcantara – 3 ordinis *om* B | Alcantara *scr.]* Alcancio *HO* : .. *SR* : Altazaria *C* : Alcanatio *A* : Alcatō *D* : Alcatio *EL*
[3] milite *S* : miles *C* | Calatranen. *PVMR* : Calatrenen. *C* : *om DEL* | Cistercin. *S* : .. *C* : Cystercien. *E* | Caurien. *scr.*] .. *PVHSCAMOELB* : .. *vor und hinter* diocesis *D* : .. *hinter* diocesis R

---

[1] *Meißen.*   [2] *Alcántara (Spanien).*   [3] *Ritterorden von Calatrava.*
[4] *Coria (Spanien).*

nobilis vir E. de . ., dominus ville . . . . diocesis, associata sibi tam militum
5   quam peditum multitudine armatorum ad villam de . . eorundem commendatoris et fratrum hostiliter accedens villam ipsam invadere et nonnullos
homines dicti loci, eorundem commendatoris et fratrum homines de corpore,

B f. 83'   secum abducere et eis dentes extrahi facere et quibusdam | vero ex eisdem
hominibus nonnullas pecuniarum summas extorquere et nonnulla alia dampg
10   na et iniurias eis inferre propria temeritate presumpsit in eorum commendatoris et fratrum preiudicium et gravamen. – mandamus, quatinus partibus
convocatis *etc.* Proviso *etc.* Testes *etc.*

K 78 Contra communitatem impedientem iurisdictionem pu-
tei, ubi fit sal.

D f. 54' | *Iud.* Conquesti sunt nobis dilecti filii . . rector et fratres hospitalis
de . . . . diocesis, quod . . Parmen.[1] et . . Placentin.[2] civitatum potestates et

---

4 . . nobilis *R* | vir *om L* | E.] G. *M* :
I. *DL* : N. *E* : Ia. *B* | E. de *om R* |
dominus] . . *add VA* : dictis *M* :
dictis . . *O* | ville . .] . . ville *VA* :
ville *S* : ville de . . *CR* | . . dio-
cesis] diocesis . . *HR* : diocesis *D* :
om B | associatis *R* | equitum quam
pedestrium *B*

5 multitudo *C* | de *om E* | de . .] . .
diocesis *add B* | commendatorum *D*

6 hostiliter – 7 fratrum *om C* | acce-
dentium *H* : accedentes *DELRB* |
villam *om M* | villam – 7 fratrum
om H | et 2°] ac *B*

7 homines *om MOL* | dicti – homines
2° *om D* | homines de . . corpora-
liter *H*

8 adducere secum *H* | abducere] *aus*
adducere *korr. P* : abduceret *S* :
adducere *CMOLR* : aducere *E* | et
1°] ac *P* : *om D* | extrahere *H* | fa-
cere et *om H* | faceret *S* | et 2°] *om*
SM : et a *DR* : a *B* | vero *om A* |
ex eisdem] et aliis, *dazu v. and.*
Hd. marg. einkorr. aliter ex eisdem
B | eisdem] hiis *H*

9 pecunie *D* | damna *M*

10 eis] eisdem *B* | presumpserit *MO* |
eorundem *HADELR* | commen-
datorum *H*

11 preiudicium et *om M* | gravamen]
etc. *add B*

12 Proviso etc. Testes etc. *om VHD* |
Testes etc. *om B.*

K 78 *P 108 f. 18 (Üb. Index f. 4);*
V 69 f. 9'; H 106 f. 15'; S 85 f. 12;
C 104 f. 408 (Üb. Index f. 441');
A 95 f. 34; M 78 f. 11'; O 97 f. 15;
D 135 f. 54' (Üb. Index f. 4'); E
128 f. 32'; L 106 f. 92d; R 322 f.
31; B 40 n. 5 f. 83'.

1 *Üb. in H vor K 77.* | communita-
tem] comitem *S* : communitantem
C : communitatum *D* : communi-
tates *R* | inpedientes *L* : impe-
dientes *R* | impedientem – putei]
qui puteum impedit *D* | iurisdic-
tionem *om EL* | putei] puthei *VR* :
om C : puteum *EL*

2 ubi] de quo *R* | fal (!) *S* : sol *L*

3 dilecti – rector *beschädigt H* | . .]
om V : P. *B* | rector] commendator
R | hospitalis] . . *add DE*

4 de . . *om B* | . . diocesis] diocesis . .

---

1 *Parma.*   2 *Piacenza.*

earum communia ipsos, quominus in quibusdam terris ad eos et dictum ⁵
hospitale spectantibus puteos, de quibus aqua salsa, de qua sal efficitur,
colligatur, facere ac puteis ibi propter hoc iam factis uti, prout ad eos pertinent, libere valeant, contra iustitiam impedire presumunt. – mandamus,
quatinus partibus convocatis *etc.* Proviso *etc.* Testes *etc.*

K 78a Contra abbatem et conventum procurantes tenere
clericum per iudicem secularem.

Iud. Sua nobis B. de . . clericus ⟨petitione⟩ monstravit, quod . . abbas et
conventus monasterii . . . . diocesis dictum clericum per secularem iustitiam
temere et malitiose capi fecerunt et carceri mancipari et aliquamdiu eidem ⁵
carceri detineri captivum in ipsius clerici iniuriam, preiudicium, dampnum
non modicum et gravamen. – mandamus, quatinus partibus convocatis.
Non ponatur Testes.[1]

K 79 Super iniuriis illatis in ecclesiis spectantibus ad camerariam camerarii.

| *Iud.* Conquestus est nobis . . camerarius ecclesie Parisien.,[2] quod . . rector *A f. 34'*

HR : . . diocesis . . D . . | . . 3° *om*
SDER | Parmen.] Parisien. C :
Porneñ *(!)* B | . . 4° *om* SDER |
Placentin.] Placen. HR : Platen.
C : Platonen. B | civitatis CE |
potestates] potestas C : et potestates R
⁵ eorum HCDR | communia] coram
B | quominus] quoque minus R |
quibusdam] quibus PVSA : v.
späterer Hd. aus quibus *korr.* O :
om DELR
⁶ puteis S | de] *darüber v. and. Hd.*
einkorr. alias in P | qua] quibus
S | efficitur] et *add* B
⁷ colligitur HB : colligatis S | ac]
accedere et a H | putheis V : pu-
teos A : puteis *aus* puteos *korr.* M |
ibi] ipsis H | hoc] quod C | iam *om* B
⁸ valerent B | inpedire SL | pre-
sumpserunt H : presumant S :
presumunt etc. B

⁹ partibus] per R | etc. 1° *om* ADE |
Proviso etc. *om* H | Testes] vero
add B | etc. 3° *om* V.

K 78a   C 105 f. 408 *(Üb. Index f. 441')*.
³ petitione *scr.*] et E. C.

K 79   P 109 f. 18 *(Üb. Index f. 4)*;
V 70 f. 9'; H 107 f. 15'; S –; C 106
f. 408 *(Üb. Index f. 441')*; A 96 f.
34/34'; M 79 f. 11'; O 98 f. 15; D
136 f. 54' *(Üb. Index f. 4')*; E 129
f. 32'; L 107 f. 92d; R 211 f. 20';
B 40 n. 6 f. 83'.
1-2 *Üb. in* H *vor* K 78. | in *om* R |
ecclesiis] rebus C | ad camerariam
spectantibus L | ad] a H | camera-
riam] cameram M
² camerarii] super salinis *add* V :
super possessionibus *(?)* H² : etc. R
³ . . 1° *om* VDE | Parisien.] Tetracen.
C : *om* L : de Parisius R | quod *om*
R | . . 2° *om* P

---

[1] *Vgl. Bd. 1 S. 322 Anm. 11.*   [2] *Paris.*

ecclesie de . . . . diocesis super de ⟨Salicibus⟩¹ et de ⟨Linais⟩² ecclesiis ad
5 ipsum ratione camerarie sue dicte ecclesie spectantibus iniuriatur eidem. –
mandamus, quatinus partibus convocatis *etc.*

K 80   De iniuria super perpetua vicaria et rebus aliis.

Iud. Conquestus est nobis . . perpetuus vicarius ecclesie de . ., quod Lambertus de . . clericus eiusdem ecclesie Colonien.³ diocesis super perpetua
V f. 10 vicaria, quam in eadem ecclesia | se canonice proponit adeptum, et rebus
5 aliis iniuriatur eidem. – mandamus, quatinus partibus convocatis *etc.*

---

⁴ ecclesie . . de . . diocesis *E* | de . .
   om B | . . diocesis] diocesis . . *H* |
   super de Salicibus *om V* | de Salici-
   bus et de *om H* | Salicibus *scr.*]
   Salinis *PCAMODELRB* | et . . *C* |
   Linais *scr.*] Limata *VH* : Lamata
   AO : Barcha *C* : Laniata *M* : . .
   Lunata *E* : Lumata *R* : Limata . .
   diocesis *B* | ecclesiis] ecclesie . .
   H
⁵ sue *om SO* | dicte *aus* dictorum
   korr. L | dicte ecclesie *om R* | iniu-
   riantur *PVCDEL*
⁶ etc. *om ELRB.*

K 80   *P 110 f. 18 (Üb. Index f. 4);*
   V 71 f. 9'/10; H 108 f. 15'; S –;
   C 107 f. 408 (Üb. Index f. 441');

A 97 f. 34'; M 80 f. 11'; O 99 f. 15;
D 137 f. 54' (Üb. Index f. 4'); E
130 f. 32'; L 108 f. 92d; B 40 n. 7
f. 83'.
¹ *Üb. in H vor K 79.* | De] Super
   MO | aliis] Rubrica *add H²*
² est *korr. D²* | vicarius] capellanus
   vel vicarius *C* | ecclesie de . .] ec-
   clesie . . diocesis . . *H* : ecclesie . .
   de . . *E* | de . . *om B* | Lambertus]
   L. *CAMDELB*
³ clericus – diocesis *om B* | Colonien.]
   Gaietan. *C* : . . *M* : *om L*
⁴ se] sci *(?) L* | proponit canonice
   M | adeptam *O* : adepta *B*
⁵ iniuriantur *VEL* | eidem] etc. *add*
   B | mandamus quatinus *om VH* |
   etc. *om PVMELB.*

---

¹ *Ein Ort dieses Namens findet sich nicht im Urkundenbestand der Kathedralkirche Notre-Dame, vgl. Collections des cartulaires de France: Cartulaire de
l'église Notre-Dame de Paris, bearb. v. M. Guérard, 4 Bde (Paris 1850). Als
beste Emendation des verderbten Textes bietet sich an: de Salicibus (= Saulx-
les-Chartreux bei Corbeil), wo ein der Domkirche unterstelltes Priorat bestand
(vgl. Cartulaire 1 S. 21 u. 3 S. 204).*
   ² *Auch dieser Name ist verderbt; es handelt sich wohl um die ecclesia de Linais
(= Linas bei Corbeil), Sitz eines Dekanats (vgl. Cartulaire 1 S. 13 u. 129).*
   ³ *Köln.*

K 81 Super ecclesia spectante ad monasterium.

Iud. Conqueste sunt nobis .. abbatissa et conventus monasterii de .. ordinis .., quod sorores Humiliatorum[1] .. diocesis super ecclesia de .. dicte diocesis ad ipsum monasterium de iure spectante et rebus aliis iniuriantur eisdem. – mandamus, quatinus partibus convocatis *etc.*[2]

5

K 82 Super fructibus prebende.

| *Iud.* Conquestus est nobis Lambertus | canonicus ecclesie de .., quod .. abbas monasterii de .... diocesis super fructibus prebende sue dicte ecclesie et rebus aliis iniuriatur eidem. – mandamus, quatinus partibus convocatis *etc.*[2]

M f. 12
B f. 84
H f. 16

5

K 81 *P 111 f. 18 (Üb. Index f. 4); V 72 f. 10; H 109 f. 15'; S –; C 108 f. 408 (Üb. Index f. 441'); A 98 f. 34'; M 81 f. 11'; O 100 f. 15; D 138 f. 54' (Üb. Index f. 4'); E 131 f. 32'; L 109 f. 92d; B 40 n. 8 f. 83'.*

[1] *Üb. in H vor K 80. – CA Üb.:* Pro abbatissa et conventu etc. *– D Üb.:* Super iniuria illata in ecclesia spectante ad monasterium. | monasterium] monachos. Rubrica *H*[2]

[2] Iud.] Item *E* | Conquesti *PVHL* | .. 1° *om DE* | de ..] .. *C :* de .. I. *D :* .. de .. *E : om B*

[3] ordinis ..] diocesis .. *add H :* .. ordinis .. diocesis *C :* .. ordinis *A :* .. ordinis .. diocesis .. *D :* ordinis .. diocesis *EL* | quod] .. *add H (einkorr.)* | .. 2° *om H* | .. diocesis] diocesis *V :* dicte diocesis *DEL* | de ..] .. de .. *E : om B* | dicte] .. *C*

[4] et rebus aliis *einkorr. C*

[5] eidem *C :* eisdem etc. *B* | mandamus quatinus *om PV* | convocatis]

audias causam *add DEL* | etc. *om M.*

K 82 *P 112 f. 18 (Üb. Index f. 4); V 73 f. 10; H 110 f. 15'/16; S –; C 109 f. 408 (Üb. Index f. 441'); A 99 f. 34'; M 82 f. 11'/12; O 101 f. 15; D 139 f. 54' (Üb. Index f. 4'); E 132 f. 32'; L 110 f. 92d; B 40 n. 10 f. 84.*

[1] *Üb. in H. vor K 81. – D. Üb.:* Super iniuria illata et fructibus prebende.

[2] Conquestus-nobis] Conquestus est dilectus filius *B* | Lambertus] L. *PAM :* L .. de *(letzteres getilgt) C :* L. de .. *DEL* | ecclesie *om C* | de .. *om B*

[3] .. 1° *om HDB* | abbas] et conventus *add B* | .. de .. diocesis *E* | de .. *om B* | dicte ecclesie *om CO*

[4] et rebus aliis *om B* | iniuriantur *HELB* | eisdem *E :* eidem etc. *B* | mandamus quatinus *om V* | partibus convocatis *om P*

[5] etc. *om MELB.*

---

[1] *Humiliatenorden.*
[2] *Vgl. oben Bd. 1 S. 322.*

P f. 18'
S f. 12'

K 83 | Super iure ponendi alcades[1] et rebus aliis.

Iud. Conquestus est nobis dilectus filius .. electus Mindonien.,[2] quod, licet ius ponendi alcades[1] in villa de .. a tempore fundationis seu populationis ipsius pertinere ad Mindonien. episcopum dinoscatur, tamen .. et ..

5 occasione loci ipsius Mindonien. diocesis eidem electo super hoc contra

C f. 408' iustitiam se opponunt. | Preterea .. de .. et .. de .. canonici .. ecclesie dicte

---

K 83 *P 113 f. 18' (Üb. Index f. 4);
V 74 f. 10; H 111 f. 16; S 86 f. 12';
C 110 f. 408/408' (Üb. Index f.
441'); A 100 f. 34'; M 83 f. 12; O
102 f. 15; D 140 f. 54'/55 (Üb.
Index f. 4'); E 133 f. 32'; L 111 f.
92d; R 281 f. 27; B 40 n. 9 f.
83'.*

[1] *Üb. in H vor K 82 f. 15'.* | Conqueritur electus super *R* | iure ponendi] inponendi *S* | archades *(?)
H* : alcudes *C* : altades *O*

[2] dilectus filius *hinter* electus *S* | .. *vor* dilectus *C* | Mindonien. *scr.*] Minden. *PHSADEB* : Mindenen. *V* : Migaden. *C* : Mindanen *M* : Minden. *korr. wohl aus* Mindanen. *O* : Mynden *korr. aus* Minden. *L* : Mindien. *R*

[3] ius *om L* | ponendi] presentandi, *dazu marg. v. and. Hd. einkorr.* : aliter ponendi *B* | Alcados *SA* : altades *O* : Altades *(korr.) D* | seu]

om VH | populationis] appellationis *R* : postulationis *B*

[4] ad *om B* | Minden. *PVSMODELB* : Migaden. *C* : Mindinen. *A* : Pinen. *R* | episcopum *om B* | dignoscatur *A* : dignoscantur *E* : dinoscantur *L* | tamen] et tamen *PVSCAMO* : attamen *H* | .. et ..] *om SCMO* : A. et B. *B*

[5] occasione] ecclesie *VHR* : actione *C* | loci ipsius] loci canonici *H* : ipsius loci *M* : loci illius *E* : .. *B* | Minden. *PVHSMODELB* : Migaden. *C* : Mindin. *A* : Pinen· *R* | eidem – 7 diocesis *om R* | electo] clerico *C* | contra *v. and. Hd. über getilgtem* qui *B*

[6] opponunt se *D* : opponit *CL* | Preterea] Propterea *D* | .. 1° *om VHSAD* | .. de – de ..] G. et H. *B* | et ..] de .. *P* : *om VS* : et *A* | de .. 2° *om H* | .. 5° *hinter* ecclesie *HME* : *om SCD* | dicte] .. *B*

---

[1] *Es sind städtische Richter; alcades ist die latinisierte Form von arab. al-qāḍī (der Richter), span. alcade. Der alcade ist gleichzeitig Stadtbeamter; er wurde von den christlichen Herrschern übernommen; vgl. L. G. de Valdeavellano, Historia de España 1, 2 (Madrid 1955), 482, u. E. Lévi-Provençal, Histoire de l'Espagne musulmane 3 (Paris 1953), 159 mit Anm. 2.*

[2] *Mondoñedo. Wegen der alcades (vgl. Anm. 1) kommt nur die Lesung Mindonien. in Betracht, da es sich um einen spanischen Ort handeln muß. Der Kläger ist dann der Elekt Rodericus Vasquez, der päpstlicher Kaplan war und 1297 Dezember 23 zum Bischof von Mondoñedo ernannt wurde (G. Digard, Les registres de Boniface VIII Nr. 2227). 1298 Februar 28 war er bereits geweiht (das. Nr. 2437; vgl. Eubel 1, 242). Das Stück ist mithin 1297 Dezember 23–1298 Februar 28 zu datieren.*

diocesis super terris, | redditibus et rebus aliis iniuriantur eidem. – manda- D f. 55
mus, quatinus partibus convocatis *etc.*

K 84 | Pro capellano et fratribus hospitalis contra episco- L f. 93a
pum et capitulum super capella.

Iud. Conquesti sunt nobis . . capellanus et fratres hospitalis Ierosolimitan.
in Ispania,[1] quod venerabilis frater noster . . episcopus et capitulum . . super
capella de . . ad ipsos spectante, quadam quantitate bladi et rebus aliis   5
iniuriantur eisdem. – mandamus, quatinus partibus convocatis *etc.*

K 85   Querela super decimis.

Iud. Conquestus est nobis dilectus filius P. electus . ., quod venerabilis

---

[7] terris] possessionibus *add DR* : de-
bitis possessionibus *add EL* | ei-
dem] etc. *add B* | mandamus qua-
tinus *om PV*
[8] etc. *om MELRB.*

K 84   *P 114 f. 18' (Üb. Index f. 4);*
V 75 f. 10; H 112 f. 16; S –; C 111
f. 408' (Üb. Index f. 441'); A 101
f. 34'; M 84 f. 12; O 103 f. 15; D
141 f. 55 (Üb. Index f. 4'); E 134
f. 32'; L 112 f. 93a; B 40 n. 11 f. 84.
[1-2] *Üb. in H vor K 83.* | capĺe *A* : cap-
pellano *D* | . . hospitalis Ieroso-
limitani *C*
[2] et *om EL* | capĺm *C* : cappitulum
D | capella] capellam *H* : etc. *add*
C : capellania *MO* : cappella *D*
[3] Iud. *om A* | . . *om E* | capellanus]
. . *add H* : capĺli *A* : cappellanus
D : commendator *B* | hospitalis]
. . *add PO* : sancti I. *DE* : sancti
Io. *LB*
[4] Yspania *PHCAE* : Hispania *B* |
noster *om H* | capitulum] ecclesie
add H
[5] capellania *MO* : cappella *D* | de
om VH | super ad *V* | quadam]

super quadam *H* : et quadam
CD : et quandam *M (v. and. Hd.*
einkorr.) EL : quandam *O* | quan-
titatem *OEL* | et] ac *DL*
[6] eidem *VCMOEL* | mandamus qua-
tinus *om PV* | etc.] Datum etc.
add C : *om MELB.*

K 85   *P 115 f. 18'; V 75a f. 10; H*
113 f. 16; S 87 f. 12'; C 112 f. 408'
(Üb. Index f. 441'); A 102 f. 34';
M 85 f. 12; O 104 f. 15; D 142 f.
55 (Üb. Index f. 4'); E 135 f.
32'/33; L 113 f. 93a; R 282 f. 27;
B 40 n. 12 f. 84.
[1] *Üb. so nur S, om PVO. – H. Üb.:*
Littera contra episcopum super
decimis. – *C Üb.:* Super decimis
fodinarum argenti etc. – *A Üb.:*
Pro electo super decimis argenti. –
M Üb.: Contra episcopum super
decimis. – *DEL Üb.:* Conqueritur
electus de episcopo super decima
(-is *EL*) argenti. – *R Üb.:* Super
eodem contra . . episcopum pro
decimis argenti.
[2] Iud. *om C* | P.] . . *VH* : B. *B* |
electus de . . *R* | . . *om HCODE*

---

[1] *Johanniter in Spanien.*

E f. 33   **frater** noster .. episcopus .. super decimis | argenti fodinarum de .. ad
     .. ecclesiam .. spectantibus iniuriatur eidem. – mandamus, quatinus parti-
  5   bus convocatis – non obstantibus indulgentiis, si que sint ipsi episcopo ab
     apostolica sede concesse, quod excommunicari vel interdici non possit aut
     extra domicilium suum ultra duas dietas per eiusdem sedis litteras conveniri,
     et constitutione de duabus dietis edita in concilio generali.[1]

K 86   Contra parrochianos super decimis.

Iud. Pro eodem, quod universitas rectorum parrochialium ecclesiarum de
.. super decimis argenti fodinarum ad ecclesiam .. spectantibus iniuriantur
eidem. – mandamus, quatinus partibus convocatis *etc.*

---

[3] .. 1° *om MD* | .. 2° *om HSADE* |
argenti *om R* | fodinarum] fodinis
H : fotinarum *korr. aus* forma-
rum *M* : fundinarum *D* : fondina-
rum *EL* | de .. *om C* | ad .. eccle-
siam ..] ad ecclesiam *PVSMO* :
ad .. ecclesiam *HA* : ad ecclesiam
.. *C* : ad ecclesiam suam *DELRB*
[4] iniuriantur *DL* | eidem] etc. *add*
B | mandamus quatinus *om PVS*
[5] convocatis] etc. *add MOD* | obst.
indulgen. *E* | que] qui *L* | ipsi] *om*
DEL : predicto *hinter* episcopo *B*
[6] concessa (a *korr.*) *L* | excommuni-
cari] suspendi *add R* | possit] pos-
sint *VEL* : p̄n̄t *D*
[7] suum domicilium *M* | per – 8 die-
tis *om C* | conveniri] 9're *M*
[8] et *om L* | constitutionibus *P* :
constitutioni *VSAELR* | duabus
dietis] ducibus dictis *S* | dietis]
diebus *L* | editis *PHC* : edite
VSELR | .. concilio *C* : consilio
SD.

K 86   *P 116 f. 18' (Üb. Index f. 4);*
V 76 f. 10; H 114 f. 16; S –; C 112a

f. 408'; A 103 f. 34'; M 86 f. 12;
O 105 f. 15; D 143 f. 55 (Üb. Index
f. 4'); E 136 f. 33; L 114 f. 93a;
R 283 f. 27; B 40 n. 12 f. 84.
[1] *Üb. in H vor K 85.* – *Üb. om C.–*
DELR Üb.: Super eisdem pro
eodem *(nur* Super eodem *R)* contra universitatem rectorum parrochialium ecclesiarum (ecclesie parrochialis *L* : pro ecclesia parrochiali *D*).
[2] Iud – eodem] vel sic *(schließt so-
fort an K 85 an) B* | Pro] Super *H* :
quod *L* | eodem] rectore *add MO* |
parrochianorum *MO* | de *om B* |
de ..] diocesis .. *add H*
[3] fodis *H* : focinarum *M* : fodinarum
v. and. Hd. aus fotinarum *korr. O* :
feudinarum *D* : fondinarum *EL* | ec-
clesiam ..] .. ecclesiam *H* : ecclesiam *CE* : ecclesiam de .. *DB* :
.. *R* | iniuriatur *PARB*
[4] mandamus – *Schluß om PVHMO*
DELB | mandamus quatinus *om*
R | etc. *om AR*.

---

[1] *c. 37 Conc. Lat. IV = X 1, 3, 28; vgl. dazu oben Bd. 1 S. 194.*

K 87 Contra impedientem, ne quis possideat ecclesiam, de qua sibi canonice est provisum.

Iud. Conquestus est nobis .. rector ecclesie de .... diocesis, quod, licet sibi de dicta ecclesia canonice sit provisum, tamen P. de .. dicte diocesis, quominus idem rector possessionem dicte ecclesie possidere pacifice valeat, contra iustitiam impedire presumit. – partibus convocatis *etc.*

K 88 | Contra eundem super canonicatu et prebenda.

V f. 10'
O f. 15'

Iud. Conquestus est nobis M. canonicus ecclesie sancti Iohannis, quod, licet ipse canonicatum et prebendam ipsius ecclesie vacantes olim per mortem quondam .., prefate ecclesie canonici, fuerit canonice assecutus, tamen .. dicte ecclesie canonicus, quominus idem M. eosdem canonicatum et prebendam pacifice assequi valeat, eum contra | iustitiam impedire presumit. – partibus convocatis *etc.*

A f. 35

K 87 *P 117 f. 18' (Üb. Index f. 4); V 77 f. 10; H 115 f. 16; S 88 f. 12'; C 113 f. 408' (Üb. Index f. 441'); A 104 f. 34'; M 87 f. 12; O 106 f. 15; D 144 f. 55 (Üb. Index f. 4'); E 137 f. 33; L 115 f. 93a; R 45 f. 4'; B –.*

1-2 *C Üb.:* Contra impedientem volentem adipisci possessionem prebende. | impedientes *MR* | ne] ut *(korr.) S*

2 qua sibi] quas *H* | est canonice *MD*

3 .. 1°] *om VSDR* : Martinus *H* | ecclesie – diocesis] .. ecclesie diocesis .. *H* | de – diocesis] .. de .. diocesis *E* | .. diocesis] diocesis .. *POR*

4 sibi *einkorr. C* | dicte] .. *DE* : *om LR*

5 possessione *V*

6 presumit] mandamus quatinus *add HMDELR* : mandamus *add A* | convocatis *om L* | etc. *om VSMEL.*

K 88 *P 118 f. 18' (Üb. Index f. 4);*

V 78 f. 10'; H 116 f. 16; S 89 f. 12'; C 114 f. 408' (Üb. Index f. 441'); A 105 f. 34'/35; M 88 f. 12; O 107 f. 15'; D 145 f. 55 (Üb. Index f. 5); E 138 f. 33; L 116 f. 93a; R 284 f. 27; B 40 n. 13 f. 84.

1 Contra – super] Super eisdem de *DEL* : Pro canonico super *R* | super] de *H*

2 M. *om B* | canonicus] rector *DELB* | ecclesie sancti Iohannis] ecclesie de .. sancti Iohannis de .. *D* | sancti Iohannis] diocesis .. *add H* : Io. de *L* : Iohannis de .. *R* : .. diocesis *B*

3 licet *om E* | canonicum *H* | vacantis *A* | olim *om DELB*

4 condam I. *C* : quondam I. *MO* | canonici] canonicum *V* : canonicatum *S* : *om C* | canonice *om C*

5 ..] *om C* : P. *B* | M. *korr. B*

6 prebendam] predictos *add H* | eum] ipsum *korr. D²* | presumit] mandamus quatinus *add HCADELR* : etc. mandamus quatinus *add B*

7 etc. *om MELRB.*

K 89 Contra occupantem prebendam cum laicali potentia.

Iud. Conquestus est nobis . . canonicus Narnien.,[1] quod . ., qui pro perpetuo vicario dicte ecclesie se gerit, prebendam, quam idem . . in eadem
D f. 55' ecclesie | canonice fuerat assecutus et aliquamdiu possederat pacifice et
5 quiete, laicali fultus potentia contra iustitiam occupavit et occupatam
detinet in ipsius canonici non modicum preiudicium et gravamen. – partibus
convocatis *etc.*

**K 90 Contra impedientem volentem adipisci seu nancisci
possessionem prebende.**

B f. 84' | *Iud.* Conquestus est nobis . . | canonicus ecclesie de . . . . diocesis, quod
H f. 16'

K 89 *P 119 f. 18' (Üb. Index f. 4);*
V 79 f. 10'; H 117 f. 16; S 90 f. 12';
C 115 f. 408' (Üb. Index f. 441');
A 106 f. 35; M 89 f. 12; O 108 f.
15'; D 146 f. 55/55' (Üb. Index f.
5); E 139 f. 33; L 117 f. 93a; R
46 f. 4' u. 155 f. 15' (mit denselben
Varianten); B 40 n. 14 f. 84.

[1] Conqueritur canonicus contra *R* |
occupantem] occupantes *SC* :
illum qui occupavit *D* | cum –
potentia] cum potentia laicali *A* :
per potentiam laicalem *D*

[2] nobis *om L* | P. canonicus *B* | Nar-
nien.] Norinen. *P* : Gaietan. *CMO* :
Narnen. *E* : ecclesie diocesis *expungiert L* : Nouarien. *R* : ecclesie
B | . . 2°] G. *B* | pro] *om SC* : *aus*
in *korr. A* | pro – 3 gerit] se gerit *B* |
perpetuo] proprio *H*

[3] se geritur dicte ecclesie *D* | pre-
bendam] ecclesiam *add H* : in
prebendam *R* | . .] P. *B* | ecclesia
eadem *S*

[4] canonice fuerat] fuit canonice *M* |
fuerit *VSA* : fuerat *aus* fuerit
korr. C : fuit *OB* | aliquadiu *(!) D* |
possiderat *VDLR* : possiderit *S* :
possideret *C*

[5] fulctus *C* : fulcitus *ER* | occupavit]
occupat *C*

[6] detinet *v. and. Hd. über getilgtem*
detinuit *B* | gravamen] mandamus
quatinus *add HSCDELR* : etc.
mandamus quatinus *add B*

[7] etc. *om VAMELRB.*

K 90 *P 120 f. 18' (Üb. Index f. 4);*
V 80 f. 10'; H 118 f. 16/16'; S 91 f.
12'; C 116 f. 408' (Üb. Index f.
441'); A 107 f. 35; M 90 f. 12;
O 109 f. 15'; D 147 f. 55' (Üb.
Index f. 5); E 140 f. 33; L 118 f.
93a; R 47 f. 4' u. 295 f. 28' (mit
denselben Varianten); B 40 n. 15
f. 84'.

[1] impedientem] illum qui impedit
D : inpedi *L* | volentem] nolentem
VD : se *add H*[2] | adipisci seu *om*
R | seu nancisci *om CD* | nancisci
P : vensisti *(!) H* : nacisci *AO* :
nancisi *E*

[2] prebende] sue *add R* : *in S folgt
hier sofort die Üb. von K 91*

[3] . .1°] Io. *B* | . . ecclesie *E* | de *om
DEL* | de . . . . diocesis *om B* |
de – quod . . *om C* | . . diocesis]
diocesis . . *PHSOR* : dicte diocesis *D* : diocesis *E*

---

[1] *Narni.*

.., qui se gerit pro canonico dicte ecclesie, ipsum .., quominus possessionem prebende sue eiusdem ecclesie, quam est, sicut asserit, canonice assecutus, nancisci libere valeat, contra iustitiam impedire presumit. – partibus convocatis *etc.*

K 91   Contra archidiaconum impedientem possessionem ecclesie.

Iud. Conquestus est nobis .. rector ecclesie de .... diocesis, quod, licet ipse eandem ecclesiam canonice fuisset adeptus eamque aliquamdiu possedisset pacifice et quiete, tamen .. archidiaconus de .. in ecclesia .. ipsum, quominus possit nunc predictam ecclesiam pacifice possidere, contra iustitiam impedire presumit. – partibus convocatis *etc.*

K 92   Contra impedientem volentem permutare prebendam iuxta consuetudinem ecclesie.

Iud. Conquestus est nobis .. canonicus Reatin.,[1] quod, licet in eadem

---

⁴ .. 1°] Fe. *B* | se gerit] regit *S* | canonico v. and. Hd. über getilgtem clerico *B* | .. 2° *om HSCDLR*
⁵ eidem *L* | est *om B* | sicud *L*
⁶ nancisci *P* : nancissi *S* : namcisti *D* : adipisci *R* | inpedire *L* | presumit] mandamus quatinus *add HMODELR* : etc. mandamus quatinus *add B*
⁷ etc. *om VAMDELR.*

K 91   *P 121 f. 18' (Üb. Index f. 4); V 81 f. 10'; H 119 f. 16'; S – (Üb. bei K 90); C 117 f. 408' (Üb. Index f. 441'); A 108 f. 35; M 91 f. 12; O 110 f. 15'; D 148 f. 55' (Üb. Index f. 5); E 141 f. 33; L 119 f. 93a; R –; B –.*
¹ impedientem] alteri *add EL* | possessionem ecclesie] alium in possessione prebende *D* | ecclesie] prebende *E*
³ .. 1° *om D* | ecclesie .. de .. *DE* | de ..] .. *PH* : *om M* | .. diocesis] diocesis .. *VHO* : *om C* : diocesis *E* | ipse licet *D*
⁴ adeptus] assecutus *C* | eamque]

eandem *C* | possidisset *VL*
⁵ .. tamen .. *E* | .. 1° *om MD* | archidiaconus] *om C* : archidyaconus *M* : archipresbiter *EL* | in ecclesia .. *om DEL*
⁷ impedire] in pedum *L* | presumit] mandamus quatinus *add HAMO DEL* | etc. *om VDEL.*

K 92   *P 122 f. 18' (Üb. Index f. 4); V 82 f. 10'; H 120 f. 16'; S 92 f. 12'/13; C 118 f. 408'/409 (Üb. Index f. 441'); A 109 f. 35; M 92 f. 12; O 111 f. 15'; D 149 f. 55' (Üb. Index f. 5); E 142 f. 33; L 120 f. 93a/b; B 40 n. 16 f. 84'.*
¹⁻² *S Üb.*: Contra volentes inpedire possessionem vel permutacionem ecclesie. – *D Üb.*: Contra illum, qui impedit volentem iuxta consuetudinem permutare alias optare prebendam. | permutare] *v. and. Hd. gestr. u. marg. korr. zu* optare *M* : obtare *E* | prebendam] predictam *H²*
² ecclesie *om CMOEL*
³ Conquestus – Reatin.] Conquesti

---

¹ *Rieti.*

L f. 93b

C f. 409
S f. 13

10

ecclesia de antiqua et approbata et hactenus pacifice observata consuetudine sit obtentum, quod antiquiores ipsius ecclesie | canonici possint canonicorum decedentium in eadem libere optare prebendas, ipseque prebendam, que per mortem quondam . . prefate ecclesie canonici vacavit in illa, iuxta consuetudinem | eandem optarit, tamen . . eiusdem ecclesie canonicus, | quo idem . . in ipsa ecclesia est antiquior, ipsum, quominus eandem prebendam pacifice assequi valeat, contra iustitiam impedire presumit. – partibus convocatis *etc.*

K 93 Super decimis.

Unde nota, quod, quando clericus conqueritur super decimis, debet sequi: in beneficium assignatis, *ut infra.*[1]

(dahinter Rasur) sunt nobis . . conventus Reatin. *H* | nobis *om D* | . . canonicus] . . conventus *V* : I. canonicus *CMO* : P. canonicus *B* | Reatin.] ecclesie *add PVSA (irrig, vgl. N 22)* : ecclesie Gaietan. *C* : Gaietan. ecclesie *MO* : Aquen. *DELB* | eadem ecclesia] ecclesia Aquen. *B*

[4] ecclesia] et *add B* | et 2°] ac *M* | et approbata – observata] etc. *B* | pacifice *om H* | observata pacifice *C*

[5] ipsius] dicti *(getilgt)* ipsi *L*

[6] decedentium] quondam prebendas obtinentium *H* | eodem *E* | obtare *H* : aptare *C* : obtentar(um) *E* | ipsique *S* : ipsamque *DEL* | per prebendam *H*

[7] condam *C* | . . *om H*

[8] eandem *om B* | optaverit *P* : optare *V* : obtarit *H* : aptavit *C* : optavit *AB* : optant *L* | . .] *om VSC* : *v. and. Hd. einkorr. M* : H. *B* | quo] quominus *H*

[9] . .] I. *M (einkorr.) E* : P. *B* | ipsa] dicta *H* : *hinter* ecclesia *DEL* | est

om H | antiquior *aus* antiquiores *korr. A* | ipsum – prebendam *om D* | ipsum quominus *om H* | eandem *hinter* prebendam *B*

[10] pacifice *om H* | valeat] ipsum *add H* | presumit] presumpsit *S* : mandamus quatinus *add HCMODEL* : etc. mandamus quatinus *add B* | convocatis] audias *add C*

[11] etc. *om VSADEL.*

K 93 *P 123 f. 19 (Üb. u. Note Index f. 4); V 83 f. 10'/11; H 121 f. 16'; S 93 f. 13; C 119 f. 409 (Üb. Index f. 442); A 110 f. 35; M 93 f. 12/12'; O 112 f. 15'; D 150 f. 55'; E 143 f. 33; L 121 f. 93b; B 40 n. 17 f. 84'.*

[1] *Üb. om D. – EL Üb.:* Tractatus super decimis.

[2-3] *Die Note folgt in E auf die Formel.* | Unde *om DB* | Unde – decimis] et *S* | quod *om MB* | conqueritur] conqueratur *P* : *om CE* | sequi] dici *B*

[3] assignatis] sibi assignatis *M* : asignatis *L* : assecutis, *dahinter v. and. Hd.* alias assignatis *B* | ut infra *om SDELB* | infra] supra *H*

---

[1] *Über Klagen wegen Zehnten vgl. oben Bd. 1 S. 211.*

| *Iud.* Conquestus est nobis Petrus Martini clericus Reatin.,[1] quod Franciscus | Angeli clericus Interampnen.[2] super quibusdam decimis in perpetuum beneficium sibi assignatis iniuriatur eidem. – partibus convocatis.

K 94   Super pecunia et rebus aliis.

Unde nota, quod, cum religiosi mendicantes conqueruntur super hiis, debent sequi illa | verba : in elemosinam sibi collatis *etc.*

E f. 33'

Iud. Conquesti sunt nobis fratres ordinis beate Marie de Monte Carmeli,[3] | quod .. de .. laicus super quadam pecunie summa et rebus aliis in elemosinam eis collatis iniuriatur eisdem. – partibus convocatis.[a]

D f. 56

[4] Iudex *L* | Petrus] P. *CAM* : .. *DEL* : om *B* | Martini] .. *M* : de .. *D* : om *ELB* | Reatin.] Gaietan. *CMO* : diocesis .. *D* : de .... diocesis *E* : diocesis *L* : Auinion. *B* | quod] ad *M* | quod – 5 Interampnen. om *B* | Franciscus F. *CAM* : Francischus *O* : .. *DEL*

[5] Angeli] .. *M* : de .. *DEL* | clericus om *D* | Interapn. *P* : Interanen. *VHSA* : Inuessan. *C* : Suessan. *MO* : Auinionen. *DE* : om *L* | decimis] sibi *add CAMDLB* | perpetuum om *DEL*

[6] sibi om *CAMDELB* | assignatis] assignari consuetis *H* | inuriatur *(!) V* | eidem] mandamus quatinus *add HCODEL* : etc. mandamus quatinus *add B* | partibus convocatis om *B* | convocatis] etc. *add HCO*.

K 94   *P 124 f. 19 (Üb. n. Note Index f. 4); V 84 f. 11; H 122 f. 16'; S –; C 120 f. 409 (Üb. Index f. 442); A 111 f. 35; M 94 f. 12'; O 113 f; 15'; D 151 f. 55'/56 (Üb. Index f. 5); E 144 f. 33/33'; L 122 f. 93b; R 48/49 f. 4'; B 40 n. 18 f. 84'.*

[1] *R Üb.*: Conqueruntur religiosi super rebus eisdem in elemosinam collatis. | aliis rebus *L*

[2] Unde – 3 etc. om *D (die Note hinter dem Text in anderer Fassung, vgl. Zusatz a) B : vor der Üb., davor Nota E : folgt am Schluß der Formel R* | Unde om *ELR* | mendicantes] manducantes *(korr.) L* | super hiis] semper *CO* : om *EL* : de aliquibus rebus *R* | debet *PC*

[3] sequi] addi *M* | verba] clausula *C* : sibi *add L* : eis *add R* | helemosinam *C* : elimosinam *O* | sibi] erogatis seu (vel *R) ELR* | etc. om *AMER*

[4] .. prior et fratres (domus *add R) HR* | beate Marie om *E* | beate] sancte *B* | Carmeli *(f. 56)* Neapolitan. *D* : Carmeli Neapolitan. .. *EL* : Montecarmeli Reatin. *R*

[5] .. 1° om *E* | .. de ..] I. de .. *COM* : L. de .. *R* : H. H. *B* | de ..] om *P* | laicus .. *(om D)* diocesis *MDEL* | quibusdam pecuniarum summis *E* | elimosinam *MO*

[6] iniuriantur *CMDEL* | eidem *VAO DEL* | mandamus quatinus parti-

---

[1] *Rieti.*   [2] *Terni.*
[3] *Karmeliter, benannt nach dem Berge Karmel bei Haifa.*

a) *In DB folgt die Notula: Nota, quod, quandocumque conqueruntur religiosi de ordine mendicantium, post verba illa* iniuriantur eisdem *debet sequi* : sibi in elemosinam erogatis, *ut in dicta forma, nec debet dici* super debitis *sed* super quadam pecunie summa *seu* quibusdam pecuniarum summis *etc. Et hoc idem dicendum est, videlicet* super quadam pecunie *seu* pecuniarum, summis *et non* debitis, *quando dicitur* : quos in pios usus erogari precepit, *ac etiam de hoc supra XV folio.*[1]

K 94a *Iud.* Conquestus est nobis B. de .. canonicus ecclesie de .... diocesis, quod, licet ipse canonicatum et prebendam, qui in eadem ecclesia vacaverant per privationem .. de .. ⟨a⟩ quondam A. de .., tunc ipsius ecclesie canonico, auctoritate ordinaria legitime factam, nulli alii de iure debitos fuerit canonice assecutus et eos aliquamdiu possedisset et etiam possideret, tamen I. presbiter .. diocesis ipsum, quominus dictos canonicatum et prebendam possidere valeat et fructus percipere ex eisdem, contra iustitiam impedire presumit. Ideoque discretioni tue *etc.*

---

bus convocatis *HCAMODELR* : mandamus quatinus etc. *B* | convocatis] etc. *add HCO*
[7] *Die Note in B 40 f. 84' als n. 19. – DE Üb.*: Nota *(in D doppelt).*
[8] ordinem *D* | post] ante *B* | illa verba *B* | iniuriatur *B* | sibi *om B*
[9] ut] nec *B* | nec *om B*
[10] quibusdam *om B* | etc. *om B* | Et – 11 summis *marg. v. and. Hd. einkorr. B*

[12] quando dicitur *v. and. Hd. einkorr. B* | ac – *Schluß*] de quo supra dictum est *B.*
K 94a *L 122a f. 93b. (Ohne Absatz aber mit Paragraphenzeichen und ohne Üb. hinter L 122 = K 94 hinzugefügt).*
[1] ff. *alle Punkte om L*
[2] ecclesie vocaverant *L*
[3] a *om L*
[5] et etiam] etiam *(korr.)* ecclesia *L.*

---

[1] *In D findet sich f. 15 keine Entsprechung, ebensowenig an anderer Stelle. Der Verweis wurde vielmehr vom Abschreiber aus der (nicht erhaltenen) Vorlage sinnlos abgeschrieben; er bezieht sich auf das Kapitel „Super testamentis" (K 47 ff.).*

K 95–99 fa

Super spoliatione.

K 95 Super spoliatione.

Unde nota, quod, quociens impetratur super spiritualibus, ut super beneficio,
debet sequi clausula illa : Cum igitur spoliatis *etc., ut infra, et alia post*
partibus convocatis : et eodem . ., sicut iustum fuerit *etc.*[a]

Iud. Conquestus est nobis R. de . . rector hospitalis de . . . . diocesis, 5
quod, licet ipse rectoriam hospitalis eiusdem canonice fuerit assecutus et
aliquamdiu possederit pacifice et quiete, tamen B. abbas monasterii de . .
. . diocesis ipsum R. eadem rectoria contra iustitiam spoliavit. Cum igitur
spoliatis iniuste restitutionis sit beneficio succurrendum, discretioni vestre
de utriusque partis procuratorum assensu per apostolica scripta mandamus, 10

K 95 *P 125 f. 19 (Üb. u. Note Index*
  f. 4'); V 85 *f. 11; H 123 f. 16';*
  S 94 f. 13; C 121 f. 409 (Üb. u.
  Note Index f. 442); A 112 f. 35';
  M 95 f. 12'; O 114 f. 15'; D 152 f.
  56 (Üb. Index f. 5); E 145 f. 33';
  L 123 f. 93b; R 384 f. 37; B 47 n.
  1 f. 95.

[1] *D Üb.*: Tractatus de spoliationibus. – *E Üb.*: Tractatus de spo-
  liatione. Super spoliatione. | spo-
  liatione] beneficiorum et aliarum
  rerum *add R*

[2] Unde – 4 etc. *om R* | Unde *om*
  DB | quod *om M* | qutiens *(!) A* |
  spiritualibus] spoliationibus *DB* |
  ut] et *PH*[2] *AM*

[3] debet] decet *H*[2] | sequi] poni *S* |
  illa *om D* | spoliatis *om C* | etc.]
  om M : iniuste sit restitutionis
  beneficio succurrendum *B* | etc. –
  4 etc. *om S* | infra] nota *H*[2] :
  proxime *add D* | et *om B* | post]
  potest *E* : ponit *L*

[4] partibus convocatis] partem *(!)*
  H[2] | convocatis] etc. *add B* | eo-
  dem . .] eidem *P* : eodem *H*[2]*CMO* |

sicut] sub *H*[2] : sicud *L* | etc. *om*
  AM

[5] *Iud. – Schluß om B* | R.] B. *PAR* :
  R. . . *E* | de . . *om H* | . . diocesis]
  diocesis *VM* : diocesis . . *HOR* :
  om CD

[6] rectoriam] rectorem *V* : rector *H* |
  eiusdem hospitalis *P* | eidem *VL* |
  canonice] *om H* : *hinter* fuerit
  M | fuerat *EL*

[7] possederat *M* : possiderit *DLR* |
  tamen] cu *(!) D* | B.] . . *P* : P.
  DEL | monasterii] . . *add E* :
  a͞xm *L* | de . .] ordinis *add M* :
  . . ordinis *add DEL* : ordinis . .
  add R

[8] . . diocesis] diocesis . . *H* : *om R* |
  R.] B. *P* | eadem rectoria] eius-
  dem rectorem *H* : eandem rec-
  toriam *LR* | Cum igitur *korr. D*[2]

[9] restitutionis] *hinter* sit *C* : refec-
  tionis *L* | beneficio sit *SM* | recur-
  rendum *L* | discretioni vestre *om*
  C | vestre] tue *DEL*

[10] de – assensu *om DEL* | procuratoris
  H | scripta *om C*

quatinus apud Caturcum[1] partibus convocatis et eodem rectore, sicut iustum fuerit, restituto audias causam *etc.*

a) *Zusatz in H von H²: ⟨quando⟩ scribitur contra laicos, non ponitur* : cum igitur spoliatis ⟨iniuste⟩, *sed concludendum* : partibus convocatis, *ut in fine. D²*
15 *fügt in D hinzu: Sed non contra episcopum* Cum igitur *propter dignitatem. Et nota, quod tota rubrica deficit* ad eum spectantibus *secundum stilum modernum.*

K 96 Contra episcopum clericum beneficio spoliantem auctoritate propria et illud alii clerico conferentem.

Iud. Conquestus est nobis I. canonicus Tiburtin.,[2] quod venerabilis frater noster .. episcopus Tiburtin. ipsum perpetuo beneficio, quod in maiori
R f. 37' ecclesia Tiburtin. canonice fuerat assecutus et | aliquamdiu possederat

[11] apud Caturcum *om C* | Caturcum] .. *A* : Caturcium *O* : locum .. *DL* : .. locum *E* | partibus] per *R* | partibus convocatis] vocatis etc. *(korr.) D²* | et eodem *korr. D²* | sicud *L* | iustum *v. and. Hd. ein-korr. M*

[12] restituendo *E* : restitutio *(? korr.) L* | audiatis *PA* : audians *(!) L* | audias – etc.] ac auditis hinc inde propositis etc. *korr. D²* | etc. *om M*

[13] quando *scr.*] quod non *H²*

[14] iniuste *scr.*] iustum *H²* | fine] Rubrica *add H²*

[16] totam rubricam *D²*.

K 96 *P 126 f. 19 (Üb. Index f. 4'); V 86 f. 11; H 124 f. 16'; S 95 f. 13; C 122 f. 409 (Üb. Index f. 442); A 113 f. 35'; M 96 f. 12'; O 115 f. 15'/16; D 153 f. 56 (Üb. Index f. 5); E 146 f. 33'; L 124 f. 93b/c; R 113 f. 11' (R) u. 385 f. 37'/37 (R'); B 47 n. 2 f. 95.*

[1-2] *D Üb.:* Super eisdem contra episcopum spoliantem auctoritate propria clericum beneficiatum et beneficium alteri conferentem. | Su-

per eisdem contra *DE* : Super eisdem contra super *(!) L* | spoliantem clericum beneficio *PRR'* | auctoritate] virtute *L* : propria auctoritate *RR'*

[2] illud] beneficium *D* | alii clerico] alio clerico *S* : alteri *D* | oferentem *L*

[3] I. – Tiburtin.] I .. clericus perpetuus beneficiatus in ecclesia .. *korr. D²* | I.] .. de .. *C* | Tiburtin. *H* : Gaietan. *CMO* : Capuan. *E* : om *L* : ecclesie .. *B* | quod – 5 ecclesia *korr. D²*

[4] .. *om PVHSME* | archiepiscopus *ELB* | Tyburtin. *H* : Tyburtinen. *S* : Gaietan. *CM* : .. *D* : Capuan. *E* : om *LB* | perpetuo *om DRR'* | beneficio] suo *add D* : officio *L* | quod] ipse *add M* | in – 5 Tiburtin. *om B* | maiori *om D*

[5] Tyburtin. *HS* : Gaietan. *CM* : sancti .. *(korr.) D²* : Capuan. *E* : om *L* : Tiburtina *R'* | canonice] om *HCA* : *hinter* fuerat *M* : canonico *R* | fuerit *B* | assecutus] canonice *add C* | aliquadiu *(!) D* | possiderat *SDLRR'*

---

[1] *Cahors.*   [2] *Tivoli ö. von Rom.*

sine lite, auctoritate propria spolians illud S. clerico contulit pro sue libito
voluntatis. – mandamus, quatinus vocatis, qui | fu|erint evocandi, et
auditis hinc inde propositis, quod canonicum fuerit, appellatione remota
decernas, faciens *etc.* Testes *etc.*

L f. 93c
O f. 16

K 97   Contra capitulum super eisdem.

| *Iud.* Conquestus est nobis .. canonicus ecclesie de .., quod, licet ipse
canonicatum | et prebendam ipsius ecclesie .. diocesis canonice fuerit
assecutus et | aliquamdiu possederit sine lite, tamen capitulum dicte ec-
clesie ipsum canonicatu et prebenda predictis motu proprio contra iustitiam spoliarunt. – partibus convocatis *etc.*

H f. 17
D f. 56'
A f. 36

5

---

⁶ sine lite] pacifice et quiete *HC* |
lite] *om V* | tamen auctoritate *H* |
spoliavit *C* : spoliat(is) *E* | S.]
.. *DE* : *om L* : B. de .. *RR'* : H.
B | clerico] *om E* : .. diocesis *add*
RR' | suo *CMDELRR'*

⁷ voluntatis] etc. *add B* | et *om DR'* |
et auditis – 9 etc. 1°] etc. observari *B*

⁸ canonicum] iustum *DEL*

⁹ decernens *D* | etc. 2° *om L*.

K 97   *P 127 f. 19 (Üb. Index f. 4');*
V 87 f. 11; H 125 f. 16'/17; S 96
f. 13 (springt auf K 99); C 123 f.
409 (Üb. Index f. 442); A 114 f.
35'/36; M 97 f. 12'; O 116 f. 16;
D 154 f. 56/56' (Üb. Index f. 5);
E 147 f. 33'; L 125 f. 93c; R vgl.
386 f. 37' (nicht erhalten); B 47
n. 3 f. 95.

¹ *Üb. in VH hier von K 98, Üb. von*
K 97 vor K 98. – A Üb.: Contra
capitulum, qui quendam canonicum canonicatu et prebenda di-
cuntur spoliasse. | *eodem H²*

² .. 1°] M. *B* | canonicus] *hier*

springt *S* auf K 99 *(fährt fort mit*
ecclesie de ..) | .. ecclesie de ..
diocesis .. *H* | .. de .. *E* | de *om B* |
licet] *om M* : quamvis *v. and. Hd.*
einkorr. O

³ .. diocesis] diocesis *H* : *om DELB* |
fuerat *DL*

⁴ aliquandi *(!) V* | possiderit *D* :
possideret *(korr.) L* : possederat *B* |
lite] ac etiam possidere *add D* :
et etiam possidet *(letzteres getilgt*
u. v. and. Hd. marg. possideret)
add B | tamen *om C* | capitulum]
.. *E* : *om L*

⁵ ipsum] *om PVCAMOEL* : ipsum
.. *D* : .. ipsum canonicum *B* |
canonicatum et prebendam *EL* |
vor prebenda *überstrichene Rasur*
D² | predictis] *einkorr. P* : predic-
tos *EL* | motu proprio *om DB* |
proprie *L*

⁶ spoliarunt] spoliavit *CDEL* : cum
igitur spoliatis etc. *add DEB* |
mandamus quatinus partibus con-
vocatis *HCMODELB* | etc. *om*
VAMEL.

K 98 Contra abbatem, qui quendam laicum animalibus et rebus aliis dicitur spoliasse.

Iud. Conquestus est nobis I. de . . laicus, quod . . abbas monasterii de . . et . . de . . laicus ipsum quibusdam animalibus, libris, pecunie et bladi
5   quantitatibus et rebus aliis contra iustitiam spoliarunt. – partibus convocatis *etc.*

V f. 11'   **K 99** | Super eisdem pro canonico.

B f. 95' | *Iud.* Conquestus est nobis P. canonicus ecclesie de . . . . diocesis, quod F. et R. de . . armigeri dicte diocesis ipsum quibusdam vaccis, ovibus et rebus aliis contra iustitiam spoliarunt. – partibus convocatis.

K 98   *P 128 f. 19 (Üb. Index f. 4');
V 88 f. 11; H 126 f. 17; S –; C 124
f. 409 (Üb. Index f. 442); A 115
f. 36; M 98 f. 12'; O 117 f. 16; D
155 f. 56' (Üb. Index f. 5); E 148
f. 33'; L 126 f. 93c; R 387 f. 37';
B 47 n. 4 f. 95.*

1-2 *Üb. in VH von K 97.* | laicum]
clericum *R* | super animalibus *E*

2 dicitur] dictis *H²*

3 I.] . . *H* | I. de . .] *P. B* | . . 1° *om
M* | laicus *om R* | . . quod . . *E* |
. . 2° *om CM* | monasterii . . *E* :
ax̄m moñ *(!) L* | de . . 2°] . . or-
dinis . . diocesis *add DEL* : . . . .
ordinis *R* : . . *B*

4 et . . de . . *om DB* | et 1° – laicus
om ELR | . . 1° *om H* | laicus]
diocesis *add M* | super quibusdam
C | libri *D* | peccuniis *B* | et bladi
om VH

5 et] ac *VHA* | spoliavit *CDLRB* :
spoliaverit *E* | mandamus quatinus
partibus convocatis *HCMODE
LRB*

6 etc. *om MDELRB.*

K 99   *P 129 f. 19 (Üb. Index f. 4');
V 89 f. 11'; H 127 f. 17; S 97 f. 13
(am Anfang mit K 97 zusammengeflossen); C 125 f. 409 (Üb. Index
f. 442); A 116 f. 36; M 99 f. 12';
O 118 f. 16; D 156 f. 56' (Üb. Index
f. 5); E 149 f. 33'; L 127 f. 93c;
R 286 f. 27'; B 47 n. 5 f. 95'.*

1 Super – 2 canonicus *om S (mit K
97 zusammengeflossen)* | canonico]
etc. *add A* : canonicatu *D* : ecclesie . . *add R*

2 P.] I. de *P* : P. de . . *CM* : P . .
korr. *D²* | . . ecclesie *H* | de . . . .
diocesis] de . . diocesis . . *H* : . . de
. . diocesis *E* : de . . diocesis *M* :
om B

3 F.] ff. *D* | R.] *B* . . *C* : *B. DE* : G.
B | dicte diocesis] *om R* : . . dio-
cesis *B* | ovibus] omnibus *D*

4 spoliavit *CD* : spoliaverit *L* :
spoliarunt etc. *B* | partibus] man-
damus quatinus partibus (per *R*)
HCMODELR : mandamus quati-
nus *B* | convocatis] etc. *add HCO* :
etc. *B.*

K 99a Quod locator observet locationem, quam fecit ad tempus.

Iud. Sua nobis .. clericus Asten.[1] diocesis petitione monstravit, quod, licet nobilis mulier .., relicta quondam .. de .. vidua, domina de .. et de Petromonte[2] Noviomen.[3] diocesis, quasdam terras et possessiones, quas in 5 Cameracen.[4] et Noviomen. diocesibus obtinet, sibi usque ad certum tempus locaverit ad firmam eique vendiderit omnes fructus, qui possent interim percipi ex eisdem, pro certa pecunie quantitate ac promisit locationem et venditionem huiusmodi nullatenus revocare se ad id sub certa pena effica- citer obligando, prout in instrumento publico inde confecto plenius dicitur 10 contineri, dicta tamen nobilis prefatum clericum, quominus possessiones et terras predictas usque ad dictum tempus, de quo adhuc non modicum superrestat, retinere ac fructus ex eis percipere valeat, contra iustitiam impedire presumit. Quocirca discretioni tue *etc.*, quatinus partibus convo- catis. Proviso *etc.*[5] 15

K 99a *M 99a f. 12'; O 119 f. 16; D 157 f. 56' (Üb. Index f. 5); E 150 f. 33'; L 128 f. 93c; B 47 n. 6 f. 95'.*

[1] Quid *D* | fecit] fert *L*
[3] Iudex *L* | Sua] Dilecto filio Sua *M* : Dil. fil. .. Sua *O* | .. clericus – diocesis *om B* | clericus] dictus .. clericus *O* | Asten.] .. *DEL* | dio- cesis *om M* | petitione] P. *L*
[4] .. 1° *om E* | condam *E* | .. de .. *om B* | domina .. *E* | domina de . . *om B* | et – 5 Noviomen.] .. *B* | et – 5 Petromonte] et .. *M* : *om DEL*
[5] Noviomen.] Novionen. *MO* : .. *hinter* diocesis *DL* : *om E* | quas] in .. diocesi et *add D*
[6] Noviomen.] Noviomen. *MO* : No-

mancen. *D* : Novaraten. *E* : Me- nansen. *L* : Nomansen. *B* | sibi – 7 possent *om E*
[7] fractus *(!) L* | possint *M*
[8] ex] et ex *D*
[9] se – 11 nobilis] sed .. et .. *B* | certa] dicta *EL* | certa – 10 obli- gando *korr. D²* | certis penis *MO* | pena *om EL* | efficaciter *om DEL*
[10] obligando *om EL* | prout – 11 dicta *om DEL*
[11] tamen] tam *L* | nobilis] ipsa *add D*
[12] quo] quibus *E*
[13] superstat *B*
[14] presumunt *B* | discretioni tue etc.] mandamus *DEL* : etc. mandamus *B* | convocatis] etc. *add M*
[15] Proviso *om B.*

---

[1] *Asti.*
[2] *Nicht zu identifizieren.*
[3] *Noyon nö. von Paris.*
[4] *Cambrai.*
[5] *Die Proviso-Klausel wird gemäß N 57 angewendet, da eine Adelige ange- klagt wird.*

K 99b Super eisdem pro preposito, qui spoliatus est prepositura sua.

Iud. Conquestus est nobis dilectus filius . . prepositus ecclesie Oradien.[1]
Cenadien.[2] diocesis, quod, licet quondam Stephanus . . clericus dictum . .

E f. 34 prepositura sua ipsius ecclesie, quam canonice | fuerat assecutus et ali-
quamdiu possederat pacifice et quiete, indebite spoliasset, tamen eodem
S. rebus humanis exempto Ni. Phy. archidiaconus . . spoliationis huiusmodi

D f. 57 | non ignarus, nichilominus prefatum . . prepositura ipsa temere spolians,
huiusmodi spoliationis pretextu eam occupavit et detinet contra iustitiam

10   occupatam in ipsius . . non modicum preiudicium et gravamen. Cum igitur
spoliatis iniuste sit restitutionis beneficio succurrendum, – mandamus,
quatinus partibus convocatis et eodem . ., sicut iustum fuerit, restituto
audias causam *etc.*

K 99c Contra abbatem, qui spoliavit laicum bonis suis.

Iud. Conquestus est nobis . . laicus . . diocesis, quod . . monachus, olim
abbas monasterii . . . . ordinis . . diocesis, dum regimen dicti monasterii,
quo suis culpis et demeritis exigentibus canonice ac rite privatus extitit,

5   possidebat, associatis sibi quibusdam aliis ipsius monasterii monachis et
nonnullis laicis dicte diocesis eius in hac parte complicibus ipsum laicum

---

K 99b   *D 158 f. 56'/57 (Üb. Index*
  f. 5); E 151 f. 33'/34; L 129 f.
  93c; B 47 n. 7 f. 95'.

[1] est spoliatus *EL*
[2] sua] *om E* : etc. *L*
[3] dilectus filius *om B* | . .] G. *B* |
  Oradien. Cenadien.] *om L* : . . *B*
[4] condam *E* | Stephanus . .] G. *B* |
  . . clericus] clericus . . *E* : . . dio-
  cesis *add B* | dictum . .] ipsum *B* |
  . . 2°] Ladislaum *E* : L. *L*
[5] aliquamdiu] aliquid diu *D*
[6] possiderat *DL*
[7] S.] G. *B* | Ni.] N. *L* : *om B* | Phy.]
  Phi. *EL* : *om B* | archidiac; *L*
[8] ignor; *L* | prefata *im Text getilgt,*
  marg. v. and. Hd. prefatum G. *B*

[10] . .] *om E* : G. *B*
[11] succurrendum] etc. *add B*
[12] . .] *om E* : G. *B*.

K 99c   *D 159 f. 57 (Üb. Index f. 5);*
  E 153 f. 34; L 130 f. 93c/d; B 47
  n. 8 f. 95'.

[2] . . 1°] G. *B* | . . diocesis *om B* | . .
  3° *om D* | monachus *v. and. Hd.*
  einkorr. B
[3] abbas] ipsius *add E* | . . 2° *om D* |
  . . ordinis] ordinis . . *E* | . . dio-
  cesis . . *D*
[4] quo] pro *B* | de. merit(is) *L* | ac]
  et *EB* | existit *B*
[5] possidebat] presidebat *EB* | ipsi
  L | monasterii *om E*
[6] dicte] . . *B*

---

[1] *Arad (Ungarn).*   [2] *Csanád.*

quibusdam pecuniarum | summis, equis, olei et vini quantitatibus et aliis $L\ f.\ 93d$
rebus suis, quas secum habebat, per violentiam spoliavit. – mandamus,
quatinus partibus convocatis *etc.*

K 99d   Contra episcopum, qui spoliavit rectorem ecclesia sua.

Iud. Conquestus est nobis . . rector ecclesie de . ., quod venerabilis frater
noster . . episcopus Gaietan.[1] ipsum eadem ecclesia, quam canonice fuerat
assecutus et | aliquamdiu tenuerat et possederat et tunc etiam tenebat et $B\ f.\ 96$
possidebat pacifice et quiete, motu proprio et contra iustitiam spoliavit. –   5
mandamus, quatinus partibus convocatis.

K 99e   Super eodem contra spoliantem et occupantem.

Iud. . ., quod eundem . . dicta ecclesia sua de . ., quam canonice fuerat
assecutus et aliquamdiu possederat pacifice et quiete, contra iustitiam
spoliavit, cuius spoliationis pretextu ecclesiam ipsam occupavit et detinet
indebite occupatam. Cum igitur *etc.*   5

K 99f   Contra canonicum, qui spoliavit abbatem monasterio
suo.

Iud. Conquestus est nobis I. abbas monasterii Iarrosen. Premonstraten.

---

[8] spoliavit] etc. *add B*
[9] partibus convocatis] vocatis *E* : voca *L* | etc. *om B.*

K 99d   *D 160 f. 57 (Üb. Index f. 5); E 153 f. 34; L 131 f. 93d (mit K 99e = L 132 zusammengeflossen); B 47 n. 9 f. 95'/96.*
[1] ecclesie sue *L*
[2] . . 1°] H. *B* | de . .] . . de . *E* : . . *B*
[3] Gaietan.] Garetan. *D* : om *L* : . . *B* | canonice] *L springt hier auf K 99e über und fährt fort* fuerat assecutus *(vgl. dort)* | fuerit *D*
[4] assecutus] executus *B* | tenuerat et om *EB* | possiderat *D* | et tunc – 5 possidebat om *EB*
[5] spoliavit] etc. *add B*
[6] convocatis] etc. *add B.*

K 99e   *D 161 f. 57 (Üb. Index f. 5); E 154 f. 34; L 132 f. 93d (mit K 99d = L 131 zusammengeflossen); B 47 n. 9 f. 96.*
[1] Super – 2 canonice om *L* | contra – occupantem om *DE*
[2] Iud. . .] Vel sic *B* | . . quod] quod . . *(Punkte einkorr.) E* | eundem . .] . . eundem *D* | de . . om *B*
[3] possiderat *DL*
[4] occupavit et om *B*
[5] occupatum *L.*

K 99f   *D 162 f. 57/57' (Üb. Index f. 5); E 155 f. 34; L 133 f. 93d; B 47 n. 10 f. 96.*
[1] Contra canonicum] *nur marg. D²* : De monacho *D (Index) EL*
[3] I.] Ia. *B* | Iarrosen. *scr.*] Ierocen. *DE* : om *L* : . . *B* | Premonstra-

---

[1] *Gaeta. Vgl. S. 568 Anm. 1.*

ordinis[1] Patavien.[2] diocesis, quod, licet ad regimen dicti monasterii canonice
5 assumptus fuerit et administrationem bonorum dicti monasterii aliquamdiu
gesserit et tunc etiam gereret laudabiliter et solerter, tamen . . de . ., dicti
D f. 57' monasterii canonicus, nullum in eo electionis, postulationis vel alterius |
iuris pretendens titulum in eodem monasterio temeritate propria se intrusit,
ipsum monasterium detinet indebite occupatum in ipsius I. abbatis non
10 modicum preiudicium et gravamen. – mandamus, quatinus partibus convocatis.

K 99fa *Iud.* Conquestus est nobis B. canonicus ecclesie de . . . . diocesis,
quod, licet ipse canonicatum et prebendam, qui in eadem ecclesia va-
caverint per privationem . . de . . ⟨a⟩ quondam Andrea de . ., tunc ipsius
ecclesie canonico, auctoritate ordinaria legitime factam, nulli de iure debitos
5 fuerit canonice assecutus et eos aliquamdiu possedisset et etiam possideret
pacifice et quiete, tamen P. de . ., qui pro clerico se gerit, ipsum B. dictis
canonicatu et prebenda contra iustitiam spoliavit. Cum igitur spoliatis iniuste sit restitutionis beneficio succurrendum, discretioni tue *etc.*

---

ten. ordinis] ordinis *L* : ordinis
sancti Benedicti *B*

[4] Patavien.] *om L* : . . *B* | licet] ipse
add ELB | dicte *L*

[5] fueris *L* : fuerat *B* | et *om L* | dicti
monasterii bonorum *L*

[6] geret *(!) L* : regeret *B* | sollerter
E : solenniter *L* | . . de . .] P. *B* |
dicti – 7 canonicus] monacus dicti
monasterii *B*

[7] electionis] elc̄e *L*

[8] iuris *v. and. Hd. über gestr.* inter
B

[9] ipsumque *ELB* | occupatam *L* |
Ia. *B*

[10] gravamen] etc. *add B* | convocatis]
etc. *add B.*

K 99fa *L 134 f. 93d (unmittelbar an
K 99f* = *L 133 nur durch Striche
getrennt und ohne Absatz und Üb.
angeschlossen). Vgl. K 94a.*

[1] ff. *alle Punkte om L*

[2] vacaverit *L*

[3] a *scr.] om L* | quendam *L* | An-
dream *L*

[4] legitime] licite *L*

[5] possidisset *L*

[7] spolias *L.*

---

[1] *Prämonstratenserabtei Geras in Niederösterreich. In der in Frage kommenden Zeit finden sich die Äbte Johann III. (1335–42) und Johann IV. (1389–
1414), vgl. P. Lindner, Monasticon metropolis Salzburgensis (Kempten u.
München 1907), 364. Da E c a. 1370–78 (oben Bd. 1 S. 131) und L 1381 (ebd.
S. 132) entstanden ist, kommt nur der erste Abt, Johann III., in Frage. Der
Brief ist damit (1335–42) zu datieren und ein gemeinsamer Zusatz zu (ε), vgl.
oben Bd. 1 S. 163f.*
    [2] *Passau.*

K 99g–106

Super censibus et pensionibus.

K 99g Pro abbate et conventu.

Iud. Ex parte dilectorum filiorum .. abbatis et conventus monasterii
sancti Remigii Remen.[1] ordinis .. | nobis est oblata querela, quod nonnulli   *D' f. 99*
clerici et ecclesiastice persone tam religiose quam seculares etiam in dignitatibus et personatibus constitute nec non comites, barones, nobiles, milites   5
et alii laici Lingonen.,[2] Remen. et Eduen.[3] civitatum et diocesium, qui terras,
domos, possessiones, vineas, grangias, prata, nemora *etc.* et alia | bona   *E f. 34'*
immobilia sub annuo censu seu redditu a monasterio ipso tenent, censum
seu redditum huiusmodi dictis abbati et conventui, ut tenentur, exhibere
non curant, quamquam clerici, persone, comites, barones, nobiles, milites et   10
alii laici predicti terras, domos, vineas, possessiones, grangias *etc.* et alia bona

---

K 99g   *D 163 f. 57' (Üb. Index f. 5)*
(= D) u. 448 f. 98'/99 (Üb. Index
f. 10) (= D'); E 156 f. 34/34' (=
E) u. 435 f. 58' (= E'); L 135 f.
93d/94a (= L) u. 346 f. 103c
(= L').
[1] *DE Üb.: zuerst Kapitelüb.* : Tractatus super censibus et pensionibus, *dann*: Nota (Unde nota *E*)
(bezieht sich auf die Note zu K 100,
s. dort, die im Text hier folgt, aber
auch nach K 99h wiederholt wird),
darauf wie oben: Pro abbate et
conventu; *ebenso L, jedoch ohne*
die Kapitelüb. – D' Üb.: Contra
nolentes solvere census monasterii. – *E' Üb.*: Super censibus. –
Üb. om L'.
[2] Iud. *einkorr. D²*
[3] sancti Remigii Remen.] .. *D'* :
diocesis *add E* : de .. *E' L'* | Re-
migii Remen. *om L* | pre .. ordinis

.. diocesis *D'* : pre .. ordinis ....
diocesis *E'* | ordinis ..] .. ordinis
E : diocesis *add L'* | querula *L* |
nonnulli clericali et ecclesie *(!) L*
[4] etiam] esse *D'* | personatibus et
dignitatibus *D'E'L'*
[5] constituti *D'*
[6] Lingonen. – Eduen.] *om D'E'L'* :
et etiam *L* | civitatis et diocesis
D'E'L' | qui] que *L'*
[7] gragias *D* | prata] pascua *add*
D'E'L' | etc.] molendina *D'E'L'*
[8] immobilia *aus* mobilia *korr. ELL'* |
annuo *auf Rasur D²* | a monas-
terio – 9 redditum *om E'* | tenet
E
[9] redditum *korr. D²*
[10] persone] ecclesie *add L* | nobiles
om E'
[11] possessiones vineas *E'* | etc.] prata
pascua nemora molendina *D'E'L'*

---

[1] *Benediktinerkloster Saint-Remy in Reims. Entsprechend ist zu ergänzen:*
ordinis sancti Benedicti.
[2] *Langres.*   [3] *Autun.*

huiusmodi pacifice possideant et quiete ac fructus cum integritate percipiant eorundem, propter quod dictis abbati et conventui dictoque monasterio non modicum imminet detrimentum. Quare iidem abbas et conventus
15 nobis humiliter supplicarunt, ut super hoc eis de oportuno subvenire remedio paterna sollicitudine curaremus. – mandamus, quatinus, si est ita, clericos, personas, comites, barones, nobiles, milites ac laicos predictos, quod cen

L f. 94a sum seu redditum memoratum prefatis abbati et conventui | exhibeant integre, ut tenentur, monitione premissa per censuram ecclesiasticam appel
20 latione remota iustitia mediante compellas; proviso *etc.*[1] Testes *etc.*

D f. 58 ### K 99h | Super eisdem pro episcopo.

Iud. Significavit nobis venerabilis frater noster .. episcopus Constantien.,[2] quod nonnulli clerici et ecclesiastice persone tam religiose quam seculares etiam in dignitatibus et personatibus constitute nec non comites,
5 barones, nobiles, milites et alii laici civitatis et diocesis Constantien., qui castra, villas, domos, grangias, prata, nemora, molendina, pascua, terras, possessiones, iura, iurisdictiones et nonnulla alia bona immobilia sub annuo censu seu redditu ab ipso episcopo tenent, censum seu redditum, ut tenentur, dicto episcopo exhibere non curant, quamquam iidem clerici, persone,
10 comites, barones, nobiles, milites et laici castra, villas, domos, grangias, prata, nemora, molendina, pascua, terras, possessiones, iura, iurisdictiones et alia predicta pacifice possideant et quiete ac fructus cum integritate percipiant eorundem, propter quod dicto episcopo non modicum imminet

---

[13] dictoque] dicto *L*

[14] inminet *DL'* : iminet *D'* | eidem *L'*

[15] subveneri *(!) D*

[16] curaremus etc. *D*

[17] comites *auf Rasur D²* | ac] et *D'EE'LL'*

[18] prefatis *korr. D²*

[19] ut *einkorr. D²* | appellatione remota *om D'*

[20] mediante] suadente *D'E'L'* | Testes etc.] Dat. etc. *add D'E'L'.*

K 99h *D 164 f. 58 (Üb. Index f. 5);*

E 157 f. 34'; L 136 f. 94a; B 4 n. 3 f. 28.

[2] .. *om E* | Constantin. *E : om L*

[3] tam – 5 Constantien.] ut supra *B*

[4] etiam] et *DEL* | et *om L*

[5] milites *om DB* | Const. *E : om L*

[6] molendina *om B*

[7] anno *L*

[8] ab ipso – redditum *om L* | episcopo] *vor* ipso *E : om B* | tenet *E*

[9] quamquam] quidquam *D* | idem *D* | persone – 12 alia] etc. bona *B*

[10] et domos *L* | et grangias *DE*

[11] prata – possessiones] etc. *L*

---

[1] *Vgl. K 100.*   [2] *Konstanz oder Coutances.*

detrimentum. Cum autem ex parte dicti episcopi super hiis ad nos habitus sit recursus, discretioni tue per apostolica scripta mandamus, quatinus, si est ita, clericos, personas, comites, barones, nobiles, milites et laicos predictos, quod censum seu redditum memoratos prelibato episcopo exhibeant, ut tenentur, monitione premissa per censuram ecclesiasticam appellatione remota previa ratione compellas; proviso *etc.*[1] Testes *etc.*

K 100 Super censibus et pensionibus.

Unde nota, quod, quocienscunque maior impetrat contra minorem, est necessaria clausula illa Proviso; *si vero minor impetrat contra maiorem, non est necessaria.*[a]

Iud. Conquesti sunt nobis venerabilis frater noster .. episcopus et dilecti filii capitulum Egitanien.,[2] quod .. prior hospitalis sancti Iohannis et ..

---

[14] autem] itaque *B*

[15] discretioni – scripta] etc. *B*

[16] comites – laicos] etc. *B*

[17] memoratus *L* : memoratum *B* | exhibeat *B*

[19] compellas etc. *B* | Proviso etc. *Randnachtrag v. and. Hd. B.*

K 100 *P 130 f. 19 (Üb. u. Note Index f. 4'); V 90 f. 11'; H 128 f. 17; S 98 f. 13; C 126 f. 409 (Üb. u. Note Index f. 442); A 117 f. 36; M 100 f. 12'; O 120 f. 16; D 165 f. 58 (Üb. Index f. 5); E 158 f. 34'; L 137 f. 94a; R 65/66 f. 6; B 4 n. 1 u. 4 f. 27' u. 28.*

[1] *D Üb.:* Forma super regulam precedentis voce *(!, lies:* note*). – Üb. om L.*

[2-4] *Die Notula in D doppelt: vor K 99g (= D') und hier (= D); ebenso in E (= E'E) mit dem Rubrum* Nota; *ebenso in L (= L'L). – R Üb. zur Note:* Nota super censibus. | Unde *om DD'R* | nota] notandum est *R* | quociescunque *V* : quociens *SD'* | impetrat] impetratur *V* : *vor* maior *C* :

inpetratur *L* : impetret *B* | minorem] super censibus est *add R* | non est *CE'L*

[3] illa clausula *ER* | Proviso] ut infra habetur *R* : ne census ipsi contra Lateranensis statuta concilii sint impositi vel adaucti. Testes etc. datur *add B* | minor] *om S* : *hinter* impetrat *D'* | impetrat] *om VD* : impetretur *S* : impetret *MOE'B* | maiorem] minorem *D'* | non] *einkorr. V* : *om CL'* : tunc *add B* | non est] et *E'*

[4] necessaria] illa clausula *add S* : ut hic *add DEL*

[5] *Die Formel als n. 4 f. 28 B* | *Rubrum zum Text in EL* : Super eisdem pro episcopo et capitulo contra (cum *L*) priores et fratres; *in R* : Conventus episcopus et capitulum super censibus et rebus aliis | Conquestus est *HE* | noster *om S* | .. *om SM* | dilecti filii *einkorr. M*

[6] filii] filii .. *C* : p(er) *mit us-Kürzung L* | Egitanen. *P* : Egitamen. *VAMD* : Agitamen. *H* : Ege-

---

[1] *Vgl. K 100.*   [2] *Idanna (Portugal).*

preceptor militie Templi Ierosolimitan. ac .. magister et fratres de Alcantara[1] ordinis de Calatrava[2] domorum Egitanien. diocesis super quibusdam
annuis censibus et rebus aliis ad eos communiter pertinentibus iniuriantur
10 eisdem. – mandamus, quatinus partibus convocatis *etc. usque* observari;
proviso, ne census ipsi contra Lateranensis statuta concilii sint impositi vel
adaucti.[3] Testes *etc.*[b]

a) *Zusatz in H von H²: Hodie in utriusque ponitur super censibus.*

b) *Randnachträge in A von späterer Hand: Nota, quod, quando agitur super*
15 *censibus vel pensione contra clericos, datur ista clausula* Proviso. *Nota, quod*
contra clericos et laicos simul non possunt habere litteras super censibus vel pen-
sionibus, quia, si agitur contra laicos, non datur clausula Proviso.

K 101   Super eisdem contra minorem.

D f. 58' | *Iud. Pro eisdem,* quod *iidem* super quibusdam annuis pensionibus, censi-
A f. 36'   bus et rebus aliis | ad eos communiter pertinentibus iniuriantur eisdem.

---

tamen. *S* : Pictaven. *C* : *om L* :
Reatin. *R* : ecclesie .. *B* | .. 1° *om*
VHSM | Io. *SCL* | .. 2° *om HSE*
7 milici *L* | Templi *marg. einkorr. für*
getilgtes sancti Iohannis Ierosoli-
mitan. *E* | ac] et *MO* | .. *om*
HCMOE | fratres] fr̄ *L* | de Al-
cantara *om B* | Alcantara] ..
VHSCDER : *om L*
8 ordinis de Calatrava] ordinis *DL* :
.. ordinis *E* : ordinis .. *B* | Cala-
trava] Calatrana *POR* : Cala-
crava *V* : Calatravia *H* : Cala-
trana ordinis *S* : Calatrama *C* |
Egitanen. *P* : Egitamen. *VAD* :
Agitamen. *H* : Egetan. *S* : Pic-
taven. *C* : Egitan. *E* : *om L* |
Egitanien. diocesis *om B*
9 annuis] *doppelt H* : *om B*
10 eidem *L* : eisdem etc. *B* | partibus]
per *R* | etc. *om PSMDELR* |
usque – *Schluß om C* | usque *om B* |
observandi *korr. E* : observare *B*

11 ipsius *S* | ipsi – vel] etc. *B* | La-
tranen. *R* | sint] sicut *S*
12 adaucti] admicti *V* : ad aducti *A* :
adiunti *korr. v. späterer Hd. O* :
adauci *E*.

K 101   *P 131 f. 19 (Üb. Index f. 4');*
V 91 f. 11'; H 129 f. 17; S 99 f. 13
(fließt am Ende mit K 102 zu-
sammen); C 127 f. 409 (Üb. Index
f. 442); A 118 f. 36/36'; M 101 f.
12'/13; O 121 f. 16; D 166 f. 58'
(Üb. Index f. 5); E 159 f. 34'; L
138 f. 94a; R –; B 4 n. 5 f. 28.

1 *D Üb.*: Quando maior contra
minorem. | minorem *zu* maiorem
korr. PM

2 Iud.] In eodem modo *C* | eisdem]
eis *L* | iidem] idem *D* | pensionibus
om B | censibus pensionibus *C* :
pensionibus et censibus *A*

3 pertinentibus] partibus *V* | eisdem]
etc. *add B*

---

1 *Alcántara (Spanien).*   2 *Ritterorden von Calatrava.*
3 *c. 7 Conc. Lat. III = X 3, 39, 7. Dazu oben Bd. 1 S. 327.*

– mandamus, quatinus partibus convocatis *usque* observari; proviso, ne pen-
sio|nes vel census ipsi contra Lateranensis *etc. usque* adaucti.[1] Testes *etc.*   *M f. 13*

K 102 Super eisdem contra minorem.

C f. 409'
E f. 35
| *Iud.* Conquestus est nobis venerabilis frater noster . . episcopus Reatin.[2],   *B f. 28'*
quod . . rector ecclesie de . . super quodam annuo censu et rebus aliis iniuria-   *R f. 6'*
tur eidem. – partibus convocatis *usque* observari; | proviso, ne census ipse
contra Lateranensis statuta concilii sit impositus vel adauctus.[1] Testes *etc.*   5

K 103 Super eisdem contra minorem.

Iud. Pro eodem, quod *idem* super quadam annua pensione et rebus aliis

---

[4] mandamus quatinus *om VSA* | con-
vocatis] etc. *add HCB* | usque *om
B* | observare *B* | proviso] *hier
springt S auf K 102* 4 ne census
| proviso – *Schluß om C* | ne – 5
adaucti] etc. *DEL* | pensiones vel
om B

[5] ipsi – usque] etc. *B* | usque adaucti
om M | adaucti] admicti *V* :
adiuncti *A* : adiunti *v. späterer Hd.
aus* admitti *korr. O.*

K 102 *P 132 f. 19 (Üb. Index f. 4');
V 92 f. 11'; H 130 f. 17; S 99a f.
13 (nur der Schluß; mit K 101 =
S 99 zusammengeflossen); C 128
f. 409' (Üb. Index f. 442); A 119
f. 36'; M 102 f. 13; O 122 f. 16;
D 167 f. 58' (Üb. Index f. 5); E
160 f. 34'/35; L 139 f. 94a; R 67
f. 6/6'; B 4 n. 6 f. 28'.*
[1] *Üb. om L.* | Supra *R* | minorem]
rectorem *add C* : maiorem *R*
[2] . . *om M* | Reatin.] Gaietan. *CMO* :
om DELB
[3] . . 1° *om VC* | . . ecclesie *C* | de
om VCAMO | de . .] diocesis . .
add R | quibusdam *MB* | annuo
censu] censibus *B* | iniuriantur *DR*

[4] eidem] eisdem *VA* : mandamus
quatinus *add HCMODELR* : etc.
mandamus quatinus *add B* | par-
tibus] per *R* | convocatis] etc. *add
HCOB* | usque observari *om RB* |
proviso] *hier beginnt S als Schluß
von K 101* | ne – adauctus] etc.
DEL : non datur *R* : *om B* | ipse]
ipsi *VSAO* : huiusmodi *H*
[5] adauteus *(!) korr. V* : aductus *C* :
adiunctus *A* | Testes etc. *om B,
hier schließt sich sofort K 103 an* |
etc.] autem sic. *add R.*

K 103 *P 133 f. 19 (Üb. Index f. 4');
V 93 f. 11'; H 131 f. 17; S 100 f.
13/13'; C 129 f. 409' (Üb. Index
f. 442); A 120 f. 36'; M 103 f. 13;
O 123 f. 16; D 168 f. 58' (Üb. Index
f. 5); E 161 f. 35; L 140 f. 94a;
R –; B 4 n. 6 f. 28'.*

[1] *D Üb.:* Item contra minorem. |
contra minorem *om S*
[2] *Iud.*] In eodem modo *CA* | Iud. –
quod *om B* | pro eodem] contra
eundem *A* | idem] idem . . *H* :
iidem . . et . . *E* : eidem et *L* | et
super *D* | quadam *om DELB*

---

[1] *Vgl. K 100.*   [2] *Rieti. Vgl. S. 82 Anm. 3.*

S f. 13' iniuriatur | eidem. – partibus convocatis *usque* observari; proviso, ne pensio
ipsa contra Lateranensis statuta concilii sit imposita vel adaucta.[1] Testes *etc.*

K 104　Super eisdem contra maiorem.

Iud. Conquestus est nobis . . canonicus Reatin., quod venerabilis frater
noster . . episcopus Reatin.[2] super quodam annuo censu (*vel* super quadam
annua pensione) et rebus aliis iniuriatur eidem. – partibus convocatis. Provi-
5　so *non.*[3] Testes *sic.*

[3] iniuriantur *D* | iniuriatur eidem
om A | eidem] mandamus quatinus
add HCAMODEL : etc. manda-
mus quatinus *add B* | partibus *om*
C | convocatis] etc. *add H* | usque]
etc. *B* | usque observari *om M* |
obser observari *(!) V* : observare
B | ne] ut *V* | ne – 4 adaucta] etc.
usque *A*

[4] statuta] stuta *(!) S* | concilii sta-
tuta *H* | imposita] sit *add H* | im-
posita vel *om V* | adaucta] adincta
(?) V : aducta *C* : adauca *(!) E* :
adunata *(! korr.) L* | Testes etc.
om DEL.

K 104　*P 134 f. 19 (Üb. Index f. 4');*
V 94 f. 11'; H 132 f. 17; S 101 f.
13'; C 130 f. 409 (Üb. Index f.
442); A 121 f. 36'; M 104 f. 13;

O 124 f. 16; D 169 f. 58' (Üb.
Index f. 5); E 162 f. 35; L 141 f.
94a; R –; B 4 n. 7 f. 28'.

[1] Super eisdem *om C* | eisdem] eodem
D | maiorem] minorem *O*

[2] . .] *om HSD* : P. *B* | Reatin.]
Gaietan. *CMO* : . . *A* : Aquen.
DELB

[3] . . *om SM* | Reatin.] Gaietan.
CMO : . . *A* : Aquen. *DELB* | vel
super] et *M* | quadam *om B*

[4] et rebus aliis *om B* | iniuriantur *D* |
iniuriatur eidem] etc. *A* | eidem]
mandamus quatinus *add HCMO*
DEL : etc. mandamus quatinus
add B | convocatis] etc. *add HCA* :
etc. et *add B (einkorr. v. and. Hd.)* |
Proviso etc. Testes etc. *M* | Proviso
non. Testes etc. sic *v. and Hd.*
einkorr. B.

[1] *Vgl. S. 254 Anm. 3.*
[2] *Rieti. Über die in Frage kommenden Bischöfe vgl. S. 82 Anm. 3.*
[3] *Der Grund dafür, daß hier und in den folgenden Formeln die Proviso-*
Klausel entfällt, dürfte darin zu suchen sein, daß der zitierte Kanon die Neuauf-
lage und Erhöhung des Zinses durch Prälaten, nicht aber durch niedere geistliche
Personen verbietet; hier und in den folgenden beiden Formeln ist jedoch ein Ka-
noniker der Kläger. Vgl. Bd. 1 S. 329.

K 105 | Super eisdem contra maiorem.

Iud. Pro eodem, quod . . abbas sancti . . (*vel* monasterii de . .) *super eisdem.* – partibus convocatis. Proviso *non.* Testes *sic.*

K 106 | Super eisdem contra maiorem.

Iud. Conquestus est nobis I. canonicus ecclesie de . ., quod . . prepositus et conventus monasterii de . . per prepositum soliti gubernari . . diocesis super quibusdam | annuis pensionibus et rebus aliis | iniuriantur eidem. – partibus convocatis. Proviso *non.* Testes *etc.*

K 105   *P 135 f. 19' (Üb. Index f. 4');*
  V 95 f. 11'; H 133 f. 17; S –; C
  131 f. 409' (Üb. Index f. 442);
  A 122 f. 36'; M 105 f. 13; O 125
  f. 16; D 171 f. 58'; E 163 f. 35;
  L 142 f. 94a; R –; B –.
 ¹ *Üb. om D*
 ² Iud.] In eodem modo *CA* : Con-
  questus est nobis *add D* | . . 1°]
  vor quod *H* : *om AME* | sancti . .
  vel] . . *CA* | sancti – monasterii]
  monasterii sancti . . *M* : sancti . .
  vel . . monasterii *D* | vel *om HO* |
  monasterii] . . *add P* : *om H* :
  . . monasterii *E* | de . . *om CADEL* |
  eisdem] mandamus quatinus *add*
  H
 ³ partibus] per *A* | sic] non *(getilgt)*,
  daneben etc. M.

K 106   *P 136 f. 19' (Üb. Index f. 4');*
  V 96 f. 12; H 134 f. 17/17'; S 102
  f. 13'; C 132 f. 409' (Üb. Index f.
  442); A 123 f. 36'; M 106 f. 13;

  O 126 f. 16/16'; D 170 f. 58' (Üb.
  Index f. 5); E 164 f. 35; L 143
  f. 94b; R –; B 4 n. 8 f. 28'.
 ¹ *D Üb.*: Item super eodem contra
  minorem. – *Üb. om L.* | Super
  eisdem] Similiter *C* | eisdem] eodem
  E | maiorem *aus* minorem *korr.*
  (oder umgekehrt ?) E
 ² I.] . . *C* : G. *B* | canonicus . . . .
  ecclesie *E* | de *om DL* | de . . *om E* |
  quod – 3 de . . *om C* | . . 2° *om*
  PSAM
 ³ monasterii de . . *om B* | de *om L* |
  solitum *HA* : solite *C* | . . ordinis
  . . diocesis *CA* | . . diocesis] dio-
  cesis . . *H*
 ⁴ et rebus aliis *om A* | iniuriatur
  AL | eidem] mandamus quatinus
  add HCODEL : quatinus *add M* :
  etc. mandamus quatinus *add B*
 ⁵ convocatis] etc. *add B* | Proviso
  etc. *getilgt B* | Testes] autem *add*
  PSODEL | etc.] sic *CA* : *om M.*

K 107–150b

Diverse forme.

K 107 Super eo, quod patronus tantum de fructibus ecclesie percipit annuatim, quod rector nequit de residuo vivere.

Iud. Conquestus est nobis . . rector ecclesie de . ., quod . . abbas et conventus monasterii de . ., patroni prefate ecclesie, tantum de ipsius ecclesie
5 fructibus percipiunt annuatim, quod idem rector non potest de residuo
D f. 59 commode sustentari. – | partibus convocatis.

K 107a Super eisdem in alia forma contra priorissam.

Iud. Conquestus est nobis I. de . . perpetuus vicarius de . . et de . . ecclesiarum canonice unitarum . . diocesis, quod . . priorissa et conventus prioratus de . . ordinis sancti Benedicti dicte diocesis, earum ecclesiarum
5 patrone, tantum de fructibus, redditibus et proventibus ad perpetuam vicariam suam ipsarum ecclesiarum, quas eedem priorissa et conventus in usus proprios canonice obtinent, spectantibus percipiunt annuatim, quod idem
B f. 74 I. non potest de residuo commode sustentari | et incumbentia sibi onera supportare. – mandamus, quatinus partibus convocatis.

K 107 *P 137 f. 19' (Üb. Index f. 4');
V 97 f. 12; H 135 f. 17'; S 103 f.
13'; C 133 f. 409' (Üb. Index f.
442); A 124 f. 36'; M 107 f. 13;
O 127 f. 16'; D 172 f. 58'/59 (Üb.
Index f. 5); E 165 f. 35; L 144 f.
94b; R 218 f. 21; B 35 n. 1 f. 73'.*

[1] quod *om H* | patronus] ecclesie
add L | ecclesie] ipsius *L* | percipit
de fructibus ecclesie *R*
[2] percepit *VCAOE* | annuatim] *vor*
percipit *M* : *om D* | rector] ecclesie
add D | nequid *VL* | vivere] sustentari *D*
[3] . . 1°] *om D* : P. *B* | de . .] diocesis
. . *add R* : . . *B* | . . 3° *om PSAMRB* |
abbas] prepositus *B*
[4] monasterii de . .] monasterii . .
per prepositum soliti gubernari *B* |
quod patroni *C* | tantum *om E* |
ipsi *L* | ecclesie 2° *om M*
[5] perceperut *(!) V* : perceperint *H* |

rector] R. *R* : P. rector *B* | non *om S*
[6] comode *PVAOD* | sustentari] nec
alia eiusdem ecclesie incumbentia
sibi onera supportare *add P* : substentari *VSR* : etc. *add B* | mandamus quatinus partibus *HCA
MODELR* (per) *B* | convocatis]
etc. *add HCAOEB.*

K 107a *D 173 f. 59 (Üb. Index f.
5); E 166 f. 35; L 145 f. 94b; B
35 n. 2 f. 73'/74.*

[2] de . . 1° *om B* | et] . . *add E* : *om B*
[3] . . 2° *om B*
[4] de *om B* | ordinis – dicte *om B* |
sancti Benedicti *om L* | earundem *B*
[5] tantum *om E*
[7] obtinet *D*
[8] I.] Io. *B* | commode de residuo *B* |
et] ac *B* | incumbeñ *D* : incumbentis *L*
[9] supportare] etc. *add B* | convocatis] etc. *add B.*

K 108 Contra eum, qui excommunicavit illum, in quem nullam habebat iurisdictionem ordinariam seu etiam delegatam.

Iud. Conquestus est nobis .. prepositus ecclesie .., quod .. decanus ipsius | ecclesie in eum, in quem nullam habebat iurisdictionem ordinariam seu etiam delegatam, temeritate propria excommunicationis sententiam promulgavit ipsumque mandavit excommunicatum publice nuntiari. – partibus convocatis.

B f. 46'

5

K 108a Super eisdem in alia forma.

Iud. Conquestus est nobis .. de .. laicus .. diocesis, quod, licet ipse nullius esset excommunicationis vinculo innodatus, tamen A. de .. rector ecclesie de .. et I. de .. presbiter .. diocesis ipsum temeritate propria excommunicatum publice nuntiarunt. – mandamus, quatinus partibus convocatis *etc.*

5

K 109 Contra episcopum super eo, quod mandavit excommunicatum nuntiari non excommunicatum.

Iud. Conquestus est nobis R. de .., prior prioratus de .. Uticen.[1] diocesis,

---

K 108   *P 138 f. 19' (Üb. Index f. 4');*
V 98 f. 12; H 136 f. 17'; S 104 f.
13'; C 134 f. 409' (Üb. Index f.
442); A 125 f. 36'; M 108 f. 13;
O 128 f. 16'; D 174 f. 59 (Üb. Index
f. 5); E 167 f. 35; L 146 f. 94b;
R –; B 18 n. 1 f. 46/46'.
[1] eum] illum *A* | excommunicaverat
S | illum] eum *M* | in] super *C* :
contra *M* | nulla *D* : nīlm *L*
[2] habeat *VS* : habet *C* : habebat
hinter iurisdictionem *A* : habuit
M | ordinariam *om L* | seu etiam]
vel *D* | etiam *om E*
[3] Iud. Conquestus *zerstört B* | .. 1°
om SMB | ecclesie ..] *om H* :
ecclesie de .. *C* : .. ecclesie .. *D* :
ecclesie *B* | .. 3° *om SAB*
[4] ordinaria *A*
[5] seu] vel *B*
[6] nuntiari publice *C* | nuntiari] nunc-
tiari *D* : etc. *add B* | mandamus
quatinus partibus *HCAMODELB*

---
[1] *Uzès.*

[7] convocatis] etc. *S* : etc. *add HCAO.*
K 108a   *D 175 f. 59 (Üb. Index f. 5);*
E 168 f. 35; L 147 f. 94b; B 18 n.
2 f. 46'.
[2] Iudex *B* | .. de ..] P. *B* | diocesis
om E
[3] vinculo excommunicationis *B* | de
.. *om B*
[4] de .. 1° *om LB* | I. de ..] R. *B* | ..
2° *om D* | excommunicatum *om EL*
[5] nuntiarunt] nuncciarunt *D* : etc.
add B
[6] etc. *om ELB.*
K 109   *P 139 f. 19' (Üb. Index f. 4');*
V 99 f. 12; H 137 f. 17'; S 105 f.
13'; C 135 f. 409' (Üb. Index f.
442); A 126 f. 36'; M 109 f. 13;
O 129 f. 16'; D 176 f. 59 (Üb.
Index f. 5'); E 169 f. 35; L 148
f. 94b; R –; B 18 n. 3 f. 46'.
[1] Contra] Super *C* | super eo *om M*
[2] nuncciari *D* | non] vel *D*
[3] Iudex *B* | R.] .. *C* : B. *EL* : P. *B* |

quod, licet ipse nulla esset excommunicatione ligatus, tamen venerabilis
5 frater noster G. Uticen. episcopus[1] ipsum denuntiavit et fecit motu proprio
excommunicatum publice nuntiari. – partibus convocatis.

K 110 Contra clericos uxoratos nolentes facere servitia domino temporali.

E f. 35'   *Iud.* Conquestus est nobis dilectus filius nobilis vir . . comes de . ., | quod
nonnulli clerici comitatus sui in minoribus ordinibus constituti, licet uxores
D f. 59'   habeant et negotia | passim exerceant laicalia, debita tamen et consueta
servitia pretextu tonsure, quam deferunt clericalem, contra iustitiam sibi
denegant exhibere. – partibus convocatis.

---

de . . 1°] *v. and. Hd. einkorr. C* :
om B | de 2° – diocesis] . . *B* |
Uticen. diocesis] diocesis Vticen.
PO : diocesis Utinen. *V* : . . diocesis *CA* : diocesis *ML* : . . diocesis . . *D* : diocesis . . *EL*
⁴ licet – nulla] ipsius nullus *B* | ipse
om A | nullius *DEL* | excommunicatione] excommunicationis sententia *DELB* | ligatus] innodatus
DEB : innodamus *(!) L*
⁵ noster *om D* | G. Uticen. episcopus]
. . episcopus Uticen. *C* : . . episcopus *A* : episcopus . . *M* : G. episcopus *L* : . . episcopus . . *B* | nuntiavit *H* | denuncciavit *D* | fecit]
defecit *S* | motu proprio *om S*
⁶ nuntiari] nuncciari *D* : etc. *add B* |
mandamus quatinus partibus
HCAMODELB | convocatis] Testes etc. *add S* : etc. *add CAO.*
K 110   *P 140 f. 19' (Üb. Index f. 4');
V 100 f. 12; H 138 f. 17'; S 106
f. 13'; C 136 f. 409' (Üb. Index f.
442); A 127 f. 36'; M 110 f. 13;
O 130 f. 16'; D 177 f. 59/59'; E
170 f. 35/35'; L 149 f. 94b; R 304
f. 29' (Nachtrag v. and. Hd.); B
10 n. 1 f. 33.*

¹⁻² *D Üb.* : Super eisdem contra tales
clericos. | Tractatus contra *D* |
volentes *DL* | nolentes facere] ut
faciant *R* | domino temporali]
temporali domino *M* : temporali
L : laycis consueta *R*
³ Iud.] *einkorr. D²* : *om R* | dilectus
filius] . . *add C* : *om M* | . . 1°]
einkorr. V : I. *CAMO* : G. *B* | de
. .] de . . . . diocesis *DE* : de diocesis *L* : . . diocesis *B*
⁴ comitatus] coniugat(is) *V* : coniugati *H* : conitatus *(!) A* | sui] sive *H*
⁵ et negotia] causas ac negotia *H* :
et negotiationes *(letzteres aus* negotia *korr.) R* | passim] pocius *C* :
om A | exercerent *E* | laicales
PVHS : laycales *ER* : laicalis *L* |
debita *om R* | tamen *om A* | et
2° *om R*
⁶ pretexta *L* : pretestu *(!) R* | defferunt *E* : differunt *L* | clericalis *B* |
sibi *om PR*
⁷ denegat *D* | exhibere] mandamus
quatinus *add HCMODELR* : mandamus quatinus etc. *add A* : etc.
mandamus quatinus *add B* | partibus convocatis *om A* | convocatis]
etc. *add CODR.*

---

¹ *Bischof Guilelmus von Uzès (1286 Januar 4–1308 Dezember 30), vgl.
Eubel 1, s. v.*

K 111 Contra clericum, pro quo quis in mutuo fideiussit et
quem indempnem servare promisit.

Iud. Conquestus est nobis .. de .. clericus, quod, cum G. de .. laicus
quandam a P. mutuo receperit pecunie quantitatem ac dicto .., quem idem
clericus super hoc promisit servare indempnem, decretales suas pro dicta   5
quantitate pecunie pignori obligasset, idem G. eundem clericum indempnem
servare recusat. – partibus convocatis.

K 112 Contra presbiterum revelantem peccata sibi confessa.

| *Iud.* Conquesta est nobis M. de .. mulier, quod .. de .... diocesis   *L f. 94c*
presbiter commissa, que penitentiali iudicio sibi detegit, non metuit aliis

---

K 111   *P 141 f. 19' (Üb. Index f. 4');
V 101 f. 12; H 139 f. 17'; S 106a
f. 13'; C 137 f. 409' (Üb. Index f.
442); A 128 f. 36'; M 111 f. 13;
O 131 f. 16'; D 79 f. 44' (Üb. Index
f. 3'); E 70 f. 26'; L –; R 128 f.
13'; B 33 n. 18 f. 71'.*

¹ clericum] clericos *H* : laicum *D* :
laycum *E* : illum *R* | pro quo quis]
quos *H* : quod quovis *E* | in] pro
R | fideiuxit *D*
² quem] quomodo *R* | indemnem
(p getilgt) M | promisit] recusat *DE*
³ .. de ..] de *D* : P. *B* | clericus] ..
diocesis *add H* : diocesis *add D* :
laicus *B* | G.] T .. *C* : T. *A* : .. *E* |
de 2° *om B* | laicus] diocesis ..
add H : dicte diocesis *add D*
⁴ quondam *ADB* | a P.] ab P. *C* :
A. P. de *D* : a. b. *B* | P.] eo *C* :
G. *A* : Petro de .. *R* | mutuo *om*
HE | receperit] *om S* : recepit
CAEB | ac dicto ..] P. dicto b. *B* |
.. *om E* | quam *C*
⁵ clericus] laicus *D* : G. laicus *B* |
super hoc *om M* | promiserat *(?)*
R | servare] secure *S* : einkorr. *v.*
and. Hd. O : *om E* | indemnem *B* |
sua *V* | pro] super *M*
⁶ pecunie quantitate *AM* | pignori

obligasset] pignorasset *B* | idem]
eidem *D* | G.] T. *CA* | clericum] P.
B | indemnem *B*
⁷ recusat] etc. *add B* | mandamus
quatinus partibus *HCAMODER*
(per) B | convocatis] etc. *add*
HCAOD.

K 112   *P 142 f. 19' (Üb. Index f. 4');
V 102 f. 12; H 140 f. 17'; S 107
f. 13'; C –; A 129 f. 36'; M 112
f. 13; O 132 f. 16'; D 178 f. 59' (Üb.
Index f. 5'); E 171 f. 35'; L 150
f. 94b/c; R 292 f. 28' (Nachtrag
v. and. Hd.); B 42 n. 1 f. 90.*

¹ sibi confessa *om R* | sibi *om H*
| confessa] in confessione revelata
S
² *In H andere Formeln, vgl. Zusatz*
a | Iud. *om R* | Conquestus *R* | M.
de .. mulier] de .. *add P* : M.
mulier de .. (.. *om D) VSA*
MODEL : I .. mulier diocesis *R* :
G. mulier diocesis *B* | .. de ..] A.
presbiter *R* : P. *B* | .. 4° *om MB*
³ presbiter *om PVSMODELRB* |
peccata commissa *DEL* | commissa
que] commissaque *S* | penitentiali]
pecuniali *VS* : v. späterer Hd. aus
pecuniali korr. *O* | detexit v. and.
Hd. aus detegit korr. *O* | alii *R*

revelare. – mandamus, quatinus inquisita super hoc diligentius veritate, si
5   tibi constiterit ita esse, contra dictum presbiterum procedas iuxta statuta
concilii generalis.[1] [a]

a) *H hat dafür folgende Formeln mit derselben Überschrift:*

Iud. Conquesta est nobis M. mulier, quod Iohannes rector ecclesie . . . . diocesis peccata confessa per ipsam eidem aliis detegi non metuit nec etiam reve-
10   lare. – mandamus, quatinus partibus convocatis procedas iuxta statuta concilii
generalis.[1]

Iud. de eodem, quod Iohannes rector ecclesie . . diocesis . . peccata confessa
per ipsam eidem in dicta ecclesia detegit nec etiam metuit illi et aliis revelare. –
mandamus, quatinus partibus convocatis procedas iuxta statuta concilii gene-
15   ralis.[1]

K 113 Contra construentem post denuntiationem novi operis.

Iud. Conquestus est nobis . . rector ecclesie de . ., quod . . presbiter
V f. 12'   . . diocesis quasdam | domos post denuntiationem novi operis temeritate
propria in cimiterio ipsius ecclesie construxit et adhuc construere non veretur
5   in suum et eiusdem ecclesie preiudicium et gravamen. – partibus convocatis.

---

[4] revelare] etc. *add B* | diligentius
super hoc *M* | si] sibi si *VO* : fili
si *(!) S*
[5] dicta *D*
[6] consilii *A.*

K 113   *P 143 f. 19' (Üb. Index f. 4');
V 103 f. 12/12'; H 141 f. 17'; S –;
C 138 f. 409' (Üb. Index f. 442);
A 130 f. 36'; M 113 f. 13; O 133
f. 16'; D 179 f. 59' (Üb. Index f.
5'); E 172 f. 35'; L 151 f. 94c;
R 251 f. 24; B 29 n. 1 f. 63.*

[1] post] preter *A* | operis] in cimi-
terio ecclesie *add DELR*
[2] R. rector *A* : H. rector *B* | ecclesie
de . .] . . ecclesie de . . *P* : parro-

chialis ecclesie . . *B* | . . presbiter]
. . de . . presbiter *DE* : B. de . .
presbiter *R* : P. presbiter *B*
[3] . . diocesis] diocesis . . *HR* : dio-
cesis *M* : *om B* | denuncciationem
D
[4] cimiterio] cymiterio *P* : limites
hinter ecclesie *B* | non *om A* | veri-
tur *(!) V*
[5] suum et *om C* | eiusdem] dicte
DELRB | ecclesie] non modicum
(nodicum *R*) *add DELR* : non pre
modicum *add B* | gravamen]
mandamus quatinus *add HCA
MODELR* : etc. mandamus qua-
tinus *add B* | partibus] per *R* |
convocatis] etc. *add PHCAO.*

---

[1] *c. 21 Conc. Lat. IV = X 5, 38, 12.*

K 113 a | *Iud.* Significarunt nobis . . et . . laici filii et A. uxor B. laici,   *A f. 37*
parrochiani ecclesie de . . . . diocesis, quod, licet dictus B. sit pro quodam
pecuniario debito dictos filios, uxorem et filias nullatenus contingenti
excommunicationis sententia innodatus et excommunicatus publice nun-
tiatus, tamen rector eiusdem ecclesie dictis filiis et uxori et filiabus, qui ad   5
ipsius B. laici familiare tenentur obsequium et per consequens ad communionem, sine qua illud nequeunt exhibere, pro eo, quod ipsi filii et uxor
et filie B. laico sic excommunicato communicant antedicto, sacramenta
ecclesiastica oportuno tempore humiliter requisitus contra iustitiam denegat
exhibere in ipsorum filiorum, uxoris et filiarum animarum periculum et   10
scandalum plurimorum, quamquam alia causa rationabilis non existat,
propter quam eis deberet sacramenta huiusmodi denegare. Quare dicti filii,
uxor et filie nobis humiliter supplicarunt, ut providere eis super hoc de
oportuno remedio dignaremur.– mandamus, quatinus partibus convocatis *etc.*

K 114 Super eisdem et contra audientes confessiones alieno-
rum parrochianorum et ministrantes ecclesiastica sacramenta invito proprio sacerdote.

In eodem modo pro eodem, quod . . et . . de . . presbiteri . . diocesis domos
et officinas pro habitatione sua infra fines parrochie ipsius ecclesie post   5

K 113a *A 131 f. 37.*
1 *Vor der Formel die Üb. von K 114
   durch* va-cat *getilgt A*
3 contingentem *A*
6 laici] ad *add A.*
K 114 *P 144 f. 19' (Üb. Index f. 4');
   V 104 f. 12'; H 142 f. 17'/18; S
   108 f. 13'; C 139 f. 409'/410 (Üb.
   Index f. 442); A 132 f. 37; M 114
   f. 13/13'; O 134 f. 16'; D 180 f. 59'
   (Üb. Index f. 5'); E 173 f. 35'; L
   152 f. 94c; R 291 f. 28'; B 29 n.
   2 f. 63.*
1 Super eisdem et] *om D* : In eodem
   modo pro eodem *R* | et] nota *add
   H* : *om CEL* | confessiones *doppelt
   V* | alienorum] aliorum alienorum
   E : aliorum *R*
2 parrochianorum] *om P* : parro-
   chorum *(korr.) L* | et – 3 sacerdote
   om S | ministrantes] administran-
   tes *D* : administrationes *EL* : eis

add R | ecclesiastica *om R* | eccle-
siastica sacramenta] ecclesia *D* :
ecclesie *E* : eccias *L* | sacramenta]
sacra *M*
3 invito] merito *H* | sacerdote] sacri
   dote *L*
4 In – eodem 2°] Similiter *B* | In]
   Iud. *H* : Iud. in *L* | eodem modo]
   eadem materia *MO* : eundem
   modum *DEL* | modo pro eodem]
   mandamus *(!) H* | et pro *P* | pro
   eodem *om A* | quod *om A* | . . et . .
   de . .] et . . de . . *PVSM* : B. de . .
   et C. de . . presbiteri *R* : M. et N.
   B | de . . *om HCDEL* | . . diocesis]
   diocesis . . *H* : dicte diocesis *M* :
   diocesis *D* | domos et officinas
   om B | domos] etc. *D* : *om EL*
5 hitatione *ohne Kürzungsstrich L* :
   prohitatiōē *R* | infra] iuxta *C* |
   fines] finem *H* : limites *B* | ipsius]
   parrochialis *B* | post] preter *A*

denuntiationem novi operis construere inceperunt et | nichilominus confessiones parrochianorum | predicte ecclesie contra inhibitionem eiusdem rectoris et clericorum, quamvis hoc eis non | liceat, audiunt et ministrant ecclesiastica sacramenta in eorum et predicte ecclesie preiudicium et gravamen. – partibus convocatis.

K 115 | Contra sepelientem mortuum in loco, in quo sepulturam non elegerat.

Iud. Conqueste sunt nobis dilecte in Christo filie .. abbatissa et conventus monasterii de .. ordinis .... diocesis, quod .. rector ecclesie de .... diocesis corpus quondam G. de .. eiusdem diocesis, qui apud earum monasterium sepulturam elegerat, ipsis invitis in ecclesia sepelire presumpsit in ipsarum preiudicium et gravamen. – partibus convocatis.

---

⁶ denuncciationem *D* | novi] non *D* | inceperut *(!) L* | nichilominus] per *add L*

⁷ dicte *HAB* | inhibitionem] in habitationem *L* | eidem *A*

⁸ eis hoc *M* | audiunt] audierunt *H* : adducat *S* | ministraverunt *H*

⁹ ecclesiastica] ecclesie *S* | dicte *B* | ecclesie] non modicum *add DELB* | gravamen] mandamus quatinus *add HCAMODELR* : etc. mandamus quatinus *add B*

¹⁰ convocatis] etc. *add HCAD.*

K 115 *P 145 f. 19' (Üb. Index f. 4'); V 105 f. 12'; H 143 f. 18; S 109 f. 14; C 140 f. 410 (Üb. Index f. 442); A 133 f. 37; M 115 f. 13'; O 135 f. 16'; D 181 f. 59' (Üb. Index f. 5'); E 174 f. 35'; L 153 f. 94c; R 400 f. 38'; B 46 n. 1 f. 94.*

¹ sepelientem] spoliantem *H* | in 2° *om R*

² non] *om V, dafür hinter* 1 loco *v. and. Hd. einkorr.* alio quam : *om HO : v. and. Hd. einkorr. M* | eligant *H* : elegit *CR* : eligerat *A* : elegerit *MO*

³ filie] *om VHS* : in Christo *add C* | .. *om HSAM*

⁴ monasterii .. de .... ordinis *E* | de 1° *om P* | de – diocesis 1°] .. *B* | ordinis ..] .. ordinis .. *D* : .. ordinis *E* | .. diocesis] diocesis .. *HR* : diocesis *SM* : *om CA* | quod ..] licet *add D* | .. 4° *om HSA* | ecclesie] *om P* : .. *add ME* | de .. .. diocesis 2°] .. *B* | .. diocesis 2°] diocesis .. *HR* : diocesis *M*

⁵ quondam] condam *C* : *om B* | G. .. de .. *C* | de .. – diocesis *om B* | eiusdem diocesis] laici *korr. D²* | qui] quod *H* | qui – 6 elegerat] qui apud ipsum monasterium sepulturam non elegit *auf Rasur D²* | earum] eorum *SR* : *hinter* monasterium *E* : earundem *B*

⁶ eligerat *R* | ipsius *H* | invitis *korr. D²* | in] .. *add CR* : earum *add D² (korr.)* | ecclesia] predicta *add B* | presumit *A*

⁷ gravamen] mandamus quatinus *add HCAMODELR* : etc. mandamus quatinus *add B* | partibus] per *R* | partibus convocatis *v. and. Hd. einkorr. B* | convocatis] etc. *add HCAD.*

K 116 Super eisdem contra nolentes solvere canonicam portionem ecclesie defunctorum de hiis, que recipiunt ratione corporum ipsorum.

| Iud. *In eodem modo pro . . priore et capitulo ecclesie de . .*, quod . . pre-   *D f. 60*
ceptor et fratres hospitalis sancti Iohannis Ierosolimitan. in Francia[1] quon-   5
dam . . et . . ac quorundam parrochianorum ipsius ecclesie corpora tradide-
runt in suo cimiterio ecclesiastice sepulture, de bonis, que ratione ipsorum
corporum recipiunt, ipsi priori et capitulo debitam et canonicam portionem
denegantes contra iustitiam exhibere. – vocatis *etc.*

K 116a | Quando mandatur tradi corpus ecclesiastice sepul-   *O f. 17*
ture, in quo tempore mortis apparuerunt signa penitentie.

Iud. Sua nobis A. de . . filia et heres quondam G. de . . petitione mon-

---

K 116   *P 146 f. 19' (Üb. Index f. 4');
V 106 f. 12'; H 144 f. 18; S 110
f. 14; C 141 f. 410 (Üb. Index f.
442); A 134 f. 37; M 116 f. 13';
O 136 f. 16'; D 182 f. 60 (Üb. Index f. 5'); E 175 f. 35'; L 154 f.
94c; R 401 f. 38'; B 34 n. 3 f. 73'.*

[1] eisdem] eodem *R* | contra *om D*
| volentes *L* | solvere] ecclesie *add
D* | canonicum *H*

[2] ecclesie *om D* | defunctorum] *om
SE* : defuctorum *(!) C* : corporum *DL* : corporum defunctorum
R | recipiuntur *VE* : receperunt *S* :
recipiut *(!) R* | corporum ipso-
rum] defunctorum *S* : ipsorum
DELR

[4] Iud. – de . .] Conquesti sunt nobis
prior et capitulum ecclesie . . *B* |
Iud. *om VCAEL* | In *om HD* |
eodem modo] eadem *M* : eadem
materia *O* | . . 1° *om HSMD* | eccle-
sie] . . *add E* : *om R* | de . . . . dio-
cesis *DER* : de diocesis *L* | . . 3°
om HAMDRB | preceptor] prior *D*

[5] sancti – Francia] . . *B* | Ierosolimi-

tan. *om DEL* | in Francia *om R* |
condam *C* : quandam *R*

[6] . . et . .] D. et B. *B* | ac] et *S* : *om
D* | ac quorundam] laicorum *B* |
quorundam] aliorum *add MELR*

[7] in suo cimiterio *marg. einkorr. E* |
cymiterio *P* : cimeterio *C* | eccle-
siastice] ecclesie *LR* | que] qui *L*

[8] corporum *om H* | receperunt
HDELR : precipiunt *C* | ipsis *R* |
capitulo *om C*

[9] denegant *HCA* | exhibere] manda-
mus quatinus *add HMO* : etc. man-
damus quatinus *add B* | vocatis]
partibus convocatis *HB* | etc. *om L*.

K 116a   *C 142 f. 410 (Üb. Index f.
442); A 135 f. 37; M 116a f. 13';
O 137 f. 17; D 187 f. 60'/61 (Üb.
Index f. 5'); E 180 f. 36; L 159 f.
94d; B 46 n. 5 f. 94/94'.*

[1] corpus] excommunicatum *add DEL* |
ecclesie *CDL* | sepulcro *D* | appa-
ruerint *L*

[3] A. de . .] dilecta in Christo filia A.
auf Rasur D[2] : A. *B* | filia et heres
om D | condam *CDE* | G.] G. . *C* :

---

[1] *Johanniter in Frankreich.*

B f. 94'   stravit, quod, | cum . . decanus de . . dictum G., dum viveret, super quadam

5   pecunie summa et rebus aliis coram dilecto filio . . officiali Turonen.,[1] ad
quem de antiqua *etc. usque* convenisset, idem officialis in eundem G., quia
citatus legitime in prefixo sibi termino peremptorie competenti coram ipso
comparere contumaciter non curavit, propter huiusmodi contumaciam mani-
festam excommunicationis sententiam promulgavit. Postmodum vero idem

10   G. fuit a quibusdam suis emulis miserabiliter interfectus, propter quod denegata sibi extitit ecclesiastica sepultura. Unde dicta A. nobis humiliter supplicavit, ut, cum mortis tempore in eodem G. apparuerint signa penitentie
manifesta et predicta A. pro dicto G., patre suo, pro eadem contumacia
satisfacere sit parata, corpus ipsius mandaremus in ecclesiastico cimiterio

15   sepeliri. Unde nos predicto officiali nostris damus litteris in mandatis, ut,
si est ita, a predicta A. satisfactione, quam offert, recepta, ipsius G. corpus
debita absolutione premissa iuxta formam in talibus observandam tradi
faciat ecclesiastice sepulture. Quocirca discretioni vestre per apostolica

---

G. . laici nata mulier . . diocesis
et ipsius S. heres *auf Rasur D²* |
de . . 2°] *om ADB* : de *M* | mon-
stravit *om D*

4   . . 1° *om AMB* | de . .] ecclesie . .
B | G. . *C* | dum viveret] dimi-
nueret *EL*

5   summa] sententiam *L* | coram]
contra *AL* | . . *om MOLB* | offi-
cialem *L* | Turonen.] . . *A* : *om
LB*

6   etc. – convenisset] et approbata *B* |
offic(ialem) *E* | G. . *C*

7   legitime *om M* | peremtorie *C* :
peremptorio *MOL* : perempt; *DE*

8   contumaciter *korr. A* | non cura-
vit] recusavit *B* | contumaciam
korr. A

10   G. . *C* | fuit] *om CAE* : *vor* idem
DLB | quibusdam *om M*

11   Unde] cum *add L*

12   tempore mortis *B* | G. . *C* | ap-
paruerunt *C* | penitentie] pecunie
DL

13   manifesta] mōāfesta *(!) L* | eadem]
eis *C*

14   ipsius] eius *CB*

15   sepelliri *AO* : sepelire *D* | predicto]
prefato *B* | nostro *L* | in] et *L* | ut
– 16 ita *om M*

16   A. *om MOELB* | satisfaciente
MO | quam] quod *MOEL* : ad
quod *B* | recepta] *vor* satisfactione
A : *om MOELB* | ipsius *om M* |
ipsius – 17 observandam *om ELB* |
ipsius – corpus] corpus eiusdem
S. *D* | corpus *om C*

17   debita *vor* 16 ipsius *C* | debita – ob-
servandam *om D* | iuxta] iusta *C*

18   faciant *D* | Quocirca – 19 scripta]
om DEL : etc. *B* | discretioni –
19 scripta *om CMO*

---

[1] *Tours.*

scripta mandamus, quatinus, si | dictus officialis mandatum nostrum neglexerit adimplere, vos illud exequi procuretis. Dat. *etc.*

D f. 61
20

K 117 | Contra eos, qui extraxerunt per vim corpora defunctorum de cimiterio.

A f. 37'

| *In eodem modo pro . . preceptore et fratribus hospitalis de . .*, quod . . prior et clerici ecclesie de . . ac . . rector ecclesie de . . . . diocesis corpora quorundam parrochianorum defunctorum, qui apud ipsorum domum elegerant sepulturam, de cimiterio dicte domus extrahere presumpserunt in dictorum preceptoris et fratrum preiudicium et gravamen. – partibus convocatis.

P f. 20
5

---

[19] quatinus] si est ita *add B* | mandato nostro *C* | mandatum – 20 adimplere *mit and. Tinte nachgezogen, marg. dazu die getilgte Notiz:* Defuit in exemplari quia incisa est carta *O* | mandatum – 20 vos *om M* | nostrum] super hoc *add DELB*

[20] exequi] effectualiter *add D* | Dat. etc.] Dat. *M* : Datum etc. *C* : *om DELB*.

K 117 *P 147 f. 20 (Üb. Index f. 4'); V 107 f. 12'; H 145 f. 18; S 111 f. 14; C 143 f. 410 (Üb. Index f. 442); A 136 f. 37'; M 117 f. 13'; O 138 f. 17; D 183 f. 60 (Üb. Index f. 5'); E 176 f. 35'; L 155 f. 94c; R 402 f. 38'; B 34 n. 4 f. 73'.*

[1] eos] illos *HCA* | extraxerunt] extraserunt *korr. H*[2] : ferunt *S* : extrasserunt *A* : extraxerant *D* : extraserunt *(?) R* | corpora defunctorum per vim *S*

[2] cimiteriis *VSAMOD*

[3] In – de . .] Conquesti sunt nobis

preceptor et fratres domus . . *B* | In eodem modo] Iud. eodem modo *H* : In eadem materia *MO* : Iud. eundem modum *D* | . . 1°] *om PHSMDR* : eodem *CA* | et *om M* | . . 3° *om HAMERB*

[4] clerici] Clia *R* | ecclesie 1° *om HC* | de . . 1°] *om DB* : . . *EL* | ac – de . . 2° *om A* | . . 2° *om HSCEB* | rector] *hinter* ecclesie *P* : parrochialis *add B* | de 2° *om H* | de . . . . diocesis *om B* | . . diocesis] diocesis . . *HER*

[5] ipsam *B* | . . domum *V* | eligerant *S* : eligerunt *R* : elegerunt *B*

[6] cymiterio *P* : cimiteriis *DELR* | dicte] eiusdem *E* | domus] per vim *add DELRB*

[7] preceptorum *HDER* | preiudicium] non modicum *add R* | gravamen] mandamus quatinus *add HCA MODEL* : etc. *add R* : etc. mandamus quatinus *add B* | partibus] per *R* | convocatis] etc. *add CAO*.

K 117a Quod corpus excommunicati exhumetur.

Iud. Sua nobis . . de . . canonicus Gaietan.[1] petitione monstravit, quod,
cum ipse olim contra quondam B. civem Fundan.[2] super eo, quod fructus
prebende sue . . ecclesie contra iustitiam occuparat, ad venerabilem fratrem
nostrum . . episcopum sub certa forma litteras impetrasset, idem episcopus,
cui de occupatione huiusmodi legitime constitit, in prefatum civem, quia
| diligenter monitus ab eodem episcopo predicto canonico de predictis
fructibus satisfacere indebite recusavit, excommunicationis sententiam,
prout ex forma dictarum litterarum poterat, promulgavit. Postmodum
autem idem civis super hoc nulla satisfactione | perpensa eadem ligatus
sententia viam extitit universe carnis ingressus eiusque corpus in cimiterio
publice tumulatum. – mandamus, quatinus, si est ita, corpus ipsum, si
a fidelium corporibus poterit discerni, exhumari facias et procul ab ecclesiastica sepultura iactari. Dat. *etc.*

E f. 36'

C f. 410'

(marginalia: 5)

K 118 Super eisdem in alia forma.

In eodem modo pro . . abbate et conventu monasterii de . ., quod, licet

K 117a   *C 144 f. 410/410' (Üb. Index
f. 442); A 137 f. 37'; M 117a f.
13'; O 139 f. 17; D 188 f. 61 (Üb.
Index f. 5'); E 181 f. 36/36'; L
160 f. 94d (Fragment); B 46 n.
6 f. 94'.*

[1] Quod] Quando *DE* | excommuni-
catum *DEL* | exhumetur] *om A* :
de sepultura *add DL* : exhumatur
de sepultura *E*

[2] Iud. *hier bricht L infolge Blattver-
lustes ab* | . . de . .] diocesis . . *add
A* : . . *B* | Gaieten. *C* : . . *A* . . Gaie-
tanus *O* : ecclesie *B*

[3] olim ipse *B* | contra *om A* | condam
C : quendam *B* | cive *C* | Fundan.]
Fandan. *C* : . . *AB* | eo] hoc *DEB*

[4] prebende *om A* | . . ecclesie] . . et
ecclesie *C* : ecclesie *A* : *om DEB* |
occuparet *M* : occupat *D* : occu-
paverat *E* : occupavit *B*

[5] . . episcopum] . . episcopum . . *M* :
episcopum . . *DB* | sub] super *A* |
. . episcopus *C*

[6] cui *om A* | legittime *D*

[7] ab eodem] a predicto *DE* : fuit a
dicto *B* | predicto] eidem *DEB*

[8] fructibus] eidem *add E* | indebite
om C | recusaret *M* : recusarat *O* |
sententia *C*

[10] autem *om A* | prepensa *C* : im-
pensa *MODEB*

[11] extiterit *B* | eiusque] eius *C* | cymi-
terio *E*

[12] publico *MODE* | tumulatum] etc.
add B

[13] fidelibus *DE* | corporibus *om DE* |
discerni poterit *AMODEB*

[14] Dat.] Datum *C* : Lateran. *add O* |
etc. *om MDB.*

K 118   *P 148 f. 20 (Üb. Index f. 4');
V 108 f. 12'; H 146 f. 18; S –; C
145 f. 410' (Üb. Index f. 442); A
138 f. 37'; M 118 f. 13'; O 140 f.
17; D 184 f. 60 (Üb. Index f. 5');
E 177 f. 35'/36; L 156 f. 94c/d; R
403 f. 38'; B 46 n. 2 f. 94.*

[2] In] Iud. *H* : *om B* | eodem modo]

---

[1] *Gaeta.*   [2] *Fondi nw. von Gaeta.*

corpora hominum de castro . . . . diocesis, cum decedunt, apud ipsorum locum sive monasterium consueverunt sepeliri, tamen . . archidiaconus et
clerici castrorum et | locorum ipsorum corpora . . et . . et quorundam alio-   *L f. 94d*
rum dictorum locorum in capellis, que hactenus cimiteria habuisse abu-
sive noscuntur, sepelire | presumunt in eorum abbatis et conventus pre-   *E f. 36*
iudicium et gravamen. – partibus convocatis.

K 119 Contra nolentes solvere portionem canonicam parro-
chiali ecclesie de hiis, que recipiunt | ratione corporum de-   *V f. 13*
functorum.

| *In eodem modo pro . . sacrista monasterii de . .,* quod, licet quondam   *M f. 14*
nobilis vir B., parrochianus ecclesie de . . . . diocesis ad sacristiam | suam *R f. 39*
dicti monasterii de iure spectantis, apud monasterium ipsum elegerit sepul-

---

eadem materia *MO* | . . *om*
HAMRB | conventui *R* | monas-
terii *om P* | monasterii de . . *om B*
³ castro . .] . . *P* : castro *HB* : . .
castro *C* : et *add M* : de . . *add R* |
. . diocesis] diocesis . . *HR* | loco-
rum *R*
⁴ sive *om R* | consueverint *PMOEL* |
tam *A* | . . *om HCADERB* |
archidiaconus] archipresbiter *DE
LRB*
⁵ clericus *M* | . . et . .] et . . *PVMO* :
et *HB* : *om A* | et 3°] *om CAD* :
. . *add R* | quorumdam *D*
⁶ predictorum *L* | actenus *D* | cymi-
teria *P* : cimiterio *C* | abusive]
habusive *P* : *om VHCDELRB* :
vor habuisse *AMO*
⁷ noscantur *C* | sepeliri *L* | eorum]
ipsorum *A* : eorundem *B* | et
conventus *om B*
⁸ gravamen] mandamus quatinus
add HCAMODEL : etc. manda-
mus quatinus *add B* | partibus] per
R | convocatis] etc. *add HCAOB*.
K 119   *P 149 f. 20 (Üb. Index f. 4');
V 109 f. 12'/13; H 147 f. 18, S 112*

*f. 14; C 146 f. 410' (Üb. Index f.
442); A 139 f. 37'; M 119 f. 13'/14;
O 141 f. 17; D 185 f. 60 (Üb. Index
f. 5'); E 178 f. 36; L 157 f. 94d;
R 404 f. 38'/39; B 46 n. 3 f. 94.*
¹ Super eisdem contra *E* | canoni-
cam] ecclesiasticam *V*
² ecclesie *om L* | que recipiunt *om P* |
receperunt *S* | ratione] com *(!) A* |
defuct. *E*
⁴ In] Iud. *H* : *om B* | eodem modo]
eadem materia *MO* : eundem
modum *D* | . . 1° *om SDRB* | sa-
crista] ecclesie *add B* | quod *om B* |
condam *C*
⁵ B.] R. *P* : etc. *S* : H. *B* | parro-
chialis *S* | de *om B* | . . diocesis]
diocesis *SCM* : diocesis . . *HOR* |
sacristam *S* : sacristiam *wohl aus*
sacristam *korr. D²* : sacristriam
(!) R
⁶ monasterii] ad omne *(?) add B* |
de iure *om C* | spectantem *VSC
MOELR* : spectante *AD* | eligere
S : elegeret *(? korr.) C* : eligerat
A : elegerat *M*

turam, tamen .. prior et conventus dicti monasterii per priorem soliti
gubernari ordinis .... diocesis corpore dicti nobilis tumulato portionem
canonicam, que ratione parrochie ipsius ecclesie eidem sacriste debetur et
de qua ab ipso nobili eidem debuit provideri, temeritate propria subtrahentes illam sibi exhibere indebite contradicunt. – mandamus, quatinus
vocatis *etc.*

K 120 Contra rectorem petentem vestes defunctorum ratione sepulture.

Attende clausulam illam Monens nichilominus *etc.*

D f. 60' | *Iud.* Conquesti sunt nobis parrochiani ecclesie .. de .., quod .. rector
ecclesie de .... diocesis ceca cupiditate seductus pretextu cuiusdam consuetudinis, que dicenda est potius corruptela, pro sepulturis mortuorum
O f. 17' | vestes eorum ab illorum heredibus contra iustitiam exigit et extorquet

---

[7] .. *om VHSCADERB* | .. priorem
H

[8] ordinis .. diocesis .. *PVS* : ..
ordinis .. diocesis *A* : ordinis diocesis *L* : ordinis .. et diocesis .. *R* :
eadem diocesi *getilgt B* | nobilis]
G. v. and. Hd. einkorr. B

[9] parochie *O* | debuit] habuit *R*

[10] propria temeritate *S*

[11] sibi] tibi *(?) L* : *om R* | indebite
exibere *C* | contradicunt] etc. *add B*

[12] vocatis]   partibus   convocatis
CDELB : *om R* | etc. *om DELR.*

K 120 *P 150 f. 20 (Üb. Index f. 4');*
V 110 f. 13; H 148 f. 18/18'; S 113
f. 14; C 147 f. 410' (Üb. Index f.
442); A 140 f. 37'; M 120 f. 14;
O 142 f. 17/17'; D 186 f. 60' (Üb.
Index f. 5'); E 179 f. 36; L 158 f.
94d; R 269 f. 26; B 46 n. 4 f. 94.

[1] rectores *H* | petentem] portantem
A | defuncti *R*

[2] sepulture] funeris et scribitur ordinario *R*

[3] Attende – etc. *om RB* | Attende
clausulam] ac clausula *D* I clausula

H | illam *om HSDE* | Mononens *(!)*
V : Moneas *A* : monitiones *E* |
nichilominus etc. *om DEL* | etc.
om M

[4] Iud.] Item *E* | Conquesti] *darüber*
Sua nobis *einkorr. H* : *om S* | ..
parrochiani *HCR* | ecclesie ..
de ..] .. ecclesie de .. *V* : ecclesie
de *(om B)* .. *HAB* : ecclesie de ..
diocesis .. *CR* : ecclesie de ....
diocesis *D* : ecclesie .. de .... dio-
cesis *E* : ecclesie de diocesis *L* |
.. 3° *om ARB*

[5] de .... diocesis] de .. diocesis *HS* :
eiusdem *DEL* (eidem) : eiusdem
ecclesie *RB* | .. diocesis *om A* |
ceca] tota *P* : ceta *(!) V* : certa
C : ecclesia *L* | cuidam *L*

[6] que] qui *L* | potius est *B* | sepul-
turis] sepultura *HE* : sepulcris *A* |
mortuorum] eorum *S* : *danach in
MO die Einschaltung, die sonst
hinter* 8 plurimorum *folgt:* vel
sic – exigit etc. *(das übrige nur in
CA)*

[7] eorum] illorum *B* | illorum] eorum
MLB

in sue salutis dispendium et scandalum plurimorum. – mandamus, quatinus, | si est ita, dictum rectorem, quod ab huiusmodi exactione desistat, monitione premissa per censuram ecclesiasticam appellatione remota compellas, monens nichilominus parrochianos eosdem, ut laudabilem consuetudinem erga dictam ecclesiam pia devotione fidelium introductam observent, ne pretextu puritatis catholice illam corrumpere videantur fermento heretice pravitatis.

H f. 18'

10

K 120a Contra rectorem extorquentem a parrochianis suis pro sepulturis certam pecunie quantitatem.

Iud. Sua nobis parrochiani ecclesie de . . . . diocesis conquestione monstrarunt, quod . . rector eiusdem ecclesie pro sepulturis et obsequiis mortuorum, benedictionibus nubentium et aliis ecclesiasticis sacramentis ab eis certam pecunie summam exigit contra iustitiam et extorquet in proprie salutis dispendium et scandalum plurimorum. Quare dicti parrochiani nobis humiliter supplicarunt, ut providere eis super hoc paterna sollicitudine curaremus *etc.* – mandamus, quatinus, si est ita, dictum rectorem, | quod ab huiusmodi exactionis perversitate desistat, monitione premissa

5

B f. 95

---

⁸ plurimorum] vel sic benedictionibus nubentium et aliis ecclesiasticis sacramentis quandam pecunie quantitatem contra iustitiam exigit et extorquet in sue salutis dispendium et scandalum plurimorum *add CA* : *ebenso bis* exigit etc. *hinter* 6 mortuorum *add MO* : etc. *add D*

⁹ quod] ut *C* | exactione] exactionis (extorsionis *C*) perversitate *CAMO* : exactione alias perversitate *R*

¹¹ monens *om A* | eosdem] *om H* : eiusdem *DE* : eisdem *L* : eiusdem ecclesie *B* | ut] et *S*

¹² dictam ecclesiam] ecclesiam predictam *HA* | devotēe *(!) V* | introductam] firmiter *add H* | observent *aus* abservent *korr. P* : abserverent *(!) V*

¹³ pretexta *(!) L* | puritatis catholice *om D* | catholice *getilgt, marg. v. and. Hd. einkorr.* canonice *B* | illa

PL | corrompere *C* | videatur *PVHR* : viderentur *A* : videamur *D* | fermento *om PVHSCADELB* | heretice pravitatis] vel pretextu fomenti simonice *(!)* pravitatis *B*

¹⁴ pravitatis] Testes etc. *add CAOR* : Testes *add M* : Testes etc. Dat. *add D².*

K 120a   *D 189 f. 61 (Üb. Index f. 5');   E 182 f. 36'; L –; B 46 n. 7 f. 94'/95.*

² per sepulturam *D* | pecunie] penitentie *D* | quantitatem] summam *E*

³ de . . diocesis *D* | . . diocesis *om EB*

⁴ . . *om B* | rector – ecclesie] rector eiusdem *D* : rector ecclesie eiusdem diocesis *E* : rector ecclesie . . eiusdem diocesis *B* | pro sepulturis *v. and. Hd. marg. einkorr. statt getilgtem ac si velit dici* exequiis *B*

⁵ nubentium] incumbentium *D*

⁶ exiget *B* | et *v. and. Hd. einkorr. B*

⁹ etc. *om E* | . . rectorem *D*

sublato appellationis obstaculo discretione, qua convenit, cognita veritate compellas, monens nichilominus parrochianos eosdem, ut laudabilem
consuetudinem erga dei ecclesiam pia devotione fidelium introductam ob-
servent, ne pretextu puritatis catholice illam corrumpere videantur fer-
mento heretice pravitatis. Testes autem *etc.* Datum.

K 120b Super eisdem in alia forma.

D f. 61' | *Iud.* Sua nobis parrochiani ecclesie .. de .... diocesis conquestione
monstrarunt, quod .. rector eiusdem ecclesie ceca cupiditate seductus
pretextu cuiusdam prave consuetudinis, que dicenda est potius corruptela,
pro sepulturis et obsequiis mortuorum et benedictionibus nubentium et
aliis ecclesiasticis sacramentis quandam pecunie summam exigit et extorquet et, si forte sue cupiditati non fuerit satisfactum, impedimenta
E f. 37 ficticia | fraudulenter opponit in sue salutis dispendium et scandalum
plurimorum. – mandamus, quatinus, si est ita, dictum rectorem, quod ab
huiusmodi exactionis et extorsionis perversitate desistat, monitione premissa per censuram ecclesiasticam appellatione remota cognita veritate
compescas, monens nichilominus parrochianos *etc., ut supra.*[1]

K 120c Super eisdem in alia forma.

Iud. Sua nobis P. de .., G. et I. de .. et alii parrochiani ecclesie de ..

---

[11] discertione *(!) E*

[12] monens] mone *mit übergeschriebe-
nem a (!) E* | parrochianos eos-
dem] etc. *B* | ut *om E* | laudabilem
– 15 etc.] ut supra in tertia ante
istam usque videantur *B*

[14] puritatis – *Schluß einkorr. D*[2] |
puritatis catholice *om E* | videa-
tur *E* | fermento pravitatis (here-
tice *om*) *vor* illam *E*

[15] Testes autem etc. *om E* | Dat. *D* :
Dat. etc. *E*.

K 120b *D 190 f. 61' u. 192 f. 61'
(= D') (Üb. Index f. 5'); E 183
f. 36' u. 185 f. 36'/37 (= E'); L –;
B 46 n. 8 f. 95.*

[2] nobis] in *add D* | .. 1° *om D'* | .. de

– diocesis *om B* | de .. diocesis *D* |
.. diocesis *om D'EE'*

[3] .. *om E* | ecclesie] .. diocesis *add
D'EE'* | ceca] circa *E* | cupiditatem
E

[5] et 1°] ac *D'* | nubentium] incum-
bencium *DD'*

[7] si *om E* | impedimenta *om D'E'*

[9] plurimorum] etc. *add DB* | dictum
.. rectorem *DD'* | quod *om B*

[10] extorsionis et exactionis *B* | de-
sistit *E'*

[12] compescas] compellas *B* | nichilo-
minus parrochianos *om D'E'B.*

K 120c *D 191 f. 61' (Üb. Index f.
5'); E 184 f. 36'; L –; B –.*

---

[1] *K 120a.*

conquestione monstrarunt, quod .. rector eiusdem ecclesie .. diocesis pro
sepulturis ac obsequiis mortuorum, benedictionibus nubentium et aliis
ecclesiasticis sacramentis ab eis certam pecunie quantitatem exigit et 5
extorquet in proprie salutis dispendium et scandalum plurimorum. – mandamus, quatinus, si est ita, dictum .. rectorem *etc. ut in aliis.*[1]

K 121 | **Contra eos, qui recipiunt parrochianos alterius ec-** *S f. 14'*
clesie ad divina et ipsis ministrant ecclesiastica sacramenta *D f. 62*
contra voluntatem proprii sacerdotis. Item contra parrochia-
nos, qui ad propriam ecclesiam accedere indeque ecclesiastica
sacramenta recipere et ibi verbum | divinum audire con- *A f. 38*
tempnunt.

Contra parrochianos ecclesie abbatis et conventus.

Iud. Conquesti sunt nobis .. abbas et conventus monasterii de .. ordinis .., quod .. rector ecclesie de .. .. diocesis parrochianos ecclesie
de .. dicte diocesis, quam dicti abbas et conventus in usus proprios cano- 10
nice se obtinere proponunt, temere recipit ad divina et eis ministrat eccle-

---

[3] conquestione monstrarunt *om E* |
.. 1° *om E* | ecclesie .. .. dio-
cesis *E*
[4] ac] et *E* | nubentium] incumben-
cium *D*
[7] .. *om E.*
K 121 *P 151 f. 20 (Üb. Index f. 4');*
V 111 f. 13; H 149 f. 18'; S 114 f.
14'; C 148 f. 410' (Üb. Index f.
442/442'); A 141 f. 37'/38; M 121
f. 14; O 143 f. 17'; D 193 f. 62
(Üb. Index f. 5'); E 186 f. 37; L –;
R 270 f. 26; B 31 n. 1 f. 68.
[1-6] *R Üb.:* Contra rectorem recipien-
tem ad divina parrochianos alterius parrochie et eis prestat ecclesiastica sacramenta.
[2] ipsi *V* : eis *A* | ministrat *A*
[3] contra parrochianos *om P*
[4] qui *om H²*
[5] accipere *S* | et] ac *VAMODE* | et –
audire *om S* | ibi] id *A* : ibidem

M |divinum] *hier ist in A das Ru-*
brum 7 Contra – conventus *einge-*
schoben | audire *om D*
[7] Contra – conventus *om S* | Et
contra *C* | conventus] Rubrica
add V
[8] .. 1° *om SADE* | monasterii .. de
.. *M* | de *om B* | ordinis ..] .. or-
dinis *C* : .. ordinis .. *D* : ordinis ..
diocesis .. *R* : *om B*
[9] .. 2° *om B* | de *om D* | de – dio-
cesis *om B* | .. 3° *om H* | .. dio-
cesis] diocesis .. *PSO* : diocesis
HR : *om A* | parrochianos de ..
ecclesia *C* | ecclesie de ..] eiusdem
ecclesie *B*
[10] dicte diocesis *om B* | quam *om M* |
dicti *om B* | canonice *om R*
[11] se *om CB* | proponuit *(!) H* | rece-
pit *HO* | divina] officia *add R* | et
om C | eis] illis *A* | ministravit *H* |
ecclesiastica] ecclesie *S*

---

[1] *K 120 a, b.*

siastica sacramenta in abbatis et conventus monasterii et ecclesie predictorum preiudicium et gravamen. – partibus convocatis.

K 122　Super eisdem.

R f. 26'

　　| In eodem modo pro . . rectore ecclesie de . ., quod . . de . . et . . de . . eccle-
siarum rectores . . diocesis parrochianos suos dicte ecclesie recipiunt temere

C f. 411

ad divina et ipsis exhibent ecclesiastica sacramenta in prefati | rectoris

5

preiudicium et gravamen. – partibus convocatis.

K 123　Super eisdem.

Iud. Conqueste sunt nobis dilecte in Christo filie . . abbatissa et conventus monasterii de . ., quod . . de . . et . . de . . laici . . diocesis ad eccle-

---

¹² abbatis – predictorum] prefati rec-
tori *C* | monasterii *om DEB* | et
2°] *om S* : ac *B*
¹³ gravamen] mandamus quatinus
add HSCMODE : etc. mandamus
quatinus *add B* | partibus] per *R* |
convocatis] etc. *add HSCAOR.*

K 122　*P 152 f. 20 (Üb. Index f. 4');*
V 112 f. 13; H 150 f. 18'; S 115 f.
14'; C 149 f. 410'/411 (Üb. Index
f. 442'); A 142 f. 38; M 122 f. 14;
O 144 f. 17'; D 194 f. 62 (Üb.
Index. f. 5'); E 187 f. 37; L –; R
271 f. 26/26'; B 31 n. 2 f. 68.

¹ *R Üb.:* In eodem pro rectore. |
eisdem] in alia forma pro rectore
add DE
² In – de . . 1°] Conquestus est nobis
rector *B* | In eodem modo] Iud.
eodem modo *HD* : In eadem ma-
teria *MO* | pro] quod *M* | . . 1° *om*
HAR | rector(um) *M* | de . . 1°]
et . . de . . *add E* | quod . . de . .
om D | . . de . . et . . de . .] . . et . .
P : de . . et . . *VHS* : . . de . .
(de . . *einkorr.*) *M* : . . de . . et . .
O : G. D. et H. de . . *B* | de . . 3°]
loco *add R*
³ . . diocesis] diocesis . . *H* | suos] *om*
CA : sue *hinter* dicte *B* | temere *om P*

⁴ ipsis *om C* | exhiberet *C* | prefato-
rum rectorum *H*
⁵ gravamen] mandamus quatinus
add HCAMODE : etc. mandamus
quatinus *add B* | partibus] per *R* |
convocatis] etc. *add HCMORB* :
etc. *A*.

K 123　*P 153 f. 20 (Üb. Index f. 4');*
V 113 f. 13/13'; H 151 f. 18'; S –;
C 150 f. 411 (Üb. Index f. 442');
A 143 f. 38; M 123 f. 14; O 145 f.
17'; D 195 f. 62 (Üb. Index f. 5');
E 188 f. 37; L –; R 272 f. 26'; B
31 n. 3 f. 68.

¹ *Üb. om M.* – *R Üb.:* Contra parrochianos audientes divina officia in
aliis locis et suam contepnentes *(!)* |
eisdem] in alia forma pro abbatissa et conventu *add DE*
² Conquesti *PD* | nobis *om M* | . .
om AMB
³ monasterii de . .] . . diocesis *B* |
de . . 1°] . . ordinis . . diocesis
add DE | quod . . de . . et . . de . .]
quod de . . laici *V* : *om H* : quod
P. de . . et I. de . . *DE* : quod . .
et . . *R* : quod P. et G. *B* | et . .
de . .] et de . . *PMO* | . . diocesis]
diocesis . . *H* : dicte diocesis *CR* :
v. and. Hd *marg. einkorr. B*

siam dicti monasterii, cuius dicti laici parrochiani existunt, | accedere ac   *V f. 13'*
ibidem, ut tenentur, ecclesiastica sacramenta recipere nec non divinum   5
verbum audire propria temeritate contempnunt facientes sibi per alios in
alienis ecclesiis divina officia temere celebrari in eorundem abbatisse et
conventus ac dicti monasterii preiudicium et gravamen. – mandamus, quatinus vocatis *etc.*

K 124 Contra vicarium, qui promisit per proprium sacer-
dotem in ecclesia facere celebrari.

Iud. Conquesti sunt nobis universitas hominum ville de .., quod, licet
I. perpetuus vicarius ecclesie de . . . . diocesis in capella ipsius ville as-
signatis ei propter hoc certis possessionibus teneatur | per proprium sacer-   *D f. 62'*
dotem eis | facere divina officia celebrari, tamen idem vicarius id efficere   *P f. 20'*
indebite contradicit, quamquam dictarum possessionum percipiat cum
integritate proventus, in eorum hominum preiudicium et gravamen. Quare
dicti | universitas nobis humiliter supplicarunt, ut predictum vicarium   *R f. 5*
ad faciendum celebrari huiusmodi divina officia in eadem ecclesia, ut   10

---

⁴ dicti laici *om H* | ac] et *B*

⁵ ut] ubi *E* | tenetur *CA* | recipere *om CA*

⁶ temeritate] *nochmals* propria *add E* : temitate *(!) R* | alios] alienos *E*

⁷ alienis] aliis *CE* | temere] *marg. einkorr. E* : *om B* | celebrari] exhiberi *VH* : celebrare *B* | eorundem] eorum *C* : *om B*

⁸ dicti monasterii] monasterii predictorum *B* | preiudicium] non modicum *add R* | gravamen] etc. *add B*

⁹ vocatis] partibus convocatis *HCB* | etc. *om B*.

K 124   *P 154 f. 20/20' (Üb. Index f. 4'); V 114 f. 13'; H 152 f. 18'; S 116 f. 14'; C 151 f. 411 (Üb. Index f. 442'); A 144 f. 38; M 124 f. 14; O 146 f. 17'; D 196 f. 62/62'; E 189 f. 37; L –; R 50 f. 4'/5; B –.*

¹ propriam *H* | sacerdotem] subiecte *H*

² facere *om S*

³ Conquesta est *P* | de ..] .. diocesis *HODER*

⁴ I. perpetuus vicarius] *urspr.* hii perpetuos vicarios, *v. and.* Hd. *korr. zu* A. perpetuus vicarius *M* | de .. *om R* | .. diocesis] diocesis .. *PVHS* : *om A* : eiusdem diocesis *DE* : dicte diocesis ordinis .. *R* | ville] *V springt auf* 3 ville *zurück und wiederholt alles bis hierhin (außer* capella) : de .. *add H* | assignans *S*

⁵ eis *P* | propter *radiert A* | certis] terris *C*

⁶ tamen] tam *V* | idem *om H* | id *korr. oder getilgt M* | efficere] facere *DE*

⁷ contradicunt indebite *C* | possessionem *M*

⁸ proventum *S* | eorundem *HCA*

⁹ dicti] dicta *PS* | supplicavit *P*

¹⁰ faciendum celebrari] celebrandum *S* | celebrari *om M*

tenetur, vel ad dimittendum possesssiones easdem cogi per discretum aliquem curaremus. – mandamus, quatinus vocatis *etc.*

K 125 Contra fratres nolentes solvere portionem secundum
constitutionem Benedicti pape XI.

Iud. Sua nobis . . rector parrochialis ecclesie de . . . . diocesis conquestione monstravit, quod, licet . . guardianus et fratres ordinis Minorum
de . . . . diocesis asserentes privilegium se habere a sede apostolica de libera
sepultura | parrochianos dicte ecclesie de . ., | qui apud ipsorum ecclesiam
sepeliri eligunt, ad huiusmodi sepulturam admittant, ipsi tamen guardianus et fratres de funeralibus, que ad eos ratione corporum predictorum
parrochianorum perveniunt, | portionem canonicam, que iuxta constitu-
tionem felicis recordationis Benedicti pape XI., predecessoris nostri, super

5

M f. 14'
H f. 19

E f. 37'

10

---

¹² curaremus] mandaremus *C* | man-
damus] *om P* : *v. and. Hd. einkorr.*
C | vocatis] partibus convocatis
HCDE | etc. *om DE*.

K 125   *P 156 f. 20'; V 115 f. 13'; H*
153 f. 18'/19; S –; C 152 f. 411 (Üb.
Index f. 442'); A 145 f. 38; M 125
f. 14/14'; O 147 f. 17'; D 197 f. 62'
(Üb. Index f. 6); E 190 f. 37/37';
L –; R 273 f. 26'; B 34 n. 1
f. 73.

¹⁻² *Üb. om PVH. – MO haben die Üb.*
v. K 126. – R Üb.: Contra nolentes
solvere canonicam porcionem de
bonis defunctorum. | fratres *om*
DE | portionem – 2 pape XI.]
canonicam de hiis que recipiunt
ratione corporum defunctorum asserentes (se super hoc speciale
add E) privilegium habere *DE*

³ . . 1°] *om A* : P. *B* | ecclesie parro-
chialis *AMOB* | de *om HB* | . . 2°
om D | . . diocesis] diocesis . .
PHOD : diocesis *M* : *om B*

⁴ . . *om ADB* | gardianus *PHCAD* |

fratres . . ordinis *B* | fratrum
Minorum *B*

⁵ de – diocesis *om B* | . . 2° *om DE* |
. . diocesis] diocesis . . *PH* : eius-
dem diocesis *R* | se privilegium *B* |
privilium *(!) A* | ab apostolica
sede *R*

⁶ sepultura] voluntate *D* | parro-
chianos – 7 admittant] ad huius-
modi sepulturam adiunctam *B* |
parrochianos *scr*] parrochiani *PV*
HCA : parrochianorum *MODER* |
dicte] *om H* : dictus *C* | de . . *om*
DER | qui] quamvis *H* | ipso-
rum] dictam *A*

⁷ sepeliri *A* | admittunt *PHM* |
gardianus *PHCADE*

⁸ funeralibus *korr.* *D²* | predictorum]
om R : defunctorum *B*

⁹ proveniunt *VDE* | portionem *om R* |
canonicam] ecclesiasticam *VDE* :
ecclesiam seu canonicam *R* | con-
stitutionem] consuetudinem *H*

¹⁰ recordationis Benedicti] Be. R. *(!)*
D | Benedicti] B. *EB* : Bo. pape
VIII. *R* | pape XI. *om B* | prede-
cessoris] pie *D* | super] per *D*

hoc editam[1] rectori debetur eidem, sibi exhibere indebite contradicunt. –
mandamus, quatinus partibus convocatis *etc.* Testes *etc.*

K 126 Contra nolentes solvere quartam de mortuariis contra constitutionem domini Bonifatii.

Iud. Conquestus est nobis .. rector ecclesie .., quod .. prior et fratres
ordinis Predicatorum Curien.[2] de hiis, que ad ipsos ratione sepulture quon-

---

[11] editam] in concilio Lugdunen. innovatam *marg. v. and. Hd. einkorr.*
add B | rectori – eidem] eadem *R* |
eidem] I. *add B* | exhibere sibi
VHCA | contradicunt] etc. *add*
B

[12] mandamus – *Schluß om D* | etc. 1°
om CE | Testes etc. *om B.*

K 126   *P 155 f. 20' (Üb. Index f. 4');*
V 116 f. 13'; H 154 f. 19; S 117 f.
14'; C 153 f. 411 (Üb. Index f.
442'); A 146 f. 38; M 126 f. 14';
O 148 f. 17'; D 198 f. 62' (Üb.
Index f. 6); E 191 f. 37'; L –; R
274 f. 26'; B 34 n. 2 f. 73/73'.

[1-2] *Üb. om VH. – MO haben die Üb.*
doppelt, zu K 125 (= M'O') u.
zu K 126 (= MO). – R Üb.:
Super eodem. | nolentem *SMM'*

OO'DE | solvere *om D* | mortuagiis *PMM'OO'DE* : mortuis *S*

[2] domini] *om SMM'OO'DE* : bone
memorie *CA* | Bonifatii] pape *add*
S : pape VIII *add CA* : *marg. v.*
and. Hd. vel Benedicti *add M'*

[3] Iud. *v. and. Hd. einkorr. B* | .. 1°
om HSDEB | ecclesie ..] ecclesie
de .. diocesis .. *H* : ecclesie *S* :
ecclesie de .. *CAMO* : ecclesie ..
de .. diocesis *DER* : parrochialis
ecclesie .. diocesis *B* | .. 3° *om*
HSMB

[4] ordinis Predicatorum] Predicatorum ordinis *S* : domus ordinis
fratrum Predicatorum *B* | Curien.]
Curen. *P* : civitatis Curien. *S* :
om D : .. *E* : de .. *R* | hiis] eis *M* |
ad ipsos] ad eum *H* : *om R* | quondam] condam *C* : quod *B*

---

[1] *Es handelt sich um die Konstitution Benedikts XI. „Inter cunctas" vom
17. Februar 1304 (Potthast 25370 = Extrav. comm. 5, 7, 1; Druck auch von Ch.
Grandjean, Le registre de Benoît XI, Paris 1905, Nr. 1170). Danach war von
den funeralia die Hälfte durch die Minoriten an die zuständige Pfarrkirche abzuführen. Vgl. dazu P. Funke, Papst Benedikt XI. (Münster 1891), 127 ff.;
J. Wiesehoff, Die Stellung der Bettelorden in den deutschen freien Reichsstädten
im Mittelalter (Leipzig 1905), 23 f. Zum Begräbnisrecht allgemein Schreiber,
Kurie und Kloster 2, 123 mit Anm. 1. Da Benedikt bereits als verstorben erwähnt
wird († 1304 Juli 7), stammt die Urkunde von Klemens V., der die Konstitution
auf dem Konzil von Vienne 1311/12 aufhob; über die Schwierigkeiten der Datierung vgl. Hefele-Leclercq 6, 661 ff. u. Conciliorum oecumenicorum decreta,
ed. J. Alberigo u. a. (Rom u. a. 1962), 309 ff. Klemens setzte die alte Verfügung
Bonifaz' VIII. wieder ein (Potthast 24913 von 1300 Februar 18 = Clem. 3, 7, 2
u. Extrav. comm. 3, 6, 1). Die Urkunde ist mithin zu datieren 1305 Juni 5 (Thron-
besteigung Klemens' V.) – 1311/12.*   [2] *Chur.*

5 dam . . et aliorum laicorum civitatis Curien parrochianorum dicte ecclesie
decedentium, qui apud ipsorum locum elegerant sepeliri, pervenisse noscuntur, canonicam iustitiam, scilicet quartam partem iuxta constitutio-

B f. 73' nem, quam super hoc | edidimus[1], dicto rectori debitam, ei exhibere indebite
contradicunt. – partibus convocatis. Testes *etc.*

K 127 Contra nolentem celebrare, ut promisit.

Iud. Conquestus est nobis . . clericus, quod, licet . . rector ecclesie de . .
O f. 18 . . diocesis in quadam | capella sita in manerio ipsius clerici ter in ebdomada
D f. 63 assignatis sibi propter hoc certis possessionibus teneatur | missarum sol-

---

5 . .] *om AE* : P. B | laicorum *om C* |
civitatis *om H* | Curien.] Curen.
P : . . A : eiusdem *DERB* | par-
rochianorum dicte] infra parro-
chiam B | parrochiani C

6 decedentium] decidencium V : *om*
S | ipsos B | loca R | eligerant *SA* :
elegerint M : eligunt D | sepeliri]
ad eos *add H* : sepelire D | pro-
venisse B | noscantur *PCR*

7 iustitiam] portionem *HB* : *om D* |
silicet S

8 edimus C | dicto] *hinter* rectori C :
dicte O | debita A : delatam R |
exhibere] partem *add S*

9 contradicunt] contradunt H : con-
tradicit A : et *add B* | mandamus
quatinus partibus *HCAMOERB* |
partibus – etc. *om D* | partibus]
per R | convocatis] etc. *add HCA
MOE* | Testes etc.]*om PAE* : etc. B.

K 127   P 157 f. 20' (*Üb. Index f. 4'*);

V 117 f. 13'/14; H 155 f. 19; S
118 f. 14'; C 154 f. 411 (*Üb. Index
f. 442'*); A 147 f. 38; M 127 f. 14';
O 149 f. 17'/18; D 199 f. 62'/63
(*Üb. Index f. 6*); E 192 f. 37';
L –; R 51 f. 5; B 3 n. 2 f. 27.

1 C *Üb.*: Super eisdem. | ut] prout *DE*

2 . . clericus] . . diocesis *add H* :
clericus S : clericus . . D | . . 2°
om HCAB | ecclesie *om DE* | ec-
clesie – 3 diocesis] dicte ecclesie
B | de *om H*

3 . . diocesis] diocesis . . *PSAOR* :
diocesis *DL* | cappella *DB* | ma-
nerio] . . V : *om H* : maris S :
monasterio *CMO* : . . monasterio
A : territorio *DERB* | clerici]
ecclesie S : loci *CA* | ter] terra,
dazu einkorr. bis *H* | ter – ebdomada
om S | edomada E

4 propter] super *CEB* | certis] terris
V : terris et B | teneatur *om A* |

---

[1] *Konstitution Bonifaz' VIII. von 1300 Februar 18 (Potthast 24913 =
Clem. 3, 7, 2 = Extrav. comm. 3, 6, 1). Die Urkunde ist mithin zu datieren 1300
Februar 18–1303 Oktober 11 (Tod Bonifaz' VIII.). Bonifaz bestimmte, daß
von den Begräbnissporteln der vierte Teil an die zuständige Pfarre abzuleiten
sei; vgl. Wiesehoff 23. Benedikt XI. erließ eine neue Verfügung, nach der die
Hälfte abzuführen sei (vgl. K 125 Anm. 1); Klemens V. setzte aber wieder die
alte Bestimmung Bonifaz' VIII. in Kraft. Daher nahm das Formularium audientiae Formeln für beide Fälle auf; K 126 galt jedoch nach 1311/12 nicht mehr,
wurde aber immer wieder abgeschrieben.*

lempnia et alia divina officia cele|brare, dictus tamen rector id efficere *ut*   *V f. 14*
in secunda superiori[1] *usque ad finem.*

K 128   Super eisdem in alia forma.

Iud. Pro M. de . . laico et F. eius uxore, quod, cum . . magister . . ordi-
nis et . . prior ac conventus monasterii de . . per | priorem *etc.* ordinis   *A f. 38'*
etc. teneantur in ecclesia de . . ad eosdem magistrum, priorem et conven-
tum pleno iure spectante singulis diebus | sex dumtaxat per totum annum   *S f. 15*
exceptis pro animabus fidelium defunctorum facere celebrari divina certis sibi propter hoc ab eisdem redditibus assignatis, dicti magister, prior
et conventus id efficere indebite pretermittunt, quamquam cum integritate

---

missarum – 5 celebrare *om B* |
solempnia *PR* : solennia *VA* :
sollennia *ME*
5 tamen *om VH* | rector] . . *C* : . .
rector *D* | efficere] etc. *add HMO* :
indebite contradicit quamquam
dictarum possessionum percipiat
etc. *add CA* : indebite contradicit etc. *add B*
6 in secunda superiori] superius *DE* :
supra *B* | secunda] alia *P* : tertia
HCA : *om R* | superiori *om P* |
usque ad finem] *om HCA* : etc. *R* |
ad] in *PD.*
K 128   *P 158 f. 20' (Üb. Index f. 4');*
V 118 f. 14; H 156 f. 19; S 119 f.
14'/15; C 155 f. 411/411' (Üb. In-
dex f. 442'); A 148 f. 38/38'; M
128 f. 14'; O 150 f. 18; D 200 f. 63
(Üb. Index f. 6); E 193 f. 37';
L –; B 3 n. 3 f. 27.
1 *Üb. om S* | forma] pro laico *add D*
2 Iud.] In eodem modo *A* | Pro –
uxore] Conquestus est nobis M.

laicus *B* | F.] I. *CMO* : P. *A* : . .
DE (einkorr.) | uxore] . . diocesis
add H : uxor *CD* | cum] carus *A* :
om M | . . magister] magister . .
DE : magister *B* | . . 3° *om CA*
3 . . 1° *om HADB* | ac] *om H* : et
SCAMDLR | de . . *om B* | etc.]
om H : soliti gubernari *DEB* | or-
dinis etc.] *om S* : . . ordinis etc. *MO*
4 etc. – ecclesia *om B* | teneatur *LR* |
in] eadem *add C* | . . de . . *E* |
magistrum] et *add CAMOLR* :
. . *add DE* | et] ad *C* : ac *MO*
5 pleno] de *S* : plene *D* | spectantem
VSCMODEB | diebus] ac si de-
beat dicere *add D* | sex] se *VE*
6 pro *om C* | defunctorum *om P* |
celebrare *D* : celebrar. *E*
7 sibi *om A* | propter] super *EB* |
eisdem] eodem *B* | dictus *H* |
magistri *E*
8 pretermittunt *im Text getilgt, marg.*
v. and. Hd. einkorr. pretermittti *B* |
cum *om E*

---

1 *K 124. In der Überlieferung liegen aber 2 Stücke dazwischen. Also muß*
ein Stück eingeschoben sein, und zwar K 125 aus der Zeit Klemens' V. Dieses
ist also bereits ein Zusatz zur ursprünglichen, noch unter Bonifaz VIII. ange-
fertigten Redaktion. Vgl. oben Bd. 1 S. 148. Die Handschriften HCA haben
diese Diskrepanz beseitigt (vgl. die Varianten).

C f. 411'

redditus percipiunt supradictos, in animarum suarum periculum, plurimo-
rum scandalum et predictorum F. et M. | preiudicium non modicum et gra-
vamen. – mandamus, quatinus, si est ita, prefatos magistrum, priorem et
conventum, ut in prefata ecclesia de . ., ut tenentur, divina huiusmodi
faciant celebrari, monitione premissa per subtractionem dictorum reddituum appellatione remota compellas.

K 129 Contra recipientes parrochianos ad divina excom-
municatos propter decimas et res alias.

B f. 27'

R f. 27

5

| Iud. Pro . . archipresbitero et clericis ecclesie de . ., quod . . prepositus
et clerici ecclesie de . . B. et alios parrochianos dicte ecclesie, qui pro eis
ab . . abbate de . . pro eo, quod rei iudicate inter eos super decimis et rebus
aliis parere contumaciter recusa|runt (vel contempnebant), auctoritate
apostolica sint vinculo excommunicationis astricti, recipientes temere ad
divina eis exhibent ecclesiastica sacramenta et ipsorum corpora, cum dece-

---

⁹ percipiant *AMOE* : percipiat *D* |
plurimorum – 10 predictorum] et
scandalum plurimorum *H* | pre-
dictorum F. et M.] predicti M. *B* |
F.] I. *CMO* : M. *DEA* | M.] I. *A* :
om DE | non modicum *om B*
¹¹ magistros *V*
¹² ut *om CB* | de . . *om SB* | huius-
modi] officia *add SA*
¹³ faciant] facient *S* : *om A* : officia
add MO | abstractionem *D*
¹⁴ compellas] Testes etc. *add S* : Dat.
etc. *add DE* : etc. *add B.*

K 129   *P 159 f. 20' (Üb. Index f. 4');*
V 119 f. 14; H 157 f. 19/19'; S 120
f. 15; C 156 f. 411' (Üb. Index f.
442'); A 149 f. 38'; M 129 f. 14';
O 151 f. 18; D 201 f. 63 (Üb. Index
f. 6); E 194 f. 37'; L –; R 276 f.
26'/27; B 3 n. 4 f. 27'.
¹ Conqueritur contra *R* | recipien-
tem *DE* | parrochianos] *om H* :
hinter divina *R* | excommunicatos]
vor ad *S* : racione re iudicate (!)
add R
² alias] a legato *add R*

³ Iud. – de . .] Conquesti sunt nobis
archipresbyter et clerici de . . *B* |
. . *om VHSAMODE* | archipres-
biteris *V* | ecclesie *om E* | de . .
diocesis . . *H* : de . . . . diocesis
D : . . de . . . . diocesis *E* | . . 3°
om AB | prepositus – 4 clerici] pre-
positus ecclesie *(getilgt)* et clerici
de . . *R*
⁴ . . de . . *E* | de – alios *om A* | de . .
om B | B.] Petrum laicum dio-
cesis . . *H* : P. *B* | dicte ecclesie]
ecclesie . . diocesis *B* | qui *ein-
korr. C* | pro *om A* | pro eis *om C*
⁵ ab] coram *H* : *om D* : pro *B* | . . 1°
om HAB | abbate] monasterii *add
M* | quod – eos *om A* | iudicaˉ *S*
⁶ parere] comparere *S* : priorem
D | recusaverint (?) *D* : recusa-
verunt *E* | vel contempnebant *om
R* | contempnunt *B*
⁷ sint] fuerunt *(korr.) H* : sive *S* :
sunt *DE* | excommunicationis vin-
culo *H* | ad *om C*
⁸ ecclesiastica *om B* | cum] dum *C* |
discedunt *M*

dunt, tumulare presumunt in ecclesiastice discipline contemptum et eorum
non modicum preiudicium et gravamen. – | partibus convocatis *etc.*   *H f. 19'*

K 130 Contra eum, qui promisit causam alterius defendere
et contra eum nullam assumere.

Iud. Conquestus est nobis I. de .., quod, licet magister F. de .... dio-
cesis eius | causas defendere et contra ipsum in causis non exhibere aliqui-   *D f. 63'*
bus patrocinium,[1] quoad vixerit, iuramento prestito teneatur, propter quod   5
ab eo quandam recepit pecunie quantitatem, tamen idem magister proprie
salutis oblitus in quibusdam causis contra eum exhibere adversariis patrocinium non veretur in anime sue periculum et scandalum plurimorum
| ac dicti I. preiudicium et gravamen. – partibus convocatis.   *E f. 38*

[9] tumulare] sepelire *C* | in] in .. *V* :
om *A* | ecclesiastice] ecc(lesie) *S* :
ecclesie *B*

[10] non *doppelt V* | preiudicium] non
modicum *add H* | gravamen] man-
damus quatinus *add HMODER* :
etc. mandamus quatinus *add B* |
partibus] per *R* | partibus con-
vocatis etc. *om CA (in A v. spä-*
terer Hd. einkorr.) | etc. *om VDER.*

K 130 *P 160 f. 20' (Üb. Index f. 4');*
V 120 f. 14; H 158 f. 19'; S 121
f. 15; C 157 f. 411' (Üb. Index f.
442'); A 150 f. 38'; M 130 f. 14';
O 152 f. 18; D 203 f. 63/63' (Üb.
Index f. 6); E 195 f. 37'/38; L –;
R 268 f. 26; B 39 n. 3 f. 81.

[1] eum] illum *R* | promisit – 2 assu-
mere] percepit pecuniam pro patrono *(! statt* patrocinio) prestando
et non prestat *R* | causam] *hinter*
defendere *M* : causas *DE* | alterius]
abbatis *P* : suas *DE* | defendere
om C

[3] I.] .. *DER* : Io. *v. abd. Hd. ein-*
korr. B | de .. 1°] diocesis .. *add*
H : *om B* | magister F.] M. *H* :
.. *DE* : magister R. *R* | magister

F. de ..] P. *B* | .. diocesis] dio-
cesis *S* : diocesis .. *HAOR*

[4] eius] cuius *C* | causam deffendere
E | defendere – causis *om A (darauf*
bezieht sich ein Randvermerk v.
and. Hd.: male est ordinata) |
causis] ipsis *add B*

[5] patrocinio *C* | quoad vixerit] quo
duxerit *V* : quo adiunxerit *C* :
quo adviserit *A* : quo advixerit *D* |
prestito] posito *S* | teneantur *E* :
teneretur *B* | quod] hoc *A*

[6] ab eo] *om VHR* : *hinter* quandam
DE : *hinter* recepit *B* | quondam
S | quandam recepit] recipit quan-
dam *A* : recepit quandam *R* |
magister] F. *add M* : .. *DE* : R.
add R : P. *B*

[7] salutis] immemor alias *add C* | in]
et *R* | auersariis *VS*

[9] ac] et *H* | predicti *B* | I.] .. *DER* :
Io. *v. and. Hd. über getilgtem*
Petri *B* | preiudicium] privilegium
D | gravamen] mandamus quatinus
add HAMODER : etc. mandamus
quatinus *add B* | partibus] per *R* |
partibus convocatis] etc. *B* | con-
vocatis] etc. *add CAMO.*

---

[1] *patrocinium hier Verteidigung, Vertretung vor Gericht (zu patronus = Ver-*
teidiger; vgl. P. Gillet, Avocat, in: Dict. de droit can. 1, 1524f.).

K 131 Contra eum, qui nobilem non monitum nec citatum
excommunicavit et terram eius interdixit.

P f. 21 | *Iud.* Conquestus est nobis nobilis vir .. dominus castri de .... diocesis, quod .. officialis Remen.[1] in eum non monitum nec citatum sed sine
causa rationabili de facto excommunicationis et in terram suam interdicti
sententias promulgavit.[2] – partibus convocatis.

K 132 Super eisdem.

V f. 14' | *Iud. Pro A. de .. clerico*, quod .. prior prioratus de .. in eum, in quem
nullam habebat iurisdictionem ordinariam seu etiam delegatam, temeritate
propria excommunicationis sententiam promulgavit (*vel* : in ipsum *etc. usque* delegatam, excommunicationis sententiam promulgavit). – partibus convocatis *etc.*

K 131   *P 161 f. 21 (Üb. Index f. 4');
V 121 f. 14; H 159 f. 19'; S –; C
158 f. 411' (Üb. Index f. 442');
A 151 f. 38'; M 131 f. 14'; O 153
f. 18; D 203 f. 63' (Üb. Index f.
6); E 196 f. 38; L –; R 393 f. 38;
B 18 n. 3 f. 46.*
[1] eum] illum *R*
[2] terram] causam *VMO* : terra *D* :
ecclesiam *R* | eius] suam *R*
[3] nobilis vir ..] H. nobilis vir
B | dominus *om C* | dominus ..
castri *VR* | de *om HB* | .. diocesis] diocesis .. *PHOR* : *om B*
[4] .. *om HACDB* | officiales *R* |
Remen.] .. *AB* : Roman. *D* | nec
citatum *om PHMO* | citatum sed
om V | sed] et *PMO* : non *H* : *om
DERB*
[5] et *om H* | in terram suam *einkorr. A*
[6] sententiam *V* | promulgavit] mandamus quatinus *add HCMO* : etc.
mandamus quatinus *add B* | convocatis] etc. *add CAMOB* : audias
etc. *add DE* : audias causam etc.
add R.

K 132   *P 162 f. 21 (Üb. Index f. 4');
V 122 f. 14/14'; H 160 f. 19'; S –;
C 159 f. 411' (Üb. Index f. 442');
A 152 f. 38'; M 132 f. 14'; O 154
f. 18; D 204 f. 63' (Üb. Index f. 6);
E 197 f. 38; L –; R 394 f. 38; B 18
n. 4 f. 46.*
[1] eisdem] eodem *VH*[2] : in alia forma
add DE : eodem pro clerico, *andere
Hd. add* quando nullam habet
iurisdictionem *R*
[2] Pro *om C* | Pro – de .. 2°] Conquestus est nobis .. prior prioratus .. quod .. *B* | A.]P.C : S. *A* |
A. de .. *om DE (hier die Punkte
später einkorr.)* | de .. 2°] diocesis
add R | eum] vel in ipsum *add B* |
in quem] qui *V* : quem *A*
[3] habet *H* : habeat *R* | seu] vel *B* |
temeritate propria *om MO*
[4] sententiam *om B* | vel – *Schluß
om R* | vel – 5 promulgavit *om
PMODB*
[5] promulgavit] etc. *add B* | mandamus quatinus partibus *HMOB*
[6] etc. *om VHMDE.*

[1] *Reims.*   [2] *Vgl. K 117 a. Der Verstoß richtet sich gegen X 2, 28, 26 (c. 6
Conc. Lat. III) und X 5, 39, 48 (c. 47 Conc. Lat. IV).*

K 133 Contra Iudeos, ut solvant decimam de proventibus domorum et aliarum rerum, que infra parrochiam ecclesie emerunt a Christianis.

Iud. Conquestus est nobis . . rector ecclesie de . ., quod B. et F. de . . Iudei in parrochia ipsius | ecclesie habitantes[1] decimas de proventibus   *M f. 15* domorum et possessionum, que a Christianis in eadem parrochia devenerunt ad ipsos, prout a Christianis antea solvebantur, eidem ecclesie solvere indebite contradicunt in eiusdem ecclesie preiudicium et gravamen.[2] – mandamus, quatinus, si est ita, dictos Iudeos ad debitam satisfactionem decimarum huiusmodi monitione premissa per subtractionem communionis fide-   10 lium appellatione remota previa ratione compellas. Testes *etc.*

K 133   *P 163 f. 21 (Üb. Index f. 4');* *V 123 f. 14'; H 161 f. 19'; S 122 f. 15; C 160 f. 411' (Üb. Index f. 442'); A 153 f. 38'; M 133 f. 14'/15; O 155 f. 18; D 205 f. 63' (Üb. Index f. 6); E 198 f. 38; L –; R 93 f. 9 (= R) u. 214 f. 20' (= R'); B 24 n. 1 f. 55.*

1-3 *RR' Üb.*: Contra Iudeos recusantes solvere decimas de possessionibus quas a Christiano (Christo *R*) emerunt. | solvat *D* | decimas *SMD*

2 rerum aliarum *S* | que] *vor* 3 a Christianis *S* : quas *D* | ecclesie *om SC*

3 emerunt] emerant *VD* : *hinter* Christianis *S* : evenerunt *A*

4 . . 1° *om HEB* | parrochialis ecclesie *M* | de . . 1°] diocesis . . *add H* : . . diocesis *add D* : diocesis *add E* |

B. et F. de . .] B. et F. *CR'* : B. R. et F. de . . *M* : . . et . . *E* : N. et I. *B*

5 parrochiam *D* | ipsius] parrochialis *B* | ipsius – habitantes *om R'* | ecclesie] sue *add B* | de – 6 devenerunt] spectantes *R'*

6 que] quas *korr. E* | a] pro *C* | in eadem – 7 Christianis *om S* | parrochia] ecclesia *CB* | devenut *M* : devenerunt *korr. D²* : detinuerunt *E*

7 antea] annuatim *H* : inantea *vor* a Christianis *C* : inantea *A* : ante *M* : *vor* a Christianis *B*

8 eiusdem] ipsius *B* | gravamen] etc. *add B*

9 satisfactionem] solucionem *DERE*

10 subtraxionem *SR*

11 appellatione – ratione] etc. *B* previa ratione *om R'*.

---

[1] *Über die Bezeichnungen von Juden vgl. N 10 und die Ausführungen oben Bd. 1 S. 195 f.*

[2] *Vgl. X 3, 30, 16 (Alexander III. = I. Comp. 3, 26, 28 = JL 13975).*

K 134   Contra devastantes domos et res alias incendio et
aliter.

Iud. Pro . . clerico, quod . . et . . . . diocesis quasdam domos suas contra
iustitiam devastarunt incendio et quasdam etiam diruerunt quadam quantitate bladi et rebus aliis exinde asportatis et abductis animalibus ipsius
vineas extirparunt, succi|derunt nemora et destruxerunt nichilominus mo-
lendina. – partibus convocatis.

D f. 64 (margin, lines 5–6)

K 135   Contra detinentes ecclesiam et eius fructus occupantes.

Iud. Conquesti sunt nobis . . et . . clerici ecclesie de . ., quod . . et . .
laici dicte diocesis ecclesiam ipsam eiusque fructus, redditus | et proventus

A f. 39 (margin)

K 134   *P 164 f. 21 (Üb. Index f. 4');*
V 124 f. 14'; H 162 f. 19'; S 123
f. 15; C 161 f. 411' (Üb. Index f.
442'); A 154 f. 38'; M 134 f. 15;
O 156 f. 18; D 206 f. 63'/64 (Üb.
Index f. 6); E 199 f. 38; L –; R
158 f. 16; B 21 n. 1 f. 50'.

1-2 *R Üb.*: Contra domos et vineas
devastantes et animalia rapientes. |
et aliter] concremantes *DE*

3 Pro – diocesis] Conquestus est
nobis H. clericus quod A. et B.
laici . . diocesis *B* | Pro . . clerico]
Conquestus est nobis . . clericus
diocesis . . *R* | . . 1°] eodem *P* : *om*
HA : einkorr. *OE* | clerico] dio-
cesis . . *add H* : diocesis *add D* :
. . diocesis *add E* | . . et . .] . . *R* . .
quod . . *M* : laici *add DER* | . . dio-
cesis] diocesis . . *PR* : diocesis
VSAMDL | domus *CD*

4 incendio devastarunt *DEB* | in-
cendio *om R* | deruerunt *VO* :
irruerunt *D* | quadam] quandam
CRB | quantitatem *CB* : quan-
titati *O*

5 et 1°] cum *B* | exportatis *R* | et 2°
om VHR | aductis *VAOR* : adduc-
tis *HSCDE*

6 exstirparunt *S* : extirpavit *C* |
succenderunt *V* : succederunt *M* |
et *om V* | dextruxerunt *A* : distra-
xerunt *B* | nichilominus *om C* |
molendina] molandina *(!) O* :
molendinum *D* : etc. *add B*

7 mandamus quatinus partibus *HC*
MODEB | partibus] per *R* | con-
vocatis] etc. *add HCAOB*.

K 135   *P 165 f. 21 (Üb. Index f. 4');*
V 125 f. 14'; H 163 f. 19'; S 124
f. 15; C 162 f. 411' (Üb. Index f.
442'); A 155 f. 38'/39; M 135 f.
15; O 157 f. 18/18'; D 207 f. 64
(Üb. Index f. 6); E 200 f. 38; L –;
R 388 f. 37; B –.

1 ecclesias *R* | eius] etiam *H* | occu-
patos *VAE* : indebite occupantes
R

3 Conquestus est nobis *D* | ecclesie
de . .] diocesis . . *add H* : ecclesie
de *D* : ecclesie . . de . . *E* | et . . 2°]
om C : et *D*

4 dicte einkorr. *E* | ipsam ecclesiam
A | eiusque] eiusdem *R* | fructibus
redditibus et proventibus *S* | red-
ditus *om DE*

predictis clericis exinde violenter eiectis temere occupantes dictam eccle-   5
siam cum fructibus, redditibus et proventibus prefatis detinent occupa-
tam | in dictorum clericorum preiudicium et gravamen. – partibus convo-   *O f. 18'*
catis.

K 136 | Contra rectorem non residentem in ecclesia, licet   *S f. 15'*
percipiat ex ea fructus.

Iud. Conquesti sunt nobis parrochiani ecclesie de . ., quod I. rector
ipsius ecclesie . . diocesis, licet eiusdem ecclesie percipiat sine diminutione
proventus, debitam tamen in ea residentiam facere pretermittit, propter | *C f. 412*
quod dicta ecclesia in divinis officiis defraudatur. – mandamus, quatinus,
si est ita, dictum rectorem | ad debitam residentiam in eadem ecclesia   *H f. 20*
faciendam monitione premissa per subtractionem dictorum proventuum
appellatione remota previa ratione compellas *etc.*

---

⁵ clericis] *vor* predictis *C* : *om E* |
temere *om C*

⁶ redditibus *om CA* | ac prefatis nec
D | predictis *C* : prestitis *A* : pre-
fatis . . et . . *E* | detinet *AD*

⁷ gravamen] mandamus quatinus
add HMODE | convocatis] etc.
add HSCAMO.

K 136   *P 166 f. 21 (Üb. Index f. 5);
V 126 f. 14'; H 164 f. 19'/20; S
125 f. 15'; C 163 f. 411'/412 (Üb.
Index f. 442'); A 156 f. 39; M
136 f. 15; O 158 f. 18'; D 208 f. 64
(Üb. Index f. 6); E 201 f. 15; L –;
R 69 f. 6' (= R) u. 406 f. 39 (=
R'); B 45 n. 1 f. 92.*

¹ Conqueritur contra *R* | residentem]
facientem residentiam *R* | licet –
2 fructus] cuius proventus percipit *R* : licet fructus percipiat ex
eadem *R'*

² accipiat *H*

³ . . parrochiani *VODERR'* | eccle-

sie *om R* | de . .] diocesis . . *add H* |
I.] *om SR* : B. *DE* : P. *B*

⁴ ipsius *om S* | ecclesie 1°] de *add E* |
. . diocesis] diocesis . . *H* : *om D
(Rasur)* : dicte diocesis *E* | dio-
cesis – eiusdem *om B* | eiusdem
ecclesie] eidem ecclesie *A* : ipsius
M : eiusdem proventus *R* | sine –
5 proventus *om R*

⁵ residentiam] *hinter* facere *M* : *vor*
in ea *R* | facere *om S* | propter] per
R' | propter quod korr. *D²*

⁶ dicta – defraudatur] etc. *R* | offi-
ciis *om M* | defraudatur] etc. *add
D² (einkorr.) B*

⁷ si – 9 compellas] partibus convocatis *B*

⁸ facienda *H* : faciendum *R'* | sub-
taxione (!) *S* | dictorum – 9 com-
pellas *om R* | proventuum] in *add
D*

⁹ previa] p(ost)via *(?) D* | etc. *om
HDE.*

K 137   Contra non exhibentes cotidianas distributiones canonico in ecclesia residenti.

Iud. Pro . . canonico Reatin.,[1] quod, licet ipse iam diu in ecclesia Reatin.[1] canonicatum et prebendam canonice sit adeptus, tamen . . decanus
et capitulum dicte ecclesie partem de cotidianis distributionibus, que
canonicis ecclesie predicte ibidem presentibus horis canonicis exhibentur,
sibi in dicta ecclesia personaliter residenti de iure debitam procurantibus
. . et . . ei indebite sub|trahentes ipsi contra iustitiam denegant exhibere. –
mandamus, quatinus vocatis *etc.*

E f. 38'

V f. 15   **K 138** | Pro Iudeo effecto Christiano, qui abbati certam
mutuavit pecunie quantitatem.

Iud. Conquestus est nobis Angelus Faraonis civis Gaietan.,[2] quod, licet
ipse olim tunc Iudeus existens et vocatus Iose Scandafolia de Neapoli[3] . .

K 137   *P 167 f. 21 (Üb. Index f. 5);*
V 127 f. 14'; H 165 f. 20; S 126
f. 15'; C 164 f. 412 (Üb. Index f.
442'); A 157 f. 39; M 137 f. 15;
O 159 f. 18'; D 209 f. 64 (Üb. Index
f. 6); E 202 f. 38/38'; L –; R 70
f. 6'; B 45 n. 2 f. 92.

[1] cottidianas *SD* | canonicis residen-
tibus in ecclesia *D*
[3] Pro – Reatin.] Conquestus est nobis . . (H. *B*) canoncius (Reatin.
add R) DERB | . . *om M* | Reatin.]
Gaietan. *CMO* : . . *A* | iam] a
VSER : *v. and. Hd. einkorr. B* |
diu] dudum *D* | in ecclesia Rea-
tin.] in eadem *(korr. D²)* ecclesia
D | Reatin.] Gaietan. *CMO* : . . *AEB*
[4] . . *om CAMERB*
[5] distributionibus] districtionibus *D* |
que] etiam *C*
[6] canonicis 1°] canonicos *A* | pre-
dicte ecclesie *DEB* | canonicis 2°
korr. A | exhibentes *H*
[7] sibi] *om C* : si *MOE* : ei *D* | in *om*
C | procurantibus] proventibus *C*
[8] . . et . .] diocesis . . *add H* : . . et *S* :

et *DB* | ei *om DR* | debite
A | subtrahentibus *C* : sub|subtra-
hentes *E* | ipsi] sibi *DEB* | contra
om V | exhibere] etc. *add B*
[9] vocatis] partibus convocatis *HADB* |
etc. *om HMB.*

K 138   *P 168 f. 21 (Üb. Index f. 5);*
V 128 f. 15; H 166 f. 20; S 127 f.
15'; C 165 f. 412 (Üb. Index f.
442'); A 158 f. 39; M 138 f. 15;
O 160 f. 18'; D 210 f. 64/64' (Üb.
Index f. 6); E 203 f. 38'; L –; R
74 f. 7 (= R) u. 216 f. 20'/21 (=
R'); B 24 n. 2 f. 55.

[1] effecto Christiano] ipso *(om R')*
Christiano effecto *RR'* | abbati]
om C : . . abbati *AMO*
[2] mutuavit] mutuaverit *H* : *vor* 1
certam *CAO* : mutavit *D* : *vor*
abbati *R* : *om R'* | quantitatem
pecunie *H* | pecunie] penitentie *D*
[3] Angelus Faraonis] . . *SE* : A. de . .
CA : A. P. *M* : Io. *D* : A. *RR'* :
M. *B* | Faronis *H* | Gaietan.] . . *A* :
Gaietanus *E* : Garetan. *B*
[4] olim] *om M* : *vor* ipse *B* | et voca-

[1] *Rieti.*   [2] *Gaeta.*   [3] *Neapel.*

abbati et conventui monasterii de . . ordinis . . . . diocesis quandam pro   5
ipsorum et dicti monasterii necessariis negotiis utiliter expediendis mutuaverit pecunie quantitatem eidem Angelo tunc Iudeo ad ipsius requisitio-
nem persolvendam, | prout in instrumento inde confecto plenius dicitur   *D f. 64'*
contineri, tamen iidem abbas et conventus eidem Angelo nunc Christiane
religionis | effecto de dicta pecunia, que in utilitatem dicti monasterii fuit   *R' f. 21*
conversa, quamquam dicti abbas et conventus fuerint super hoc a dicto
Angelo requisiti, satisfacere indebite contradicunt, propter quod idem
Angelus dampna gravia et expensas se asserit incurrisse. – partibus convocatis. Testes *non dantur*.[1]

---

tus] qui vocabatur *korr. D²* | Io-
sep *VERR'* : Iasper *H* : Yoseph
D : Iosephe *(?) B* | Scandafolia]
Scanda filia *(!) C* : Scandofelta *A* :
om DERR' : . . *B* | de Neapoli
om B | Neapoli] . . *ADE* | et . .
abbati et conventui *RR'* | . . *om*
ADB

⁵ et conventui *marg. v. and. Hd.*
einkorr. B | . . monasterii *H* | mo-
nasterii . . de . . *A* | de . . *om H B* |
ordinis . .] . . ordinis *AODEB* |
. . diocesis] diocesis . . *PHORR'* :
diocesis *VSB*

⁶ necessitatibus *B* | utilem et expe-
dientem *B* | expendendis *D* | mut-
tiaverit *(!) C* : mutaverit *D* :
mutuavit *B*

⁷ pecunie] summam vel *add H* | An-
gelo] . . *SE* : A. *CAMRR'* : *om D* :
M. *B* | requisitionem ipsius *MOB*
⁸ instrumento] publico *add CA*

⁹ iidem] idem *VHSERR'* | iidem . .
abbas *A* | eidem – 11 conventus

om *H* | Angelo] *om SD* : A.
CAMRR' : . . *E* : M. *B*
¹⁰ dicta] certa *R* | que] quam *VSO* |
utilitate *C* | fuit] sint *D* : fuerit
R'
¹¹ conversa] nondum (nundum *PO* :
non *RR'*) est *(om DE)* sibi (aliquantulum *add RR'*) satisfactum
add alle Hss. | quamquam] post-
quam *C* | super – 12 requisiti
korr. D² | a dicto A. super hoc *M* |
hoc *om D* | a] et *R'*
¹² Angelo] . . *SEB* : A. *CAMRR'* :
Io. *D* | debite requisiti *D* : humi-
liter requisiti *RR'*
¹³ Angelus] A. *CARR'* : Io. *einkorr.*
D² : *om E* : M. *einkorr. B* | damna
MDB | gravia et expensas *korr.*
D² | incurrisse] mandamus quatinus
add HCAMO : etc. mandamus
quatinus *add B* | partibus] per *R* |
convocatis] etc. *add HCAMOB*
¹⁴ Testes non dantur *om B* | non dan-
tur] etc. *C* | dantur] datur *VHOE* :
etc. *add D*.

---

[1] *Die Klausel entfällt, weil Mönche angeklagt sind; vgl. Herde, Zeugenzwang,*
in: Traditio 18, 279 f., u. oben Bd. 1 S. 231.

**K 139 Pro canonico studenti, cui subtracti sunt fructus
prebende per capitulum.**

Iud. Pro P. canonico Reatin.,[1] quod, cum ipse de licentia venerabilis fratris nostri . . episcopi Reatin.[2] pro acquirenda scientie margarita se Bono-
niam transtulisset, capitulum ecclesie Reatin. contra eum ex eo occasionem
debitam assumentes, quod sine ipsorum capituli licentia accessisset, presertim cum eam habere nullatenus potuisset, fructus prebende sue sibi per
biennium subtraxerunt. – partibus convocatis *etc.*

**K 140 Pro procuratore in Romana curia, cui dominus eius
denegat solvere salarium.**

P f. 21' |*Iud.* Conquestus est nobis G. de . . clericus, quod, licet ipse . . rectori
ecclesie de . . . . diocesis apud sedem apostolicam in procurationis officio

---

K 139   *P 169 f. 21 (Üb. Index f. 5);
V 129 f. 15; H 167 f. 20; S 128 f.
15'; C 166 f. 412 (Üb. Index f.
442'); A 159 f. 39; M 139 f. 15;
O 161 f. 18'; D 211 f. 64' (Üb.
Index f. 6); E 204 f. 38'; L –; R
245 f. 23'; B –.*
[1] studente *CMO* | subtracti] supra-
dicti *H*[2] : subiecti *A* : substracti *E*
[2] prebende *om R*
[3] Pro P. canonico] Conquestus est
nobis P. canonicus *R* | P.] . . *DE* |
Reatin.] Gaietan. *CMOE* : . . *A* :
Saiecan. *(!) D* | de licentia] dili-
gentia *A*
[4] . . *om O* | Reatin.] Gaietan.
CMODE | scientie *korr. VA* | se
om A | Bononie *P*
[5] transtulisset] tamen . . *add H* :
trastulisset *D* | Reatin.] Gaietan.
CMODE : . . *A* | eum] eam *D* | ex
eo *om C* | ex – 6 assumentes]
odii rancorem assumentes ex eo
H | occasione debite *C* : debitam
occasionem *A* : occasione indebita
D : occasionem indebitam *ER*

[6] Bononiam accessisset *H* | preser-
tim – 7 potuisset] prebendam
quam in dicta ecclesia habere consuevit exhibere denegarunt et *H*
[7] cum] tum *S* | ea *C* : eum *M* | ha-
beret *E* | sue – 8 subtraxerunt *auf
Rasur D*[2] | sibi *om S*
[8] subtraherunt *VS* : subtraxerint
C | mandamus quatinus partibus
HCAMODER | etc. *om ADER.*

K 140   *P 170 f. 21' (Üb. Index f. 5);
V 130 f. 15; H 168 f. 20; S 129 f.
15'; C 167 f. 412 (Üb. Index f.
442'); A 160 f. 39; M 140 f. 15;
O 162 f. 18'; D 212 f. 64' (Üb.
Index f. 6); E 205 f. 38'; L –; R
304 f. 29'; B –.*
[1] cui] quando *H*[2] | eius *om CDE*
[2] negat *H*[2] | salarium solvere *C*
[3] G. *om S* | clericus] laicus *VHDR* :
laycus *E* | ipse *om DE* | . . 2° *om
PCD* | . . rectori – 4 diocesis] . .
rectori . . ecclesie diocesis . . *H*
[4] ecclesie *om E* | de *om D* | . . dio-
cesis] diocesis . . *SAR* | officio]
om A : servicio *D*

---

[1] *Rieti.*   [2] *Über die in Frage kommenden Bischöfe von Rieti vgl. oben* π
16, *S. 82 Anm. 3.*

diu serviverit fideliter et devote, tamen dictus rector promissam sibi pro   5
labore mercedem contra iustitiam denegat exhibere. – partibus convocatis.

K 141 Pro patrono paupere, ut ei provideatur de fructibus ecclesie.

| *Episcopo*. Dilectus filius . . de . . clericus sancti . . et sancti . . ecclesiarum patronus . . diocesis nobis humiliter supplicavit, ut, cum tanto prematur onere paupertatis, quod non habeat, unde valeat sustentari, faceremus sibi ab eisdem ecclesiis vite necessaria exhiberi. – mandamus, quatinus, si est ita, eidem clerico | a prefatis ecclesiis pro sustentatione sua facias per te vel alium auctoritate nostra secundum statuta canonum subveniri; contradictores *etc.*

S f. 16

5

M f. 15'

K 142 Contra abbatem impedientem episcopum in cognitione causarum matrimonialium.

Iud. Conquestus est nobis venerabilis frater noster . . episcopus Reatin.,[1]

6 mercede *C* | exhibere] mandamus quatinus *add HCAMO* | partibus] per *R* | convocatis] etc. *add HCAOR.*

K 141   *P 171 f. 21' (Üb. Index f. 5); V 131 f. 15; H 169 f. 20; S 130 f. 15'/16; C 168 f. 412 (Üb. Index f. 442'); A 161 f. 39; M 141 f. 15/15'; O 163 f. 18'; D 213 f. 64' (Üb. Index f. 6); E 206 f. 38'; L –; R 219 f. 21; B 32 n. 1 f. 68.*

1 patrone *(!) V* | paupere patrono *R* | ut ei provideatur] quod provideatur sibi *R*

3 Episcopo] . . episcopo *P* : Iud. episcopo *HMDE* : Iud. . . episcopo *E* : Iud. B | Cum dilectus *H* | . . de . .] B. *B* | sancti 1° – 4 patronus *om B* | sancti 1°] sanctorum *v. späterer Hd. getilgt u. darüber einkorr.* sancti et sancti *A* | . . 3° *om O* | et sancti . .] *om VCA* : et . . *HB* : et . . sancti *M* : et . . sancti . . *O*

4 . . diocesis *om R* | nobis *om E* |

tanto] tacto *V* : tamen *M* : in tanto *D*

5 paupertis *(!) R* | habebat *DB* | valeat] possit *H* | substentari *SER* | faceremus] fecerimus *S*

6 ab] de *D* | eiusdem *R* | ministrari alias exhiberi *C* | exhibere *M* : exhiberi etc. *B*

7 predictis *B* | substentatione *VSCR*

8 per] pro per *C* | vel] per *add S* | canonum] canonica *CA* : v. and. Hd. marg. einkorr. *B* | subvenire korr. *O*

9 contradictores etc. *om P* | etc. *om V.*

K 142   *P 172 f. 21' (Üb. Index f. 5); V 132 f. 15; H 170 f. 20/20'; S 131 f. 16; C 169 f. 412 (Üb. Index f. 442'); A 162 f. 39; M 142 f. 15'; O 164 f. 18'; D 214 f. 64'/65 (Üb. Index f. 6); E 207 f. 38'; L –; R –; B –.*

1 cognitione] collatione *H²*

3 . .] G. *M* : om *D* | Reatin.] Gaietan. *CMODE* : . . *A*

---

1 *Rieti. Über die in Frage kommenden Bischöfe vgl. π 16, S. 82 Anm. 3.*

H f. 20'
D f. 65

quod .. abbas monasterii de .. | sue diocesis cognitionem causarum matrimo|nialium sibi in villa de .. dicte diocesis usurpare presumit in eius preiudicium et gravamen. – partibus convocatis.

K 143 Ab episcopo contra episcopum usurpantem iurisdictionem eius.

A f. 39'
V f. 15'

Iud. Conquestus est nobis venerabilis frater noster .. episcopus Placentin.,[1] quod, licet monasterium de .. ordinis .. ac sancti .. et sancti .. plebes cum capellanis | suis Placentin.[2] diocesis sibi sint lege | diocesana subiecti, venerabilis tamen frater noster .. episcopus Vicentin.[3] in monasterio, plebibus et capellanis predictis indebitam sibi iurisdictionem contra

4 .. abbas] abbas S : N. abbas M | monasterii .. de .. E | de ..] ordinis .. *add* H | cognitione C

5 dicte *om* E | presumpsit C | presumunt A

6 gravamen] mandamus quatinus *add* HCAMODE | convocatis] etc. *add* HSCAO.

K 143 P 173 f. 21'; V 133 f. 15/15'; H 171 f. 20'; S 132 f. 16; C 170 f. 412 (*Üb. Index f. 442'*); A 163 f. 39/39'; M 143 f. 15'; O 165 f. 18'; D 215 f. 65 (*Üb. Index f. 6); E 208 f. 38'; L –; R 277 f. 27; B –.

1-2 *Üb. om* P (Index), steht aber marg. im Text. – S *Üb.*: Contra episcopum, qui usurpat iurisdictionem alterius episcopi. – R *Üb.*: Contra episcopum impedientem alium episcopum super iurisdictione sua. | Ab episcopo *om* D | Ab] Pro E | contra *om* H

2 eius] episcopi D

3 Conquestus – Placentin.] Pro eodem episcopo *(irrig aus K 144)* P | .. *om* MD | Placentin.] Placentinus V : Plasen. C : .. A : Placen. R

4 licet] ipse *add* C | de ..] diocesis .. *add* H : *om* D | ordinis ..] .. ordinis VE : ordinis S | ac] .. et D | ac – sancti .. 2°] ac sancti .. et sancti V : ac sancti .. et .. H : ac sancti et sancti .. S : ac sancti et sancti A : ac .. sancti et sancti .. MO | et sancti .. *om* C

5 plebs S | capĪlis PA : capellis CAMOER : cappellis D | Placentin.] Reatin. P : Placen. CE : .. A : Pacen. R | sibi *om* R | sunt A

6 subiecte M : subiect(is) E | tamen venerabilis CAMODER | .. *om* S | Vicentin.] Exomen. C : .. A : Vticen. DE : *om* R

7 capĪlis PA : cappellis HD : capellanis S : capellis CMOER | debitam D

1 *Piacenza. Als Bischöfe kommen in Frage*: Albericus (1294–1295), Rainerius (1295–1301) und Ubertus (1301–1302); vielleicht auch noch Hugo (1302–1317), vgl. Eubel 1 s. v.

2 *Piacenza.*

3 *Vicenza. Als Bischöfe kommen in Frage*: Andreas (1295–96), Rainaldus (1296–1303) und vielleicht noch Altogradus (1302–14), vgl. Eubel 1 s. v.

iustitiam exercere et usurpare presumit in ipsius episcopi Placentin.[1] preiudicium et gravamen. – partibus convocatis.

K 144 Contra abbatem instituentem clericos in ecclesiis spectantibus ad collationem episcopi.

| *Iud. Pro eodem episcopo*, quod, cum collatio ecclesiarum sue diocesis   *C f. 412'*
ad eum pertinere noscatur, .. abbas monasterii de .. ordinis .. sue diocesis rectores | nuper in ipsis ecclesiis pro sue instituit libito | voluntatis   *O f. 19*
in eius preiudicium et gravamen. – mandamus, quatinus partibus convo-   *E f. 39*
catis.

K 145 Contra abbatem et conventum denegantes annuum redditum solvere concessum ad vitam.

Iud. Conquestus est nobis .. clericus, quod, cum .. abbas et conventus monasterii de .. ordinis .... diocesis sibi annuum redditum decem mar-

[8] exhercere *S* | presumunt *CR* | Placentin.] Reat. *P* : Plasen. *C* : .. *A* : Placen. *E* : *om R*

[9] gravamen] mandamus quatinus *add HCAMO* | partibus convocatis] etc. *S* : *om R* | convocatis] etc. *add HCAMO*.

K 144   *P 174 f. 21' (Üb. Index f. 5); V 134 f. 15'; H 172 f. 20'; S 133 f. 16; C 171 f. 412' (Üb. Index f. 442'); A 164 f. 39'; M 144 f. 15'; O 166 f. 18'/19; D 216 f. 65 (Üb. Index f. 6); E 209 f. 38'/39; L –; R 212 f. 20'; B –.*

[1] .. abbatem *O*

[2] spectantes *S* | spectantes – episcopi] quarum collatio pertinet ad episcopum *R*

[3] eodem *om R* | quod *om A*

[4] noscantur *D* | .. 1° *om SCAMD* | ordinis ..] ordinis *S* : .. ordinis *MODE* | sue diocesis] diocesis sue *A*

[5] nuper *om DE* | suo *R* | instituit] instruit *V* | voluntatis *om R*

[6] partibus convocatis] etc. *S* : etc. *add HCAMO* : *om R*.

K 145   *P 175 f. 21' (Üb. Index f. 5); V 135 f. 15'; H 173 f. 20'; S 134 f. 16; C 172 f. 412' (Üb. Index f. 442'); A 165 f. 39'; M 145 f. 15'; O 167 f. 19; D 217 f. 65 (Üb. Index f. 6); E 210 f. 39; L –; R 59 f. 5'; B –.*

[1] denegantem *AR* | annuum redditum] usufructus *S* | solvere annuum redditum *R* | et annuum *V*

[2] reditum *V* : reddituum *H²* | concessum ad vitam *om S* | vitam] clerico *add D*

[3] Iud. *om R* | .. clericus] .. diocesis *add H* : clericus *S* : clericus .. korr. *D²* | .. 2° *om HSA*

[4] de *om H* | .. diocesis] diocesis .. *PHAMR* : diocesis *VE* : *om S* | .. diocesis sibi *auf Rasur D²* |

[1] *Vgl. S. 290 Anm. 1.*

5 charum argenti duxerint, quoad vixerint, concedendum, investientes eum
etiam de eodem, sibi dictum redditum solvere denegant minus iuste. – partibus convocatis.

K 146   Contra eosdem super eo, quod promiserunt certo cle-rico de aliquo beneficio providere.

In eodem modo pro eodem clerico, quod, cum iidem sibi de aliquo ecclesiastico beneficio competenti, consueto ab olim clericis secularibus assi-
5 gnari, promiserint providere, assignata sibi annua pensione retinenda per
eum, donec foret per eos huiusmodi beneficium assecutus, prout in litteris
inde confectis ipsorum sigillis munitis plenius dicitur contineri, prefati
abbas et conventus pensionem eandem sibi contra iustitiam subtrahentes
ei de beneficio huiusmodi denegant providere, quamquam habuerint facul-
10 tatem. – partibus convocatis.

---

annum *C* | annuos redditus *H* |
decem] X *HCAR* | marcarum *SR*
5 duxerit *VHCAR* : *om M* | quoad
vixerit] quoaduxerit *(!) V* : quo
advixerit *HD* : quoadvixerit *C* :
quo adviserit *A* | eum *om A*

6 eisdem *H* | dictos redditus *H* |
reddituum *S* | denegant] dene-
gavit *C* : *vor* solvere *DER* | iuste]
mandamus quatinus *add HSCA
MODE* | partibus] per *R* | convo-
catis] etc. *add HCO.*

K 146   *P 176 f. 21' (Üb. Index f. 5);
V 136 f. 15'; H 174 f. 20'; S 135 f.
16; C 173 f. 412' (Üb. Index f.
442'); A 166 f. 39'; M 146 f. 15';
O 168 f. 19; D 218 f. 65 (Üb.
Index f. 6); E 211 f. 39; L –; R –;
B –.*

1 Contra eosdem] Super eisdem *DE* |
super eo *om S* | eo] eodem *D* |
promisit *VH* : promisse *C* |
certo] cuidam *CA* : *om D*

2 provideri *D* : provider(is) *E*
3 In eodem modo] Iud. eodem modo
HD : In eadem materia *MO* | eo-
dem] *om H* : *hinter* clerico *A* |
clerico] . . diocesis *add H* : . . *add
D* | cum *om DE* | iidem] . . abbas
et conventus *H* : idem *AD* | ec-
clesiastico] *hinter* beneficio *HS* :
om C
4 ab *om C*
5 promiserunt *S* : promiserit *M* |
annua] et congrua *H* | retinendo
VSMO
6 eos] legitime *add C* | assecutus
beneficium huiusmodi *C*
7 dicitur contineri] continetur *C*
8 pensionem] possessionem *C* | sibi
om C
9 ei] et *DE* | huiusmodi] sibi *add C* |
habuerit *SM* | facultatem] man-
damus quatinus *add HCAMODE*
10 partibus convocatis *om S* | con-
vocatis] etc. *add HCAO.*

K 147 Super indebitis exactionibus.

| *Iud.* Conquestus est nobis nobilis vir . . de . ., quod F. de . . laicus . .   *D f. 65'*
diocesis ipsum indebitis exactionibus aggravat et molestat. – partibus convocatis *etc.*

K 148 Super appellatione pro eo, quod episcopus villam supposuit ecclesiastico interdicto.

Iud. Pro . . perpetuo vicario in ecclesia de . . et pro parrochianis ipsius
ecclesie de . . villa laicis, quod venerabilis frater noster . . episcopus, loci
diocesanus, et . . officialis ipsius sine causa rationabili auctoritate propria   5
ipsis non monitis nec citatis dictam villam supposuerunt ecclesiastico

---

K 147   *P 177 f. 21' (Üb. Index f. 5);*
V 137 f. 15'; H 175 f. 20'; S –; C
174 f. 412' (Üb. Index f. 442');
A 167 f. 39'; M 147 f. 15'; O 169
f. 19; D 219 f. 65' (Üb. Index f.
6); E 212 f. 39; L –; R 60 f. 5'; B –.

¹ debitis *C* | exactionibus] impositis
per (pro *D*) dominum *add DE*

² nobis] . . *add C* | nobilis – laicus . .]
. . de . . laicus quod nobilis vir . .
de . . *R* | . . de . . *om H* | . . 1° *om D* |
F. de . . . . laicus diocesis *D*

³ ipsum *om VH* | molestat] man-
damus quatinus *add HCAMO* |
partibus – 4 etc. *om R*

⁴ etc. *om DE.*

K 148   *P 178 f. 21' (Üb. Index f. 5);*
V 138 f. 15'; H 176 f. 20'; S 136 f.
16; C 175 f. 412' (Üb. Index f.
442'); A 168 f. 39'; M 148 f. 15';
O 170 f. 19; D 220 f. 65' (Üb. In-
dex f. 6'); E 213 f. 39; L –; R 53
f. 5; B 23 n. 1 f. 54'.

¹ Super appellatione] Quando appellatur ab episcopo et officiali *D* :
contra episcopum et officialem
add ER | episcopus] . . episcopus

. . *P* : *om DER* | villam] sine
causa rationabili *add DER*

² supposuit] *hinter* ecclesiastico *M* :
supposuerunt *DE*

³ Pro – 4 laicis] Conquesti sunt nobis
. . (G. ? *B*) perpetuus vicarius in
ecclesia de . . (in – de *om B*) et
parrochiani ipsius ecclesie de . .
villa laici (de – laici] . . diocesis *B*)
RB | . . 1° *om VHSCAME* | vic-
cario *S* | ecclesia . . de . . *D* | pro
2°] *einkorr. A* : *om D*

⁴ ecclesie . . de . . *D* | de . . villa] de
villa *PVHSM* : de villa . . *O* | villa
einkorr. E | laici *PVSAMO* :
laicis diocesis . . *H* : laycus *E* | . .
episcopus] episcopus . . *H* | loci
om M

⁵ . . officialis] . . offic̄ *PSAD* : officiales *C* : officialis *MO* : . . official̇
ER | sine – 6 ipsis *om C* | rationa-
bili causa *B* | auctoritate propria
om H

⁶ nec] non *C* | dictam] ipsam *M* |
supposuerunt] *hinter* ecclesiastico
M : *korr. D²*

interdicto, propter quod ex parte ipsorum fuit ad nostram audientiam appellatum. – partibus convocatis.

K 149 | Contra clericos cessantes a divinis contra constitutiones apostolicas.

Iud. Conquesti sunt nobis scabini, consules et universitas civitatis Trecen.,[1] quod .. sancti .. et .. sancti .. Trecen. ecclesiarum decani ac ipsarum

5 capitula contra scabinos, consules et universitatem predictos sine causa rationabili nostra etiam et felicis recordationis Gregorii pape X., predecessoris nostri, constitutionibus super hoc editis[2] non servatis pro sue libito voluntatis a divinis cessaverunt officiis et cessant in ipsorum scabi-

norum, con|sulum et universitatis preiudicium et gravamen. – partibus
10 convocatis.

[7] ex] pro *A* | fuit *hinter* audientiam *B* | appellatum] mandamus quatinus *add HCAMODE* : etc. mandamus quatinus *add B*

[8] partibus convocatis *om R* | convocatis] etc. *add SCMOB.*

K 149　*P 179 f. 21' (Üb. Index f. 5); V 139 f. 15'; H 177 f. 20'/21; S 137 f. 16'; C 176 f. 412' (Üb. Index f. 442'); A 169 f. 39'; M 149 f. 15'; O 171 f. 19; D 221 f. 65' (Üb. Index f. 6'); E 214 f. 39; L –; R 52 f. 5; B 5 n. 1 f. 28'.*

[1-2] *D Üb.*: Contra decanos et capitula, qui sine causa rationabili a divinis officiis cessaverunt. | constitutionem apostolicam *R*

[3] .. scabini *H* | .. consules *H* | Trecen. 1°] .. *A*

[4] quod sancti .. et sancti .. *PSA ODR* : quod .. sancti et sancti .. *VH* : quod .. sancti .. et sancti *C* : quod sancti et sancti *M* : quod sancti .. et sancte .. *E* : quod M.

sancti .. P. sancti *B* | Trecen.] .. *A* | ac] et *PB* | ipsarum] ipsorum *SCAM* : *om B*

[5] cappla *D* | contra *om D* | contra – predictos *om B* | universitates *H* | predictas, a *korr. A*

[6] nostra] auctoritate propria *H* : in nostra *A* | etiam] *om A* : et etiam *C* | Gregorii] G. *PVHSAMOD* : GG. *C* : Gre. *B* | pape *om V* | X[i] *P* : X[mi] *VS* : XIIII. *H* : XI. *ADE* : decimi *MO* : V. *B* | predecessoris] pro *D*

[7] nostris *R* | suo *SD*

[8] voluntatis libito *SCAMO* | cessarunt *CD* | ipsorum *om B*

[9] consulum] consilium *C* | universitatis] predictorum *add DRB* : predict(is) *add E* | gravamen] mandamus quatinus *add HCAMODER* : etc. mandamus quatinus *add B* | partibus] per *R*

[10] convocatis] etc. *add HSAOB* : et ceter(is) *add C* : *vor* partibus *B.*

---

[1] *Troyes.*

[2] *Konstitutionen Gregors X. c. 17 Conc. Lugd. II = VI° 1, 16, 2, und Bonifaz' VIII. von 1296 April 4, Potthast 24310 = VI° 1, 16, 8. Das Stück ist mithin (1296 April 4–1303 Oktober 11) zu datieren; Aussteller ist Bonifaz VIII.*

K 150 | Contra Iudeos, ut ferant habitum, per quem distin- *V f. 16*
        guantur a Christianis.

| *Episcopo*. Licet in sacro generali concilio provida fuerit deliberatione *P f. 22*
statutum, ut Iudei a Christianorum habitu distinguantur, ne illorum isti *D f. 46*
vel istorum illi mulieribus possint dampnabiliter commisceri,[1] et .. et .. 5
Iudei tue civitatis et diocesis statutum huiusmodi, sicut accepimus, non
observant, propter quod dampnate commixtionis excessus sub erroris
potest velamento presumi. Volentes igitur statutum huiusmodi firmiter
observari – mandamus, quatinus, si est ita, dictos Iudeos ad deferendum
signum, quo a Christianis | qualitate habitus distinguantur, monitione pre- *M f. 16*
missa per subtractionem communionis fidelium sublato appellationis impedimento compellas.

K 150a Contra abbatem, qui redeuntem a curia spoliavit,

Iud. Significavit nobis dilectus filius .. archidiaconus .. in ecclesia ...

K 150   *P 180 f. 22 (Üb. Index f. 5);
V 140 f. 16; H 178 f. 21; S 138 f.
16'; C 177 f. 412' (Üb. Index f.
442'); A 170 f. 39'; M 150 f.
15'/16; O 172 f. 19; D 87 f. 46 (Üb.
Index f. 6'); E 78 f. 27'; L 58 f.
90a; R 213 f. 20'; B –.*
1-2 *DEL Üb.*: Scribitur diocesano,
quod compellat Iudeos ad ferendum (faciendum *E*) habitum, quo
(quod *L*) cognoscantur a Christia-
nis (esse perversos *add D*). | defe-
rant *H*[2] | distinguantur] desig-
nantur *VH*
2 Christianis] Iudeis *R*
3 Episcopo] Iud. .. episcopo *PVH* :
Iud. episcopo *SMODLR* : Iud. *C* :
Iud. episcopo .. *E* | Licet] Quod
licet *H* : *om S* | provida *om R*
4 statutum ut *korr. D*[2] | distinguan-
tur] distingantur *PAE* : *om C* :
distingwantur *L* : distinguuantur
R | illorum] illo *R*
5 vel] alias *S* | istorum *korr. D*[2] | illi]

vel ill *add C* : *om L* | mulieribus]
mulieri *V* : *hinter* possint *H* | im-
misceri *R* | et .. et ..] .. et *M* : et *L*
6 sicut] ut *M* | accipimus *D*
7 observant *scr.*] observent *alle Hss.* |
damnate *M* : dampnande *DEL* :
om R | commistionis *PSOD* :
commissionis *VA* : commiscionis
OE : commissionis, *darüber v. and.*
Hd. commixionis *R*
8 potest] post *V* : poterit *hinter* velamento *C* : vel *(gestr.)* potest *A*
9 defferendum *E* : ferendum *L*
10 distingantur *HA* : destinguantur
C : distinwatur *L*
11 sublato] sub loco *E* | impedimento]
remedio *CA*
12 compellas] Dat. *add CD* : Dat. etc.
add E : Datum etc. *add L* : etc.
add R.

K 150a   *D 222 f. 65'/66 (Üb. Index
f. 6').*
1 a] de *D*

---

[1] *c. 68 Conc. Lat. IV = X 5, 6, 15.*

quod, cum ipse a Romana curia, ad quam olim tam peregrinationis ⟨causa⟩
et pro quibusdam suis negotiis promovendis accesserat, ad propria remearet,
5   tamen . . abbas monasterii . . ordinis . . . . diocesis associatis sibi quibusdam
suis in hac parte complicibus laicis dicte diocesis ipsum archidiaconum per
dictam diocesim transeuntem manibus in eum violenter iniectis ausu sacrilego capere ac ipsum aliquamdiu retinere ipsumque pannis suis laneis et
lineis, quibus indutus fuerat ⟨spoliatum⟩, quosdam equos suos, certam
10   pecunie summam et res alias, quas secum habebat, sibi auferre temeritate
propria presumpsit, propter que idem abbas excommunicationis sententiam
latam auctoritate apostolica in eos, qui accedentes ad sedem ipsam vel rece-
D f. 66   dentes ab ea capere, detinere | et bonis spoliare presumunt, et alias pro huius-
modi violenti manuum iniectione, captione et detentione canonis sententias
15   noscitur incurrisse. Cum igitur qui ad predictam sedem accedunt et recedunt
ab ea debeant plena securitate gaudere, – mandamus, quatinus.

K 150b   Contra episcopum, qui excommunicavit aliquem sine causa rationabili.

Iud. Conquestus est nobis . ., quod, licet ipse nullius esset excommunicationis sententia innodatus, tamen venerabilis frater noster P. episcopus
5   . . in eum proprio motu et de facto excommunicationis sententiam promulgavit ipsumque mandavit et fecit excommunicatum publice nuntiari. –
mandamus, quatinus partibus convocatis.

---

³ a] in *D* | causa *scr.*] *om D*
⁴ remearet] remaneret *D*
⁵ . . 1° 2° *om D*
⁹ spoliatum *scr.*] *om D*
¹⁴ violen(ta) *D.*
K 150b   *D 223 f. 66 (Üb. Index f. 6');*
    E 215 f. 39; B 17 n. 2 f. 45'.

³ . .] P. *B* | ipse *om B*
⁴ P.] . . *E* : Io. *B*
⁵ . . *om DB* | in *om B* | excommuni-
    cationis – promulgavit *om B*
⁶ nuntiari] etc. *add B*
⁷ convocatis] audias causam etc.
    add B.

K 151–164d

Super causa matrimoniali.

K 151 Super causa matrimoniali.

Item nota, quod cause matrimoniales semper committuntur diocesanis episcopis.[1]

Pro eo, qui impeditur sine causa, ne uxorem accipiat.

| *Episcopo.* Sua nobis P. de . . laicus tue diocesis petitione monstravit, quod, licet ipse ad bona nuptiarum aspirans legitime uti desideret consortio coniugali et nichil sibi canonicum obsistat, per quod huiusmodi eius desiderium | debeat impediri, tamen M. de . . laicus (*vel* R. mulier) dicte diocesis ipsum, ne cuiquam matrimonialiter copulari valeat, sine causa rationabili malitiose contra iustitiam | impedire presumit. Quare dictus P. nobis humi-

A f. 40

E f. 39'

C f. 413

K 151   *P 181 f. 22 (Üb. Index f. 5);
V 141 f. 16; H 179 f. 21; S 139 f.
16'; C 178 f. 412'/413 (Üb. Index
f. 442'); A 171 f. 39'/40; M 151
f. 16; O 173 f. 19; D 224 f. 66 (Üb.
Index f. 6'); E 216 f. 39/39'; L –;
R 24/25 f. 2'; B 28 n. 1 f. 61.*

[1] *D Üb.*: Tractatus super causis matrimonialibus. – *R Üb.*: De sponsalibus et matrimoniis. Nota in causis matrimonialibus.

[2] Item *om PDRB* | diocesanis *om VHR* | episcopis] episcopo *H* : etc. nisi suspitio sit rationabilis et tunc viciniori diocesano *add D*[2]

[4] *Üb. om RB.* – *R marg.*: Contra impedientem. | qui] quod *HMO* : quia *C* | causa] rationabili *add S* | ne] ut *S* | ne – accipiat *om C* | accipiat] Attende si in istis formis matrimonialibus detur clausula Testes *add C* : capiat *A*

[5] Episcopo] . . Episcopo *P* : Episcopo *(marg. einkorr.)* iud. *C* : Iud. episcopo *M* : Iud. . . episcopo *O* :

Venerabili fratri episcopo Avinionen. *DE* : Iud. *B* | P.] N. *CA* | de . . *om B* | laicus *om C* | tue diocesis] *om DE* : . . *B*

[6] ipse] *vor* licet *CO* : *om A* | consortio legitime uti desideret *B* | uti] ut *VHS* : *om M* : vel *(getilgt) R* | desideret] desiderat *HS* : desidere *(getilgt) R* | aggregari consortio *H* | consortio coniugali *getilgt R*

[7] nichili omino *korr. aus* nichilominus *R* | canonicum *om CB* | obsistat] obstet *CM* : obstat *AO* : obsistet *aus* obsistat *korr. R* | per] propter *MDB* | quod *om D* | eius *om ER*

[8] M.] I. *R* | de . .] de *D* : *om B* | vel R. mulier *om B* | R.] B. *VHDER* | mulier] *hinter* diocesis *D (hier durch Umstellungszeichen korr.) E*

[9] ipsam *E* | ne *om V* | ne cuiquam] quominus *korr. wohl aus* cuiquam *R* | cuiquam *om H*

[10] P.] N. *CA*

---

[1] *c. 60 Conc. Lat. IV = X 5, 31, 12.*

liter supplicavit, ut dictum M. (*vel* R.) compesci ab huiusmodi impedimento
de benignitate apostolica mandaremus. – mandamus, quatinus vocatis *etc.*,
quod canonicum fuerit *etc.* Testes *non*.[1]

　　a) *Zusatz in M: Et nota hanc clausulam* : Cum autem dictus . ., sicut asserit,
15　propter potentiam dicti . . presentiam venerabilis fratris . . episcopi, cui esset
in hac parte scribendum, nequeat adire secure.

K 152　Contra mulierem, que non permittit se traduci a viro, cum quo matrimonium per verba de presenti contraxit.

Episcopo. Sua nobis . . laicus petitione monstravit, quod, cum ipse cum
M. filia . . matrimonium per verba legitime contraxerit de presenti, eadem
5　tamen M. ab ipso non patitur se traduci. – mandamus, quatinus, si est ita,
predictam M., quod ab eodem viro se traduci libere patiatur, monitione
premissa per censuram ecclesiasticam, sicut iustum fuerit, appellatione
remota compellas. Testes *non*.[2]

---

[11] vel *getilgt R* | R.] B. *DE* : *om R* |
impedimentis (s *einkorr.*) *R*

[12] mandaremus] etc. *add B* | vocatis]
partibus convocatis *H*

[13] fuerit *korr. C* | etc. 1° *om VSAMO* |
Testes *korr. A* | non] etc. *PVHS
CAMODER* : datur *add B*

[15] . . 1° *om M.*

K 152　*P 182 f. 22 (Üb. Index f. 5);
V 142 f. 16; H 180 f. 21; S 140 f.
16'; C 179 f. 413 (Üb. Index f.
443); A 172 f. 40; M 152 f. 16;
O 174 f. 19; D 225 f. 66 (Üb.
Index f. 6'); E 217 f. 39'; L –;
R –; B 28 n. 2 f. 61.*

[1] quem *D* | permittit] dimittit *C* |
transduci *CA*

[2] quo] qua *VHAMO* | contraxit *om D*

[3] Episcopo] Iud. *MB* : Iud. epis-
copo *O* | . .] *om D* : N. *B* | laicus]
. . diocesis *add H* : tue diocesis *add
DEB* | cum 1°] *om PVSCAMO* :
licet *DEB* | cum 2°] . . M *add A*

[4] M.] B. *B* | filia . .] filia laici . . dio-
cesis . . *H* | . . *om D* | legitime *om
H* | legitime – presenti] de presenti
contraxerit ea *(getilgt)* legitime *A* |
de presenti legitime contraxit *C* :
de presenti legitime contraxerit
DE : contraxit legitime de pre-
senti *B* | eandem *D*

[5] M.] B. *B* | se *v. and. Hd. einkorr. B* |
traduci] tranduci *(!) H* : transduci *CA* : transduci etc. *(letzteres
einkorr. D²) D* : etc. *add B* | qua-
tinus] *om M* : etc. *add B* | si *om D*

[6] prefatam *DEB* | M.] B. *B* | quod
om CM | tranduci *(!) H* : trans-
duci *CAD*

[7] iustum] canonicum *D* | fuerit] etc.
add B | appellatione remota *om B*

[8] compellas *v. and. Hd. einkorr. B* |
Testes] *om H* : autem *add C* :
radiert *A* : Dat. *v. and. Hd. ein-
korr. B* | non. *scr.*] etc. *PVHSCA
MODE* : *om B.*

---

[1] *Die Testes-Klausel entfällt gemäß N 62, 3 bei Ehesachen; vgl. dazu Herde,
Zeugenzwang, in*: *Traditio 18, 272f., u. oben Bd. 1 S. 223.*

　[2] *Vgl. die vorige Anm.*

K 153 Contra patrem, qui non patitur, ut filia traducatur a viro, licet prestiterit iuramentum.

| *Episcopo*. Conquestus est nobis | . . laicus, quod, cum ipse cum A. de . .   *D f. 66'*
muliere . . diocesis matrimonium per verba legitime contraxerit de pre-   *O f. 19'*
senti, R. pater mulieris eiusdem, quominus idem . . traducat eandem, te-   5
mere se opponit contra iuramentum prestitum temere veniendo. – mandamus, quatinus partibus convocatis audias causam et appellatione remota,
quod canonicum fuerit, statuas, faciens *etc.* Testes *non.*[1]

K 154   Super eodem.

Episcopo. Conquestus est nobis . . laicus, quod, licet ipse cum M. muliere . . diocesis matrimonium legitime per verba contraxerit de presenti.

K 153   *P 183 f. 22 (Üb. Index f. 5);
V 143 f. 16; H 181 f. 21; S 141 f.
16'; C 180 f. 413 (Üb. Index f.
443); A 173 f. 40; M 153 f. 16;
O 175 f. 19/19'; D 226 f. 66' (Üb.
Index f. 6'); E 218 f. 39'; L –; R
27 f. 2'; B 28 n. 3 f. 61.*

[1] patitur – traducatur] *permittit
filiam transduci R* | ut] *quod DE* |
transducatur C : transducat A

[2] *prestitis iuramentis H*[2] | iuramen-
tum] *nutrimentum E*

[3] Iud. episcopo *MR : Iud. . . epis-
copo O : Iud. B* | . . 1°] *om SD* :
P. *B* | laicus] *tue diocesis add DE* :
diocesis . . *add R* | cum 1°] licet *D*
| cum ipse *om R, marg. einkorr.*
licet ipse | cum 2°] et *B* | . . 2° *om
D*

[4] mulier *V* | . . diocesis] diocesis . .
H : dicte diocesis *B* | matrimo-
nium] *P springt hier auf K 154
Z. 3* legitime *über* | legitime *om H*
| de presenti legitime contraxerit
(contraxisset *CA) PCAO :* legitime de presenti contraxissent *B*

[5] R.] tamen R. *H* : B. *C* : I. *DE* :
tamen E. *B* ¦ eiusdem] eidem *CD*

[1] *Vgl. die vorigen Anm.*

| . .] *om ADR* : P. *B* | transducat
CAR | eadem *R*

[6] prestitutum *(!) V* | veniendo] etc.
add B

[7] audias – remota] etc. *B*

[8] quod] *pro C* | fuerit – faciens *om R*
| statuas] *om VHB* : etc. *DE*
| faciens] faciendum *S* : *om B* | etc.
om PV | Testes non *om HSB* | non
scr.] etc. *VCAMODER.*

K 154   *P 184 f. 22 (mit K 153 zusammengeflossen; Üb. Index f. 5);
V 144 f. 16/16'; H 182 f. 21; S –
(nur Üb.); C 181 f. 413 (Üb. Index f. 443); A 174 f. 40; M 154 f.
16; O 176 f. 19'; D 227 f. 66' (Üb.
Index f. 6'); E 219 f. 39'; L –;
R –; B 28 n. 4 f. 61/61'.*

[1] *DE Üb.:* Super eisdem in alia
forma.

[2] Episcopo – 3 matrimonium *om P* |
Iud. episcopo *M* : Iud. . . epis-
copo *O* : Iud. *B* | . .] I. *CAMO :
om D* : P. *B* | laicus] *tue diocesis
add DEB* | M.] . . *H*

[3] . . diocesis] dicte diocesis *DEB* |
matrimonium per verba de presenti legitime contraxerit (contra-

V f. 16'
5
B f. 61'

tamen eadem ab ipso contra iusti|tiam non patitur se traduci patre mulieris eiusdem id presumente temere impedire. – mandamus, quatinus, si est ita, prefatam mulierem, ut se ab eodem viro | suo, ut tenetur, libere traduci permittat, et prefatum patrem eius, quod ab huiusmodi impedimento desistat, monitione premissa per censuram ecclesiasticam appellatione remota previa ratione compellas.

K 155 Super eodem contra uxorem et alios impedientes.

H f. 21'

Episcopo. Conquestus est nobis . . laicus, quod, licet ipse cum M. | de . . muliere tue diocesis matrimonium per verba contraxerit de presenti, eadem

S f. 17
5

tamen mulier ab ipso | non patitur se traduci P. de . . et quibusdam aliis laicis dicte diocesis id temere presumentibus impedire. – mandamus, quatinus, si est ita, dictam mulierem, ut se ab eo traduci permittat, et alios, quod ab huiusmodi impedimento desistant, monitione premissa per censuram ecclesiasticam, sicut iustum fuerit, appellatione remota compellas.

K 155a Super eisdem contra illum, qui tenet uxorem alterius per violentiam in domo et etiam bona eius occupata.

Episcopo. Conquestus est nobis dilectus filius B. miles Pragen.,[1] quod,

xit *B)* *CB* | de presenti contraxerit *E*
4 tamen] tam *V* | eadem . . *H* : eandem *D* : eadem M. *EB* | se om *M* | transduci *CA* | eiusdem mulieris *C*
5 id om *A* | impedire] impedi *(!)* *D* : etc. add *B*
6 libere om *VH* | transduci *CA*
7 permittat(is) *D*
8 appellatione om *V* | appellatione – 9 ratione] etc. *B*
9 compellas] Dat. etc. add *DE*.
K 155 *P 185 f. 22 (Üb. Index f. 5); V 145 f. 16'; H 183 f. 21/21'; S 142 f. 16'/17; C 182 f. 413 (Üb. Index f. 443); A 175 f. 40; M 155 f. 16; O 177 f. 19'; D 288 f. 66' (Üb. Index f. 6'); E 220 f. 39'; L –; R 28 f. 2'; B 28 n. 5 f. 61'.*
1 *S Üb. von K 154.* | eisdem *DE* | impedientes] Rubrica add *H*[2]
2 Episcopo] . . Episcopo *P* : Iud.

MB : Iud. . . episcopo *O* : Iud. episcopo *R* | . . 1°] I. *CAMO* : om *D* | laicus] . . diocesis add *HR* : tue diocesis add *DEB* | licet om *C* | M.] . . *R* | de . . om *B*
3 tue] *hinter* diocesis *M* : eiusdem *B* | matrimonium] legitime add *DE* | contraxerit per verba *E* | verba] legitime add *B* | eadem om *B*
4 mulier] non add *E* | ipso] se add *M* | transduci *H* : transduci *CAR* | de . . om *B* | et] M. de . . ac add *R*
5 impedire] om *VE* : etc. add *B*
6 transduci *CAR* | ab om *S*
7 impedimento om *S*
8 sicut iustum fuerit om *C* | appellatione remota] etc. *B* | compellas] Datum etc. add *DE*.
K 155a *D 229 f. 66'/67 (Üb. Index f. 6'); E 221 f. 39'/40; B 28 n. 6 f. 61'.*
2 eius] ipsius *E*
3 Episcopo] Iud. *B* | B.] P. *B*

1 *Prag.*

licet ipse cum Agnete, filia .. militis eiusdem diocesis, matrimonium in
facie ecclesie per verba contraxisset legitime de presenti ipsamque in uxo-   5
rem transduxerit et carnalis fuerit inter eos copula subsecuta, tamen dic-
tus .. eandem A., que causa recreationis ad | domum ipsius .. ad eius   *D f. 67*
requisitionem accessit, invitam inibi detinere presumit ac villam .. ad
dotem ipsius A. spectantem occupavit et detinet per violentiam occupatam fructus dotis huiusmodi percipiens minus iuste in ipsius B. iniuriam   10
| et contemptum, preiudicium non modicum et gravamen. – mandamus,   *E f. 40*
quatinus partibus convocatis.

K 156 Contra virum ab uxore, ut traducat eam.

Episcopo. Sua nobis B. de .. mulier petitione monstravit, quod, cum I.
de .. laicus tue diocesis cum ipsa legitime matrimonium per verba contraxerit de presenti, idem tamen I. eam non curat, ut tenetur, traducere in
uxorem (*vel aliter* : eam non curat traducere, ut tenetur). – mandamus,   5
quatinus, si est ita, dictum I., ut eam traducere studeat, monitione pre-

---

⁴ Agneta *E* : A. *B* | filia ..] filia *D* |
matrimonium *v. and. Hd. marg.
einkorr. B*
⁵ facie] forma *B* | legitime contraxit
B
⁶ trasduxerit *E* : traduxit *B* | copula
inter eos fuit *B* | tamen] cum *E*
⁷ .. *om E* | retraxionis *auf Rasur D*
⁸ ac] ad *D* : et *EB* | villam] dictam
add DE
⁹ spectante *D* | occupat *B*
¹⁰ dotis] diocesis *D* | B.] R. *D* : P. *B*
¹¹ non modicum *om. B* | gravamen]
etc. *add B*
¹² convocatis] etc. *add B.*

K 156   *P 186 f. 22 (Üb. Index f. 5);
V 146 f. 16'; H 184 f. 21'; S 143
f. 17; C 183 f. 413 (Üb. Index f.
443); A 176 f. 40; M 156 f. 16;
O 178 f. 19'; D 230 f. 67 (Üb. Index f. 6'); E 222 f. 40; L –; R 29
f. 2'; B 28 n. 7 f. 61'.*
¹ *D Üb.*: Contra virum, qui non

curat traducere homo *(!).* – *E
Üb. von K 157.* | virum et uxorem
*H*² | ab uxore *om MO* | transducat
AR | eam] Rubrica *add H*² : uxo-
rem *MO*
² Episcopo] .. Episcopo *P* : Episcopus *S* : *om CA* : Iud. *MB* : Iud.
.. episcopo (.. episcopo *einkorr.*)
O | B.] .. *HB* | mulier] .. diocesis
add H | petitione monstravit] p.
Mo. *B* | I.] *om C* : Io. *B*
³ de ..] de *D* : *om B* | diocesis tue *H* |
ipse *B* | contraxit *vor* legitime *H* :
contraxit *B*
⁴ tam *V* | I.] Io. *B* | eam *om HS* |
eam – 5 aliter *om D* | non curat
eam *E* | curat] traducere *add E* |
transducere *HCAR*
⁵ vel – tenetur] *om R* : etc. *B* |
aliter] alias *C* | non curat eam *E* |
non *om A* | transducere *HCA* |
ut] non *A*
⁶ I.] Io. *B* | traducere *H* : trans-
ducere *CAR*

missa per censuram ecclesiasticam, sicut iustum fuerit, appellatione remota
compellas.

K 157 Contra virum, qui adhesit adultere.

Episcopo. Sua nobis .. de .. mulier petitione monstravit, quod B. de ..
laicus, vir suus, tue diocesis ea propria temeritate dimissa cuidam adhe-
sit adultere impudenter. – mandamus, quatinus, si est ita, dictum | B., ut
adultera ipsa dimissa nominatam uxorem suam recipiat et maritali, ut tenetur, affectione pertractet, monitione premissa per censuram ecclesiasticam,
sicut iustum fuerit, appellatione remota compellas.

B f. 62

5

K 158 Contra virum, qui dimisit uxorem.

P f. 22'

| *Episcopo. In eodem modo pro M. muliere,* quod .. laicus tue diocesis ea

---

⁷ remota] previa ratione *add S*
⁸ compellas] Datum etc. *add D* :
Dat. etc. *add E* : etc. *add B*.
K 157   *P 187 f. 22 (Üb. Index f. 5);
V 147 f. 16'; H 185 f. 21'; S 144
f. 17; C 184 f. 413 (Üb. Index f.
443); A 177 f. 40; M 157 f. 16;
O 179 f. 19'; D 231 f. 67 (Üb. Index f. 6'); E 223 f. 40; L –; R 8 f.
1'; B 28 n. 8 f. 61'/62.*
¹ *E Üb. von K 158.* | qui] dimittens
uxorem *add D* | adherit *E* | adultere]
adulterum Rubrica *H*² : altere *C*
² Episcopo] .. Episcopo *P* : Iud.
MB : Iud. .. episcopo *O* | .. de ..
mulier] diocesis .. *add H* : d.
mulier *S* : .. de .. *C* : de .. mulier
D : M. de .. mulier *R* : N. mulier
B | B.] R. *P* : A. *S* : V. *C* : P. *B*
³ laicus *om M* | diocesis] ab *add H* |
dimissa] divertens *H*
⁴ inpudenter *S* : impendenter *A* :
inprudenter *D* : impudenter *(korr.)*
etc. *B* | ita *einkorr. M* | B.] R. *P* :
V. *C* : P. *B*
⁵ adulterio ipso dimisso *H* | nomina-
tam – recipiat] ad dictam uxorem
suam redeat *H* | .. nominatam *C* |

.. uxorem *PVO* | maritali] eam
add B | affectione pertractet ut
tenetur *B*
⁶ per – ecclesiasticam *om B*
⁷ sicut – compellas] *zunächst marg.
einkorr.* appellatione remota, *dann
im Text auf Rasur* previa ratione
compellas *R* | appellatione remota
vor sicut iustum *S* | compellas]
Dat. etc. *add DE.*
K 158   *P 188 f. 22' (Üb. Index f. 5);
V 148 f. 16'; H 186 f. 21'; S –; C
185 f. 413 (Üb. Index f. 443); A
178 f. 40; M 158 f. 16; O 180 f. 19';
D 232 f. 67 (Üb. Index f. 6'); E
224 f. 40; L 161 f. 95a (Fragment);
R 9 f. 1' u. 19 f. 2 (mit denselben
Varianten); B 28 n. 9 f. 62.*
¹ *E Üb. von K 159.*
² Episcopo] Iud. *HB* : Iud. episcopo
M : Iud. .. episcopo *O* | In *om H* |
In – muliere] Sua nobis N. mulier
petitione monstravit *B* | eodem]
eo *D* | eodem modo] eadem materia
MO | M.] *om A* : .. *D* : A. *R* |
muliere] diocesis .. *add HD* : ..
add R | ..] *om M* : P. *B* | laicus]
vir suus *add B* | diocesis] ab *add H*

propria temeritate dimissa non curat eam | maritali affectione tractare. –   *L f. 95 a*
mandamus, quatinus, si est ita, *etc. ut supra.*[1]

K 159 Contra uxorem, que dimisit virum.

Episcopo. Sua nobis .. de .. laicus petitione monstravit, quod M. uxor
sua tue diocesis eo propria temeritate dimisso ipsum non curat coniugali
affectione tractare. – mandamus, quatinus, si est ita, dictam uxorem, ut ad
dictum virum suum redeat et ipsum coniugali affectione pertractet, | mo-   *D f. 67'*
nitione premissa *etc. ut supra.*[1]

a) *Zusatz in M am unteren Rand in anderer Tinte und von anderer Hand:*

Iud. Venerabili fratri .. episcopo *etc.* salutem. Sua nobis dilecta in Christo
filia A. .. de .. mulier tue diocesis petitione monstravit, quod R. .. laicus,
maritus suus, dicte tue diocesis ea propria temeritate dimissa non curat eam
maritali affectione tractare. Ideoque fraternitati tue per apostolica scripta   10
mandamus, quatinus, si est ita, dictum R., ut prefatam A. uxorem suam recipiat et eam maritali affectione pertractet, monitione premissa per censuram
ecclesiasticam, sicut iustum fuerit, appellatione remota compellas. Dat. *etc.*

---

[3] dimissa] divertens *H* | maritali]
matrimonialiter *C* : matrimoniali
A : *hier beginnt wieder L* | affec-
tione] om *C* : *v. and. Hd. marg.
einkorr. B* | tractare] etc. *add D* :
pertractare etc. *B*

[4] ita] dictam *add A* | etc. om *DELR* |
ut supra om *B.*

K 159   *P 189 f. 22' (Üb. Index f. 5);
V 149 f. 16'; H 187 f. 21'; S 145 f.
17; C 186 f. 413 (Üb. Index f.
443); A 180 f. 40'; M 159 f. 16;
O 181 f. 19'; D 233 f. 67/67' (Üb.
Index f. 6'); E 225 f. 40; L 162 f.
95 a; R 10 f. 1' u. 20 f. 2 (mit denselben Varianten); B 28 n. 10 f. 62.*
[1] *E hat hier die richtige Üb., die
gleiche auch zu K 158 (= E').* |

Super eodem contra *R* | que] qui
DEE' | virum] Rubrica *add H*[2] :
maritum *A*

[2] Episcopo] .. Episcopo *P* : Iud.
MB : Iud. .. episcopo *O* | .. de ..
laicus] diocesis .. *add H* : de ..
laicus *D* : B. de .. laicus tue dio-
cesis *R* : P. *B* | petitione] con-
questione *B* | M.] A. *B*

[3] eo] ex *C* : ea *D* | dimisso] divertens
H : dimissa *CD* | affectione coniu-
gali *S*

[4] tractare] etc. *add B* | si est om *E* |
uxorem] mulierem *DELRB*

[5] dictum om *R* | suum virum *B* |
et] ac *DELB* | pertrectet *(!) L*

[6] premissa] previa ratione *add S* | ut
supra om *HCRB* | supra] Testes
add C : Non ponuntur Testes *add A.*

---

[1] *K 157.*

M f. 16'　　**K 160**　| Contra virum denegantem uxori exhibere coniugales
　　　　　　　　affectus.

C f. 413'　　| *Episcopo.* Sua nobis .. de .. mulier petitione monstravit, quod I. laicus,
　　　　vir suus, tue diocesis ei coniugalem affectum denegat exhibere. – manda-
5　　mus, quatinus, si est ita, dictum I., ut eidem uxori sue coniugalem affectum
　　　　exhibeat, ut tenetur, monitione premissa *etc. ut supra.*[1]

　　　　　K 161　Contra virum, qui invita uxore et contradicente in-
　　　　　　　trans ordinem professionem fecit.

A f. 40'　　| *Episcopo.* Sua nobis .. mulier petitione monstravit, quod .. de .. lai-
V f. 17　　cus, vir suus, ea propria | temeritate dimissa ad monasterium de .. ordinis

K 160　*P 190 f. 22' (Üb. Index f. 5);
V 150 f. 16'; H 188 f. 21'; S –; C
187 f. 413' (Üb. Index f. 443); A
181 f. 40'; M 160 f. 16'; O 182 f.
19'; D 234 f. 67' (Üb. Index f. 6');
E 226 f. 40; L 163 f. 95a; R 11 f.
1'; B 28 n. 11 f. 62.*
[1-2] *A hat dieselbe Üb. auch vor K 161.* |
denegantem] qui denegat *R* |
uxori exhibere] exhiberi uxori *L* :
om *R*
[2] effectus *VCD* : affectus *A* : af-
fectiones *M*
[3] Episcopo] .. Episcopo *P* : Iud. *M* :
Iud. .. episcopo *O* : Iud. episcopo
R | .. de ..] de .. *E* : B. de .. *R* :
T. *B* | mulier] diocesis .. *add H* |
I.] om *C* : H. *B* | vir suus laicus *M*
[4] ei – exhibere] etc. usque *H* | coniu-
galem ei (ei *korr.*) *D* | effectum *V* |
exhibere] etc. *add B*
[5] si – sue] eidem *H* | I.] H. *B* | eidem]
om *E* : G. *add B* | affectum] effec-
tum *V : v. and. Hd. vor* coniugalem *einkorr. R*
[6] ut] sicut *V.*
K 161　*P 191 f. 22' (Üb. Index f. 5);
V 151 f. 16'/17; H 189 f. 21'; S
146 f. 17; C 188 f. 413' (Üb. Index*

*f. 443); A 179 f. 40/40'; M 161 f.
16'; O 183 f. 19'; D 235 f. 67' (Üb.
Index f. 6'); E 227 f. 40; L 164 f.
95a; R 12 f. 1'; B 28 n. 12 f. 62.*
[1] *H*[2] *schickt voraus:* Non est com-
pleta. – | *A hat die Üb. von K 160.* |
qui invita] qui in vita *DE* : om *R* |
et] om *E* : *getilgt R* | condicente
D : contradicent(is) *E* | intrat *D* :
intravit *LR* | intrans ordinem]
mon(asterium) intrans et *E* | or-
dinem] in ordinem *C* : mon(aste-
rium) *DL* : ordinem et *R* | fecit]
Rubrica *add H*[2] : facit *(korr.) M*
[3] Episcopo] .. Episcopo *P* : Iud.
MB : Iud. .. episcopo *O* | .. de ..
mulier *M* : B. mulier *R* : A. mulier
B | mulier] diocesis .. *add H* |
.. de ..] .. *M* : d de .. *D* : ..
ordinis *add E* : I. de .. *R* : T. *B* |
laicus] tue diocesis *add B*
[4] suus] in minoribus tantum ordini-
bus constitutus *add R (korr.)* |
ea] ab ea *H* : ex *C* | propria
temeritate] proprietate *L* | dimissa]
divertens *H* | ad] proprium *add D* |
monasterium .. de .. *CMER* | de
om *B* | ordinis ..] ordinis *AD* : ..
ordinis *E* : om *B*

[1] *K 157.*

.. tue diocesis se transferens ea contradicente penitus et invita professio- 5
nem in dicto monasterio presumpsit facere monachalem ibique taliter
commoratur in proprie salutis dispendium, dicte mulieris preiudicium et
gravamen ac scandalum plurimorum. – mandamus, quatinus, si est ita, dictum .., ut ad eam redeat, ut tenetur, ac ipsam *etc.*, *ut supra*.[1]

K 162 Contra socerum nolentem solvere promissam dotem.

Iud. Conquestus est nobis .. de .. laicus, quod L. de .. laicus, socer
suus, | .. diocesis partem cuiusdam domus et res alias, quas nomine G.   *H f. 22*
uxoris sue, filie eius, in dotem dare convenit eidem, pro sue voluntatis
arbitrio renuit assignare. – mandamus, quatinus partibus convocatis *etc.* 5

K 163 Contra virum, qui se fecit inscia uxore ad sacros or-
dines promoveri.

Episcopo. Sua nobis .. de .. mulier petitione monstravit, quod .., vir

---

⁵ se *om B*
⁶ presumsit *(!) L* | ibique] *om EL* :
et ibi *B* | ibique taliter] taliter et
ibidem *D* | taliter] totaliter *B*
⁸ ac] et *C* | plurimorum] etc. *add B* |
dictum ..] dictum D. *DL* : vocatis etc. *R* : dictum G. *B*
⁹ ut] et *D* | ad *einkorr. B* | eam] ean-
dem *CA* | ac ipsam] etc. *B* | ac] et
CAMODEL | ipsam] maritali *add*
R | supra] *getilgt u. v. and. Hd.*
durch infra *ersetzt R.*
K 162 *P 192 f. 22' (Üb. Index f. 5);*
V 152 f. 17; H 190 f. 21'/22; S 147
f. 17; C 189 f. 413 (Üb. Index f.
443); A 182 f. 40'; M 162 f. 16';
O 184 f. 19'; D 236 f. 67' (Üb.
Index f. 6'); E 228 f. 40; L 165 f.
95a; R 18 f. 2; B 28 n. 13 f. 62.
¹ socrum *D* | volentem *L* | promis-
sam] premissam *hinter* dotem *D* :
promissa *L* | dotem] Rubrica *add*
H²
² .. de ..] I. de .. *C* : A. *B* | laicus
1°] diocesis .. *add H* : .. diocesis

add *DE* : diocesis *add L* | L.] ..
CAMO | de .. laicus 2°] de laicus
S : *om B* | laicus 2° *om DELR*
³ .. diocesis] diocesis .. *H* : diocesis
D | G.] G. *zu* T. *korr.* V : T.
HDERB : D. *S*
⁴ uxoris] uxore *S* : uxori *E* | eius
filie *R*
⁵ rennuit *DL* | assignare] etc. *add B* |
etc. *om SMDELR.*
K 163 *P 193 f. 22' (Üb. Index f. 5);*
V 153 f. 17; H 191 f. 22; S 148
f. 17; C 190 f. 413' (Üb. Index f.
443); A 183 f. 40'; M 163 f. 16';
O 185 f. 19'/20; D 237 f. 67' (Üb.
Index f. 6'); E 229 f. 40; L 166 f.
95a; R 14 f. 1'; B 28 n. 14 f.
62/62'.
¹ qui se fecit] facientem se *R* | se
om C | facit *A* | inscia uxore]
iustia ux *H²* : *om D* : uxore inscia
R | sacros *om M*
² promoveri] Rubrica *add H²*
³ Episcopo] .. Episcopo *P* : *om A* :
Iud. *MRB* : Iud. .. episcopo *O* |

---

¹ K 157.

O f. 20
B f. 62'

suus, tue diocesis ea inscia | se faciens ad sacros ordines promoveri ipsam
non curat maritali affectione tractare. Quare | dicta mulier nobis humiliter
supplicavit, ut ipsum suspendi ab executione ordinum taliter susceptorum
et eam ab eodem affectione tractari debita faceremus. – mandamus, quatinus, si est ita, partibus convocatis, quod canonicum fuerit *etc.*

E f. 40'

K 164 | Contra virum dilapidantem bona dotalia.

Episcopo. Sua nobis .. de .. mulier petitione monstravit, quod, cum ..,
vir suus, tue diocesis dilapidare incipiat bona sua et manus etiam extendat
ad dotalia distrahenda, providere indempnitati sue super hoc paterna

S f. 17'
D f. 68

sollicitudine curaremus. – | mandamus, quatinus, si est ita, eidem viro |
alienatione bonorum dotalium penitus interdicta prefate mulieri de dote
sua non alienanda ab eodem viro prestari facias idoneam cautionem.

.. de .. mulier] de mulier *M* : C.
de .. mulier *R* : mulier *B* | quod]
cum *add L* | B. de .. vir *R* : B. vir
B | .. 3° *om M*

4 tue] .. *R* | inscia] iusticia *D* | facit
A : fecit *MB* | ipsamque *B*

5 tractare *om E* | dicta mulier *om R* |
nobis *om H*

6 executione] *auf Rasur M* : excommunicatione *E* : ordinum executione *R*

7 eam] eadem *V* : eandem *H* : ipsam
R | ab eodem] ab eo *v. and. Hd.
einkorr. B* | eodem] eadem *A* |
debita affectione tractari *B* |
maritali affectione *HR* : affecione
C | tractari *einkorr. C* | debita]
debite *HR* : *vor* tractari *S* | face-
remus] etc. *add B*

8 si – convocatis] vocatis etc. et *R* |
convocatis] etc. *add MB* | quod
korr. D² | canonicum] iustum *H* |
fuerit *om R* | etc. *om M.*

K 164 *P 194 f. 22' (Üb. Index f. 5);
V 154 f. 17; H 192 f. 22; S 149 f.
17/17'; C 191 f. 413' (Üb. Index
f. 443); A 184 f. 40'; M 164 f. 16';*

*O 186 f. 20; D 238 f. 67'/68 (Üb.
Index f. 6'); E 230 f. 40'; L 167 f.
95a; R –; B 28 n. 15 f. 62'.*

1 de lapidante *HL* : delapidantem
A : dilapidatum *D* | dotalia] bona
(doppelt) add H²

2 Episcopo] Iud. episcopo *M* : Iud.
.. episcopo *O* : Iud. *B* | .. de ..
mulier] diocesis .. *add H* : B.
mulier de .. *S* : .. de mulier *M* :
A. mulier *B* | .. 3°] *om MD* : R. *B*

3 tue diocesis] *om H* : dyocesis .. *C* |
delapidare *A* | incipiat *om H* |
manus] suas *add M* | extendit *V*

4 distrahenda] detrahenda *P* : sub-
trahenda *C* : Quare dicta mulier
nobis humiliter supplicavit ut *add
B* | indemnitati *MB* | sue *om B* |
paterna super hoc *D*

5 solicitudine *PSCD* | curaremus]
etc. *add B* | eidem viro] eidem *C* :
eidem viro *(f. 68)* eidem viro *D*

6 dotalium *marg. einkorr. E* | peni-
tus] ponitus *C* : *om A* : sibi penitus *B*

7 alienando *M* | viro] suo *add H* |
facia *(!) V* : faciatis *S* | idoneam
om E.

K 164a Committitur fieri divortium inter virum et uxorem consanguineos.

Episcopo. Sua nobis M. de . . mulier tue diocesis conquestione monstravit, quod, licet ipsa R. de . . laico eiusdem diocesis fuisset matrimonialiter copulata et aliquamdiu cohabitasset eidem, quia postmodum compertum extitit, quod idem R. | dicte M. in quarto affinitatis gradu fuerat coniunctus, dicta mulier cupiens in hac parte sibi de salubri remedio provideri, nobis humiliter supplicavit, ut inter ipsos divortium de circumspectione sedis apostolice fieri mandaremus. Quia vero nobis non constat de premissis, – mandamus, quatinus vocatis *etc.*

L f. 95b

5

10

K 164b Quando uxor timet sevitiam viri.

Episcopo. Querelam dilecte in Christo filie Elizabeth Homgrave mulieris tue diocesis accepimus continentem, quod tanta est sevitia nobilis viri Thome Homgrave militis dicte diocesis, viri sui, quod ipsa secum absque periculo mortis cohabitare non potest nec sibi, ut tenetur, coniugales affectus quomodolibet exhibere. Quocirca fraternitati tue per apostolica scripta mandamus, quatinus, si est ita, dictum Thomam, ut eidem Elizabeth, uxori sue, debitam super hoc exhibeat cautionem, appellatione remota previa ratione compellas. Testes *non.*[1] Datum *etc.*

5

K 164c Committitur ut supra.

Iud. Sua nobis dilecta in Christo filia Tadea, dilecti filii Antonii de

---

K 164a *D 239 f. 68 (Üb. Index f. 6');*
E 231 f. 40'; L 168 f. 95a/b; B 28
n. 16 f. 62'.

1-2 *EL Üb.:* Super eisdem, qui (que
L) sunt consanguinei (consan-
gwinei *L).* | fieri *om D*

3 Episcopo] Iud. *B* | M.] G. *B* | de . .
om DB

4 R. de . .] R. de *D* : G. R. *B* | eius-
dem] eisdem *L* : dicte *B*

5 eidem] *danach ein Wort radiert und
überstrichen D*[2] | repertum *B*

6 dicte *korr. E* | M.] G. *B* | in *om EB* |
fuerat] *om DEL*

7 mulier] G. *B*

8 supplicavit] supposuit *L* | divor-
tium] fieri *add B* | de] et *L*

9 fieri *om ELB* | premissis] etc. *add B*

10 vocatis] vocant *D* | etc.] qui fuerint
evocandi *add L* : *om B.*

K 164b *D 240 f. 68.*

1 *Üb. fehlt D Index, nur marg. D*[2] |
sevitia *D*[2]

9 non *scr.*] autem etc. *D.*

K 164c *B 27 n. 17 f. 62'.*

1 *Üb. marg. v. and. Hd. B.*

---

[1] *Vgl. S. 298 Anm. 1.*

Aretio[1] laici nata in civitate Floren.[2] commorantis, petitione monstravit,
quod ipsa, que infra nubiles annos existens cum Antonio Benedicti cive
Senen.[3] matrimonium per verba legitime de presenti contraxit et ab eo
cognita non fuit, postquam annos pubertatis attigerat, ab huiusmodi contractu omnino reclamavit nec in Antonium quomodolibet consensit eundem alii nubendi licentiam postulando. Quocirca *etc.* mandamus, quatinus
vocatis *etc.* Dat.

K 164d　Divortium tacitum.
Io. Basire corrector.[4]

Iud. Venerabilibus fratribus . . Barchinonen.[5] et . . Vicen[6]. episcopis
salutem *etc.* Querelam dilecte in Christo filie nobilis mulieris Alienoris,
uxoris dilecti filii nobilis viri Anthonii de Luna militis Cesaraugustan.[7]
diocesis, recepimus continentem, quod dictus miles stante matrimonio inter
ipsos eiusdem matrimonii contempto sive vilipenso sacramento quandam
mulierem actu fornicario carnaliter cognovit adulterium cum ipsa per longa
tempora committendo quodque etiam dicta uxor, cum tanta esset dicti
militis sevitia et crudelitas, quod ipsa cum eo nequiret absque metu persone
sue cohabitare, se ab eo divertit. Quare pro parte dicte uxoris nobis fuit
humiliter supplicatum, quatinus inter eos divortium quoad thorum et mu-

---

[3] Arcħo *B.*

K 164d　*D 277 f. 72'/73.*

[1] *Üb. nur marg. D².*

[3] Barchionen. *D*
[4] etc. *korr. D²*
[6] recipimus *D*
[7] contempto *korr. D²*

---

[1] *Arezzo.*
[2] *Florenz.*
[3] *Siena.*
[4] *Der Korrektor Iohannes Basire wird in Reg. Lat. 186 f. 189 zum Jahre
1415 erwähnt; er entscheidet einen Streit. Er fehlt in der Liste, die W. v. Hofmann, Über den corrector litterarum apostolicarum, in: Röm. Quartalschrift 20
(1906), 95, aufgestellt hat; ebensowenig findet man ihn unter den Ergänzungen
von H. Bresslau, Urkundenlehre 1, 280 Anm. 8 von S. 279. Seinen Vorgänger
Guillermus de Ortolano belegt Hofmann a. a. O. für Oktober 1394 (unter Benedikt XIII.), seinen Nachfolger Anselmus Fabri für 1426 Dezember 2, wo er den
Eid des Korrektors leistet. Iohannes Basire dürfte der Verfasser der vorliegenden
Formel sein; der Nachtrag paßt chronologisch genau in die Entstehungszeit von
D, vgl. Bd. 1 S. 127 f.*
[5] *Barcelona.*
[6] *Vich n. von Barcelona.*
[7] *Zaragoza*

tuam servitutem hic celebrari nec non eiusdem uxoris bona dotalia et alia
sibi propter nuptias assignata sibi dari et restitui mandare et alias in premissis oportune providere dignaremur. Nos igitur, qui in salutem singulorum   15
et scandalis et malis, in quantum possumus, cupimus obviare nec non de
premissis certam notitiam non habentes, huiusmodi supplicationibus inclinati
fraternitati vestre, de qua in hiis et aliis specialem in domino fiduciam
obtinemus, per apostolica scripta mandamus, quatinus vos vel alter vestrum
vocatis dicto milite et aliis, qui fuerint evocandi, et auditis hinc inde pro-   20
positis, quod canonicum fuerit, appellatione remota | decernatis, facientes,   *D f. 73*
quod decreveritis, per censuram ecclesiasticam firmiter observari. Testes
non.[1] Non obstantibus tam felicis recordationis Bonifatii pape VIII., predecessoris nostri, quibus cavetur, ne quis extra suam civitatem et diocesim
nisi in certis exceptis casibus et in illis ultra unam dietam a fine sue diocesis   25
ad iudicium evocetur,[2] et de duabus dietis in concilio generali[3] seu, ne iudices
a sede apostolica deputati extra civitatem et diocesim, in qua deputati fuerint, contra quoscunque procedere seu alii vel aliis vices suas committere
presumant,[2] quam aliis constitutionibus apostolicis contrariis quibuscumque, aut si eidem militi vel quibusvis aliis communiter vel divisim a dicta   30
sede indultum existat, quod interdici, suspendi vel excommunicari non
possint per litteras apostolicas non facientes plenam et expressam ac de
verbo ad verbum de indulto huiusmodi mentionem. Dat. *etc.*

---

[15] in *scr.*] *om D*   [21] decernas *D*
[16] et 2°] ac *D*   [23] non 1° *scr.*] etc. *D*
[20] et] ut *D*   [33] Dat. *aus* Datum *korr. D.*

---

[1] *Vgl. S. 298 Anm. 1.*
[2] *VI° 1, 3, 11.*
[3] *c. 37 Conc. Lat. III = X 1, 3, 28.*

K 165–183 b

Super iure patronatus.

K 165 Super presentationibus et institutionibus iure patronatus factis et facultatibus eorum.

Pro clerico presentato a patrono non admisso.

Iud. Sua nobis . . de . . clericus conquestione monstravit, quod, cum
5 ipse ad vacantem ecclesiam de . . . . diocesis a veris patronis ipsius . . preposito ecclesie de . ., ad quem institutio ipsius de antiqua et approbata et hactenus pacifice observata consuetudine pertinere dinoscitur, fuisset canonice presentatus, idem prepositus eum ad eandem ecclesiam | admittere contra iustitiam recusavit (*vel* denegavit). – mandamus, quatinus partibus
10 convocatis, quod canonicum fuerit *etc.*

D f. 68' (margin at line 7)

K 165   P 195 f. 22' (*Üb. Index f.* 5);
V 155 f. 17; H 193 f. 22; S 150 f.
17'; C 192 f. 413' (*Üb. Index f.*
443); A 185 f. 14'; M 165 f. 16';
O 187 f. 20; D 241 f. 68/68' (*Üb.
Index f.* 6'); E 232 f. 40'; L 169
f. 95b; R 220 f. 21; B 37 n. 1
f. 78.

1-3 *D Üb.*: Tractatus de presentationibus patronorum. Pro clerico presentato a veris patronis et novisse (!). | Super – 2 eorum *om*
ELB | et *om HA* | iuris *PS*

3 presentato] ad ecclesiam *add R* |
patrono] veris patronis et *EL* :
veris patronis *R* | non] re *H²* | admisso] Rubrica *add H²* : obmisso
(?) *R*

4 . . de . .] . . de *S* : P. *B* | conquerendo *S* | cum] ad *add L*

5 de . . . . diocesis] de . . diocesis . .
POM : de . . diocesis *VHS* : . .
de . . diocesis *D* : . . diocesis *B* |
ipsius . .] ipsius ecclesie *DELRB* |
. . 3° *om H*

6 de . .] diocesis *add DEL* : . . diocesis *B* | et 1° – 7 observata] etc. *B* |
et 2°] *om A* : ac *M*

7 observata] etc. *add D* | dignoscitur
ER

8 prepositus] . . *einkorr. R* | eum]
cum *DEL*

9 recusavit vel *om A* | denegavit]
etc. *add B* | mandamus quatinus
om PVSR | partibus] per *R*

10 convocatis] etc. *add B* | quod *om D* |
fuerit *om PDEL* | etc. *om M.*

K 166 A patronis, qui in mora non fuerant presentandi, contra presbiterum, qui in ecclesia propria temeritate se intrudens illam detinet occupatam.

Iud. Conquesti sunt nobis .. et .. patroni ecclesie de .... diocesis, quod, licet ipsi non essent in mora ad eandem ecclesiam tunc vacantem personam   5 idoneam infra tempus legitimum presentandi, tamen P. de .. presbiter .. diocesis in ea temeritate propria se intrudens illam illicite occupavit et occupatam detinet in ipsorum patronorum preiudicium et gravamen. – mandamus, quatinus partibus convocatis.

K 167 Super eisdem pro clerico non admisso contra admissum non presentatum.

| *Iud.* Sua nobis .. de .. clericus petitione monstravit, quod, cum ipse   *P f. 23*

K 166   *P 196 f. 22' (Üb. Index f. 5); V 156 f. 17; H 194 f. 22; S 151 f. 17'; C 193 f. 413' (Üb. Index f. 443); A 186 f. 40'; M 166 f. 16'; O 188 f. 20; D 242 f. 68' (Üb. Index f. 6'); E 233 f. 40'; L 170 f. 95b; R 221 f. 21; B 37 n. 2 f. 78.*

1 A] De *CM* : Pro *DELR* | qui] que *H²* | qui non fuerunt in mora presentandi *PR* : qui in mora presentandi non fuerunt *C* | fuerunt *HA* : fuerit *D* : fuerant *(?) E* | presbitero contra presbiterum *D*

2 presbiterum – 3 occupatam] illum qui intrusit se in ecclesia *R* | in *om P* | ecclesiam *S* | propria] auctoritate *add L*

3 detinet] decim *(?) P*

4 Conquestus est nobis .. patronus *C* | nobis *om R* | .. 1°] A. *B* | ecclesie *om R* | de *om CB* | .. diocesis] diocesis .. *PA* : diocesis *VSMB* : *om H* : et .. diocesis *R*

5 ipse *CB* | esset *C* | moram *R*

6 legitimum] licitum *H* | legitimum presentandi] prestandi legitimum *C* | tamen] Cum *D* | P.] .. *C* | de .. *om B*

7 .. diocesis] diocesis .. *H* : *om B* | eam *S* : eadem *B* | propria] *om V* : temeritate *add C* | illam] eam *H*

8 detinuit *B* | patronorum] patrorum *(!) S* : *hinter* preiudicium *C* | preiudicium] non modicum *add H* | gravamen] etc. *add B*

9 mandamus *om P* | mandamus – convocatis *om R* | convocatis] etc. *add HCAOB.*

K 167   *P 197 f. 23 (Üb. Index f. 5); V 157 f. 17/17'; H 195 f. 22; S 152 f. 17'; C 194 f. 413'/414 (Üb. Index f. 443); A 187 f. 40'/41; M 167 f. 16'; O 189 f. 20; D 243 f. 68' (Üb. Index f. 6'); E 234 f. 40'; L 171 f. 95b; R 221a f. 21/21'; B 37 n. 3 f. 78.*

1 Rubrica. Super *H²* | Super – admisso] Pro clerico presentato *R* | eisdem] que *add L* | admisso] et presentato *D*

2 presentatum] Rubrica *add H²*

3 .. 1° *om D* | .. de ..] B. de .. *R* : P. *B* | .. 2° *om M* | clericus] diocesis .. *add H*

R f. 21'
V f. 17'
5
A f. 41
C f. 414

ad vacantem ecclesiam | de .. fuerit a veris | patronis ipsius venerabili
fratri nostro .. episcopo, loci diocesano, canonice presentatus, idem epi-
scopus eum ad eandem admittere denegans minus iuste | ipsam .. de
.. clerico pro sua contulit voluntate in | ipsius preiudicium et gravamen.
– mandamus, quatinus vocatis *etc.*

K 168　Super eisdem in alia materia.

B f. 78'
H f. 22'

5

| *Iud.* Sua nobis .. de .. prior prioratus de .. conquestione monstravit,
quod, cum ius patronatus hospitalis de .. | pertineat ad eundem et nuper
ad ecclesiam ipsius hospitalis vacantem personam idoneam, scilicet .. de ..
clericum, prout ad eum pertinet, venerabili fratri nostro .. episcopo, loci
diocesano, canonice presentasset, idem episcopus ipsum ad illam admittere
indebite contradicens alium ibidem instituit pro sue libito voluntatis in eius
preiudicium et gravamen. – mandamus, quatinus vocatis *etc.*

---

⁴ ecclesiam .. de .. *D* | de ..] dio-
cesis .. *add H* : de *B* | fuit *B* |
ipsius .. *C* : ipsi *M* : ipsius ecclesie *DELRB*

⁵ nostro] tuo *D* | .. episcopo] epis-
copo *VSAOE* : episcopo .. *B* |
episcopo] *hier in P marg. einkorr.*:
vel sic : ad quem eiusdem ecclesie
institutio rectoris pertinet canonice presentatus fuisset idem epis-
copus etc. | loci diocesano] dio-
cesano loci *S* : loci vel dioc̄ *R* :
loci ordinario vel diocesano *B* |
iidem *C*

⁶ eum] *korr. D²* : *om L* | eandem]
ecclesiam *add S* | denegans admit-
tere *C* | minus iuste] iniuste *S* |
iuste *v. and. Hd. marg. einkorr. B* |
ipsum *C* | .. de ..] de .. *VSD* :
Io. *B*

⁷ clerico] diocesis *add H* | suo *R* |
voluntate] libito voluntatis *R* |
ipsius .. *PHSMOE* : ipsius B. *R* |
gravamen] etc. *add B*

⁸ vocatis] partibus convocatis *HC* :
partibus convocatis vocatis etc. *L* |
etc. *om B.*

K 168　*P 198 f. 23 (Üb. Index f. 5);*
V 158 f. 17'; H 196 f. 22/22'; S –;
C 195 f. 414 (Üb. Index f. 443);
A 188 f. 41; M 168 f. 16'; O 190 f.
20; D 244 f. 68' (Üb. Index f. 7);
E 235 f. 40'; L 172 f. 95b; R 222 f.
21'; B 37 n. 4 f. 78'.

¹ materia] forma. Rubrica *H²* :
forma *R*

² .. de .. *om B* | de .. 2°] diocesis
add H : de *D* : .. *B*

³ cum] *om PV* : licet *H* : *einkorr. O* |
hospitalis de ..] hospitalis .. dio-
cesis .. *H* : hospitalis Pis(ani) *B* |
pertinet *DB* | ad *v. and. Hd. ein-
korr. B* | hospitalis] ecclesie *M*

⁴ silicet *(!) v. and. Hd. marg. ein-
korr. B* | scilicet ..] S. *CADR* | ..
de ..] B. *H*

⁵ clericum] .. diocesis *add H* | .. *om*
AD | .. episcopo .. *B* | loci *om M* |
loci diocesano] loci .. dioc̄ .. *R*

⁶ idem] idemque *H* : tamen *add B* |
.. episcopus *C* | dimittere *D*

⁷ suo *D* | eiusdem *B*

⁸ mandamus – etc.] etc. *H* : etc.
quatinus vocatis *B* | vocatis] par-
tibus convocatis *C* | etc. *om M.*

K 169 Super eisdem.

Iud. Sua nobis . . de . . clericus petitione monstravit, quod, cum ipse ad
vacantem ecclesiam | de . . . . diocesis a veris patronis ipsius fuerit venerabili   *E f. 41*
fratri nostro . . episcopo, ad quem eiusdem ecclesie institutio rectoris perti-
net, | canonice presentatus, idem episcopus eum ad eandem ecclesiam ad-   *L f. 95 c*
mittere contra iustitiam denegavit. – mandamus, quatinus vocatis *etc.*

K 170 Super eisdem.

Iud. Sua nobis . . de . . clericus petitione monstravit, quod, cum ipse ad
vacantem ecclesiam de . . a veris | patronis ipsius . . et . . de . ., ad quos de   *M f. 17*
antiqua | et approbata et hactenus pacifice observata consuetudine institutio   *D f. 69*
rectoris ipsius ecclesie pertinet, sit canonice presentatus, . . de . . clericus   5
. . diocesis institutioni sue contra iustitiam se opponit. – mandamus, quatinus vocatis *etc.*

<hr />

K 169   *P 199 f. 23 (Üb. Index f. 5);*
V 159 f. 17'; H 197 f. 22'; S 153
f. 17'; C 196 f. 414 (Üb. Index f.
443); A 189 f. 41; M 169 f. 16';
O 191 f. 20; D 245 f. 68' (Üb. In-
dex f. 7); E 236 f. 40'/41; L 173 f.
95 b/c; R –; B 37 n. 5 f. 78'.

[1] eisdem] in alia materia. Rubrica
add H² : in alia forma *add DE* : in
alia materia *add L*

[2] . . 1° *om D* | de . . *om MB* | clericus]
. . diocesis *add H*

[3] de . . *om B* | . . diocesis] diocesis . .
PHS : diocesis *D* | veris] personis
add D | fuerit *zu* fuit *korr. D* :
fuisset *B*

[4] . . episcopo] episcopo . . *H* : epis-
copo *D* : . . episcopo . . *B* | ad
quem *om C* | eiusdem] ipsius *E* |
rectorum *E*

[5] presentatus] fuisset *add PVSCA
MODELB* : tamen *add H* | . .
episcopus *C* | eum *om L*

[6] denegavit] etc. *add B* | manda-
mus – etc. *om M* | vocatis] qui
fuerint evocandi *add S* | etc. *om
DLB*.

K 170   *P 200 f. 23 (Üb. Index f. 5);*
V 160 f. 17'; H 198 f. 22'; S –; C
197 f. 414 (Üb. Index f. 443); A
190 f. 41; M 170 f. 16'/17; O 192
f. 20; D 246 f. 68'/69 (Üb. Index
f. 7); E 237 f. 41; L 174 f. 95 c;
R –; B 37 n. 6 f. 78'.

[1] eisdem] in alia forma *add DEL*

[2] . . de . .] . . *M* : *om B* | clericus] . .
diocesis *add H*

[3] ecclesiam . . de . . *D* | de . .] dio-
cesis . . *add H* : de *B* | ipsius]
ecclesie *add PB* | . . et . . de . .]
et . . de . . *V* : *om HB* : . . et de . .
M : . . et de . . *D* | . . et – 5 ipsius
om C | de] ab *H* : *om L*

[4] et 1° – observata] etc. *B* | et 2°]
ac *M* : *om D* | actenus *E* | consue-
tudine *om V* | institutio] presen-
tatio *B*

[5] rectoris *om DEL* | presentatus]
tamen *add HB* | . . de . .] P. *B* |
clericus *om C*

[6] . . *om D* | opponit] etc. *add B*

[7] etc. *om AMB*.

K 171   Super eisdem in alia materia.

Iud. . . . rector ecclesie de . . . . diocesis nobis exposuit, quod, cum ecclesia
de . . ab eadem ecclesia dependere dinoscatur et rectores, qui fuerunt in
illa pro tempore, simul cum ipsa dictam ecclesiam de . . tamquam dependen-
tem ab ea consueverint retinere, . . prior et conventus monasterii de . .,
ipsarum ecclesiarum patroni, . . de . . clericum ad predictam ecclesiam de
. . venerabili fratri nostro . . episcopo, loci diocesano, minus canonice pre-
sentarunt, quem idem episcopus ad eandem post appellationem ad sedem
apostolicam interiectam admisit in ipsius rectoris preiudicium et gravamen.
Quare idem rector nobis humiliter supplicavit, ut amoto ab ea quolibet
illicito detentore eum ecclesie utriusque gaudere commodo faceremus. Quia
vero nobis | non constat de premissis, – mandamus, quatinus vocatis *etc.*

O f. 20'

K 171   *P 201 f. 23 (Üb. Index f. 5);*
V 161 f. 17'; H 199 f. 22'; S 154
f. 17'; C 198 f. 414 (Üb. Index f.
443); A 191 f. 41; M 171 f. 17; O
193 f. 20/20'; D 247 f. 69 (Üb.
Index f. 7); E 238 f. 41; L 175 f.
95c; R 223 f. 21'; B 37 n. 7 f.
78.

[1] *DELR Üb.*: Super eisdem de (pro
ELR) ecclesia ab alia dependente. |
materia] Rubrica *add H*[2] : forma *S*

[2] . . rector] Sua nobis . . *(om LB)*
rector *CDELRB* : Rector *M* | de . .
om B | . . diocesis] diocesis . . *H* :
diocesis *S* : *om CB* | nobis expo-
suit] proposuit conquerendo *C* :
petitione monstravit *DB* : cum
querela *add R* | . . ecclesia *H* |
ecclesia de . .] ea. ecc(lesiastici) *(!)*
L

[3] de . .] diocesis . . *H* | ecclesia . . *H* :
ecclesia de N. *(N. v. and. Hd. ein-
korr.) B* | dependere] pendere *D* |
dignoscatur *E* : denoscatur *(!) R* |
. . rectores *R* | fuerint *SC* : fuũt *E*

[4] simul] vel successive *add A* | ipsa]
ipsam *A* | de *om H*

[5] consueverunt *CRB* : consueverit
DEL | . . 1°] *om AD* : tamen *add*

B | de . .] diocesis . . *add H* : per
priorem etc. *add R* : . . *B*

[6] ecclesiarum ipsarum *R* | . . de . .]
de . . *D* : B. de . . *R* : G. *B* | cleri-
cum] . . diocesis *add H* | ecclesiam]
ecc(lesiasticam) *L* | ecclesiam de . .]
ecclesiam . . de *D* | de . . 2°] . . *H* :
om B

[7] . . episcopo] *om H* : episcopo . . *D* :
. . episcopo . . *E* : episcopo *B* | loci
diocesano] loci . . diocesis . . *R* |
presentavit *C*

[8] quem] quia *C* | episcopus . . *H* |
ad eandem *marg. v. and. Hd. ein-
korr. B* | appellationem] accepta-
tionem *A*

[9] ipsis *R*

[10] supplicavit] *einkorr. D*[2] : *om L* |
eo *HML*

[11] utriusque ecclesie *HR* | possessio-
ne gaudere *H* | commodo] comodo
PDR : comode *VCAMOL* : commode *HE (marg. einkorr.)* : commode *vor* gaudere *S* : quomodo
B | facẽm *L* | Quia] Cum *H*

[12] vero *ADEL* | nobis *doppelt O* |
de predictis non constat *R* : de
premissis non constat etc. *B* | con-
stet *H* | etc.] *om M* : ut supra *add B.*

K 172 Super eisdem in alia materia.

| *Iud.* Sua nobis .. de .. clericus petitione monstravit, quod, cum ipse   *B f. 79*
ad vacantem ecclesiam de .... diocesis in prepositura Maguntin.[1] ecclesie
consistentem a veris patronis ipsius .. officiali prepositi Maguntin.[1] ecclesie,
ad quem de antiqua et approbata et hactenus pa|cifice observata consuetu-   *V f. 18*
dine institutio rectorum in ecclesiis in dicta prepositura consistentibus pertinet, habenti super instituendis rectoribus in eisdem ecclesiis, cum vacant,
ab eodem preposito potestatem, fuisset canonice presentatus, idem officialis
ipsum ad eandem ecclesiam de .. contra iustitiam admittere denegavit,
propter quod idem clericus ad sedem apostolicam appellavit. – mandamus,   10
quatinus vocatis *etc.*

K 173 | Super eisdem in alia materia.   *H f. 23*

Iud. Sua nobis I. de .. clericus petitione monstravit, quod, cum in epis-

---

K 172   *P 202 f. 23 (Üb. Index f. 5);
V 162 f. 17'/18; H 200 f. 22'; S –;
C 199 f. 413 (Üb. Index f. 443);
A 192 f. 41; M 172 f. 17; O 194
f. 20'; L 248 f. 69 (Üb. Index f. 7);
E 239 f. 41; L 176 f. 95c; R 224
f. 21'; B 37 n. 8 f. 79.*

1 eisdem] eodem *R* | materia] non
(om EL : pro R) presentato officiali prepositi *add DELR*

2 .. de ..] B. de .. *R* : *om B* | cleri-
cus] .. diocesis *add H*

3 de .... diocesis] de .. diocesis ..
HA : de .. diocesis *D* : diocesis *B* |
Maguntin.] Maguntinen. *HC* : ..
A : *om L* : Magontin., o *korr. B*

4 existentem *CB* : consistentem *aus*
existentem *korr. A* | a] in *C* | ..
prepositi *DER* | Maguntin.] .. *A* :
magū tiñ *(!) L*

5 quem] quam *C* | et 1° – observata]
etc. *B* | et 1° – consuetudine] etc.
C | et 2°] ac *M*

6 rectoris *ADB* | in 1° – prepositura]
in dicta ecclesia *B* | dicta *über
getilgtem* ipsa *A* | pertinet *om MO*

7 instituendis] investiendis *EL* | in-
stituendo rectore *B* | eadem eccle-
sia *B*

8 potestate *D* | idem] eidem *L*

9 ipsum *om HC* | ecc(lesia) *L* | de ..]
.. *H* : *om B* | contra – admittere]
admittere et instituere contra iusti-
tiam *MO* | admittere *om VA* |
denegat *R*

10 quod *om B* | appellavit] etc. *add B*

11 vocatis *om B.*

K 173   *P 203 f. 23/23' (Üb. Index f.
5); V 163 f. 18; H 201 f. 23; S 155
f. 17'/18; C 200 f. 414 (Üb. Index
f. 443); A 193 f. 41; M 173 f. 17;
O 195 f. 20'; D 249 f. 69/69' (Üb.
Index f. 7); E 240 f. 41; L 177 f.
95c; R 225 f. 21'/22; B 37 n. 9 f. 79.*

1 materia] Rubrica *add H²* : forma
DEL

2 I.] .. *CMO* : Io. *B* | de .. *om HB* |
clericus] .. diocesis *add HE* : *om
C* : diocesis *add DLR* | episcopatu
de ..] .. episcopatu *H* : episcopatu
.. *B*

---

1 *Mainz.*

copatu de . . de antiqua *etc. usque* consuetudine observetur, quod ecclesiarum
patroni ad ipsas, cum vacant, clericos . . archidiacono de . . et idem archidia-
S f. 18   conus presentatos sibi loci diocesano presentent, idemque | I. ad vacantem
ecclesiam de . . ab . . abbatissa monasterii de . ., vera eiusdem ecclesie
D f. 69'   patrona, N. archidiacono | de . ., ut eum venerabili fratri nostro . . episcopo
iuxta predictam consuetudinem presentaret, fuerit canonice presentatus,
P f. 23' | idem archidiaconus ipsum taliter presentatum admittere contra iustitiam
R f. 22   denegavit, propter quod ipse ad nostram duxit audientiam | appellandum.
– mandamus, quatinus vocatis *etc.*

L f. 95d   **K 174** | Presentatio ad altaria cum quibusdam redditibus.

Iud. Sua nobis P. de . . clericus petitione monstravit, quod, cum venerabilis frater noster . . episcopus altaria de . . et de . . cum quibusdam redditibus et pertinentiis, prout spectabat ad ipsum, sibi canonice contulisset et

---

³ etc. . . usque *R* | usque *om B* |
observetur quod *om R* | quod] in *L*
⁴ ipsos *DEL* | cum] non *R* | vocant
R | . . clericos . . archidiacono *R* |
. . 1° *om MEB* | de . .] presenta-
vit *add M* : presentant *add O (einkorr. wohl von ders. Hd.)*
⁵ presentatas *H* : presentatus *L* |
presentet *VSAMODER* : presen-
tent *korr. C* : presentat *B* |
idemque] idem *S* | I.] I. de . . *R* :
Io. *B*
⁶ de . .] diocesis . . *add H* : de *D* :
. . *B* | ab *om D* | . . 2° *om VHSCA
MODLRB* | de . .] ordinis . . dio-
cesis . . *add H* : de *D* | vera *ein-
korr. A*
⁷ patrona] . . *add H* | N.] . . *B* | ut
eum] et *H* | eum] cum *SCM* :
einkorr. v. and. Hd. B | fratre *C* |
. . *om MD*
⁸ dictam *B* | consuetudinem predic-
tam *L* | presentaret] *einkorr. P* :
om VHSCAMOEL : presentet *B*
⁹ taliter] totaliter *O* : ad eandem
ecclesiam totaliter *B* | admittere]
seu eidem episcopo presentare *add
R*

¹⁰ ipse] *om R* : Io. *add B* | duxit ad
nostram *S* : ad nostram duxit ad
nostram *(!) C* | duxerit *L* | appel-
landum] etc. *add B*
¹¹ etc. *om M*.
K 174   *P 204 f. 23' (Üb. Index f. 5);
V 164 f. 18; H 202 f. 23; S 156 f.
18; C 201 f. 414/414' (Üb. Index
f. 443); A 194 f. 41/41'; M 174
f. 17; O 196 f. 20'; D 250 f. 69'
(Üb. Index f. 7); E 241 f. 41/41'; L
178 f. 95d; R 226 f. 22; B 37 n. 10
f. 79.*
¹ Presentasio *(!) R* | ad altaria]
adulteria *D* | cum] contra *H* |
redditibus] reddantibus. Rubrica
H² : *om L*
² de . . *om B* | . . *hinter* clericus *D* |
clericus] . . diocesis *add H* | cum
om CAMO
³ . . episcopus] . . episcopus . . *AE* :
episcopus *MB* : episcopus . . *D* |
de 1° *om B* | et de . .] *om VDELRB* :
diocesis . . *H* | cum *korr. D²*
⁴ et pertinentiis] ad ipsum pertinen-
tibus *H* | pertinentiis] proventibus
D : proventibus suis *B* | contu-
lisset] att(ende) si bene quia ita

ratione ipsorum altarium in ecclesiis parrochia|libus eorundem locorum   *A f. 41'*
ius obtineat presentandi, . . archidiaconus in ecclesia de . . *talem*, licet ab
eo non fuerit presentatus, | instituit pro sue libito voluntatis in eius | preiudi-   *E f. 41'*
cium et gravamen. – partibus convocatis *etc.*   *C f. 414'*

K 175   Presentatio alia.

Iud. Sua nobis R. de . . clericus petitione monstravit, quod, cum ipse ad
vacantem ecclesiam de . . . . diocesis ab . . abbatissa monasterii de . . ordinis . . . . diocesis, vera patrona ipsius ecclesie, . . archidiacono loci et postmodum ab archidiacono predicto, ad quem de antiqua *etc.* representatio   5
rectoris eiusdem ecclesie pertinet, venerabili fratri nostro . . episcopo, loci
diocesano, fuisset canonice presentatus, F. prepositus ecclesie de . . predicte
diocesis asserens se G. clerico | de . . executorem a dilecto filio nostro . . dia-   *B f. 79'*
cono cardinali tunc in partibus illis apostolice sedis legato deputatum super

iacet in originali *add D (getilgt)* |
et 2°] ad *B*
5 eorundem] eorum *MO*
6 archidiacono *O* | de . .] . . *HER* :
   om L : P. v. and. *Hd. einkorr. B* |
   talem *om PVSCAMODELRB*
7 eo] ea *R* | instituit . . *P* | suo *MDB*
8 gravamen] mandamus quatinus
   add HCAMODELR : etc. man-
   damus quatinus *add B* | partibus
   convocatis *om S* | etc. *om VSDELR.*
K 175   *P 205 f. 23' (Üb. Index f. 5);*
   V 165 f. 18; H 203 f. 23; S 157 f.
   18; C 202 f. 414' (Üb. Index f.
   443); A 195 f. 41'; M 175 f. 17;
   O 197 f. 20'; D 251 f. 69' (Üb.
   Index f. 7); E 242 f. 41'; L 179 f.
   95d; R 227 f. 22; B 37 n. 11 f.
   79/79'.
1 *DEL Üb.*: Presentatio alicuius
   (alia *EL*), cui provisum est per
   executorem, ut asseritur (asserit
   EL), a legato (delegato *EL*) pape
   (papa *D*). – *R Üb.*: Pro presentato
   contra provisum per executorem,
   ut asserit, a legato pape. | alia]
   Rubrica *add H²*
2 R.] B. *VR* : . . *E* : *om L* | de . .] de

M : *om B* | clericus] diocesis . .
   add H : . . diocesis *add E*
3 de . . 1°] de *D* : *om B* | . . diocesis]
   diocesis . . *H* : diocesis *S* | ab] a
   C : korr. *D²* | . . 3°] *om VAMODB* :
   hinter abbatissa *H* | de . . 2°] . .
   PD : *om VHSB* | ordinis . .] . .
   ordinis *VSCDRB* : *om MO* : ordinis *EL*
4 . . diocesis] diocesis *PHA* : *om B* |
   . . 3° *om CAEB* | archidiacono]
   ipsius *add D* | loci . . *HE*
5 de antiqua *om M* | presentatio *CB* :
   presentatio *zu* representatio *korr.*
   M
6 rectoris] rectorum *HE* : altaris *S* :
   hinter ecclesie *B* | eidem *L* | . .
   episcopo] . . episcopo . . *HE* :
   episcopo *SDB* | *om M* | loci *om B*
7 fuisse *E* | de . . *om AB*
8 asseratur *(?) B* | G.] Guillelmi *H* :
   O. *D* | clericum *C* | clerico de . .] . .
   clerici . . diocesis *H* | . . 1° *om*
   SB | executore *SMOE* : executione
   B | a] A. *A* | nostro *om L* | diacono]
   diocesis *M* : *om B*
9 cardinali] quidem *R* : *hinter* tunc
   B | deputato *CAMO* : deputat(is) *E*

10 provisione dicto G. facienda ei, quod dicta vacabat ecclesia, dicto R. non
monito nec citato nec se per contumaciam absentante de facto, cum de iure
non posset, providit, propter quod dictus R., quamcito id ad eius pervenit
notitiam, ad sedem apostolicam appellavit. – mandamus, quatinus vocatis
etc.

K 176 Contra rectorem, qui irrequisitis requirendis se pro-curavit institui in rectorem.

Iud. Sua nobis . . decanus et capitulum ecclesie de . . petitione monstrarunt, quod . . rector ecclesie de . . . . diocesis ipsis irrequisitis et omnino
5 contemptis, qui commode requiri poterant et de iure debebant quique non
in mora fuerant personam idoneam presentandi infra tempus legitimum
ad eandem, per . . archipresbiterum sancti . . in ecclesie de . . in rectorem

---

[10] G.] O. D^2 | ei *scr.*] et *PVSCAMO DLB* : om *ER* | ei – ecclesia] ei de dicta ecclesia sic vacante *H* | quod] de *L* | vacabat ecclesia *om EL* | ecclesia] eidem O. (G. *B*) de ecclesia ipsa *add DB* | dicto *om M* | R.] B. *AR* | non – 12 R. *om L*

[11] nec 1°] sed *B* | nec 2° *om C* | absentante] absente *V* : absentantem *SD* : non absentem *B*

[12] possit *HS* | providit] promovit *S* | R.] B. *AR* | quandocito *C* | id *om CDLB* | pervenit ad ei *(!)* notitiam *L*

[13] appellavit] etc. *add B*

[14] etc. *om AMB.*

K 176   *P 206 f. 23' (Üb. Index f. 5); V 166 f. 18/18'; H 204 f. 23; S 158 f. 18; C 203 f. 414' (Üb. Index f. 443); A 196 f. 41'; M 176 f. 17; O 198 f. 20'; D 252 f. 69'/70 (Üb. Index f. 7); E 243 f. 41'; L 180 f. 95d; R 228 f. 22; B 37 n. 12 f. 79'.*

[1] Presentatio *(expungiert)* contra rectorem *E* | irrequisitus H^2 : re-

quisitis *SAE* : irrequisitis *CL* : in requisitis *DR* | requirendis] qui requirendi erant *D*

[2] in rectorem institui *M*

[3] . . 1° *om AB* | . . ecclesie *H* | de . .] de . . diocesis *D* : . . diocesis *add EL* : de . . diocesis patroni ecclesie de . . *R* : *om B* | monstrarunt] mo. *CALR* : mo(n) *ME*

[4] . . 1° *om HSMB* | de . .] *om D* : . . de . . *E* : N. *v. and. Hd. einkorr. B* | . . diocesis] diocesis . . *H* : diocesis *S* : *om B* | irriquisitis *A* : inrequisitis *L* : in requisitis *R* | omnino] animo *SAO* : *v. and. Hd. aus* animo *korr. M*

[5] contentis *B* | comode *PVCAMO* : comodo *R* | debeant *V* | quique] quicquid *C* : quodque *R*

[6] in mora] iniuria *R* | fuerunt *HB*

[7] eundem *E* | per] quod *D* | . . 1° *om PVSADB* | archidiaconum *C* : archiepiscopum *E* | sancti – de . . *om B* | . . 2° *om D* | in ecclesia] *doppelt V* : *om C* | de . . *om R* | in 2°] et *B*

ipsius|ecclesie de .. se procuravit institui in eorundem preiudicium et gra-   *D f. 70*
vamen. – | mandamus, quatinus partibus convocatis.   *V f. 18'*

K 177   Super eisdem.

Iud. Sua nobis .. prior et conventus monasterii de .. per priorem *etc.*
.. ordinis, patroni ecclesie de .., petitione monstrarunt, quod, licet ipsi in
mora non fuerint venerabili fratri nostro .. episcopo personam idoneam ad
eandem | ecclesiam tunc vacantem infra tempus legitimum presentandi,   *H f. 23'*
idem tamen episcopus .. de .. clericum .. diocesis ad presentationem
nobilis viri .. de .., qui falso patronum dicte ecclesie se dicebat, contra
iustitiam instituit in eadem, propter quod predicti prior et conventus ad
sedem apostolicam appellarunt sed iusto, ut asserunt, impedimento de-
tenti appellationem suam huiusmodi non sunt, cum nequiverint, infra   10
tempus legitimum prosecuti. Quare nobis humiliter supplicarunt, ut huius-
modi lapsu temporis | non obstante providere eis super hoc paterna solli-   *M f. 17'*
tudine curaremus. – mandamus, quatinus vocatis *etc.*

---

⁸ de .. *om DELB* | .. *om A* | insti-
tuit *S* | eorundem] *darüber zwei
Punkte einkorr. H* : eorum *C* |
gravamen] *etc. add B*
⁹ partibus] per *R* | convocatis] etc.
add HCAMODEB.
K 177   *P 207 f. 23'; V 167 f. 18'; H
205 f. 23/23'; S 159 f. 18; C 204
f. 414' (Üb. Index f. 443); A 197
f. 41'; M 177 f. 17/17'; O 199 f.
20'; D 253 f. 70 (Üb. Index f. 7);
E 244 f. 41'; L 181 f. 95d; R 229
f. 22; B 37 n. 13 f. 79'.*
¹ *Üb. om P. – DEL Üb.:* Contra
presentatum a falso patrono et
admisso per episcopum ad ecclesiam. – *R Üb.:* Contra presentatum a falso patrono.
² .. 1° *om ADB* | de .. *om B* | etc.]
soliti gubernari *DELB* : soliti etc.
R | etc. .. ordinis] ordinis etc. *H*
³ .. ordinis] ordinis .. *M* : ordinis
sancti .. *B* | .. ecclesie *H* | de ..]
diocesis .. *H* : *om M* : .. *B* | ipsi
om D

⁴ fuerit *R* : fuerunt *B* | .. *om MB* |
personam] *dahinter ein Wort radiert
und überstrichen D²*
⁵ prestandi *D*
⁶ .. de ..] de .. *CD* : B. de .. *R* :
R. *B* | .. diocesis] diocesis .. *VSO* :
diocesis *MDL* : *om B* | presenta-
tionem] instantiam *B*
⁷ nobilis viri ..] .. nobilis *H* | viri ..]
om DL : .. *E* | de .. *om B* | false *D* |
dicte ecclesie] ecclesie dicte *C* :
ecclesie de .. *M*
⁸ predicti] iidem *M* : dicti *B*
⁹ appellavit *D* | sed – *Schluß om R* |
ut asserunt *om A*
¹⁰ huiusmodi *om SM* | cum] non *add
M* | nequierint *A* : nequierunt *B*
¹¹ persecuti *L* | vobis *D* | supp(li-
cav)it *S* | ut] *om V* : quatinus *H*
¹² non *(f. 17')* non *M* | ei *D* | super
hoc *om L* | paterna] patrono *C*
¹³ curaremus] etc. *add B* | vocatis]
qui *add H* : partibus convocatis
C : *om B* | etc. *om M*.

S f. 18'   **K 178** | **Super eisdem pro episcopo.**

Iud. Sua nobis venerabilis frater noster . . episcopus . ., patronus ecclesie de . ., petitione monstravit, quod . . de . . presbiter et . . de . . miles . . dio-
L f. 96a cesis super iure patronatus ipsius ecclesie ad ipsum pleno iure spectante | et
5   rebus aliis iniuriantur eidem. – partibus convocatis.

K 179   **Super immoderata perceptione fructuum a patrono.**

O f. 21 | *Iud.* Sua nobis P. rector ecclesie de . . petitione monstravit, quod . . abbas
et conventus monasterii de . . ordinis . . . . diocesis, patroni dicte ecclesie,
tantum de ipsius ecclesie proventibus percipiunt annuatim, quod idem
5   rector nequit de residuo commode sustentari. – partibus convocatis.

K 179a   **Super eodem pro perpetuo capellano.**

Iud. Conquestus est nobis H. perpetuus capellanus in de sancta Iulica[1]

K 178   *P 208 f. 23' (Üb. Index f. 5);*
V 168 f. 18'; H 206 f. 23'; S – (f.
18' nur Üb.; Text von K 179); C
205 f. 414' (Üb. Index f. 443); A
198 f. 41'; M 178 f. 17'; O 200 f.
20'; D 254 f. 70 (Üb. Index f. 7);
E 245 f. 41'; L 182 f. 95d/96a; R
230 f. 22; B –.
   [1] *DEL Üb.:* Conqueritur (Conq̄ *L*)
episcopus (episcopo *L*) de iniurian-
tibus sibi super iure patronatus. –
R Üb.: Conqueritur episcopus super
iure patronatus contra iniuriantes
sibi. | episcopo] Rubrica *add H*[2]
   [2] *. . 2° om HADE*
   [3] de . . 1°] . . de . . *E* | . . 2° *om DE* |
presbiter . . et . . *C* | . . 4° *om D*
   [4] ipsius] ipsi *O* | ipsam *C* | plene
iur(is) *D*
   [5] iniuriatur *ER* | eidem] mandamus
quatinus *add HCAMODEL* | par-
tibus] per *R* | partibus convocatis]
etc. *add HCMOL* : vocatis etc. *A.*
K 179   *P 209 f. 23' (Üb. Index f. 5);*
V 169 f. 18'; H 207 f. 23'; S 160
f. 18'; C 205a f. 414'; A 199 f. 41';

M 179 f. 17'; O 201 f. 20'/21; D
255 f. 70 (Üb. Index f. 7); E 246 f.
41'; L 183 f. 96a; R 231 f. 22; B –.
   [1] *S hat die Üb. von K 178. – Üb. om*
C. | Conqueritur rector super *R* |
immoderatione perceptionis *P* |
immoderate *H* | inmoderata fruc-
tuum perceptione *D* | a patrono]
contra patronos Rubrica *H*[2]
   [2] P.] de . . *add C* : . . *E* | de . .] dio-
cesis . . *add H* | . . 2° *om VHSAMD*
   [3] ordinis . .] . . ordinis *OER* : ordi-
nis *SDL* | . . diocesis] diocesis *V* :
diocesis . . *H* : *om CA* | dicte]
ipsius *CAMO* | dicte ecclesie]
ecclesie . . de *D* : ecclesie de . . *E* :
ecclesie de *L*
   [5] nequivit *D* : nequid *LR* | comode
PVCAMOR : comodo *D* | sub-
stantari *SOR* | mandamus quati-
nus partibus *HCAMODEL* | con-
vocatis] etc. *add CAOD.*
K 179a   *C 205b f. 414'; A 200 f. 41'.*
   [1] *Üb. om C.*
   [2] H.] . . *C* | sancta] facta *C* : *om A* |
Iulica] . . *A*

---

[1] *Sainte-Juliette-sur-Viaur bei Rodez in Südfrankreich.*

et de Manhaco[1] ecclesiis, que canonice sunt unite, Ruthenen.[2] diocesis,
quod A. archidiaconus Ruthenen., patronus perpetue capellanie, quam idem
H. in dictis ecclesiis obtinet, tantum de ipsius vicarie redditibus percipit   5
annuatim, quod dictus capellanus non potest de residuo commode sustentari ac episcopalia et alia sibi incumbentia onera supportare. – mandamus,
quatinus partibus convocatis *etc.*

K 179b **Contra patronum, qui tantum accipit de bonis ec-**
clesie, quod rector de residuo non potest vivere.

Iud. Significavit nobis G. perpetuus vicarius ecclesie de . . et capelle de
. . a perpetua vicaria sua ipsius ecclesie dependentis Caturcen.[3] diocesis,
quod capitulum ecclesie Caturcen. tantum de proventibus ipsarum vicarie   5
et capelle, quos iidem capitulum in usus proprios canonice obtinent, percipiunt annuatim, quod idem vicarius nequit de residuo commode sustentari.
– mandamus, quatinus partibus convocatis *etc.*

K 179c **Super eodem.**

| *In eodem modo pro B. Umari, perpetuo capellano ecclesie sancti P. de*   *A f. 42*
Caneto[4] *Ruthenen.*[5] *diocesis,* quod . . prior eiusdem ecclesie, patronus perpetue capellanie, quam idem B. in dicta ecclesia obtinet, tantum percipit
de ipsius | vicarie redditibus annuatim, quod dictus capellanus non potest   *C f. 415*
etc. *ut supra proxime.*[6]

---

[3] Manhaco] . . *A* | Ruthenen.] . . *A*
[4] A. *om C* | Ruthenen.] . . *A* | ca-
pelle *C*
[5] H.] . . *C*
[6] substentari *C*.

K 179b *C 206 f. 414' (Üb. Index f.*
443); A 201 f. 41'.
[1-2] *A Üb.:* Super eisdem.
[3] G.] . . *C* | vicarius] capellanus *C*
[4] Caturcen.] . . *A*
[5] Caturcen.] . . *A*

[6] quas *A*
[7] substentari *C*
[8] etc. *om A.*

K 179c *C 207 f. 414'/415 (Üb. In-*
dex f. 443); A 202 f. 41'/42.
[2] Umari *om A* | P. de Caneto] . .
de . . *A*
[3] Ruthenen] . . *A* | . . *om A*
[4] B.] H. *C* | percipit] recipit *A*
[5] dictus] idem *C*
[6] proxime *om A.*

---

[1] *Manhac bei Rodez.*   [2] *Rodez.*   [3] *Cahors.*
[4] *Canet-de-Salars bei Rodez.*
[5] *Rodez.*
[6] *K 179b.*

K 180 Super institutione contra patronos.

P f. 24
R f. 22'

D f. 70'

| *Iud*. Sua nobis . . | abbas et conventus monasterii de . ., patroni ecclesie de . ., petitione monstrarunt, quod F. de . . clericus in ecclesia ipsa . . diocesis, in qua ius obtinent patronatus, per R. et F. de . . milites dicte | dio-
5 cesis se procuravit intrudi in eorum preiudicium et gravamen. – partibus convocatis.

K 181 Super eisdem.

Iud. Sua nobis . . de . . clericus petitione monstravit, quod, cum ipse ad
B f. 80 vacantem ecclesiam *etc. usque* | presentatus, P. de . . clericus . . diocesis institutioni sue contra iustitiam se opponens eandem ecclesiam detinet
5 occupatam in eius preiudicium et gravamen. – partibus convocatis.

K 180 *P 210 f. 24; V 170 f. 18'; H 208 f. 23'; S 161 f. 18'; C 208 f. 415 (Üb. Index f. 443); A 203 f. 42; M 180 f. 17'; O 202 f. 21; D 256 f. 70/70' (Üb. Index f. 7); E 248 f. 42; L 185 f. 96a; R 232 f. 22/22'; B 37 n. 14 f. 79'.*

1 *Üb. om P. – DELR Üb.:* Contra eos (illum *R*), qui se procuraverunt (procuravit *R*) intrudi in ecclesia invitis patronis. | institutione] intrusione *SO* : intrusione facta *CA* : intrusione et *M*

2 . . 1° *om MDB* | de *om B*

3 de . . 1°] . . diocesis . . *H* : diocesis *add DLR* : . . *B* | petitione monstrarunt *om PVHSA* | de . . 2° *om B* | . . diocesis *om HRB*

4 obtinet *VO* : optinent *S* | per] pro *CD* | R.] b. *HL* : B. *SDE* : F. *C* : G. *B* | F.] S. *C* : per F. *M* : P. *RB*

5 procurat *R* | intrudi] et *add C* | gravamen] mandamus quatinus *add HCAMODELR* : etc. mandamus quatinus *add B* | partibus] per *R* | partibus convocatis *om B*

6 convocatis] etc. *add HCAODR*.

K 181 *P 211 f. 24 (Üb. Index f. 5); V 171 f. 18'; H 209 f. 23'; S 162 f. 18'; C 209 f. 415 (Üb. Index f. 443); A 204 f. 42; M 181 f. 17'; O 203 f. 21; D 257 f. 70' (Üb. Index f. 7); E 249 f. 42; L 186 f. 96a; R 233 f. 22'; B 37 n. 15 f. 79'/80.*

1 eisdem] in alia forma *add DELR*

2 Iudex *S* | . . de . .] B. de . . *R* : *om B* | . . 1° *om S* | . . 2° *om M* | clericus] . . diocesis *add HER* : diocesis . . *add D* : diocesis *add L* | petitione monstravit] *om PVS AMO* : etc. *H* | cum *om C* | ad *v. and. Hd. einkorr. B*

3 ecclesiam] de . . *add HM* | usque *om B* | clericus] *danach nochmals* 2 quod – clericus *A* | clericus – 5 occupatam *einkorr. P*

4 contra *v. and. Hd. auf Rasur O* | detinet] de . . obtinet *D*

5 eius] eis *D* | gravamen] mandamus quatinus *add HCAMODEL* : etc. mandamus quatinus *add B* | partibus] per *R* | convocatis] etc. *add CAODB*.

K 182 Super eisdem.

Iud. Sua nobis F. rector ecclesie de .. petitione monstravit, quod, cum ipse ad vacantem ecclesiam de .. a vero patrono ipsius ecclesie venerabili fratri nostro .. archiepiscopo, ad quem de antiqua *etc. usque* consuetudine cura et administratio ecclesie Eduen.,[1] cum vacat, que tunc vacabat, perti-net, fuisset canonice presentatus, idem archiepiscopus ipsum, prout specta-bat ad eum, instituit in eadem. Verum .. officialis Eduen.[2] dictam ecclesiam

5

K 182 *P 212 f. 24 (Üb. Index f. 5); V 172 f. 18'/19; H 210 f. 23'; S 163 f. 18'; C 210 f. 415 (Üb. Index f. 443); A 205 f. 42; M 182 f. 17'; O 204 f. 21; D 258 f. 70' (Üb. In-dex f. 7); E 250 f. 42; L 187 f. 96a; R 234 f. 22'; B 37 n. 16 f. 80.*

[1] eisdem] in alia forma *add DEL* : in alia materia *add R*

[2] F.] de .. *add E* | ecclesie *om VH* | de ..] diocesis *add H* : *om B*

[3] ecclesiam] sancti *add DL* : sancti .. *add ER* | de ..] diocesis .. *add H* : sancti .. *B* | veris patronis *R* | ecclesie .. *R*

[4] .. archiepiscopo] archiepiscopo *MD* : .. archiepiscopo .. *E* :

episcopo .. *B* | usque *om B* | consuetudinem *C*

[5] cura] Cum *R* | cura – ecclesie *dop-pelt L* | et *om S* | ministracio *R* | Eduen.] .. *A* : *om LB* | tunc] nunc *S*

[6] .. archiepiscopus *R* : episcopus *B* | ad eum spectabat *B*

[7] ad eum instituit *om C* | Verum] clericus *add L* | ..] *om SADB* : talis *L* | Eduen.] .. *AB* | dictam ecclesiam *om L*

[8] sue] se *L* : suo *(korr.) B* | libito voluntatis *HER* | F.] I. *CAMO* : G. *R* : P. *B* | de .. *om B* | clerico *om CDEL* | ipsius] ipsi *L* : et de N. *(de N. v. and. Hd. einkorr.) add B* | rectorum *E* : rectoris, re v. and. Hd. einkorr. B*

---

[1] *Im März 1286 wurde zwischen dem Erzbischof Radulph von Lyon und dem Bischof Hugo von Autun die Abmachung getroffen, daß bei einer Vakanz eines der beiden Bistümer jeweils der Eb. von Lyon bzw. der Bischof von Autun die Verwaltung des anderen Bistums übernimmt, vgl. A. de Charmasse, Cartulaire de l'Évêché d'Autun connu sous le nom de cartulaire rouge (Autun-Paris 1880) S. 227. Da der vorliegende Brief zum Grundstock der Vulgataredaktion gehört, kommt am wahrscheinlichsten die Vakanz 1298/99 in Frage: B. Hugo von Autun war 1298 Sept. noch nicht verstorben (Charmasse Nr. 101 S. 351); sein Nachfol-ger Bartholomaeus war bereits 1299 Jan. 13 im Amt (das. Nr. 102 S. 352, danach sind Eubel 1, 72 f. u. A. Lambert, Autun, in: Dict. d'histoire et de géographie eccl. 5, 908 zu berichtigen). Der Brief ist also (1298 September–1299 Januar 13) zu datieren; er ist in der Überlieferung von Autun nicht mehr erhalten und fehlt bei Charmasse a. a. O., u. ders., Cartulaire de l'Église d'Autun, 3 Teile (Paris-Autun 1865–1900).*

[2] *Offizial von Autun war damals entweder Iohannes de Edua (bei Charmasse,*

V f. 19   pro sue voluntatis libito F. de . . clerico contulit in ipsius rectoris preiudicium
et gravamen, propter quod ipse ad sedem apostolicam | appellavit. – man-
10   damus, quatinus vocatis *etc.*

K 183   Notula doctrinalis.

*Nota, quod, quando quis conqueritur de aliquo super iure patronatus, debet
se nominare patronum, et in hoc casu dantur littere laico contra laicum.*

5   *Item nota, quod, quando quis conqueritur de aliquo, quod in eius preiudicium
eo irrequisito, qui de iure requiri commode poterat et debebat, instituit vel intrusit aliquem in ecclesia, oportet, quod exprimat in electione se aliquod ius
habere.*

K 183a   Conqueritur rector ecclesie de illo, qui fructus rei
et proventus ecclesie sue, sine quibus sustentari non potest,
per potentiam occupavit.

Iud. Conquestus est nobis . . de . . rector ecclesie de . . . . diocesis, quod . .

⁹ et gravamen *doppelt V* | ipse] *om A*
: F. *B* | mandamus – 10 etc. *om R*
¹⁰ vocatis] partibus *S* : partibus con-
vocatis *C* | etc.] *om VSMLR* : qui
fuerint evocandi et auditis hinc
inde propositis quod iustum fuerit
appellatione remota decernas faciens quod decreveris per censuram ecclesiasticam firmiter observari Testes etc. *add B.*
K 183   *P 213 f. 24 (Üb. Index f. 5);
V 173 f. 19; H 211 f. 23'; S 164 f.
18'; C 211 f. 415 (Üb. Index f.
443); A 206 f. 42; M 183 f. 17';
O 205 f. 21; D 259 f. 70' (Üb.
Index f. 7); E 251 f. 42; L 188 f.
96a; B 37 n. 16/17 f. 80.*
¹ Notule doctrinales *P.* – *Üb. hinter*
3 laicum *VHSAMOE; HAE haben
hier* Nota. – *Üb. om L*
² quod *om AMO* | quis *gestr., dar-
über v. and. Hd. einkorr. pars B* |
de aliquo *om L*

³ nominari *COR* | datur *L* | littere
om B | contra laicum laico *C*
⁴ Item *om M* | quod 1° *om VM* |
quis *gestr., darüber v. and. Hd.
pars einkorr. B* | de] in *D* | de
aliquo *om A* | aliquo *v. and. Hd.
zu* aliquos *korr. B* | quod 2°] et *C* :
quis *B* | in] de *D* | preiudicium]
et *add E*
⁵ requisito *S* : requisito *v. and. Hd.
zu* irrequisito *korr. MO* : inre-
quisito *L* | comode *PVCMODL* :
om A : commode requiri *SML* |
et] vel *C* | intrussit *V* : instrusit
A
⁶ exprimas *D* | se *om EL.*

K 183a   *D 262 f. 71 (Üb. Index f.
7); E 247 f. 41'/42; L 184 f. 96a;
B 37 n. 18 f. 80.*
¹⁻³ *Üb. om EL.*
⁴ Iud. *om E* | . . de . . *om LB* | rector
ecclesie de . . *om E* : de . . . . dio-

Cartulaire de Évêché Nr. 107 S. 356 für Juni 1300 belegt) oder Galterus de Paredo
(das. Nr. 97 S. 346 für 1297 Dezember 21).

prior prioratus eiusdem loci de .... ordinis dicte diocesis ad gravamina   5
rectoris eiusdem potentia fultus aspirans quosdam annuos redditus et pro-
ventus et res alias ad ecclesiam ipsam spectantes, sine quibus idem | rector   *E f. 42*
nequit commode sustentari et incumbentia sibi onera supportare, contra
iustitiam occupans ipsos percepit et percipit in dicti rectoris preiudicium et
gravamen. – mandamus, quatinus partibus convocatis *etc.*   10

K 183b Contra episcopum, qui spoliavit rectorem.

Iud. Sua nobis Iohannes de Amoribus, rector parrochialis ecclesie de ..
Constantien.[1] diocesis, petitione monstravit, quod, licet ipse in minoribus
ordinibus constitutus ratione ipsius ecclesie, quam | fuit canonice assecutus   *E f. 42'*
et aliquamdiu possedit pacifice et quiete, sicut et adhuc possidet, teneatur   5
infra annum statutis a iure temporibus ad ordines promoveri, tamen venerabilis frater noster .. episcopus Constantien. ad instantiam magistri
Guillelmi, rectoris ecclesie de .., et Thome Obelini, presbiteri dicte diocesis, predictum I. rectorem promovere ad huiusmodi ordines, ut de dicta
ecclesia tamquam de vacante disponere possit, super hoc ab eo predictis   10
statutis a iure temporibus requisitus, quamquam eidem rectori canonicum
aliquod non obsistat, denegat minus iuste in ipsius rectoris preiudicium non

---

cesis] de .. diocesis *D* : *om B* |
.. 5° *om DB*
5 de .. ordinis *E* | de .. *om B* | ordi-
nis] sancte .. diocesis *add D* |
dicte *om B*
6 rectorum *E* | eidem *L* | fultans *D* :
suffultus *E* | aspiras *D* | annuos]
autem *L* : *urspr.* annos, *dann v.*
and. Hd. zu annuos *korr. B*
8 nequid *L* | comode *D* | sibi *om D*
9 rectorum *E* | preiudicium] non
modicum *add EL*
10 gravamen] etc. *add B* | etc. *om EL.*

K 183b *M 185a f. 17'; O 208 f. 21;*
D 263 f. 71 (Üb. Index f. 7); E
254 f. 42/42'; L 191 f. 96b.

2 Iohannes de Amoribus] I. de ..
MDEL
3 Constantien.] .. *E* : *om L* | ipse
om D
5 et 3° *om ML* | possidere *L*
6 ad ordines] ad sacerdotium *MO* :
einkorr. D² : *om EL*
7 Constantien.] .. *D* : *om L* | ad – 8
Guillelmi *om D*
8 Guillelmi] G. *ME* : q; *(!) L* |
rectorum *E* : rectores *L* | Thome
Obelini] T. .. *M* : *om DL* : .. *E*
9 I. *om MOEL* | promoveri *D*
10 eo *om E*
11 a iure *om ODEL* | idem rector *L*
12 in] et *D* | rectorum *E* | non modi-
cum preiudicium *M*

---

[1] *Wohl Coutances. Für Konstanz sind die erwähnten Personen nicht nachzu-*
weisen, sie fehlen in den Regesta episcoporum Constantiensium Bd. 2, bearb.
v. A. Cartellieri (Innsbruck 1894–1905). Als Bischof von Coutances kommt in
Betracht Guilelmus de Thieville (1315–1345), vgl. Eubel s. v.

modicum et gravamen, propter quod idem rector sentiens ex hoc indebite se gravari ad sedem apostolicam appellavit. Quocirca discretioni vestre *etc.*

K 184–185

Super procurationibus.

K 184 Super exhibitione procurationis ratione visitationis debite archidiacono.

H f. 24

| *Iud.* Sua nobis . . archidiaconus Lemovicen.[1] petitione monstravit, quod, cum ipse de antiqua *etc. usque* consuetudine ecclesias sui archidiaconatus

5 visitare et ratione sue visitationis procurationes debeat recipere ab eisdem, F. de . . et P. de . . ecclesiarum rectores in dicto archidiaconatu consisten- tium procurationes sibi debitas, cum illuc accedit, ei *contra* iustitiam dene-

D f. 71 gant exhibere, licet impendat visitationis officium in eisdem. – | mandamus, quatinus partibus convocatis.

---

13 se *einkorr. M*
14 etc. *om M.*

K 184 *P 214 f. 24 (Üb. Index f. 5);*
V 174 f. 19; H 212 f. 23'/24; S 165
f. 18'; C 212 f. 415 (Üb. Index f.
443); A 207 f. 42; M 184 f. 17';
O 206 f. 21; D 260 f. 70'/71 (Üb.
Index f. 7); E 252 f. 42; L 189 f.
96a; R 61 f. 5'; B 39 n. 1 f. 81.

1 procuꝭis *EL* | procurationis – 2 archidiacono *om C*
2 pro archidiacono debite *A* | debite *om H* | archidiacono] archidia- conatui *MOE* : in archidiaconatu *D* : *om LR*
3 Iud. *om R* | . . *om SAEB* | Lemo- vicen.] . . *A* : Lemonicen. *M* : *om LB*
4 usque *om B* | consuetudinem *CD* |

sui] siti *S* : sitas in *DERB* : suas *L* | archidiaconatu predicto *DERB* | archidiaconatus – 6 dicto *om L*

5 visitare *om D* | visitationis sue *P* | debebat *C* : debet *M*

6 F.] tamen . s . *R* : tamen A. *B* | de . . 1° *om B* | P. de . .] B. *B* | parrochialium ecclesiarum *B* | rectores *hinter* consistentium *B* | consistentes *L*

7 procurationes *(v. and. Hd. korr.)* huiusmodi *B* | cum] contra *C* : eum *L* | illud *PCR* | accederet *R* | ei *om MB*

8 licet *om V* | visitationis] huiusmodi *add B* | mandamus quatinus *om R*

9 partibus] per *R* : et *B* | convoca- tis] etc. *add HCAMOD.*

---

1 *Limoges.*

K 185 Contra eum, qui debet visitare et non visitat et petit
procurationes ratione visitationis.

Iud. Sua nobis . . decanus ecclesie de . . petitione monstravit, quod dilectus filius F. electus Florentin.[1] a sancti . . et sancti . . ecclesiarum rectoribus,
quas idem decanus | ex dispensatione sedis apostolice obtinet in diocesi
Florentin., procurationes ratione visitationis, quamvis idem electus eas non
visitet nec visitari faciat, contra iustitiam exigit et extorquet, propter quod
idem decanus ad sedem apostolicam appellavit ac idem electus huiusmodi

L f. 96 b

K 185 *P 215 f. 24 (Üb. Index f. 5');
V 175 f. 19; H 213 f. 24; S 166 f.
18'; C 213 f. 415 (Üb. Index f.
443); A 208 f. 42; M 185 f. 17';
O 207 f. 21; D 261 f. 71 (Üb. Index f. 7); E 253 f. 42; L 190 f.
96 a/b; R 62 f. 5'; B 39 n. 2 f. 81.*

[1] debet visitare] exigit procuracio-
nes *C* | visitet *D* | et 2° *om R* | et
petit *om L* | et 2° – 2 visitationis
om C | petit *om H*

[2] procuratores *D* | procurationes –
visitationis] visitationes ratione
procurationem (procurationis *H*)
PVHEL : procuratorem *R* | visi-
tationum *MO*

[3] . . 1° *om B* | de *om RB* | petitione]
et P. *R* | . . dilectus *R*

[4] F.] . . *ADER* : *om LB* | Florentin.]
om P : Florentinen. *S* : Floren.
CL : . . *A* : Florentinus *D* : Reatin.
vor electus *R* | a] *om PVSCAMO
DEL* : et *R* : de *B* | sancti 1°]
. . sancti *HR* | sancti . . et sancti . .]

om E : sancto Io. et sancti Petri
B | ecclesiis *B* | rectores *PVSCA
MODELR* : *om B*

[5] dispensatione] dispositione *CA* :
hinter apostolice *B* | apostolice se-
dis *M* | optinet *S* : *om DEL* | in
diocesi Florentin. *marg. v. and.
Hd. einkorr. mit Verweisungszeichen vor* obtinet *B*

[6] Floren. *CE* : . . *A* : Reatin. *R* |
procurationes] *om H* : procurens *R* |
ratione *om C* | visitationis] procura-
tionis *MO* | electus] decanus *PVH
SMDELR* : . . decanus *O* | eos
PVSCAOELR

[7] visitet] visitare *VH* : visitat *B* |
visitare *R* | faciat] ab eo (eis *D*)
add alle Hss. | exigunt et extorquent
R | propter *om D*

[8] decanus] sentiens se indebite gra-
vari *add B* | apostolicam *om C* |
appellavit] eandem *add C* | ac] et
C | electus] clericus *M* | huius-
modi] *hinter* appellatione *C* : *om R*

---

[1] *Florenz. Die Sigle F in PVHSC scheint verderbt zu sein. In Frage käme
Franciscus Monaldeschi, Bischof von Florenz von 1295 September 13–1302
Dezember 10 (nach Eubel 1, 250; nach Ughelli 3², 130 ff. nur bis 1302 Juli),
der aber schon als Bischof von Orvieto nach Florenz transferiert wurde. Es wäre
in erster Linie an Andreas Mozzi zu denken, der als Domkanoniker in strittiger
Wahl gewählt und 1286 Dezember 29 von Honorius IV. bestätigt wurde (vgl. Les
registres d'Honorius IV, ed. M. Prou [Paris 1886–88] Nr. 700).*

appellatione contempta dictas ecclesias temere ecclesiastico supposuit inter-
10   dicto. – mandamus, quatinus partibus convocatis.ᵃ

   a) *Zusatz in A f. 42 rechts am Rande von späterer Hand (noch saec. XIV):*
   Nota, quod, si episcopus conqueritur de clericis sibi subditis, quod ei procura-
   tiones ratione visitationis debitas exhibere indebite contradicunt, non datur clausula
   Testes, *quia consistentes in diocesi alicuius episcopi intelliguntur sibi subesse et*
15   *tenentur ad solutionem procurationum, que debentur ratione visitationis secundum*
   ius commune, nisi dicat aliquis se exemptum.[1]

K 185a–238h

Super monachatu.

O f. 21'   K 185a | Forma „Preces et mandata.“

   Abbati et conventui monasterii Vultuen.[2] ad Romanam *etc.* ordinis sancti
Benedicti Rapollan.[3] diocesis. Cum dilectus filius . . de . . clericus (*vel* presbiter), lator presentium, cupiat, sicut asserit, una vobiscum in monasterio
5   vestro sub regulari habitu domino famulari, universitatem vestram rogamus,

---

⁹ contenta *D* | interdicto] etc. *add B*
¹⁰ partibus convocatis] *om HS* : si
de huiusmodi interdicto post emis-
sam per ipsum decanum appellationem tibi constiterit ipsum interdictum tollas et leves super aliis
vero auditis huiusmodi propositis
quod iustum fuerit decidas etc.
observari. Testes *B* | partibus] per
R | convocatis] etc. *add HSCA
ODB.*
K 185a   *C 214/215 f. 415 (Üb. Index f. 443); A 209 f. 42; M 185b*

f. 17'; O 209 f. 21'; B 36 n. 1 f. 74.
² Dilectis filiis abbati *B* | Wltuen.
CMO : . . *AB* | ad Romanam etc.
om B | sancti Benedicti] . . *A* :
om B
³ Rapollan.] . . *A* : *om B* | diocesis]
salutem etc. *add B* | . . de . .] B.
B | vel presbiter *om B*
⁴ lator presentium *om MO* | cupiat
v. and. Hd. korr. B | sicut] ut *B*
⁵ habitius (?) *C* | universitatem – 6
attente *v. and. Hd. einkorr. B* |
monemus rogamus *MO*

---

   ¹ *Vgl. N 62, 26a Zusatz m (in B). Dazu Herde, Zeugenzwang, in: Traditio*
18, 281, u. oben Bd. 1 S. 232.
   ² *Vgl. auch S. 88 δ 4. Es handelt sich um die Badia di Monticchio auf dem*
Monte Vulture (S. Angelo). Die vorliegende Urkunde ist in der Empfängerüber-
lieferung nicht mehr erhalten; diese im Anhang bei G. Fortunato, La Badia di
Monticchio (Trani 1904), 351ff.
   ³ *Im Liber censuum ed. Fabre 1, 34 wird die Abtei fälschlich zur Diözese*
Melfi gerechnet; sie gehörte zu Rapolla, wie die Bezeichnung in den von Fortunato
gedruckten Urkunden beweist.

monemus et hortamur attente per apostolica vobis scripta mandantes,
quatinus ipsum ob reverentiam apostolice sedis et nostram recipiatis in
monachum et in fratrem et sincera in domino caritate tractetis. Dat. *etc.*

K 185 b De transitu monachi de uno monasterio ad aliud monasterium.

| Abbati et conventui monasterii sancti . . Ratisponen.[1] diocesis ordinis   *M f. 18*
Cisterciensis. Cum dilectus filius Iohannes de . . presbiter, monachus monasterii de . . Cisterciensis ordinis . . diocesis, lator presentium, habens, ut   5
asserit, ab abbate suo (*si sit alterius ordinis, alioquin dices sic* : habens,
ut asserit, | a superiore suo) ex rationabili et honesta causa se ad aliud   *A f. 42'*
monasterium eiusdem ordinis licentiam liberam transferendi, cupiat in
monasterio vestro una vobiscum | domino famulari, universitatem vestram   *C f. 415'*
rogamus, monemus et hortamur attente per apostolica vobis scripta man-   10
dantes, quatinus, si quod de licentia huiusmodi proponitur, veritate fulcitur,
ipsum ob reverentiam apostolice sedis et nostram recipiatis in dicto monasterio in monachum et in fratrem et sincera in domino caritate tractetis.

---

⁶ monentes *v. and. Hd. einkorr. B* |
et attente *v. and. Hd. einkorr. mit
Verweisungszeichen hinter* scripta
B | vobis] *om A* : *hinter* scripta *M*
⁷ ipsum *om C* | recipiatis] in eodem
monasterio *add MO*
⁸ monacum *C* | tractatis *A* | Dat. *v.
and. Hd. einkorr. B* | etc. *om M B.*
K 185 b   *C 216 f. 415/415' (Üb. Index f. 443'); A 210 f. 42/42'; M
185 c f. 17'/18; O 210 f. 21'; B 36
n. 2 f. 74.*
¹⁻² *A Üb.*: Super eodem pro monacho
habente licentiam conferendi se
ad aliud monasterium sui ordinis. – *MO Üb.*: Super eodem aliter.
³ Dilectis filiis abbati *B* | sancti *om
CMO* | sancti – 4 Cisterciensis]
. . ordinis diocesis salutem etc. *B* |
Ratisponen. diocesis] diocesis . . *C* |
diocesis *om AMO*
⁴ Cisterciensis] . . *A* | Iohannes] I.

CA : Io. *M* : P. *B* | de . . *om B* |
monacus *C* : *om A*
⁵ de . . *om B* | Cisterciensis] . . *AB* |
. . diocesis] et diocesis *B* | lator
presentium *om B*
⁶ suo – 7 suo] dicti monasterii *B* |
alioquin – 7 asserit *om MO*
⁷ superiori *C* | rationabili] legitima *B* |
rationabili causa et honesta *C* |
liberam licentiam ad aliud monasterium eiusdem ordinis se trans-
ferendi *B* | aliud] illud *C*
⁸ liberam licentiam *C* | cupiatque *C*
⁹ una vobiscum in monasterio vestro
CMOB
¹⁰ rogamus – hortamur] etc. *B* | mo-
nemus rogamus *MO* | scripta vobis *B*
¹² apostolice – 13 tractetis] etc. ut
supra *B* | in dicto monasterio *om A*
¹³ sincera – tractetis *om C, das hier
irrig ohne Absatz in K 185 c über-
geht* | tractetis] Dat. etc. *add MO.*

---

¹ *Regensburg.*

K 185c Super eodem pro monacho, qui eiectus fuit.

Eisdem. Cum dilectus filius .., lator presentium, monachus vester, quem a claustro vestro, sicut asserit, suis culpis exigentibus eiecistis, ad vestram desideret monasterium cum humilitate redire, universitatem vestram ro-
5 gamus, monemus et hortamur attente per apostolica vobis scripta mandantes, quatinus ipsum ad vos humiliter redeuntem ob reverentiam apostolice sedis et nostram recipiatis salva ordinis disciplina et fraterna in domino caritate tractetis. Dat.

K 185d Super eodem.

Eisdem. Cum dilectus filius .., lator presentium, monachus vester, ad monasterium ipsum, a quo, sicut asserit, exivit animi levitate, cupiat cum humilitate redire, universitatem vestram *etc. ut in proxima.*[1]

K 185e Super eodem.

In eodem modo pro eodem usque monachus monasterii vestri, cupiat, sicut asserit, ad illud, a quo animi levitate exivit, cum humilitate redire, universitatem vestram *etc. usque* mandantes, quatinus ipsum ad vos humiliter
5 redeuntem recipiatis in eodem monasterio salva ordinis disciplina et sincera in domino *etc.*

K 185c *C 216 a f. 415'; A 210 f. 42'; M 185d f. 18; O 211 f. 21'.*
¹ *Üb. om C (vgl. K 185b Z. 9). – MO Üb.:* Super eodem et aliter.
² Eisdem] Eidem *CA : om M |* .. *om CM*
³ asserit] sine causa rationabili vel sic quem a claustro vestro sicut asserit *add A :* vel sine causa rationabili *add MO |* eiectus *C*
⁴ desiderat *C |* monemus rogamus *CMO*
⁵ scripta vobis *M*
⁶ sedis apostolice *C*
⁷ et 2° *om A*
⁸ Dat.] Datum *C : om AMO.*

K 185d *C 217 f. 415' (Üb. Index f. 443'); A 211 f. 42'; M 185e f. 18; O 212 f. 21'.*
¹ *K 185c.*

¹ *MO Üb.:* Super eodem et aliter. | eodem] a quo exivit animi levitate *add A*
² Eisdem] Eidem *CA : om M |* Cum *om C |* .. *om CM |* laẗ *aus* lator *korr. C*
³ animi] cum *MO .*

K 185e *C 218 f. 415' (Üb. Index f. 443'); A 212 f. 42'; M 185 f. 18; O 213 f. 21'.*
¹ *M Üb.:* Super eodem pro monacho, qui levitate exiens petat redire. – *Üb. om O. |* eodem] r .. *M :* .. *O*
² vestri monasterii *C |* cupiat sicut asserit *om C*
³ animi] cum *CMO |* Quocirca universitatem *MO*
⁴ vestram *om M*
⁶ in domino etc. *om M :* in domino *om AO.*

K 185f Super eodem pro leproso.

Dilecto filio . . decano ecclesie Lingonen.[1] Cum dilectus filius . . de . .
clericus, lator presentium, cupiat, sicut asserit, una cum dilectis filiis . .
magistro et fratribus domus dei leprosorum de ⟨Iusana curia⟩[2] Lingonen.[1]
diocesis decanatui tuo pleno iure subiecte, in qua quidem domo ad te facere   5
recipi personas dicitur pertinere, cum pauperibus et infirmis dicte domus
domino famulari, discretionem tuam rogamus, monemus et hortamur attente
per apostolica tibi scripta mandantes, quatinus ipsum ob reverentiam
apostolice sedis et nostram in eadem domo ab eisdem magistro et fratribus
ad servitium infirmorum et pauperum eorundem recipi facias in socium et   10
in fratrem et sincera in domino caritate tractari.

K 186 „Preces et mandata" pro clerico.

| Dilectis filiis . . abbati et conventui monasterii sancti Salvatoris Reatin.[3]   *L f. 96 d*

K 185f   *C 219 f. 415' (Üb. Index f.
443'); A 213 f. 42'; M 186 f. 18;
O 214 f. 21'.*
[1] pro leproso] et aliter *MO*
[2] . . 1° *om AM* | Lingonen.] . . *A*
[3] presentium lator *A* | . . *om AM*
[4] Iusana curia *scr.*] Iossia *CMO* :
. . *A* | Lingonen.] . . *A*
[6] personas *einkorr. C* | cum] *om C* :
in *MO*
[7] monemus rogamus *CAM* | attente
om M
[8] tibi *om CM* | ob *einkorr. A*
[10] faciatis *MO.*
K 186   *P 229 f. 25 (Üb. Index f. 5');*

*V 185 f. 20; H 227 f. 24'/25; S 177
f. 19'; C 220 f. 415' (Üb. Index f.
443'); A 214 f. 42'; M 187 f. 18;
O 215 f. 21'; D 278 f. 73 (Üb. Index f. 7); E 268 f. 43; L 205 f.
96c/d; R 333 f. 32/32'; B –.*
[1] *Üb. om S. – CA Üb.:* Super eodem
pro clerico. – *MO Üb.:* Super eodem et aliter. – *DEL Üb.:* Tractatus preces et mandata (et *add L*)
aliis diversis formis. – *R Üb.:* Preces
et mandata pro clerico cupiente
monachari.
[2] Dilectis filiis . . *om R* | . . *om MD* |
monasterii – 3 etc. *om R* | sancti

[1] *Langres. Nach A. Roussel, Diocèse de Langres 1 (Langres 1873), 128,
kommen in der fraglichen Zeit als Dekane in Frage: Johannes IV. von Chalon
(1324–28) und Raymond I de Choiseul (1328–1333).*

[2] *Einen Ort und ein Leprosenhaus mit dem lateinischen Namen Iossia gab
es in der Diözese Langres nicht, jedenfalls fehlt es im Verzeichnis von J. Laurent-
F. Claudon, Abbayes et prieurés de l'ancienne France 12: Province ecclésiastique
de Lyon, Teil 3 (Ligugé-Paris 1941 = Archives de la France monastique 45),
537 ff. Als Emendation bietet sich Iusana curia (Juzennecourt bei Chaumont)
an, wo ein Leprosenhaus bestand (a. a. o. 542). Über den Ort und die alte Namensform vgl. Dictionnaire topographique de la France, Dép. Haute-Marne, bearb. v. A. Roserot (Paris 1903), 91.*

[3] *Benediktinerkloster S. Salvatore bei Rieti (zu ergänzen ist also „ordinis*

ordinis sancti .. salutem *etc.* Cum dilectus filius Ia(nnucius) Oddonis[1] de
Reate[2] clericus, lator presentium, | cupiat, sicut asserit, una vobiscum in
monasterio vestro sub regulari habitu domino famulari, univer|sitatem
vestram rogamus, monemus et hortamur attente per apostolica vobis
scripta mandantes, quatinus ipsum ob reverentiam apostolice sedis et
nostram recipiatis in monachum et in fratrem et sincera in domino caritate
tractetis. Dat. *etc.*

K 186 a   Super eisdem pro monacho, qui vult se transferre a monasterio suo ad aliud.

Dilectis filiis .. abbati et conventui monasterii sancti Laurentii Novarien. ordinis sancti Benedicti[3] salutem *etc.* Cum dilectus filius P. de .. mo-
5 nachus monasterii sancti Iuliani Cuman. ordinis sancti Benedicti[4] habens,

---

Salvatoris] *om H* : sancti *DEL* |
Reatin.] Reaten. *C* : *korr. A*

[3] ordinis sancti ..] diocesis .. ordinis sancti ordinis *S* : de .... ordinis diocesis *D* : de .... ordinis ..
diocesis *E* : de ordinis diocesis *L* |
ordinis .. *C* | sancti *om HA* | sa-
lutem etc.] *om CAMOEL* : *einkorr.*
D² | dil. filiis *D* | filius *om R* |
Iannucius *ergänzt nach K 201*] I.
P : Ia. *V* : Io. *H* : .. *S* : I. *CAM
ODL* : Iacobus *E* : P. *R* | Oddo-
nis] Odonis *PEL* : *om HCAMOR* :
Ottonis *D*

[4] Reate] .. *CAMODE* : *om LR* | in
monasterio vestro *om C*

[5] regulari] regali *L* | habitu] perpetuo
add R | famulari] familiari *D* :
familiare *L*

---

[6] vestram *doppelt L* | monemus roga-
mus *CM* | vobis] *om HE* : *vor* per
C

[7] sedis apostolice *HLR*

[8] et 2°] in *M*

[9] Dat. etc.] Datum etc. *H* : *om
SCAR* | etc. *om V*.

K 186 a   *D 279 f. 73/73' (Üb. Index
f. 7); E 269 f. 43/43'; L 206 f.
96 d; B vgl. K 185 b.*

[1] pro] de *L* | a] *aus* ad *korr. D* : de *EL*

[3] .. *om D* | abbati] abbatisse *D* :
om L | Laurentii Novarien. *om L* |
Nonarien. *D*

[4] sancti Benedicti] diocesis *L* | salu-
tem etc.] *einkorr. D²* : *om EL*

[5] Iuliani *om L* | Cuman.] .. *E* : *om L* |
sancti Benedicti *om L*

---

sancti Benedicti"). *Als Abt regierte in der Zeit der Entstehung der ersten Redaktion Petrus II. (1290–ca. 1306), vgl. I. Schuster, Il monastero imperiale del
Salvatore, in: Arch. della R. Società di Storia Patria 37 (1914), 451.*

[1] *Ergänzt nach K 201. Die Person ist wohl fiktiv.*

[2] *Rieti.*

[3] *Ehemaliges Benediktinerkloster S. Lorenzo del Pozzo in Novara; vgl. Kehr,
Italia pontificia 6, 2 S. 71 f.; E. Bianchetti, L'Ossola inferiore 1 (Turin 1878),
132 ff.*

[4] *Benediktinerkloster S. Giuliano in Como, vgl. Kehr 6, 1 S. 406.*

ut asserit, ab abbate dicti monasterii ex legitima et honesta causa liberam
licentiam se ad aliud monasterium eiusdem ordinis transferendi, | cupiat
una vobiscum in monasterio vestro domino famulari, universitatem | ve-
stram rogamus, monemus et hortamur attente per apostolica scripta vobis
mandantes, quatinus, si quod de licentia huiusmodi proponitur, veritate
fulcitur, *usque in finem ut in proximo.*[1]

D f. 73'
E f. 43'

10

K 187 Super eodem pro laico.

Eisdem[2]. Cum dilectus filius Angelus Petri de Reate[3] laicus, lator presentium, cupiat, sicut asserit, una vobiscum in monasterio vestro sub regulari habitu domino famulari, universitatem vestram rogamus, monemus
et hortamur attente per apostolica vobis scripta mandantes, quatinus ipsum
ob reverentiam *etc.* recipiatis in socium et conversum et sincera in domino
caritate tractetis. Dat. *etc.*

5

---

⁶ abbatissa, *dahinter ein Wort ge-
tilgt D* | legittima *D*
⁷ licentiam] legitimam *L*
⁸ nobiscum *D* | famulari] familiari *D*
⁹ rogamus] re *D* | monemus] *vor*
rogamus *E* : *korr. L* | hortamur]
ortamur *E* : h(oc) *L* | attente] ac
D : attende *L* | vobis] *om E* : *vor*
scripta *L*
¹⁰ mandamus *L*
¹¹ fine *L* | ut] et *DE* | proxim̃ *E* :
proxima *L*.
K 187   *P 230 f. 25 (Üb. Index f. 5');
V 186 f. 20; H 228 f. 25; S 178 f.
19'; C –; A 215 f. 42'; M 188 f.
18; O 216 f. 21'; D 280 f. 73' (Üb.
Index f. 7'); E 270 f. 43'; L 207 f.
96d; R 353 f. 35; B 36 n. 3 f. 74.*
¹ *S Üb.: Preces et mandata, da-
hinter Rasur von etwa 16 Buchstaben (vielleicht Üb. von K 186
oder K 189). – MO Üb.: Super
eodem et aliter. – R Üb.: Preces
et mandata pro laico cupiente.* |

Super] De *VH* | eodem] eisdem
DEL | laico] converso *A* : quod
recipiatur in socium et conversum
add DEL
² Eisdem] Abbati et conventui *R* :
Dilectis filiis etc. salutem etc. *B* |
Angelus] A. *R* | Angelus Petri]
.. *A* : A. *MDB* : Angelus *O* :
A. Petri *EL* | de Reate *om B* |
Reate] .. *AMODER* : *om L*
³ sicut – 6 etc.] etc. usque *AMOR*
⁴ habitu – 5 hortamur] etc. *B* | fa-
mulari] familiari *DL* | rogamus]
re. *D*
⁵ et hortamur] adhuc *L* | attente]
ac *D* : attende *L* | per – man-
dantes] etc. *B* | vobis] *hinter*
scripta *P* : *om H* | ipsum *hinter* 6
reverentiam *L*
⁶ etc.] sedis apostolice et nostram
H | et 2° *einkorr. D* | in domino
caritate] etc. *B*
⁷ Dat. etc.] Datum etc. *HL* : *om
AB* | etc. *om VSM.*

---

¹ *Wie K 186: ipsum ob reverentiam* . . .
² *D. h. an Abt und Konvent von S. Salvatore in Rieti wie K 186.*
³ *Rieti.*

K 188 Super eodem.

Dilectis filiis .. abbati et conventui monasterii sancti Pauli de Urbe[1] ordinis sancti Benedicti salutem *etc.* Cum dilectus filius Martinus Petri clericus, lator presentium, cupiat, sicut asserit, una cum monachis prioratus sancti Andree Tiburtin.[2] | monasterio vestro pleno iure subiecti in ipso prioratu sub regulari habitu domino famulari, universitatem vestram rogamus, monemus et hortamur attente per apostolica vobis scripta mandantes, quatinus ipsum ob reverentiam apostolice sedis et nostram in eodem prioratu, prout ad vos pertinet, in monachum et in fratrem recipi faciatis et sincera in domino caritate tractari.

B f. 74'

10

K 188   *P 231 f. 25 (Üb. Index f. 5'); V 187 f. 20; H 229 f. 25; S –; C 221 f. 415' (Üb. Index f. 443'); A 216 f. 42'; M 189 f. 18; O 217 f. 21'; D 281 f. 73' (Üb. Index f. 7'); E 271 f. 43'; L 208 f. 96d; R 354 f. 35; B 36 n. 4 f. 74/74'.*

[1] *Üb. om MO. – E Üb.*: Super eisdem pro clerico. *– R Üb.*: Preces et mandata pro clerico in alia forma. | eodem] scribitur abbati *add C* : scribitur abbati et conventui ut faciat recipi clericum in prioratu eis subiecto *add A* : pro monacho *add D* : eisdem pro monacho *L*

[2] Dilectis – 3 salutem etc.] *om L* : Eidem *R* | .. *om AMD* | et conventui *om O* | sancti Pauli de Urbe] .. *B* | Pauli de Urbe] .. *C*

[3] ordinis sancti Benedicti] .. ordinis *O* | sancti Benedicti] .. *CO* : *om M* : .. diocesis *B* | salutem etc. *om CADE* | filius *om L* | Martinus

Petri] .. de .. *CA* : P. *M* : M. *D* : M. Petri *EL* : M. de .. *R* : N. *B*

[4] cupiat *v. and. Hd. einkorr. B*

[5] sancti Andree Tiburtin. *om B* | Andree *om L* | Tiburtin.] Tyburcen. *H* : Tiburtin. diocesis *C* : Tiburcen. diocesis *A* : Tyburtin. *D* : *om L* : de .. *R* | vestro (*f. 74'*) monasterio *B* | cum pleno *L* | ipso] Christo *R*

[6] sub – 8 prioratu *om R* | habitu *om C* | domino] perpetuo *einkorr. add P* | domino – 8 sedis] etc. usque *CAMO* | domino – 7 scripta] etc. *B* | famulari] familiari *DL* | rogamus] re *D*

[7] hortamur attente] huc attende *L* | vobis *om H*

[8] sedis] *vor* apostolice *H* : *om B* | et] ad *A* | in eodem prioratu *om L*

[9] nos *R* | pertinet] spectat *CAMO* | recipi faciatis *om C*

[10] caritati *L* | tractari] tractetis *C* : Dat. *add DB.*

---

[1] *Benediktinerkloster S. Paolo fuori le mura, Rom, vgl. Kehr, Italia pontificia 1, 164 ff. Äbte waren in der fraglichen Zeit Gaupertus (1297–1300), Philipp I. (1300–1301) und Jakob I. (1301–1307), vgl. I. Schuster, La Basilica e il monastero di S. Paolo fuori le mura (Turin 1934), 284.*

[2] *Priorat S. Andrea in Tivoli, vgl. B. Trifone, Le carte del monastero di San Paolo di Roma dal secolo XI al XV, in: Arch. della R. Società romana di Storia Patria 31 (1908), 267 ff. u. 32 (1909), 29 ff., das. S. 30 Nr. 31 eine dort ausgestellte Urkunde von 1339 Mai 18.*

K 189 De eodem pro puella litterata.

| *Eisdem*. Cum dilecta in Christo filia Margarita puella litterata, latrix   *O f. 22*
presentium, cupiat, sicut asserit, una cum monialibus prioratus sancti
Iacobi Narnien.[1] monasterio vestro pleno iure subiecti sub regulari habitu
domino famulari, universitatem vestram rogamus, monemus et hortamur   5
attente per apostolica vobis scripta mandantes, quatinus ipsam ob reveren-
tiam apostolice sedis | et nostram in eodem prioratu, prout ad vos pertinet,   *V f. 21*
recipi faciatis in monacham et sororem et sincera in domino caritate tractari.

K 189   *P 232 f. 25 (Üb. Index f. 5');
V 188 f. 20/20'; H 230 f. 25; S 179
f. 19'; C 222 f. 415' (Üb. Index
f. 443'); A 217 f. 42'; M 190 f.
18; O 218 f. 22; D 282 f. 73' (Üb.
Index f. 7'); E 272 f. 43'; L 209 f.
96d; R 355 f. 35; B 36 n. 5
f. 74'.*

[1] *Üb. om S (vgl. aber K 187). — CA
Üb.: Super eodem pro muliere. —
Üb. om MO. — D. Üb.: Super eisdem pro puella, ut recipiatur in
sororem.* | De] Super *ELR* | eodem]
eisdem *E*

[2] Eisdem *om B* | in Christo *om R* |
Margarita] Margareta de . . *H :*
Margareta *SO* : Margarita de . .
C : M. de . . *A :* M. . . (Margareta
O) puella de . . *MO :* M. *DELR* :
P. *B* | latris *(!) E*

[3] prioratus] monasterii *B* | sancti

Iacobi Narnien.] . . ordinis . . et
diocesis *B*

[4] Iacobi] . . *CA :* I. *DEL* : Andree *R*
| Narnien.] Narinen. *VH :* . . *A :*
de . . *R* | monasterio *om S* | vestro]
nostro *R* | habitu — 7 sedis] etc.
usque *R*

[5] domino — *Schluß*] etc. ut supra
(per totum *add AMO*) *CAMO* |
domino — 6 mandantes] etc. ut
invicte *(?)* supra *B* | famulari]
familiari *DL* | universi *D* | rogamus]
re *D* | ortamur *E* : hac *L*

[6] attente] ac *VS* | vobis] *einkorr. P :*
om HDE | ipsum *H* | ob — *Schluß*]
etc. *B* | ob *om L*

[7] sedis apostolice *PH*

[8] recipi — *Schluß*] etc. *R* | sorores
korr. L | et 2°] ac *D* | tractari]
tractantes *S* : Dat. etc. *add DEL.*

---

[1] *Als ecclesia sancti Iacobi in den Zehntlisten von Narni ab etwa 1275 belegt,
vgl. Rationes decimarum Italiae nei secoli XIII e XIV. Umbria, bearb. v. P.
Sella 1 (Città del Vaticano 1952 = Studi e Testi 161) Nr. 7251, 7368, 7415,
7516, 7562, 7628. Das Priorat hatte in Tivoli und Narni Besitz, vgl. die Urkunde
Honorius' III. von 1218 Mai 15 bei Trifone, Arch. della R. Società romana di
Storia Patria 31, 296f. Nr. 16.*

K 190 De eodem et eadem.

Dilectis in Christo filiabus .. abbatisse et conventui monasterii sancte Lucie de Reate ordinis sancte Clare[1] salutem *etc.* Cum dilecta in Christo filia Angelica Petri puella litterata, latrix presentium, cupiat, sicut asserit, una vobiscum in monasterio vestro sub | regulari habitu domino famulari, | universitatem vestram rogamus, monemus et hortamur attente per apostolica vobis scripta mandantes, quatinus ipsam ob reverentiam apostolice sedis et nostram recipiatis in monacham et sororem et sincera in domino caritate tractetis.

D f. 74
A f. 43

S f. 20

K 190a | Super eodem.

Dilecto filio .. priori et dilectis in Christo filiabus .. priorisse et conventui monasterii sancti .. Massilien.[2] per priorem et priorissam soliti gubernari ordinis sancti Benedicti. Cum dilecta *etc.*

K 190   *P 233 f. 25 (Üb. Index f. 5');
V 189 f. 20'; H 231 f. 25; S 180 f.
19'; C 223 f. 415' (Üb. Index f.
443'); A 218 f. 42'/43; M 191 f.
18; O 219 f. 22; D 283 f. 73'/74
(Üb. Index f. 7'); E 273 f. 43'; L
210 f. 96d; R –; B 36 n. 6 f. 74'.*

[1] *SEL Üb.*: Super eodem. – *CA Üb.*: Super eodem pro puella litterata. – *Üb. om. MO.* – *D Üb.*: Super eodem pro eadem. | et eadem]* in eodem *H²*

[2] filiabus *om L* | ..] *om CMD : et B*| abbē *L* | monasterii – 3 Clare] etc. *B* | sancti *CAMO*

[3] Lucie] .. *CADE* : Luce *MO : om L*| de Reate] *om C :* de .. *AMODE :* de *L* | sancte Clare] .. *A : om L*| salutem etc. *om CAMOEL* | etc. *om D*

[4] filio *A* | Angelica] Peronella *P* : Agnes *CMO : A. A* : M. *DEL* : G. *B* | Petri] de .. *CAO* : Fran-

cisci Cose de Fabrino laici nata puella et nota quod non ponitur diocesis *M : om DELB* | puella *om MB* | litterata *om B* | cupiat *om S*

[5] cum vobiscum *C* | vestro *om L* | sub – 8 nostram] etc. *B* | sub – habitu *om H* | famulari] familiari *DL*

[6] ortamur *E* | attente] ac *SO* | per –

[7] mandantes *v. and. Hd. einkorr. M*

[7] vobis] *om H* : *hinter* scripta *M* | ipsam *v. and. Hd. einkorr. A* | sedis apostolice *PHCE*

[8] monachum *C* : monacam *D* | et sororem *om L* | et 3°] ac *DB*

[9] tractetis] Dat. *add D.*

K 190a   *P 233a f. 25 (Üb. Index f. 5'); V –; H –; S 180a f. 20.*

[2] .. 1° *om S* | filiabus] filie *S*

[3] Massilien. *om S*

[4] *hinter* etc. *springt S unmittelbar auf K 191 Z. 3* soliti.

---

[1] *Klarissenkloster S. Lucia in Rieti, gegründet 1252, vgl. P. Desanctis, Notizie storiche sopra il tempio cattedrale, il capitolo, la serie dei vescovi ed i vetusti monasteri di Rieti (Rieti 1887), 120 f. Die Namen der Äbtissinnen sind nicht bekannt.*   [2] *Marseille.*

K 191 De eodem pro eadem.

| Dilectis in Christo filiabus .. priorisse et conventui monasterii sancte
Agnetis de Reate[1] | per priorissam soliti gubernari sub cura et secundum
instituta fratrum Predicatorum viventibus salutem *etc.* Cum dilecta in
Christo filia Maria Petri de Reate[2]mulier cupiat, sicut asserit, una vobiscum
in monasterio vestro sub regulari habitu domino famulari, universitatem
vestram rogamus, monemus et hortamur | attente per apostolica vobis
scripta mandantes, quatinus ipsam ob reverentiam apostolice sedis et
nostram recipiatis in sociam et conversam et sincera in domino caritate
tractetis.

5

10

K 191 *P 234 f. 25 (Üb. Index f. 5');
V 190 f. 20'; H 232 f. 25/25'; S
181 f. 20; C 224 f. 416 (Üb. Index
f. 443'); A 219 f. 43; M 192 f. 18';
O 220 f. 22; D 284 f. 74 (Üb. Index f. 7'); E 274 f. 43'; L 211 f.
96d/97a; R 356 f. 35; B 36 n. 7 f.
74'.*

[1] *CA Üb.:* Super eodem pro viventibus sub cura fratrum Predicatorum. *– Üb. om MO. – DEL Üb.:*
Super eadem (eodem *E* : eosdem
L) in alia forma. *– R Üb.:* Super
eodem pro muliere. Rubrica. | De –
3 priorissam *om S* | De] Super *P* |
eodem] et *add P (einkorr.) VH*[2]

[2] filia *L* | .. *om AMDB* | priorisse]
abbatisse *CAMO* | sancte Agne-
tis] .. sancte Agnetis *H* : .. ordinis
sancte Clare *R* : .. *B*

[3] de Reate] *om CB* : de .. *AMO
DER* : de *L* | per – gubernari *om
CAMO*

[4] fratrum] ordinis *add DB* | Pre-

dicatorum] Minorum *R* | salutem
etc. *om CDEL*

[5] filia *om L* | Maria Petri] Maria *CO* :
M. *AMDEL* : A. *R* : N. *B* | de
Reate *om B* | Reate] .. *CAMO
DER* : *om L* | mulier] mulier ..
D : *om R* | sicut – 9 nostram] etc.
usque *CAMO* : sicut etc. usque *R* |
asserit *aus* asserunt *korr. D* |
asserit – 9 nostram] etc. usque *R*

[6] sub regulari habitu *om H* | famu-
lari] familiari *DL* | universitatem]
universo *D*

[7] rogamus *om B* | ortamur *E* | at-
tente] ac *S* | attente – 9 nostram]
etc. *B* | vobis] *vor* per *H* : nobis *D* :
hinter scripta *E*

[8] mandamus *S* | reverencia *L* | sedis
apostolice *HE*

[9] sociam] sororem *B* | et 2° – *Schluß*]
etc. *R* | in domino – *Schluß*] etc.
HB : etc. ut supra *AMO*

[10] tractetis] tractētis Dat. *C* : Dat.
add DE : Datum etc. *add L.*

---

[1] *Dominikanerinnenkloster Sant' Agnese in Rieti, vgl. Desanctis (s. K 190),
122f. Die Namen der Priorinnen sind nicht bekannt.*
[2] *Rieti.*

R f. 35'   **K 192** | De eodem pro monacho volente ad aliud monasterium
se transferre.

.. Abbati et conventui monasterii .. ordinis sancti Benedicti. Cum dilectus filius Petrus Symonis monachus monasterii sancti Salvatoris Reatin.[1]
5 ordinis sancti Benedicti habens, sicut asserit, ab abbate dicti monasterii
sancti Salvatoris ex iusta et rationabili causa licentiam liberam ad aliud
E f. 44 | monasterium eiusdem ordinis transeundi, cupiat una vobiscum in monaste-
rio vestro domino famulari, universitatem vestram rogamus, monemus et
hortamur attente per apostolica vobis scripta mandantes, quatinus, si quod
P f. 25' de licentia huiusmodi | proponitur, veritate fulcitur, ipsum ob reverentiam
apostolice sedis et nostram recipiatis in monachum et in fratrem et sincera
in domino caritate tractetis.

K 192   *P 235 f. 25/25' (Üb. Index*
f. 5'); V 191 f. 20'; H 233 f. 25';
S 182 f. 20; D 285 f. 74 (Üb. In-
dex f. 7'); E 275 f. 43'/44; L 212
f. 97a; R 357 f. 35'; B –.

[1] De] Super *DELR* | nolente *D* | se
transferre ad aliud monasterium *D*

[2] transferre] habita licencia ab abbate *add R*

[3] .. 1° *om DE* | monasterii – Bene-
dicti *om R* | monasterii] de *add E* |
ordinis sancti Benedicti] ordinis
.. diocesis *D* : .. ordinis .. diocesis *E* : ordinis diocesis *L*

[4] Petrus Symonis] P. de *D* : P. Sy-
monis *E* : P. simonis *L* : P. de .. *R* |
monacus *P* | sancti Salvatoris]
sancti *L* : .. *R* | Reatin. *om DELR* |
Reatin. – 6 Salvatoris *om H*

[5] sancti Benedicti] Benedicti *S* :
om LR | ab .. abbate *P*

[6] sancti Salvatoris] sancti .. *P* :
om L | ex iusta] et iuxta *E* | licen-
tiam] legitimam *L* | ad *om H*

[7] transeundi] habens ab abbate dicti
monasterii sancti Salvatoris sicut
asserit *add H*

[8] vestro] nostro *R* | domino –
Schluß] etc. usque in finem *R* |
famulari] familiari *DL* | nostram
D | rogamus] re *D*

[9] ortamur *E* | attente] ac *S* | vobis
om E | mandamus *S*

[10] proponitur] quam proponit *H*

[11] sedis apostolice *HE* | recipiatis]
capiatis *D*

[12] tractetis] Dat. etc. *add E.*

---

[1] *Benediktinerkloster S. Salvatore bei Rieti (vgl. S. 331 Anm. 3).*

K 193 De eodem pro clerico volente hospitale intrare.

Preceptori et fratribus hospitalis nostri sancti Spiritus in Saxia de Urbe[1] salutem *etc.* Cum dilectus filius Petrus Egidii clericus, lator presentium, cupiat, sicut asserit, una vobiscum in infirmis et pauperibus hospitalis nostri domino famulari, universitatem vestram rogamus, monemus et hortamur 5 attente per apostolica vobis scripta mandantes, quatinus ipsum ob reverentiam apostolice sedis et nostram ad servitium infirmorum et pauperum eorundem recipiatis in socium et in fratrem et sincera in domino caritate tractetis.

K 194 Super eodem.

| *Magistro et fratribus.* Cum dilecta in Christo filia Agnes, latrix presen-   *D f. 74'*

K 193   *P 236 f. 25' (Üb. Index f. 5');*
V 192 f. 20'; H 234 f. 25'; S 183 f.
20; C 225 f. 416 (Üb. Index f.
443'); A 220 f. 43; M 193 f. 18';
O 221 f. 22; D 286 f. 74 (Üb. In-
dex f. 7'); E 276 f. 44; L 213 f.
97a; R 358 f. 35'; B 36 n. 8 f. 74'.
[1] *C Üb.:* Ut recipiatur clericus. – *A*
Üb.: Ut recipiatur clericus ad servitium infirmorum et pauperum
hospitalis. – *Üb. om MO.* | De]
Super *PDLR* | hospitali intrare
nolente *D*
[2] . . Preceptori *P* : Dilectis filiis preceptori *B* | nostri] *einkorr. D :*
om ELB | sancti – Saxia] sancti
.. in . . . . *A* : sancti in *L* | in –
Urbe] .. *B* | Saxia] sacra *D* : . . *E*
[3] salutem etc.] salutem in domino
H : *om CAMODEL* : etc. *R* |
Petrus Egidii] N. *CAM* : N.
Raynaldi *O* : P. *DB* : P. de . .
ER : P. de *L* | capellanus clericus *A*
[4] sicut] ut *D* | vobiscum] vobis *E* |
in *om VHSC* | nostri] vestri
SMDEB
[5] domino] iugiter *add S* | famulari]
familiari *DL* | vestram *om AR* |
vestram – 7 et] etc. *B* | rogamus]

re *D* | rogamus – 7 sedis] etc.
usque *CAMOR* | ortamur *E*
[6] attente] ac *S* | nobis *D* | mandamus *S*
[7] sedis apostolice *HE* | infirmorum
et pauperum *om R*
[8] eorundem *korr. D* | recipiatis *vor*
7 ad *A* | et 2°] ac *B* | et sincera – 9
tractetis] etc. *CMO : om A* | in
domino – *Schluß*] etc. *RB.*
K 194   *P 237 f. 25'; V 192a f. 20'/21;*
H 235 f. 25'; S 184 f. 20; C 226 f.
416 (Üb. Index f. 443'); A 221 f.
43; M 194 f. 18'; O 222 f. 22; D
287 f. 74' (Üb. Index f. 7'); E 277
f. 44; L 214 f. 97a; R 359 f. 35';
B 36 n. 8a f. 74'.
[1] *Üb. om PV.* – H[2] *Üb.:* Pro muliere
recipienda in domo dei. – *S Üb.:*
Super eodem. – *CA Üb.:* Super
eodem (eisdem *A*) pro muliere. –
Üb. om MO. – *DE Üb.:* Super
eodem pro puella desiderante intrare hospitale *(om E)* ad servicium infirmorum (infirmarum *E*). –
L Üb.: Super eodem pro puella
volente intrare ad servitium infirmorum. – *R Üb.:* Pro puella volente intrare hospitale.
[2] . . magistro *PS* | fratribus .. *PC* |

---

[1] *Spital S. Spirito in Sassia in Rom. Präzeptoren waren Ventura (1292)*

tium, cupiat, sicut asserit, in domo vestra una cum sororibus domus eius-
V f. 21   dem in pauperibus et infirmis | eiusdem domus domino famulari, universi-
5   tatem vestram rogamus, monemus et hortamur attente per apostolica vobis
scripta mandantes, quatinus ipsam ob reverentiam apostolice sedis et
nostram recipiatis in consortium dictarum sororum ad servitium infirmorum
et pauperum eorundem et sincera in domino caritate tractetis.

K 195   De eodem pro muliere.

.. Abbatisse et conventui. Cum dilecta in Christo filia Margareta mulier,
latrix presentium, cupiat, sicut asserit, una cum sororibus prioratus de
.. monasterio vestro pleno iure subiecti domino perpetuo famulari, universi-
5   tatem vestram rogamus, monemus et hortamur attente per apostolica vobis
scripta mandantes, quatinus eandem ob reverentiam apostolice sedis et

Agnes] A. de .. mulier *CA* :
Agnes (Agnex *O*) de .. mulier
MO : A. *DEL* : M. de .. *R* : N. *B*
³ domo v. and. Hd. statt getilgtem
domino *marg. einkorr. B* | eiusdem
L
⁴ in *om HD* | domus eiusdem *C* |
domino] domo *D* | famulari] fa-
miliari *DL* | universitatem – 7
nostram] etc. usque *R*
⁵ vestram *om MO* | vestram – 6 et]
etc. *B* | rogamus – 7 nostram] etc.
ut supra usque *CAMO* | rogamus]
re *D* | attente] *om H* : ac *S* | vobis]
vor per *H* : *hinter* scripta *S*
⁶ sedis apostolice *E*
⁷ in *om D* | consortem *HD* : consor-
cio *E* : sororem *B* | in – *Schluß*]
etc. *HB* : etc. ut supra *C* : et
cetera *R*
⁸ caritate tractetis] etc. *AMO* | trac-
tetis] Dat. *add DE.*

K 195   *P 238 f. 25' (Üb. Index f. 5');*
V 193 f. 21; H 236 f. 25'; S 185 f.
20; C 227 f. 416 (Üb. Index f.

443'); A 221 f. 43; M 195 f. 18';
O 223 f. 22; D 288 f. 74' (Üb. In-
dex f. 7'); E 278 f. 44; L 215 f.
97 a; R 360 f. 35'; B –.
¹ *CA Üb.*: Super eodem. – *Üb. om*
MO. | De] Super *DELR* | muliere]
Rubrica *add H²*
² .. *om CMODE* | Abbati *CAMO* |
conventui] etc. *add A* : .. *add OE* |
Margareta] .. *VHSCAMODLR* :
I .. *E* | mulier] *om H* : *hinter* 3
presentium *C*
³ sicut – una] etc. *R* | sororibus .. *O* |
prioratus *om M*
⁴ vestro] *vor* monasterio *H* : *hinter*
pleno *R* | subiecto *V* : subiect. *E* |
perpetuo *om M* | famulari] fami-
liari *DL* | universitatem – 6 sedis]
etc. usque *R*
⁵ vestram *om MO* | rogamus – 6
sedis] etc. usque *CAMO* | rogamus
monemus] mo. re. *D* | ortamur *E* |
attente] ac *VHS* | vobis per apos-
tolica scripta *H*
⁶ eandem] ipsam *H* | et] ad *DA*

und Simon Orsini (1295–1320), vgl. P. de Angelis, L'Arciconfraternità ospitaliera di Santo Spirito in Saxia (Rom 1950), **105.**

nostram in consortio dictarum sororum in eodem prioratu, prout ad vos
pertinet, recipi faciatis et sincera in domino caritate tractari.

K 195a Super eodem pro monacho, qui est eiectus de monasterio sine aliqua rationabili causa et cupit cum
humilitate redire.

Et nota, quod semper debet scribi episcopo.

| *Episcopo.* Dilectus filius .. de .. monachus monasterii de .. ordinis   *B f. 75*
sancti Benedicti tue diocesis nobis humiliter supplicavit, ut, cum ipse ad
dictum monasterium, a quo, sicut asserit, sine causa rationabili est eiectus,
| cupiat cum humilitate redire, ipsum ibidem recipi mandaremus. Cum autem   *L f. 97b*
felicis recordationis G. papa IX., predecessor noster, duxerit statuendum,[1]
ut presidentes capitulis celebrandis seu patres abbates vel priores abbates   10
proprios non habentes fugitivos et eiectos de ordine suo requirant sollicite
annuatim, ita quod, si in monasteriis suis recipi possint secundum ordinem
regularem, abbates seu priores ad receptionem cogantur ipsorum salva
ordinis disciplina, quod si hoc ordo ipse non patitur, auctoritate apostolica
provideant, ut, si absque gravi scandalo fieri possit, apud monasteria sua in   15
locis competentibus, alioquin in aliis religiosis domibus eiusdem ordinis ad
agendam ibi penitentiam salutarem eis vite necessaria ministrentur, et in
provincia, de qua prefatum monasterium existit, huiusmodi presidentes,

---

[7] in consortio] recipiatis in consortium *C* : in consortem *aus* in con-
sortio *korr. D* | sororum] ad ser-
vitium infirmorum et pauperum
eorundem *add C (getilgt)* | prout]
ut *VHSCAMO*

[8] recipi faciatis *steht auch C* | et –
Schluß om R | in – *Schluß*] etc. *HC* |
domino *om M* | caritate tractari]
c. t. *M* | tractari] **tractare** *V* :
tractetis Dat. (Datum *L*) etc. *DL* :
tractetis *E*.

K 195a *D 289 f. 74'/75 (Üb. Index
f. 7'); E 279 f. 44; L 216 f. 97a/b;
B 36 n. 9 f. 75.*

[1] pro] de *EL*

[2] et cupit] cupiat *EL*

[5] Episcopo] *om EL* : Iud. *B* | Cum
dilectus *B* | .. de ..] P. *B* | mo-
nasterii *om L* | de 2° *om B* | ordi-
nis – 6 tue *om B*

[6] sancti Benedicti] sancti B. *E* : *om L*

[9] IX.] XI. *B* | dixerit *L* | instituen-
dum *B*

[10] capitulo celebrand(o) *D* : capitulis calebrandis *(!) L* : capitulis
(-is *aus* o *korr.*) celebrand(is) *B* |
seu] se *L* : *om B*

[11] fugitiuuos *L* | solicite *LB*

[12] itaque quod *L* | secundum] 2m *L*

[14] ipse *om ELB* | apostolica auctori-
tate *ELB*

[15] providerat *D* | gravi *om L*

[18] *hinter* provincia *Rasur eines Wor-
tes D* | de] in *B*

---

[1] *Vgl. die Dekretale Gregors IX. Potthast 9651 = X 3, 31, 24.*

D f. 75   sicut asserit, non existant, fraternitati tue | per apostolica scripta mandamus,
20   quatinus, si est ita, statutum huiusmodi circa eundem facias observari.
Contradictores *etc.* Dat.

E f. 44'   **K 195 b** | Super eodem in alia forma pro ordine sancti
Augustini.

Iud. In eodem modo. Dilectus filius . . de . . canonicus monasterii de . .
ordinis sancti Augustini Agennen.[1] diocesis nobis humiliter *etc. usque*
5   ministrentur. Cum igitur venerabilis frater noster S. episcopus Agennen.[2],
ut asserit, in remotis agat ad presens, discretioni tue *etc. ut in proximo.*[3]

K 195 c Super eodem in alia forma pro ordine Premonstraten.

Dilectis filiis presidentibus in capitulo generali abbatum et priorum
ordinis Premonstraten. Romane provincie.[4] Dilectus filius . . de . . canonicus

---

[19] sicut] ut *B* | asseritur *ELB* | existant] Cum igitur venerabilis frater noster ut asserit in remotis ad presens agat *add B* | mandamus *scr.*] mandantes *DELB*
[20] huiusmodi statutum *B*
[21] Contradictores – Dat. *auf Rasur D²* | Dat. *om ELB.*

K 195 b   *D 290 f. 75 (Üb. Index f. 7'); E 280 f. 44'; L 217 f. 97 b; B –.*
[3] Iud. *om EL* | In *om D* | canonicus] conventus *D*
[4] sancti Augustini Agennen. *om L*

[5] S.] *auf Rasur vor* venerabilis *D²* : . . *EL* | Agennen. *om L*
[6] proxim̃ *E* : proxima *L.*
K 195 c   *D 291 f. 75 (Üb. Index f. 7'); E 281 f. 44'; L 218 f. 97 b; B 36 n. 10 f. 75.*
[1] eisdem *EL*
[2] . . abbatem *D* : abbatum *einkorr. v. and. Hd. B* | priorem *D* : prior. *L*
[3] Premonstraten. *om L* | Romane provincie] provincie *D* : Romane ecclesie *unterstrichen, dazu v. and. Hd. marg.* aliter provincie *B* | Cum dilectus *B* | . . de . .] . . *B*

---

[1] *Agen.*
[2] *Bischof Simon von Agen (1382 Mai 30–1383 August 7; zu letzterem Zeitpunkt wurde er nach Béziers transferiert; vgl. Eubel 1, 77). Die Sigle steht jedoch nur in D auf Rasur von D²; sie kann entweder von der Vorlage abgeschrieben oder vom Überprüfer und Korrektor der Handschrift eingefügt worden sein, doch ist ersteres wahrscheinlicher, da zur Zeit der Abfassung von D Simon, der noch mehrfach transferiert wurde (Poitiers, Reims, Alexandria), bis er 1413 April 13 von Johannes (XXIII.) zum Kardinal kreiert wurde, nicht mehr Bischof von Agen war, so daß eine eigenmächtige Änderung durch den Korrektor der Handschrift kaum anzunehmen ist. Da die Sigle jedoch in E und L fehlt, kann sie nicht zu deren Datierung herangezogen werden.*
[3] *K 195 a.*   [4] *Prämonstratenser der römischen Provinz.*

monasterii de . . Premonstraten. ordinis Suessionen.[1] diocesis nobis humiliter *etc. usque* ministrentur. – mandamus, quatinus, si est ita, huiusmodi
statutum circa prefatum facias firmiter observari. Contradictores *etc.*

K 195d Pro moniali.

Episcopo. In eodem modo. Dilecta in Christo filia . . de . . monialis monasterii de . . tue diocesis nobis humiliter supplicavit, ut, cum ipsa ad dictum
monasterium, a quo *etc. usque* ministrentur. Cum autem, quod circa fugitivos
et eiectos predictos statutum in hac parte fore dinoscitur, multo magis
in monialibus, que periculosius evagantur, debeat observari et in partibus
illis non habeant, ut asseritur, huiusmodi presidentes – mandamus, quatinus,
si est ita *etc. ut supra.*[2]

K 196 | De eodem pro monacho cupiente cum humilitate
redire.

S f. 20'

. . *Abbati et conventui.* Cum | dilectus filius Stephanus Petri, lator presen-
tium, monachus monasterii vestri, cupiat ad monasterium vestrum, a quo,

B f. 75'

---

[4] de . . Premonstraten. *om B* | Sues-
sionen.] et *B*
[5] etc. usque *om B*
[6] prefatum] prefatum . . *E* : eun-
dem *B* | faciatis *B* | firmiter] fimter
(!) D : *om B* | Contra etc. *DL.*

K 195d *D 292 f. 75 (Üb. Index f.
7'); E 282 f. 44'; L 219 f. 97b; B
36 n. 11 f. 75.*
[2] Episcopo] Iud. *B* | In–modo *om B* |
. . de . . *om B* | monasterii de . .]
monasterii . . de . . *E* : *om B*
[3] tue] . . *B*
[4] etc. *korr. D²* | administrentur *B* |
quod *doppelt E*
[5] dignoscitur *E* | multo] merito *E*
[6] periculosius *zu* periculis suis *korr.*
D² | et *v. and. Hd. einkorr. B*
[7] habebant *L* | ut asseritur *om B*

[8] si est ita *om B* | supra] etc. *add D.*

K 196 *P 239 f. 25' (Üb. Index f. 5');
V 194 f. 21; H 237 f. 25'/26; S 186
f. 20'; C –; A –; M –; O –; D 293
f. 75 (Üb. Index f. 7'); E 283 f. 44';
L 220 f. 97b; R 361 f. 35'; B 36
n. 12 f. 75/75'.*
[1-2] *R Üb.*: Pro monacho cupiente redire cum humilitate ad monaste-
rium ipsum. | De] Super *DEL* |
cupiente] ad suum monasterium
add DEL
[2] reddire *E*
[3] Dilectis filiis abbati *B* | . . *om
HDE* | conventui] . . *add E* : sa-
lutem etc. *add B* | Stephanus
Petri] S. *D* : S. de . . etc. *(letzteres
v. and. Hd. einkorr.) R* : N. *B*
[4] vestri *om R* | ad] dictum *add H* |
vestrum *om S*

---

[1] *Soissons.*
[2] *K 195c.*

5 sicut asserit, exivit animi levitate, cum humilitate redire, universitatem
vestram rogamus, monemus et hortamur attente per apostolica vobis
scripta mandantes, quatinus ipsum ad vos humiliter redeuntem ob reveren-

H f. 26 tiam | apostolice sedis et nostram recipiatis salva ordinis disciplina et
sincera in domino caritate tractetis.

D f. 75'
L f. 97 c **K 197** | De eodem pro monacho eiecto.

Eisdem. Cum dilectus filius Petrus Symonis de Reate[1], lator presentium,

R f. 36 | monachus vester, quem de monasterio vestro, sicut asserit, sine causa
rationabili eiecistis, ad vos desideret cum humilitate redire, universitatem
5 vestram rogamus, monemus et hortamur attente per apostolica vobis scripta
mandantes, quatinus ipsum ad vos humiliter redeuntem ob reverentiam
apostolice sedis et nostram recipiatis salva ordinis disciplina et sincera in
domino caritate tractetis.

---

5 asserit] accepimus *VH* : asserit(ur)
L | exuūt *S* | animi] ānn *S*

6 vestram *om L* | rogamus – 7 scripta
om B | monemus rogamus *R* |
ortamur *R* | attente] ac *VS* | per –
Schluß] etc. ut supra in alia supe-
riori *R* | vobis *om E*

7 mandamus *B*

8 sedis apostolice *H*

9 in domino caritate] etc. *B* | trac-
tetis] etc. *add L.*

K 197 *P 240 f. 25' (Üb. Index f. 5');*
V 195 f. 21; H 238 f. 26; S 187 f.
20'; C –; A –; M –; O –; D 294 f.
75' (Üb. Index f. 7'); E 284 f. 44';
L 221 f. 97c; R 365 f. 35'/36; B
36 n. 13 f. 75'.

1 De] Super *DL* | De eodem *om R* |
eiecto] iniecto. Rubrica *H²* : de
monasterio sine (suo *L*) causa
rationabili *add DELR*

2 Eisdem] *auf Rasur D²* : Abbati
et conventui *R* : Dilectis filiis

abbati et conventui .. salutem
etc. *B* | Petrus] P. *DERB* | Symo-
nis] *om DRB* : Simonis *L* | de
Reate *om B* | Reate] Seno *P* :
.. *DER* : *om L*

3 vester] monasterii vestri *v. and.*
Hd. marg. einkorr. B | vestro mo-
nasterio *HE* | sicut asserit *om D*

4 desiderat *B*

5 vestram – scripta] etc. *B* | mone-
mus – 6 mandantes] etc. usque *H*
| rogamus] *hinter* monemus *V* :
om S | ortamur *ER* | attente] ac
VS : *korr. D²* | vobis] *hinter* scripta
S : *vor* per *auf Rasur D²*

6 ipsum] eum *H*

7 sedis apostolice *HB* | apostolice –
Schluß] etc. *R* | et nostram *om B* |
nostra *L* | recipiatis] et ipsum
add B | et 2° – 8 caritate] etc. *B*

8 tractetis] Dat. (Datum *EL*) etc.
add DEL.

---

1 *Rieti.*

K 198 De eodem pro muliere cupiente manere in reclusorio.

.. *Episcopo.* Cum Maria pauper mulier, latrix presentium, in reclusorio sua desideret peccata deflere, fraternitati tue per apostolica scripta mandamus, quatinus ob reverentiam apostolice sedis et nostram ei ad hoc in civitate vel diocesi tua de loco provideas oportuno, mandatum nostrum taliter impleturus, quod eadem assecutam se gaudeat, quod intendit, et nos devotionem tuam possimus in domino commendare.

K 199 De eodem pro leproso.

.. Priori et fratribus domus de .... diocesis. Cum dilectus filius G., lator presentium, occulto dei iudicio morbo lepre percussus nobis humiliter supplicarit, ut eum in domo vestra in socium et in fratrem recipi faceremus, ideoque universitati vestre per apostolica scripta mandamus, quatinus

---

K 198 *P 241 f. 25' (Üb. Index f. 5'); V 196 f. 21; H 239 f. 26; S 188 f. 20'; C 228 f. 416 (Üb. Index f. 443'); A 223 f. 43; M 196 f. 18'; O 224 f. 22; D 295 f. 75' (Üb. Index f. 7'); E 285 f. 44'; L 222 f. 97c; R 363 f. 35'; B 36 n. 14 f. 75'.*

¹ *CA Üb.:* Pro illa, que desiderat intrare reclusam (reclusiam *C*). − *Üb. om MO.* | De] Super *DEL* | De eodem *om R* | manere] maritum *(!) H* : remanere *hinter* reclusorio *E* | reclusorio] claustro *D*

² .. Episcopo] Episcopo .. *HCE* : Episcopo *SAMO* : Iud., *darüber v. and. Hd.* Episcopo *B* | Cum] Dilecta in Christo filia *C* : dilecta in Christo filia *add A* : *auf Rasur D²* | Maria] M. *SAMDELRB* : .. *C* | pauper] nuper *S* : *korr. u. darüber nochmals v. and. Hd. B* | reclusario *C*

³ suo *CADR* | desiderat *R* : cupiat *B* | per apostolica scripta *om CAMO* | *hinter* scripta *lange Rasur H*

⁴ sedis apostolice *HB* | ei *om H* | hoc] hc̄ *E* : hec *L*

⁵ vel] et *R*

⁶ impleturi *R* | eadem] ipsa *CAMO* : ea *R* | assecuta *H* : assecutiam *(!) D* | se *om B* | gaudeat] sentiat *MO*

⁷ possumus *CDL* | commendare] Dat. *add CD²B.*

K 199 *P 242 f. 25' (Üb. Index f. 5'); V 197 f. 21; H 240 f. 26; S 189 f. 20'; C 229 f. 416 (Üb. Index f. 443'); A 224 f. 43; M 197 f. 18'; O 225 f. 22; D 296 f. 75' (Üb. Index f. 7'); E 286 f. 44'; L 223 f. 97c; R 364 f. 35'; B 36 n. 15 f. 75'.*

¹ *Üb. om MO* | De eodem] Preces et mandata *DELR* | De] Super *CA* | leproso] Rubrica *add H²*

² .. 1° *om HSAMODE* | de *om B* | .. diocesis] diocesis .. *VHS* : *om CAMOR* : diocesis *LB* | Cum *om CAMOB* | G.] T. *PB* : *om CL*

³ dei] de *S*

⁴ supplicaverit *P* : supplicarunt *H* : supp̄it *S* : supplicavit *CAMOERB* : appellaverit *D* | in fratrem et socium *B* | et in socium *E* | socium et in *om R* | recipi – 7 fratrem *om L* | faceremus] mandaremus *RB*

⁵ ideoque *om H*

ipsum ob reverentiam apostolice sedis et nostram in socium recipiatis et in
fratrem et sincera in domino caritate tractetis.

V f. 21' **K 200 | De eodem pro privato lumine oculorum et naso,
quod provideatur sibi de vite necessariis.**

Rem pietatis et iustitie facimus, si misericordiam pro Christo patienti-
E f. 45 bus, scilicet | vite subsidium, de bonis ecclesiasticis procuramus. Cum igitur
5 I. laicus Matisconen.[1] diocesis pro negotio pacis et fidei ab hereticis Albi-
gensibus oculorum privatus lumine, naso et labio superiori ac dextra manu
miserabiliter mutilatus ad acquirenda vite necessaria inutilis sit effectus,[2]
universitatem vestram rogamus, monemus et hortamur attente per aposto-

---

[6] sedis apostolice *HCE* | apostolice
sedis et] etc. *B* | recipiatis in so-
cium *VHCAMODEB* | in 1° –
Schluß] etc. ut supra *R* | in 2° *om S*
[7] in – tractetis] etc. *CMO* : etc. Dat.
B | caritate tractetis] etc. *A* | trac-
tetis] etc. *add D.*

K 200 *P 243 f. 25'/26 (Üb. Index f.
5'); V 198 f. 21'; H 241 f. 26; S
190 f. 20'; C 230 f. 416 (Üb. Index
f. 443'); A 225 f. 43; M 198 f. 18';
O 226 f. 22; D 297 f. 75'/76 (Üb.
Index f. 7'); E 287 f. 44'/45; L
224 f. 97c; R 72 f. 6'/7 (vgl. 368
f. 36); B 36 n. 16 f. 75'/76.*

[1-2] *C Üb.*: Scribitur, ut provideatur
cuidam de vite necessariis. – *A Üb.*:
Scribitur cuidam, quod provideatur mutilato in vite necessariis. –
Üb. om MO. | De] Super *DEL* | De
eodem *om R* | privato] uiuato *(?)*
R

[2] quod] *korr. V* : *om D* | provida-
tur *(!) H* | vite] iure *L* : *om R*
[3] Iud. Rem *PVHSCAMO* : Iud.
Ve *(!) R* | miseris in Christo *H* |
patientibus] facientibus *D* : *v.
and. Hd. marg., im Text* petentibus
getilgt B
[4] scilicet] sue *H* : silicet *S* | ecclesie
E : ecclesiis *R*
[5] I. de .. *C* | Matisconen.] .. *CARB* :
Anagnin. *M* : Anagninus *O* :
Matiscanen. *D* : *om L* | diocesis *om
MO* | per negō *L* | ab] ob *C* : sub *D* |
Albigensibus] I. de .. *C* : de ..
AMO : alligen. *DL* : Albicen. *R*
[6] privatus *om DELRB* | labia *SM* |
dextera *SDB*
[7] ac mutulatis *D* : mutulatus *E* | ad]
ac *S* | acquirendum *A* : acquiren-
dam *L* : querend(a) *B* | effectus
sit *M*
[8] vestram – 9 scripta *om B* | vestram

---

[1] *Mâcon.*
[2] *Die Katharer waren, obschon seit 1250 in Frankreich stark im Rückgang
begriffen, wohl immer noch tätig, wie diese Formel zeigt. A. Borst, Die Katharer
(Stuttgart 1953), 135, kommt zu dem Ergebnis, daß sie ab 1275 fast völlig ver-
schwunden seien, doch wäre dann die Aufnahme einer entsprechenden Formel
in die Redaktion des Formularium audientiae unter Bonifaz VIII. kaum zu
verstehen.*

lica vobis scripta | mandantes, quatinus eidem, si nondum | ei alibi est
provisum nec vobis pro alterius provisione | direximus scripta nostra, quod
provisionis nostre gratiam prosequatur, ob reverentiam apostolice sedis | et
nostram curetis in vite necessariis, quoad vixerit, providere preces nostras
taliter impleturi, ut vobis retributionis eterne premium et a nobis exinde
rependatur solutio debita gratiarum.

B f. 76
P f. 26
R f. 7
D f. 76

K 201   Forma „Cum olim" pro clerico.

Iud. Cum olim dilectis filiis . . abbati et conventui monasterii sancti
Salvatoris Reatin.[1] ordinis sancti Benedicti nostris dederimus | litteris
in mandatis, ut dilectum filium Iannucium Odonis de Reate clericum cupientem una cum eis in dicto monasterio sub regulari habitu domino famu-
lari in | monachum reciperent et in fratrem et sincera in domino caritate
tractarent, iidem abbas et conventus mandatis huiusmodi obauditis id ef-
ficere hactenus non curarunt, sicut eiusdem clerici labor | ad nos indicat

A f. 44

5
H f. 26'

S f. 21

– 9 mandantes] etc. *CAMO* | orta-
mur *R* | attente] ac *S*

9 vobis] *om D* : nobis *R* | quatinus
om R | nondum] nūdū *PMO* :
korr. D² : mundum *L* | ei *om S* |
est ei alibi *A* | alibi ei sit *R* | alibi]
abili *S*

10 vobis *hinter* provisione *L* | direxe-
rimus *CAMODLRB* | quod] qui *D*

11 vestre *AB* | sedis apostolice *HEB*

12 quo advixerit *SCAOEB*

13 ut] quod *CAMO* | vobis] a deo
vobis *D* : nobis *(?) B* | retribu-
tionis *om E* | nobis] vobis *H* |
exinde] *om H* : inde *C*

14 impendatur *CAMO* | debitam *E.*

K 201   *P 244 f. 26 (Üb. Index f. 5');
V 199 f. 21'; H 242 f. 26/26'; S
191 f. 20'/21; C 238 f. 417 (Üb.
Index f. 443'); A 233 f. 43'/44;
M 206 f. 19; O 235 f. 22'/23; D 298
f. 76 (Üb. Index f. 7'); E 288 f.
45; L 225 f. 97c/d; R –; B 36 n. 17
f. 76.*

1 pro clerico] Rubrica *add H²* : *om
CAMO*

2 Cum] *om M* : *marg. einkorr. O* |
dilectis filiis *om C* | . . *om CB* |
sancti – 3 Benedicti] . . diocesis *B* |
sancti Salvatoris Reatin.] Casinen.
C : . . *A* : Cassinen. *MO* : sancti *L*

3 ordinis] diocesis *D* | sancti Bene-
dicti] . . *A* : *om L* | dedimus *B*

4 Iannucium – Reate] P. *B* | Iannu-
cium] I. *PCAMO* : Ianetum *H* :
. . *S* : B. *DEL* | Odonis] *om
PCAMODEL* : ordinis . . *S* | Reate]
. . *CAMODE* : *om L* | clericum . . *D*

6 in monachum – 7 tractarent *marg.
einkorr. P* | monachum reciperent
korr. D | reciperent in monachum
CAMO | et 2°] ac *D*

7 tractarent *korr. D* | iidem] iidem
tamen *CAO* : idem tamen *M* :
iidem *aus* idem *korr. D* : idem *E* :
iidemque *B* | . . abbas *PV* | huius-
modi] humiliter *L*

8 sicut] prout *CAMO*

---

[1] *Benediktinerkloster S. Salvatore bei Rieti; als Abt kommt Petrus II. (1290–
ca. 1306) in Frage, vgl. S. 331 Anm. 3.*

L f. 97 d

iteratus. Nos igitur | volentes eundem clericum in huiusmodi suo laudabili
10　　proposito confovere, discretioni tue per apostolica scripta mandamus,
quatinus, si est ita, eosdem abbatem et conventum ex parte nostra moneas
et inducas, ut eundem clericum in prelibato monasterio in monachum recipiant et in fratrem et sincera in domino caritate pertractent iuxta priorum

O f. 23

continentiam litterarum, alioquin re|scribas nobis causam rationabilem, si
15　　qua subsit, quare id fieri non debeat vel non possit.

K 201 a　Super eodem.

Iud. Cum olim *etc. ut supra*[1] *usque* in mandatis, ut dilectum filium P.
de . . monachum monasterii de . . eiusdem ordinis habentem, ut asserit, ab
abbate ipsius monasterii sancti . . ex rationabili et honesta causa ad aliud
5　　predicti ordinis monasterium licentiam liberam transeundi, cupientem una
cum eis in eorum monasterio domino famulari, si quod de licentia huiusmodi proponeretur, veritatem haberet, in monachum reciperent et in fratrem et sincera in domino *etc. ut supra.*[1]

K 202　De eodem.

Iud. Cum olim dilectis filiis . . abbati et conventui monasterii sancti

---

[9] in] etiam *L*
[10] discretioni – scripta] *om CA* : etc.
B | scripta *om L*
[11] si est ita *om EL* | ex] pro *B*
[12] ut *einkorr. D*[2] | recipiant *v. and.
Hd. marg. einkorr. A*
[13] et 2°] ac *B* | tractent *S* : contrac-
tent *L* | priorem *L*
[14] nobis rescribas *DELB*
[15] fieri] efficere *H* | debeant *H* | vel
non possit] sive possit, *dazu fährt
and. Hd. fort* vel non possit *B* |
possit] possint *H* : Dat. *add D*[2].

K 201 a　*C 239 f. 417 (Üb. Index f.
443'); A 234 f. 44; M 207 f. 19;
O 236 f. 23.*
[1] *Üb. om MO.*
[3] monachum monasterii] monasterium *C*

[4] ex] et *M*
[5] cupiente *M*
[6] huiusmodi licentia *C*
[7] proponeret *A* | *hinter* fratrem *Ra-
sur eines Wortes C*
[8] et – domino *om AMO.*

K 202　*P 245 f. 26 (Üb. Index f. 5');
V 200 f. 21'/22; H 243 f. 26' u. 245
f. 26' (= H'); S 192 f. 21; C –;
A –; M –; O –; D 299 f. 76 (Üb.
Index f. 7'); E 289 f. 45; L 226
f. 97d; R 217 f. 21 u. 369 f. 36
(mit denselben Varianten); B 36
n. 18 f. 76.*
[1] *R Üb.:* Forma Cum olim pro
clerico. | De] Super *PDEL* | eo-
dem] Rubrica *add H*[2] : pro clerico
in alia forma *add DEL*
[2] dilectis *doppelt, ersteres aus* dilec-

---

[1] *K 201.*

Pauli de Urbe ordinis sancti Benedicti nostris dederimus litteris in mandatis, ut dilectum filium Martinum Petri clericum cupientem una cum monachis prioratus sancti Andree Tiburtin.[1] monasterio predicto pleno iure subiecti sub regulari habitu domino famulari, prout ad eos pertinet, facerent in monachum recipi et in fratrem et sincera in domino caritate tractari, iidem abbas et conventus mandatis huiusmodi obauditis id efficere hactenus non curarunt, sicut eiusdem clerici labor ad nos indicat iteratus. Nos igitur volentes *etc. usque* mandamus, quatinus, si est ita, eosdem abbatem *etc. usque* eundem clericum in predicto prioratu, prout ad eos pertinet, recipi faciant in monachum et in fratrem et sincera in domino caritate trac|tari iuxta priorum continentiam litterarum, alioquin *etc.*

5

10

V f. 22

K 203 | De eodem pro laico.

D f. 76'

Iud. Cum olim dilectis filiis .. abbati et conventui monasterii de .. ordi-

tus *korr.* H | sancti Pauli de Urbe] de .. *R* | sancti – 3 Benedicti] N. diocesis *B*

[3] Pauli *om L* | de Urbe *om D* | Urbe *om L* | sancti Benedicti] *om L* : .. *R* | dederimus – 4 cupientem] etc. *B* | in mandatis litteris*R*

[4] Martinum Petri *scr., vgl. K 188]* P. M. *PVSB* : M. *H* : M. P. *H'* : P. *DER* : P. Mar. *L*

[5] *hinter* monachis *längere Rasur H* | sancti Andree Tiburtin.] .. *R* | Andree Tiburtin.] etc. *B* | Andree *om L* | Tyburtin. *HD* : Tiburtinen. *S* | predicto] *vor* monasterio *R* : v. and. Hd. einkorr. statt getilgtem vestro *B*

[6] sub – famulari *om PVHH'SELR*

[7] facerem *L* | in monachum – 10 volentes *om R* | et 2°] ac *B*

[8] iidem *aus* idem *korr. D* | mandatis – 9 clerici] etc. *B*

[9] labor] clamor *DB* | inducat *L*

[10] volentes *v. and. Hd. einkorr. B* |

etc. usque] eumdem clericum in huiusmodi suo laudabili proposito confovere discretioni tue per apostolica scripta *E* : etc. ut supra usque *R* | usque – 11 usque *om B*

[11] eosdem] eiusdem *L* | abbatem] et conventum *add E*

[12] eos] vos *B* | faciant] faciat(is) *D* | et 2° – *Schluß]* etc. possit *B* | in domino caritate tractari *om R*

[13] litterarum *om L* | etc.] ut supra *add D²* : causam rationabilem si qua subsit vel quare id fieri non possit nobis curetis fideliter intimare etc. *R*.

K 203   *P 246 f. 26 (Üb. Index f. 5');* V 201 f. 22; H 244 f. 26' u. 246 f. 26'/27 (= H'); S 193 f. 21; C –; A –; M –; O –; D 300 f. 76' (Üb. Index f. 7'); E 290 f. 45; L 227 f. 97d; R 370 f. 36; B 36 n. 19 f. 76.

[1] De]Super *PDELR* | eodem]laico *add D (getilgt)* | laico] Rubrica *add H²*

[2] olim *om B* | .. 1° *om B* | monasterii

---

[1] *Priorat S. Andrea in Tivoli. Das vorliegende Mandat ist die Wiederholung von K 188, wobei der Name des Klerikers Martinus Petri, der dort noch unverderbt erhalten ist, hier verderbt ist. Vgl. dort die Angaben bezüglich des Mutterklosters S. Paolo fuori le mura in Rom und des Priorats in Tivoli.*

nis .. nostris dederimus litteris in mandatis, ut dilectum filium P. de ..
laicum cupientem *etc. usque* famulari in socium reciperent et conversum |
etc. usque ut ipsum in prelibato monasterio in socium recipiant et conversum *etc. usque* non possit.

H f. 27'

5

K 204   De eodem pro monacho.

Iud. Cum olim dilectis filiis .. abbati et conventui monasterii de Strocono[1] ordinis sancti Benedicti Narnien.[2] diocesis nostris dederimus litteris
in mandatis, ut dilectum | filium Petrum de Reate[3] monachum monasterii

B f. 76'

– ordinis ..] etc. *R* : etc. diocesis
B | ordinis ..] .. ordinis *E*
[3] dederimus – 4 laicum] etc. *B* | ut
doppelt R | dilectum – P. de .. *om*
R | P.] .. *DE* : *om L*
[4] etc. *om HSDEL* | usque *om B* |
famulari] familiari *L* | recipiatis
B | conversam *R* : in conversum *B*
[5] usque *einkorr. L* | usque – *Schluß*]
ut in aliis usque possit *B* | ut] ad *D* |
ut – 6 usque *om P* | et in conver-
sum *E*
[6] etc.] et *EL* | non possit] fieri aut
debent *add H* : in finem etc. ut
supra *R*.
K 204   *P 247 f. 26 (Üb. Index f. 5');
V 202 f. 22; H 247 f. 27; S 194 f.
21; C –; A –; M –; O –; D 301 f.
76' (Üb. Index f. 7'); E 291 f.
45/45'; L 228 f. 97d; R 371 f. 36;
B 36 n. 20 f. 76/76'.*

[1] *Üb. om H.* – *DELR Üb.*: Super
eodem pro illo (monacho *ELR*),
qui licentiam habuit ad aliud monasterium transeundi (transferen-
di *R*). | De] Super *P*
[2] olim *om PB* | .. *om B* | monasterii]
de monasterio *D* | monasterii – 3
diocesis] etc. *B* | de Strocono]
sancti de *L* | Strocono *scr., vgl. Z.
15*] *Sc̄ocono P* : .. *VHSDER*
[3] ordinis sancti Benedicti *om D* |
sancti Benedicti] .. *SER* : *om L* |
Narnien.] Narinen. *H* : *om LR* |
et diocesis .. *R* | dederimus – 4
mandatis] etc. *B*
[4] ut dilectum filium *doppelt R* | Pe-
trum] P. *PSDERB* : *om L* | de
doppelt V | de Reate *om RB* | Reate]
.. *DE* : *om L* | monachum *om E* |
monasterii – 5 monasterii *om L*

---

[1] *Stroncone sö. von Narni (nach der Lesung von VH Z. 15), in dessen Diözese (vgl. die Karte bei P. Sella, Rationes decimarum Italiae, Umbria 2, Città
del Vaticano 1952 = Studi e Testi 162, am Ende). Ein Benediktinerkloster bestand dort jedoch nicht, vgl. Kehr, Italia pontificia 4, 29 ff., u. bes. E. Rossi-Passavanti, Interamna dei Naarti 2 (Orvieto 1933), passim; L. Lanzi, Un lodo d'Inno-
cenzo III ai Narnesi specialmente per la terra di Stroncone, in: Boll. della Società Umbra di Storia Patria 1 (1895), 126 ff. Bei Stroncone befand sich lediglich
ein Franziskanerkonvent, vgl. L. Lanzi, Il convento di S. Francesco presso Stroncone, in: Miscellanea Francescana 2 (1887), Fasz. 1. Im vorliegenden Fall
handelt es sich also um ein fingiertes Kloster.*
   [2] *Narni.*   [3] *Rieti.*

sancti Salvatoris Reatin.[1] habentem, ut asserit, ab abbate ipsius monaste- 5
rii sancti Salvatoris ex rationabili et honesta causa ad aliud predicti ordi-
nis monasterium licentiam liberam transeundi, | cupientem una cum eis E f. 45'
in eorum monasterio domino famulari, si quod de licentia huiusmodi proponeretur, veritatem haberet, in monachum reciperent et in fratrem et
sincera in domino caritate tractarent, iidem abbas et conventus mandatis 10
huiusmodi obauditis id efficere hactenus non curarunt, sicut eiusdem
monachi labor ad nos indicat iteratus. Nos itaque volentes eundem monachum in huiusmodi suo laudabili proposito confovere, discretioni tue per
apostolica scripta mandamus, quatinus, si est ita, eosdem abbatem et conventum monasterii de Strocono[2] ex parte nostra moneas et inducas, ut pre- 15
fatum Petrum recipiant in monachum et in fratrem et sincera in domino
caritate pertractent iuxta priorum continentiam litterarum, alioquin rescribas *etc. usque* vel non possit. Dat. *etc.*

---

⁵ sancti Salvatoris Reatin.] de . . *R* :
etc. *B* | Salvatoris] . . *P* | Reatin.]
eiusdem ordinis *add P* : *om HD* |
Reatin. – 6 Salvatoris *om VE* |
ut] sicut *DRB* | asseruit *DR* | ab]
pro *D* | ab – 6 Salvatoris] a dilecto
filio etc. *H* | ipsius] dicti *DRB*

⁶ sancti Salvatoris] *om DR* : . . *B* |
Salvatoris] . . *P* : *om L* | et ho-
nesta *om B*

⁷ transeundi] ac *add H* : transferendi *B*

⁸ eorum] eodem *D* | domino] *korr.*
D² : *om R* | famulari] etc. *add D²*
(einkorr.) : familiari *L* : *om R* |
si – proponeretur *om H* | pro-
ponitur *B*

⁹ et 1° – *Schluß*] etc. ut in forma *R* |
et 2°] ac *B*

¹⁰ tractetis *D* : pertractarent *B* |
iidem] tamen . . *add H (davor ein*

Paragraphenzeichen) : korr. *D* |
mandatis] nostris *add H*

¹¹ sicut] prout *H*

¹² labor] : *hinter* nos *P* : clamor *DB* |
ad nos *om H* | nos *om S* | eundem]
hunc *H* : predictum *S* : eumdem *E*

¹³ suo *om S* | discretioni – 16 in 1°]
etc. *B*

¹⁵ monasterii de Strocono *om SD*
(Rasurlücke) L | monasterii *om E* |
de Strocono] . . *P* : de . . *E*

¹⁶ Petrum] P. *PSDEL* | recipiat *D* |
monacum *korr. D²* | monachum
et] monachus est *B* | in fratrem –
17 caritate] etc. *B*

¹⁷ iuxta – *Schluß*] etc. ut in aliis etc.
B | rescribas – *Schluß*] etc. ut
supra *E*

¹⁸ vel *om DL* | possint *DL* | Dat.]
Datum *H* : *om DL* | etc. 2° *om*
VSL.

---

¹ *Benediktinerkloster S. Salvatore bei Rieti (vgl. S. 331 Anm. 3).*

² *Vgl. S. 350 Anm. 1.*

K 205 De eodem pro puella litterata.

Iud. Cum olim dilectis in Christo filiabus .. abbatisse et conventui monasterii sancte Lucie Reatin. ordinis sancte Clare[1] nostris dederimus litteris in mandatis, ut dilectam in Christo filiam Margaretam Petri puellam
5 litteratam cupientem una cum eis in dicto monasterio sub regulari habitu
L f. 98a *etc. usque* non curarunt, prout ipsius puelle nobis exhibita petitio patefecit. | Nos igitur *etc. usque ad finem.*

K 205a *Item nota, quod in talibus litteris numquam scribitur extra diocesim.*

Item quod laicis et mulieribus fiet narratio in istis sicut in litteris Preces et mandata.

K 205b Super eodem pro eo, pro quo alius papa scripserat.

Iud. Cum olim felicis recordationis C. papa V.[2], predecessor noster,

K 205   *P 248 f. 26 (Üb. Index f. 5');*
V 203 f. 22; H 248 f. 27; S 195 f.
21; C 240 f. 417 (Üb. Index f.
443'); A 235 f. 44; M 208 f. 19;
O 237 f. 23; D 302 f. 76' (Üb. In-
dex f. 7'); E 292 f. 45'; L 229 f.
97d/98a; B 36 n. 21 f. 76'.
[1] *CA Üb.:* Super eodem (pro mu-
liere *add A). – Üb. om MO.* | De]
Super *DEL*
[2] in Christo *om S* | .. *om HB*
[3] monasterii *om C* | sancte Lucie –
Clare] etc. *B* | sancte Lucie Rea-
tin.] de .. *CAMO :* sancte Beatin.
L | ordinis sancte Clare] ordinis ..
.. diocesis *C :* ordinis .. diocesis ..
A : .. ordinis .. diocesis *MO* |
sancte Clare *om L* | dedimus *B*
[4] dilectam] nobis *add H* | in Christo
om C | Margaretam Petri] P. *B* |
Margaritam *V :* M. *CAMODEL* |
Petri *om VHCADEL* | puellam]
.. *M*

[5] litteratam *korr. D* | una – habitu
om CAMO | habitu] domino famu-
lari *add D*
[6] etc. usque] domino famulari etc. *B* |
curant *S :* curaverint *C :* curent
L | petitio nobis exhibita *DELB* |
patefecit] patefacit *S : davor*
continebat *expungiert CA :* etc.
add D
[7] etc. – finem] ut in aliis etc. *B* |
usque ad finem *om CAMO* | ad]
in *HDEL.*

K 205a   *C 240a f. 417; A 235a f.*
44; M 209 f. 19; O 238 f. 23.
[1] extra *om A*
[3] quod] pro *MO.*

K 205b   *C 241 f. 417 (Üb. Index f.*
443'); A 236 f. 44; M 210 f. 19;
O 239 f. 23.
[1] *Üb. om MO.* | alias *C* | scripsit *C*
[2] C. papa V.] Bo. papa VIII. *M :*
Bonifacius papa VIII. *O*

---

[1] *Klarissenkloster S. Lucia in Rieti, vgl. K 190.*
[2] *Klemens V. (1305–1314). Aussteller ist also wahrscheinlich Johann XXII.*

dilectis filiis . . abbati et conventui *etc.* suis dederit litteris in mandatis,
ut dilectum filium I. de . . *etc. ut supra*[1] *usque* pertractent iuxta predicti
predecessoris continentiam litterarum, alioquin *etc.*   5

K 206 | De eodem pro clerico ad servitium infirmorum.   *S f. 21'*

| *Iud.* Cum olim dilectis filiis . . magistro et fratribus domus dei de . .   *P f. 26'*
nostris dederimus litteris in mandatis, ut dilectum filium P. de . . clericum | *D f. 77*
cupientem una cum eis in infirmis et pauperibus domus eiusdem domino
famulari reciperent ad servitium infirmorum et pauperum eorundem in   5
socium et in fratrem et sincera in domino caritate tractarent, iidem magister
et fratres mandatis *etc. usque* ut ipsum ad servitium infirmorum et pauperum predictorum in socium et in fratrem recipiant et sincera *etc. usque*
in finem.

K 207 De eodem pro monacho.

| . . Abbati et conventui monasterii *etc.* Cum olim vobis nostris dederi-   *C f. 417*

---

[3] dilecto filio *MO* | . . *om A* | et con-
ventui *om MO* | dederit *AMO*
[4] de . . *om AMO* | usque *om A*
[5] etc. *om M.*

K 206   *P 249 f. 26' (Üb. Index f. 5');*
V 204 f. 22; H 249 f. 27; S 196 f.
21'; C –; A –; M –; O –; D 303 f.
76'/77 (Üb. Index f. 7'); E 293 f.
45'; L 230 f. 98a; R 372 f. 36; B
36 n. 22 f. 76'.
[1] *DELR Üb.:* Super eodem pro
clerico cupiente servire infirmis. |
servitium infirmorum] summum
pontificem *VH*
[2] olim – filiis . . *om B* | dei *om H*
| de . . – 4 cupientem] etc. B | de
. . – 3 P. de . .] etc. usque *D* : etc.
EL | de . .] ordinis *add R*
[3] dilectum filium P. de . .] dilectum
filium . . P. de . . *H* : . . *R* | cleri-
cum] de . . *add R*
[4] eis in *om H* | in *om SDB*
[5] recip(er)ient *(!) L*
[6] et 2° – 7 mandatis *om R* | idem *E*

[7] usque *om B*
[8] predictorum] eorundem *HL* | reci-
piant et in fratrem *H* | et sincera
om PRB | etc. *om VDEL* | usque
in finem] ut in aliis *B*
[9] in] ad *VS* | fine *DE.*

K 207   *P 250 f. 26' (Üb. Index f. 5');*
V 205 f. 22/22'; H 250 f. 27; S
197 f. 21'; C 237 f. 417 (Üb. Index
f. 443'); A 232b f. 43'; M 205 f.
19; O 234 f. 22'; D 304 f. 77 (Üb.
Index f. 7'); E 294 f. 45'; L 231 f.
98a; R 372 f. 36; B 36 n. 23 f.
76'/77.
[1] *CA Üb. (in A vor A 232a = K*
232, daran schließt sich K 207 ohne
Absatz an): Cum olim pro eo, qui
exivit monasterium (claustrum *A*)
animi levitate. – *Üb. om MO.* –
DELR Üb.: Super eodem pro monacho, qui a monasterio exivit
animi (a vani *E*) levitate. | De]
Super *P* | monacho] Rubrica *add H*[2]
[2] Iud. . . abbati *DEL* : Dilectis filiis

---

[1] *K 204.*

V f. 22' mus litteris in mandatis, | ut P. monachum vestrum, latorem presentium,
qui de vestro monasterio exivit animi levitate, ob reverentiam apostolice
5 sedis et nostram reciperetis salva ordinis disciplina, vos, sicut eodem accepimus referente, mandatum nostrum surdis auribus transeuntes, quod
mandavimus, efficere non curastis. Nolentes igitur relinquere imperfectum
quod de ipso duximus misericorditer inchoandum, – mandamus, quatinus
B f. 77 ipsum ad vos humiliter redeuntem ob reverentiam apostolice sedis | et
10 nostram secundum precedentis mandati nostri tenorem recipiatis benigne
et fraterna caritate tractetis, ne, si claudenda ei duxeritis viscera pietatis,
sanguis eius a domino de vestris manibus requiratur.[1]

H f. 27' **K 208** | Contra monachos denegantes obedientiam abbati.

Iud. Sua nobis . . abbas monasterii de . . ordinis . . . . diocesis petitione

abbati *B* | . . *om HSCAO* | . . Ab-
bati – etc.] In eadem materia pro
moniali ministre priorisse et conventui monasterii de . . abbati et
conventui *M* | monasterii] . . *add*
H : de . . *CA* : *om ODELRB* | etc.
om CAOR | vobis] *hinter* deperi-
mus *S* : nos *EL* : nobis *R* | nostris]
om PVHSMOEL : *hinter* deperi-
mus *ADB*
3 litteris *om VHS* | ut] quod *C* | P.]
P . . *A* : de . . *add R*
4 monasterio vestro *PCAB* | animi
levitate exivit *H* | animi] *om V* :
cum *B* | apostolice sedis *zu* sedis
apostolice *umgestellt P*
5 nostram *korr. D²* | reciperetis *(!)*
M | vos] nos *E* | eodem] eadem *A* :
ab eodem *DEB* : ab eadem *R* |
referente recepimus *S*
6 nostrum] huiusmodi *add B* | quod
mandavimus] mandatum ipsum *R*
7 curantes *H* | igitur] autem *R* | re-
linquere] delinquere *C*
8 quod *korr. D²* | duximus] duxeri-
mus *D* : *hinter* misericorditer *E* |
inchoandum] etc. *add B*

9 ipsum *om C* | vos] nos *V* | sedis *(f.*
77 B) apostolice *HEB* | et nostram
v. and. Hd. einkorr. B
10 mandati nostri precedentis *DEL*
RB | mandati] mandatis *S* : *hinter*
nostri *A*
11 fraterna] sincera *PCB* : in domino
add R | ei *om M* | viscera pietatis
duxeritis *C* | pietatis – *Schluß om*
R (bricht mit der Seite ab)
12 sagwis *(!) L* : sanguinis *B* | de *om*
C | vestris] nostris *VD* | requiratur]
Datum etc. *add C* : etc. *add D.*
K 208 *P 251 f. 26' (Üb. Index f. 5');*
V 206 f. 22'; H 251 f. 27'; S 198 f.
21'; C 257 f. 419' (Üb. Index f.
444); A 252 f. 46; M 227 f. 21;
O 255 f. 24'; D 305 f. 77 (Üb. In-
dex f. 7'); E 295 f. 45'; L 232 f.
98a; R –; B 36 n. 24 f. 77.
1 *Üb. om MO.* | Item contra *A* | mo-
nachos] et conversos *add DEL* |
negantes *S* | obedientiam] exhi-
bere obedientiam *CA* : obedien-
cias *DEL* | abbati] abbatis. Ru-
brica *H²* : eorum *add C* : suo *add A*
2 . . 1° *om ADB* | abbas] et conven-

1 *Vgl. Ez. 3, 18; 33, 6; 33, 8.*

monstravit, quod Petrus de . ., Franciscus de . . et Iohannes et Martinus
ipsius monasterii monachi et conversi obedientiam et reverentiam sibi
debitam contra iustitiam denegant exhibere. – mandamus, quatinus, si   5
est ita, dictos monachos et conversos, ut eidem abbati obedientiam et reverentiam exhibeant, ut tenentur, monitione premissa per censuram ecclesiasticam, prout iustum fuerit, appellatione remota compellas. Dat.

K 209   Super eodem.

Item in eodem modo pro priore monasterii vel priore prioratus.

K 210   Super eodem.

Item nota, quod, si conqueratur episcopus super premissis contra clericos,
conclusio erit : partibus convocatis.   5

---

tus *add MO* | de . . – diocesis *om B* |
ordinis . .] . . ordinis *VHOE* :
ordinis *MDL* | . . diocesis] dio-
cesis . . *VHAME* : diocesis *SL* |
petitione monstravit *om A*
³ monstrarunt *O* | Petrus – Martinus]
. . et . . ac . . *CO* : . . et . . *AM* |
Petrus] P. *SDEL* : Pn. *B* | . . 1°
om B | Franciscus] ff. *D* : F. *EL* :
Fr. *B* | Franciscus de . . *om S* | de
. . 2° *om B* | Iohannes – 4 mona-
sterii] G. *B* | Iohannes] de . . *add*
SE : I. *DEL* | et 2°] ac *DEL* | et
Martinus *om S* | Martinus] M. *DE* :
in *(!) L*
⁵ debitam *aus* denegant *korr. A* |
denegant] sibi denegant *H* : dene-
gavit *B* | exhibere] etc. *add B*
⁶ ut *om V* | . . abbati *A*
⁷ teneantur *B*
⁸ prout] quod *C* : *v. and. Hd. über*
getilgtem quod *einkorr. B* | appella-
tione – Dat.] etc. *B* | Dat.] etc.
add POD : Datum etc. *HEL* :
om SAM : Datum *C.*

K 209–211   *P 252–254 f. 26' (Übb.*
Index f. 5'); V 207–209 f. 22'; H
252–254 f. 27'; S –, –, 199 f. 21';
C 258 a–c f. 419' (Üb. Index f. 444);
A 253 a–c f. 46; M 228–230 f. 21;
O 256–258 f. 24'; D 319 a–c f. 80'/81
(Übb. Index f. 8); E 309–311 f. 48;
L 245–247 f. 99 b; R –; B –.

¹ *Üb. om MO. – D Üb.*: Super eodem
in simili forma. – *EL Üb.*: Super
eisdem in consimili forma. | eodem]
Notula *add P*

² Item *om CAMOEL* | Item in] Iud.
D | in *om H* | pro] . . *add O* | mo-
nasterii vel priore *om VHODEL* |
monasterii] . . *add C* | vel] pro . .
add P | . . prioratus *C*

³ *Üb. om CAMOEL. – D Üb. (zu-*
gleich für K 211): Super eodem
nota et sequitur alia nota.

⁴ conqueritur *CD* : conqueatur *(!)*
L | . . episcopus *A*

⁵ partibus] per *A*

K 211   De eodem.

Item nota, quod monachis contra abbatem et conventum simul non dantur |
D f. 81   *iudices, ut inter eos iudicent.*[1]

K 212   Contra monachum vagabundum.

Iud. Conquesti sunt nobis .. abbas et conventus monasterii de .. ordi-
O f. 25   nis .., quod R. de .. canonicus ipsius monasterii ab | ipso animi levitate
L f. 99b   recedens quandam pecunie summam et | res alias dicti monasterii exinde
5   violenter asportare presumpsit ac vitam per seculum absque iugo discipline ducit dampnabiliter vagabundam in anime sue periculum, plurimo-

---

[6] *S hat nur die Üb., der Text ist K*
212. – CA Üb.: Notula. – *Üb. om*
MOD (vgl. K 210) L. – *E Üb.*:
Super eisdem. | De] Super *PH*

[7] monachus *CAL* : monacho *wohl*
aus monachis *korr. D* | .. abbatem
H | simul] similiter *H*

[8] iudicent] iudicet *VMO* : etc. *add*
D : iudiceret *L.*

K 212   *P 254a f. 26'; V 209 a f. 22';*
H 255 f. 27'; S 200 f. 21'; C 258d
f. 419 (Üb. Index f. 444); A 253d
f. 46; M 231 f. 21; O 259 f. 24'/25;
D 316 f. 80 (Üb. Index f. 8); E
306 f. 47'; L 242a f. 99a/b; R 30
f. 2'/3 (von Korrekturhand ganz
auf Rasur) u. 326 f. 31 (nur Üb. =
R'); B 41 n. 6 f. 85'/86.

[1] *Üb. om P.* – *Üb. marg. V.* – *C Üb.*:
Contra monachum vagabundum,
qui animi levitate recedens et asportavit secum pecuniam, libros
et res alias. – *A Üb.*: Iud. contra
monachum vagabundum, qui animi levitate recedens secum pecuniam et res alias asportavit. – *Üb.*
om MO. – *DELR' Üb.*: Contra
monachum vagabundum, qui pe-

cuniam et alia (bona dicti *add R'*)
de monasterio (de monasterio *om*
L : monasterii *R'*) portare (asportare *ER'* : exportare *L*) presumpsit. – *R Üb.*: De apostatis, *daneben*
in kleinerer Schrift Contra aposte-
tam *(!)* raptorem.

[2] .. 1° *om ADB* | abbas *om V* | de ..]
de *H* : de Petridomo *O* : *om R* |
de .. ordinis *om B* | ordinis ..]
diocesis .. *add H* : .. diocesis *add*
CAR : diocesis *add M* : .. ordinis
Constantien. diocesis *O*

[3] R. de ..] *P. DB* : P. de .. *E* : P.
de *L* | canonicus *om O* | canonicus –
monasterii] ipsius monasterii mo-
nachus *CAMO* | ipsius – ipso *om*
H | ipso] monasterio *add C* | animi]
cum *VSB*

[4] summam] libros *add C* | dicti] ip-
sius *B* | exinde *om B*

[5] presumpserunt *S* | ac] et *S* : ad *D* |
discipline iugo *CAR*

[6] ducit] duxit *E* : *vor 5 absque R* |
damnabiliter *MD* | vacabundam
V : vagabundus *HC* : vagabundam
korr. D² : vagabundum *L* | peri-
culum] et *add M*

---

[1] *Vgl. N 54a und die Ausführungen Bd. 1 S. 213.*

rum scandalum ac dictorum abbatis et conventus preiudicium et gravamen. – | mandamus, quatinus, si est ita, predictum R., quod ad monasterium ipsum redeat sub dicti abbatis obedientia moraturus | ac pecuniam et res huiusmodi predictis abbati et conventui restituat, ut tenetur, monitione premissa per censuram ecclesiasticam appellatione remota compellas. Dat. etc.

B f. 86
R f. 3
10

K 213 Nonnulli tui monasterii monachi et conversi.

.. Abbati monasterii sancti Salvatoris Reatin. ordinis sancti Benedicti[1] etc. Ex parte tua fuit propositum coram nobis, quod nonnulli monachi et conversi tui monasterii frequenter, ne ad eorum correctionem, prout ad tuum spectat officium, procedere valeas, frustratorie appellationis obstaculum interponunt sicque te per hoc ab huiusmodi correctione cessante ipsorum excessus remaneant impuniti, super quo provideri tibi per sedem

5

⁷ ac] et *SDELRB* | dictorum] predictorum *VM* : *hinter* conventus *H* | in preiudicium *S* | gravamen] etc. *add B*

⁸ dictum *C* | R.] B. *HL* : .. *D* : P. *(korr.) B* | monasterium *om M*

⁹ ipsum] suum *A* : dictum *M* | moratur *L* | pecunias *B*

¹⁰ huiusmodi] alias *C* | predictas *C* : dictis *B* | restituant ut tenentur *O* | ut tenetur *om D* | tenentur *A* | monitione premissa *om M*

¹¹ per – remota] etc. *B* | appellatione remota per censuram ecclesiasticam *M* | Dat. etc.] *om DELRB* : Datum etc. *HC*

¹² etc. *om VSMO*.

K 213   *P 255 f. 26' (Üb. Index f. 5');* *V 210 f. 22'/23; H 256 f. 27'; S –;* *C 254 f. 419/419' (Üb. Index f. 444); A 249 f. 45'; M 221 f. 20';* *O 249 f. 24; D 315 f. 80 (Üb. Index f. 8); E 305 f. 47'; L 242 f. 99a; R 325 f. 31; B 41 n. 5 f. 85'.*

¹ *Üb. om V, marg. v. and. Hd.:* Nonnulli monachi et conversi. – *H²* *Üb.:* Nonnulli et monachi ..

et .. conversi. Rubrica. – *CA Üb.:* Super eodem. – *Üb. om MO.* – *DELR Üb.:* Contra monachos appellantes abbates, ut (abbates ut] ab abbate ne *ELR*) excessus eorum (eorum excessus *ELR*) remaneant (remanent *L*) inpuniti (in presenti *D*).

² .. *om A* | .. Abbati – 3 etc.] Eisdem *C* : *om A* : Eidem *MO* : Abbati *DELR* : Dilecto filio abbati .. salutem *B* | sancti – 3 etc.] de .. *R*

³ tua] sua *C* | propositum] quod *add B*

⁴ monasterii tui *CAMODELB* | correptionem *ER*

⁵ procedere] providere *C* : *hinter* valeas *M* | valeat *C* | frustrarie *V* : frustratione *C* : frustracionem *D* : frustratorium *R* | obstaculum] ostaculum *C* : sepius *add AMO*

⁶ interponut *(!) C* | te *hinter* hoc *B* | per] propter *CAMOR* | correptione *ELR*

⁷ renaneant *(!) V* : remanent *HCMODELR* | impuniti] inpuniti *CR* : in perempti *(!) D* | providere *DB*

¹ *Benediktinerkloster S. Salvatore bei Rieti, vgl. S. 331 Anm. 3.*

V f. 23
C f. 419'

10 apostolicam | postulasti. Nolentes igitur, ut trahatur ad peccatorum diffu-
gium, quod ad oppressorum subsidium esse noscitur institutum, | presentium
tibi auctoritate concedimus, ut appellatione frivola non obstante circa correctionem subditorum tuorum libere officii tui debitum valeas exercere. Dat.

K 213a Contra monachos denegantes exhibere reverentiam et obedientiam abbati suo.

D f. 80'

5

A f. 46

10

| *Iud.* Sua nobis dilectus filius frater G. abbas monasterii Cripteferrate
de Urbe ad Romanam *etc.* ordinis sancti ⟨Basilii⟩[1] petitione monstravit,
quod fratres I. et G. A. et B. monachi eiusdem monasterii, ad cuius regimen
idem G. canonice est assumptus, obedientiam et reverentiam contra iusti-
tiam sibi denegant | exhibere. – mandamus, quatinus, si est ita, dictos mo-
nachos, quod eidem abbati obedientiam et reverentiam debitam exhibeant,
ut tenentur, monitione premissa per censuram ecclesiasticam appellatione
remota compellas. Dat. *etc.*

8 *über* Nolentes *v. and. Hd.* nota *ein-
korr.* V | ut] quod *MDELRB* |
diffigium *(!)* V : suffragium *M*

9 ad *om EL* | subsidium] suffragium
M | esse] *om M* : *hinter* noscitur *B*|
dinoscitur *CAMO* | presentium
korr. D²

10 tibi *v. and. Hd. über getilgtem* t(ibi)
einkorr. B | ut] huiusmodi *add R* |
circa] contra *PV*

11 correptionem *DER* | subditorum]
monachorum et conversorum *CA
MODELB*| libere] videre *E* | exer-
cere] exequi, *and. Hd. fährt fort
alias* exercere *B*

12 Dat.]etc. *add PAR* : etc. *HDELB* :
Datum *C.*

K 213a *C 255 f. 419' (Üb. Index f.
444); A 250 f. 45'/46; M 225 f. 21;
O 253 f. 24'; D 317 f. 80' (Üb. Index f. 8); E 307 f. 47'; L 243 f.
99b; R –; B 41 n. 7 f. 86.*

1-2 *Üb. om MO.* | denegantes] qui no-
lunt *DEL* | exbere *(!) A* | re-
verentiam et *om EL*

2 et obedientiam *om D* | suo *om EL*

3 dilectus – G. *om B* | dilectus] in
Christo *add C* | frater *om DEL* |
G.] L. *C* : .. *AE* : *om DL* | mo-
nasterii – 4 Basilii] monasterii de
.. ordinis .. *CA* : monasterii
Cripteferrate de Urbe ad Romanam
etc. ordinis sancti .. *MO* : monasterii .. ad Romanam etc. .. ordinis .. diocesis *DEL (ohne Punkte)* : monasterii .. ad Romanam
ecclesiam etc. diocesis *B*

4 petitione – 5 quod *om CA*

5 fratres *om DEL* | I. et G. A. et B.]
A. B. et N. (C. A) *CA* : .. et ..
DE : et *L* : A. et B. *B* | cuius] cui
L

6 G.] L. *C* : A. *A* : .. *DB* : *om EL* |
obedientia et reverentia *M*

7 sibi *om CA* | exhibere] etc. *add B*

8 eidem] idem *L*

9 ut *v. and. Hd. einkorr. B* | appel-
latione remota] etc. *B*

10 Dat.] Datum *C* : *om B* | etc. *om
CMEB.*

---

[1] *Basilianerkloster Grottaferrata sö. von Rom; ein Abt, dessen Name mit G.
beginnt, ist in dieser Zeit nicht zu belegen.*

K 213b Contra vagabundos monachos.

Abbati monasterii de .. Exposita nobis tua petitio continebat, quod
nonnulli monasterii tui monachi abiecto habitu monachali extendentes
ad illicita manus suas rapinas, furta, homicidia et alia committunt enormia,
que oculos divine maiestatis offendunt, in animarum suarum periculum,   5
derogationem monastici ordinis et scandalum plurimorum, super quibus,
cum sint incorrigibiles, petiisti per sedem apostolicam salubre remedium
adhiberi. Nolentes igitur, ut excessus huiusmodi remaneant impuniti, ca-
piendi huiusmodi monachos per te vel per familiares tuos clericos et laicos,
dummodo non amplius eorundem | familiarium violentia se extendat, quam   *E f. 48*
defensio vel rebellio predictorum exigitur monachorum, ac tamdiu detinendi eos carcerali custodie mancipatos, donec penitentiam egerint de commissis, liberam tibi auctoritate presentium concedimus facultatem. Nolumus autem, quod tu vel illi, qui tales de mandato nostro ceperint, incidatis

---

K 213b *C 256 f. 419' (Üb. Index f.
444); A 251 f. 46; M 226 f. 21; O
254 f. 24'; D 318 f. 80' (Üb. Index
f. 8); E 308 f. 47'/48; L 244 f. 99b;
R –; B 41 n. 8 f. 86.*

¹ *D Üb.:* Conceditur abbati, quod
possit per se et familiares suos et
eciam carcerare monachos, qui de
monasterio affugierunt et illicita
negando *(!)* comittunt. | monachos
vagabundos *M*

² Iud. abbati *M* : Iud. . . abbati *O* :
Dilecto filio . . abbati *B* | monaste-
rii de . .] N. *(v. and. Hd. einkorr.)*
salutem etc. *B* | Exposita] Exhi-
bita *DE* : Exᵗᵃ *B*

³ tui monasterii monachi *M* : mo-
nachi tui monasterii *B* | adiecto *A* |
excedentes *D*

⁴ furta *om M* | et homicidia *CMB* |
et] ac *B* | alia *om M* | committunt
*getilgt und marg. v. and. Hd. ein-
korr. B*

⁵ oculos] *korr. E* : ocꞮs *L*

⁶ monastici *v. and. Hd. korr. O* |
monastici ordinis] mon(asterii) et

ordinis *DE* : mon(asterii) et ordi-
nis predictorum *B* | et] ac *EB* :
ad *L*

⁷ peciist(is) *D* | solubre *(!) L*

⁸ exhiberi *D* | ut] quod *B*

⁹ monachus *L* | vel per] ac *CODEL* :
et *M* : aut *B* | et] vel *A*

¹⁰ non *om C* | eorum *MO* | violenta *D*

¹¹ deffensio *E* | vel] et *M* | rebellis *L* |
exigerit *AOD* : exegerit *MEL* :
exigerit *aus* exegerit *v. and. Hd.
korr. B* | ac] et *B* | tandiu *CE* :
tamen diu *B*

¹² in carcerali custodia *E* | manci-
patus *L* | penitentiam – de] pe-
cuniam *(durch Unterstr. getilgt)*
egerunt penitentiam de *L* | egerit
D : egerant *(?) B* | commissis]
premissis *D* : vel ille quoniam tales
de mandato tuo *add B*

¹³ liberam *om E* | concedimus auc-
toritate presentium *AMOELB* :
concedimus auctoritate nostra *D*

¹⁴ ille *L* | nostro] tuo *DB* | ceperint]
receperunt *B*

15 propter hoc in canonem sentencie promulgate,[1] dummodo penitentia maior
non fuerit, quam reperiatur in excedente delictum. Dat.

K 214 Super eodem.[2]

Eidem. Exhibita nobis, fili abbas, tua petitio continebat, quod nonnulli
monasterii tui canonici et conversi super violenta iniectione manuum in
se ipsos et alios religiosos nec non et seculares clericos Reatin.[3] civitatis
5 et diocesis et quidam pro detentione proprii, alii etiam pro denegata tibi
P f. 27 et predecessoribus tuis obedientia | seu conspirationis offensa in excom-
municationis laqueum inciderunt, quorum canonicorum quidam divina
celebrarunt officia et receperunt ordines sic ligati. Quare super hiis eorum
providere saluti a nobis humiliter postulasti. De tua itaque circumspec-
10 tione plenam in domino fiduciam obtinentes discretioni tue presentium
auctoritate concedimus, ut eosdem excommunicatos hac vice absolvas ab
huiusmodi excommunicationum sententiis iuxta formam ecclesie vice
nostra iniungens eis, quod de iure fuerit iniungendum, proviso, ut manuum
iniectores passis iniuriam satisfaciant competenter et illos, quorum fuerit
15 gravis et enormis excessus, mittas ad sedem apostolicam absolvendos.
Cum illis autem ex eisdem canonicis, qui facti immemores vel iuris ignari
absolutionis beneficio non obtento receperunt ordines sic ligati et divina
officia celebrarunt, iniuncta eis pro modo culpe penitentia competenti

---

15 penitentia] pena *DEL*
16 recipiatur *O* | in] mandamus *(!) L* |
excedentem *A* | delictum *v. and.*
Hd. aus debitum *korr. M* : delic-
tum *zu* debitum *korr. O* | Dat.]
Datum *C* : *om AMELB* : etc. *D.*

K 214   *P 256 f. 26'/27; V 215 f. 23';*
H 261 f. 28' (VH verkürzt).
1 *Üb. marg. v. and. Hd. V.* | eodem]
Rubrica *add H²*
2 .. Eidem *P* | dilecte fili .. abbas
H
3 tui monasterii *P (mit Umstellungs-*

zeichen) VH | canonici] monachi
VH | super] pro *VH*
5 etiam] autem *H*
6 tuis] suis *H*
7 canonicorum] monachorum *VH* |
divina *om P*
8 celebrarunt – 13 fuerit] etc. usque
VH
16 canonicis] *darüber getilgt* monachis
P : monachis *VH* | qui – *Schluß*]
etc. per totum usque in finem ut in
proxima (prima proxima *H*) superiori *VH*
18 iniuncto *P*

---

1 *D. h. der excommunicatio latae sententiae wegen Verstoß gegen das Privilegium canonis, vgl. darüber Bd. 1 S. 299 ff.*
2 *Die Formel stimmt fast wörtlich mit der folgenden, K 215, überein, ist aber
in PVH doppelt überliefert und wird daher als eigene Nummer gezählt.*
3 *Rieti.*

eaque peracta liceat tibi de misericordia, que superexaltat iudicio,[1] prout
eorum saluti expedire videris, dispensare. Si vero prefati canonici excom-   20
municati scienter talia non tamen in contemptum clavium presumpserunt,
eis per biennium ab ordinum executione suspensis et imposita eis penitentia
salutari eos postmodum, si fuerint bone conversationis et vite honeste, ad
gratiam dispensationis admittas. Proprium autem, si quod habent dicti
canonici et conversi, in tuis manibus facias resignari in utilitatem dicti   25
monasterii convertendum.

K 215 Super eodem.

Dilecto filio . . abbati monasterii de . . | *talis* ordinis . . diocesis. Exhibita   *H f. 28*
nobis tua petitio continebat, | quod nonnulli monasterii tui canonici et   *E f. 47*
conversi super violenta iniectione manuum in se ipsos et quidam | pro   *M f. 20'*
detentione proprii, alii etiam pro denegata tibi et predecessoribus tuis   5

---

[21] tamen non *P*

[25] canonici] *dahinter getilgt* monachi *P.*
K 215 *P 257 f. 27 (Üb. Index f. 5');*
V 211 f. 23; H 257 f. 27'/28; S 201
f. 21'/22; C 249 f. 418' (Üb. Index
f. 443'); A 244 f. 45; M 219 f. 20/
20'; O 247 f. 24; D 311 f. 79/79'
(Üb. Index f. 8); E 301 f. 46'/47;
L 238 f. 98d; R 288 f. 27'/28; B –.

[1] *Üb. om V, marg.:* Nonnulli monachi et canonici pro iniectione
manuum inter se et proprii detentione et celebratione et ordinatione post excommunicationem ex
supradictis contracta(m). – *H²*
Üb.: Nonnulli monachi. Rubrica. –
Üb. om S. – CAMOE Üb.: Forma
(om MOE) super absolutione monachorum (a violenta manuum
iniectione *add MO*). – *D Üb.:*
Committitur abbati absolutio monachorum. – *L Üb.:* Super absolutione. – *R Üb.:* Pro abbate, ut
suos possit absolvere monachos et
conversos. | eodem] in alia ma-
teria *add P*

[2] Dilecto filio . . *om DEL* | . . 1° *om*
M | de . .] Caven. (Canen. *C* : . . *A*)
ad Romanam etc. *CAMO* : Casi-
nen. ad Romanam etc. *DE* : ad
Romanam etc. *L* : *om R* | talis
ordinis] ordinis . . *PHC* : *om S* :
. . ordinis *A* : ordinis sancti Benedicti Salernitan. diocesis *MO* : ordinis sancti Benedicti *DE* : or-
dinis *L* : ordinis et diocesis etc. *R* |
. . diocesis] diocesis . . *H* : *om*
DEL

[3] tua] *om SL* : *vor* nobis *A* | tui mo-
nasterii *PM* | canonici] monachi
HCAMODELR

[4] super] pro *HCAMOEL* : tam *(auf*
Rasur H²) pro *D* : per *R* | violen-
tia *C* : violenta et *L* | manuum
iniectione *HCMOD* | et *om R* | qui-
dam *korr. D²*

[5] retentione *C* : redemptione *A* :
devocione *L* | proprii *om M* | tibi]
etc. *DL* | et predecessoribus] pre-
decessoribusque *H* : et pre. de. *D* |
tuis] tui *H* : *om M*

---

[1] *Iac. 2, 13: Iudicium enim sine misericordia illi, qui non fecit misericordiam; superexaltat autem misericordia iudicium.*

obedientia seu conspirationis offensa in excommunicationis laqueum inciderunt, quorum canonicorum quidam celebrarunt officia et receperunt
R f. 28 ordines sic ligati. Quare super hiis eorum providere saluti a nobis | humiliter postulasti. De tua itaque circumspectione plenam in domino fiduciam
10 obtinentes discretioni tue presentium auctoritate concedimus, ut eosdem
excommunicatos hac vice absolvas ab huiusmodi excommunicationum
sententiis iuxta formam ecclesie vice nostra iniungens eis, quod de iure
fuerit iniungendum, proviso, ut manuum iniectores, quorum fuerit gravis
S f. 22 et enormis excessus, mittas ad | sedem apostolicam absolvendos. Cum illis
15 autem ex eisdem canonicis, qui facti immemores vel iuris ignari absolutionis beneficio non obtento receperunt ordines sic ligati et divina officia
celebrarunt, iniuncta eis pro modo culpe penitentia competenti eaque
peracta liceat tibi de misericordia, que superexaltat iudicio,[1] prout eorum
D f. 79' saluti expedire videris, dispensare. Si vero prefati | canonici excommunicati
20 scienter talia non tamen in contemptum clavium presumpserunt, eis per
biennium ab ordinum executione suspensis et imposita eis penitentia salutari eos postmodum, si fuerint bone conversationis et vite honeste, ad
gratiam dispensationis admittas. Proprium autem, si quod habent dicti

---

6 obedientia] obedientiam *S* : *korr.*
D² : obdia *(!) L* | laquem *M*

7 canonicorum] monachorum *CA
MODEL* : manachorum *(!) R* |
quidam] divina *add AODELR* |
celebraverunt *CM* | divina officia *CM*

8 Quare – saluti *om D* | hiis] eis *P* :
hoc *HM* | eorum *om H* | provideri
OEL (mit überflüssiger er-Kürzung) | a nobis providere saluti *H* |
saluti *om S*

9 postulasti] supplicasti *P* : postulati *V* | in domino *om C*

10 discretioni tue *om CAMO* | presentium] per apostolica scripta *S* :
tibi *add CAMOEL*

11 hac] ac *SL* | huiusmodi] omni *V* |
excommunicationis *C* : excoñ *M*

12 iuxtã *M* | iniungens] et iniungas *MO*

13 ut] quod *CAMD* | quorum *doppelt M*

14 ad *(f. 22)* ad *S*

15 canonicis] monachis *CAMODELR* |
facti] sancti *M* | vel] et *R*

16 receperant *C* | ordinis *H* | sic ligati
om CAMODEL | et] ac *H*

17 celebrarant *C* | iniuncto *PVHS* :
iniunctis *R* | competenti] salutari
C : salutari competenti *A* : *davor
Rasur E* | eoque *L*

18 licet *HM* | misericordia] numero *D* |
superealtat *(!) P* | iudicium *M* |
prout] pro *V*

19 videris expedit(is) *M* | videris *om L* |
prefati] prelati *S* | canonici] monachi *CAMODELR*

20 talia *hinter* clavium *CAMODEL* |
contempta *S* | presumpserint *CE*

21 bienium *E* | ab] ad *S* | executione
ordinum *L* | et *om CA* | salutari] et
add C

22 eos *om A* | honeste *om CAMODEL*

23 haberet *D*

---

[1] *Iac. 2, 13, vgl. S. 361 Anm. 1.*

canonici et conversi, in tuis manibus facias resignari in utilitatem dicti
monasterii convertendum.   25

K 216 Super eodem.

| *Eidem.* Exhibita nobis *etc. usque* pro violenta iniectione manuum in
se ipsos et alios religiosos nec non et seculares clericos Reatin.[1] civitatis
et diocesis et quidam pro detentione proprii *etc. usque* proviso, ut manuum
iniectores passis iniuriam satisfaciant | competenter et illos, quorum fuerit
gravis *etc. ut in forma.*[2]

C f. 419
A f. 45'

L f. 99 a

K 217 | Super eodem pro abbatissa.

| Venerabili fratri . . episcopo . . Exhibita nobis dilecte in Christo filie . .

O f. 24'
P f. 27'

---

[24] canonici] monachi *CAMODELR* |
et] vel *R* | facias manibus *CA
MODEL* | dicti *om R* | dicto mo-
nasterio *L*

[25] convertendum] convertent(is) *S* :
Dat. etc. *add AMODE* : Datum
etc. *add L.*

K 216   *P 258 f. 27 (Üb. Index f. 5');
V 212 f. 23; H 258 f. 28; S –; C
250 f. 419 (Üb. Index f. 443'); |
A 245 f. 45/45'; M 222 f. 20'; O
250 f. 24'; D 312 f. 79' (Üb. Index
f. 8); E 302 f. 47; L 239 f. 98 d/99 a;
R 194 f. 18; B –.*

[1] *Üb. om V, marg.*: Super eodem. –
CA Üb.: Aliter *(om C)* super eodem et magis plene. – *MO Üb.*:
Super absolutione. – *EL Üb.*: Super
eisdem eicientes *(!)* manus eciam
in seculares. – *R Üb.*: Super inie-
cientes *(!)* manus in seculares. |
eodem] eisdem. Rubrica *H²* : alia
commissio *add D*

[2] Eidem] . . Eisdem *P* : *om CMO
DEL* | Exhibita – usque] Exhibita
nobis *(om M)* tua petitio contine-
bat quod nonnulli etc. *MODEL* |
pro – manuum *om CA* | manuum
iniectione *H* | in *om M*

[3] nec non] et clericos *add R* | clericos
Reatin.] . . *MO* : *om VHCADELR*
[4] diocesis . . *H* | et 2° *om AR* | qui-
dam] qui dicti *V* : quedam *R* | de-
tentione] receptione *C* : redemp-
tione *C* | etc.] ut in forma *add
CAMODEL* | ut] et *C* : ne *EL* :
in *R*
[5] iniectiones *MO (korr.) D* | passis]
possis *(!) R* | iniuriam] iniuriis *P* :
om L | satisfecerint *MO* | illorum
D | fuit *CR.*

K 217   *P 259 f. 27' (Üb. Index f. 5');
V 213 f. 23/23'; H 259 f. 28; S 202
f. 22; C 251 f. 419 (Üb. Index f.
444); A 246 f. 45'; M 223 f. 20';
O 251 f. 24'; D 313 f. 79' (Üb. Index f. 8); E 303 f. 47; L 240 f. 99 a;
R –; B –.*

[1] *Üb. om V, marg.*: Nonnulle moniales ut supra pro predictis. – *H²
Üb.*: Nonnulle moniales. – *Üb. om
S. – CAMODEL Üb.*: Super absolutione monialium.
[2] Venerabili fratri *om CA* | Venera-
bili – episcopo . .] Venerabili fratri
nostro . . *H* : Episcopo *ADEL* :
Iud. episcopo *M* : Iud. . . episcopo
O | . . 3° *om D*

---

[1] *Rieti.*   [2] *K 215.*

abbatisse monasterii de . . ordinis . . tue diocesis petitio continebat, quod
nonnulle monasterii sui moniales et converse pro violenta iniectione manuum
in se ipsas et quedam pro detentione proprii, alie etiam pro denegata tam
eidem quam abbatissis, que ipsi monasterio pro tempore prefuerunt, obedientia seu conspirationis offensa in excommunicationis laqueum inciderunt,
quarum quedam sic ligate presumpserunt se divinis officiis immiscere.
Quare super hiis dicta abbatissa earum providere saluti a nobis humiliter
postulavit. De tua itaque *etc. usque* concedimus, ut easdem moniales *etc.* |
usque iniungendum. Proprium autem, si quod habent dicte moniales et
converse, in dicte abbatisse manibus facias resignari in utilitatem dicti
monasterii convertendum. Dat. *etc.*

V f. 23' (margin, beside "postulavit")

K 218 Super eodem in alia materia pro abbatissa.

Iud. Ex parte dilectarum in Christo filiarum . . abbatisse et conventus
monasterii de . . fuit nobis humiliter supplicatum, ut, cum quedam ex
ipsis symoniacum in dicto monasterio habuere ingressum, quedam vero tam

---

³ abbatisse] et conventus *add DE* |
de *om C* | ordinis ..] . . ordinis
SA : ordinis *ML* | diocesis tue *H* |
petitio continebat *om CADEL*
⁴ monasterii sui] dicti monasterii
DEL | moniales sui monasterii *A* |
violentia *C* | manuum iniectione
HCM
⁵ ipsa *O* | pro *om M* | detentione]
receptione *C* | alii *SD* | tam *v. and.*
Hd. einkorr. M
⁶ eisdem *A* | qui *S* | prefuerunt pro
tempore *M* | inobedientie *H* : obe-
dientiam *S*
⁷ *hinter* seu *lange Rasur E*
⁸ quorum *VS* | quedam] alique *M* |
se *om L*
⁹ hiis] hoc *H* | abbatissa *om V* | eo-
rum *VS* | volens providere *C* | a *om*
M
¹⁰ postulavit] supplicavit *P* | monales
(!) C | etc. 2° *om M*
¹¹ quod] quid *S*
¹² manibus *v. and. Hd. hinter* resi-
gnari *einkorr. M* | resingnari *(!) C*

¹³ Dat. etc.] Datum etc. *HDL* : Dat.
CM : om *E*.

K 218 *P 260 f. 27' (Üb. Index f. 5');*
V 214 f. 23'; H 260 f. 28/28'; S 203
f. 22; C 252 f. 419 (Üb. Index f.
444); A 247 f. 45'; M 224 f. 20'/21;
O 252 f. 24'; D 314 f. 79'/80 (Üb.
Index f. 8); E 304 f. 47/47'; L 241
f. 99a; R −; B −.
¹ *Üb. om V, marg.:* Super eodem. −
H² Üb.: Super eisdem. Rubrica. −
Üb. om SMO. − CA Üb.: De monialibus, que intraverunt monasterium per symoniam. − *E Üb.:*
Super eisdem in alia forma. − *L*
Üb.: Super eisdem. | eodem] eis-
dem *D* | materia] forma *D* | pro
abbatissa *om D*
² dilecte in Christo filie *E* | . . om
VAM
³ de . .] ordinis . . diocesis . . *add H* |
quadam *L*
⁴ symoniachum *O* : simoniacum *D* :
symonia. cum *L* | habuere] habere
VEL : om *H* | ingressu *V* | quedam]

pro violenta iniectione manuum in se ipsas quam alias regulares perso- ⁵
nas | et seculares seu pro detentione proprii vel inobedientie vitio aut
conspirationis offensa excommunicationis vel suspensionis | sunt vinculo
innodate, ne occasione huiusmodi detur eis materia evagandi in salutis
proprie detrimentum, eas iuxta formam ecclesie absolvi per discretum ali-
quem | faceremus. Nos igitur de discretione tua plenam in domino fiduciam
obtinentes presentium tibi auctoritate committimus, ut hac vice *etc. ut
in forma*[1] *usque* iniungendum. Super eo vero, quod alique ex ipsis in prefato
monasterio symoniacum habuere ingressum, iuxta generalis statuta concilii[2] statuas circa eas, quod animarum saluti videris expedire. Proprium
autem *etc.*

Right margin markers: H f. 28', M f. 21, D f. 80, E f. 47', 15

K 218a Scribitur abbati, quod exequatur debitum officii contra excessus monachorum non obstante frivole appellationis obiectu.

Dilecto filio .. abbati monasterii de .. ordinis .... diocesis. Significasti
nobis, quod nonnulli monasterii tui monachi et conversi frequenter, ut ⁵
tuam correctionem et regularem effugiant disciplinam, frivole appellationis obstaculum sepius interponunt sicque illorum excessibus remanen-

---

om A : quodam D : quadam EL | vero] vel A | tam] causa E

⁵ violenta pro ME : violentam pro O | violentia C | manuum iniectione H | in – 7 suspensionis] quam in conspiratione D | se – 6 aut om EL

⁶ seu om M | detectione S | vitio] materia evagandi in salutis add S

⁷ sint HSAE

⁸ ne] nec C | datur C | materia] occasio M

⁹ proprii S | decrementum DL | discretum aliquem] dis. ali. L

¹⁰ discretione] dis. L | tue L | in domino doppelt E

¹¹ obtinentes] ob. L | committimus] mandamus E | ut 1°] in HL : om M | ut in forma hinter 12 iniungendum A

¹² coniungendum VS : iniungendo E |

aliqua VA | ipsis] eis S | prefato] dicto A

¹³ simoniacum OD | habuerit H : habere DEL | statuta] om A : vor generalis E

¹⁴ statuas] statuta A | circa] contra CA | eas] ipsas CADEL | videas S | Proprium autem etc. om MO

¹⁵ etc. om S.

K 218a C 253 f. 419 (Üb. Index f. 444); A 248 f. 45'; M 220 f. 20'; O 248 f. 24.

¹⁻³ C Üb.: Scribitur abbati contra monachos. – Üb. om MO.

⁴ Dilecto – diocesis] om M : Eidem O | .. diocesis scr.] diocesis .. CA

⁵ monasterii tui om A | tui om M

⁶ et om M (Rasur)

⁷ ostaculum C | sepius om M

---

[1] K 215. [2] c. 64 Conc. Lat. IV = X 5, 3, 40.

tibus impunitis reliqui assumunt exinde audaciam delinquendi, super quo
petiisti per sedis apostolice providentiam subveniri. Cum igitur appella-
10 tionis remedium non ad diffugium malignantium sed oppressorum suffragium sit inventum, – mandamus, quatinus non obstante huiusmodi frivole
appellationis obiectu in corrigendis tuorum monachorum et conversorum
excessibus libere officii tui debitum exequaris. Dat. *etc.*

<h3 style="text-align:center">K 219   Quod absolvatur novicius.</h3>

M f. 22
R f. 31'
L f. 99c
5

   .. Episcopo Reatin.[1] Iacobus Petri clericus Reatin.[1] nobis exposuit,
quod ipse monasterium sancti Pastoris de Reate[2] ordinis Cisterciensis | ea
intentione intravit, | ut, | si asperitatem valeret ordinis sustinere, dis-
ciplinam profiteretur ipsius, alioquin liceret ei ad statum pristinum remeare,
quamquam simplicitate ductus propositum suum non fuerit protestatus.
Verum cum idem I. non valeret prefati ordinis tolerare rigorem, ab eo

---

[8] exinde assumunt sibi audaciam *M* |
super quo petiisti *om M*
[9] se. apostolicam *C*
[10] diffugium] difugiendum *C* : *korr.
v. and. Hd. MO*
[12] obiectu] obtentu *CM* : obiectum *A*
[13] etc. *om MO.*

K 219   *P 261 f. 27' (Üb. Index f. 5');
V 216 f. 23'; H 262 f. 28'; S 204
f. 22/22'; C 266 f. 420' (Üb. Index
f. 444); A 261 f. 47; M 239 f. 21'/
22; O 267 f. 25'; D 320 f. 81 (Üb.
Index f. 8); E 312 f. 48; L 248 f.
99b/c; R 327 f. 31/31'; B –.*
[1] *CA Üb.*: Super eodem in alia forma. – *Üb. om MO. – E Üb.*: Super
eisdem, quod absolvatur monachus
a monasterio. – *L Üb.*: Quod ab-
solvatur novicius de monasterio. |
novicius] Rubrica *add H*[2] : no-
vissimus *(!)* a monasterio *D* : a
monasterio *add R*
[2] *.. om HSAMODER* | Reatin.]
Gaietan. *C* : .. *AE* : *om DLR* | Ia-

cobus Petri] N. *CA* : Ia... *M* : I.
Petri *L* : Iacopus *R* | clericus]
capellanus (cappellanus *A*) cleri-
cus *CA* : civis *M* | Reatin.] .. dio-
cesis *CA* : *om DEL* : Reatinus *R*
[3] sancti Pastoris] .. *D* : *om EL* |
Pastoris] *om C* : .. *AMO* | de
Reate *om M* | Reate] .. *CAODE* :
om L | ordinis Cisterciensis] .. or-
dinis *O* | Cisterciensis] .. *CAMDE* :
om L | ea *om D*
[4] intentione] voluntate *S* | asperi-
tate *VS* : asperitates *HDER* : as-
piratos *L* | ordinis valeret *HM* |
substinere *A* : subsistere *L* | dis-
ciplina *H* : dissiplinam *R*
[5] profitens *VR* : profiteris *S* : pro-
fitentur *D* | ei] cum *S* : sibi *C* | sta-
tutum *S* | remeare] remanere *D*
[6] quamquam] quadam *H* | ductus]
dictum *E* | fuit *M* | protestatus]
prosecutus *add A*
[7] idem I.] idem .. *H* : ipse *CA* : pre-
fatus *M* : I. *O* | valeret] posset

---

[1] *Rieti. Vgl. S. 82 Anm. 3.*
[2] *Zisterzienserkloster S. Pastore bei Rieti, vgl. L. Janauschek, Originum
Cisterciensium tom. 1 (Vindobonae 1877), 222.*

nulla ibi facta professione exivit. Unde nobis humiliter supplicavit, ut providere sibi super hoc paterna sollicitudine dignaremur. Quocirca–mandamus, quatinus, nisi de prefato Iacobo per religionis habitum, qui | dari profitentibus consuevit, vel professionem expressam seu alias evidenter appareat, quod absolute voluerit vitam mutare vel alias in religione perpetuo domino deservire, denunties eundem per premissum statum novicii ad regularem observantiam non teneri.

S f. 22'

K 219a Super eisdem.

| *Eidem*. N. de . . clericus proposuit coram nobis, quod, cum ipse infra tempus pubertatis existens monasterium . . de . . ordinis . . . . diocesis intrasset ac professione facta moram aliquamdiu traxisset ibidem, antequam quartum decimum annum compleret, monasterium ipsum exivit. Quare nobis humiliter supplicavit, ut, cum propter hoc fame sue dispendium patiatur, providere sibi de benignitate sedis apostolice curaremus. – mandamus, quatinus inquisita super hoc diligentius veritate, si rem inveneris ita esse, denunties eundem clericum ad regularem observantiam non teneri.

B f. 87'

5

10

C | asperitatem prefati C | prefati] dicti M | tolerare rigorem] sustinere rigorem tollerare rigorem A | tollerare HSMOR : tolelare *(!)* C : korr. D | rigorem] vigorem S : om C

⁸ ibi *om* VDELR | confessione S | Unde] tum D

⁹ super hoc sibi D | solicitudine PSLR | Quocirca *om* CAMO

¹⁰ nisi] si H : *vor* quatinus M | Iacobo] N. CA : I. MOLR | religiones D | non dari D | confitentibus S : presentibus CA : proficientibus D

¹¹ consuetus est H | confessionem S | expressa L | appareret S

¹² absolutam H | noluerit P | alias in religione] in alia religione D | in *om* VEL | religionem EL

¹³ denuncians E : denuncient L | eundem] eum AMOE | eundem –

Schluß] etc. ut supra C | per] pre M : pro R | promissum L | statum] statutum A : *om* R | regularem] re L.

K 219a C –; A 262 f. 47; M 240 f. 22; O 268 f. 25'; B 41 n. 17 f. 87'.

¹ *Üb. om* MO.

² Eisdem M : episcopo B | N.] I. MO : Io. . . B | clericus *om* B

³ bubertatis A | monasterium de . . . . (. . 2° *om* MB) ordinis . . diocesis (tue diocesis B) MOB | . . diocesis] diocesis . . A

⁴ ac] et B

⁶ cum *om* B | fame sue *korr.* B

⁷ pateretur B | sedis apostolice] apostolice sedis M : apostolica B | curaremus] etc. *add* B

⁹ clericum] propter hoc *add* B | observantiam] vitam M.

K 220 Pro fugitivis et eiectis ab eorum monasterio.

V f. 24 | Dilectis filiis .. presidentibus generali capitulo monachorum ordinis ⟨sancti Benedicti⟩ Rothomagen.[1] provincie salutem *etc.* Dilectus filius Iohannes monachus monasterii sancti Egidii de .. ordinis sancti Benedicti[2] ..

5   diocesis nobis humiliter supplicavit, ut, cum ipse ad monasterium ipsum, a quo, sicut asserit, exivit animi levitate, cupiat cum humilitate redire, ipsum ibidem recipi mandaremus. Cum autem felicis recordationis G. papa VIIII., predecessor noster, duxerit statuendum,[3] ut presidentes capitulis celebrandis seu patres abbates vel priores abbates proprios non habentes

H f. 29   fugitivos et eiectos de ordine suo requirant sollicite | annuatim, ita quod, si in monasteriis suis recipi possint secundum ordinem regularem, abbates seu priores eorum ad receptionem cogantur ipsorum salva ordinis disciplina, quod, si hoc ordo non patitur, auctoritate apostolica provideant, ut,

P f. 28   si absque gravi scandalo fieri poterit, apud monasteria | ipsa in locis com-

15 petentibus, alioquin in aliis religiosis domibus eiusdem ordinis ad agendum ibidem penitentiam eis vite necessaria ministrentur, discretioni vestre per apostolica scripta mandamus, quatinus, si est ita, circa eundem Iohannem

---

K 220   *P 262 f. 27'/28 (Üb. Index f. 5'); V 217 f. 23'/24; H 263 f. 28'/ 29; S 205 f. 22'; R 328 f. 31'.*
[1] fugitivo *H²* | deiectis *P* | monasterio] Rubrica *add H²* : monasteriis *R*
[2] .. *om VS* | monachorum .. *H*
[3] sancti Benedicti *scr.*] .. *PVH* : *om SR* | Rothomaien. *V* : Rotomagen. *S* : diocesis seu *add R*
[5] ut] quod *R*
[6] cupiat] *om V* : *hinter* redire *H*
[7] ipsumque *H* | ibi *H* | G.] B. *H*

[8] VIIII.] IX. *PR* : VIII. *HS*
[9] abbates proprios *om H*
[10] solicite *P*
[11] si *om H*
[12] eorum] ipsorum *H* | ipsorum cogantur *H*
[13] ordo] ipse *add R* | apostolica] ipsi *add R* | providerat *S*
[14] poterit apud *om S* | monasterium ipsum *H* | ipsa *aus* ipsum *korr. R*
[15] aliis] *hinter* religiosis *P* : *om H*
[17] Iohannem] I. *PH* : Io. *R*

---

[1] *Rouen.*
[2] *In der Kirchenprovinz Rouen findet sich nach Dom Beaunier, Abbayes et prieurés de l'ancienne France, Bd. 7: Province ecclésiastique de Rouen, bearb. v. Dom J.-M. Basse (Paris 1914 = Archives de la France monastique 17) nur ein Priorat Saint-Gilles in Pont Audemer (a. a. O. S. 208). Hier ist jedoch von einem Kloster die Rede. Vielleicht handelt es sich um das berühmte, über dem Grabe des hl. Egidius erbaute Kloster Saint-Gilles in der Diözese Nîmes; vgl. a. a. O. Bd. 4: Provinces ecclésiastiques d'Alby, de Narbonne et de Toulouse (Ligugé-Paris 1911 = Archives de la France monastique 12), 212. Dann wäre jedoch die Angabe der Kirchenprovinz in Narbonen. zu emendieren.*
[3] *X 3, 31, 24, vgl. S. 341 Anm. 1.*

faciatis statutum huiusmodi observari, contradictores per censuram ecclesiasticam appellatione postposita compescendo. Dat. *etc.*

K 221 De eodem.

. . Episcopo Lemovicen.[1] Dilectus filius Petrus de . . canonicus monasterii . . ordinis sancti Augustini Lemovicen. diocesis nobis humiliter
supplicavit, ut, cum ipse ad monasterium ipsum, a quo, sicut asserit, sine
causa rationabili est eiectus, cupiat cum humilitate redire, ipsum ibidem   5
recipi mandaremus. Cum autem felicis recordationis G. papa VIIII., predecessor noster, duxerit statuendum,[2] ut presidentes capitulis celebrandis
seu patres abbates vel priores abbates proprios non habentes fugitivos
et eiectos de ordine suo requirant sollicite annuatim, ita quod, si in monasteriis suis recipi possint secundum ordinem regularem, abbates et priores   10
ipsorum ad receptionem cogantur eorum salva ordinis disciplina, quod,
si hoc ordo ipse non patitur, auctoritate apostolica provideant, ut, si absque gravi scandalo fieri poterit, apud monasteria ipsa in locis competentibus, alioquin in aliis religiosis domibus eiusdem ordinis ad agendum ibidem
penitentiam eis vite necessaria ministrentur, et in provincia Bituricen.,[3]   15
de qua monasterium predictum | existit, presidentes huiusmodi, sicut   *R f. 32*
asseritur, non existant, – mandamus, quatinus, si est ita, statutum huiusmodi circa predictum Petrum facias observari, contradictores per censuram
ecclesiasticam appellatione postposita compescendo. Dat.

---

[19] Datum *H* | etc. *om VS.*

K 221   *P 264 f. 28 (Üb. Index f. 5');*
V 218 f. 24; H 265 f. 29; S –; R
329 f. 31'/32.

[1] De] Super *P* | eodem] Rubrica *add*
H²

[2] . . 1° *om HR* | Lemovicen. *om R* |
Petrus] P. *H* | monasterii] de *add*
PR

[3] Lemovicen.] tue *R*

[4] asserit *om V*

[6] papa – 11 disciplina] etc. usque *P* |
VIIII.] IX. *HR*

[8] abbates proprios *om H*

[9] solicite *H*

[10] et] seu *R*

[12] ipse *om H*

[13] monasterium ipsum *H*

[14] aliis *om H*

[15] submini strentur *H* | Bituricen. *om*
R

[16] predictum] ipsum *R* | existit]
extitit *R*

[17] asserit *H* | statum *R*

[18] Petrum] P. *R* | per – *Schluß*] etc.
ut supra *P* : etc. *H*

[19] Dat. etc. *R.*

---

[1] *Limoges. Als Empfänger kommt Bischof Rainald de la Porte (1295–1317)
in Frage, vgl. Eubel 1, 301.*

[2] *X 3, 31, 24, vgl. S. 341 Anm. 1.*

[3] *Bourges.*

L f. 98 c

K 221 a | Pro eo, qui exivit de monasterio animi levitate.

Archiepiscopo Beneventan.[1] Dilectus filius frater P. monachus mo-
E f. 46' nasterii sancte Sophie Beneventan.[2] ad Romanam *etc.* ordinis | sancti Bene-
dicti nobis humiliter supplicavit, ut, cum ipse ad monasterium ipsum, a
5 quo, sicut asserit, exivit animi levitate, cupiat cum humilitate redire, ipsum
ibidem recipi mandaremus. Cum autem felicis recordationis Gregorius papa
⟨VIIII.⟩, predecessor noster, duxerit statuendum,[3] ut presidentes capitulis
M f. 20 celebrandis seu patres abbates vel priores abbates proprios non habentes |
fugitivos et eiectos in ordine suo requirant sollicite annuatim, ita quod,
10 si in monasteriis suis recipi possint secundum ordinem regularem, abbates
et priores eorum ad receptionem cogantur ipsorum salva ordinis disciplina, quod, si hec ordo non patitur, apostolica auctoritate provideant, ut,
D f. 78' si absque | gravi scandalo fieri poterit, apud monasteria sua in locis com-
petentibus, alioquin in aliis religiosis domibus eiusdem ordinis ad agen-
15 dum ibidem penitentiam salutarem vite necessaria ministrentur, et cum
in provincia Beneventan.,[4] de qua monasterium prefatum existit, presi-

---

K 221 a *C 244 f. 418 (Üb. Index f.*
443'); A 239 f. 44'; M 214 f. 19'/20;
O 242 f. 23'; D 308 f. 78/78' (Üb.
Index f. 8); E 298 f. 46/46'; L 235
f. 98 c.
[1] *Üb. om MO. – DEL Üb.:* Super
eodem pro monacho, qui cupit
cum humilitate redire.
[2] Beneventan.] .. *AM* : Beneven-
tano *E* : *om L* | Cum dilectus *MO* |
frater *om DEL* | P.] .. *MD* : *om*
OEL
[3] Sophie] .. *A* : *om L* | Beneventan.]
.. *AM* : *om DEL* | sancti Bene-
dicti] .. *A* : sancti B. *E* : *om L*
[5] quo] itaque *add E* : ipse *add L* |

animi] cum *C* : *om E* | et ipsum *D*
[6] autem] alias itaque *M* | Gregorius]
Gg. *C* : G. *ADE* | pape *D*
[7] VIIII. *scr.*] X. *CAMODEL*
[8] vel *einkorr. A*
[9] eiectos] egetos *(!) E* | in] de *E* :
doppelt L | solicite *A*
[10] si *om DEL* | suis *om M* | possent *E*
[11] et] seu *MOEL* : vel *D*
[12] hec] hoc *AODE* | auctoritate apo-
stolica *D*
[13] monasterium suum *E*
[15] ibidem] eidem *L* | cum *om MO*
DEL
[16] Beneventan.] .. *A* : *om L* | existit
aus existat *korr. D*

---

[1] *Benevent. Als Empfänger kämen in Frage Erzbischof Monaldus (1303–*
1332), Wilhelm (1344–1346) und Petrus (1346–1350), vgl. Eubel 1, 133.
[2] *Benediktinerkloster S. Sofia in Benevent, bereits im Privileg Benedikts VIII.*
von 1022 März als unmittelbar dem hl. Stuhl unterstellt bezeichnet, vgl. Kehr,
Italia pontificia 9, 82 n. 2. Im Liber censuum, ed. Fabre-Duchesne 1, 243, wird
das Kloster nur unter die St. Peter unterstellten Abteien gerechnet, vgl. Kehr,
Italia pontificia 9, 80.
[3] *X 3, 31, 24, vgl. S. 341 Anm. 1.*
[4] *Benevent.*

dentes huiusmodi, sicut asseritur, non existant, – mandamus, quatinus, si est ita, statutum huiusmodi circa prefatum monachum facias inviolabiliter observari (*alias* firmiter observari), contradictores *etc.*

K 221b Super eodem pro moniali.

Eidem. Pro parte dilecte in Christo filie .. monialis monasterii sancti Salvatoris de Guilleto ad Romanam *etc.* ordinis sancti Benedicti sancti Angeli de Lombardis diocesis[1] fuit nobis humiliter supplicatum, ut, cum ipsa *etc. usque* ministrentur. Cum itaque, quod circa fugitivos et eiectos predictos statutum in hac parte fore dinoscitur,[2] multo magis in monialibus, que periculosius vagantur, debeat observari, et in provincia Beneventan.,[3] de qua monasterium prefatum existit, presidentes, ut asseritur, huiusmodi non existant, – mandamus, quatinus *etc. ut supra.*[4]

K 221c Super eodem et scribitur presidentibus.

Dilectis filiis .. presidentibus capitulo generali monasteriorum de ..

[17] existunt *M* : existat etc. *D*
[18] statum *D* | circa] orta *C* : contra *A* | facia *(!)* *D*
[19] observari 1° *om A* | alias – observari 2° *om MODEL* | observari 2° *om C* | etc. *om M.*

K 221b *H 264 f. 29; C 245 f. 418 (Üb. Index f. 443'); A 240 f. 44'; M 215 f. 20; O 243 f. 23'.*
[1] *Üb. om MO.* | Super eodem *om H*
[2] Eidem – 3 etc.] In eodem modo *H* | moniali *C*
[3] Salvatoris] .. *A* | de Guilleto] de .. *CAM* | ordinis – 4 diocesis] ordinis .... diocesis *C* : ordinis .. diocesis .. *A*

[5] ministrentur] Et sequitur clausula add *H* | quod *om H*
[6] fore *om H* | dignoscitur *C*
[7] evagantur *H* | debeat *om M* | Beneventan.] .. *HA* : Beneventana *O*
[8] prefatum] predictum *H*
[9] non – quatinus] non habeantur huiusmodi presidentes fraternitati tue *CAMO.*

K 221c *C 246 f. 418 (Üb. Index f. 443'); A 241 f. 44'; M 216 f. 20; O 244 f. 23'.*
[1] *Üb. om MO.* | et] ut *C*
[2] .. *om M* | monasteriorum] monachorum *C* : moñ *A*

[1] *Benediktinerkloster S. Salvatore de Gulieto in der Diözese Sant' Angelo dei Lombardi (ö. von Avellino), vgl. Kehr, Italia pontificia 9, 515. Das Kloster war wegen der Kirche S. Thomas de Plano Rubei zinspflichtig, vgl. Liber censuum ed. Fabre-Duchesne 1, 25, u. Kehr, Italia pontificia 9, 517. Es wurde jedoch, wie die vorliegende Urkunde zeigt, als dem hl. Stuhl unmittelbar unterstellt angesehen.*
[2] *X 3, 31, 24, vgl. S. 341 Anm. 1.* [3] *Benevent.* [4] *K 221a.*

ordinis . . . . provincie. Dilectus filius frater . . monachus monasterii de . .
eiusdem ordinis . . diocesis nobis exposuit *etc. ut in prima*[1] *usque* mini-
5 strentur. – mandamus, quatinus, si est ita, statutum huiusmodi circa prefatum monachum faciatis inviolabiliter observari, contradictores *etc.*

K 222   Preces et mandata pro clerico.

C f. 416' | . . Abbati et conventui. Cum dilectus filius P. clericus, lator presentium,
cupiat, sicut asserit, mundi relinquere vanitates viam desiderans semite
artioris intrare ac in monasterio vestro divine se tradere servituti, univer-
5 sitatem vestram rogamus, monemus et hortamur attente per apostolica
vobis scripta mandantes, quatinus ipsum ob reverentiam apostolice sedis
V f. 24'   et | nostram recipiatis in monachum et in fratrem et fraterna eum in do-
mino caritate tractetis.

K 223   Preces et mandata iuxta predecessoris mandati te-
norem.

O f. 22' | *Eisdem.* Dilectus filius P. de . . clericus, lator presentium, exposuit

---

[3] ordinis] de *add C* | . . 2° *om AM* |
frater *om C*

[4] nobis exposuit *aus* fuit nobis
humiliter supplicatum *korr. C* | ex-
posuit *om AMO*

[5] circa] contra *A*

[6] faciatis] *om M* : facias *O* | etc.] Dat.
add M : Dat. etc. *add O.*

K 222   *P 265 f. 28 (Üb. Index f. 5');*
*V 219 f. 24/24'; H 266 f. 29; S 206
f. 22'; C 231 f. 416' (Üb. Index
f. 443'); A 226 f. 43; M 199 f. 18';
O 227 f. 22.*

[1] *Üb. om VSMO. – CA Üb.:* Pro
illo, qui vult se tradere servituti
in monasterio. | pro clerico] Ru-
brica *H²*

[2] . . *om HSCMO* | P.] de . . *add
CAMO* | clericus *om H*

[3] vanitatem *P* | viam] et vitam *C* :
et viam *AMO* | desiderans *om
CAMO*

[4] arctioris *C* | in *om C* | divino *S* :
divina *C*

[5] rogamus – *Schluß*] etc. ut in forma
CAMO | attente] ac *VS*

[6] vobis *om H*

[7] fraterna] sincera *P.*

K 223   *P 266 f. 28 (Üb. Index f. 5');*
*V 220 f. 24'; H 267 f. 29/29'; S
207 f. 22'; C 233 f. 416 (Üb. Index
f. 443'); A 228 f. 43'; M 201 f. 18';
O 229 f. 22'; R 337 f. 32'.*

[1-2] *CA Üb.:* Scribitur secundo pro
illo, pro quo alias (alius *A*) papa
scripsit. – *Üb. om MO.* | mandata
H² | tenorem] Rubrica *add H²*

[3] . . Eisdem *P* : Eisdem . . *C* : Ab-
bati et conventui etc. *R* | P.]D. *R* |
P. de . . clericus] . . *C* : L. de . :
(om M) AMO | clericus *om M* |
exposuit – 4 nobis] nobis exposuit *S*

---

[1] *K 221a.*

coram nobis, quod, ⟨cum⟩ felicis recordationis C. papa V.,[1] predecessor
noster, suis vobis dederit litteris in mandatis, ut ipsum cupientem una   5
vobiscum in monasterio vestro sub regulari habitu domino famulari reci-
peretis | in monachum et in fratrem et tractaretis sincera in domino cari-   *H f. 29'*
tate, vos mandatum apostolicum surdis auribus transeuntes id efficere
hactenus non curastis, sicut eiusdem clerici labor ad nos indicat iteratus.
Nolentes igitur, quod dictus predecessor noster pie de ipso incepit, relin-   10
quere imperfectum, universitati vestre per apostolica scripta mandamus,
quatinus eundem P. hac vice iuxta prefati predecessoris nostri mandati
tenorem pro reverentia divina et nostra in fratrem et in monachum admitta-
tis et fraterna in domino caritate tractetis. Dat.

K 224 Pro eo, qui exivit claustrum animi levitate.

Eisdem. Cum dilectus filius P., lator presentium, monachus vester, claustrum vestrum exiverit, sicut asserit, animi levitate ⟨et⟩ nunc ad se domino

---

⁴ cum *scr.*] *om PVHSCAMOR* | C.]
. . *C* : S. *A* : Clemens *MO* : G. *R* |
V. om R

⁵ suis] *om PVSMO* : *vor* litteris *HR* |
dedit *CAMOR*

⁶ receperitis *VS* : recipiatis *A*

⁷ monachum] canonicum *A* | trac-
tetis *A* | sincera *om S*

⁸ mandata apostolica *H*

⁹ actenus *R* | inducat *R*

¹⁰ noster *om PCA* | incipiat *VR* :
incip̄ *A* | delinquere *V*

¹¹ universitatem vestram *C* | per apo-
stolica scripta *om CAMO*

¹² P.] . . *C* : L. *AMO* | hac] ac *S* |
iuxta *om S* | prefati *om P* | nostri
mandati *om C*

¹³ divina] dei *CA* | in monachum et
in fratrem *C* | in 2° *om PHAMOR*

¹⁴ fraterna] sincera *CAMO* | tractetis]

etc. *add R* | Dat.] Datum etc. *P* :
om HSCAMOR.

K 224   *P 267 f. 28; V 220 a f. 24';
H 268 f. 29'; S –; C 232 f.416' (Üb.
Index f. 433'); A 227 f. 43/43': M
200 f. 18'; O 228 f. 22; R 342 f. 33'*

¹ *Üb. om PVMO. – In H steht hier
von H² die zu K 225 gehörende Üb.:*
In habentem licentiam transferendi
se ad ordinem et hoc facere se pretermittit. Rubrica. – R Üb.: Preces
et mandata pro illo, qui exivit
monasterium animi levitate. – |
animi] cum *C*

² Eisdem] . . Eisdem *P* : Abbati et
conventui *R* | P.] . . *C*

³ exiverit] *om H* : exiret *C* : exierit
MO | animi levitate sicut asserit
H : levitate animi sicut asserit *C* :
sicut asserit exivit animi levitate
R | et *scr.*] *om PVHCAMOR* | nunc]
ut *H*

---

¹ *Klemens V. (1305–1314). Das vorliegende Stück war also nicht mehr Be-
standteil der ursprünglichen Redaktion aus der Zeit Bonifaz' VIII., sondern
ist ein Zusatz aus der Zeit Johanns XXII., vgl. allgemein Bd. 1 S. 148.*

faciente reversus ad illud humiliter redire desideret, – mandamus, quatinus *A f. 43'* ipsum ad vos humiliter redeuntem | *etc. ut in aliis superioribus.*[1]

K 225   Contra habentem licentiam transferendi se ad alium ordinem et hoc facere pretermittit.

Iud. Ex parte dilectorum filiorum . . custodis et fratrum Minorum de . . *C f. 420* fuit nobis humiliter supplicatum, quod, licet | I. quondam frater ipsius
5 ordinis propter asperitatem dicti ordinis, quam sustinere non poterat, obtinuisset a suo ministro provinciali licentiam ad alium ordinem transeundi, idem tamen ab eorum recedens ordine transire ad alium in proprie salutis dispendium et plurimorum scandalum pretermittit, alias fratrum ipsorum libros et res alias detinens minus iuste. – mandamus, quatinus,
10 si est ita, predictum I., quod predicta eisdem fratribus restituat et ad aliam

---

⁴ humiliter] licite *H*

⁵ ut – superioribus] *om C* : ut in forma *AMO.*

K 225   *P 268 f. 28 (Üb Index f. 5');
V 221 f. 24'; H 269 f. 29'; S 208 f.
22'/23; C 259 f. 419'/420 (Üb. Index
f. 444); A 254 f. 46; M 232 f. 21;
O 260 f. 25; D 321 f. 81 (Üb. Index
f. 8); E 313 f. 48; L 249 f. 99 c; R
348 f. 34'; B 41 n. 12 f. 86'.*

¹⁻² *H² Üb. vor K 224 (vgl. dort), hier
nochmals:* Contra habentem licentiam in eodem modo. Rubrica. – *CA Üb.:* Contra illum, qui habuit licentiam (licentiam habuit *A*) ad alium ordinem transeundi (et post licentiam vagat *add A*). – *Üb. om MO.* | licentiam] facere *add P* | transferendi – 2 ordinem] ad alium ordinem transeundi *DELR* | se *om P* | alium *om V*

² et hoc] licet *R* | et – pretermittit *om E* | facere *om P* | pretermittentem *D* : pretermittat *R*

³ Iud. *om P* | . . 1° *om SMD* | et] a *V* : *om B* | et fratrum domus ordinis

Minorum *auf Rasur D²* | Minorum] ordinis Minorum *R* | de . .] *om D* : diocesis *add B* | . . 2° *om S*

⁴ I.] . . *hinter* quondam *D* : F. *hinter* quondam *B* | ipsius] dicti *DLB*

⁵ propter *om S* | propter – ordinis *om M* | ipsius ordinis asperitatem *H* | dicti] ipsius *CAODELB* | quam] quo *S* | substinere *S*

⁶ provinciali *om D*

⁷ idem tamen] tamen idem I. *C* : tamen I. *A* : idem tamen I. (F. *B*) *ODELRB* | eorum] eodem *RB* | recedens] *hinter* ordine *A* : recedere *B* | transire] *hinter* 8 scandalum *R* : *v. and. Hd. marg. einkorr. B* | ad alium *om M* | in *om A*

⁸ et] a *V* | pretermittit] premisit *H* | alias] alios *P* : ac *H* : vel *M* : nichilominus *B* | fratrum ipsorum] ipsos fratrum *R*

⁹ detinentes *A* | minus iuste *v. and. Hd. aus* iniuste *korr. B* | iuste] etc. *add B*

¹⁰ predictum] dictum *RB* | I.] F. *B* | eiusdem *L* | ad *v. and. Hd. marg. einkorr. O* | aliam *om H*

---

¹ *K 185c u. ö.*

| religionem se transferat, ut tenetur, monitione premissa per censuram   *S f. 23*
ecclesiasticam appellatione remota compellas.

K 225a Contra detinentem occupata bona oblata monasterio per monachum.

| *Iud.* Conquesti sunt nobis .. abbas et conventus monasterii Casinen.   *A f. 46'*
ordinis sancti Benedicti,[1] quod, licet Guillelmus de .. monachus monasterii
eiusdem in eius ingressu ad religionem dicti monasterii se ac sua eidem   5
monasterio, in quo tandem professionem emisit, libere obtulisset, | tamen   *M f. 21'*
B. de .. laicus dicte | diocesis quasdam terras et res alias prefatum mo-   *D f. 81'*
nachum olim in seculo consistentem contingentes de iure, quas idem Guil-

---

[11] religionem] dicti monasterii add C |
tranferat *(!)* H

[12] appellatione remota] etc. *B* | remota] cessante *R* | compellas] etc.
add *HA* : Dat. add *C*.

K 225a   *C 260 f. 420 (Üb. Index f.
444); A 255 f. 46/46'; M 233 f.
21/21'; O 261 f. 25; D 322 f. 81/81';
E 314 f. 48; L 250 f. 99 c; B 41 n.
13 f. 86'.*
Üb. om MO. – DEL Üb.: Contra
[1-2] laicum, qui occupavit bona monachi
spectantia (spectante *D*) ad monasterium. | detinentes *A*

[3] .. om *AD* | monasterii – 4 Benedicti
om *B* | Cassinen. *MO* | Casinen. –

4 Benedicti] de *(om AL)* .. ordinis .... diocesis (diocesis .. *A* : om
L) CAL (ohne Punkte)
[4] quod licet *v. and. Hd.* einkorr. *B* |
Guillelmus] G. *CAMDEL* : T. *B* |
de .. om *B*
[5] eiusdem] eiusque *v. and. Hd. vor* 4
monasterii *einkorr. B* | dicti *korr.
L* | ac] et *C* | eidem monasterio]
eiusdem monasterii *L*
[6] obtulisset] contulisset *AB* : abstulisset *D*
[7] B.] Io. *M* : Iohannes *O* : I. *DELB* |
de .. om *B* | dicte om *B*
[8] existentem *MODEL* : existente *B* |
idem Guillelmus] idem G. *CAMEL*:
I. de .. G. *D* : idem T. *B*

---

[1] *Benediktinerkloster Montecassino. Der Abt des Klosters wurde 1322 Mai 2
zum Bischof erhoben; Urban V. löste das Bistum jedoch 1367 Dezember wieder auf,
vgl. Eubel 1, 169. Die betreffenden Urkunden bei E. Gattula, Historia abbatiae
Cassinensis 2 (Venedig 1733), 515 ff.; Kehr, Italia pontificia 8, 112 mit irrtümlichen Angaben 1323 und 1364. Da durch die Hs. C ein terminus ante quem mit
dem Pontifikat Klemens' VI. gegeben ist und der Abt hier nicht als Bischof bezeichnet wird, muß das Stück aus der Zeit vor 1322 Mai 2 stammen; wahrscheinlich
war Johann XXII. der Aussteller. Da außerdem vor der Erhebung zum Bistum
die Abtei fünf Jahre lang vakant war (Gattula 2, 503) und dieses Stück an einen
Abt adressiert ist, dürfte es wahrscheinlich 1316/17 anzusetzen sein. Als Äbte
kommen in Frage Marinus (ca. 1306–1313) und besonders Isnardus (ca. 1313–
1317), vgl. Scipione, Elogia abbatum sacri monasterii Casinensis (Neapel 1643),
164 ff., und genauer Gattula 2, 503 ff.; vgl. auch L. Tosti, Storia della Badia di
Monte-Cassino 3 (Rom 1889), 34 ff.*

lelmus, si remansisset in hoc seculo, dare aliis libere potuisset, contra
10 iustitiam detinet occupatas in dictorum abbatis et conventus ac dicti
monasterii, ad quos terre et res predicte de iure pervenerunt, non modicum
preiudicium et gravamen. – mandamus, quatinus partibus convocatis *etc.*

K 225b Contra illam, que exivit animi levitate de ordine et nupsit.

E f. 48' | *Iud.* Conquesti sunt nobis . . magister et fratres hospitalis de . ., quod
Iohanna de . . soror et professa ipsius hospitalis ab ipso hospitali animi
5 levitate recedens Martino de . . laico se matrimonialiter copulavit in
B f. 87 anime sue | periculum, plurimorum scandalum | et dictorum magistri et
L f. 99d fratrum iniuriam et iacturam. – mandamus, quatinus, si est ita, dictam I.,
quod adultero ipso dimisso ad dictum hospitale redeat sub ipsius magistri
obedientia moratura, monitione premissa per censuram ecclesiasticam ap-
10 pellatione remota compellas. Dat. *etc.*

⁹ hoc] eodem *AMODL* : *om EB* |
aliis dare *L* | libere *om C*
¹⁰ detinent *A* | . . abbatis *C* | dicti *om*
M
¹¹ pervenerunt] pertinuerunt *CA*
¹² gravamen] etc. *add B* | etc. *om*
AMDELB.

K 225b   *C 261 f. 420 (Üb. Index f.*
444); A 256 f. 46'; M 234 f. 21'; O
262 f. 25; D 323 f. 81' (Üb. Index
f. 8); E 315 f. 48/48'; L 251 f. 99c/d;
B 41 n. 14 f. 86'/87.
¹⁻² *Üb. om MO. – DEL Üb.:* Contra
mulierem professam in hospitali,
que animi (cum *EL*) levitate recedens laico (. . laico *E*) matrimoniali-
ter copulavit. | illum qui *C*
² nubsit *A*
³ nobis *om M* | . . 1° *om MODB* | de . .]
diocesis *add B*
⁴ Iohanna] I. *CAEL* : *om D* : G. *B* |

de . .] . . *D* : *om B* | et *om MB* |
ipso] *folgt Rasur eines Wortes D* :
eodem *B*
⁵ Martino] M. *CAM* : P. *DEL* : P.
v. and. Hd. einkorr. B | de . . *om B* |
in] et *M*
⁶ magistri et *om M* | et fratrum
om A
⁷ et *getilgt O* | ita – 8 adultero] ita
quod dicta I. adulterio *C* : ita I.
quod adultero *A* : ita dictam I.
quod adultero (adultere *M*) *MOEL*:
ita dictam . . quod adultero *D* :
dictam G. quod adultero *B*
⁸ magistri *v. and. Hd. marg. einkorr.*
B
⁹ moratura] remansura *D* : memorata
EL | per – 10 remota] etc. *B* | ec-
clesiasticam *om L*
¹⁰ Dat. etc.] *om CM* : Datum etc. *L* :
etc. *B* | etc. *om ODE.*

K 225 c Scribitur abbati, quod amoveat monachos de obedientia et grangiis eis concessis ad vitam contra canonicas
sanctiones.

.. Abbati monasterii Casinen.[1] Ad audientiam nostram pervenit, quod
tam tu quam nonnulli monasterii tui abbates nonnullis monachis ipsius
monasterii, singulis videlicet eorum plures prioratus, grangias, domos et
obedientias ad dictum monasterium pertinentes datis super hoc predictorum predecessorum et tuis nec non et conventus dicti monasterii litteris
concessistis ad vitam contra canonicas sanctiones dictique monachi talis concessionis pretextu predictos prioratus, grangias, domos et obedientias, qui per abbatem pro tempore ipsi monasterio presidentem pro sue
voluntatis arbitrio monachis eiusdem monasterii consuevere committi
et iidem monachi[2] exinde, cum oportuit, amoveri, detinere presumunt in
proprie salutis dispendium et dicti monasterii detrimentum. Nos itaque
volentes super hoc paterna sollicitudine providere, – mandamus, quatinus,

5

10

15

K 225 c   *C 262 f. 420 (Üb. Index f.*
444); A 257 f. 46'; M 235 f. 21';
O 263 f. 25; D 324 f. 81'/82 (Üb.
Index f. 8); E 316 f. 48'; L 252 f.
99d; B 41 n. 15 f. 87.

1-3 *Üb. om MO. – DEL Üb.:* Contra
monachos occupantes bona mona-
sterii. | amoveat] moneat *C* | obe-
dientiis *A*

3 xanctiones *(!) CA*

4 .. Abbati] Abbati .. *CD* : Abbati
AMOE : Dilecto filio abbati *B* |
Casin.] .. *A* : Cassinen. *MO* : *om*
L : .. salutem *B*

5 quam] quod *C* | ipsum monasterium
M

7 obedientiam *aus* obedientias *korr.*
A | predictorum] dictorum *AOELB* :
tuorum *M*

8 et 2° *om MB*

9 concess; *L* | xanctiones *(!) CA* :
sanxiones *(!) E*

10 obedientiarias *(!) B*

11 ipsius monasterii *C* | presidentem]
presentem *C* | suo *DB*

12 eiusdem] ipsius *B* | consuevere
urspr., dann ve expungiert und er –
Kürzungszeichen über u zugefügt A :
consueverunt *DELB*

13 idem *EL* | cum] tamen *D* | oppor-
tuit *v. and. Hd. statt getilgtem*
op(er)tuit *marg. einkorr. B* | deti-
nere] decime *D*

14 proprium *B* | salutis *om S* | decre-
mentum *(!) DL*

15 super hoc *om L* | solicitudine *DL* |
providere] etc. *add B*

---

[1] *Benediktinerkloster Montecassino. Über den in Frage kommenden Abt und*
die Datierung des Stückes gilt das K 225 a Anm. 1 Gesagte.

[2] *Der Relativsatz verläßt hier die richtige Konstruktion, da iidem monachi nicht*
das qui aufnehmen kann, das sich auf prioratus usw. bezieht. Da jedoch alle Hand-
schriften diesen Fehler haben und dieser nicht erst in der Überlieferung entstanden
sein kann, liegt kein Grund zu einer Emendation vor; es handelt sich um eine
Freiheit, die sich die Kanzlei bei der Stilisierung nahm.

si est ita, concessionibus et litteris predictis nequaquam obstantibus iuxta officii tui debitum prefatos monachos a predictis prioratibus, grangiis, domibus et obedientiis amovere et de | ipsis, prout ad te pertinet, ordinare procures. Dat. *etc.*

D f. 82

K 225d   De monachis solitariis revocandis ad claustra.

Episcopo . . Cum, sicut a te accepimus intimante, in quibusdam prioratibus, domibus et aliis locis ecclesiasticis lege tibi diocesana subiectis monachi ordinis sancti Benedicti contra Lateranensis | statuta concilii[1] solitarii commorantur, nos attendentes, quod bonum est et iocundum habitare fratres in unum,[2] – mandamus, quatinus, si est ita, monachorum ipsorum abbates et priores moneas attentius et inducas, ut vel monachos eosdem ad claustrum revocent vel illis socios deputent, cum quibus vitam possint ducere regularem, alioquin ipsis abbatibus tuis in hac parte non acquiescentibus monitis circa eos officii tui debitum exequaris.

C f. 420'

5

10

---

¹⁶ concessionibus et litteris] concessis litteris *M* | ostantibus *L* | iuxta] *om C : v. and. Hd. marg. einkorr. B*

¹⁷ a] ad *B*

¹⁸ obedientiariis *(!) B* | et 2°] ac *C*

¹⁹ procures] etc. *add B* | Dat. etc.] Datum etc. *CL : om M* | etc. *om ODB.*

K 225d   *C 263 f. 420/420' (Üb. Index f. 444); A 258 f. 46'; M 236 f. 21'; O 264 f. 25; D 325 f. 82 (Üb. Index f. 8); E 317 f. 48'; L 253 f. 99d; B 41 n 16 f. 87.*

¹ *Üb. om MO. – DEL Üb.:* Super eisdem (eodem *D*) in alia forma.

² *. . om AODEB* | a *om MELB* | percepimus *A* | in] quod *A*

³ aliis locis] rebus aliis locis *A* | lege –

diocesana] legetur diocͤ *L* | subiecti *D*

⁴ ordinis – Benedicti] . . ordinis *DB* | sancti Benedicti] . . *E : om L* | solutarii *(!) L*

⁵ habitare] *einkorr. D²:* habere *L*

⁶ unum] etc. *add B* | ita *om M*

⁷ moneas] mo. *L : om B* | attentius] *hinter* inducas *C :* ac *L* | attentius et] ac etiam *MO* | et 2° *om B*

⁸ claustr. *ML* | sociis *D* | deputarent *A* | cum *om A* | possint] possent *C :* possent *vor* vitam *B*

⁹ ipsis *om A* | abbatibus] et prioribus *add B* | non *om M* | quiescentibus *D*

¹⁰ monitis] tuis *add M :* tu *add DEL* | circa eos] circa *v. and. Hd. auf Rasur einkorr. A* | exequaris] Dat. etc. *add ME :* Dat. *add O :* Datum *add D :* Datum etc. *add L.*

---

¹ *c. 10 Conc. Lat. III = Comp. I 3, 30, 2 = X 3, 35, 2.*

² *Ps. 132, 1: Ecce quam bonum et quam iocundum habitare fratres in unum!*

K 226   Quod possit se transferre ad alium ordinem.

Dilecto filio P. canonico sancte Marie Nove de Urbe[1] ordinis sancti
Augustini. Cum, sicut in nostra proposuisti presentia constitutus, tu ad
frugem vite melioris aspirans desideras ad Premonstratensem ordinem te
transferre, nos | itaque tuis devotis precibus inclinati presentium tibi
auctoritate concedimus, ut, si forte prior tuus licentiam, quam super hoc
humili supplicatione deposcis, tibi duxerit denegandum, tu nichilominus
ad eundem ordinem Premonstratensem transire valeas | contraria consuetu-
dine vel statuto tui ordinis sive qualibet indulgentia sedis apostolice, cuiuscunque tenoris existat, per quam effectus nostre concessionis in hac parte
valeat impediri, nequaquam obstantibus. Volumus autem, quod, postquam
professionem in eodem ordine feceris, sis a priori ordine penitus absolutus.
Dat. *etc.*

P f. 28'

M f. 19

10

K 226   *P 269 f. 28/28' (Üb. Index f.*
5'); V 222 f. 24'; H 270 f. 29'; S 209
f. 23; C 234 f. 416' (Üb. Index f.
443'); A 229 f. 43'; M 202 f. 18'/19;
O 230 f. 22'; R 347 f. 34; B–.

[1] *C Üb.*: Conceditur transitus de uno
monasterio ad aliud. – *A Üb.*: Conceditur canonico ordinis sancti
Augustini, quod possit ad Premonstratensem ordinem se transferre. –
Üb. om MO. | se transferre] se
transferri *H*[2] : transire *R* | ordinem
alium. Rubrica *H*[2] | ordinem] ar-
ciorem *add R*

[2] P.] .. *C* : I. *AO* : *om M* | canonico]
ecclesie *add M* | ordinis – 3 Augu-
stini] .. ordinis .. *M* : .. ordinis *O* :
ordinis sancti Augusti *R*

[3] proposuisti] *hinter* sicut *H* : *om C* :
posuisti *A* | ad frugem] ad finem
S : adsurgens *C*

[4] aspiras *R* | desiderans *VSR* : desi-
deres *H* : consideras *A* | te] se *A*

[5] trasferre *(!) VA* : conferre *C* :
transferente *R* | itaque *om CAMO* |
inclinati] annuentes *H* | presen-
tium *om H*

[7] deposscis *V* : composcit *A* : de-
posceris *R* | denegandam *PMO* |
tu] ut *CAMO* | nichilominus *om*
CAMO

[8] Premonstratensem ordinem *CA*
MO | contraria] comode *P* | con-
suetudine] constitutione *H*

[9] apostolice] indulgentie *S*

[10] quem *M*

[12] professionem] confeccionem *S* |
feceritis *V* | priore *PHR* | ordine]
ordinis *H* : *om R*

[13] Dat. etc.] Dat. *VMO* : Datum etc.
HC : Datum *S.*

---

[1] *Augustinerchorherrenstift S. Maria Nova in Rom (= S. Francesca Romana*
al Foro Romano), von Aimerich den Chorherren des hl. Frigidian aus Lucca
unterstellt, 1352 an die Olivetaner übergegangen, vgl. Kehr, Italia pontificia 1, 65 f.

K 227 Super eodem.

V f. 25
A f. 45

| .. Abbati et conventui monasterii de .. Dilectus filius B. presbiter, frater Penitentie Iesu Christi,[1] lator presentium, nobis exposuit, quod, licet eius ordo, qui, ut asserit, extitit post generale concilium institutus,[2] per sedem apostolicam confirmatus fuisse dicatur,[3] est tamen de illis, quibus ad congruam sustentationem redditus aut proventus seu possessio-

5

K 227 *P 270 f. 28' (Üb. Index f. 5');*
V 223 f. 24'/25; H 271 f. 29'/30;
S–; C 247 f. 418/418' (Üb. Index f.
443'); A 242 f. 44'/45; M 217 f. 20;
O 245 f. 23'; D 309 f. 78' (Üb.
Index f. 8); E 299 f. 46'; L 236 f.
98c; R 349 f. 34'; B 36 n. 27 f.
77'/78.

[1] *CA Üb.*: Pro illo, qui desiderat transire (visitare *A*) ad aliud monasterium. – *Üb. om MO.* – *R Üb.*: Preces et mandata cum narracione. | eodem] Rubrica *add H*[2]: pro monacho in alia forma *add DEL*

[2] Dilectis filiis .. *(om MLB)* abbati *CAMODELB* | monasterii *om C* |

de ..] diocesis .. *add H* : ordinis diocesis *add R* : .. salutem *B* | Cum sicut dilectus *H* | B.] B .. *A* : B. de .. *MO : om DL :* .. *E* : P. de .. *R :* P. *B*

[3] frater – Christi *v. and. Hd. marg. einkorr. B* | Penitentie] p̄ne *L* | Iesu] yᴵm *O* | Christi] dei *add M*

[4] post *om C* | institutus] et *add HD* : institutis *C*

[5] confirmatur *V* | fuisset *D* | est tamen *korr. D*[2]

[6] substentationem *ER* | aut] et ut *C* : ut et *M* : et *B* | possessiones] posset *C* : posset, *darüber v. and. Hd.* nes *A*

---

[1] *Bußbrüder (auch Sackbrüder genannt) Jesu Christi; vgl. M. Heimbucher, Die Orden und Kongregationen der katholischen Kirche 1 (Paderborn* [3]*1933), 540 f.; A. G. Little, The Friars of the Sack, in: Engl. Hist. Review 9 (1894), 121 ff.; K. Müller, Die Eßlinger Pfarrkirche im Mittelalter, in: Württemberg. Vierteljahrshefte für Landesgesch. N. F. 16 (1907), 302 ff.; H. Hélyot u. M. Bullot, Histoire des ordres monastiques, réligieux et militaires et des congrégations séculières 3 (Paris 1715), 175 ff.; H. G. Klippel, Sackbrüder, in: Realencycl. f. protestant. Theol. u. Kirche 17 (Leipzig 1906), 327.*

[2] *Die Anfänge des Ordens liegen im Dunklen, doch besaß er bereits unter Innocenz III. eine Niederlassung in Zaragoza (Hélyot 3, 176; Klippel 327; Heimbucher 1, 541), also vor und während des 4. Laterankonzils, auf das hier hingewiesen wird. Der eigentliche Orden ist jedoch vermutlich während des Konzils von Lyon 1245 entstanden (Müller 303 f.).*

[3] *Der Orden wird in den Papsturkunden unter den Bettelorden aufgeführt, vgl. Potthast 19455, 19462, 19977, 20372, 24028, 24442, 24665, dazu Müller 303 mit Anm. 7. Eine eigentliche Bestätigungsurkunde ist aber nicht bekannt; die päpstliche Kanzlei erschloß eine solche aus der Tatsache, daß in früheren Urkunden der Orden unter den Bettelorden aufgezählt wurde, formulierte aber vorsichtig ordo ... confirmatus esse dicatur.*

nes | habere professio sive regula aut constitutiones proprie interdicunt,   *H f. 30*
ita quod certa mendicitas per questum publicum victum tribuere solet
eisdem, | propter quod dictus B. nobis humiliter supplicavit, ut, cum ipse   *B f. 78*
ad monasterium vestrum transire desideret | et in eo virtutum domino de-   *C f. 418'*
servire, ibi eum recipi mandaremus. Cum itaque felicis recordationis G.
papa X., predecessor noster, in concilio Lugdunensi duxerit ordinandum,[1] ut
professoribus talium ordinum in illis liceat remanere, si velint, alioquin
concessa eis licentia transeundi ad ordines approbatos sit licentia generalis, universitatem vestram rogamus, monemus et hortamur attente per   15
apostolica vobis scripta mandantes, quatinus, si eiusdem B. assertio in
hac parte veritate nitatur, ipsum ob reverentiam apostolice sedis et nos-

---

[7] habere] denegantur *H* | professis *C* |
seu *VHR* | constitutio *H* | proprie
om VHR | interdicta *H* : inter-
dicere *(?) M*

[8] ita quod] sicque *H* : quod *VR* |
certa] in certa *P* : incerta *HMOR* :
necessario *CA* : sincera *DEL* |
mendacitas *MDL* | victum] vitam
H : vitium *CMOEL* : *aus* vitium
korr. A | solet eisdem] eis solet *H*

[9] B.] P. *RB* | supplicavit] supposuit
L | ipsum *OEL*

[10] transire] transidere *C* : *hinter* desi-
deret *M* | domino virtutum *H* |
deservire] servire *D* : famulari *R*

[11] G.] Gg. *C* : *v. and. Hd. aus* Bo.
korr. B

[12] pape *DB* | papa X. *om R* | X[9] *P* :
XI. *B* | predecessor noster *om*

CAMODELB | concilio] conciliis
V : generali *add DB* | ordinandum]
statuendum *C*

[13] professores *H* : professionibus *D* |
ordinum talium *L* | licet *B* | rema-
nere] morari *DEB* : morare *L*

[14] licentia 1° *om PVHSCMODELB* |
sit *om PVHSR* | generali *V*

[15] monemus rogamus *CELB* : mo.
re. *(!) D* | ortamur *ER* | attente]
ac *VAO* : *om B*

[16] vobis] nobis *D* : *hinter* scripta *B* |
scripta *om D* | si *om C* | eidem *C* |
B.] P. *RB*

[17] veritate in hac parte *CA* | veritati
B | nitatur] iuvatur *P* : *v. and. Hd.
einkorr. statt getilgtem* imitatur *(?)*
B | reverencia *L* | sedis apostolice
HEB | et *aus* ac *korr.* E

---

[1] *Auf dem 2. Konzil von Lyon 1274 c. 23 (= V I° 3, 17, 1) verfügte Gregor X.
in Anlehnung an c. 13 des 4. Laterankonzils die Auflösung aller seither gegründeten
Bettelorden, die keine päpstliche Bestätigung verdienten. Die anderen Orden – mit
Ausnahme der Dominikaner, Minoriten, Augustinereremiten und Karmeliter –
durften seither weder neue Mitglieder zulassen noch Besitz erwerben ohne ausdrück-
liche Genehmigung des hl. Stuhls. Die bisherigen Mitglieder konnten jedoch im
Orden verbleiben; von einem Übertritt in andere Orden ist nicht ausdrücklich die
Rede, doch war ein solcher gewiß möglich. Somit lösten sich auch die Sackbrüder
im Laufe der Zeit auf (Hélyot 3, 177; Klippel 327). Wenn das Formular also
auch noch im 14. und 15. Jh. in die Handschriften aufgenommen wurde, so hatte
das keine praktische Bedeutung mehr.*

tram recipiatis in monachum et in fratrem et sincera in domino caritate
tractetis.

K 227a Contra vadiantes et capientes bona monasterii pretendentes in eo aliquid questionis habere.

Dilectis filiis .. abbati et conventui monasterii Cripteferrate de Urbe[1]
ordinis sancti Basilii. Ex parte vestra fuit propositum coram nobis, quod
5 nonnulli clerici et laici asserentes in vobis aliquid questionis habere ali-
quando monachos, interdum conversos et nonnumquam animalia et alia |
bona monasterii vestri pretextu cuiusdam prave | consuetudinis temeri-
tate propria vadiare, capere | et tamdiu detinere presumunt, donec sit
eis de huiusmodi questionibus iuxta eorum beneplacitum satisfactum, quam-
10 quam iurisdictionem, per quam hoc possint, in vos non habeant ordinariam
seu etiam delegatam. Cum itaque iudicialis ordo sit ideo in iudicio constitutus, ut nemo sibi audeat sumere ultionem, et ob hoc id tamquam nullo
iure subnixum non sit aliquatenus tolerandum, nos volentes quieti vestre

O f. 24
D f. 79
L f. 98d

---

18 et 2° – tractetis] etc. *C* | in domino
caritate] etc. *B*.

K 227a *S 288 f. 37; C 248 f. 418'*
(Üb. Index f. 443'); A 243 f. 45;
M 218 f. 20; O 246 f. 23'/24; D 310
f. 78'/79 (Üb. Index f. 8); E 300 f.
46'; L 237 f. 98c/d; R–; B 47 n. 11
f. 96.

1-2 *S Üb. v. späterer Hd.:* Ne liceat
monachos vadiare. – *Üb. om*
MOEL. – *D Üb.:* Contra illos, qui
pretextu alicuius questionis aliquando monachos, aliquando conversos et bona monasterii auctoritate propria invadere, capere et
detinere presumunt. | vadientes *C* |
et capientes *om C*

3 *.. om SAM* | abbatis *B* | monasterii
de .. Cripteferrate de Urbe *D* |
Cripteferrate *om L* | Cripteferrate –
4 Basilii] .. salutem *B* | Cripte-
ferrate de Urbe] de .. *S* : ... de ..
A

4 sancti *om L* | Basilii] .. diocesis
salutem etc. *S* : Blasii *CM* : .. *A* :
om L | et ex *D*

5 vobis] vos *S* | aliquod conquestionis
D : aliquod questiones *B*

6 in monachos *L* | interdum] vero
add SMODELB | non *von* non-
numquam *einkorr. E* | bona alia *M*

7 vestri] predicti *add B* | cuiusdam]
om C : cuidam *L* | temeritate] *om*
S : temerarie *E*

8 propria *om S* | vadiare *zu* invadere
korr. D² | et] ac *MO* | tamdiu] etiam
dum *S* | detinere] tenere *S*

9 questionibus] quomodolibet *E* : *vor*
huiusmodi *B* | eorum] ipsorum *S*

10 iurisdictionem *korr. A* | per quam]
qua *S* | hoc] non *E* : h^c *L* | possint]
posuit *A* | habeant] heat *mit er-*
Kürzung M: habeat *O*

11 seu] vel *S* | ordo] rigor *S* | ideo sit
SB | iudicio] medio *SMODELB*

13 submixtum *S* : submissum *DEL* |

---

[1] *Basilianerkloster Grottaferrata sö. von Rom am Fuße der Albanerberge.*

consulere ac predictorum maliciis obviare, auctoritate presentium districtius inhibemus, ne quis occasione predicte consuetudinis vobis memoratas molestias inferre ac eiusdem monasterii bona absque iurisdictione occupare, vadiare seu quomodolibet detinere presumat. Nulli ergo *etc.*

15

K 228 Super eodem.

Eisdem. Cum frater R. de .. presbiter, lator presentium, de ordine fratrum servorum sancte Marie,[1] qui extitit post generale concilium institutus[2] et nullam confirmationem | a sede apostolica meruit obtinere,[3] ad ecclesiam vestram transire desideret et in ea una vobiscum virtutum domino sub regulari habitu perpetuo famulari, universitatem vestram rogamus, monemus et hortamur attente per apostolica vobis scripta mandantes, quatinus, si eiusdem fratris R. assertio in hac parte veritate iuvatur, ipsum ob reveren-

R f. 35

5

---

aliqualiter *DB* : aliquod *EL* | tollerandum *SAMODB* : talerandum *(!) C* | quieti] cleti *(!) C* vestri *C*

14 districtius] dist(ri) *L*

15 occasionem *D* | memoratas] temeratas *S* : memoratis *A*

16 molestias] *hinter* inferre *S* : molestiis *L* | ac] aut *CB* | eidem *L* | iurisdictione] iuris ordine *S* | occupari *B*

17 vadiare] mandare *B* | presumant *B*.

K 228   *P 271 f. 28' (Üb. Index f. 5');*
V 224 f. 25; H 272 f. 30; S 210 f.
23; C 235 f. 416' (Üb. Index f.
443'); A 230 f. 43'; M 203 f. 19;
O 231 f. 22'; R 350 f. 34'/35; B –.

1 *CA Üb.:* Scribitur, quod .. *(om A)* recipiatur (in monasterio in canonicum, qui fuit de ordine non approbato *add A). – Üb. om MO.* | eodem] Rubrica *add H²*

2 R.] B. *R* | de 1° *om M* | presbiter] diocesis .. *add H* : *om R* | de ordine] ad ordinem *VH* : ordinis *R*

3 servorum] suorum *HC* | constitutus *C*

4 meruerit *HS* | optinere *S*

5 virtutum domino *om S*

6 habitu] domino *add PVS* | famulari perpetuo *C* | monemus rogamus *C*

7 ortamur *R* | attente] ac *VHSO* : actenta *R*

8 R.] B. *R* | veritate] veritati *S* : *om*

---

1 *Servitenorden.*

2 *Der Orden wurde 1233 August 15 in Florenz von sieben Florentinern gegründet, mithin nach dem vierten Laterankonzil; auf ihn traf deshalb das Verbot der Gründung neuer Orden ohne päpstliche Genehmigung (c. 13 Conc. Lat. IV = Comp. IV 3, 13, 3 = X 3, 36, 9) zu; vgl. jedoch die folgende Anm. u. K 227 Anmm., dazu Heimbucher 1, 576 ff. und Zöckler, Serviten, in: Realencycl. f. protest. Theol. und Kirche 18 (Leipzig 1906), 236 ff. Der Orden besteht noch heute.*

3 *Das ist unzutreffend. Der Orden wurde 1256 März 23 von Alexander IV. bestätigt und in den päpstlichen Schutz aufgenommen: Potthast 16 302. Benedikt XI. bestätigte 1304 Februar 11 die Regel und die Institutionen: Potthast 25 363. Das Beispiel zeigt, daß kirchenrechtliche Irrtümer in der Kanzlei unterlaufen konnten.*

10 tiam apostolice sedis et nostram recipiatis in canonicum et in fratrem et
sincera in domino caritate tractetis.

**K 229 Quod denuntietur ad regularem observantiam non
teneri, qui ante XIIII annum ordinem exivit.**

| *Episcopo*. I. de .. clericus exposuit coram nobis, quod, cum ipse infra
tempus pubertatis existens | monasterium de .. ordinis .... diocesis in-
5 trasset ac professione facta moram aliquamdiu traxisset ibidem, antequam
quartum decimum annum compleret, monasterium ipsum exivit. Quare
nobis humiliter supplicavit, ut, cum propter hoc fame sue dispendium patiatur, providere sibi de benignitate sedis apostolice curaremus. – mandamus,
quatinus inquisita super hoc diligentius veritate, si rem inveneris ita esse,
10 denunties eundem clericum propter hoc ad regularem observantiam non
teneri.

A : uitate *(!)* R | iuvatur] nitatur
HR
9 sedis apostolice H | canonicum]
monachum R
10 in – tractetis] etc. C | carita | cari-
tate *(Zeilenwechsel)* V.
K 229 *P 272 f. 28' (Üb. Index f. 5');
V 225 f. 25; H 273 f. 30; S 211 f.
23; C 264 f. 420' (Üb. Index f. 444);
A 259 f. 46' M 237 f. 21'; O 265 f.
25/25'; D 326 f. 82 (Üb. Index f.
8); E 318 f. 48'; L 254 f. 99 d; R
351 f. 35; B 41 n. 17 f. 87'.*
1-2 *CA Üb.:* Quod non teneatur (-antur
A) ad observantiam regularem ille,
qui professus ordinem *(om C)* exivit monasterium in XIIII anno
existente (in– existente] ante XIIII
annum C). – *Üb. om MO. – El Üb.:*
Quando denuntiatur (-etur L) ad
regularem observantiam, qui ante
XIIII annum exivit (exivit annum
L). | denunccietur D | conservan-
tiam H²
2 XIIII annum] quatuordecim annos
D | ordinem] monasterium D | or-
dinem exivit] eidem exivi H²
3 .. Episcopo P : Episcopo .. *(om*

M) Gaietan. *CM* : Episcopo Gaie-
tano O | I.] C. P : Io .. B | clericus]
diocesis .. *add* H : *om CAMO
DELB* | proposuit *CAMOEL* : pro-
ponit D | cum *om CA* | infra] illud D
4 pubertatis] *aus* bubertatis *korr.* A :
pub^{cu(m)} D | exiens VC | .. 2°]
om VS : sancti Benedicti *CMO* |
.. diocesis] diocesis .. H : tue diocesis *CAMODELB*
5 ac] et *CAMODELB* : moram *om
SE* | traxisset] transisset S | ibidem]
tandem *add CAMO*
6 quartum decimum] XIIII. *PHCL* :
quatuordecimum V : XIIII^{u(m)} R
7 suplicavit *korr.* D² | cum *om RB* |
hoc C : h^c L | fame sue] fama sua
H : *korr* B | dispendium *om S* |
pateretur B
8 de] dei V | sedis apostolice] aposto-
lica HR | curaremus] etc. *add* B |
Quocirca mandamus *CAMODEL*
9 hoc] h^c L | diligenti VD | rem] vero
korr. D² | esse] est R
10 propter hoc] super hoc C : propterea R
11 teneri] tni *mit übergeschriebenem a*
S : Dat etc. *add* R.

K 230 Super eodem pro novicio, qui intravit sub condicione.

| *Eidem.* Dilectus filius . . rector ecclesie de . . monasterium de . . Cisterciensis ordinis tue diocesis ea condicione intravit, ut, si post experientiam observantie regularis sibi placeret ordinis disciplina, se vinculo professionis astringeret, alioquin liberum haberet arbitrium ad statum pristinum redeundi. Unde cum asperitatem regularis observantie non approbaret affectus, nulla professione prehabita exinde infra tempus probationis exivit. Ceterum quia nonnulli vas nitentes incrustare sincerum[1] interdum calumpnie tenebris | lucem veritatis obnu|bilant, ne quis emulus in ipsum aliquid

K 230   *P 273 f. 28'/29 (Üb. Index f. 5'); V 226 f. 25/25'; H 274 f. 30/30'; S 212 f. 23; C 265 f. 420' (Üb. Index f. 444); A 260 f. 46'/47; M 238 f. 21'; O 266 f. 25'; D 327 f. 82/82' (Üb. Index f. 8); E 319 f. 48'/49; L 255 f. 99 d (Fragment); R 352 f. 35; B 41 n. 18 f. 87'.*

[1] *CA Üb.:* Super eodem pro illo, qui exivit ante professionem. – *Üb. om MO.* | eisdem *P* | novicio] novcio *(!) V* : illo *R* | qui – condicione *om PS* | intravit] ordinem *add DELR* | contradictione *H*

[2] Eidem] Episcopo *B* | Cum dilectus *CAMODELB* | . . 1° *om CD* | de . . 1°] . . *H* : . . diocesis *add CMODEB* : diocesis . . *add A* : diocesis *add L* | monasterium de . . *om H* | monasterium – 3 ordinis *om B* | de . . 2°] *om CA* : sancti . . *MODE* : sancti *L* | Cisterciensis *om L* | Cisterciensis ordinis] ordinis . . *A* : . . *add D*

[3] ea] eadem *P* | condicione] monasterium *add B* | intraverit *CAMOD* : iuraverit *E* | ut] quod *CAMODELB* | si *om M* | post] potest *A* : *L bricht hier ab (Blattverlust)* : per *R* | experientiam *korr. D²*

[4] regularis] secularis *PVS* | sibi] si *B* | pleceret *(!) R*

[5] accingeret alias astringeret *C* | liberum] librorum *korr. D²* | haberet] *om E* : deberet *R* | arbitrium – 6 approbaret *om CA* | ad] seculum vel ad *add B* | redeundi] revertendi *PS* : redeundi, *darüber* revertendi *R*

[6] *hinter* cum *Rasur eines Wortes D* | asperitati *MO* | observantie] discipline *M* | non *om D* | approbaret] applicaret *MOEB* : probaret *D* | effectus *VHDER* : affectum *CMO* : affectum *getilgt u. v. and. Hd. darüber* arbitrium *A*

[7] prehabita] prohibita *S* | probationis] professionis *CAMO* : observacionis *R*

[8] quia] qui *C* | vas] vos *P* : *om VERB* : nos *S* : vas domini *D* | nitentes] *vor* vas *HD* : nitantes *(!) C* | incrustrare *(!) PA* : incruscare *S* : incurvare *C* : monstrare *B* | sinceram *R* | interdum] vitrum *C* : vitium *A* : interdictum *E*

[9] tenebrum *H* | obnubilare *S* : obnubulant *A* : obumbrat *D* : ambulare *B* | emulo *CA* : emularum *aus* emulum *korr. R* | aliquod *D*

---

[1] *Vgl. Hor. Sat. 1, 3, 55 f.:*

> *At nos virtutes ipsas invertimus atque*
> *Sincerum cupimus vas incrustare . . .*

P f. 29   detractionis impingat, supplicavit humiliter | super hoc sibi de apostolice
sedis providentia subveniri. Quia vero de facto et facti circumstantiis tu
habere poteris notitiam pleniorem, – mandamus, quatinus, nisi de prefato
rectore per religionis habitum, qui dari profitentibus consuevit, aut pro-

H f. 30'   fessionem expressam | seu alias evidenter appareat, quod absolute voluerit
15   vitam mutare ac in religione perpetuo domino deservire, denunties eum
per premissum statum novicii ad regularem observantiam non teneri.

S f. 23'   **K 231** | „Preces et mandata" ad magistrum, priorem et con-
ventum.

Dilectis filiis .. magistro de .. et .. priori et conventui monasterii de ..
per priorem *etc.* Cum dilectus filius I. de .. clericus, lator presentium,
5   cupiat, sicut asserit, una vobiscum, fili prior et conventus, in monasterio
vestro de .., in quo receptio canonicorum ad vos et ad te, fili magister,
communiter dicitur pertinere, sub regulari *etc.*

---

[10] impinguat *C* : impingat *R* | humi-
liter *om CAMO* | sibi] *om ER* : vor
super *B* | de] per *CAMO* | se(dem)
apostolicam *C* | apostolica *VS*

[11] sede *S* | providentiam *CMO* : pro-
vinciam *A* | subvenire *B* | Quia –
12 pleniorem] etc. *B* Quia] Quare
C | facti et facto *A* | et facti *om S* |
circumstantia *H* : circonstantiis *C*

[12] poteris – 13 dari *om R* | nisi] si
PVH : *om E* | de prefato rectore]
predictus rector *B* | prefato] pre-
dicto *D*

[13] pro religionis habitu *H* | profitenti-
bus] presidentibus *CM* : proficien-
tibus *D* : vocibus *R* | consuetus
est *H* | aut] ut *R* | professionem]
confessionem *S*

[14] quod *aus* qui *korr. R* | absolute *aus*
ob salute *korr. D* | valuerit *S* : no-
luerit *DE*

[15] perpetuo] *hinter* domino *C* : vor
in religione *B* | servire *B* | denunc-
cies *D* | eum] ipsum *B*

[16] premissa *S* | statutum *CAR* | obser-
vantiam] habitum *C*.

K 231   *P 274 f. 29 (Üb. Index f. 5');*
V 227 f. 25'; H 275 f. 30'; S 212 a f.
23' (nur Üb.; als Text folgt K 232);
C 236 f. 416' (Üb. Index f. 443'); A
231 f. 43'; M 204 f. 19; O 232 f. 22';
R 343 f. 33'; B –.

[1-2] *CA Üb.:* Scribitur magistro (ac
priori et conventui super eisdem
add A). – *Üb. om MO.* | conventui.
Rubrica *H²*

[3] Dilecto filio *M* | .. 1° *om VAM* |
magistro .. *PVR* : magistro ..
ordinis *CM* : magistro ordinis *A* :
magistro .. ordinis .. *O* | et .. *om*
M | .. 3° *om VHA* | et 2°] ac *AMO* |
monasterii *om C* | .. 4° *om A*

[4] priorem etc.] priorem et conventum
soliti gubernari *R* | I. de .. clericus]
.. I. *C* : I. de .. *AMO*

[5] filii *PR* | et conventus] *om M* : etc.
O

[6] de ..] diocesis .. *add H* | canonico-
rum receptio *A* | filii *R*

[7] communi *R* | pertinere] etc. *add C* |
sub regulari *om AMO*.

K 232 „Cum olim" pro moniali recipienda ad servitium infirmorum.

In eodem modo pro moniali. . . Magistre, . . priorisse et conventui monasterii de . . . Cum olim dilectis in Christo filiabus . . abbatisse et conventui monasterii . . et ⟨. .⟩ magistre et sororibus hospitalis de . . ordinis 5
diocesis nostris dederimus litteris in mandatis, ut dilectam in Christo filiam . . cupientem in eodem hospitali, in quo receptio sororum ad eosdem abbatissam et conventum ac magistram et sorores communiter dicitur pertinere, una cum ipsis et sororibus in infirmis et pauperibus ipsius hospitalis domino famulari ad servitium infirmorum et pauperum eorundem 10
reciperent in sociam et sororem *etc. usque* si est ita, dictam abbatissam et conventum ac magistram et sorores ex parte nostra *etc. usque* ut dictam . . ad servitium infirmorum et pauperum predictorum in sociam *etc.*

K 233 Super eodem.

Cum olim . . magistro et fratribus hospitalis de . . nostris dederimus litteris in mandatis, ut dilectam in Christo filiam . . cupientem una cum sororibus ipsius hospitalis in pauperibus et infirmis eiusdem hospitalis

---

K 232   *P 275 f. 29 (Üb. Index f. 5');*
V 228 f. 25'; H 276 f. 30'; S 213 f.
23'; C 236 a f. 416'; A 232 a f. 43'
(mit K 207 zusammengeflossen); M
205 f. 19 (ebenfalls mit K 207 zu-
sammengeflossen); O 233 f. 22'
(ebenso mit K 207 zusammenge-
flossen); R 345 f. 34; B –.

1-2 *P Üb.:* Super eodem. – *S mit Üb.*
von K 231. – Üb. om CMO. – A
Üb. von K 207. – R Üb.: In eodem
modo pro moniali abbatissa magistro et conventui. | infirmorum]
Rubrica *add H²*

³ Iud. eodem modo *H* : In eadem
materia *MO* : In eundem modum
R | modo *om S* | . . 1° *om VSAMOR* |
Magistre] Ministre *MO* | . . 2° *om*
VSAMO | priorisse] abbatisse
VHR | monasterii de . .] *om C* :
de . . *AO*

⁴ de . .] diocesis . . *add H* | Cum –

Schluß] etc. *C* : *om AMO* | . . 2°
om VS

⁵ . . 1° *om VHR* | . . 2° *scr.] om*
PVHSR | ordinis diocesis *VHS*

⁶ nostris – mandatis *om PVHS* | ut]
quod *R*

⁷ . . *om H* | easdem *R*

⁸ . . abbatissam *P* | . . magistram *P* :
magistrum *V* | et 2° *om R*

⁹ in] ac *H* : *om R*

¹¹ dictos *H* | usque] ad dictam etc.
usque *add R*

¹² . . *om VS*

¹³ sociam] et sororem *add H* : recipiant *add R*.

K 233   *P 276 f. 29 (Üb. Index f. 5');*
V 229 f. 25'; H 277 f. 30'; S –; R
346 f. 33'/34; B –.

¹ *R Üb.:* Forma Cum olim super
eodem in hospitali.

² . . 1°] *om VR* : etc. *H* | de *om H*

⁴ ipsius – infirmis *marg. einkorr. P* |
in – hospitalis *om VH*

5

domino famulari in consortio dictarum infirmorum et pauperum eorundem
reciperent et sincera *etc. usque* dictam .. in consortio dictarum sororum

R f. 34　ad | servitium infirmorum et pauperum predictorum recipiant et sincera *etc.*

K 234　Super eodem.

Iud. Dilectus filius nobilis vir .. nobis exposuit, quod olim dilectas in
Christo filias .. abbatissam et conventum monasterii de .... ordinis .. dio-

R f. 33　cesis rogandas duximus et monendas | nostris sibi dantes litteris in mandatis,

5　ut M. puellam litteratam natam ipsius in monacham *etc. usque* tractarent, non
obstante statuto de certo monialium numero quacunque firmitate vallato
vel alia indulgentia ipsis ab apostolica sede concessa, per quam huiusmodi

O f. 23'　posset gratia impediri. Sed ipse precibus et mandatis nostris | penitus
obauditis non attendentes, quantum sit inobedientie vitium, quod ydolatrie

10　comparatur, id efficere hactenus non curarunt, propter quod prefatus nobi-

V f. 26　lis ad nostram redire presentiam est coactus. Verum, licet eas ad | hoc iuste
possemus compellere, que spontanee noluerunt nostris beneplacitis humi-

---

5 in – 6 usque] mandamus quatinus
H | infirmorum – 6 dictarum] zu-
erst 6 dictarum – 7 pauperum,
dann 5 eorundem – 7 sincera *durch
Rücksprung P : om VR*

7 reciperent *R* | et sincera *om R.*

K 234　*P 277 f. 29 (Üb. Index f. 5');
V 230 f. 25'/26; H 278 f. 30'/31; S
214 f. 23'; C 243 f. 417'/418 (Üb.
Index f. 443'); A 238 f. 44'; M 212
f. 19'; O 241 f. 23/23'; D 307 f. 78
(Üb. Index f. 7'); E 297 f. 46; L
234 f. 98 b; R 340 f. 32'/33; B 36 n.
26 f. 77'.*

1 *R Üb.:* Cum olim in eadem forma
pro eadem. | Aliter super *CA* |
eodem] Rubrica *add* H²: pro puella
add DEL

2 .. Iud. *P* | vir *korr.* D² | ..] P. *R* :
om B | nobis *om MOD* | dilectis
in Christo filiabus abbatisse (abba-
tis *S*) et conventui *VS* | filias in
Christo *E*

3 .. 1° *om MDEB* | conventu *radiert
D* | de .. – 4 rogandas] m *v. and.*

Hd. *einkorr. B* | de .. ordinis *HS* |
.. ordinis .. diocesis] ordinis .. diocesis *PV* : *om CAMODEL*

4 et *om B* | nostris] ut nostris *S* : per
nostras *DB*: n. *E* | dantes *v. and.
Hd. statt getilgtem* directas *einkorr.
B* | litteras *DEB*

5 M.] L. *S* | notam *VS* : neptem *R* |
ipsius .. *E* : ipsi *L* : eius *B* | trac-
tarentur *S*

6 de certo] de cetero in *S* : de cetero
R | quocunque *L*

7 ipsius *CB* | a sede apostolica *S* |
concessa] indulta *H*

8 possit *M* | precibus] preceptis *C* :
prioribus litteris *D*

9 obauditis] et *add R* | sit] est *H* : *om
C* | inobedientia *D* | idolatrie *VS*

10 id efficere *om E* | curant *S*

11 reddire *O* | eas *om C* | ad hoc] adhuc
A : ad huc *EL* | possemus iuste *SE*

12 possumus *D* | spontanie (!) *L* |
noluerunt] *hinter* nostris *S* : volu-
erunt *AB* : *vor* humiliter *M* | bene-
placitis] precibus *CAMODEL*

liter obedire, adhuc tamen experiri volentes, utrum benignitatis dulcedine
| ipsarum possit durities emolliri, – mandamus, quatinus prefatas abbatis- *C f. 418*
sam et conventum, ut predictam puellam recipiant in monacham et sororem 15
et sincera in domino caritate pertractent, iuxta priorum continentiam
litterarum ex parte nostra moneas et inducas, quod, si eam sic forte recipere
noluerint, quare id efficere | pretermittunt, nobis per tuas litteras studeas *H f. 31*
fideliter intimare.

K 235 Confirmatio excommunicationis late per priorem in
moniales, que exiverunt monasterio animi levitate et bona
eiusdem monasterii asportarunt.

Iud. Ex parte dilectorum filiorum .. prioris provincialis ordinis Predicatorum et .. et .. fuit nobis humiliter supplicatum, quod ipse in S. et 5
M. sorores monasterii monialium sancte Agnetis Reatin.[1] ordinis sancti
Augustini secundum instituta et sub cura fratrum Predicatorum viventium
pro eo, quod ipse ab eodem monasterio exiverant animi levitate ac regulari
habitu temere derelicto per seculum dampnabiliter vagabantur et quasdam
terras, possessiones ac alia | bona predicti monasterii per violentiam occu- *P f. 29'*

---

13 adhuc] et adhuc *H* : cum huc *D* |
utrum] ut *HE* : verum *M* | benigni-
tas dulcedine ipsorum *R*
14 emolliri] emoliri *PVSADER* : etc.
add D : emoliri etc. *B* | prefatas]
prefatos *VHS* : prefatam *CM* :
hinter conventum *L* | .. abbatissam
C
15 recipiant *om A* | in – 16 priorum]
etc. usque *CAMODELB* | sororem
et sincera] so ut sin *(!) V*
16 pertrac *(!) V* : pertractetis *S* |
conti *(!) V*
17 mo et indu *(!) V* | si] sic *MOL* |
eam] *marg. einkorr. E* : *om B* | sic
om AELB | recipere noluerint] re-
voluerint *EL*
18 noluerunt *D* : voluerint *B* | preter-
mittant *HS* | nobis – *Schluß om CA*
19 fideliter *om B*.

K 235 *P 278 f. 29/29' (Üb. Index f.*
5'); V 231 f. 26; H 279 f. 31; S 215
f. 23'; R 289 f. 28 (= R) u. 331 f.
32 (= R'); B –.
1-3 *VHRR' Üb.:* Super absolutione
monialium vivencium sub cura fratrum Predicatorum (excommunica-
torum pro furto *add R'*). – *Üb. om S.*
2 monasterio animi] moñ cum *P*
4 dilecti filii *P* | .. *om VS*
5 et .. et .. *om RR'* | in] M. *RR'* | et
3° *om SR'*
6 M. *om R'* | sororum *H* : sores *(!)*
S | monasterii *om VH* | ordinis ..
sancti *S*
8 exiverat *S* | animi] cum *S* | ac] et *S*
9 tenere *V* | vagabatur *S* | et] ac *P*
10 terras] certas *V* | ac] et *VHSRR'* |
per *om V* | occuparat *VS* : occu-
parant *H*

---

[1] *Dominikanerinnenkloster S. Agnese in Rieti, 1249 gegründet; vgl. P. Desanc-*
tis, Notizie storiche sopra il tempio cattedrale, il capitolo, la serie dei vescovi ed i
vestuti monasteri di Rieti (Rieti 1887), 122f.

parunt in predicti monasterii non modicum preiudicium et gravamen ac
scandalum plurimorum et diligenter monite ad prefatum monasterium
redire ibidem sub eiusdem ordinis sancti Augustini observantia morature
ac eidem monasterio terras, possessiones ac predicta bona restituere pro-
15 curarent, et quia hec facere contumaciter non curarunt, cum essent adeo
notoria, quod nulla poterant tergiversatione celari, in eas excommunicationis sententiam exigente iustitia promulgavit, quam idem prior apostolico
petiit munimine roborari. – mandamus, quatinus sententiam ipsam *etc.*

K 236 Quod abbatissa possit absolvere moniales suas.

S f. 24 | *Iud.* Ex parte dilectarum in Christo filiarum . . abbatisse et conventus
monasterii monialium de . . ad Romanam *etc.* fuit nobis humiliter supplicatum, ut, cum quedam ex ipsis symoniacum in dicto monasterio habuere
5 ingressum, quedam vero tam pro iniectione manuum in se ipsos quam alias
regulares personas et seculares violenta seu pro detentione proprii vel inobedientie vitio aut conspirationis offensa excommunicationis vel suspensionis
sint vinculo innodate, ne occasione huiusmodi detur eis materia evagandi in
salutis proprie detrimentum, eas iuxta formam ecclesie absolvi per discre-
10 tum aliquem in illis partibus mandaremus. Nos igitur de discretione tua
plenam in domino fiduciam obtinentes dictum negotium tibi, qui de factis
et eorum circumstantiis universis poteris intelligere plenius veritatem,
duximus committendum per apostolica tibi scripta mandantes, quatinus
hac vice sororibus supradictis iuxta formam ecclesie impendas absolutionis
15 beneficium vice nostra et iniuncto eis, quod de talibus consuevit iniungi,

---

11 et gravamen *om H*
13 Augustini] in *add VS* | moratura
  V : moraturus *S*
14 eidem] idem *S* | terras] certas *V* :
  et per terras *S* : et *add RR'* | ac 2°]
  et *VHSRR'*
15 hec] hoc *HSRR'* | esset *V*
17 exigente iustitia *hinter* 16 eas *H.*
K 236 *P 279 f. 29' (Üb. Index f. 5');*
  V 232 f. 26/26'; H 280 f. 31; S 216 f.
  24; R 290 f. 28/28' (= R) u. 332 f.
  32 (= R'); B –.
1 *VH Üb.:* Super absolutione monialium. – *Üb. om S.* – *RR' Üb.:* Super
  eodem in alia forma ad Romanam
  ecclesiam nullo medio

2 filiarum in Christo *RR'* | . . *om*
  VS
3 monasterii *om VH* | de . .] diocesis
  . . *add H* | Romanam] ecclesiam *add*
  RR'
4 ipsis] eis *P* | simoniacum *R'* | in –
  10 tua] etc. ut supra in V^a forma
  usque ad *RR'* | habuere] hr̄uere *S*
7 offensa *om V*
8 sint] sunt *P*
9 eas *scr.*] eis *PVHS*
10 in – mandaremus] faceremus *S*
11 qui *om S*
13 duxerimus *VS* | tibi] *hinter* scripta
  H : *om RR'*
15 consuetum est *H*

tam super eo, quod symoniacum in prefato monasterio habuere ingressum,
iuxta generalis statuta concilii,[1] quam super aliis supradictis iniuncta | eis   *V f. 26'*
penitentia competenti statuas circa ipsas, quod animarum saluti videris
expedire, | proviso, quod huiusmodi proprium in manibus abbatisse resi-   *R f. 28'*
gnetur ipsius in utilitatem dicti monasterii convertendum. Dat.   20

K 237   Tertia forma super „Preces et mandata".

Iud. Ex parte dilecte in Christo filie .. fuit propositum coram nobis,
quod, cum nos olim dilectis in Christo filiabus .. abbatisse et conventui
monasterii de .... ordinis preces per nostras direxerimus litteras et mandata,   *M f. 19'*
| ut dictam .. cupientem *etc. usque* | tractarent, | quia eedem abbatissa   *E f. 46*
et conventus preces et mandata huiusmodi surdis auribus transeuntes id   *D f. 77'*
efficere hactenus non curarunt, nos | dilecto filio .. per alias nostras dedimus   *C f. 417'*

---

[16] simoniacum *VRR'* | prefato] dicto
RR'

[17] concilii generalis statuta *H* | eis]
primitus *add P* : penitus *add V*

[18] penitentia *doppelt S* | competenti]
salutari *RR'* | animarum] suarum
add HRR'

[20] ipsius *om S* | dicti *om RR'* | Dat.]
Datum etc. *H* : etc. *add RR'*.

K 237   *P 280 f. 29'/30 (Üb. Index f.*
5'); V 233 f. 26'; H 281 f. 31/31'; S
217 f. 24/24'; C 242 f. 417/417' (Üb.
Index f. 443'); A 237 f. 44/44'; M
211 f. 19/19'; O 240 f. 23; D 306 f.
77–78 (Üb. Index f. 7'); E 296 f.
45'/46; L 233 f. 98a/b; R 341 f.
33/33'; B 36 n. 25 f. 77/77'.

[1] *Üb. om S.* | forma] littera *P* | super
– mandata] Cum olim *P* : Rubrica
add H²: super monachatu *CAMO*:
pro monachatu que non datur modo
D : super monachatu quod non
datur monacho *EL*

[2] dilecte – filie] dilecti filii *DELB* |
filie *om PVS* | ..] *om E* : clerici *v.*
and. Hd. einkorr. B

[3] cum *om HDELB* | nos] nobis *getilgt*
R | olim *om E* | dilectis *om S* | dilec-
tis – abbatisse] dilectis filiis .. *(om*
DLB) abbati *DELB* | .. *om VSA* |
conventus *P*

[4] de – ordinis] de .. ordinis .. diocesis .. *H* : de .. ordinis *S* : dio-
cesis .. *add R* : *om B* | .. ordinis]
ordinis .. *P* : ordinis *V* : *om*
CAMOELR : etc. *D* | nostras] vos
E : nos *LB* | direxerimus] duxeri-
mus *PS* : *hinter* litteras *C* : dederimus *hinter* litteras *D* : direximus
ELB | litteras *om AEL* | et *doppelt*
S

[5] ut – 6 mandata *om L* | dictum *DE* |
..] talem *V* : I. *MO* : *om R* | quia]
que *C* : et quia *D* : tamen *add R* |
eodem *V* : eorundem *H* : eadem *S* :
iidem *DEB* | abbatissa] A. *PV* :
abbatisse *H* : a *S* : abbas *DEB*

[6] mandatum *C* | huiusmodi *om VHA* |
surda. au. *(!) S* | trans. *PVH* :
transseuntes *B*

[7] hactenus *om B* | cura. *S* : curave-
runt *D* : curant *L* | nos *om S* | dilec-

---

[1] *c. 64 Conc. Lat. IV = Comp. IV 5, 2, 4 = X 5, 3, 40.*

litteras in mandatis, ut prefatas abbatissam et conventum ex parte nostra
moneret, ut prelibatam .. in monacham reciperent | et sororem et sincera
10 in domino caritate tractarent iuxta predictarum eis directarum continentiam litterarum, alioquin rescriberet nobis causam rationabilem, si qua
subesset, quare id non deberet fieri vel non posset. Et licet dictus .. ad
monitionem huiusmodi dictis abbatisse et conventui faciendam secundum
formam per predictas nostras litteras sibi traditam processisset, dicte
15 tamen abbatissa et conventus sic predictis nostris precibus et mandatis, sic
et prefati .. monitis obauditis eandem puellam recipere non curarunt,
quamquam nichil rationabile proponeretur, quare hoc facere non deberent,

prout ipsius .. directe | nobis super hoc littere continebant. Nos igitur
pium et congruum reputantes, ut prefatam puellam illius favoris presidio

---

tis filiis *H* : dil. filiis *korr. D²* | ..]
om VH : G. *v. and. Hd. einkorr. B* |
per – 8 litteras] nostris dederimus
litteris *H* | litteras dederimus *E* :
litteras dedimus *R* | dederimus
AM (korr.)

[8] ut *v. and. Hd. einkorr. B* | prefatos
HDELB : prefatam *C* | abbatissam]
A. *PVS* : abbatem *DELB* | parte]
einkorr. V : *om S*

[9] monerent *CM* | prelibatum *DELB* |
..] M. *R* : C. *B* | in] eorum mo-
nasterii *add D* | reciperent in mo-
nacham *H* | monachum *DEL* | et]
ac *B* | sincere *L*

[10] in domino caritate] etc. *B* | ei *H*

[11] rescribere *C* : rescribent *D* : rescri-
bas *E* : rescribes *L* | nobis] *om
PVHS* : *vor* rescriberet *R* | ratio-
nabilem *v. and. Hd. marg. einkorr.
statt getilgtem* totaliter *B*

[12] fieri non deberet *H* | debet *S* | non
2° *om V* | possit *D* : posset *aus*
possit *korr. L* | licet] H. *V* : *om R* |
dictus ..] .. predictus *R* : dictus
G. *B*

[13] abbatisse] abbati *PDELB* : A.
VHS : .. abbatisse *CMO*

[14] predictas] dictas *EB* | nostras *om
SCA* | dictis *H* : dicti *DEL*

[15] tamen *om VHS* | abbatissa] A.
PVHS : .. abbatissa *C* : abbatisse
M : abbas *DELB* | conventus] C.
VS : conventu *H* | sic 1°] sit *V* :
hinter predictis *H* : sicut *AODEB* :
sicud *L* | nostris] moĩs *(!) L* | sic
2°] *om HR* : sit *D* : sibi *E* : *v. and.
Hd. einkorr. B*

[16] prefati] prefatis *korr. D²* | ..] *om
D* : G. *B* | eandem puellam] eundem
(C. *add B*) clericum *DELB* | cura-
runt] *hier folgt zunächst* 18 prout –
continebant, *dann* 17 quamquam –
deberent *CAMOEL* | curarent *L*

[17] quamquam – deberent *om D* | quam-
quam] prout *B* | rationabile]
racione *HS* : *v. and. Hd. statt ge-
tilgtem* totale *einkorr. B* | propone-
rent *CAMOE* : non proponerent *L* |
facere *om PVHSD* | deberet *HM*

[18] prout – continebant *om B* | .. *om
D* | super hoc nobis *HMR* | littere
continebant] facere non deberet
D | igitur] autem *H*

[19] pium] per vim *VS* | ut] et *E* | pre-
fatam puellam] prefatum clericum
DELB | illius] litteratam *H* | illius
favoris] illit(ur) fautoris *(!) V* :
illo favore *DELB*

prosequamur, per quod suum laudabile in hac parte propositum valeat 20
adimplere, – mandamus, quatinus vos vel duo aut unus vestrum per vos vel
per alium seu alios prelibatam puellam in prefato monasterio auctoritate
nostra recipi faciatis in monacham et sororem et sincera in domino caritate
| tractari, | non obstante, si monasterium ipsum statutum habeat de certo
monialium numero iuramento, confirmatione sedis apostolice seu quacunque
firmitate alia roboratum seu si pro aliis in eodem monasterio direximus
scripta nostra, quibus nolumus auctoritate presentium preiudicium | gene-
rari |, aut si dictis abbatisse et conventui ab eadem sede indultum existat,
quod ad receptionem vel provisionem alicuius minime teneantur quodque
ad id compelli aut quod interdici, | suspendi vel excommunicari non possint
per litteras apostolicas non facientes plenam et expressam de indulto
huiusmodi mentionem, et qualibet alia dicte sedis indulgentia generali vel
speciali cuiuscunque tenoris existat, per quam presentibus non expressam
vel totaliter non insertam effectus huiusmodi gratie impediri valeat vel dif-
ferri et de qua in nostris litteris me|ntionem oporteat fieri specialem.
Contradictores *etc.*

B f. 77'
S f. 24'
25

P f. 30
A f. 44'

R f. 33'

D f. 78

---

20 p(re)sequamur *(!) L* | quod *om S* | in hac parte laudabile *CAMO DELB* | propositum in hac parte *VHR* | valeant *L*

21 adinplere etc. *DB* | vel 1° *om M*

22 per *om PHCAODELR* | prelibatum clericum *DELB* | prefato] prelibato *M* | monasterio] mandato *B*

23 recipi] recipere *H* : *aus* recipit *korr. C* | monachum *DELB* | sororem] in fratrem *DELB* | et 2°] ac *B*

24 habeat statutum *B* | de certo] decreto *C*

25 monialium] monachorum *DELB* | numero] *om V (Lücke)* : *vor* monialium *H* : tramito *(!) S* | confirmatione – 26 alia] etc. *B*

26 alia firmitate *C* | roboratam *S* : vallatum *C* : roboratis *B* | direximus *CAMOER*

27 scripta nostra *om L* | volumus *VD* | generari] gravari *S* : gravare *D*

28 predictis *A* | abbatisse] abbatis *P* :

abbati *DELB* | indultum existat] sit indultum *B* | existit *PV* : extitit *S*

29 quod – 35 litteris] etc. *B* | minime *om D*

31 expressam] ac de verbo ad verbum *add AMELR* : expens(am) ac de verbo ad verbum *D* | de – 33 expressam *om PVHS*

31 insertam] de indulto huiusmodi mentionem propter quod *add H* | huiusmodi gratie] earum *D* | nostre gratie *A* | valeat] quomodolibet *add AMDELR* | vel 2°] aut *P*

35 quo *H* | oporteat] oportet *D* : *v. and. Hd. marg. einkorr. statt getilgtem* op(er)teat *B* | fieri] *vor* oporteat *HAR* : facere *C*

36 Contradictores etc.] Dat. etc. *C* : *om AL* : Contradictores per censuram etc. *O* : Contradictores. Dat. *v. and. Hd. statt getilgtem* Dat. *einkorr. B.*

K 238 vgl. Q 19, 4a

K 238 a Pro moniali, que exivit monasterium animi levitate
et cupit cum humilitate redire.

Iud. Ex parte dilecte in Christo filie .. monialis monasterii sancti ..
Cisterciensis ordinis .. diocesis fuit nobis humiliter supplicatum, ut, cum
5 ipsa ad monasterium ipsum, a quo, sicut asserit, exivit animi levitate, cupiat
cum humilitate redire, eam ibidem recipi mandaremus. Cum autem felicis
recordationis Benedictus papa XII., predecessor noster, duxerit statuendum,
ut presidentes capitulis celebrandis seu patres abbates vel priores abbates
B f. 88 proprios non habentes fugitivos et eiectos de ordine | suo requirant sollicite
10 annuatim, ita quod, si in monasteriis suis recipi possint secundum ordinem
regularem, abbates seu priores ad receptionem cogantur ipsorum salva
ordinis disciplina, quod si hoc ordo non patitur, auctoritate apostolica
provideant, ut, si absque gravi scandalo fieri possit, apud monasteria sua
in locis competentibus, alioquin in aliis religiosis domibus eiusdem ordinis
15 ad agendum ibidem penitentiam salutarem eis vite necessaria ministrentur,[1]
– quod enim circa fugitivos et eiectos predictos statutum in hac parte fore
dinoscitur, multo magis in monialibus, que periculosius evagantur, debeant
observari –, et in provincia, de qua monasterium prefatum existat, huius-

---

K 238 a   *D 328 f. 82' (Üb. Index f. 8);
E 320 f. 49; L –; B 41 n. 19 f. 87'/88.*
1-2 *Üb. om E*

   3 *.. 1° om B* | monasterii – 4 ordinis
   om B

   4 *suplicavit D*

   5 *animi levitate exivit B* | cupiat
   einkorr. D²

   6 *ibidem] inibi B*

   7 *Benedictus papa XII.] G. papa IX.
   E : Gre. papa IX. B* | predecessoris
   nostri B

   8 *priores] propriores B*

   9 *solicite B*

   10 *si v. and. Hd. einkorr. B* | secun-
   dum – 11 ipsorum *v. and. Hd. marg.
   einkorr. B*

   12 *hoc v. and. Hd. einkorr. B* | aposto-
   lica auctoritate *E*

   15 *agendum] cum autem (?) add B v.
   and. Hd. marg. einkorr.*

   16 *enim getilgt B*

   17 *dignoscitur E* | deānt *D* : debeat
   E B

   18 *provincia] presencia D* : provincia
   .. *E* | prefatum monasterium *B* |
   existit *E B*

---

[1] *Benedikt XII. regelte durch die Bulle „Pastor bonus“ von 1335 Juni 17
(Bullarium Romanum 4, 326 Nr. 2) die Rückführung von flüchtigen Ordens-
angehörigen. Zur Ordenspolitik des Papstes vgl. K. Jacob, Studien über Papst
Benedikt XII. (Berlin 1910), bes. 78 ff.; J.-B. Mahn, Le pape Benoît XII et les
Cisterciens (Paris 1949 = Bibliothèque de l'École des Hautes-Études, Fasz. 295).
Vgl. auch die Bulle „Ad decorem ecclesie“ von 1339 Mai 15 (Bullarium Roma-
num 4, 424 Nr. 13 § 62).*

modi presidentes, sicut asseritur, non existant, – mandamus, quatinus, si
est ita, statutum huiusmodi circa dictam . . facias observari. Contradictores   20
etc.

**K 238b Contra fratrem sancti Augustini, qui abiecto habitu
se in capellanum apostolice sedis procuravit admitti excommunicatus.**

Iud. Sua nobis dilectus filius . . prior et ceteri fratres conventus domus
de . . ordinis sancti Augustini . . diocesis petitione monstrarunt, quod olim   5
I. Manytie | frater dicte domus ordinem ipsum expresse professus abiecto   *D f. 83*
regulari habitu extra dictam domum temeritate propria apostatando per
seculum vagabundus incedens et propterea iuxta constitutionem felicis
recordationis Benedicti pape XII., predecessoris nostri, super hoc editam[1]
excommunicatus existens tacito de premissis se in sedis apostolice capella-   10
num de facto et subreptive procuravit assumi. Quocirca *etc.* quatinus vocatis
etc. quod canonicum *etc.*

**K 238c Pro eo, qui exivit ordinem suum et cupit intrare
alium strictiorem.**

Dilectis filiis . . abbati et conventui monasterii . . Cisterciensis ordinis . .
diocesis. Cum dilectus filius . . de . . presbiter ordinis fratrum Minorum,
lator presentium, habens, ut asserit, a ministro generali eiusdem ordinis   5
ex rationabili et honesta causa se ad alium ordinem liberam licentiam
transferendi, cupiat una vobiscum in monasterio vestro sub regulari habitu

---

[19] sicud *D* | existant] etc. *add B*
[20] . . *om DB* | Contradictores] Contra
   D : v. and. Hd. einkorr. B
[21] etc. *om B.*

K 238b *D 329 f. 82'/83.*
[1-3] *Üb. nur marg. D²*
 [7] apostotando *(!) D*
[11] subrectīe *D.*

K 238c *D 330 f. 83 (Üb. Index f. 8);
   E 321 f. 49; L –; B 41 n. 20 f. 88.*
[1] Pro] De *E*
[3] . . 1° *om DB* | monasterii] de *add*
   E | monasterii - 4 diocesis] mo-
   nasterii etc. salutem *B* | . . 2° *om D*
[4] Cum *auf Rasur D²* | . . de . .] N.
   v. and. Hd. einkorr. B | presbiter]
   frater domus *auf Rasur D²*

---

[1] *In der Bulle „Ad decorem ecclesie" von 1339 Mai 15 (Bullarium Romanum
4, 424 Nr. 13) reformierte Benedikt XII. die Augustinerchorherren. In § 62
(S. 458 f.) werden die entsprechenden Bestimmungen bezüglich der vagierenden
Ordensangehörigen getroffen, die in dem Kloster, dem sie entflohen, oder in anderen
Aufnahme finden sollen. Wenn sie ungehorsam bleiben, sind sie zu exkommuni-
zieren. Vgl. Jacob 90 ff.*

domino famulari, universitatem vestram rogamus, monemus et hortamur
attente per apostolica vobis scripta mandantes, quatinus, si, quod de licentia
10 huiusmodi proponitur, veritate fulcitur, ipsum ob reverentiam sedis apostolice et nostram recipiatis in monachum et in fratrem et sincera in domino
caritate tractetis.[1]

K 238d Super eodem.

Dilectis filiis . . abbati et conventui monasterii sancti Petri de . . ordinis
sancti Benedicti . . diocesis salutem *etc.* Cum dilectus filius . . de . . monachus
E f. 49' monasterii . . Cisterciensis ordinis, lator presentium, habens, ut asserit, | a
5 superiore suo ex rationabili et honesta causa ad alium ordinem licentiam
liberam transeundi, cupiat vobiscum in monasterio vestro sub regulari
habitu domino famulari *etc.* – mandamus, quatinus, si, quod de huiusmodi
licentia proponitur, veritate fulcitur, ipsum *etc.*

K 238e Contra abbatem, qui non vult ministrare expensas monacho sui monasterii.

Exposuit nobis dilectus filius P. monachus monasterii . . ordinis sancti
Benedicti . . diocesis, quod, licet ipse in eodem monasterio, in quo pro-
5 fessionem regularem emisit, una cum aliis ipsius monasterii monachis diu
extiterit laudabiliter conversatus, tamen . . abbas et conventus eiusdem
monasterii contra dictum P. indebite odii rancore concepto sine aliqua

---

[8] monemus rogamus *B* | ortamur *E*
[9] vobis *om B*
[10] apostolice sedis *E.*

K 238d *D 331 f. 83 (Üb. Index f. 8);*
    E 322 f. 49/49'.
[2] Petri] P. *E*
[3] Benedicti] B. *E* | salutem etc. *om*
    E | . . de . .] de *D*
[4] monasterii . .] . . *(einkorr.)* monas-
    terii *E* | ordinis] . . diocesis *add E*
[5] superiore suo] suo priori *(!) D*

[7] etc. *om E.*

K 238e *D 332 f. 83/83' (Üb. Index
    f. 8'); E 323 f. 49'; L –; B 41 n. 21
    f. 88/88'.*
[3] ordinis sancti Benedicti] . . ordinis
    E : *om B*
[4] . . diocesis] *auf Rasur D²* : *om E* :
    diocesis *B*
[6] tamen *getilgt B* | . . *om DB*
[7] dictum] eundem *B* | concepto *aus*
    conceptum *(?) korr. D*

---

[1] *Auch dieses Reskript schließt sich an eine Verfügung Benedikts XII. an.
In der Bulle ,,Regularem vitam`` von 1335 Juli 4 (Bullarium Romanum 4, 328
Nr. 3) hatte der Papst verfügt, daß Mendikanten in den Benediktiner- und Zister-
zienserorden nur mit päpstlicher Sondererlaubnis übertreten dürfen. Zur Politik
des Papstes gegenüber den Minoriten vgl. C. Schmitt, Un pape réformateur et un
défenseur de l'unité de l'Église: Benoît XII et l'Ordre des Frères Mineurs (1334–
1342) (Quaracchi-Florenz 1959); vgl. auch Jacob 85 ff.*

rationabili causa ei | vite necessaria in eodem monasterio sicut aliis ipsius   D f. 83'
monasterii monachis contra iustitiam denegant exhibere eumque sincera in
domino caritate tractare. Quare dictus P. nobis humiliter supplicavit, ut,   10
ne in opprobrium dicti ordinis mendicare cogatur, | providere sibi super   B f. 88'
hoc de oportuno remedio dignaremur. Quia vero nobis non constiterit de
premissis *etc.* mandamus, quatinus, si est ita, dictos abbatem et conventum,
ut eidem P. necessaria sicut uni ex aliis eiusdem monasterii monachis, ut
tenentur, ministrare procurent ipsumque sincera in domino caritate per-   15
tractent, monitione premissa per censuram ecclesiasticam appellatione remota compellas. Dat.

**K 238f   Quod monachus exhibeat obedientiam abbati suo et
reddat rationem de administratione gesta per eum.**

Iud. | Sua nobis dilectus filius ⟨. .⟩ abbas monasterii sancti Sebastiani   B f. 89
Neapolitan,[1] ordinis sancti Benedicti petitione monstravit, quod Stephanus
de Neapoli, monachus eiusdem | monasterii, qui administrationes bonorum   E f. 50
dicti monasterii pro tempore gessisse dinoscitur, nedum eidem abbati, prout tenetur, de huiusmodi administrationibus rationem reddere indebite
contradicit, verum etiam idem monachus dans in commotionem dampnabiliter pedes suos extra dictum monasterium evagari et per loca minus
honesta discurrere non veretur in anime sue periculum et ipsius monasterii   10

---

⁸ necessaria] ut *add B*
⁹ eumque] ac eum *v. and. Hd. statt*
getilgtem cumque *marg. einkorr. B* |
in domino sincera *B*
¹⁰ tractari *E* | dictus] prefatus *B* |
nobis *om DB*
¹¹ obprobrium *D* | ordinis] monasterii
B | sibi *om B*
¹² constitit *E*
¹³ etc. *om E*
¹⁴ huiusmodi necessaria *EB* | uni ex
om E | eiusdem] dicti *B*
¹⁶ per – remota] etc. *B*
¹⁷ Dat. *om E.*
K 238f   *D 334 f. 84 (Üb. Index f. 8');*

E 325 f. 49'/50; L –; B 41 n. 23 f. 89.
³ Iud. *om B* | . . *scr.*] *om DEB* |
sancti – 4 Benedicti] . . diocesis *B* |
Sebastiani] Stephani *E*
⁴ Neopolitan. *D* | Stephanus] *auf*
*Rasur D*²: F. *B*
⁵ de Neapoli *om B* | Neapoli] Nea *D*
⁶ dignoscitur *E* | prout] ut *B*
⁷ amministrationibus *D*
⁸ contradixit *E* | dans] dictis *E* | com-
motionem] commencionem *(?) E*
⁹ extra – monasterium *om E* | eva-
gari] minus *add E* | per loca] locum
B
¹⁰ honesta] inhonestum *B*

---

¹ *Benediktinerkloster S. Teodoro e Sebastiano in Neapel; vgl. Kehr, Italia*
pontificia 8, 460 f.; C. D'Eugenio Caracciolo, Napoli sacra (Neapel 1623), 223 ff.,
und B. Capasso, Pianta della città di Napoli nel secolo XI, in: Archivio storico
per le province Napoletane 17 (1892), 860 ff.

non modicam lesionem ac iniuriam et iacturam. Quocirca *etc.* mandamus,
quatinus, si est ita, predictum S. monachum, ut ad monasterium ipsum
redeat et eidem abbati obedientiam et reverentiam debitas exhibeat et de
administrationibus ipsis sibi reddat, ut tenetur, rationem fidelem, monitione
15 premissa per censuram ecclesiasticam appellatione remota compellas. Dat.
etc. Testes *non.*[1]

**K 238g Super pecuniarum summis contra abbatissam secu-
laris ecclesie, cuius non approbatur ordo neque regula seu
status.**

Iud. Conquestus est nobis D. civis Colonien.,[2] quod C. de .. abbatissa
5 secularis ecclesie in . . . . diocesis super quibusdam pecunie summis ⟨*etc.*⟩
Ideoque *etc.* quatinus partibus convocatis *etc.* ⟨*usque*⟩ usuris cessantibus
etc. observari. Testes *etc.*[3] Per hoc autem statum, ordinem seu regulam
huiusmodi abbatisse nolumus nec intendimus aliquatenus approbare. Dat.

**K 238h Conceditur licentia monacho transeundi ad parem
vel artiorem ordinem.**

Dilecto filio Cunrado .. monacho monasterii Porte sancte Marie ordinis
sancti Guillelmi Maguntin. diocesis[4] salutem *etc.* Ex parte tua fuit propositum
5 coram nobis, quod, cum tu propter certas legitimas causas non possis cum
animi tui quiete et sana conscientia in ordine sancti Guillelmi, quem pro-
D f. 84' fessus existis, | remanere, pro parte tua nobis fuit humiliter supplicatum,
ut tibi ad aliquem alium ordinem paris vel artioris observantie regularis te

---

11 inuriam *(!)* E | et v. and. Hd.
  einkorr. B | etc.] *einkorr.* D² : *om* E
12 S.] scilicet E : *om* B
13 et 1°] ac E
15 appellatione remota] etc. B | Dat. –
  16 non *om* B | *hinter* Dat. *Rasur* D.
K 238g   *D 335 f. 84.*
1-5 *Üb. om D Index, nur D² marg. –*

5 etc. *scr.] om* D
6 usque *scr.] om* D.
K 238h   *D 336 f. 84/84'.*
1-2 *Üb. om D, nur D² marg.* | monaco D
4 Guillelmi .. *D* | *hinter* salutem *Ra-
  sur* D
5 poss; D
7 pro – nobis *durch* va-cat *getilgt* D²

---

1 *Die Testes-Klausel entfällt bei der Klage eines Abtes gegen einen ihm unter-
gebenen Mönch nach N 62, 22, vgl. dazu oben Bd. 1 S. 231.*

2 *Köln.*

3 *Die Testes-Klausel wird bei Klagen wegen Besitzentzugs gesetzt.*

4 *Wilhelmitenkloster Marienpfort in der Diözese Mainz bei Bad Kreuznach;
vgl. W. Fabricius, Erläuterungen zum geschichtlichen Atlas der Rheinprovinz 6
(Bonn 1914), 86.*

transferendi licentiam concedere dignaremur. Nos igitur anime tue saluti providere volentes huiusmodi supplicationibus inclinati tibi, ut superioris tui super hoc per te vel alium petita licentia et licet non obtenta ad aliquem alium ordinem paris vel artioris observantie, ut prefertur, hac vice dumtaxat valeas te transferre, ubi inveneris voluntarios receptores, tenore presentium licentiam elargimur, constitutionibus apostolicis ac statutis et consuetudinibus monasterii et ordinum predictorum contrariis non obstantibus quibuscunque. Dat.

Q 1

Nachträge zum ersten Teil.

Q 1, 1 Provisio monasterii super usuris.

Iud. Ad audientiam nostram noveris pervenisse, quod monasterium de .. ordinis .... diocesis tanto premitur onere debitorum, quod, nisi ei | per sedem apostolicam celeriter succurratur, vix adicere poterit, ut resurgat. Eius namque bona usurarum voragine consumuntur, quod necessario sump-

C f. 421

---

¹³ receptores] tibi *add D²*.

Q 1, 1   *P 435 f. 41'/42 (Üb. Index f. 7); V 275 f. 32'/33; H 324 f. 37; S 246 f. 28/28'; C 267 f. 420'/421 (Üb. Index f. 444); A 263 f. 47/47' (= A) u. 47a (v. and. Hd.) f. 27'/28 (= A'); M 243 f. 22; O 269 f. 25'/26; D 58 f. 40'/41 (Üb. Index f. 3); E 51 f. 24/24'; R 484 f. 46/46'; B 50 n. 29 f. 105'/106.*

¹ *In H geht von H² die Note voraus:* Nota, quod hec clausula 'Cum ei legis auxilio' *(!)* etc. non ponitur in litteris super usuris que incipiunt 'Ad audientiam nostram'. – CA *Üb.:* Scribitur pro monasterio, quod nimio (nimis *A*) premitur onere debitorum, quod assignatis necessariis abbati (priori *A*) et conventui alii redditus convertantur in solutione *(!)* debitorum. – *Üb. om A'MO. – DE Üb.:* Super usuris in auxilium et subsidium monasterii

onerati (oneratum *E*) debitis usurarum (usurariis *E*). – R *Üb.:* Super usuris in maximum subsidium monasterii onerati debitis usurariis. | Proviso *P*

² nostram audientiam *A* | noveritis *P* | .. monasterium *PVHSA'R* : M. *E* | monasterium – 3 diocesis] monasterium Casinen. ordinis sancti Benedicti *C* : monasterium .. ordinis .. *A* : monasterium Wltuen. ad Romanam etc. ordinis .... diocesis (.. ordinis diocesis .. *O*) MO

³ ordinis ..] .. ordinis *SA'* | .. diocesis] diocesis .. *H* : diocesis *DER* | ei *om VA'DERB* | per] apud *B*

⁴ apostolicam sedem *A'DR* | celeriter *om A* | succurratur] succurritur *A'* : eidem *add DB* | adicere] addiscere *S* : effici *B*

⁵ Eius] Eiusque *PVA'ERB* : onus *H* | namque *om B* | bona] *om VH* : adeo *v. and. Hd. marg. einkorr. add*

P f. 42   tu deducto pro sustentatione .. prioris et conventus ipsius | monasterii
ac aliorum habitantium in eodem vix totum residuum ad solutionem suffi-

E f. 24'
R f. 46'   cit usurarum. | Nos igitur volentes super hoc eidem monasterio | paterna
sollicitudine providere ac de tua circumspectione plenam in domino fidu-

A' f. 28   ciam | obtinentes – mandamus, quatinus redactis in unam summam omnibus
debitis supradictis universos redditus et proventus dicti monasterii fideliter

S f. 28'   colligas assignataque ex ipsis | redditibus et proventibus priori et conventui
memoratis ac personis eiusdem monasterii sustentatione congrua convertas
residuum usuris omnino cessantibus in solutionem huiusmodi debitorum

15   satisfaciendo primitus illis, qui iure fuerint potiores, nec permittas interim
dictos priorem et conventum super alia solutione ab aliquibus molestari, mo-

V f. 33   lestatores etc., non obstantibus renuntiationibus, confessionibus, penarum |
adiectionibus, iuramentis, instrumentis et litteris quibuscumque tempore

O f. 26
B f. 106   contractuum | interiectis seu si aliquibus a sede apostolica sit indultum,

20   quod interdici, suspendi vel excommunicari non possint per litteras apostoli-

---

B | usurariorum S | consumitur H :
consummuntur A | quod] pro V |
sumptu] supra VHA'ERB : sump-
ta SC : sumptum A : sumpto D

6 deducto] aducto D | per sustentatio-
nem (substentationem SA'OER)
VSA'MOER | substentatione P |
.. om HAMOD | prioris] abbatis
CB (v. and. Hd. über prioris, so
auch stets im folgenden) | conventus]
canonicus D | ipsius] dicti CAMO :
hinter monasterii R

7 ac] et HCAA'MOB | habitantium]
existentium A' | vix] iuxta C | solu-
tionem] satisfactionem CAMO |
sufficiat B

8 super hoc] om C : hinter monasterio
A'DE | paterna om C

9 solicitudine R | providere] volentes
add A

10 obtinentes] etc. add DB | reddactis
V : reductis HA'DERB | in una
summa H | summam] formam D

11 supradictis debitis CAMO | univer-
sos] universis A' : davor marg. v.
and. Hd. einkorr.: per te vel alium
quem ad hoc duxeris deputandum

B | redditus – 12 ipsis om S | et
proventus om CAMO | fideliter]
feliciter A'E

12 assignataque aus assignatoque korr.
P : assignatoque VCE : assigna-
tisque A' | ex] de CD | priori] ..
priori PVSMER : .. abbati C :
abbati v. and. Hd. über getilgtem
priori B

13 ac] et A' | substentatione PVSA'
ER

14 omnino] vor usuris A : omnibus M |
solucione VSA : soluciones H |
huiusmodi] omnino C

15 iure] om H : de iure CAMO : in
iure A'DERB | fuerint] korr. D² :
fuerit R

16 priorem] .. abbatem C : aus priores
korr. D : abbatem (wie oben) B |
super] sub A' | super alia solutione
om M | aliis solucionibus H | mole-
stari einkorr. D²

17 concessionibus A'B

19 seu korr. D²

20 interdici suspendi] intersus (!) S |
suspendi – 22 huiusmodi] etc. B |
suspendi om H | apostolicas – 22

cas non facientes plenam et expressam ac de verbo ad verbum de indulto
huiusmodi mentionem, et qualibet alia ipsius sedis indulgentia, cuiuscumque
tenoris | existat, | per quam effectus presentium impediri valeat vel dif-
feri et de qua in nostris litteris specialis mentio sit habenda, universas
excommunicationis, suspensionis et interdicti sententias apostolica sive
quacumque alia auctoritate occasione huiusmodi promulgatas in eosdem
priorem et conventum communiter vel divisim seu in personas eiusdem
monasterii aut quoscumque alios iuxta formam ecclesie sine difficultate
qualibet relaxando.

A f. 47'
D f. 41

25

Q 1, 2 Quod compellatur quidam ad restituendum quedam
bona subtracta de massariis regine.

Iud. Exposita nobis carissime in Christo filie nostre M. regine Sicilie
illustris[1] petitio continebat, quod ipsa dudum fratrem T. conversum mona-

---

huiusmodi] etc. usque ad *(om*
AMO) CAMO
21 plenam *doppelt R* | ac – verbum
om VHSA'DER
22 mentionem] *vor* 21 de indulto *H* :
monitionem *C* | alia *om PHSA'*
DER | indulgentia] generali vel
speciali *add R* | cuiusque *A'* | cuius-
cumque tenoris] etc. *B*
23 et per *VHSER* | valeat] quomodo-
libet *add P*
24 et] ac *V* | nostris] *om S* : *hinter*
litteris *D* | specialis] apostolicis *R* |
sint *A* | universitas *PVSE* : uni-
versis *A'*
25 suspensionis] *vor* excommunicatio-
nis *SB* : *om C* | et *om SA* | inter-
dicti *om A* | sententiis *PVSA'E* |
sive] seu *B*
26 alia quacumque *PA* : alia qualibet
H : alia *om E* | occasione – promul-
gatas (promulgatis *AO*) *hinter* 28
alios *CAMO* | promulgatis *PVSAA'*
E
27 priorem] . . abbatem *C* : abbatem

(wie oben) B | vel] et *C* | seu *om CA*
MO | personas *aus* personis *korr. D*
28 aut] ad *S* | quascumque *C* : quibus-
cumque *A* | alias *C* | ecclesie] sue
add A'E : consuetam *add D*
29 qualibet] aliqua *SB* : *vor* difficultate
C | relaxabo *S*.
Q 1, 2 *C 268 f. 421/421' (Üb. Index*
f. 444); A 264 f. 47'; M 244 f. 22/
22'; O 270 f. 26; D 333 f. 83'/84
(Üb. Index f. 8'); E 324 f. 49'; B 41
n. 22 f. 88'.
1-2 *Üb. om MO. – DE Üb.:* Contra conversum, qui (quod *E*) reddit rationem regine de bonis massariarum,
que habuit in custodia (de bonis –
custodia *om E*).
2 massantiis *(!) A*
3 Iud. *om A* | Exposuit *ADEB* |
carissima *ADEB* | filie nostre] filia
nostra *ADE* : filia *B* | M.] P. *B* |
regina *ADE* | Sycilie *D* : Polonie *B*
4 petitio continebat *om AMO (v.*
späterer Hd. einkorr.) DEB | T.]
G. *DB*

---

[1] *Wahrscheinlich Maria, Gemahlin Karls II. von Sizilien und Tochter König*
Stephans V. von Ungarn (1270–1323 März 25). Vgl. über sie B. Hóman, Gli

5 sterii Casenove Cisterciensis ordinis[1] Pennen.[2] diocesis super custodiendis
et procurandis massariis ipsius infra eiusdem regni confinia constitutis
duxit fiducialiter deputandum ac idem conversus ad actus nepharios se ex-
tendens, huiusmodi suscepto negotio se infideliter gerens, multa de bonis
massariarum ipsarum ad eandem reginam spectantium furtive subtrahere
10 non expavit ea usibus propriis nequiter applicando. Et licet prefatus T.
ex parte ipsius regine instanter fuerit requisitus, ut bona eadem taliter ab
ipsa subtracta ei vel procuratori suo pro ea restituere non differret, ipse
tamen propria cupiditate devictus id efficere pro sue voluntatis libito non
curavit in sue salutis ac fame dispendium et eiusdem regine non modicum
15 preiudicium et iacturam. Quare prefata regina suppliciter petiit sibi super
hoc per apostolice sedis circumspectam providentiam provideri. Cum itaque
reginam ipsam sue devotionis exigentibus meritis paterno prosequamur
affectu et propterea eius incommoda displiceant valde nobis, – mandamus,
quatinus eundem T., quod predicta bona de massariis eiusdem subtracta,

---

5 Casenove] . . A | Casenove – dio-
cesis] . . B | Cisterciensis] . . A :
Cystercien. E | Pennen.] . . CA |
supra CAO | procurandis et cus-
todiendis M

6 et om D | massariciis C | regni om C

7 duxerit A

8 suscepti officii negocio B | gerens]
ingerens B

9 massauciarum (!) C | ipsarum
massariarum A : massariorum ip-
sorum A | spectantibus C : expec-
tantium A : spectantia E | extra-
here ADEB

10 propriis – licet om D | applicanda
C : aplicanda A | T.] P. D : G. B

11 ut] ad D | eandem C : eorundem (v.
anderer Hd. unterstr.) B | taliter]
totaliter DE : om B

12 ipso CA | astracta (!) B | procura-
tori] prout D | differret] deferat A :
dꝛt D : deferret zu non deferret
korr., dann v. and. Hd. gestr. u.
marg. deberet B

13 libito] arbitrio B

14 ac] et C | eiusdem] om M : ipsius B

15 iacturam] gravamen alias iacturam
C : gravamen B

16 per om D | circumspectam om B

17 paterna B

18 preterea A | incomoda CAD | nobis
etc. B

19 T.] G. B

---

*Angioini di Napoli in Ungheria 1290–1403 (Rom 1938) passim, mit Stammtafel
hinter S. 80, und A. De Regibus, Le contese degli Angioini di Napoli per il trono
di Ungheria (1290–1310), in: Rivista Storica Italiana 51 (1934), 38 ff. und 264 ff.
Margarete, Tochter des Eudo von Burgund und zweite Gemahlin Karls I. von
Sizilien, den sie 1268 November 18 heiratete († 1308 September 5) kommt wohl
nicht mehr in Frage; vgl. W. K. Prinz von Isenburg, Stammtafeln zur Geschichte
der europäischen Staaten 2 (Marburg ²1953), Tafel 118.*

[1] *Zisterzienserkloster Casanova (Kommune Civitella Casanova) bei Penne.*
[2] *Penne ö. von Pescara in den Marken.*

sicut premittitur, ab eodem memorate regine vel procuratori suo eius nomine   20
sublato cuiuslibet difficultatis obiectu cum integritate restituat, ut tenetur,
per censuram ecclesiasticam | et alias etiam, prout expedire putaveris,   *M f. 22'*
| compellere non obmittas, non obstante, si eidem ordini a sede sit indultum   *D f. 84*
predicta, quod eius monachi et conversi | interdici, suspendi vel excom-   *C f. 421'*
municari non possint per litteras apostolicas non facientes *etc. usque* menti-   25
onem. Dat. *etc.*

Q 1, 3   Contra renuntiantem constitutioni de duabus et una dietis.

Iud. Sua nobis Guido Bartholomei rector ecclesie de . . . . diocesis petitione monstravit, quod, licet ipse fructus, redditus et proventus unius anni
eiusdem ecclesie I. de . . clerico eiusdem diocesis pro certa vendiderit quanti-   5
tate pecunie, quam idem clericus renuntians constitutionibus tam de duabus
dietis edite in concilio generali[1] quam felicis recordationis Bonifatii pape
VIII.[2], predecessoris nostri, qua cavetur, quod, cum eiusdem diocesis
fuerint actor et reus, extra ipsam nisi in certis casibus et in illis ultra unam
dietam a finibus eiusdem diocesis aliquis eorundem ad iudicium non traha-   10
tur, et beneficio restitutionis in integrum ac omnibus litteris et indulgentiis
apostolicis impetratis et etiam impetrandis ac omni iuris canonici et civilis
auxilio et conventioni iudicum et locorum, si dictum rectorem contingeret
super hoc litteras apostolicas impetrare, promisit dicto rectori se certo loco
et termino soliturum, prout in instrumento publico inde confecto plenius   15

---

20 sicut – memorate *om B* | p̄ittitur *M* | memorato *D* | regine] Regriñ *D*

21 obiecta *D* | restituatur *M*

23 omittas *A* | non 2°] nec *C* | obstante] obsañ *(!) C* | sede] apostolica *add AMB* | sit *om CAB* | indultum] existat *add A*

24 predicta *om B* | eiusdem *B* | et] vel *B*

25 non facientes *om B* | facientes] plenam et expressam *add A* | usque *om B* | mentionem] monitione *C*

26 Datum *CE* | etc. *om MOB.*

Q 1, 3   *C 269 f. 421' (Üb. Index f. 444); A 265 f. 47'.*

1 et] vel *C*

3 Guido Bartholomei] G. *A*

5 pecunie quantitate *A*

6 constitutioni *A* | tam *om A*

7 quam] quamquam *A*

8 diocesis] dietis *C*

9 actor] fiunt *C* | ipsas *CA* | in 1° *om A* | et 2°] etiam *C* | ultra] extra *C*

13 contingerit *A*

14 certis *A*

15 solitturum *C* : soluturum *A* | publico *om C*

---

[1] *c. 37 Conc. Lat. IV = X 1, 3, 28.*
[2] *VI° 1, 3, 11; vgl. dazu N 1 und die Ausführungen Bd. 1 S. 193 f.*

dicitur contineri, nondum tamen est eidem rectori de huiusmodi pecunia,
quamquam dictus clericus huiusmodi fructus, redditus et proventus integre
perceperit et terminus solutionis effluxerit, satisfactum, propter quod idem
rector dampna gravia et expensas se asserit incurrisse. Quocirca discretioni
20   tue per apostolica scripta mandamus, quatinus partibus convocatis *etc.*
usuris cessantibus *etc. usque* observari. Testes *non dantur.*[1] Datum *etc.*

Q 1, 3a Compellitur frater redire ad domum, a qua exivit animi levitate.

Iud. Ex parte dilectorum filiorum ⟨. .⟩ magistri et fratrum domus beate
Marie de Mercede captivorum Barchinonen.[2] ordinis sancti Augustini fuit
5   nobis humiliter intimatum, quod Petrus, dicti ordinis professor, se ad ordinem sancti Benedicti transtulit et in monasterio . . dicti ordinis sancti
D f. 86' Benedicti | Auxitan.[3] diocesis in monachum et in fratrem dicti monasterii
sui superioris licentia super hoc non obtenta se procuravit recipi animi levitate, non curans ad eandem domum, a qua exivit animi levitate, redire in sue
10   salutis dispendium, dictorum magistri ac fratrum contemptum et scandalum
plurimorum *etc.* – mandamus, quatinus, si est ita, ipsum Petrum, ⟨ut⟩
monasterio de . . ⟨et⟩ ordine sancti Benedicti relictis ad dictam domum, a qua
animi levitate exivit, redeat et ipsius ordinis sancti Augustini institutis se

---

16 nundum *(!) A*	1-2 *Üb. nur marg.* D^2
17 fructus] früt *(!) A*	3 . . *scr.*] *om D*
18 effluxit *C* : exfluxerit *A*	6 transtulerit *D*
20 scripta *om A*	7 Benedicti] B. *D*
21 Testes non dantur *om A*	datur *C*		11 ut *scr.*] *om D*
Dat. *A.*	12 et *scr.*] *om D*
Q 1, 3a *D 346 f. 86/86'.*	13 animi] cum *D.*

---

[1] *Die Testes-Klausel entfällt nach N 62, 1, da es sich um eine gegen einen Kleriker gerichtete Wucherklage (Verkauf auf Wiederverkauf) handelt, vgl. dazu Bd. 1 S. 399 Anm. 9.*

[2] *Mercedarier in Barcelona. Der Orden wurde 1223 vom hl. Petrus Nolascus gegründet und 1235 Januar 17 von Gregor IX. bestätigt (Potthast 9825); er übernahm die Augustinerregel. Vgl. Heimbucher 1, 571 ff.; Hélyot 3, 266 ff.; M. Even, L'ordre de la Merci (Rom ²1918) und G. Vázquez Núñez, Manual de historia de la Orden de N. S. de la Merced 1 (Toledo 1931).*

[3] *Auch w. von Toulouse. Es kommen in Frage die Benediktinerklöster Pessan (Pessanum) bei Auch, Saramon (Cella Modulphi) ebenda und Simorre (Simorra) bei Lombez. Vgl. Beaunier-J.-M. Besse, Abbayes et prieurés de l'ancienne France Bd. 3: Provinces ecclésiastiques d'Auch et de Bordeaux (Ligugé-Paris 1910 = Archives de la France monastique 10), 11 f.*

conformet ac magistro et fratribus dicte domus obedientiam et reverentiam
exhibeat, ut tenetur, debitam et devotam in eadem domo perpetuo reman-
surus, monitione premissa per censuram ecclesiasticam appellatione remota   15
compellas. Datum.

Q 1, 3b Contra illos, qui impediunt magistrum et fratres
domus leprosorum, quod in eorum domo non celebrentur
divina.

Iud. Conquesti sunt nobis dilecti filii . . rector et fratres domus leprosorum
de . . . . diocesis, quod . . perpetuus capellanus par|rochialis ecclesie de   *L f. 106 d*
. . dicte diocesis predictos rectorem et fratres, quominus in capella domus
eiusdem missarum sollemnia et alia divina officia celebrare, prout id eis ex
concessione venerabilis fratris nostri . . Bituricen.[1] archiepiscopi ac ex
antiqua consuetudine competit, libere valeant, contra iustitiam per se et
alios impedit hactenus et adhuc in eorum preiudicium et gravamen impedire   10
presumit. – mandamus, quatinus partibus convocatis *etc.*

Q 1, 3c Contra illum, qui ligatus maiori excommunicatione
canonicatum et prebendam indebite occupavit.

Iud. Conquestus est nobis R. de . . canonicus ecclesie . . . . diocesis,
quod . . presbiter dicte diocesis maioris excommunicationis vinculo publice
innodatus canonicatum et prebendam eiusdem ecclesie, quos . . de . ., olim   5

Q 1, 3b   *D 533 f. 114' (Üb. Index f.*
  12); E 513 f. 67; L 400 f. 106c/d;
  B 25 n. 5 f. 58'.
[1] impediunt *om D*
[2] domus *om E* | earum *D* | celebrent
  D
[4] *Iud. om D* | dilecti filii *om L*
[5] de . . 1° *om B* | . . diocesis] diocesis
  DL : diocesis . . *E* | cappellanus
  DB | de – 6 diocesis] . . *B*
[6] dicte] Be. *D* | cappella *B*
[7] solempnia *L*
[8] concessione] commissione *E* | . . *om*
  D | Bituricen. *om L* | Bituricen.

archiepiscopi] episcopi . . *B* | ac *om*
  L
[9] valeat *E*
[10] impedit *scr.*] impediunt *DELB* |
  hactenus et] et hactenus *D* | adhuc]
  ad hoc *L*
[11] presumunt *DE* : presumunt *etc.*
  B | etc. *om D.*
Q 1, 3c   *D 534 f. 114'/115 (Üb.*
  Index f. 12); E 514 f. 67; L 401 f.
  106 d.
[1-2] *Üb. om L*
[2] canonicatum] can^ca *D*
[3] . . 3° *om D*
[5] olim . . ipsius *D*

---

[1] *Bourges. Als Erzbischöfe kommen in Frage: Raynaldus (1316–21), Guilelmus
(1321–30), Fulcaudus (1330–43), vgl. Eubel 1 s. v.*

ipsius ecclesie canonicus, in ea obtinuit, temere occupavit et detinet occu-
patos in dilectorum filiorum capituli dicte ecclesie iniuriam et contemptum
| et eiusdem ecclesie preiudicium et gravamen. Cum autem dicti capitulum
ius suum et ipsius ecclesie in hac parte prosequi negligentes existant illudque
dictus R. prosequi sit paratus, nobis humiliter supplicavit, ut ipsum ad
prosecutionem ipsius iuris admittere dignaremur. Quocirca discretioni tue
per apostolica scripta mandamus, quatinus partibus convocatis *etc.*

D f. 115

10

Q 2

„Nonnulli clerici et laici" super censibus.

S f. 29   Q 2, 1 | Super censibus pro abbate et conventu.

Iud. Significarunt nobis dilecti filii .. abbas et conventus monasterii
de .. ordinis .., quod nonnulli clerici tam religiosi quam seculares, barones,
nobiles, milites | et alii laici .. et .. civitatum et diocesium, qui domos,
vineas, villas, grangias, prata, nemora, molendina, pascua, terras, possessiones et alia bona immobilia sub annuo censu seu redditu a monasterio
ipso tenent, censum sive redditum huiusmodi dictis abbati et conventui
exhibere non curant, quamquam iidem clerici, barones, nobiles, milites et

R f. 6

5

---

⁸ dicti .. capitulum *D*
¹⁰ supplicarunt *D*
¹¹ ipsius] ipsi *L*
¹² scripta] etc. *E* | partibus convoca-
tis etc.] vocatis *EL.*
Q 2, 1   *P 438 f. 42/42' (Üb. Index f.*
7); V 278 f. 33'; H 327 f. 37'/38;
S 249 f. 29; C 270 f. 421' (Üb. Index
f. 444); A 266 f. 47' (Fragment); M
294 f. 26'; O 320 f. 30; R 63 f. 5'/6.
¹ *CAM Üb.:* Super censibus. – *O Üb.:*
Forma super censibus. – *R Üb.:*
Forma „Quod nonnulli" pro abbate
et conventu super censibus. | pro]
quod *S* | conventu] Rubrica *add H²*
² Significaverit *S* : significaverunt
CR (hier aus – vit korr.) : signifi-
cavit *AO* | dilecti filii *om CAMO* |
.. *om M*
³ de *om HA* | de ..] Wltuen. *MO* |

ordinis ..] .. ordinis *VS* : diocesis ..
add H : .. diocesis *CA* : Rapollan.
diocesis *add MO* : .. ordinis .. diocesis *R*
⁴ laici] clerici *PVHSMO* : clerici et
laici *CA* : *davor radiertes* c *R* | ..
et ..] .. et .. et *S* : *om CA* : Rapol-
lan. et Melfien. *MO* : .. *R* | civitatis
et diocesis *HCAOR* | qui] per *C* |
domos] terras domos *CAMO*
⁵ villas *om M* | grangias] castra ca-
salia *add CAMO* | pascua] piscarias
VHR : *vor* nemora *CAMO* : terras
om CAMO
⁶ censu annuo *R* | a monasterio – 7
redditum *om M*
⁷ sive] seu *CO* | redditus *H* : red-
dituum *S* | .. abbati *C*
⁸ curantes *H* : curarunt *C* | quam-
quam *C* | idem *A* | clerici et persone

alii terras, domos, vineas, villas, possessiones et alia bona predicta pacifice
possideant et quiete ac fructus cum integritate percipiant eorundem, propter   10
quod dictis abbati et conventui ac monasterio non modicum imminet
detrimentum. Cum autem pro parte dictorum abbatis et conventus super
hiis | ad nos habitus sit recursus, – mandamus, quatinus, si est ita, dictos   *P f. 42'*
clericos, barones, nobiles, milites et alios, quod censum seu redditum memoratum prelibatis abbati et conventui exhibeant integre, ut tenentur, moni-   15
tione premissa per | censuram ecclesiasticam appellatione remota iustitia   *H f. 38*
mediante compellas. Proviso, ne in terras *etc.*[1] Testes *etc.*[2]

Q 2, 2   „Nonnulli clerici et laici" super censu.

Iud. Ex parte dilectorum filiorum . . abbatis et conventus monasterii
de . . ordinis . . nobis extitit intimatum, quod nonnulli | clerici et ecclesiastice   *P f. 34*
persone tam religiose quam seculares | in dignitatibus et personatibus con-   *S f. 39*
stitute nec non comites, barones, nobiles, milites et alii laici . . civitatis   5
et diocesis, qui terras, domos, possessiones et alia bona immobilia sub
annuo censu seu redditu a monasterio ipso tenent, censum sive redditum

---

*A (hier bricht A ab, die folgenden
zwei Blätter sind herausgeschnitten)*
9 alii . . *C* | villas] *hinter* possessiones
S : *om M* | bona *marg. einkorr.* P
| possideant pacifice *M*
10 earundem *PCMO* : in eorundem *S*
13 hiis] hoc *H* | nos] vos *M*
14 redditus memoratos *H*
15 prelibatis] predictis *CO* : predictis
aus dictis *korr. M*
17 terras] terra *VH* : t(er) *(!) S* :
dictorum nobilium *add CMO* | etc.
1° *om S* | Testes etc. *om CM.*

Q 2, 2   *P 320 f. 33'/34 (Üb. Index f.
6); V 325 f. 43; H 383 f. 46/46';
S 298 f. 38'/39 (= S) u. 375 f. 46
(= S'); C 271 f. 421'/422 (Üb.
Index f. 444); M 295 f. 26'; O 321
f. 30; B 3 n. 2 f. 27'/28.*

[1] *Üb. om SS'. – CMO Üb.:* Aliter su|
per eodem. | Quod nonnulli *VH -*
censu] Rubrica *(doppelt) add* H[2]
[3] de . . *om S'B* | ordinis . .] . . ordinis
V : diocesis . . *add HCMO* : ordinis
. . diocesis *S* : . . diocesis *B* | extitit
intimatum] est oblata querela *B*
[4] seculares] etiam *add PB* | personati-
bus et dignitatibus *S'* | constituti *B*
[5] comites] *om CMO* : et *add B* | . . *om
PVSC* | . . et . . civitatum et dioce-
sium *MO* : Lugd. Remen. et Eduen.
civitatum et diocesium *B*
[6] qui] que *H* : castra villas grangias
add S' | qui – 13 modicum] etc.
usque *CMO* | domos] vineas *add
S'* | possessiones] et possessiones vi-
neas grangias prata nemora etc. *B*
[7] census sive redditus *H* | sive] seu *B*

---

[1] *Die Proviso-Klausel wird bei Klagen gegen Adelige wegen Besitzungen nach
N 57 gesetzt. Vgl. Bd. 1 S. 214 ff.*

[2] *Die Testes-Klausel folgt, da es sich um keinen der in N 62 aufgeführten Fälle
handelt, in denen sie fortzufallen hat. Vgl. Bd. 1 S. 219 ff.*

huiusmodi dictis abbati et conventui, ut tenentur, exhibere non curant,
quamquam iidem clerici, comites, barones, nobiles, milites et alii supradicti
10 terrarum et aliorum premissorum bonorum possessionem pacificam habeant
H f. 46' ac | fructus cum integritate percipiant eorundem, propter quod dictis
abbati et conventui grave imminet preiudicium dictoque monasterio non
C f. 422 modicum detrimentum. Quare | iidem abbas et conventus nobis humiliter
supplicarunt, ut de oportuno sibi remedio subvenire paterna sollicitudine
B f. 28 curaremus. Quocirca – mandamus, quatinus, si est | ita, dictos clericos,
personas, comites, barones, nobiles, milites et alios, quod censum seu redditum memoratum prefatis abbati et conventui exhibeant integre, ut tenentur, monitione premissa per censuram ecclesiasticam appellatione remota
previa ratione compellas, proviso, ne in terras comitum, baronum et nobi-
20 lium predictorum excommunicationis *etc.* Testes *etc.*[1]

Q 2, 2a Super eodem.

Iud. Conquestus est nobis B. rector ecclesie de . . . . diocesis, quod . . et
. . laici eiusdem diocesis super quibusdam annuis censibus, redditibus,

---

8 . . abbati *PVS*
9 iidem *om B* | iidem – supradicti *om
VHS* | clerici] persone *add S'B* |
nobiles *om S'* | alii – 10 habeant]
laici castra villas grangias terras
domos vineas possessiones et alia
bona huiusmodi pacifice possideant
et quiete *S'* : alii laici predicti
terras domos vineas possessiones
grangias etc. et alia bona huiusmodi pacifice possideant et quiete
B
11 percipiunt *B* | eorundem] eorum
S' : earundem *B* | dictis *om S*
12 et *hinter* conventui *B* | grave – dic-
toque *om B* : grave – monasterio
om S' | imminet *om S*
13 modicum] inminet *add S'B* | . . ab-
bas *C*
14 de – sollicitudine] providere eis
super hoc de oportuno remedio *S'* :
super hoc eis de oportuno remedio

paterna solicitudine providere *B* |
de *om CM* | sibi] *om C* : super hoc
add MO | solicitudine *SC*
15 curaremus] vel sic Cum autem pro
parte dictorum . . super hiis ad nos
habitus sit recursus *add P* : etc.
add B | Quocirca *om PS'B* | man-
damus] etc. *M* | si – *Schluß*] etc. ut
supra *CMO* | dictos *om S'B*
16 nobiles *om B* | alios] laicos predictos
S'B | census seu redditus memora-
tos *H* | seu] *om S* : sive *B*
17 prefatis] prelibatis *VH* | ut tenen-
tur *om B*
19 previa ratione] iustitia mediante
B | proviso] etc. *add VH* | ne – 20
excommunicationis *om B* | in *om
VH* | comitum – 20 excommunica-
tionis *om S'* | Testes] autem *add V.*
Q 2, 2a *C 272 f. 422 (Üb. Index f.
444).*
2 quod] p *C.*

---

1 *Vgl. Q 2, 1 Anm. 2.*

terris, debitis, possessionibus et rebus aliis ad ecclesiam ipsam spectantibus
iniuriantur eidem. – mandamus, quatinus partibus convocatis *etc.* Testes   5
etc.[1]

Q 2, 3   Super feudis pro abbate et conventu.

Iud. Sua nobis dilecti filii .. abbas et conventus monasterii Casinen.[2]
ac persone prioratuum et membrorum eidem monasterio pleno iure subiec-
torum ordinis sancti Benedicti petitione monstrarunt, quod nonnulle | ec-   *B f. 37*
clesiastice persone tam religiose quam seculares in personatibus seu digni-   5
tatibus constitute nec non comites, | barones, milites et alii laici .. et ..   *D f. 104'*
civitatum et diocesium, qui castra, villas, terras, domos, possessiones, prata,
pascua, nemora et nonnulla alia bona mobilia et immobilia, que ab eisdem
monasterio, prioratibus et membris in feudum | vel sub censu annuo seu red-   *E f. 62*
ditu tenent, quandoque locis religiosis, ecclesiis ecclesiasticisque personis,   10
interdum vero aliis nec non personis secularibus seu potentibus atque laicis
vendere vel donare et ad perpetuum censum concedere ac de ipsis alios
infeudare et alias eadem alienare nec non huiusmodi castris, villis, terris,
possessionibus aliisque bonis predictis novas servitutes imponere de facto,
cum de iure non possint, absque ipsorum abbatis et conventus ac persona-   15

Q 2, 3   *C 273 f. 422 (Üb. Index f.*
    444); M 296 f. 26'/27; O 322 f. 30/
    30'; D 479 f. 104/104' (Üb. Index
    f. 11); E 463 f. 61'/62; B 11 n. 6 f.
    36'–37'.

[1] *C Üb.:* Super prebendis. *– MO Üb.:*
   Super feudis

[2] monasterii Casinen.] .. *C* | Casinen.]
   Cassinen. *MO* : .. *B*

[3] et *doppelt E* | eiusdem monasterii
   C

[4] sancti Benedicti] .. *CDE* : .. dio-
   cesis *B* | monstravit *E* | ecclesias-
   tice] ecclesie *C* : *marg. v. and. Hd.*
   einkorr. u. hinter 5 persone *verwie-*
   sen B

[5] quam] etiam *add B* | seculares]
   etiam *add DEB*

[6] milites] nobiles *add E* | .. et ..] ..
   CEB (*hinter* diocesium) : *om D*

[7] civitaᵗ et dioĉ *C* : civitatis et dioĉ
   O : civit; et dioc; *DE*

[8] nemora *om C* | alia *om B* | et 2°]
   e *gestrichen C*

[9] monasteriis *O* : mon(asterio) *v. and.*
   Hd. korr. B | feudum *aus* feudis
   korr. M | vel] et *B* | annuo censu *B*

[10] ecclesiasticis *MO*

[11] aliis] alique *D* | secularibus personis
   CB | atque laicis *om MO*

[12] aliis inpheudare *B*

[13] feudare *D* | alienare] vel sic *(om M)*
   nec non quibusdam ex dictis possessionibus novas servitutes etc.
   add CM | nec non *om CM* | huius-
   modi *om B* | terris possessionibus]
   etc. *B*

[15] ipsorum *v. and. Hd. marg. einkorr.*
   B

---

[1] *Vgl. Q 2, 1 Anm. 2.*

[2] *Benediktinerkloster Montecassino. Für die Datierung vgl. K 225a Anm. 1.*

rum consensu legitimo temeritate propria presumpserunt sicque illi pretextu venditionis, donationis, concessionis, infeudationis et alienationis huiusmodi in castris, villis, terris et aliis supradictis bonis quodammodo ius dominii sibi vendicare contendunt, dum per ipsos illa in alios et per ipsos sepe in personam tertiam et deinceps ipsis abbate et conventu | ac personis non requisitis nec consentientibus sint translata. Unde cum ex hoc monasterium, prioratus et membra predicta non modicam sustinuerint | lesionem, iidem abbas et conventus ac persone nobis humiliter supplicarunt, ut providere super hoc indempnitati monasterii, prioratuum et membrorum ipsorum paterna sollicitudine curaremus. Nos itaque predictorum abbatis et conventus ac personarum precibus inclinati – mandamus, quatinus, si est ita, infeudationes et alia premissa taliter ab eisdem baronibus, clericis et laicis contra iustitiam attemptata ea | in irritum revocare et, ne ab eis de cetero similia attemptentur, auctoritate nostra firmiter inhibere procures, contradictores *etc.* Proviso, ne in terras dictorum comitum et baronum excommunicationis vel interdicti sententias *etc.*[1] Testes *etc.*[2]

M f. 27

O f. 30'

25

B f. 37'

30

Q 2, 3a Super eodem.

Iud. Sua nobis dilecti filii . . abbas et conventus monasterii de . . ad Romanam *etc.* ordinis sancti Benedicti petitione monstrarunt, quod nonnulli clerici et laici . . civitatis et diocesis terras, domos *etc. ut supra.*[3]

[17] infeudationis (informationis *E*) concessionis *DEB*

[18] in *om C* | bonis *om DB* | quodammodo] quedam modo *(?) D* : quodam *v. and. Hd. einkorr. B*

[19] vendicare] venditore *D* | alios – 20 ac *om C* | ipsos] illos *B*

[20] tertiam] terram *D* | et 2°] ac *v. and. Hd. einkorr. B* | abbati et conventui *D*

[21] nec] vel *C* | sint] fuit *CME* : sunt *B* | mon(asteri)o *D*

[22] modicam] modicum *C* : *aus* modicum *korr. D*[2] | sustinent *C* : sustinuerant *B*

[24] hoc indempnitati *om C* | monasteriorum *MO* | ipsorum] indempnitati *add C*

[25] predictorum *hinter* personarum *B* | . . abbatis *C*

[26] inclinati] etc. *add D* | si est ita *om B*

[27] premissa] predicta *B* | baronibus – laicis] personis comitibus baronibus nobilibus *(om B)* militibus et aliis supradictis *DB* : *om E*

[28] in *om C* | revocari *C* | de cetero *om CDE*

[30] terris *DB* | baronum] ac nobilium *add DEB*

[31] interdici *C* | Testes etc.] *om C* : Dat. *add M* : Dat. etc. *add O.*

Q 2, 3a   *M 296 a f. 27' O 323 f. 30'.*

[1] *Üb. in M schwarz marg., in O rot.* –

[2] nobis *om M*

[3] petitione monstrarunt *om M*

[4] . . *om M* | terras domos *om M.*

---

[1] *Nach N 57 ist die Proviso-Klausel bei Klagen gegen Adelige wegen Besitzstreitigkeiten zu setzen. Vgl. Bd. 1 S. 214 ff.*   [2] *Vgl. Q 2, 1 Anm. 2.*   [3] *Vgl. Q 2, 3.*

Q 2, 3 b   Super eodem pro episcopo.

Iud. Sua nobis venerabilis frater noster .. Mimaten.[1] episcopus petitione
monstravit, | quod nonnulli clerici et ecclesiastice persone tam religiose
quam seculares etiam in dignitatibus et personatibus constitute nec non
comites, barones, milites et alii laici Mimaten.[1] civitatis et diocesis, qui
castra, villas *etc. ut supra usque in finem.*[2]

D f. 105

5

Q 3

„Nonnulli parrochiani" super decimis.

Q 3, 1   Forma „Nonnulli parrochiani".

Iud. Sua nobis .. rector ecclesie de .. petitione monstravit, quod nonnulli parrochiani eiusdem ecclesie .. diocesis de proventibus terrarum,
vinearum, ortorum, molendinorum, pratorum, possessionum ac aliorum
bonorum, que infra limites parrochie ipsius ecclesie obtinent, decimas eidem
ecclesie debitas | predicto rectori solvere indebite contradicunt quandam
pravam consuetudinem, que corruptela dicenda est potius, pretendentes,

5

V f. 43

Q 2, 3b   *D 480 f. 104'/105 (Üb. Index
f. 11); E 464 f. 62.*
6 *fine E.*

Q 3, 1   *P 319 f. 33' (Üb. Index f. 6);
V 324 f. 42'/43; H 382 f. 46; S –;
C 274 f. 422/422' (Üb. Index f.
444); A –; M 297 f. 27; O 324 f.
30'; D 475 f. 103' (Üb. Index f.
10'); E 459 f. 61/61'; L –; R 96 f. 9;
B 11 n. 2 f. 36.*
1 *MO Üb.: Quod solvatur decima. |
Forma] om PV : quod add DER |
parrochiani] pro rectore super decimis add R*
2 *Iud. om D | Sua nobis] Ex parte
dilecti filii etc. vel Sua nobis M :
vel ex parte dilecti filii etc. add P
(marg. einkorr.) | .. rector] .. rec-
tor de .. C : P. rector MO : dilectus*

filius rector A. de .. rector *D* : N.
rector de .. *E* : N. rector *B* | par-
rochialis ecclesie *DEB* | de ..] ..
diocesis *DB* : .. *E*
3 *eiusdem] ipsius B | ecclesie om C |
.. diocesis] diocesis .. H : om
DB : diocesis R*
4 *vinearum – 5 ecclesie] etc. usque P |
ortorum – pratorum gestrichen C |
mollendinorum O | possessionum]
nemorum add DEB | ac] et HDEB |
aliorum bonorum] aliis bonis V :
de aliis bonis MO*
5 *ipsius om H | eidem] eiusdem E :
ipsi v. and. Hd. aus ipsius korr. B*
6 *rectori om M*
7 *pravam] parvam (getilgt) paterna
(!) B | pravam – 11 reservarit] etc.
usque P | potius dicenda est H*

---

1 *Mende.*   **2** *Vgl. Q 2, 3.*

videlicet, quod de talibus nullo umquam tempore decimas persolverunt.
Cum igitur tanto graviora sint crimina, quanto diutius infelicem animam
10 detinent alligatam, ac in signum universalis dominii quasi quodam titulo
speciali sibi dominus decimas reservarit,[1] – mandamus, quatinus, si est ita,

C f. 422' prefatos parrochianos, ut consuetudine huiusmodi non obstante | prefato
rectori de predictis integre persolvant decimas, ut tenentur, monitione pre-
E f. 61' missa per censuram | ecclesiasticam appellatione remota previa ratione com-
15 pellas. Testes *etc.*

Q 3, 1a „Nonnulli parrochiani" pro priore.

Iud. Sua nobis dilectus filius . . prior prioratus de . . ordinis . . . . diocesis
petitione monstravit, quod nonnulli parrochiani ecclesiarum de . . et . . . .
R f. 9' diocesis, quas idem prior | in usus proprios canonice obtinet, de proventibus
5 terrarum, vinearum, ortorum, molendinorum, pratorum, possessionum et
aliorum bonorum, que infra limites parrochie ipsarum ecclesiarum obtinent,
decimas dicto prioratui ratione dictarum ecclesiarum debitas dicto priori
solvere indebite contradicunt quandam pravam consuetudinem, que corruptela dicenda est potius, pretendentes, videlicet, quod de talibus nulli
10 adhuc decimas persolverunt. Cum igitur tanto graviora sint crimina, quanto
diutius infelicem animan detinent alligatam, ac in signum universalis
dominii quasi quodam titulo speciali sibi decimas dominus reserva-

---

[8] nullo umquam tempore] nulli adhuc *VH* : adhuc nulli *zu* nulli adhuc
korr. C : vel nulli adhuc *add MO* :
adhuc nulli *R*

[9] sint] sunt *VHRB*

[10] ac] decimas *add M (marg. einkorr.)* |
singnum *(!) C* : sigm. *(ohne Kür-
zungszeichen) D* | dominii] ecclesie
(expungiert) domini *V* : domini *C*

[11] decimas] *vor* dominus *VHR* : *om*
M | reservarit] reservavit *HE* :
reservavit etc. *DB* | si ita est *B*

[12] consuetudine] contradictione *H* |
prefato – 13 decimas] decimas de
predictis (de predictis] predictas *B*)
prefate (eidem *DEB*) ecclesie debitas eidem (prefato *DEB*) rectori
persolvant integre *CDEB*

[14] per – compellas] etc. *P* | remota]
v. and. Hd. einkorr. C : postposita
B | previa ratione *om B*

[15] Testes] autem *add V* | etc.] *om M* :
Dat. *add B.*

Q 3, 1 a   *P 318 f. 33' (Üb. Index f. 6);
V –; H –; S 297 f. 38'; R 97 f.
9/9'.*

[1] *Üb. om S.* – *R Üb.:* Forma ‚Quod
nonnulli parrochiani' pro prioratu.

[2] *Iud. om R* | ordinis . .] . . ordinis *S* :
Cluniacensis ordinis *R* | . . diocesis]
diocesis . . *P*

[3] et] de *add SR* | . . diocesis] dioce-
sis . . *P*

[5] terrarum *einkorr. P* | vinearum –
6 ecclesiarum] etc. usque *R*

[6] obtinen *(!) S*

[7] prioratu *P* | ecclesiarum dictarum
S | decimas debitas *R*

[8] indebite – 13 quatinus] etc. usque
R

[12] dominii] dñinii *(!) S* | reservarit
scr.] reservavit *PS*

rit,[1] – mandamus, quatinus, si est ita, dictos parrochianos, ut decimas de predictis eidem prioratui taliter debitas dicto priori exsolvant integre, ut tenentur, consuetudine huiusmodi non obstante, monitione premissa per censuram   15
ecclesiasticam appellatione remota previa ratione compellas. Testes autem
etc.

Q 3, 2   Super eodem, quod solvant decimam.

Iud. Querelam dilecti filii . . rectoris ecclesie de . . accepimus continentem,
quod nonnulli barones, milites et laici . . civitatis et diocesis de proventibus
terrarum, vinearum, ortorum, | possessionum, molendinorum, pratorum,   *B f. 36'*
fructibus arborum, fetibus animalium, salinis, leguminibus et rebus aliis,   5
quas infra limites parrochie ipsius ecclesie obtinent, decimas eidem ecclesie
debitas dicto rectori solvere indebite contradicunt quandam pravam consuetudinem *etc.* (*vel*: ad excusandas excusationes in predictis asserentes se
illis nullo umquam tempore exsolvisse). Cum igitur diuturnitas temporis
peccatum non minuat sed augmentet, – mandamus, quatinus, si est ita,   10
predictos barones, milites et laicos, quod eidem rectori de premissis et aliis
decimas eidem ecclesie debitas, ut tenentur, cum integritate persolvant,

[14] eidem] etc. *R* | eidem – debitas *om P* | prioratu *SR* | ut tenentur integre exsolvant *S* : integre ut tenentur exsolvant *R*

[15] consuetudine – obstante *om S* | monitione – *Schluß*] etc. ut in forma *R*

[16] appellatione remota *v. and. Hd. marg. einkorr. P.*

Q 3, 2   *C 275 f. 422' (Üb. Index f. 444); M 298 f. 27; O 325 f. 30'; D 476 f. 103' (Üb. Index f. 10'); E 460 f. 61'; B 11 n. 3 f. 36/36'.*

[1] *Üb. om M.*

[2] Querellam *O* | . . rectoris] rectoris . . *B* | de . .] de diocesis *D* : . . *EB* | ccepimus (*!*) *D*

[3] . . civitatis] civitatis *MDB* : . . et . . civitatis *O* : civitatis . . *E* | diocesis . . *MDB*

[4] ortorum] ceterorum *C* | mollendinorum *O* | et pratorum *B*

[5] salinis *om C* | et] ac *D*

[6] quas] que *D* | parrochie – 9 exsolvisse] etc. persolverunt *B* | *hinter* eidem *Rasur v. ca. 5 Buchstaben D*

[7] vel quandam *M*

[8] etc.] que corruptela dicenda est potius pretendentes quod de talibus nunquam (nulli adhuc *DE*) decimas persolverunt (persolvunt *D*) *MODE* | vel *om M* | vel – 9 exsolvisse *om DE* | vel – 9 tempore *marg. einkorr. O* | predictis] peccatis *MO*

[9] illas *MO* | persolvisse *M* : persolvisse. Cum igitur etc. *marg. einkorr. O*

[10] peccatum *v. and. Hd. marg. statt getilgtem* pctin. (*!*) *einkorr. B* | diminuat *DB* | augmentat *D* : augeat et augmentet etc. *B*

[11] barones *om MODEB* | quod] consuetudine huiusmodi non obstante *add MO* : ut *D*

[12] decimis *B* | eidem *doppelt E*

[1] *c. 54 Conc. Lat. IV = Comp. IV 3, 9, 6 = X 3, 30, 33.*

monitione premissa per censuram ecclesiasticam appellatione remota previa ratione compellas. Testes *etc.*

Q 3, 2a   Super eodem.

Hec forma fuit, sicut posita est in libro isto, correcta per dominum P. abbatem monasterii sancti Saturnini Tholosan. vicecancellarium[1] *presentibus duobus prothonotariis pape,*[2] *pluribus auditoribus et aliis advocatis.*

5   Ex parte dilecti filii .. prioris prioratus de .. ordinis sancti Benedicti .. diocesis nobis est oblata querela, quod nonnulli parrochiani ecclesie .. dicti prioratus .. diocesis, in qua dictus prior per proprium vicarium veram curam gerentem parrochianorum ipsius ecclesie facit deserviri, de proventibus terrarum, vinearum, ortorum, pratorum, molendinorum et aliorum
10   bonorum, que infra limites parrochie illius ecclesie obtinent, decimas eidem

---

[13] per – 14 ratione] etc. *B*

[14] Testes etc.] *om MOE* : Dat. etc. add *D*.

Q 3, 2a   *D 477 f. 104 (Üb. Index f. 10'); E 461 f. 61'; B 11 n. 4 f. 36'.*

[2-4] *Die Note nur in D vor dem Text und im Index (= D') sowie in E.|* Hec] autem add *D'* : ista *E |* posita – isto] iacet *D'E |* P.] P(er) *D'*

[3] monasterii *om D' |* Saturnini] Sacrarium *(!) D' |* Thelosanen. *D' |*

presentibus] abbreviatoribus add *E|* duobus – 4 advocatis] etc. *D'*

[4] notariis *E |* pape] et add *E*

[5] Iud. Ex parte *EB | ..* 2° *om D |* ordinis – 6 diocesis *om B | ..* diocesis *om E*

[6] *.. om DE*

[7] *..* diocesis] diocesis *D* : *om B |* veram *om EB*

[8] deservire *B*

[9] ortorum – et] etc. *B |* molendinatorum *(!) D*

[10] illius] ipsius *E*

---

[1] *Petrus Textoris (Letessier), seit 1318 März 27 Abt des Klosters S. Saturninus in Toulouse (vgl. Jean XXII, Lettres communes, ed. G. Mollat und G. de Lesquien Nr. 6758). 1319 Mai 23 ist er zum ersten Male als Vizekanzler belegt (das. Nr. 9472). Sein Vorgänger, Gaucelm Iohannis Deuza, erscheint zuletzt im Januar 1319 als Vizekanzler (das. 8795, 8822, 8877, dazu Bresslau, Urkundenlehre 1, 258 Anm. 2). Petrus wurde am 19. oder 20. Dezember 1320 zum Kardinalpriester von S. Stephanus in Celio Monte erhoben, er starb 1325 März 23 (vgl. K. H. Schäfer, Die Ausgaben der apostolischen Kammer unter Johann XXII., Paderborn 1911, 580 mit Anm. 2). Vgl. allgemein Bresslau, Urkundenlehre 1, 258 und P. M. Baumgarten, Von der Apostolischen Kanzlei (Köln 1908), 99 ff. Die vorliegende Formel muß also 1319 oder 1320 korrigiert worden sein. Sie kam wohl aus einer anderen Sammlung in die späten Handschriften des Formularium audientiae.*

[2] *Über die Protonotare vgl. Bresslau, Urkundenlehre 1, 294 f.*

ecclesie debitas eidem priori solvere indebite contradicunt quandam pravam consuetudinem, que corruptela dicenda est potius, pretendentes, videlicet, quod de talibus nulli adhuc decimas persolverunt. Cum igitur tanto graviora sint crimina, quanto diutius infelicem animam detinent alligatam, ac in signum universalis dominii quasi quodam titulo speciali sibi dominus [15] decimas reservarit,[1] discretioni tue per apostolica scripta mandamus, quatinus, si est ita, prefatos parrochianos, quod decimas de predictis prefate ecclesie debitas dicto priori integre, ut tenentur, exsolvant consuetudine huiusmodi non obstante, monitione premissa per censuram ecclesiasticam appellatione remota previa ratione compellas. Testes *etc.* [20]

Q 3, 2b Super eodem.

Significavit nobis dilectus filius prior prioratus sancti Martini de . . ordinis . . . . diocesis, quod nonnulli parrochiani ecclesie de . . dicte diocesis, quam dictus prior in proprios usus canonice obtinet et cui per proprium vicarium secularem curam animarum gerentem parrochianorum ipsorum [5] facit deserviri, de proventibus terrarum *etc. ut in proxima etc.*[2]

---

[12] que – 13 decimas] etc. *B*
[14] sunt *E* | sint – detinent] etc. *B*
[15] dominii – 16 decimas] etc. *B*
[16] reservarit *scr.*] reservavit *DEB* | discretioni – scripta] etc. *B*
[17] quod] ut *EB* | de predictis] predictas *B* | prefate] dicte *B*
[18] dicto] prefato *B* | exolvant *EB*
[19] per – 20 compellas] etc. *B*.

Q 3, 2b   *D 478 f. 104 (Üb. Index f. 10'); E 462 f. 61'; B 11 n. 5 f. 36'.*

[1] Alia super eodem *E*
[2] . . prior *E* | sancti Martini] Mauricii *D* : *om B* | . . ordinis . . *om B* | ordinis . . . . diocesis *scr.*] ordinis diocesis *D* : . . ordinis . . diocesis *E*
[3] de *om B* | dicte diocesis *om B*
[4] vicarium proprium *B*
[5] parrochianorum – 6 terrarum *om B*
[6] in proxima etc.] ūt *(!) B* | etc. 2° *om E.*

---

[1] *Vgl. S. 413 Anm. 1.*
[2] *Q 3, 2a.*

Q 4
Contra predones.

Q 4, 1 | Forma contra predones.

Iud. Pium esse dinoscitur, ut gloriantibus in malitia[1] per nos taliter ob-
sistatur, quod repressis eorum insultibus vacantes divino cultui liberius
possint in observantia mandatorum domini gloriari. Cum itaque dilecti
5   filii .. abbas et conventus monasterii de .. ad Romanam ecclesiam nullo
medio pertinentis ordinis sancti Benedicti .. diocesis a nonnullis, qui nomen
domini recipere in vacuum[2] non formidant, gravibus, sicut asserunt, affligantur
iniuriis et iacturis, | nos eorundem abbatis et conventus providere quieti et
malignantium malitiis obviare volentes – mandamus, quatinus dictis | ab-

---

Q 4, 1   *P 314 f. 33/33' (Üb. Index f.*
    6); C 276 f. 422 '(Üb. Index f.
    444); A 267 f. 50; M 300 f. 27/27';
    O 327 f. 30'/31; D 449 f. 99/99' (Üb.
    Index f. 10'); E 436 f. 58'/59; L
    347 f. 103c/d; B 7 n. 1 f. 29'/30.

[1] *P Üb.:* Super eodem. – *MO Üb.:*
    Forma contra predonum et rapto-
    rum audaciam. – *D Üb.:* Tractatus
    conservatoriarum contra predones;
    marg. : Super eodem pro abbate et
    conventu. – *EL Üb.:* Conservatoria
    contra predones (predonum *L*) pro
    abbate et conventu.

[2] Iud. *om D* | dignoscitur *E* | totaliter
    L | assistatur *A*

[3] repressis] ex premissis *C* : oppressis
    M : *marg. v. and. Hd. einkorr. statt*
    getilgtem in premissis *B* | liberius]
    libere *C* : libencius *D* : liberi *L*

[4] gloriari] delectari *P*

[5] .. 1° *om M* | abbas – 6 Benedicti]

prior et fratres hospitalis sancti
Iohannis de .. Brand(enburgen.) *P*
| ecclesiam – 6 pertinentis] etc.
MODL | nullo – 6 pertinentis] etc.
E | nullo – 6 Benedicti] etc. *B*

[6] pertinentes *C* | sancti Benedicti] ..
    MO : *om L* | Ar. diocesis *B*

[7] in vacuum recipere *PB* | vacuum]
    vanum *C* : vacuum vel in vanum
    D | formidant] et (vel qui *O*) letan-
    tur cum malefecerint et in rebus
    pessimis gloriantur *add MO (marg.*
    einkorr.) | affliguntur *PCM*

[8] iniuriis] vel molestiis *add D* | eorum
    M | eorundem – conventus] eorum
    prioris et fratrum *P* | .. abbatis *C*

[9] malitiantium *(!) P* | malitiis] ne-
    quitiis *B* | contraire alias obviare
    C | volentes] discretioni tue per
    apostolica scripta *add P* : discre-
    tioni tue etc. *add C* : etc. *add DB* |
    abbati et conventui] priori et fratri-
    bus *P* | .. abbati *C*

---

[1] *Vgl. Ps. 51, 1: Quid gloriaris in malitia, qui potens es in iniquitate?*
[2] *Vgl. Ex. 20, 7: Non assumes nomen domini dei tui in vanum. – Statt vanum*
findet sich in der mittelalterlichen Überlieferung auch vacuum, vgl. die kritische
Edition: Biblia sacra iuxta Latinam vulgatam versionem ... recensuit H. Quentin,
Bd. 2: Exodus (Rom 1929), S. 180, im Apparat zu vanum. Die Originale haben
zumeist vacuum, das hier also im Text beibehalten wurde.

bati et conventui contra predonum, raptorum et invasorum audaciam | efficaci presidio defensionis assistens non permittas eos in personis | et bonis suis a talibus molestari, molestatores huiusmodi per censuram ecclesiasticam appellatione postposita compescendo, attentius | provisurus, ne de hiis, super quibus lis est forte iam mota, seu que cause cognitionem exigunt vel que personas et bona huiusmodi non contingunt, te aliquatenus | intromittas neque in episcopum aliosve superiores prelatos excommunicationis vel suspensionis aut in universitatem aliquam seu collegium interdicti sententias promulgare presumas; nos enim, si secus presumpseris, tam presentes litteras quam etiam processum, quem per te illarum auctoritate haberi contigerit, omnino carere viribus ac nullius fore decernimus firmitatis. Huiusmodi | ergo mandatum nostrum sic sapienter et fideliter exequaris, quod eius fines quomodolibet non excedas; presentibus post triennium minime valituris.

10
D f. 99'
L f. 103 d

M f. 27'

O f. 31

20
P f. 33'

Q 4, 1a Super eodem.

Pium esse dinoscitur, ut gloriantibus in malitia[1] per nos taliter obsistatur, quod | repressis eorum insultibus vacantes divino cultui liberius possint in observantia mandatorum domini delectari. Cum itaque dilecti filii .. pre-

V f. 34

[10] raptorum predonum *P* | et 2° *einkorr. E* | invasorum] iniustorum *A*

[11] efficac; *EL* : etficacis *B* | deffensionis *CE* | permictens *L* | in personis *om C*

[12] suis *om M*

[13] appellatione postposita] etc. *B* | ne] ut *A*

[14] lis] lex *C* | forte *om A* | iam] non *C* : *vor* forte *D* | iam mota] ĩ amota *(!) L* | mota] orta *MO* : in ea *E* | seu] se *L*

[15] vel] et *MDEL* | vel que] ac *B* | non *v. and. Hd. einkorr. B*

[16] neque] nec *PMDELB* | episcopos *PB* | aliosve] sive alios *B* | in *om CE*

[17] seu collegium *om P*

[18] enim] autem *P* : etiam *B*

[19] litteras *om CA* | quem] quam *B* | per *om M* | habere *ML*

[20] contingerit *DL* | ac] et *CMOB*

[21] ergo *om C* | nostrum *marg. v. and. Hd. ein weiteres Mal einkorr. B* | sic] si *C* | sapienter] prudenter *PDELB* | et] sic *C*

[22] finem *CA* | post triennium] postremum *D* : post trienium *E*

[23] valituris] etc. *add D* : Dat. *add B.*

Q 4, 1a   *P* –; *V 280 f. 33'/34; H 329 f. 38; S 251 f. 29; R 145 f. 14'.*

[2] dignoscitur *R* | ut *om V*

[3] repressis] reprehensis *H* | vacantes] *hinter* cultui *H* : vacantibus *R* | cultu *V* | libencius *SR*

[4] observantiam *H* | domini] dei *H* | filii – *Schluß*] etc. ut supra *S*

---

[1] *Vgl. Q 4, 1 Anm. 1.*

5　positus et capitulum ecclesie Wacien.[1] a nonnullis *etc. ut in precedenti usque in finem verbis competenter mutatis.*

Q 4, 2　Contra predonum audaciam.

Et datur per vicecancellarium.

Presumentium ministros dei prosequi debet elidi temeritas, ut eis a perversitate cohibitis sit illis facile commissi curam salubriter exercere. Cum
5　itaque venerabilis frater noster .. episcopus Wacien.[2] a nonnullis, qui letantur, cum malefecerint, et exultant in rebus pessimis,[3] diversis, sicut accepimus, affligatur iniuriis et iacturis, nos volentes eiusdem episcopi providere quieti et malignorum conatibus obviare – mandamus, quatinus eidem episcopo adversus predonum, raptorum et invasorum audaciam
10　efficaci presidio defensionis assistens non permittas eum in persona vel bonis suis a talibus molestari, molestatores huiusmodi per censuram ecclesiasticam
P f. 43　appellatione postposita compescendo, attentius provisurus, ne de | hiis, super quibus lis est forte iam mota vel que cause cognitionem exigunt et que personam et bona huiusmodi non contingunt, te aliquatenus intromittas
15　nec in episcopos aliosve superiores prelatos excommunicationis vel suspensionis aut in universitatem aliquam interdicti sententias promulgare presu-

---

[5] ecclesie Wacien.] ecclesie .. *H* :
.. ecclesie de .. *R* | nonnullis] qui
add R | in precedenti] prima precedenti *H* : supra proxim̄ *R*
[6] fine *V* | verbis – mutatis *om HR.*
Q 4, 2　*P 441 f. 42'/43; V 279 f. 33';
H 328 f. 38; S 250 f. 29; R 144 f.
14'.*
[1] Üb. *om P* | predonum] raptorum
et invasorum *R*
[2] Et – vicecancellarium *om PR* |
vicecancellarium] et non datur nisi
usque ad triennium. Rubrica *add
H*[2]: vicecancellariam *S*
[3] Iud. Presumentibus *H* | debetur *H*
[4] exhibitis *V* : cohabitis *H* : chohibitis *(!) R* | curam] regiminis *add*

R | salubriter *einkorr. P* | excercere
(!) S
[5] .. *om S* | Wacien.] Vacien. *VH* :
om R
[6] et diversis *HR*
[7] affligatur *aus* affligantur *korr. P* :
affligantur *VS*
[8] cognatibus *P* | quatinus *om S*
[9] predonorum *(!) S*
[10] efficacis *S* | assistentes *S*
[13] iam forte *H*
[14] et] in *R*
[15] aliosve] alisione *S* | excommunicationis vel suspensionis] *einkorr. P* :
om VSR : excommunicationis *H*
[16] aut in] *einkorr. P* : aut *S* | aliquam]
vel collegium *add R* | promulgari *H*

---

[1] *Vácz (Waitzen) in Ungarn, n. von Budapest.*
[2] *Als Bischöfe von Vácz kommen in Frage: Ladislaus (1287), Thomas (1288–1292), Haab (1297–ca. 1312), Laurentius (1312–1318) und Rudolf (1318–1329),
vgl. Eubel 1, 511.*
[3] *Prov. 2, 14: . . . qui letantur, cum malefecerint, et exsultant in rebus pessimis.*

mas; nos enim, si secus presumpseris, tam presentes litteras quam etiam
processum, quem per te illarum auctoritate haberi contigerit, omnino
carere viribus ac nullius fore decernimus firmitatis. Huiusmodi ergo mandatum nostrum sic prudenter et fideliter exequaris, quod eius fines quomo-   20
dolibet non excedas. Dat. *etc.*

Q 4, 2a Super eodem pro episcopo.

Iud. Presumentium dei ministros prosequi debet elidi temeritas, ut eis
a perversitate cohibitis sit illis facile commissi curam regiminis salubriter
exercere. Cum itaque venerabilis frater noster . . Lucan.[1] episcopus a nonnullis, qui letantur, cum malefecerint, et exultant in rebus pessimis,[2] diversis, si-   5
cut accepimus, affligatur iniuriis et iacturis, nos *etc. verbis competenter
mutatis.*[a]

a) *Zusatz in D als Nr. 451 f. 99' marg.: Attende, quia male dicit, cum exordium
istud et sequens non dentur in presenti forma nisi pro clericis secularibus, et pro
religiosis primum, videlicet* Pium esse dinoscitur, *in quo tu semel deceptus propter*   10
malam rubricam habuisti litteram rescribendam sumptibus tuis.[3]

---

[17] enim, *darüber* igitur *P*

[18] processum – te] processus quos *H* |
contingerit *SR*

[19] decernimus fore *S*

[20] sic] si *S*

[21] excedas] presentibus post triennium minime valituris *add HR.*

Q 4, 2a   *C 277 f. 422' (Üb. Index f.
444); A 268 f. 50; M 301 f. 27';
O 328 f. 31; D 450 f. 99' (Üb. Index
f. 10'); E 437 f. 59; L 348 f. 103d;
B 7 n. 2 f. 30.*

[1] Super eodem *om MO*

[2] Iud. *om AODELB* | Presumentium
om C | persequi *B* | eledi *A* : illidi *B*

[3] cohibitis] exhibitis *D* : *v. and. Hd.
aus* cohercitis *marg. korr. B* | com-
missum *L*

[4] excercere *(!) C* | Lucan. episcopus]
episcopus *ADELB* : episcopus
Gaietan. *MO*

[5] qui] cum *M* | letantur] gloriantur
B | cum] qui *D* | mala fecerint *L* |
diversis] et adversis *A*

[6] affligantur *C* : affligant *D* | verbis
– 7 mutatis *om B* | verborum *D*

[7] mutatis] etc. *add D*

[11] rescribendam *korr. D²* | suptibus
(!) D.

---

[1] *Lucca. Als Bischöfe kommen in Frage Heinricus de Carreto (1300 August 1–
1330) und Guillelmus Dulcini (1330 Januar 26–1349 April 12), vgl. Eubel 1,
313.*

[2] *Vgl. Q 4, 2 Anm. 4.*

[3] *Dieser Zusatz führt direkt in die interne Tätigkeit der Kanzleibeamten ein.
Ein Skriptor hat, zweimal durch die falsche Rubrik in der Vorlage irregeführt
(D selbst hat diesen Fehler nicht), geglaubt, daß die vorhergehende Formel, Q 4, 2a,
und die folgende, Q 4, 3a, nur für Säkularkleriker gelte, während die erste, Q 4, 1,*

Q 4, 3 Contra predonum, raptorum et invasorum audaciam.

Iud. Quia mundo posito in maligno[1] nonnulli ceca cupiditate seducti tanto
ad rapiendum et invadendum bona ecclesiastica irreverentius improbas
manus extendunt, quanto rariores, qui ea eripiant, inveniunt obiectores,
5 interest nostra, ut huiusmodi pravorum conatibus resistamus. Cum itaque
dilecti filii . . abbas et conventus monasterii sancti . . de . . ordinis . . . . diocesis a nonnullis, qui nomen domini in vacuum recipere[2] non formidant,
diversis, sicut accepimus, affligantur iniuriis et iacturis, nos volentes dictorum abbatis et conventus providere quieti et molestantium malitiis ob-
10 viare – mandamus, quatinus eisdem abbati et conventui adversus predonum,
raptorum et invasorum audaciam efficaci presidio defensionis assistens non
permittas eos in personis et bonis suis a talibus molestari, molestatores
huiusmodi *etc.*, attentius provisurus, ne de hiis, super quibus lis est forte iam
mota, seu que cause cognitionem exigunt et que personas et bona non
15 contingunt ipsorum, te aliquatenus intromittas nec in episcopum aliosve
superiores prelatos excommunicationis vel suspensionis aut in universitatem
S f. 38' aliquam interdicti sententias promulgare | presumas;[3] nos enim, si secus
presumpseris, tam presentes litteras quam etiam processum, quem per te
illarum auctoritate haberi contigerit, omnino carere viribus et nullius fore

Q 4, 3 *P 313 f. 33 (Üb. Index f. 6);*
V 322 f. 42'; H 379 f. 45'; S 295 f.
38/38'.
[1] *Üb. om S* | predones *H*[2] | raptorum
– audaciam] *om V* : Rubrica *H*[2]
[2] positi *S* | nonnulli *doppelt P* | ceca]
tota *P* : certa *V* | seducti] ducti *VH*
[3] manus improbas *H*
[4] rariores] raptores *P* | eripiant]
empiant *(!) V* : eripiunt *H* | in-
veniant *S*
[5] obsistamus *H* | itaque] ita *S*
[6] dilectus filius *P* | abbas *om VH* |
conventus] canonicus *V* | . . dio-
cesis] diocesis . . *H*

[7] vacuum] vanum *P* | recipere – for-
midant] receperunt *S*
[9] molestium *(!) V* | malitiis] mole-
stiis *P*
[11] ractorum *(!) V* | efficaciter *PVS*
[13] huiusmodi *om P*
[14] et 2°] vel *VH*
[15] aliosve] alisione *S*
[16] in *om P*
[17] promulgare – *Schluß*] etc. *P*
[18] presumpseris – 20 firmitatis] etc.
VH | quem] etiam *add S*
[19] contingerit *S* | vibribus *(!) S*

*für Religiosen zuträfe. Die Notiz zeigt das Formelbuch also in der Hand der
Skriptoren. Wegen des Irrtums mußte ein Schreiber einen Brief auf eigene Kosten
neu schreiben; über rescribere vgl. Bresslau, Urkundenlehre 1, 277 f. und Herde,
Beiträge bes. 179.*
[1] *Vgl. 2 Ioan. 5, 19: . . . et mundus totus in maligno positus est.*
[2] *Vgl. Q 4, 1 Anm. 2.*   [3] *Vgl. N 57 und die Ausführungen Bd. 1 S. 214 ff.*

decernimus firmitatis. Huiusmodi ergo mandatum nostrum sic prudenter et   20
fideliter exequaris, quod eius fines quomodolibet non excedas, presentibus
post triennium minime valituris. Dat. *etc.*

Q 4, 3a Super eodem pro abbate et conventu.

Quia mundo posito in maligno[1] nonnulli ceca cupiditate seducti non dis-
cernentes inter bonum et malum tanto ad rapienda bona ecclesiastica ir-
ruentes improbas manus extendunt, quanto rariores, qui ea eripiant, inveniunt obiectores, interest nostra, ut huiusmodi pravorum conatibus resista-   5
mus. Cum itaque dilecti filii . . abbas et conventus *etc.*

Q 4, 4 Super eodem.

| Sic insanivit in filios patientie protervitas plurimorum, quod iam quasi   *C f. 423*
| sibi meritorium reputant gravibus eos dampnis afficere ac molestiis et   *D f. 100*
iniuriis lacessire, propter quod convenit, ut talium temeritas, ne nimium
invalescat, digne correctionis verbere castigetur, Cum itaque *etc.*   5

---

20 nostrum – 21 excedas] etc. *VH*
22 post – *Schluß*] etc. *V* : post etc. *H.*

Q 4, 3a *C 278 f. 422' (Üb. Index f.*
444); A 269 f. 50; M 302 f. 27'; O
329 f. 31; D 452 f. 99' (Üb. Index
f. 10'); E 438 f. 59; L 349 f. 103d;
B 7 n. 3 f. 30.
1 *Üb. om MO.* | Super eodem] Aliter
DEL | et conventu *om C*
2 decernentes *B*
3 inter] tunc *B* | rapiendum *L* | irru-
dentes *(!) C* : irreverencius *MODB* :
irruentius *(!) E* : irreverenti *L*
4 rariores] iuriores *(!) L* | qui] que
L | eripiant] rapiunt *A* : eripiunt *B* |
inveniant *CE*
5 intest *(ohne Kürzungszeichen) E* |
pravorum] prevorum *(!) D* | insis-
tamus *v. späterer Hd. zu* obsista-
mus *korr. M*
6 . . *om MD* | abbas et conventus *om*
CB | conventus] monasterii *add*

MO | etc.] *om CDEL* : a nonnullis
qui nomen domini etc. *B.*

Q 4, 4 *C 279 f. 423 (Üb. Index f.*
444); A 270 f. 50; M 303 f. 27'; O
330 f. 31; D 453 f. 99'/100 (Üb.
Index f. 10'); E 439 f. 59; L 350 f.
103d; B 7 n. 4 f. 30'.
1 *Üb. om MO*
2 insanuit *D* : insaniavit *E* | in filios
v. and. Hd. einkorr. B | patientie]
pačie *CL* : *om B* | quasi] *hinter* 3
sibi *CM* : *om B*
3 meritorum *CE* : meritorum *aus*
meritorium *korr. A* : meritum *B* |
reputat(is) *E* | eos] sibi *C* | damnis
B | ac] et *DE* | molestis *(!) E* | et
om E
4 lacescire *(!) E* | convenit] invenit
L | nimium] ulterius *A*
5 correctionis *korr. E* | castigentur
korr. D² | etc.] di. fi. *B.*

---

1 *Vgl. Q 4, 3 Anm. 1.*

Q 4, 5   Super eodem pro religiosis aliter.

Iud. Auctoritas pontificalis nos ammonet, ut perversorum obviemus nequitiis et religiosorum quieti sollicite consulamus, quia per hoc et illorum peccandi refrenatur audacia et isti eo devotius quo quietius pacis famulentur
5   auctori. Cum itaque *etc.*

Q 4, 6   Super eodem pro leprosis.

Quanto manus domini de occulto suo iudicio acrius morbo lepre percussos affligit, tanto ipsis diligentius debemus adesse et contra pravorum incursus apostolicum fortius patrocinium impertiri. Cum itaque magister et fratres
5   domus leprosorum de . . *etc.*

Q 4, 5   *C 280 f. 423 (Üb. Index f. 444); A 271 f. 50; M 304 f. 27'; O 331 f. 31; D 454 f. 100 u. 444 f. 98 (= D') (Üb. Index f. 10' u. 10); E 440 f. 59 u. 431 f. 58 (= E'); L 351 f. 103 d u. 342 f. 103 b (= L'); B 7 n. 5 f. 30' u. 8 n. 11 f. 32 (= B').*

[1] *CA Üb.:* Super eodem. – *Üb. om MO.* | religioso *E'* | aliter *om DD' EE'LL'*

[2] Iud. *om CAMODEBB'* | ammonet nos *M* | admonet *CEE'L'* : amonet *ABB'* : amouet *D* | ouiemus *(!) A* | nequitiis] maliciis *CAMODEB*

[3] solliciti *D'L* : solicite *BB'* | quia per] Quapropter *D'* | per] propter *E'L'B'* | et 2°] ex *E* | illorum] aliorum *C*

[4] peccandi] precandi *C : korr. D²* | et] est *D'* | eo] et *E'L'* | devotius] diutius *E'* | quod *D* | quieticius (!) E* | pacis *v. and. Hd. statt getilgtem* potius *einkorr. B* | famulentur] famulantur *AMOD (korr. D²) EE'*

LL'B' : korr. D' (von D²)

[5] itaque] igitur *D'E'L'* | etc. *om MB'*.

Q 4, 6   *C 281 f. 423 (Üb. Index f. 444); A 273 f. 50; M 305 f. 27'; O 332 f. 31; D 455 f. 100 u. 440 f. 97' (= D') (Üb. Index f. 10' u. 10); E 441 f. 59 u. 427 f. 58 (= E'); L 352 f. 103 d u. 338 f. 103 a (= L'); B 7 n. 6 f. 30' u. 25 n. 3 f. 58' (= B').*

[1] *A hat die Üb. von Q 4, 7. – Üb. om MO.* | eisdem *D* | leprosis] eisdem *E'L'*

[2] manus] m̄g *(!) L* | occulto] ecclesiastico *LL'* | iudicem *L* | artius *C* : acerius *A* : accrius *E* : acr; *E'* : arctius *B'* | percussos] *om MO* : percusos *(!) E'* : percussus *LL'*

[3] ipsi *L* : ipsius *B* | diliᶜⁱ *L'* | et contra] etc. *EL*

[4] impetrari *D'* : inpertiri *L'* | itaque] et *add O* | magister – 5 de . .] *om E'* : etc. *L'* : ut supra *B'*

[5] leprosorum domus *D* | de . . etc.] *om DEL* : etc. *B.*

Q 4, 7   Super eodem pro eisdem.

Qui tacti sunt manu domini, non debent hominum flagellis affligi sed
pie protectionis fovendi sunt gratia, ut aliqua penarum suarum recipiant
lenimenta. Cum igitur dilecti filii . . magister et fratres domus leprosorum
| de . . . . diocesis, sicut accepimus, a nonnullis nescientibus afflictis compati   *D' f. 98*
seu personarum miserabilium misereri super possessionibus et bonis suis
multipliciter molestentur, nos itaque *etc.*

Q 4, 7a   Super eodem pro leprosis.

Iud. Quia mundo posito in maligno[1] nonnulli ceca cupiditate seducti tanto
ad rapiendum et invadendum bona ecclesiastica irreverentius improbas
manus extendunt, quanto minus, qui ea eripiant, inveniunt obiectores,
interest nostra, ut huiusmodi pravorum | conatibus resistamus. Cum   *L f. 104 b*
|itaque, sicut dilecti filii . . magister et fratres domus leprosarie Belnen.   *D f. 101*
C⟨abilonen.⟩ diocesis[2] nobis insinuare curarunt, ipsi a nonnullis, qui nomen
domini in vacuum recipere[3] non for|midant et letantur, cum malefecerint,   *E f. 60*

Q 4, 7   *C 282 f. 423 (Üb. Index f.
444); A 272 f. 50; M 306 f. 27'; O
333 f. 31; D 456 f. 100 u. 441 f.
97'/98 (= D') (Üb. Index f. 10' u.
10); E 442 f. 59 u. 428 f. 58 (= E');
L 353 f. 103 d u. 339 f. 103 a (= L');
B 7 n. 7 f. 30' u. 25 n. 4 f. 58'
(= B').*

[1] *A hat die Üb. von Q 4, 6. – Üb. om
MO.*

[2] tacti] tanti *CE'* | debuit *C* | homi-
num] huiusmodi *B* : hominis *B'*

[3] pie *om B'* | protectionis] intencionis
B | fovendi *korr. aus* faciendi *M* |
sunt *om B'* | aliqua] aliquam *D* :
om E | suarum penarum *D'B'*

[4] levamenta *DD'* : lanimenta *L'* |
Cum igitur] *hier steht in C fälschlich
die Nummer nach Absatz* | dilecti
filii . . *om A* | . . *om MODD'E* |
magistri *B'*

[5] de . .] ordinis *add C* : *om BB'* | . .
diocesis] diocesis *D* : *om D'E'L'B'*:
diocesis . . *E*

[6] misereri] mis(er)ri *(!) L* : miseriri
(!) L' | bonis et possessionibus *D* :
bonis et bonis possessionibus *B* |
et bonis *doppelt C*

[7] molestantur *CB* | nos itaque *om L* |
itaque *om AMOD'E'L'B'* | etc.]
quia mundo posito in maligno etc.
add B.

Q 4, 7a   *D 458 f. 100'/101 (Üb. Index
f. 10'); E 444 f. 59'/60; L 355 f.
104 a/b.*

[1] *Üb. om EL*

[2] seducita *(!) D*

[3] irrevenenti *(!) L*

[4] obiectores] iniectores *(?) E*

[6] sicut *om EL* | Beluen. *L*

[7] Cabilonen. *scr.*] . . *DE* : C. *L* | nobis]
humiliter *add E*

---

[1] *Vgl. Q 4, 3 Anm. 1.*   [2] *Beaune (Côte-d'Or), Diözese Chalon-sur-Saône.*
[3] *Vgl. Q 4, 1 Anm. 2.*

et in rebus pessimis gloriantur,[1] gravibus in personis et in rebus affligantur
10 iniuriis et iacturis, nos volentes eorundem magistri et fratrum providere
quieti et malignantium malicio obivare – mandamus, quatinus *etc. ut in
prima.*[2]

Q 5

„Nonnulli iniquitatis filii."

Q 5, 1   „Quod nonnulli iniquitatis filii."

Iud. Significavit nobis venerabilis frater noster .. episcopus Lucan.,[3]
quod nonnulli iniquitatis filii, quos prorsus ignorat, decimas, redditus, census, terras, domos, vineas, prata, nemora, instrumenta publica et nonnulla
A f. 50' alia bona ad mensam suam | episcopalem spectantia temere ac malitiose
occultare et occulte detinere presumunt non curantes ea prefato episcopo
D f. 95 exhibere in animarum suarum periculum et ipsius sedis | non modicum de-
trimentum, super quo idem episcopus apostolice sedis remedium imploravit.
Quocirca – mandamus, quatinus omnes huiusmodi detentores occultos deci-
10 marum, reddituum, censuum et aliorum bonorum predictorum ex parte

---

[9] gloriatur *aus* gloriantur *korr. D* | in
3° *om L*
[10] magistri *om L*
[11] maliciis *DE.*
Q 5, 1   *C 283 f. 423 (Üb. Index f.
444'); A 274 f. 50/50'; M 307 f. 27';
O 334 f. 31; D 420 f. 94'/95 (Üb.
Index f. 10); E 408 f. 56; L 319 f.
102a; B 51 n. 1 f. 106'.*
[1] *D Üb.:* Tractatus quod nonnulli
iniquitatis filii. | Quod] Forma *M* :
Forma quod *O* | filii] pro episcopo
add EL
[2] Iud. *om DB* | Lucan.] *om AL* :
Gaietan. *MO* : Parisien. *DE* : Cameracen. *B*
[3] ignorat] quod *add O (einkorr. v.
and. Hd.)*

[4] domus *A* | prata] pascua *add DELB* |
nonnulla] nulla *E* : non *L*
[5] alia *om M* | mensam] sedem *CAO* |
ac] et *M* | malitiose] ambitiose *B*
[6] occulte] occulta *A* : occultant *E* |
curantes *korr. C* | eo *B* | prefato
korr. D²
[7] et] in *add D* : *om B* | ipsius sedis]
ipsi episcopi *(!) L* | sedis] mense
E : episcopi *B* | decrementum *DL*
[8] implevit *D* : inploravit *L*
[9] Quocirca] discretioni tue per apos-
tolica scripta *add L* : etc. *add B* |
huiusmodi] hi *(!) L* | detentores]
deceptores *D* | occultos] ecclesiasti-
cos *L*
[10] predictorum bonorum *L*

---

[1] *Vgl. Q 4, 2 Anm. 3.*   [2] *Q 4, 1.*
[3] *Lucca. Als Bischöfe kommen in Frage Heinricus de Carreto (1300 August 1–
1330) und Guillelmus Dulcini (1330 Januar 26–1349 April 12), vgl. Eubel 1,
313.*

nostra publice in ecclesiis coram populo per te vel per alium moneas, ut
infra competentem terminum, quem eis prefixeris, ea predicto episcopo a
se debita restituant et revelent ac de ipsis plenam et debitam ei satisfactionem impendant et, si id non impleverint infra alium competentem
terminum, quem eis ad hoc peremptorium duxeris prefigendum, extunc in   15
eos generalem excommunicationis sententiam proferas et eam facias, ubi
et quando expedire videris, usque ad satisfactionem condignam sollempniter
publicari. Dat. *etc.*

Q 5, 2 „Quod nonnulli iniquitatis filii" pro episcopo.

Iud. Significavit nobis venerabilis frater noster .. episcopus Lucan.,[1]
quod nonnulli iniquitatis filii, quos prorsus ingnorat, diversos redditus,
census, decimas et alia iura, que mense sue episcopali prestare tenentur, nec
non terras, domos, vineas et alia bona ad mensam suam episcopalem spec-   5
tantia *etc.*

---

[11] per 2° *om CMOB*

[12] quem] quam *L* | eis] ei *M* : *om B* |
predicto] predam *L* | .. episcopo
C

[13] se] sede *CD* | et revelent *om A* |
revelant *L* : relevent *B* | ac] et *D* |
ei] *om D* : eis *B* | satisfationem
(!) A

[14] id] illud *M* | impleverit *M* : inple-
verint *L* : adimpleverint *korr. B* |
infra] in *C*

[15] quem] quod *C* : quam *L* | hoc] hec
A | perempt; *DE* : peremptorie *B*

[16] eos] eis *M* | excommunicationis *om*
C | eam] etiam *C*

[17] expedire videris] etc. *C* | solempni-
ter *COL* : solemniter *AMB* : sol-
lenniter *E*

[18] Dat.] *korr. D²* : Datum *L* | Dat.
etc. *om C* | etc. *om MODB.*

Q 5, 2   *C 284 f. 423 (Üb. Index f.*
444'); A 275 f. 50'; M 311 f. 28,
O 338 f. 31'; D 426 f. 95' (Üb.
Index f. 10); E 413 f. 56'; L 324 f.
102b; B 51 n. 6 f. 107.

[1] *Üb. om MO. – D Üb.:* Super eodem
et aliter pro episcopo. – *EL Üb.:*
Super eodem aliter pro episcopo.

[2] Iud.] Iudex *L* : *om B* | .. episcopus
Lucan.] episcopus .. *A* : episcopus
D | Lucan.] .. *MB* : *om OEL*

[3] filii – ignorat] etc. *B* | diversos] de-
cimas *M* : diversus *L*

[4] decimas *om M* | sue mense *DELB* |
episcopali .. *D* | prestare] exhibere
M | nec non *om M*

[5] vinea *B* | mensem *(!) B* | suam *om*
L | episcopalem spectantia *om C* |
episcopalem] .. etc. *add D* | spec-
tantia *om L*

[6] etc.] ut in forma *add DLB* : ut
supra in forma *add E.*

---

[1] *Lucca. Über die Bischöfe vgl. S. 424 Anm. 3.*

Q 5, 3　Super eodem pro archidiacono.

B f. 107'　　| *Iud.* Sua nobis dilectus filius N. de .. archidiaconus de .., capellanus
noster, conquestione monstravit, quod nonnulli iniquitatis filii, quorum
omnino non potest habere notitiam, terras, possessiones *etc.* ad ipsum ratione
　5　archidiaconatus et prebende, quos in eadem ecclesia obtinet, spectantia *etc.*

Q 5, 4　Super eodem.

　　　Iud. Significavit nobis dilectus filius .. archipresbiter Castri Spine[1] ..
M f. 28　diocesis, quod nonnulli iniquitatis filii, | quos prorsus ignorat, decimas,
　　　redditus, census, pensiones et terragia, que archipresbiteratui suo prestare
C f. 423'　tenentur, | nec non legata *etc. ut supra*[2] *usque* impendant nec non posses-
　　　siones et bona eadem sic detenta archipresbitero restituant prelibato, alioquin *etc. ut in forma.*[2]

Q 5, 3　*C 285 f. 423 (Üb. Index f.
444'); A 276 f. 50'; M 312 f. 18;
O 339 f. 31'; D 427 f. 95' (Üb.
Index f. 10); E 414 f. 56'; L 325 f.
102b; B 51 n. 7 f. 107'.*

[1] *Üb. om MO.*

[2] Iud. *om DELB* | Sua] Significavit
B | N. de ..] R. *A* : G. *MODELB* :
P. *B* | archidiaconus] archidiocesis
L | de .. *om DELB* | capellanus]
om A : capp(ella)nus *D*

[3] noster *om A* | conquestione mons-
travit *om AMODELB* | iniquita-
tis] etc. *B*

[4] terras] certas *D* | ratione] tenentur
D

[5] quas *C* | obtinent *L* | etc. *om B*

Q 5, 4　*C 286 f. 423/423' (Üb. Index
f. 444'); A 277 f. 50'; M 308 f.
27'/28; O 335 f. 31; D 423 f. 95'*

*(Üb. Index f. 10); E 410 f. 56'; L
321 f. 102b; B 51 n. 3 f. 107.*

[1] *Üb. om. MO. – DEL Üb.:* Super
eodem pro *(om L)* archipresbitero. –

[2] Iud. *om B* | dilectus filius *om M* |
.. *om E* | Castri Spine *scr.*] Castris-
piney *C* : Castri .. *AMB* : Castri
Fractarum *OL* : Castri Stractarum
D : Castri Francorum *E*

[3] filii iniquitatis *C* | quos – 4 reddi-
tus] etc. *B*

[4] pensiones et terragia] etc. *B* | ter-
ragia] arreragia *C* | que] ipsi *add
AMODEB* | archipresbiteratui *korr.*
D²

[5] ut supra *om AB* | inpendant *L* :
impediant *B*

[6] eadem *om B* | detenta] decepta *D* |
prelibata *B*

[7] etc.] extunc etc. *A* : ut supra *M* |
ut in forma *om B*.

---

[1] *Wohl Castelspina s. von Alessandria; es wäre Alexandrin. diocesis. Der
Ort trägt sonst auch den lateinischen Namen Castrum ad Spineta und Villa Malvi-
cinorum, letzteren nach den ältesten Herren des Ortes, den Malvicini. Vgl. G.
Casalis, Dizionario geografico storicho-statistico-commerciale degli stati di S. M.
il Re di Sardegna 4 (Turin 1837), 241f. und A. Amati, Dizionario coreografico
dell'Italia 2 (Mailand o. J.), 728.*　　[2] *Q 5, 1.*

Q 5, 5 Super eodem pro rectore.

In eodem modo pro rectore ecclesie de . ., quod nonnulli iniquitatis filii, quos prorsus ignorat, | decimas, redditus, census, pensiones et terragia, que ipsi ecclesie prestare tenentur, nec non legata *etc. ut supra.*[1]

O f. 31'

Q 5, 6 | „Nonnulli iniquitatis filii".

A f. 61'

Dilecto filio . . abbati monasterii ⟨Bullien.⟩[2] Lemovicen.[3] diocesis. Significarunt nobis dilecti filii . . abbas et conventus monasterii Aureliacen.[4] ad Romanam ecclesiam | nullo medio pertinentis ordinis sancti Benedicti ⟨Claromonten.⟩[5] diocesis, quod nonnulli iniquitatis filii, quos prorsus igno-

H f. 52'
5

Q 5, 5   *C 287 f. 423' (Üb. Index f. 444'); A 278 f. 50'; M 309 f. 28; O 336 f. 31/31'; D 424 f. 95' (Üb. Index f. 10); E 411 f. 56'; L 322 f. 102b; B 51 n. 4 f. 107.*

[1] *Üb. om MO (in M die ganze Formel rot unterstrichen).* | *Super eodem om EL*

[2] *In] Iud. D : om B* | *ecclesie de* . . *om B* | *iniquitatis – 3 pensiones] etc. usque C*

[3] *census redditus D* | *pensiones] possessiones E*

[4] *ipse C* | *ut supra om DB.*

Q 5, 6   *P 414 f. 40 (Üb. Index f. 6');*

V 395 f. 50; H 451 f. 52/52'; S 363 f. 45; A 384 f. 61'.

[1] *Quod nonnulli VH : Forma nonnulli S* | *iniquitatis] imp(er)tatis (!) H* | *filii] decimas etc. add V*

[2] *Dilecto – diocesis] Iudex S : Iud. A* | *Bullien. scr.]* . . *Tullen. P : Guillen. VH* | *Lemovicen. diocesis] om P : Semon. diocesis H*

[3] *filii om P* | *Aureliacen.]* . . *P : Aurelian. S*

[4] *nullo – pertinentis] etc. A* | *ordinis – Benedicti]* . . *ordinis A*

[5] *Claromonten. scr.]* . . *PVS :* . . *hinter diocesis H : om A* | *p(ro)sus (!) S* | *ignorat PH*

---

[1] *Q 5, 1.*

[2] *Zisterzienserkloster Beuil bei Limoges (ein Kloster Guillen. u. ä. gibt es in der Diözese Limoges nicht, daher bietet sich diese Emendation an), vgl. Beaunier-Besse, Abbayes et prieurés de l'ancienne France 5 (Paris 1912 = Arch. de la France monastique 14), 202.*

[3] *Limoges.*

[4] *Benediktinerkloster Saint-Géraud in Aurillac, von seinem Gründer, dem hl. Gerald, 884 dem Apostolischen Stuhl unterstellt; vgl. Liber censuum, ed. Fabre-Duchesne 1, 200b Anm. 2 und 245b.*

[5] *Aurillac gehörte zu der Diözese Clermont-Ferrand bis 1317 Juli 9, als Johann XXII. einen Teil der Diözese abspaltete und zur neuen Diözese Saint-Flour erhob; vgl. Jean XXII (1316–1334), Lettres communes, hg. v. G. Mollat, Nr. 4335. Seitdem gehörte Aurillac zur Diözese Saint-Flour.*

rant, decimas, redditus, census, legata, terras, domos, vineas, prata, nemora,
instrumenta publica et nonnulla alia bona ad monasterium ipsum spectantia
temere ac malitiose occultare et occulte detinere presumunt, non curantes
ea prefatis abbati et conventui exhibere in animarum suarum periculum et
10   ipsius monasterii non modicum detrimentum, super quo iidem abbas et
conventus apostolice sedis remedium implorarunt. Quocirca discretioni tue
per apostolica scripta mandamus, quatinus omnes huiusmodi detentores
occultos decimarum, reddituum, censuum et aliorum bonorum predictorum
ex parte nostra publice in ecclesiis coram populo per te vel per alium moneas,
15   ut infra competentem terminum, quem eis prefixeris, ea predictis abbati et
conventui a se debita restituant ac revelent ac de ipsis plenam et debitam
eis satisfactionem impendant, et si id non impleverint infra alium terminum
competentem, quem eis ad hoc peremptorie duxeris prefigendum, extunc in
eos generalem excommunicationis sententiam proferas et eam facias, ubi
20   et quando expedire videris, usque ad satisfactionem condignam sollempniter
publicari. Dat. *etc.*

Q 5, 6a   Super eodem pro abbate et conventu.

Iud. Significarunt nobis dilecti filii .. abbas et conventus monasterii
.. ordinis .... diocesis, quod nonnulli iniquitatis filii, quos prorsus ignorant,
decimas, redditus, census et nonnulla alia bona ad monasterium ipsum
5   spectantia temere et malitiose occultare et occulte detinere presumunt, non

---

⁶ census redditus *S* | reditus *A* | le-
gata] pecuniarum summas *add*
P (einkorr.) | prata] pascua mo-
lendina *add A*
⁷ instrumenta publica *om A* | publi-
ca] litteras *einkorr. P* : pecuniarum
summas *add S*
⁸ ac] et *S* | oculte *S*
⁹ prefatis *hinter* conventui *H*
¹⁰ .. monasterii *P* | idem *S*
¹² occultos detentores *H*
¹³ reddituum *om S* | censuum] pecu-
niarum *add P (einkorr.)*
¹⁵ *über* eis *v. späterer Hd.* illis *einkorr.*
P | prefixerit *S* | abbatui *(!) S*
¹⁶ restituent *S* | ac 1°] et *S* | revelant
P | ac 2°] eis *add P*
¹⁷ eis *om HA* | adimpleverint *PA*
¹⁸ peremptorie] *vor* ad *H* : perempt; *A*

¹⁹ eos] *v. späterer Hd. aus* eis *korr. P* :
eis *A* | eam] etiam *H*
²⁰ solempniter *PS* : solenniter *VA*
²¹ Datum *A* | etc.] Testes etc. *add S.*
Q 5, 6a   *D 422 f. 95/95' (Üb. Index*
f. 10); E 409 f. 56/56'; L 320 f.
102a/b; B 51 n. 2f. 106'/107.
¹ et conventu *om D*
² Iud. *om B* | Sig(nificavit) *(?) D* |
dilecti filii .. *om B*
³ .. 1° *om D* | ordinis .... diocesis
scr.] ordinis .. diocesis .. *D* : .. ordinis .. diocesis *E* : ordinis diocesis
L : *om B* | filii – 4 nonnulla] etc.
usque *B*
⁴ ad] eosdem abbatem et conventum
ac B *add D* | ipsum] ipsius *L* : *vor*
monasterium *B*
⁵ temere – presumunt] etc. *B*

curantes ea prefatis | abbati et conventui exhibere in animarum suarum   *B f. 107*
periculum et ipsorum abbatis et conventus ac monasterii non modicum
detrimentum, super quo iidem abbas et conventus apostolice sedis remedium
implorarunt. Quocirca – mandamus, quatinus omnes huiusmodi occultos
detentores reddituum, | censuum, decimarum ac aliorum predictorum   *L f. 102b*
| bonorum ex parte nostra publice in ecclesiis coram populo per te vel   *E f. 56'*
alium moneas, ut infra competentem terminum, quem eis prefixeris, ea dictis abbati et conventui a se debita restituant et revelent ac de ipsis plenam
et debitam satisfactionem impendant, et si id non impleverint infra alium
| terminum competentem, quem eis ad hoc peremptorium *etc. ut in proxima*[1]   *D f. 95'*
usque publicari. Dat. *etc.*

Q 5, 6b   *Iud.* Significavit nobis dilectus filius .. magister hospitalis
sancti Iohannis Ierosolimitan. in Rodio,[2] quod nonnulli *etc.* decimas *etc.* et
alia bona ad domum sancti Iohannis Aversan.[3] hospitalis predicti, quam ..
magister ad presens obtinet, spectantia temere *etc.*

---

[7] ipsorum *doppelt B*

[8] decrementum *DL* | idem *ELB*

[9] imploraverunt *B* | Quocirca] etc.
B | omnes – *Schluß*] etc. ut supra
B

[10] detentores] deceptores *D* | ac] et
EL | aliarum *L* | predictorum bo-
norum predictorum *(!) E*

[11] puplice *korr. L* | vel] per *add L*

[14] impleverit *E*

[15] terminum] tcⁿ *(!) L* | ad hoc] hoc
D : adhuc *L* | peremptor; *D* pe-
rempt; *EL*.

Q 5, 6b   *D 421 f. 95.*

[2] in Rodio *scr.*] in Rode *marg. einkorr. D².*

---

[1] *Q 5, 6.*

[2] *Rodio n. von Pisciotta (s. von Salerno). Das Spital gehörte zur Kommende
S. Giovanni in Fonte di Padula, vgl. M. Gattini, I priorati, i baliagi e le commende
del sovrano militare ordine di S. Giovanni di Gerusalemme nelle province meridio-
nali d'Italia prima della caduta di Malta (Neapel 1928), 85 (als Rodino bezeichnet). Eine Kirche S. Iohannis ist in Rodio auch in den Zehntlisten belegt, vgl.
Rationes decimarum Italiae, Campania, bearb. v. M. Inguanez, L. Mattei-Cerasoli u. P. Sella (Città del Vaticano 1942 = Studi e Testi 97) Nr. 6628.*

[3] *Spital und Kirche der Johanniter in Aversa gehörten zum Priorat von Capua,
vgl. Gattini 62. Zu deren Anfängen auch Kehr, Italia pontificia 8, 235. Die Kirche
in den Zehntlisten a.a.O. Nr. 3500, 3678, 3684.*

Q 5, 7   Super eodem pro executoribus ultime voluntatis.

Iud. Sua nobis N. canonicus et R. presbiter ecclesie de .., executores ultime voluntatis bone memorie Fe. episcopi .., petitione monstrarunt, quod nonnulli iniquitatis filii, quos prorsus ignorant, quandam summam
5   pecunie et nonnulla bona, que idem episcopus ad se ratione persone sue spectantia per manus ipsorum executorum in pios usus erogari mandavit, occulte detinere presumunt, non curantes ea dictis executoribus exhibere, propter quod testamenti ipsius episcopi executio impeditur. Quare iidem executores nobis humiliter supplicarunt *etc. usque* revelent per eos in usus
10   huiusmodi convertenda; alioquin extunc in eos *etc. ut in forma.*[1]

Q 5, 7a   Super eodem pro executoribus ultime voluntatis episcopi.

Iud. Significarunt nobis dilecti filii .. et .., executores ultime voluntatis bone memorie I. episcopi .., quod nonnulli iniquitatis filii, quos prorsus
D f. 96   ignorant, quandam | pecunie summam et nonnulla alia bona ad dictum episcopum ratione persone sue spectantia et que idem episcopus in sua

Q 5, 7   *C 288 f. 423' (Üb. Index f. 444'); A 279 f. 50'; M 310 f. 28; O 337 f. 31'; D 425 f. 95' (Üb. Index f. 10); E 412 f. 56'; L 323 f. 102b; B 51 n. 5 f. 107.*

[1] *Üb. om MO.* | pro] quod *L* | executor; *D* | voluntatis] episcopi *add D*

[2] Iud. *om DELB* | N.] I. *MO : om DL : .. E : P. B* | canonicus et *korr. D²* | R. presbiter] .. rector *C : P .. presbiter M : P. presbiter O : .. presbiter DEL : G. presbiter B* | ecclesie de] ecclesie .. de *E : om B*

[3] Fe. episcopi ..] .. episcopi *C :* Fe. .. episcopi *A :* F. episcopi *ML :* F. episcopi .. *OE :* Fe. episcopi .. *D :* H. episcopi .. *B* | petitione monstrarunt] tempore modico *L*

[4] quos prorsus] etc. *B* | ignorat *CA* | pecunie summam *MB*

[5] nonulla] alia *add MODELB* | idem]

[1] *Q 5, 1.*

eidem *C* | .. episcopo *C* | sue] *vor* persone *M : om E*

[6] executorum ipsorum *A* : executorum suorum *E* | precepit alias mandavit *C*

[7] presumant *D* | ea] a *B*

[8] ipsi *L* | episcopi *om C* | idem *E*

[9] usque *om B* | revelet *B* | huiusmodi usus *C*

[10] convertendo *C* : committendi *D* : convertentes *B* | alioquin *om B* | in eos *om C* | in 2°] prima *add B.*

Q 5, 7a   *D 428 f. 95'/96 (Üb. Index f. 10); E 415 f. 56'/57; L 326 f. 102b/c; B 51 n. 9 f. 107'.*

[1-2] *Üb. om L*

[2] episcopi *om E*

[3] Iud. *om B* | Significaverunt *B* | .. et ..] P. et G. *B*

[4] I.] Io. *B*

[5] ignorat *B* | et *om ELB*

ultima voluntate per manus ipsorum executorum in pios usus erogari
mandavit, malitiose occultare | et occulte detinere presumunt, non curan- *L f. 102c*
tes ea in animarum suarum periculum ipsis executoribus exhibere, propter
quod dicti testamenti executio impeditur et pia eiusdem testatoris inten- 10
tio defraudatur. Super quo iidem executores apostolice sedis remedium
implorarunt. – mandamus, quatinus omnes huiusmodi occultos detentores
pecunie et bonorum predictorum ex parte nostra publice in ecclesiis coram populo per te vel alium moneas, ut infra competentem terminum a te
prefigendum eisdem pecuniam et bona predicta executoribus memoratis re- 15
stituant et revelent ac de ipsis plenam et debitam satisfactionem impendant per eos iuxta dispositionem dicti episcopi in usus pios convertenda,
et si id non impleverint infra alium terminum competentem, quem | eis ad *E f. 57*
hoc peremptorium duxeris prefigendum, extunc in eos excommunicationis
sententiam proferas generalem, faciens eam, ubi et quando expedire videris, 20
usque ad satisfactionem condignam sollempniter publicari. Dat.

Q 5, 7 b Pro cardinali.

Significavit nobis dilectus filius noster H. tituli sancte Anastasie presbiter cardinalis[1], qui prepositatum de Mersen[2] ordinis sancti Benedicti
Leodien.[3] diocesis ex concessione sedis apostolice obtinet, et dilecti filii
conventus dicti prepositatus, quod nonnulli *etc.* 5

---

[7] ultima] huiusmodi *EL* | in pios]
impios *D* : *aus* impios *korr. E* | in
pios usus] etc. *B* | usos *(!) L*
[9] exhiber; *D* : exhibite *E*
[10] dicti testamenti *om B* | executio]
etc. *add B* | eiusdem] eidem *L* :
eius *B* | testatoris] testament(is)
D : testant(is) *E*
[11] apostolice – 13 pecunie *om E*
[12] implorant etc. *B*
[13] pecunie *om L*
[14] moneas – te] etc. *B* | infra *om L*
[15] pecunia *E* | predicta bona *E*
[16] et debitam satisfactionem] etc. *B*
[17] usus pios] usus suos *D* : pios usus
B | convertendam *D*

[18] adimpleverint *EB* | competentem–
Schluß] etc. ut in alia forma su-
perius scripta *B* | ad hoc] adhuc *L*
[19] peremptor; *DE* : perempt; *L* | ex-
nunc *E* | eos] eis *E*
[20] eam] eum *L*
[21] solenniter *korr. D²* : sollemniter
EB : solempniter *L* | Dat.] *einkorr.*
D² : *om EL.*

Q 5, 7 b *D 429 f. 95' am unteren
Rande von D² nachgetragen.*
[1] Pro cardinali *nur marg. D²*
[2] Significarunt *D²*
[3] Benedicti] B. *D².*

---

[1] *Henricus de Minutulis, Erzbischof von Neapel, zum Kardinalpresbyter von
S. Anastasia kreiert 1389 Dezember 18, nach Tusculum transferiert 1405, vgl.
Eubel 1, 39. Der vorliegende Nachtrag ist mithin (1389 Dezember 18–1405) zu
datieren.* [2] *Meersen in Holland nö. v. Lüttich.* [3] *Lüttich.*

Q 6

„Contra indulta privilegiorum".

Q 6, 1   „Contra indulta privilegiorum".

Iud. Sub religionis habitu studio vacantibus pie vite ita debemus esse
propitii, ut in divinis beneplacitis exequendis malignorum non possint
obstaculis impediri. Cum itaque dilecti filii . . abbas et conventus monas-
5 terii . . ordinis . . . . diocesis, sicut ipsi nobis insinuare curarunt, a nonnullis,
qui nomen domini in vacuum recipere[1] non formidant, multiplices patiantur molestias et iacturas, nos volentes dictorum abbatis et conventus providere quieti et molestantium molestiis obviare – mandamus, quatinus
eidem monasterio presidio defensionis assistens non permittas dictos abba-
10 tem et conventum contra indulta privilegiorum sedis apostolice ab aliquibus indebite molestari, molestatores *etc.*, attentius provisurus, ne de hiis,
que cause cognitionem exigunt et que indulta huiusmodi non contingunt,
te ullatenus intromittas; nos enim, si secus feceris, tam presentes litteras
quam etiam processum, quem per te illarum auctoritate haberi contigerit,
15 omnino carere viribus et nullius fore decernimus firmitatis. Huiusmodi
ergo mandatum nostrum sic sapienter et fideliter exequaris, ut eius fines
quomodolibet non excedas; presentibus post triennium *etc.*

Q 6, 1   *P 315 f. 33' (Üb. Index f. 6);*
V 323 f. 42'; H 381 f. 46; S 296 f.
38'; R 301 f. 19'.
[1] *Üb. om S. – R Üb.:* Super eodem
contra indulta privilegiorum. | pri-
vilegiorum] Rubrica *add H*[2]
[2] religionis] regionis *R* | pie vite] pro-
vide *H*
[4] monasterii] de *add H R*
[5] ordinis – diocesis] ordinis . . diocesis . . *P H R* : . . ordinis . . dio-
cesis *V S* | curarunt] et *add S*

[6] vacuum] vanum *P*
[7] . . abbatis *S* | providere – 9 assi-
stens] etc. ut supra usque *R*
[9] efficaci presidio *H* | dictum *S*
[11] molestatores] *om H* : huiusmodi
add R | attentius – *Schluß*] ut supra
usque in finem *R*
[13] nullatenus *P V H S*
[14] quam – *Schluß*] etc. ut supra pro-
xime *P* | contingerint *S*
[15] et] ac H.

---

[1] *Vgl. Ex. 20, 7: Non assumes nomen domini dei tui in vanum (vacuum).*
Dazu Q 4, 1 Anm. 2.

Q 6, 1a Forma „Contra indulta".

Iud. Sub religionis habitu vacantibus pie vite studio ita debemus esse propitii, ut in divinis beneplacitis exequendis malignorum non possint obstaculis impediri. Cum itaque dilecti filii . . abbas et conventus monasterii . . ad Romanam *etc.* | ordinis . . . . diocesis a nonnullis, sicut accepimus, qui nomen domini recipere in vacuum[1] non formidant, multiplices patiantur iniurias et iacturas, nos volentes dictorum abbatis et conventus providere quieti et molestatorum ipsorum malitiis obviare – mandamus, quatinus eosdem abbatem et conventum pro nostra et apostolice sedis reverentia favoris oportuni presidio prosequens ipsos contra indulta privilegiorum sedis apostolice non permittas ab aliquibus indebite molestari, molestatores per censuram ecclesiasticam appellatione postposita compescendo, attentius provisurus, ne de hiis, super quibus lis est forte iam mota seu que | cause cognitionem exigunt et que indulta huiusmodi non contingunt, te aliquatenus intromittas neque in episcopum aliosque superiores prelatos aut universitatem aliquam vel collegium interdicti sententias promulgare

B f. 31

10

D f. 96'

15

Q 6, 1a *C 289 f. 423' (Üb. Index f. 444') A 280 f. 50'/51; M 313 f. 28; O 340 f. 31'; D 430 f. 96/96' (Üb. Index f. 10); E 416 f. 57; L 327 f. 102c; B 8 n. 1 f. 30'/31.*

[1] *Üb. om MO. – D Üb. Tractatus contra indulta privilegiorum. Pro abbate et conventu. – EL Üb.:* Contra indulta privilegiorum. Pro abbate et conventu.

[2] Iud. *om D* | vite] iure *C* | esse debemus *L*

[3] beneblacitis *(!) E* | malignorum] malingnorum *C : hinter* possint *B* | possent *E*

[4] obstacula *C* | . . *om AMDL* | monasterii Caven. *MODE*

[5] ordinis sancti Benedicti *MO* | . . diocesis] diocesis . . *D*

[6] recipere *om L* | vacuum] vanum *CB : vanum korr. D² |* non *einkorr. D²*

[7] inurias *(!) E* | . . abbatis *C*

[8] quieti] vel sic perversorum conatibus obviare *add A* | molestatorum *zu* molefactorum *(!) korr. D² |* obviare] etc. *add D*

[9] . . abbatem *C*

[10] presidio] remedio *A :* presidia *L |* prosequentes *AEL :* prosequentes *aus* prosequetis *korr. B |* ac ipsos *D*

[11] ab] in *L* | molestatores] huiusmodi *add O (v. späterer Hd. einkorr.) : zu* molefactores *(!) korr. D² :* molestatorum *E*

[12] appellatione postposita] etc. *B*

[13] hiis super *v. and. Hd. statt getilgtem* de *einkorr. B* | hiis] que *add A |* est lis *M* | forte] forsan *B* | seu – 15 aliquatenus] etc. *B* | que *om C*

[15] aliquatinus *O* | . . episcopum *C* | superiores *om C* | prelatos – 16 interdicti] etc. *B*

[16] aut] ac *M* | sententiam *B*

---

[1] *Vgl. Ex. 20, 7: Non assumes nomen domini dei tui in vanum (vacuum). Dazu Q 4, 1 Anm. 2.*

presumas; nos enim, si secus feceris, tam presentes litteras quam etiam processum, quem per te illarum auctoritate haberi contigerit, omnino carere viribus et nullius fore decernimus firmitatis. Huiusmodi ergo mandatum nostrum sic sapienter et fideliter exequaris, | quod eius fines aliquatenus non excedas; presentibus post triennium minime valituris. Dat. *etc.*

A f. 51

Q 6, 2 Super eodem pro decano et capitulo.

Cum multiplicata sit adeo iniquitas superborum, quod quasi aquam maledictionis bibentes[1] ecclesias et personas ecclesiasticas prosequi non desistunt, multiplicari debet humilium equitas contra illos, ut sapientia vincens malitiam[2] virgam peccatorum super sortem | iustorum[3] minime derelinquat. Cum igitur, sicut ex parte dilectorum filiorum .. decani et capituli ecclesie Meten.[4] nobis extitit intimatum, a nonnullis *etc.* super possessionibus et bonis eorum graves patiantur iniurias et iacturas *etc.*, nos volentes *etc. ut in prima.*[5]

L f. 102 d

---

[17] enim – *Schluß nachgetragen* D^2 | si – 20 fideliter] etc. *B* | feceris] presumpseris *D*

[18] per *om M* | contingerit *C* : contingeret *E*

[19] fore *om M*

[20] sapienter] sollempniter *C* | fidelis *C* | quod – 21 excedas *om B* | aliquatinus *O:* alequatenus *L*

[21] exedas *C* | valiturum *D* | Dat. etc. *om C* | etc. *om D.*

Q 6, 2 *C 290 f. 423' (Üb. Index f. 444'); A 281 f. 51; M 314 f. 28; O 341 f. 31'; D 431 f. 96' (Üb. Index f. 10); E 417 f. 57; L 328 f. 102 c/d; B 8 n. 2 f. 31.*

[1] *MO Üb.:* Super eodem. | Forma super *C* | pro *om A*

[2] a deo *M* | quod] *v. späterer Hd. aus* et *korr. M*

[3] ecclesias] ecclesiasticas *L* : ecclesiasticis *B* | et *om L* | ecclesiasticas] *vor* personas *C* : *om L* | desistunt] desistant *AMOELB* : *korr.* D^2

[4] multiplicium *D* | multiplicare debeat *B* | debent *L* | illas *C* | vincens] mitigans *B*

[5] sorte *v. späterer Hd. einkorr. M* | iustorum minime *v. and. Hd. statt getilgtem* minime *einkorr. B* | derelinquant *korr.* D^2

[6] igitur] itaque *MB* | dilecti filii *D*

[7] Meten.] Methen. C : .. *A* : *om L* : Metis *B* | nobis – 8 patiantur *om D* | extiterit *LB* | intimatum] supplicatum intimatum *C* : *om A* : humiliter supplicatum intimatum *L*

[8] bonis] rebus *B* | eorum *om A* | etc. *om MO* | nos – 9 etc. *om DELB* | nos] nobis *A* | volentes *om AMO*

[9] ut in prima *om B* | ut *om L* | prima] usque in finem (fine *EL) add DEL.*

---

[1] *Vgl. Num. 5, 27: Quas cum biberit, si polluta est et contempto viro adulterii rea, pertransibunt eam aque maledictionis ...*

[2] *Vgl. Sap. 7, 30: Illi enim succedit nox, sapientiam autem non vincit malitia.*

[3] *Vgl. Ps. 124, 3: Quia non relinquet dominus virgam peccatorum super sortem iustorum, ...*   [4] *Metz.*   [5] *Q 6, 1.*

Q 6, 3 Super eodem pro priore et fratribus sancti Iohannis Ierosolimitan.

| Etsi quibuslibet religiosis personis et locis ex iniuncte nobis servitutis officio assistere defensionis presidio teneamur, illis tamen specialius et efficacius adesse nos convenit, qui sedi apostolice immediate subiecti non habent preter Romanum pontificem alium defensorem. Cum igitur . . prior et fratres hospitalis sancti Iohannis Ierosolimitan. in Francia[1] suam ad nos querimoniam destinarint, quod nonnulli clerici et laici contra privilegia et indulgentias eis ab apostolica sede concessa temere venientes eo fortius et gravius impugnare presumunt eosdem, quo per ea maiori sunt | dediti libertati, – mandamus, quatinus *etc.*

C f. 424

5

B f. 31'

Q 6, 4 Super eodem pro Templariis.[2]

| *Iud.* Etsi quibuslibet *etc. usque* nos convenit, qui non solum sua verum

M f. 28'

Q 6, 3 *C 291 f. 424 (Üb. Index f. 444'); A 282 f. 51; M 315 f. 28; O 342 f. 31'; D 432 f. 96' (Üb. Index f. 10); E 418 f. 57; L 329 f. 102d; B 8 n. 3 f. 31/31'.*

1-2 *MO Üb.:* Super eodem

2 Iherosolimitan. *D* : Ierosolomitan. *korr. aus* – limitan. *E* : Ihrlitan. *L*

3 Iud. Etsi *B* | cuiuslibet *D* | religionis *C* | et locis *om E* | locis] laycis *C* | iniuncte] iminente *D*

4 deffensionis *E* | tamen] tm̄ *A* : tam *E* | spiritualius *AM*

5 nos] non *C* : *aus* non *korr. A* | qui *aus* que *korr. E* | sedis *MO* : sed̄ *E* : sede *L* | immediate] iminenti *D*

6 habeant *EL* | ãlium] *om A* : *vor* preter *DELB* | deffensor(em) *E* | . . *om CADE*

7 hospitalis *om CA*

8 destinaverit *C* : destinarunt *AB* | quod *om MOEL*

9 indulgentias et privilegias *(!) C* | a sede apostolica *B* | eo] eos *CM* : *aus* eos *korr. B*

10 gravius] eos *add OEL* | eosdem *om C* | quo] que *D* | maior; *B*

11 dediti] *korr. D²* : *v. and. Hd. ein korr. B* | libertati] etc. *add B.*

Q 6, 4 *C 292 f. 424 (Üb. Index f. 444'); A 283 f. 51; M 316 f. 28/28'; O 343 f. 31'/32; D 433 f. 96' (Üb. Index f. 10); E 419 f. 57/57'; L 330 f. 102d; B 8 n. 4 f. 31'.*

1 *MO Üb.:* Super eodem. | Templariis] magistro et fratribus ordinis milicie sancti Iacobi *DEL*

2 Iud. *om A* | quibusdam *M* : quilibet *E* | usque *om B* | nos] non *C* | verum etiam] reverencia *D*

---

1 *Johanniter in Frankreich.*

2 *Der Templerorden wurde 1311 auf dem Konzil von Vienne aufgelöst; die Formel muß daher einer älteren Vorlage entstammen (Bonifaz VIII., Benedikt XI. oder Klemens V. bis 1311). Sie wurde jedoch teilweise unverändert (vgl. den Variantenapparat u. Q 6, 4a) in späteren Redaktionen überliefert, obschon sie seit 1311 in der Form für die Templer unbrauchbar war.*

O f. 32
E f. 57'
etiam semetipsos salubriter abnegantes contra inimicos crucis Christi pro fidei defensione | pugnando se morti exponere non formidant. Cum igitur, sicut ex parte dilectorum filiorum .. magistri et fratrum | ordinis militie Templi vel sancti Iacobi[1] *etc.*

Q 6, 4a Super eodem pro Templariis.[2]

B f. 32'
| Ad domum militie Templi Ierosolimitan.[2] habentes ex eo precipue specialem caritatis affectum, quod nullum preter Romanum pontificem habet episcopum vel pastorem et quod eius bona in conservationem terre sancte
5 et alia pietatis opera convertuntur, libenter dilectis filiis .. magistro et fratribus domus eiusdem, ut hiis in quiete spiritus possint insistere, procuramus. Quocirca – mandamus, quatinus *etc.*

Q 6, 5 Super eodem pro episcopo.

D f. 97
Etsi quibuslibet *etc. usque* teneamur, fratribus tamen et coepiscopis nostris, | qui in partem sollicitudinis evocati nobiscum officii nostri onera sortiuntur, eo efficacius adesse nos convenit, quo facilius odia multorum

---

[3] semetipsos] ipsos *M* | Christi *auf Rasur D*[2]

[4] defensione fidei *M* | deffensione *E* : defessione *L* | igitur] *om M* : itaque *B*

[5] sicut *om D* | .. *om AMOE* | ordinis *om C*

[6] Templi *om MOEL* | vel *om MO DELB* | Iacobi etc. *v. and. Hd. einkorr. B.*

Q 6, 4a *M 321 f. 28'; O 348 f. 32; D 445 f. 98 (Üb. Index f. 10); E 432 f. 58; L 343 f. 103b; B 8 n. 12 f. 32'.*

[1] *Üb. om MO.* | Semplariis *(!) D*

[2] Iud. Ad *MO* | Ihrĩm *L*

[3] quod] qui *E* | nullus *D* | habet] hr̄ *L* : *v. and. Hd. einkorr. B*

[4] conservatorem *D*

[5] et] ac *O* | pietatis] pia *M* | libenter

v. and. Hd. einkorr. B | .. *om MOE*

[6] in quiete] inquiete *DE* | possunt *L*

[7] mandamus *om B* | quatinus *om M B.*

Q 6, 5 *C 293 f. 424 (Üb. Index f. 444'); A 284 f. 51; M 317 f. 28'; O 344 f. 32; D 434 f. 96'/97 (Üb. Index f. 10); E 420 f. 57'; L 331 f. 102d; B 8 n. 5 f. 31'.*

[1] *M Üb.:* Super eodem

[2] Etsi] Iud. Et *M* : Iud. Etsi *B* | quilibet *E* | usque *om B* | fratris *C* : .. fratribus *D* | tamen et] et tam *korr. D*[2] : et cum *L* | coepiscopis] episcopis *CAL* : corporis *E*

[3] nostris *om C* | qui] quam, *dahinter Rasur D* | parte *CAME* | vocati *B* | nostri *om A*

[4] eo] et *E* | nos adesse *C* | odio *B* | multorum *doppelt C*

---

[1] *Ritterorden des hl. Jakobus.*
[2] *Templer, vgl. S. 435 Anm. 2.*

incurrunt et graviores insidias patiuntur, dum pastorale officium exequendo   5
nequeuntes omnibus complacere quasi signum sunt positi ad sagittam.[1]
Cum igitur, sicut a venerabili fratre nostro . . episcopo . . accepimus inti-
mante, *etc.*

Q 6, 6   Super eodem.

Iud. Etsi quibuslibet *etc. usque* teneamur, cum succensa velut ignis
impietas[2] tanto contra ipsos validius inflammetur, quanto rariores, qui
eas eripiant, invenit obiectores, illis tamen specialius et efficacius adesse
nos convenit, quibus propter fragilitatem sexus[3] minus proprie defensionis   5
potentia suffragatur.

Q 6, 6a   Super eodem aliter.

Ne obruatur innocentia, si remaneat indefensa, expedit, ut hiis potius

---

[6] sagitam *E* : sigittam *B*

[7] igitur *om CM* | sicut *om B* | a *om
MODELB* | fratri *MODEL* | . . epi-
scopo] *om CAD* : *hinter* accepimus
M : fratri nostro *add E (nochmals)* |
. . 2° *om D* | intimare *D*

[8] etc.] et *M* : *om D.*

Q 6, 6   *C 294 f. 424 (Üb. Index f.
444'); A 284 f. 51; M 318 f. 28'; O
345 f. 32; D 435 f. 97 (Üb. Index
f. 10); E 421 f. 57'; L 332 f. 102d;
B 8 n. 6 f. 31'.*

[1] *Üb. om MO* | eodem] aliter *add
DEL*

[2] Etsi] Et *M* | successa *E* | ignis *om L*

[3] tanta *B* | tanto contra *korr. D*[2] |
ipsas *COEL* | inflametur *COD* : et
flammetur *L* : inflammatur *B* | ra-
riores] maiores *L* | qui] si *L*

[4] eripiant] *aus* eripiunt *korr. A* : irri-
piant *D* : recipiunt *B* : inveniunt
C : invenerit *B* | adesse nos *korr. D*[2]

[5] nos] *aus* non *korr. A* : non *D* | qui-
bus *scr.*] qui *CMODE* : que *LB* |
minus] manus *D* | proprie *v. and.
Hd. einkorr. B* | deffensionis *EL*

[6] suffragatur] Cum itaque etc. (etc.
om B) add MODB : suffragantur.
Cum itaque etc. *EL.*

Q 6, 6a   *M 319 f. 28'; O 346 f. 32;
D 435a f. 97 (mit Q 6, 6 zusammengeflossen) u. 443 f. 98 (= D') (Üb.
nur zu D' Index f. 10); E 422 f. 57'
u. 430 f. 58 (= E'); L 333 f. 102d
u. 341 f. 103a/b (= L'); B 8 n. 7 f.
31'.*

[1] *Üb. om MODE. – L Üb.:* Super
eodem

[2] Iud. Ne *MO* | Ne] Non *L* | perma-
neat *E* | indeffensa *EE'* | ut *(ein-
korr. E)* in hiis *EB* | ut] in *E'* : et
L' | potius] predicitur *D'* : possit
potius *B*

---

[1] *Vgl. Lam. Ier. 3, 12: . . . tetendit arcum suum et posuit me quasi signum ad
sagittam.*

[2] *Vgl. Is. 9, 18: Succensa est enim quasi ignis impietas . . .*

[3] *Die Formel ist also für Nonnen bestimmt.*

L f. 103b

assit tutela iustitie, quibus precipue propter fragilitatem sexus minus proprie defensionis | potentia suffragatur.

Q 6, 6b Super eodem pro monialibus.

Etsi quibuslibet ecclesiasticis *etc. usque* teneamur, cum succensa velut ignis impietas[1] tanto contra ipsos validius inflammetur, quanto minores, qui eos eripiant, inveniunt obiectores, illis tamen specialius et efficacius
5   adesse nos convenit, quibus propter fragilitatem sexus[2] minus proprie defensionis potentia suffragatur *etc.*

Q 6, 7 Super eodem.

Qui divinis laudibus deputati malignorum noscuntur affligi molestiis, apostolice fovendi sunt gratie fulcimentis, ut eo libentius possint laudibus divinis intendere, | quo se prospexerint humanis molestiis non subesse.
B f. 32
5   Cum igitur *etc.*

Q 6, 7a Super eodem aliter.

Iud. Dignum esse conspicimus et necessarium arbitramur, ut hii favore sedis apostolice faveantur, qui consanguineorum suorum spreto affectu dei

[3] adsit *O* | tutella *O* | fragilitatem]
facultatem *E* | minus] manus *E'*
[4] deffensionis *EE'* | suffragatur] etc.
add D'L' : suffragantur *EE'*.
Q 6, 6b   *D 442 f. 98 (Üb. Index f.
10); E 429 f. 58; L 340 f. 103a.*
[3] inflammatur *DEL*
[4] eas *EL* | invenit *EL*
[5] adesse nos *korr. D²* | deffensionis *E.*
Q 6, 7   *C 295 f. 424 (Üb. Index f.
444'); A 286 f. 51; M 320 f. 28'; O
347 f. 32; D 436 f. 97 (Üb. Index f.
10); E 423 f. 57'; L 334 f. 102d;
B 8 n. 8 f. 31'/32.*
[1] *Üb. om MO*
[2] Iud. Qui *MO* | divinibus *A* | malignorum *om M* | affligi] maliciis *add A*

[3] laudibus] laudabilis *B*
[4] se *om L*
[5] etc. *om MO.*
Q 6, 7a   *M 322 f. 28'; O 349 f. 32; D
437 f. 97/97' (Üb. Index f. 10) u.
446 f. 98/98' (= D'); E 424 f. 57'
u. 433 f. 58 (= E'); L 335 f. 102d/
103a u. 344 f. 103b (= L'); B 8
n. 9 f. 32.*
[1] *Üb. om MO.* | aliter *om E'*
[2] *Iud. om B* | conspicimus] cognoscimus *E'* | necessarius *E'* | arbitramur] arbitrium *L* : arbitramus *L'* |
hiis *E'*
[3] foveantur *MB* : foveamur *O* : faveamur *ELL'* : faveamus *E'* | suorum] suo *D* | affecto *L'*

[1] *Vgl. Is. 9, 18: Succensa est enim quasi ignis impietas . . .*
[2] *Die Formel ist mithin für ein Frauenkloster bestimmt.*

non hominum prelium preliantur. Sane dilectorum filiorum . . nobis exhibita petitio continebat, quod nonnulli clerici et laici debitam ad ipsos   5
propter | deum reverentiam non habentes, eos in personis et rebus ipsorum   *L f. 103 a*
presumunt indebite molestare. Unde cum ordinarii iniuriatorum ipsorum
eisdem in iustitia | exhibenda de . . se reddunt interdum difficiles et etiam   *D' f. 98'*
negligentes ipsisque nimis difficile ac dispendiosum existat pro singulis
querelis apostolicam sedem adire, nobis humiliter supplicarunt *etc. usque*   10
curaremus. – mandamus, quatinus eisdem presidio | defensionis assistens   *D f. 97'*
vocatis, qui fuerint evocandi, exhibeas ipsis, cum ab eis fueris requisitus,
de predictis iniuriatoribus cuiuscunque conditionis, ordinis seu dignitatis
existant, per viam iudicii iustitie complementum, contradictores *etc.*, non
obstante *etc.*   15

Q 6, 7 b Super eodem pro Cisterciensibus.[1]

Dignum est, ut, qui non solum sua verum etiam semetipsos salubriter
abnegantes carnem suam cum vitiis et concupiscentiis crucifigunt in claustris claustralibus se claudendo, gratis attollantur favoribus et congruis

---

4 hominis *MOB* : hominibus *DEE'* *LL'* | prelium] plurimum *E'* : solum prelium *L* | Sane] dictum pro parte *D* | dilēs fil̄ *M* : dilectus filius *O* : dil̄ fil̄ *DD'* : di.fi. *B* | . . *om D'* | exhibita – 5 continebat] exposito *D* : exposuit conquerendo *EL* : exponere curaverunt *B* | nobis *om M*

5 continebant *L'*

6 dei *E'* | ipsorum] *om D'* : ipsarum *L'* : eorum *B*

7 presumunt] proponunt *M* : presumuntur *D* | Unde] Verum *MO* | ordiarii *(ohne Kürzungszeichen) E* | ipsorum *om L*

8 eisdem . . *MO* | de . .] de talibus *MO* : . . de . . *E* : *om B* | se *v. and.* *Hd. einkorr. B* | reddant *OE'L'* : reddi(tus) *D*

9 ipsosque nimis *v. and. Hd. korr. B* | ac] et *MB*

10 querelis] ad *add L* | humiliter] hii

L' | supposuit *ODELL'* | usque *om B*

11 curaremus] etc. *add B* | eisdem . . *MO* | defensionis] deffensionis *EE'* : *vor* presidio *B* | assistens] existens *EE'LL'* : assistentes *B*

12 qui] que *L* | fuerant *D* : sunt *D'* : fuerunt *L'* | ipsis *om D'E'L'* | cum] eum *D'*

13 cuicumque *L*

14 iudicii *om E'* | contradictores] contra *O* | non obstante etc. *om B*

15 obstant; *O* : obstañ *DD'L* : obst; *EE'* | etc. *om MD*.

Q 6, 7b   *M 323 f. 28'; O 350 f. 32; D 438 f. 97' (Üb. Index f. 10); E 425 f. 57'; L 336 f. 103a; B 8 n. 10 f. 32.*

[1] *DL Üb.; Super eodem. – E Üb.: Super eodem aliter*

[2] Iud. Dignum *MOEL* | seipsos *L*

[4] claustratibus *D* | gratis] gratiarum *korr. B* | attollatur *EL* | congrue *E*

---

[1] *Dieselbe Formel bei Thomas von Capua IX 15.*

⁵ presidiis muniantur, ut eo devotius quo quietius pacis famulentur auctori.
Sane *etc.*

Q 6, 7c Super eodem pro leprosis.

Iud. Etsi quibuslibet ecclesiis et personis ecclesiasticis ex iniuncte nobis
servitutis officio defensionis presidio assistere teneamur, illis tamen specialius et efficacius adesse nos convenit, qui nobis et ecclesie Romane immediate
⁵ subiecti non habent alium preter Romanum pontificem defensorem. Cum
itaque, sicut ex parte dilectorum filiorum .. magistri et fratrum domus
sancti Lazari .. fuit propostium coram nobis, quod iidem a nonnullis,
qui nomen domini recipere in vacuum¹ non formidant, graves patiantur
E f. 58 iniurias et iacturas, nos volentes et presumptorum huiusmodi | refrenari
¹⁰ conatus et eorundem magistri et fratrum providere quieti, discretioni tue
per apostolica scripta mandamus, quatinus eisdem magistro et fratribus
efficaci presidio defensionis assistens non permittas eos contra indulta
privilegiorum *etc.*

Q 6, 7d Super eodem pro cardinali.

Regis pacifici, qui regnat in celis, vices quamquam immeriti gerentes in
E f. 58' terris ecclesiasticarum personarum et ecclesiasticorum virorum | iura tenemur

---

⁵ muniantur] iniuriantur *L* | devoci
(!) L | quieti *(!) L* | famuletur *EL* |
actori *MO* : auctoritate *L*.

Q 6, 7c *D 439 f. 97' (Üb. Index f.*
10); E 426 f. 57'/58; L 337 f. 103a;
B 25 n. 2a f. 58.

¹ *D Üb. Index sowohl hierher als auch*
zu Q 4, 6 (= D 440) gehörig.

² Etsi] Et *L* | quilibet *L* | ecclesiis – 5
Romanum] etc. *B* | iniuncte] iniun-
te *(!) E*

³ deffensionis *E* | consistere *D*

⁴ immediate] inmediate *D* : *marg.*
einkorr. E

⁵ pontificem] ponunt *(!) L* | deffen-
sor(is) *E*

⁶ .. *om E*

⁷ Lazari *korr. D ²* | iidem *aus* idem
korr. D²

⁸ qui] que *L* | in vanum recipere *B* |
paciuntur *L*

⁹ volentibus *L* | presumptor *L*

¹⁰ conatibus *EL* | provideri *D* : pro-
vider; *E* : | quieti] commoti *E* |
discretioni – 11 scripta] etc. *B*

¹² efficacis *B* | deffensionis *E* | assis-
tentes *B* | permittens *L* : permit-
tatis *B*

¹³ etc. *om B.*

Q 6, 7d *D 447 f. 98' (Üb. Index f.*
10); E 434 f. 58/58'; L 345 f. 103b/c;
B 8 n. 13 f. 32'/33.

² vicem *EL* | quamquam *korr. D²*

³ ecclesiasticarum – et *korr. D²* | ec-
clesiasticarum] ecclesiarum *ELB* |
personarum *om LB* | personarum
et ecclesiasticorum *om E*

---

¹ *Vgl. Ex. 20, 7: Non assumes nomen domini dei tui in vanum (vacuum).*
Dazu vgl. Q 4, 1 Anm. 2.

et volumus propensius a dispendiis preservare ac ea contra malignorum audaciam favorabiliter confovere, sed fratrum sancte Romane ecclesie cardinalium [5] iura et bona tanto studiosius et attentius nos convenit et debemus a perversorum conatibus defensare, quanto ipsi Romane ecclesie specialius deputati obsequiis incumbentia nobis onera una nobiscum assidue comportantes generali ecclesie per hoc deservire plus ceteris dinoscuntur. Sane dilecto filio . . cardinale accepimus referente, quod plerumque contingit sibi [10] super fructibus, redditibus et proventibus prebendarum, quas in regno . . obtinet, a nonnullis molestias et inimicitias erogari, propter quod humiliter petiit, ut, cum difficile sit ad nos pro singulis querelis habere recursum, super hoc providere sibi paterna benivolentia curaremus et adversus presumptores huiusmodi talium illo sibi remedio | subvenire, per quod ipsorum *L f. 103c* compescatur temeritas et aliis aditus committendi similia precludatur. – mandamus, quatinus, quocienscumque dictum cardinalem super predictis fructibus et redditibus molestari contingeret vel super eisdem sibi iniurias erogari, molestatores et iniuriatores huiusmodi veritate cognita | ab huius *B f. 33* modi cessare iniuriis et molestiis monitione premissa per censuram ecclesias [20] ticam appellatione remota cogatis, non obstante constitutione de duabus dietis.[1]

---

[4] et] ut *D* | ac] ut *E* : et *B*
[5] fratrum] factum nostrum et *E* : fratrum N. et *L* : nostrorum *add B*
[6] tanto] tacito *EL* : tanta *B* | studiosius] studio suus *E* : studio suis *L* | et 2° *doppelt E* | attentius – convenit *v. and. Hd. statt getilgtem* attenti quos convenit *einkorr. B* | debemus *korr. D*²
[7] defensari *D* : deffensare *E* : dispensare *L* | ecclesie] predicte *add ELB*
[9] dinoscamur *(?) D* : dignoscuntur *EB*
[10] . . *om D* | plerumque *om EL* | contingit] plurimorum quod *add EL*
[11] et *einkorr. D* | . . *om D*
[12] inimicitias] iniurias *ELB* | erogari] irrogari *ELB* | propter quod *om EL*
[14] sibi *om B* | curare *L* | et *om EL*

[15] tallium *E* | ilÍ *E* : ille *L* | sibi *om EL* | remedium *E* : immedio (!) L*
[16] temeritas – precludatur *einkorr. v. and. Hd. B* | et *om EL* | aliis] illis *v. and. Hd. einkorr. B* | additus *DLB (v. and. Hd. einkorr.)* | precludatur] precludas *D* : etc. *add B*
[18] fructibus] proventibus *add EL* | et redditus] redditibus et proventibus *B* | contingerit *L* : contigerit *B* | eisdem] illis *add B*
[19] erogari] irriogari *(!) E* : irrogari *LB*
[20] cessare] cessant; *E* : *hinter* molestiis *B*
[21] appellatione remota *om B* | cogatis] rogatis *D* : compellas *B* | obst; *E* | constitutione] con *D* : coñe *E* | constitutione – 22 dietis] etc. *B*.

---

[1] *c. 37 Conc. Lat. IV = X 1, 3, 28. Diese Verfügung des 4. Laterankonzils, wonach niemand mehr als zwei Tagereisen außerhalb seiner Diözese vor einen delegierten Richter zitiert werden dürfe, wurde bereits von Bonifaz VIII. abge-*

Q 7

Conservatoria „Militanti".

Q 7, 1 Conservatoria pro monasterio sancti Antonii Viennen.[1]

E f. 59'
L f. 104a

| Iud. Militanti ecclesie licet immeriti disponente domino | presidentes circa curam ecclesiarum omnium tam secularium quam regularium sollertia reddimur indefessa solliciti, ut iuxta debitum pastoralis officii earum occurramus dispendiis et profectibus divina cooperante clementia salubriter intendamus. Cum itaque dilecti filii . . abbas et conventus monasterii sancti Antonii ad Romanam *etc.* ordinis sancti Augustini Viennen. diocesis,[1] sicut ipsi nobis insinuare curarunt, a nonnullis, qui gloriantur in malitia et iniquitate potentes,[2] in personis et bonis suis eorumque membris multipliciter molestentur, nos volentes predictorum molestatorum obviare conatibus ac

5

10

Q 7, 1   *C 296 f. 424/424' (Üb. Index f. 444'); A 287 f. 51/51'; M 328 f. 30'; O 355 f. 34; D 457 f. 100/100' (Üb. Index f. 10'); E 443 f. 59/59'; L 354 f. 103d/104a.*

[1] Anthonii *D* | Viennen.] *om C* : Vrennen. *D*

[2] immeriti] inmeriti *D* : incliti *E*

[3] circa] contra *A* | ecclesiarum] animarum *C* : ecclesiasticorum *(?) D*

[4] reddimus *C* : redditur *A* | indefensa *CD* | ut] et *D* | eorum *CAL*

[5] cooperente *(!) korr. A*

[6] . . *om DL*

[7] Antonii] . . *A* : Anthonii . . *D* : *om L* | sancti Augustini] . . *A* : *om L* | Viennen.] . . *CA* : Vyennen. *D* : *om L*

[8] nobis *korr. D*[2] | maliciis *C* : maliciam *D* | et *om CAODEL* | iniquitate] iniquitatis *A* : in iniquitate *OL* : iniquitates *D*

[9] eorundem *L* | membris *om A*

[10] conatibus *korr. aus* cognatibus *E*

ändert, indem nur noch die Entfernung von einer Tagereise erlaubt war (VI° 1, 3, 11, vgl. dazu ausführlich Bd. 1 S. 193 f.). Die vorliegende Formel muß daher aus einer Sammlung des 13. Jahrhunderts übernommen worden sein und war mit letzterem Zusatz veraltet.

[1] Saint-Antoine nw. von Saint-Marcellin (Isère) in der Diözese Vienne, gegründet 1095 vom Adeligen Gaston ursprünglich als Laiengenossenschaft zur Pflege von Kranken und Pilgern zu La-Motte-Saint-Didier und noch im selben Jahre von Urban II. bestätigt. 1297 Juni 10 von Bonifaz VIII. (Potthast 24525) zur Abtei erhoben, wobei der Großmeister zum Abt ernannt, die Regel der Augustinerchorherren bestätigt und das Kloster gegen einen Jahreszins von einer Mark Silber dem hl. Stuhl unterstellt wurde (vgl. Liber censuum ed. Fabre-Duchesne 1, 187a mit Anm. 1; dazu V. Advielle, Histoire de l'ordre hospitalier de Saint Antoine de Viennois [Paris-Aix 1883] u. Heimbucher 2, 38 f.).

[2] Vgl. Ps. 51, 3: Quid gloriaris in malitia, qui potens es in iniquitate?

eorundem abbatis et conventus et monasterii eorumque membrorum in
hac parte | molestiis precavere ac occurrere nocumentis – mandamus, *D f. 100'*
quatinus per te vel alium seu alios eisdem abbati et conventui et membris
eorum efficaci protectionis, defensionis et tuitionis assistens presidio non
permittas eos in personis, bonis et membris ac iuribus eorundem ab aliquibus 15
indebite molestari exhibiturus eisdem abbati et conventui ac membris vel
eorum procuratoribus, cum super hoc ab eis vel eorum aliquo fueris requisitus, de quibuslibet eis in personis vel bonis eorum quomodolibet iniurianti-
bus etiam per viam iudicii iustitie complementum, molestatores huiusmodi
nec non contradictores quoslibet et rebelles, cuiuscunque conditionis, ordi- 20
nis, status vel dignitatis extite|rint, auctoritate nostra appellatione post- *A f. 51'*
posita compescendo, non obstante, si aliquibus | a sede apostolica sit indul- *C f. 424'*
tum, quod excommunicari, suspendi vel interdici aut extra vel ultra certa
loca ad iudicium evocari non possint per litteras apostolicas non facientes
plenam et expressam de indulto huiusmodi et eorum personis, locis vel 25
ordinibus mentionem, seu qualibet indulgentia dicte sedis, per quam huiusmodi iurisdictionis explicatio in hac parte valeat quomodolibet impediri, et
constitutionibus tam felicis recordationis Bonifatii pape VIII., predecessoris
nostri, quarum prima cavetur, ne quis certis exceptis casibus extra suam
civitatem et diocesim,[1] secunda vero, ne reus alterius diocesis ultra unam 30
dietam a finibus eiusdem diocesis ad iudicium evocetur[2], quam de duabus
dietis edita in concilio generali,[3] dummodo ultra tertiam vel quartam ali-

---

[11] .. abbatis *C* | et 2°] ac *M*

[12] ac] et *C*

[13] vel] per *add A* | et 2°] ac *M*

[14] deffensionis *E*

[16] eidem *C*

[17] procuratoribus eorum *E* | eorum
2°] altero *add A* | aliquis *E*

[18] vel] et *L*

[19] etiam] et *DEL*

[20] contra *D* | cuicunque *L*

[21] existerint *D* : existerent *E* | post-
posita] remota *D* : composita *L*

[22] obstañ *MD* : obst; *E*

[23] vel 1° *om DEL* | interdici] non pos-
sint *add C* | extra] exc; *E* | vel
ultra *om D* | ultra *om EL* | certa]
circa *CE*

[25] et 1° *om C* | personis *om MO*

[26] seu] vel *M* | sedis] sedi *C* : generali
vel speciali *add M*

[27] in hac parte *einkorr. M*

[28] B. *CA* : Bo. *MDEL* | predecec; *(!)*
E

[29] quorum *D* | exeptis *(!) C*

[30] et] vel *L* | diocesis *doppelt E*

[31] eiusdem] sue *L* | quem *D*

[32] edita *scr.*] *om CAMOEL* : edit; *D*

---

[1] *VI° 1, 3, 11.*

[2] *Gemeint ist wohl VI° 1, 14, 15; diese Dekretale wurde jedoch durch VI° 1, 3,
11 ergänzt und erweitert.*

[3] *c. 37 Conc. Lat. IV = X 1, 3, 28; zu allen drei Dekretalen vgl. Bd. 1 oben
S. 193 f.*

quis extra suam diocesim auctoritate presentium ad iudicium non trahatur. Ceterum volumus et auctoritate apostolica decernimus, quod a data presentium sit tibi in premissis omnibus et eorum singulis potestas et iurisdictio attributa quodque in eo vigore illaque firmitate possis auctoritate nostra in predictis omnibus et pro predictis procedere, acsi tua iurisdictio in premissis omnibus et singulis per citationem vel modum alium perpetuata legitime extitisset. Dat. etc.[1]

Q 8

„Omnes libertates et immunitates."

Q 8, 1 Forma „Omnes libertates et immunitates".

Dilectis filiis . . abbati et conventui monasterii de . . . . diocesis. Cum a nobis petitur, quod iustum est et honestum, tam vigor equitatis quam

[33] trahat D

[34] apostolica auctoritate ADL | decrevimus D

[35] sit] sic O | tibi] ubi A | omnibus om E | potestas] potans (!) C

[36] poss; DL

[37] predictis] premissis D | interdictio D

[38] perpetua A

[39] legitimum O | Dat.] Datum CL : einkorr. D² | etc.] Burdegal. III non. septembris pontificatus nostri anno primo MO : einkorr. D².
Q 8, 1 C 297 f. 424' (Üb. Index f. 444'); A 288 f. 51'; M 329 f. 30'/31; O 356 f. 34/34'; D 459 f. 101 (Üb.

Index f. 10'); E 445 f. 60; L 356 f. 104b; B 24 n. 1 f. 57.

[1] D Üb.: Tractatus sive forme „Omnes libertates" pro abbate et conventu. | Forme EL | et] est A | et immunitates] etc. add C : om MO : pro abbate et conventu (etc. add L) add EL

[2] de – diocesis] sancti Nicolai (M f. 31) de Casulis ordinis sancti Basilii (Blasii M) Ydrontin. diocesis MO : om B | de . .] ordinis . . add DEL | . . 3° om C | diocesis] salutem etc. add D

[3] quod korr. D² | est iustum C | vigore C

---

[1] Das in MO angegebene Datum (Bordeaux 1305 September 3; es müßte sich wegen des Ausstellungsortes auf Klemens V. beziehen) ist unzutreffend, da Klemens V. bereits am 2. September 1305 nicht mehr in Bordeaux war, vgl. Tables des registres de Clément V, bearb. v. Y. Lanhers (Paris 1948), 1. Die vorliegende Urkunde ist in den Registern Klemens' V. nicht überliefert, obschon das Incipit und die Arenga vielfach in dessen Urkunden erscheint und nicht auf dieses Beispiel beschränkt war (vgl. das Incipitverzeichnis in den Tables S. 17). Da die Formel zudem erst in der zweiten Redaktion erscheint, ist es wenig wahrscheinlich, daß sie in dieser Form noch von Klemens V. stammt; vermutlich wurde sie unter Johann XXII. in der vorliegenden Fassung konzipiert und in das Formularium audientiae aufgenommen.

ordo exigit rationis, ut id per sollicitudinem officii nostri ad debitum
perducatur effectum. Eapropter, dilecti in domino filii, vestris iustis | postu-   *O f. 34'*
lationibus grato concurrentes assensu omnes libertates et immunitates a
predecessoribus nostris Romanis pontificibus sive per privilegia seu alias
indulgentias vobis et monasterio vestro concessas nec non libertates et
exemptiones secularium exactionum a regibus, principibus et aliis Christi
fidelibus rationabiliter vobis et monasterio vestro predicto indultas, sicut   10
eas iuste et pacifice possidetis, vobis et per vos eidem monasterio auctoritate
apostolica confirmamus et presentis scripti patrocinio communimus. Nulli
ergo *etc.*

Q 8, 1a   „Omnes libertates et immunitates" pro abbate.

Dilectis filiis . . abbati et conventui monasterii de . . ordinis . . . . diocesis.
Solet annuere sedes apostolica piis votis et honestis petentium precibus
favorem benivolum impertiri. Eapropter, dilecti in domino filii, vestris
iustis postulationibus grato concurrentes assensu omnes libertates et im-   5
munitates a predecessoribus nostris Romanis pontificibus sive per privilegia
seu alias indulgentias vobis et monasterio vestro concessas nec non libertates
et exemptiones secularium exactionum a regibus et principibus et aliis
Christi fidelibus rationabiliter vobis indultas, sicut eas iuste et pacifice
obtinetis, vobis et per vos eidem monasterio auctoritate apostolica confir-   10
mamus *etc. usque* communimus. Nulli ergo *etc.*

---

[4] ratione *L* | sollicitudinem] similitu-
dine *O* : solicitudinem *DB* | ad *om
A*

[5] domino] Christo *E* | vestris] nostris
v. späterer Hd. korr. O | postula-
tionibus] supplicationibus *B*

[6] grato – assensu *auf Rasur E* | oc-
currentes *A* | ascensu *O*

[7] predecessoribus] *korr. D²* : predictis
E | pontificibus *korr. D²* | sive *v.
and. Hd. einkorr. A* | privileia *(!) L* |
seu] sive *D* : vel *EB* | seu alias]
om A : per alias *L*

[8] vobis] nobis *E* | vestro] predicto
add D² (marg. einkorr.)

[9] exemptiones] expressiones *E* | regi-

bus] et *add CMOELB* | principibus
korr. D² | et] ac *OLB*

[10] rationabiliter] realiter *B* | et – pre-
dicto *om B* | vestro *om OEL* | pre-
dicto *om D*

[11] ea *CA* | et 1°] ac *COE* | nobis
D | et 2° *v. and. Hd. einkorr. A* | per
vos] *om M* : per nos *D* | eidem mo-
nasterio vestro *v. and. Hd. einkorr.
M* | auctoritate apostolica *om B*

[12] inscripti *A*

[13] etc.] Si quis autem *add M* : Si quis
autem etc. Dat. etc. *add O.*

Q 8, 1a   *P 317 f. 33' (Üb. Index f. 6).*

[2] diocesis] diocesis . . *P*

[9] rationabilibus *P* | iustas *P.*

Q 8, 1b   Confirmatio libertatum.

Dilectis filiis . . preceptori et fratribus hospitalis novi de Spoleto ordinis
sancti Augustini[1] *etc.* Cum a nobis petitur, quod iustum est et honestum,
tam vigor equitatis quam ordo exigit rationis, ut id per sollicitudinem
S f. 36'   officii nostri ad debitum | perducatur effectum. Eapropter, dilecti in domino
⟨filii⟩, vestris iustis postulationibus grato concurrentes assensu omnes libertates et immunitates a predecessoribus nostris Romanis pontificibus sive
per privilegia seu alias indulgentias vobis et hospitali vestro concessas nec
non libertates et exemptiones secularium exactionum a regibus et principi-
10   bus ac aliis Christi fidelibus rationabiliter vobis et hospitali vestro indultas,
sicut eas iuste et pacifice obtinetis, vobis et per vos eidem hospitali auctoritate apostolica confirmamus et presentis scripti patrocinio communimus.
Nulli ergo omnino hominum liceat hanc paginam nostre concessionis *etc.*

Q 8, 1c   „Omnes libertates et immunitates" pro episcopo.

Venerabili fratri . . episcopo et ⟨dilectis filiis⟩ capitulo ecclesie Bethlehemitan. ordinis sancti Augustini.[2] Cum a nobis petitur *etc. usque* effectum.
Eapropter, venerabilis frater . . episcope et dilecti filii capitulum *etc. usque*
5   vobis et ecclesie vestre Bethlehemitan. concessas *etc. usque* nulli ergo *etc.*

Q 8, 1b   *S 284 f. 36/36'.*
[1] *Üb. marg. v. spät. Hd. S*
[2] Dilecto filio *S* | . . *om S*
5   perducas *S*
6   filii *scr.] om S* | nostris *S*
8   per] pro *S* | nobis *S*
9   exactionum *scr.]* excommunicationum *S*

10   hospitali *scr.]* monasterio *S*
11   ea *S* | pacifice et iuste *S.*
Q 8, 1c   *P 316 f. 33' (Üb. Index f. 6).*
2   dilectis filiis *scr.] om P* | Berthele-
  mitan. *P*
4   episcopus *P* | dilecti] in domino *add*
  P
5   Berthelen. *P.*

---

[1] *Belege für das neue Spital in Spoleto in: Rationes decimarum Italiae,
Umbria, bearb. v. P. Sella (Città del Vaticano 1952 = Studi e Testi 161) Nr.
5934, 6460, 6652f. (aus den Jahren 1333/34).*

[2] *Bethlehem. Als Bischöfe kommen in Frage: Petrus II. (1301–1303), Vul-
franus (1303–1330), vgl. Eubel 1, 135, u. bes. Le Comte Riant, Études sur l'histoire de l'église de Bethléem 1 (Genua 1888) Appendix I (hinter S. 108). Das
Domkapitel setzte sich seit der Gründung des lateinischen Bistums (1110) aus
Augustinerchorherren zusammen, vgl. Riant 93. Im Jahre 1266 wurden die
Christen aus der Stadt vertrieben; das Kapitel siedelte nach Jaffa über und
befand sich nach dessen Fall (7. 3. 1268) noch 1284 im Heiligen Lande, um sich
dann nach Clamecy zu begeben, wohin auch dieser Brief vermutlich gegangen ist;
vgl. Riant 94f.*

Q 8, 2 Prohemium super eodem.

Solet annuere sedes apostolica piis votis et honestis petentium precibus favorem benivolum impertiri.

Q 8, 2a Prohemium super eisdem.

Eisdem. Solet annuere sedes apostolica *etc. ut in alia*[1] *usque* assensu, ut de vino et blado, que pro vestris utilitatibus aliquotiens vos emere contigerit, nulli pedagia, usagia, foragia, reagia solvere teneamini, auctoritate vobis presentium indulgemus *etc.*

Q 8, 2b Aliter pro ordine etc.

Dilectis in Christo filiabus .. commendatrici et sororibus monasterii de .. per commendatricem soliti gubernari ordinis militie sancti Iacobi de Spata[2] extra muros Ulixbonen.[3] salutem *etc.* Solet *etc.*

Q 8, 2   *C 298 f. 424' (Üb. Index f. 444'); A 289 f. 51'; M 330 f. 31; O 357 f. 34'; D 460 f. 101 (Üb. Index f. 10'); E 446 f. 60; L 357 f. 104b; B 24 n. 2 f. 57.*
[1] *DEL Üb.:* Super eodem pro abbate (abbatissa *L*) et conventu. | super eodem *om MO*
[2] Dilectis in Christo filiabus .. abbatisse (abbatissa *L*) et conventui monasterii de .... *(om DL)* ordinis .. diocesis. Solet *DEL* : Dil. fil. etc. Solet *B*
[3] impertiri] Eapropter venerabilis frater noster episcope et dilecti filii capitulum .. vestris etc. *add MO* : Eapropter etc. ut in proxima *add DEL* : Eapropter etc. *add B.*
Q 8, 2a   *D 461 f. 101 (Üb. Index f.*

10'); E 447 f. 60; L 358 f. 104b; B 24 n. 2a f. 57.
[2] Eisdem] Eidem *EL* : *om B* | annuere – usque] ut supra etc. *B* | etc. *om EL* | ut] et *L* : ne *B*
[3] et *om EL* | blando *L* | aliquot; *E* | aliquotiens vos emere *korr. D*[2] | emere vos *EL*
[4] nulla *B* | usagia] vasagia *D* | foragia] voragia *D* : focagia *E* : votagia *zu* fotagia *korr. L* | tenemini *B*
[5] vobis] nostra *B* | presentium] tenore *add B* | etc.] Nulli ergo etc. *B.*

Q 8, 2b   *D 462 als Nachtrag von D*[2] *am unteren Rand von f. 101.*
[1] *Üb. nur marg. D*[2]
[4] Spata, *pa v. späterer Hd. auf Rasur D.*

---

[1] *Q 8, 1a und Q 8, 2.*
[2] *Ritterorden von Santiago de Compostela, vgl. Hélyot 2, 156 ff., 503 ff.; F. Caro de Torres, Historia de las Ordenes Militares de Calatrava, Santiago (Madrid 1929); J. Pérez Balsera, Los caballeros de Santiago 1–7 (Madrid 1932).*
[3] *Lissabon. Der portugiesische Zweig des Ordens verselbständigte sich im Jahre 1288; seit 1312 gab es die Chorfrauen des hl. Jacobus, an die das vorliegende Stück gerichtet ist.*

Q 9

„Personas vestras et locum."

Q 9, 1　Forma „Personas vestras et locum" super decimis.

D f. 101'　　| Dilectis in Christo filiabus .. priorisse et conventui monasterii sancti .. de .. per priorissam *etc.* .. ordinis .. diocesis. Cum a nobis petitur *etc.* *usque* effectum. Eapropter, dilecte in domino filie, vestris iustis postulationi-
5　bus grato concurrentes assensu personas vestras et locum, in quo divino estis obsequio mancipate, cum omnibus bonis, que in presentiarum rationa-biliter possidetis aut in futurum iustis modis prestante domino poteritis adipisci, sub beati Petri et nostra protectione suscipimus. Specialiter autem decimas, terras, domos, vineas, ortos et alia bona vestra, sicut ea omnia
10　iuste ac pacifice possidetis, vobis et per vos monasterio vestro auctoritate apostolica confirmamus et presentis scripti patrocinio communimus, salva in predictis decimis moderatione concilii generalis.[1] Nulli ergo *etc.* nostre protectionis et confirmationis *etc.*

Q 9, 1　*C 299 f. 424' (Üb. Index f. 444'); A 290 f. 51'; M 331 f. 31; O 358 f. 34'; D 463 f. 101' (Üb. Index f. 10'); E 448 f. 60; L 359 f. 104b; B 24 n. 3 f. 57.*

[1] vestras] *aras (!) A* | et] super *add C* | super decimis] *om AMOEL* : etc. *D²*

[2] ..] *om AD* : *vor* filiabus *O* | priorisse] abbatisse *M* | sancti] *om C* : sancte Marie de .. *MO*

[3] de .. *om DELB* | per – etc. 1°] per priorissam soliti gubernari *v. and. Hd. marg. einkorr. B* | .. ordinis .. diocesis] ordinis .... diocesis *CE* : ordinis .. diocesis *MD* : .. diocesis salutem etc. *B*

[4] usque *om B* | effectum *om AB* | dilecti *aus* dilectis *korr. O* | domino] Christo *M* | filie] *om A* : filiabus *M* :

fil .. *E* : *korr. O* | vestris] *korr. O* : nostris *E*

[5] grato] *om M* : grata *L* | cocurrentes (!) D : concorrentes L | assensu *aus* ascensu *korr. O* | et] in *D* | divino estis] dummodo estis divino *C* : estis divino *M*

[6] mancipante *E* | impresentiarum *ME* : impresentiarum *aus* in presentiarum korr. *OD²*

[7] aut] ac *D* | futuris *M* | protestante *D* : prestande *L*

[8] nostra] vestra *E* | suscepimus *ME* : suspicius *L*

[9] omnia] omnino *C* : *om EB*

[10] ac] et *MDEB*] monasterio vestro] eidem monasterio *C* : eidem monasterio vestro *MO*

[12] generali *C* | etc. *om B* | nostre – 13 etc. *om DELB*

[13] etc. *om M.*

---

[1] *c. 55 Conc. Lat. IV = X 3, 30, 34.*

Q 9, 1a Forma „Personas vestras et locum" pro abbate et conventu.

Dilectis filiis . . abbati et conventui monasterii de . . . . ordinis . . diocesis. Cum a nobis petitur, quod iustum est et honestum, tam vigor equitatis quam ordo exigit rationis, ut id per sollicitudinem officii nostri ad debitum perducatur effectum. Eapropter, dilecti in Christo filii, vestris iustis postulationibus grato concurrentes assensu personas vestras et locum, in quo divino estis obsequio mancipati, cum omnibus bonis, que in presentiarum rationabiliter possidetis et in futurum iustis modis prestante domino poteritis adipisci, sub beati Petri et nostra protectione suscipimus. Specialiter autem decimas, prata, pascua, nemora, possessiones et alia bona, sicut ea omnia iuste et pacifice possidetis, vobis et per vos eidem monasterio auctoritate apostolica confirmamus et presentis scripti patrocinio communimus, salva in predictis decimis moderatione concilii generalis.[1] Nulli ergo *etc.*

Q 9, 2 Protectio et confirmatio leprosorum.

Sacrosancta Romana ecclesia devotos et humiles filios ex assuete pietatis officio propensius diligere consuevit et, ne pravorum hominum molestiis

---

Q 9, 1a *P 360 f. 36 (Üb. Index f. 6); V 347 f. 45; H 407 f. 48; S 314 f. 40'; R 302 f. 29'.*

[1] Forma *om PH* | Personas *om H* | et locum *om P*

[2] conventu] ibi quere Cum a nobis petitur etc. *add P (nachgetragen)* : Rubrica *add H²*

[3] . . ordinis . . diocesis] ordinis . . diocesis . . *H* : ordinis . . . . diocesis *R*

[4] quod – 6 effectum] etc. ut supra *R*

[6] Eapropter] in *add V* | dilecti – vestris] dilectorum vestrorum . . *H*

[7] et] ad *V*

[8] obsequio] auxilio *VH* | presenti *H*

[9] raconabiliter *(!) R* | possidet *V* | prestante domino *om P*

[14] salva *om S* | moderacionis *H*.

Q 9, 2 *C 301 f. 425 (Üb. Index f.*

444'); A 292 f. 51'/52; M 333 f. 31; O 360 f. 34'; D 465 f. 101'/102 (Üb. Index f. 10'); E 450 f. 60'; L 361 f. 104c; B 25 n. 1 f. 58.

[1] confirmatio] protestatio *MO*

[2] *D²* beginnt mit folgender, *nicht hierhin gehörender Adresse* : Dilecto filio . . de . . clerico crucesignato . . diocesis salutem etc. | ecclesie *D* | assueto *D* : assuat; *(!) E* : assereta *(!) L* | pietate *E*

[3] officia *EL* | diligere] diligenter *B* | maliciis agitentur vel molestiis *A* : molestiis et maliciis *D* : alias molestiis et maliciis *E* : alias molestiis vel maliciis *L* : molestiis etiam maliciis *B* | molestiis alias *om M* : maliciis, *darüber einkorr.* alias molestiis *O*

---

[1] c. 55 Conc. Lat. IV = X 3, 30, 34.

(*alias* malitiis) agitentur, eos tamquam pia mater sue protectionis munimine confovere. Eapropter, dilecti in domino filii, vestris iustis postulationibus *A f. 52* grato concurrentes assensu, personas vestras et locum, | in quo sub communi vita degitis, sub beati Petri et nostra protectione suscipimus et presentis scripti patrocinio communimus. Specialiter autem *etc. ut in proxima superiori*,[1] districtius inhibentes, ne quis de ortis et virgultis vestris seu vestro- *D f. 102* rum animalium nutrimentis decimas | a vobis exigere vel extorquere presumat. Nulli ergo *etc.*

Q 9, 2a „Personas vestras et locum" pro hospitali vel domo.

Dilectis filiis .. magistro et fratribus domus leprosorum de .. salutem *etc.* Sacrosancta Romana ecclesia devotos et humiles filios ex assuete pietatis officio propensius diligere consuevit et, ne pravorum hominum molestiis *P f. 36* agitentur, | eos tamquam pia mater sue protectionis munimine confovere. Eapropter, dilecti in domino filii, vestris iustis postulationibus grato concurrentes assensu personas vestras et locum, in quo sub communi vita degitis, cum omnibus bonis, que in presentiarum rationabiliter possidetis aut in futurum iustis modis prestante domino poteritis adipisci, sub beati Petri

4 eos] omnes *E* | tamquam *E* : *v. and. Hd. einkorr. B* | pia *om C* | matri *C* | sue *om A* | munere *A* : minime *L*

5 dilecti] *aus* dilectis *korr. M* : *getilgt O* | domino] Christo *CM (unterstrichen) EB* | filii] *aus* filiis *korr. M* : *getilgt O* | vestris] tuis *D* | iustis *om B*

6 assensu] *aus* ascensu *korr. O* : affectu *korr. L*

7 degetis *E* | suscepimus *CAE* | presenti *D*

8 patronio *(!) E* : patroninis *(!) L* | Specialiter – superiori *om B* | etc. – superiori *om M* | ut – superiori *om O*

9 ortis *om D* | vestris] nostris *A* | seu] sub *M* | vestrarum *C* : nostrorum *A*

11 presumant *CAMODELB* | ergo *om EL* | etc. *om M.*

Q 9, 2a *P 355 f. 35'/36 (Üb. Index f. 6); S 285 f. 36'.*

1 *Üb. om S.*

2 Iud. Dilectis *(!) P* | Dilecto filio *S* | .. 1° *om S* | et – 3 etc.] vel .. priori et fratribus hospitalis vel domus sancti .. de .. ordinis sancti Augustini vel hospitalis pauperum et infirmorum de .. vel domus .. .. diocesis *P*

4 propensius *scr.*] *om P* : propentius *(!) S*

5 agitetur *S* | tanquam *P*

6 domino] Christo *P*

7 degetis *S*

9 iustis modis *om P* | prestante] dante *P*

[1] *Q 9, 1.*

et nostra protectione suscipimus. Specialiter autem terras, prata, domos,   10
vineas, silvas, redditus, possessiones et alia bona, sicut ea omnia iuste et
pacifice possidetis, vobis et per vos hospitali vestro auctoritate apostolica
confirmamus et presentis scripti patrocinio communimus, districtius inhibentes, ne quis de ortis et virgultis vestris seu vestrorum animalium
nutrimentis decimas a vobis exigere vel extorquere presumat. Nulli ergo   15
etc. nostre protectionis, confirmationis et inhibitionis *etc.*

Q 9, 3 Super eodem.

Quanto vos incurabili morbo lepre | manus domini gravius visitavit et   *H f. 32*
ad officia secularia exercenda magis debiles reddidit et exemptos, tanto ad
provisionem vestram ecclesia Romana benigniorem se exhibet et petitioni-
bus vestris, que ab honestate non deviant, libentius condescendit. Eapropter
etc. usque presumant, inhibentes, ne quis in consortium vestrum se ingerat   5
nisi vestra communi prehabita voluntate. Nulli ergo *etc.*

---

10 prata *om P*

11 vineas – possessiones] etc. *P* | bona]
vestra *add S*

12 vos] nos *S* | hospitali vestro] eidem
domui *S*

14 vestris *om S* | seu] de *add S*

15 a vobis decimas *S* | ergo *om S*

16 nostre – *Schluß om P.*

Q 9, 3   *P 282 f. 30; V 235 f. 27; H
283 f. 31'/32; S –; C 302 f. 425
(Üb. Index f. 444'); A 293 f. 52;
M 334 f. 31; O 361 f. 34'; D 466 f.
102 (Üb. Index f. 10'); E 451 f.
60'; L 362 f. 104c; R 71 f. 6'; B 25
n. 2 f. 58.*

1 *Üb. om P. – V Üb. nur marg. v.
and. Hd.* : Indultum leprosorum. –
H ²Üb.: Super indultis leprosariis. –

R Üb.: Pro leprosis. | eodem] pro
eisdem *add DEL*

2 *PVHR haben die Adresse:* Dilectis
filiis . . leprosis de . . | vos] vobis
B | graviter *A*

3 reddidit *O*

4 ecclesia *korr. D²* | ecclesiam Roma-
nam *E* | benignior *H*

5 vestris] *korr. D²* : nostris *(?) E* |
que] etiam *C* | non *einkorr. E* | con-
descendit] cum descendit *A*

6 etc.] ut in prima *add PVHR : om
M* | usque *om B* | presumat *PVH :*
presumatur *R* | in consortium *dop-
pelt O*

7 communi] ab eis *H : v. and. Hd.
einkorr. B* | ergo *om PB* | etc. *om
MB.*

Q 10

Usus privilegiorum neglectus.

C f. 425   **Q 10, 1** | Quod possint uti privilegiis, quibus non fuerant usi per ignorantiam.

L f. 104c
B f. 57'

| Dilectis filiis .. abbati et conventui monasterii de .. *etc.* Cum, sicut ex parte vestra fuit propositum coram nobis, vos et predecessores vestri, qui
5   fuerunt pro tempore, quibusdam privilegiis et indulgentiis a predecessoribus nostris Romanis pontificibus vestro monasterio concessis per simplicitatem et iuris ignorantiam usi non fueritis temporibus retroactis, nos vestris supplicationibus inclinati eiusdem monasterii indempnitati volentes im-

P f. 40   posterum | precavere utendi de cetero eisdem privilegiis et indulgentiis non
10   obstante omissione huiusmodi, dummodo non sit eis per prescriptionem vel

E f. 60'   alias legitime derogatum, auctoritate vobis | presentium concedimus facultatem. Nulli ergo *etc.* Dat. *etc.*

Q 10, 1   *P 411 f. 39'/40; C 300 f. 425 (Üb. Index f. 444'); A 291 f. 51'; M 332 f. 31; O 359 f. 34'; D 464 f. 101 (Üb. Index f. 10'); E 449 f. 60/60'; L 360 f. 104b/c; B 24 n. 4 f. 57'.*

1-2 *Üb. om P.* | possunt *A* : posuit *E* | fuerint *AD* : fuerunt *MOL* : fuerat *korr. E*

2 per] propter *EL*

3 Dilectis filiis] Iud. *C* | .. 1° *om A* | abbati – etc.] magistro et fratribus hospitalis sancti Nicolai in sancto Ricario ordinis sancti Augustini .. diocesis *P* | monasterii] .. *add E* : *om B* | .. 2° *om D* | etc.] diocesis *B*

4 fuerit *A* | expositum *P* | vestri] nostri *A*

5 et indulgentiis *om P*

6 nostris *om C* | Romanis *korr. D²* | vestro monasterio] hospitali vestro

P : monasterio vestro *MODELB* | per] propter *PMO* : *om L*

7 iurus *(!) A* | in temporibus *C* | retroactis] actis *einkorr. D²* | nos – 8 indempnitati *marg. einkorr. D²*

8 eiusdem monasterii] eiusdem hospitalis *P* : eundem monasterium *C*: eidem monasterio *EL* | indemnitati *B* | in posterum *P*

9 cetero] certo *E* | et indulgentiis *om C*

10 obst; *E* | omissione] emissione *A* : commissione *E* : amissione *L* | dummodo] dum *P* | eis non sit *P* | sint *L* | perscriptorem *C*

11 presentium vobis *P* | committimus *D*

12 Nulli] Nichil *E* | ergo etc. *om L* | etc. 1° *v. and. Hd. einkorr. B* | Dat. etc.] *om PAMODELB* : Datum etc. *C*.

Q 11

Confirmatio beneficiorum.

Q 11, 1   Confirmatio canonicatus et prebende in forma communi.

Iustis petentium desideriis dignum est nos facilem prebere assensum et vota, que a rationis tramite non discordant, effectu prosequente complere. Eapropter, dilecte in domino fili, tuis iustis postulationibus grato concurrentes assensu canonicatum et prebendam cum pertinentiis suis, quos in Parisien.[1] ecclesia te canonice proponis adeptum, sicut eos iuste possides et quiete, auctoritate apostolica confirmamus et presentis scripti patrocinio communimus. Nulli ergo *etc.*   5

Q 11, 1 *C 303 f. 425 (Üb. Index f. 444'); A 294 f. 52; M 335 f. 31; O 362 f. 34'; D 467 f. 102 (Üb. Index f. 10') u. 504 f. 109' (Üb. Index f. 11) (= D'); E 452 f. 60'; L 363 f. 104c; R 88 f. 8'; B 24 n. 5 f. 57' u. 6 n. 1 f. 29 (= B').*

1-2 *MO Üb.:* Super eodem prohemium. – *D Üb.:* Prohemium pro eisdem. – *D' Üb.:* Tractatus super confirmationibus beneficiorum de canonicatu et prebenda. – *EL Üb.:* Prohemium super eodem. – *R Üb.:* Confirmatio in forma communi pro canonico. „Iustis".

3 *In DD' (von D²) R ist die Adresse einkorr.:* Dilecto filio P. (. . *R*) canonico ecclesie sancti *(om R)* . . . . diocesis (sancti – diocesis] Maguntin. *D'* – . . diocesis] diocesis . . *R*) salutem etc. (salutem etc. *om R*) | potentium *D* | desiderii *A* | nos] *vor est D' : om B : nobis B'* | facile *AD* | ascensum *O*

4 vota] pia *add R* | rationis] Romanis *L* | rationis tramite] ratione *B* |

tramite *v. and. Hd. statt getilgtem* canonice *marg. einkorr. A* | effectu] *korr. O :* affectu *B'* | compellere *R*

5 dilecti in domino filii *R :* di. in Christo fi. *B* | tuis] eius *E : om B* | iustis *om B'* | postulationibus] supplicationibus *B'* | concurrente *R*

6 canonicatum *korr. D²* | cum – suis *om R* | cum] omnibus iuribus et *add B'* | te in *korr. D²*

7 Parisien. ecclesia] ecclesia . . *AB' :* ecclesia Capuan. *MO :* ecclesia predicta *korr. D² :* eadem ecclesia *D' :* ecclesia *EL :* ecclesia de . . *R :* dicta ecclesia *B* | ecclesia] cum omnibus iuribus et pertinentiis suis *add R* | te] *hinter* 6 quos *korr. D² :* de *L : om BB'* | canonice] *korr. D² : om B'* | adeptos *BB'* | eos] illos *R :* eas *B* | possidet *D* | et] ac *B*

8 quiete] tibi *add O (einkorr.) D² (einkorr.) RB'* | auctoritate] tibi *add D'² (einkorr.)* | et – patrocinio] etc. *B'*

9 etc. *v. and. Hd. einkorr. B'*.

---

[1] *Paris.*

Q 11, 2 Super eodem pro perpetuo vicario seu capellano.

Dilecto filio . . perpetuo vicario (*seu* capellano) ecclesie de . . . . diocesis. Iustis petentium *etc. usque* assensu – perpetuam vicariam cum pertinentiis suis, quam in ecclesia de . . te canonice proponis adeptum, sicut ea iuste
5 possides et quiete, tibi auctoritate apostolica confirmamus *etc.*

Q 11, 2a Super eodem de rectoria.

Nota, quod in huiusmodi confirmationibus in narratione littere nunquam datur diocesis, de qua est beneficium, sed solum in salutatione; et si daretur, essent littere rescribende.[1]
5 Dilecto filio . . rectori capelle . . . . diocesis salutem *etc.* Iustis petentium desideriis dignum est nos facilem prebere consensum et vota, que a rationis tramite non discordant, effectu prosequente complere. Eapropter, dilecte in domino fili, tuis iustis postulationibus grato concurrentes assensu capellam sancti . . predictam cum pertinentiis suis, quam te canonice proponis
10 adeptum, sicut eam iuste possides et quiete, tibi auctoritate apostolica confirmamus et presentis scripti patrocinio communimus. Nulli ergo *etc.*

Q 11, 2b Super eodem.

Dilecto filio . . rectori capelle beate Marie virginis site in opido de Stetha[2]

Q 11, 2 *C 304 f. 425 (Üb. Index f. 444'); A 295 f. 52.*
[1] vicario seu *om A*
[2] . . 1°] S. *A* | perpetuo vicario seu capellano *scr.*] perpetuo capellano *C* : perpetuo vicario *A* | ecclesie . . de . . *A*
[3] consensu *C*
[4] ecclesia . . de . . *A*
[5] et – confirmamus *om C.*
Q 11, 2a *D 505 f. 109' (Üb. Index f. 11); E 471 f. 63; B 6 n. 1a f. 29.*
[1] de rectoria *om D*
[2] Nota – 4 rescribende *om EB*
[3] salutatione] salutem *D* | et *korr. D²*
[4] littere rescribende *korr. D²*
[5] . . 1° *om D* | . . 3° *om DE* | salutem

etc. *om EB* | petentium – 7 prosequente] etc. *B*
[7] effectu] officium *E*
[8] in – postulationibus] etc. *B* | capellam *D*
[9] predictam *om EB* | cum] omnibus *add B* | suis – canonice] etc. *B*
[10] adeptam *B* | sicut – *Schluß*] etc. ut supra *B.*
Q 11, 2b *D 506 f. 109'/110 (Üb. Index f. 11'); E 469 f. 62'; B 6 n. 2 f. 29/29'.*
[1] *E Üb.:* Super eodem pro illo, qui fundavit capellam et eam dotavit.
[2] . .] Oswaldo *E* | rectori . . *B* | cappelle *D* | capelle – 3 etc. *om B* | Stetha] Schoca *E*

---

[1] *Über rescribere vgl. Herde, Beiträge 179.*
[2] *Nicht zu identifizieren, da Angabe der Diözese fehlt.*

.. diocesis salutem *etc.* Cum a nobis petitur, quod iustum est et honestum, tam vigor equitatis quam ordo exigit rationis, ut id per sollicitudinem officii nostri ad debitum perducatur effectum. Sane petitio tua nobis exhibita continebat, quod olim dilectus filius .. canonicus ecclesie .. de propria salute cogitans et cupiens terrena pro | celestibus et transitoria | pro eternis *B f. 29' D f. 110* felici commercio commutare capellam beate Marie virginis sitam in opido loci predicti, cuius rector existis, ad dei honorem eiusdemque virginis et omnium sanctorum laudem ac pro sue et suorum parentum animarum remedio de bonis ad eum ratione persone sue spectantibus fundavit pariter et dotavit, iure patronatus presentandi ad dictam capellam extunc, et cum ipsam vacare contigerit, personam idoneam episcopo .., qui foret pro tempore, sibi suisque heredibus in perpetuum reservato, dilectorum filiorum .. capituli ecclesie .. eadem ecclesia tunc pastore carente et .. rectoris parrochialis ecclesie eiusdem opidi, in cuius parrochia prefata capella sita est, super hiis accedente consensu, teque postmodum ad ipsam capellam dilecto filio .. decano ipsius ecclesie tunc dictorum capituli vicario presentavit dictusque vicarius ad presentationem huiusmodi te capelle predicte legitime instituit in rectorem, prout in patentibus litteris inde confectis ipsius vicarii sigillo munitis plenius dicitur contineri. Nos itaque tuis supplicationibus inclinati, quod super hoc provide factum est, ratum et gratum habentes id auctoritate apostolica confirmamus et presentis scripti patrocinio communimus. Nulli ergo *etc.*

---

3 salutem etc. *om E*
4 tam] cum *D*
5 producatur *D*
6 .. 1° *om B* | ecclesie] etc. *add B* | .. 2° *om E*
7 trassitoria *(!) D*
8 cappellam *D* | Marie *om D*
9 eiusdem *DB* | et *v. and. Hd. einkorr. B*
10 sue] se *E* : suo *B*
11 bonis] sibi *add B*
12 iuris *v. and. Hd. marg. einkorr. statt getilgtem* iur; *B* | patronatus] et *add B* | cappellam *DB* | cum *om D*
13 ipsam] eam *E* | contingeret *EB* | ydoneam *DEB* | .. episcopo *D* | .. *om EB* | pro tempore *om E*
14 imperpetuum *E*
15 .. 1° *om E* | ecclesie ..] ecclesie *D* : .. ecclesie *E (Punkte einkorr.)* | ecclesia *v. and. Hd. marg. einkorr. B* | et ..] .. et *D* | rector; p(er)aochial. *(!) EB*
16 eiusdem ecclesie opidi *B* | cappella *B*
17 est *v. and. Hd. zu* et *korr. B* | accedente] attendende *D* | postmodum] per dictum canonicum *add B* | cappellam *B*
18 ecclesie] .. *add E* : et *add B* | presentato dictus *B*
19 predicte capelle *B*
20 inde – 21 dicitur] etc. *B*
21 vicarii] vocati *D* | tuis *om E* | tuis supplicationibus] etc. *B*
23 id *om B*
24 etc.] Dat. etc. *add B.*

Q 11, 3　Confirmatio archidiaconi in forma communi.

Bonifatius *etc.*[1] Dilecto filio Iohanni de sancto Severo[2] archidiacono ecclesie civitatis sancte Marie olim Lucerine[3] nuncupate salutem *etc.* Cum a
nobis petitur *etc. ut supra*[4] *usque* effectum. Sane petitio tua nobis exhibita
continebat, quod olim venerabilis frater noster Aymardus Salpen. tunc
Lucerin. episcopus[5] vacantem archidiaconatum ecclesie sancte Marie, que
tunc Lucerin. ecclesia vocabatur, ad suam collationem spectantem nullique

Q 11, 3　*P 442 f. 43 (Üb. Index f. 7);
V 282 f. 34/34'; H 331 f. 38'; S 253
f. 29'; R 85 f. 8 u. 145a f. 15 (radiert u. teilweise überstrichen, ohne
Varianten gegenüber R 85).*

[1] *S hat hier die zu Q 11, 4 gehörende
rote Marginalie (vgl. dort).* | archi-
diaconatus *PR* | communi] *vor* for-
ma *S* : Rubrica *add H*[2]

[2] Bonifatius etc. *om PR* | Iohanni –
3 salutem *om S* | Iohanni] I. *R* |
sancto Severo] . . *PR* : sancto
Sonero *H*

[3] civitatis *om H* | Lucerie *P* : Nu-
cerine *R* | salutem etc. *om P* | salu-
tem *om R*

[4] etc. – usque] quod iustum est et
honestum tam vigor equitatis quam
ordo exigit rationis ut id per soli-
citudinem officii nostri ad debitum
perducatur *R* | ut supra *om S* |
usque *om V*

[5] Aymardus] . . *VR* : *om H* | Salpe-
nen. *P*

[6] Lucen. *P* : Lucerinen. *H* | Lucerin.
episcopus] episcopus Nucerin. *R*

[7] tunc *om H* | Lucen. *P* | Lucerin.
ecclesia] Nucerine *R*

---

[1] *Bonifaz VIII., vgl. S. 458 Anm. 1.*

[2] *San Severo n. von Lucera.*

[3] *Lucera, wo Friedrich II. seit 1223/24 sizilianische Sarazenen aus dem Gebiet von Agrigent angesiedelt hatte, wurde auf Befehl Karls II. vom magister
rationalis Iohannes Pipinus von Barletta im August 1300 zerstört, die mohamme-
danische Bevölkerung ausgerottet oder vertrieben. Auf den Trümmern wurde die
neue civitas sancte Marie errichtet und mit Kalabresen besiedelt; vgl. G. D'Ameli,
Storia della città di Lucera (Lucera 1861), 224 ff., u. bes. P. Egidi, La Colonia
Saracena di Lucera e la sua distruzione, in: Arch. storico per le province Napoletane 38 (1913) bes. 139 ff.; ders., Codice diplomatico dei Saraceni di Lucera
(Neapel 1917) Nr. 307 ff. S. 121 ff.; A. Haseloff, Die Bauten der Hohenstaufen in
Unteritalien 1, Textband (Leipzig 1920), 125 ff.*

[4] *Vgl. Q 11, 2 b.*

[5] *Bischof Aimardus (1295 Dezember 12 – 1302 Juni 9, wo er nach Salpi
transferiert wurde, vgl. Eubel 1, 315 u. 431). Nach Eubel 1, 315 Anm. 1 wird
Lucera als civitas sancte Marie nur in den Provisionsbriefen von 1302 und 1322
bezeichnet (vgl. folgende Anm.); im übrigen setzte sich der alte Name wieder durch.*

alii de iure debitam cum omnibus iuribus et pertinentiis suis tibi auctoritate
ordinaria duxit canonice conferendum, prout in patentibus litteris inde
confectis ipsius episcopi sigillo munitis plenius dicitur contineri. Nos igitur
tuis supplicationibus | inclinati, quod super hoc ab eodem episcopo provide
factum est, ratum et gratum habentes id auctoritate apostolica confirmamus
et presentis scripti patrocinio communimus. Nulli ergo *etc.* Si quis autem
etc. Dat. Lateran. *etc.*[1]

10
V f. 34'

Q 11, 4 Quod quis faciat excommunicationis sententiam latam in abbatem observari.

Iud. Sua nobis . . abbas et conventus monasterii Tyronen.[2] ordinis sancti
Benedicti Carnoten.[3] diocesis petitione monstrarunt, quod, licet monasterium sancti Leonardi de Ferrariis[4] dicti ordinis Pictaven.[5] diocesis sit eidem   5

---

[8] debitum *P* | tibi *om H*

[14] Dat. Lateran. etc. *om R* | Dat. Lateran. *om P* | Datum *H* | Lateran. *om HS.*

Q 11, 4   *P 443 f. 43 (Üb. Index f. 7); V –; H –; S 254 f. 29'/30.*

[1] *S hat bei Q 11, 3 die hierher gehören-*

de Marginalie: Confirmatio in communi forma cum quis facit excommunicationis sententiam observari successive. | Quod] Quando *P*

[3] abbas M. . . et conventus *S* | Turon. *P*

[4] Carnoten.] . . *S*

[5] Ferrariis *om P*

---

[1] *Da mit der Zerstörung Luceras im August 1300 (vgl. oben Anm. 3) ein sicheree
terminus post quem gegeben ist, kommen für die Datierung nur folgende Zeiträumr
in Betracht, in denen Bonifaz VIII. im Lateran residierte (gelegentliche Datierungen in St. Peter können außer Betracht bleiben): 1300 Oktober 20 (Potthast
24983) – 1301 April 22 (Potthast 25040); 1301 Oktober 17 (Potthast 25080) –
1302 Mai 4 (Potthast 25253); 1302 Oktober 16 (Potthast 25179) – 1303 Mai 1
(Potthast 25239); sollte die Annahme Eubels ausnahmslos zutreffen, daß nur 1302
die Kanzlei den Namen civitas sancte Marie benutzte (Eubel 1, 315 Anm. 1), so
käme nur der letztgenannte Zeitraum in Frage (vgl. auch oben Anm. 5).*

[2] *Benediktinerkloster Tiron (bei Nogent-le-Rotrou).*

[3] *Chartres.*

[4] *Benediktinerkloster Saint-Léonard in Ferrières (bei Bressuire, Deux
Sèvres), dem Kloster Tiron unterstellt; vgl. L. Merlet, Cartulaire de l'abbaye de
la Sainte-Trinité de Tiron (Chartres 1883), Nr. 328, 415, 419. Das vorliegende
Stück fehlt in diesem Urkundenbuch, ist also in der Empfängerüberlieferung nicht
mehr erhalten. Vgl. auch Gallia Christiana 2, 1296 f.; Beaunier-J.-M. Besse,
Abbayes et prieurés de l'ancienne France Bd. 3: Provinces ecclésiastiques d'Auch
et de Bordeaux (Ligugé-Paris 1910), 229.*

[5] *Poitiers.*

monasterio Tyronen. subiectum ac persone dicti monasterii sancti Leonardi
abbati, qui est pro tempore, dicti monasterii Tyronen. prestare manualem
obedientiam et reverentiam de antiqua et approbata et hactenus pacifice
S f. 30 | observata consuetudine teneantur idemque abbas in personas easdem
10   spiritualem iurisdictionem de simili consuetudine obtinere noscatur, quia
tamen Robertus, qui pro abbate se gerit, ac conventus dicti monasterii
sancti Leonardi contra eundem abbatem dicti monasterii Tyronen. rebellionis assumpto spiritu non solum huiusmodi obedientiam et reverentiam sibi
exhibere contra iustitiam denegabant, verum etiam dictus Robertus iura-
15   mento firmarat, quod eidem abbati nullatenus obediret, memoratus abbas
Robertum se, ut premittitur, pro abbate gerentem ac conventum ipsius
monasterii sancti Leonardi predictos citari fecit, ut per se vel procuratorem
idoneum comparerent certo termino coram eo suis in hac parte parituri
mandatis et facturi, quod iustitia suaderet, et demum, quia ipsi comparere
20   coram eo dicto termino contumaciter non curarunt, in Robertum excommunicationis, in conventum vero predictos interdicti sententias exigente
iustitia promulgavit. Quare dicti abbas et conventus monasterii Tyronen.
nobis humiliter supplicarunt, ut easdem sententias robur faceremus firmitatis debitum obtinere. Quocirca – mandamus, quatinus sententias ipsas,
25   sicut rationabiliter sunt prolate, facias auctoritate nostra usque ad satisfactionem condignam appellatione remota inviolabiliter observari. Dat.
Lateran. id. decembris anno.[1]

---

6 Turon. *P* | Leonardi] L. *S*
7 Turon. *P*
11 Robertus] B. *P*
12 Turon. *P*
14 denegant *S* | Robertus] R. *P*
15 firmavit *P*
16 Robertum] R. *P* | se *hinter* premit-
titur *S*

17 Leonardi] L. *S*
18 ydoneum *PS* | compareret *S*
19 ipse *S*
20 Robertum] R. *P*
22 Turon. *P*
26 Dat. – 27 anno *om P.*

---

[1] *Da auch hier wie im vorausgehenden Stück Bonifaz VIII. der wahrschein-
liche Aussteller ist, ergibt sich für die Datierung aus diesem Datumsrest folgendes:
am 13. Dezember der folgenden Jahre residierte Bonifaz VIII. im Lateran: 1299
(G. Digard, Les registres de Boniface VIII Nr. 3339); 1300 (Potthast 24994,
Digard 3818, 3820, 3827); 1301 (Potthast 25110, Digard 4252, 4438); 1302
(Potthast 25199). Sollte die Urkunde von Benedikt XI. ausgestellt sein, so käme
der 13. Dezember 1303 in Frage (Potthast 25321).*

Q 11, 5 Confirmatio collationis ecclesie.

Dilecto filio I. Petri rectori ecclesie de ⟨. .⟩ Pragen.[1] diocesis salutem
etc. usque effectum. Sane petitio tua nobis exhibita continebat, quod vacante olim ecclesia . . Pragen.[1] diocesis per liberam resignationem M. Angeli
dicte ecclesie rectoris in manibus bone memorie G. Pragen. episcopi[2] sponte $\quad$ 5
factam et ab ipso receptam idem episcopus dictam ecclesiam ad suam
collationem spectantem nulli alii de iure debitam cum omnibus iuribus et
pertinentiis suis tibi duxit canonice conferendam, prout in patentibus litteris
inde confectis ipsius episcopi sigillo munitis plenius dicitur contineri. Nos
itaque tuis supplicationibus inclinati, quod super hoc ab eodem episcopo $\quad$ 10
provide factum est, ratum et gratum habentes id auctoritate apostolica
confirmamus et presentis scripti patrocinio communimus. Nulli ergo *etc.*

Q 11, 6 Confirmatio collationis facte per episcopum de cano-
nicatu et prebenda.

Dilecto filio . . canonico ecclesie de . . . . diocesis. Cum a nobis petitur
etc. usque effectum. Exhibita siquidem nobis tua petitio continebat, quod
vacantibus dudum in ecclesia sancti . . de . . canonicatu et prebenda seu $\quad$ 5 $\quad$
beneficio per liberam resignationem | . . de . . olim ipsius ecclesie canonici in $\qquad$ *P f. 36'*
manibus venerabilis fratris nostri . . episcopi factam et ab eo receptam, idem
episcopus eosdem canonicatum et prebendam seu beneficium sic vacantes et
ad suam | collationem pertinentes nulli alii de iure debitos cum omnibus $\qquad$ *V f. 45'*
iuribus et pertinentiis suis tibi duxit canonice conferendos, prout in paten- $\quad$ 10

Q 11, 5 $\quad$ *S 289 f. 37.*

[1] *Üb. marg. v. späterer Hd. S*

[2] Petri *zu* Petro *korr. S* | . . *scr.*] *om
S* | Pragn. *S*

[4] Pragn. *S.*

Q 11, 6 $\quad$ *P 361 f. 36/36' (Üb. Index
f. 6'); V 348 f. 45/45'; H 408 f. 48
(in VH sind Q 11, 6 u. 7 zusammengeflossen); S 315 f. 40'; R 86 f. 8.*

[1-2] *R Üb.:* Confirmatio canonicatus et
prebende seu beneficii collati per
episcopum cum narracione. | Colla-

tio confirmationis *PS* | canonicatu
et prebenda] quodam beneficio (Rubrica *add H*²) *VH*²

[3] canonico] rectori *VH* | . . diocesis]
diocesis . . *H* : *om R*

[4] etc.] ut supra *add R*

[5] sancti . . *om R*

[7] . . episcopi] episcopi . . *H* | factam
om H

[8] beneficia *S*

[9] debitas *V*

[10] et – *Schluß*] etc. ut supra usque ad
finem *R*

---

[1] *Prag.*

[2] *Gregor, Erzbischof von Prag (1296 Juni 12 – 1301 September 6; vgl. Eubel 1,
408). Das vorliegende Stück stammt wohl ebenfalls von Bonifaz VIII.*

tibus litteris inde confectis eiusdem episcopi sigillo munitis plenius dicitur
contineri. Nos itaque tuis supplicationibus inclinati, quod super hoc ab
eodem episcopo provide factum est, ratum et gratum habentes id auctoritate
apostolica confirmamus et presentis scripti patrocinio communimus. Nulli
15 ergo *etc.*

Q 11, 7 Super eodem de ecclesia.

R f. 8' | Dilecto filio .. rectori ecclesie de . . . . diocesis. Cum a nobis petitur
etc. usque effectum. Exhibita siquidem nobis tua petitio continebat, quod
venerabilis frater noster .. episcopus, loci diocesanus, ecclesiam de .. cum
5 omnibus iuribus et pertinentiis suis tunc vacantem nulli alii de iure debitam
tibi, prout spectabat ad eum, duxit canonice conferendam, prout in patenti-
H f. 48' bus | litteris inde confectis eiusdem episcopi sigillo munitis plenius dicitur
contineri. Nos itaque tuis supplicationibus inclinati, quod super hoc ab
eodem episcopo provide factum est, ratum et gratum habentes id auctoritate
10 apostolica confirmamus et presentis scripti patrocinio communimus. Nulli
ergo *etc.*

Q 11, 8 Confirmatio ecclesie.

Dilecto filio .. rectori ecclesie de . . . . diocesis. Iustis petentium *etc. usque*
assensu, ecclesiam .. de .. cum pertinentiis suis, quam te canonice proponis
adeptum, sicut eam iuste possides et quiete, tibi auctoritate apostolica
5 confirmamus *etc. usque* communimus. Nulli ergo *etc.* Si quis autem *etc.*

---

11 litteris] etc. *add V* : etc. vel sic *add
H, in VH folgt hier gleich Q 11, 7
Zeile 3* quod venerabilis frater.

Q 11, 7   *P 362 f. 36' (Üb. Index f. 6');
V 348a f. 45'; H 408a f. 48/48'
(VH mit Q 11, 6 zusammengeflossen); S 315a f. 40'; R 87 f. 8/8'.*
1 *R Üb.:* Confirmatio ecclesie collate
per episcopum.
2 .. 1° *om SR*
3 usque effectum *om R* | quod] *hier
beginnen wieder VH*
4 nostri *S* | diocesanus] dictam *P* | de
om H

5 omnibus *om VHS* | pertinentii *S*
7 inde – *Schluß*] etc. ut supra in for-
ma *R* | eiusdem – munitis *om S* |
eiusdem – 10 communimus] etc.
usque *P* | munitis] sigillatis *H*
8 Nos – 10 communimus] etc. usque *S*
9 provide *om H.*

Q 11, 8   *P 372 f. 37 (Üb. Index f. 6');
V 354 f. 46; H 414 f. 49; S 321 f. 41.*
2 ecclesie .. *V* | .. diocesis *om H*
3 .. 1° *om H*
5 ergo *om VH* | Si quis] Super *S* |
autem *om P.*

Q 11, 9 Confirmatio ecclesie.

Dilecto filio . . rectori ecclesie de . . . . diocesis. Cum a nobis petitur *etc.*
ut supra[1] *usque* effectum. Sane petitio tua nobis exhibita continebat, quod,
cum tu ad ecclesiam sancti . . de . . tunc vacantem a veris patronis ipsius
ecclesie venerabili fratri nostro . . episcopo fuisses canonice presentatus,   5
idem episcopus te legitime in rectorem instituit in eadem, prout in patentibus litteris inde confectis eiusdem episcopi sigillo munitis plenius dicitur
contineri. Nos itaque *etc. ut supra*[2] *de beneficio.*

Q 11, 9a Confirmatio parrochialis ecclesie annexe mense episcopali.

Venerabili fratri . . episcopo ⟨Laventin.⟩[3] salutem *etc.* Iustis petentium
etc. assensu, parrochialem | ecclesiam sancti . . prope Stancz in Stiria[4]   *D f. 103*
Secovien.[5] diocesis mense episcopali . . annexam cum pertinentiis suis,   5

Q 11, 9 *P 373 f. 37 (Üb. Index f. 6');
V 355 f. 46; H 415 f. 49; S 322 f.
41'; R 90 f. 8'.*
[1] *Üb. om S* | ecclesie] in forma com-
muni *add R*
[2] ecclesie] sancti . . *add VS* | . . dioce-
sis] diocesis . . *H* : etc. *add R*
[3] usque effectum *om R* | affectum
VH | petitio] petituro (!) *R*
[4] sancti . . de . .] diocesis . . *add H* :
de . . . . diocesis *R*

[5] . . episcopo] episcopo . . *H* | fuisset
H
[7] eiusdem – munitis *om S*
[8] itaque] tuis supplicationibus *add R* |
beneficio] canonicatu et prebenda
etc. *R.*
Q 11, 9a *D 471 f. 102'/103.*
[1-2] *Üb. om D (Index), so D² marg.* |
annex *D²*
[3] . . *om D*
[5] Gecouien. *D.*

[1] *Vgl. Q 11, 2 b u. ff.*   [2] *Q 11, 6.*   [3] *Lavant.*
[4] *Stainz sw. von Graz in der Steiermark. Es handelt sich um die Inkorporation
der Pfarre St. Florian an der Laßnitz in das bischöfliche Tafelgut von Lavant, die
Gregor XI. 1373 März 23 nach langen Verhandlungen vollzog; vgl. A. Lang,
Acta Salzburgo-Aquilegensia 1 (Graz 1903), Nr. 919 S. 655 (die zahlreichen
Aktenstücke über die vorhergehenden und folgenden Verhandlungen das. Nr. 862
S. 615, Nr. 977 S. 685, Nr. 978 S. 687 u. Nr. 982 S. 690). Urban VI. wurde
1378 gebeten, eine Bestätigung auszustellen. Er beauftragte 1378 November 15 den
Propst von Gurk mit der Untersuchung und Berichterstattung an die Kurie (a. a. O.
Nr. 982 § 5 S. 695). Die vorliegende Urkunde dürfte die Bestätigungsurkunde sein,
die sich in der Empfängerüberlieferung nicht erhalten hat, jedenfalls fehlt sie bei
Lang. Der Aussteller ist demnach Urban VI., und der Brief ist (1378 November
15 – 1389 Oktober 15), jedoch näher am ersteren Zeitpunkt, zu datieren. Vgl.
allgemein E. Tomek, Geschichte der Diözese Seckau (Graz u. Wien 1917), 604.*
[5] *Seckau.*

quam in usus proprios te asseris canonice obtinere, sicut illam iuste possides et quiete, tibi et per te eidem mense episcopali Laventin.[1] auctoritate apostolica confirmamus et presentis scripti patrocinio communimus. Nulli *etc.* Si quis *etc.* Datum *etc.*

Q 12

Confirmationes in forma communi.

Q 12,1   Super eodem pro terris, possessionibus pro hospitali sancti Spiritus de Urbe.[2]

Dilectis filiis . . commendatori et fratribus hospitalis sancti Spiritus in

M f. 31'   Saxia de Urbe.[2] | Cum a nobis petitur *etc. usque* effectum. Exhibita siquidem

5   nobis vestra petitio continebat, quod nobilis vir I. de . . de propria salute cogitans et cupiens terrena pro celestibus et transitoria pro eternis salubri

L f. 104 d   commercio commutare (*vel* | *sic* : cupiens illi aliqua dare de suis, qui sibi contulit universa) quasdam terras et possessiones sitas in . . tunc ad eum pertinentes cum omnibus iuribus et pertinentiis suis vobis et hospitali

---

Q 12, 1   *C 305 f. 425/425' (Üb. Index f. 444'); A 296 f. 52; M 336 f. 31/ 31'; O 363 f. 34'/35; D 468 f. 102/ 102' (Üb. Index f. 10') u. 507 f. 110/110' (Üb. Index f. 11') (= D'); E 453 f. 60'; L 364 f. 104c/d; B 24 n. 6 f. 57'/58.*

[1-2] *Üb. om MO. – DD'EL Üb.:* Super eodem pro hospitali sancti Spiritus de Urbe. | terris] certis *C*

[2] Spiritus] Iohannis *C* | de] in *E*

[3] *. . om A* | commandatori *C* : comendatori *korr. D²* | hospitalis] nostri *add MODD'* | sancti Iohannis sancti Spiritus *C* | Spiritus] *dahinter Rasur D'* : *om L*

[4] Saxia] . . *A* | Urbe] . . *A* : salutem etc. *add D² (einkorr.)* : etc. *einkorr. D'²* : etc. salutem etc. *add B* | usque *om B* | siquidem *om B*

[5] nobis *om C* | vestra petitio] etc. *B* | conveniebat *D* | I. de . .] Io. de . . *MB* : Iohannes de . . *O* | de 2° *om D*

[6] recogitans *B* | et 1° *om B* | et transitoria] intransitoria *L* | salubri] felici *B*

[7] commertio *B* | commutari *M* : commtare *(!) B* | cupies *A* | qui] que *L*

[8] contulerit *L* | et *om A B* | sitas] suas *D B* | in . . *om B*

[9] pertinentia *C* | nobis *M*

---

[1] *Lavant.*

[2] *S. Spirito in Sassia in Rom. Kommendatoren des Spitals in Rom waren: Simon Orsini (1295–1320) und Iacobus (1328–1348); vgl. P. De Angelis, L'Arciconfraternità ospitaliera di Santo Spirito in Saxia (Rom 1950), 105.*

vestro pro sua et parentum | suorum animarum salute pia et provida | deli-
beratione donavit, prout in instrumento publico inde confecto plenius
dicitur contineri. Nos itaque vestris piis supplicationibus inclinati, quod
super hoc ab eodem nobili | pie | et provide factum est, ratum et gratum
habentes id | auctoritate apostolica confirmamus *etc. usque* communimus.
Nulli ergo *etc.*

C f. 425'
O f. 35

D f. 102'
D' f. 110'
B f. 58
15

Q 12, 1 a   Dilectis filiis . . priori et fratribus hospitalis sancti Iohannis
Ierosolimitan. in Anglia[1] salutem *etc.* Cum a nobis petitur *etc. usque ad*
effectum. Exhibita siquidem nobis vestra petitio continebat, quod nobilis I.
mulier, relicta quondam R. de . . militis, vidua Lincolnien.[2] diocesis de propria
salute cogitans et cupiens | terrena pro celestibus et transitoria pro eternis
salubri commercio commutare, manerium de . .[3] tunc ad eam pertinens
cum omnibus iuribus et pertinentiis suis vobis et hospitali vestro pro suo et
parentum suorum animarum remedio pia et provida deliberatione donavit,
prout in instrumento publico inde confecto plenius dicitur contineri. Nos
itaque vestris supplicationibus inclinati, quod super hoc ab eadem nobile
pie ac provide factum est, ratum et gratum habentes id auctoritate apostolica confirmamus et presentis scripti patrocinio communimus. Nulli
ergo *etc.*

S f. 37

10

---

10 vestro] nostro *ML* : nostro predicto
D' | suorum] s. *add L* | animarum
salute] animabus *DB* : *om E* | sa-
lute] remedio *MOD'* : *om L* | deli-
beratione] donatione *M*

11 donavit] et postmodum bone memorie A. episcopus . . loci diocesanus donationem huiusmodi ratam
habens et gratam eam auctoritate
ordinaria confirmavit *add D² (marg.
einkorr.)*

12 piis *om AMODD'ELB* | quod *dop-
pelt L*

13 nobili] . . *E* | pie] prave *(?) D'* | et
1°] ac *MO* | gratum et ratum *L* | et
2° *om A*

14 id *om B* | etc. usque] et presentis
scripti patrocinio *B*

15 etc. *om M.*

Q 12. 1 a   *S 287 f. 36'/37.*

1 . . *om S*

3 Ehibita *(!) S*

8 deliberatione *scr.*] donatione *S.*

---

1 *Johanniter in England.*

2 *Lincoln.*

3 *Es handelt sich um das englische manor, vgl. dazu bes. P. Vinogradoff, The
Growth of the Manor (London ²1911); Ch. Petit-Dutaillis, Studies and Notes
supplementary to Stubb's Constitutional History down to the Great Charter 1
(Manchester 1908), 3 ff.; der neuere Forschungsstand bei F. M. Stenton, Anglo-
Saxon England (Oxford ²1947), 302 ff. u. 473 ff.*

Q 13

Protectio crucesignatorum.

Q 13, 1   Privilegium crucesignatorum.

V f. 30' | Clemens[1] episcopus servus servorum dei. Dilecto filio . . de . . clerico crucesignato . . diocesis salutem et apostolicam benedictionem. Sacrosancta Romana ecclesia devotos et humiles filios ex assuete pietatis officio propen-

5   sius diligere consuevit et, ne pravorum hominum molestiis agitentur, eos tamquam pia mater sue protectionis munimine confovere. Cum igitur zelo fidei ac devotionis accensus signo vivifice crucis assumpto proposueris in[a] terre sancte subsidium proficisci, nos tuis iustis postulationibus grato con-

G f. 15   curren|tes assensu personam tuam cum familia et omnibus bonis tam

---

Q 13, 1   *P 412 f. 40 (Üb. Index f. 6');*
V 260 f. 30/30'; H 308 f. 35; S 235 f.
26'; C 306 f. 425' (Üb. Index f.
444'); A 297 f. 52; M 338 f. 31';
O 365 f. 35; D 469 f. 102' (Üb.
Index f. 10'); E 454 f. 60'/61; L
365 f. 104d; R 299 f. 29/29'; B 10
n. 1 f. 33. – G f. 14'/15.

[1] *G Üb.:* Protectio crucesignati cleri-
ci. | crucesignatorum] Rubrica *add*
H[2] : pro clerico *add CAMODEL*

[2] Clemens – dei] Clemens etc. *PRG :*
om CADELB | Clemens, *Initiale*
nicht ausgeführt V | . . 1°] N. *CA :*
N . . *M :* Nicolao Raynulfi *O :* P.
BG | de . . *om B* | clerico] vel laico
add VSR : v. and. Hd. einkorr.
B : Baiocen. *add G*

[3] crucesignato] *om M : v. späterer*
Hd. einkorr. O | . . diocesis] dioce-
sis . . *H : om G* | salutem – benedic-
tionem] *om PCAEL :* salutem etc.
VHSDRBG | Sacrosanctam Roma-
nam ecclesiam *E*

[4] devotos – 6 munimine] etc. ut infra-

scripto (-ta *S*) usque *VS :* etc. ut
infrascriptum est etc. usque *H :*
etc. *(om M)* usque *MODEL :* etc.
B | propensius – 6 confovere] etc.
ut supra in quinta forma *C*

[5] eosque *R*

[6] convovere *(!) E* | igitur] tu *add*
ODR (in OR v. and. Hd. einkorr.) |
selo *(!) L*

[7] ac] *über expungiertem* et *einkorr. V :*
et *CMB* | accessus *(!) S : dahinter*
Rasur O | signo vivifice] signo vivi-
fice signo *M :* vivifice signo *O* | vivi-
fice] vive *C :* mirifice *D* | in *korr. D*[2]

[8] subsidium *v. and. Hd. einkorr. A* |
proficissi *(!) S* | iustis tuis *R* |
postulationibus] supplicationibus
VHMO

[9] ascensu *(!) O* | familia et] *einkorr.*
PR : scribitur pro laico (clerico *H*)
familia et que (familique *H*) etc.
cum *VH : om CAMOELB* | bonis
omnibus *P (umgestellt) VHSCAM*
ODRB | tam – 10 mundanis] *om*
SR : getilgt O

---

[1] *Klemens V. Der Name kann aber auch aus einer älteren Vorlage genommen worden sein, wo er sich auf Klemens IV. bezog, was in G der Fall ist.*

ecclesiasticis quam mundanis,[b] que in presentiarum rationabiliter possi- 10
des, sub beati Petri et nostra protectione suscipimus et presentis scripti
patrocinio communimus, statuentes, ut, postquam | in primo generali passa- *E f. 61*
gio a sede apostolica statuendo[c] iter arripueris transmarinum, donec de
tuo reditu vel obitu certissime cognoscatur, ea omnia integra maneant et
quieta. | Nulli ergo *etc.* nostre protectionis et constitutionis *etc.* *R f. 29'*

a) *Zusatz in OD² marginal (in O mit der Überschrift:* Quando contra Usci-
tos) : catholice fidei Christiane subsidium ad regnum Boemie contra hereticos
inibi moram trahentes et fidem ipsam ac Christi fideles opprimere damnabiliter
molientes.

b) *Zusatz in P marginal: Attende, quod* tam ecclesiasticis quam mundanis 20
vacat pro laico.

c) *Zusatz in P marginal: alias* in instanti generali passagio ab apostolica sede
statuto.

Q 13, 2   Executoria.

Clemens *etc.*[1] Venerabili fratri .. episcopo *etc.* Cum dilectum filium

10 impresentiarum *AMOEB* : in pre-
sentialiter *korr. R*

11 suscepimus *A* | et] in *add C* : sub
beati Petri et *add A*

12 communimus] continuus *(!) L* :
cōmmunimus *(!) B* | primo] in *add
S* : proximo *B* | passagio] capitulo
C : *vor* generali *B*

13 arripiens *V* : arripueritis *E* | donec
– 14 cognoscatur *hinter* 15 quieta
VHSDELRB | donec *korr. A*

14 reditu] *om V* : redditu *ADLB* | cog-
noscatur] etc. *add O* : cognoscat *D* |
remaneant *AM* : macant *(!) L*

15 Nulli – etc. 2°] Nulli etc. *v. and.
Hd. einkorr. B* | ergo *om S* | etc.
1°] hanc paginam *add R* : omnino
hominum liceat hanc paginam *G* |
nostre – etc. 2° *om PDEL* | nostre –
et *om VH* | et *om SA* | constitutio-
nis] infringere *add R* | etc. 2°] Si
quis autem *add P* : *om O* : infringere vel ei ausu temerario contraire.
Si quis autem hoc attemptare pre-

sumpserit indignationem omnipo-
tentis dei et beatorum P(etri) et
P(auli) apostolorum eius se noverit
incursurum. Dat. etc. *G*

18 dannabiliter *O*

19 molientes] proficisci *add O* : mol-
lientes *D.*

Q 13, 2   *P 413 f. 40 (Üb. Index f. 6');
V 261 f. 30'; H 309 f. 35; S 237 f.
27; C 307 f. 425' (Üb. Index f.
444'); A 300 f. 52'; M 339 f. 31'
(die Note 342 f. 32); O 366 f. 35;
D 470 f. 102' (die Note 471a f. 103)
(Üb. Index f. 10'); E 455 f. 61; L
366 f. 104d; B 10 n. 2 f. 33/33' –
G f. 15.*

1 *VS Üb.:* Super eodem. – *H² Üb.:*
Super edem *(!).* Rubrica. – *M Üb.:*
Super eodem executoria. – *DL Üb.:*
Executoria super eodem. – *E Üb.:*
Conservatoria super eodem. – *G
Üb.:* Conservatio clerici crucesig-
nati.

2 Clemens etc. *om VHSCAMODEL*

---

1 *Klemens V. In G auf Klemens IV. bezogen.*

Nicolaum de . . clericum tue diocesis, qui zelo fidei et devotionis accensus
signo vivifice crucis assumpto proposuit in terre sancte subsidium profi-
5   cisci, cum[a] omnibus bonis tam ecclesiasticis quam mundanis, que in presentiarum rationabiliter possidet, sub beati Petri protectione susceperimus
atque nostra, statuentes, ut postquam in primo generali passagio a sede apostolica statuendo iter arripuerit transmarinum, donec de suo reditu vel obitu
certissime cognoscatur, ea omnia integra maneant et quieta, fraternitati
10 tue per apostolica scripta mandamus, quatinus ipsum non permittas contra protectionis et constitutionis nostre tenorem super hiis ab aliquibus
indebite molestari, molestatores huiusmodi *etc. usque* compescendo; attentius provisurus, ut de hiis, que cause cognitionem exigunt et que personam[b]
et bona non contingunt ipsius, te nullatenus intromittas; nos enim, si
15 secus presumpseris, tam presentes litteras quam etiam processum, quem
per te illarum auctoritate haberi contigerit, omnino carere viribus et nullius

---

BG | Venerabili – episcopo] Iud. *B* |
fratri *om L* | . . 1° *om D* | episcopo]
. . *add C* : salutem *add MO* : Baio-
cen. *add G* | etc. 2° *om VHSCAO*
DEL

[3] Nicolaum] I. natum quondam . . *P* :
N. *CAM* : . . *EL* | Nicolaum de . .]
d . . *D* : P. *B* : . . *G* | clericum] . . *add*
S : de . . *add C* : crucesignatum
add OB (jeweils v. and. Hd. ein-
korr.) | tue diocesis] . . diocesis
VAMOLB : diocesis . . *HE* : de . .
C : Baioc. *G* | qui] que *L* | selo *(!)*
L | et devotionis *om G* | et] ac *CAMO*
DEL | accensus *om CAMODELB*

[4] signo – subsidium] *om VHS* : etc.
usque *CAMODEL* | signo – 5 bo-
nis] tam pro ecclesiasticis quam
mundanis etc. *B* | proficisci *om*
VHS

[5] tam – 9 quieta] etc. usque cognoscatur et presentis scripti patrocinio communimus tamen omisso
(hoc misso *H*) *VH* : etc. *(om M)*
usque cognoscatur *SCAMOB* : etc.
tam ecclesiasticis quam mundanis
usque cognoscatur (cognoscantur
L) DEL

[6] suscepimus *DEL*

[9] fraternitati – *Schluß*] etc. ut supra
per omnia *A* | fraternitati – 10
scripta] etc. *B*

[10] ipsum *hinter* permittas *PDELB G*

[11] nostre] *om M* : huiusmodi *add D*[2]
(einkorr.) | tenorem *korr. D*[2] | su-
per] sub *M* | hiis]ʳ hoc *H* | ab – 13
hiis *om C*

[12] huiusmodi] per censuram ecclesiasticam appellatione postposita com-
pescendo *add P (marg. einkorr.)* |
etc. usque] per censuram ecclesias-
ticam appellatione postposita *MG* |
usque *om B*

[13] ut] et *V* : quod *H* : ne *SDB G* | exi-
gunt – 18 quomodolibet] etc. *B* |
et] vel *G* | personam] familiam *add*
D

[14] bona] ac familiam *add P (marg.*
einkorr.) : huiusmodi *add CD* | ip-
sius] *korr. O* : *om D* | nullatenus]
vor te *E* : aliquatenus *G*

[15] presumpserit *L*

[16] habere *L* | contingerit *SD* | care
(!) S | et] ac *G*

fore decernimus firmitatis. Huiusmodi ergo mandatum nostrum sic prudenter et fideliter exequaris, ut eius fines quomodolibet non excedas. Dat. *etc.*

| *Nota, quod semper scribitur episcopo.*   *B f. 33'*

a) *Zusatz in S marginal hierhin gehörig: ponatur* : cum familia *si laicus.*
b) *Zusatz in S marginal:* familiam *pro laico ponatur.*

Q 13, 2a *Item nota, quod, si fuerit rector alicuius ecclesie, dicetur post illud verbum* ,,compescendo" *:* Proviso, quod idem rector interim eidem ecclesie per idoneum faciat vicarium deserviri, et quod de hiis, que cause cognitionem *etc.*

Item nota, quod, si fuerit decanus vel alius personatum habens, dicetur : 5
quod eidem ecclesie in decanatus officio (*vel* archidiaconatus) *etc.*

Q 13, 3 Super eodem pro laico.

Dilecto filio . . civi Parisien.[1] crucesignato. Sacrosancta Romana eccle-

---

[17] et huiusmodi *S* | fideliter et prudenter *S*

[18] ut] *darüber v. and. Hd.* quod *einkorr. P* : quod *G* | exedas *(!) C* | Dat. etc.] Datum etc. *H* : *om CEL* : Dat. *MB* : etc. *D*

[20] Nota – episcopo *om PVHS G* | Et nota *MO* | episcopo] et non alii *add MO* : pro annexis mense *add D²* (*fälschlich auf D 471 = Q 11, 8a bezogen*).

Q 13, 2a   *C 307a f. 425'; A 301 f. 52'; M 342b f. 32; O 367 f. 35; D 472 f. 103 (Üb. Index f. 10'); E 456 f. 61; L 367 f. 104d; B 10 n. 2a f. 33' – G f. 15.*

[1] *D Üb. zur ersten Note:* Pro rectore; *zur zweiten Note:* Super decano (dicoñ).| Item *om G* | nota quod *om B* | quod *om G* | alicuius] *hinter* ecclesie *L* : *om G* | dicitur *CA* | post] postquam *L*

[2] verbum *om B* | compescende *L* | Proviso] attentius *add MOG*

[3] deservire *B* | quod *om C* | cause *om E*

[4] cognitionem] exigunt *add C*

[5] Item nota quod *om G* | nota quod *om B* | quod *om A* | personatum *v. and. Hd. aus* peratum *(!) korr. A.*

[6] et quod *CAMOLG* | eadem *(korr. D²)* ecclesia *D* | vel archidiaconatus *om B* | etc. *om C.*

Q 13, 3   *C 308 f. 425' (Üb. Index f. 444'); A 302 f. 52'; M 343 f. 32; O 368 f. 35; D 473 f. 103; E 457 f. 61; L 368 f. 104d; B 10 n. 3 f. 33'.*

[1] *Üb. om AD.* | pro laico *om MO*

[2] Parisien.] . . *A* : *om L* : Leod. *B* | crucesignato] crucesingnato *(!) C* : salutem etc. *add D²B* | Sacrosancta – ecclesia] Solet *B* | Sacrosancta – 3 etc. *auf Rasur D²* | Romana ecclesia *om C* | Romanam *L* | ecclesia *om MODE*

---

[1] *Paris.*

sia *etc. usque* assensu, personam tuam cum familia et bonis omnibus, que in presentiarum *etc. ut in prima.*[1]

Q 13, 3 a *Nota, quod in executoria non debet poni hoc verbum* crucesignato. *Nota, si fiat privilegium pro viro et uxore, dicatur sic* : Dilecto filio A. et dilecte in Christo filie E. eius uxori crucesignatis .. diocesis salutem *etc. usque* Nulli ergo *etc.* nostre protectionis et constitutionis *etc.*

Executoria.

Cum dilectum filium .. de .. laicum et dilectam in Christo filiam .. eius uxorem tue diocesis, qui zelo fidei *etc. usque* proficisci, cum familia et omnibus bonis *etc. usque* susceperimus *etc. usque* non permittas ipsos coniuges contra protectionis nostre tenorem *etc.*[2]

Q 13, 4 Super eodem pro milite.

Dilecto filio .. de .. militi crucesignato .. diocesis. Sacrosancta Romana ecclesia devotos et humiles filios ex assuete pietatis officio propensius diligere consuevit et, ne pravorum hominum molestiis agitentur, eos tamquam
5 pia mater sue protectionis munimine confovere. Cum igitur *etc.*

Q 13, 4a Privilegium crucesignatorum pro laico.

Dilecto filio P. laico crucesignato .. diocesis salutem *etc.* Sacrosancta Romana ecclesia devotos et humiles filios ex assuete pietatis officio propensius diligere consuevit et, ne pravorum hominum molestiis agitentur, eos
5 tamquam pia mater sue protectionis munimine confovere. Cum igitur tu zelo fidei et devotionis accensus signo vivifice crucis assumpto proposue-

---

[3] usque *om CB* | assensu] *om C* : ascensu *O* | omnibus] *vor* bonis *A* : *om MB* | que *korr. D²*
[4] in presentiarum] in presentia *A* : *korr. D²* | ut in prima *om CDELB.*
Q 13, 3a *S 236 f. 26'.*
Q 13, 4 *V 262 f. 30'; H 310 f. 35.*
[1] milite] Rubrica *add H²*
[2] .. diocesis] diocesis .. *H*
[3] propencius *(!) H.*

Q 13, 4a *A 298 f. 52; M 340 f. 31'.*
[1] *M Üb.:* Super eodem in forma correcta nova.
[2] P.] H. dicto Prenoscit *A* | laico] et ad honorem *(!)* eius uxori *add A* | crucesignatis *A* | salutem etc. *om A*
[3] devotos – 5 confovere] etc. usque *A*
[5] tu *om A*
[6] et – 7 subsidium] etc. usque *A*

---

[1] *Q 13, 1.*
[2] *Vgl. Q 13, 2.*

ris in terre sancte subsidium proficisci, nos tuis iustis postulationibus grato concurrentes assensu personam tuam cum familia et omnibus bonis, que in presentiarum rationabiliter possides, sub beati Petri protectione atque nostra suscipimus et presentis scripti patrocinio communimus, statuentes, 10 ut, postquam in primo generali passagio a sede apostolica statuendo iter arripueris transmarinum, donec de tuo reditu vel obitu certissime cognoscatur, ea omnia integra remaneant et quieta. Nulli ergo omnino hominum *etc.* nostre protectionis *etc.* Si quis *etc.* Dat. *etc.*

Q 13, 4b Executoria.

| Venerabili fratri .. episcopo .. salutem *etc.* Cum dilectum filium P. *G f. 15'* laicum .. diocesis, qui zelo fidei ac devotionis accensus signo vivifice crucis assumpto proposuit in terre sancte subsidium proficisci, cum familia et omnibus bonis, que in presentiarum rationabiliter possidet, sub beati 5 Petri protectione | susceperimus atque nostra, statuentes, ut, postquam in *M f. 32* primo generali passagio a sede apostolica statuendo iter arripuerit transmarinum, donec de suo reditu vel obitu certissime cognoscatur, ea omnia integra remaneant et quieta, fraternitati tue per apostolica scripta mandamus, quatinus ipsum non permittas contra protectionis et constitutionis 10 nostre tenorem super hiis ab aliquibus indebite molestari, molestatores huiusmodi per censuram ecclesiasticam appellatione postposita compescendo; attentius provisurus, ut de hiis, que cause cognitionem exigunt et

---

8 tuam] vestras *add A* | que – 12 certissime] etc. usque *A*

9 impresentiarum *M*

10 suscipimus] atque nostra suscipimus *add M* | presenti *M*

13 ea – quieta *om A* | omnino *om A*

14 etc. 1°] liceat hanc paginam *A* | protectionis] constitutionis *add A* | Si – etc. 4° *om A.*

Q 13, 4b *A 299 f. 52'; M 341 f. 31'/32 – G f. 15/15'.*

1 *G Üb.:* Conservatio eorundem.

2 Venerabili – etc.] Iud. *A* | episcopo ..] episcopo Par. *G* | salutem et?. *om G* | P.] H. dictum Pronoscit *A* : P .. *M*

3 laicum] et ad honorem *(!)* eius

uxorem crucesignatos *add A* : et dilectam in Christo filiam M. uxorem eius cives Par. *G* | .. diocesis] tue diocesis *A* : *om G* | accensi *AG* | vivice *(!) A*

4 assumptus *G* | proposuerunt *AG* | familia et *om M*

5 impresentiarum *M* | possident *AG*

6 susceperimus *scr.*] suscepimus *A* : suscepimus *hinter* nostra *M*

7 arripuerint *AG*

8 donec – 9 scripta] etc. usque *G* | suo] ipsorum *A*

10 ipsum – permittas] non permittas ipsos *AG* | et – 12 postposita] etc. usque *G*

11 super hiis *vor* 10 contra *A*

13 ut] ne *G* | et] vel *G*

que personam, familiam et bona non contingunt ipsius, te nullatenus intromittas; nos enim, si secus presumpseris, tam presentes litteras quam etiam
processum, quem per te illarum auctoritate haberi contigerit, omnino carere
viribus et nullius fore decernimus firmitatis. Huiusmodi ergo mandatum
nostrum sic prudenter et fideliter exequaris, ut eius fines quomodolibet non
excedas. Dat.

Q 14

Confirmationes arbitriorum et compositionum.

Q 14, 1 Confirmatio compositionis.

Ea, que iudicio vel concordia terminantur, firma debent et illibata persistere et, ne in recidive contentionis scrupulum relabantur, apostolico
convenit presidio communiri. Exhibita siquidem nobis tua petitio continebat, quod, cum inter te ex parte una et . . de . . ex altera super . . questio
fuisset exorta, tandem inter partes amicabilis super hiis compositio inter-

---

14 personas *AG* | familiam] familias
A : *om M* | bona] huiusmodi *add*
A | ipsius] *om A* : eorum *G* | nulla-
tenus] aliquatenus *G*

15 tam – *Schluß*] etc. ut supra pro
clerico usque in finem. Nota si
fuerint de diocesi sic dicetur : Clemens etc. *G*

17 decrevimus *A*

18 nostrum *om M* | ut] quod *A*

19 Dat. etc. *A*.

Q 14, 1   *P 283 f. 30 (Üb. Index f. 5');
V 236 f. 27; H 284 f. 32; S 219 f.
24'; C 309 f. 425'/426 (Üb. Index
f. 444'); A 303 f. 52'; M 344 f. 32;
O 369 f. 35; D 481 f. 105 (Üb.
Index f. 11); E 465 f. 62; L –; R
91 f. 8'/9; B 1 n. 1 f. 22.*

1 *Üb. om S. – CMO Üb.:* De confirmationibus compositionum. Confirmatur (Confirmabitur *C*) compositio cum serico. – *A Üb.:* De con-
firmacionibus, quorum compositio

cum serico confirmatur. – *D Üb.:*
Tractatus de confirmationibus, re-
vocationibus et compositionum
confirmationibus. – *E Üb.:* De confirmationibus compositionum.

2 Eaque *D* | in iudicio *PVHSE* | et
om D

3 recidive] rectitudinis *H* : residue *S* :
retro vie *C* | contemptionis *VSCAO* |
scripulum *(!) V* : scrupulo *H* :
in scrupulum *B* | apostolico *aus*
apostolice *korr. E*

4 communiri] subveniri *C* | siquidem]
om C : quidem *O* | tua nobis *A*

5 te] et *add D* | . . de . .] diocesis . .
add H : Io. *B* | ex parte altera *AB* |
. . 3°] . . et . . *H* : . . re *CA* : tali . .
D : tali re *EB* : . . re . . *R* | con-
questio *D*

6 orta *B* | tamen *PVHSR* | amirabilis
D : amicabiles *E* | super hiis *om R* |
hoc *H* | compositio] *vor* super *C* :
compositis *E* | supervenit *PVH*

venit, quam apostolico petiistis munimine roborari. Nos igitur vestris supplicationibus inclinati compositionem ipsam, sicut rite sine pravitate provide | facta est et ab utraque parte sponte recepta et hactenus pacifice observata, ratam et gratam habentes eam auctoritate apostolica confirmamus | *etc. usque* communimus. Nulli ergo *etc.*

C f. 426
10
R f. 9

Q 14, 2 Super eodem in alia forma.

Capitulo. Quia libenter in pacis observantia delectamur,[1] ea, que sunt iudicio vel concordia | diffinita, ut firma | persistant, apostolico nos decet presidio communire. Exhibita siquidem nobis vestra petitio continebat, quod olim inter vos ex parte una et L. de . . canonicum vestrum et G. fratrem eius militem . . diocesis ex | altera super eo, quod cellariam Claromonten.[2] ecclesie dicti fratres ad eos iure hereditario pertinere dicebant, orta fuit materia questionis, tandem mediante bone memorie R. preposito pre-

O f. 35'
A f. 53
5
E f. 62'

---

[7] apostolico *CD* | petivisti *C* : petiisti *M* : petivisti *R* : petisti *B* | munimine] minime *E* | robarari *(!) D* | vestris] iustis *add C* : tuis *marg. v. and. Hd. einkorr. B*

[8] ipsam] eandem *D* | sicut] sic *D* | et sine *R*

[9] provide facta est] facta provide existit *H* | ab *v. and. Hd. einkorr. B* | parte *om A*

[10] ratam – eam *om B* | eam] cum *S*

[11] etc. usque] usque *PVS* : et presentis scripti patrocinio *DRB* | communimus] committimus *VH* | Nulli – etc. 2°] *om C* : Si quis etc. Dat. etc. *add D.*

Q 14, 2 *P 284 f. 30; V 237 f. 27; H 285 f. 32; S 220 f. 24'; C 310 f. 426 (Üb. Index f. 444'); A 304 f. 52'/53; M 345 f. 32; O 370 f. 35/35'; D 482 f. 105 (Üb. Index f. 11); E 466 f. 62/62'; L – ;R –; B 1 n. 2 f. 22 (mit Q 14, 3 zusammengeflossen).*

[1] *Üb. om PS. – CAMODE Üb.:* Ali] ter super (pro *D*) eodem. | forma-Rubrica *add H²*

[2] Capitulo] . . capitulo *P* : Capitulo . . *C* : *in A zum Rubrum gezogen* : *om B* | observantiam *HA* | delectamur *korr. D²*

[3] in iudicio *P* | vel] et *B* | ut firma *om VH* | firma] forma *E* | apostolice *D* | docet *SD* : deceret *E*

[4] presidio] munimine *A* | nobis *om A*

[5] olim] *hier springt B auf Q 14, 3 Z. 4 inter über* | de . .] diocesis . . *add H* : de *CE* | canonicum] alias decanum *add M (marg. v. and. Hd. einkorr.)* : concanonicum *D* | G.] . . *DE* | eius fratrem *C*

[6] militem] milite *V* : *om M* | . . diocesis] diocesis . . *H* | *hinter* eo *Rasur O* | cellariam *HE* : cellaria *CAD* : celaria *MO* | Claromonten.] . . *A* : Clar. *MO* : Claromecen. *D*

[7] ecclesie *om A*

[8] fuit] fuisset *C* : *om D* | mediate,

---

[1] *Vgl. Ps. 36, 11: . . . et delectabuntur in multitudine pacis.*

[2] *Clermont-Ferrand.*

dicte ecclesie inter vos super hiis amicabilis compositio intervenit, prout in
litteris super hoc (*vel* inde) confectis plenius dicitur contineri, quam apostolico petiistis munimine roborari *etc. ut supra*[1] *usque in finem.* Nulli ergo *etc.*

Q 14, 3   Super eodem in alia forma.

| Dilectis filiis . . abbati et conventui monasterii de . . ordinis . . salutem
etc. Cum a nobis | petitur *etc. usque* ⟨effectum⟩. Cum igitur, sicut petitio
vestra nobis exhibita | continebat, olim inter vos ex parte una et . . rec-
torem ecclesie de . . | ex altera super . . coram . ., ad quem de antiqua et
approbata et hactenus pacifice observata consuetudine huiusmodi causarum cognitio in archidiaconatu suo, in quo dictus rector consistit, dicitur
pertinere, questio suborta fuisset, tandem mediante . . super hoc amicabilis
compositio intervenit, prout in litteris inde confectis plenius dicitur contineri, quam apostolico petiistis munimine roborari. Nos igitur vestris

D f. 105'
V f. 27'
S f. 25
P f. 30'

dahinter Rasur *D* | R.] . . *HE : om*
D | dicte *PVHCMD*

[9] super hiis] super hoc *H : om S* | in-
tervenit] supervenit, *darüber ein-*
korr. alias intervenit *P*

[10] hiis *A* | vel inde *om HCAMODE* |
inde *om V*

[11] petivistis *CA* | roborari] usque re-
cepta *add S : om CAMODE* | usque
– etc. 2° *om CAMO* | finem] etc. *add*
D : fine *E* | Nulli ergo etc. *om DE* |
ergo *om H.*

Q 14, 3   *P 285 f. 30/30' (Üb. Index*
f. 5); V 238 f. 27/27'; H 286 f. 32;
S 221 f. 24'/25; C 311 f. 426 (Üb.
Index f. 444'); A 305 f. 53; M 346
f. 32; O 371 f. 35'; D 483 f. 105'
(Üb. Index f. 11); E 468 f. 62'; L –;
R –; B 1 n. 2 f. 22 (mit Q 14, 2 zu-
sammengeflossen).

[1] *PM Üb.:* Super eodem. – *C Üb.:*
Aliter super eodem. – *AO Üb.:*
Super eodem aliter. | forma] Rubri-
ca *add H*[2]

[2] Dilectis – 4 olim *om B* | filiis *om*

VS | . . 1° *om S* | monasterii *om C* |
ordinis – 3 etc. 1° *om CAMODE* |
salutem *om H*

[3] effectum *scr.*] assensu *PVHCAM*
DEB : assensum *S* : ascensu *O*

[4] quod olim *C* | inter] *hier beginnt*
wieder B | . . rectorem] rectorem *H* :
rectorem . . *M*

[5] de . .] diocesis . . *add H : om B* |
ex parte altera *B* | . . 2°] . . et . .
H : . . re *CE* : re . . *A* : totali re
(!) D : tali re *B* | . . 3°] dilecto filio
N. archidiacono Hasbanie in ec-
clesia Leodien. *B* | et – 6 huiusmodi]
etc. usque *AMODE* : etc. *B*

[7] in . . archidiaconatu *MO* | consistit]
existit *A* | dicitur pertinere] *om*
PVSCAMODE : pertinet *B*

[8] questione suborta (fuisset *om*) *PV*
HS | mediante] mediantibus *H* :
mediantibus probis viris inter vos
B | super hoc *om PVSCAMODEB*

[9] inde] insuper *D* | contineri] con-
veniri *D*

[10] quam – roborari *scr.*] *om PVHS*
CAMODEB

[1] *Q 14, 1.*

supplicationibus inclinati compositionem ipsam *etc. usque* recepta et hactenus pacifice observata et in alterius preiudicium non redundat, auctoritate apostolica confirmamus *etc.* Nulli ergo *etc.*[1]

Q 14, 3a Confirmatio arbitrii.

Dilecto filio .. rectori ecclesie de .... diocesis. Cum a nobis petitur *etc. usque* effectum. Exhibita siquidem nobis tua petitio continebat, quod orta dudum inter te et .. de .. militem .. diocesis super quibusdam decimis, bladi et vini quantitatibus et rebus aliis ad dictam ecclesiam de ..   5
spectantibus materia questionis, fuit tandem super hiis in venerabilem fratrem nostrum .. Caturcen.[2] episcopum tunc archidiaconum de .. in ecclesia .. tamquam in arbitrum, arbitratorem et amicabilem compositorem a partibus sub certa forma concorditer compromissum, qui huiusmodi compromisso recepto ac ipsius compromissi forma servata equum super   10
premissis tulit arbitrium inter partes, prout in instrumento publico inde confecto plenius dicitur contineri. Nos itaque tuis supplicationibus inclinati arbitrium ipsum, sicut est equum et ab utraque parte sponte receptum et in alterius preiudicium non redundat, ratum et gratum habentes illud

---

[11] compositionem ipsam *om CAMO DEB* | usque *om B* | recepta – [12] pacifice *om CAMODEB*
[12] redudet *(!) H* : redundet *SCAM OB* : redundent *E* | apostolica auctoritate *D*
[13] etc. 1°] *om H* : usque communimus *add CAMODE* : communimus *add B* | Nulli ergo etc. *om B* | ergo *om VHS.*
Q 14, 3a   *P 305 f. 32 (Üb. Index f. 6); V 376 f. 48; H 431 f. 50'; S 343 f. 43.*
[1] arbitrii] Rubrica *add H²*

[2] .. diocesis] diocesis .. *P* | nobis *om VH*
[4] orta] ordum *P* | te .. et .. *P* | de .. *VH*
[5] et rebus] a rebus *V* | de .. *om P*
[7] .. 1° *om H* | ecclesia ..] .. ecclesia *H*
[9] compromissum concorditer *HS*
[10] recepto compromisso *H* | servata] seratica *(!) S*
[13] sponte *om P* | susceptum *S* | et 2° *om PS*
[14] in *om V* | redundet *PVS* : redundans *H*

---

[1] *Vgl. Q 14, 1.*
[2] *Cahors. Als Bischöfe kommen wohl nur Raymond de Corneil (1280 Mai 21 – 1293), vorher Archidiakon von Cahors, Sicard de Montaigu (1294–1300) oder Raymond de Pauchel (1300–1312) in Frage. Vermutlich ist der erstere auszuscheiden, da der Text von einem anderen Archidiakonat als dem von Cahors spricht. Eubel 1, 178 kennt übrigens die beiden letzteren Bischöfe nicht; die vollständige Liste bei E. Sol, Cahors, in: Dict. d'histoire et de géographie ecclésiastiques 11, 198.*

15 auctoritate apostolica confirmamus et presentis scripti patrocinio communimus. Nulli ergo *etc.* nostre confirmationis *etc.*

H f. 32'   **Q 14, 4 | Quod denuntietur arbitrium esse nullum.**

Iud. Significarunt nobis Venturella clericus et Albertinus Melioris laicus
fratres Spoletan.[1] diocesis, quod, cum olim inter ipsos ex parte una et . .
ac . . de . . fratres laicos . . diocesis ex altera super quibusdam domibus,
B f. 22' vineis, terris, possessionibus, pecunie summa et rebus aliis orta | fuisset
E f. 63   materia questionis, fuit tandem hinc inde super hiis | in M. militem Ful-
ginat.[2] tamquam in arbitrum, arbitratorem et amicabilem compositorem
sub certa pena concorditer compromissum, qui huiusmodi compromissi

---

[16] nostre – etc. 2° *om VH.*

Q 14, 4   *P 286 f. 30' (Üb. Index f. 6);
V 239 f. 27'; H 287 f. 32'; S 222 f.
25; C 312 f. 426 (Üb. Index f. 444');
A 306 f. 53; M 347 f. 32/32'; O 372
f. 35'; D 484 f. 105' (Üb. Index f.
11); E 470 f. 62'/63; L –; R 33 f. 3;
B 1 n. 3 f. 22/22'.*

[1] *VH² Üb.:* Confirmatio compromissi
(Rubrica *add H²*). – *Üb. om S.* –
CAMODE Üb.: Super eodem ad
(contra *E*) iudices (revocacio *add
D*). – *R Üb.:* Ut arbitrium latum
contra formam compromissi pro-
numpcietur nullum et pena similiter.

[2] Significaverunt *DB* : Significavit
E | Venturella] Venturus de . . *H* :
Venturalla *S* : . . *CADEB* : V.
R | et *om B* | Albertinus Melioris]
. . *CADEB* : A. de . . *M* : Albertus
de . . *O* : A . . Melioris *R* | fratres
laicus *PVHSR* : laicus . . fratres *D*

[3] Spoletan. diocesis *om B* | Spoletan.]
. . *CADE* | cum *om H* | una *om V*

[4] ac . . *om PM* | ac . . de . . *om B* | ac]
et *VHSAOR* : A. *D* | . . 1° *om D* |
de . . *om VHSAR* | fratres *om A* |

fratres laici *PVS* : laici fratres *D* :
laicos fratres *EB* | . . diocesis] *om
HA* : Fulginat. diocesis *MO* : dio-
cesis . . *E* : dicte diocesis *R* | ex
altera] *om CMODE* : ex parte
altera *A* : parte ex altera *B* | altera]
fratres . . diocesis *add A*

[5] peccunie *B* | pecuniarum summis
MD

[6] tandem] eandem *S* : tamen *CAMO
DEB* | super hiis *om R* | hiis] hoc *H* |
M.] . . *HCAMODEB* | Fulginat.]
om HB : de . . *CADE* : Fulginaten.
R

[7] arbitrum] arbitrium *C* : vel arbi-
trum *hinter* arbitratorem *B* | et ar-
bitratorem ac *M*

[8] sub] super *M* | certa forma pena
zu certis forma et pena *korr. R* |
pena] forma *CAMODEB* | pro-
missum *E* | qui] quod *C* | qui – 9
fuerat *in B eingeleitet mit alias und
der Umstellung* compromissi huiusmodi *marg. v. and. Hd. einkorr.,
im Text steht statt dessen* : qui huiusmodi suscepti formam compromissi
in se suscipiens et forma dicti compromissi servata non fuerat

---

[1] *Spoleto.*   [2] *Foligno.*

formam excedens super hiis, de quibus in eum compromissum non fuerat, contra eosdem .. et .. arbitrium promulgavit iniquum, cui pro parte .. et .. predictorum fuit | protinus contradictum. Quare dicti .. et .. nobis humiliter supplicarunt, ut denuntiari huiusmodi arbitrium esse nullum ipsosque propter hoc ad penam aliquam non teneri per discretum aliquem faceremus. – mandamus, quatinus vocatis *etc.* Testes *etc.*[1]

10

M f. 32'

Q 14, 4a Revocatio arbitrii pro abbate et conventu.

Iud. Ad audientiam nostram pervenit, quod dudum inter dilectos filios .. abbatem et conventum monasterii .. ordinis .. diocesis .. ex parte una et .. de .... diocesis super eo, quod idem .. pretendebat sibi competere ius advocatie in dicto monasterio et omnibus bonis suis, iidem vero abbas et conventus asserebant huiusmodi ius eidem .. non competere nisi in | certis bonis immobilibus monasterii supradicti, ex altera orta materia questionis, tandem partes ipse in .. et .... diocesis tamquam in arbitros eo modo compromittere curaverunt, ut iidem receptis iuribus utriusque partis causam huiusmodi equo arbitrio terminarent de observando arbitrium, quod predicti .. proferrent, corporali super hoc ab ipsis partibus prestito iuramento. Iidem namque et huiusmodi compromisso suscepto for-

5

D f. 106

10

---

⁹ excedens] ex ceteris *H* : exedens *(!) C* | hiis] hoc *H* | de] in *(marg. v. and. Hd. s. o.) B*

¹⁰ .. et ..] *om CDB* : .. *A (getilgt) MOE (einkorr.)* | arbitrum *S* | .. et ..] et .. *H* : et *D* : .. *B*

¹¹ predictorum *om B* | contradictum] concordatum *S*

¹² denunctiari *D* | esse] *om H* : *hinter* nullum *A*

¹³ ipsos; *M* : ipseque *D* | aliquem faceremus] etc. *B im Text; marg. v. and. Hd. einkorr.* faceremus

¹⁴ Testes etc.] *om S* : Dat. *add B*.

Q 14, 4a *D 485 f. 105'/106 (Üb. Index f. 11); E 472 f. 63; B 1 n. 4 f. 22'/23.*

³ .. ordinis *om B* | .. 4° *om E*

⁴ .. de ..] I. *B* | .. diocesis] parte ex altera *add B* | idem I. *B*

⁵ advocarie *D* | et] in *B*

⁶ .. abbas *D* | eidem I. *B*

⁷ in *korr. D²* | mobilibus bonis *B* | monasterii supradicti] dicti monasterii *B* | parte ex altera *B* | materia *marg. v. and. Hd. einkorr. B*

⁸ in ..] de .. *add B* | .. diocesis] diocesis *D* : *om B*

⁹ ut] ac *D* | iidem] .. et .. *add EB*

¹¹ predicti ..] .. predicti *D* : .. et predicti *B*

¹² Idem *E* | et] .. et .. *EB* | compromisso *D* | compromisso – 13 huiusmodi] suscepti forma compromissi *B*

---

¹ *Die Testes-Klausel fällt gemäß N 62, 10 fort, wenn ein Schiedsspruch bestätigt wird; vgl. dazu Herde, Zeugenzwang, in: Traditio 18, 278f. u. oben Bd. 1 S. 230. In diesem Falle handelt es sich jedoch um eine Rückgängigmachung eines Schiedsspruchs. Vgl. Bd. 1 S. 430*

mam compromissi huiusmodi excedentes dictorum abbatis et conventus
iuribus non receptis iniquum contra dictos abbatem et conventum arbi-
15 trium protulerunt, quod pro parte dictorum abbatis et conventus fuit pro-
tinus contradictum. Cum igitur nostra intersit super hoc eidem monasterio
de oportuno remedio providere, discretioni tue per apostolica scripta mandamus, quatinus vocatis, qui fuerint evocandi, si tibi constiterit ita esse,
dictos abbatem et conventum ad observationem huiusmodi arbitrii iura-
B f. 23 mento non obstante | predicto denunties, sicut iustum fuerit, non teneri.
Contradictores *etc.*

Q 14, 5 Confirmatio compositionis in causa commissa per papam.

Iud. Cum causa, que inter dilectum filium .. decanum et venerabilem
fratrem nostrum .. episcopum Pictaven.[1] super quibusdam dignitatibus
5   et rebus aliis vertebatur, quibus ipse decanus fuerat spoliatus, dicto decano
et procuratore partis alterius in nostra presentia constitutis de speciali

---

13 excedente *D*

14 dictos] ipsum *B*

15 quod] cui *EB*

16 nostra *om D* | hoc *om D*

17 discretioni – scripta] etc. *B* | man-
damus *einkorr. D²*

18 qui fuerint] etc. *B* | fuerint] fuut
(!) O

20 denunctie *(!) D* | et sicut *D.*

Q 14, 5   *P 287 f. 30' (Üb. Index f. 6);
V 240 f. 27'; H 288 f. 32'; S –; C
313 f. 426 (Üb. Index f. 444'); A
307 f. 53; M 348 f. 32'; O 373 f.
35'; D 486 f. 106 (Üb. Index f.
11); E 473 f. 63; L –; R 40 f. 4; B
1 n. 5 f. 23.*

1-2 *P Üb.:* Confirmatio super compositione. – *CAMOE Üb.:* Super
eodem. – *D Üb.:* Super eodem con-

firmatoria. – *R Üb.:* Ut faciat
observari compositionem factam
per arbitros in causa commissa per
papam.

3 que inter *v. and. Hd. über getilgtem*
convenitur *einkorr. A* | inter – 4
Pictaven.] inter venerabilem fratrem nostrum .. episcopum Patavien. et dilectum filium .. deca-
num .. *D²* | .. *om V* | decanum]
ecclesie .. ex parte una *add H* :
ecclesie de .. *add B*

4 .. episcopum] episcopum *M* : B.
episcopum *B* | Pictaven.] .. *B*

5 vertebatur *om PVCAMODERB*

6 .. procuratore *H* : procuratorie *(?)*
C : procuratorem *R* : procuratori
B | alterius] *vor* partis *CD* : adverse
add B | constitutus *D*

---

[1] *Poitiers. Als Bischof kommt Walther (1279 Dezember 4 – 1307 Januar 21,
vgl. Eubel 1, 399) in Frage.*

mandato nostro per dilectos filios nostros N. et L. diaconos cardinales[1] amicabili sit compositione sopita, prout in instrumento publico inde confecto plenius dicitur contineri, discretioni tue per apostolica scripta mandamus, quatinus compositionem ipsam, sicut rite sine pravitate facta est et ab utraque parte sponte recepta, facias a partibus auctoritate nostra firmiter observari.

Q 14, 6 Confirmatio compositionis inter parrochianos et clericos.

Iud. Sua nobis parrochiani ecclesie de . . petitione monstrarunt, quod cum inter ipsos ex parte una et | clericos ecclesie de . . . . diocesis ex altera,   *C f. 426'*

---

[7] nostro] *vor* mandato *PVHR* : *om C* | per – nostros *om C* | N. et L.] A. et B. *B* | N.] R. *M* | L.] C. *PVHR*

[8] sit] *hinter* compositione *H* : *om M* | sopita] se posita *D* : se pīca *E* | in *om M* | instrumento] infrascripto *v. and. Hd. auf Rasur B* | publico *einkorr. E* | inde – 9 dicitur] etc. *B*

[9] discretioni – scripta] *om CAMODE* : etc. *B*

[10] pravitate] provide *add R*

[11] et *om D* | sponte *einkorr. E* | et a partibus convocatis *A* | auctoritate nostra *om H.*

Q 14, 6   *P 288 f. 30'; V 241 f. 27'/28; H 289 f. 32'; S 223 f. 25; C 314 f. 426/426' (Üb. Index f. 444'); A 308 f. 53; M 349 f. 32'; O 374 f. 35'; D 487 f. 106/106' (Üb. Index f. 11);*

E 474 f. 63; L –; R 31 f. 3; B 1 n. 6 f. 23.

[1-2] *P Üb.:* Super eodem in alia materia. – *Üb. om SM.* – *CAO Üb.:* Super eodem. – *D Üb.:* Super eodem in alia forma confirmatio. – *E Üb.:* Super eodem in alia forma. – *R Üb.:* Ut sententiam latam per arbitrum faciat observari.

[2] clericos] Rubrica *add H*[2]

[3] *Iud. om B* | . . parrochiani *HMER* | ecclesie de . .] ecclesie . . diocesis *B*

[4] clericos] . . clericos *D* : M. et N. clericos *B* | ecclesie *om C* | de . . . . diocesis] de . . diocesis . . *PHA* : de . . diocesis *SD* : . . *B* | altera] super re . . *add CA* : super . . *add MOB* : super tali (. . *ER*) re *add DER*

---

[1] *Als Kardinaldiakone kommen nur in Frage (einen Kardinaldiakon, dessen Name mit C beginnt, wie PVHR angeben, gibt es in der in Betracht kommenden Zeit nicht) N.: Neapoleo de Ursinis, Kardinaldiakon von S. Adrian (1288 Mai – 1342 März 23): über ihn vgl. C. A. Willemsen, Kardinal Napoleon Orsini (Berlin 1927). – L.: entweder Lucas de Flisco, Kardinaldiakon von S. Maria in via lata (1300 März 2 – 1306) und von SS Cosmas u. Damianus (1306 – 1336 Januar 31) oder Landulfus de Brancatiis, Kardinaldiakon von S. Angeli in foro piscium (1294 September 18 – 1312 Oktober 29); vgl. Eubel s. v. Die Urkunde muß daher zwischen 1294 September 18 und 1336 Januar 31 ausgestellt sein, doch ergibt die Entstehungszeit der ersten Redaktion den terminus ante quem von ca. 1304.*

5 suborta fuisset materia questionis, tandem mediantibus bonis viris super hiis inter eos amicabilis compositio intervenit, prout in litteris inde confectis plenius dicitur contineri, | quam dicti parro|chiani apostolico petierunt munimine roborari. – mandamus, quatinus compositionem ipsam, sicut rite sine pravitate facta est et ab utraque parte sponte recepta, facias 10 per censuram ecclesiasticam firmiter observari.

Q 14, 7 | Confirmatio sententie late per arbitrum.

In eodem modo pro abbate et conventu monasterii de . ., quod, cum inter eos ex parte una et clericos ecclesie de . . . . diocesis ex altera coram . . officiali super . . auctoritate nostra questio verteretur, tandem fuit in eundem 5 iudicem tamquam in arbitrum sub certa pena concorditer compromissum, qui equum tulit arbitrium inter partes. Quare prefati abbas et conventus humiliter petierunt a nobis, ut arbitrium ipsum faceremus firmiter observari.

---

5 exorta *S* : orta *CAMODEB* | tandem] tamen *B* | bonis] probis *HDB* : . . bonis *R* | super hiis] super hoc *H* : *om B*

6 in – 7 plenius] etc. *B*

7 dicitur contineri] continetur *B* | petierint *V* : petunt *B*

8 roborari] communiri *C* : etc. *add DB*

9 sicut – facias] etc. *B* | pravitate] provide *add CR* | sponte] facta *add A* | facias] auctoritate nostra *add C*

10 per censuram – *Schluß v. and. Hd. auf Rasur B* | observari] Dat. etc. *add D.*

Q 14, 7 *P 289 f. 30' (Üb. Index f. 6); V 242 f. 28; H 290 f. 32'; S–; C 315 f. 426' (Üb. Index f. 444'); A 309 f. 53; M 350 f. 32'; O 375 f. 35'; D 488 f. 106' (Üb. Index f. 11); E 475 f. 63'; L–; R–; B–.*

1 *P Üb.*: Super eodem. – *CAMODE Üb.*: Confirmatio arbitrii. | arbitrium] Rubrica *add H*[2]

2 In] Iud. *HD* | . . abbate *CMOE* | conventui *C* | monasterii *om E* | de . .] diocesis . . *add H* | cum] tunc *D*

3 eos] ipsos *CAMODE* | ecclesie . . de . . diocesis . . *E* | . . diocesis] diocesis . . *PA* : *om HC* : diocesis *D* | . . officiali] officiali *D* : officialibus . . *E*

4 super . .] super . . re *COE* : super re . . *A* : super tali re *D* | auctoritate nostra *om C*

5 arbitrium *CD* | pena] forma *CA MODE*

6 . . abbas *CAM*

7 facemus *(!) V* : facermus *(!) C* | firmiter] inviolabiliter *A* | observari] etc. ut supra *add D.*

Q 14, 8 Contra nolentem observare compositionem.

Iud. Sua nobis Iohannes .. civis et mercator Romanus[1] petitione monstravit, quod, cum olim inter ipsum ex parte una et bone memorie E. episcopum Placentin.[2] ex altera super quibusdam pecuniarum summis, in
quibus idem episcopus et ecclesia Placentin. | dicto mercatori ex causa
mutui tenebatur, orta fuisset materia | questionis, tandem inter mercatorem
ipsum ex parte una et magistrum I. Dominici portionarium Placentin.,[2]
procuratorem ipsius episcopi, renuntiantem constitutioni de duabus dietis
edite in concilio generali,[3] conventioni iudicum et omnibus litteris et indul-

A f. 53'
H f. 33

Q 14, 8 *P 290 f. 30'/31 (Üb. Index
f. 6); V 243 f. 28; H 291 f. 32'/33;
S 224 f. 25; C 316 f. 426' (Üb. Index
f. 444'); A 310 f. 53/53'; M 351 f.
32'; O 376 f. 35'/36; D 489 f. 106'
(Üb. Index f. 11); E 476 f. 63'; L—;
R 32 f. 3; B 1 n. 7 f. 23/23'.*

[1] *VH² Üb.:* Confirmatio compositionis facte inter episcopum et ecclesiam ex una parte et laicum ex
altera, quam successor eiusdem
(eidem *H²*) episcopi renuit observare. – *CAMODE Üb.:* Quod observetur compositio (facta *add C*)
a successore. – *R Üb.:* Ut compellatur pars ad observationem compositionis facte per arbitros inter episcopum et ecclesiam suam ex una
parte et laicum ex altera, quam
successor eiusdem episcopi renuit
observare.

[2] Iud. *om B* | Iohannes ..] Iohannes
S : Iohannes de .. *CAO* : .. de ..

M : I. de .. *DR* : .. I. de .. *E* :
I. *v. and. Hd. einkorr. B* | Romanus]
.. *AD* | petitione monstravit *korr. D²*

[3] ex una parte *B* | E.] T. *PVAO
DER* : .., *darüber* T. *einkorr. H* :
.. *C* : *om M* : H. *B*

[4] Placentin.] .. *ADB* : Palentin. *O* :
om E : Reatin. *R* | ex altera – 5
Placentin. *om H*

[5] idem .. episcopus *C* | Placentin.]
.. *ADEB* : Palentin. *O* : Placen. *R*

[6] tenebantur *AMR* | inter *om C*

[7] ipsum *om B* | ex una parte *B* | I.]
P. *B* | Dominici] *om ADB* : .. *M* :
de .. *R* | portionarium Placentin.
om CAMODERB

[8] renunctiantem *D* | constitutioni *aus*
constitutionem *korr. A* | dietis] *über*
getilgtem decimis *einkorr. S* : *aus*
edicis *(!) korr. C*

[9] edite] editam *S* : *hinter* generali *B* |
conventioni *om S* | et 1°] in *DB* |
et 2° *om PVHS*

---

[1] *Rom.*

[2] *Piacenza. Von den Varianten der Handschriften paßt nur E. in S : es gab
einen Bischof Egidius in Piacenza, der 1235–1242 regierte. Die anderen Initialen
(T. und H.) sind falsch, da sich kein Bischof in Piacenza findet, dessen Name
mit diesen Buchstaben begann (vgl. Eubel 1, 401). Auch für Plasencia treffen die
Initialen nicht zu. Da Bischof Egidius lange vor der Entstehung der Sammlung
regierte, dürfte auch die Initiale E. sehr unsicher sein; wahrscheinlich gibt keine
Handschrift mehr die richtige Initiale.*

[3] *c. 37 Conc. Lat. IV = X 1, 3, 28.*

10 gentiis apostolicis impetratis et impetrandis, habentem super hiis omnibus
nec non et componendi et transigendi | cum eodem mercatore ab eodem
episcopo speciale | mandatum, | amicabilis super hiis compositio inter-
venit, prout in instrumento publico inde confecto plenius dicitur contineri. Verum venerabilis frater noster .. episcopus Placentin., dicti E.
15 successor,[1] compositionem eandem renuit contra iustitiam observare. –
mandamus, quatinus, si est ita, dictum episcopum ad observationem compositionis ipsius, sicut rite sine pravitate facta est et ab utraque parte
sponte recepta, monitione premissa auctoritate nostra previa ratione compellas.

V f. 28'

Q 14, 9 | Super eodem in alia materia.

S f. 25'

| *Iud.* Sua nobis .. prior et conventus monasterii de . . . . diocesis peti-
tione monstrarunt, quod, cum inter ipsos ex parte una et .. abbatem

---

10 apostolicis *om C* | et impetrandis
marg. v. and. Hd. einkorr. B | ac
(einkorr.) habentem *R*

11 et 1° *om PCAR* | et 2°] ac *AD* |
transfigendi *S* : transgūdi *(!) korr.*
D[2]: transsigendi *B* | mercatore] M.
B

12 .. episcopo *C* | hiis] hoc *H* | inter-
venerit *B*

13 in litteris seu instrumentis *B* | pu-
blico *om R* | publico – dicitur] etc.
B | dicitur contineri] continetur *C*

14 Verum *om VM* | venerabilis *om H* |
..] *om VS* : I. *R* : N. *B* | Placentin.]
.. *AE* : Palentin. *O* : *om DB* :
Placen. *R* | dicti *om D* | E.] T.
PVMAODER : T. episcopi *H* : B.
C : H. *B*

15 renuit] nolit *S* : rennuit *(!) DB* |
observare] etc. *add B*

16 dictum I. *R* | observantiam *C* |
ipsius compositionis *M*

17 parte *om P*

18 sponte *om C* | auctoritate – ratione]

etc. *B* | ratione previa *M* | com-
pellas] etc. *add D*.

Q 14, 9 *P 291 f. 31 (Üb. Index f. 6);*
V 245 f. 28'; H 293 f. 33; S 225 f.
25'; C 317 f. 426' (Üb. Index f.
444'); A 311 f. 53'; M 352 f. 32';
O 377 f. 36; D 490 f. 106'/107 (Üb.
Index f. 11); E 477 f. 63'; L–; R
36 f. 3' u. 390 f. 37' (= R'); B 1 n.
8 f. 23'.

1 *VH*[2] *Üb.:* Confirmatio compositionis inter priorem (priores *H*[2]) et
conventum ex una parte et abbatem ex altera. – *Üb. om S.* – *CA
MODE Üb.:* Super eodem. – *R Üb.:*
Super eisdem in alia forma, *am
Rande fortfahrend:* adversus .. abbatem pro conventu. – *R' Üb.:*
Super eisdem in alia forma et diversa contra abbatem et conventum.

2 Iud. *om B* | .. 1° *om AM* | de ..
.. diocesis] .. *B* | .. diocesis] dio-
cesis .. *HAE* : diocesis *D*

3 una parte *B* | .. *om HDE*

---

1 *Nachfolger des Bischofs Egidius (vgl. vorige S.) waren: Albertus (1244–
1257), Philippus (1257–1294), Albericus (1295–1301), Rainerius, Ubertus
(beide 1301), Ugo (1302–1317); vgl. Eubel 1, 401.*

ipsius | monasterii super reformatione ipsius monasterii de personis idoneis   *D f. 107*
ex altera suborta fuisset materia questionis, tandem venerabili fratre   5
nostro .. episcopo, loci diocesano, mediante amicabilis super hiis compositio intervenit, quam dictus abbas observare indebite contradicit. – mandamus, quatinus compositionem ipsam, sicut sine pravitate provide facta
est et ab utraque parte sponte recepta et hactenus pacifice observata,
facias per censuram ecclesiasticam inviolabiliter observari. Testes autem *etc.*[1]   10

Q 14, 10   Super eodem.

In eodem modo pro eisdem, quod dudum inter ipsos ex parte una et ..
abbatem eiusdem monasterii ex altera super eo, quod ipse abbas tantum
recepit de bonis ipsius monasterii annuatim, | quod iidem prior et conven-   *C f. 427*
tus non poterant de residuo commode sustentari, ac diversis aliis articu-   5
lis questio suborta fuisset, tandem mediante venerabili fratre nostro ..
episcopo, loci diocesano, super hiis amicabilis inter eos compositio intervenit,

---

[4] super – monasterii 2° *om CD* | refor-
matione] confirmatione *VHCR* (*zu*
reformatione *korr.*) *R'* : formatione
S | de .. personis *D* | idoneis *V*

[5] fratri *PVHSAE*

[6] .. episcopo] episcopo *A* : episcopo
.. *D* : .. *RR'* | super hiis] super
hoc *H* : *om A*

[7] quam] quod *C* | dictus] dominus
add S | .. abbas *C* | contradicit] etc.
add B

[8] compositionem – *Schluß v. and.*
Hd. einkorr. B | sicut] rite *add C* |
sicut – 9 pacifice] etc. *v. and. Hd.*
B | provide *om A* | facta *om C*

[9] et 1° *om CD* | recepta *om C* | obser-
vata pacifice *P*

[10] facias] auctoritate nostra *add B*
(v. and. Hd.) | inviolabiliter] firmi-
ter *A* | autem *om HCAMODEB*
(v. and. Hd.)

Q 14, 10   *P 292 f. 31 (Üb. Index f.*
6); V 246 f. 28'; H 294 f. 33; S–;
C 318 f. 426'/427 (Üb. Index f.

444'); A 312 f. 53'; M 353 f. 32'/33;
O 378 f. 36; D 491 f. 107 (Üb. Index
f. 11); E 478 f. 63'; L–; R–; B 1 n.
9 f. 23'.

[1] *VH*² *Üb.*: Pro eisdem super eodem
in alia forma (Rubrica *add H*²). –
Üb. om E

[2] In] Iud. *HD* : *om B* | .. *om VHDE*

[3] eiusdem] *hinter* monasterii *C* : *om*
B | ipse – 4 quod *om E* | .. abbas *C*

[4] receperit *B* | iidem] abbas *add V* :
ipse *B*

[5] poterant] possunt *M* : potuerunt
B | comode *PVHCAMO* : congrue
D | sustineri *H* : substentari *CE* |
aliis] *om PVH* : et aliis *DE* | arti-
culis] oraculis *D*

[6] questio] qūo *im Text, marg. v. and.*
Hd. einkorr. questio *B* | tandem] co-
mode *doppelt add V* : comode *add*
H | mediante] .. *add D* | fratri *E*

[7] diocesano *om E* | hiis] hoc *H* | ami-
cabiliter *VH* | inter eos *om CA* |
inter – 8 plenius] etc. *B*

---

[1] *Vgl. Q 14, 4.*

M ƒ. 33

prout in litteris inde confectis plenius dicitur contineri, quam dictus abbas
observare indebite contradicit contra iuramentum super hoc a se prestitum
temere veniendo. – mandamus, quatinus, si est ita, | dictum abbatem ad
observationem compositionis ipsius, sicut sine pravitate *etc. usque* recepta,
monitione premissa per censuram ecclesiasticam appellatione remota compellas.

Q 14, 11 Super eodem.

H ƒ. 33'

In eodem modo pro . . preposito | et conventu monasterii de . . per prepo-
situm etc. ordinis . ., quod, cum inter ipsos ex parte una et . . rectorem
ecclesie de . . ex altera super . . suborta fuisset materia questionis, tandem
5 inter partes mediante . . amicabilis super hiis compositio intervenit. Et

B ƒ. 24
E ƒ. 64

licet | felicis recordationis G. papa, predecessor noster,[1] compositionem
huiusmodi confirmarit et postmodum prepositus et conventus predicti |

---

8 quam] quod *C* | dictus] idem *CAM
ODEB* | . . abbas *C*
9 a] de *H*
10 veniendo] etc. *add B* | . . abbatem
A
11 observantiam *HCD* | ipsius] huius-
modi *CAMODEB* | sicut] rite *add
C* : provide et *add B* | etc. *om D* |
usque – 12 remota *om B* |
12 compellas] etc. *add HDB.*
Q 14, 11 *P 293 ƒ. 31 (Üb. Index ƒ.
6); V 247 ƒ. 28'; H 295 ƒ. 33/33';
S 226 ƒ. 25'; C 319 ƒ. 427 (Üb.
Index ƒ. 445); A 313 ƒ. 53'; M 354
ƒ. 33; O 379 ƒ. 36; D 492 ƒ. 107/107'
(Üb. Index ƒ. 11); E 479 ƒ. 63'/64;
L–; R–; B 1 n. 10 ƒ. 23'/24.*
1 *VH*[2] *Üb.*: Confirmatio compositionis approbate et confirmate per
predecessorem pape. – *Üb. om S.* –
E Üb.: In eodem modo super
eodem.
2 In] Iud. *D* : *om B* | . . 1° *om
SCAMOE* | conventui *D* | de . .]
de *SE* : . . *B* | per] pro *D* | per –
3 ordinis . . *om B*

3 ordinis . .] diocesis . . *add H* : *om
CAMODE* | ipsos] eos *H*] una] *vor*
parte *C* : *om M* | et – 4 materia] etc.
B, dazu v. and. Hd. marg. einkorr.:
et rectorem de . . super . . | . . 2°
om PVHSM | rectore *C*
4 ecclesie] *om MOD* : . . *add E* | ex
altera *om CAMODE* | super . .]
super . . re *VCE* : super . . re et . .
H : super re . . *A* : super tali re
D | fuisset suborta *C*
5 partes] ipsas *add VB* | mediante . .]
. . mediante *C* | amicabilis – com-
positio] etc. *B* | super hiis] super
hoc *H* : *om M* | Et] quod *B*
6 G.] B. *SB* : GG. *C* : Gregorii *O* :
G. *D* | G. – predecessor *korr. D*[2] |
papa] XI. *add PD* : *om B* | prede-
cessor noster] *om M* : predecess;
nostri *O*
7 confirmaverit *HAMD*[2] *(korr.) B* :
confirmavit *C* | et 1° – 8 eandem
om H | . . prepositus *C* | predicti]
dicti monasterii *CM* : predicti
monasterii *AODE*

---

[1] *Gregor IX. oder Gregor X. (wohl der letztere).*

compositionem approbarint eandem eamque sub certo iuramento hinc
inde prestito se promiserint servaturos, prout in litteris super hoc confectis
plenius dicitur contineri, prefatus tamen rector compositionem ipsam ser-   10
vare indebite contradicit contra iuramentum prestitum temere veniendo. –
mandamus, quatinus, si est ita, dictum rectorem ad | observationem com-   *D f. 107'*
positionis ipsius, sicut rite *etc. usque* recepta, monitione premissa per censuram ecclesiasticam appellatione remota compellas.

Q 14, 12 Super eodem.

In eodem modo pro . . rectore ecclesie de . ., quod, cum inter ipsum ex
parte una et . . priorem et conventum monasterii de . . per priorem *etc.*
ordinis . . ex altera super . . questio suborta fuisset, tandem in . . de . .   *V f. 29*
fuit a partibus tamquam in arbitrum sub certa | pena concorditer compro-
missum, qui equum inter eos arbitrium promulgavit, quod pars altera observare indebite contradicit. – mandamus, quatinus, si est ita, dictam par-

---

⁸ compositionem *om CAMODEB* |
approbavit *CD* : approbaverunt
(?) B | eamdem *E* | eamque] ip-
samque *B*
⁹ prestito] preposito *D* | promiserunt
SAB : compromiserunt *C* | in – 10
plenius] etc. *B*
¹⁰ contineri] detineri *D*
¹¹ veniendo] etc. *add B*
¹² dictum – 14 remota] etc. *B* | rec-
torem] quod *add DE* | observatio-
nem compositionis] iuramentum
observationis et compositionis *S* |
observantiam *C*
¹³ ipsius] huiusmodi *CAMODE*
¹⁴ compellas] *hinter* premissa *H* : etc.
add D.
Q 14, 12 *P 294 f. 31 (Üb. Index f.
6); V 248 f. 28'/29; H 296 f. 33';
S 227 f. 25'; C 320 f. 427 (Üb.
Index f. 445); A 314 f. 53'; M 355
f. 33; O 380 f. 36; D 493 f. 107'
(Üb. Index f. 11); E 480 f. 64; L–;
R–; B 1 n. 11 f. 24 (mit Q 14, 13
zusammengeflossen).*
¹ *VH² Üb.:* Confirmatio compromissi

facti *(om H²)* in debitores sub certa
pena (persona. Rubrica *H²). – Üb.
om S. – CAMODE Üb.:* Quod compellatur pars ad (ab *A*) observationem arbitrii.
² In] Iud. *H* : Iudicibus. In *D* | In –
modo] Similiter *B* | . . 1° *om HSCA
DE* | ecclesie de . . *om B* | de . .]
diocesis . . *add H* | quod – 3 et . .
om C
³ una parte *B* | . . 1° *om VSD* | prio-
rem – per *om C* | conventum] cano-
nicum *D* | de – 4 ordinis . . *om B*
⁴ ordinis . .] . . ordinis *VMO* : ordinis
D | super . .] super . . et . . *H* :
super . . re *CAE* : super tali re *D* |
questionis *B* | suborta fuisset *om B* |
in . . de . .] M. de . . diocesis *H* |
in . .] in M. *CADB* : M. *E* | de . .]
de *D* : *om B*
⁵ fuit *hinter* arbitrum *H* | arbitros
VSMO : arbitrium *D* | sub – 6
arbitrium *om E*
⁶ quod *om, hier springt B auf Q 14,
13 Zeile 2 qui über* | altera *om DE* |
servare *A*

tem ad observationem ipsius arbitrii, sicut est equum, monitione premissa
per penam in compromisso expressam sublato appellationis obstaculo com-
pellatis.

10

Q 14, 13 Super eodem.

In eodem modo pro eodem usque qui equum tulit arbitrium inter partes.
Et licet interdum fuerit a partibus acceptatum, nichilominus tamen pars
altera observare illud indebite contradicit. – mandamus, quatinus, si est
ita, dictum . . ad observationem ipsius arbitrii, sicut est equum etc. *ut supra*.[1]

Q 14, 14 Super eodem.

A f. 54 | *Iud.* Sua nobis . . de . . petitione monstravit, quod orta inter ipsum et
. . de . . laicum . . diocesis super quadam pecunie summa et rebus aliis

[8] observantiam *SCE* | premissa] per
censuram ecclesiasticam vel *add S*
[9] compromisso] contentam sive *add
H* | obstaculo] articulo *C* | compel-
latis] *om V* : etc. *H* : conpellant
C : etc. *add D.*

Q 14, 13 *P 295 f. 31 (Üb. Index f. 6);
V 249 f. 29; H 297 f. 33'; S–; C
321f. 427 (Üb. Index f. 445); A
315 f. 53'; M 356 f. 33; O 381 f. 36;
D 494 f. 107' (Üb. Index f. 11);
E 481 f. 64; L–; R–; B 1 n. 11 f. 24
(mit Q 14, 12 zusammengeflossen).*
[1] *VH² Üb.*: Confirmatio compromissi
facti in arbitrium *(!),* cuius arbitrium fuit interdum a *(om H²)*
partibus acceptatum.
[2] In] Iud. *D* | In – usque *om B (zu-
sammengeflossen mit Q 14, 12)* | vel
qui *B*
[3] interdum *om H* | a partibus fuerit
HB | attemptatum *ME*
[4] alter *D* | illud observare *M* | inde-
bite] inmediate *B* | contradicit] etc.
add B | si est ita *v. and. Hd. einkorr.
B*
[5] dictum . .] dictum *D* : partem pre-
dictam *B* | observationem] etc.

compellas *add B, damit endet ursprünglich der Text in B, dann v.
and. Hd. getilgt und Text wie oben
mit den angegebenen Varianten ein-
korr. (B²)* | ipsius] ipsi *C* : *aus*
ipsis *korr. A* : dicti *B²* | equum est
HB² | etc. *om M* | etc. – supra] per
penam in compromisso expressam
sublato appellationis obstaculo
compellas *B².*
Q 14, 14 *P 296 f. 31 (Üb. Index f.
6); V 250 f. 29; H 298 f. 33'; S 228
f. 25'; C 322 f. 427 (Üb. Index f.
445); A 316 f. 53'/54; M 357 f. 33;
O 382 f. 36; D 495 f. 107' (Üb. Index f. 11); E 482 f. 64; L–; R–;
B 1 n. 12f. 24.*
[1] *VH² Üb.*: Confirmatio compromissi
facti in arbitrum et arbitratorem
(et arbitratorem *om H²*) etc. sub
certa pena, quod fuit acceptatum
(ex parte una fuit acceptatum *H²*)
ab utraque parte et una ipsarum
illud ad presens renuit observare
(Rubrica *add H²*). – *Üb. om S.*
[2] Iud. *om B* | . . de . .] de . . *D* : di.
fi. *B* | ipsum] ex parte una *add H*
[3] . . de . .] D. *D* : P. *B* | . . diocesis

[1] *Q 14, 12.*

materia questionis, tandem partes ipse in . . tamquam in arbitrum, arbitratorem et amicabilem compositorem concorditer super hoc sub certa pena   5
compromittere curaverunt, qui equum tulit arbitrium inter partes. Et licet
utraque pars illud duxerit acceptandum, dictus tamen . . postmodum in
contrarium voluntate mutata arbitrium ipsum observare indebite contradicit. – mandamus, quatinus, si est ita, dictum . . ad observationem ipsius
arbitrii, sicut est equum et a partibus acceptatum, monitione premissa per   10
penam in compromisso expressam appellatione remota previa ratione compellas.

**Q 14, 15 Quod subveniatur ecclesie per beneficium resti-
tutionis in integrum.**

| *Iud.* Sua nobis venerabilis frater noster R. archiepiscopus Ravennat.[1]   *P f. 31'*
C f. 427'

ex altera *add H*: diocesis *SD* | pe-
cunie *om C* | et rebus] rebusque *HC* |
aliis] suborta fuisset *add C*
4 in . .] de . . diocesis *add H* : in *B* |
in 2° *om CDB* | arbitrum] arbi-
trium *D* | arbitratorem *om C*
5 sub certa pena] certa pena apposita
H : *v. and. Hd. einkorr. B*
6 procuraverunt *D* : iuraverunt *B*
7 pars *om V* | dictus . . tamen *A* | . .]
I. *D* : talis *E* | illud postmodum
MO | postmodum *om C*
8 mutata *aus* mutate *korr. O* : mu-
tate *E* | indebite observare *SC* |
servare *A* | contradicit] etc. *add B*
9 ita est *B* | dictum I. *D* | observa-
tionem – 10 arbitrii] observandum
ipsum (dictum *E*) arbitrium *CAE* :
observanciam dictum arbitrium *D* |
ipsius] *hinter* 10 arbitrii *H* : prefati *B*
10 equum est *B* | et *om H* | monitione
– *Schluß*] monitione premissa etc.
compellas *ursprünglich B, dann v.
and. Hd. ausgestrichen u. vollständig
einkorr.*
11 compromissione *D* | expressam]

contentam *H* | compellas] etc. *add H*.
Q 14, 15 *P 297 f. 31' (Üb. Index f.
6); V 251 f. 29; H 299 f. 33'/34;
S 229f. 25'/26; C 323 f. 427' (Üb.
Index f. 445); A 317 f. 54; M 358
f. 33; O 383 f. 36/36'; D 496 f.
107'/108 (Üb. Index f. 11); E 483
f. 64; L–; R 41 f. 4; B 43 n. 1 f.
90/90'.*
1-2 *VH² R Üb.*: Petit archiepiscopus
(Archiepiscopus petit *R*) sibi subveniri per beneficium restitutionis
in integrum super compositione, in
qua dicit (predecessorem suum et
add R) ecclesiam suam *(om R)*
enormiter (concorditer *V*) esse lesam. – *CAMOE Üb.*: Quod revo-
cetur composicio, que (quod *E*)
redundat (reddundat *A*) in enormem lesionem *(om E)* ecclesie, per
beneficium restitutionis in integrum. – *D Üb.*: Tractatus super
revocacionibus compositorum per
beneficium restitutionis integrum.
Redundant in enormem ecclesie
lesionem pro archiepiscopo.
3 *Iud. einkorr. D²* | R.] . . *C* : M. *A* :

---

[1] *Ravenna. Es handelt sich um Erzbischof Rainaldus (1303 November 19–
1321 August 18); vgl. Eubel 1, 415.*

D f. 108
S f. 26
O f. 36'
H f. 34

petitione monstravit, quod olim inter bone memorie P. archiepiscopum Ra-
vennat.,[1] predecessorem | suum, ex parte una et commune | civitatis ex al-
tera super . . de castro novo | de Meldula[2] et quibusdam aliis castris, | terris
et possessionibus ad ecclesiam Ravennat. spectantibus coram . . questio
verteretur, tandem super hiis quedam inter partes amicabilis compositio
intervenit, que redundat in enormem ipsius ecclesie lesionem. Quare dictus

10   archiepiscopus nobis humiliter supplicavit, ut subvenire super hoc eidem
ecclesie per beneficium restitutionis in integrum curaremus. – mandamus,
quatinus vocatis, qui fuerint evocandi, si tibi constiterit dictam ecclesiam
ex compositione prefata enormiter esse lesam, ea et dicto archiepiscopo

B f 90'   adversus | compositionem eandem in integrum, sicut iustum fuerit, resti-

---

om DEB: B. *R* | episcopus *C* |
Rauen. *H* : Rauennen. *S* : de . .
C : . . *AB* : Rauennas *D*

[4] . . bone memorie *D* | P.] . . *PHSDE* :
om VRB : P . . *M* | Rauen. *H* :
Rauenn. *C* : . . *A* : Rauennaten.
MODR : *om B*

[5] *hinter* predecessorem *(korr. D²) die
ganze Zeile ausfüllender Strich D* |
una parte *C* | commune] comune
C : . . dicte *D* | civitatis . . *H* : . .
civitatis *CAOE* : civitatis Rauenat.
R

[6] super *om DEB* | super . .] super *S* :
super . . re *C* | . . de] et *H* : de . .
DEB : . . *R* | novo] uno *VH* : et
add CAMO : *om DERB* | de Mei-
dula *om DERB* | Meldula *scr.*] Med.
PVS : . . Med. *V* : Metalla *C* :
Medella *A* : Medulla *MO* | castris
om C | terris *hinter* 7 possessionibus
D

[7] et *om AE* | Rauen. *HE* : Rauenn.

C : Rauennaten. *MOD²* (korr.) :
. . *AB* : Rauen. *zu* Rauan. *(?) korr.*
R | spectantia *E* | coram Io. *B* |
questio] quomodo (quo) *C* : qõ *aus*
quo *korr. A*

[8] tandem] tamen *B* | super hiis *om*
M | quedam *om SCAMODEB* |
partes] ipsas *einkorr. D²*: easdem
add R

[9] intervenit] etc. *add B* | redundabat
A | enormem] gravem *CA*

[10] archiepiscopus] . . episcopus *C*

[11] curaremus] in integrum *add M*
(nochmals !) : etc. *add DB*

[12] qui] que *B* | vocandi *D*

[13] ex] *om M* : ea *E* | prefata] huius-
modi *H* | esse] fore *B* | ea] eis *CR* |
ea et *aus* eant *v. and. Hd. korr. B* |
et] ut *A* | dicto] domino *S* | archie-
piscopo] . . episcopo *C*

[14] in *über getilgtem* et *R* | fuerit iustum
M | restituto *H* : restituatis *AE*

---

[1] *Erzbischof Philippus Fontana (1251 bis circa 1270). Wegen der langen
Zeitspanne kommt Erzbischof Picinus (1215–vor 1217 März 5) wohl nicht mehr
in Betracht; vgl. Eubel 1, 415. Zu Philippus Fontana vgl. jetzt A. Torre, I Po-
lentani fino al tempo di Dante (Florenz 1966), 17 ff. u. ö.*
[2] *Wohl Castelnuovo abgeg. bei Meldola s. von Forlì.*

tutis audias hinc inde proposita et, quod iustum fuerit, appellatione re-   15
mota decernas, faciens, quod *etc.*

Q 14, 16   Super eodem cum iuramento.

Iud. Sua nobis dilecti filii . . abbas et conventus monasterii de . . Cistercien. ordinis . . diocesis petitione monstrarunt, quod, cum inter ipsos ex
parte una et . . archidiaconum et capitulum ecclesie de . . ex altera co-
ram | bone memorie . . episcopo auctoritate ordinaria super iure parrochiali   *L f. 105 a*
et rebus aliis suborta fuisset materia questionis, tandem mediante episcopo
memorato ad quandam | compositionem iuramento vallatam, per quam   *V f. 29'*
idem monasterium enormiter esse lesum dinoscitur, evenerunt. Quare dicti
abbas et conventus nobis humiliter supplicarunt, ut eis subvenire super
hoc per | beneficium restitutionis in integrum curaremus. – mandamus,   *E f. 64'*
quatinus *etc. ut in proxima supra.*[1]

---

15 audiatis *ADE* : et auditis *B* | hinc –
fuerit] *urspr.* etc., *dann v. and. Hd.
wie im Text einkorr. B* | propositis *D*

16 decernatis facientes (faciens *D*)
CADEB : decernatis facientes *über
decernas faciens E* | quod *om CA
MODEB* | etc. *om A.*

Q 14, 16   *P 298 f. 31' (Üb. Index f.
6); V 252 f. 29/29'; H 300 f. 34;
S –; C 324 f. 427' (Üb. Index f.
445); A 318 f. 54; M 359 f. 33; O
384 f. 36'; D 497 f. 108 (Üb. Index
f. 11); E 484 f. 64/64'; L 370 f.
105 a (Fragment); R 42 f. 4; B 43
n. 2 f. 90'.*

1 *PH*[2] *CAMOE Üb.:* Super eodem
(Rubrica *add H*[2]). – *DR Üb.:* Super
eodem pro abbate et conventu.

2 *Iud. om B* | Sua nobis *om A* | dilecti
filii . . *om M* | . . 1° *om D* | de – 3
ordinis *om B* | Cistercien. ordinis]
ordinis . . (. . ordinis *D*) *CADER*

3 . . diocesis] diocesis . . *A* | quod cum
korr. D[2]

4 una parte *RB* | . . 1° *om PVHMD* |
archidiaconum *korr. D*[2] *B* | et 2°]

ac *B* | . . ecclesie de . . *H* | de *om B*

5 bone] *hier beginnt wieder L* | . . epi-
scopo] episcopo *PM* : episcopo . .
HB : . . episcopo . . *DE* | iure par-
rochiali] ecclesia parrochiali . . *H* |
parrochiali] parrochialis ecclesie de
. . *CADEL* : parrochialis ecclesie
M : parrochialis ecclesie . . *OB*

6 fuisset materia] etc. *B* | . . episcopo *C*

7 memalto (!) *D* | quendam *VL* |
depositionem *MO* | iurament; *E* |
vallatem (!) *R* | per quam] qua *B*

8 idem] predictum *H* | lesam *P* | dig-
noscitur *AER* | evenire *H* : de-
venerunt *AMODELRB* | dicti]
iidem *DLB* : idem *E*

9 . . abbas *CM* | nobis humiliter] etc.
B | nobis *om E* | supplicaverunt *D* |
subvenire *einkorr. C* | super] sub
L | super hoc *vor* subvenire *H*

10 curaremus] etc. *add B* | mandamus
quatinus *om M*

11 ut – supra] ut proxime *PM* : ut in
proxima *COEL* : ut supra *A* : ut
in proxima etc. *D* : ut supra proxime *R* : *om B.*

---

1 *Q 14, 15.*

Q 14, 17 Super eodem in alia forma.

In eodem modo pro eisdem, quod, cum inter quondam V. abbatem et conventum eiusdem monasterii ex parte una et venerabilem fratrem nostrum . .

M f. 33'

episcopum et dilectos filios clerum Minden,[1] ex altera super . . de . . | et

5 quibusdam aliis ecclesiis, quas idem abbas, antequam Cistercien. ordo susciperet instituta, possidebat, coram venerabili fratre nostro . . episcopo

R f. 4'

et . . eius | collega auctoritate apostolica questio verteretur, tandem mediantibus ipsis, in quos fuit a partibus tamquam in arbitros compromissum,

D f. 108'

certa pena | et iuramento adiectis, renuntiato hinc inde litteris impetratis

10 et etiam impetrandis quandam compositionem cum eisdem episcopo et clero minus provide inierunt, per quam idem monasterium enormiter dicitur esse lesum. Quare dicti abbas et conventus nobis humiliter supplicarunt, ut subvenire eis *etc. ut supra*.[2]

Q 14, 17 *P 299 f. 31' (Üb. Index f. 6); V 253 f. 29'; H 301 f. 34; S 230 f. 26; C 325 f. 427' (Üb. Index f. 445); A 319 f. 54; M 360 f. 33/33'; O 385 f. 36'; D 498 f. 108/108' (Üb. Index f. 11); E 485 f. 64'; L 371 f. 105a; R 43 f. 4/4'; B 43 n. 3 f. 90'.*

[1] *PC Üb.*: Super eodem. – *Üb. om SM. – AO Üb.*: Aliter super eodem. – *DEL Üb.*: Super eodem aliter. | forma] Rubrica *add H*[2]: pro eisdem *add R*

[2] In] Iud. *HD* : *om B* | condam *C* : quendam *D* | V.] H. *H* : I. *CA DELB*

[3] monasterii] . . ordinis *add H* | una parte *B* | nostrum *om B* | . . *om MD*

[4] dilectum filium *L* | clerum] . . clerum *C* : clericum *D* | Minden.] Vinden. *C* : . . *A* | super . . de . .] super . . *HB* : super . . et . . de . . *C* : super tali re *D* : super . . re *EL* : super ecclesia de . . *R* | et 2° *doppelt M*

[5] ecclesiis] rebus *DELB* | abbas *v. and. Hd. einkorr. B* | antequam] ante *C* | Cyst. *E* : Cisternen. *L* | ordo] ord; *D* : *zu* ordinis *v. and. Hd. korr. B*

[6] suscepit *B* | fratri *L* | . . episcopo] episcopo . . *M* : . . episcopo . . *R*

[7] et . . eius] . . et eius *HS* : et eius *AME* | tandem] tamen *B*

[8] quos] quo *VS* | tamquam in arbitros a partibus compromissum *B* | tamquam *om L* | compromissum in arbitros *R*

[9] aiectis (!) *E* | renuntiatio *VB* : et renuntiato *A* : renunctiato *D* : renunciata *L* | inde] ac *add D*: prepositis *add EL* | litteris *om L*

[10] etiam *om CADELB* | constitutionem *L* | eisdem] eodem *C* : *om L* | . . episcopo *R*

[11] clero] clerico eisdem *L* | minus] unius *D* | inierunt *PVHCOELR*

[13] subvenire eis] subveniretis *S* | eis *om DELB* | ut supra *om HB*.

[1] *Minden. Als Bischöfe kommen in Frage: Konrad von Wardenberg (1293–1295), Ludolf von Rosdorf (1295 Oktober 5–1304 März 2) und Gottfried von Waldeck (1304 April 5–1324 Mai 14); vgl. Eubel 1, 342.*   [2] *Q 14, 16.*

Q 14, 18 Super eodem in alia forma inter abbatem et . . ignorante conventu.

Iud. Sua nobis dilecti filii . . conventus monasterii de . . petitione monstrarunt, quod, cum inter ipsos *etc. usque* fuisset, tandem compositio super hiis inter prefatum abbatem et decanum predictos ignorante conventu predicto, qua illud enormiter | esse lesum asserunt, intervenit. Unde petebatur a nobis, ut subveniri ipsi monasterio per beneficium restitutionis in integrum faceremus. Quia vero nobis non constat de premissis, – mandamus, quatinus vocatis *etc.*

5

B f. 91

Q 14, 18 *P 300 f. 31' (Üb. Index f. 6); V 254 f. 29'; H 302 f. 34; S 231 f. 26; C 326 f. 427' (Üb. Index f. 445); A 320 f. 54; M 361 f. 33'; O 386 f. 36'; D 499 f. 108' (Üb. Index f. 11); E 486 f. 64'; L 372 f. 105a; R 44 f. 4'; B 43 n. 4 f. 90'/91.*

1-2 P *Üb.*: Super eodem. – *Üb. om S.* – *CAMODEL Üb.*: Super eodem in alia materia. – *R Üb.*: Super eodem ignorante conventu inter abbatem et decanum. | . . *om H*

2 conventum. Rubrica *H²*

3 Iud. *om B* | . . *(om R)* abbas et conventus *PCR* | . . 1° *om D* | monasterii de . .] monasterii . . ordinis . . diocesis . . *H* | de *om B* | . . 2° *om E*

4 usque *om B* | compositio *om C*

5 super hiis *om M* | hiis] eis *H* : *einkorr. C* : ipsis *E* | prefatum] . . *add C* : *om AB* | abbatem] capellanum, *dazu marg. v. and. Hd.* alias abba-

tem *B* | . . decanum *PVSMOR* | predictos] *om C* : *v. and. Hd. einkorr. B* | ingnorante *V* : ignorantēm *(!) D* | conventu predicto] dicto conventu *C* : dicto conventu intervenit *AMODELB*

6 qua] quia *HR* : quia *expungiert, marg. v. and. Hd.* in qua *A* | qua – enormiter] *om B, marg. v. and. Hd. einkorr.*: illud asserunt enormiter | illud *om R* | asserunt esse lesum *CAMODEL* | lesum esse *H* | asserunt *om B* | intervenit *om CAMODELB*

7 petebant *H* | ut] *om VS* : *einkorr. M* | subveiri *(!) V* : subvenire *CAB* : subvenir; *E* | ipsi] eidem *C* | monasterio] beneficio *O* | monasterio per *om M* | beneficio *M*

8 et in integrum *C* | faceremus *om S* | de premissis non constat etc. *B*

9 quatinus vocatis etc. *om B* | vocatis] pro con. *(!) D* : partibus convocatis *EL* | etc. *om MEL.*

C f. 428

Q 14, 19 | Petit abbas et conventus pronuntiari nullum com-
promissum factum sub certa pena et ad observationem pene
non teneri.

H f. 34'
R f. 3'

Iud. In eodem modo pro . . abbate et conventu monasterii de . ., quod, | cum
| inter ipsos ex parte una et . . . . diocesis ex altera super . . orta fuisset
materia questionis, tandem fuit hinc inde in . . de . . et . . de . . . . diocesis
a partibus tamquam in arbitros concorditer compromissum, a quibus fuit
contra eos iniquum super hiis arbitrium promulgatum. Quare iidem abbas
et conventus nobis humiliter supplicarunt, ut compromissum huiusmodi

A f. 54'

esse nullum ac eos propter hoc ad penam aliquam | non teneri denuntiari
per discretum aliquem mandaremus. Quia vero nobis non constat de premissis, – mandamus, quatinus partibus convocatis *etc.*

Q 14, 19   *P 301 f. 31' (Üb. Index f.*
6); V 255 f. 29'; H 303 f. 34/34'; S
232 f. 26; C 327 f. 428 (Üb. Index
f. 445); A 321 f. 54/54'; M 362 f.
33'; O 387 f. 36'; D 500 f. 108'
(Üb. Index f. 11); E 487 f. 64'; L
373 f. 105a; R 34 f. 3/3'; B 43 n. 5
f. 9'.

1-3 *PCMODEL Üb.*: Super eodem. –
Üb. om S. – A Üb.: Super eodem
et aliter. | Petunt *R* | compromis-
sum nullum *VHR*

2 sub] super *R* | pena] forma et pena
R | observationem] arbitrii pre-
textu *add R*

3 teneri] Rubrica *add H²*

4 Iud. *om CAELB* | In – conventu]
Sua nobis dilecti filii abbas et con-
ventus *R* | In *om HDB* | In eadem
materia *MO* | . . 1° *om PHSD* |
abbate] monasterio *C* | monasterii
om CB | de . .] ordinis . . diocesis
add H : ordinis . . . . diocesis petitione monstravit *add R* : *om B*

5 una parte *B* | . . 1°] P. *B* | . . dio-
cesis] diocesis *VD* : diocesis . .
HSAE: de . . *R* : *om B* | . . 3°] . .
et . . *H* : . . re *CAELR* : tali re *D*

6 materia questionis *om B* | tandem]
tamen *PVHSCAEL* | fuit *om B* |
in – de . . 2°] in . . de . . *VHSR* :
in R. de . . et . . *C* : in . . et . .
AMOEL : in . . et *D* : in H. *B* |
. . 5° *om VS* | . . diocesis] diocesis . .
H : *om CAMODELRB*

7 a partibus *om C* | arbitris *B* | con-
corditer *om R* | fuit] fuerit *S* : *om*
C : *v. and. Hd. einkorr. A*

8 eos *om M* | iniquum super hiis
om CAMODELB | arbitrium] ar-
bitrium extitit compromissum a
quibus extitit contra eos arbitrium
C | promulgatum] iniquum *add*
CAMODELB : *davor super hiis v.*
and. Hd. einkorr. A | idem *HAB* |
. . abbas *S*

9 ut – 10 nullum *om B*

10 ac] et *B* | denunciari] *om P* : *hinter*
aliquem *H* : denuncciari *D* : de-
nunciare *EL*

11 per] pro *D* | aliquam *L* | mandare-
mus] faceremus *CAMODEB* :
curaremus *L* | non constat nobis
R | non *om D*

12 vocatis *R* | etc. *om MELB*

Q 14, 20 Contra arbitros, ut cogantur ad ferendum arbitrium, quod acceptarunt.

Iud. Sua nobis .. rector ecclesie de .. petitione monstravit, quod, cum inter ipsum ex parte una et .. decanum et capitulum ecclesie de .. ex altera super .. coram .. orta fuisset materia questionis, tandem fuit a   5 partibus in .. et .. tamquam in arbitros concorditer compromissum. Sed iidem arbitri tenentes causam huiusmodi diutius in su|spenso, licet ipsum   *V f. 30* acceptaverint compromissum, arbitrium tamen proferre hactenus | dis-   *D f. 109* tulerunt | in ipsius rectoris preiudicium et gravamen. – mandamus, quatinus,   *S f. 26'* si est ita, dictos arbitros ad proferendum iuxta formam in compromisso   10 expressam equum arbitrium inter partes attentius moneas et inducas, eos ad id, si necesse fuerit, per censuram | ecclesiasticam appellatione remota   *L f. 105b* compellas, nisi rationabile quid obsistat, quare id fieri non debeat vel non possit.

Q 14, 20   *P 302 f. 31' (Üb. Index f. 6); V 256 f. 29'/30; H 304 f. 34'; S 233 f. 26/26'; C 328 f. 428 (Üb. Index f. 445); A 322 f. 54'; M 363 f. 33'; O 388 f. 36'; D 501 f. 108'/109 (Üb. Index f. 11); E 488 f. 64'; L 374 f. 105a/b; R 37 f. 3'; B 43 n. 6 f. 91.*

1-2 *P Üb.:* Quod cogatur arbiter ad ferendum arbitrium. – *Üb. om S.* – *CAMODEL Üb.:* Quod arbitri compellantur ad ferendum arbitrium, quod ferre (proferre *D*) distulerant (distulerunt *AMODEL*). | Contra arbitros *om R* | cogantur] arbitri *add R*

2 acceptarunt] Rubrica *add H²:* attemptarunt *R*

3 Iud. *om DB* | .. 1° *om SCE* | de ..] diocesis .. *add H : om B* | cum *om C*

4 parte ex una *B* | .. 1°] *om HD :* G. *B* | .. ecclesie *E* | de ..] .. *DB : om EL*

5 .. 1°] .. et .. *H :* .. re *CELR :* tali re *D* | coram ..] *om VH :* coram Io. de .. *B* | tandem] tamen *S*

6 in 1°] inter *EL* | .. et ..] A. et B.

B | in 2° *om CDB* | Sed – 8 compromissum *marg. einkorr. P*

7 arbitratores *DEL* | tenentes] *hinter* diutius *D : om EL : hinter* huiusmodi *B* | huiusmodi *om L* | diutius] duci *V :* diu *H :* durius *S : om C* | in suspensum diucius *L* | ipsum] ipsi *C : om A*

8 attemptaverint *SR :* acceptaverunt *C :* acceptarint *D :* attemptaverunt *B* | arbitri *H* | proferre] *om C : hinter* hactenus *v. and. Hd. einkorr. B*

9 gravamen] etc. *add DB*

10 conferend; *D :* proferendum *v. and. Hd. aus* conferendum *korr. B* | compromissum *R*

11 expressam] comprehensam *H* | inter] ipsas *add C* | attentius] hactenus *D* | eos] *hinter* moneas *H :* eis *S :* eosque *R*

12 appellatione remota] *hinter* fuerit *C :* etc. *B* | appellationem *R*

13 raconabile *(!) R* | quid sit quod *M* | obsistat *aus* obstat *v. and. Hd. korr. B* | fieri] fueri *(?) C*

14 possit] etc. *add S :* Dat. etc. *add D.*

Q 14, 21   Super eodem in alia forma.

P f. 32 | *In eodem modo pro eodem*, quod, cum inter ipsum ex parte una et . . de . .
laicum ex altera super . . coram . . non ex delegatione apostolica questio
verteretur, tandem in . . et . . eius collegam . . diocesis eius accedente con-

5   sensu fuit tamquam in arbitros sub certa forma taliter compromissum,
ut ipsi eandem causam infra certum tempus equo arbitrio terminarent,

B f. 91'
E f. 65   dicto laico nolente coram ipsis arbitris | comparere | sed se per contuma-
ciam absentante causam eandem per arbitros ipsos, ut asserunt, dicto elapso
termino terminare non possunt in eiusdem rectoris preiudicium et gravamen.

10   Volentes igitur, ut finis litibus imponatur, – mandamus, quatinus, si est

O f. 37   ita, in causa ipsa | previa ratione procedas *etc. usque* observari, alioquin
causam ipsam ad arbitros remittas eosdem.

Q 14, 21   *P 303 f. 32 (Üb. Index f.
6); V 257 f. 30; H 305 f. 34'; S–;
C 329 f. 428 (Üb. Index f. 445);
A 323 f. 54'; M 364 f. 33'; O 389
f. 36'/37; D 502 f. 109 (Üb. Index
f. 11); E 489 f. 64'/65; L 375 f.
105b; R 38 f. 3'; B 43 n. 7 f. 91/91'.*

¹ *P Üb.*: Super eodem. | forma] quan-
do pars fuit contumax et ideo non
potuit causa terminari *add R*

² In] Iud. *HD* : *om B* | In eadem
materia *MO* | modo *om P* | cum
om DB | una parte *B* | . . de . .]
Io. *B*

³ laicum *om PVH* | super . .] super . .
et . . *H* : super . . re *CAEL* : super
tali re *D* : *om R* | ex 2° *om V*

⁴ in . .] M . . *AB* | et – accedente] et
. . diocesis eius collegas eius acce-
dente *R* | collega *A* | . . diocesis]
om HB : diocesis *D* | eius 2°] cuius
PVCAMODELB : utriusque par-
tis *H* | attendente *D*

⁵ tamquam *om M* | arbitrium *aus*
arbitros *korr. A* | forma] pena *H* |
taliter] totaliter *PHMODEL*

⁶ ut] et *P* : ac *VH* | tempus] suscipe-
rent (susciperet *V*) terminandam
add PVH : terminum *CAMODEL* :
suscipientes terminandam *(getilgt)*
add R | terminarent] terminaret
V : *om H*

⁷ dicto] . . *B* | dicto laico] . . dicto . .
H | volente *CAL* : volentes *D* |
ipsis] dictis *M* : *om R* | se *einkorr. E*

⁸ absentantem *PVMO* | causa eadem
CAMODELRB | per arbitros *dop-
pelt H* | ipsos] predictos *R* | asseruit
P | lapso *R*

⁹ termino] tempore *B* | terminare]
om C : terminari *AMODELRB* |
potest *AMODELB* : possit *R* |
eiusdem] ipsius *P* : eius *C*

¹⁰ litium *B* | imponatur] etc. *add DB*

¹¹ etc. *om M* : usque *om B*

¹² ipsam *om R* | remittatis *PVMOEL* |
eosdem] etc. *add B*.

Q 14, 22   Super eodem in alia forma.

Iud. Sua nobis . . rector ecclesie de . . . . diocesis petitione monstravit,
quod, cum ipse . . clericum . . diocesis super . . coram . . officiali Senonen.[1]
non ex delegatione apostolica traxisset in causam, tandem partes ad eundem officialem et . . precentorem ecclesie Senonen.[1] tamquam in arbitros,   5
arbitratores et amicabiles compositores sub certa pena concorditer com-
promittere curaverunt. Et licet iidem arbitri causam | huiusmodi equo   *R f. 4*
susceperint arbitrio terminandam, in ea tamen arbitrari hactenus non
curarunt in ipsius rectoris preiudicium et gravamen. Quocirca – mandamus,
quatinus, si est ita, predictos arbitros ad ferendum super premissis equum   10
arbitrium inter partes iuxta | formam in compromisso appositam monitione   *H f. 35*
premissa | per censuram ecclesiasticam appellatione remota compellas,   *D f. 109'*
nisi rationabile quid obsistat.

Q 14, 22   *P 304 f. 32 (Üb. Index f.
6); V 258 f. 30; H 306 f. 34'/35; S
234 f. 26'; C 330 f. 428 (Üb. Index
f. 455); A 324 f. 54'; M 365 f. 33';
O 390 f. 37; D 503 f. 109/109' (Üb.
Index f. 11); E 490 f. 65; L 376 f.
105b; R 39 f. 3'/4; B 43 n. 8 f. 91'.*

[1] *PDEL Üb.*: Super eodem. – *Üb.
om S. – CAMO Üb.*: Super eodem
et aliter. | forma] Rubrica *add H*[2]:
ut arbitri cogantur. Et nota quod
iudex sit arbiter *add R*

[2] Iud. *om B* | . . 1° *om AD* | rector
ecclesie] *om VR* : . . *H* : rector *S* |
de . .] *om E* : . . *B* | . . diocesis]
diocesis *VD* : diocesis . . *HS* : *om
CAMOELRB*

[3] cum *om B* | . . 1° *om AM* | . . dio-
cesis] diocesis . . *PE* : diocesis *D* |
. . 3°] . . et . . *H* : . . re *CELR* :
re . . *A* : tali re *D* | . . 4° *om CMDE* |
Senonen.] Senon. *C* : . . *AB* : *om L*

[4] trasset *V* : transisset *DE* : traxis-
sent *L* : traxit *B* | dicte partes *C* :

partes ipse *MD* | partem *L* | ad] in
PCAMODLR : *om S*

[5] . . officialem *R* | . . *om H* | precento-
rem – Senonen. *om B* | preceptorem
ER | ecclesia *V* | Senonen.] Senon.
PSC : . . *A* : *om L*

[6] arbitratores – compositores *om C* |
composiciones *R* | pena] spe *M* :
forma *(getilgt)* pena *E* | concordi-
ter] *om M* : *doppelt E*

[7] curarunt *VHCDR* | Et] Etiam *M* |
idem *A*

[8] susceperunt *SCB* : susciperunt *(!)*
L | et in ea *L* | eam *D* | arbitrari]
arbitrium hactenus ferre *H* : arbi-
trare *D*: arbitrium ferre *R*

[9] Quocirca] *om C* : etc. *B*

[10] dictos *C* | proferendum *C*

[11] formam] foram *mit übergeschr. a C* |
oppositam *C* : apositam *B*

[12] per – remota] etc. *B* | remota]
r'mo^c *(!) L*

[13] quod *H* | obsistat] etc. *add D* :
quare id fieri non debeat vel non
possit *add R* : obstat *B*.

---

[1] *Sens.*

Q 15

Conclusiones super revocatoriis.

O f. 40'

P f. 44
D f. 128

D f. 71'

5

Q 15, 1 | Conclusiones super revocatoriis.[1]

| Nota hic conclusiones super revocatoriis : Mandamus, | quatinus, si dictam excommunicationis sententiam post appellationem huiusmodi inveneris esse latam (vel promulgatam), denunties | eam penitus non tenere ac revocato in statum debitum quicquid post appellationem eandem inveneris

---

Q 15, 1 *(a)* P 216 f. 24 *(Üb. Index f. 5'); V 176 f. 19; H 214 f. 24; S 167 f. 19; D 264 f. 71/71' (Üb. Index f. 7); E 255 f. 42'; L 192 f. 96b.*

[1] *PVH*[2] *Üb.*: Notule doctrinales super revocatoriis. – *SE Üb.*: Notula doctrinalis super revocatoriis. – *D Üb.*: Notula doctrinalis super conclusionibus revocatoriarum, *dazu D*[2] *marg.*: Hodie non sunt in usu. – *L Üb.*: Notula doctrinalis

[2] hic] quod hec *PVSEL* : quod hee *HD*

[4] vel promulgatam *om PVHSDEL* | eam] causam *EL* | teneri *H*

[5] revocato] *aus* revocans *korr. V* :

revocans *DEL* | quidquid *DE* | post] pt 9 *(!) D* | appellationem] acceptationem *E* | eandem] eamdem *E* : *om L*

Q 15, 1 *(b)* P 447 f. 44 *(Üb. Index f. 7); V 283 f. 34'; H 332 f. 38'; S 255 f. 30; M 390 f. 37; O 415 f. 40'; D 576 f. 127'/128 (Üb. Index f. 12); E 521 f. 74. – G f. 15'.*

[1] *Üb. om E.* | Conclusio *MO* | revocatoriis] Rubrica *add H*[2]

[2] Nota hic] Nota has *H* : Sequitur *D* : Nota quod hee *E*

[4] vel promulgatam *om E* | denuncians *GMO* | teneri *H*

[5] revocans *PVHSMODEG* | quidquid *D* | inveneris] fuerit *H* : invenis *D*

---

[1] *Von diesem Kapitel sind zwei Fassungen erhalten: eine fragmentarische im ersten Teil eingeschoben hinter K 185 (Super procurationibus), also vor K 185aff. (Super monachatu), die mitten in Q 15, 14 abbricht, und eine vollständige im zweiten Teil. Die Varianten werden in zwei Apparaten (a u. b) angeführt. Die fragmentarische Fassung findet sich sowohl in den Handschriften PVHS als auch in DEL. Die vollständige Fassung findet sich in PVHS und als Vorstufe in G wie in MODEL (in L wegen Blattverlust ohne den Anfang bis 18a), ferner teilweise in R. Daß die fragmentarische Fassung die ältere ist, ergibt sich aus der Bewertung in Q 15, 11, worin eine Kritik des vorausgehenden Textes enthalten ist. Diese Kritik fehlt in der fragmentarischen Fassung, gegen die sich also die Kritik richtet. Eigentümlicherweise ist in E der Anfang der vollständigen Fassung auch wieder der fragmentarischen entnommen, und zwar bis zum Abbrechen in Q 15, 14, welches demnach auch hier unvollständig bleibt. Der obige Text folgt im allgemeinen der vollständigen Fassung. Vgl. Bd. 1 S. 157 mit Anm. 87.*

temere attemptatum, in causa ipsa iuxta priorum continentiam litterarum appellatione remota previa ratione procedas, alioquin partes ad eiusdem iudicis remittas examen appellantem in expensis legitimis condempnando. Testes *etc.*[1]

Q 15, 2 Quando appellatur ante diffinitivam sententiam.

Et nota, quod appellatio quandoque fit ante sententiam diffinitivam, quandoque post.

Si ante sententiam diffinitivam appellatur, | *talis erit conclusio* : Mandamus, quatinus de appellatione ipsa cognoscens legitime, quod iustum fuerit, appellatione remota decernas. *Et hoc, si feratur sententia super tem-*

M f. 37'
5

---

a) 6 acceptatum *D*
  7 procedas *om VS* | ad eiusdem iudicis] eidem iudici *L*
  8 remittens *H* | appellatione *L* | legitimis *om H* | condempnendo *(!) E*
  9 Testes] autem *add VHDE.*

b) 6 temere *om VHMOD* | iuxta] inter *D*
  7 ad *om E*
  8 examen] partem *add D* | legitime *P*: legittimis *D*
  9 Testes] autem *add VHE* | etc. *om M.*

Q 15, 2 *(a) P 217 f. 24 (Üb. Index f. 5'); V 177 f. 19; H 215 f, 24; S 168 f. 19; D 265 f. 71' (Üb. Index f. 7); E 256 f. 42'; L 193 f. 96b.*
  1 *PVH*² *S Üb.:* Notula (Notule *V*) super eodem. – *D Üb.:* Nota, quod quando appellatur ad diffinitivam (diffinitam *D*) conclusio. – *Üb. om EL.*
  2 Et *om DEL* | Nata *(!) L* | appellatio – fit] quandoque (quandocumque *S*) appellatur *PVHSDEL* | quandoque] et quandoque *H* : quando *D*
  6 feratur] fuerit *PHSDEL* : fuerat *V*
Q 15, 2 *(b) P 448 f. 44 (Üb. Index*

f. 7); V 284 f. 34'; H 333 f. 38'; S 256 f. 30; M 391 f. 37/37'; O 416 f. 40'; D 577 f. 128; E 522 f. 74. – 'G f. 15'.
  1 *Üb. om DEG.* | sententiam] Rubrica *add H*²
  2 Et *om E* | appellatus *D* | appellatio – fit] quandoque appellatur *E* | quandoque 1°] *hinter* fit *H* : *hinter* diffinitivam (*also* quandoque quandoque) *G* | fit *om D* | fit – quandoque 2° *om S (daher v. späterer Hd. auch* appellatio quandoque *durch* vacat *getilgt)* | diffinitivam] sententiam *add MO* : *om D* | et quandoque *H*
  4 Si – *Schluß om O* | Si – appellatur] Si fiat appellatio ante diffinitivam sententiam *G* | Si] vero *add M* | ante] autem *E* | diffinitivam sententiam *D* | appellatur] fiat appellatio *M* : *om G* | conclusio talis erit *G* | erit *om M*
  5 de *om E* | appellatione] sententia *G* | ipsa *om S* | legittime *D*
  6 decernas etc., *das Übrige v. and. Hd. nachgetragen M* | feratur] fuerit *E*

---

[1] *Die Testes-Klausel folgt, da sich in N 62 keine gegenteilige Bestimmung findet.*

poralibus; *si vero super spiritualibus, diceretur* : quod canonicum fuerit, appellatione postposita *etc.*

Q 15, 3 Quando appellatur post sententiam.

Si post sententiam diffinitivam fiat, talis erit conclusio : Mandamus, quatinus de sententia ipsa cognoscens legitime, quod iustum fuerit, appellatione postposita *etc.*

Q 15, 4 Quando appellatur a gravamine.

H f. 39
V f. 19'
P f. 24'

Si vero appellatur a gravamine, si fuerit legatus, conclusio talis erit : | Mandamus, quatinus, si est ita, | revocato in statum | debitum quicquid post

---

*a)*⁷ dicetur *PVSDEL* : dicatur *H* | fuerit *om VS.*

*b)*⁷ diceret (dicetur *?*) *H* : dicetur *DEG*| fuerit] *om PS* : etc. *add G*

⁸ appellatione – etc. *om G.*

Q 15, 3 *(fehlt in der fragmentarischen Fassung). – (b)* P 448a f. 44; V 284 f. 34'; H 334 f. 38'; S 256a f. 30; M 391 f. 37'; O 417 f. 40'; D 578 f. 128 *(Üb. Index f. 12)*; E–; L–. – G f. 15'.

¹ *Üb. om PVHSMOG.* | sententiam] diffinitivam *D*

² Si – *Schluß marg v. and. Hd. einkorr.* M | Si] appellatur *add G* | fiat *om DMG* | conclusio talis erit *G* | erit *om O*

³ de – *Schluß*] in appellationis causa legitime precedentes *(!)* sententiam ipsam confirmare vel infirmare appellatione remota curetis sicut iustum (*dazu marg.*: alias de iure) fuerit faciendum. Et tunc non ponitur Testes *G* | ipsa] lata *H*

⁴ etc. *om O.*

Q 15, 4 *(a)* P 218 f. 24/24' *(Üb. Index f. 5')*; V 178 f. 19/19'; H 216 f. 24; S 169 f. 19; D 266 f. 71'

(Üb. Index f. 7); E 257 f. 42'; L 194 f. 96b.

¹ *PVH*² *Üb.*: Notula (Notule *V*) super eodem. – *S Üb.*: Notula. – *D Üb.*: Nota, quando appellatur a gravamine. – *Üb. om EL.*

² Nota quod si *DL* : Nota quod *E* | vero *om PVHSDL* | appellavit *L* | a gravamine] aggravamine *(!) L* | si fuerit legatus *om DEL* | legitimus legatus *PVS* : legitimus delegatus *H* | talis] . . *V* : *om H*

³ statutum *D* | pristinum vel (*korr. D*²) debitum *D* | quidquid *HDE*

Q 15, 4 *(b)* P 449 f. 44 *(Üb. Index f. 7)*; V 285 f. 34'; H 335 f. 38'/39; S 257 f. 30/30'; M 392 f. 37'; O 418 f. 40'; D 579 f. 128 *(Üb. Index f. 12)*; E 523 f. 74; – G f. 15'.

¹ *Üb. om HEG.*

² Si vero] Nota quod si *E* : Si quando *G* | si fuerit legatus *om E* | ligatus *H* : delegatus *SMOG* | talis erit conclusio *P* | Quocirca discretioni tue per apostolica scripta mandamus *G*

³ reuoto *mit übergeschriebenem a M* | quidquid *MDE*

appellationem huiusmodi inveneris temere attemptatum, in causa ipsa iuxta
predictarum ipsius legati continentiam litterarum (*vel* : iuxta priorum   5
continentiam litterarum) appellatione remota | previa ratione procedas   *S f. 30'*
(*vel* : ratione previa procedatis), alioquin partes ad prioris iudicis remittas
examen, appellantem *etc.* Testes *etc.*[1]

Q 15, 5 Quando questio vertitur non ex delegatione apostolica et appellavit.

Quando autem vertitur questio non ex delegatione apostolica et | appellatur a   *D f. 128'*
gravamine, conclusio talis erit : Mandamus, quatinus, si est ita, revocato *etc.*

---

a) [4] ipsa causa *S*
  [5] predictarum] con *add S* | delegati
  VHS | vel – 6 litterarum *om HDE* |
  priorem *L*
  [6] ratione previa *om H*
  [7] partes] ipsas *add DEL* | priorum *E*
  [8] appellatione *EL.*

b) [4] ipsa causa *M*
  [5] predictarum – iuxta *om G* | predic-
  tarum] priorum *M* : priorum pre-
  dictorum *D* | vel – 6 litterarum *om*
  DE
  [6] remota] *(f. 30')* usuris cessantibus
  si agatur etc. *add S* | previa ratione
  om D
  [7] vel – procedatis *om PD* | ratione
  previa *om H* | partes] ipsas *add DE* |
  remittatis *S*
  [8] etc. 1°] ut supra *add D* | Testes etc.
  om VHD | etc. 2° *om M.*

Q 15, 5   *(a)* P 219 f. 24' (Üb. Index
  f. 5'); V 179 f. 19'; H 217 f. 24;
  S 170 f. 19; D 267 f. 71' (Üb. Index
  f. 7); E 258 f. 42'; L 195 f. 96b.
[1-2] PVH[2]S Üb.: Super eodem. – D
  Üb.: Conclusio quando appellatur

et causa vertitur non apostolica
auctoritate. – *Üb. om EL.*
  [3] autem *om PVHSDEL* | questio
  vertitur *PVHSDEL* | appellatur
  aus appellatione *korr. E*
  [4] erit] est *E*

Q 15, 5   *(b)* P 450 f. 44 (Üb. Index
  f. 7); V 286 f. 34'; H 336 f. 39;
  S 257a f. 30'; M 393 f. 37'; O 419
  f. 40'; D 580 f. 128/128' (Üb. Index
  f. 12); E 524 f. 74. – G f. 15'.

[1-2] *Üb. om SE. – D Üb.:* Quando
  questio non vertitur auctoritate
  apostolica et appellatur a grava-
  mine. | ex] non cum *(!) H*
  [2] appellavit – 3 et *om G* | appellavit]
  appellatur *P (marg. einkorr.) O:*
  Rubrica *add H*[2]
  [3] autem *om E* | questio] *om S* : *vor*
  vertitur *E*
  [4] erit talis *D* | revocato] reuoto *mit*
  übergeschriebenem a (korr.) M :
  remoto *O* | etc. usque] in statum
  debitum quidquid post appellationem huiusmodi inveneris temere *G*

---

[1] *Vgl. S. 495 Anm. 1.*

⁵ *usque* attemptatum, audias causam et appellatione remota debito fine decidas, faciens *etc. usque* observari, alioquin partes ad prioris iudicis *etc.* Testes *etc.*[1]

Q 15, 6 Quando diffinitiva sententia petitur confirmari.

L f. 96c

Si vero petatur sententia diffinitiva confirmari, conclusio | talis erit : Mandamus, quatinus sententiam ipsam, sicut est iusta, facias per censuram

H f. 24'

ecclesiasticam appellatione | remota firmiter observari.

Q 15, 7 Quando sententia excommunicationis petitur confirmari.

Si autem excommunicationis sententia confirmari petatur, conclusio talis

---

a)⁵ attemptatum – 6 usque *om* L | acceptatum *VD* | appellatione – 6 partes *om* D
⁶ ad] et E | prioris *om* PVHSDEL.

b)⁵ remota] usuris cessantibus si agitur de pecunia etc. *add* S | fine] sive D
⁶ faciens] *om* S : facies D | etc. usque] quod decreveris per censuram etc. usque G | partes – iudicis *om* G | partes] easdem *add* D | ad – iudicis *om* MOE | Testes] autem *add* E.

Q 15, 6 *(a) P 220 f. 24' (Üb. Index f. 5'); V 180 f. 19'; H 218 f. 24/24'; S 171 f. 19; D 268 f. 71'; E 259 f. 42'; L 196 f. 96b/c.*
¹ PVS *Üb.*: Notula. – H² *Üb.*: Notule. – *Üb. om* DEL.
² diffinitiva sententia PVHSL : diffinitivam sententiam DE | erit] est DL
³ sicut] si V | iusta est DE: iustum est L
⁴ eccᵃᵐ L.

Q 15, 6 *(b) P 451 f. 44 (Üb. Index f. 7); V 287 f. 34'; H 337 f. 39; S 258 f. 30'; M 394 f. 37'; O 420 f. 40'; D 581 f. 128' (Üb. Index f. 12); E 525 f. 74; R 77 f. 7'. – G f. 16.*
¹ *Üb. om* GE. | confirmari] Rubrica *add* H²

² diffinitiva sententia petatur G | diffinitiva sententia HMO : diffinitivam sententiam E | erit] *vor* talis M : eris R | Mandamus *om* M
³ iusta] *über getilgtem infra* D²: *vor* est E | facias] *om* D : *aus* facies *korr.* R
⁴ appellatione remota *om* MG | observari] Dat. etc. *add* R.

Q 15, 7 *(a) P 221 f. 24' (Üb. Index f. 5'); V 181 f. 19'; H 219 f. 24'; S 172 f. 19; D 269 f. 71'; E 260 f. 42'; L 197 f. 96c.*
1-2 PH² *Üb.*: Notula. – V *Üb.*: Notule. – *Üb. om* SDEL.
³ autem] vero E | excommunicationis *korr.* D²

Q 15, 7 *(b) P 452 f. 44 (Üb. Index f. 7); V 288 f. 34'/35; H 338 f. 39; S 259 f. 30'; M 395 f. 37'; O 421 f. 40'; D 582 f. 128'; E 526 f. 74/74'; R 78 f. 7'. – G f. 16.*
1-2 *Üb. vor* Q 15, 8 H². – *Üb. om* DEG.| excommunicationis sententia VH² SMOR | confirmari] Rubrica *add* H²
³ autem] vero MOG | confirmari petatur] confirmatur S : petatur confirmari MG | erit talis conclusio M : talis erit conclusio G

---

¹ *Vgl. S. 495 Anm. 1.*

erit : Mandamus, quatinus sententiam | ipsam, | sicut rationabiliter est prolata, facias auctoritate nostra usque ad satisfactionem condignam appellatione remota inviolabiliter observari.

E f. 74'
V f. 35
5

Q 15, 8   Quando diffinitiva et excommunicationis sententie petuntur confirmari.

| *Quando diffinitiva et excommunicationis sententie petuntur confirmari simul, conclusio talis erit* : Mandamus, quatinus sententias ipsas, diffinitivam videlicet, sicut est iusta, per | censuram ecclesiasticam, excommunicationis vero, sicut rationabiliter est prolata, facias auctoritate nostra usque ad satisfactionem condignam appellatione remota inviolabiliter observari.

D f. 72

E f. 43

---

a) ⁴ erit] est *D*

⁵ probata *L* | condignam *om V*

⁶ inviobiliter *(!) D.*

b) ⁴ Quocirca mandamus *G* | sicut *v. späterer Hd. einkorr. R*

⁵ faciatis *G* | usque – condignam *om VH* | appellatione remota *om VMD*

⁶ observari] Dat. etc. *add R* : etc. Si fit mentio de quantitate auri vel summa pecunie debet apponi post appellatione remota usuris cessantibus *add G.*

Q 15, 8   *(a) P 222 f. 24' (Üb. Index f. 5'); V 182 f. 19'; H 220 f. 24'; S 173 f. 19; D 270 f. 72; E 260 f. 42'/43; L 198 f. 96 c.*

¹⁻² *PH²SE Üb.:* Notula. – *V Üb.:* Notule. – *Üb. om DL.*

³ diffinitive *PVHSDEL*

⁴ simul – erit] similiter (simul *H*) in conclusione talis erit conclusio (clausula *E*) *PVHSDEL* | sententiam ipsam *S*

⁶ est rationabiliter *E* | probata *L* | faciat *EL*

⁷ inviobiliter *(!) korr. D*

Q 15, 8   *(b) P 453 f. 44 (Üb. Index f. 7); V 289 f. 35; H 339 f. 39; S 260 f. 30'; M 396 f. 37'; O 422 f. 40'; D 583 f. 128' (Üb. Index f. 12); E–; R 79 f. 7'. – G f. 16.*

¹⁻² *Üb. om HG.* | diffinitiva – sent: entie] diffinitive sententie et excommunicationis *MO* | sententia *D*

² confirmari petuntur *R*

³ diffinitiva] sententia *add H* : diffinitive *SM* | sententie – 4 simul] sententia petitur simul confirmari *G* | sententia *H* | confirmari petuntur *MO*

⁴ simul] *om P* : similis *V* | talis erit conclusio *G* | diffinitivas *D*

⁵ videlicet *om D* | ut sicut *D* | ecclesiasticam] usuris cessantibus *add R*

⁶ nostra *marg. einkorr. M*

⁷ observari] Dat. etc. *add R.*

Q 15, 9   Quando post appellationem a gravamine fertur excommunicationis sententia a delegato.

Si vero excommunicationis sententia post appellationem feratur a delegato,
conclusio talis erit : Mandamus, quatinus, si dictam excommunicationis
5 sententiam inveneris post appellationem huiusmodi esse latam, denunties
eam penitus non tenere ac revocato in statum debitum quicquid post appellationem eandem tibi constiterit temere attemptatum, in causa ipsa
appellatione remota previa ratione procedas iuxta priorum continentiam
litterarum, alioquin partes *etc.* appellantem *etc.* Testes *etc.*[1]

Q 15, 9   *(a) P 223 f. 24' (Üb. Index*
f. 5'); V 183 f. 19'; H 221 f. 24';
S 174 f. 19; D 271 f. 72; E 262 f.
43; L 199 f. 96 c.

1-2 *PVH²SE Üb.*: Notula. – *Üb. om*
DL. | sententia excommunicationis
PVHSDEL

⁴ erit talis *P* | exĉacõnis *(!) D*

⁵ huiusmodi appellationem *PVHS*
DEL

⁶ teneri *H* | quidquid *DE* | post *om*
DL

⁸ continentiam litterarum] etc.
PVHSDEL

⁹ appellatione *E* : appellationem *L* |
etc. 2° *om L.*

Q 15, 9   *(b) P 454 f. 44 (Üb. Index*
f. 7); V 290 f. 35; H 340 f. 39; S
261 f. 30'; M 397 f. 37'; O 423 f.
40'; D 584 f. 128' (Üb. Index f.
12); E 527 f. 74'; R 397 f. 38.– G
f. 16.

1-2 *D Üb.*: Quando excommunicatio-

nis sententia post appellationem
fertur a delegato. – *Üb. om EG.* | a
gravamine *om MO*

³ Si] S *V* | excommunicationis sen-
tentia] sententia excommunicatio-
nis *EG* (*hinter* feratur) | fertur a
delegato *vor* excommunicationis *S*

⁵ inveneris *hinter* huiusmodi *G* |
huiusmodi appellationem *E* | de-
nuncians *G*

⁶ teneri *G* | revocato] reuoco *mit*
übergeschr. a, korr. M: re^(to) *O* :
revocans *G* | debitum] pristinum *G* |
quidquid *MDEG*

⁷ eandem] huiusmodi *H* : *marg. ein-*
korr. M : eamdem *E* | tibi constite-
rit] inveneris *G* | temere] esse, *dazu*
marg. einkorr. temere *E*

⁸ ratione previa *M* | continentiam
litterarum] etc. *E*

⁹ partes *om E* | appellantem etc. *om*
VHMD | appellantem – etc. 3° *om*
S | appellatione *E.*

---

[1] *Vgl. S. 495 Anm. 1.*

Q 15, 10 Quandoque diriguntur tribus iudicibus et unus exequitur.

| Mandamus, quatinus, si est ita, revocato *etc. usque* attemptatum, in causa ipsa ratione previa procedatis iuxta predictarum ad te, fili thesaurarie, ac decanum et prepositum predictos directarum continentiam litterarum, alioquin tu, predicte thesaurarie, una cum eodem preposito in eadem causa previa ratione procedas iuxta earundem continentiam litterarum, appellantem *etc.*

D f. 129

5

Q 15, 11 Quando iudex defert appellationi.

Quando iudex defert appellationi, conclusio talis erit : Mandamus, qua-

---

Q 15, 10 *(a) P 224 f. 24' (Üb. Index f. 5'); V 184 f. 19'; H 222 f. 24'; S 175 f. 19; D 272 f. 72; E 263 f. 43; L 200 f. 96c.*

1-2 *Üb. so nur D² marg. – PVH²S Üb.:* Notula. *– Üb. om DE.*

3 Mandamus – 4 predictarum] Noͭ D : Nota *EL*

4 ipsa] appellatione remota *add PV HS |* ratione previa *umgestellt P :* previa ratione *VH |* procedas *PVS|* ad te *korr. D² |* ad] a *EL |* te] predictorum *add EL |* thesaurario *P :* thezaurarie *L*

5 ac – 6 thesaurarie *om E |* decano *PVS :* decane *H :* decañ *DL |* preposito *PVSL :* preposite *H :* prepositis *D |* predictis *PVSDL*

6 alioquin – *Schluß]* appellatione etc. *H |* thesaurarie predicte *P |* unam *D*

7 causa *om D |* earundem *korr. D²*

8 appellantem] appellatione remota *PD :* appellatione *VSEL.*

Q 15, 10 *(b) P 455 f. 44; V 291 f. 35; H 341 f. 39; S 261a f. 30' u. 266 f. 31 (= S'); M–; O–; D 585 f. 129; E 528 f. 74'. – G–.*

1-2 *Üb. om PSE. – VH²D haben die Üb. von Q 15, 11.*

3 Mandamus – 4 predictarum] Nota *E |* etc. *om D*

4 ipsa] appellatione remota *add VH SS'D |* previa ratione *D |* procedatis] concedas *D |* ad] a *E |* te] vos *H :* predictorum *add E |* thezaurie *(!) S :* tesaurorum *D :* thesaurario *E*

5 ac] *om H :* a *E |* decano *VSS'E :* decane *H :* decañ *D |* preposito *VSS'DE :* preposite *H |* predictis *VSS'DE*

6 thezaurarie *S :* thesaur; *DE*

7 eorundem *E*

8 appellantem] appellatione *VHSDE :* in expensis etc. Testes etc. *add S'.*

Q 15, 11 *(a) P 225 f. 24' (Üb. Index f. 5'); V 184a f. 19'; H 223 f. 24'; S 175a f. 19; D 273 f. 72 (Üb. Index f. 7); E 264 f. 43; L 201 f. 96c.*

1 *PSE Üb.:* Notula. *– Üb. om VL. – H Üb.:* Nota. *– D Üb.:* Quando differtur appellationi. *|* deffert *E :* differt *L*

2 erit talis *P*

Q 15, 11 *(b) P 455a f. 44 (Üb. Index f. 7); V– (Üb. vor Q 15, 10); H– (Üb. vor Q 15, 10); S 262 f. 30'; M 398 f. 37'; O 424 f. 40'; D–; E 529 f. 74'. – G f. 16.*

1 *Üb. om EG. – |* deffert *E*

2 talis erit conclusio *G*

tinus, si est ita, partibus convocatis *etc. usque* observari. *(Ista non videtur*
bona conclusio, unde concludendum est ita : vocatis *etc.*),[1] alioquin cause
5　supersedeatis eidem impetrantem in expensis legitimis condempnando.

Q 15, 12　Quando unus iudex profert sententiam et alius infirmat.

P f. 44'
S f. 19'
R f. 7'
5

| *Quando unus iudex diffinitivam sententiam non ex delegatione apostolica*
promulgavit | *et alter iudex per appellationem sententiam ipsam infirmavit,*
conclusio ipsa talis erit : Mandamus, quatinus de utroque processu cognos-

---

a)[3] Ista – 4 etc. *om PVHSDEL*

　[4] cause] tunc *S* : esse *(?) L*

　[5] supersedatis *S* : superstudeatis *EL* |
eundem *S* | impetrantem] prout
iustum fuerit *add H* | condempnen-
do *(!) E.*

b)[3] etc. *om M* | Ista – 4 etc.] *hinter* 5
condempnando *MO* : *om G*

　[4] unde *om M* | concludendum est ita]
concludatur ergo *M* | ita *om S* |
causa *E*

　[5] supersideatis *(!) M* | impetran-
tem] prout iustum est *add MO* :
appellantem etc. alias impetran-
tem *G* | legitimis] legitime *S* : *om M.*

Q 15, 12　*(a) P 226 f. 24' (Üb. Index*
f. 5'); V 184b f. 19'/20; H 224 f.
24'; S 176 f. 19'; D 274 f. 72; E
265 f. 43; L 202 f. 96 c.

[1-2] *PSE Üb.*: Notula. – *Üb. om VDL.* –
H[2] *Üb.*: Nota. | iudes *(!) V*

　[4] et *om PVSDEL* | alter] aliter *S* |
ipsam *om VH* | infirmat *DEL*

　[5] ipsa *om PVHSDEL* | erit *om V*

Q 15, 12　*(b) P 456 f. 44'; V 292 f.*
35; H 342 f. 39; S 263 f. 30'/31;
M 399 f. 37'; O 425 f. 40'; D 586
f. 129 (Üb. Index f. 12'); E 530 f.
74'; R 76 f. 7.– G f. 16.

[1-2] *Üb. om EG.* | iudex] *om P: vor* unus
R | profert] confirmat *M* : confert
O | alius] alter *DR*

　[3] iudex] profert *add G* | diffinitivam]
om D : *hinter* sententiam *G*

　[4] promulgando *G* | et *om E* | per]
pre *O* : post *G* | sententia *D* | ipsam
om M | infirmat *VHMEG*

　[5] ipsa *om MDERG* | erit talis *SM* |
utroque *hinter* cognoscens *G*

---

[1] *Diese nur in der vollständigen Fassung überlieferte Kritik an der vorher-*
gehenden Textstufe richtet sich gegen die unvollständige Fassung, die also die
ältere von beiden ist, vgl. oben Q 15, 1 Anm. 1. Die Formulierung der älteren Text-
stufe war insofern unexakt, als die Wendung „si est ita" zusammen mit der
Ladungsklausel (partibus convocatis) ungebräuchlich und auch sachlich nicht
vertretbar ist, da ja der delegierte Richter den Sachverhalt erst nach Ladung der
Parteien zu klären hatte. Daher fällt der besagte Passus in der verbesserten For-
mulierung aus. Die ältere Textstufe wird durch Marinus von Eboli, Super revo-
catoriis § 9 (ed. Herde, S. 89f. = Quellen u. Forschungen 42/43 S. 203f.) ge-
stützt.

cens legitime | illum, quem legitimum inveneris, usuris cessantibus *etc.* *S f. 31*
appellatione remota approbes, reliquo, | sicut iustum fuerit, reprobato *(vel* *V f. 20*
infirmato). Testes *non ponuntur*.[1]

Q 15, 13   Quod observetur compositio.

Quando confirmatur compositio, sic concluditur : Mandamus, quatinus ad
observationem compositionis ipsius, sicut rite et sine pravitate provide

a)[6] legitime] *einkorr. P* : *om VHSDEL|*
legitimum] legitime *V* | usuris –
7 remota *om PVHDEL* | etc. *om S*
[7] approbes] approbato *S* | reliquo]
appellatione remota *add PVHS
DEL* |reprobato vel *om PVHSDEL*
[8] ponuntur] ponantur *PVHS* : *om
DEL.*

b)[6] legitime] *(f. 31)* vel sic *add S* : *om
EG* | illum *v. späterer Hd. korr. O* |
quem] q̄; *S* | legitimum] legitim̄
PG: legitime *zu* legitim̄ *korr. oder
umgekehrt V: hinter* inveneris *H* :
*om R, dafür marg. v. and. Hd. ein-
korr.*: iustum fore | usuris – 7 re-
mota *om OE* | usuris – etc.] reliquo
sicut iustum fuerit infirmato *G* |
etc. – 7 remota *om MD* | etc. *korr.
R*
[7] approbes] *v. späterer Hd. aus* ap-
probato *korr. O* : vel confirmes *v.
and. Hd. aus* reliquo confirmes *korr.
R* : confirmare procures *G* | reliquo
– 8 infirmato *om G* | reliquo] ap-
pellatione remota *add M (einkorr.)
DE* | reprobato – 8 infirmato] in-
firmato, *dazu marg. v. and. Hd. ein-
korr.* vel reprobato *M* | reprobato
vel *om OE*

[8] infirmato] confirmare procures *add
MO (getilgt)* | Testes – ponuntur
getilgt O | non ponuntur] etc. *MD* |
ponuntur] ponitur *VOG (damit
endet in G das Kapitel)* : *om HER.*

Q 15, 13   *(a) P 227 f. 24' (Üb. Index
f. 5'); V 184c f. 20; H 225 f. 24';
S 176a f. 19'; D 275 f. 72/72'; E
266 f. 43; L 203 f. 96c.*

[1] *PE Üb.*: Notula. – *Üb. om VSDL.* |
Nota quod *H*[2]

[3] provide] provida *V* : *hinter* 4 facta
H : *om DEL*

Q 15, 13   *(b) P 457 f. 44' (Üb. Index
f. 7); V 293 f. 35; H 343 f. 39/39';
S 264 f. 31; M 400 f. 37'; O 426 f.
40'; D 587 f. 129 (Üb. Index f.
12'); E 531 f. 74'; R 35 f. 3'.*

[1] *Üb. om E.* | Quod observetur]
Quando confirmatur *MO* | compo-
sitio] Rubrica *add H*[2]: . . conclusio
add R
[2] sicut *P* | concluditur] dicetur *MO* |
Mandamus *om R* | quatinus *v.
and. Hd. auf Rasur R* | ad – 7 sic
om R
[3] compositionis observantiam *H* |
provide *om E*

---

[1] *Die Testes-Klausel fiel entsprechend N 62, 19 fort, da das Endurteil schrift-
lich niedergelegt wurde und damit ein Urkundenbeweis geführt werden konnte,
der den Zeugenbeweis überflüssig machte; vgl. Herde, Zeugenzwang, in: Traditio
18, 278f., u. Bd. 1 S. 230.*

D f. 72'

5 | facta est et ab utraque parte sponte recepta, monitione premissa per censuram ecclesiasticam sublato appellationis obstaculo compellatis; *vel* : faciatis monitione premissa per censuram ecclesiasticam appellatione

H f. 39' | remota firmiter observari; *vel sic* : compositionem ipsam, sicut sine pravitate provide facta est et ab utraque parte sponte recepta, facias per censuram ecclesiasticam appellatione remota firmiter observari.

Q 15, 14 Quando appellatur a diffinitiva sententia et postea sequitur excommunicatio.

Quando appellatur a diffinitiva sententia et postea sequitur excommunicatio, conclusio talis erit : Mandamus, quatinus, si dictam excommunicationis

5 sententiam post appellationem ad nos legitime interiectam (*vel interpositam*) inveneris esse latam, denunties eam penitus non tenere ac in ipsius

V f. 35' appellationis | causa procedens legitime diffinitivam ipsam | confirmare vel
D f. 129' infirmare usuris cessantibus appellatione remota procures, prout de iure fuerit faciendum.

10 *Si vero non agatur super pecunie summa vel debitis, non dicatur* usuris cessantibus.

---

a)[4] sponte *om L* | per – 6 premissa *om S*
[5] vel] et *E*
[7] sine *om L*
[8] provida *V* | faciatis *DEL*
[9] ecci^{am} *L*.

b)[4] utra *(!) H* | sponte *om VH* | recepta *om H* | monitione premissa *om E*
[5] sublato – 6 ecclesiasticam *om S* | sublato] sub *O* | compellatis] confirmetis *MO* : compellat *D* | vel – 7 observari *om D* | vel] et *VH*
[6] *hinter* ecclesiasticam *springt E zurück auf* 5 sublato
[7] sic] sicut *P* | sicut] rite et *add R*
[8] faciatis *E*.

Q 15, 14 *(a) P 228 f. 24'; V 184d f. 20; H 226 f. 24'; S 176b f. 19'; D 276 f. 72'; E 267 f. 43; L 204 f. 96c.*
[1-2] *Üb. om PVHSDL. – E Üb.* : Notula.
[3] sententia *om PVSDEL* | excommunicatio sequitur *DEL*
[5] interiectam] etc. *add P*; observari *E, damit schließt in PVHSDEL die*

unvollständige Fassung des Kapitels.
Q 15, 14 *(b) P 458 f. 44' (Üb. Index f. 7); V 294 f. 35/35'; H 344 f. 39'; S 265 f. 31; M 401 f. 37'; O 427 f. 40'; D 588 f. 129/129' (Üb. Index f. 12'); E 532 f. 74'.*
[1-2] *Üb. om E.* | Quando *om P* | sententia *om D*
[2] excommunicatio sequitur *VHSMO* : excommunicatio sequitur. Nota *D* | excommunicationis *P*
[3] sententia *om E* | excommunicatio sequitur *MO* : excommunicatur sequitur *E*
[4] talis *om M* | erit] est *D* | si *om D*
[5] vel – Q 15, 15 Z. 3 eundem *om E*
[7] ipsam] sententiam *VH* : sententiam *add MO*
[10] Si – 11 cessantibus] Non obstante indulgentia qua fili prior etc. *MO* : *om D* | *in S steht marg. das Rubrum* : De diffinitivis | dicatur] datur *V*.

Q 15, 15 Quando appellatur a diffinitiva sententia lata per officialem et nichilominus officialis excommunicationis tulit sententiam in eundem.

| Significavit nobis P. de . . clericus . . diocesis, quod, cum A. de . . mulier *O f. 41* . . diocesis ipsum super quadam pecunie summa et rebus aliis coram . . officiali Parisien.[1] non ex delegatione apostolica traxisset in causam, idem officialis perperam in huiusmodi causa procedens iniquam contra eundem clericum diffinitivam sententiam promulgavit, a qua dictus clericus ad nostram duxit audientiam appellandum. Sed idem officialis huiusmodi appellatione contempta excommunicationis tulit sententiam in eundem. 10 Quocirca discretioni tue per apostolica scripta mandamus, quatinus, si dictam excommunicationis sententiam post appellationem ad nos legitime interiectam inveneris esse latam, denunties eam penitus non tenere | ac in *M f. 38* huiusmodi appellationis causa procedens legitime diffinitivam ipsam usuris cessantibus confirmare vel infirmare appellatione remota | procures, prout *E f. 75* de iure fuerit faciendum.

Si autem non fuerit excommunicationis sententia lata post appellationem, et si fuerit laicus, qui convenitur, dicetur sic :

Q 15, 15   *P 459 f. 44'; V 295 f. 35';*
H 345 f. 39'; S 267 f. 31; M 402 f.
37'/38; O 428 f. 41; D 589/90a f.
129' (Üb. Index f. 12'); E 533 f.
74'/75.
1-3 *Üb. om PSMOE. – D Üb.:* Forma
    de presenti conclusione super appellatione a gravamine interposita.
[3] eundem] eandem. Rubrica *H*[2]
[4] Significavit, *Initiale nicht ausgeführt E* | P.] . . *E* | . . 2° *om E* |
    A. – 5 diocesis] *om M* : . . *O* | A.]
    I. *E* | mulier] militibus *VH* : miles *D*

[5] . . diocesis] diocesis . . *HDE* : Frisingen. *add S (v. späterer Hd.)* |
    . . 2° *om SD*
[6] transivisset *E*
[7] huiusmodi] ipsius *E* | iniquum *S*
[8] diffinitivam *om D* | a qua] et quia *S*
[10] eundem] clericum *add S (v. späterer Hd.)*
[12] appellationem] acceptacionem *E*
[14] causa appellationis *D*
[15] procures] procedas *E*
[17] Si – 18 convenitur *om VH*
[18] sic dicetur *D* | sic *om E.*

---

[1] *Paris.*

Q 15, 16 Quando appellatur a diffinitiva lata per officialem, ad quem spectat causarum cognitio de antiqua et approbata consuetudine.

Significavit nobis A. de .. laicus .. diocesis, quod, cum B. de .. mulier .. diocesis ipsum super quadam domo, terris, possessionibus et rebus aliis coram .. officiali .. *loci*, ad quem huiusmodi causarum cognitio in .. civitate et diocesi de antiqua et approbata et hactenus pacifice observata consuetudine pertinet, non ex delegatione apostolica traxisset in causam,
S f. 31' idem officialis in huiusmodi causa procedens iniquam contra dictum | A. diffinitivam sententiam promulgavit, a qua idem A. ad nostram duxit audientiam appellandum. – mandamus, quatinus in huiusmodi appellationis
D f. 130 causa procedens legitime diffinitivam ipsam | confirmare vel infirmare appellatione remota procures, sicut de iure fuerit faciendum.

Q 15, 17 Super eodem, qui cognoscit inter laicos.

Sua nobis A. de .. clericus et B. de .. laicus .. diocesis petitione monstrarunt, quod, cum C. de .. Parisien.[1] diocesis ipsos communiter super quadam pecunie summa et rebus aliis coram .. officiali Parisien.,[1] ad quem

Q 15, 16 *P 460 f. 44'; V 296 f. 35'; H 346 f. 39'; S 268 f. 31/31'; M 403 f. 38; O 429 f. 41; D 590b/91 f. 129'/130 (Üb. Index f. 12'); E 534 f. 75.*

1-3 *Üb. om PSMOE. – D Üb.*: Quando appellatur a diffinitiva lata ab officio ad quem *(!)* de antiqua et etiam in causa inter laicos vertenti (vorcon. *D*). | a] et *H*²

3 consuetudine] Rubrica *H*²

4 .. diocesis] diocesis *M* : diocesis .. *E* | B.] R. *P* : .. *E*

5 .. diocesis] diocesis .. *HE* | terra domo *E* | possessionibus] pecuniarum summis *add M*

6 .. 1° *om HD* | .. loci] loci *VSD* : *om MOE* | huiusmodi *om M* | causarum *doppelt D* | .. 3°] *om HDE* : tali *MO*

7 diocesi .. *HD* | et 3°] ac *SO* : *om D* | pacifice *om D*

9 officialis] perperam *add D* | dictam *E*

10 qua] quo, *darüber v. späterer Hd.* officiali *S*

11 huiusmodi *om MOE*

12 ipsam] sententiam *add H* | infirmare] usuris cessantibus *add M*

13 sicut] prout *MO* | quod *E* | fuit *D* | faciendum] procedendum *V*.

Q 15, 17 *P 461/61a f. 44'; V 297 f. 35'; H 347 f. 39'; S 269 f. 31'; M 404 f. 38; O 430 f. 41; D 592 f. 130 (Üb. Index f. 12'); E 535 f. 75.*

1 *Üb. om PSMOE. – D Üb.*: Super eodem in alia forma. | laicos] Rubrica *add H*²

2 et] ac *P* | B. *om S* | .. diocesis – 3 C. de .. *om D* | .. diocesis] diocesis *H* : Gaietan. *MO* : diocesis .. *E* | monstrarunt] non^runt *(!) P*

3 C.] A. *S* | Parisien.] *om M* : .. *OE*

4 .. *om PD* | officiali *om H* | Parisien.] Gaietan. *MOE*

[1] *Paris.*

huiusmodi causarum cognitio inter laicos in civitate et diocesi Parisien.[1]　　5
de antiqua et approbata *etc. ut in proxima precedenti.*[2]

Et nota, quod, quando agitur super quadam pecunie summa vel super debitis,
debet poni usuris cessantibus *sicut in prima.*[3]

Q 15, 18　| Super eodem inter clericos.　　　　　　　*H f. 40*

Significavit nobis A. de . . clericus . . diocesis, quod, cum B. de . . clericus . . diocesis ipsum super quadam pecunie summa et rebus aliis coram
. . officiali Parisien.[1] auctoritate litterarum | nostrarum traxisset in causam,　　*V f. 36*
idem officialis perperam in huiusmodi causa procedens *etc. ut in prima.*[3]　　5

Q 15, 18 a　*Attende infra,*[4] *ubi tertia conclusio, sed attende, quia non est*
idem casus, quia alius est appellavit ad metropolitanum *et alius* ad sedem
apostolicam, *quoniam infirmavit metropolitanus sententiam suffraganei sive*
sui officialis, et ideo alia datur conclusio iuxta regulam, que est supra.[5]

---

[5] Parisien.] Gaietan. *MOE*
[6] et approbata *om M* | ut] supra *add*
　D | in *om D* | proxima] *om VHS*
　MOE : prox̄ *D* | precedenti] *om*
　D : precedentis *E*
[7] *H² hat vor dieser Notula die Üb.:*
　Nota | quadam *om VHSMODE*
[8] sicut in prima *om D* | sicut] ut *H*.

Q 15, 18　*P 462 f. 44'; V 298 f.*
　35'/36; H 348 f. 40; S–; M 405 f.
　38; O 431 f. 41; D 593 f. 130 (Üb.
　Index f. 12'); E 536 f. 75 (zusam-
　mengeflossen mit Q 15, 19).

[1] *Üb. om PSMOE.* | clericos] Rubrica
　add H²

[2] A.] . . *E* | clericus] laicus *MOE* |
　. . diocesis] diocesis . . *E* | cum
　om MO | B . . de . . *D* | clericus *om*
　P
[3] . . *om M* | . . diocesis] diocesis . . *H* |
　et rebus] rebusque *H*
[4] . . *om DE* | nostrarum litterarum
　HM | causam] tamen *add D*
[5] huiusmodi *om MO* | causa] ipsa *add*
　MO | procedens] *hier springt E auf*
　Q 15, 19 Z. 6 iniquam | prima] etc.
　add D.

Q 15, 18a　*D 594 f. 130.*
[1] Attende 1°] Ac *D* | attende 2°] at.
　D.

---

[1] *Paris.*　　[2] *Q 15, 16.*　　[3] *Q 15, 15.*　　[4] *Q 15, 19.*　　[5] *Q 15, 4.*

Q 15, 19   Quando ab officiali appellatur ad metropolitanum
et demum ad papam super diffinitiva.

P f. 45 | Significavit nobis A. de . . clericus . . diocesis, quod, cum B. de . .
Parisien.[1] diocesis ipsum super quadam pecunie summa et rebus aliis coram
L f. 110a   . . officiali Parisien.[1] non | ex delegatione apostolica traxisset in causam,
idem officialis perperam in huiusmodi causa procedens iniquam contra
eundem clericum diffinitivam sententiam promulgavit, a qua dictus clericus
primo ad Senonen.[2] curiam, loci metropoliticam, ac demum ab . . officiali
ipsius curie dictam sententiam confirmante ad nostram duxit audientiam
10   appellandum. – mandamus, quatinus in appellationis causa *etc. ut in secunda.*[3]

Q 15, 20   Super eodem addito, quod officialis metropolitani
tulit excommunicationis sententiam.

D f. 130 | Significavit nobis P. de . . clericus Parisien.[1] diocesis, quod, cum B.
de . . eiusdem diocesis ipsum super quadam pecunie summa et rebus aliis

---

Q 15, 19   *P 463 f. 45; V 299 f. 36;*
H 349 f. 40; S 270 f. 31'; M 406 f.
38; O 432 f. 41; D 595 f. 130 (Üb.
Index f. 12'); E 536a f. 75 (mit
Q 15, 18 zusammengeflossen); L 408
f. 110a (Fragment).

[1-2] *Üb. om PSMO.* | Quando – 6 proce-
dens *om E* | officio *D*

[2] demum] de *D* | papam *om D* | dif-
finitiva] Rubrica *add H*[2]

[3] . . diocesis] diocesis . . *H* | cum *om*
M | de . . 2°] laicus *add MO*
(korr.) : presbiter *add D*

[4] Parisien.] *om M* : . . *O*

[5] . . *om D* | ex] *hier beginnt wieder L*
nach Blattverlust

[6] idem] Ipse *M* | huiusmodi causa]
causa ipsa *L*

[8] Senonen.] Senen. *SE* : *om L* | loci
metropoliticam *om MOEL* | metro-
politañ *D* | ac] *om S* : et *DEL* |
demum *korr. E* | ab] ad *EL* | . . *om*
SDL | offic; *E*

[9] curie] qui *add H* | confirmaȓ *V* :
confirmavit *H* : confirmacōn *E* |
duxit] dux[9] *(!) L* | audientiam]
sententiam *V* : curiam *H*

[10] in 1°] huiusmodi *add D* | ut] usque
D.

Q 15, 20   *P 464 f. 45; V 300 f. 36;*
H 350 f. 40; S 271 f. 31'; M 407 f.
38; O 433 f. 41; D 596 f. 130' (Üb.
Index f. 12'); E 537 f. 75; L 409 f.
110a; R 399 f. 38/38'.

[1-2] *Üb. om PSMOEL.* | adito *VH*

[2] tulit – sententiam] post appella-
tionem excommunicavit eum *D* |
sententiam excommunicationis in
eundem *R* | sententiam] Rubrica
add H[2]

[3] P.] . . *E* : *om L* | Parisien.] . . *PE* :
om L | B. de . .] A. de . . *S* : L.
de . . *O* : B . . de . . presbiter *D* : . .
de . . *E* : de *L* : laicus *add R*

[4] eiusdem] *hinter* diocesis *E* : eidem
L | et rebus] rebusque *H*

---

[1] *Paris.*   [2] *Sens. Das Bistum Paris gehörte zur Kirchenprovinz von Sens.*
[3] *Q 15, 16–15, 18.*

coram . . officiali Parisien.[1] non ex delegatione apostolica traxisset in causam,   5
idem officialis perperam in causa ipsa procedens iniquam contra eundem
clericum diffinitivam sententiam promulgavit, a qua dictus clericus primo
ad Senonen.[2] curiam, loci metropoliticam, ac demum ab . . officiali ipsius
curie dictam sententiam | confirmante ad nostram duxit audientiam appel-   *R f. 38'*
landum. Sed idem officialis Senonen.[2] huiusmodi appellatione contempta   10
excommunicationis tulit sententiam in eundem. Quocirca – mandamus,
quatinus, si dictam excommunicationis sententiam post appellationem ad
nos legitime interiectam inveneris esse latam, denunties eam penitus non
tenere ac in huiusmodi appellationis causa procedens legitime diffinitivam
ipsam usuris cessantibus confirmare vel infirmare appellatione remota   15
procures, prout de iure fuerit faciendum.

Q 15, 21 *Si vero officialis metropolitani similiter excommunicavit eum*
post appellationem, talis erit conclusio : Mandamus, quatinus, si dictam
excommunicationis sententiam post appellationes legitimas *etc.*

Q 15, 22 *Si autem officialis metropolitani tantum excommunicaverit et non*
officialis suffraganei, conclusio non mutatur ut supra in prima,[3] *scilicet* : si

---

5 . . *om ODE* | Parisien. *om L* | causa *D*
6 ipsa causa *PHL*
7 promulgavit – 9 sententiam *marg. nachgetragen P*
8 ad *om V* | Senonen.] Senen. *S* : Sen. *E* : *om L* | loci metropoliticam *om MOEL* | metropolitan. *D* | ac] ad *D* | . .] *om HSMODR* : *einkorr. E*
9 curie *om VS* | confirmaȓ *V* : promulgante *R* | duxit] *vor* ad *D* : duxi⁹ *(!) L*
10 Senonen.] Senen. *SE* : *om L*
11 sententiam tulit *H*
12 ad nos *om R* | ad nos – 13 interiectam] *v. and. Hd. marg. einkorr. statt* legitimam *M* : legitimam *OE* : lmïam *L*
14 ac] si *add E* | in *einkorr. L* | legitime] *om H* : lmïe *L*
15 ipsam] sententiam *add H* : *om E.*
Q 15, 21   *P 464a f. 45; V 300a f. 36; H 350a f. 40; S 271a f. 31'; M*

407a f. 38; O 433a f. 41; D 597 f. 130'; E 537a f. 75; L 409a f. 110a; R 399a f. 38'.
1 metropolitani] metropolitanus *H* : metropolitñ *v. späterer Hd. in* metropolitanus *korr. S* : suffraganei *DEL* | similiter] tantum *HS* : *vor* officialis *DR* | excommunicaverit *SOEL* | eum] cum *O*
2 talis *om MOEL*
3 appellationem legitimam *S* : appellationem ad nos legitime interiectam *D* | etc. *om D.*
Q 15, 22   *P 464b f. 45; V 300b f. 36; H 350b f. 40; S 271b f. 31'; M 407b f. 38; O 433b f. 41; D 598 f. 130'; E 537b f. 75; L 409b f. 110a; R 399b f. 38'.*
1 . . officialis *PR* | metropolitanen. *S* | et *om P*
2 conclusio] *om H* : quo *L* | non *doppelt R* | scilicet] et *PVHS*

---

[1] *Paris.*   [2] *Sens, vgl. Q 15, 19 Anm. 2.*   [3] *Q 15, 20.*

dictam excommunicationis sententiam post appellationem ad nos legitime
interiectam *etc.*

Q 15, 23 *Sed si officialis suffraganei tulit sententiam diffinitivam et ab*
officiali metropolitani appellatur a gravamine, non erit conclusio ut | supra,[1]
sed erit : vocatis, qui fuerint evocandi, *prout patet in hoc exemplo* :

Q 15, 24 Quando appellatur ab officiali metropolitani, qui
procuratorem suum legitimum admittere denegavit.

| Sua nobis A. de . . clericus Parisien.[2] diocesis petitione monstravit, quod,
cum | B. de . . presbiter eiusdem diocesis ipsum super quadam | pecunie
| summa et rebus aliis coram . . officiali Parisien.[2] non ex delegatione aposto-
lica traxisset in causam, idem officialis perperam in huiusmodi causa pro-
cedens contra dictum clericum diffinitivam sententiam | promulgavit ini-
quam, a qua idem clericus ad Senonen.[3] curiam, loci metropoliticam, primo
et demum, quia . . officialis eiusdem curie procuratorem eiusdem clerici
mandatum sufficiens exhibentem admittere contra iustitiam denegavit,
quamquam causa rationabilis non subesset, per quam ipse deberet | per-

Left margin notes:
E f. 75'
S f. 32
D f. 131
O f. 41'
H f. 40'
V f. 36'
10
R f. 30

⁴ etc. *om M.*
Q 15, 23   *P 464c f. 45; V 300c f. 36;*
    H 350c f. 40; S 271c f. 31'; M 407c
    f. 38; O 433c f. 41; D 599 f. 130';
    E 537c f. 75/75'; L 409c f. 110a;
    R 399c f. 38'.
² a *om L*
³ qui] quod *L* | fuerunt *L* | prout] ut
    D | hec *V.*
Q 15, 24   *P 465 f. 45; V 301 f. 36/36';*
    H 351 f. 40/40'; S 272 f. 32; M 408
    f. 38; O 434 f. 41/41'; D 600 f.
    130'/131 (Üb. Index f. 12'); E 538 f.
    75'; L 410 f. 110a; R 306 f. 29'/30.
¹⁻² *Üb. om PSMOEL.* | metropolitano
    R | qui] quod *D*
² suum *om D*
³ A.] I. *EL* | .. *om M* | Parisien. *om L* |
    diocesis *om MOEL*
⁴ B.] R. *P* : N. *MOE* : M. *L* | .. *om*
    R | ipsam *R*

⁵ .. *om SDL* | .. officialis *R*
⁶ causa *om V*
⁸ Senonen.] Senen. *S* : *om L* | metro-
    politam *V* : metropolitañ *DEL*
⁹ demum *marg. v. and. Hd. einkorr.*
    M | .. *om HODER* | eiusdem cleri-
    ci] ipsius clerici *H* : suum legitimum
    OEL : suum legitimum eiusdem
    clerici *R* | eiusdem – 10 sufficiens *v.*
    and. Hd. auf Rasur M
¹⁰ mandatum] mandato *H* : *om O* |
    sufficiens] sufficienti *H* : suscipiens
    O | exhibentem] eidem exhibito
    H : habentem *EL*
¹¹ quamquam] quam *v. späterer Hd.*
    zu quamvis *korr. S* : tamquam *R* |
    causa] *om V* : *v. späterer Hd. aus*
    tam *korr. S* | non *einkorr. E* | per
    quam] quare *H* | per] propter
    SMOER | deberet (*korr. aus* de-
    bent) ipse *S*

¹ Q 15, 19.   ² Paris.
³ Sens. Das Bistum Paris unterstand als Suffragan dem Erzbistum Sens.

sonaliter comparere, ad sedem apostolicam appellavit. Quocirca – mandamus, quatinus vocatis *etc.*

Si autem questio moveatur coram archidiacono vel decano vel eorum officiali-bus sive inter clericos sive inter laicos, narrabitur sic :   15

Q 15, 25 Quando appellatur a sententia diffinitiva lata per officialem archidiaconi in causa pecuniaria.

Significavit nobis A. de . . clericus (*sive* laicus) Parisien.[1] diocesis, quod, cum B. de . . laicus (*sive* clericus) . . diocesis ipsum super quadam pecunie summa et rebus aliis coram . . archidiacono (*vel* decano, *vel* coram . . offi-   5 ciali archidiaconi *vel* decani), ad quem huiusmodi causarum cognitio in archidiaconatu | (*vel* decanatu) suo, in quo partes consistunt (*vel* in quo   *L f. 110 b* dictus A. consistit), de antiqua et approbata et hactenus pacifice observata consuetudine pertinet, non ex delegatione apostolica | traxisset in causam,   *M f. 38'* idem archidiaconus (*vel* decanus *seu* officialis) perperam in huiusmodi causa   10 procedens iniquam contra eundem clericum diffinitivam sententiam pro-mulgavit, a qua dictus clericus ad nostram duxit audientiam appellandum.

---

[12] Quocirca mandamus] *om D* : man-damus *R*

[13] etc. *om D*

[14] . . archidiacono *VSR* | . . decano *V* | officiali *MOD* : offic; *ER*

[15] sive inter laicos sive inter clericos *H.*

Q 15, 25   *P 466 f. 45; V 302 f. 36'; H 352 f. 40'; S. 273 f. 32; M 409 f. 38/38'; O 435 f. 41'; D 601 f. 131 (Üb. Index f. 12'); E 539 f. 75'; L 411 f. 110 a/b.*

[1-2] *Üb. om PSMOEL.* – *D Üb.*: Quan-do appellatur a diffinitiva lata per archidiaconum non ex delegatione apostolica.

[2] pecuiaria *(!) V* : peccuniaria. Ru-brica *H*[2]

[3] Significavit] Sua *MODEL* | sive laicus] vel . . laicus *H* : *om MOEL* | Parisien.] . . *E* : *om L* | diocesis]

om VH : petitione monstravit *add MODEL*

[4] B.] L. *MOEL* | laicus sive clericus] presbiter eiusdem *MOEL* : clericus sive laicus . . *D* | laicus – diocesis] laicus diocesis . . sive clericus . . *H*

[5] . . 1° *om HSMOD* | vel decano *om L* | decano . . *H* | coram 2° *om ME* | . . 2° *om HMDEL*

[6] archidiaconi vel decani *om S* | vel decani *om H* | decano *V* : diac; *L*

[7] archidiacono *O* | decano *O* | partes] ipse *add MD* | consistit *om L*

[8] et 2° *om D*

[9] apostolica *v. and. Hd. einkorr. V*

[10] seu] sive *D* | in huiusmodi causa] *vor* perperam *M* : huiusmodi *L*

[11] contra] qua *L* | eundem] eum *L* | sententiam *om D*

[12] dictus] idem *M* | audientiam] sen-tentiam *V* : curiam *H*

---

[1] *Paris.*

Sed idem archidiaconus (*vel* decanus *seu* officialis) huiusmodi appellatione contempta tulit excommunicationis sententiam in eundem. Quocirca –

15 mandamus, quatinus, si dictam excommunicationis sententiam *etc. ut in precedenti secunda integra.*[1]

Q 15, 26 *Et sic fit, si appellatur ad curiam episcopi loci ab audientia*

D f. 131' *archidiaconi vel decani vel eorum officialium, sicut fit, quando | appellatur a suffraganeo ad metropolitanum. Sed si aliquis vellet appellare ad metropolitanum omisso episcopo loci, non potest; sed ad curiam Romanam vel legatum*

5 *bene potest.*

Idem quando appellatur ab audientia archidiaconi vel decani.

P f. 45' **Q 15, 27** | Sua nobis P. de .. clericus .. diocesis petitione monstravit, quod, cum I. de .. laicus .. diocesis contra eum super terris, debitis, possessionibus et rebus aliis ad .... diocesis nostras litteras impetrasset, idem iudex contra ipsum absentem non per contumaciam nec citatum iniquam

---

13 vel *om S* | seu officialis *om MODEL* | seu] vel *S*

14 contenta *D* : occempta *(!) E* | Quocirca *om D*

15 ut *om L*

16 presenti *EL* | integra] etc. *add D.*

Q 15, 26   *P 466a f. 45; V 302a f. 36'; H 352a f. 40'; S 273a f. 32; M 409a f. 38'; O 435a f. 41'; D 602 f. 131/131'; E 539a f. 75'; L 411a f. 110b.*

1 sic] ita *D* | fit] sit *MDL* | si *om L* | loci] *om P*

2 offic; *PEL* | fit] *om H* : sit *E* | quando *(f. 131')* quando *D*

3 metropolitanam *D*

4 obmisso *D* : emisso *L* | delegatum *D*

5 bene *om MOEL*

6 Idem – decani] *om PSMODEL* : *vor der Note VH²* | decani] Rubrica *add H².*

Q 15, 27   *P 468 f. 45'; V 304 f. 36'; H 353 f. 40'; S–; M 410 f. 38';*

O 436 f. 41'; D 603 f. 131' (Üb. Index f. 12'); E 540 f. 75'; L 412 f. 110b; R 99 f. 9'.

1 *Davor D Üb.*: Quando appellatur a diffinitiva et excommunicationis sententia sub condicione lata per delegatum a papa in absentem non per contumacem *(!). – R Üb.*: Quando appellatur a sententia diffinitiva lata per delegatum a papa in absentem non per contumaciam etc. et quia diffinitive non paret ipsum excommunicatum. | P.] R. *DR* : .. *E* : *om L* | .. 1° *om M* | clericus] laicus *R* | .. diocesis] diocesis .. *HE* : diocesis *D* : .. diocesis .. *R*

2 contra eum *om M*

3 .. 1° *om D* | .. diocesis] diocesis *VHD* : *om MOEL*: diocesis .. *R*

4 contra] coram *D* | ipsum R. *D* | iniquam] *hinter* 5 diffinitivam *H* : *om D*

---

[1] *Q 15, 20. Die hier als eigene Nummern gezählten Notulae werden dabei nicht berücksichtigt.*

diffinitivam et, si diffinitive non pareret eidem, excommunicationis senten- 5
tiam promulgavit. Quod cum ad ipsius pervenit notitiam, statim duxit ad
sedem apostolicam appellandum. Quocirca – mandamus, quatinus in appellationis causa procedens legitime diffinitivam ipsam confirmare vel infirmare
appellatione remota procures, sicut de iure fuerit faciendum.

Q 15, 28 *Si vero excommunicationis sententia post diffinitivam fuerit*
promulgata, concluditur sic omnibus aliis remotis : Mandamus, quatinus, si
est ita, eidem P. iuxta formam ecclesie beneficium absolutionis impendas
et in appellationis causa *etc.*

Q 15, 29 | Super eodem.

V f. 37

Sua nobis P. de . . miles . . diocesis petitione monstravit, quod, cum I.
de . . clericus . . diocesis ipsum super terris, debitis, possessionibus et rebus
aliis coram . . archipresbitero ecclesie sancti . . Parisien.[1] auctoritate aposto-
lica | traxisset in | causam, idem archipresbiter perperam in huiusmodi causa
procedens iniquam contra eundem militem diffinitivam ac in ipsum eidem
diffinitive parere nolentem excommunicationis sententias promulgavit, a

E f. 76
H f. 41

---

[5] et – eidem] nec non in eundem *H* |
paruerit *aus* pareret *v. and. Hd.*
korr. M : paruerit *DR* : parent *E* :
pararet *L* | eidem] in eum *add*
MODE : in eundem *add L*

[6] promulgavit] in eum *add R* | Quod
cum] Sed cicius quam *H*

[7] Quocirca *om DR* | in] huiusmodi
add DR

[9] faciendum] appellandum *D*.

Q 15, 28 *P 468a f. 45'; V 304a f. 36';*
H 353a f. 40'; S–; M 410a f. 38';
O 436a f. 41'; D 604 f. 131'; E
540a f. 75'; L 412a f. 110b; R 99a
f. 9'.

[2] concludetur *R* | aliis] hiis *EL* | re-
motis] receptis *L*

[3] eidem] idem *L* | absolutionis bene-
ficium *M*

[4] causa] procedens *add D*.

Q 15, 29 *P 469 f. 45'; V 305 f. 37;*

H 354 f. 40'/41; S 274 f. 32/32'; M
411 f. 38'; O 437 f. 41'; D 605 f.
131'/132 (Üb. Index f. 12'); E 541
f. 75'/76; L 413 f. 110b/c.

[1] *Üb. om PSMOEL. – D Üb.:* Quando excommunicationis sententia
lata est post diffinitivam. Super
eodem in non absentem. | eodem]
Rubrica *add H²*

[2] P.] . . *E* : *om L* | milites *L* | . . dio-
cesis] diocesis . . *HE* : diocesis *D*

[3] . . 1° *om ML* | clericus] laicus *V* |
. . diocesis] diocesis . . *E* : *om L* |
debitis *om VHSD*

[4] . . 1° *om D* | archipresbitero] archi-
diacono *E* | sancti . .] sancti *S* :
sancti M. *MO* : de *D* | Parisien. *om*
L

[6] in] id, *v. späterer Hd.* in *einkorr. S* |
eidem] *hinter* 7 diffinitive *OL* : *om E*

[7] volentem *L* | sententiam *EL* | a]
om V : super *einkorr. H*

---

[1] *Paris.*

quibus idem miles ad nostram duxit audientiam appellandum. Quocirca –
mandamus, quatinus, si est ita, excommunicationis sententia, sicut iustum
fuerit, relaxata et in appellationis causa *etc.*; *vel sic* : mandamus, quatinus
eo potius sufficientem cautionem prestante, quod ipsi diffinitive parebit,
si eam constiterit iuste latam, iuxta formam ecclesie sententiam | excommu-
nicationis relaxans eandem | et in appellationis causa procedens legitime
diffinitivam ipsam confirmare vel infirmare appellatione remota procures,
sicut de iure fuerit faciendum; *vel* : eo prius | sufficientem cautionem pre-
stante, quod ecclesie mandatis parebit.

Q 15, 30 *Si vero lata diffinitiva sententia excommunicationis sub conditione
sequatur, si, nisi diffinitive infra certum tempus litigator paruerit et infra
idem tempus et decendium fuerit appellatum, conclusio talis erit* : Mandamus,
quatinus, si est ita, predictam excommunicationis sententiam denunties non
tenere et in appellationis causa *etc.*

10

D f. 132
S f. 32'

L f. 110c

5

---

⁸ dux⁹ *(!) L* | Quocirca *om D*

⁹ si – 10 quatinus *om S* | excommuni-
cationis – 10 quatinus *om P*

¹⁰ et in] *om M, dann marg. v. and. Hd.
einkorr. in huiusmodi* : et *L* | sic]
ita *OEL*

¹¹ eo] et *P* | potius] *v. späterer Hd.
getilgt und durch* prius *ersetzt S* :
prius *MD* | presente *V* : presen-
tante *H* : prestantem *S* | ipse *L* |
parebit] et *add L*

¹² eam] tibi *add H* : *hinter* constiterit
M : esse *add D* | iuxta] iustam *E*

¹³ relaxetis *MOEL* : relaxes *D* | et
om VHO : procedeñ *M*: proceden-
tes *O* : precedent; *EL*

¹⁴ ipsum *H* | procures] procuretis *MO* :
quod *E* : *om L*

¹⁵ et sicut *L* | eo prius] eorum presen-
tante *H* : prius ce *(?) L* | prestante]
om H : prestantem *S* : prestant;
E.

Q 15, 30 *P 469a f. 45'; V 305a f.
37; H 354a f. 41; S 274a f. 32'; M
411a f. 38'; O 437a f. 41'; D 606 f.
132 (Üb. Index f. 12'); E 541a f.
76; L 413a f. 110c.*

¹ *D Üb.* : Quando appellatur a diffinitiva excommunicationis sententia lata sub condicione.

² si] sed *P* : scilicet *MODEL* | nisi]
non *H* | diffinitive] diffinitioni *P* :
om M | litigator – et] paruerit et
litigare proposuit *H* | litigator;
PVSOEL | paruerint *ODEL* | et –
3 erit *om S* | et] nisi *add MOEL*

³ et] scilicet *H* : ad *DL* : a *E* | et
decendium] ad decendium *v. and.
Hd. auf Rasur M* : addecendum
(!) L | decendium] docendum *D* |
erit] *om O* : est *D*

⁴ denunties *PHS* : denunccies *D* :
denunciens *E*

⁵ et *om E.*

Q 15, 31 *Sciendum est similiter, quod iudex aliquando profert sententiam partim pro uno et partim pro alio, et iudex in causa appellationis partim confirmat et partim infirmat, ut inferius exprimitur.*

Quando appellatur a sententia lata partim pro eo et partim contra.

5

Significavit nobis P. de . . clericus Parisien.[1] diocesis, quod, cum ipse . . de . . eiusdem diocesis super quadam pecunie summa et rebus aliis coram . . officiali Parisien.[1] non ex delegatione apostolica traxisset in causam, | idem officialis in causa ipsa procedens partim pro ipso et partim contra ipsum (*vel* contra alium) diffinitivam sententiam promulgavit, a qua dictus P. in eo, quod contra ipsum lata extitit, ad nostram duxit audientiam appellandum (*vel*: ad metropolitani sui audientiam appellavit, *vel*: ad sedem apostolicam appellavit). Quocirca – mandamus, quatinus in huiusmodi appellationis causa | legitime procedens (*vel* procedentes) ipsam in eo, quod

O f. 42
10

D f. 132'

Q 15, 31   *P 470 f. 45'; V 306 f. 37; H 355 f. 41; S 275 f. 32'; M 412 f. 38'; O 438 f. 41'/42; D 608/609 f. 132/132' (Üb. Index f. 12'); E 543 f. 76'; L 415 f. 110c.*

[1] *Davor hat D die Üb.:* Nota novum casum, quando iudex profert sententiam partim pro uno et partim pro alio et iudex appellationis partim infirmat et partim confirmat.| similiter] etiam *P* : *om D* | aliquando iudex *D* | profecit *S*

[2] partim 1° u. 2°] *v. späterer Hd. aus* partium *korr. S* | et 2° *om EL*

[3] confirmavit *S* | infirmavit *S* | infirmat ut *om E* | inferius] superius *L* | exprimitur] exprimetur *P* : exprimetur etc. *D*

[4-5] *Üb. om PSMODEL.* | eo *om H*[2]

[5] contra] Rubrica *add H*[2]

[6] Significavit] Sua *D* | P.] R. *VH* : . . *E* : *om L* | . . 1° *om M* | clericus] laycus *E* | Parisien.] . . *E* : *om L* | diocesis] petitione monstravit *add D* | ipse *om DEL* | . . 2° *om D*

[7] diocesis eiusdem *E*

[8] . . *om D* | Parisien.] Permen. *S* : *om L* | causa *P*

[9] officialis] . . *H* | ipso] se *H*

[10] vel contra alium *om MOL* | vel –

[11] ipsum *om E* | sententiam diffinitivam *H*

[11] nostram – 12 ad 2° *om P* | duxi[9] *(!) L*

[12] sui audientiam] curiam sive audientiam *H* | appellandum *S* | vel 2° –

[13] appellavit *om HM*

[13] Quocirca *om D* | mandamus quatinus *om P*

[14] appellationis causa *v. and. Hd. auf Rasur M* | appellationis *om O* | procedens *(f. 132' D)* legitime *MD* | procedens vel *om O* | vel procedentes *om SMDEL* | ipsam] sententiam ipsam *v. and. Hd. auf Rasur M* : sententiam ipsam *v. and. Hd. marg. einkorr. O* : sententiam ipsam *D* : ipsum *L* | in eo *v. and. Hd. auf Rasur M*

---

[1] *Paris.*

15 contra dictum P. lata extiterit, usuris cessantibus confirmare vel infirmare
appellatione remota curetis, prout de iure fuerit faciendum.

Q 15, 32 *Et si non erit super pecunia vel debitis, non ponatur* usuris
cessantibus.

Et licet P. de . . sit omnino alius ab eodem P. de . ., quorum uterque in
dicta diocesi consistit, predictus tamen B. omisso dicto P. de . ., contra
5 quem, ut predicitur, litteras impetrarat, eundem P. fecit malitiose litterarum
predictarum pretextu coram dicto . . ad iudicium evocari. Ex parte vero
ipsius P. *etc.*

Q 15, 33   Super eodem.

Significavit nobis P. *etc. usque* procedens perperam contra dictum clericum diffinitivam sententiam promulgavit, a qua idem clericus ad Senonen.[1]
curiam, loci metropoliticam, primo et demum, quia . . officialis eiusdem cu-
5 rie finito huiusmodi appellationis articulo sententiam partim pro dicto
clerico infirmavit et partim contra eum etiam confirmavit, a qua in eo,
V f. 37' quod contra ipsum con|firmata extitit, ad sedem apostolicam appellavit.

---

15 dictum *om P* | latum *D* | extitit
SMODEL

16 remota] procures vel *add D* | fuerit
om PV.

Q 15, 32 *P 470a f. 45'; V 306a f.
37; H 355a f. 41; S 275a f. 32'; M
412a f. 38'; O 438a f. 42; D 607 f.
132; E 542 f. 76'; L 414 f. 110c.*

1 Et – 2 cessantibus *om D* | debitis]
decimis *L* | ponantur *P*

3 Et – 7 etc.] *om VH : Nachtrag v.
ders. Hd. O : in DEL vor Q 15, 31*

3 omnino] *v. späterer Hd. aus* omnis
korr. S

4 consistit] *v. späterer Hd. aus* con-
stitit *korr. S* | predicta *ODEL* |
tamen] cum *L* | B.] P. *MOEL* : B.
de . . *D* | emissio *L*

5 impetravit *SDL* | P.] de . . *add D*

6 predictarum] dictarum *S* : dictarum
vor 5 litterarum *MO*

7 etc. *om M.*

Q 15, 33   *P 471 f. 45'; V 307 f. 37/37';
H 356 f. 41; S–; M 413 f. 38'; O 439
f. 42; D 610 f. 132'; E 544 f. 76;
L 416 f. 110c.*

1 *Üb. om PMODEL.* | eodem] Rubri-
ca *add H*[2]

2 Iud. Significavit *MOEL* | P. *om
VHMODEL* | perperam] et *add E*

3 promulgavit] iniquam *add MOEL* |
idem] dictus *M* : de *L* | Senonen.
om L

4 metropolitan. *DE* | demum *om M* |
. . *om HMOD* | eidem *L* | curie]
ecclesie *P*

5 huiusmodi] eiusdem *M* | sententiam
ipsam *add MODEL* | pro dicto]
predicto *P* | dicto] ipso *L*

6 infirmavit *aus* confirmavit *korr. H* |
etiam contra eum *M* | confirma-
vit] infirmavit *E* | quo *M*

7 ipsum] eum *HE* | confirmata] con-
firmavit *P* | appellatum *P*

---

1 *Sens.*

Quocirca – mandamus, quatinus legitime in huiusmodi appellationis causa
ad nos emisse procedens sententiam ipsam in eo, quod contra ipsum confirmata extitit, confirmare vel infirmare *etc.*   10

Q 15, 34 Secunda conclusio.

Sequitur secunda conclusio in causa matrimoniali. Quando vertitur coram
episcopo vel eius officialibus et appellatur a diffinitiva, sic narratur et conclu-
ditur.

| Significavit nobis P. de . . laicus (*vel*: I. de . . clericus in minoribus or-
dinibus constitutus) . . diocesis, quod, | cum | inter ipsum et M. de . .
| mulierem . . diocesis coram . . episcopo (*vel eius* officiali) non ex delegatione
apostolica matrimonii questio verteretur, idem episcopus in huiusmodi
causa procedens (*vel*: idem officialis perperam in huiusmodi causa procedens)
iniquam contra eundem P. diffinitivam sententiam promulgavit, a qua   10
idem P. ad nostram duxit audientiam appellandum. Sed idem episcopus
(*vel* officialis) huiusmodi appellatione contempta excommunicationis tulit sententiam in eundem. Quocirca – mandamus, quatinus, si dictam excommunicationis sententiam post appellationem ad nos legitime interpositam

P f. 46
E f. 76'
M f. 39
L f. 110 d
H f. 41'

---

8 Quocirca *om D* | in *om L* | ad nos
emisse causa *VHMOEL*

9 confirmata *korr. L*

10 exetitit *(!) V* | confirmare *om HL* |
infirmata *H*.

Q 15, 34 *P 472 f. 45'/46 (Üb. Index*
f. 7); V 308a f. 37'; H 357 f. 41/41';
S 276a f. 32'/33; M 414 f. 38'/39;
O 440 f. 42; D 611/12 u. 612a f.
132'/133 (Üb. Index f. 12'); E 545
f. 76/76'; L 417 f. 110c/d; R 21 f. 2.

1 *Üb. om MOEL. – S marg.:* De cau-
sis matrimonialibus. | conclusio]
Rubrica *add H²*: quando in causa
matrimoniali a diffinitiva lata per
episcopum vel eius officialem appellatur *add D*

2 Sequitur] *Initiale nicht ausgeführt*
E | Quando] que *V*

3 . . episcopo *PS* | eius *om MOEL* |
offic̄ *PL* : officiali *D* | a *om V* | sic
narratur *doppelt V* | concluditur]
etc. *add D*

5 Iud. Significavit *OEL* | nobis *om R* |
laicus] diocesis *add D* | vel – in
om D | vel) ul̄i *(!) S* | . . 2° *om M* |
clericus] laicus *R* | ordinibus] arb;
(!) L

6 . . diocesis] diocesis *D* : diocesis . .
E | M . . S | . . 2° *om D*

7 ex *om V* | delagatione *(!) S*

8 matrimonii] mr̄iom *(!) L* | in –
9 procedens 1° *om R* | huiusmodi
om D

9 vel – procedens 2° *om MODE (hier*
marg. einkorr.) | idem] eius *R* |
causa huiusmodi *E*

10 diffinitivam *om M*

11 idem] dictus *O (korr.) EL* : dictus
add R

12 officialis] eius offic; *E* | contenta
E | sententiam tulit *D*

14 ad nos *om E* | interpositam] inter-
iectam *MOEL* : interiectam vel
interpositam *R*

| inveneris esse latam, denunties eam penitus non tenere et de diffinitiva ipsa cognoscens legitime, quod canonicum fuerit, appellatione remota | decernas, faciens, quod decreveris, per censuram ecclesiasticam firmiter observari. Dat. *etc.*

20   *Nota, quod clausula illa* Testes *numquam ponitur, quando agitur super causa matrimoniali.*[1]

Et est sciendum, quod nulli alii scribitur nisi episcopis vel archiepiscopis in causis matrimonialibus.[2]

Q 15, 35 *Si autem causa matrimonialis vertatur coram archidiacono vel decano, narrabitur sic :*

Significavit nobis P. de .. clericus .. diocesis, quod, cum inter ipsum et A. de .. mulierem .. diocesis coram .. archidiacono (*vel* decano *seu* officiali
5   archidiaconi *vel* decani), ad quem causarum matrimonialium cognitio in archidiaconatu suo, in quo dictus P. consistit (*vel*: in quo partes ipse consistunt), de antiqua et approbata et hactenus pacifice observata consuetu-

---

[15] de – ipsa] diffinitivam ipsam *S*
[17] facies *D*
[18] Dat. etc.] Testes etc. *P* : *om VH* : Datum etc. *SEL* : Dat. *MO* : etc. *D*
[19] Nota – 22 matrimonialibus *om R* | Testes] etc. *add DEL* | numquam] non *MO* : iniquam *D* | quando agitur *om L*
[20] matrimoniali] etc. *add D*
[21] sciendum] notandum *EL* | nulli – scribitur *v. and. Hd. auf Rasur M* | episcopis – 22 matrimonialibus] in huiusmodi causa matrimoniali quod archiepiscopis vel episcopis *(Schluß !) M* | archiepiscopis vel episcopis *OEL* | vel archiepiscopis *doppelt V*
[22] in causis matrimonialibus *om OEL.*
Q 15, 35 *P 472a f. 46; V 308b f. 37'; H 358 f. 41'; S 276b f. 33; M 415 f. 39; O 441 f. 42; D 613 f. 133 (Üb. Index f. 12'); E 546 f. 76'; L 418 f. 110d.*

[1] *H*[2] *Üb.*: Nota. Rubrica. – *D Üb.*: Quando appellatur a diffinitiva lata. Nota per archidiaconum vel decanum vel officialem eorum.
[3] Iud. Significavit *MODEL* | P.] A. *S* | clericus] laycus *E* | .. diocesis] diocesis .. *S* : in minoribus ordinibus constitutus *add D* | ipsum .. *D*
[4] A.] I. *MODEL* | de ..] *om VH* : de *E* | mulierem] de .. *add H* : militem *L* | .. diocesis] diocesis .. *H* : diocesis *SOD* | .. 3° *om MOD* | vel *om M* | .. decano *E* | seu – 5 decani *om VH* | seu] vel *MD* : .. *add E*
[5] .. archidiaconi *O* | decani] decano *S* : seu officiali de .. *add D*
[6] archidiaconatu] vel decanatu *add D* | partes ipse *v. and. Hd. auf Rasur M* | parte *S* | ipse *om OEL* | consistunt *om D*
[7] approbata et antiqua et approbata *(letzteres getilgt) E*

---

[1] *Vgl. N 62, 3; dazu Herde, Zeugenzwang, in: Traditio 18, 272f. u. Bd. 1 S. 223.*
[2] *Vgl. N 34 Zusatz a u. b, dazu Bd. 1 S. 200.*

dine pertinet, non ex delegatione apostolica matrimonii questio verteretur, idem archidiaconus (*vel* decanus *sive* officialis) perperam in huiusmodi causa procedens *etc.*

Et si appellatur ad metropolitanum et metropolitanus confirmat, conclusio propter hoc non mutatur, ut supra in precedenti.[1] *Et de sentencia excommunicationis fiat, sicut in prima narratione est expressum superius.*[2]

Q 15, 36   Tertia conclusio.

Sequitur tertia conclusio. Si causa vertitur coram aliquo ordinario vel iudice delegato et primus iudex profert sentenciam | *diffinitivam pro una parte et alia pars appellet et iudex appellationis infirmet sentenciam, sic narrabitur et concludetur :*

| Significavit nobis P. de . . laicus Parisien.[3] diocesis, quod, cum I. de . .

D f. 133'

V f. 38

---

[8] pertinet *om EL* | matrimonii *om P* | verteretur] tractaretur *H*

[9] decanus sive *om D* | sive] seu *MOEL* | in *om M* | huiusmodi] appellationis *add L*

[10] etc.] iniquam contra eundem P. diffinitivam sentenciam promulgavit a qua idem P. ad nostram duxit audientiam appellandum. Sed idem decanus etc. ut supra *D*

[11] Et *doppelt E* | appelletur *D* | confirmat] confirmet et ab eo de uno appelletur *D*

[12] ut supra *om L* | Et] etiam *H* : sed *L*

[13] fiat] fuit *EL* | narratione] ratione *H* | superius] etc. *add D.*

Q 15, 36   *P 473 f. 46 (Üb. Index f. 7); V 309 u. 310 a f. 37'/38; H 359 f. 41'; S 277 a f. 33; M 416 f. 39; O 442 f. 42; D 614 f. 133/133' (Üb. Index f. 12'); E 547 f. 76'; L 419 f. 110 d; R 80 f. 7'.*

[1] *Üb. om OEL, in M marg. v. anderer Hd. – S marg.:* De processibus confirmandis et reprobandis. *– O marg. v. Hd. saec. XV ex.:* Non sic hodie scribitur.

[2] Sequitur] *Initiale nicht ausgeführt E* | Sequitur – 5 concludetur *om R* | causa] tamen *S* | vertatur *VHS MODEL* | vel *om MOEL*

[3] iudice *om SMOEL*

[4] alia pars] tertia *VH* : altera *SMO* : alter *D* : ex altera *EL* | appellatur *E* | infffirmat *S* : infirmat *MODEL* | sic *om EL*

[5] concludetur] conclusio detur *S*

[6] *Davor haben VH*[2] *die Üb.:* Quando appellatur a sentencia lata per officialem ordinarii ad (et a *H*[2]) metropoliticam curiam que curia in - | *(f. 38 V)* firmat sentenciam primam et deinde appellat ad papam. – *Hierhin gehört auch der zweite Teil der Üb. in D (Index):* Quando appellatur a diffinitiva lata per officialem ordinarii ad metropolitanum et denuo ab ipso officiali ipsam confirmante appellatur ad papam. – *R Üb.:* Quando appellatur a sentencia lata per officialem ordinarii ad metropolitanum et officialis eiusdem dictam sentenciam confirmavit, a qua appellatur ad pa-

---

[1] *Q 15, 34.*   [2] *Q 15, 28.*   [3] *Paris.*

clericus .. diocesis ipsum super quadam pecunie summa et rebus aliis
coram .. officiali Parisien. non ex delegatione apostolica traxisset in causam, idem officialis cognitis ipsius cause meritis et iuris ordine observato
10 pro dicto P. diffinitivam sententiam promulgavit, a qua dictus I. ad Senonen.[1] curiam, loci metropoliticam, appellavit, et officialis eiusdem curie in
huiusmodi appellationis causa procedens perperam sententiam contra iustitiam infirmavit eandem. Quocirca – mandamus, quatinus de utroque processu legitime cognoscentes illum, quem legitimum inveneritis, usuris
15 cessantibus sublato appellationis obstaculo approbetis, reliquo, sicut iustum
fuerit, infirmato (*vel* reprobato).

Et si super pecunie summa vel debitis non agatur, non ponatur usuris
cessantibus.

Q 15, 37 Significavit nobis P. de .. laicus .. diocesis, quod, cum I. de ..

H f. 42 laicus eiusdem diocesis *(vel alterius)* ipsum super quadam | pecunie summa
et rebus aliis coram .. officiali Parisien.[2], ad quem huiusmodi causarum

pam. | Iud. Significavit *MODEL* |
P.] A. *R* | Parisien. diocesis *om EL* |
Parisien. *einkorr. P* | cum I. *om L* |
I.] B. *R* | .. 2° *om ME*

[7] .. diocesis] diocesis .. *H* : *om MEL* :
diocesis *D* | et rebus aliis *om D*

[8] .. *om OD* | Parisien. *om L*

[10] pro dicto P.] contra dictum P. *MO* :
contra dictum I. *EL* | P.] et contra
dictum I. *add D* : A. *R* | I.] A.
PS : *om V* : .. *H* : P. *v. anderer
Hd. einkorr. M* : B. A. *R* | Seno-
nen.] Sen. *H* : Senen. *S* : *om L*

[11] metropolitan. *DE* | et] Sed *MOELR* |
curie] perperam *add M (v. anderer
Hd. einkorr.) DLR*

[12] huiusmodi – causa *v. anderer Hd.
auf Rasur M* | causa appellationis
D | perperam *om MDLR*

[13] eandem] propter *(om D)* quod pro
parte dicti Petri ad sedem apostolicam extitit appellatum *add M (v.
anderer Hd. marg. einkorr.) D*

[14] cognoscens legitime *MODELR* |
cognoscens *VH* | illum – legitimum

v. anderer Hd. auf Rasur M | legi-
timum] legitime *VH* : legittimum
D | inveneris *PVHMODELR*

[15] sublato – obstaculo] appellatione
remota *MOEL* | obstaculo] appel-
latione remota *add VH* | appel-
MODELR | reliquum *(!) E*

[16] infirmato vel *om MOEL* | repro-
bato] reprobes *H* : etc. *add ODELR*

[17] Et – 18 cessantibus *om MODELR*.

Q 15, 37 *P 474 f. 46; V 310b f. 38;
H 360 f. 41'/42; S 277b f. 33; M
417 f. 39; O 443 f. 42/42'; D 615 f.
133' (Üb. Index f. 12'); E 548 f.
76'/77; L 420 f. 110d; R 140 f. 14.*

[1] *Davor in D die Üb.:* Quando a
diffinitiva lata inter laicos per officialem, ad quem causarum cogni-
tio etc. | Iud. Significavit *OEL* |
.. diocesis] diocesis .. *HE* | I.]
B .. *R*

[2] eiusdem] .. *MOE* : *om L* | vel alte-
rius *om MODELR* | quadam *om PL*

[3] .. *om VHMOD* | Parisien.] .. *E* :
om L

cognitio in civitate et diocesi Parisien.[1] de antiqua et approbata et hactenus
pacifice observata consuetudine pertinet, non ex delegatione | apostolica   *O f. 42'*
traxisset in causam *etc. ut | in precedenti*.[2]   *E f. 77*

Q 15, 38 | *Et si est coram archidiacono vel decano vel eorum officiali,*   *S f. 33'*
dicatur sic :   *L f. 111a*
Significavit nobis P. de . . laicus . . diocesis, quod, cum I. de . . clericus
(*vel* laicus) . . diocesis ipsum super quadam pecunie summa | et rebus aliis   *D f. 134*
coram . . archidiacono (*vel* decano, *vel* coram . . officiali . . archidiaconi *vel*
decani), ad quem huiusmodi causarum cognitio in archidiaconatu (*vel* de-   5
canatu) suo, in quo dictus P. consistit (*vel*: in quo partes consistunt), de
antiqua et approbata et hactenus *etc. ut in precedenti*.[3]

Q 15, 39 Significavit nobis P. et *etc. ut in tertia precedenti*[2] *usque* ad
audientiam appellavit et super appellatione huiusmodi ad . . canonicum
| ecclesie de . . nostras litteras impetravit, qui in huiusmodi appellationis   *P f. 46'*
causa procedens perperam sententiam contra iustitiam infirmavit eandem.
Quocirca – mandamus, quatinus de utroque processu legitime cognoscentes   5

---

4 Parisien. *om L* | et 1° – 5 observata]
  etc. usque *M* | et 2° – 5 observata]
  etc. usque *OEL*
5 pertinet *om PH*.

Q 15, 38   *P 475 f. 46; V 310c f. 38;*
  H 361 f. 42; S 272c f. 33'; M 418 f.
  77; O 444 f. 42'; D 615a/616 f.
  133'/134; E 549 f. 77; L 421 f. 111a.
1 *H² Üb.*: Nota. | est *om M* | . . archi-
  diacono *VO* | eorum *om L*
2 dicatur] narratur *MO (korr.) EL* :
  narrabitur *D*
3 Iud. Significavit *MODEL* | laicus –
  I. de . . *om L* | laicus] clericus *D* |
  . . diocesis] diocesis . . *E* | laicus
  vel clericus *SMOEL*
4 . . diocesis] diocesis . . *HE* : diocesis *D*
5 . . 1° *om HSODE* | vel 1° – 6 decani
  om D | . . decano *P* : decano . . *H* |
  vel 2° – 6 decani *om H* | coram
  officiali archidiaconi *MOE* | coram
  officiali *S*

6 cognitio causarum *L*
7 partes] ipse *add M (v. anderer Hd.*
  marg. einkorr.) D
8 et 1° – hactenus *om MOEL* | et
  hactenus *om D*.

Q 15, 39   *P 476 f. 46/46'; V 310d f.*
  38; H 362 f. 42; S–; M 419 f. 39;
  O 445 f. 42'; D 617 f. 134 (Üb.
  Index f. 13); E 550 f. 77; L 422 f.
  111a.
1 *H² Üb.*: Nota, – *D Üb.*: Quando
  appellatur ad papam et iterum a
  delegato ad papam. | Iud. Signifi-
  cavit *MOD* | et] *om VHMOEL* :
  de . . *D* | etc. *om D* | precedente *L* |
  ad *om D*
2 ad . .] ad I. *MOEL* : *om D*
3 de . .] . . *H* : *om L* | impetraverit *O* |
  que *L* | in *om D*
4 confirmavit *EL*
5 Quocirca *om D* | cognoscens legi-
  time *H* | recognoscentes *EL*

---

1 *Paris.*   2 *Q 15, 36.*   3 *Q 15, 37.*

illum, quem legitimum inveneritis, sublato appellationis obstaculo approbetis, reliquo, sicut iustum fuerit, reprobato.

Q 15, 40   Quarta conclusio.

Sequitur quarta conclusio. Si aliquis petat confirmari sententiam diffinitivam, sic narrabitur et concludetur, ut inferius exprimetur.

Significavit nobis P. de .. clericus (*vel* laicus) .. diocesis, quod, cum
5 ipse I. de .. clericum (*vel* laicum) .. diocesis super quadam pecunie summa
et rebus aliis coram I. canonico ecclesie .. auctoritate litterarum nostrarum
V f. 38' traxisset in causam, idem canonicus cognitis ipsius | cause meritis et iuris
ordine observato pro dicto P. diffinitivam sententiam promulgavit. Quare
dictus P. nobis humiliter supplicavit, ut eandem sententiam robur faceremus
10 firmitatis debitum obtinere. Quocirca – mandamus, quatinus sententiam
M f. 39' ipsam, sicut est iusta, facias | per censuram ecclesiasticam appellatione
remota inviolabiliter observari (*vel*: firmiter observari).

D f. 134' *Vel narra, ut in precedentibus | sicut erat.*

---

⁶ legitimum *om L* | inveneris *HL* | obstaculo] vel appellatione remota *add D* : obstaculi *L* | approbatis *L* ⁷ reprobato] vel infirmato *add D*.

Q 15, 40 *P 477 f. 46' (Üb. Index f. 7); V 311a f. 38/38'; H 363 f. 42; S 278a f. 33'; M 420 f. 39/39'; O 446 f. 42'; D 618 f. 134/134' (Üb. Index f, 13); E 551 f. 77; L 423 f. 111a.*
¹ *Üb. in V vor der Formel. – H² Üb. vor der Formel*: Quarta conclusio et confirmatio sententie. Rubrica. – *M Üb. marg. v. anderer Hd. einkorr. – Üb. om OEL.* | conclusio] quando petitur confirmari diffinitiva lata super pecunie summa per delegatum a papa *add D*
² Sequitur] *Initiale nicht ausgeführt E*
³ sic] se *D* | narretur *VHSMODEL* | et] sic *add VSMOEL* | concluda-

tur *MOE* : concluditur *L* | ut *om H* | exprimitur *VHSMOEL*
⁴ *V marg. v. anderer Hd.*: Confirmatio sententie. – *S marg.*: De confirmationibus sententiarum. | Iud. Significavit *MOD* | laicus vel clericus *VH* | .. diocesis] diocesis .. *HE* : *om D*
⁵ I.] Iohannem *D* | .. diocesis] S. diocesis *P* : .. diocesis .. *H*
⁶ I.] .. P : B. de .. *D* | ecclesie] de *add D* | .. *om E* | nostrarum litterarum *H*
⁷ in causam traxisset *H* | ipsi *L*
⁸ servato *M* | pro dicto] predicto *D* : quod dictus *L*
¹⁰ firmitatis *om S*
¹¹ faciens *H*
¹² vel firmiter observari *om PHSEL*
¹³ narratur *P* | ut] sicut *H* | precedenti *PH* | erit etc. *D*.

Q 15, 41 *Et est sciendum, quod aliquando confirmantur due sententie simul, videlicet diffinitiva et sententia excommunicationis, et tunc narrantur et concluduntur sic :*

Conclusio, quando excommunicationis et diffinitiva sententie confirmantur. 5

Significavit nobis P. de .. clericus .. diocecis, quod, cum I. de .. laicus .. diocesis ipsum super quadam pecunie summa et rebus aliis coram .. officiali Parisien.[1] non ex delegatione apostolica traxisset in causam, idem officialis cognitis ipsius cause meritis et iuris ordine observato pro dicto P. diffinitivam et in eundem I. pro eo, quod huiusmodi diffinitive, a qua infra 10 tempus legitimum non duxerat appellandum, parere contumaciter non curavit, excommunicationis sententiam exigente iustitia promulgavit. Quare dictus P. nobis humiliter supplicavit, ut easdem sententias robur faceremus firmitatis debitum obtinere. Quocirca – mandamus, quatinus sententias ipsas, diffinitivam videlicet, sicut est iusta, usuris cessantibus monitione 15

Q 15, 41 *P 478 f. 46' (Üb. Index f. 7); V 311b f. 38'; H 364 f. 42; S 278b f. 33'; M 421 f. 39'; O 447 f. 42'; D 619 f. 134' (Üb. Index f. 13); E 552 f. 77; L 424 f. 111a; R 81 f. 7'/8.*

[1] *D Üb.*: Quando diffinitiva et excommunicationis sententia in eum, qui diffinitive non paruit, lata per officialem petuntur confirmari. | Et – 5 confirmantur] Quando quis petit confirmari sententias latas per officialem non ex delegatione apostolica super peccunie summa et rebus aliis et quia non paruit ipsum excommunicatum *R* | sciendum est *VHSOEL* | due – 2 videlicet *om D*

[2] sententia *vor* diffinitiva *L* | excommunicationis sententia simul *D* | tunc] cum *H* | narrentur et concludantur sic *VSO* : narretur et concludr̄ sic. Rubrica *H*[2]: narretur

et *(om M)* concludetur sic *MEL* : narratur et concluditur sic *D*

[4] Conclusio – 5 confirmantur *om VHMODEL* | diffinitionis *P* | sententia *S*

[6] Iud. Significavit *MO* | P.] A. *R* | .. diocesis] diocesis .. *HE* : *om R* | I.] B. *DR* : A. *EL*

[7] .. diocesis] diocesis *D* : diocesis .. *E* | .. 2° *om D*

[8] Parisien. *om L*

[9] cognitis *om M* | servato *ME* | pro dicto] predicto *L* | P.] A. *R*

[10] I.] P. *H* : B. *DR* | diffinitive *aus* diffinitiva *korr. H*

[11] duxerit *DL* | non curavit] denegavit *MOEL*

[12] sententias *MOELR* | Quare] quatinus *D*

[13] P.] A. *R* | faceremus robur *M*

[14] Quocirca *om DR* | ipsas sententias *P*

---

[1] *Paris.*

premissa per censuram ecclesiasticam, excommunicationis vero, sicut rationabiliter est prolata, facias auctoritate nostra usque ad satisfactionem condignam | appellatione remota inviolabiliter observari.

R f. 8

Q 15, 42 *Sciendum est etiam, quod, si tales sententie late fuerint in aliquam personam habentem ordinem sacerdotii, et sic excommunicatus nichilominus celebrat, narrabitur | sic et sic concludetur :*

H f. 42'
L f. 111b

| Significavit nobis P. de . . clericus (*vel* laicus) . . diocesis, quod, cum
5 ipse . . de . . presbiterum . . diocesis super terris, possessionibus et rebus
S f. 34 aliis *etc. ut in aliis proximis precedentibus* |[1] *usque* promulgavit. Sed idem
presbiter huiusmodi excommunicationis sententiam per annum et amplius
E f. 77' animo | sustinens indurato sic ligatus divina officia celebrare, quin potius,
D f. 135 quantum in eo est, prophanare, presumit in anime sue | periculum, pluri-
10 morum scandalum et ecclesiastice discipline contemptum ac ipsius P.
preiudicium et gravamen. Quare dictus P. nobis humiliter supplicavit, ut
easdem sententias robur firmitatis faceremus debitum obtinere dictumque
presbiterum pro excessu huiusmodi pena puniri canonica faceremus. Quocirca – mandamus, quatinus sententias ipsas *etc. ut in proxima*[1] *usque*

---

[16] ecclesiasticam *om L* | et excommunicationis *L*
[17] satisfacionem *(!) V*
[18] appellatione remota *om P* | observari] *etc. add H.*

Q 15, 42   *P 478a f. 46'; V 311c f. 38'; H 365 f. 42/42'; S 278c f. 33'/ 34; M 421a f. 39'; O 448 f. 42'; D 620 f. 134'/135 (Üb. Index f. 13); E 553 f. 77/77'; L 424a f. 111a/b; R 81 (Schluß) u. 82 f. 8.*
[1] *D Üb.:* Super eodem addito per lata *(!)* fuerunt in presbiterum, qui sit ligatus per annum, inmiscuit se divinis. – *R Üb. vor der Formel:* Quando petitur confirmari sententia excommunicationis lata in illum, qui eam per annum substinuit et inmiscuit. | si *om D* | fuerint late *E :* fuerunt *D*
[2] sacerdotii *om D* | et sic] *etc. L* | sic] sit *R* | nichilominus] et nichilominus *DR :* non *E*

[3] celebret *HD* | sic narrabitur *DR*
[4] Iud. Significavit *MO* | P.] . . *H :* A. *R* | laicus (. . *add M*) vel (quod *L*) clericus *VHSMOEL* | cum *om D*
[5] . . de . .] Iohannem de . . *D :* B. de . . *R* | presbitero *MO* | . . diocesis] diocesis . . *S :* om *D* | super] sub *M* | terris] debitis *add PMOR* | possessionibus] pe *(!) D*
[6] aliis] coram *add EL* | ut] vel *E* | proxime *MD :* proxiₘ *EL*
[8] animo] non *D* | substinens *VR* | sic] sit *D* | quin] quinimo *D*
[10] scandalum] *vor 9* plurimorum *MO :* om *E* | et om *D* | ecclesie *VHL* | P.] A. *R*
[11] iudicium *D* | P.] A. *R*
[12] faceremus *om DR* | dictumque – 13 faceremus *om H*
[13] pro] quod *L :* non pro *R* | puniri pena *S*
[14] sententiam ipsam *E*

---

[1] *Vgl. Q 15, 41.*

observari. Super eo vero, quod idem presbiter sic ligatus divina officia 15
celebrare presumit, sicut superius est expressum, quod canonicum fuerit,
appellatione remota (*vel* postposita) decernatis, facientes, quod decreveritis,
per censuram ecclesiasticam firmiter observari. Dat. *etc. Sine* Testes *etc.*[1]

Q 15, 43   Quinta conclusio.

Sequitur quinta conclusio. Sciendum est, quod aliquando petitur solummodo
confirmari sententia excommunicationis, et tunc narrabitur et concludetur sic :
| Significavit nobis N. de . . clericus (*vel* laicus) . . diocesis, quod, cum   *V f. 39*
ipse I. de . . presbiterum . . diocesis super terris, possessionibus et rebus   5
aliis coram . . priore sancti . . de . . . . diocesis auctoritate litterarum nostrarum traxisset in causam, idem prior in eundem presbiterum pro eo, quod
citatus legitime in prefixo sibi termino peremptorio competenti com|parere   *O f. 43*
coram eo contumaciter non curavit, propter huiusmodi contumaciam mani-
festam excommunicationis sententiam exigente iustitia promulgavit. Sed   10
idem presbiter sententiam ipsam per annum *etc. usque* gravamen.

---

15 idem] dictus *H* | sic] sit *D*
16 presumpsit *HS* | sicut] ut *H*
17 vel postposita *om P* | decernas *H* |
faciens *PH* : faciendum *S* : facit;
L | decreveris *H* : decreveratis *D* :
decernit; *L*
18 Dat. etc.] Datum *SL* : *om MD* |
Dat. – etc. 2°] Testes etc. Dat.
etc. *O* | Sine – etc. 2°] Testes non
datur *D* : Testes etc. non *R* | Sine]
sive *P* : *om MEL* | etc. 2° *om S*.

Q 15, 43   *P 479 f. 46' (Üb. Index f.*
7); V 312 f. 38'/39; H 366 f. 42;
S 279 f. 34; M 422 f. 39'; O 449 f.
42'/43; D 621 f. 135 (Üb. Index f.
13); E 554 f. 77'; L 425 f. 111b; R
83 f. 8 (nur die Note).
1 *Üb. om HOEL. – Üb. marg. M. –*
D Üb.: Quinta conclusio. Quando
petitur confirmari sententia excommunicationis lata in presbiterum propter contumaciam per dele-
gatum a papa.

2 Sequitur] *Initiale nicht ausgeführt*
E | est *om M*
3 confirmari *om M* | sententiam *EL* |
narrabatur *H²* | concluditur *PH²* |
sic] Rubrica *add H²* : *om L*
4 Significavit – *Schluß om R* | Iud.
Significavit *MO* | nobis *om S* | N.]
. . *P* : P. *MODEL*
5 I.] A. *VH* | . . diocesis] diocesis . .
H : diocesis *DE* | terris] debitis *add*
MO
6 . . 1° *om D* | priorem *L* | sancti . .
om HMD | . . diocesis] diocesis . .
H : diocesis *DE* | nostrarum lit-
terarum *H*
7 prior] presbiter *M*
8 prefisso *V* | peremptor; *PM* :
peremī *VH* : perempt; *SDEL*
9 eo] . . *H* : et *L*
11 annum] et amplius *add V* : amplius
add D | etc.] ut supra prox *add D* |
usque] ad *add D*.

---

1 *Vgl. N 62, 19; dazu oben S. 503 Anm. 1.*

P f. 47   **Q 15, 44** *Si excommunicatus celebret, ut supra;*[1] *| et si non, post promul-*
gationem narretur sic :

Quare dictus N. nobis humiliter supplicavit, ut eandem sententiam robur
faceremus firmitatis debitum obtinere. Quocirca – mandamus, quatinus sen-
5   tentiam ipsam, sicut rationabiliter est prolata, facias auctoritate nostra
usque ad satisfactionem condignam appellatione remota inviolabiliter observari.

Et si celebraverit excommunicatus, ut predicitur, ponatur : Super eo vero,
etc. ut in proxima precedenti.[1]

Q 15, 45 Sexta conclusio.

D f. 135'   *| Sexta conclusio, quando appellatur a gravamine. Sciendum est, quod sepe*
a diversis gravaminibus appellatur et quandoque propter exceptionem dilato-
riam non admissam, quandoque propter peremptoriam.

5   *Si propter exceptionem dilatoriam gravamen illatum est et appellatur, sic*
narratur et concluditur :

Q 15, 44   *P 479a f. 46'/47; V 312a*
f. 39; H 366a f. 42'; S 279a f. 34;
M 422a f. 39'; O 449a f. 43; D
621a f. 135; E 554a f. 77'; L 425a
f. 111b.
¹ post] potest *VEL* | promulgatio-
nem] promulgavit *D*
² narretur] narrabitur *D* : narret *EL*
³ N.] P. *MODEL*
⁵ ipsam *om E* | probata *D* | faciatis
MOEL | nostra *om V*
⁹ proximo *D* | precedenti] etc. *add L.*

Q 15, 45   *P 480 f. 47 (Üb. Index f.*
7); V 313a f. 39; H 367 f. 42'; S
280a f. 34/34'; M 423 f. 39'; O 450
f. 43; D 622 f. 135' (Üb. Index f.
13); E 555 f. 77'; L 426 f. 111b/c;
R 114 f. 11'.
¹ *Üb. om MOEL. – D Üb.:* Sexta
conclusio. Quando ante sententiam
appellatur propter dilatoriam non
admissam. – *R Üb.:* De fide in-

strumentorum. | conclusio] Rubrica
add H²
² Sexta – 6 concluditur] Quando appellatur ante sententiam a delegato a papa propter exceptionem
dilatoriam non admissam ex eo,
quod petiit sibi decerni copiam ac-
torum in publicam formam *R* | Seta
(!), Initiale nicht ausgeführt E |
Sciendum] secundum *D* | sepe] se
L
⁴ non – 5 dilatoriam] *om S* : *marg.*
einkorr. E
⁴ admissam] et *add VHMODEL* |
propter *om P* | peremptor; *E*
⁵ Si *einkorr. H* | et *om V* | appelletur
SMO | sic] *auf Rasur v. and. Hd.*
M : et sic *OE* : etc. *L*
⁶ narretur et concludatur *VHS* : narrabitur et concludetur *MO* : narra-
tur et concludetur *D* | et] sic *add*
L

---

¹ Q 15, 43.

Significavit nobis N. de .. clericus .. diocesis, quod, cum ipse I. de ..
laicum .. diocesis super terris, debitis, possessionibus | et rebus aliis coram   *L f. 111c*
.. canonico Parisien.[1] auctoritate apostolica traxisset in causam, idem N.
sentiens ex eo ab ipso canonico indebite se gravari, quod acta iudicii coram   10
eo exhibita, per que causa instruebatur eadem, in autenticam scripturam
redigi facere contra iustitiam denegavit humiliter requisitus, ad sedem
apostolicam appellavit. Quocirca – mandamus, quatinus, si est ita, revocato
in statum debitum, quicquid post appellationem huiusmodi inveneris
temere attemptatum, | in causa ipsa iuxta priorum continentiam litterarum   *S f. 34'*
appellatione remota previa ratione procedas, alioquin partes ad prioris
iudicis remittas examen appellantem in expensis legitimis condempnando.
Testes ⟨non⟩.[2]

Q 15, 46 *Si vero feratur sententia excommunicationis post appellationem,*
dicatur sic, si fuerit inter laicos causa :

| Significavit nobis P. de .. laicus .. diocesis, quod, cum ipse I. de ..   *M f. 40*

---

[7] *Dazu marg. V (v. anderer Hd.) H²:*
Super eo, quod recusat acta (coram
? H²) facere publicari (Rubrica add
H²). | Iud. Significavit *MO* | N.]
.. *S* : P. *MODEL* : A. *R* | .. dio-
cesis] diocesis .. *HE* | cum v. and.
Hd. *auf Rasur M* | I.] Iohannem *D* :
B. *R*

[8] .. diocesis] diocesis .. *H* : .. *M* |
debitis *om D* | coram ..] .. coram ..
M : coram *D*

[9] Parisien.] Pariens; *D* : *om L* | auc-
toritate *om D* | N.] .. *S* : P.
MODEL : A. *R*

[10] ab ipso] ab eodem *H* : *doppelt E* |
indebite] *einkorr. P* : *v. and. Hd.*
einkorr. E | gravari] pro eo *add P* |
coram eo] eorum et *E*

[11] exhibita] habita *MODELR* | que]
ꝗ; *(!) L* | instituebatur *EL* | auc-
tenticam *OE*

[12] indigi *D*

[13] revocato] reuoto *mit übergeschr. a*
M : *korr. O*

[14] huiusmodi appellationem *H*
[15] ipsa causa *MOEL*
[17] appellantem – *Schluß*] appelañ etc.
(v. and. Hd. korr.) M : appellationem etc. *E (zusammengeflossen mit*
Q 15, 46) | appellantur *O* | in –
Schluß] om *O* : etc. *L* | legitime *PS* :
legittimis *D*
[18] non *scr.*] etc. *PVHSD.*

Q 15, 46 *P 480a f. 47; V 313b f.*
39/39'; H 368 f. 42'/43; S 280b f.
34'; M 424 f. 39'/40; O 451 f. 43;
D 623 f. 135'/136 (Üb. Index f.
13); E 556 f. 77'/78; L 427 f. 111c;
R 114 f. 11' (nur die Note).

[1] *H² Üb.:* Quando appellatur a gravamine. Rubrica. – *D Üb.:* Quando
ante sententiam appellatur propter
dilatoriam non admissam. | Si –
appellationem *om HMOEL*
[3] *Dazu S marg.:* Quando causa non
vertitur ex delegatione apostolica. |
P.] .. *E* : *om L* : A. *R* | .. diocesis]
diocesis .. *H*

---

[1] *Paris.*   [2] *Vgl. oben S. 503 Anm. 1 u. S. 525 Anm. 1.*

laicum eiusdem diocesis super terris, debitis, possessionibus et rebus aliis

E f. 78 coram . . officiali Parisien.,[1] ad quem huiusmodi causarum cognitio | in
civitate et diocesi Parisien. de antiqua et approbata et hactenus pacifice

H f. 43 observata consuetudine pertinet, non ex delegatione apostolica traxisset | in
causam, idem P. *etc. ut supra usque* appellavit *ut in precedenti.*[2] Sed idem
officialis huiusmodi appellatione contempta tulit excommunicationis sen-

10 tentiam in eundem. Quocirca – mandamus, quatinus, si dictam excommuni-

D f. 136 cationis sententiam post ap|pellationem huiusmodi inveneris esse latam,

V f. 39' denuntians eam penitus non | tenere ac revocato in statum debitum,
quicquid tibi constiterit post appellationem eandem temere attemptatum,
audias causam et appellatione remota debito fine decidas, faciens, quod

15 decreveris, per censuram ecclesiasticam firmiter observari, alioquin partes
ad prioris iudicis *etc.* appellantem *etc.* Testes ⟨*non*⟩.[3]

Q 15, 47 *Et hoc, quando appellatur ab ordinario vel eius officiali; sed si
auctoritate apostolica, dicatur ut in precedenti*[4] *usque* quatinus, si dictam
excommunicationis sententiam *etc. usque* attemptatum, in causa ipsa *etc. ut
in precedenti.*[4]

---

[4] et rebus aliis] etc. *add P* : etc.
VSMOEL

[5] . . *om HD* | Parisien. *om L* | quem]
in *add L* | cognitio *om E* | in – 7
consuetudine *om H*

[6] Parisien.] Pariensien. *(!) D* : *om L* |
approbata et antiqua *D* | actenus
E

[7] pertinet] etc. *add H*

[8] etc. ut supra *om L* | ut supra *om
MOE* | usque *om PD* | ut in pre-
cedenti *om D*

[9] contempta] concepta *D* | sententias
E

[12] denuncies *PHSD* | penitus *om P* |
non tenere *om D* | ac – 13 at-
temptatum *om PVH* | revocans
MODEL

[13] tibi constiterit *om MODEL* | ean-
dem] inveneris *M* : inveneris *add
ODEL*

[14] et *om H*

[15] per – firmiter] etc. usque *H*

[16] prior; iudices *L* | iudicis] remittas
add E | appellantem etc.] *om VD* :
appellatione etc. *ME* | non *scr.*]
etc. *PVHSMODL* : etc. Dat. etc.
E.

Q 15, 47 *P 480b f. 47; V 313c f. 39';
H 368a f. 43; S 280c f. 34'; M 424a
f. 40; O 451a f. 43; D 623a f. 136;
E 556a f. 78; L 427a f. 111c.*

[1] *Dazu S marg.*: Et si agatur super
pecunia, dicatur ,,usuris cessanti-
bus". | officiali eius *D* | sed *om
H*

[2] usque – 4 precedenti] prox̄ *D* | dic-
tam *doppelt H*

[3] sententiam *om P* | attemptatum]
censuram *VH* | ut] usque *M*.

---

[1] *Paris.*   [2] *Q 15, 45.*
[3] *Die Testes-Klausel entfällt, vgl. S. 503 Anm. 1 u. ö.*   [4] *Q 15, 45.*

Q 15, 48 Significavit nobis P. de . . clericus (*vel* laicus) Parisien.[1] diocesis, quod, cum ipse A. et B. de . . clericos et C. et D. de . . laicos eiusdem diocesis super terris, debitis, possessionibus et rebus aliis coram . . archidiacono (*vel* decano, *vel* coram . . officiali archidiaconi *vel* decani) Parisien.,[1] ad quem huiusmodi causarum cognitio inter laicos in archidiaconatu (*vel* decanatu) suo, in quo partes consistunt, de antiqua *etc. ut in proxima precedenti.*[2]

Q 15, 49 *Sciendum est etiam, quod quandoque iudex delegatus, quandoque ordinarius committunt vices suas, donec eas ad se duxerint revocandas. Et tunc, si appellatur, debet appellari primo ad illum, qui commisit, et tandem ab illo, qui noluit revocare gravamen, ad sedem apostolicam*; *et tunc narrabitur sic* :

Significavit nobis P. de . . clericus . . diocesis, quod, | cum ipse I. de . . laicum . . diocesis coram B. de . . canonico super terris *etc.*, cui . . archidia-

right margin: 5

right margin: 5

right margin: L f. 111d

Q 15, 48   *P 480c f. 47; V 313d f. 39'; H 369 f. 43; S–; M 425 f. 40; O 452 f. 43; D 624 f. 136 (Üb. Index f. 13); E 557 f. 78; L 428 f. 111c.*

[1] *D Üb.*: Super eodem, quando appellatur a decano vel ab officiale, ad quem de antiqua etc. | Parisien *om L*

[2] A.] I. *D* | B.] D. *M* | et C. – laicos *om H* | C. et D.] C. et A. et D. *M* : C. A. et D. *O* : D. et E. *D* : . . et . . *E* : et *L* | laicos] lacos *(!) L*

[3] debitis *om D* | coram] eorum *EL* | . . *om HD*

[4] . . *om D* | decani vel archidiaconi *D* | . . archidiaconi *MO* | Parisien. *om L*

[5] cognitio] *dahinter nochmals* 4 vel coram – 5 cognitio *V* | laicos] clericos et laicos *D*

[6] partes] ipse *add MD* | proxima *om MOEL.*

Q 15, 49   *P 480c f. 47/47'; V 313d f. 39'; H 370 f. 43; S 280d f. 34'/35; M 426 f. 40; O 453 f. 43; D 625/26*

f. 136/136'; (Üb. Index f. 13); E 558 f. 78; L 429 f. 111c/d.

[1] *H² Üb.*: Nota bene. – *D Üb.*: Quando appellatur a subdelegato ad delegatum et demum ab eo, quia revocare noluit gravamen illatum | iudex – quandoque 2° *om VH* | quandoque 2°] quando *E*

[2] ordinarii *L* | committit *D* | duxerit *HD* | revocandas *HSOEL* : revocand; *D*

[3] appelletur *D* | debetur *H* | primo appellari *D*

[4] illo] eo *D* | qui] *v. späterer Hd. einkorr. S* : quia *MODE* | noluerit *H* : voluit *L* | gravamen revocare *S* | et *om EL* | narrabit *D*

[5] P. – diocesis] P. de . . diocesis clericus *M* | . . diocesis] diocesis . . *H* : diocesis *D* | cum *om S* | I.] . . *E*

[6] . . diocesis] diocesis . . *H* : diocesis *DE* | coram – etc. *om MO* | B. de . .] *om DL* : . . *E* | de . . *om VHS* | canonico] canonico cui *v. späterer Hd. statt* archidiacono *einkorr. P* : archidiacono *(. . add H) VHS* : de

---

[1] *Paris.*   [2] *Q 15, 46.*

conus, iudex a sede apostolica deputatus, super hoc commiserat vices suas, donec eas ad se duceret revocandas, traxisset in causam, ipse sentiens
10 ex eo ab ipso canonico indebite se gravari, quod copiam actorum omnium, quam numquam habuerat, dicto I. exhibitam concedere contra iustitiam re-

D f. 136' cusabat humiliter requisitus,[1] primo ad dictum archidiaconum | et tandem ab ipso gravamen huiusmodi revocare nolente ad sedem apostolicam appellavit. Quocirca – mandamus, quatinus, si est ita, revocato *etc. ut in*
15 *tertia precedenti.*[2]

P f. 47'   *Sed si commiserit totaliter vices suas* | *vel dicat* : causam ipsam commisit audiendam et fine debito terminandam, *non appellabitur ad illum, qui commisit, sed ad superiorem, scilicet ad dominum papam, si delegatus fuerit, vel ad legatum, si eius fuerit delegatus, vel ad ordinarium, si ipse commiserit. Sed*

S f. 35 *in ordinario non dicitur*: totaliter vices suas, *sed dicitur*: causam ipsam | audiendam commisit et fine debito terminandam.

.. add *EL* | super terris etc. *om SEL* | cui *om VS* | .. 3°] *om H* : B. *MOEL* | archidiaconus] *om PVHS* : .. add *MOEL* : ex add *D*

[8] iudex .. *H* | delegatus *SMODEL* | commisit *PMODEL*

[10] ipso] eo *MOEL* | canonico] archidiacono *PHD* | indebite *om E* | quod *om E* | copia *D* | actorum omnium] totius processus *H* | auctorum *V* : actoris *D* | omnium] communium *VSMOL* : comiū *D (dazu marg. v. späterer Hd. Acta communia)* : coīm *E*

[11] I.] P. *D* | exhibitam *om D* | recusabat] denegabat vel recusabat *H* : recusavit *D*

[12] a dicto archidiacono *H*

[13] ipso] eo *VSMODEL* | huiusmodi gravamen *S* | appostolicam *L*

[15] tertia] *om VH* : secunda *S* | precedente *O*

[16] totaliter commiserat *P*

[17] ad audiendam *M* | audiendam – commisit *om P* | appellabitur] appellatur *D* : *om E*

[18] scilicet] videlicet *D* | dominum *om D* | fuerit delegatus *P*

[19] legatum] delegatum *P* : delagatum *(!) D* : *aus* delegatum *korr. L* | eius] ei *L* | ab ordinar; *L* | Sed] et *P*

[20] in] si *PVH* | ordinarius *H* | dicitur 1°] dicit *H* : dicat *S* | dicitur 2°] dicit *H*

[21] commisit audiendam *D* | terminandam] etc. *add D.*

---

[1] *Über die Schriftlichkeit des Verfahrens vgl. Herde, Zeugenzwang, in: Traditio 18, 278 f und Bd. 1 S. 230.*
[2] *Q 15, 46.*

Q 15, 50 Septima conclusio.

Sequitur septima conclusio. Sciendum est, quod quandoque propter excep-
tionem peremptoriam et quandoque propter dilatoriam non admissam appella-
tur; et tunc sic narratur et concluditur :

| Significavit nobis P. de . . laicus . . diocesis, quod, cum I. de . . clericus   *O f. 43'*
(*vel* laicus) . . diocesis ipsum super quadam pecunie summa et rebus aliis
coram . . canonico auctoritate apostolica traxisset in causam (*vel* : coram
. . officiali non ex delegatione apostolica *etc.*, *vel* : coram . . archidiacono,   *E f. 78'*
ad quem de antiqua *etc. usque* causam), | ex parte ipsius P. | fuit excipiendo   *V f. 40*
propositum coram eo, quod causa ipsa erat per diffinitivam sententiam,   10
que nulla provocatione suspensa in rem iudicatam transiverat, | terminata,   *H f. 43'*
prout erat coram eo legitime docere paratus. Et quia dictus canonicus eum
super hoc audire contra iustitiam denegavit, ipse sentiens ex hoc indebite se
gravari ad sedem apostolicam appellavit. Quocirca – mandamus, quatinus,
si est ita, revoces in statum debitum, quicquid post appellationem huiusmodi   15
inveneris temere attemptatum, alioquin partes ad dicti canonici remittas
examen appellantem in expensis legitimis condempnando. Testes *non*.[1]

Q 15, 50   *P 481 f. 47' (Üb. Index f.*
7); V 314a f. 39'/40; H 371 f. 43/
43'; S 281a f. 35; M 427 f. 40; O
454 f. 43/43'; D 627 f. 136' (Üb.
Index f. 13); E 559 f. 78/78'; L 430
f. 111d; R 110 f. 11.

[1] Septima – 4 concluditur] De excep-
tionibus. Quando appellatur propter exceptionem peremptoriam non
admissam, ut puta de sententia rei
iudicate, que non fuit ulla provoca-
tione suspensa *R* | conclusio] Ru-
brica *add H*[2]: Quando appellatur
propter exceptionem peremptoriam
non admissam, puta de sententia
rei iudicate nulla provocatione suspensa *add D*

[2] Sequitur] *Initiale nicht ausgeführt*
E | quandocunque *VS* | propter]
per *H* : *om M*

[4] et tunc] *om MO* : et *E* : etc. *L* | sic
om L | narretur *VSMODEL* | con-
cludatur *VSMOEL*

[5] Significavit] Iud. *L* | P.] A. *R* | I.]
B . . *R* | laicus vel clericus *PMOEL*

[6] . . diocesis] diocesis . . *HE* : diocesis
D

[7] coram . .] . . coram *S* : coram *D* |
canonico] ecclesie de . . . . diocesis
add MOEL : diocesis *add D*

[8] . . 1° *om SD* | . . 2° *om SD* | archi-
diacono] vel decano *add DR*

[9] P.] A. *R*

[10] et coram *H* | quod] vel *L* | ipsa] que
terminata *add D* : *om E*

[11] que] quia *M* : *om DE* | suspensa]
suspensam *D* : *om L* | transiverat
iudicatam *D* | terminata] *om D* :
terminatam *L*

[12] erat] etiam *add E* | dictus *om D* |
eum] *aus* cum *korr.* *V* : cum *SD*

[13] indebite ex hoc *H*

[14] quatinus *om L*

[15] revocato *H* | quicquid] debitum
add L

[17] non] etc. *PVHSMODR*.

---

[1] *Die Testes-Klausel entfällt, vgl. S. 503 Anm. 1.*

Q 15, 51 | *Et si lata fuerit excommunicationis sententia post appellationem, conclude sic* : Mandamus, quatinus, si dictam excommunicationis sententiam post appellationem huiusmodi *etc.* revocetis in statum debitum *etc.*, *ut dictum est supra.*[1]

Q 15, 52 *Et nota, quod exceptio peremptoria raro proponitur nisi ante litem contestatam et, si proponatur, habes unum de casibus expressis supra.*[1] *Post litem vero contestatam propositam sequitur unus de casibus.*

Significavit nobis P. de . . laicus . . diocesis, quod, cum I. de . . clericus

. . diocesis ipsum super quadam pecunie summa | coram I. canonico ecclesie de . . . . diocesis auctoritate litterarum nostrarum traxisset in causam (*vel narra diversimode, prout erit, ut predixi supra*[2]), lite autem in causa

Q 15, 51   *P 481a f. 47'; V 314b f. 40; H 371a f. 43'; S 281b f. 35; M 427a f. 40, O 454a f. 43'; D 628a f. 137; E 559a f. 78'; L 430a f. 111d; R 110a f. 11.*

[2] concluditur *H* : concludas *D* | quatinus *om L* | dicta *M* | sententia *M*
[3] revocato *H* : revoces *DR* : vocatis *EL* | etc. 2° *om EL*
[4] supra] superius *L*.

Q 15, 52   *P 481b f. 47'; V 314c f. 40; H 372a f. 43'; S 281c f. 35; M 428 f. 40/40'; O 445 f. 43'; D 628b f. 137 (Üb. Index f. 13); E 560 f. 78'; L 431 f. 111d/112a; R 110b f. 11.*

[1] *H*[2] *Üb.*: Nota. Rubrica. – *D Üb.*: Quando post appellationem promulgatur excommunicationis sententia. | perempt; *E* | raro] iur; *E* : iure *L*
[2] litis contestationem *H* | et – 3 contestatam *om P* | preponatur *L* | habet *E* | expressum *MOELR*
[3] Post – casibus] Sequitur unus de

casibus post litem contestatam propositis *D* | litis vero contestationem *H* | vero] *om S* : non *EL* | proposita *korr. M* : propositio *O* : proposit; *EL*

[4] Davor *R Üb.*: Super eodem in alia forma. | P.] A. *R* | . . 2° *om D* | diocesis – clericus *om R* | cum *om VHSMO* | I. de . .] . . de . . *H* : ide (*!*) *M* | clericus . . diocesis *om D* | clericus] laicus *M*

[5] coram] eorum *E* | I.] . . *HMR* : de . . *D* | canonico] cantore *H* | ecclesie *om MO*

[6] de . .] . . *H* : *om D* : . . de *E* | . . diocesis] diocesis . . *H* : diocesis *SD* | traxit *MOEL*

[7] narrandi versimode (*!*) *O* | narra] *om H* : narrando *M* | erit] *om V* : dixi *H* : in facto *add R* : *om (Lücke) L* | ut] et *VHSMOER* | produxit *EL* | supra] usque traxit in causam *add R* | lite autem] litem autem *H* : licet ante *MO* : licet tamen *E* : licet *L* | in causa *om V*

[1] *Q 15, 50.*
[2] *Q 15, 50 Einschub Z. 7–9. Der anonyme Verfasser der Formel spricht hier also von sich selbst.*

huiusmodi coram eo legitime contestata dictus P. | excipiendo proposuit,   *M f. 40'*
quod ipse dicto I. de pecunia satisfecerat supradicta, prout erat coram eo
legitime docere paratus. Et quia dictus canonicus audire ipsum super hoc   10
contra iustitiam recusavit, ipse sentiens ex hoc indebite se gravari ad sedem
apostolicam appellavit. Quocirca – mandamus, quatinus, si est ita, revoces
in statum debitum *etc. ut supra proxime usque in finem.*[1]

Q 15, 53 *Sed si excommunicatus fuerit post appellationem, conclude sic :*
Quocirca – mandamus, quatinus, si dictam excommunicationis sententiam
post appellationem huiusmodi inveneris esse latam, denunties eam penitus
non tenere ac revoces in statum debitum, quicquid post appellationem
eandem tibi constiterit temere attemptatum, alioquin partes *etc.* appellan-   5
tem *etc.* Testes ⟨*non*⟩.[2]

Q 15, 54 *Et nota, quod, si primus iudex, qui gravasse dicitur, sit defunc-*
tus et fuerit forte delegatus in dignitate aliqua constitutus et fuerit ei scriptum
proprio nomine non expresso, retentis omnibus superioribus predictis usque

---

[8] huiusmodi] in causa *add D* | coram eo legitime *om MOEL* | contestata] contestatam *H* : contenta *MO* : canonicis *E* : canonica *L* | dictus – [9] supradicta *om VH* | P.] A. *R*
[9] dicto *om M* | I.] B. *R* | satisfecerat] de pecunia *add M* : satisfecerit *L* : satisfacerat (!) *R* | erat *om EL*
[10] docere] probare *M* | paratus] est *add E* | canonicus] cantor *H*
[11] recusavit] denegavit *O* : recusarit *VS* | sensiens (!) *E* | se *om L*
[12] apostolicam *om D* | quatinus *om D* | si – *Q 15, 53 Z. 2* quatinus *om S*
[13] debitum] *om H* : quidquid post appellationem eandem *add DR* | supra proxime] in proxima supra *VHMOELR* | proxime] proxim̄ *P* : *om D* | in 2°] ad *MO*.

Q 15, 53   *P 481c f. 47'; V 314d f. 40; H 372b f. 43'; S 281d f. 35; M*

428a *f. 40'; O 445a f. 43'; D 629 f. 137; E 560a f. 78'; L 431a f. 112a; R 110c f. 11.*
[1] Sed] Et *E* | concludetur *D*
[2] Quocirca *om DR* | quatinus *om R*
[3] inveris (!) *S* | denunciens *D*
[4] acceptationem *H*
[5] tibi *om MOEL* | aliquin (!) *L* | partes *om HD*
[6] non *scr.*] etc. *PVHSMODELR.*

Q 15, 54   *P 481d f. 47'; V 314e f. 40; H 372c f. 43'; S 281e f. 35/35'; M 429 f. 40'; O 456 f. 43'; D 630/31 f. 137/137' (Üb. Index f. 13); E 561 f. 78'; L 432 f. 112a; R 111 f. 11/11'.*
[1] D *Üb.*: Super eodem in alia forma.| si] post *add E* | iudes, *d korr. H* | deffunctus *E*
[2] et 1° *einkorr. E* | ei] eius *V*
[3] nomine *om R* | superibus (!) *L* | supradictis *M*

---

[1] *Q 15, 50.*
[2] *Die Testes-Klausel entfällt; vgl. S. 503 Anm. 1.*

temere attemptatum, *dicatur* : Alioquin partes | ad successoris eiusdem
remittas examen, appellantem *etc.* Testes *etc.*[1]

> *Si vero nomen illius iudicis, a quo appellatum est, expressum fuit et mortuus*
> *est, tunc dicatur* : Alioquin negotio supersedeatis memorato (*vel* : cause
> supersedeatis memorate).

> *Idem fiat, si primus fuerit officio | suo functus; idem fiat etiam, si talis*
> *fuit, cui papa talem causam committere non deberet, ut puta simplici clerico*
> *vel monacho seu officiali archidiaconi vel alicuius decani in causa matrimoniali.*

Q 15, 55 Item circa iudicia, cum remissio facienda est, quandoque propter
dubium facti non potest determinate dici, ad quem | sit negotium remittendum,
et tunc dicendum est : Alioquin partes remittas | ad eos, ad quos eas de
iure videris remittendas, *prout patet in sequenti exemplo.*

Sua nobis .. decanus et canonici ecclesie de .. petitione monstrarunt,

---

⁴ dicatur] dicetur *H* : om *MO* : dicitur
R | successorem *VS* : .. succ; *E*

⁶ illi *L* | qua *D* | appellatum est]
app^{te} *(!)* *L* | fuerit *DELR* | et] ac
R | et est *(doppelt)* mortuus *E* | est
mortuus *DL*

⁷ dicetur *H* : dicitur *M* | negotio] in
negotio *M* : super negotio *R* |
supersedeas *DEL* | vel – 8 memorate
om *PSD*

⁸ supersideatis *(!)* *M* : supersedeas
EL | meorate *(ohne Kürzungs-*
zeichen) *R*

⁹ fiat 1°] fiet *D* | fuit *P* | etiam fiat
VHSMOELR | fiat 2°] fiet *D* | etiam
om *D*

¹⁰ fuit om *H* | papa] propter *D* | com-
mittere] *hinter* deberet *MOEL* : re-
mittere *D* | debet *S* | ut om *D*

¹¹ seu] vel *HMODEL* | .. officiali *MO* |
alicuius] alterius *P* : om *D* : ali-
cui *EL* | matrimonii *H*.

Q 15, 55 *P 481e f. 47'/48; V 314 f.*
f. 40/40'; H 372d f. 43'/44; S 281f f.
35'; M 430 f. 40'; O 457 f. 43'; D 632
f. 137'/138 (Üb. Index f. 13); E
562 f. 78'/79; L 433 f. 112a/b; R
111a f. 11' (nur die Note) u. 141 f.
14/14'.

¹ *D Üb.:* Quando appellatur, cum
quis trahitur coram diversis iudici-
bus. | Idem *ELR* | facienda] fienda
D | propter] per *E*

³ est dicendum *S* | eos] nos *EL* | quos
om *E* | eas om *H*

⁴ videbitur *H* | remittendum *H* |
prout – exemplo] ut hic *M* | exem-
plo sequenti *H*

⁵ *Davor H² Üb.:* Cum (con *H²*) quis
coram diversis iudicibus convenitur. Rubrica. – *R Üb.:* Quando
appellatur, cum quis trahitur co-
ram diversis iudicibus. | .. 1° om
SD | canonici] conventus *D* | eccle-
sie .. de .. *E* | de om *H*

---

¹ *Die Testes-Klausel wird gesetzt, da der Prozeß noch nicht abgeschlossen ist.*

quod, cum G. prepositus | et conventus monasterii ⟨Pleni Pedis⟩[1] per pre-   E f. 79
positum soliti gubernari | ordinis sancti Augustini ⟨Bituricen.⟩[2] diocesis   H f. 44
ac G. prior prioratus de ⟨sancto Fulgentio⟩ Bituricen.[3] ad monasterium
ipsum immediate spectantis non ut suam velint iustitiam prosequi contra
eos sed, ut ipsos fatigatos laboribus et exhaustos expensis iuri suo cedere   10
vel cum ipsis dampnosas pactiones inire compellant invitos, super eisdem
coram diversis iudicibus uno eodemque tempore per diversas litteras a sede
apostolica impetratas, quarum alique | non faciebant mentionem de reli-   R f. 14'
quis, eos communiter malitiose citari fecerunt: quare decanus et canonici
predicti non valentes simul et semel coram | tot diversis iudicibus comparere   L f. 112b
ad nostram duxerunt providentiam recurrendum. Cum igitur non sit malitiis
hominum indulgendum, – mandamus, quatinus, si est ita, prepositum et
conventum ac priorem predictos litterarum ipsarum commodo carere, sicut

---

[6] G.] T. *MOEL* : A. *DR* | conventus]
zu canonicus *korr.* *P* : canonicus
VH : canonici *D* | Pleni Pedis
scr.] . . *PVHS* : Eucanen. *MO* :
de . . *DR* : *om EL*

[7] solitum *V* | sancti – Bituricen. *om*
L | Bituricen. *scr.*] Lemovicen.
PVHSMOER : Lenolicen. *D*

[8] G.] *om MEL* : . . *O* : P. *D* | sancto
Fulgentio *scr.*] *om PL*: . . *VHS*
MODER | Bituricen.] Bituracen.
P : Bitur. *HR* : *om DL* : Biturren.
E | ad] ac *EL*

[9] ipsum] . . *P* : predictum *H* : Euca-
nen. *add MO* : . . *add ER* | spectan-
tis] subiecti *MO* : sequentis *EL* |
suam *om H* | velint] velut *E*

[10] ut] in *E* | ipsos] eos *D* | exhaustis
H : exaustos *OR* : exhaustus *L*

[11] cum *om EL* | ipsos *L* | damnosas *M* |
inire] cui iure *E* : iure *L* | com-
pellantur *D* : expellant *R* | invitos]
om H : inviti *D* : meritos *E*

[12] uno] modo *add R*

[13] inpetras *(!)* *L* | aliqua *E* | faciebat
nec facit *E*

[14] malitiose *hinter* fecerunt *S* | citari]
curari *D*

[15] non valentes] nolentes *MOEL* | va-
lentes *aus* volentes *korr.* *PVS* | et
om O | tot] et *add D*

[16] duxerint *D* | providentiam] audien-
tiam *P*

[17] hominum] homini *(?)* *M* | et con-
ventum] canonicos *D* | et *expun-
giert P*

[18] ac] et *MD* | ipsarum] apostolicarum
H | sic (sit *?*) *R*

---

[1] *In Bourges gab es die Priorate Saint-Fulgent, Saint-Martin-lès-Bourges,
Saint-Paul, Saint-Quentin, Saint-Michel und Notre-Dame La Comtale, vgl.
Dom Beaunier–Dom J.-M. Besse, Abbayes et prieurés de l'ancienne France,
Bd. 5: Province ecclésiastique de Bourges (Ligugé–Paris 1912 = Archives de
la France monastique 14), 47. Davon war jedoch keines von einem Augustinerchorherrenstift der Diözese Limoges abhängig. Allerdings war Saint-Fulgent dem
Augustinerchorherrenstift Plaimpied unterstellt (a. a. O. 39 u. 47), so daß sich
obige Emendationen empfehlen. Die Propstlisten sind unbekannt; die Siglen
können auch bereits entstellt oder fiktiv sein.* [2] *Bourges.*

[3] *Augustinerchorherrenstift Saint-Fulgent in Bourges, vgl. Anm. 1.*

iustum fuerit, decernentes condempnetis eos predictis decano et canonicis in expensis, quas ipsos vobis propter hoc legitime constiterit subiisse, alio-| quin partes ad eos remittatis, ad quos eas de iure videritis remittendas, impetrantes in expensis legitimis condempnando. Testes *etc.*

Q 15, 56 Octava et ultima conclusio.

| *Sequitur octava et ultima conclusio. Sciendum est, quod quandoque appella-tur a tali gravamine, quod in littera certa conclusio esse non potest, etiam si ponatur exceptio dilatoria vel peremptoria. Unde quocienscumque appellatur*
5 *a gravamine aliquo, ubi conclusio certa esse non potest, sicut est, quando appellatur ab aliquo, qui se asserit iudicem, quod negavit copiam litterarum apostolicarum, tunc enim ibi certa conclusio esse non potest, quia, si ille, qui se iudicem asserit, litteras aliquas non receperit, quomodo potest sequi conclusio,*

19 decernatis *H* | condempnetis – et *om D* | condempnantes *HE (korr.)* : condempnatis *S* | eos . . *H* | . . decano *O* | canonicis] convent; *E* : conventui *L*

20 ipsos] *v. späterer Hd. aus* ipse *korr.* *S* : ipsis *D* | propter] super *HEL* | constiterit legitime *D* | subiisse] persolvisse *MO* : subisse *L*

21 partes – 22 impetrantes *om H* | re-mittatis ad eos *L* | eas] eos *S* : *om L* | de iure *om D* | videritis] videris *L* : *aus* videris *korr. R* | remittendos *v. späterer Hd. zu* remittendas *korr. S* : remittedas *(!) D*

22 et impetrantes *VS* : impetrantes *korr. M* : impetrantem *L* | legitti-mis *D* | Testes etc. *om D.*

Q 15, 56 *P 482 f. 48 (Üb. Index f. 7); V 315a f. 40'; H 373a f. 44; S 282a f. 35'/36; M 431 f. 40'; O 458 f. 44; D 633–635a f. 138 (Üb. Index f. 13); E 563 f. 79; L 434 f. 112b.*

1 *Üb. marg. v. and. Hd. M. – Üb. om OEL.* | Octava] VIIIᵃ *H* | et ultima *om P* | conclusio] Rubrica *add H²* :

Quando appellatur ab eo qui dicit se denegatum a papa pro eo quod non ostendit de iurisdictione *add D*

2 Sequitur] *Initiale nicht ausgeführt E* | octava] VIIIᵃ *EL* | conclusio et ultima *P* | Sciendum est] Scien-dum *V* : Et est sciendum *D* | quod *om S* | quandocunque *V*

3 quod] pro *L* | non potest esse *D*

4 proponatur *MD* | peremptoria vel dilatoria *P* | vel *om L* | perempt; *E* | Unde] Deinde *MOEL* | appelle-tur *D*

5 ubi – 6 aliquo *om P* | ubi] nisi *D* | non *om VHS*

6 asserat *E* | quod] et *HD* | denegavit *MODEL*

7 enim] eius *E* : ei *L* | ibi *om M* | non *om S* | potest] debet *DEL* | quia] non quia *v. späterer Hd. korr. zu* sed si *S* : qui *MOEL* | si] *om SD* : se *MOEL* | qui se *om MOEL* | qui *om D*

8 iudicem se *H* | recepit *VSODEL* | quomodo] quoquo *P* : qūo *VL* : quomō *S* : quē *D* : q°m°*E*

quod procedat in causa iuxta priorum continentiam litterarum ? *Certe non.*[1]
Unde poni debet conclusio ista : Mandamus, quatinus vocatis *etc.*   10

Et similiter, quando aliquis asserit se presentatum a vero patrono ad vacan-
tem | *ecclesiam loci diocesano et pro eo, quod non admittit presentationem*   S f. 36
huiusmodi, gravatus ipse appellat, et ibi similiter certa conclusio non potest
poni, et propter hoc poni debet similiter : vocatis.

Unde regulariter semper considerandum est, quod, ubi certa conclusio non   15
potest poni, semper poni debet conclusio ista : Mandamus, quatinus vocatis
etc.; et sic numquam errabis ponendo conclusionem ipsam vocatis, *ubi dubi-*
tabis certam conclusionem stare non posse.[2]

Q 15, 57 *Et ut in ista octava et generali conclusione addiscas narrare,*
sicut in aliis, narrando ponam exemplum.[2]

Significavit nobis P. de . . clericus . . diocesis, quod, cum I. de . . clericus

---

[9] procedit *V* : procedatur *S* : prece-
dat *DL* | Certe non *om VH*
[10] debet poni *M* | ista] ita *H* : *om*
D
[11] quando] cum *D* | asserit aliquis *E* |
asserit se] se asserit *H* : se dicit *M* |
vero] noco *mit übergeschr. a (!) D*
[12] admittat *D*
[13] huiusmodi gravatus *om E (Lücke)* |
gravit; *(!) L* | ipse *om M* | ibi]
tibi *D*
[14] propter hoc] propterea *M* | poni]
hinter debet *H* : *om L* | similiter
debet poni *M* | vocatis] quatinus
vocatis *M* : etc. *add DEL*
[15] regula *H* | semper *om L* | ubi] ibi *V*
[16] potest poni] potest *M* : poni non
potest *O* : ponitur *EL* | debet poni
PHD
[17] nuquam *(!) D* | ipsam vocatis] *om*
S : istam mandamus quatinus vo-
catis etc. *D* | ipsam] quatinus *add*

M : *om E* : istam *L* | ubi] Unde
ubi *S* | dubitas *H* : dubitatur *E*
[18] conclusionem certam *H* : circa conclusiones *L*.
Q 15, 57   *P 482a f. 48; V 315b f.*
40'/41; H 373b f. 44; S 282a f. 36;
M 432 f. 40'/41; O 459 f. 44; D
635b/636 f. 138/138'; E 564 f.
79/79'; L 435 f. 112b/c; R 115 f.
11'/12.
[1] *Davor H*[2] *Üb.*: Cum negatur (con-
negatur *H*[2]) copia litterarum. Ru-
brica. | Et – 2 exemplum] Quando
appellatur ab eo qui dicit se dele-
gatum a papa pro eo quod eidem
non facit copiam sue iurisdictionis
quam iniquam habuit *R* | octava]
VIII[a] *VHL* | addiscas] ad istas
VHODEL | narrare – 2 aliis *om H*
[2] exemplum] etc. *add D*
[3] Significavit] Sua *EL* | P.] A. *R* |
de . . *om E* | clericus 1°] laicus

---

[1] *Vgl. eine ähnliche Erörterung und Formulierung bei Marinus von Eboli,*
Super revocatoriis § 19 Zeile 44 ed. Herde S. 111 (= Quellen u. Forschungen
42/43 S. 225).
[2] *Hier gibt der anonyme Verfasser Anweisungen an die Skriptoren, Abbre-*
viatoren und Prokuratoren; vgl. oben Bd. 1 S. 171.

D f. 138'
V f. 41

.. diocesis asserens se contra ipsum super terris, debitis, possessionibus et
rebus aliis ad .. priorem | sancti .. de .. litteras apostolicas | impetrasse
super hiis illarum auctoritate ipsum coram eodem priore traxisset in causam, idem ⟨clericus⟩ sentiens ex eo ab eodem priore indebite se gravari, quod
copiam litterarum ipsarum, quam numquam habuerat, sibi facere contra

R f. 12
M f. 41
E f. 79'

iustitiam denegavit humiliter requisitus, ad nostram audientiam appellavit.
Et idem | prior | huiusmodi appellatione | contempta in eum excommuni-
cationis sententiam promulgavit. Quocirca – mandamus, quatinus vocatis,

L f. 112c

qui fuerint evocandi, | et auditis hinc inde propositis, quod iustum fuerit,
appellatione remota decernas, faciens, quod decreveris, per censuram ecclesiasticam firmiter observari. Testes *etc.*[1]

H f. 44'
P f. 48'

Q 15, 58 | Significavit nobis P. de .. clericus, quod, licet ipse ad vacantem
ecclesiam de . . . . diocesis a vero patrono ipsius | venerabili fratri nostro
.. episcopo, loci diocesano, fuerit canonice presentatus, tamen episcopus
ipse presentationem huiusmodi admittere contra iustitiam denegans ec-

5

clesiam ipsam I. de .. clerico .. diocesis pro sue contulit libito voluntatis,
qui pretextu collationis huiusmodi eandem ecclesiam detinet occupatam

---

MOEL : *darüber* laicus *einkorr.* R |
.. diocesis] diocesis .. *HR* : diocesis .. petitione monstravit *E*
(*korr.*) *L* | quod cum *auf Rasur E* |
I.] .. *PE* : B. *R* | .. 3° *om S*
4 .. *om D* | ipsam *VL* | debitis *om*
VHSMODELR | possessionibus *om*
E
5 aliis *om D* | .. 1° *om HDE* | impe-
trasset *OEL* : et *add VHSMOELR*
6 hiis] aliis *VH* : et *add O*
7 idem] I. de *L* | clericus *scr.*] laicus
PVSMOEL : .. *H* : P. *D* : A. *R* |
sentiens] asserens *VH* : asserens
alias senciens *D* | priore] pt̄ *D* | ag-
gravari *E*
8 ipsarum *om DR* | sibi] si *V*
9 requisito *R*
10 Et] Ac *VHSMOELR*
13 per censuram *doppelt P*
14 etc. *om M.*

Q 15, 58   *P 482b f. 48/48'; V 315c f.*

41; H 373c f. 44'; S–; M 433 f.
41; O 460 f. 44; D 637 f. 138' (*Üb.*
*Index f. 13'); E 565 f. 79'; L 436
f. 112c; R 236 f. 22'/23.*

1 *Davor D Üb.*: Quando appellatur
ab episcopo, qui presentatum ad
ecclesiam a vestris veris (*!*) patronis non admisit sed alii contulit. –
R Üb.: Quando appellatur ab episcopo, qui presentatum a vero patrono non admisit et ecclesiam alii
contulit pro sue libito voluntatis. |
P.] A. *R* | clericus] .. diocesis *add*
M | ipse] *om MOEL* : *vor* licet *D*
2 .. diocesis] diocesis .. *H* : diocesis
MD | ipsi *L*
3 ..] *om VD* : *einkorr. E*
4 ipse *om D* | denegavit *D*
5 I.] B. *R* | .. 1° *om M* | .. diocesis]
diocesis .. *HE* : *om D*
6 que *L* | pretestu (*!*) *E* | detinet]
obtinet *D*

---

1 *Vgl. S. 534 Anm. 1.*

| in ipsius P. preiudicium et gravamen, propter quod dictus P. ad sedem   *R f. 23*
apostolicam appellavit. – mandamus, quatinus vocatis *etc.*

Q 15, 59   *Et est sciendum, quod per simplicem querelam sine appellatione
talis littera dari similiter consuevit.*

Sua nobis H. de .. presbiter petitione monstravit, quod, licet ipse ad
vacantem ecclesiam de .... diocesis a veris patronis ipsius .. archidiacono
loci, ad quem institutio rectoris in eadem ecclesia de antiqua et approbata   5
et hactenus pacifice observata consuetudine pertinere dinoscitur, fuisset
canonice presentatus, idem tamen archidiaconus ipsum ad illam admittere
pro sue voluntatis | libito ,contra iustitiam denegavit in ipsius presbiteri   *D f. 139*
preiudicium et gravamen. Quocirca – mandamus, quatinus vocatis *etc.*

Et nota, quod, quandocumque huiusmodi presentatio fit alii persone quam   10
episcopo diocesano, debet narrari, ut supra dictum est.[1]

Q 15, 59 a   *Nota, quod, quando ordinarius vel metropolitanus procedit contra aliquem auctoritate ordinaria et appellatur ad papam, tunc fient due littere,*

---

⁷ P. 1°] A. *R* | P. 2°] A. *R*.

Q 15, 59   *P 482c f. 48'; V 315d f.
41; H 373d f. 44'; S 282b f. 36; M
434 f. 41; O 461 f. 44; D 637a/638
f. 138'/139 (Üb. Index f. 13'); E
566 f. 79'; L 437 f. 112c; R 237/38
f. 23.*

¹ *Davor D Üb.:* Simplex forma sine
appellatione contra nolentem pre-
sentatum admittere. | Et – 2 con-
suevit *om S* | est *om D* | per *om R* |
querellam *O* | sine appellatione]
hinter 2 littera *D* : *om L*

² litteram lacoñ *(?)* korr. *D* | simi-
liter] *aus* simpliciter *korr. D* : simpli-
citer *vor* dari *E* : simpliciter *L* |
consuevit] etc. *add D*

³ *Davor H² Üb.:* Super eodem. Rubrica. – *R Üb.:* Simplex forma contra nolentem admittere presenta-
tum a vero patrono. | H. de ..] P.
de .. *D* : A. *R* | presbiter] *om MO* :

clericus .. diocesis *D* : clericus ..
diocesis, *darüber einkorr.* presbiter
R | petitione] conquestione *MOD
EL* | licet *om EL*

⁴ ecclesiam *om E* | .. diocesis] dio-
cesis .. *HS* | ipsius] ecclesie *add D* |
.. 3° *om VDE*

⁵ loci] .. loci *P* : talis loci *D* | rectoris]
rationis *E* | in eadem ecclesia *om
M* | eamdem ecclesiam *E* | de .. *D*

⁶ dignoscitur *E*

⁷ illum *D*

⁸ presbiteri] *om D* : clerici *R*

⁹ Quocirca *om P* | quatinus] etc. *add
E*

¹⁰ fit] sit *D* | quam] quandoque *L*

¹¹ dictum est *om MOEL* | est] *in P
folgt das Explicit* : Explicit formularium audientie. Deo gratias.
Amen.

Q 15, 59a   *S 283 f. 36*
¹ metroplotnañ *(!) S*

---

[1] *D. h. in der vorausgehenden Formel, wo der Archidiakon die Institution des
ihm Präsentierten vorzunehmen hat. Vgl. Bd. 1 S. 364 ff.*

scilicet una ordinario et alia iudici alicui, et tunc in illa, que dirigitur iudici,
debet esse clausula Testes, *sed in alia non.* Proviso *debet esse in utraque*
5 *littera, que clausula talis est* : Proviso, quod, si pro manifesta offensa dicta
sententia sit prolata, nisi ab eodem excommunicato sufficiens prestetur
emenda, nullatenus relaxetur; *et ponatur ante* Testes.

Q 16

Excommunicatio sine causa.

Q 16, 1 Quod excommunicavit eum sine causa rationabili.

Iud. Nobilis vir R. de . . sua nobis petitione monstravit, quod . . officialis
Turonen.[1] ad instantiam . . decani et capituli Turonen. in eum non monitum
M f. 34   nec citatum sine | causa rationabili de facto excommunicationis et in
5   terram suam interdicti sententias promulgavit. – mandamus, quatinus
partibus convocatis. Testes *etc.*[2]

Q 16, 2 Super eodem.

In eodem modo pro . ., quod . . prior de . . in eum, in quem nullam habebat

---

[3] in *om S*
[4] Proviso *korr. aus* Provisio *S.*

Q 16, 1 *C 331 f. 428 (Üb. Index f.*
445); A 325 f. 54'; M 366 f. 33'/34;
O 391 f. 37; D 508 f. 110' (Üb.
Index f. 11'); E 491 f. 65; L 377
f. 105b; B 18 n. 1 f. 46'.
[1] *D Üb.*: Tractatus super eo, quod
excommunicati sine causa rationabili mandantur (mandatur *D*) ab-
solvi. Pro nobili. | Quod] Quando
ME | sine *om L*
[2] Iud.] *einkorr. D*[2]: *om B* | Sua nobis
nobilis *B* | vir *om MB* | R. – nobis]
G. *B* | Ro. *D* : R; *E* : re *L* | quod]
pro *L* | . . 2° *om CD*
[3] Turonen. 1°] Gurenen. *D* : *om L* :

. . *B* | Turonen. 2°] Guronen. *D* :
om L : ecclesie . . *L*
[4] et *om B*
[5] terras suas *A* | promulgavit] etc.
add B
[6] Testes etc.] etc. *C* : *om B.*

Q 16, 2 *C 332 f. 428/428' (Üb. Index*
f. 445); A 326 f. 54'; M 367 f. 34;
O 392 f. 37; D 509 f. 110' (Üb.
Index f. 11'); E 492 f. 65 (zusam-
mengeflossen mit Q 16, 3); L 378 f.
105b; B 18 n. 2 f. 46'.
[2] In] Iud. *D* : *om B* | eodem modo]
eadem materia pro eodem *M* | pro
. . *om B* | quod] cum *add A* | . . 2°
om D | de . . *om CB* | in eundem
C | iurisdictionem habebat *B*

---

[1] *Tours.*
[2] *Die Testes-Klausel folgt, da es ja hier um die Untersuchung der Rechts-*
gültigkeit eines Exkommunikationsurteils geht, nicht um dessen Bestätigung. Vgl.
Herde, Zeugenzwang, in: Traditio 18, 278 f. (nach N 62, 20) u. oben Bd. 1 S. 230.

iurisdictionem | ordinariam seu etiam delegatam, temeritate propria excom-   *C f. 428'*
municationis sententiam promulgavit (*vel* : in ipsum, in quem *etc. usque* delegatam ad instantiam G. de . . laici de facto excommunicationis sententiam   5
promulgavit). – mandamus, quatinus partibus convocatis *etc.*

Q 16, 3   Super eodem de interdicto.

In eodem modo pro R. perpetuo vicario in ecclesia de . . | *ac parrochianis ville*   *B f. 47*
loci eiusdem, quod venerabilis frater noster . . episcopus, loci diocesanus, et . .
officialis ipsius auctoritate propria ipsis non monitis nec citatis dictam
villam supposuerunt ecclesiastico interdicto, propter quod ex parte ipso-   5
rum | ad nostram fuit audientiam appellatum. – mandamus, quatinus parti-   *L f. 105 c*
bus convocatis *etc.*

Q 16, 4   Super eodem.

Iud. Sua nobis universitas hominum ville de . . . . diocesis petitione monstrarunt, quod . . archidiaconus in ecclesia de . . in eos, in quos nullam habe-

---

³ etiam *om EL* | propria] de facto
add DB

⁴ vel – 6 promulgavit *om A* | vel] sic
add B | usque *om B*

⁵ G. de . .] T. de . . *E* : T. *B* | de
facto *om MODLB* | laici – *Q 16, 3
Z. 2* de . . *om E (zusammengeflossen)*

⁶ promulgavit] etc. *add B* | etc.] *om
ML* : quando ad instantiam talis
tunc vocatis qui fuerint etc. *add D.*

Q 16, 3   *C 333 f. 428' (Üb. Index f.
445); A 327 f. 54'; M 368 f. 34; O
393 f. 37; D 510 f. 110' (Üb. Index
f. 11'); E 492a f. 64 (mit Q 16, 2
zusammengeflossen); L 379 f. 105b/
c; B 18 n. 3 f. 46'/47.*

¹ Super – 2 de . . *om E* | de inter-
dicto] pro rectore et villa interdicto
(!) D

² In] Iud. *D* : *om B* | in ecclesia]
ecclesie *C* | de *om B* | ac] et *M*

³ episcopus *om M* | diocesani *E* | et . .
officialis] offic. *C*

⁴ dictam] ipsam *M*

⁵ villam] *hier Marginalzusatz von D²*:
et loca ad que idem . . declinaret
ecclesiastico supposuit interdicto
etc. quatinus quicquid inveneris in
eiusdem . . preiudicium temere etc. |
supposuerunt] *hinter* interdicto *C* :
supposuit *AD* : *hinter* ecclesiastico
M | ex] pro *M*

⁶ fuit *hinter* audientiam *M* | appella-
tum] etc. *add DB* | partibus con-
vocatis] vocatis *korr. D²* | partibus –
etc. *om B*

⁷ etc.] Datum etc. *add C* : *om
AMOEL.*

Q 16, 4   *C 334 f. 428' (Üb. Index f.
445); A 328 f. 54'; M 369 f. 34; O
394 f. 37; D 511 f. 110' (Üb. Index
f. 11'); E 493 f. 65; L 380 f. 105c;
B–.*

² . . universitas *C* | ville hominum *M* |
. . 2° *om AMD* | monstrarunt] mo.
CADEL

³ . . 1°] *om A* : *einkorr. E* | de *om O*

bat iurisdictionem ordinariam vel etiam delegatam, temeritate propria
5   excommunicationis sententiam promulgavit. – mandamus, quatinus partibus convocatis *etc.*

Q 16, 4a   Conquesti sunt nobis .. decanus, .. thesaurarius et .. sco-
lasticus et capitulum ecclesie .., quod Iohannes abbas monasterii de ..
Cistercien. ordinis .. diocesis in decanum, thesaurarium et scolasticum
excommunicationis et in capitulum predictos, in quos nullam habebat
5   iurisdictionem ordinariam seu etiam delegatam, suspensionis sententias
temeritate propria promulgavit ipsosque mandavit et fecit excommunicatos
et suspensos publice nuntiari. Ideoque – partibus convocatis *etc.* Testes.[1]

Q 16, 5   Forma „Contra statuta concilii generalis".

A f. 55 | *Episcopo.* Significavit nobis H. de .. clericus .. diocesis, quod, cum B.
de .. civis Caturcen.[2] ipsum super quadam pecunie summa coram .. officiali tuo non ex delegatione apostolica convenisset, idem officialis in dictum
D f. 111   clericum nulla | competenti monitione premissa sine causa rationabili
excommunicationis sententiam promulgavit contra statuta concilii generalis.[3]
Quocirca – mandamus, quatinus, si est ita, sententiam ipsam infra octo dies
post receptionem presentium sine qualibet difficultate relaxes vel facias
relaxari in causa ipsa ratione previa processurus; alioquin dilecto filio ..
10   nostris damus litteris in mandatis, ut ipse extunc sufficienti ab eodem
clerico super hiis, pro quibus excommunicatus habetur, cautione recepta

---

[4] vel] seu *A* | propria *v. and. Hd.*
einkorr. *A*
[6] etc. *om AMEL.*

Q 16, 4a   *A 383b f. 61 (Nachtrag v.
and. Hd.).*
[2] et capitulum *einkorr. A.*

Q 16, 5   *C 335 f. 428' (Üb. Index f.
445); A 329 f. 54'/55; M 370 f.
34; O 395 f. 37; D 512 f. 110'/111
(Üb. Index f. 11'); E 494 f. 65; L
381 f. 105c; B 18 n. 4 f. 47.*
[1] *O Üb. nur marg. – D Üb.:* Super
eodem, quod excommunicavit con-
tra statuta concilii generalis. | For-
ma *om MOEL* | generalis concilii *M*

[2] Iud. Episcopo *D* | Episcopo .. *CE* |
H.] B. *C* : Helias *O* | de .. *om B* |
diocesis *om B* | cum *om AB* | B.]
R. *AB*
[3] de ..] *om DB:* de *E* | Caturcen.]
.. *AB* : *om L* | .. 2° *om D*
[4] tuo *om A* | dictum] ipsum *M* : eum
B
[5] competenti *om B*
[7] Quocirca] etc. *B* | ipsam sententiam
M | octo dies] VIII° dies *C* : tot *B*
[9] dil. fil. *CAEL*
[10] litteris damus *M* | exnunc *E* | suffi-
cienti ab] sufficiet; ab *(!) D:* suffi-
ciencial. *(!) L*

---

[1] *Vgl. Q 16, 1 Anm. 2.*   [2] *Cahors.*
[3] *c. 47 Conc. Lat. IV = X 5, 39, 48.*

iuxta formam ecclesie sententiam relaxet eandem et iniuncto ei, quod de iure fuerit iniungendum, predictam causam audiat et appellatione remota *etc.* usuris cessantibus debito fine decidat, faciens, quod decreverit, per censuram ecclesiasticam firmiter observari; proviso, quod, si pro manifesta offensa dicta sententia sit prolata, nisi ab excommunicato sufficiens prestetur emenda, nullatenus relaxetur. Dat. *etc.* 15

Q 16, 6 Executoria super eodem.

Iud. Significavit nobis H. de .. clericus .. diocesis, quod, cum B. | de .. civis Caturcen.[1] ipsum super quadam pecunie summa coram officiali Caturcen.[1] non ex delegatione apostolica convenisset, idem officialis in dictum clericum nulla competenti monitione premissa sine causa rationabili ex- 5 communicationis sententiam promulgavit contra statuta concilii generalis.[2] Unde venerabili fratri nostro .. episcopo Caturcen.[3] nostris damus litteris in mandatis, ut, si est ita, sententiam ipsam infra octo | dies post receptionem litterarum ipsarum sine qualibet difficultate relaxet in causa ipsa ratione previa processurus. Quocirca – mandamus, quatinus, si dictus epi- 10

E f. 65'

B f. 47'

---

12 eundem *korr. M* | et *om B* | inuitto *(!) D* | quod] quodam *korr. D²* | de v. and. Hd. einkorr. A

13 iniugendum *(!) D* | audias *E*

14 etc. *om MODELB* | decidas *AEL* | faciens] facturus *E* | decreveris *CAELB*

15 firmiter] etc. *B* | pro] *om CE* : ex *D*

16 nisi *om E* | excommunicatione *A*

17 emenda] sententia ipsa *add D* | Dat.] Datum *CADL* : *om B* | etc. *om MB*.

Q 16, 6 *C 336 f. 428'/429 (Üb. Index f. 445); A 330 f. 55; M 371 f. 34; O 396 f. 37; D 513 f. 111/111' (Üb. Index f. 11'); E 495 f. 65/65'; L 382 f. 105c; B 18 n. 5 f. 47/47'.*

1 *M Üb.*: Super eodem executoria.

2 Helias *O* | de .. 1° *om B* | .. diocesis] Caturcen. diocesis *MO* : diocesis *D* : .. *B* | cum *om B* | B.] Re. *D*: R. *B* | .. 3° *om M*

3 Caturcen. 1°] .. *A* : Turonen. *D* : *om LB* | ipsum – Caturcen. 2° *om C* | coram – 6 statuta] etc. *B* | .. officiali *OE* | Caturcen. 2°] .. *A* : Caturicen. *D* : *om L*

4 iidem *L* | .. officialis *CO*

6 promungavit *(!) E*

7 Unde *om CAEL* | .. *om D* | Caturcen.] *om AL* : Caturicen. *D* : .. *B*

8 ut] quatinus *B* | est] esset *B* | octo] VIII° *C*

9 qualibet] de *add B* | relaxaret *B*

10 Quocirca] etc. *add D* : etc. *B* | .. episcopus *C*

---

1 *Cahors.*

2 *c. 47 Conc. Lat. IV = X 5, 39, 48.*

3 *Als Bischöfe kommen in Frage: Guillaume de la Broue (1317–1324) oder Bertrand de Cardaillac (1324–1366), vgl. Eubel 1, 178.*

scopus mandatum nostrum super hoc infra prescriptum tempus neglexerit adimplere, tu extunc sufficienti ab eodem clerico super hiis, pro quibus excommunicatus habetur, cautione recepta iuxta formam ecclesie sententiam relaxes eandem et iniuncto ei, quod de iure fuerit iniungendum, predictam | causam audias et appellatione remota usuris cessantibus debito fine decidas, faciens | *etc. usque* observari, proviso *ut supra*[1] *usque* relaxetur. Dat. *etc.*

C f. 429
D f. 111'

Q 16, 7 Super eodem auctoritate apostolica.

L f. 105 d
O f. 37'

Decano ecclesie de . . Significavit nobis . . de . . laicus . . diocesis, quod, cum . . de . . miles et V. eius uxor . . diocesis | ipsum | super terris et rebus aliis ad dotem ipsius V. spectantibus, ut dicebat, coram te auctoritate

5 apostolica traxisset in causam, tu in eum nulla competenti monitione premissa sine causa rationabili excommunicationis sententiam promulgasti contra statuta concilii generalis.[2] – mandamus, quatinus, si est ita, sententiam ipsam *etc. usque* relaxes, in causa ipsa iuxta priorum continentiam litterarum appellatione remota ratione previa processurus, alioquin dilecto

10 filio . . nostris damus litteris in mandatis *etc. usque* iniungendum, in eadem

---

[11] vestrum *A* | super hoc] huiusmodi *B* | perscriptum *C* : prescitum *D* | tempus *v. and. Hd. marg. einkorr. A* | neglixerit (!) *C*

[12] exnunc *E* | hiis] ipsis *C* | pro] quod *L*

[13] cautione] canonice *D*

[14] relaxet *A* | et *om B* | iniuncto] iuxta formam ecclesie *add B*

[15] et *om C* | debito – 16 usque 1°] etc. *B*

[16] faciens *om D* | usque 1°] ad *add C* | ut supra] etc. *DELB* | usque 2° *om B* | relaxetur] re^{rc} (!) *D*

[17] Dat. etc.] Datum etc. *C* : *om ADELB* : Testes etc. *MO*.

Q 16, 7 *C 337 f. 429 (Üb. Index f. 445); A 331 f. 55; M 372 f. 34; O 397 f. 37/37'; D 514 f. 111' (Üb. Index f. 11'); E 496 f. 65'; L 383 f. 105 c/d; B 18 n. 6 f. 47'.*

[1] auctoritate apostolica *om MODEL*

[2] Decano ecclesie de . .] Iud. *B* | de 1.° *om D* | . . de . .] P. *B* | laicus – 3 de . . *om C* | . . diocesis] *om AMO ELB* : diocesis *D*

[3] . . de . .] M. de . . *MO* : N. de . . *D* : G. *B* | V.] N. *MO* : B. *B* | . . diocesis *om B* | super] quibusdam *add D*

[4] V.] M. *AC* : N. *MO* : . . *D* : *om B* | te] de *C*

[5] traxisset *korr. D*[2] | competenti *om C*

[6] sententiam excommunicationis *EL*| promulgastis *aus* promulgaverit *korr. L*

[7] generalis] *vor* concilii *M* : etc. *add DB* | sententiam *v. and. Hd. einkorr. B*

[8] usque *om B* | relaxare *D* : relaxet *E*

[9] previa ratione *B* | dil. fil. *CA* : dilecti filii *B*

[10] usque *om B* | causa eadem *B*

---

[1] *Q 16, 5.*   [2] *c. 47 Conc. Lat. IV = X 5, 39, 48.*

causa appellatione remota ratione previa procedat iuxta priorum litterarum continentiam earundem, proviso, quod, si pro manifesta *etc.*

Scribitur relaxatori ut supra mutatis mutandis.[1]

Q 16, 7a Executoria super eodem.

Iud. Significavit nobis .. de .. laicus .. diocesis, quod, cum .. de .. miles et V. eius uxor .. diocesis ipsum super terris et rebus aliis ad dotem ipsius V. spectantibus, ut dicebat, coram .. decano ecclesie de .. auctoritate apostolica traxisset in causam, idem decanus in dictum .. nulla competenti monitione premissa *etc. ut in prima mutatis mutandis.*[2] 5

Q 16, 8 Super eodem.

| *Episcopo.* Significavit nobis .. archipresbiter de Fractis[3] .. diocesis, quod tu in eum sine causa rationabili nulla competenti monitione premissa post appellationem ad nos legitime interiectam excommunicationis senten-   *B f. 48*

---

[11] simili appellatione *B* | previa ratione *AMODEL* | procedit *M* : procedatur *D* : procedas *E* : compellas procedatis *B* | iuxta] tenorem *add B* | priorum continentiam litterarum earundem *D*

[12] con | continentiam *A* | eorundem *E* | proviso – manifesta *om A* | quod – manifesta *om MODELB* | etc.] Datum *add A* : Dat. etc. *add MO*

[13] Scribitur – mutandis] *in CAMEL mit der Üb. von Q 16, 8 zusammengeschrieben* : *om DB* | Scribitur] Super eodem scribitur *A* : *om MO* | relatori *E* | mutandis *om A.*

Q 16, 7a *D 515 f. 111' (Üb. Index f. 11'); B 18 n. 7 f. 47'.*

[2] .. de .. 1°] P. *B* | .. diocesis] diocesis *D* : *om B* | .. de .. 2°] G. *B*

[3] V.] B. *B* | .. diocesis *om B* | et 2° – 5 apostolica] etc. *B*

[4] .. 1° *om D*

[6] in – mutandis] supra *B.*

Q 16, 8 *C 338 f. 429 (Üb. Index f. 445); A 332 f. 55; M 373 f. 34/34'; O 398 f. 37'; D 576 f. 111' (Üb. Index f. 11'); E 497 f. 65'; L 384 f. 105d; B 18 n. 8 f. 48.*

[1] *Üb. mit Q 16, 6 Z. 13 (oben) zusammengeflossen CAMEL.*

[2] Episcopo] .. episcopo .. *C* : *om B* | .. 1° *om D* | de – diocesis] de .. *CAML* : .. *B* | .. diocesis *om OE*

[3] tu] cum *E* | rationabili causa *B* | monitione *aus* ratione *v. and. Hd. korr. B* | premissa] previa *B*

[4] appellatione *L* | vos *B*

---

[1] *Q 16, 6.*   [2] *Q 16, 7.*

[3] *Wohl Ausonia nö. von Gaeta. Letzteres wäre Diözese Gaeta (Gaetan. diocesis). Ein Beleg für den dortigen Archipresbyter findet sich in der Zehntliste von 1308–1310 in: Rationes decimarum Italiae nei secoli XIII e XIV, Campania, bearb. v. M. Inguanez, L. Mattei-Cerasoli u. P. Sella (Città del Vaticano 1942 = Studi e Testi 97) Nr. 90 S. 11.*

[5] tiam promulgasti contra statuta concilii generalis.[1] – mandamus, quatinus, si est ita, sententiam ipsam *etc. usque* iniungendum, audiat, | si quid fuerit questionis, et appellatione remota *etc.*, faciens *etc.*, proviso *etc.*

Scribitur relaxatori ut supra mutatis mutandis.[2]

Q 16, 8a Executoria.

Iud. Significavit nobis .. archipresbiter de Fractis[3] *etc. ut supra mutatis mutandis.*[2]

Q 16, 9 Super eodem ut supra.

Episcopo. Significavit nobis .., quod, cum .. abbas monasterii de .. tue | diocesis ipsum super quibusdam decimis et rebus aliis coram te auctoritate ordinaria convenisset, tu in eum *etc. ut supra*[4] *usque* relaxes, in causa [5] ipsa ratione previa processurus, alioquin *etc.*, proviso *etc. ut in prima.*[4]

Scribitur relaxatori ut supra super eodem.[2]

---

[5] generalis] etc. *add B*

[6] si est ita *om A* | etc. *om M* | usque] relaxes etc. alioquin etc. usque *add MO : om B* | iniungendum] in mĩgēdum *(!) L* | si – 7 questionis *v. and. Hd. nachgetragen B* | quid] quod *DL : aus* quis *korr. E*

[7] et – faciens *om B* | etc. 1° *om M* | faciens etc. *om DEL* | proviso etc.] Dat. (Datum *L*) etc. *add. MOEL :* proviso ne etc. *D*

[8] Scribitur – mutandis] *om CDB : in AMEL mit der Üb. von Q 16,9 zusammengeschrieben* | Scribitur *om MOEL* | relatori *E* | ut – mutandis] super eodem *E : om L* | mutandis] super eodem *add AM.*

Q 16, 8a *D 517 f. 111' (Üb. Index f. 11').*

[2] .. *om D.*

Q 16, 9 *C 339 f. 429 (Üb. Index f.*

445); *A 333 f. 55; M 374 f. 34'; O 399 f. 37'; D 518 f. 111'/112; E 498 f. 65'; L 385 f. 105d; B 18 n. 10 f. 48.*

[1] *Üb. in AMEL mit Q 16,8 Z. 8 (oben) zusammengeschrieben. – Üb. om DE.* | ut supra *om AMOL*

[2] Episcopo] .. episcopo .. *C : om B* | nobis] de *add D* | quod cum .. *om C* | .. 2° *om MD* | de *om B* | tue] .. *C*

[3] diocesis] quod *add C* | decimis] etc. *B* | te] .. *C*

[4] ut – 5 previa] etc. *B*

[5] ipsa *om A* | etc. 1° *om B* | proviso etc. *om L* | ut in prima *om B* | ut] supra *add CMO* | prima] forma *add C :* proxĩm *E*

[6] Scribitur – eodem] *om CDELB : in A mit der Üb. von Q 16,10 zusammengeflossen* | Scribitur *om MO* | ut – eodem] ut in secunda superiori *MO* | supra *einkorr. A.*

---

[1] *c. 47 Conc. Lat. IV = X 5, 39, 48.*

[2] *Q 16, 6.*   [3] *Vgl. S. 545 Anm. 3.*   [4] *Q 16, 7.*

Q 16, 9a Super eodem.

Iud. Significavit nobis .. de .., quod, cum .. abbas monasterii de .. . .
diocesis *etc. ut supra mutatis mutandis.*[1]

Q 16, 10 Super eodem ut supra.

Episcopo. Significavit nobis .. rector ecclesie de .. tue diocesis, quod
P. cantor .. ecclesie, tunc vicarius tuus, in eum nulla competenti monitione premissa sine causa rationabili motu proprio (*vel sic* : auctoritate
propria) *etc. usque relaxes,* alioquin *etc. ut supra,*[2] proviso *etc.*   5

Q 16, 11 Scribitur relaxatori in hunc modum.

Iud. Significavit nobis .. rector ecclesie de .., quod P. cantor ecclesie ..,
tunc vicarius venerabilis fratris nostri .. episcopi .., *usque* concilii | gene-   *A f. 55'*
ralis. Unde eidem episcopo *usque* relaxet. – mandamus, quatinus, si dictus
episcopus mandatum nostrum infra prescriptum tempus neglexerit adimple-   5
re, tu extunc ab eodem rectore *usque* iniungendum, audias, si quid fuerit

---

Q 16, 9a *D 519 f. 112.*

1 *Üb. nur marg. D*[2].

2 *.. 1° om D | .. 3° om D | .. 4° 5°
om D.*

Q 16, 10 *C 340 f. 429 (Üb. Index f.
445); A 334 f. 55; M 375 f. 34'; O
400 f. 37'; D 520 f. 112; E 499 f.
65'; L 386 f. 105d; B 18 n. 9 f. 48.*

1 *Üb. mit Q 16, 9 Z. 6 zusammenge-
schrieben A. – Üb. om MD. | ut
supra om OEL*

2 Episcopo] *.. episcopo .. C : .. add
E : om B | .. 1° om D | de .. –
diocesis om B | de ..] .. de D : om
B*

3 P.] *.. D | .. ecclesie] ecclesie AEB :
ecclesie .. MO | tuus – Q 16, 11
Z. 3 vicarius om D | tuus zu civis
korr. L | competenti om B*

4 vel – *Schluß] etc. ut in aliis B.*

Q 16, 11 *C 341 f. 429 (Üb. Index f.
445); A 335 f. 55/55'; M 376 f. 34';
O 401 f. 37'; D 520 a f. 112 (mit
Q 16, 10 zusammengeflossen); E
500 f. 65'; L 387 f. 105d; B 18 n.
11 f. 48.*

1 *MOEL Üb.* : Super eodem. | Scri-
bitur – 3 vicarius *om D (mit Q 16,
10 zusammengeflossen)*

2 Iud.] Relaxatori *MO* | rector *v.
and. Hd. einkorr. B* | ecclesie de ..
om *B* | P.] *P .. C : om B* | ecclesie]
de *add M* | .. 3° *om E*

3 *.. 1° om M* | episcopi ..] in eum
add AMDELB : episcopi in eum
O | usque] etc. *B*

4 *.. episcopo C* | usque] etc. *B* | re-
laxaret etc. *B*

5 *.. episcopus C* | infra prescriptum]
infrascriptum *EB* | perscriptum *C*

6 rectore] etc. *add D* | usque] etc. *B* |
si quid *om EL* | fueris *M*

---

1 *Q 16, 9.*   2 *Q 16, 5.*

questionis, et appellatione remota canonico fine decidas, faciens *etc.*, proviso *etc.* Testes *etc.*[1]

Q 16, 11 a   *Iud.* Sua nobis universitas ville de Summaripa de Bosco[2] Asten.[3] diocesis petitione monstrarunt, quod, cum Sinibaldus de Solerio,[4] clericus Asten.,[3] falso asserens, quod dicti universitas super quibusdam pecuniarum summis iniuriabantur eidem, contra eosdem universitatem
5 super hiis nostras ad .. prepositum ecclesie beate Marie Magdalene Alben.[5] in communi forma litteras impetrasset ⟨et⟩ dictos universitatem fecisset super premissis coram eodem preposito auctoritate litterarum huiusmodi ad iudicium evocari, idem prepositus reputans eosdem universitatem, cum non essent, pro sue voluntatis libito contumaces occasione | contumacie huius-

A f. 35'
10 modi dictam villam contra iustitiam ecclesiastico supposuit interdicto in ipsorum universitatis preiudicium non modicum et gravamen. Cum autem in constitutione felicis recordationis Bonifatii pape VIII., predecessoris nostri, super hoc edita[6] caveatur expresse, ut nulla provincia, civitas, castrum, villa, locus, territorium vel districtus auctoritate ordinaria vel dele-
15 gata pro pecuniario debito vel pro cuiusvis monete vel pecunie quantitate sub quacunque occasione vel causa seu quovis quesito colore supponatur ecclesiastico interdicto, et quicquid contra huiusmodi constitutionem fuerit attemptatum, per constitutionem eandem irritum decernatur, prefati universitas nobis humiliter supplicarunt, ut providere eis super hoc paterna
20 diligentia dignaremur. Cum autem dicti universitas eiusdem Sinibaldi, sicut asserunt, potentiam merito perhorrescentes eum infra civitatem seu diocesim Asten.[3] nequeunt convenire secure,[7] discretioni vestre per apostolica scripta mandamus, quatinus vocatis, qui fuerint evocandi, *etc.*

---

[7] canonico] cāco *(!) L* : debito *B* |
faciens] facies *D* : *marg. einkorr.*
L : quod decreveris add *B* | proviso etc. *om C*

[8] Testes] autem add *C.*
Q 16, 11a   *A 111a f. 35/35' (Nachtrag von anderer, etwa gleichzeitiger Hand). –* [6]et scr.] *om A*

---

[1] *Vgl. Q 16, 1 Anm. 2.*
[2] *Sommariva del Bosco s. von Turin.*
[3] *Asti.*
[4] *Solero w. von Alessandria.*
[5] *Stift S. Maria Maddalena (heute Chiesa della Maddalena) in Alba (Piemont).*
[6] *Bonifaz VIII. von 1302 Mai 31, Potthast 25155 = Extrav. comm. 5, 10, 2.*
[7] *Das Reskript ging also an Richter außerhalb der Diözese Asti; vgl. N 2 und die Ausführungen Bd. 1 S. 193 f.*

Q 17

Contra iudicem tenentem causam in suspenso.

Q 17, 1 Scribitur iudici, qui tenuit causam diutius in suspenso, ut procedat.

Dilecto filio . . archipresbitero ecclesie Gaietan.[1] Sua nobis venerabilis frater noster . . episcopus Fundan.[2] petitione | monstravit, quod, cum ipse Petrum de . ., presbiterum . . diocesis, super eo, quod dictus presbiter in eundem episcopum, in quem nullam habebat iurisdictionem ordinariam seu etiam delegatam, temeritate propria excommunicationis sententiam promulgavit, coram te auctoritate litterarum sedis apostolice traxisset in causam, tu tenens causam | ipsam diutius in suspenso in ea procedere non curasti anno et amplius iam elapso in dicti episcopi preiudicium et gravamen, quamquam per eum non steterit, in quo fuisti pluries per eum legitimis temporibus humiliter requisitus. Volentes igitur, ut finis litibus imponatur, – | mandamus, quatinus, si est ita, in causa ipsa infra tres menses

E f. 66

5

B f. 59

10

D f. 112'

Q 17, 1 *C 342 f. 429/429' (Üb. Index f. 445); A 336 f. 55'; M 377 f. 34'; O 403 f. 37'; D 521 f. 112/112' (Üb. Index f. 11'); E 501 f. 65'/66; L 388 f. 105d/106a; B 26 n. 1 f. 58'/59.*

1-2 *D Üb. : De mandato iudicibus non curantibus procedere in causis sibi commissis et de adiectione iudicum. Darauf folgt Üb. wie oben.* | iudi *(!) C* | diutius] Anti^s *(!) D*

2 ut procedat *om L* | ut] quod *MD* | procedat] procedatur in ea *D*

3 . . *om AD* | archipresbitero] archiepiscopo *ME* : *korr. aus* archiepiscopo *L* | ecclesie *om MO* | Gaietan.] . . *CAB* : salutem etc. *add D* : *om L*

4 noster *om L* | . . *om MD* | Fundan.] . . *A* : Fundanen. *E* : *om LB*

5 Petrum de . . *om B* | Petrum] Pet.

C : P. *AMDEL* | presbiterum] presbiter *EL*

6 eundem] eum *C* | . . episcopum *C*

7 seu *om D* | temeritate] auctoritate *CA* | promulgavit *MO*

8 te] vel . . *add MO (hier getilgt)* | apostolice sedis *M*

9 causam 1°] et *add A* | tu – causam 2° *om C* | causam 2° *om L* | diutius] expectatam *add A*

10 ānnō *(!) D* | . . episcopi *CE*

11 steterit] stestitur *(?) C* | in quo] a quo *M* : quin *B* | per eum] super hoc *MO* : *om B* | eum] eundem *D*

12 temporibus] et locis *add A (marg. v. and. Hd.)* | humiliter *om C* | igitur] autem *B* | imponatur] etc. *add DB*

13 ipsa causa *A* | infra – 14 post] preter *A*

[1] *Gaeta.*

[2] *Fondi nw. von Gaeta. Als Bischöfe kommen in Frage: Petrus (1336 November 18–1343), Franciscus (1343 April 4–vor 1343 Oktober 27), Lombardus (1343 Oktober 27–vor 1348 Juli 10), vgl. Eubel 1, 256.*

post receptionem presentium previa ratione procedas | iuxta | predicta-
rum priorum directarum ad te continentiam litterarum; alioquin venerabili
fratri nostro . . episcopo nostris damus litteris in mandatis, ut ipse extunc
in eadem causa appellatione remota procedat previa ratione iuxta litterarum continentiam earundem. Dat. *etc.*

Q 17, 2 | Super eodem.

Venerabili fratri nostro . . episcopo . . Sua nobis venerabilis frater noster
. . episcopus Fundan.[1] *etc. usque* coram dilecto filio . . archipresbitero *etc.*
usque imponatur, dicto archipresbitero nostris damus litteris in mandatis,
5 ut, si est ita, in causa ipsa infra tres menses post receptionem earum ratione
previa procedere non postponat iuxta predictarum priorum directarum ad
eum continentiam litterarum. Quocirca – mandamus, quatinus, si dictus
archipresbiter mandatum nostrum super hoc infra prescriptum tempus
neglexerit adimplere, tu extunc in eadem causa previa ratione procedas

---

14 predictarum] predictorum *korr. C* :
hinter 15 priorum *MB*

15 directarum ad te *om C* | ad te *om
M* | continentia *L* | litterarum]
directarum *add C*

16 . . *om D* | episcopo] *om AMO* : . .
add D | damus] *vor* nostris *AMODL* :
om E | litteris *om M* | extunc]
tunc *MB*

17 eadem causa] causa ipsa *B* | causa
om M | previa ratione] *om C* :
hinter remota *L* | procedat *vor*
appellatione *L*

18 Dat. etc.] *om CB* : Dat. *AM* : Datum etc. *L; in O folgt hier sofort
das Rubrum von Q 17, 2, das f. 38
oben wiederholt wird.*

Q 17, 2 *C* 343 *f. 429' (Üb. Index f.
445); A* 337 *f. 55'; M* 378 *f. 34';
O* 404 *f. 38; D* 522 *f. 112' (Üb. Index f. 11'); E* 502 *f. 66; L* 389 *f.
106a; B* 26 n. 2 *f. 59.*

1 *Üb. doppelt (erste Ende f. 37') O* |
Super eodem] *einkorr. M* : executoria *add D*

2 . . 1° *om MD* | . . 2°] *om AO* : etc. *D*

3 episcopus Fundan.] episcopus de
. . C : episcopus . . A : episcopus *L* |
Fundan. – usque] etc. *B* | etc. 1°] ut
supra *add DE* : ut supra ut scrip-
tum *add L* | . . 2° *om M* | archie-
piscopo *E*

4 dictis . . *(om MOL)* archipresbi-
tero et canonicis *CAMOEL* | ve-
stris *O*

5 si] sic *B* | post – 6 previa] etc. *B* |
post] preter *A*

6 postponant *CMOEL* : postponas
A : postponent *B* | iuxta – 7 Quo-
circa] etc. *B* | ad eum] eis *CA* : ad
eos *MOE* : ad eorum *L*

7 Quocirca] etc. *add D*[2] | dicti (. .
add C) archipresbiter et canonici
CAMOEL

8 *hinter* archipresbiter *überstrichene
Lücke D* | mandatum *om C* | hoc]
ho *(!) O* | super – 9 neglexerit]
etc. *B* | infra prescriptum] infra-
scriptum *EL* | perscriptum *C*

9 neglexerint *CAMOEL* | adimplere]

---

1 *Fondi, vgl. Q 17, 1 Anm. 2.*

iuxta litterarum super hoc eidem directarum continentiam earundem.   10
Quod si non omnes *etc.*[1]

Q 17, 2a Super eodem, quando fit una littera sola.

Iud. Significavit nobis G. canonicus Pinguen.[2] ⟨Maguntin.⟩[3] diocesis,
quod vacantibus olim in dicta ecclesia canonicatu et prebenda per mortem . . *etc. facta narratione facti usque* ad sedem apostolicam appellavit et
super appellatione huiusmodi ad . . et . . sub communi forma litteras impe-   5
travit, ut vocatis *etc. usque* observari. Cum postmodum prefatus G. eundem . . coram . . et . ., quibus dicti . . et . . commiserant super hoc totaliter
vices suas, auctoritate litterarum huiusmodi ad iudicium evocari fecisset,
dicti . . et . ., postquam aliquamdiu coram eis in causa huiusmodi processum extitit, tenentes causam huiusmodi diutius in suspenso in ea procedere   10
non curarunt anno *etc.*, quamquam per eum non steterit, a quo dicti . .
fuerunt legitimis temporibus pluries requisiti. Volentes *etc.* – mandamus,
quatinus prefatos . . et . . ex parte nostra moneas et inducas, ut infra tres
menses post monitionem tuam in predicta causa previa ratione procedant
et eam debito fine decidant iuxta predictarum continentiam litterarum,   15
alioquin tu extunc in causa ipsa legitimo in eo habito servato processu
procedas iuxta litterarum continentiam earundem. Dat. *etc.*

mandatum *add C* | tu] *om A* : vos
MO : nos *EL* | in *einkorr. D* |
causa] appellatione remota *add
MODELB* | ratione previa *DE* |
procedatis *MOE*
10 eisdem *CAMOEL* | earundem]
eodem *L*
11 Quod – etc. *om MO* | Quod – om-
nes *om B* | omnes] omnibus hiis
exequendis potuerint *C* | etc.] Dat.
etc. *add MO* : *v. and. Hd. einkorr.
B.*

Q 17, 2a *M 379 f. 34'; O 402 f. 37'.*
1 *Üb. om M.*
2 G.] Guillelmus *O* | Maguntin. *scr.*]. .
MO
4 apostolica *M*
5 communi *scr.*] ea *MO*
6 ut] et *M* | Cumque *O* | G.] Guillel-
mus *O*
7 commiserunt *O*
8 fecissent *O*
16 ea *O*.

1 *Vgl. N 32 und die Ausführungen Bd. 1 S. 199 f.*
2 *St. Martinsstift in Bingen.*
3 *Mainz.*

Q 18

Additio iudicis.

Q 18, 1　Quando additur iudex.

Iud. Dilectis filiis .. et .. ac .. Sua nobis universitas hominum ville de
.. petitione monstrarunt, quod .. prior et conventus monasterii de ....

M f. 35 diocesis contra dictam universitatem ad te, fili prior, super terris, debitis, |
5 possessionibus et rebus aliis in consueta forma litteras apostolicas impe-
trarunt et earum auctoritate dictam universitatem coram te traxerunt in
causam. Ut igitur iudicium sine suspitione procedat, te, fili .., ad instantiam dicte universitatis, te vero, fili .., ex officio nostro decisioni cause
huiusmodi duximus adiungendos.[1] – mandamus, quatinus, si nondum est
10 per predictas litteras in eadem causa ad litis contestationem processum,
in ea appellatione remota ratione previa procedatis iuxta priorum direc-

B f. 59' tarum ad te, predicte prior, | continentiam litterarum.

Q 18, 2　Super eodem.

Iud. Sua nobis .. de .. petitione monstravit, quod .. de .. asserens, quod

---

Q 18, 1　*C 344 f. 429' (Üb. Index f.
445); A 338 f. 55'; M 380 f. 34'/35;
O 405 f. 38; D 523 f. 112' (Üb. Index f. 11'); E 503 f. 66; L 390 f.
106a; B 26 n. 3 f. 59/59'.*
[1] *D Üb.:* Super eodem, quando addi-
tur iudex. | aditur *E*
[2] et .. ac ..] salutem etc. *B* | ac ..
om *MO* | .. 3° om *D* | nobis] dilecti
filii add *D* | de om *B*
[3] monstravit *O* : mo. *E* | .. 2° om *E* |
monasterii om *L* | de om *B* | ..
diocesis] diocesis *D* : diocesis .. *E* :
om *B*
[4] dictam v. and. Hd. einkorr. *E* |
ad – 6 universitatem om *L* | prior]
.. prior *C* : om *B* | debitis] decimis
MO : om *D*
[5] consueta] super certa *C*
[6] dictam] vestram *C*
[7] suspectione *E* | fili .. 1°] .. fili ..

C : fili *D*
[8] te vero fili .. *om D B* | fili *om C M O E L*
nostre ex officio *D* | cause] esse *L*
[9] adiungendos] etc. *add D* : adiun-
gendas *L* : adiungendum etc. *B* |
nondum] nūd; *M* : nūdū *O* : nu-
dum *B*
[10] per – litteras] vigore primo dicta-
rum litterarum *B* | processuum *E*
[11] appellatione remota *om D* | previa
ratione *AB* | iuxta] predictarum
add A | directarum *om B*
[12] ad] ac *L* | predicto *B* | prior] dic-
tarum *add B* | litterarum] Dat. *add
MB* : Dat. etc. *add ODEL.*
Q 18, 2　*C 345 f. 429' (Üb. Index f.
445); A 339 f. 55'; M 381 f. 35; O
406 f. 38; D 524 f. 112'/113 (Üb.
Index f. 11'); E 504 f. 66; L 391 f.
106a; B 26 n. 4 f. 59'.*
[2] *Iud. om B* | .. de .. petitione] etc.

---

[1] *Vgl. dazu Bd. 1 S. 552 f. u. Herde, Beiträge 218.*

ipse super terris *etc.* iniuriabatur eidem, nostras super hoc contra eum ad
dilectum | filium . . in communi forma litteras impetravit, idemque . .
super hoc tibi, fili . ., vices suas dicitur commisisse, sed nondum in causa
huiusmodi ad litis contestationem, ut asseritur, est processum. Ut igitur
iudicium *etc. ut supra*[1] *usque* mandamus, quatinus, si est ita, in ea appellatione remota ratione previa procedatis iuxta priorum directarum ad eundem continentiam litterarum.

D f. 113

5

Q 18, 3   Super eodem.

Episcopo . . et . . ac . . canonicis Verulan.[2] Ex parte dilectorum filiorum
communis . . fuit propositum coram nobis, quod . . et . . de . . fratres sug-
gerentes nobis, quod G. de . . falso asserens, quod iidem fratres quondam
A. laicum, dicti G. filium, interfecerant, ipsos Anagnie[3] commorantes super huiusmodi homicidio coram Francisco iudice dictorum communis com-

5

B | . . 1° *om* D | . . 3° *om* E | de . . 2°
om B

3 eidem *om* B | contra *v. and. Hd. ein-
korr.* B | eum] eos *AMOEL* | ad] a L

4 litteras] apostolicas *add AMODE
LB* | impetrarint B | idemque]
ideoque *CA* | . . 2° *om CM*

5 tibi] dilecte *add* C | . . *om* D | com-
missise *(!)* E : commisse *(!)* L |
nondum] nund; M : nūdū O : est
add B

6 huiusmodi] ipsa B | asserit B | est
om B

7 iudicium *om* B | etc. *om* L | ut
supra *om EB* | usque *om* B | ea]
causa ipsa B

8 previa ratione *AB* | procedas B |
priorum – 9 litterarum] predictarum
litterarum priorum continentiam
B | eundem . . *MO* : eumdem . . *E*.

Q 18, 3   *C* 346 *f.* 429' *(Üb. Index f.*
445); A 340 *f.* 55'/56; *M* 382 *f.* 35;
O 407 *f.* 38; *D* 525 *f.* 113 *(Üb. In-*
dex f. 11'); *E* 505 *f.* 66/66'; *L* 392
f. 106 a/b; *B* 26 *n.* 5 *f.* 59'.

2 Iud. Episcopo *D* | Episcopo –
Verulan.] Iud. *B.* | . . 1° *om O* | . . et
. .] ecclesie *(v. and. Hd. getilgt) M* |
. . et . . ac . .] . . ac . . et *C* | . . 3°
om D | Verulan.] . . *A* : salutem
etc. *add D* : *om L* | dilectorum – 3
communis] dilecti filii . . canonici
C

3 communis . .] . . communis *AMOE* |
. . et . . de . .] A. et B. *B* | . . et –
4 quod *om M* | sugerentes *AD* |
de . . *om* B

4 falso] false *D* : *v. and. Hd. aus* f͞lo
korr. B | quod iidem fratres *om C* |
eidem L | fratres *om L* | quondam]
condam *CB* : quendam *MODE*

5 ipsas *D* | Anagnie *scr.*] Ananie *C* :
. . A : *om* D : in . . E : in L : in
villa . . B | commorantes] incri-
minantes *D*

6 homicidio] crimine *C* | Francisco]
F. *ADB* : Francischo *O* | dictorum
om E | communis . . E | communi-
ter] *om* A : coram quo similes
cause tractantur B

---

1 Q 18, 1.   2 *Veroli. Als Bischöfe kommen in Frage (vgl. Eubel 1,*
523 u. Ughelli I², *1396): Thomasius (1317–1329) und Adjutorius (1331–1354).*
3 *Anagni.*

E f. 66'
A f. 56

10

L f. 166 b

muniter accusavit petendo ipsos super hoc iuxta statuta civitatis ab ipsis satisfieri eosque pecuniaria pena | multari, et quod dicti fratres[1] | a prefato iudice sentientes ex eo indebite se gravari, quod ad locum non tutum citabat eosdem, alium sibi contra iustitiam denegans assignare securum humiliter requisitus, ad sedem apostolicam appellarunt et super appellatione huiusmodi nostras ad te, fili .., in communi forma litteras impetrarunt et earum | auctoritate prefatos commune fecerunt coram te ad iudicium evocari. Ut igitur iudicium *etc. ut supra.*[2]

Q 19

Homines de corpore.

Q 19, 1   Capitulum super hominibus de corpore.

C f. 430

Iud. Conquestus est nobis I. de .. clericus .. diocesis, quod nobiles viri .. et .. fratres, cives Rossanen.[3], falso | asserentes ipsum eorum hominem

[7] accusarunt *C* : accusavit *A* : accusarat *MODB* : accusarant *EL* | petenda *A* | ipsi *C* | iuxta] secundum *C* | civitatis] .. civitatis *AE* : cacit; *(!) L* : condemnari et *add B*

[8] pecuniara *(!) C* : peccunie *B* | moI̅otari *(!) C* : mulctari *MOB* : mulgari *(!) EL* | et] propter *B* | predicto *DL*

[9] sentientes] se *add M (folgt aber auch hinter* indebite*)* : *v. and. Hd. aus* sententias *korr. B* | citabat] citans *A* : extabat *(!) E*

[10] iusticiciam *(!) C* | denegabat *A* | securum] locum licet ex parte dictorum fratrum fuerit *add B*

[11] appellavit *AE* | et – 12 impetrarunt *om CADEL*

[12] fili ..] dilecte fili *B* | in – forma *om B*

[13] eorum *CAME* | prefatos – fecerunt] fecerunt prefatos ecclesie *C* : fecerunt commune *L* : fecit *B* | coram] contra *L*

[14] ut supra *om ADELB.*

Q 19, 1   *C 347 f. 429'/430 (Üb. Index f. 445); A 341 f. 56; D 526 f. 113 (Üb. Index f. 11'); E 506 f. 66'; L 393 f. 106b; B 19 n. 1 f. 50.*

[1] super] pro *D*
[2] Iud. *om B* | I.] .. *DEB* : *om L* | de .. *om B* | .. diocesis] diocesis .. *E* : .. *B* | nobilis vir *CA* | viri *korr. D*[2]
[3] .. et ..] G. et .. *E* : de *L* : A. et B. *B* | Rossanen.] .. *A* : *om LB* | eorum *om B*

---

[1] *Hier ist die Konstruktion nicht ganz korrekt; die Wendung* dicti fratres *nimmt das Subjekt des Nebensatzes erster Ordnung* .. et .. de .. fratres *wieder auf, da sonst die Übersicht bei der Verschachtelung der vielen Nebensätze ganz verlorengegangen wäre.*

[2] *Q 18, 1.*   [3] *Rossano in Kalabrien.*

fore de corpore ipsum propter hoc contra iustitiam multipliciter impetunt
et molestant. – mandamus, quatinus partibus convocatis *etc.*   5

Q 19, 2 Super eodem.

In eodem modo pro eodem, quod .. abbas et conventus monasterii de ..
asserentes ipsum eorum hominem fore de corpore dicti monasterii ipsum
propter hoc | indebitis exactionibus aggravant et molestant. – mandamus,   *D f. 113'*
quatinus partibus convocatis *etc.*   5

Q 19, 3 Super eodem.

Iud. Conquesti sunt nobis .. abbas et conventus monasterii .. ordinis ..
.. diocesis, quod .. et .. laici .. diocesis, homines de corpore ipsius monasterii, se ab eorum dominio temere subtrahentes eis debita et consueta
servitia contra iustitiam denegant exhibere. – mandamus, quatinus parti-   5
bus convocatis.

Q 19, 4 Super eodem.

Iud. Sua nobis .. abbas et conventus monasterii de .. petitione monstrarunt, quod nonnulli burgenses et alii homines ipsius monasterii se plerum-

4 de corpore fore *B* | ipsum] eum *D* |
propter] super *C* | multipliciter
om DELB | impediunt *DEL* :
impedivit *B*
5 molestant] etc. *add B* | etc. *om
AELB.*
Q 19, 2   *C 348 f. 430 (Üb. Index f.
445); A 342 f. 56; D 527 f. 113/113'
(Üb. Index f. 11'); E 507 f. 66';
L 394 f. 106b; B 19 n. 1a f. 50.*
2 In] Iud. *D* : *om B* | pro eodem *om
B* | .. 1° *om DE* | de ..] ordinis . . . .
diocesis *add D* : .. *B*
3 asserens *C* | eorum hominem *om
ADELB*
4 propter] super *C* | hoc *om L* | inde-
bite *EL* | agravant *A* : et aggravant
B | et molestant] *om C* : etc. *add B*
5 convocatis *om C* | etc. *om AEL.*
Q 19, 3   *C –; A 343 f. 56; D 528 f.
113'; E 508 f. 66'; L 395 f. 106b;
B 19 n. 2 f. 50.*

1 *Üb. om D.*
2 Iud. *om B* | .. 1° *om D* | mona-
sterii .. *scr.*] .. monasterii *A* :
monasterii *DELB* | ordinis . . . .
diocesis] de *L* : *om B* | ordinis ..]
.. ordinis *A*
3 .. et ..] Albertus et B. *B* | .. dio-
cesis 2°] .. *add A* : diocesis *DEL* :
om B
4 se *om B*
5 seruia *(!) L* | exhibere] etc. *add B* |
partibus convocatis] etc. *DELB.*
Q 19, 4   *C 349 f. 430 (Üb. Index f.
445); A 344 f. 56; D 529 f. 113';
E 509 f. 66'; L 396 f. 106b; B 19 n.
3 f. 50.*
1 *Üb. om D.*
2 Iud. *om B* | .. 1° *om D* | de ..] ..
ordinis diocesis *D* : .. *B* | petitione
monstrarunt *om CAEL*
3 se *om B*

que ab eorum dominio subducentes ad villas seu castra de . . se transferunt
5 sub aliorum dominio moraturi, propter quod redditus, tallias, census et alia,
que de domibus, pratis, terris, vineis et rebus aliis ipsi monasterio exhibere
tenentur, eis hac occasione non solvunt in eorundem abbatis et conventus
preiudicium et dicti monasterii non modicum detrimentum. – mandamus,
quatinus predictos homines seu burgenses, quod (vel ut) huiusmodi redditus,
10 tallias etc. eidem monasterio, ut tenentur, exsolvant vel domos, prata etc.
et alia, ex quibus ipsa debentur, libere dimittant eis, et eorundem locorum
dominos, ad que ipsi confugiunt, ut dictos abbatem et conventum super hiis
non impediant indebite vel molestent, monitione premissa previa ratione
compellas. Testes etc.[1]

Q 19, 4a (= K238) Contra illos, qui recedunt a proprio domi- nio.[2]

Iud. Sua nobis . . abbas et conventus monasterii . . exempti *etc.*, quod
nonnulli burgenses et alii homines ipsius monasterii se plerumque ab

---

4 eorum] eodem *C* | de] d *(!) B* |
transferunt] traxerunt *A*

5 sub] ab *C* | morituri *D* | tallias]
talis *D* : taĨ *E* : tĨis *L* : taillas pro-
ventus *B* | alia] bona *add B*

6 que *om C* | terris *om CB* | aliis re-
bus *L* | ipsi monasterio] a que
vestri monasterii *B*

7 solvant *B* | eorum *D* | conventus]
monasterii *add B*

8 et dicti monasterii *om B* | detri-
mentum] decrementum etc. *D* :
etc. *B*

9 vel ut] vel *CA (expungiert) B* : alias
EL

10 tallias *om DELB* | eiusdem mo-
nasterii *A* | exsolvant *korr. D²* :
exolvant *EB*

11 et 1° – debentur *om B* | ipsa] ista

ADEL | eis] eosque *B* | dominos
locorum *B*

12 que *zu* quos *korr. A* | ipsi *om L* |
confugunt *(!) B* | . . abbatem *C*

13 molestant *C* : molesta *(!) D* |
previa *om EL*

14 Testes] autem qui fuerint *add C.*

Q 19, 4a (= K 238) *P 281 f. 30 (Üb.
Index f. 5'); V 234 f. 26'/27; H
282 f. 31'; S 218 f. 24'; R 68 f. 6'.*

1-2 *VH²R Üb.*: Contra homines monasterii, qui de locis ipsius monasterii
(om H²) aufugiunt (affugunt !
VH²) causa non solvendi census et
alia, ut tenentur (eidem monasterio *add H²). – Üb. om S.*

3 *. . 1° om R* | monasterii] de . . dio-
cesis *add H* : de *add R* | etc.] con-
questione monstravit *R*

4 monasterii . . *H*

---

[1] *Die Testes-Klausel wird hier gesetzt; N 62 besagt nichts über eine Nichtanwendung der Klausel in diesen Fällen.*

[2] *In PVHS (in R in anderer Reihenfolge) findet sich diese Formel im Kapitel
Super monachatu und müßte dort die Nr. K 238 tragen. Wie aus diesem Zusammenhang ersichtlich ist, wurde in den späteren Redaktionen CA und DELB*

eorum dominio subducentes ad villas seu castra de .. se transferunt sub　　5
aliorum dominio moraturi, propter quod redditum, talliam, censum et alia,
que de domibus, pratis, terris, vineis et rebus | aliis ipsi monasterio exhibere　　*V f. 27*
tenentur, eis hac occasione non solvunt in eorundem abbatis et conventus
preiudicium et dicti monasterii non modicum detrimentum. – mandamus,
quatinus predictos homines seu burgenses, quod huiusmodi redditum,　　10
talliam *etc.* eidem monasterio, ut tenentur, exsolvant vel domos, prata *etc.*
et alia, de quibus ista debentur, libere dimittant eis, et eorundem locorum
dominos, ad que ipsi confugiunt, ut dictos abbatem et conventum super hiis
non impediant indebite vel molestent, monitione premissa previa ratione
compellas. Testes *etc.*[1]　　15

Q 19, 5　Super eodem.

Iud. Petitio venerabilis fratris nostri .. episcopi Gaietan.[2] nobis exhibita
continebat, quod .. de .. laicus et quidam alii laici .. diocesis, ipsius
episcopi et ecclesie homines de corpore, ab eorum dominio se temere subtrahentes ac se transferre ad aliud dominium presumentes eidem episcopo　　5
opera et servitia debita et consueta exhibere indebite contradicunt in
ipsius episcopi et eiusdem ecclesie preiudicium et gravamen. | Quare idem　　*B f. 50'*

---

5 de ..] diocesis .. *add H*
6 taliam *S*
7 de *om R*
8 solverunt *H* | .. abbatis *P*
10 huiusmodi – 12 alia *om R* | reddi-
　　tuum *S*
11 exolvant *V*
12 et 1°] ex *V* | de] ex *VHR* | demic-
　　tant *(!) R* | eis] eidem *H*
13 que] quos *H* | ut *om R* | hoc *H*
15 Testes etc.] et Testes autem etc. *R.*

Q 19, 5　*C 350 f. 430 (Üb. Index f.*
　　445); A 345 f. 56; D 530 f. 113'/114
　　(Üb. Index f. 11'); E 510 f. 66; L
　　397 f. 106b/c; B 19 n. 4 f. 50/50'.
　　1 eodem] aliter *add D* : et aliter *add L*

2 venerabilis – nostri] dilecti filii *C* |
　　nostri *om EL* | .. *om AE* | Gaietan.]
　　om CL : .. *AB* | exhibita] ex^at *(!)*
　　B
3 .. de ..] G. *B* | laicus] laici *D* |
　　laici *om C*
4 ecclesie .. *A* | subtrahetes *(!) D*
5 ac] et *C* | ad aliud transferre *C* |
　　dominium] dnñ *(!) L* | .. epis-
　　copo *C*
6 operas *CAELB* | servitutes *DEL* |
　　in] ut *L*
7 ipsius – ecclesie] eiusdem .. epi-
　　scopi et ipsius ecclesie *C* : ipsorum
　　ecclesie *B* | piudicium *ohne Kür-*
　　zung D

---

aus dieser dort etwas isoliert stehenden Formel ein eigenes, um andere Formeln
erweitertes Kapitel gemacht; in MO fehlen überhaupt entsprechende Beispiele.

　　[1] *Vgl. S. 556 Anm. 1.*
　　[2] *Gaeta. Als Bischöfe kommen in Frage: Franciscus (1321 August 21–1340*
Oktober 8); Antonius (1341 Mai 25–1348 vor November 10) und Rogerius (1348
November 10–vor 1375 April 9); vgl. Eubel 1, s. v.

D f. 114

episcopus nobis humiliter supplicavit, ut providere sibi et eidem | ecclesie paterna sollicitudine curaremus. – mandamus, quatinus, si est ita, eosdem

L f. 106 c

laicos, quod ad episcopi et ecclesie predictorum dominium revertantur | ipsisque opera et servitia debita et consueta exhibeant, monitione premissa per censuram ecclesiasticam appellatione remota previa ratione compellas.

Q 20

Revocatio litterarum, que transierunt per fraudem.

Q 20, 1 Revocatio litterarum, que transierunt per fraudem.

Iud. Petitio dilecti filii .. canonici ecclesie de .. nobis exhibita continebat, quod dilectus filius .., sancte Romane ecclesie vicecancellarius,[1] .. de .. clericum tunc apud sedem apostolicam constitutum citari fecit sub pena

5 excommunicationis iniungens eidem, ut litteras apostolicas impetratas nomine .. episcopi Pictaven.[2] contra dictum .. super ecclesia de .., quas ipse habebat, ad vicecancellarium deferret eundem. Quare predictus .. nobis humiliter supplicavit, ut providere sibi super hoc paterna sollicitu-

---

[8] humiliter *om B* | ecclesie] super hiis *add B*

[9] solicitudine *AB* | curaremus] etc. *add DB*

[10] quod] quos *E* | .. episcopi *C* | predictos *C*

[11] ipsisque] ipsis; *D* : eosque ut prefato episcopo *B* | operas *CELB* | exhibebant *D*

[12] ratione compellas] etc. *C* : etc. *add B.*

Q 20, 1 *C 351 f. 430 (Üb. Index f. 445'); A 346 f. 56; D 531 f. 114 (Üb. Index f. 11'); E 511 f. 66'/67; L 398 f. 106 c; B 44 n. 1 f. 91'/92.*

[1] Revocationibus *B* | transiverunt *A* : transeunt *DEB* : transseunt *L*

[2] Iudices *B* | de *om B* | continabat *(!) L*

[3] dilectus] ecclesie *add B* | filius] noster *add D* | .. 1°] *om E* : Pe .. *B* | .. de ..] G. *B* | vicecancelarius *C* : vicanē *(!) L*

[4] apostolicam sedem *C*

[6] .. 1° *om DE* | Pictaven.] .. *AD* : *om LB* | .. 2° *om A* | super] dicta *add C* | de .. *om B* | quas] quam *B*

[7] vicecancelarium *C* | deferet *E* : defferret *E* | .. *om CE*

[8] solicitudine *AB*

---

[1] *Zu beziehen auf Petrus Textoris und (in ε) Petrus de Pratis, der dieses Amt seit April 1325 während der Pontifikate Johanns XXII., Benedikts XII. und Klemens' VI., sowie unter Innocenz VI. bis 1361 innehatte; vgl. Bresslau, Urkundenlehre 1, 258 ff.*

[2] *Poitiers. Als Bischöfe kommen in Frage: Arnaldus (1306 November 4– 1312 Dezember 23/24, wo er Kardinalbischof von Albano wird) und Fortius (1314 März 29–1357 März 8); vgl. Eubel 1, 35 u. 399.*

dine curaremus. – mandamus, quatinus predictas litteras et quicquid ex ipsis secutum extitit, | irritum et inane studeas | nuntiare. Quicquid autem super hiis duxeris faciendum, nobis per tuas litteras harum seriem continentes studeas fideliter intimare.

E f. 67
B f. 92

Q 21

Excommunicatio in fraudem privilegiorum.

Q 21, 1 Littere, que conceduntur contra ordinarios excommunicantes vassallos illorum, in quos non habent iurisdictionem, contra tenorem et in fraudem privilegiorum apostolice sedis.

| Cum a nobis petitur *etc.* Ex parte siquidem vestra fuit propositum coram nobis, quod nonnulli episcopi, decani, archidiaconi eorumque vicarii et officiales illarum partium vestris libertatibus invidentes, cum eis non liceat ex apostolice sedis indulto excommunicationis in vos et interdicti sententias promulgare, in homines, vassallos, familiares ac terras vestros | nec non in eos, qui vobiscum communicant in cibo et potu, furnis et molendinis, mercimoniis vel alias quoquo modo, sententias proferunt supradictas sicque non vim et potestatem privilegiorum ipsorum sed sola verba servantes vos

A f. 56'

B f. 46
10

---

⁹ curaremus] etc. *add DB* | quiquid *(!) D* : quidquid *E* : quitquid *(!) B* | ex] eis vel ex *add DEL*

¹⁰ existit *B* | nuntiare] irritare *CA (korr.)* : nunctiare *D* | Quidquid *DE* : Quitquid *(!) B*

¹² fideliter] firmiter *D* | intimare] Dat. add *D²*.

Q 21, 1   *C 352 f. 430/430' (Üb. Index f. 445'); A 347 f. 56/56'; D 532 f. 114/114' (Üb. Index f. 11'); E 512 f. 67; L 399 f. 106c; B 16 n. 1 f. 45'/46.*

¹⁻⁴ *D Üb.*: Contra excommunicantes in fraudem privilegiorum. – *Üb. om EL.*

³ contra – et *om A* | in *om C*

⁵ Dilectis filiis .. Cum *B* | a] ei *B* | siquidem *om L* | vestra] .. *C*

⁶ .. episcopi *C* | dacani *(!) B* | eorumque] et eorum *C*

⁷ libertatibus] detrahere *add B* | intendentes *DELB*

⁸ apostolica sede *C* | in vos *marg. v. and. Hd. hinter* 7 liceat *einkorr. B* | et] vel *A*

⁹ promulgant *D* : promlgare *(!) korr. L* : promulgare *aus* promulgant *v. and. Hd. korr. B* | vasallos *DL* | et familiares *CELB* | ac] et *D* | vestras *CDELB (in B bricht hier ursprünglich der Text ab, es folgt ein anderes Stück; die Fortsetzung folgt dann auf f. 46)*

¹⁰ et 1° *om C*

¹¹ quoquo] quoquō *AEL* : quovis *D* | proferant *CA* | supradictas *v. and. Hd. einkorr. B*

¹² non] in *C* | et *einkorr. C* | ipsorumque *C* : ipsos *EL* | sed *om C*

quodammodo excommunicant, dum vobis communicare aliis prohibent,
D f. 114' et ex hoc iudicari videmini | iudicio Iudeorum et, qui vobis communicant
15　　in predictis, illud evenit inconveniens, quod maiorem excommunicationem
incurrunt quam excommunicati communicando fuerant incursuri. Quare
C f. 430' nobis humiliter supplicastis, | ut providere quieti vestre paterna sollicitu-
dine curaremus. Nos igitur vestris supplicationibus inclinati, ne quis predictorum huiusmodi sententias in fraudem privilegiorum predictorum
20　　eiusdem sedis de cetero promulgare presumat, auctoritate presentium districtius inhibemus, decernentes eas, si per presumptionem cuiuspiam taliter
promulgari contigerit, irritas et inanes. Nulli ergo *etc.*

Q 21 a

De pedagiis et collectis.

Q 21 a, 1　Contra illos, qui recipiunt pedagia a clericis.

Sua nobis .. de .. magister et fratres hospitalis sancti Lazari Mediolanen.[1] petitione monstrarunt, quod, licet in constitutione felicis recordationis B. pape VIII.,[2] predecessoris nostri, caveatur expresse, ut clerici

---

[13] quodammodo *v. and. Hd. aus* quodmodo *korr. B* | excommuni-catum *A* | dum vobis] dummodo *C* | communicari *A* | alios *B*

[14] et 1° *v. and. Hd. einkorr. B* | iudi-care *D*

[15] excommunicationem] exactionem *C*

[16] incurrant *C* | excat; *D* : excom-municatis *LB* | communicando *korr. D²* | Quare] *folgt Rasur von ca.* 10 *Buchstaben A*

[17] supplicastis *korr. aus* supplicarunt *A* | quiete *L* | solicitudine *A*

[18] inclinati *(!) L*

[19] predictorum privilegiorum *C*

[20] eidem *L* | presumant *ADELB* | presentium] predicta *D*

[21] eas] eam *C* : eos *EL* | si per] super *D* | presumptionem] presentatio-nem *A* | cuiuspiam] si *add D*

[22] contingerit *(!) L* | ergo *om A.*

Q 21 a, 1　*D 536 f. 115/115' (Üb. Index f. 12); E 516 f. 67'; L 403 f. 106d/107a; B 32 n. 1 f. 68'.*

[1] *E Üb.:* Littera contra illos, qui reci-piunt pedagia a clericis. – *Üb. om L.*

[2] Iud. Sua *ELB* | .. de ..] V. de .. *EL* : *om B* | Mediolanen.] dio-cesis *B*

[4] VIII.] VI. *D* | ut] quod *B* | clerici] ecclesie *E* : *om LB*

---

[1] *Spital S. Lazzaro all'Arco Romano in Mailand, 1087 vor der Porta Romana als Leprosenhaus gegründet; vgl. G. C. Bascapè, L'Ospedale milanese di S. Lazzaro all'Arco Romano (Rom 1935); vgl. auch ders., Antichi diplomi degli arcivescovi di Milano e note di diplomatica episcopale (Florenz 1937 = Fontes Ambrosiani 18), 34 Anm. 21.*

[2] *Dekretale Bonifaz' VIII. VI° 3, 20, 4.*

ecclesiasticeque persone ad exhibendum et solvendum pedagia et guida- ⁵
gia pro rebus suis propriis, quas non causa negotiandi deferunt vel deferri
faciunt seu transmittunt, minime teneantur, tamen potestas, iudices, offi-
ciales et commune civitatis Mediolanen.¹ | per pedagiorum custodes seu   *D f. 115'*
conductores, quos ad exigendum pedagia in civitate et diocesi Medio-
lanen.¹ specialiter deputarunt, ab eisdem magistro et fratribus pro rebus ¹⁰
suis, quas non causa negotiandi deferunt seu deferri faciunt seu transmittunt, huiusmodi pedagia indebite exigere et extorquere presumunt, propter
quod dicti potestas, iudices et officiales excommunicationis et commune
interdicti sententias per constitutionem predictam prolatas incurrisse
noscuntur. Quo|circa discretioni tue *etc.* mandamus, quatinus, si est ita,   *L f. 107 a*
predictos potestatem, iudices et officiales tamdiu excommunicatos dictumque commune interdictum publice nunties et ab aliis nuntiari facias, donec, quod exegerint ab eis, plene restituant et de huiusmodi transgressione
satisfaciant competenter. Testes *etc.*²

Q 21 a, 2 Super eodem contra illos, qui recipiunt collectas.

Venerabili fratri . . episcopo . . Significavit nobis P. de . . clericus Licien.,³ quod universitas civitatis Licien. et collectores ab eisdem deputati

---

⁵ ecclesiasticeque] ecclesieque *L* :
  ecclesie *B* | et 1°] vel *EL* | pedagia]
  r̄dagia *(!) L* | et 2°] vel *EL* : seu *B* |
  gnadagia *D* : gaudagia *B*
⁶ pro] quod *L* | suis rebus *B* | non]
  in *B* | differunt *D* | vel] seu *EL* |
  differri *D*
⁷ transmittant *DE* | teneantur] *da-*
  hinter eineinhalb Zeilen durch Ka-
  tene ausgefüllte Rasurlücke D | . .
  potestas *E*
⁸ Mediolanen.] . . *B* | per – 9 diocesi
  v. and. Hd. marg. einkorr. B
⁹ conductores] contradictorum *D* | ad
  om L | Mediolanen.] meduī *L* : *om B*
¹¹ defferunt *E* | seu 1°] vel *ELB* | def-
  ferri *E*
¹³ et 1° *om B* | commune] ecclesiastici
  D : com̄e *B*

¹⁴ prolata sibi *L*
¹⁵ Quocirca – tue *om B* | etc.] *einkorr.*
  D : *om EL*
¹⁶ et *om B* | tamdiu – dictumque
  doppelt L | dictum *B*
¹⁷ commune *om E* | nuncties *D*
¹⁸ exigerint *L*
¹⁹ satisfacient *L* | competenter] etc.
  add *D* | etc.] Dat. add *B*.

Q 21 a, 2   *D 537 f. 115' (Üb. Index f.*
  12); E 517 f. 67'; L 404 f. 107 a;
  B 32 n. 2 f. 68'.

¹ *Üb. om L.* | contra illos *om E*
² Venerabili – episcopo . .] Iud. *B* |
  . . 1° *om D* | . . 2° *om DE* | P.]
  pe. *L* | de . . *om B* | Licien.] *om*
  L : . . *B*
³ Licien. *om LB*

---

¹ *Mailand.*   ² *Die Testes-Klausel wird angewendet; in N 62 findet sich
keine Bestimmung der Nichtanwendung der Klausel in diesem Fall.*
  ³ *Lecce.*

ad exigendum tallias et collectas, que dicte civitatis civibus imponuntur
pro tempore, non attendentes, quod laicis in clericos et personas ecclesiasticas nulla est attributa potestas, dictum clericum ad contribuendum
cum eisdem civibus in prefatis talliis et collectis ratione bonorum, que in
civitate predicta et eius districtu obtinet, compellere contra instituta
canonica propria temeritate presumunt in eiusdem clerici grave preiudicium et gravamen ac derogationem ecclesiastice libertatis. – mandamus,
quatinus, si est ita, dictos universitatem et collectores, ut ab huiusmodi
exactione omnino desistant, monitione premissa per censuram ecclesiasticam appellatione remota compellas. Testes *etc.*[1]

Q 22

Super defectu natalium.

I. Fassung.

Q 22, 1 Super defectu natalium pro presbitero, diacono vel
subdiacono.

Venerabili fratri . . episcopo . . Accedens ad presentiam nostram dilectus filius . . de . . presbiter tue diocesis nobis humiliter supplicavit, ut cum
ipso super defectu natalium, quem patitur de diacono genitus et soluta,
et etiam super eo, quod omnes recepit ordines dispensatione super hoc legitima non obtenta, rite tamen alias, statutis a iure temporibus et absque
vitio symonie, et ministravit in ipsis se divinis officiis immiscendo, quod

---

4 pro tempore imponuntur L
7 que] qui L
8 eius] ei L | obtinent D | complere L
9 grave *om* B
10 gravamen *om* L | ac] et L | de
rogacione D | libertatis] etc. *add*
DB
11 ut] *om* D : quod LB
12 ecclesiasticam *om* L
13 compellas] etc. *add* L | etc.] Dat.
add B.
Q 22, 1 *P 306 f. 32; V 318 f. 41'; H
375 f. 45; D 291 f. 37'; A 386 f. 62.*
1-2 *Üb. so P (ab hier nur noch marg.)*

A. – V Üb. marg. v. and. Hd.:
Super defectu natalium. – *H² Üb.*:
Super defectu natalium pro clerico.
Rubrica. – *S Üb.*: Super dispen-
sationibus.
3 fratri] nostro *add* S | episcopo . .
scr.] episcopo *PVHSA*
4 ut *om* V
5 ipso] eo S
6 et] ac P | ordines recepit H | legi-
time S
7 a iure statutis S
8 administrant V : administravit S |
se] seque A

---

[1] *Vgl. S. 561 Anm. 2.*

eodem defectu et aliis premissis nequaquam obstantibus possit in susceptis
ordinibus ministrare et ecclesiasticum beneficium obtinere, etiam si curam   10
habeat animarum, dispensare misericorditer curaremus. Ad te igitur remittentes eundem fraternitati tue per apostolica scripta mandamus, quatinus consideratis diligenter circumstantiis universis, que circa idoneitatem
persone fuerint attendende, si paterne non est incontinentie imitator sed
bone conversationis et vite, super quibus tuam intendimus conscientiam   15
onerare, aliasque sibi merita suffragantur ad dispensationis gratiam obtinendam, secum super premissis imposita sibi propter hoc penitentia salutari eoque ad tempus iuxta tue discretionis arbitrium ab eorundem ordinum
executione suspenso auctoritate nostra dispenses, prout secundum deum
anime sue saluti videris expedire; ita tamen, quod idem presbiter, sicut   20
requiret onus beneficii, quod eum post dispensationem huiusmodi obtinere
contigerit, personaliter resideat in eodem; alioquin huiusmodi gratia *etc.*
ut in forma inferiori.[1]

Q 22, 1a *Si vero fuerit diaconus, dicitur sic* : et etiam super eo, quod
ipse omnes minores ac subdiaconatus et diaconatus recepit ordines *etc.*
usque ita tamen, quod idem diaconus, prout requirit onus beneficii, quod
eum post dispensationem huiusmodi obtinere contigerit, in presbiterum se
faciat statutis temporibus promoveri *etc. ut supra.*[2]   5

Q 22, 1b Nota.

Quando vero scribitur non diocesano, dicetur ibi : | Ad te igitur, cum   *P f. 32'*
venerabili fratri . . episcopo, cui in hoc casu esset scribendum, ex causa
legitima scribere dimittamus ad presens, remittentes eundem – per apostolica *etc.*   5

---

[14] continentie *V*

[16] onerare] *vor* 15 conscientiam *P* :
honerare *S* | aliaque *A* | ad] huius-
modi *add S*

[17] sibi] *hinter* hoc *H* : *om A* | propter]
super *HS*

[18] eorum *H*

[20] ita] item *V* | quod – 22 gratia *om*
VHS

[21] requirit *A* | honus *P*

[22] etc. – 23 inferiori] quoad bene-

ficium ipsum nullius penitus sit
momenti *A*

[23] in forma inferiori] inferius *S*.

Q 22, 1a *A 386 a f. 62.*

Q 22, 1b *P 306 a f. 32/32'; V–; H–;*
S–; A 388 a f. 62'.

[1] *Üb. nur marg. P.*

[2] vero *om A* | dicitur *A*

[3] ex – 4 legitima] certis de causis *A*

[4] omittamus *A* | per apostolica *om A*.

---

[1] *Q 22, 2.*   [2] *Q 22, 1.*

Q 22, 2 Super defectu natalium pro clerico.

Venerabili fratri . . episcopo . . Accedens ad presentiam nostram dilectus
filius P. de . . clericus tue diocesis nobis humiliter supplicavit, ut cum eo
super defectu natalium, quem patitur de soluto genitus et soluta, quod

V f. 42 huiusmodi | non obstante defectu possit ad omnes ordines promoveri et ec-
clesiasticum beneficium obtinere, etiam si curam habeat animarum, dispensare misericorditer curaremus. Ad te igitur remittentes eundem, fraternitati
tue per apostolica scripta mandamus, quatinus consideratis diligenter
circumstantiis universis, que circa idoneitatem persone *etc. usque* gratiam

10 obtinendam, secum super premissis auctoritate nostra dispenses, prout
secundum deum anime sue saluti videris expedire; ita tamen, quod idem
P., prout requiret onus beneficii, quod eum post dispensationem huiusmodi

A f. 62' obtinere contigerit, ad ordines se faciat statutis temporibus | promoveri
et personaliter resideat in eodem, alioquin huiusmodi gratia quoad bene-

15 ficium ipsum nullius penitus sit momenti.

Si vero fuerit acolitus, dicitur sic : possit in susceptis ordinibus ministrare et ad superiores ordines promoveri.

Q 22, 3 Super eodem pro religiosis.

Venerabili fratri . . episcopo . . Regularis ordinis professoribus nonnumquam aliqua religionis favore specialiter permittuntur, que solent in-

---

Q 22, 2   *P 307 f. 32'; V 319 f. 41'/42;*
H 376 f. 45; S 292 f. 37'; A 388 f.
62/62'.
[1] *V Üb.*: Super defectu natalium pro
clericis. – *H² Üb.*: Super defectu
natalium pro scolari. – *Üb. om S.*–
A Üb.: Super eodem pro clerico.
[2] episcopo . . *scr.*] episcopo *PVHSA*
[3] P.] . . *VHSA* | clericus tue diocesis]
tue diocesis scolaris *H* | scolaris vel
clericus *S* | eo] qui sicut asserit
ascribi (asscribi *S*) desiderat militie
clericali *add VHS*
[4] defectu] *om P* : *hinter* 5 huiusmodi
H
[6] habeat curam *PVS*
[7] fraternitati – 8 scripta *om VHSA*
[9] persone] fuerint attendende *add S*
[11] deum] et *add A*

[12] P.] scolaris clericus *V* : scolaris *H* :
scolaris vel clericus *S* : clericus *A*
[13] obtinere] habere *S* | contigerit] in
presbiterum *add V* : contingerit in
presbiterum *S* | ordines] in presbi-
terum *add P*
[14] quoad – 15 sit] etc. usque *A*
[16] vero *om H* | dicetur *P* | quod possit *S*
[17] usque ad *P* | superiores] sacros *P* :
omnes sacros *A* | ordines] se faciat
ordines *P* | promoveri] etc. *add P.*

Q 22, 3   *P 308 f. 32'; V 320 f. 42;*
H 377 f. 45/45'; S 293 f. 37'/38; A
390 f. 62'.
[1] *Üb. om S.* | religiosis] Rubrica *add*
H²
[2] episcopo . . *scr.*] episcopo *PVHSA*
[3] aliquo *S* | conceduntur *P* : promit-
tuntur *HA* | aliis interdum *H*

terdum aliis interdici. | Cum itaque ex parte dilectorum filiorum .. ab- *S f. 38*
batis et conventus monasterii de .... ordinis tue diocesis | fuerit nobis *H f. 45'*
humiliter supplicatum, ut cum dilecto filio .. presbitero, ipsius monasterii
monacho, super defectu natalium, quem patitur de presbitero genitus et
soluta, dispensare misericorditer curaremus, nos attendentes, quod ad religionem conversi, si fuerint in locis suis laudabiliter conversati, illegitimitatis macula non obstante iuris permissione licite possint ad omnes ordines 10
promoveri, – mandamus, quatinus cum ipso eius ad hec suffragantibus
meritis, super quibus tuam intendimus conscientiam onerare, quod huiusmodi non obstante defectu possit in susceptis ordinibus ministrare et ad
regulares administrationes sui ordinis dumtaxat assumi, auctoritate nostra
dispenses, prout secundum deum anime sue saluti videris expedire. 15

Q 22, 4 Super eodem pro scolari.

Accedens ad presentiam nostram dilectus filius N. de .. scolaris tue
diocesis nobis humiliter supplicavit, ut cum eo, qui, sicut asserit, ascribi
desiderat militie clericali, super defectu natalium, quem patitur de presbitero genitus et soluta, quod huiusmodi non obstante defectu possit ad 5
omnes ordines promoveri et ecclesiasticum beneficium obtinere, etiam si
curam habeat animarum, dispensare misericorditer dignaremur. Ad te igitur remittentes eundem *etc. usque* expedire, ita tamen, quod idem N.,
prout requiret *etc. ut supra.*[1]

---

5 monasterii de ..] monasterii .. de
S | .. ordinis] ordinis .. *H*

6 .. presbitero] presbitero *H* : I. de ..
presbitero *A*

7 presbitero] soluto *HA*

9 suis *om H*

10 possunt *VHA* | omnes *om A*

11 promoveri] fraternitati tue per
apostolica scripta *add A* | eius]
Rasur, danach über suffragantibus
v. and. Hd. einkorr. A | ad hec] ad
hoc *P* : *om H*

12 conscientiam intendimus *VH*

13 ad *om VHS*

14 ministrationes *A* | dumtaxat] pre-

terquam ad abbatiam seu aliquam
prelaturam *add H* : non tamen ad
abbaciam vel aliquam dignitatem
seu personatum *add A* | assumi]
valeat *add A*

15 et anime *A* | expedire] Eodem mo-
do si est genitus de presbitero *add
A*.

Q 22, 4   *P 309 f. 32'; V–; H–; S–; A
389 f. 62'.*

1 *Üb. om P.*

7 animarum] secum *add PA* | Ad –
8 expedire] etc. usque *A*

9 ut supra *om A*.

---

1 *Q 22, 2.*

Q 22, 5 Super eodem pro subdiacono.

Accedens ad presentiam nostram dilectus filius I. de . . subdiaconus tue
diocesis nobis humiliter supplicavit, ut cum eo super defectu natalium,
quem patitur de soluto genitus et soluta, ac etiam super eo, quod ipse om-
5 nes minores ac subdiaconatus recepit ordines dispensatione super hoc a
sede apostolica non obtenta, rite tamen alias, statutis a iure temporibus
et absque vitio symonie, et ministravit in ipsis se divinis officiis immiscendo, quod huiusmodi defectu et aliis premissis nequaquam obstantibus
possit in susceptis ordinibus ministrare et ad superiores ordines promo-
10 veri et ecclesiasticum beneficium obtinere, etiam si curam habeat animarum, dispensare misericorditer curaremus. Ad te igitur remittentes eundem fraternitati tue per apostolica scripta mandamus, quatinus consideratis diligenter circumstantiis universis, que circa idoneitatem persone fuerint attendende, si paterne non est incontinentie imitator sed bone conver-
15 sationis et vite, super quibus tuam intendimus conscientiam onerare,
aliasque sibi merita suffragantur ad dispensationis gratiam obtinendam,
secum super premissis imposita sibi propter hoc penitentia salutari eoque
ad tempus iuxta tue discretionis arbitrium ab eorundem ordinum execu-
P f. 33 tione suspenso auctoritate nostra dispenses, | prout secundum deum anime
20 sue saluti videris expedire, ita tamen, quod idem subdiaconus, sicut requiret onus beneficii, quod eum post dispensationem huiusmodi obtinere contigerit, ad superiores ordines se faciat *etc. ut supra*.[1]

Q 22, 6 Ex parte dilecti filii . . de . . clerici tue diocesis nobis extitit hu-
militer supplicatum, ut cum eo, qui, sicut asserit, propter viarum pericula
non potest ad sedem apostolicam personaliter se conferre pro dispensationis gratia obtinenda, super defectu natalium, quem patitur *etc. ut*
5 *supra*.[1]

Q 22, 5   *P 310 f. 32'/33; V–; H–; S–;*
    A 387 f. 62.
[1] *Üb. om A.*
[5] minores] miꞃes *(!) A* | ordines re-
    cepit *P*
[6] apostolica] legitime *add A* | alias –
    7 immiscendo] etc. usque *A*
[7] seque *PA*
[9] ad] maiores alias *add P* | ordinis *A*

[10] et – 20 expedire] etc. usque *A*
[20] sicut] prout *A*
[22] se – supra] etc. *A.*

Q 22, 6   *P 311 f. 33; V–; H–; S–; A*
    391 f. 62'.
[1] *Üb. A*: Scribitur officiali, cum sedes
    vacat *(unpassend).*
[3] apostolica *P.*

---

[1] *Q 22, 2.*

Q 22, 7 Quod abbas possit dispensare cum monachis monasterii sui.[1]

Dilecto filio .. abbati Premonstraten. Constitutus in presentia nostra dilectus filius .. de .. nobis humiliter supplicavit, ut super defectu natalium, quem nonnulli professores ⟨tui⟩ ordinis patiuntur, licentiam dispensandi cum eis, quod huiusmodi non obstante defectu ad sacros ordines promoveri et administrationes et dignitates ipsius ordinis assumi valeant, de benignitate solita largiremur. Nos tuis supplicationibus inclinati discretioni tue, de qua plenam in domino fiduciam obtinemus, presentium auctoritate committimus, ut consideratis *etc. usque*[2] attendende, eosdem professores,[3] dummodo ipsorum aliquis de incesto vel adulterio aut regulari genitus non existat nec sit imitator paterne incontinentie, sed ⟨sint⟩ bone conversationis | et vite ac scientie competentis, super premissis auctoritate nostra dispenses, prout secundum deum *etc.*[4]

V f. 42'

Q 22, 7 *P 312 f. 33; V 321 f. 42/42';*
H 378 f. 45'; S 294 f. 38; A 392 f.
62'; M 259 f. 23'; O 285 f. 27; R
125 f. 13.

1-2 *Üb. om SMO. – R Üb.*: Committitur abbati, quod possit dispensare cum monachis super defectu natalium. | contra monachos *H²*

2 sui] Rubrica *add H²*

4 de ..] diocesis .. *add H* | ut – 5 patiuntur] quod nonnulli professi dicti ordinis patiuntur defectum natalium de soluto geniti et soluta *H*

5 tui *scr.] om PVSAMOR* | patiuntur] tibi *add MO*

7 et 1°] ad *M* | amministrationes *M* | et dignitates] dignitatesque *H*

8 de] tibi a *H* | largiremus *VS* | tuis] ipsius *H* : eius *R*

9 de qua *om M* | plena *V* | in domino

om PVHSAR | presentium] tibi *add R*

10 committimus] concedimus *P* | considerantis *R* | eosdem professores *scr.*] eundem R. (.. *M* : B. *R*) dumtaxat ex eis *PVSAMOR* : eosdem regulares dumtaxat ex eis *H*

11 dummodo] solummodo *PSAOR* : solumodo *(!) V* : etiam *H* : solummodo, *dazu marg. v. and. Hd.* dummodo *M* | incestu] intextu *V* : contextu *MO* | irregulari *VSAMO* : inregulari *R*

12 nec] non *H* | paterne incontinentie *(korr. aus* continentie *H)* imitator *HMO* | immitator *S* | continentie *V* | sint *scr.] om PVHSAMOR*

13 ac *om P* | auctoritate nostra *om H*

14 dispensis *V* | deum] anime sue saluti *add MO.*

---

1 *Vgl. Q 22, 20.*   2 *Q 22, 1.*

3 *Die Conclusio ist von hier an in allen Handschriften verderbt, da sie sich halb auf einen einzigen Petenten, halb auf die doch sicher gemeinten nonnulli bezieht. H hat wenigstens einen Ansatz zur Verbesserung der Stelle gemacht; ich habe unter Aufnahme der ersten Verbesserung in H (eosdem regulares statt des sinnlosen eundem R.) die ganze Conclusio entsprechend emendiert.*

4 *Q 22, 5.*

II. Fassung.

Q 22, 8 Forma super defectu natalium.

Episcopo Gaietan.[1] Accedens ad presentiam nostram dilectus filius P.
B f. 38 de .. | scolaris tue diocesis nobis humiliter supplicavit, ut cum eo, qui,
D f. 85 sicut asserit, ascribi desiderat militie | clericali, super defectu natalium,
5 quem patitur de soluto genitus et soluta, quod huiusmodi non obstante defectu possit ad omnes ordines promoveri et ecclesiasticum beneficium
obtinere, etiam si curam habeat animarum, dispensare misericorditer curaremus. Ad te igitur remittentes eundem fraternitati tue per apostolica
scripta mandamus, quatinus consideratis diligenter circumstantiis univer-
10 sis, que circa idoneitatem persone fuerint attendende, si paterne non est
incontinentie imitator sed bone conversationis et vite, super quibus tuam
intendimus conscientiam onerare, aliasque sibi merita suffragantur ad dispensationis gratiam obtinendam, secum super premissis auctoritate nostra
dispenses, prout secundum deum anime sue saluti videris expedire, ita
15 tamen, quod idem scolaris, prout requiret onus beneficii, quod eum post

Q 22, 8 *C 353 f. 430' (Üb. Index f.*
445'); M 245 f. 22'; O 271 f. 26; D
338 f. 84'/85 (Üb. Index f. 8'); E
327 f. 50; L–; R 119 f. 12; B 12 n.
2 f. 37'/38.

[1] *MO Kapitelüb.*: De dispensationi-
bus super defectu natalium et aliis
formis. – *D Kapitelüb.*: Tractatus
super defectu natalium. – *DE Üb.*:
Super eodem de scolare (pro scolari
E) genito de soluto et soluta. | For-
ma *om R* | natalium] pro scolare
a*dd MO*

[2] Committitur episcopo *B* | Gaietan.]
Gnesan. *C* : *om DERB* | P. de ..] *om*
D : de .. *E* : I. Petri de .. *R* : N. *B*

[3] scolaris] clericus *D* | tue diocesis]
Burgen. *R* | ut] et *D* | qui *om CD*

[4] asscribi *CO* | deffectu *E* | natalium
om C

[5] soluto] subdiacono *R* | deffectu *E*

[6] possit – 7 misericorditer] etc., *dazu*
marg. v. and. Hd. ad omnes etiam
sacros *B* | ad omnes possit *M* | be-
neficium ecclesiasticum *M*

[7] habeat] hāt *D* | animarum *om M* |
misericorditer dispensare *D* | cu-
raremus] dignaremur *DE* : dignaremur etc. *B*

[8] eundem – *Schluß*] etc. supra *B*

[9] consideratis] circumderatis *(!) C*

[10] persone *om D* | attendenda *C* | est]
sit *C*

[12] onerare] generare *D* | suffragatur *C* |
ad] huiusmodi *add MO*

[13] premissis] postquam fuerit clericali
caractere insignitus *add MO*

[14] deum *om E* | et anime *D*

[15] scolaris] Iohannes *R* | prout] sicut
R | requirit *C*

[1] *Gaeta (die Lesung von C Gnesan. ist falsch, da Gnesen Erzbistum war). Als*
Bischöfe von Gaeta kommen in Frage: Franciscus (1306 Februar 18–1321 vor
August 21) und Franciscus Gattula (1321 August 21–1340 Oktober 8); vgl.
Eubel 1, 258; oben S. 557 Anm. 2.

dispensationem huiusmodi obtinere contigerit, ad ordines se faciat statutis temporibus promoveri et personaliter resideat in eodem, alioquin huiusmodi gratia quoad beneficium ipsum nullius penitus sit momenti.

Q 22, 9   Super eodem pro clerico.

In eodem modo pro . . de . . clerico.

Non tamen ponatur : qui, sicut asserit ascribi desiderat militie clericali, *nec illa clausula* : postquam fuerit clericali caractere insignitus, *quia non ponitur nisi pro scolare.*   5

Q 22, 9a   Pro clerico nato de diacono et soluta.

Episcopo. Accedens ad presentiam nostram dilectus filius . . de . . clericus tue diocesis nobis humiliter supplicavit, ut cum eo super defectu natalium, quem patitur de diacono genitus et soluta, quod huiusmodi non obstante defectu possit ad omnes ordines promoveri et ecclesiasticum beneficium obtinere, etiam si curam habeat animarum, dispensare misericorditer dignaremur. Ad te igitur remittentes eundem – mandamus, quatinus consideratis diligenter circumstantiis universis, que circa idoneitatem persone fuerint attendende, si paterne non est incontinentie imitator sed bone conversationis et vite, super quibus tuam intendimus conscientiam onerare,   10 aliasque sibi merita suffragantur ad dispensationis gratiam obtinendam,

---

[16] contingerit *(!)* D | ad ordines] *hinter* 17 temporibus M : *hinter* faciat O

[17] huiusmodi] dispensatione *add* M

[18] penitus *om* C | momenti] Dat. *add* M*(v. and. Hd.)*O : mouenti *(!)* Dat. etc. D : Dat. etc. *add* ER.

Q 22, 9 *C 354 f. 430' (Üb. Index f. 445');* M 246 f. 22'; O 272 f. 26; D–; E–; L–; R–; B–.

[1] MO *Üb.*: Pro scolare.

[2] . . de . .] P. de . . M : Petro de . . O | clerico *om* M

[3] ponatur] po^{do} M : ponendo O | qui *om* C | asscribi MO

[4] nec – insignitus *om* MO | insignito C | non ponitur] hoc non debet poni MO | scolari C.

Q 22, 9a   *C–; M–; O–; D 337 f. 84' (Üb. Index f. 8'); E 326 f. 50; L–; R–; B 12 n. 1 f. 37'.*

[1] Super deffectu natalium pro E | dyacañ *(!)* D

[2] Episcopo] *einkorr.* D²: Committitur episcopo B | nostram presentiam B | . . de . . *scr.*] D . . D : de . . E : P. B

[3] ut] et D | deffectu E

[5] deffectu E | possit *hinter* 6 obtinere B | beneficium ecclesiasticum B

[6] habeat *korr.* D²

[7] igitur] *dazu Randnachtrag v. and. Hd.*: cum dictus clericus in Romana curia resideat de presenti B | eundem] fraternitati tue etc. *add* B

[9] est] sit B

[10] honerare E

[11] aliaque EB | suffragentur EB

secum super premissis auctoritate nostra dispenses, prout secundum deum anime sue saluti videris expedire, ita tamen, quod idem clericus, prout requiret onus beneficii, quod eum post dispensationem huiusmodi obtinere contigerit, ad ordines se faciat statutis temporibus promoveri et personaliter resideat in eodem, alioquin huiusmodi gratia quoad beneficium ipsum nullius penitus sit momenti. Dat. *etc.*

Q 22, 9b Super eodem pro acolito.

Eidem. Accedens ad presentiam nostram dilectus filius I. de . . accolitus tue diocesis nobis humiliter supplicavit, ut cum eo super defectu natalium, quem patitur | de soluto genitus et soluta, quod huiusmodi non obstante defectu possit in susceptis ministrare ordinibus et ad alios ordines sacros promoveri et ecclesiasticum beneficium obtinere *etc. ut supra*[1] *usque* premissis auctoritate nostra dispenses, ⟨prout secundum deum anime sue saluti videris expedire⟩, ita tamen, quod idem . ., sicut requiret onus beneficii, quod eum post dispensationem *etc.* se faciat ad superiores ordines statutis temporibus promoveri *etc. ut supra*[1] *usque in finem.*

Q 22, 10 Super eodem pro subdiacono.

In eodem modo pro . . de . . subdiacono usque de soluto genitus et soluta, et etiam super eo, quod ipse omnes minores et subdiaconatus recepit

---

[12] deum] et *add DEB*

[13] idem] P. *add B (v. and. Hd. ein-korr.)* | clericus] *dazu Randnachtrag v. and. Hd.*: qui ut asserit dilecti filii A. de B. scriptoris et familiaris nostri continuus commensalis existit B

[15] contingerit *D* | statutis] a iure *add B* | personaliter *v. and. Hd. aus* persona *korr. B*

[16] quoad] ad *D*

[17] momenti *korr. D*[2] | Dat. etc. *om B.*

Q 22, 9b *C–; M–; O–; D 339 f. 85 (Üb. Index f. 8'); E 328 f. 50/50'; L–; R–; B 12 n. 3 f. 38.*

[2] Eidem] Episcopo *B* | I. de . .] Iohannes de . . *E* : P. *B* | acolitus *EB*

[3] tue diocesis *om B* | deffectu *E*

[4] soluto] soluta *B* | quod – *Schluß*] ut supra *B*

[5] deffectu *E* | alios ordines] omnes *E*

[6] et] ac *E*

[7] prout – 8 expedire *scr.] om DEB*

[8] idem I. *E* | requirit *D*

Q 22, 10 *C 355 f. 430' (Üb. Index f. 445'); M 247 f. 22'; O 273 f. 26/26'; D 340 f. 85/85' (Üb. Index f. 8'); E 329 f. 50'; L–; R–; B 12 n. 4 f. 38.*

[1] Super eodem *om MO*

[2] In *om B* | pro] quod *D* | . . de . .] B. *D* : P. de . . *E* : *om B* | subdiaconus *MD* | usque *om MODEB* | genitus] *v. späterer Hd. zu* genito *korr. O* : genito *D*

[3] super] pro *D* | ipse *om C* | omnes] ordines *add B, v. and. Hd. getilgt* |

---

[1] *Q 22, 9a.*

ordines dispensatione super hoc legitime non obtenta rite tamen alias,
statutis a iure temporibus et absque vitio symonie, et ministravit in ipsis   5
se divinis | officiis immiscendo, quod huiusmodi defectu et aliis premissis   *D f. 85'*
nequaquam obstantibus possit in susceptis ordinibus ministrare et ad
superiores promoveri et ecclesiasticum | beneficium obtinere *etc. ut in prima*[1,a]   *O f. 26'*
usque ita tamen, quod idem subdiaconus, prout requiret onus beneficii,
quod eum post dispensationem huiusmodi obtinere contigerit, se faciat ad   10
superiores ordines statutis temporibus promoveri et personaliter resideat
in eodem, alioquin *etc. ut in prima.*[1]

   a) *MO haben von hier an bis zum Schluß eine abweichende Fassung* : super
premissis imposita ei propter hoc penitentia salutari eoque ad tempus iuxta tue
discretionis arbitrium ab eorundem ordinum executione suspenso auctoritate   15
nostra dispenses, prout secundum deum anime sue saluti videris expedire, ita
tamen *etc. ut in forma.*[1] *Si vero fuerit acolitus, dicetur sic* : possit in susceptis
ordinibus ministrare et ad superiores ordines promoveri *etc.,* ita tamen *(usw.
wie Z. 9 bis Schluß).*

Q 22, 11 Pro diacono.

In eodem modo pro . . de . . diacono tue diocesis *etc. usque* de soluto genitus et soluta, et etiam super eo, quod ipse minores ac subdiaconatus et dia-

subdiaconatus *korr. v. and Hd. B* |
recepit] *hinter* 4 ordines *E* : suscepit *B*
[4] ordines *v. and. Hd. einkorr. B* | le-
gitime] legitima *korr. C* : *v. and.
Hd. einkorr. B* | aliis DB
[5] temporibus] observatis *add B* | si-
monie *B* | in] et *D*
[6] officiis] se *add B (also doppelt)* |
imiscendo *O* : in miscendo *D* : in-
miscendo *B* | deffectu *E*
[7] obst; *C*
[8] et] ac *MODEB* | in prima usque]
supra *B*
[9] subdiaconus] *v. and. Hd. statt getilg-
tem* acolitus *einkorr. O* : *korr. D²* |
prout] sicut *korr. D²* | requirit *CB*
[10] quod *korr. D²* | obtineri *B* | con-
tingerit *D* | ad – 11 ordines *hinter*
11 temporibus *M*
[11] statutis temporibus] *om COB* :

statutis a iure temporibus *M* | pro-
moveri *v. späterer Hd. korr. O* | et –
Schluß] etc. ut supra *B*
[12] in prima] supra *M* | prima] forma
CO
[17] Si – sic *nachträglich v. and. Hd.
unterstrichen und mit Paragraphenzeichen versehen, dazu marg. Rubrum*: De acolito *M.*
Q 22, 11 *C 356 f. 430'/431 (Üb.
Index f. 445'); M 248 f. 22'; O
274 f. 26'; D 341 f. 85' (Üb. Index
f. 8'); E 330 f. 50'; L–; R–; B 12
n. 5 f. 38.*
[1] *D Üb.*: Super eodem pro dyacono.
[2] In *om B* | pro] P. *D* | . . de . .] de . .
D : *om B* | tue – usque *om B* | geni-
tus *v. späterer Hd. zu* genito *korr. O*
[3] etiam *om M* | super eo *om E* | ipse]
omnes *add DEB* | ac] *om CMODE* :
etiam *add B*

───────

[1] *Q 22, 8.*

conatus recepit ordines dispensatione *etc. ut supra*[1] *usque* possit in sus-
5 ceptis ordinibus ministrare et in presbiterum promoveri *etc. ut supra*[2]
⟨*usque*⟩ super premissis imposita sibi super hoc penitentia salutari eoque
C f. 431 ad tempus iuxta tue discretionis arbitrium ab eorundem | ordinum exe-
cutione suspenso auctoritate nostra dispenses, prout secundum deum *etc.*
usque[3] se faciat in presbiterum promoveri et personaliter resideat in eodem
10 *etc. ut in forma.*[4]

Q 22, 12 Pro presbitero.

In eodem modo pro P. de .. presbitero etc. usque soluta, et etiam super
eo, quod ipse omnes recepit ordines *etc. ut supra*[1] *usque* possit in susceptis
ordinibus ministrare et ecclesiasticum beneficium *etc. usque*[2] super pre-
5 missis imposita ei propter hoc penitentia salutari eoque ad tempus iuxta
tue discretionis arbitrium ab eorundem ordinum executione suspenso
B f. 38' auctoritate nostra dispenses, prout secundum deum | anime sue saluti vi-
deris expedire, ita tamen, quod idem presbiter, prout requiret onus beneficii, quod eum post dispensationem huiusmodi obtinere contigerit, perso-
10 naliter resideat in eodem *etc.*

---

[4] recepit] *hinter* ordines *M* : rece-
perit *B* | dispensatione *om C* | usque
– *Schluß om B*
[5] ordinibus] ord; *add D* | etc. – 9
promoveri *om D* | ut – 8 etc. *om MO* |
supra] *om C* : *getilgt E*
[6] usque *scr.*] *om CE* | super – 9 se *om*
E | sibi *om C* | eoque] et quod *C*
[7] eorundem] eorum *C*
[9] personaliter *korr. D*[2].

Q 22, 12 *C 357 f. 431 (Üb. Index f.*
445'); M 249 f. 22'; O 275 f. 26';
D 342 f. 85' (Üb. Index f. 8'); E
331 f. 50'; L–; R–; B 12 n. 6 f.
38/38'.
[1] *DE Üb.:* Super eodem pro presbi-
tero. | presbitero] Nota *add C.*
[2] *In – usque]* Episcopo .. de soluto

genitus et *B* | P. de ..] P .. de ..
C : de .. *M* : .. de .. *O* : *om DE* |
presbitero *korr. D* | etc. *om M* |
et *om B* | etiam *om C*
[3] recepit omnes ordines *C* | omnes
om B | receperit *B* | ut supra *om*
ME | usque] super premissit *(!)*
add E : *om B* | possit *om E*
[4] beneficium *om C* | usque *om B*
[5] propter hoc] super eo *B* | tempus]
ipsius *D*
[7] deum] et *add CB*
[8] expedire] etc. *(om O)* ita tamen
etc. ut in forma *add MO* | idem]
ipse *E* | requirit *CB*
[9] quod – personaliter] etc. *B* | quod
korr. D[2] | contingerit *D*
[10] in eodem] *om CO* : alioquin *add M* |
eadem *B* | etc.] *om E* : ut supra *B.*

---

[1] *Q 22, 10.*   [2] *Q 22, 8.*
[3] *Q 22, 8 u. Q 22, 10 (wo allerdings vor promoveri noch statutis temporibus*
steht).
[4] *Die mit alioquin eingeleitete Klausel in Q 22, 8.*

Q 22, 12a   Nota.

Item nota, quod datur sine lectione de soluto et soluta, de subdiacono et so-
luta, de diacono et soluta; de presbitero | et soluta non datur nec de coniugato   M f. 23
et soluta nec econverso.[1]

Q 22, 12b   *Si vero episcopus, cui semper scribitur in talibus litteris et non*
alii, sit mortuus vel non sit in provincia, quod agat in remotis, tunc scribitur
maiori de ecclesia et dicitur : Ad te igitur, cum ecclesia Parisien.[2] vacet ad
presens (*vel* : cum venerabilis frater noster . . episcopus Parisien.[2] in remotis agat ad presens *etc.*), per apostolica scripta mandamus *etc.*   5

Q 22, 12c   Nota.

Et nota, quod semper scribitur diocesano, nisi vacet ecclesia pastore, et tunc
scribitur archidiacono vel decano seu cuicunque alii maiorem dignitatem in
ecclesia obtinenti, et scribitur sic : Accedens ad presentiam nostram dilectus
filius *etc. usque* curaremus. Ad te igitur, cum ecclesia . . pastore vacare   5

Q 22, 12a   *C 357a f. 431 (Üb. Index*
f. 445'); M 250 f. 22'/23; O 276 f.
26'.
[1] *Üb. om MO.*
[2] de soluta et soluto *C* : de soluta et
soluta *M*
[4] nec]. n. *O.*

Q 22, 12b   *C 357b f. 431; M 251 f.*
23; O 277 f. 26'.
[2] alii] si *add C* | non *einkorr. C* | scri-
bitur *aus* scribi *korr. M*
[3] de ecclesia] ecclesie aut officiali *MO* |
Parisien.] Gaietan. *MO* | vaccet *C*
[4] Parisien.] Gaietan. *MO*

[5] etc. 1° om *CO.*

Q 22, 12c   *C–; M–; O–; D 343 f. 85'*
(Üb. Index f. 8'); E 332 f. 50'; B
12 n. 7 f. 38'.
[1] *Üb. in D (Index) zur Üb. von Q*
22, 12 gezogen.
[2] vacet ecclesia] ecclesia caret *B* |
pastor*; D* | et tunc *om DE*
[3] archidiacono – alii *om B* | quicum-
que *E* | dignitatem] potestatem *B*
[4] ecclesia] eadem *B* | et scribitur]
videlicet *B* | et] ut *D*
[5] etc. *om B* | pastor; *D* | vacare]
carere *B*

---

[1] *Diese Notula ist von entscheidender Wichtigkeit für die Klärung der Bedeu-*
tung des Formularium audientiae. Die lectio, von der hier die Rede ist, ist die
Verlesung vor dem Papst (vgl. Bresslau, Urkundenlehre 1, 282 u. Herde, Bei-
träge bes. 61 ff.). Ein Dispens vom defectus natalium war also, wenn der Erzeuger
ein Priester oder ein Verheirateter und die Mutter eine Ledige war, der Genehmi-
gung durch den Papst vorbehalten. Nun steht aber für den ersten Fall eine Formel
im Formularium audientiae (Q 22, 12) und außerdem ist die Notula nur in
CMO überliefert; die Einschränkung bezüglich des Priesters war also nicht immer
in Kraft, oder, was wahrscheinlicher ist, die Formelsammlung enthielt hier inhalt-
lich den jeweiligen Stücken nahestehende litterae legendae; vgl. Bd. 1 S. 463 Anm. 14.
[2] *Paris.*

dicatur ad presens, remittentes eundem discretioni tue per apostolica
scripta mandamus, quatinus consideratis diligenter *etc.*

Q 22, 12d　Super eodem, quando ecclesia vacat.

Officiali Pragen.[1] Accedens ad presentiam nostram dilectus filius . .

D f. 86　acolitus | Pragen. nobis humiliter supplicavit, ut cum eo super defectu
natalium, quem patitur de soluto genitus et soluta, quod huiusmodi non
5　obstante defectu possit in susceptis ordinibus ministrare et ad ordines sacros promoveri ac ecclesiasticum beneficium obtinere *etc. usque* ad te igitur,

E f. 51　cum venerabilis frater noster I. episcopus | Pragen.,[2] cui esset in hoc casu
scribendum, sit ex certis causis per nos[3] ab administratione spiritualium

---

[6] dicitur *B*

[7] diligenter *om B.*

Q 22, 12d　　*C–; M–; O–; D 344 f. 85'/
86 (Üb. Index f. 8'); E 333 f.
50'/51; B 12 n. 8 f. 38'.*

[1] quado *(!) D*

[2] ad – filius . .] etc. *B*

[3] accolitus *B* | ut – 6 usque] etc. *B* |
deffectu *E*

[5] deffectu *E* | poss; *E* | ordines]
omnes *E*

[7] I. episcopus] archiepiscopus *B*

[8] amministratione *D*

---

[1] *Prag. Über die in Frage kommende Person vgl. Anm. 2.*

[2] *Es kann sich nur um Johannes von Drazik handeln (1301–1343 Januar 5);
da von einem Bischof die Rede ist, verbietet sich ein Ansatz nach 1344 April 30,
da an diesem Tage Prag von Klemens VI. zum Erzbistum erhoben wurde; vgl.
Monumenta Vaticana res gestas Bohemicas illustrantia, Acta Clementis VI
pontificis Romani (1342–1352) bearb. v. L. Klicman (Prag 1903), Nr. 363.
Johann wurde 1318 April 12 unter dem Verdacht der Häresie suspendiert, vgl.
Jean XXII, Lettres communes, bearb. v. G. Mollat u. G. de Lesquen, Nr. 6812.
Er starb 1343 Januar 5, vgl. Eubel 1, 408. Über den Hintergrund der Suspension,
die auf eine Denunziation hin erfolgte, vgl. A. Frind, Die Kirchengeschichte
Böhmens im allgemeinen und in ihrer besonderen Beziehung auf die jetzige
Leitmeritzer Diöcese in der Zeit vor dem erblichen Königthume 2 (Prag 1866),
64 ff., bes. 70. Der Häresieprozeß dauerte elf Jahre; 1329 Juli 3 wurde der Bischof
freigesprochen und kehrte nach Prag zurück (Frind 70). Aussteller des vorliegenden Reskripts ist demnach Johann XXII.; nach dem oben Gesagten ist es
(1318 April 1–1329 Juli 3) anzusetzen. Administrator des Bistums war von
1321–1325 Ulrich von Pabčnic, 1324 zusammen mit dem Propst Hynek Berka
von Duba; 1326 war es der Archidiakon Tobias, 1328 der Propst Držislav, vgl.
A. Podlaha, Series praepositorum, decanorum, archidiaconorum aliorumque
praelatorum et canonicorum S. metropolitanae ecclesiae Pragensis a primordiis
usque ad praesentia tempora (Prag 1912 = Editiones archivii et bibliothecae
S. F. Metropolitani Capituli Pragensis 10), Zusätze das. 15 (Prag 1916), 19 ff.
Unter dem Offizial der Adresse ist hier wohl einer der Administratoren gemeint.*

[3] *Johann XXII.*

et temporalium ecclesie Pragen. suspensus, remittentes eundem discretioni tue per apostolica scripta mandamus, quatinus consideratis *etc. usque in finem.*[1]   10

Q 22, 13 Pro monacho, quod possit assumi ad officium administrationis sui ordinis.

Episcopo. Regularis ordinis professoribus nonnumquam aliqua religionis favore specialiter conceduntur, que solent interdum aliis interdici. Cum itaque ex parte dilectorum filiorum .. abbatis et conventus monasterii   5
de . . . . ordinis tue diocesis fuerit nobis humiliter supplicatum, ut cum dilecto filio .. presbitero ipsius monasterii monacho super defectu natalium, quem patitur de soluto (*vel* presbitero) genitus et soluta, dispensare misericorditer curaremus, nos attendentes, quod ad religionem conversi, si fuerint in monasteriis suis laudabiliter conversati, illegitimitatis macula   10
non obstante iuris permissione licite possint ad ordines promoveri, – man-

---

10 per apostolica scripta] etc. *B* | considerans *B* | usque in finem *om B*.

Q 22, 13 *C 358 f. 431' (Üb. Index f. 445'); M 252 f. 23; O 278 f. 26'; D 345 f. 86 (Üb. Index f. 8'); E 334 f. 51; L–; R 124 f. 12'; B 12 n. 9 f. 38'/39.*

1-2 *DE Üb.*: Super eodem pro religiosis. – *R Üb.*: Super eodem pro monacho de presbitero genito et soluta. | officium – 2 ordinis] amministrationes *M* : administrationes *O*

3 Episcopo .. *C* | aliqua] alia *D* | religionis] *hinter* 4 favore *M* : *om E*

4 specialiter] spalì (!) *E* | conceduntur] permittuntur *vor* specialiter *M* : permittuntur *OR* : concedunt *D*

5 ex] pro *B* | dilecti filii *E* | filiorum korr. *D*² | .. *om MDE*

6 de] *om CB* : Wltuen. *MO* | .. ordinis] ordinis sancti Benedicti *MO* : ordinis .. *DE* : *om B* | nobis fuerit *C*

7 clerico vel presbitero *DE* | presbitero *om B*

8 quem – 9 misericorditer] etc. *B* | de – soluta *om C* | soluto vel *om MOR* | vel *om E*

9 curaremus] dignaremur *DEB* | nos] igitur *add CMO* | accedentes *D* | conversi *om M*

10 in – conversati] si in monasteriis suis fuerint laudabiliter conversati *M* | laudabiliter in suis monasteriis *DEB* | monasteriis] locis *R* | illegimitatis (!) *M* : illegittimitatis *D* : inlegiptimitatis (!) *R* : illegitima nationis v. and. Hd. getilgt u. marg. einkorr.: alias illegitimitatis *B*

11 permissione] provisionis *C* : per missioñ *D* | possunt *CMO* | ad] einkorr. *E* : omnes *add R* | promoveri] etc. *add B* | mandamus] fraternitati tue tenore presentium committimus *C* : fraternitati tue presentium tibi auctoritate committimus *MO*

---

[1] *Q 22, 8.*

damus, quatinus cum eo eius ad hoc suffragantibus meritis, super quibus tuam intendimus conscientiam onerare, quod huiusmodi non obstante

defectu possit ad | regulares administrationes sui ordinis"dumtaxat, non ta-

men ad abbatiam vel ad aliam dignitatem assumi, auctoritate nostra dispenses, prout secundum deum anime sue saluti videris expedire.

Q 22, 13a ⟨Super eodem pro fratre ordinis fratrum Minorum.⟩

Dilecto filio fratri P. de . . ordinis fratrum Minorum. Testimonio tibi suffragante laudabili, quod a domino gratiam consecutus geniture maculam, quam ex prohibita parentum copula contraxisti de soluto genitus et soluta,

5

dono scientie, honestate vite et aliis virtutum donis abstergis, nos propter hoc et obtentu precum dilecti filii . . ministri tui ordinis in . . provincia pro te nobis humiliter supplicantis volentes personam tuam prosequi gratiose tecum, ut eodem non obstante defectu ad administrationes et officia predicti dumtaxat ordinis promoveri licite valeas, apostolica auctoritate dis-

10

pensamus. Nulli ergo etc.[1]

Q 22, 13b Dilecte in Christo filie Agneti nate nobilis viri . . moniali monasterii sancti Francisci Perusin.[2] ordinis sancti Benedicti. Testimonio tibi laudabili suffragante etc. ut in proxima[3] usque et soluta, claris virtu-

---

12 cum eo eius] suis cum ipso *D* : cum ipso cuius *R* | eo] ipso *MO* : ipse *E* : . ., *dazu marg. v. and. Hd.* ipso *B* | hoc] hec *M* : h̄ *R* | meritis] meit; *(!) D* | quibus *om D*

13 quod] *dahinter Rasur v. ca. 3 Buchstaben D*

14 deffectu *E* | possit] *hinter* regulares *M* : in susceptis ordinibus *(B f. 39)* ministrare et *(om E* : vel *B)* ad omnes ordines promoveri et *add DEB* : in susceptis ordinibus ministrare et *add R* | ad] *om D* : et *B* | amministrationes *M* | dumtaxat ordinis *C* | non – 15 dignitatem] *om CR* : *marg. einkorr. O*

15 ad 2° *om MOEB* | aliam] aliquam *B* | nostra dispenses *om R*

16 deum] et *add DB* | expedire] Dat. *add MO* : Datum etc. *add D*.

Q 22, 13a *M 253 f. 23; O 279 f. 26'*.
[1] Super – Minorum *scr.*] Nota *M* : *om O*
6 . . *om M*
7 nobis] in hac parte *add O*
8 amministrationes *M*
9 auctoritate apostolica *O*.

Q 22, 13b *M 254 f. 23; O 280 f. 26'*.
[2] Francischi *O* | Testimonium tibi laudabile suffragatur *MO*
[3] proxima] proxim̄ supra *O*

---

[1] *Es handelt sich in diesem Falle, wie die Klausel Nulli ergo . . . (und die zu ergänzende Klausel Si quis autem . . .) zeigt, um eine littera cum serico und eine littera de gratia. Inhaltlich entspricht sie den litterae de iustitia dieses Kapitels, nur ist sie hier dem Petenten selbst verliehen und an ihn adressiert. Über solche Zwischenformen vgl. Herde, Beiträge 59 ff.*

[2] *Perugia.*   [3] *Q 22, 13a.*

tibus recompensas *etc. usque* volentes tibi gratiam facere specialem tecum, ut eodem non obstante defectu ad abbatiam et quamlibet prelaturam et administrationem tui dumtaxat ordinis assumi licite valeas, quibuscumque constitutionibus et etiam statutis ac consuetudinibus dicti ordinis et quorumcumque monasterii ipsius contrariis iuramento, confirmatione sedis apostolice vel quacumque firmitate alia roboratis nequaquam obstantibus, auctoritate apostolica dispensamus. Nulli ergo.[1] 5

10

Q 22, 14 Super eodem pro filio presbiteri, quod possit promoveri ad ordines et retinere beneficium, quod ante dispensationem habuerat.

Episcopo. Accedens ad presentiam nostram dilectus filius A. de . . clericus, canonicus ecclesie de . . tue diocesis, nobis humiliter supplicavit, ut cum eo in minoribus ordinibus constituto super defectu natalium, quem patitur de presbitero genitus et soluta, quod huiusmodi non obstante defectu possit ad omnes ordines promoveri et beneficium ecclesiasticum obtinere, etiam si curam habeat animarum, ac canonicatum et prebendam, quos in eadem ecclesia se canonice proponit adeptum, | licite retinere valeat, dispensare misericorditer curaremus. – mandamus, quatinus libera ab eodem resignatione recepta et satisfactione impensa ipsi ecclesie de fructibus medio tempore perceptis de canonicatu et prebenda predictis dictoque . . pro eo, quod canonicatum et prebendam predictos retinuit, imposita penitentia salutari tandem consideratis *etc. ut in forma*[2] *usque* obtinendam, cum eo super premissis auctoritate nostra dispenses et, quod canonicatum et prebendam eosdem, quos alias se proposuit adeptum, libere recipere ac licite retinere valeat, sibi denuo canonicatum et prebendam conferas, prout secundum deum *etc. usque* expedire, ita tamen, quod idem . . post dispensationem huiusmodi se ad ordines, quos onus canonicatus et prebende predictorum exigit, faciat statutis temporibus promoveri et in eadem ecclesia residentiam

5

M f. 24

15

20

[6] amministrationem *O*

[7] ac] et *O*

[10] ergo] etc. *add O.*

Q 22, 14   *C 359 f. 431 (Üb. Index f. 445'); M 261 f. 23'/24; O 287 f. 27'.*

[1-3] *Üb. om MO.*

[4] Episcopo . . *C* | clericus] . . *add C* : *om MO*

[11] eodem] . . ipsorum canonicatus et prebende *add MO*

[12] ipse *M*

[13] dictoque . .] dictosque . . *C* : dictoque A . . *M* : dictoque A. *O*

[15] obtinendum *C*

[17] proponit *MO* | recipere *om C* | ac] et *M*

[18] sibique *CMO* | denuo] de novo *MO* | conferas] antedictos *add MO*

[19] idem A. *MO*

[21] exigunt *CMO*

[1] *Vgl. S. 576 Anm. 1.*   [2] *Q 22, 8.*

faciat personalem, alioquin huiusmodi gratia quoad canonicatum et prebendam eosdem nullius sit momenti. Volumus autem, quod idem canonicus
per biennium *etc.*[1]

O f. 27   **Q 22, 15** | **Quod dispensetur cum filio monachi, postquam**
fuit professus ordinem.

C f. 431' | *Episcopo.* Ex parte dilecti filii .. fuit nobis humiliter supplicatum,
quod cum eo, qui, sicut asserit, religionem aliquam de approbatis intrare
5   intendit, super defectu natalium, quem patitur de patre monacho genitus
et soluta, dispensare misericorditer curaremus.[a] De tua itaque circumspectione plenam in domino fiduciam obtinentes *etc. usque*[2] obtinendam,
cum ipso huiusmodi religionem intrare volentem, quod non obstante defectu predicto possit in religione ipsa ad omnes ordines promoveri, auctori-
10   tate nostra dispenses *etc.*

a) *Zusatz in MO* : Ad te igitur remittentes eundem, fraternitati tue presentium auctoritate committimus, ut, postquam predictum ordinem intraverit et
professionem fecerit in eodem ac laudabiliter fuerit conversatus, cum ipso eius
ad hoc suffragantibus meritis, quod huiusmodi non obstante defectu possit in
15   susceptis ordinibus ministrare et ad sui ordinis dumtaxat administrationes
assumi, dummodo eum per annum ab ipsorum ordinum executione suspendas, auctoritate *etc., vel sic* : (*folgt der Text Z. 6* De tua . .).

Q 22, 16 Pro filio coniugati.

M f. 23' | *Episcopo.* Constitutus in presentia nostra .. clericus .. diocesis nobis
humiliter supplicavit, ut cum eo, qui, sicut asserit, ad religionem se trans-

---

[23] nullius] penitus *add MO.*

Q 22, 15   *C 360 f. 431' (Üb. Index f.*
445'); M 255 f. 23; O 281 f. 27.
[1] Quod] Ut *MO* | monchi (*!) O*
[2] fuerit *M* | ordinis *MO*
[4] quod] ut *MO* | asserit] cupit reli-
gionis habitum in ordine sancti
Benedicti assumere vel sic *add MO*
[5] genitus *om C*
[8] volentem (volente *O*) intrare *MO*
[9] religionem ipsam *CO*

[10] etc.] usque expedire *add M* : prout
etc. usque expedire *add O*
[11] presentium] tibi *add M*
[15] amministrationes *M.*

Q 22, 16   *C 361 f. 431' (Üb. Index f.*
445'); M 256 f. 23/23'; O 282 f.
27.
[1] *MO Üb.*: Super eodem pro filio coniugati cum condicione predicta.
[2] Episcopo .. *C* : .. Episcopo *O* |
.. 2° *om C*

[1] *Eine Ergänzung der Klausel findet sich in den Formeln dieses Kapitels*
nicht. Die Klausel ist zu ergänzen: ab ordinum executione sit suspensus; als
Strafe tritt also eine zweijährige Suspension ein.

[2] *Zu ergänzen: presentium tibi auctoritate . . . wie Q 22, 7 und Q 22, 1.*

ferre desiderat et in ea perpetuo domino famulari, super defectu natalium, quem patitur de coniugato genitus et soluta, quod huiusmodi non ob- 5 stante defectu possit in religione ipsa ad omnes ordines promoveri, dispensare misericorditer curaremus. Ad te igitur remittentes eundem – mandamus, quatinus consideratis *etc. usque* obtinendam, cum ipso *etc. prout in proxima precedenti.*[1]

Q 22, 17 Forma super eodem pro absente.

Episcopo. Ex parte dilecti filii N. de .. clerici tue diocesis nobis extitit humiliter supplicatum, ut cum eo, qui, sicut asserit, propter viarum discrimina non potest ad sedem apostolicam personaliter se conferre pro dispensationis gratia obtinenda, super defectu natalium, quem patitur de soluto 5 genitus et soluta, quod huiusmodi non obstante defectu possit ad omnes ordines promoveri et ecclesiasticum beneficium obtinere, etiam si curam habeat animarum, dispensare misericorditer curaremus. Nos itaque ipsius clerici supplicationibus inclinati fraternitati tue per apostolica scripta mandamus, quatinus *etc. ut supra.*[2] 10

Q 22, 18 Super eodem pro illo, cum quo fuit alias dispensatum auctoritate litterarum alterius pape.

Episcopo. Accedens ad presentiam nostram P. de .. presbiter tue diocesis nobis exposuit, quod olim cum eo tunc tantum clericali caractere insignito super defectu natalium, quem patitur de diacono genitus et soluta, per 5

---

[4] eo *M*

[6] in religione ipsa *om MO* | religionem ipsam *C*

[8] obtinendum *C* : obtinenda *O* | cum – 9 precedenti] secum postquam se transtulerit ad aliquem de ordinibus approbatis et professionem in eo fecerit quod ad omnes ordines promoveri et ad administrationes (amministrationes *M*) sui ordinis dumtaxat quem fuerit professus possit assumi auctoritate nostra dispenses etc. *MO.*

Q 22, 17   *C 362 f. 431' (Üb. Index f. 445'); M 257 f. 23'; O 283 f. 27.*
[1] *Üb. om MO.*
[2] .. Episcopo .. *C* | .. N. *C* : Nicolai *O*
[8] curaremus] dignaremur *MO*
[9] scripta – *Schluß*] etc. *M*
[10] mandamus – *Schluß*] etc. *O.*

Q 22, 18   *C 363 f. 431' (Üb. Index f. 445'); M 258 f. 23'; O 284 f. 27.*
[1-2] *Üb. om MO.*
[3] Episcopo .. *C* | presbiter *om C*
[4] tantum] tamen *C* : tm̄ *M*

---

[1] Q 22, 15.

[2] Q 22, 8 (ab quatinus so zu ergänzen; es handelt sich um denselben Fall, nur daß der Petent hier nicht persönlich die Kurie aufsuchen konnte).

bone memorie . . episcopum auctoritate litterarum felicis recordationis
Bonifatii pape VIII.,[1] predecessoris nostri, extitit dispensatum, ut huiusmodi non obstante defectu possit ad omnes ordines promoveri et beneficium
ecclesiasticum sine cura dumtaxat obtinere. Ideoque post dispensationem
10 eandem se fecit statutis a iure temporibus ad omnes ordines promoveri,
sed nondum est aliquod beneficium ecclesiasticum assecutus. Quare idem
presbiter nobis humiliter supplicavit, ut ei ampliorem gratiam facientes cum
ipso, quod beneficium ecclesiasticum, etiam si curam habeat animarum,
obtinere valeat, dispensare misericorditer dignaremur. Ad te igitur *etc. ut*
15 *in forma*.[2]

Q 22, 19 Super eodem pro filio presbiteri, cum quo fuit alias
dispensatum, ut possit habere beneficium curatum.

O f. 27' | *Episcopo*. Ex parte . . de . . presbiteri fuit nobis humiliter supplicatum,
ut, cum bone memorie P. tituli sancti Martini in montibus presbiter car-
5 dinalis, in partibus illis apostolice sedis legatus,[3] habens ab eadem sede

---

[6] . . episcopum] *om C* : episcopum *M*
[7] Bonifatii pape VIII. *scr.*] Clementis
pape VIII. *C* : C. pape V. *M* : C.
pape V^ti *O*
[8] posset *O*
[9] sine cura dumtaxat *scr.*] etiam sine
cura *C* : sine cura etiam *MO* | Ideo-
que] Idem P . . *M* : Idemque P. *O*
[11] nūdū *(!) O*
[12] . . presbiter *C*
[13] curat *(!) M*
[14] dignaremur misericorditer *C* | ut
in forma] usque secum super hoc

auctoritate nostra dispenses etc.
MO
[15] forma] foŕa *C*.
Q 22, 19   *C 364 f. 431'/432 (Üb. Index f. 445'); M 260 f. 23'; O 286 f.
27'.*
[1-2] *Üb. om MO.*
[3] Episcopo . . *C*
[4] tituli – presbiter] sancti Georgii ad
velum (vellum *O*) aureum diaconi
MO | Martini . . *C* | cardinalis] tunc
add MO
[5] legatus *om C*

---

[1] *Bonifaz VIII. Die Emendation ergibt sich aus der Verschreibung in C,
wo aus Bonifatii VIII. Clementis VIII. gemacht wurde; da Klemens VIII. auf
keinen Fall in Frage kommt, ist die Ordnungszahl als originär anzusehen, womit
sich die Emendation Bonifatii ergibt. MO änderten die Ordnungszahl. Aussteller
war demnach wohl Johann XXII.*

[2] *Q 22, 8.*

[3] *Wegen der Überlieferung in C, die einen terminus ante quem von ca. 1340
ergibt, kommt als Kardinalpresbiter von S. Silvestro e Martino nur Petrus de
Capis, ehemals Bischof von Chartres, in Frage, der von 1327 Dezember 18 bis
1336 März 24 Inhaber des Titels war, vgl. Eubel 1, 47. Über ihn vgl. Baluze-
Mollat, Vitae paparum Avenionensium 2, 266 f. Um welche Legation es sich hier*

specialem super hoc potestatem, cum eo super defectu natalium, quem
patitur de presbitero genitus et soluta, quod huiusmodi non obstante defectu possit ad omnes ordines promoveri et ecclesiasticum beneficium obtinere, per suas duxerit litteras dispensandum, quod ecclesiasticum beneficium, etiam si curam habeat animarum, obtinere valeat, dispensare cum
eo misericorditer | curaremus. Quia vero idem presbiter ad obtinendam
huiusmodi gratiam dicitur propriis meritis adiuvari, de tua circumspectione
etc. usque attente, si propter hoc merita suffragantur eidem, secum super
premissis auctoritate nostra dispenses *etc. ut in forma.*[1]

10

C f. 432

   Q 22, 20 Scribitur abbati, ut dispenset cum monachis suis.[2]

   Dilecto filio . . abbati Premonstraten. Constitutus in presentia nostra
dilectus filius . . de . . nobis humiliter supplicavit, ut super defectu natalium,
quem nonnulli professores tui ordinis patiuntur, licentiam dispensandi cum
eis, quod huiusmodi non obstante defectu ad sacros ordines promoveri et
administrationes et dignitates ipsius ordinis assumi valeant, ex benignitate
apostolica largiremur. Nos tuis supplicationibus inclinati discretioni tue,
de qua plenam in domino fiduciam obtinemus, presentium auctoritate
committimus, ut consideratis *etc. usque in finem.*[3]

5

---

[7] presbitero] soluto *MO*
[8] posset *CO*
[11] obtinendum *O*
[12] dicitur] de *C*
[13] attente] attendende *MO* | propter]
   super *MO*
[14] dispenses] prout *add MO.*

Q 22, 20   *C 365 f. 432 (Üb. Index f.*
445'); M 259 f. 23'; O 285 f. 27
(MO auch in Q 22, 7 im Apparat).

[1] *Üb. om MO.*
[2] . . *om M*
[4] tui *om MO* | patiuntur] etc. *add C* :
   tibi *add MO*
[5] et ad *M*
[6] amministrationes *M* | ex] de *MO*
[7] apostolica] solita *MO*
[8] de qua *om M*
[9] in finem] *MO fährt statt dessen fort*
   wie in Q 22, 7 Z. 10 attendende *mit*
   den dort angegebenen Varianten.

---

handelt, ist nicht zu ermitteln, zumal die Edition der Kurialsachen in der fran-
zösischen Registerausgabe noch nicht bis 1327 fortgeschritten ist. Die Urkunde
ist also nach 1336 März 24 anzusetzen und stammt wohl von Benedikt XII. Die
Lesung in MO muß entstellt sein, da als Kardinaldiakon von S. Georgius ad velum
aureum nur Petrus Peregrossus in Frage käme, der diesen Titel von 1288–1289
innehatte, was viel zu früh wäre; Perinus Tomacellus (1380–1385) kommt auf
keinen Fall mehr in Frage, da O auf jeden Fall viel älter ist. Doch ist die Namens-
sigle bereits modernisiert, da CMO eine etwas ältere Redaktion enthalten, vgl.
Bd. 1 S. 153.
  [1] *Q 22, 8.*   [2] *Vgl. Q 22, 7.*   [3] *Q 22, 8; 22, 1.*

Q 22, 20 a *Eidem.* Etsi geniti ex copula, quam fedus matrimonii non excusat, illegitimi censeantur, illis tamen, qui geniture maculam honestate morum satagunt abolere, tamquam a domino gratiam consecutis libenter misericordiam impertimur, cum non debeat esse tenax servus, ubi est largus dominus dispensator. Cum itaque, sicut accepimus, defectum natalium, quem pateris de soluto genitus et soluta, redimere meritorum profectu studueris, tecum, ut huiusmodi non obstante defectu ad sacros ordines promoveri et ecclesiasticum beneficium recipere valeas, auctoritate apostolica misericorditer dispensamus. Nulli ergo *etc.*[1]

Q 22, 20 b Illegitime genitos, quos vite decorat honestas, illegitimitatis macula minime decolorat, quia decus virtutis geniture maculam abstergit in filiis et pudicitia morum pudor originis aboletur. Cum igitur, sicut in nostra proposuisti presentia constitutus, pater tuus subdiaconus te genuerit ex soluta, nos attendentes, quod defectum natalium supples merito probitatis redimens favore virtutum, quod ortus odiosus ademit, devotionis tue precibus inclinati tecum auctoritate apostolica dispensamus, ut huiusmodi non obstante defectu ad sacros ordines promoveri et ecclesiasticum beneficium, etiam si curam habeat animarum, ac alias dignitates recipere valeas, si ad illas te contigerit annotari, ita tamen, quod, si ad episcopatus honorem

---

Q 22, 20a *M 262 f. 24; O 288 f. 27';*
  B 12 n. 17 f. 40 (Nachtrag von anderer Hand).
[1] Eidem] Clerico *B*
[4] tenas *(!) O*
[6] perfectu *B* | studueris] nos bonis benefacere cupientes *add B*
[8] recipere] libere *add B*
[9] etc. *om M.*

Q 22, 20b *M 263 f. 24; O 289 f. 27';*
  B 12 n. 18 f. 40/40' (Nachtrag von anderer Hand).
[1] Clerico. Illegitime *B* | vite *om B* |

illegitimitatis macula] nature vicium *B*
[2] virtutum *M* | astergit *B*
[3] pudicia *(!) M* | morum] diutius observata *add M* | pudore *B* | abolet *B* | igitur] itaque dilecte fili . . *B*
[4] genuerat *B*
[6] redinisque *(!) B* | quod] in te *add M (v. and. Hd. einkorr.)* | precibus] supplicationibus *B*
[7] tecum – dispensamus] auctoritate tibi presentium *(f. 40')* indulgemus *B*
[10] tamen *om B* | si *hinter* honorem *B*

---

[1] *Auch bei Q 22, 20 a–Q 22, 20 e handelt es sich um litterae de gratia in der äußeren Form der litterae cum serico; vgl. dazu Q 22, 13 a u. Q 22, 13 b mit Anm. 1, dazu Bd. 1 S. 468. Die verkürzte Adresse („Eidem") bezieht sich auf den in Q 22, 14 genannten Petenten, da dieses Stück in MO vorausgeht, der freilich dort der Sohn eines Priesters ist.*

te evocari contigerit, illum numquam recipias sine licentia sedis apostolice speciali. Nulli ergo *etc.*[1]

Q 22, 20 c Dilecte in Christo filie nobili mulieri . . Ex parte tua fuit nobis expositum, quod, cum olim ⟨cum⟩ P. de . . fueris in facie ecclesie matrimonialiter copulata et filium quendam genueris ex eodem, tamen compertum extitit, quod quondam P. uxor eiusdem linea tibi consanguinitatis attinuit te tertia ex uno latere ei stirpe et illa quarto | gradu ex altero differente. Nos tuis supplicationibus inclinati eundem filium legitimitatis titulo decorantes, ut in tuis et predicti P. patris sui bonis tamquam legitimus impedimento huiusmodi non obstante libere | succedere valeat, auctoritate presentium indulgemus. Nulli ergo *etc.*[1]   *B f. 41*   *O f. 28*

Q 22, 20 d Dilecto filio . . Cum nulla virtus dedignetur cedere pietati, commendatur iustitia, si quando a suo regimine lucescens piis precibus inclinatur sic propitiata supplicationibus, ut in suis reddatur venerabilior manifeste. Cum itaque dilectus filius nobilis vir . ., pater tuus, nobis humiliter supplicarit, ut, quia non habet prolem legitimam, te, quem alligatus uxori genuit ex soluta, legitimare misericorditer curaremus, nos igitur pietate devoti patris tui precibus annuentes et tibi facientes gratiam specialem, ut te deo reddas et hominibus gratiorem, ut ad omnes actus legitimos admittaris, tecum auctoritate apostolica dispensamus. Nulli ergo *etc.*[1]   5

---

[11] numquam] nequaquam *B* | licentia *hinter* apostolice *B* | apostolice sedis *M*

[12] ergo *om B* | etc. *om M*.

Q 22, 20 c   *M 264 f. 24; O 290 f. 27'| 28; B 12 n. 20 f. 40'|41 (Nachtrag von anderer Hand).*

[1] nobis fuit *B*

[2] cum 2° *scr.*] *om MOB*

[3] tamen] tandem *B*

[4] eiusdem P. uxor *B*

[5] abtinuit *B* | ei] ex *M* | stirpe] stipite *(!) B* | altera *MO*

[6] deferente *O* | Nos] igitur *add B* | legitimationis *B*

[7] ut] quod *B* | P.] *einkorr. M* : . . *O*

[8] valeant *M*

[9] ergo *om B* | etc. *om M*.

Q 22, 20 d   *M 265 f. 24; O 291 f. 28; B 12 n. 21 f. 41 (Nachtrag von anderer Hand).*

[1] . . *om MB*

[2] sui *B* | lucescens] lance clarescens *MO* | piis] et plus *MO*

[3] sic] si *B* | supplicibus *B*

[4] manifeste] maiestate *MO*

[5] supplicaverit *M* | te quem] qui te *MO*

[6] ex] de *B*

[7] tui *scr.*] sui *MO* : *om B*

[8] ut 1°] quo *B* | omnes *om B*

[9] ad admittaris *B* | ergo *om B*.

---

[1] *Vgl. Q 22, 20 a Anm. 1.*

B f. 41'
M f. 24'

Q 22, 20e | Dilecto filio . . Exhibita nobis tua petitio continebat, quod, cum M. pater tuus | cum F. matre tua virgine legitime contraxisset, idem M. post ortum tuum de ipsius matris tue licentia castitatem voventis in presbiterum est promotus. Sed quia hoc defunctis testibus non potest probari 5 de facili, nobis humiliter supplicasti, ut ad suspitionem de tuis natalibus attollendam tecum super hiis misericorditer agere deberemus. Quia vero in meliorem partem est in dubiis declinandum, tuis supplicationibus inclinati tecum quoad omnes actus legitimos, ut legitimus admittaris, auctoritate presentium dispensamus. Nulli ergo *etc.*[1]

Q 22, 20f *Episcopo.* Cum, sicut exhibite nobis tue littere continebant, bone memorie . . episcopus, apostolice sedis legatus, cum . . presbitero, rectore ecclesie de . . tue diocesis, super defectu natalium, quem patitur de presbitero genitus et soluta, duxerit dispensandum, ut posset in susceptis 5 ordinibus ministrare et ecclesiasticum beneficium obtinere, nobis humiliter supplicasti, ut cum ipso, qui vite laudabilis et conversationis honeste ac litterature competentis existit, quod eandem ecclesiam, quam ante generale concilium est adeptus,[2] in qua pater suus proximus ministravit, licite

---

Q 22, 20e *M 266 f. 24/24'; O 292 f. 28; B 12 n. 24 f. 41' (Nachtrag von anderer Hand).*

[1] *M marg.*: Nota quia rara. | Dilecto filio . .] Archidiacono *B*
[2] M.] etc. *B* | F.] N. *B* | virgine] publice ac *add B*
[3] M.] . . *B* | post] pater *B* | licentia *om MO* | castitate *MO* : castitat; *B* | voventis] vehementi *MO*
[4] est] sit *MO* | Sed] Et *B*
[5] suspicationem *MO*
[6] attollendum *O* : amovendam *B* | hiis] ad cautelam *add B* | deberemus] vel curaremus vel dignaremur *add B* | vero *om B*

[7] est] etiam *B* | supplicationibus] devotis precibus *B*
[8] ut legitimus *om B*
[9] ergo *om B.*

Q 22, 20f *M 267 f. 24'; O 293 f. 28; B 12 n. 14 f. 39' (Nachtrag von anderer Hand).*

[1] Cum] Ut *MO*
[2] . . episcopus] Penestrinus episcopus *B* | presbitero *om B*
[3] patiebatur *B* | de] patre *add B*
[4] possit *B*
[5] ac] et *M*
[6] extitit *B*
[7] extitit *B*
[8] consilium *M* | patri suo *B* | proximo *MO*

---

[1] *Vgl. Q 22, 20a Anm. 1.*
[2] *Gemeint ist c. 31 Conc. Lat. IV = X 1, 17, 16, in dem Innocenz III. ausdrücklich verbot, daß Söhne von Kanonikern in deren Kirchen wiederum als Kanoniker aufgenommen werden. Honorius III. verfügte sodann (X 1, 17, 17), daß nur mit päpstlichem Dispens ein illegitimer Sohn eines Klerikers diesem in seiner Pfründe nachfolgen könne. Das Stück zeigt, daß Benefizien, die ein unehelicher Priestersohn vor dem 4. Laterankonzil (1215) erlangte, nicht unter*

retinere valeat, dispensare misericorditer curaremus. De tua igitur *etc. usque*
committimus,[1] ut super hiis cum ipso auctoritate nostra dispenses *etc. usque*   10
expedire.[2]

Q 22, 20g Contra concubinarios.

Episcopo. Ecclesiarum prelatis officii sui debitum prosequentibus in hiis,
que ecclesiastici ordinis honestatem respiciunt, debemus non immerito
contra illos, qui eam inficere moliuntur, favoris nostri suffragium impertiri.
Tua siquidem nobis fraternitas intimavit, quod nonnulli sacerdotum et   5
clericorum filii et consanguinei tue diocesis se pro clericis exhibentes, quorum quidam sunt uxorati et concubinarii manifesti, suis patribus et propin-
quis decedentibus in ecclesiis et beneficiis curam animarum habentibus,
que illi tenuerant, ausu temerario succedere moliendo violenter[3] et plerumque
manu armata occupare presumunt et iure quasi hereditario detinere bona   10
eorum enormiter dissipantes; propter metum quoque ipsorum persone
idonee in illis a te canonice institute, cum ipsi eis mortem et pericula membrorum minentur, ibi non audent personaliter commorari. Contra quorum
insolentiam, cum plus timeri soleat, quod specialiter indulgetur, quam quod
ex ordinaria competit potestate, apostolicum presidium implorasti. Nos   15
igitur tuis supplicationibus inclinati fraternitati tue presentium auctoritate
concedimus, ut adversus predictos exequens debitum officii pastoralis, si
incorrigibiles fuerint, istis et aliis beneficiis non differas spoliare.

Q 22, 20h Contra illegitime natos.

Eidem. Temeritati quorundam, per quam ecclesie denigratur honestas, et
fortius debemus et volumus obviare, quo gravior sequi posset et ex dissimulatione iactura, cum excessus, si correpti non fuerint, solent incentivum
parere delinquendi. Unde cum, sicut nobis tua fraternitas intimavit, plures   5

---

⁹ usque] fraternitati tue *add B.*   ¹¹ dispensantes *M.*
Q 22, 20g   *M 268 f. 24'; O 294 f. 28.*   Q 22, 20h   *M 269 f. 24'; O 295 f. 28.*
² Episcopo ecclesiarum. Prelatis *(!) M*   ¹ Eisdem *MO*
⁵ nobis *om M*   ⁴ soleant *O*

---

die Bestimmung des Konzilsbeschlusses fielen; es muß, obschon erst in der späten
Redaktion (μ) überliefert, sehr alt sein und einem Formelbuch aus der Zeit Inno-
cenz' III. oder seiner unmittelbaren Nachfolger entnommen sein, da der Petent
in den Besitz der Pfründe noch vor dem genannten Konzil gekommen war.

  ¹ *Zu ergänzen nach Q 22, 7 u. Q 22, 15.*
  ² *Q 22, 5.*
  ³ *Vgl. die S. 584 Anm. 2 zitierten Verbote. Vgl. dazu Bd. 1 S. 469 f.*

filii sacerdotum nullam dispensationem a sede apostolica super defectu
natalium obtinentes ecclesias parrochiales, personatus ⟨et alias⟩ dignitates ecclesiasticas presumant in tua diocesi obtinere, presentium tibi auctoritate concedimus, ut tam predictos a prefatis beneficiis quam alios illegi-
10 time genitos ab illis, in quibus immediate patribus successerunt, sublato
cuiuslibet contradictionis et appellationis obstaculo valeas amovere.[1]

Q 23

„Ea, que de bonis.“

I. Fassung.

V f. 43'   Q 23, 1 | „Ea, que de bonis“ in maiori forma.

Iud. Ad audientiam nostram pervenit, quod tam dilecti filii .. abbas et
conventus monasterii .. ordinis .... diocesis quam predecessores eorum
R f. 30' decimas, redditus, terras, vineas, possessiones. | domos, casalia, prata,
5 pascua, grangias, nemora, molendina, iura, iurisdictiones et quedam alia
bona ipsius monasterii, datis super hoc litteris, confectis exinde publicis
instrumentis, interpositis iuramentis, factis renuntiationibus et penis adiectis, in gravem ipsius monasterii lesionem nonnullis clericis et laicis, aliquibus
eorum ad vitam, quibusdam vero ad non modicum tempus et aliis perpetuo
10 ad firmam vel sub censu annuo concesserunt, quorum aliqui dicuntur super
hiis confirmationis litteras in forma communi a sede apostolica impetrasse.
S f. 39' Quia | vero nostra interest super hoc de oportuno remedio providere, – man-
damus, quatinus ea, que de bonis prefati monasterii per concessiones huius-

---

[7] et alias *scr.*] *om MO*

[8] tua *om M.*

Q 23, 1 *P 322 f. 34 (Üb. Index f. 6);
V 326 f. 43'; H 385 f. 46'; S 300 f.
39/39'; A 349 f. 59; R 314 f. 30/30'.*

[1] *Üb. om S, marg.:* Ea que de bonis
in maiori et minori forma. | forma]
Rubrica *add H²* : pro abbate et
conventu *add A*

[2] tam] cum *V*

[3] monasterii] de *add AR* | ordinis ..]
.. ordinis *VSA* : ordinis *R* | .. dio-
cesis] diocesis .. *PHR*

[4] redditus *f. 30' hinter* possessiones
R | cascilia *(!) S*

[5] pascua] silvas *add R*

[6] ipsius monasterii] ad monasterium
ipsum spectantia *VH*

[9] non *om V*

[10] dicuntur – 11 impetrasse] *so auch
ursprünglich in P, dann korr. zu:*
confirmationis litteras in forma
communi super hiis a sede apostolica impetrasse dicuntur

[12] Quia vero] Cum igitur *R* | intersit
R | super hoc] lesis monasteriis *R* |

---

[1] *Vgl. S. 584 Anm. 2 und Bd. 1 S. 469 f.*

modi alienata inveneris illicite vel distracta, non obstantibus litteris, instrumentis, iuramentis, renuntiationibus, penis et confirmationibus supradictis   15
ad ius et proprietatem ipsius monasterii legitime revocare procures, contradictores *etc.*[1]

Q 23, 2 Super eodem pro vicario.

Iud. Ad audientiam nostram pervenit, quod tam dilectus filius magister
P., perpetuus vicarius ecclesie de . . . . diocesis, quam predecessores sui
eiusdem ecclesie perpetui vicarii, qui perpetuam vicariam, quam ipse in
eadem ecclesia obtinet, | tenuerunt pro tempore, decimas *etc. usque* alia   *H f. 47*
bona ad perpetuam vicariam suam ipsius ecclesie spectantia datis *etc. usque*
impetrasse. Quia vero nostra interest super hoc de oportuno remedio provi-
dere, – mandamus, quatinus ea, que de bonis ipsius vicarie per | concessiones   *P f. 34'*
huiusmodi alienata inveneris illicite vel distracta, ad ius et proprietatem
dicte vicarie legitime revocare procures, contradictores *etc.*[1]   10

Q 23, 3 Super eodem pro episcopo.

Iud. Ad audientiam nostram pervenit, quod tam venerabilis frater noster
. . episcopus Aversan.[2] quam predecessores sui episcopi Aversan.,[2] qui

providere] discretioni tue per apostolica scripta *add P (einkorr.)* :
vel subvenire *add R*
14 illicite inveneris *S*
16 ipsius] eiusdem *PS* | legitime –
Schluß v. and. Hd. einkorr. R
17 etc.] Testes etc. *add SR (v. and.
Hd. einkorr.).*

5 tenuerunt] habuerunt *VHA* | pro
tempore *om H* | alia – 6 usque *om S*
6 perpetuam] dictam *P* | suam ipsius
ecclesie *om P* | spectantia] perti-
nentia *P* | datis *om PH*
7 super hoc *om A*
9 inveneris – distracta] etc. usque *A*
10 dicte] eiusdem *A* | etc.] Testes etc.
add S.

Q 23, 2 *P 323 f. 34/34' (Üb. Index
f. 6); V 327 f. 43'; H 386 f. 46'/47;
S 301 f. 39'; A 351 f. 59.*

1 *Üb. om S.* | pro] quod *H*[2] : perpetuo
add A | vicario] Rubrica *add H*[2]*A*
3 P.] de . . *add A* | de *om S*
4 eiusdem – vicarii] *om VHS* : *v.
and. Hd. einkorr. A*

Q 23, 3 *P 324 f. 34' (Üb. Index f. 6);
V 328 f. 43'; H 387 f. 47; S 302 f.
39'; A 350 f. 59.*

1 *Üb. om S.* | episcopo] Rubrica *add
H*[2]*A*
2 Ad – tam] Significavit nobis *S* |
nostram *om V* | tam] dilectus
filius *add P*
3 Adversan. 1° u. 2° *VH*

[1] *Zu ergänzen . . . per censuram ecclesiasticam appellatione postposita compescendo.*
[2] *Aversa. Als Bischöfe kommen in Frage: Leonardus (1297–1299 Juli 20)
und Petrus (1299 August 3–1309 vor März 15), vgl. Eubel 1, 123.*

fuerunt pro tempore, decimas, terras *etc. usque* alia bona ad mensam suam
5   episcopalem spectantia datis *etc. usque* impetrasse. Quia vero nostra interest
super hoc de oportuno remedio providere, – mandamus, quatinus ea, que
de bonis ipsius mense *etc.*

Q 23, 4   Super eodem pro archipresbitero.

In eodem modo, quod tam dilectii filii .. archipresbiter et capitulum
secularis ecclesie sancti Angeli de . . . . diocesis quam predecessores eorum
decimas *etc. usque* et quedam alia bona ad ecclesiam ipsam spectantia datis
5   *etc.* – mandamus, quatinus ea, que de bonis ipsius ecclesie *etc.*

Q 23, 5   Super eodem pro abbate et conventu ac prioribus
prioratuum.

Iud. Ad audientiam nostram pervenit, quod tam dilecti filii .. abbas et
V f. 44   conventus monasterii de | .. ad Romanam ecclesiam nullo medio pertinentis
5   nec non priores prioratuum et membrorum eidem monasterio immediate
et pleno iure subiectorum quam predecessores eorum decimas, terras *etc.*
usque quedam alia bona ad monasterium, prioratus et membra predicta
spectantia datis super hoc litteris *etc. usque* dicuntur. Quia vero nostra
interest super hoc de oportuno remedio providere, – mandamus, quatinus
10   ea, que de bonis monasterii, prioratuum et membrorum predictorum per
concessiones huiusmodi *etc.*[1]

---

⁴ fuerant *S* | terras *om VH* | usque
alia bona *om VHA*
⁵ datis *om H* | usque impetrasse *om*
VHA | nostri *S*
⁷ etc.] ad ius et proprietatem eiusdem mense etc. *add A.*
Q 23, 4   *P 325 f. 34' (Üb. Index f.*
6); V 329 f. 43'; H 388 f. 47; S –;
A 352 f. 59.
¹ archipresbitero] Rubrica *add H²:*
et capitulo secularis ecclesie *add A*
³ sancti Angeli *om VHA* | .. dio-
cesis] diocesis .. *H*
⁴ et *om VH* | Datum *H*
⁵ mandamus – etc. *om VHA.*
Q 23, 5   *P 326 f. 34' (Üb. Index f. 6);*
V 330 f. 43'/44; H 389 f. 47; S 303
f. 39'; A 353 f. 59/59'.

---

¹ *Q 23, 1.*

¹⁻² *Üb. om S.* | .. abbate *PV*
² prioratuum] et membrorum *add P :*
prioratum. Rubrica *H²*
³ .. *om A*
⁵ prioratum *S* | eiusdem moñ, *s korr.*
H | imediate *S*
⁶ subiecti *H* | predecessor; *S* | terras
etc.] etc. *H : om A*
⁷ et prioratus *H* | membra] *dahinter*
längere Naht im Pergament H :
menbra *S*
⁸ litteris *om VHA*
⁹ remedio oportuno *H*
¹¹ huiusmodi *om S* | etc.] usque ad ius
et proprietatem monasterii prioratuum et membrorum ipsorum
legitime revocare *(A f. 59')* procures contradictores etc. *add A.*

Q 23, 6 Super eodem pro priore et conventu.

Iud. Ad audientiam nostram pervenit, quod tam dilecti filii . . prior et conventus monasterii de . . per priorem soliti gubernari . . ordinis . . diocesis quam predecessores *etc. ut in prima.*[1]

Q 23, 7 Super eodem pro priore, priorissa et conventu.

Iud. Ad audientiam nostram pervenit, quod tam dilectus filius . . prior quam dilecte in Christo filie . . priorissa et conventus prioratus de . . . . diocesis per priorem et priorissam soliti gubernari secundum instituta et sub cura fratrum Predicatorum viventes, quibus licere dicitur facultates habere ex privilegio sedis apostolice speciali, quam priores | eiusdem prioratus, qui fuerunt pro tempore, et ille, que in ipso prioratu precesserunt easdem, decimas *etc.* et quedam alia bona ipsius prioratus ad eos communiter spectantia datis *etc.*[1]

5

P f. 35

Q 23, 8 Super eodem pro abbatissa et conventu.

Iud. Ad audientiam nostram pervenit, quod tam dilecte in Christo filie . . abbatissa et conventus monasterii de . . ordinis . . . . diocesis quam ille,

Q 23, 6   *P 327 f. 34' (Üb. Index f. 6);* *V 331 f. 44; H 390 f. 47; S 304 f. 39'; A 354 f. 59'.*

[1] *Üb. om S.* | conventu] Rubrica *add H²*

[2] *. . om A*

[3] ordinis . . diocesis . . *H*

[4] predecessores] eorum decimas *add A.*

Q 23, 7   *P 334 f. 34'/35 (Üb. Index f. 6); V 332 f. 44; H 391 f. 47; S 305 f. 39'; A 362 f. 59'.*

[1] *Üb. om S.* | priore *om PVHS* | conventu] Rubrica *add H²* : prioratus *add A*

[2] tam] taĨ *S* | dilecti filii *H* | prior] et conventus *add VH*

[3] dilecte − filie] dil. fil. *H* : dil. in

Christo filia *A* | . . *1° om V* | . . diocesis] *om V* : diocesis . . *H*

[5] licere dicitur] licite dicitur *P* : licere *V* : licet *H* | facultas *PV* : facultatem *H*

[6] speciali quam] specialiter per *H*

[7] illi qui *H*

[9] datis] Dat. *VH.*

Q 23, 8   *P 329 f. 34' (Üb. Index f. 6); V 333 f. 44; H 392 f. 47; S −; C 374 f. 432' (Üb. Index f. 445'); A 356 f. 59'; M 283 f. 26; O 309 f. 29'.*

[1] Super eodem *om C* | . . abbatissa *PVM* | conventu] Rubrica *add H²*

[2] tam *einkorr. H* | filie in Christo *P*

[3] de *om P* | ordinis . .] . . ordinis *VAO* : ordinis *C* | . . diocesis] diocesis . . *H*

[1] *Q 23, 1.*

que in monasterio ipso precesserunt easdem, decimas, terras, domos, posses-
5 siones *etc. ut in prima.*[1]

Q 23, 9 Super eodem pro priorissa et conventu.

In eodem modo pro . . priorissa et conventu monasterii de . . per priorissam
soliti gubernari ordinis . . . . diocesis *etc.*[1]

Q 23, 10 Super eodem pro preposito et conventu.

In eodem modo pro . . preposito et conventu monasterii de . . per prepositum
soliti gubernari . . ordinis . . diocesis quam predecessores *etc.*[1]

Q 23, 11 Super eodem pro magistro, preceptore et aliis.

H f. 47' | *Iud.* Ad audientiam nostram pervenit, quod tam dilecti filii . . magister
et fratres (*vel* preceptor *aut* commendator *vel* prior et fratres) hospitalis
(*seu* domus) de . . . . diocesis quam predecessores eorum decimas *etc. ut in*
5 *prima*[1] *usque* impetrasse dicuntur. Quia vero nostra interest super hoc de
oportuno remedio providere, – mandamus, quatinus ea, que de bonis ipsius
hospitalis *etc.*[1]

[4] ipso] *vor* monasterio *H* : illo *C* |
processerunt *V* : predecesserunt *M* |
easdem] eosdem *H* : *om M* | do-
mos – *Schluß*] etc. *C* | domos pos-
sessiones *om MO* | possessiones *om A*
[5] in prima] supra *A* : in alia *MO*.
Q 23, 9   *P 330 f. 34' (Üb. Index f. 6);
V 334 f. 44; H 393 f. 47; S –; A
357 f. 59'.*
[1] et conventu *om P*
[2] Iud. eodem modo *H* | . . 1° *om PH*
[3] ordinis . . . . diocesis] . . ordinis . .
diocesis *PV* : *om A* | . . diocesis]
diocesis . . *H* | etc. *om H*.
Q 23, 10   *P 328 f. 34' (Üb. Index f. 6);
V 334a f. 44; H 394 f. 47; S –;
A 355 f. 59' u. 358 f. 59' (= A').*
[1] *Üb. om VH*[2] *(H*[2] *hat hier die Üb.
von Q 23, 11).*
[2] Iud. eodem modo *H* | . . 1° *om H*

[3] gubernari – ordinis . .] gubernari
etc. ordinis etc. *A'* | ordinis . . dio-
cesis . . *H* | quam predecessores
om VHA' | predecessores] eorum
add A | etc. *om H*.
Q 23, 11   *P 331 f. 34' (Üb. Index f.
6); V 335 f. 44; H 395 f. 47'; S –;
A 359 f. 59'.*
[1] *H*[2] *hat die Üb. vor Q 23, 10.* | Super]
In *H*[2] | magistro] vel *add PA* |
preceptore] domus *add PA* : recep-
tore *H*[2] | et aliis *om PA*
[2] dil. fil. *P* : dilectus filius *VA*
[3] fratres 1°] frater *V* | prior] prio et
prior *(!) V* : . . prior *A* | fratres 2°]
frater *V*
[4] seu] sive *H* | . . diocesis] diocesis . .
H
[6] providere *om P*
[7] hosptaĺ *(!) V.*

[1] *Q 23, 1.*

Q 23, 12   Super eodem pro rectore ecclesie.

Iud. Ad audientiam nostram pervenit, quod tam dilectus filius . . rector
ecclesie de . . | . . diocesis quam predecessores sui eiusdem ecclesie rectores,   *V f. 44'*
qui fuerunt pro tempore, decimas, terras, domos *etc. ut in alia*[1] *usque*
impetrasse dicuntur. Quia vero nostra interest super hoc de oportuno   5
remedio providere, – mandamus, quatinus ea, que de bonis ipsius ecclesie
etc.

Q 23, 13   Super eodem pro decano vel preposito et capitulo.

Iud. Ad audientiam nostram pervenit, quod tam dilecti filii . . decanus
(*vel* prepositus) et capitulum ecclesie de . . . . diocesis quam predecessores
eorum decimas *etc. usque* et quedam alia bona ipsius ecclesie datis super hoc
etc. ut in prima.[1]   5

Q 23, 14   Super eodem pro priore et fratribus hospitalis Ierosolimitan.

Iud. Ad audientiam nostram pervenit, quod tam dilecti filii . . prior et
fratres hospitalis sancti Iohannis Ierosolimitan. in Sicilia[2] quam predeces-

---

Q 23, 12   *P 332 f. 34' (Üb. Index f.
6); V 336 f. 44/44'; H 396 f. 47';
S –; C 375 f. 432' (Üb. Index f.
445'); A 360 f. 59'; M 284 f. 26;
O 310 f. 29'.*
[1] Super eodem *om C* | ecclesie] Ru-
brica *add H*[2] : *om CMO*
[2] . . rector] rector *HA* : . . N rector
C : P. rector *M* : Paganus rector
O
[3] . . diocesis] diocesis *H* : *om CMO*
[4] terras domos *om PCMO* | domos
om A | ut in alia *om ACMO* | usque]
et quedam alia bona ipsius ecclesie
etc. usque *add A*
[5] impetrasse dicuntur *om A* | dicun-
tur *om CO* | Quia vero] Cum igitur
VHCMO | intersit *VHCO* | super –
6 providere] lesis ecclesiis subvenire
CMO | hoc] ho *(!) V* | de *om P*

[6] ecclesie] per concessiones huiusmodi *add CMO*
[7] etc.] ut supra *CM* : ut supra *add O.*
Q 23, 13   *P 333 f. 34' (Üb. Index f.
6); V 337 f. 44'; H 397 f. 47'; S –;
A 361 f. 59'.*
[1] decano vel] *hinter* preposito *P* : *om
VH*[2] | capitulo] Rubrica *add H*[2]
[3] vel] et *P* : *om V* : . . *H* | . . diocesis]
diocesis . . *PH*
[4] eorum] sui *H*
[5] ut in prima *om H.*
Q 23, 14   *P 335 f. 35 (Üb. Index f. 6);
V 338 f. 44'; H 398 f. 47'; S –; A
363 f. 59'.*
[1-2] *V. Üb.:* Super eisdem. – *H*[2] *Üb.:*
Super eodem. Rubrica. | hospitalis
om P
[3] pervenit *om V* | tam *om V*
[4] Cicilia *H*

---

[1] *Q 23, 1.*   [2] *Johanniter in Sizilien.*

A f. 60

5 sores eorum *etc. usque* et quedam alia bona ipsius hospitalis *etc. usque* ea, que
de bonis predicti hospitalis in civitate et diocesi Siracusan.[1] consistentibus
per concessiones huiusmodi *etc.*[2]

Q 23, 15 | Super eodem pro priore secularis ecclesie.

Iud. Ad audientiam nostram pervenit, quod tam dilectus filius . . prior
secularis ecclesie de . . . . diocesis quam predecessores sui eiusdem ecclesie
priores, qui fuerunt pro tempore, decimas, terras *etc.* ad prioratum suum
5 ipsius ecclesie spectantia datis super hoc litteris *etc.* ea, que de bonis ipsius
prioratus alienata inveneris *etc.*[2]

Q 23, 16   Super eodem pro canonico.

S f. 40

Iud. Ad audientiam nostram pervenit, quod tam dilectus filius G. de . .
canonicus . . ecclesie quam predecessores sui eiusdem ecclesie canonici, qui
prebendam, quam ipse in eadem ecclesia obtinet, tenuerunt pro tempore,
decimas *etc. usque* et quedam alia bona | ad dictam prebendam spectantia
datis super hoc litteris *etc. ut in alia*[2] *usque* impetrasse dicuntur. Quia vero
nostra interest super hoc de oportuno remedio providere, discretioni tue
per apostolica scripta mandamus, quatinus ea, que de bonis ipsius prebende
per concessiones huiusmodi *etc.*[2]

Q 23, 17   Super eodem pro perpetuo capellano.

Iud. Ad audientiam nostram pervenit, quod tam dilectus filius . . perpetuus capellanus ecclesie de . . quam predecessores sui perpetui capellani

---

[5] etc. 1°] ut supra *add V* | et *om H* |
   etc. 2° – 6 hospitalis *om PA*
[6] bonis] *dahinter längere Naht im
   Pergament H* | . . civitate *PA* |
   Seracusan. *V* : . . *H*
[7] per] *dahinter längere Naht im Pergament H.*
Q 23, 15   *P 336 f. 35 (Üb. Index f. 6);
   V –; H –; S –; A 364 f. 60.*
[4] pro tempore fuerunt *P*
[6] inveneris *om A.*
Q 23, 16   *P 337 f. 35 (Üb. Index f. 6);
   V –; H –; S 306 f. 39'/40; A 365 f.
   60.*
[1] *Üb. om PS.*

[4] prebendam] suam ipsius ecclesie
   add P | tempore] fuerunt *add P*
[5] usque *om A*
[6] ut in alia *om A* | impetrasse dicun-
   tur *om A*
[8] ipsius prebende] ad dictam prebendam spectantia *S.*
Q 23, 17   *P 338 f. 35 (Üb. Index f. 6);
   V 339 f. 44'; H 399 f. 47'; S 307 f.
   40; A 366 f. 60.*
[1] *Üb. om S.* | perpetuo] pertuo *(!)*
   V : appellatione *(!) H*[2] | capella-
   nis. Rubrica *H*[2]
[2] . .] T. *VH*
[3] cappellanus *S* | cappellani *S*

---

[1] *Syrakus.*   [2] *Q 23, 1.*

eiusdem ecclesie, qui fuerunt pro tempore, decimas *etc.*[1] *usque* et quedam alia bona ad perpetuam capellaniam suam ipsius ecclesie spectantia datis super hoc *etc. ut in proxima.*[2]

Q 23, 18 Super eodem pro decano seu archidiacono vel preposito ecclesie.

In eodem modo pro .. cantore (vel .. decano seu .. archidiacono vel .. preposito) ecclesie de .... diocesis (vel .. thesaurario vel capicerio ecclesie ..) quam predecessores sui eiusdem ecclesie cantores *(vel decani vel archidiaconi seu preposti),* qui fuerunt pro tempore, decimas *etc. usque* et quedam alia bona ad cantoriam suam ipsius ecclesie spectantia datis super hoc *etc.*[1]

Q 23, 19 Super eodem pro rectore medietatis ecclesie.

Iud. Ad audientiam nostram pervenit, quod tam dilectus filius Iohannes rector medietatis ecclesie sancti .. de .., que per duos consuevit gubernari rectores, .. diocesis quam predecessores sui eiusdem medietatis | rectores, qui fuerunt pro tempore, decimas, terras *etc.* ad dictam medietatem spectantia datis super hoc litteris *etc.* in gravem ipsius medietatis lesionem. –

R f. 31

---

5 capellam *S* | ipsius *om S*

6 ut in proxima] etc. *add H* : *om A*.

Q 23, 18 *P 339 f. 35 (Üb. Index f. 6); V 340 f. 44'; H 400 f. 47'; S 308 f. 40; A 367 f. 60.*

1-2 *Üb. om S.* | seu] vel *H*[2] | vel] seu *H*[2]

2 ecclesie] *om P* : Rubrica *add H*[2] : Rubrica *A*

3 Iud. eodem modo *H* | .. 1° *om HA* | .. 2° *om HS* | seu] vel *A* | .. 3° *om HS* | .. 4° *om SA*

4 ecclesie – capicerio *om A* | .. diocesis] diocesis .. *H* | .. 3° *om HS* | capiteno *V* | ecclesie ..] et *add H (einkorr.)*

5 sui *om H* | ecclesie] *om H* : .. ecclesie *A* | cantoris *H*

6 preposti] vel thesaurarii vel capicerii *add H*

7 suam] vel referendo similis *(?) add H* | super hoc *om A*.

Q 23, 19 *P 340 f. 35 (Üb. Index f. 6); V –; H –; S –; A 371 f. 60; R 319 f. 30'/31.*

1 Super eodem] Ea que de bonis *R* | mediatatis *(!) P*

2 Iohannes] etc. *R*

3 sancti .. de .. *om R* | de .. *om A*

4 .. diocesis *om R* | sui *om R*

5 decimas terras *om R* | etc.] et quedam alia bona *add R* | dictam *om R* | medietatem] suam ipsius ecclesie *add R* | spectantia *om P*

6 super – 7 quatinus] etc. usque *R* | litteris *om A* | medietatis *einkorr. statt getilgtem* ecclesie *A*

---

[1] *Q 23, 1.*   [2] *Q 23, 16.*

mandamus, quatinus ea, que de bonis ad medietatem suam ipsius ecclesie spectantibus *etc.* ad ius et proprietatem ipsius medietatis eiusdem ecclesie legitime revocare procures.[1]

Q 23, 20   Super eodem pro camerario.

Iud. Ad audientiam nostram pervenit, quod tam dilectus filius . . camerarius ecclesie . . quam predecessores sui eiusdem ecclesie camerarii, qui fuerunt pro tempore, decimas, terras *etc.* et quedam alia bona ad camerariam

5   suam ipsius ecclesie, que in eadem ecclesia dignitas existit, spectantia *etc.*[1]

Q 23, 21   Super eodem pro electo in episcopum.

Iud. Ad audientiam nostram pervenit, quod nonnulli episcopi Anicien.,[2] predecessores dilecti filii G. electi Anicien.,[3] qui fuerunt pro tempore, decimas, terras *etc.* ad mensam Anicien. episcopalem *etc. usque* impetrasse

5   dicuntur. Quia vero nostra interest super hoc de oportuno remedio *etc.*[1]

---

[7] ad – 8 spectantibus] eiusdem medietatis per *R*

[8] etc. *om PA* | ipsius medietatis] eiusdem proprietatis *R* | eiusdem – *Schluß om R* | ecclesie *om P.*

Q 23, 20   *P 341 f. 35 (Üb. Index f. 6); V –; H –; S –; A 368 f. 60.*

[3] ecclesie 1°] de *add A.*

Q 23, 21   *P 342 f. 35 (Üb. Index f. 6);*

V 341 f. 44'; H 401 f. 47'; S –; A 370 f. 60.

[1] episcopum] Rubrica *add H²*

[3] predecessores] et *add P* : *dahinter Rasurlücke von ca. 3 Buchstaben A* | electi] electus *P* : *om H* : *aus* electus *korr. A*

[4] etc. 1° *om VHA* | episcopalem Anicien. *H* | usque – *Schluß om A*

[5] super – remedio *om P* | remedio oportuno *H.*

---

[1] *Zu ergänzen jeweils nach Q 23, 1.*   [2] *Le Puy.*

[3] *Es handelt sich sehr wahrscheinlich um Guido de Novavilla, auditor litterarum contradictarum (vgl. Bresslau, Urkundenlehre 1, 284 Anm. 1), der am 20. Juni 1290 Elekt von Le Puy wurde (Eubel 1, 91; Langlois, Les registres de Nicolas IV Nr. 2750–55). Als Elekt erscheint er bis 1290 September 1 (das. Nr. 2795, 2818f., 2834, 2858, 2874, 2912, 3172f.; am 11. Juli wird er jedoch ausnahmsweise bereits als Bischof bezeichnet: Nr. 7371). 1296 April 24 wurde er nach Saintes transferiert (Eubel 1, 537). Das vorliegende Stück würde dann von Nikolaus IV. stammen und (1290 Juni 20–September 1) zu datieren sein. Da es bereits in der Bonifazredaktion (PVH) überliefert ist, scheidet Bischof Guillelmus (1317 Oktober 19–1318 Februar 14, vgl. Eubel 1, 91) aus; auch ein Nachtrag aus der Zeit Klemens' V. zur ursprünglichen Redaktion scheidet wegen der Regierungsjahre des Guillelmus aus.*

Q 23, 22 Super eodem pro thesaurario.

Iud. Exposuit nobis dilectus filius P. thesaurarius ecclesie . ., quod predecessores sui thesaurarii eiusdem ecclesie, qui fuerunt pro tempore, decimas *etc. ut in forma.*[1]

Q 23, 23 Super eodem pro capitulo.

Iud. Ad audientiam nostram pervenit, quod tam dilecti filii capitulum ecclesie . . . . diocesis quam predecessores eorum decimas *etc. usque* quedam alia bona ipsius ecclesie *etc.*[1]

Q 23, 24 | „Ea que de bonis" in minori forma pro rectore.

P f. 35'
A f. 60'

Iud. Dilecti filii . . rectoris ecclesie sancti Iuliani de . . Constantien. diocesis[2] precibus | inclinati presentium tibi auctoritate mandamus, quatinus ea, que de bonis ipsius ecclesie alienata | inveneris illicite vel distracta, ad ius et proprietatem eiusdem ecclesie legitime revocare procures, contradictores *etc.*[3]

V f. 45
H f. 48
5

Q 23, 22 *P 343 f. 35 (Üb. Index f. 6);*
V 342 f. 44'; H 402 f. 47'; S –; C
377 f. 432' (Üb. Index f. 445'); A
369 f. 60; M 286 f. 26; O 312 f. 29'
(CAMO sind nicht hier kollationiert,
sondern unten als Q 23, 46 selb-
ständig aufgeführt.)
[1] thesaurario] Rubrica *add H*[2]
[2] P.] . . *P.*
Q 23, 23 *P –; V –; H –; S –; A 372*
f. 60.
[3] ecclesie . .] . . ecclesie *A.*

Q 23, 24 *P 344 f. 35' (Üb. Index f.*
6); V 343 f. 44'/45; H 403 f. 47'/48;
S 309 f. 40; C 366 f. 432 (Üb. Index
f. 445'); A 373 f. 60'; R 309 f. 30.
[1] *R Üb.:* Super eodem pro rectore. |
minori] maiori *C* | forma] et primo
add C | pro rectore *om A*
[2] sancti Iuliani *om C* | de . . *om H* |
Constantien. diocesis *om C* | Con-
stantien.] . . *A*
[5] contradictores etc. *om R*
[6] etc.] Testes etc. *add C.*

---

[1] *Zu ergänzen jeweils nach Q 23, 1.*

[2] *Eine Kirche dieses Patroziniums in der Diözese Konstanz kann ich nicht nachweisen; weder die Regesta episcoporum Constantiensium noch K. Rieder, Römische Quellen zur Konstanzer Bistumsgeschichte zur Zeit der Päpste in Avignon (1305–1378) (Innsbruck 1908) enthalten diese Urkunde oder einen sonstigen Beleg für ein Julianspatrozinium, und auch H. Tüchle, Dedicationes Constantienses. Kirch- und Altarweihen im Bistum Konstanz bis zum Jahre 1250 (Freiburg 1949), führt keinen Beleg an. Deshalb kommt nur ein Julians-patrozinium in der Diözese Coutances in Frage.*

[3] *Ergänzung vgl. Q 23, 1 Anm. 1.*

Q 23, 25 Super eodem pro perpetuo capellano.

Iud. Dilecti filii . . perpetui capellani capelle de . . . . diocesis precibus *etc.*
usque[1] quatinus ea, que de bonis ad perpetuam capellaniam suam ipsius
capelle spectantibus alienata inveneris illicite vel distracta, ad ius et proprietatem ipsius capellanie *etc.*[1]

Q 23, 26 Super eodem pro perpetuo capellano in . . ecclesia.

Iud. Dilecti filii . . perpetui capellani in . . ecclesia . . diocesis *etc.*[1] ea, que
de bonis ad perpetuam capellaniam suam ipsius ecclesie *etc.* ad ius et proprietatem ipsius capelle *etc.*

Q 23, 27 Super eodem pro perpetuo capellano capelle cruci-
fixi in . . ecclesia.

Iud. Dilecti filii . . perpetui capellani capelle crucifixi in . . ecclesia *etc.*
usque[2] ea, que de bonis ad perpetuam capellaniam suam ipsius capelle in
eadem ecclesia spectantibus alienata *etc.*[2]

Q 23, 28 Super eodem pro decano.

Iud. Dilecti filii . . decani ecclesie de . . precibus *etc.* *usque*[2] ea, que de
bonis ad decanatum suum ipsius ecclesie spectantibus alienata inveneris
illicite *etc.*[2]

Q 23, 25 *P 345 f. 35' (Üb. Index f.
6); V 344 f. 45; H 404 f. 48; S 310
f. 40; A 373a f. 60'; R 311 f. 30.*
[1] *Üb. om V. – H*[2] *hat hier die Üb.
von Q 24, 1 (vgl. dort).* | capellano]
coappĪĪo *(!)* S : capelle *add* R
[2] capellani S | capelle] capellanie
VHR : cappelle S | . . diocesis]
diocesis . . H : *om* R | precibus]
inclinati *add* R
[3] usque *om* R | cappellaniam S
[4] capellanie *VHR* : cappelle S | in-
veneris – distracta] etc. R
[5] capellanie] capelle *PA* : cappel-
lanie S : legitime *add* R.

Q 23, 26 *P 346 f. 35' (Üb. Index f.
6); V –; H –; S –; A 374 f. 60'.*
[1] pro – ecclesia *om* P
[2] . . diocesis etc. *om* P
[3] ad – *Schluß om P.*

Q 23, 27 *P 347 f. 35' (Üb. Index f.
6); V –; H –; S –; A 375 f. 60'.*
[1] pro – 2 ecclesia *om* P
[3] crucifixi] site *add* A *(einkorr. v.
and. Hd.)* | etc. usque *om* P
[5] alienata *om* P.

Q 23, 28 *P 348 f. 35' (Üb. Index f.
6); V –; H –; S –; A 376 f. 60'.*
[1] dicano *(!)* P
[3] inveneris illicite *om* A.

---

[1] *Q 23, 24.*   [2] *Ergänzung jeweils nach Q 23, 24.*

Q 23, 29 Super eodem pro capitulo.

Iud. Dilectorum filiorum . . capituli . . ecclesie precibus inclinati *etc.* *usque*[1] quatinus ea, que de bonis ipsius ecclesie ad capitulum ipsum communiter spectantibus *etc.*[1] ad ius et proprietatem eiusdem ecclesie *etc.*

Q 23, 30 Super eodem pro perpetuo capellano medietatis capelle.

Iud. Dilecti filii . . de . . perpetui capellani medietatis capelle omnium sanctorum in . . ecclesia, que per duos consuevit gubernari capellanos, precibus inclinati presentium tibi auctoritate mandamus, quatinus ea, que de bonis ad perpetuam capellaniam suam ipsius medietatis spectantibus alienata inveneris illicite vel distracta, ad ius et proprietatem eiusdem medietatis *etc.*[1]

Q 23, 31 Super eodem pro rectore minoris portionis . . ecclesie.

Iud. Dilecti filii Iohannis rectoris minoris portionis ecclesie de . ., que per duos consuevit gubernari rectores, quorum unus maiorem, alter vero minorem portionem obtinere noscuntur, Constantien.[2] diocesis precibus inclinati presentium tibi auctoritate mandamus, quatinus ea, que de bonis ad minorem portionem suam ipsius ecclesie spectantibus alienata inveneris illicite vel distracta, ad ius et proprietaten eiusdem minoris portionis legitime revocare procures, contradictores *etc.*[3] Testes *etc.*[4]

Q 23, 29 *P 349 f. 35' (Üb. Index f. 6); V –; H –; S –; A 377 f. 60'.*
[2] Dil. filii *A* | . . 1° *om A*
[3] quatinus *om A* | ad – 4 spectantibus *om A.*
Q 23, 30 *P 350 f. 35' (Üb. Index f. 6); V –; H –; S –; A 378 f. 60'.*
[3] . . 1°] I. *A*
[4] sanctorum] site *add A (einkorr. v. and. Hd.)*
[5] presentium – mandamus] etc. *A.*
Q 23, 31 *P 351 f. 35'; V –; H –; S –; A 379 f. 60'; R 310 f. 30.*
[1] *Üb. om P.* | ecclesie *om R*
[2] Iohannis] I. *A* : I. de . . *R* | rectoris

v. and. Hd. einkorr. R | ecclesie] sancte Crucis *add R*
[3] consuevit – rectores *hinter* obtinent *(vgl. unten Variante) R*
[4] portionem] portiones *A* : eiusdem ecclesie *add R* | obtinere noscuntur] obtinent *R* | Constantien. diocesis] . . diocesis *A* : *om R*
[5] presentium – quatinus] etc. *R*
[6] ad] ipsam *add R*
[7] illicite vel] etc. usque *R* | minoris *om R* | legitime revocare] etc. usque *R*
[8] procures] etc. *add R* | Testes etc. *om A R.*

---

[1] *Ergänzung nach Q 23, 24.* [2] *Konstanz oder Coutances.*
[3] *Vgl. Q 23, 1 Anm. 1.*
[4] *Die Testes-Klausel wurde offensichtlich in allen Fällen in diesem Kapitel gesetzt; in N 62 findet sich jedenfalls keine gegenteilige Bestimmung.*

Q 23, 32　Super eodem pro perpetuis provisoribus fabrice.

Iud. Dilectorum filiorum . . perpetuorum provisorum fabrice ecclesie Constantien.[1] administrationem habentium bonorum ipsius fabrice ab aliis bonis ipsius ecclesie distinctorum precibus inclinati presentium tibi auctori-
5　tate mandamus, quatinus ea, que de bonis ad fabricam ipsius ecclesie spectantibus alienata inveneris illicite vel distracta, ad ius et proprietatem eiusdem fabrice legitime revocare procures, contradictores *etc.*[2]

Q 23, 33　Super eodem pro persona personatus.

Iud. Dilecti filii . . de . . persone personatus ecclesie de . . Avinionen.[3] diocesis precibus inclinati presentium tibi auctoritate mandamus, quatinus ea, que de bonis ad personatum suum ipsius ecclesie spectantibus alienata
5　*etc.*, ad ius et proprietatem eiusdem personatus *etc.*[4]

Q 23, 34　Super eodem pro collegio clericorum . . ecclesie.

Iud. Dilectorum filiorum . . collegii clericorum ecclesie sancti . . de . . . . diocesis precibus inclinati presentium tibi auctoritate mandamus, quatinus ea, que de bonis ipsius ecclesie ad dictos clericos communiter pertinentibus
A f. 61　| alienata inveneris illicite vel distracta, ad ius et proprietatem eiusdem ecclesie legitime revocare procures, contradictores *etc.*[5]

II. Fassung.

Q 23, 35　„Ea, que de bonis" in minori forma.

Et primo pro rectore.
(Text = Q 23, 24).

Q 23, 32　*P 352 f. 35'; V –; H –; S –;*
　　A 380 f. 60'.
[1] *Üb. om P.*
[2] *. . om A*
[3] *Constantien.] . . A*
[4] *presentium – 5 mandamus] etc. A*
[6] *inveneris – distracta] etc. A*
[7] *contradictores etc. om A.*

Q 23, 33　*P 353 f. 35'; V –; H –; S –;*
　　A 381 f. 60'.

[1] *Üb. om P.*
[2] *Dil. filiis P | . . 1° scr.] om P : P. A.*

Q 23, 34　*P 354 f. 35'; V –; H –; S –;*
　　A 382 f. 60'/61.
[1] *Üb. om P.*
[5] *distincta A*
[6] *procures] etc. add P | etc.] Testes
　　etc. add A.*

Q 23, 35　*C 366 f. 432 (Üb. Index f.
　　445'). Vgl. Q 23, 24.*

---

[1] *Konstanz oder Coutances.*　　[2] *Vgl. Q 23, 1 Anm. 1.*　　[3] *Avignon.*
[4] *Ergänzung nach Q 23, 24.*　　[5] *Vgl. Q 23, 1 Anm. 1.*

Q 23, 36 Super eodem pro rectore maioris portionis ecclesie.

In eodem modo pro . . de . . rectore maioris portionis ecclesie sancti Aniani de . ., que per duos, quorum unus maiorem alter vero minorem portionem eiusdem ecclesie obtinent, consuevit gubernari rectores, . . diocesis precibus inclinati *etc. usque*[1] ea, que de bonis ad ipsam maiorem portionem spectantibus alienata *etc. usque*[1] ad proprietatem eiusdem maioris portionis legitime *etc.* 5

Q 23, 37 Pro priore secularis ecclesie.

In eodem modo pro . . priore secularis ecclesie de . ., quatinus ea, que de bonis ad prioratum suum ipsius ecclesie spectantibus *etc. usque*[1] proprietatem eiusdem prioratus *etc.*[1]

Q 23, 38 „Ea, que de bonis" in maiori forma pro archiepiscopo.

Iud. Ad audientiam nostram pervenit, quod tam venerabilis frater noster . . archiepiscopus de . . quam predecessores sui, qui fuerunt pro tempore, decimas, terras, domos, vineas, grangias, piscarias, castra, casalia, prata, pascua, 5 stagna, lacus, nemora, molendina, iura, iurisdictiones et quedam alia bona ad mensam suam episcopalem spectantia datis super hoc litteris, confectis exinde publicis instrumentis, factis renuntiationibus, interpositis iuramentis et penis adiectis in gravem eiusdem mense lesionem nonnullis clericis et laicis, aliquibus eorum ad vitam, quibusdam vero ad non modicum tempus 10 et aliis perpetuo ad firmam vel sub censu annuo concesserunt, quorum aliqui dicuntur super hiis confirmationis litteras in forma communi a sede apostolica impetrasse. Quia vero nostra interest super hoc de | oportuno   *M f. 26*

Q 23, 36   *C 367 f. 432 (Üb. Index f. 445').*
[2] portionis] partis *C*
[3] portionis *C.*

Q 23, 37   *C 368 f. 432 (Üb. Index f. 445').*

Q 23, 38   *C 369 f. 432 (Üb. Index f. 445'); M 279 f. 25'/26; O 305 f. 29.*
[1] Forma Ea *MO*
[4] . . episcopus de . . *C*: archiepiscopus Neapolitan. *MO* | sui] archiepiscopi Neapolitan. *add MO*

[6] nemora] maneria *add MO*
[7] mensam] sedem *MO* | archiepiscopalem *MO* | super hoc] superioribus *C (korr.)*
[9] et penis adiectis *hinter* 8 instrumentis *C* | mense] sedis *MO*
[10] quibusdam] quibus *C*
[12] dicuntur] dinoscuntur *C* | in communi forma (forma communi *O*) a sede apostolica confirmationis litteras *MO*
[13] nostra vero *C*

---

[1] *Ergänzung jeweils nach Q 23, 24.*

remedio providere, – mandamus, quatinus ea, que de bonis ipsius mense per
15 concessiones huiusmodi alienata inveneris illicite vel distracta, non obstantibus litteris, instrumentis, renuntiationibus, iuramentis, penis et confirmationibus supradictis ad ius et proprietatem eiusdem mense legitime revocare
procures, contradictores *etc.*[1] Testes *etc.*[2]

Q 23, 39 Pro archiepiscopo et capitulo.

O f. 29' | *Iud.* Ad audientiam nostram pervenit, quod tam venerabilis frater noster
.. archiepiscopus et capitulum Bituricen.[3] quam predecessores eorum decimas, terras *etc. usque*[4] et quedam alia bona ad eosdem archiepiscopum et
5 capitulum communiter spectantibus *etc. ut supra verbis competenter mutatis.*[4]

Q 23, 40 Super eodem pro decano et capitulo.

*In eodem modo pro .. decano seu preposito et capitulo ecclesie de .. quam
predecessores eorum decimas etc. et quedam alia bona ipsius ecclesie etc. ut
supra.*[4]

Q 23, 41 Super eodem pro novo episcopo.

Iud. Significavit nobis venerabilis frater noster P. episcopus Aversan.,[5]
quod predecessores sui episcopi Aversan., qui fuerunt pro tempore *etc. ut
in forma.*[4]

---

[14] providere] ideo quod etc. *add C
(marg. einkorr.)*
[16] et *om C*
[18] Testes etc. *om O.*
Q 23, 39   *C 370 f. 432 (Üb. Index f.
445'); M 280 f. 26; O 306 f. 29/29'.*
[2] noster .. *om M*
[3] Bituricen.] Neapolitan. *MO*
[4] et 1° *om M* | bona] ecclesie Neapoli-
tan. ad eosdem etc. usque mandamus quatinus ea que de bonis ipsius
ecclesie alienata etc. ad ius et proprietatem eiusdem ecclesie etc. *(om
M) add MO*

[5] spectantibus] pertinentibus *CO* |
etc. ut supra *om C* | verbis] usque
MO.
Q 23, 40   *C 371 f. 432 (Üb. Index f.
445').*
[1] decano] canonico *C*
[2] decano] de .. canonico *C.*
Q 23, 41   *C 372 f. 432 (Üb. Index f.
445'); M 281 f. 26; O 307 f. 29'.*
[2] P. *om M* | Aversan. *aus* Aversani
korr. C : Adversan. *O*
[3] episcopi] ipsi *M* | Aversani *C* : Ad-
versan. *O.*

---

[1] *Ergänzung Q 23, 1 Anm. 1.*   [2] *Vgl. Q 23, 31 Anm. 4.*
[3] *Bourges. Als Erzbischöfe kommen in Frage: Foucaud de Rochechouart
(1330 Dezember 14–vor 1343 August 18) u. Roger le Fort (1343 August 18–vor
1368 April 2), vgl. Eubel 1, 138f.*
[4] *Ergänzung jeweils nach Q 23, 38.*
[5] *Aversa. Als Bischöfe kommen in Frage: Petrus I. (1299 August 3–vor 1309*

Q 23, 42 Super eodem pro abbate et conventu.

Iud. Ad audientiam nostram pervenit, quod tam dilecti filii .. abbas et
conventus monasterii Casinen.[1] | quam predecessores eorum decimas, terras,   *C f. 432'*
domos, possessiones, vineas *etc.*[2] et quedam alia bona ipsius monasterii *etc.*
usque[2] impetrasse dicuntur. Quia vero nostra interest lesis monasteriis sub-   5
venire, – mandamus, quatinus ea, que de bonis ipsius monasterii *etc.*[2]

Q 23, 43 Pro abbatissa et conventu.

(Text = Q 23, 8).

Q 23, 44 Pro rectore.

(Text = Q 23, 12).

Q 23, 45 Super eodem pro priore.

Iud. Ad audientiam nostram pervenit, quod tam dilectus filius .. prior
prioratus de . . . . ordinis .. diocesis *ut in precedenti usque*[3] impetrasse.
Quia vero nostra interest super hoc de oportuno remedio providere, – mandamus, quatinus ea, que de bonis ipsius prioratus per concessiones huius-   5
modi *etc.*[2]

Q 23, 42   *C 373 f. 432/432' (Üb. Index*
f. 445'); M 282 f. 26; O 308 f. 29'.
 [2] dilectus filius *O*
 [3] Cassinen. *MO*
 [4] etc. 1° *om CO*
 [5] interest] est *C.*

Q 23, 43   *C 374 f. 432' (Üb. Index f.*
445'); M 283 f. 26; O 309 f. 29'.
Vgl. Q 23, 8.

Q 23, 44   *C 375 f. 432' (Üb. Index f.*
445'); M 284 f. 26; O 310 f. 29'.
Vgl. Q 23, 12.

Q 23, 45   *C 376 f. 432' (Üb. Index f.*
445'); M 285 f. 26; O 311 f. 29'; R
320 f. 31.
 [1] Super eodem *om MO*
 [2] tam] cum *C*
 [3] .. ordinis] ordinis .. *C : om R* | ..
 diocesis] diocesis .. *R* | precedentı]
 prima *R* | impetrasse] dicuntur *add*
 R
 [4] vero *om M*
 [5] ipsius] predicti *R* | huiusmodi] in-
 veneris *add C.*

März 15) oder, was wahrscheinlicher ist, Petrus II. (1309 März 15–vor 1324
Juni 1), vgl. Eubel 1, 123.
 [1] *Benediktinerkloster Montecassino. Zur Datierung und über die in Frage*
kommenden Äbte vgl. K 225 a Anm. 1.
 [2] *Ergänzung nach Q 23, 1.*
 [3] *Ergänzung nach Q 23, 1 u. Q 23, 12.*

Q 23, 46　Super eodem pro thesaurario.

In eodem modo pro .. thesaurario Maguntin.[1] quam predecessores sui eiusdem ecclesie thesaurarii, qui fuerunt pro tempore, decimas *etc. usque* et quedam alia bona ad thesaurariam suam ipsius ecclesie spectantia *etc. ut*
5 *in proxima.*[2]

Q 23, 47　Pro cantore.

In eodem modo pro .. cantore Brundisin.[3] *etc. usque* et quedam alia bona ad cantoriam ipsam *etc.*[4]

Q 23, 48　Pro decano.

In eodem modo pro .. decano ecclesie de .. *etc. usque* et quedam alia bona ad decanatum suum ipsius ecclesie *etc.*[4]

Q 23, 49　Pro archidiacono.

In eodem modo pro .. archidiacono Parisien.[5] *in ecclesia Parisien.* quam predecessores sui archidiaconi Parisien. in eadem ecclesia, qui fuerunt pro tempore *etc. usque* et quedam alia bona ipsius archidiaconatus *etc.*[4]

Q 23, 46　*C 377 f. 432' (Üb. Index f. 445'); M 286 f. 26; O 312 f. 29'.*
[1] Super eodem *om M*
[2] ..] magistro R. de .. *M* : magistro Raymundo de Fractis *O* | Maguntin.] ecclesie Maguntin. *C* : Cusentin. *MO*
[4] suam *om M*
[5] proxima] forma *M*.
Q 23, 47　*C 378 f. 432' (Üb. Index f. 445'); M 287 f. 26; O 313 f. 29'.*
[1] *O Üb.:* Super eodem pro cantore.
[2] .. *om O* | Brundisin. *scr.*] Brundin. *C* : Acerontin. *M* : ecclesie Acerrontin. *O* | alia] usque *add O*

[3] ipsam *om M.*
Q 23, 48　*C 379 f. 432' (Üb. Index f. 445'); M 288 f. 26; O 314 f. 29'.*
[1] *Üb. om M.*
[2] .. 1° *om O* | de *om C* | etc. usque *om MO*
[3] decantum *(!) C.*
Q 23, 49　*C 380 f. 432' (Üb. Index f. 445'); M 289 f. 26; O 315 f. 29'.*
[1] *Üb. om M.*
[2] in ecclesia Parisien. *om MO*
[3] in – *Schluß*] etc. *MO*
[4] ipsi *C.*

---

[1] *Mainz.*
[2] *Ergänzung nach Q 23, 45 u. Q 23, 1.*
[3] *Brindisi.*
[4] *Ergänzung nach Q 23, 46 u. Q 23, 1.*
[5] *Paris.*

Q 23, 50 Super eodem pro abbate in ecclesia.

In eodem modo pro .. abbate de .. in ecclesia Tholosan.[1] quam predecessores sui abbates de .. in eadem ecclesia *etc. usque* bona ad abbatiam suam de .. in ipsa ecclesia spectantia *etc.* Quia vero nostra interest super hoc de oportuno remedio providere,– mandamus, quatinus ea, que de bonis   5 ipsius abbatie *etc.*[2]

Q 23, 51 Pro plebano.

In eodem modo pro .. plebano ecclesie de . . . . diocesis quam predecessores sui ipsius ecclesie plebani *etc. usque* et quedam alia bona ad plebanatum suum ipsius ecclesia spectantia *etc. usque* in gravem ipsius plebanatus lesionem. Quia vero nostra interest super hoc de oportuno reme-   5 dio providere, – mandamus, quatinus ea, que de bonis ipsius plebanatus *etc.* ad ius et proprietatem predicti plebanatus *etc. ut supra.*[2]

III. Fassung.

Q 23, 52 „Ea, que de bonis" in maiori forma.
Pro episcopo.

Iud. Ad audientiam nostram pervenit, quod tam venerabilis frater noster .. episcopus Parisien.[3] quam predecessores sui episcopi Parisien.,[3] qui

Q 23, 50   *C 381 f. 432' (Üb. Index f. 445').*

[3] *.. abbates C | .. scr.]* Lūbīs *C*

[4] *.. scr.]* Lūbīs *C.*

Q 23, 51   *C 382 f. 432' (Üb. Index f. 445').*

Q 23, 52   *D 360 f. 89 (Üb. Index f.*

8'); E 348 f. 52'/53; L 262 f. 100b; B 14 n. 1 f. 42/42'.

[1] *Incipit tractatus super Ea D*

[3] *Iud. om DL*

[4] *P. episcopus B |* Parisien. *1° om LB | predecessoris D | sui – Parisien. 2°]* inibi *B |* Parisien. *2° om L*

---

[1] *Toulouse. Ein Kloster mit dem Namen de Lumberi(i)s, das zur Domkirche gehört haben soll (so nach der Lesung in C), finde ich in der maßgeblichen Abhandlung von Dom Beaunier–J. M. Besse, Abbayes et prieurés de l'ancienne France, Bd. 4: Provices ecclésiastiques d'Alby, de Narbonne et de Toulouse (Ligugé-Paris 1911 = Archives de la France monastique 12), 269 ff., nicht. Nur ein Nonnenkloster Fabas oder Lum-Dieu in Toulouse, das dorthin transferiert wurde (das. 285), hat einen ähnlichen Namen, doch scheidet es schon als Nonnenkloster aus. Vermutlich ist der Name verderbı; eine naheliegende Emendation bietet sich nicht an.*

[2] *Ergänzung jeweils nach Q 23, 1.*

[3] *Paris. Als Bischöfe kämen in Frage: Guilelmus de Chanac (1332 August 13– 1342 November 28), Fulco de Chanac (1342 November 28–1349 Juli 25), Audoy-*

5 fuerunt pro tempore, decimas, terras, domos, vineas, possessiones, redditus, prata, pascua, nemora, molendina, iura, iurisdictiones et quedam alia
bona ad mensam suam episcopalem spectantia, datis super hoc litteris,
confectis exinde publicis instrumentis, interpositis iuramentis, factis
renuntiationibus et penis adiectis in gravem eiusdem mense lesionem non-

B f. 42' nullis clericis et laicis, | aliquibus eorum ad vitam, quibusdam vero ad
non modicum tempus et aliis perpetuo ad firmam vel sub censu annuo concesserunt, quorum aliqui dicuntur super hiis confirmationis litteras in
forma communi a sede apostolica impetrasse. Quia vero nostra interest
super hoc de oportuno remedio providere, discretioni tue per apostolica

E f. 53 scripta mandamus, quatinus ea, que | de bonis predicte mense per concessio-
nes huiusmodi alienata inveneris illicite vel distracta, non obstantibus
litteris, instrumentis, iuramentis, renuntiationibus, penis et confirmationibus supradictis ad ius et proprietatem eiusdem mense legitime revocare procures, contradictores per censuram ecclesiasticam appellatione postposita
20 compescendo. Testes autem *etc.*[1]

Q 23, 53 Super eodem pro archiepiscopo.

Iud. Ad audientiam nostram pervenit, quod tam venerabilis frater noster

---

5 fuerint *D* | tempore] episcopi nec
non capituli Valuen. *add B* | do-
mos] ortos campos *B*
6 prata *om B* | nemora] silvas *add B* |
molendina] piscarias aquarum de-
cursus iurisdictiones domos vineas
possessiones redditus prata pascua
nemora molendina *B*
7 mensam suam *durch Unterstreichen
getilgt B* | episcopalem] nec non ec-
clesie Valven. capitularem mensas
communiter *B* | hoc] h^c *D*
8 inde *B*
9 renuncciacionibus *(so stets) D* |
gravem] gravamen *D* | mense] mo-
nasterii *E*

11 vel] et *D*
12 aliqui *om L* | dicuntur *hinter* 13 com-
muni *B* | confirmacionem *v. and.
Hd. korr. B* | litteris *D*
14 discretioni − 15 scripta] etc. *B*
16 vel] et *B*
17 renuntiationibus iuramentis *D (hier
umgestellt durch Zeichen) EB*
18 ad ius *doppelt E* | legitime *doppelt E*
19 per − 20 compescendo] etc. *B*
20 autem *om B.*

Q 23, 53   *D 361 f. 89/89' (Üb. Index
f. 8'); E 349 f. 53; L 263 f. 100b;
B−.*

[1] episcopo archiepiscopo *D*

---

*nus (1349 September 11–1350 Dezember 20), Petrus de la Forêt (1350 Dezember
20–1352 Februar 8), Johannes de Meulan (1352 Februar 8–1363 November 22),
Stephanus de Paris (1363 Dezember 11–1368 September 25), vgl. Eubel 1, s. v.*
[1] *Vgl. Q 23, 31 Anm. 4.*

.. archiepiscopus | Neapolitan.[1] quam predecessores sui archiepiscopi Nea- *D f. 89'*
politan.,[1] qui fuerunt pro tempore, decimas, terras, domos, vineas, grangias, piscarias, castra, casalia, prata, pascua, stagna, lacus, nemora, molen-   5
dina, iura, iurisdictiones *etc. ut in proxima.*[2]

Q 23, 54   Super eodem pro archiepiscopo et capitulo.

Iud. Ad audientiam nostram pervenit, quod tam venerabilis frater noster
.. archiepiscopus et dilecti filii capitulum Neapolitan.[1] quam predecessores
eorum decimas, terras *etc. usque* et quedam alia bona ecclesie Neapolitan.[1]
ad eosdem archiepiscopum et capitulum communiter spectantia *etc. usque*   5
mandamus, quatinus ea, que de bonis ipsius ecclesie alienata *etc.* ad ius
et proprietatem eiusdem ecclesie *etc. usque in finem.*[2]

Q 23, 55   Super eodem pro electo.

Iud. Ad audientiam nostram pervenit, quod nonnulli episcopi Anicien.,[3]
predecessores dilecti filii G. electi Anicien.,[4] qui fuerunt pro tempore, decimas, terras *etc. usque* et quedam alia bona ad mensam episcopalem Anicien. spectantia datis *etc. usque* impetrasse dicuntur. Quia vero *etc. ut in*   5
prima usque in finem.[2]

---

[3] Neapolitan. 1° *om L* | predecessoris
   D | Neapolitan. 2° *om L*
[5] pascarias *D*
[6] in proxima] supra *D*.
Q 23, 54   *D 362 f. 89' (Üb. Index f.*
   9); E 350 f. 53; L 264 f. 100b; B–.
[1] pro – capitulo *om L* | capitulo et
   archiepiscopo *E*
[3] .. *om DL* | .. capitulum *D* | Nea-
   politan. *om L*
[4] etc. *om E* | et *om D* | Neapolitan.
   om L

[7] eiusdem *om L* | finem] etc. *add D.*
Q 23, 55   *D 363 f. 89' (Üb. Index f.*
   9); E 351 f. 53; L 265 f. 100b; B
   14 n. 2 f. 42'.
[1] Iud. *om B* | Anicien.] *om L* : .. etc.
   B
[3] G^a *L* | Anicien.] *om L* : .. *B*
[4] terras] domos vineas *add B* | usque
   – 5 usque *om B* | et *scr.*] *om DLB* :
   ad *E* | quodam *D* | Anicien. *om L*
[5] dicuntur – *Schluß*] etc. *B*
[6] finem] etc. *add D* : fine *E.*

---

[1] *Neapel. Als Erzbischöfe kommen in Frage: Bertuldus (1323 Juni 6–1325),*
Hanibaldus (1326 Mai 5–1327 Dezember 23), Johannes (1327 Dezember 23–
1358), Bertrandus (1358 Juni 4–1362 Oktober 30), Petrus (1363 Januar 9–
1365 September 5), vgl. Eubel 1, s. v.
[2] *Ergänzung nach* Q 23, 52.
[3] *Le Puy.*
[4] *Vgl.* Q 23, 21 Anm. 3. *Es handelt sich hier um dasselbe Stück mit Varianten*
in der Abkürzung der formelhaften Teile.

L f. 100c   **Q 23, 56** | Super eodem pro electo.

Iud. Significavit nobis dilectus filius .. electus Aversan.,[1] quod nonnulli episcopi Aversan., qui fuerunt pro tempore *ut in prima*[2] *usque* impetrasse. Quare dictus electus nobis humiliter supplicavit, ut providere sibi
5   super hoc paterna diligentia curaremus. Nos itaque dicti electi supplicationibus inclinati, – mandamus, quatinus ea, que de bonis *etc.*

Q 23, 57   Pro episcopo novo.

Iud. Significavit nobis venerabilis frater noster .. episcopus Gaietan.,[3]
quod nonnulli predecessores sui episcopi Gaietan., qui fuerunt pro tempore
etc. ut in prima verbis competenter mutatis.[2]

Q 23, 56   *D 364 f. 89' (Üb. Index f.*
    9); E 352 f. 53; L 266 f. 100c; B 14
    n. 3 f. 42'.

[1] *D*[2] *marg.*: Nota, quod non dicitur
predecessoris sui pro electo sed pro
episcopo. | Item super *D*

[2] Iud.] Iudex *L* : *om B* | .. electus]
einkorr. E : P. electus *B* | Aversan.]
Aversanus *E* : *om L* : .. *B*

[3] Aversan.] Aversani *E* : *om L* : .. *B* |
pro] in *L* | ut – usque] etc. *B* |
primo *L* | usque *om L* | impetrasse]
dicuntur *add B*

[4] dictus] dilectus *L* : P. *add B*

[5] diligentia] solicitudine *B* | dicti –
supplicationibus] etc. *B*

[6] de *om B.*

Q 23, 57   *D 365 f. 89' (Üb. Index f.*
    9); E 353 f. 53; L 267 f. 100c; B
    14 n. 4 f. 42'.

[1] novo episcopo *D* | novo] super
eodem *add L*

[2] Iud. *om B* | N. episcopus *EL* |
Gaietan.] *om L* : .. *B*

[3] nonnulli] non *L* | Gaietan. *om LB*

[4] ut – *Schluß om B* | verbis] vel v(er)
(!) E | competenter] tenuerunt *D* |
mutatis] etc. *add D.*

---

[1] *Aversa. Als Elekt kommt Petrus de Bolonesio in Frage, der 1309 März 15
(Regestum Clementis papae V Nr. 4217) eingesetzt wurde und 1311 Februar 26
(ebenda Nr. 6706) als Bischof erscheint. Seine Nachfolger Guilelmus (1324–26)
und Raymundus (1326–36) wurden bereits als Bischöfe nach Aversa transferiert
(Eubel 1, 123); Bartholomaeus (1336–41) ist wohl schon zu spät. Als Vorgänger kommen die Bischöfe Adam (1276–vor 1293), Landulf (1293 bis vor 1297)
und Petrus (1299–1309) in Frage, vgl. Eubel a. a. O.*

[2] *Ergänzung nach Q 23, 52.*

[3] *Gaeta. Als Bischöfe kommen in Betracht: Franciscus Gattula (1321 August
21–1340 Oktober 8), Antonius (1341 Mai 25–1348 vor November 10), Rogerius
(1348 November 10–vor 1375 April 9), vgl. Eubel 1, s. v.*

Q 23, 58 Super eodem pro monasterio in ecclesiam cathedralem erecto.

Iud. Significarunt nobis venerabilis frater noster .. episcopus et dilecti
filii .. capitulum Lucionen.,[1] quod nonnulli abbates, qui fuerunt pro tem-
pore, et conventus | olim monasterii Lucionen. ordinis ⟨sancti Benedicti⟩   *D f. 90*
tunc Pictaven.[2] diocesis, quod nuper in ecclesiam cathedralem ereximus,
decimas, terras, domos, vineas, redditus, prata, pascua, molendina, piscarias, iura, iurisdictiones, nemora, possessiones et quedam alia bona ipsius
monasterii nunc ad eosdem episcopum et capitulum communiter spectantia
datis super hoc litteris, confectis exinde publicis instrumentis, factis renun-   10
tiationibus et penis adiectis, interpositis iuramentis in gravem ipsius monasterii lesionem nonnullis clericis et laicis, aliquibus eorum ad vitam, quibusdam vero ad non modicum tempus et aliis perpetuo ad firmam vel sub
censu annuo concesserunt, quorum aliqui super | hiis confirmationis litteras   *E f. 53'*
in forma communi dicuntur a sede apostolica impetrasse. | Quare dicti ..   *B f. 43*
episcopus et capitulum nobis humiliter supplicarunt, ut providere ipsis
super hoc de oportuno remedio dignaremur. – mandamus, quatinus ea,
que de bonis *etc.*, contradictores *etc.*[3]

Q 23, 58 *D 366 f. 89'/90 (Üb. Index*
  f. 9); E 354 f. 53/53'; L 268 f. 100c;
  B 14 n. 4a f. 42'/43.
1-2 *D Üb.*: Super eodem in ecclesia
  cathedrali in monasterium de cathedrali eiecta *(!).*
3 *Iud. om B | Significavit DEB |*
  .. om D
4 *.. om DE | Lucionen. om L*
5 Lucionen. *om L | sancti Benedicti*
  scr.] .. DEB : om L

6 tunc Pictavien. *om L*
7 domos – 8 quedam] etc. ac *B*
9 capitulum] ac ecclesiam *add D*
10 exinde – 11 monasterii] etc. *B*
12 quibusdam – 15 apostolica] etc. *B*
13 vel] et *DLB*
14 litteris *DL*
15 .. *om E*
16 ut – 17 remedio] etc. *B | ipsis] eis L*
17 dignaremur] etc. *add DB*
18 contradictores etc. *om B.*

---

[1] *Luçon. Die ehemalige, 675 gegründete Benediktinerabtei wurde von Johann
XXII. am 13. August 1317 bei der Teilung der Diözese Poitiers in drei Diözesen zum Bistum erhoben, das Suffragan von Bordeaux wurde, vgl. Gallia Christiana 2, 1406 ff., die Urkunden 389–428; Gründungsurkunde das. 2, 1406 f.;
dazu vgl. Du Tressay, Histoire des moines et des évêques de Luçon, 3 Bde (Luçon
1868) u. N. Labaulère, Recherches historiques sur Luçon (Luçon 1907). Wegen
des ereximus stammt die Urkunde also von Johann XXII., terminus post quem
ist 1317 August 13. Als Bischöfe kommen in Frage: Petrus I. (Pierre de la
Veyrie) (1317 August 13–1333 November 12), vgl. Gallia Christiana 2, 1406 f.;
Eubel 1, 315, oder sein Nachfolger Reginaldus (Reginald de Thouars) (1333
November 26–1354 März 12), vgl. Gallia Christiana 2, 1408; Eubel 1, 315.*
  [2] *Poitiers.*   [3] *Ergänzung nach Q 23, 52.*

Q 23, 59   Super eodem pro abbate et conventu.

Iud. Ad audientiam nostram pervenit, quod tam dilecti filii .. abbas et
conventus monasterii Casinen.[1] ad Romanam *etc.* ordinis ⟨sancti Benedicti⟩
quam predecessores eorum decimas, terras, domos, possessiones, vineas,
5 prata, pascua, molendina, nemora, redditus, iura, iurisdictiones et quedam
alia bona ipsius monasterii datis super hoc litteris, confectis exinde publicis
instrumentis, interpositis iuramentis, factis renuntiationibus et penis adiectis in gravem eiusdem monasterii lesionem nonnullis clericis et laicis, aliquibus eorum ad vitam, quibusdam vero ad non modicum tempus et aliis
10 perpetuo ad firmam vel sub censu annuo concesserunt, quorum aliqui
litteras super hiis confirmationis in forma communi a sede apostolica impetrasse dicuntur. Quia vero nostra interest super hoc de oportuno remedio
providere, – mandamus, quatinus ea, que de bonis predicti monasterii per
concessiones huiusmodi alienata inveneris illicite vel distracta, non obstan-
L f. 100 d   tibus litteris, instrumentis, iuramentis, renuntiationibus, | penis et con-
D f. 90'   firmationibus supradictis ad ius et proprietatem prefati monasterii | legi-
time revocare procures, contradictores *etc.* Testes *etc.*[2]

Q 23, 59   *D 367 f. 90/90' u. 368 f. 90'*
(= D') (Üb. Index f. 9); E 355 f.
53'; L 269 f. 100 c/d; B 14 n. 5 f. 43.

[2] *.. om DD'*

[3] Casinen.] Cassinen. *DD'* : *om LB* |
Romanam] ecclesiam *add B* | or-
dinis – Benedicti *om B* | sancti
Benedicti *scr.*] *om DD'EL*

[4] eorum] sui *B* | decimas] bona *add*
D | terras – 11 apostolica *om B*

[5] nemora molendina *L*

[8] eiusdem] ipsorum abbatis et conventus ac *DD'* : eidem *L*

[9] vero] eorum *add D*

[11] super hiis confirmationis litteras *L*|
hiis] hoc *E*

[12] dicuntur] *vor* impetrasse *E* : dm̄
(!) L

[13] providere] etc. *add DD'B*

[14] alienata – vel] etc. *B*

[15] iuramentis – confirmationibus] etc.
B.

---

[1] *Benediktinerkloster Montecassino. Von 1322 Mai 2 bis 1367 Dezember war
Montecassino Bistum (vgl. Eubel 1, 169); da jedoch hier davon nicht die Rede
ist, stammt das Stück wahrscheinlich aus der Zeit danach. Als Abt kommt in
Betracht: Andreas (1370–1373), vgl. Scipione 179ff. u. bes. Gattula 2, 504 u.
510. Doch ist nicht auszuschließen, daß das Stück aus der Zeit vor 1322 stammt;
vgl. K 225a Anm. 1.*

[2] *Vgl. Q 23, 1 Anm. 1 u. Q 23, 31 Anm. 4.*

Q 23, 60 Super eodem pro monasterio gubernato per administratores auctoritate apostolica.

Iud. Significarunt nobis dilecti filii .. abbas monasterii sancti Mansueti
Tullen.,[1] .. prior prioratus de .. et .. archidiaconus de Portu[2] in ecclesia
Tullen., administratores monasterii de Balma ordinis sancti Benedicti [5]
Bisuntin.[3] diocesis in spiritualibus et temporalibus per sedem apostolicam
deputati, et conventus ipsius monasterii de Balma, quod tam Beatrix de
Burgundia, que olim pro abbatissa ipsius monasterii de Balma se gerebat[4]
et que per nos ab administratione predicti monasterii est suspensa, quam
ille, que in eodem monasterio precesserunt eandem, decimas, terras, domos, [10]
vineas, prata, pascua, nemora, molendina, iura, iurisdictiones et quedam
alia bona ipsius monasterii datis super hoc litteris, confectis exinde publicis

Q 23, 60 *D 369 f. 90'/91 (Üb. Index
f. 9); E 356 f. 53'; L 270 f. 100d;
B 14 n. 6 f. 43. – (Die Eigennamen
sind in der Überlieferung dieser
Formel in der Hs. Leipzig, Univer-
sitätsbibliothek Nr. 1665, f. 20'
[= F] erhalten und entsprechend
hier eingesetzt).*

[1] ministrationes *D*

[2] apostolica] a, *dahinter Rasur D*: etc.
add *L*

[3] Iud. *om B* | Significaverunt *DB* :
Significavit *E* | nobis *om L* | ..
om D | sancti – 4 Tullen.] .. *D* :
sancti Manseti Tullen. *E* : sancti
Tulen. *L* : .. et *B*

[4] .. 1° *om D* | de 1° *om B* | .. 2°]
Tulli castro et *E* | .. 3° *om DE* |

archidiaconus – ecclesia *om B* | de
Portu] *om D* : de *L*

[5] Tullen.] *om L* : Tutellen. *B* | mo-
nasterii de Balma] monasterii ..
de .. *E* | de – 6 Bisuntin.] .. *B* |
Balma *scr.*] .. *D* : Balnia *EF* :
om L | sancti Benedicti *om L*

[6] Bisuntin. *om L*

[7] ipsi *L* | Balma *scr.*] .. *DELB* :
Balnia *F* | Beatrix de Burgundia
(so F)] B. de .. *DE* : B. de *L* :
B. *B*

[8] pro] per *L* : *om B* | ipsius] dicti *B* |
de Balma *scr.*] *om D* : de .. *EL* :
.. *B* : de Balnia *F*

[9] que *om B* | monasterii predicti *E* |
monasterii .. *B*

[10] que] quem *E* : qui *B* | monasterio ..
B | easdem *D* | terras – *Schluß*] etc. *B*

[1] *Benediktinerkloster Saint-Mansuy in Toul.*

[2] *Archidiakon von S. Nicolas-du-Port bei Nancy.*

[3] *Benediktiner-Doppelkloster Baume-les-Messieurs in der Diözese Besançon
(heute Saint-Claude arr. Lons-le-Saunier, vgl. mit weiterer Literatur P. Séjourné,
Baume-le-Messieurs, in: Dict. d'hist. et de géographie ecclésiastiques 6, 1464 ff.).*

[4] *Der Streit hat in den Registern Johanns XXII. Niederschlag gefunden,
vgl. Jean XXII, Lettres communes, bearb. v. G. Mollat Nr. 27153, von 1326
Dezember 1, wo Beatrix von Burgund ebenfalls als bereits verstorben erwähnt
wird. Auch das vorliegende Stück stammt somit von Johann XXII. und dürfte
um 1326 anzusetzen sein.*

instrumentis, interpositis iuramentis, factis renuntiationibus et penis adiectis in gravem ipsius monasterii lesionem nonnullis clericis et laicis, aliqui-
bus | eorum ad vitam, quibusdam vero ad non modicum tempus et aliis
perpetuo ad firmam vel sub censu annuo concesserunt *etc. ut in proxima.*[1]

D f. 91

Q 23, 61 Super eodem pro cardinali, cui commissum est monasterium.

Iud. Significavit nobis dilectus filius noster G. sancti Nicolai in carcere
Tulliano diaconus cardinalis,[2] cui cura et administratio in spiritualibus et
5   temporalibus monasterii sancti Angeli in Formis per prepositum soliti
gubernari ordinis ⟨sancti Benedicti⟩ Capuan. diocesis auctoritate apostolica sunt commisse,[3] quod nonnulli prepositi dicti monasterii, qui fuerunt
pro tempore, et conventus eiusdem monasterii decimas, terras *etc. ut in
aliis.*[4]

---

[13] interpositis] inter^ris *(!) L*

[14] nonnullis] non *L*

[15] eorum ad vitam] in eorum vitam
D

[16] vel *scr.*] et *DEL.*

Q 23, 61   *D 370 f. 91 (Üb. Index f.
9); E 357 f. 53'; L 271 f. 100 d;
B 14 n. 7 f. 43.*

[3] *Iud. om B* | noster *om DEL* | G.]
T. *E :* tituli *add B* | Nicolai] N.

L *: om B* | in carcere Tulliano *om
B*

[4] Tulian. *L* | diaconus] presbiter *B* |
temporalibus et spiritualibus *EL*

[5] Angeli – 6 Capuan.] *. . B* | Angeli]
a *L* | Formis per *om L* | solito *L*

[6] sancti Benedicti *scr.*] *. . vor* ordinis
D : . . E : om L | Capuan. *om L*

[7] quod] quam *L* | nonnulli *om EL* |
monasterii *om B.*

---

[1] *Ergänzung nach Q 23, 59.*

[2] *Kardinaldiakon Guillelmus von S. Nicola in Carcere Tulliano.*

[3] *Klemens V. ernannte Guillelmus am 18. Dezember 1305 zum Administrator
des zum Benediktinerkloster Montecassino gehörenden Priorats S. Angelo in
Formis bei Capua (vgl. Regestum Clementis V. Nr. 978 = M. Inguanez, Regesto
di S. Angelo in Formis, Badia di Montecassino 1925, S. 221 Nr. VI; vgl. auch
Regestum Clementis V. Nr. 3360). Da Guillelmus 1319 April 9 starb (vgl. Eubel
1, 52), ist das vorliegende, bei Inguanez fehlende Schreiben vorher anzusetzen.
Als Aussteller kämen Klemens V. und Johann XXII. in Betracht, doch ist letzterer
wahrscheinlicher, da im Text der Aussteller unpersönlich von der Übergabe der
Administration spricht, während der ausstellende Papst gewöhnlich bei Bezügen
auf Handlungen von ihm selbst in der ersten Person von sich spricht. Das Stück
wäre dann (1316 August 7–1319 April 9) anzusetzen.*

[4] *Ergänzung nach Q 23, 59.*

Q 23, 62 Super eodem pro abbatissa.

Iud. Ad audientiam nostram pervenit, quod tam dilecte | in Christo filie   *E f. 54*
.. abbatissa et conventus monasterii de .. ordinis .... diocesis quam ille,
que in monasterio ipso precesserunt easdem, decimas, terras *etc. ut in aliis.*[1]

Q 23, 63 Super eodem pro rectore.

Iud. Ad audientiam nostram pervenit, quod tam dilectus filius .. rector
ecclesie de .... diocesis quam predecessores sui eiusdem ecclesie rectores,
qui fuerunt pro tempore, decimas, terras *etc. usque* impetrasse dicuntur.
Quia vero nostra interest super hoc de oportuno remedio providere, – man-   5
damus, quatinus ea, que de bonis predicte ecclesie per concessiones *etc. ut
supra.*[1]

Q 23, 64 Super eodem pro decano ecclesie, in qua olim fuit rector.

Iud. Significavit nobis dilectus filius .. decanus ecclesie de .. Burdegalen.[2] diocesis, quod nonnulli rectores eiusdem ecclesie, qui fuerunt pro
tempore, antequam eadem ecclesia in collegiatam erecta fuisset, decimas,   5
terras, domos *etc.* in gravem ipsius ecclesie lesionem *etc.* – mandamus, qua-

---

Q 23, 62 *D 371 f. f. 91 (Üb. Index f.
9); E 358 f, 53'/54; L 272 f. 100d;
B 14 n. 8 f. 43.*

[2] Iud. *om B* | audientia nostram
(nostram *korr. D*[2]) *D* | dilecte in
Christo filie *zu* dilecta in Christo
filia *korr. B*

[3] B. abbatissa *B* | ordinis .... dio-
cesis] .. ordinis diocesis *D* : .. dio-
cesis *B* | quam] quod *E*

[4] que] qui *B* | ipso monasterio *B* |
processerunt *D* | terras *om B* | ut
in aliis *om B.*

Q 23, 63 *D 372 f. 91 (Üb. Index f.
9); E 359 f. 54; L 273 f. 100d; B
14 n. 9 f. 43.*

[2] Iud. *om B* | P. rector *B*

[3] ecclesie .. de .. diocesis *D* | de ..]
de *E* : *om B* | diocesis *om L*

[4] tempore] parte *B* | usque *om B*

[5] interest – 6 quatinus] etc. *B*

Q 23, 64 *D 373 f. 91 (Üb. Index f.
9); E 360 f. 54; L 274 f. 100d; B
14 n. 10 f. 43'.*

[1] in *doppelt E*

[3] Iud. *om B* | .. 1° *om D* | de *om B* |
Burdegalen.] Burdagalen. *D* : *om
LB*

[4] fuerint *L*

[6] terras domos *om B* | grave *B* | lesio-
nem] sensionem *L*

---

[1] *Ergänzung nach Q 23, 59.*
[2] *Bordeaux.*

tinus ea, que de bonis ipsius ecclesie ad dictum decanatum spectantia per concessiones *etc. usque* contradictores *etc.* Testes *etc.*[1]

Q 23, 65   Super eodem pro priore.

In eodem modo pro . . priore prioratus de . . ordinis . . . . diocesis ut in proxima[1] *usque* impetrasse dicuntur. Quia vero nostra interest super hoc de oportuno remedio providere, – mandamus, quatinus ea, que de bonis *D f. 91'*   predicti | prioratus per concessiones huiusmodi *etc. ut in alia.*[2]

Q 23, 66   Super eodem pro thesaurario.

L f. 101a | *In eodem modo pro . . thesaurario ecclesie . . . . diocesis* quam predecessores sui eiusdem ecclesie thesaurarii, qui fuerunt pro tempore, decimas, terras, domos *etc. usque* et quedam alia bona ad thesaurariam ipsius ecclesie 5   spectantia datis super hoc litteris *etc. usque* impetrasse dicuntur. Quia vero *etc. usque in finem.*[2]

Q 23, 67   Super eodem pro cantore.

In eodem modo pro . . cantore ecclesie . . . . diocesis etc. usque et quedam alia bona ad cantoriam suam ipsius ecclesie spectantia *etc.*[2]

---

[7] ea – bonis] etc. *B* | ad dictum *om L* | dictum] ipsius *B* | per concessiones] huiusmodi *add L* : *om B*

[8] usque] in finem (fine *E*) *add EL* : *om B* | Testes etc. *om B* | etc. 3° *om DL.*

Q 23, 65   *D 374 f. 91/91' (Üb. Index f. 9); E 361 f. 54; L 275 f. 100d; B–.*

[2] . . 1° *om DE* | de *om L* | ordinis . .] ordinis *D* : . . ordinis *E.*

Q 23, 66   *D 375 f. 91' (Üb. Index f. 9); E 362 f. 54; L 276 f. 100d/101a; B 14 n. 11 f. 43'.*

[2] In – diocesis] Significavit nobis di-

lectus filius G. thesaurarius ecclesie . . *B* | . . 1° *om DE* | thesauro *L* | . . 2° *u.* 3° *om D* | quam] quod *E B*

[4] domos *om B* | usque *om B* | et *om LB* | thesaurariam] ipsam *add EL*

[5] usque *om B* | vero] nostra interest *add B*

[6] usque in finem *om B* | fine *EL.*

Q 23, 67   *D 376 f. 91' (Üb. Index f. 9); E 363 f. 54; L 277 f. 101a; B–.*

[1] pro] de *D*

[2] In] Iud. *D* | . . 1° *om DE* | . . 2° *u.* 3° *om D*

[3] etc. *om L.*

---

[1] *Vgl. Q 23, 1 Anm. 1 u. Q 23, 31 Anm. 4.*
[2] *Ergänzung jeweils nach Q 23, 64 u. Q 23, 59.*

Q 23, 68   Super eodem pro decano.

In eodem modo pro .. decano ecclesie .. etc. usque et quedam alia bona ad decanatum suum ipsius ecclesie *etc.*[1]

Q 23, 69   Super eodem pro archidiacono.

In eodem modo pro .. archidiacono ecclesie Remen.[2] *usque* et quedam alia bona ad archidiaconatum suum ipsius ecclesie spectantia *etc.* ea, que de bonis ipsius archidiaconatus *etc.* ad ius et proprietatem ipsius archidiaconatus *etc.*[1]

5

Q 23, 70   Super eodem pro archidiacono de Belvaco[3] in ecclesia Belvacen.

In eodem modo pro .. archidiacono de Belvaco in ecclesia Belvacen. usque et quedam alia bona ad archidiaconatum suum de Belvaco in eadem ecclesia spectantia *etc.* ea, que de bonis ipsius archidiaconatus *etc.*[1]

5

Q 23, 71   Super eodem pro decano et capitulo.

In eodem modo pro decano et capitulo, quod tam dilecti filii .. decanus et capitulum ecclesie .. quam predecessores eorum decimas *etc. usque* et quedam alia bona ipsius ecclesie *etc.*[4]

Q 23, 68   *D 377 f. 91' (Üb. Index f. 9); E 364 f. 54; L 278 f. 101a; B–.*
[1] Super eodem *om D*
[2] pro .. *om D* | .. 1° *om E* | .. 2° *om DE* | bona alia *DL*
[3] ipsi *L.*

Q 23, 69   *D 378 f. 91' (Üb. Index f. 9); E 365 f. 54; L 279 f. 101a (mit Q 23, 70 zusammengeflossen); B–.*
[2] In] Iud. *D* | .. *om DE* | et] ad *L*
[3] bona *einkorr. E* | ipsius – *Q 23, 70 Z. 4* suum *om L*
[4] archidiaconatus 1°] archid; *D* | archidiaconatus 2°] archidicoñ *D.*

Q 23, 70   *D 379 f. 91' (Üb. Index f. 9); E 366 f. 54; L 279a f. 101a (mit*

Q 23, 69 zusammengeflossen); B–.
[1] Super – 4 suum *om L*
[3] .. *om D* | archidiacono *om E*
[4] Belvaco *om L*
[5] ea que] eaque *L* | archidiacoñ; *L.*

Q 23, 71   *D 380 f. 91' (Üb. Index f. 9); E 367 f. 54; L 280 f. 101a; B 14 n. 11a f. 43'.*
[1] Super eodem *om EL*
[2] In – capitulo] Significarunt nobis dilecti filii G. decanus et capitulum ecclesie .. *B* | In] Iud. *D* | dilecti – 3 ecclesie] ipsi *B* | .. *om D*
[3] .. *om D* | eorum] sui *B* | usque – *Schluß om B* | et 2°] ad *EL*
[4] etc. *om D.*

---

[1] *Ergänzung nach Q 23, 59.*   [2] *Reims.*   [3] *Beauvais.*
[4] *Ergänzung nach Q 23, 52.*

Q 23, 72 Super eodem pro canonico.

Et nota, quod semper in canonico et perpetuo capellano debet dari cognomen.[1]
Iud. Ad audientiam nostram pervenit, quod tam dilectus filius G. de . .
canonicus ecclesie Laudunen.[2] quam predecessores sui eiusdem ecclesie
5 canonici, qui prebendam, quam ipse in eadem ecclesia obtinet, tenuerunt
pro tempore, decimas, terras, domos *etc. usque* et quedam alia bona ad dictam prebendam spectantia datis *etc. ut in aliis usque* impetrasse dicuntur.
Qui vero *etc. usque ad* ea, que de bonis ad dictam prebendam spectantibus
etc. ut in forma.[3]

Q 23, 73 Pro perpetuo capellano.

D f. 92
E f. 54'
| *In eodem modo pro Martino Iohannis perpetuo capellano in ecclesia . .*
quam predecessores sui perpetui capellani, qui perpetuam capellaniam,
quam ipse in eadem ecclesia obtinet, tenuerunt pro tempore, decimas *etc.*
5 *usque* et quedam alia bona ad capellaniam ipsam spectantia datis *etc.* ea,
que de bonis ipsius capellanie per concessiones huiusmodi *etc.*[3]

Q 23, 74 Pro archipresbitero.

Iud. Ad audientiam nostram pervenit, quod tam dilectus filius . . archi-

---

Q 23, 72 *D 381 f. 91' (Üb. Index f.*
9); E 368 f. 54; L 281 f. 101a; B
14 n. 12 f. 43'.
[1] *D Üb. zu der von Q 23, 71 gezogen:*
Pro canonico et ibi nota.
[2] *Et – cognomen om B | Et 1° om D |*
dari] addi E
[3] *Iud.]* Item *D : om B* | G. de . .]
H. hol *B*
[4] *Laudunen.] om L : . . B*
[5] *ipse] ipsi L : Henricus add B*
[6] *domos om B | usque – bona om*
B
[7] *datis – 8 spectantibus om B | datis –*
9 etc. om D
[8] *ad om L*
[9] *ut in forma om B | forma] etc. add*
D.
Q 23, 73 *D 382 f. 92 (Üb. Index f.*
9); E 367 f. 54/54'; L 282 f. 101a;
B 14 n. 13 f. 43'.

[1] *cappellano D*
[2] *In – ecclesia . .]* Ad audientiam
nostram pervenit quod tam dilectus filius P. perpetuus cappellanus
B | Martino Iohannis] M. Io. *L* |
. . *om D*
[3] *predecessores – 4 quam om B |* ca-
pellaniam] capellam *D :* ipsam *add*
E
[4] *ipse] Petrus add B*
[5] *usque – bona om B*
[5] *cappllam (!) D :* cappellaniam *L*
| *datis – 6 huiusmodi om B*
[6] *capelle D | per]* quod *(?) L |* etc.]
ut in aliis *add B.*
Q 23, 74 *D 383 f. 92 (Üb. Index f.*
9); E 370 f. 54'; L 283 f. 101a; B
14 n. 14 f. 43'.
[1] *Üb. om L*
[2] *Iud.]* Item *D : om B | . .] om D :*
P. *B*

---

[1] *Vgl. N 8.*   [2] *Laon.*   [3] *Ergänzung nach Q 23, 52.*

presbiter ecclesie de . . quam predecessores sui eiusdem ecclesie archipresbiteri, qui fuerunt pro tempore, decimas, terras, domos, possessiones *etc.*
et quedam alia bona ad archipresbiteratum suum ipsius ecclesie et ad   5
quasdam ecclesias . . diocesis eidem archipresbiteratui canonice annexas
spectantia datis super hoc litteris *etc. usque* in gravem eorundem archipresbiteratus et ecclesiarum annexarum lesionem nonnullis clericis et laicis
etc. usque ea, que de bonis ipsorum archipresbiteratus et ecclesiarum per
concessiones *etc.* ad proprietatem predictorum archipresbiteratus et eccle-   10
siarum legitime revocare procures, contradictores *etc.*[1]

Q 23, 75   Pro plebano plebis.

| *Iud.* Ad audientiam nostram pervenit, quod tam dilectus filius . . pleba-   *B f. 44*
nus plebis de . . . . diocesis quam predecessores sui eiusdem plebis plebani,
qui fuerunt *etc.* ad plebanatum suum ipsius plebis spectantia *etc.* in gravem
eiusdem plebanatus *etc. usque* ea, que de bonis dicti plebanatus *etc.*[1]   5

Q 23, 76   Super eodem pro abbate et conventu.[2]

| *Iud.* Ad audientiam nostram pervenit, quod tam dilecti filii . . abbas et   *L f. 101b*
conventus monasterii . . nec non . . priores, conventus et monachi monaste-

---

³ de *om B* | eidem *L*
⁴ terras – 5 bona *om B* | possessiones
   om D | etc.] m(aneria) ne(mora)
   mo(lendina) red(ditus) pra(ta) pa(s-
   cua) pi(scarias) iur(a) *E*
⁵ archipresbiterum *E* | suum] *om D* :
   sui *L* | ecclesie] spectantia etc. *add*
   L | et 2° – 6 annexas *om B*
⁶ . . *om DE*
⁷ datis – litteris *om B* | hoc *om L* |
   usque *om B* | grave *B*
⁸ et 1° *om E* | ecclesiarum annexa-
   rum] ecclesie *B*
⁹ usque *om B* | ea *om L* | et *om E* |
   ecclesie *B* | per concessiones *om E* |
   per *om L*
¹⁰ ad – ecclesiarum *om B*
¹¹ legittime *DL* | contradictores etc.
   om D.

Q 23, 75   *D 384 f. 92 (Üb. Index f.
   9); E 371 f. 54;' L 284 f. 101a; B
   14 n. 15 f. 44.*
² Iud.] Iu. *D* : *om B* | . .] G. *B*
³ plebis . . de . . diocesis . . *E* | de . .
   om B | eidem *L*
⁴ fuerunt] pro tempore decimas *add*
   B | ipsius plebis *om B* | ipsi *L*
⁵ eiusdem] eidem *L* : ipsius *B* | ple-
   banatus 1°] lesionem *add B* | usque
   om B | dicti] ipsius *B.*
Q 23, 76   *D 385 f. 92 (Üb. Index f.
   9); E 372 f. 54'; L 285 f. 101a/b;
   B 14 n. 16 f. 44.*
¹ *EL Üb.*: Ista non est in usu modo.
² Iud. *om B* | nostram pervenit] etc.
   L | pervenit] etc. *D* : etc. *add E*
³ . . 1° *om D* | nec non] etc. *E* : etc.
   nec non *L* | . . 2° *om DE* | priores]

---

¹ *Ergänzung nach Q 23, 52.*
² *Die Handschriften EL (vgl. die Varianten) zeigen, daß diese Formel nicht
   mehr in Gebrauch war, sondern sinnlos aus einer älteren Vorlage übernommen wurde.*

riorum, prioratuum et membrorum ordinis . . eidem monasterio pleno iure
subiectorum quam predecessores eorum decimas *etc. usque* et quedam alia
bona ipsorum monasterii, prioratuum et membrorum *etc.* – mandamus,
quatinus ea, que de bonis ipsorum monasterii, prioratuum et membrorum
etc.[1]

Q 23, 77   Pro abbate et conventu regularibus et capitulo seculari.

Dilectorum filiorum . . abbatis et conventus ac capituli monasterii Neriton.[2] ad Romanam ecclesiam *etc.* ordinis ⟨sancti Benedicti Ydrontin⟩.[3] dio-

prior *D* : et *add B* | conventus] canonicus *E* : monasterii . . *add B* | et] ac *B* | monasteriorum] moñ *D* : moñ . . *B*

[4] prioratuum] prioratum *L* : *om B* | membrorum] eius *add B* | ordinis . . *om B* | eidem – iure] eiusdem monasterii plena *(!)* iure *E*

[5] etc. *om DE*

[6] moñ *DE* | prioratum *L* | mandamus *om E*

[7] moñ *DE* | prioratum *L*.

Q 23, 77   *D 386 f. 92/92' (Üb. Index f. 9); E 373 f. 54'; L 286 f. 101b; B–.*

[1] regulari *DL*

[3] abbas *EL* | ac] et *E* | Neriton. *om L*

[4] ecclesiam *om EL* | ordinis – diocesis scr.] diocesis ordinis . . *D* : . . diocesis . . ordinis *E* : ordinis diocesis *L*

[1] *Ergänzung nach Q 23, 52.*

[2] *Nardò sw. von Lecce. Das Kloster war unmittelbar dem hl. Stuhl unterstellt, vgl. Liber censuum, ed. Fabre-Duchesne, 1, 29a u. 243b; 2, 111b u. 180. Über die eigenartige Zusammensetzung der Insassen aus Kanonikern und Mönchen, wegen der es unter Honorius III. zu einem Prozeß an der Kurie kam, vgl. eingehend W. Holtzmann, Aus der Geschichte von Nardò in der normannischen und staufischen Zeit, in: Nachrichten d. Akad. d. Wiss. in Göttingen I. phil.-hist. Kl. 1961 Nr. 3, 35ff. bes. 50 Anm. 2, u. Kehr, Italia pontificia 9, 413ff.*

[3] *Die Zugehörigkeit von Nardò war zwischen Otranto und Gallipoli umstritten (vgl. Holtzmann 47f.). In der hier in Frage kommenden Zeit jedoch wird der Ort überwiegend der Diözese Otranto zugerechnet, vgl. Jean XXII, Lettres communes, bearb. v. G. Mollat Nr. 9751 u. 43365 (im Register teilweise falsch gedeutet). Klemens VII. erhob 1387 die Abtei zum Bistum, was aber 1401 Bonifaz IX. rückgängig machte, vgl. Holtzmann 81 Nr. 11 u. Kehr, Italia pontificia 9, 414. Da von einem Bistum hier nicht die Rede ist, stammt das Stück aus der Zeit vor 1387; Aussteller ist vermutlich wie bei Q 23, 61 Johann XXII. Von der Urkunde fehlt in der Empfängerüberlieferung jede Spur; diese bei M. Pastore, Le pergamene della curia e del capitolo di Nardò, in: Studi Salentini 9 (1960), 23ff. Vermutlich bezieht es sich auf den bekannten, seit der zweiten Hälfte des 12. Jahrhunderts zu verfolgenden Zehntstreit zwischen dem Abt von Nardò und dem Bischof von Gallipoli, vgl. Holtzmann 44ff.*

cesis, in quo monasterio conventus monachorum dicti ordinis et | capitulum   *D f. 92'*
canonicorum secularium ab antiquo instituta fore noscuntur,[1] precibus *etc.*
ea, que de bonis ipsius monasterii ad eosdem abbatem et conventum ac
capitulum communiter spectantibus *etc.* alienata *etc.*[2]

Q 23, 78 Pro foridecano.

Iud. Ad audientiam nostram pervenit, quod tam dilectus filius .. foridecanus in ecclesia .. Claromonten.[3] diocesis quam predecessores sui ipsius
ecclesie foridecani, qui fuerunt pro tempore, *etc. usque* et quedam alia bona
ad foridecanatum suum ipsius ecclesie, qui quidem foridecanatus in ecclesia   5
ipsa officium esse dinoscitur, spectantia datis super hoc litteris, confectis
exinde publicis instrumentis *etc. usque in finem.*[2]

Q 23, 79 Super eodem pro presbitero cardinali.

Iud. Significavit nobis dilectus filius noster .. tituli sancte .. presbiter
cardinalis, cui de prioratu de .. ordinis .... diocesis est apostolica auctoritate provisum, quod nonnulli priores dicti prioratus, qui fuerunt pro tempore, decimas *etc. ut in aliis.*[2]   5

---

[5] moñ et conventus *E*

[6] canonicorum *om D*

[8] spectantibus etc. *om EL* | etc. 2°
om L.

Q 23, 78 *D 387 f. 92' (Üb. Index f.
9); E 374 f. 54'; L 287 f. 101b; B
14 n. 17 f. 44.*

[1] *Üb. om L.* | foredecano *(!) E*

[2] Iud. *om ELB* | filius] de *add D* |
..] P. *B*

[3] Claromonten. *om LB*

[4] frodicani *(!) L* | etc. – bona *om B*

[5] foridecanatum suum] foridecanum
suum *D* : for(is)decanatum suum
ipsius *EB* : frodi^cum *(!)* suum
ipsius *L* | qui quidem] quitquidem

(!) B | foridecanatus] frodicatus
(!) L | ipsa ecclesia *B*

[6] esse] fore *B* | dignoscitur *E* | datis –
Schluß] etc. *B* | confectis – instru-
mentis *om D*

[7] publicatis *E* | fine *EL.*

Q 23, 79 *D 388 f. 92' (Üb. Index f.
9); E 375 f. 54'; L 288 f. 101b;
B 14 n. 18 f. 44.*

[1] *Üb. om EL.*

[2] Iud. *om B* | noster *om B* | sancti
EB

[3] .. de .. *E* | .. 2° u. 3° *om D* | .. 3°
om B | auctoritate apostolica *B*

[4] dicti *om D*

[5] ut in aliis *om B.*

---

[1] *Vgl. S. 616 Anm. 2.*

[2] *Ergänzung nach Q 23, 52.*

[3] *Clermont-Ferrand.*

Q 23, 80 Pro ecclesia, que de monasterio erecta fuit in cathedralem.

Iud. Ad audientiam nostram pervenit, quod tam venerabilis frater noster
⟨A.⟩ episcopus Tutellen. olim abbas quondam monasterii ⟨sancti Martini⟩
5 Tutellen.[1] ordinis ⟨sancti Benedicti⟩ tunc infra Lemovicen.[2] diocesis terminos
constituti, cuius ecclesiam ex certis causis legitimis in cathedralem ereximus dictumque ⟨A.⟩ ibi prefecimus in episcopum et pastorem,[3] quam predecessores sui abbates dicti monasterii, qui pro tempore fuerunt, decimas *etc.*
usque et quedam alia bona ad episcopalem, tunc ad abbatum dicti monaste-
E f. 55 rii, qui fuerunt pro tempore, | mensam spectantia, cuius quidem mense abbatis bona a bonis olim conventus eiusdem monasterii omnino discreta existe-
B f. 44' bant, datis *etc. usque* in | gravem ipsius mense *etc. usque* impetrasse. Quia
vero *etc.* ea, que de bonis dicte episcopalis mense *etc.* ad ius et proprietatem
eiusdem episcopalis mense legitime revocare procures, contradictores *etc.*[4]

Q 23, 80   *D 389 f. 92' (Üb. Index f.
9); E 376 f. 54'/55; L 289 f. 101b;
B 14 n. 19 f. 44/44'.*
[1-2] *Üb. om EL.*
[3] Iud. *om B*
[4] A *scr.*] P. *DEL* : . . *B* | Tutellen.
1°] Tullen. *D* : *om L* | sancti Martini
scr.] *om DELB*
[5] Tutellen. *om L* | ordinis sancti Benedicti *scr.*] ordinis . . *DB* : . . ordinis
E : ordinis *L* | tunc *om D* | Lemovicen. *om L*
[6] constituti] *om E* : constitute *B* |
causis] casibus *L* : *hinter* legitimis
B | legittimis *D*

[7] dictumque *v. and. Hd. einkorr. statt
getilgtem* quia *B* | A. *scr.*] P. *DELB* |
ibi *om B*
[8] dicti monasterii *om E* | pro – 10
qui *om B*
[9] et] ad *L* | ad abbatum *scr.*] abbatis
D | ad abbatis *EL*
[10] fuerant *L* | cuius] cui *L* | quidam *B*
[11] discreta] distincta *E* : distracta *L* |
existabant *(!) B*
[12] usque 1° *om B* | usque 2° *om B*
[13] vero] nostra interest *add B* | dicte]
eiusdem *EL*
[14] legittime *D.*

---

[1] *Tulle. Das Kloster S. Martin in Tulle wurde 1317 Juni 26 von Johann XXII.
zum Bistum erhoben, wobei der bisherige Abt, Arnaud de Saint-Astier, Bischof
wurde, vgl. Eubel 1, 505 u. Gallia Christiana 2, 667. Die Gründungsurkunde von
1317 August 13 in Gallia Christiana 2, Instr. 210, Vgl. auch Dom Beaunier-
J. M. Besse, Abbayes et prieurés de l'ancienne France, Bd. 5: Province ecclésiastique de Bourges (Ligugé-Paris 1912 = Archives de la France monastique
14), 291ff.; J. B. Poulbrière, Histoire du diocèse de Tulle (Tulle 1886). Das
vorliegende Stück fehlt bei J. B. Champeval, Cartulaire de l'abbaye St.-Martin
de Tulle, in: Bulletin de la société d'histoire et d'archéologie du Corrèze 9–19
und Separatausgabe, die ich benutzte, Brive 1899.*   [2] *Limoges.*
[3] *Vgl. Anm. 1. Aussteller ist mithin Johann XXII. Der Brief ist damit
(1317 Juni 26–1333 vor September 10) zu datieren.*   [4] *Ergänzung nach Q 23, 52.*

Q 23, 81 Tractatus „Ea, que de bonis" in minori forma.
Pro episcopo.

Iud. Venerabilis fratris nostri .. episcopi Parisien.[1] precibus inclinati
presentium tibi auctoritate mandamus, quatinus ea, que de bonis ad men-
sam suam episcopalem spectantibus alienata inveneris illicite | vel distracta,   *D f. 93*
ad ius et proprietatem eiusdem mense legitime revocare procures, contradictores *etc.* Testes *etc.*[2]

Q 23, 82 Super eodem pro abbate et conventu.

| *In eodem modo* : Dilectorum filiorum .. abbatis et conventus monasterii   *L f. 101c*
Casinen.[3] ad Romanam ecclesiam *etc.* ordinis ⟨sancti Benedicti⟩ precibus
inclinati – mandamus, quatinus ea, que de bonis ipsius monasterii *etc.* ad
ius et proprietatem eiusdem monasterii *etc.*[2]   5

Q 23, 83 Super eodem pro abbatissa et conventu.

In eodem modo pro ⟨. .⟩ *abbatissa et conventu monasterii* .. ea, que de bonis
ipsius monasterii *etc.*[2]

Q 23, 84 Super eodem pro magistra et conventu.

In eodem modo pro .. *magistra et conventu monasterii* .. per magistram
soliti gubernari ordinis . . . . diocesis *etc.* ea, que de bonis *etc.*[2]

Q 23, 81   *D 390 f. 92'/93 (Üb. Index
f. 9); E 377 f. 55; L 290 f. 101b;
B 15 n. 1 f. 44'.*
[3] Iud.] *om D* : Iudex *B* | .. *om E* |
Parisien. *om L*
[4] auctoritate] auctore .. *B*
[5] spectantia *E* | alienata] fore *add B*
[6] mense *om L* | legitime] legittime *D* :
om E
[7] Testes etc. *om EL.*

Q 23, 82   *D 391 f. 93 (Üb. Index f.
9); E 378 f. 55; L 291 f. 101b/c; B–.*
[3] Casinen. *om L* | sancti Benedicti
scr.] *om DL* : .. *E*

[4] ipsi *L.*

Q 23, 83   *D 392 f. 93 (Üb. Index f.
9); E 379 f. 55; L 292 f. 101c; B–.*
[1] et conventu *om D*
[2] In] Iud. *D* | .. 1° scr.] *om DEL* |
.. 2° *om DL.*

Q 23, 84   *D 393 f. 93 (Üb. Index f.
9); E 380 f. 55; L 293 f. 101c;
B–.*
[1] magistro *D* | conventu] canonica *E*
[2] .. 1° *om DE* | .. 2° *om D*
[3] ordinis . . . . diocesis] *om D* : ordinis .. diocesis .. *EL.*

---

[1] *Paris. Als Bischöfe kommen in Frage die S. 603 Anm. 3 aufgeführten.*
[2] *Ergänzung nach Q 23, 52.*
[3] *Benediktinerkloster Montecassino; vgl. Q 23, 59 Anm. 1.*

Q 23, 85 Pro rectore.

In eodem modo pro . . rectore ecclesie . . . . diocesis : precibus inclinati *etc.* mandamus, quatinus ea, que de bonis ipsius ecclesie *etc.*[1]

Q 23, 86 Pro cantore.

In eodem modo pro . . cantore ecclesie . . . . diocesis : ea, que de bonis ad cantoriam suam ipsius ecclesie *etc.*[1]

Q 23, 87 Pro primicerio.

In eodem modo pro . . primicerio : ea, que de bonis ad primiceriatum suum ipsius ecclesie *etc.*[1]

Q 23, 88 Pro preposito.

In eodem modo pro . . preposito ecclesie . . . . diocesis : ea, que de bonis ad preposituram suam ipsius ecclesie *etc.*[1]

Q 23, 89 Pro priore prioratus.

In eodem modo pro . . priore prioratus . . ordinis . . . . diocesis : ea, que de bonis ipsius prioratus *etc.*[1]

Q 23, 90 Super eodem pro decano.

In eodem modo pro . . decano ecclesie . . : ad decanatum suum ipsius ecclesie *etc.*[1]

Q 23, 85 *D 394 f. 93 (Üb. Index f. 9); E 381 f. 55; L 295 f. 101c; B–.*
[2] *. . 1° om DE | . . 2° u. 3° om D*
[3] *ipsius ecclesie om D | ipsi L.*
Q 23, 86 *D 395 f. 93 (Üb. Index f. 9'); E 382 f. 55; L 294 f. 101c; B –.*
[2] *. . 1° u. 2° om DE | . . 3° om D*
[3] *cancariam (!) L | suam om D.*
Q 23, 87 *D 396 f. 93 (Üb. Index f. 9'); E 383 f. 55; L 296 f. 101c; B –.*
[2] *. . om DE | primicerio] ecclesie . . add E : ecclesie add L | primiciatum (!) D : primice*[tum] *L.*
Q 23, 88 *D 397 f. 93 (Üb. Index f. 9'); E 384 f. 55; L 297 f. 101c; B –.*

[2] *. . 1° u. 2° om DE | . . 3° om D*
[3] *ipsi L.*
Q 23, 89 *D 398 f. 93 (Üb. Index f. 9'); E 385 f. 55; L 298 f. 101c; B –.*
[1] *priore marg. rot einkorr. E*
[2] *In] Iud. D | . . 1° om DEL | . . 2°, 3° u. 4° om D | ordinis . . . . diocesis] ecclesie . . diocesis E*
[3] *ipsius prioratus] ad prioratum suum ipsius ecclesie E | ipsi L.*
Q 23, 90 *D 399 f. 93 (Üb. Index f. 9'); E 386 f. 55; L 299 f. 101c; B –.*
[1] *Super eodem om D*
[2] *. . 1° u. 2° om DEL | suum einkorr. L.*

---

[1] *Ergänzung nach Q 23, 52.*

Q 23, 91 Super eodem pro canonico.

In eodem modo pro . . canonico ecclesie Laudunen.[1] : ea, que de bonis ad prebendam suam ipsius ecclesie *etc.*[2]

Q 23, 92 Pro perpetuo capellano.

In eodem modo pro . . perpetuo capellano capelle de . . . . diocesis : ea, que de bonis ad perpetuam capellaniam suam *etc.*[2]

Q 23, 93 Pro clericis chori.

| *In eodem modo pro . . clericis chori ecclesie Leonen.*[3] : ea, que de bonis ad   *D f. 93'*
perpetua beneficia eiusdem chori ad eosdem clericos communiter *etc.*[2]

Q 23, 94 Pro perpetuo capellano altaris.

Iud. Dilecti filii P. de . . secularis perpetui capellani altaris sancti Iohannis in monasterio sancti Petri Parisien.,[4] in quo plures seculares perpetui capellani obtinentes perpetuas capellanias ibidem existunt, precibus *etc.* ea, que de bonis ad perpetuam capellaniam ipsius altaris spectantibus   5
etc.[2]

Q 23, 91 *D 400 f. 93 (Üb. Index f. 9'); E 387 f. 55; L 300 f. 101c; B –.*
[2] *. . om DEL* | Laudunen. *om EL.*

Q 23, 92 *D 401 f. 93 (Üb. Index f. 9'); E 388 f. 55; L 301 f. 101c; B –.*
[1] cappellano *D*
[2] In] Iud. *D* | . . 1° *om DEL* | cappellano *D* : capĺlo *doppelt L* | capelle *om D* | . . diocesis] diocesis . . *E*
[3] cappellam *D.*

Q 23, 93 *D 402 f. 93' (Üb. Index f. 9'); E 389 f. 55; L 302 f. 101c; B 15 n. 3 f. 44'.*
[1] clericis] electis *D*
[2] In] Iud. *D* : *om B* | pro] per *B* | . . *om DEL* | cori *einkorr. E* | Leonen.] Lemovicen. *E* : *om L*
[3] communiter] spectantibus *add B.*

Q 23, 94 *D 403 f. 93' (Üb. Index f. 9'); E 390 f. 55; L 303 f. 101c; B 15 n. 2 f. 44'.*
[1] *EL Üb.*: Attende ad istam. | cappellano *D*
[2] Iud. *om B* | de . . secularis *om B* | . . *om D* | cappellani *DB* | altaris] ad altare *B* | Iohannis] Io. *L* : . . *B*
[3] in – Parisien.] situm in ecclesia . . diocesis *B* | Petri] P. *L* | qua *B*
[4] capellani] cappellani *DB* : capeĺli *L* | cappellanias *DB* | precibus] *doppelt E* : inclinati *B*
[5] etc.] mandamus quatinus *add B* | cappellaniam *D* : cappellaniam suam *EB* : capllᵃᵐ *(!) L* | ipsi *L* | altaris] ecclesie *B* | spectantia *DEL* : spectañ *B.*

---

[1] *Laon.*   [2] *Ergänzung nach Q 23, 52.*   [3] *León. (Spanien).*
[4] *Benediktinerkloster Saint-Pierre oder Saint-Merry in Paris.*

Q 23, 95   Pro diversis rectoribus.

Dilectorum filiorum . . universorum rectorum parrochialium ecclesiarum Avinionen.[1] precibus inclinati – mandamus, quatinus ea, que de bonis ipsarum ecclesiarum ad dictos rectores communiter spectantibus alienata *etc.*
5   ad ius et proprietatem dictarum ecclesiarum *etc. usque in finem.*[2]

Q 23, 96   Pro pluribus capellanis.

Dilectorum filiorum . . perpetuorum capellanorum ecclesie de . . . . diocesis *etc.* ea, que de bonis ipsius ecclesie ad perpetuas capellanias communi-
E f. 55'   ter *etc.* ad ius et proprietatem earundem | capellaniarum *etc.*[2]

Q 23, 97   Pro maiori portionario ecclesie, que per duos gubernatur rectores.

Iud. Dilecti filii N. rectoris maioris portionis ecclesie de . . per duos, quorum unus maiorem, alter vero minorem portiones dicte ecclesie obtinere
5   noscuntur, solite gubernari rectores Baionen.[3] diocesis precibus inclinati presentium tibi auctoritate mandamus, quatinus ea, que de bonis ad dictam
L f. 101d   maiorem portionem suam ipsius ecclesie spectantibus alienata in|veneris

---

Q 23, 95   *D 404 f. 93' (Üb. Index f. 9'); E 391 f. 55; L 304 f. 101c; B 15 n. 4 f. 44'.*
  [2] . . *om DE* | universorum] perpetuorum *add L*
  [3] Avinionen.] *Avinion. E : om L :* . . diocesis *B* | inclinati] etc. *add B* | ipsarum ecclesiarum] etc. *B*
  [4] dictos] eosdem *B* | spectantia *E*
  [5] ad – *Schluß om B* | ius et *om DE* | finem] etc. *add D : fine E.*

Q 23, 96   *D 405 f. 93' (Üb. Index f. 9'); E 392 f. 55/55'; L 305 f. 101c; B –.*
  [1] cappellanis *D :* capĪlis *L*
  [2] . . 1° *om DE* | cappellanorum *D* | ecclesie . . de . . *E* | . . 2° *om D*
  [3] etc. *om DEL* | cappellas *D*
  [4] cappellarum *D :* capĪĪiarum *L.*

Q 23, 97   *D 406 f. 93' (Üb. Index f. 9'); E 393 f. 55'; L 306 f. 101 c/d; B 15 n. 4a f. 44'.*
  [1] maiori *om DEL* | gubernatores *D*
  [2] rectores *om DEL*
  [3] Iud.] *Iu. D : om B* | N.] . . *B* | de *om B* | . .] Auiblia *(?) E* | duos – 5 diocesis] duos solite gubernatori *(!)* rectores quorum unus maiorem alter vero minorem portiones dicte ecclesie obtinere noscuntur *B*
  [5] noscantur *EL* | soliti *D :* sollite *E* | Baionen.] *Baroten. D : om LB* | diocesis *om B*
  [6] presentium – auctoritate] etc. *B*
  [7] spectant; *E* | alienata – 9 revocare] etc. *B*

---

[1] *Avignon.*   [2] *Ergänzung nach Q 23, 52.*   [3] *Bayonne.*

illicite vel distracta, ad ius et proprietatem eiusdem maioris portionis legitime revocare procures, contradictores *etc.*[1]

Q 23, 98 Pro monasterio vacante.

Iud. Dilectorum filiorum . . prioris et conventus monasterii sancti . . per priorem eodem monasterio abbate vacante, quod nunc | vacat, soliti gubernari ordinis . . . . diocesis precibus inclinati *etc.* ea, que de bonis ipsius monasterii *etc.*[2]

B f. 45

5

Q 23, 99 Pro pluribus canonicis.

Iud. Dilectorum filiorum . . canonicorum ecclesie Senonen.[3] precibus inclinati – mandamus, quatinus ea, que de bonis ipsius ecclesie ad eos communiter spectantibus alienata *etc.* ad ius et proprietatem eiusdem ecclesie *etc.*[2]

5

Q 23, 100 Pro rectore et portionariis.

Dilectorum filiorum . . rectoris et perpetuorum portionariorum ecclesie de . . Senonen[3]. diocesis precibus inclinati – mandamus, quatinus ea, que de bonis ipsius ecclesie | ad dictos rectorem et perpetuos portionarios communiter spectantibus alienata *etc.* ad ius et proprietatem eiusdem ecclesie *etc.*[2]

D f. 94

5

---

8 maior; *E*

9 contradictores etc.] Dat. *B*.

Q 23, 98 *D 407 f. 93' (Üb. Index f. 9'); E 394 f. 55'; L 307 f. 101d; B 15 n. 5 f. 44'/45.*

2 Iud. *om B* | monasterii] *om D* : . . *add E* | sancti *om B*

3 vacante] *vor* abbate *D* : carente *B*

4 ordinis . . . . diocesis] . . ordinis . . diocesis *E* : *om B* | . . 1° *u.* 2° *om D* | ea – *Schluß*] mandamus *B*.

Q 23, 99 *D 408 f. 93' (Üb. Index f.*

9'); E 395 f. 55'; L 308 f. 101d; B –.

1 *E Üb.:* Pro pluribus capellanis.

2 Iud. *om E* | . . *om DE* | Senonen. *om L*

4 spectantia *E*.

Q 23, 100 *D 409 f. 93'/94 (Üb. Index f. 9'); E 396 f. 55'; L 309 f. 101d; B –.*

2 . . *om DE* | ecclesie . . de . . *E*

3 Senonen. *om L*

4 rectores *D*

5 spectantibus *scr.*] spectantia *DEL* | eidem *L*.

---

1 *Ergänzung nach Q 23, 52.*

2 *Ergänzung nach Q 23, 52 u. Q 23, 97.*

3 *Sens.*

Q 23, 101 Alia similis pro eis et pro clericis.

Dilectorum filiorum .. rectoris et perpetuorum portionariorum seu clericorum dicte ecclesie, qui unum corpus sunt et fuerunt ab antiquo, precibus inclinati – mandamus, quatinus ea, que de bonis ipsius ecclesie *etc.* ad ius
5 et proprietatem dicte ecclesie *etc.*[1]

Q 23, 102 Pro provisoribus fabrice.

Dilectorum filiorum .. perpetuorum provisorum fabrice ecclesie Ardenburgen.[2] Tornacen.[3] diocesis administrationem communiter habentium bonorum ipsius fabrice ab aliis bonis dicte ecclesie discretorum precibus incli-
5 nati presentium tibi auctoritate mandamus, quatinus ea, que de bonis ipsius ecclesie ad fabricam ipsius ecclesie spectantibus alienata inveneris illicite vel distracta, ad ius et proprietatem eiusdem fabrice legitime revocare procures, contradictores *etc.*[4]

Q 23, 103 Pro abbatissa et conventu, quibus licet habere proprium ex indulto sedis apostolice.

Dilectarum in Christo filiarum .. abbatisse et conventus monasterii .. ordinis sancti Augustini .. diocesis, quibus ex speciali privilegio sedis apostolice proprium habere licet, precibus inclinati – mandamus, quatinus ea,
5 que de bonis *etc.*[5]

Q 23, 101 *D 410 f. 94 (Üb. Index f. 9'); E 397 f. 55'; L 310 f. 101d; B –.*
[1] pro *om E*
[2] *.. om DEL* | clicorum *ohne Kürzungszeichen E*
[3] unum] uum *(?) L*
[5] dicte] eiusdem *E.*

Q 23, 102 *D 411 f. 94 (Üb. Index f. 9'); E 398 f. 55'; L 311 f. 101d; B 15 n. 6 f. 45.*
[2] *.. om DE* | Ardenburgen] Andenbornen. *D : om L : .. B*
[3] Tornacen.] Touacen. *E : om LB* | communiter *om ELB* | habentium bonorum *om B*

[4] predicte *E*
[5] presentium – auctoritate] etc. *B* | ipsius ecclesie *om B*
[6] ad] dictam *add B* | alienata – 7 revocare] etc. *B*
[7] eidem *L* | procures] etc. *add D*
[8] contradictores *om LB* | etc. *om B.*

Q 23, 103 *D 412 f. 94 (Üb. Index f. 9'); E 399 f. 55'; L 312 f. 101d; B 15 n. 7 f. 45.*
[3] filiarum .. *om D* | .. 2° *om D*
[4] sancti Augustini *om LB* | .. *om D*
[5] inclinati] etc. *add B.*

---

[1] *Ergänzung nach Q 23, 52 u. Q 23, 97.*
[2] *Aardenburg nw. von Brügge in Seeland.*   [3] *Tournai.*
[4] *Ergänzung nach Q 23, 52.*   [5] *Ergänzung nach Q 23, 97.*

Q 23, 104 Super eodem pro mendicantibus.

In eodem modo pro . . abbatissa et conventu monasterii sancte Clare Avinionen.[1] ordinis eiusdem sancte etc.

Q 23, 105 Super eodem pro monasterio, ubi sunt seculares et regulares simul.

Dilectorum filiorum . . abbatis et conventus ac capituli monasterii Neriton.[2] ad Romanam ecclesiam *etc.* ordinis sancti Benedicti, in quo monasterio conventus monachorum dicti ordinis et capitulum canonicorum secularium ab antiquo instituta fore noscuntur, precibus *etc.* ea, que de bonis ipsius monasterii ad eosdem abbatem et conventum ac capitulum communiter pertinentibus alienata *etc.*[3] 5

Q 23, 106 Alia certa forma super eodem.

Iud. Ex parte dilectorum filiorum . . capituli ecclesie . . fuit nobis humilier supplicatum, ut, cum eorum prepositus eis nolentibus et invitis prata,

---

Q 23, 104   *D 413 f. 94 (Üb. Index f. 9'); E 400 f. 55'; L 313 f. 101d; B –.*
[1] Super eodem *om D*
[2] . . *om DE* | Avinionen.] diocesis *add D* : auion. *L*
[3] etc. *om EL.*

Q 23, 105   *D 414 f. 94 (Üb. Index f. 9'); E 401 f. 55'; L 314 f. 101d; B 15 n. 8 f. 45.*
[1] eisdem *D* | regulares et seculares *D*
[3] abbatisse *L* | Nerianen. *D* : Yencon. *L* : Novarien. *B*
[4] ecclesiam *om EL* | sancti Benedicti] *om L* : . . *B*

[5] monacorum *E*
[6] precibus] inclinati *add B* | etc.] *om L* : mandamus quatinus *add B*
[7] ipsius – capitulum] etc. *B* | ipsi *L*
[8] pertinentibus] spectantibus *B* | alienata etc.] *auf Rasur D²* : etc. *B.*

Q 23, 106   *D 415 f. 94/94' (Üb. Index f. 9'); E 402 f. 55'; L 315 f. 101d; B 15 n. 9 f. 45.*
[2] . . 1° *om DE* | capituli] caplli *L* | ecclesie . .] ecclesie *D* : . . ecclesie *E*
[3] supplicatum] suppositum *L* | prepositis *L* | nolentibus *korr. D²* | invitis] uitis (!) *E*

---

[1] *Klarissenkloster Sainte-Claire in Avignon (geg, ündet 1250), vgl. Dom Beaunier-J.-M. Besse, Abbayes et prieurés de l'ancienne France, Bd. 2: Provinces ecclésiastiques d'Aix, Arles, Avignon et Embrun (Ligugé-Paris 1909 = Archives de la France monastique 7), 132. In der Diözese Avignon gab es noch in Saint-Remy ein Klarissenkloster (das. 133), so daß auch die Lesung in D nicht ganz auszuschließen ist. Vgl. auch E. A. Granget, Histoire du diocèse d'Avignon et des anciennes diocèses dont il est formé 1 (Avignon 1862), 453.*

[2] *Nardò. Es handelt sich hier um eine Wiederholung von Q 23, 77; vgl. dort.*

[3] *Ergänzung nach Q 23, 52.*

626 Formae

possessiones et res alias eiusdem ecclesie alienaverit illicite in ipsius ecclesie
non modicam lesionem, subvenire super hiis de benignitate apostolica man-
daremus. Volentes | igitur indempnitati eiusdem ecclesie providere–manda-
mus, quatinus ea, que de bonis *etc.*[1]

D f. 94' — *5*

Q 23, 107 Super eodem pro preposito administratore monasterii vacantis auctoritate ordinaria.

Iud. Dilecti filii C. prepositi ecclesie Constantien.[2] | administratoris
monasterii Campidonen.[3] ordinis ⟨sancti Benedicti⟩ eiusdem diocesis nunc
abbate carentis in spiritualibus | et temporalibus per venerabilem fratrem
nostrum . . episcopum Constantien.[4] de consensu conventus eiusdem monasterii auctoritate ordinaria deputati et conventus predictorum precibus
inclinati presentium tibi *etc.* ea, que de bonis ipsius monasterii *etc.*[1]

L f. 102a

E f. 56

---

[4] possessiones] etc. *add D* | eidem *L* |
alienaverunt *D* : alienatas *E* :
aliena^runt *L* | illicite] vel *add E*
[5] lesionem] Quare nobis humiliter
supplicavit quatinus nos (quatinus
nos *om E*) *add EL* | subvenire] eis
add B | mandaremus] curaremus
L : dignaremur *B*
[6] indemptitati *(!) D* : indemnitati
B | providere] etc. *add B*
[7] etc.] procures *add B.*
Q 23, 107 *D 416 f. 94' (Üb. Index
f. 9'); E 403 f. 55'/56; L 316 f.
101d/102a; B 15 n. 10 f. 45.*
[1] administrator; *E* | monasterii *om D*
[2] vacantis] *hinter* ordinaria *D* : vo-
cante *add L*

[3] Iud. *om B* | C.] P. *B* | Constan. *B* |
amministratoris *D* : administratoñ
(!) E : administrator; *B*
[4] Campidonen. *scr.*] Compendien. *D* :
Campodien. *E* : *om L* : . . *B* | or-
dinis – diocesis *om B* | sancti Bene-
dicti *scr.*] *om DL* : . . *E* | eidem
L
[5] per] pro *L*
[6] Constantien.] *om L* : Constan. *B* |
conventus] *einkorr. E* : *hinter* monasterii *B*
[7] deputat; *EL*
[8] inclinati *om L* | presentium tibi
om B | etc. 1°] mandamus quatinus
add B | ipsius monasterii *om B*.

---

[1] *Ergänzung nach Q 23, 52.*
[2] *Dompropst Konrad von Klingenberg (1301 November 22 zum ersten Mal
belegt; von Johann XXII. am 1. Oktober 1322 zum Bischof von Brixen ernannt,
vgl. Regesten zur Geschichte der Bischöfe von Konstanz 2 Nr. 3245 u. 3946).
Die vorliegende Urkunde fehlt sowohl in den zitierten Regesten als auch bei K.
Rieder, Römische Quellen zur Konstanzer Bistumsgeschichte (Innsbruck 1908).
Als Aussteller kommt in erster Linie Johann XXII. in Frage.*
[3] *Kempten.*
[4] *Gerhard (1307–18) oder Rudolf (1322–34). Eine Urkunde ist nicht erhalten; jedenfalls fehlt sie in den Konstanzer Bischofsregesten.*

Q 23, 108 Super eodem pro priorissa et conventu sub cura fratrum Predicatorum viventibus.

Iud. Dilectarum in Christo filiarum . . priorisse et conventus monasterii . . per priorissam soliti gubernari ordinis sancti Augustini . . diocesis | secundum instituta et sub cura fratrum ordinis Predicatorum viventium, quibus licere dicitur facultates habere ex speciali privilegio sedis apostolice, precibus *etc.*[1]

B f. 45'

5

Q 23, 109 Pro rectore duarum partium ecclesie, que gubernatur per tres.

Iud. Dilecti filii . . de . . rectoris duarum partium ecclesie . ., que per tres, quorum unus duas, alii vero reliquam tertiam partes eiusdem ecclesie obtinent, consuevit gubernari rectores, . . diocesis precibus inclinati – mandamus, quatinus ea, que de bonis ad ipsas duas partes suas ipsius ecclesie spectantibus alienata inveneris illicite vel distracta, ad ius et proprietatem earundem duarum partium *etc.*[1]

5

Q 23, 108 *D 417 f. 94' (Üb. Index f. 9'); E 404 f. 56; L 317 f. 102a; B 15 n. 11 f. 45/45'.*

[1] cura] cuce *(!) L*

[2] viventium *E* : inventium *L*

[3] Iud. *om B* | . . *om D* | priorissa *EL* | monasterii . .] . . monasterii *E*

[4] sancti Augustini] *om L* : sancti *B* | . . 2° *om D*

[5] institutam *B* | ordinis *om LB* | inventium *L*

[6] quibuslibet *L* | licere] littere *D* : liceret *L* | dicere *EL* | facultatibus *D* | ex *om E* | habere – *Schluß om L*

[7] precibus] inclinati etc. mandamus quatinus ea que de bonis *add B.*

Q 23, 109 *D 418 f. 94' (Üb. Index f. 9'); E 405 f. 56; L 318 f. 102a; B 15 n. 12 f. 45'.*

[1] rectore] ecclesie *add DE* | ecclesie *om E* | gubernantur *D*

[2] tres] duos *EL*

[3] Iud. *om B* | Dilectorum filii *(!) B* | . . de . .] D. *D* : de *L* : P. *B* | ecclesie . .] ecclesie *D* : . . ecclesie *E* | que per tres] partis *B*

[4] quarum *D* | alii] reliqui *B* | reliquam *om B* | partem *D*

[5] consuevit] consuet; *E* : solite *B* | gubernare *L* | inclinati] etc. *add B* | mandamus quatinus *om EL*

[7] spectantia *D* : spectant; *E* : spect; *L* | alienata] *om D* : alienat; *E* | inveneris – proprietatem] etc. *EL* | illicite – *Schluß om B.*

---

[1] *Ergänzung entsprechend Q 23, 97.*

Q 23, 110 Pro abbate, cuius bona a bonis sui monasterii sunt
divisa.

Iud. Dilecti filii . . abbatis monasterii sancti Victoris Massilien.[1] ordinis
sancti Benedicti, cuius bona a bonis dilectorum filiorum conventus eiusdem
monasterii sunt omnino discreta, precibus inclinati – mandamus, quatinus
ea, que de bonis ipsius monasterii alienata *etc.* ad ius et proprietatem eiusdem monasterii *etc.*[2]

Q 23, 110a Super eodem pro capellano capellanie.

Iud. Dilecti filii . . de . . perpetui capellani capellanie per quondam . .
de . . canonice institute in ecclesia . . . . diocesis precibus inclinati presentium tibi auctoritate mandamus, quatinus ea, que de bonis ad perpetuam
capellaniam suam in eadem ecclesia spectantibus alienata inveneris illicite
vel distracta, ad ius et proprietatem ipsius capellanie legitime revocare
procures, contradictores *etc.*[3]

Q 23, 111 Quod revocentur alienata per illum, qui intrusit
se in ecclesia per potentiam.

Iud. Insinuarunt nobis dilecti filii . . capitulum ecclesie Beneventan.,[4]
quod . . presbiter in ecclesia ipsa per potentiam se procurans intrudi plures
vineas ipsius ecclesie eo tempore, quo ipsam detinebat taliter occupatam,

---

Q 23, 110   *D 419 f. 94' (Üb. Index*
f. 9'); E 406 f. 56; L 318a f. 102a;
B 15 n. 12a f. 45'.
[1-2] *Üb. om EL.* | cui *D* | bonis] con-
ventus *add D* | sunt *om D*
[3] Iud. *om B* | filii *om E* | abbas *E* :
abbati *L* | sancti – 4 Benedicti] . .
diocesis *B* | Masilien *D* : mass; *L*
[4] sancti Benedicti *om L* | cui *L* |
eidem *L*
[5] inclinati] etc. *add B*
[6] ipsius – *Schluß*] etc. *B.*
Q 23, 110a   *E 407 f. 56.*
[1] pro] *dahinter Rasurlücke von ca. 10*
Buchstaben E | capellano] eiusdem
add E.

Q 23, 111   *C 383 f. 432' (Üb. Index*
f. 445'); M 290 f. 26; D 535 f. 115
(Üb. Index f. 12); E 515 f. 67/67';
L 402 f. 106d.
[1-2] *Üb. om MEL. – D Üb.:* Mandatur,
quod revocentur ad ius et proprietatem ecclesie vinee vendite et
pignorate per illum, qui in *(om D)*
ipsa ecclesia per potentiam se intrusit.
[3] Iud. *om C* | insinuaverunt *DE* |
dilecti filii *om CEL* | . . *om E* |
ecclesie *om M* | Beneventan.] Cas-
tren. *M* : *om L*
[4] . .] talis *L* | ecclesiam ipsam *CEL* |
potentiam . . *ME* | procreans *L*

---

[1] *Benediktinerkloster St. Victor in Marseille.*
[2] *Ergänzung nach Q 23, 97 u. Q 23, 52.*
[3] *Ergänzung nach Q 23, 52.*   [4] *Domkapitel von Benevent.*

quibusdam clericis et laicis illicite vendidit, nonnullas vero temeritate
propria pignori obligavit. Cum itaque dicti capitulum ad providentiam
sedis apostolice duxerint humiliter incurrendum *etc.*, mandamus, quatinus,
| si est ita, venditiones et obligationes huiusmodi, etiam si venerabilis   *E f. 67'*
frater noster .. archiepiscopus ⟨Beneventan.⟩[1] suum assensum prestiterit,   10
nullas esse decernens dictas possessiones et vineas ad ius et proprietatem
eiusdem ecclesie legitime revocare procures, contradictores *etc.*[2]

Q 24

„Post iter arreptum".

Q 24, 1 Forma „Post iter arreptum".

Iud. Dilecti filii Raymundi clerici Massilien.[3] diocesis apud sedem aposto-
licam constituti precibus annuentes | presentium tibi auctoritate manda-   *E f. 52'*
mus, quatinus quicquid inveneris in eius preiudicium temere attemptatum,
postquam idem clericus causa peregrinationis et pro quibusdam suis nego-   5

---

⁶ et] vel *C* | nonnullis *M*

⁸ apostolice sedis *MDEL* | duxerit
MDEL | incurrendum] recurren-
dum *CEL* | etc. *om CEL* | quatinus
om E

¹⁰ .. *om D* | archiepiscopus *aus* epi-
scopus *korr. M* | Beneventan. *scr.*]
.. *CM* : *om DEL* | prestiterat *L*

¹² contradictorum *C.*

Q 24, 1   *P 357 f. 36 (Üb. Index f. 6);*
V 345 f. 45; H 405 f. 48; S 311 f.
40; C 76 f. 405 (Üb. Index f. 441);
A 383 f. 61; M 276 f. 25'; O 302 f.
29; D 357 f. 88' (Üb. Index f. 8');
E 345 f. 52/52'; L 259 f. 100a; R
149 f. 15; B 38 n. 1 f. 80'.

¹ *H²Üb. vor Q 23, 25* : Iudex. Post
iter et rectum. Rubrica *(!).* |
Forma *om PVSA*

² Iud. *einkorr. D²* | Raymundi] R.
P : .. *add H (einkorr.)* : Raynaldi *S* : N. de .. *C* : R. de ..
A : P. de .. *MODL* : .. P. de
.. *E* : .. *R* : P. *B* | Massilien.]
Tullen *P* : .. *CMODLRB* : *om E* |
diocesis *om PSEL*

³ precibus] inclinati *add L* | tibi]
tenore *B*

⁴ quidquic *(!) M* : quicquid *korr.*
D² : quidquid *EL* | atemptatum *(!)*
C

⁵ clericus *korr. D²* | suis negotiis]
aliis negotiis suis *H*

---

¹ *Benevent. Als Erzbischöfe kommen in Frage: Monaldus (1303 Januar 17*
bis vor 1332 Januar 10), Arnaldus (1332 Januar 10–vor 1344 März 3), vgl.
Eubel s. v.

² *Ergänzung nach Q 23, 52.*

³ *Marseille.*

tiis promovendis iter arripuit ad sedem veniendi predictam, in statum debitum legitime revocare procures, contradictores *etc.*[1]

Item nota, quod non datur Testes.[2]

Q 24, 2 Super eodem pro redeuntibus de partibus transmarinis.

C f. 405' *Item nota, quod nullo modo datur hodie laico crucesignato; | consuevit tamen dari antiquitus, ut sequitur.*[3]

5 *Iud.* Cum in sacro generali concilio provida fuerit deliberatione statutum,[4] ut crucesignatorum bona transfretantium in subsidium terre sancte sub apostolice sedis defensione consistant et ea omnia integra maneant et quieta, donec de ipsorum reditu vel obitu certissime cognoscatur, – mandamus, quatinus quicquid super bonis dilecti filii . . laici . . diocesis redeuntis 10 de partibus transmarinis, postquam idem vivifice crucis assumpto signa-

[6] arripuerit *CD* | sedem] apostolicam *add R* | veniendi *aus* veniendo *korr. C* | predictam] prefatam *R*
[7] debitum] pristinum *M* | legittime *D* | contradictores etc.] Dat. etc. *add CODE : om A :* Dat. *add B*
[8] Item – Testes] *om PVHSCAR :* Testes non dantur (datur *B*) *DB : davor Üb.* Nota *E* | Item] Et *MO* | dantur *M*.
Q 24, 2 *C 77 f. 405/405' (Üb. Index f. 441); A –; M 277 f. 25'; O 303 f. 29; D 358 f. 88' (Üb. Index f. 8'); E 346 f. 52'; L 260 f. 100a; R 150 f. 15; B 38 n. 2 f. 80'.*
[1-2] *Üb. hinter der Note CEL. – Üb. om B.* | eodem] pro eadem *add C* | redeunte *D* | de – transmarinis] ultra mare *R* | trasmarinis *D*
[3] Item – 4 sequitur] *om R : v. and. Hd. einkorr. B* | Item *om B* | laico] clerico *C*

[4] antiquitus dari *DB* | ut sequitur] in secunda forma *B*
[5] Iud. *om MODELB* | in *v. and. Hd. einkorr. B* | provide *C* | fuit *D*
[6] crucesignatorum] cruciferorum *B* | transfretatium *(!) D :* transferentium se *B*
[7] apostolica *R* | deffensione *E :* protectione *B* | omnia] animo *C :* et *add L* | integre *B* | remaneant *B*
[8] ipsorum] eorum *CR* | redditu *OD* | cognoscatur] discretioni tue per apostolica scripta *add R :* etc. *add B*
[9] quatinus *om M* | quicquid] *om C :* quidquid *DE* | super] de *C* | . . laici] laici *C :* N. laici *B* | . . diocesis] *om MO :* diocesis *D* | redeunti *O :* redeuntibus *L*
[10] transsuarinis *(!) D* | idem] . . *add OD : om B* | vivifice] mirifico *C* | assumpto] super eum *B*

---

[1] *Ergänzung nach* Q 23, 52. [2] *Vgl.* N 62, 11; *dazu* Herde, Zeugenzwang, *in:* Traditio 18, 279, *u. Bd. 1 S. 231.*

[3] *Die Formel wurde also erst später aus einer Sammlung vor 1298, als das Heilige Land endgültig verlorenging, übernommen, obschon sie damals kaum mehr irgendwelche Bedeutung hatte.*

[4] *c. 10 (11, 12) Conc. Lat. I.*

culo iter arripuerit in dicte terre subsidium transfretandi, inveneris in eius
preiudicium temere attemptatum, in statum debitum legitime revocare
procures, contradictores *etc.*[1]

Q 25

De testibus.

Q 25, 1 Quod recipiantur testes ad futuram rei memoriam.

Iud. Dilecti filii .. abbas et conventus monasterii Montis sacri[2] ad Romanam ecclesiam *etc.* ordinis ⟨sancti Benedicti Sipontin.⟩[3] diocesis nobis

[11] iter *v. and. Hd. auf Rasur B* | arri-
puit *MOELRB* | terre] sancte *add*
C (einkorr.) | transeundi *C* : trans-
ferendi *MODLB* | invenerit *C*
[12] temere attemptatum] *om B, v.
and. Hd. marg. einkorr.* attempta-
tis | temere *om R* | legitime – [13]
procures] studeas legitime revo-
care *R* | legitimo *E*
[13] etc.] Dat. etc. *add MO.*

Q 25, 1   *C 78 f. 405' (Üb. Index f.
441); A –; M 278 f. 25'; O 304 f.
29; D 359 f. 88'/89 (Üb. Index f.*

8'); E 347 f. 52'; L 261 f. 100a/b;
B 48 n. 1 f. 98.
[1] Quod *om MO* : Littera quod *D* :
Quando *EL* | recipiantur] recipi-
untur *MOEL* : et examinentur
add D | testes *hinter* memoriam *M* |
futuram] perpetuam *C*
[2] .. *om C* | monasterii – 3 diocesis]
.. *B* | Montis sacri] de .. *C* : ..
DE : *om L* | ad – 3 etc.] *om C* :
korr. D²
[3] ecclesiam *om MOEL* | sancti Be-
nedicti *scr.*] .. *CMODE* : *om L* |
Sipontin. *scr.*] *om CDL* : .. *MOE*

[1] *Ergänzung nach Q 23, 52.*

[2] *Benediktinerkloster S. Trinità auf dem Monte Sacro im Gargano-Gebirge
nö. von Foggia, von Hadrian IV. 1159 Januar 1 dem hl. Stuhl direkt unterstellt
(Ughelli, Italia sacra 27, 826; Kehr, Italia pontificia 9, 251 Nr. 10; vgl. Liber
censuum ed. Fabre-Duchesne 1, 33a; ausführlich: S. Prencipe, L'abbazia bene-
dettina di Monte sacro nel Gargano, S. Maria di Capua Vetere 1952). Es handelt
sich hier um eine der bekannten Zehntenquêten in Süditalien, dazu F. Chalandon,
Histoire de la domination normande en Italie et en Sicile 2 (Paris 1907), 596 ff.;
C. E. Boyd, Tithes and Parishes in Medieval Italy. The Historical Roots of a
Modern Problem (Ithaca, N. Y. 1952), 234 ff.; E. Sthamer, Bruchstücke mittel-
alterlicher Enqueten aus Unteritalien, in: Abh. d. Preuß. Akad. d. Wiss. 1933,
phil.-hist. Kl. 2, 19 ff., u. ders., Aus der Vorgeschichte der sizilischen Vesper, in:
Quellen u. Forsch. aus ital. Archiven u. Bibliotheken 19 (1927), 269 ff.; D. Gir-
gensohn u. N. Kamp, Urkunden und Inquisitionen der Stauferzeit aus Tarent,
das. 41 (1961), 137 ff. bes. 147 ff.*

[3] *Siponto (abgeg., der Bischofssitz heute in Manfredonia ganz in der Nähe.
Die alte Kathedralkirche ist noch erhalten).*

humiliter supplicarunt, ut, cum super concessione quarundam decimarum
5   canonice eis facta, quas se a prima ipsius monasterii fundatione sic obtinere proponunt, aliqua non appareant publica instrumenta et super eisdem
decimis moveri sibi timeant imposterum ab aliquibus questionem, ne pro
D f. 89   defectu probationum ius suum deperire | contingat, providere super hoc
eidem monasterio paterna sollicitudine curaremus. Nos itaque ipsorum
10   abbatis et conventus supplicationibus inclinati – mandamus, quatinus
testes, quos iidem abbas et conventus super premissis duxerint producendos,
L f. 100 b   prudenter recipere et diligenter | examinare curetis et eorum dicta redigi
faciatis in publica munimenta, denuntiando illis, quorum interest, ut huiusmodi testium receptioni, si velint, intersint et super denuntiatione sic facta
15   confici faciatis publicum instrumentum. Dat. Burdegalis *etc.*[1]

---

⁴ supplicavit *CDE* | cum *om C*
⁵ canonice *om M*
⁶ et] ut *DEL*
⁷ timeant] contineant *D* | imposte-
rum ab aliquibus *om C* | questiones
aus questione *korr. D*² | per deffec-
tum *B*
⁸ probationis *B* | hoc] hᶜ*L*
⁹ solicitudine *L* | ipsorum – 10 sup-
plicationibus] etc. *B* | ipsarum *D*
¹⁰ abbatis *aus* abbatisse *korr. D* |
supplicationibus – 11 conventus
om C | inclinati] etc. *add DB*

¹¹ iidem] idem *ELB* | procedendos
L
¹² et 1°] ac *ODEL* | et 2°] ut *EL : aus*
ut *v. and. Hd. korr. B* | eorum]
ipsorum *B* | regidi *(!) B*
¹³ munimenta] iuramenta *C* | illos
CM
¹⁴ testium] testimoii *(!) C* | recep-
tione *C :* receptionem *B* | si *om M* |
velit *B* | sic] sibi *DELB*
¹⁵ facias *DB* | Dat.] Datum *C : om*
DEL | Burdegalis *om CDELB* |
etc. *om MODELB.*

---

[1] *Als Aussteller kommt damit nur Klemens V. in Frage, der zu folgenden Zei-
ten in Bordeaux urkundete: 1305 Juli 31–August 31, September 10. – 1306 Mai
11–Mai 21, Mai 25–Juni 25, Juni 27–Juli 12, Juli 14–Juli 18, Juli 22, Juli
26–29, Juli 31, August 5, August 6–September 24, Oktober 2–Oktober 10, Oktober
17–Oktober 30, November 2, November 4, November 6–November 7, November 10,
November 14–November15, November 28. – 1307 Februar 21, März 10–März 13;
vgl. Tables des registres de Clément V, bearb. v. Y. Lanhers (Paris 1948). Die
Formel wurde also wohl unter Johann XXII. aus einer älteren Sammlung oder
aus einem Konzept in das Formularium audientiae aufgenommen. Spätere Päpste
haben nicht mehr in Bordeaux residiert. Die Urkunde ist weder in der Empfän-
ger- noch in der Registerüberlieferung erhalten, die Prencipe 86 ff. auswertet.
Bei der obigen Datierung kommt als Empfänger der Abt Johannes (1304–1313)
in Betracht.*

Q 26

„Cum secundum apostolum".

Q 26, 1 | Forma „Cum secundum apostolum".   *O f. 28'*

Clemens[1] episcopus servus servorum dei. Dilecto filio .. abbati monasterii de Nantelio[2] ordinis sancti Benedicti Pictaven.[3] diocesis salutem et apostolicam benedictionem. Cum dilectus filius Petrus de Bedaco[4] presbiter Vasaten.[5] diocesis, lator presentium, a venerabili fratre nostro .. episcopo Vasaten.[6]   5 ad presentationem tuam fuerit, sicut asserit, in presbiterum ordinatus nec ullum sit ecclesiasticum beneficium assecutus, nos felicis recordationis Innocentii pape III., predecessoris nostri, qui ordinatis sine certo titulo per ordinatores vel presentatores seu successores | eorum provideri voluit,[7]   *M f. 25*

Q 26, 1   *M 270 f. 24'/25; O 296 f. 28'; D 347 f. 86'/87 (Üb. Index f. 8'); E 335 f. 51; B 29 n. 1 f. 65.*

[1] Forma] Capitulum *DE* | apostolum] pro presbitero *add DE* : apostolicum *D*

[2] Clemens – dei] Iohannes etc. *DE* : *om B* | monasterii *om O*

[3] de Nantelio] de .. *ME* : .. *D* | ordinis – diocesis *om B* | Pictaven.] .. *DEB* | diocesis salutem korr. D^2 | salutem – 4 benedictionem *om E* | et – 4 benedictionem] etc. *D(korr. D^2) B*

[4] Petrus de Bedaco] P. de .. *ME* : .. *D* : P. *B* | Vasaten. – 5 a] lator presentium N. diocesis *v. and. Hd. einkorr. B*

[5] lator presentium *vor* 4 Vasaten. *DE* | fratri *B* | .. *om MDE* | Vasaten. *om B*

[6] ullum] nullum *D* | beneficium ecclesiasticum *B*

[7] III.] *om MO* : III° *D* | predecessorum *E* | certo *om B*

[8] III.] *om MO* : III° *D* | predecessorum *E* | certo *om B*

[9] ordinatores] ordinarios *B* | eorum *om M*

---

[1] *Klemens V.*

[2] *Nanteuil en Vallée. Als Äbte kommen in Frage Johannes I. (1303 u. 1313) oder Hugo V. (1305), vgl. Gallia Christiana 2, 1293.*

[3] *Poitiers.*

[4] *Der Familienname Du Bedat ist in den Urkunden des Départementarchivs Gironde häufig belegt; ein Petrus de Bedaco ist in der fraglichen Zeit jedoch nicht zu finden. Vgl. Archives municipales de Bordeaux, Livre des Bouillons (Bordeaux 1867), Nr. 133 S. 460, und: Archives historiques du Département de la Gironde, 58 Bde (Paris-Bordeaux 1859–1932), hier 5 Nr. 157 S. 302; 8 Nr. 26 S. 102 u. ö.*

[5] *Bazas.*

[6] *Als Bischöfe von Bazas kommen in Frage: Theobaldus (1313–1318), Guillelmus (1318–1319), ein weiterer Guillelmus (1319–1325), vgl. Eubel 1, s. v.*

[7] *Innocenz III. von 1198 April 3 = Reg. 1, 76 (ed. Hageneder-Haidacher, Die Register Innocenz' III. Bd 1 S. 113 ff.). Zur Überlieferung vgl. R. v. Heckel,*

10　vestigiis inherentes discretioni tue per apostolica scripta mandamus, quatinus, si dilectus filius .. cantor ecclesie sancti Frontonis Petragoricen.,[1]
cui examinationem ipsius presbiteri duximus committendam, te citato
legitime, ut per te ipsum vel idoneum responsalem intersis et tam super
idoneitate persone quam etiam super qualitate et quantitate beneficii pro-
15　ponere tibi liceat quicquid rationabiliter duxeris proponendum, eum idoneum esse repererit et ecclesiastico beneficio non indignum, tamdiu ei vite
necessaria congrue subministres, donec per te fuerit competens ecclesiasticum beneficium assecutus. Sciturus pro certo, quod, si per examinationem
ipsius cantoris fuerit repertus idoneus et tu ei iuxta mandatum nostrum
20　neglexeris providere, cum hoc nobis per ipsius cantoris litteras innotuerit,
te ad id exequendum compelli, sicut expedit, faciemus.

D f. 87　　　| In eodem modo scribatur cantori verbis competenter mutatis.

---

10 per – scripta] etc. B

11 ..] I. M | sancti Frontonis] sancti
.. DE : .. B | Petragoricen.] dio-
cesis add DE : diocesis B

12 ipsius] dicti B | legittime D

14 quantitate et qualitate M | et] vel
EB

15 quidquic (!) M : quidquid DE |
apponendum D | eum – 17 sub-
ministres] inquirat que circa personam et ydoneitatem ipsius fuerint inquirenda et si eum ad ecclesiasticum beneficium obtinendum
non indignum esse reperiat tamdiu
ei vite ministres commode necessaria B

16 reppererit M : reperit D | dignum
D

17 subministres korr. M | ecclesiasti-
cum om B

18 per examinationem] examinatione
B

19 nostrum] apostolicum DEB

20 provider; D | ipsius cantoris] eius
MO : eius cantoris E : ipsius B

21 sicut] sic B | expediet D | faciemus]
Dat. etc. add D² (einkorr.)

22 Dazu D die Üb.: Super eodem pro
cantori (!) | In – mutatis om
MOB | scribitur E.

Die Verordnung Innocenz' III. über die absolute Ordination und die Forma
„Cum secundum apostolum", in: Hist. Jahrbuch 55 (1935), 277ff.; ders., Zur
Geschichte der Forma „Cum secundum apostolum", ebenda 57 (1937), 86ff.;
ders., Die Dekretalensammlungen des Gilbertus und Alanus nach den Weingarte-
ner Handschriften, in: Zeitschr. f. Rechtsgesch. kan. Abt. 29 (1940), 118 u. 320
Nr. 56; dazu z. T. berichtigend: S. Kuttner, The Collection of Alanus: A Con-
cordance of its Two Recensions, in: Rivista di Storia del Diritto Italiano 26/27
(1953/54), 41.

[1] Kollegiatstift Saint-Front in Périgueux, seit dem 16. Jh. Kathedralkirche;
vgl. Beaunier–J.-M. Besse, Abbayes et prieurés de l'ancienne France, Bd. 3:
Provinces ecclésiastiques d'Auch et de Bordeaux (Ligugé-Paris 1910), 195f.

Q 26, 2   Super eodem.

Venerabili fratri .. episcopo Gaietan.[1] Cum dilectus filius Nicolaus Raynulfi de Fractis[2] subdiaconus, lator presentium, a bone memorie M. episcopo Gaietan.,[3] predecessore tuo, fuerit, sicut asserit, in subdiaconum ordinatus nec ullum sit ecclesiasticum beneficium assecutus, nos felicis recordationis Innocentii pape III., predecessoris | nostri, qui ordinatis sine certo titulo *etc. ut in proxima*[4] *usque* competens ecclesiasticum beneficium assecutus. Quod si eum ad presentationem alicuius vel aliquorum ecclesiasticorum virorum, qui ei providere possint de competenti ecclesiastico beneficio, predecessor ipse forte promovit, per presentatorem vel successorem ipsius, si ille forte decessit, iuxta prescriptam formam ei facias provideri. Sciturus pro certo *ut in proxima*[4] *usque in finem.*

               5

               E f. 51'

               10

Q 26, 2   *M 272 f. 25; O 298 f. 28'; D 348 f. 87 (Üb. Index f. 8'); E 336 f. 51/51'; B 29 n. 2 f. 65.*

[1] eodem] pro subdiacono *add DE*

[2] Venerabili – Gaietan.] Episcopo *DEB* | Nicolaus – 3 Fractis] N .. de .. *M* : .. *DE* : P. *B*

[3] subdiaconus] tue diocesis *add DEB* | presentium] a te vel *add DEB* | a *om D* | bone *korr. D²* | M. – 4 Gaietan.] .. episcopo .. *DB* : .. episcopo *E*

[4] predecessore] pre^{ri} *korr. D²* | fuit *B*

[5] nec ullum] et *(aus nec korr.)* nullum *D* : nec *B* | ecclesiasticum – 7 beneficium] etc. ut in prima usque

MO | assecutus] etc. *add O* | nos v. and. Hd. einkorr. *B*

[6] Innocentii – 7 competens] etc. usque *B* | Inno. *D*

[7] proximo *D* | usque *om D*

[8] assecutus] etc. *add M* | si *om B* | eum] cum *M* | ecclesiasticorum] *hinter* 9 virorum *DE* : *om B*

[9] possent *DEB* | de] in *O* | beneficio ecclesiastico *B*

[10] forte *om DEB* | presentationem *DEB*

[11] forte ille *MO* | forman *om M* | ei v. and. Hd. auf Rasur *B*

[12] certo] etc. *add E* | ut – finem] quod si etc. *MO* : etc. *B* | usque] ut *D* | fine *E*.

---

[1] *Gaeta.*

[2] *Ausonia nö. von Gaeta.*

[3] *Matheus Mirabellus, Bischof von Gaeta (1290—1305). Als Nachfolger kommen in Frage: Franciscus (1306 Februar 18–1321), Franciscus Gattula (1321 August 21–1340 Oktober 8); wahrscheinlich handelt es sich um den ersteren; vgl. Eubel 1, 258. Vermutlich stammt dieser Brief wie der vorangehende von Klemens V.*

[4] *Ergänzung nach Q 26, 1.*

Q 26, 3 Super eodem.

Iud. Cum dilectus filius . . presbiter, lator presentium, . . diocesis a . .

episcopo . . ad presentationem . . fuerit, sicut asserit, | in presbiterum ordi-
natus nec ullum sit ecclesiasticum beneficium assecutus, nos felicis recor-
5 dationis Innocentii pape III., predecessoris nostri, qui ordinatis sine certo
titulo per ordinatores vel presentatores seu successores eorum provideri
voluit,[1] vestigiis inherentes eidem . . nostris damus litteris in mandatis, ut,
si tu, cui examinationem ipsius presbiteri duximus committendam, eum
idoneum esse repereris et ecclesiastico beneficio non indignum, tamdiu ei
10 vite necessaria congrue subministret, donec per eum fuerit competens
ecclesiasticum beneficium assecutus. Quocirca discretioni tue per apostolica scripta mandamus, quatinus eodem . . citato legitime, ut per se ipsum
vel idoneum responsalem intersit et tam super idoneitate persone quam
etiam super qualitate et quantitate beneficii proponere sibi liceat quicquid
15 rationabiliter duxerit proponendum, inquiras, que circa personam et idoneitatem ipsius fuerint inquirenda, et, si eum ad obtinendum ecclesiasticum
beneficium repereris non indignum, dictum . . ad providendum ei iuxta
formam mandati apostolici moneas diligenter et inducas. Quod si monitis

---

Q 26, 3 *M 271 f. 25; O 297 f. 28';*
D 349 f. 87/87' (Üb. Index f. 8');
E 337 f. 51'; B 29 n. 3 f. 65/65'.

[1] eodem] et scribitur iudicibus *add*
DE

[2] . . 1°] G. *B* | presbiter *v. and. Hd.*
einkorr. B | . . diocesis a] . . dio-
cesis . . A *(!) D* | a . . episcopo]
ab episcopo *B*

[3] . . 1° *om ODE* | . . 2°] *om D* : etc.
B | presbiterum] subdiaconum *B*

[4] ullum] nullum *D* : *einkorr. B*

[5] Innocentii – 7 vestigiis] etc. *B* |
Inno. *D* | III. *om MO*

[7] . . *om DB* | damus] dam, *dahinter
Rasur von ca. 5 Buchstaben D* |
litteras *D*

[8] ipsius presbiteri] dicti G. *B* | con-
mictanda *(!) B* | eum] cum *E*

[9] reppereris *M* : reperis *D* | et –
indignum *v. and. Hd. einkorr. B* |

beneficio ecclesiastico *v. and. Hd.
einkorr. B* | ei *hinter* 10 necessaria
M

[10] congrue *om B* | amministret *M* |
benefecium ecclesiasticum competens *B*

[11] Quocirca – 12 scripta] etc. *B*

[12] quatinus *einkorr. O* | . .] *om DB* :
einkorr. E | legitime citato *B*

[14] etiam *om E* | super *om B* | quanti-
tate et qualitate *M* | sibi] *zu* tibi
korr. D² : *v. and. Hd. einkorr. B* |
quidquid *MDE* : quitquid *B*

[15] rationabile *D* | duxeris *D* | perso-
nam et *om D*

[16] obtinendum *hinter* 17 beneficium
B

[17] reppereris *MB* | . . *om D* | ad – ei]
eis ad providendum *D* | ei *v. and.
Hd. einkorr. B*

[18] formas *D* | apostolice *B*

---

[1] *Vgl. Q 26, 1 Anm. 7.*

tuis acquiescere forte noluerit, quod super hiis inveneris, tuis nobis litteris
intimare procures, | ut eum ad provisionem ipsius, si dignus fuerit, com-   *D f. 87'*
pelli, sicut expedit, faciamus.

Q 26, 4 Super eodem in alia forma.

Archiepiscopo. Cum dilectus filius P. lator presentium a venerabili fratre
nostro . . Andegaven.[1] episcopo ad presentationem tuam fuerit, sicut asserit, in subdiaconum ordinatus nec ullum sit *etc.*, nos felicis recordationis
etc. usque inherentes – mandamus, quatinus, si dilecti filii . ., quibus exa-   5
minationem ipsius committendam duximus, te citato *etc. usque* assecutus.
Sciturus pro certo, quod, si per examinationem eorum fuerit repertus
idoneus et tu ei *etc. per ordinem usque in finem.*[2]

Q 26, 5 Super eodem.

Dilecte in Christo filie . . abbatisse monasterii . . ordinis . . Meten.[3] diocesis. Cum dilectus filius . . de . . presbiter Meten.[3] diocesis, lator presentium, fuerit, sicut asserit, a bone memorie . . episcopo Meten.[4] ad presentationem quondam Marie abbatisse tui monasterii, que te in monasterio   5
tuo precessit eodem, in presbiterum ordinatus *etc.*, venerabilis frater noster

---

[19] acquiescere] aquiescere *O* : *hinter*
    forte *B* | quod] quitquid *B*
[20] ut] et *D*
[21] facias etc. *D* : faciemus *B*.
Q 26, 4 *D 350 f. 87' (Üb. Index f. 8');*
    E 338 f. 51'.
[3] nostro *om D* | fuerit *om D*
[4] ullum] illum *D*
[5] . . *om E*
[6] duximus committendam *E* | usque
    doppelt E
[8] eis *D*.

Q 26, 5 *D 351 f. 87' (Üb. Index f. 8'); E 339 f. 51'; B 29 n. 3a f. 65'.*
[2] Dilectis in Christo filiabus *B* | ab-
    batisse – Meten. *om B* | monasterii
    ordinis *D* : . . monasterii ordinis . .
    E | diocesis] salutem etc. *add B*
[3] . . de . .] Di. *D* : L. *B* | presbiter –
    diocesis *om B*
[4] a *om D* | . . *om E B* | Meten. *om B*
[5] condam *E* | Marie] M. *D* : G. *B* |
    tui – 6 eodem *om B* | in *om B*
[6] eodem] eundem *D*

---

[1] *Angers. Als Bischöfe kommen in Frage: Guillelmus (1291–1314 Mai 13);
Hugo (1316 Oktober 7–1322 Dezember 9) und Fulco (1324 März 28–1355 Dezember
23); vgl. Eubel 1, 88.*
[2] *Ergänzung nach Q 26, 1.*
[3] *Metz.*
[4] *Als Bischöfe kommen vornehmlich in Betracht: Reginaldus (1302 September
19–1316 Mai 4); Henricus (1319 Mai 4–vor 1325 August 26); vgl. die nach-
folgende Anmerkung; Eubel 1, s. v.*

Io. episcopus ⟨Tullen.⟩,[1] cui examinationem *etc. usque* committendam, te citata legitime, ut per te ipsam vel idoneam *etc.* Scitura *etc.* faciemus *etc.*[2]

Q 26, 6 Super eodem pro monasterio, quod est erectum in ecclesiam cathedralem.

Episcopo Sarlaten.[3] Cum dilectus filius .. presbiter Petragoricen.[4] diocesis, lator presentium, a bone memorie .. Petragoricen. episcopo[5] ad pre-
5   sentationem dilecti filii .. tunc abbatis quondam monasterii Sarlaten.
E f. 52   ordinis sancti Benedicti tunc eiusdem | diocesis[6] per nos in ecclesiam

---

[7] Io.] I. *E* : *om B* | Tullen. *scr.*] .. *DEB* | usque *om B*
[8] citata] tacita *D* : *hinter* legitime *B* | legittime *D* | ut] et *B* | ipsum vel ydoneum *E* | etc. 3°] Dat. *B*.
Q 26, 6   *D 352 f. 87' (Üb. Index f. 8');*
E 340 f. 51'/52; B 29 n. 4 f. 65'.
[2] ecclesia cathedrali *D*

[3] Episcopo Sarlat. *om B* | ..] P. *B* | presbiter – diocesis *om B* | Petragorien. *D*
[4] .. *om DE* | Petragoricen.] Petragorien. *D* : *om B*
[5] ..] B. *E* : *om B* | quondam] condam *E* : *om B* | Sarlaten. – 6 diocesis] .. *B*

---

[1] *Das Reskript muß an einen Bischof in der Nähe gegangen sein, daher ergibt sich die Ergänzung Toul, wo ein Johannes von 1310 Mai 31–vor 1321 Juli 18 Bischof war, vgl. Eubel 1, s. v. In Verdun ist ein Johannes von 1297 März 11– 1302 März 31 belegt (Eubel 1, 530), was aber im Vergleich mit der Entstehung der Redaktion ε zu früh wäre.*

[2] *Ergänzung nach Q 26, 1.*

[3] *Sarlat. Das Bistum Sarlat wurde von Johann XXII. 1317 August 13 aus der Diözese Périgueux errichtet; vgl. Eubel 1, 436 u. Gallia Christiana 2, 1512ff., dazu die Instrumenta 495ff. Dem Wortlaut nach ist der Adressat verschieden vom ersten Bischof, der aber, ebenso wie der Papst, der die Gründung vornahm (Johann XXII.), noch lebt. Der erste Bischof von Sarlat, Raimundus, wurde 1324 November 21 nach Saint Pons de Tomières transferiert und starb 1345 (Eubel 1, 436 u. 405f.); der Adressat ist demnach entweder Bertrandus (1324 November 28–vor 1330 Juni 27) oder Arnaldus (1330 Juni 27–1334), vielleicht auch noch Guillelmus (1334–1338), vgl. Eubel 1, 436 u. Gallia Christiana 2, 1512ff.; dazu A. Jarry, Le siège pontifical de Périgueux-Sarlat (Périgueux 1916), u. Dom Beaunier-J.-M. Besse, Abbayes et prieurés de l'ancienne France, Bd. 3: Provinces ecclésiastiques d'Auch et de Bordeaux, 311ff.*

[4] *Périgueux.*

[5] *Wohl Audoynus (1297–vor 1314 Januar 28), vgl. Eubel 1, 397 u. Gallia Christiana 2, 1476f.*

[6] *Vgl. Anm. 3. Aussteller ist mithin Johann XXII., die Urkunde ist daher (1324 November 28–1334 Dezember 4) zu datieren.*

cathedralem erecti fuerit, sicut asserit, in presbiterum ordinatus nec ullum
sit ecclesiasticum beneficium assecutus, nos felicis recordationis Innocentii
pape III., predecessoris nostri, qui ordinatis sine certo titulo per ordinatores vel presentatores *etc. ut in prima usque* faciemus.[1]   10

Q 26, 7   Super eodem aliter.

Iohannes *etc.*[2] Venerabili fratri . . episcopo Londonien.[3] Cum dilectus
filius . . de . . presbiter tue diocesis, lator presentium, fuerit, sicut asserit,
a venerabili fratre nostro Io. episcopo . .[4] ad presentationem dilectorum
filiorum . . prioris et conventus monasterii sancti Bartholomei Londonien.   5
per priorem *etc.* ordinis sancti Benedicti[5] de licentia | venerabilis fratris   *D f. 88*
nostri . . archiepiscopi Cantuarien.,[6] loci metropolitani, ad quem | de anti-   *B f. 66*
qua et approbata consuetudine exercitium episcopalis iurisdictionis Lon-

---

[7] cathedralem] tunc *add E* | presbite-
rum *korr. D², dahinter weitere Rasur
von ca. 2 Buchstaben* | ordinatus]
promotus *B* | nullum *D*
[8] nos – *Schluß*] etc. *B* | Inno. *D*
[9] predecessorum *E.*

Q 26, 7   *D 353 f. 87'/88 (Üb. Index
f, 8'); E 341 f. 52; B 29 n. 5 f.
65'/66.*
[1] *Üb. om E*
[2] Iohannes – Londonien. *om B* | etc.
om E | .. *om D* | Londonnen. *D*

[3] filius *om B* | .. de – diocesis] P. *B* |
.. de ..] D. *D*
[4] fratri *B* | Io.] I. *E : om B* | .. *om E* |
dilectorum filiorum *korr.* D²
[5] .. *om E* | sancti – 6 Benedicti]
.. diocesis *B* | Bartholomei] B. *D* |
Lodomen. *DE*
[6] Benedicti] B. *D* : .. *E*
[7] .. *om DE* | Cantuarien.] .. *B*
[8] et approbata] et hactenus pacifice
observata *add E* : etc. *B* | episcopa-
lis] epĪalis *D* | iurisdictionem *E* |
Londomen. *D*

---

[1] *Vgl. Q 26, 1.*
[2] *Johann XXII.*
[3] *Vgl. unten Anm. 5.*
[4] *In der Zeit Johanns XXII. gab es in der Erzdiözese Canterbury Bischöfe
mit dem Namen Johannes in Winchester, Chichester, Exeter, Bath, Ely und Nor-
wich, so daß hier eine Entscheidung und Ergänzung unmöglich ist, vgl. jeweils
Eubel 1 s. v.*
[5] *Benediktinerpriorat St. Bartholomew's in London, vgl. D. Knowles, The
Monastic Order in England (Cambridge ²1963), 175; N. More, The History of
St Bartholomew's Hospital 2 Bde (London 1918); W. Holtzmann, Papsturkunden in England 1 (Berlin 1930), 202f.*
[6] *Canterbury. Als Erzbischof kommt in Frage: Walter Reynolds (1313 Oktober
1–1327 November 16) vgl. Eubel 1, s. v.*

donien. ecclesia pastore vacante, prout tunc vacabat,[1] dicitur pertinere, in
10 presbiterum ordinatus *etc. ut in prima.*[2]

Item eodem modo scribitur priori et conventui mutatis mutandis.

Q 26, 8 Secunda forma „Cum secundum apostolum".

Episcopo. Constitutus in presentia nostra dilectus filius P. de .. subdiaconus, lator presentium, nobis exposuit, quod, cum tibi super provisione
ipsius, qui a te, sicut asserit, fuit in subdiaconum ordinatus et nullum est
5 ecclesiasticum beneficium assecutus, in communi forma, secundum quam
pro ordinatis sine certo titulo eorum ordinatoribus sedes apostolica scribere
consuevit, direxerimus scripta nostra, dilecto filio .. super hoc sibi monitore
concesso, tu mandatum nostrum et monita ipsius monitoris obaudiens, cum
iuxta formam ipsi traditam diligenter eum idoneum esse repererit, procedere
10 non curas, prout ipsius nobis exhibite littere continebant. Nolentes igitur,

---

[9] vacante] carente *B* | prout] que *E* |
vacabat] carebat *B* | partinere *(!) B*

[10] in prima] verbis competenter mutatis *add E* : supra *B*

[11] Item – mutandis *om B* | eodem
modo] in eundem modum *E* | scri-
batur *E* | mutatis mutandis] etc. *E.*

Q 26, 8 *M 273 f. 25/25'; O 299 f.*
28'/29; D 354 f. 88 (Üb. Index f.
8'); E 342 f. 52; L 256 f. 100a
(Fragment); B 29 n. 6 f. 66.

[1] forma] littera *M* | apostolicum *D*

[2] Episcopo *om B* | dilectus filius *om*
M | de .. *om B*

[3] presentium *v. and. Hd. einkorr. B* |
tibi *v. and. Hd. marg. einkorr. B*

[4] fuit *om MEB* | et *om MODE : ein-*
korr. v. and. Hd. B | est *doppelt E*

[6] pro *v. and. Hd. einkorr. B* | certo
titulo *v. and. Hd. aus* titulis certis
korr. B | ordinationibus *B*

[7] direximus *D* : duximus *B* | scripta
nostra] scripturam *D* | sibi *om*
DEB | monitore] monitorie *(?)*
korr. B

[8] tu *v. and. Hd. aus* ut *korr. B* | moni-
toris] *om MO* : cum *E*

[9] eum esse ydoneum *B* | reppererit
M : reperit *D* : repereris *E* : reperi-
ret *(!) B*

[10] ipsius] *hinter* exhibite *DB* : *hinter*
ipsius *E*

---

[1] *Vakanzen in London (vgl. Eubel 1, 311): Bischof Richard † 1303 Dezember*
9, Nachfolger Radulf ab 1306 Januar 30; die übrigen Vakanzen sind nur sehr
kurz, kommen aber in Frage, da der Erzbischof von Canterbury z. Z. der Aus-
stellung der Urkunde durch Johann XXII. noch als lebend bezeichnet wird, wäh-
rend 1303–1306 der damals bereits verstorbene Robert Winchelsey (1293 Februar 13–
1313 Mai 11) Erzbischof war: Radulf † 1313 Juli 24, Nachf. Gilbert November
25; Gilbert † 1316 Dezember 18, Nachf. Richard 1317 Mai 15; Richard † 1318
August 24, Nachf. Stephan 1319 Januar 14; die Vakanz nach dessen Tode (1338
April 8–1338 Juli 12) kommt nicht mehr in Frage, da damals Johannes XXII.
(† 1334 Dezember 4) nicht mehr lebte.

[2] *Q 26, 1.*

ut idem subdiaconus occasione huiusmodi laboribus vacuis implicetur, ne pro necessariorum defectu cogatur ad illicita extendere manus suas, fraternitati tue per apostolica scripta mandamus, quatinus eidem subdiacono saltem nunc provideas | iuxta priorum continentiam litterarum, | alioquin dilecto filio P. nostris damus litteris in mandatis, ut te ad id monitione premissa sublato appellationis obstaculo auctoritate nostra compellat, nisi rationabile quid obsistat.

L f. 10 a

M f. 25'
O f. 29

Q 26, 9 Executoria super eodem.

Iud. Constitutus *etc. verbis competenter mutatis*[1] *usque* manus suas, eidem episcopo nostris damus litteris in mandatis *usque* nunc provideat iuxta priorum continentiam litterarum. Quocirca – mandamus, quatinus, si dictus episcopus mandatum nostrum neglexerit adimplere, tu eum ad id monitione premissa sublato appellationis obstaculo auctoritate nostra compellas, nisi rationabile quid obsistat.

5

Q 26, 10 Super eodem.

Episcopo. Constitutus *etc. usque* exposuit, quod, cum olim felicis recor-

[11] ut] ne *korr.* D : quod B | occasione – laboribus] ecclesiasticis beneficiis *korr.* D[2] | huiusmodi *v. and.* Hd. *einkorr.* B | vacuus D : variis B | implicetur] et *add* D[2] B *(beide einkorr.)* | ne – 12 extendere *v. and.* Hd. *einkorr.* B

[12] deffectu E | extendere] ponere MO : *om* E | suas *om* M | fraternitati – 13 mandamus] fraternitatem tuam rogamus et hortamur ac *(getilgt M)* per apostolica tibi scripta mandantes MO

[13] per – scripta] etc. B | mandantes E

[14] saltim D | iuxta] *hier beginnt wieder* L

[15] dilecto filio] dilectus B

[16] compellas EB

[17] quod D | obstat M : subsistat D : absit etc. B.

Q 26, 9   M 274 f. 25'; O 300 f. 29; D 355 f. 88 *(Üb. Index f. 8')*; E 343 f.

52; L 257 f. 100a; B 29 n. 7 f. 66.

[1] *Üb. om* M, *marg.* : Executoria. – O *Üb.*: Super eodem executoria. | Executoris D : Exequtoria E

[2] Iud. *om* B | verbis – mutatis *om* B | manus] mandamus D

[3] nostris *om* B | damus] dans E | usque] ut MOEL : etc. usque B | provideat] provideant EL : ei *add* B

[4] Quocirca] etc. B

[5] tu *om* B | monitione – 7 rationabile] etc. B

[6] sublato *om* L

[7] quid] quod D | obsistat] obstat M : etc. *add* D : obsit B.

Q 26, 10   M 275 f. 25'; O 301 f. 29; D 356 f. 88/88' *(Üb. Index f. 8')*; E 344 f. 52; L 258 f. 100a; B 29 n. 8 f. 66.

[2] Episcopo *om* DB | usque *om* B | cum *om* B | olim *om* E

[1] *Ergänzung nach* Q 26, 8.

D f. 88' dationis Clemens papa V.,[1] predecessor | noster, tibi super provisione ip-
sius, qui, sicut asserit, a te fuit in subdiaconum ordinatus, nullum *etc. usque*
5 concesso, tu mandatum predecessoris ipsius et monitoris predicti monitiones
obaudiens *etc. ut in aliis.*[2]

Q 27

Decime novalium.

Q 27, 1 Quod possit percipere novalium decimas.

S f. 41 | Dilectis in Christo filiabus .. abbatisse et conventui monasterii de ..
.. ordinis .. diocesis. Iustis petentium desideriis dignum est nos facilem
prebere consensum et vota, que a rationis tramite non discordant, effectu
5 prosequente complere. Eapropter, dilecte in domino filie, vestris iustis
postulationibus grato concurrentes assensu vobis auctoritate presentium
indulgemus, ut in parrochiis illis, in quibus habetis et iuste percipitis maiores
et veteres, novalium quoque decimas, de quibus aliquis hactenus non perce-

---

[3] Cle. *O* : Inno. *B* | C. papa V. *MDEL*
[4] fuit *om DELB* | subdyaconum *M* :
diac; *L* | nullum *om B*
[5] concessa *B* | predecessoris] predic-
tum *E* | monitoria *L*
[6] aliis] proxima *MO* : precedeñ *B*.
Q 27, 1 *P 365 f. 36' (Üb. Index f.
6'); V 349 f. 45'; H 409 f. 48'; S
316 f. 40'/41 u. 286 f. 36' (= S');
R 92 f. 9.*
[1] *Üb. om S', marg.*: Confirmatio novalium. – *R Üb.*: Quod abbatissa
et conventus possint recipere no-
valium decimas.| novalium] monia-
lium *P* : *aus* monialium *korr. V* |
decimas] Rubrica *add H*[2]
[2] Dilectis – abbatisse] Dilecto filio
abbati *S'* | conventus *H* | mona-
sterii – 3 diocesis] monasterii ..
ordinis .. diocesis .. *H* : etc. *S'*

[3] desideriis – 5 complere] etc. ut
supra *R* | nos] *hinter* facilem *H* : *om
S*
[4] consensum *aus* assensum *korr. P* |
effectu prosequente] prosequente
effectu *H* : favorabiliter *S* | affectu
P
[5] complere] adimplere *S* | dilecta *S* :
dilecti *S'* | domino] Christo *H* |
filii *V* : fil .. *H* : filia *S* : fil *S'* |
vestris] *korr. V* : *om H* : tuis *S*
[6] postulationibus] supplicationibus
VH | grato concurrentes] etc. ut
supra usque *R* | assensu] *dahinter
getilgt* : etc. usque assensu *V* | auc-
toritate vobis *S'*
[7] habentis *V* | percipientis *V*
[8] novalium] monialium *P* | quoquo
P | quibus] eas *add S'*

---

[1] *Klemens V. Aussteller ist somit mit großer Wahrscheinlichkeit ebenfalls
Johann XXII.*
[2] *Q 26, 8f.*

pit, pro ea portione, qua veteres vos contingunt, iuxta tenorem declarationis a felicis recordationis Alexandro papa, predecessore nostro, super hoc edite[1] percipere valeatis sine iuris preiudicio alieni. Nulli ergo *etc.*[2]   10

Q 27, 2   Forma pro novalibus.

Dilectis in Christo filiabus .. abbatisse et conventui monasterii sancti .. de .. ordinis .... diocesis. Cum a nobis petitur *etc. usque* assensu presentium vobis auctoritate concedimus, ut in parrochiis illis, in quibus veteres vobis decime sunt concesse, novalium quoque decimas, de quibus aliquis hactenus   5 non percepit, pro ea portione, qua veteres vos contingunt, iuxta declarationem a felicis recordationis Alexandro papa, predecessore nostro, super hoc editam[1] sine iuris preiudicio alieni percipere valeatis. Nulli ergo *etc.*[2]

---

[9] pro] quod *(in V getilgt) VSR* : *om H* | portione *aus* petitione *v. späterer Hd. korr. S* | quo *S'* | vos] eos *H* : nos *S'*

[10] a – recordationis] aserte *(?) S'* | recordationis] *aus* me(morie) *korr. V* : memorie *HS* | Allexandro *S* : a .. *S'*

[11] alieni] alicui *S'* | ergo *om S.*

Q 27, 2   *C 383a f. 432' (Üb. Index f. 445'); M 291 f. 26; O 317 f. 29'; D 474 f. 103; E 458 f. 61; L 369 f. 104d (Fragment); B 27 n. 1 f. 36.*

[1] Forma *om MO*

[2] Dilectis, *Initiale nicht ausgeführt B*| in Christo *einkorr. E* | .. *om MD* | monasterii *om EL* | monasterii – 3 ordinis .. *om B* | sancti ..] *om CMOL* : sancti *D* : .. *E*

[3] de ..] Melfien. *add MO* | ordinis .. .. diocesis] .. *(einkorr. E)* ordinis .. diocesis *CE* : diocesis ordinis .. *D* | .. 2°] sancti Benedicti *MO* | .. diocesis] *om MO* : salutem etc. *add B* | usque *om B* | presentium] tenore *add D²*

[4] vobis] tibi *EL* | ut *marg. v. and. Hd. einkorr. B* | parrochiis illis] hiis parrochiis *B* | veteres – 5 quibus *om C*

[5] actenus *D*

[6] non] *hier bricht in L der Text infolge Blattverlust ab* | portione] pro *add CMOEB*

[7] Ale. *C* : A. *MODEB* | papa] V. *add C* : .. *add D* : III. *add B (v. and. Hd. einkorr.)*

[8] edite *OE* : aditam *D* | iuris *einkorr. D²* | Nulli – etc.] Datum Avinion. etc. *C* : Nulli etc. *v. and. Hd. einkorr. B.*

---

[1] *Konstitution Alexanders IV. von 1256 März 23 (Potthast 16300; Les registres d'Alexandre IV, bearb. v. C. Bourel de la Roncière u. a. Nr. 1319) = VI°* 3, 13, 2.

[2] *Vgl. Bd. 1 S. 486f.*

Redaktion Q V

QV 234 = Q 19, 4.
QV 235 = Q 9, 3.
QV 236–258a = Q 14.

QV 258b   Quod possit ecclesiam in proprio fundo construere et dotare.

Episcopo . . Sua nobis nobilis vir . . miles tue diocesis petitione monstravit, quod, cum ipse ab ecclesia matrice adeo sit remotus, quod propter inunda-
5 tiones aquarum et alia viarum discrimina hiemali presertim tempore pro divinis audiendis officiis et recipiendis ecclesiasticis sacramentis nequeat accedere ad eandem, construendi capellam in proprio fundo de . . et habendi proprium capellanum in ipsa, cui paratus est de bonis propriis pro sustentatione sua sufficientes redditus assignare, licentiam sibi concedere digna-
10 remur. Volentes igitur in hoc tibi deferre, qui loci diocesanus existis, fraternitati tue per apostolica scripta mandamus, quatinus eidem militi facienti, quod offert, si expedire videris, postulata concedas sine iuris preiudicio alieni.

QV 259 (P–; V 259; H 307; S–) = Tangl, Kanzleiordnungen Iur. XIV S. 48.
QV 260–262 = Q 13

QV 263   Pro executore testamenti in forma speciali.

Dilecto filio . . abbati monasterii Pomposian.[1] ordinis sancti Benedicti ad Romanam ecclesiam nullo medio pertinentis[2] Comaclen.[3] diocesis. Ex-

---

QV 258b   *P–; V 244 f. 28; H 292 f.*
   33; S–.
 [3] nobis *doppelt V*
 [5] hyemali *H*
 [6] et *om H*
 [7] capellam *om H*
 [11] faciendi *VH*
 [12] videris] sibi *add H.*

QV 263   *P–; V 263 f. 30'/31; H 311 f.*
   35/35'; S 238 f. 27; R 410 f. 39/39'.
 [1] *Üb. om VS. – R Üb.: Super execu-*

tione testamentorum contra detinentes bona testatoris iam alias mota lite super eis. | speciali] Rubrica *add H*[2]
[2] Dilecto – 3 diocesis] Iud. *R* | filio . .] de . . *add H* | monasterii Pomposian. *om H* | Pomposien. *S*
[3] nullo medio] dumtaxat *S* | pertinentis] pertinentia n(ullo) m(edio) per(tinentis) *S* | Comaclen. *scr.*] Clomacen. *VS* : Claromonten. *H*

---

 [1] *Benediktinerkloster Pomposa n. von Ravenna.*
 [2] *Das Kloster war unmittelbar dem hl. Stuhl unterstellt, vgl. Liber censuum ed. Fabre-Duchesne 1, 97 a mit Anm. 5.*
 [3] *Comacchio n. von Ravenna.*

posuit nobis venerabilis frater noster Guido episcopus Ferrarien.[1], | executor   *H f. 35'*
testamenti quondam magistri Alberti phisici, civis Vicentin.,[2] qui quidem   5
episcopus ante promotionem suam ad episcopatum Ferrarien. ordinem fratrum Predicatorum professus de sui superioris licentia huiusmodi executio-
nem suscepit | et prosequitur, quod, ⟨cum⟩ quondam .. relicta dicti magistri   *R f. 39'*
Alberti, executrix ipsius dicti testamenti, quasdam pecuniarum summas et
res alias, quas dictus testator ad se spectantes per manus | ipsorum in pios   *V f. 31*
usus erogari precepit, ad manus suas recipiens ipsasque in proprios usus
convertens ipsas iuxta dispositionem dicti testatoris erogare indebite dene-
garet, propter quod pia dicti testatoris intentio defraudatur, dictus executor contra eam super hoc ad venerabilem fratrem nostrum R. archiepiscopum Ravennat. tunc episcopum Vicentin.[3] felicis recordationis B. pape   15
VIII.,[4] predecessoris nostri, in consueta forma litteras impetravit. Cumque
aliquamdiu super hoc coram .. vicario dicti episcopi Vicentin.,[2] cui idem
episcopus Vicentin.[2] commiserat in hac parte totaliter vices suas, processum
fuisset, eadem tamen R. viam fuit universe carnis ingressa. Quare dictus
episcopus Ferrarien.[1] nobis humiliter supplicavit, ut, cum ipse causam pre-   20
dictam contra Lustum Iacobini Thetinis Mathesii, virum quondam dicte

---

[4] Guido] G. *HR* | Ferarien. *R*

[5] magistri – 7 professus] .. episcopi
Ferrarien. ordinis fratrum Predica-
torum professi qui *H* | Abberti *R* |
phisici] plufici *V* : *om R* | Vincen-
tin. *HR* | qui] quod *R* | quidam *R*

[6] Ferarien. *R*

[8] prosequitur] fuit prosecutus *H* | cum
scr.] *om VHSR* | quondam *om H* |
..] Reverendam *(?)* *H* : Rerecma
(?) *S* : C. *(?)* *R* | dicti] quondam *H*

[9] Alberti] de .. laici diocesis .. *add*
H | coexecutrix *H* : execucionis *S*

[11] ipsamque *H*

[12] convertit *S* | ipsam *H* | erogaret *R* |
denegaret] denegavit *H* : renegaret
R

[13] piam *V*

[14] eum *S*

[15] Raven. *H* : Ravenatum *S* : Raven-
natem *R* | Vincentin. *HR* | Bo. *R*

[17] .. *om HR* | Vincentin. *HR*

[18] Vicentin. *om H* | totaliter *om S*

[19] tamen *om SR* | R.] A. *S* : C. *R*

[20] Ferranen. *S* : Ferarien. *R*

[21] Lustum] Luscum *H* : 1. *R* | Iaco-
bini – Mathesii] Iacobi *R* | Tethinis]
Cothonis *S*

---

[1] *Bischof Guido von Ferrara (1304 April 3–1332), vgl. Eubel 1, s. v.*

[2] *Vicenza.*

[3] *Rainaldus, Erzbischof von Ravenna (1303 November 19–1321 August 18),
vorher Bischof von Vicenza (1296 Oktober 13–1303 November 19), vgl. Eubel 1, s. v.*

[4] *Bonifaz VIII. († 1303 Oktober 11). Der Brief ist durch die Regierungs-
daten des Erzbischofs von Ravenna und des Bischofs von Ferrara zu datieren
(1304 April 13–1321 August 18), doch dürfte wegen des Inhalts das Datum näher
dem unteren Ansatz sein. Aussteller war dann vermutlich Klemens V., und das
Stück gehört somit zu den ersten Zusätzen zur Redaktion Bonifaz' VIII.*

R., et Henricum B., cives Vicentin.,[1] ad quos bona pervenerunt ipsius,
prosequi sit paratus et ex prorogatione huiusmodi negotii propter cavilla-
tiones dicte R. ipsius executio testamenti diu iam fuerit retardata, providere
25　super hoc sibi paterna sollicitudine curaremus. Quocirca discretioni tue
per apostolica scripta mandamus, quatinus partibus convocatis causam
predictam summarie de plano sine strepitu et figura iudicii audias et appellatione remota debito fine decidas, faciens, quod decreveris, per censuram
ecclesiasticam firmiter observari, non obstantibus de duabus dietis ⟨editis⟩
30　in concilio generali[2] et dicti predecessoris de una dieta[3] et quibuscumque
aliis constitutionibus super hoc in contrarium promulgatis, dummodo ultra
tertiam vel quartam dietam aliquis extra suam diocesim et civitatem auctoritate presentium non trahatur. Dat. *etc.*

QV 264 = K 30r (P–; V 264; H 312; S–).
QV 265 = K 41c (P 425; V 265; H 313; S 239).
QV 266 = K 41e (P 426; V 266; H 314; S–).

QV 267　Super eodem.

Iud. Querelam S. de . . laici accepimus continentem, quod M. presbiter,
G. miles et I. de . . laicus . . civitatis et diocesis quasdam domos, terras et
res alias ipsius titulo pignoris detinent obligatas, licet ex eis perceperint ultra
5　sortem. – mandamus, quatinus, si est ita, dictos pignorum detentores, ut
sua sorte contenti pignora ipsa et quicquid ultra sortem receperunt ex eis,
restituant conquerenti, presbiterum monitione premissa per censuram

---

[22] R.] relicte *H* : . . *S* : C. *R* | Hinri-
cum *S* : h. *R* | B.] Berch *H* : de . . *R* |
Vincentin. *HR*

[24] dicte *om H* | R.] . . *S* : C. *R*

[25] sibi super hoc *S* | solicitudine *SR*

[27] summarie] et *add R* | pleno *S* | et
om H

[28] facias *S*

[29] obstant; *H* | duobus *S* | dietis editis
scr.] dietis *VHR* : edictis *S*

[30] consilio *S*

[32] extra] ultra *R* | et civitatem *om
HSR* | civitatem *om V*

[33] Datum *H.*

QV 267　*P 427 f. 41 (Üb. Index f. 6');
V 267 f. 31'; H 315 f. 36; S 240 f.
27'.*

[1] *H² Üb.*: Super regularibus. – *S Üb.*:
Super pigneribus *(!).*

[2] laici] diocesis . . *add H* | recepimus
H | M. de . . *H*

[3] et 1° *om S* | . . 2° *om S* | diocesis]
et *add V* | domos *om H*

[4] ipsius . . *H* | perceperunt *S*

[5] pignerum *S*

[6] pignera *S* | perceperunt *S*

---

[1] *Vicenza.*
[2] *c. 37 Conc. Lat. IV = X 1, 3, 28.*
[3] *Bonifaz VIII., VI° 1, 3, 11.*

ecclesiasticam, militem vero et laicum per penam in Lateranen. concilio
etc.,[1] attentius provisurus etc.[2] Testes ⟨non⟩.[3]

QV 268 Super pignoribus cum „Preterea".

In eodem modo pro M. de . . clerico etc. usque[4] ultra sortem. Iidem quoque
super terris et rebus aliis iniuriantur eidem. – mandamus, quatinus, si de
huiusmodi pignorum detentione constiterit, detentores eorum, ut sua sorte
contenti pignora ipsa et quicquid ultra sortem receperunt ex eis, restituant   5
conquerenti, clericos monitione premissa per censuram ecclesiasticam, laicos
vero per penam in Lateranen. concilio contra usurarios editam[1] appellatione
remota compellas, attentius provisurus etc.[2] Super aliis vero audias causam
etc.[5]

QV 269 = K 41b (P 429; V 269; H 317; S 241).
QV 270 = K 41d (P 430; V 270; H 318; S 242).

QV 271 Super possessionibus obligatis cum iuramento de non
repetendis et venditione facta in fraudem usurarum.

Iud. Ad audientiam nostram noveritis pervenisse, quod B. de . . laicus . .
diocesis quandam domum R. et . . de . . laici sub false venditionis specie

[9] non *scr.*] etc. *PVHS.*
QV 268   *P 428 f. 41 (Üb. Index f.*
   6'); V 268 f. 31'; H 316 f. 36; S–.
[1] pignoribus] eodem *VH*[2] | Preterea]
   scilicet super terris et rebus aliis
   add V (v. and. Hd.): Rubrica *add*
   H[2]
[2] In] Iud. *H* | clerico] diocesis . . *add*
   H | sortem ultra *umgestellt V*
[3] terris] possessionibus *add H* | si *om*
   V
[4] eorum *om H*
[5] perceperint *H*

[7] concilio *om V.*
QV 271   *P 431 f. 41' (Üb. Index f.*
   7); V 271 f. 32; H 319 f. 36'; S 243
   f. 27'; R 482 f. 46.
[1] cum *om V* | de *om S*
[2] et – usurarum *om PS* | usurarum]
   Rubrica *add H*[2]: etc. *add R*
[3] Iud. *om R* | noveritis pervenisse]
   pervenit *H* | noveris *P* | B.] A. *S*
[4] domum] terram *H* | R.] B. *S* | et . .
   om H | laici] laicorum *P (korr.) R* :
   diocesis . . *add H* | falsa *HS* | specie
   aus spem *korr. V*

[1] *c. 25 Conc. Lat. III = X 5, 19, 3.*
[2] *Ergänzung nach QV 274.*
[3] *Die Testes-Klausel muß nach N 62, 1 entfallen, da unter den Beklagten ein*
Kleriker ist; vgl. Herde, Zeugenzwang, in: Traditio 18, 271f. und Bd. 1 S. 222.
[4] *Ergänzung nach QV 267.*
[5] *Vgl. K 25 mit Anm. 5.*

5　in fraudem usurarum simulate concepte titulo pignoris detinet obligatam,
licet ex ea perceperit ultra sortem (*vel aliter*: licet ex ea ultra sortem fuerit
assecutus), extorto ab eo de non repetendis domo et fructibus ex ea perceptis
nichilominus iuramento. – mandamus, quatinus, si est ita, venditione
huiusmodi non obstante dictum pignoris detentorem, ut huiusmodi iura-
10　mentum relaxet, monitione premissa per censuram ecclesiasticam, et ut sua
sorte contentus pignus ipsum et quicquid ultra sortem perceperit ex eo, R.
restituat supradicto, per penam in Lateranen. concilio[1] *etc.* Testes autem *etc.*[2]

S f. 28　　　　　　　**QV 272**　| Super eodem.

Iud. Ad audientiam nostram noveris pervenisse, quod R. de .. clericus
et N. de .. laicus .. diocesis quasdam terras et res alias I. de .. militis titulo
pignoris detinent obligatas, licet ex eis perceperint ultra sortem, de non
5　computandis fructibus medio tempore perceptis in sortem nec etiam repetendis terris, possessionibus et rebus predictis, antequam eis de sorte satisfactum existeret, extorto ab eo nichilominus iuramento. Cum igitur iuramentum iniquitatis vinculum esse non debeat sed iustitie firmamentum,
– mandamus, quatinus, si est ita, dictos pignorum detentores ad relaxandum
10　huiusmodi iuramentum monitione premissa per censuram ecclesiasticam,
ut sua sorte contenti pignora ipsa et quicquid ultra sortem perceperunt ex

---

[5] in fraudem usurarum *om R* | obliga-
tam *aus* obligatas *korr*. *P* | pigneris
S

[6] perceperint *V* : percepit *R* | vel –
7 assecutus *om R* | vel – sortem
2° *om V* | aliter – sortem 2° *om*
H | ea 2°] eo *S*

[7] extoto (*!*) *R* | eo] et *add VS* | repe-
tenda *H* | domo] terra *H* | ex *ein-*
korr. *S*

[9] dictus *H* | pignorum *H* : pigneris *S*|
detentor *H* | ut *om H* | huiusmodi
iuramentum] iuramentum ipsum *R*
[10] sua *om VH*
[11] percepit *SR*

[12] in – concilio *om R* | consilio *S* | Tes-
tes autem etc. *om S* | autem *om*
PHR.

QV 272　*P 432 f. 41' (Üb. Index f.*
7); V 272 f. 32; H 320 f. 36'; S
244 f. 28.

[1] eodem] contra clericum et laicum
add V (v. and. Hd.) : clericum et
laicum. Rubrica *add H*[2]
[3] .. diocesis] diocesis .. *H*
[4] pigneris *S* | perceperunt *S*
[5] compandis (*!*) *H* | etiam *om H*
[6] possessionibus *om H*
[9] pignerum *S*
[11] ut] et *V* | pignera *S*

---

[1] *c. 25 Conc. Lat. III = X 5, 19, 3.*
[2] *Die Testes-Klausel wird angewendet, da der Beklagte ein Laie ist; vgl.*
N 62, 1.

eis, restituant militi memorato, clericum monitione premissa per censuram eandem, laicum vero per penam in Lateranen. concilio[1] *etc.*, attentius provisurus *etc.*[2]

QV 273 = K 30 v (P 433; V 273; H 321; S 245).

QV 274 Super eisdem.

Iud. Conquestus est nobis . . laicus . . diocesis, quod . . et . . laici dicte diocesis multa extorserunt ab eo per usurariam pravitatem. – mandamus, quatinus, si est ita, dictos usurarios, ut sua sorte contenti sic extorta restituant conquerenti, per penam in Lateranen. concilio contra usurarios   5 editam[1] appellatione remota compellas, attentius provisurus, ne auctoritate nostra in negotio procedas eodem, nisi dictus I. restituerit, si quas aliquando extorsit usuras, cum frustra legis auxilium invocet, qui committit in legem. Testes autem *etc.*[3]

Nota, quod hec clausula : cum ei legis auxilium *etc. non ponitur, nisi quando*   10 *datur littera super usuris, que incipti* : Ad audientiam nostram.

QV 275 = Q 1, 1.[4]

QV 276 Super eodem contra Iudeos.

Et nota, quod contra Iudeos non dabatur Cum autem *tempore domini Papiniani vicecancellarii.*[5]

---

[13] in – concilio *om P* | consilio *S* | provisurus *om H*.

QV 274   *P 434 f. 41' (Üb. Index f. 7); V 274 f. 32'; H 323 f. 37; S–.*
[1] eisdem] Rubrica *add H*[2]
[5] in – 6 compellas] etc. *P*
[6] editam *vor 5* contra *H* | provisurus – 8 legem] etc. *P*
[8] legis – legem] etc. *H*
[9] autem *om PH*
[10] Nota – 11 nostram *marg. H*[2] | ei *om P* | auxilio *H* | nisi – 11 littera] in litteris *H*

[11] datur] dicitur *P* | nostram] etc. *P* : et tunc propter iuramentum *add V (v. and. Hd.).*

QV 276   *P 436 f. 42 (Üb. u. Note Index f. 7); V 276 f. 33; H 325 f. 37/37'; S 247 f. 28'.*
[1] Iudeos *om H*
[2] Et – 3 vicecancellarii *marg. H*[2] | Et *om S* | contra Iudeos] quando Iudeus *H*[2] | dabatur] *om H* : datur *S* | tempore domini] ipse dominus *S* | Pipiñ *V* : Pipinī *(?) H*[2] : Papiñ *S*
[3] vicecancellarii]. VII. *(!) S*

---

[1] *c. 25 Conc. Lat. III = X 5, 19, 3.*   [2] *Ergänzung nach QV 274.*
[3] *Die Testes-Klausel wird angewendet, da der Beklagte Laie ist, vgl. N 62, 1.*
[4] *QV 275 ist hier deutlich als Einschaltung erkenntlich, da QV 276 die Üb.: Super eodem . . . hat, d. h. „Super usuris" wie QV 274.*
[5] *Vgl. K 10 mit Anm. 4 und Bd. 1 S. 171.*

Iud. Ad audientiam nostram pervenit, quod .. et .. Iudei et .. predicti .. uxor Iudea | .. diocesis multa extorserunt et adhuc extorquere nituntur a Bertrando Rostagni et Rostagno eiusdem Bertrandi fratre clericis ac Rostagno de .. laico dictorum clericorum patre dicte diocesis communiter per usurariam pravitatem, de solvendis et non repetendis usuris huiusmodi extorto ab eis nichilominus iuramento, quibusdam litteris, publicis instru-

10 mentis, fideiussoribus et aliis cautionibus datis, factis renuntiationibus et penis adiectis. Quocirca – mandamus, quatinus, si est ita, dictos Iudeos et Iudeam, ut huiusmodi iuramentum relaxent et dictos fideiussores a fideiussione huiusmodi absolvant eodemque iuramento relaxato et predictis fideiussoribus absolutis sua sorte contenti non obstantibus litteris, instru-

15 mentis, penis, cautionibus et renuntiationibus supradictis prefatis clericis et laico restituant sic extorta et ab usurarum exactione desistant, monitione premissa per subtractionem communionis fidelium appellatione remota compellas. Testes *etc.*[1] Dat. *etc.*

QV 277 Super eodem contra civem.

Iud. Ad audientiam nostram pervenit, quod Iospertus Martini, civis Barchinonen.,[2] multa extorsit et adhuc extorquere nititur a Bernardo Scarrerii priore monasterii sancte Marie de Monte Serrato[3] per priorem soliti gubernari

---

5 .. diocesis] diocesis .. *H*

6 Bertrando Rostagni] .. *S* | Rostagno] .. *S* | eiusdem – 7 dicte *om S* | Bertrandi] *B. VH*

7 diocesis] .. *add S* | communiter *om S*

8 solvendo *H* | et non repetendis *om VH* | usuras *H*

9 eis] eo *S* | iuramento] ac *add H*

10 fideiussionibus *H*

12 et 1° – fideiussores *om H*

15 clericis et laico] .. et .. *S* | clerico *PH*

18 Testes] autem *add VHS* | Dat. etc. *om PH*.

QV 277   *P 437 f. 42 (Üb. Index f. 7); V 277 f. 33; H 326 f. 37'; S 248 f. 28'.*

1 civem] Rubrica *(doppelt) add H*²

2 Iospertus Martini] I. Martini *P* : .. *VH* : Iospertus Exemii *(?) S* | Barchinonentis *S*

3 Bernardo Scarrerii] Bertrando Sorani *P* : Bernardo .. *H* : Bernhardo Scarreii *S*

4 priori *S* | Marie] Magda^nes *add P* | Monte Serrato] .. *P*

---

[1] *Die Testes-Klausel wird hier gemäß N 62, 1 angewendet, da die Beklagten Juden sind.*

[2] *Barcelona.*

[3] *Prior Bernat Escarrer des Benediktinerklosters Montserrat bei Barcelona. Bernat wurde 1300 Dezember 20 zum Prior ernannt und hatte dieses Amt bis Ende 1321 oder Anfang 1322 inne; vgl. A. Albareda, Cronologia dels darrers priors de Montserrat, in: Analecta Montserratensia 4 (1920–21), 203 ff.; 240 f.;*

ordinis sancti Benedicti Vicen.[1] diocesis per usurariam pravitatem *etc. ut* 5
in precedenti[2] *usque* si est ita, dictum civem, ut huiusmodi iuramentum
relaxet et dictos fideiussores ab huiusmodi fideiussione absolvat, monitione
premissa per censuram ecclesiasticam eodemque iuramento relaxato *etc.*
usque exactione desistat per penam in Lateranen. concilio contra usurarios
editam[3] appellatione remota compellas, attentius provisurus, ne auctoritate 10
nostra in negotio procedas eodem, nisi dictus prior restituerit vel adhuc
restituat, si quas aliquando extorsit usuras, cum ei legis auxilium suffragari
non debeat, qui committit in legem. Testes *etc.*[4]

QV 278 = Q 2, 1.
QV 279 = Q 4, 2.
QV 280 = Q 4, 1a.

QV 281 Conceditur abbati, quod possit absolvere monachos
monasterii sui.

Dilecto filio .. abbati monasterii sancti Viti Gladebach[5] ordinis sancti
Benedicti Colonien.[6] diocesis. Exhibita nobis tua petitio continebat, quod
nonnulli monasterii tui monachi et conversi pro violenta manuum iniectione 5

---

[5] sancti – Vicen.] .. *H*
[7] ab – fideiussione *om VH* | monicō *S*
[9] in – 10 compellas] etc. *P* | consilio *S*
[10] ne] nec *S*
[11] vel] et *P*
[12] eis *P*
[13] debet *S.*
QV 281 *P 439 f. 42' u. 440 f. 42'*
(= P') (Übb. Index f. 7); V 281
f. 34; H 330 f. 38/38'; S 252 f.
29/29'.

[1-2] *P' Üb.*: Super eodem. – *VH*[2] *Üb.*:
Super absolutione monachorum. –
Üb. om S
[3] Dilectis filiis *H* | sancti – Glade-
bach] .. *P'* | Gladebach] Granden.
P : Gladibuch *H*
[4] Benedicti] Augustini *P'* | Colo-
nien.] .. *P'*
[5] monasterii tui nonnulli *H* | monachi]
canonici *P'* | pro] super *P'* | iniec-
tione manuum *P'*

---

ders. Historia de Montserrat (Montserrat 1931), 47f., 51; A. Mundó, Notes
sobre cultura montserratina, in: Analecta Montserratensia 8 (1954/55), 474.
In der Empfängerüberlieferung von Montserrat findet sich die vorliegende Ur-
kunde nicht (frdl. Auskunft von P. Dr. Columba Batlle, Abtei Montserrat).

[1] *Vich.*
[2] *QV 276.*
[3] *c. 25 Conc. Lat. III = X 5, 19, 3.*
[4] *Die Testes-Klausel wird hier gemäß N 62, 1 angewendet, da die Beklagten*
Juden sind.
[5] *Benediktinerkloster St. Veit in Mönchen-Gladbach.*
[6] *Köln.*

S f. 29' in se ipsos et quidam pro detentione proprii, | alii etiam pro denegata tibi
et predecessoribus tuis obedientia seu conspirationis offensa in excommunicationis laqueum inciderunt, quorum monachorum quidam divina celebrarunt officia et receperunt ordines sic ligati, quare super hiis eorum provideri
10   saluti a nobis humiliter postulasti. De tua igitur circumspectione plenam in
domino fiduciam obtinentes discretioni tue presentium auctoritate concedimus, ut eosdem excommunicatos hac vice absolvas ab huiusmodi excommuni-
H f. 38' cationum sententiis iuxta formam ecclesie vice nostra iniungens eis, | quod
de iure fuerit iniungendum; proviso, ut manuum iniectores, quorum fuerit
15   gravis et enormis excessus, mittas ad sedem apostolicam absolvendos. Cum
illis autem ex eisdem monachis, qui facti immemores et iuris ignari absolutionis beneficio non obtento receperunt ordines et divina officia celebrarunt,
iniuncta eis pro modo culpe penitentia competenti eaque peracta liceat
tibi de misericordia, que superexaltat iudicio,[1] prout eorum saluti expedire
20   videris, dispensare. Si vero prefati monachi excommunicati scienter talia non
tamen in contemptum clavium presumpserunt, eos per biennium ab ordinum executione suspendas et imposita ipsis penitentia salutari eos postmodum, si fuerint bone conversationis et vite, ad gratiam dispensationis
admittas; proprium autem, si quod habent dicti monachi et conversi, in
25   tuis facias manibus resignari in utilitatem dicti monasterii convertendum.

QV 282 = Q 11, 3.

QV 282a   Super diffamatione.

Iud. Conquestus est nobis . ., quod . . falso asserens ipsum esse falsarium
vel adulterum et aliis fore diversis criminibus irretitum eum super hoc
apud bonos et graves nequiter diffamavit, propter quod idem clericus damp-

---

⁸ laqueos *H* | monachorum] canoni-
corum *P'*
⁹ perceperunt *V* | hoc *H* | providere
VS
¹⁰ igitur] itaque *P'*
¹¹ presentium] tibi *add P* | concedi-
mus] committimus *P'*
¹⁶ monachis] canonicis *P'* | et] vel *P*
¹⁷ non *om S* | ordines] sic legati *add*
P'
¹⁸ iniuncto *V* | culpa *P*

¹⁹ superexalta *(sic) P'* | videris expe-
dire *H*
²⁰ monachi – *Schluß*] canonici etc. ut
supra proxime *P'* | monachi *om S*
²¹ contemptu *VS* | eis *P*
²² suspensis *aus* suspendas *korr. P* |
et *om VS* | inpõita *S* | salutari] et
add H
²⁴ quid *S.*
QV 282a   P 444 f. 43 (Üb. Index f.
7); V–; H–; S–.

---

[1] *Vgl. Jac. 2, 13: . . . superexaltat autem misericordia iudicium.*

na gravia et expensas se asserit incurrisse. – mandamus, quatinus partibus   5
convocatis.

QV 282b (nur P 445) = *Extrav. comm. 3, 2, 3.*
QV 282c (nur P 446) bei QV 316/17.
QV 283–315d u. 315a (nur S 283) = *Q 15.*
QV 315b = *Q 8, 1b.*
QV 315c = *Q 9, 2.*
QV 315d (nur S 286) = *Q 27, 1.*
QV 315e (nur S 287) = *Q 12, 1a.*
QV 315f (nur S 288) = *K 227a.*
QV 315g (nur S 289) = *Q 11, 5.*

QV 315h Concessio, quod religiosi petant hereditaria bona.

Dilectis filiis . . abbati et conventui monasterii de . . ordinis . . . . diocesis.
Devotionis vestre precibus inclinati vobis presentium auctoritate concedimus, ut possessiones et alia bona mobilia et immobilia, que liberas personas
fratrum vestrorum ad monasterium vestrum mundi relicta vanitate con-   5
volantium et professionem facientium in eodem iure successionis vel alio
iusto titulo, si remansissent in seculo, contigissent et que ipsi existentes in
seculo potuissent[a] vobis | libere erogare, valeatis petere, recipere et etiam   *S f. 37'*
retinere sine iuris preiudicio alieni. Nulli ergo *etc.*[1]

QV 315h   *P 363 f. 36' u. 364 f. 36'*
(= P'); V–; H–; S 290 f. 37/37';
M 337 f. 31'; O 364 f. 35.
[1] *Üb. om PP'MO. – S Üb. v. späterer*
Hd.
[2] abbati] priori *P'* | monasterii – dio-
cesis] in . . per priorem soliti gubernari ordinis sancti Augustini . .
diocesis *P'* | de *om S* | ordinis . . *om*
P | . . diocesis] diocesis . . *S*
[3] inclinati – concedimus] benignum
impertientes assensum auctoritate
vobis presentium indulgemus *P* |
vobis – concedimus *om MO* | vo-
bis – auctoritate] presentium tenore
vobis *P'*
[4] et immobilia *om P'* | libere persone
(rot zu personas *korr.) S* : personas
liberas *MO*

[5] fratrum vestrorum] vestrorum frat-
rum *P* : canonicorum *P'* | vanitate
relicta *PP'MO*
[6] iure – 7 seculo] si remansissent in
seculo iure successionis vel quocum-
que iusto titulo *MO* | alio] quocum-
que *add P*
[7] contigissent – *Schluß*] etc. ut in
alia *P'* | contingissent *(!) S* | que –
8 seculo *om P*
[8] valeatis *om PMO* | et etiam] ac
MO | et] ac *P*
[9] retinere] libere valeatis *add PMO* |
alieni] auctoritate presentium vobis (vobis presentium *O*) indulge-
mus *MO* | etc.] Si quis autem etc.
add P: *om M* : omnino hominum
liceat hanc paginam nostre concessionis infringere etc. *O*.

---

[1] *Es handelt sich um eine littera cum serico, vgl. Bd. 1 S. 395.*

10   a) *Zusatz in O von späterer Hand* : dummodo feudalia non existant. *Istud ponitur, quando non dicitur* sine iuris preiudicio alieni.

QV 316   Notule super clausula „Cum autem".

1. *Nota, quod episcopus extra suam civitatem et diocesim trahit et trahitur.*[1]

2. *Item eius capitulum, universitas loci, civitatis, ville aut castri trahuntur extra.*[2]

5   3. *Forma illorum, qui sunt eiusdem civitatis vel diocesis cum reo et trahuntur extra* : Cum autem dictus . ., sicut asserit, prefati . . (*vel* dictorum . .) potentiam merito perhorrescens eum (*vel* eos) infra . . civitatem vel diocesim nequeat convenire secure, discretione tue *etc.*[3]

QV 317   Forma pro eisdem.

Cum autem dictus . ., sicut asserit, . . civitatem seu diocesim intrare non audens dictum . . (*vel* dictos . .) infra eas nequeat convenire secure, discretioni tue *etc.*[4]

5   1. *Nota, quod, ubi impetrans est eiusdem diocesis cum reo nec est aliquis de casibus supradictis, tunc commissio facienda est infra civitatem vel diocesim rei.*[5]

2. *Item nota, quod iudices esse debent vel dignitatem seu personatum obtinentes aut cathedralium ecclesiarum canonici.*[6]

10   3. *Item attende, quod, ubi extra civitatem et diocesim suam reus trahi*
V f. 41' *potest, non trahitur* | *ultra unam dietam a finibus diocesis sue, neque iudices dati extra civitatem seu diocesim, in quibus deputati sunt, possunt citare partes neque de causis sibi commissis cognoscere vel eas subdelegare, nisi partium ad id expressus accedat assensus; et ideo caveant sibi impetrantes, ubi possunt tra-*

QV 316   *P 446 f. 43' (Üb. Index f. 7')*;
V 316 f. 41; H 374 f. 44'; S–.

  [1] clausula – autem] clericum autem.
    Rubrica *H*[2]
  [2] et diocesim *om H* | extra] Item in
    duobus casibus quorum forme se-
    quuntur *add P* : cum clausula
    Cum autem sed non trahunt *add H*
  [5] reo] trahunt *add V*
  [6] extra] sic *add H*

  [7] perorrescens *V* | . . *om H* | vel 2°]
    seu *P.*

QV 317   *P 446a f. 43'; V 317 f.*
  41/41'; H 374a f. 44'/45; S–.
  [1] Forma – 4 etc. *om P*
  [2] . . 2° *einkorr. H* | seu] vel *H*
  [8] vel *om H* | seu] vel *H*
  [9] cathedralem *V*
  [11] sue diocesis *H*
  [12] seu] vel *P* | possunt *om H*

---

  [1] *Vgl. N 2.*   [2] *Vgl. N 3, 4.*   [3] *Vgl. N 4. Dazu jeweils Bd. 1 S. 192 f.*
  [4] *Vgl. QV 316 Anm. 4.*   [5] *Vgl. N 5.*   [6] *Vgl. N 1.*

here extra, ne in civitatibus et diocesibus impetrent iudices ultra dietam distan- 15
tibus a finibus diocesis reorum, cum locus, in quo cognoscendum est, non debeat
ultra unam dietam a fine diocesis conventi distare.[1]

4. *Item actor alterius diocesis non trahit ad suam neque iudicem impetrat*
in ea; et ideo exprimenda est diocesis actoris in hoc casu, ut sciri possit, ne
iudices impetrati sint in sua civitate vel diocesi.[2] 20

5. *Ubi vero actor et reus sunt eiusdem civitatis vel diocesis, conveniens est,*
quod etiam diocesis exprimatur actoris.[3]

6. | *Item nota, quod predicta non possunt attendi circa impetrationem lit-* H f. 45
terarum in formis Ea, *que de bonis et* Post iter arreptum *et in aliis generalibus*
similibus. Item exulet clausula Proviso.[4] 25

QV 318–321 = Q 22, 1–7.
QV 322 = Q 4, 3.
QV 322a (nur P 314) = Q 4, 1.
QV 323 = Q 6, 1.
QV 323a und b (nur P 317 u. 316) = Q 8, 1a und c.
QV 323c (P 318 ; S 297) = Q 3, 1a.
QV 324 = Q 3, 1.
QV 325 = Q 2, 2.

QV 325a   Forma „Sic sibi".

Iud. Sua nobis dilectus filius . . canonicus ecclesie de . . . . diocesis petition^e
monstravit, quod, licet ipse in eadem ecclesia auctoritate . ., ad quem in ea
spectat, ut dicitur, collatio prebendarum, canonice sit receptus in canonicum
et in fratrem, nondum tamen est ibidem prebendam aliquam assecutus. 5
Quare dictus . . nobis humiliter supplicavit, ut providere sibi super hoc, ne in

---

15 et] vel *V* | impetrarent *VH* | distan-
   tem *H*
16 diocesis *om P*
17 finibus *P* | conventi] *om P* : com-
   miss; *H*
18 trahat *H*
23 citra *V*.

QV 325a *P 321 f. 34 (Üb. Index f.*
  6); V 325a f. 43; H 384 f. 46'; S
  299 f. 39.
1 *Üb. om VHS; V (v. and. Hd.) H*²

marginal : Quando canonicus non
habet prebendam. – *S marg. v.*
späterer Hd.: Confirmatio receptio-
nis in canonicum.
2 de *om PH* | . . diocesis] diocesis . .
  H
3 quem] quam *S*
4 prebendarum] predictarum *S* | re-
  ceptus] adeptus *S* | canonicum *om V*
5 aliquam prebendam *S*
6 . . *om S* | provideri *S* | super hoc
  sibi *S*

1 *Vgl. N 5. Dazu jeweils Bd. 1 S. 193f.*
2 *Vgl. N 7.*
3 *Vgl. N 5. Dazu jeweils Bd. 1 S. 193f.*
4 *Vgl. N 57ff. Dazu Bd. 1 S. 214ff.*

vacuum canonici nomen gerat, paterna sollicitudine curaremus. Nos itaque
ipsius canonici supplicationibus inclinati receptionem huiusmodi, sicut
provide facta est, ratam et gratam habentes ac eam auctoritate apostolica
confirmantes – mandamus, quatinus, si est ita, eidem canonico de prebenda
sic sibi ⟨et nulli alii⟩ de iure debita, si qua in predicta ecclesia vacat ad
presens vel quamcito ad id obtulerit se facultas, per te vel per alium aut alios
auctoritate nostra providere procures inducens eum in corporalem possessionem huiusmodi prebende et defendens inductum, contradictores *etc.*[1]

QV 326–344 i = Q 23, 1–23, 34.
QV 344 k (P 355; S 285) = Q 9, 2a.

QV 344 l *Iud.* Conquestus est nobis M. rector ecclesie . . . . diocesis,
quod . . et . . laici dicte diocesis super quibusdam fructibus et proventibus,
pecuniarum summis, terris, possessionibus et rebus aliis ad ecclesiam ipsam
spectantibus iniuriantur eidem *etc.*[2]

QV 345 = Q 24, 1.

QV 346　Conqueritur orphanus super terris.

Iud. Conquestus est nobis . . pauper orphanus, quod . . de . . . . diocesis
super terris *etc.* – mandamus, quatinus illos, sub quorum iurisdictione iniuriatores ipsi consistunt, moneas attentius, ut eidem pauperi super hiis
exhiberi faciant iustitie complementum, alioquin tu partibus convocatis.[3]

---

[7] canonici *om H*

[9] et] ac *P* | eam] etiam *H* : cum *S*

[11] sic *om PS* | sibi *om P* | et nulli
alii *scr.*] que nulli *P* : quod nulli
VS : et nulli *H* | debeatur *P* : de-
bit; *V* : debito *S* | si qua *om S* |
ecclesia *om PS*

[12] quamprimo *PS* | te] *aus se korr. P* :
se *S* | alium aut *om H* | aut] per
add P.

QV 344 l　*P 356 f. 36; V–; H–; S–.*
[1] ecclesie . .] . . ecclesie *P.*

QV 346　*P 358 f. 36 (Üb. Index f. 6);
V 346 f. 45; H 406 f. 48; S–.*
[1] *Üb. om H (an dieser Stelle Rasur).*
[2] *Iud. om V* | de] et *VH* | . . diocesis
om VH
[5] alioquin tu *scr.*] alioquin *P* : super
aliis vero *VH* | partibus convoca-
tis] *etc. P.*

---

[1] *Ergänzung nach Q 23, 52.*
[2] *Ergänzung nach K 1 ff.*
[3] *Hier folgt die übliche Mandatsklausel.*

QV 346a   Forma „Preces et mandata".

Dilectis filiis . . abbati et conventui monasterii de . . . . ordinis . . diocesis.
Cum dilectus filius P. de . . clericus, lator presentium, cupiat, sicut asserit,
una vobiscum in monasterio vestro sub regulari habitu domino famulari,
universitatem vestram rogamus, monemus et hortamur attente per apostoli- 5
ca vobis scripta mandantes, quatinus ipsum ob reverentiam sedis apostolice
et nostram recipiatis in monachum et in fratrem et sincera in domino caritate
tractetis. Dat. *etc.*

Si vero fuerit pro scolare, dicetur : ob reverentiam sedis apostolice et nostram, postquam fuerit clericali caractere insignitus, recipiatis *etc. Si vero pro* 10
laico, dicetur : in monachum et conversum.

QV 346b   Super eodem forma „Cum olim".

Iud. Cum olim dilectis filiis . . abbati et conventui monasterii de . . . .
ordinis . . diocesis nostris dederimus ⟨litteris⟩ in mandatis, ut dilectum
filium P. de . . clericum cupientem una cum eis in dicto monasterio sub re-
gulari habitu domino famulari in monachum | reciperent et in fratrem et   *S f. 40'*
sincera in domino caritate tractarent, iidem abbas et conventus mandatis
huiusmodi obauditis id efficere hactenus non curarunt, sicut eiusdem
clerici labor ad nos indicat iteratus. Volentes igitur dictum clericum in
huiusmodi suo laudabili proposito confovere – mandamus, quatinus, si est
ita, prefatos abbatem et conventum ex parte nostra moneas et inducas, ut   10
dictum clericum in prelibato monasterio in monachum et in fratrem recipiant et sincera in domino caritate pertractent iuxta priorum continentiam
litterarum, alioquin rescribas nobis causam rationabilem, si qua subsit,
quare id fieri non debeat vel non possit.

QV 346a   *P 359 f. 36 (Üb. Index f.*
   6); V–; H–; S 312 f. 40; A 385 f.
   61' (Nachtrag v. and. Hand).
1 Forma *om PA*
2 . . monasterii . . ordinis . . diocesis . . salutem etc. *A*
3 P. de . . clericus] . . diocesis . . *A* |
   . . *om S*
5 monemus *om S* | ortamur *A*
6 apostolice sedis *S*
7 monachum] canonicum *A* | frat-
   rem] *dahinter getilgt* vel monachum *A*

8 Dat.] Datum Avinion. *A*
9 Si – 11 conversum *om A* | fuerit]
   fiet *S* | scolari *P*
11 in] socium *add P.*

QV 346b   *P–; V–; H–; S 313 f. 40/40'.*
3 litteris *om S*
5 in 1°] socium et *add S (eingearbeite-
   te Glosse)* | reciperent] et conversum
   add S (eingearbeitete Glosse)
8 indicat] inducit *S.*

QV 347 = Q 9, 1a.
QV 348 = Q 11, 6.
QV 348a = Q 11, 7.
QV 348aa (nur P 363 und 364) = QV 315h.
QV 349 = Q 27, 1 (vgl. QV 315d = S 286).

QV 350 Contra rectorem non facientem residentiam in ecclesia, cuius proventus percipit.

Iud. Conquesti sunt nobis .. parrochiani ecclesie .., quod .. rector
ipsius ecclesie .. diocesis, licet eiusdem proventus percipiat, debitam
5 tamen in ea residentiam facere pretermittit, propter quod *etc. usque*[1] defraudatur. – mandamus, quatinus, si est ita, dictum rectorem ad debitam
residentiam in ipsa ecclesia faciendam monitione premissa per subtractionem *etc.*[1]

QV 350a Conqueritur vidua.

Iud. Conquesta est nobis .. relicta quondam .. de .. laici vidua .. diocesis, quod .. de .. super terris, debitis, possessionibus et rebus aliis ad
dotem suam spectantibus iniuriatur eidem.[2]

QV 350b Super eodem pro viro et uxore.

Iud. Conquesti sunt nobis .. de .. et .. eius uxor, cives Sistaricen.,[3]
quod .. et .. eiusdem loci fratres laici super terris, debitis, possessionibus
et rebus aliis ad dotem ipsius .. spectantibus iniuriantur eidem. Ideoque
5 *usque* quatinus partibus convocatis audias causam et appellatione remota
usuris cessantibus debito fine decidas, faciens, quod decreveris, per censuram
ecclesiasticam firmiter observari. Testes *etc.*[4]

QV 350 *P 366 f. 36' (Üb. Index f.*
  6'); V 350 f. 45'; H 409a f. 48'; S
  317 f. 41.
[1] facientes *H*[2]
[2] cuius – percipit *om S* | recipit *P*
[3] Iud. *om H* | nobis *om S* | .. 1° *om*
  VH
[4] .. diocesis] diocesis .. *H*
[5] facere – 7 residentiam *om P* | pre-
  termittat *V* | usque *om PV*

[7] suctractionem *V*.
QV 350a *P 367 f. 36' (Üb. Index f.*
  6'); V–; H–; S–.
QV 350b *P 368 f. 36' (Üb. Index f.*
  6'); V–; H–; S 318 f. 41.
[1] *S Üb.:* Conqueruntur vir et uxor.
[2] .. 3° *om S*
[3] laici *om P*
[4] .. *om S*
[7] etc. *om S.*

---

[1] *Ergänzung nach K 136.* [2] *Ergänzung nach K 1ff.* [3] *Sisteron.*
[4] *Die Testes-Klausel wird gesetzt; in N 62 findet sich für diesen Fall keine
gegenteilige Bestimmung.*

QV 351   Quod possit audire divina tempore interdicti.[1]

| Dilecte in Christo filie nobili mulieri .. uxori .. principis Achaye.[2]   P f. 37
Quanto pro divinis officiis audiendis laudabilius inardescis, tanto amplius
super eisdem tibi gratiam facientes devotionis tue precibus inclinati auctoritate tibi presentium indulgemus, ut, cum generale terre fuerit interdic-   5
tum, liceat tibi in capella propria clausis ianuis, interdictis et excommunicatis exclusis divina audire, dummodo causam non dederis interdicto nec
contigerit tibi specialiter interdici. Nulli ergo *etc.*[3]

QV 351a   Super eodem.

.. Decano et capitulo ecclesie de .. Ut eo libentius divinis vacetis obsequiis,
quo in hiis a sede apostolica maiorem gratiam fueritis assecuti, devotionis
vestre precibus inclinati *etc. usque* exclusis,[4] non pulsatis campanis submissa
vo|ce divina officia celebrare, dummodo *etc.* Nulli *etc.*[5]   V f. 46

QV 351   *P 369 f. 37 (Üb. Index f. 6');*
V 351 f. 45'; H 410 f. 48'; S 319 f. 41.

[1] interdicti] gratia etc. *add V(v.*
and. Hd. einkorr.)H[2]

[2] .. 2° *om HS* | Achaye] Athaxe *PVS*

[3] pro] *einkorr. P : om S* | laudabiliter
V : laudabilis *S* | inardescis] ardetis
H

[4] gratiam tibi *H* | devotioni *H* | tibi
auctoritate *H*

[5] fuerit] *hinter* interdictum *P : om S*

[7] exclusis] expulsis *P* | audire divina

P | nec – 8 tibi] nec id tibi conti-
gerit *H*

[8] contingerit *S* | interdicti *VS* | ergo
om VHS.

QV 351a   *P 370 f. 37 (Üb. Index f.*
6'); V 351a f. 45'/46; H 411 f. 48';
S–.

[1] *Üb. om V.* | eodem] Rubrica *add H*[2]

[2] ..1° *om PH*

[3] quo in hiis] quibus in hoc *H* | gra-
tiam maiorem *H*

[5] celebrare officia *P.*

---

[1] *Vgl. eine ähnliche Formel in der sogenannten Formelsammlung des Marinus
von Eboli; Schillmann Nr. 2133.*

[2] *Es muß sich um Isabella von Villehardouin, Regentin von Achaia nach
dem Tode ihres ersten Mannes Florens von Hennegau von 1297–1301, handeln.
Sie heiratete 1301 Februar 12 durch Vermittlung Bonifaz' VIII. Philipp von
Savoyen († 1307). Die Urkunde muß demnach nach 1301 Februar 12 ausgestellt
sein, was vorzüglich in die Entstehung der Urfassung paßt, vgl. Bd. 1 S. 146f.
Über Isabella vgl. Sir Rennell Rodd, The Princes of Achaya and the Chronicles
of Morea 2 (London 1907), 1ff. u. 34ff., u. J. Longnon, L'empire latin de Con-
stantinople et la principauté de Morée (Paris 1949), 264ff., 281ff.; auch W. Mil-
ler, The Latins in the Levant (London 1908), bes. 195ff. u. ö.*

[3] *Es handelt sich also um eine littera cum serico.*

[4] *Ergänzung nach QV 351.*

[5] *Also auch hier eine littera cum serico.*

QV 352   Quod tempore interdicti possint audire divina.[1]

Dilectis in Christo filiabus . . abbatisse et conventui . . monasterii. Devotionis vestre precibus inclinati auctoritate vobis presentium indulgemus, ut, cum generale interdictum terre fuerit, liceat vobis clausis ianuis, non
5 pulsatis campanis, submissa voce in monasterio vestro reddere domino horas canonicas et audire divina officia a proprio capellano, quibuslibet aliis, presertim interdictis et excommunicatis exclusis, dummodo vos et idem capellanus causam non dederitis interdicto nec id vobis et ei contingat specialiter interdici. Nulli ergo *etc.* nostre concessionis *etc.*[2]

QV 353   Conceditur, quod tempore interdicti possit audire divina in capellis monasteriorum suorum.

Nobili viro . . Ut erga sedem apostolicam amplius crescat tue devotionis
H f. 49   affectus, quo eam benigniorem | inveneris in faciendo tibi gratiam specialem,
5 tue devotionis precibus annuentes tibi, uxori, filiis, filiabus, nuris et nepotibus tuis auctoritate presentium indulgemus, ut generalis tempore interdicti in capellis monasteriorum tuorum interdictis et excommunicatis exclusis, non pulsatis campanis et ianuis clausis, submissa voce audire divina *etc. ut in prima.*[3]

QV 354 = Q 11, 8.
QV 355 = Q 11, 9.

QV 352   *P 377 f. 37' (Üb. Index f. 6'); V 352 f. 46; H 412 f. 48'; S–.*

[1] possit *PVH*[2] | divina] Rubrica *add H*[2]

[2] filiabus *om H* | . . 2° *om H* | monasterii] de . . ordinis . . diocesis . . *add H* | Devotionibus *S*

[5] reddere – 6 horas] audire domenicas horas *H* | vestro *om PS*

[6] audire *om H* | capellano] et *add H*

[7] exclusis] expulsis *P*

[8] id] idem *H* | ei] eis *V* : non *add H* | contingat] vobis *add P*

[9] ergo – *Schluß om H* | nostre – *Schluß om P.*

QV 353   *P 371 f. 37 (Üb. Index f. 6'); V 353 f. 46; H 413 f. 48'/49; S 320 f. 41.*

[1-2] *S Üb.*: Super eodem.

[2] suorum monasteriorum *H*[2]

[3] crescat *om P*

[5] nuribus *VS*

[7] capellis – tuorum] capella propria *S* | exclusis] expulsis *PS*

[8] divina *om PS* | ut in prima *om PS.*

---

[1] *Eine ähnliche Formel bei Marinus; Schillmann Nr. 2138.*
[2] *Vgl. QV 351a, Anm. 5.*
[3] *Ergänzung nach QV 351.*

QV 356 Quod recipiatur eiectus.

Dilectis filiis . . abbati et conventui monasterii beate Marie de . . . . ordinis . . diocesis. Cum dilectus filius . . presbiter, lator presentium, monachus monasterii vestri cupiat ad illud, a quo eum, sicut asserit, sine causa rationabili eiecistis, cum humilitate redire, universitatem vestram rogamus, monemus et hortamur attente per apostolica vobis scripta mandantes, quatinus ipsum ad vos humiliter redeuntem ob reverentiam apostolice sedis et nostram recipiatis salva ordinis disciplina et sincera in domino caritate tractetis. 5

QV 357 Super spoliatione beneficii.

| *Iud.* Conquestus est nobis . . portionarius ecclesie sancte Marie de . .,   *V f. 46'* quod . . et . . de . . Burdegalen.[1] diocesis ipsum perpetuo beneficio suo, quod in dicta ecclesia canonice fuerat assecutus et aliquamdiu possederat sine lite, contra iustitiam spoliarunt. Cum igitur spoliatis iniuste *etc.*[2] 5

QV 358 De visitationibus, inquisitionibus et reformationibus monasteriorum et ecclesiarum.

Legato. In vinea domini Sabaoth licet insufficientibus meritis cultores positi et custodes[3] non possumus non turbari, cum eam intelligimus in aliqua parte ledi, sed tunc profecto acerbiori dolore perfodimur, cum ubi speciosior 5

QV 356 *P 374 f. 37 (Üb. Index f. 6'); V 356 f. 46; H 416 f. 49; S 323 f. 41'.*
[1] eiectus] Rubrica *add H*[2]
[2] beate] sancti *H* | Marie] . . *VH* | . . ordinis *om VH*
[3] . . diocesis] diocesis . . *H*
[4] illum *VS* | eum *om S* | sicut] ut *VH*
[5] vestram *om V*
[6] scripta vobis *H*
[7] ad – redeuntem *om P*
[9] tractetis] etc. *add H.*

QV 357 *P 375 f. 37 (Üb. Index f. 6'); V 357 f. 46/46'; H 417 f. 49; S–.*
[1] beneficii] Rubrica *add H*[2]
[2] portionarius] patronus *P* : parrochianus *H* | de . .] diocesis . . *add H*

[3] . . et . . de . .] . . de . . et . . *V* : de . . de . . et . . *H* | Burdegalen- diocesis] . . diocesis *V* : diocesis . . *H*
[4] canonice] *om P* : *hinter* fuerat *H* | possiderat *(!) V*
[5] iuste *H.*

QV 358 *P 376 f. 37/37' (Üb. Index f. 6'); V 358 f. 46'; H 418 f. 49/49'; S 324 f. 41'.*
[1] inquisitionibus visitationibus *S* | et reformationibus *om P* | reformationibus] informationibus *H*[2]
[3] insufficientes *H*
[4] eam] ea *V*
[5] tunc] nunc *P* | confodimur *VS* : consideramus *H* | speciosior] spōsior *V*

---

[1] *Bordeaux.*   [2] *Ergänzung nach K 95.*   [3] *Vgl. Matth. 20, 1 ff.*

esse solet, ibi enormius deformatur non sine vicinarum partium detrimento. Sane ad aures nostras pervenit, quod, ⟨cum olim monasterium . .⟩ tamquam ortus deliciarum et paradisus domini[1] consueverit in spiritualibus sanctius reflorere ac in temporalibus conspectius habundare, nunc per negligentiam vel malitiam potius tam abbatis ipsius quam aliarum personarum degentium in eodem in utrisque adeo est collapsum maiori parte monacho-*P f. 37'* rum ex eo | expulsa, quod, nisi celerius succurratur eidem, vix adiciet, ut resurgat. Cum igitur instantia nostra cotidiana sit omnium ecclesiarum *H f. 49'* sollicitudo continua, ne in hiis torpere aliqua | negligentia videamur nobisque ipsius monasterii deformatio possit aliquatenus imputari, ⟨si⟩ audita deformatione huiusmodi ad reformationem ipsius consilium, quod poterimus, non duximus apponendum, – mandamus, quatinus predictum monasterium revocato ad illud conventu eiusdem, qui per diversa, sicut accepimus, est dispersus, per te vel per alium aut alios zelum dei habentes, quos ad hoc idoneos esse videris, diligenter tam in capite quam in membris prudenter corrigas et reformes ea, que correctionis bona noveris indigere, contradictores *etc.*,[2] non obstante, si predictis . . abbati et conventui communiter vel divisim a sede apostolica sit indultum, quod interdici, suspendi vel excommunicari vel extra certa loca trahi non possint per litteras apostolicas *etc.*[3]

---

6 solet] et *add H* | viciarum *(!) V*
7 cum olim monasterii . . *scr.*] *om PVHS*
8 ortus] arcus *V* | domini] in quo *add H*
9 sanctis *H* | ac] et *P*
11 in 2°] causa *H* | utriusque *V*
12 ex eo] etiam *H* | adicient *S*
13 resurgant *S*
14 tempore *(?) P* : torpore *H* | videatur *PVH*
15 si *scr.*] *om PVHS*
17 non] no *dahinter kleine Lücke P* : *om VH* : mō (nō *?*) *S*
18 conventu] canonicatu *V* | diversa] loca *add H*
19 per *2° om PH* | aut] seu *H*
20 diligenter] dirigendos *H*
21 correctione *H* : correptionis *S* | noveris] diligenter *add P*
22 obstantibus *PS* | si predictis] quod eisdem *P* : si predicto *S* | . . *om H*
23 suspendi *om S*
24 extra] contra *S*.

---

1 *Vgl. Ezech. 28, 13: in deliciis paradisi dei fuisti.*
2 *Ergänzung nach Q 23, 52.*
3 *Zu ergänzen: que non faciant de indulgentia huiusmodi plenam mentionem.*

QV 359 Conqueritur clericus vel laicus crucesignatus vel vir et uxor vel pauper vidua super terris contra archipresbiterum.

Iud. G. de .. clericus (*vel* laicus *vel* pauper orphanus *vel* canonicus *vel* laicus crucesignatus *vel* vir et uxor *vel* pauper vidua) nobis conquerendo monstravit, quod .. archipresbiter ecclesie de .., B. de .. miles et quidam 5 alii laici .. et .. civitatum et diocesium super terris, debitis, possessionibus et rebus aliis iniuriantur eidem. – mandamus, quatinus partibus convocatis *etc.*

QV 360a Super usuris nota.

Et nota, quod, si ⟨*clericus conqueratur, potest conqueri contra clericos et laicos. Si vero*⟩ *laicus conqueritur,* ⟨*non potest conqueri contra laicos, nisi conqueratur*⟩ *super usuris vel super pignorum detentione vel* ⟨*nisi*⟩ *se dicat crucesignatum; et tunc post illa verba* iniuriantur ⟨*eidem*⟩ *debet sequi clausula* 5 *illa :* quare (*vel* propter quod) voti sui executio impeditur; *vel nisi sit vidua, et tunc est* ad dotem. *Alias non conceduntur littere.*[1]

QV 360b Nota.

Item nota, quod laicus de patrimonio beati Petri potest conqueri de laicis; extra patrimonium vero non potest nisi in casibus superius expressis.[2]

QV 359 *P 378 f. 37' (Üb. Index f. 6'); V 359 f. 46'; H 419 f. 49'; S 326 f. 42.*
1 clericus] canonicus *VH* : conventus *S* | vir et *om H²*
2 archipresbiterum] Rubrica *add H²*
3 vel 2° *om P* | canonicus] conventus *VH*
4 vir et *om V* | et] vel *VH* | conquestione *H*
5 monstrarunt *H* | B .. de .. *H* | et – 6 et *om H*
6 civitatis et diocesis *P* : civit; et dioc̄ *H* | debitis – 7 convocatis *om S* | possessionibus – 7 convocatis *om S.*
QV 360a *P 397a f. 37'; V 360a f.*

46'; H 420a f. 49'; S 327a f. 42. – Emendiert nach Nᵃ 14.
1 *Üb. om P. – S Üb.* : Nota.
2 clericus – 3 vero] *om PVHS, ergänzt nach Nᵃ 14*
3 non – 4 conqueratur *om PVHS, ergänzt nach Nᵃ 14*
4 nisi *om PVHS, ergänzt nach Nᵃ 14*
5 tunc *om P* | eidem *scr.*] *om PVHS* | illa clausula *H*
7 Alias – conceduntur] nec contradicuntur *H* | Alias] Vel *V.*
QV 360b *P 379b f. 37'; V 360b f. 46'; H 420b f. 49'; S 327b f. 42.*
1 *Üb. om PVH.*
3 vero *om P.*

---

1 *Vgl. Nᵃ 14.*
2 *Vgl. N 47.*

QV 361a   Nota.

V f. 47 | *Item nota, quod, cum quis conqueritur super debitis, non potest in eadem*
littera ponere pecunie summa *vel econverso; hoc est dicere, quod hec duo,*
scilicet super debitis et pecunie summa, non sunt compassibilia in eadem
5   *littera.*[1]

QV 361b   Nota.

Item quod laicus conquerens super decimis non auditur vel super iniuriis
simpliciter vel si se dicat verberatum etiam a quocumque.[2]

QV 361c   Nota.

Item nota, quod laicus non potest conqueri de laicis nisi in casibus superius
expressis[3] *vel nisi conqueratur super matrimonio, dote seu donatione propter*
nuptias vel sit questio super iure patronatus vel alia re, de qua specialiter
5   *habeat cognoscere iudex ecclesiasticus.*[4]

QV 362   Pro crucesignatis.

Iud. R. de . . clericus et A. de . . laicus, procuratores B. de . . crucesignati
prosequentis votum suum in partibus transmarinis, nobis conquerendo
monstrarunt, quod R. de . . rector ecclesie . . et R. de . . miles et quidam alii
5   laici . . et . . civitatum et diocesium super terris, debitis, possessionibus
et rebus aliis ad dictum crucesignatum spectantibus iniuriantur eidem. –
mandamus, quatinus partibus convocatis.

QV 361a   *P 379c f. 37'; V 361a f.*
47; H 420c f. 49'; S 327c f. 42.
[1] *Üb. om PVH.*
[3] poni *H* | summam *VS* | hoc] hec *P*
[4] super *om VHS.*

QV 361b   *P 379d f. 37'; V 361b f.*
47; H 420d f. 49'; S 327d f. 42.
[1] *Üb. om P.*
[2] decimis] divinis *V*
[3] similiter *H* | etiam *om P.*

QV 361c   *P 379e f. 37'; V 361c f. 47;*
H 420e f. 49'; S 327e f. 42.
[1] *Üb. om P.*
[2] in] de *H*

[4] sit questio] si questio fuerit *H.*

QV 362   *P 380 f. 37' (Üb. Index f. 6');*
V 362 f. 47; H 421 f. 49'; S 328
f. 42.
[1] crusesignatis] Rubrica *add H*[2]
[2] laicus *om VH*
[3] nobis *om PH*
[4] monstravit *V* | de . . 1° *om VS* |
ecclesie . . *om VHS* | et - 5 et . .
om H
[5] civit; et dioc . . *H*
[6] eisdem *VS*
[7] mandamus quatinus *om PVH* |
convocatis] etc. *add H.*

---

[1] *Vgl. N 45.*   [2] *Vgl. N 52.*   [3] *QV 360a.*   [4] *Vgl. Bd. 1 S. 213 ff.*

QV 363   Conqueritur rector super decimis.

Iud. B. de . . rector ecclesie de . . . . diocesis nobis conquerendo monstravit, quod . . de . . miles et quidam alii laici . . diocesis quasdam decimas,
terras et res alias ad dictam | ecclesiam spectantes contra iustitiam detinent   *H f. 50*
et sibi reddere contradicunt. – mandamus, quatinus partibus convocatis *etc.*   5

QV 364   Conqueruntur rectores ecclesiarum super exactioni-bus.

Iud. Conquesti sunt nobis dilecti filii . . et alii ecclesiarum rectores, quod
B. archidiaconus Pampilonen.[1] ipsos indebitis exactionibus aggravat et
molestat. – mandamus, quatinus partibus convocatis.   5

QV 365 | Conqueritur rector ecclesie, quod patroni ipsius   *S f. 42'*
ecclesie tantum de proventibus eiusdem percipiunt, quod de
reliquis sustentari nequit.[2]

Iud. M. rector ecclesie de . . . . diocesis nobis conquerendo monstravit,
quod . . abbas et conventus monasterii de . . . . diocesis, patroni eiusdem   5
ecclesie, tantum percipiunt de proventibus ipsius ecclesie annuatim, quod
ipse nequit de residuo commode sustentari. – mandamus, quatinus partibus
convocatis.

QV 363   *P 381 f. 37' (Üb. Index f.
   6'); V 363 f. 47; H 422 f. 49'/50;
   S 329 f. 42.*
[1] decimis] etc. *add V*
[2] B.] R. *P* | . . diocesis] *om VS* : dio-
   cesis . . *H*
[3] et – laici . . *om H* | quidam alii]
   . . et . . *P* | decimas] domus *P* :
   domos *S*
[5] mandamus quatinus *om VHS* | etc.
   om VH.

QV 364   *P 382 f. 38 (Üb. Index f.
   6'); V 364 f. 47; H 423 f. 50; S–.*
[1] exactionibus] Rubrica *add H²*
[3] dilecti] dicti *H* | . . et] . . et . . et
   H | . . ecclesiarum *H*
[4] ipsos] communiter *add P* | indebite
   P | agravat *V*

[5] mandamus quatinus *om V.*

QV 365   *P 383 f. 38 (Üb. Index f. 6');
   V 365 f. 47; H 424 f. 50; S 330 f.
   42'.*
[1] ecclesie rector *H²* | . . ecclesie *V*
[2] eiusdem] ipsius *VH²*: *om S* | acci-
   piunt *S*
[3] reliquus *(korr.) P* : reliquo *S* | sub-
   stentari *S*
[4] M.] . . *VH* : *om S* | . . diocesis *om
   VHS*
[5] . . 1° *om H* | . . monasterii *P* | de . .]
   om P : . . *H* | . . diocesis] doicesis . . *H*
[6] percipiunt *hinter* annuatim *H* | ip-
   sius ecclesie] *om P* : ipsius *H*
[7] ipse *om H* | commode] *om PS* :
   comode *V* | substentari *S* | manda-
   mus quatinus *om VS.*

[1] *Pamplona.*   [2] *Vgl. K 107.*

QV 366   Super terris pro crucesignatis.

Iud. R. de . . laicus crucesignatus nobis conquerendo monstravit, quod B. de . . rector ecclesie de . . et quidam alii laici . . civitatis et diocesis super terris, debitis, possessionibus et rebus aliis iniuriantur eidem, propter quod
5   voti sui executio impeditur. – partibus convocatis.

QV 367   Super terris pro perpetuo vicario contra rectorem.

Iud. B. perpetuus vicarius ecclesie de . . nobis conquerendo monstravit, quod B. de . . rector eiusdem ecclesie . . diocesis super perpetua vicaria sua, quam in eadem ecclesia canonice se proponit adeptum, et rebus aliis
5   *etc.* – partibus convocatis.

V f. 47'   ## QV 368 | Super fructibus prebende pro canonico.

Iud. In eodem modo pro . . *canonico ecclesie de* . ., quod . . abbas monasterii de . . . . diocesis super fructibus prebende sue ipsius ecclesie, terris, debitis, possessionibus et rebus aliis *etc.* – partibus convocatis.

QV 369   Super eodem pro abbatissa contra prepositum.

In eodem modo pro . . *abbatissa monasterii de* . ., quod . . prepositus ecclesie de . . . . diocesis super ecclesia de . . eiusdem diocesis ad prefatum monasterium spectante et rebus aliis *etc.* – partibus convocatis.

QV 366   *P 384 f. 38 (Üb. Index f. 6');* *V 366 f. 47; H 425 f. 50; S 331 f. 42'.*
[1] pro *om H* | crucesignatis] Rubrica *add H²*: crucesignato *S*
[2] B.] R. *P*
[3] et 1° – diocesis] . . diocesis *P* : . . civitat; et dioc̄ *H*
[4] iniuriatur *VH*
[5] impeditur] mandamus quatinus *add H.*

QV 367   *P 385 f. 38 (Üb. Index f. 6'); V 367 f. 47; H 426 f. 50; S 332 f. 42'.*
[1] *VH² Üb.*: Super terris pro rectore (Rubrica *add H²*)
[2] B.] A. *S*

[3] . . diocesis] diocesis . . *H*
[4] adeptam *H.*

QV 368   *P–; V 368 f. 47'; H 427 f. 50; S–.*
[1] *H² Üb.*: Super eodem pro pacto. Rubrica
[2] In *om H* | . . 1° *om H* | . . 3° *om H*
[3] . . diocesis] diocesis . . *H* | sue prebende *H* | ecclesie – 4 possessionibus *om V* | terris – 4 possessionibus *om H.*

QV 369   *P–; V 369 f. 47'; H 428 f. 50; S 333 f. 42'.*
[1] *V Üb.*: Super eodem pro preposito. – *H² Üb.*: Nota
[2] In] Iud. *H* | . . 1° *om H* | . . 3° *om H*
[3] . . diocesis] diocesis . . *H* : diocesis *S.*

QV 369 a *In eodem modo pro . . priore et fratribus hospitalis Ierosolimitan.*[1]
in Francia,[2] quod venerabilis frater noster . . episcopus et dilecti filii
capitulum Noviomen.[3] super capella de . . ad ipsos pleno iure spectante et
rebus aliis *etc.* – partibus convocatis.

QV 370 Nota.

*Et nota, quod, quandocumque episcopus sive actor sit sive reus, semper
debet poni* : venerabilis frater noster . . *episcopus, nisi sit excommunicatus
vel interdictus; videlicet oporteat dicere* : venerabilis frater noster, *quando
episcopus conqueritur vel de eo querimonia deponitur. In inferioribus tamen personis ponitur* : dilectus filius, *non tamen ponitur* noster, *nisi ⟨sit⟩ subdiaconus
vel capellanus pape seu familiaris; et tunc debet dici* : scriptor noster *vel*
subdiaconus noster *et sic de similibus.*[4]

QV 371 Nota.

*Item nota, quod, quocienscumque contra patriarcham, archiepiscopum vel
episcopum agitur, in clausula, ubi dicitur* : faciens, quod decreveris, per censuram ecclesiasticam, *ponitur* : auctoritate nostra, *et similiter in alia clausula*
Testes, *ubi ponitur* : per censuram eandem, *debet dici* : per censuram ecclesiasticam.[5]

QV 369 a   *P–; V 369 a f. 47'; H 429 f.
50; S 334 f. 42'.*
[1] *H*[2] *Üb.*: Nota | In] Iud. *H* | . . *om
HS* | hospitalis] sancti Iohannis *add
H*
[3] Noviomen.] . . *H* : Noviomen. *S.*

QV 370   *P 388 a f. 38; V 370 f. 47';
H 430 f. 50; S 335 f. 42'.*
[1] *Üb. om PH.*
[2] quandocumque] quocienscunque *P* |
sit *om H* | debet semper *P*
[4] vel] seu *H* | videlicet *scr.*] et licet
PVHS

[5] eo] ca *(!) V* : ea *H* | In *om VS
(hier v. and. Hd. einkorr.)* | personis
tamen *S*
[6] ponitur] et si opponitur *V* | dil. fil.
PV | sit *scr.*] *om PVHS*
[7] cappellanus *S* | debet tunc *S* | dici]
sic, *dazu v. and. Hd. einkorr.* scribi *S.*

QV 371   *P 388 b f. 38; V 371 f. 47';
H 430 a f. 50; S 336 f. 42'.*
[1] *Üb. om P.*
[2] quocienscumque] quandocumque *S*
[4] similia *H*
[5] ponuntur *S.*

---

[1] *Vgl. K 84.*
[2] *Johanniter in Frankreich.*
[3] *Noyon. Als Bischöfe kommen in Frage: Petrus (1301 Dezember 22–1304
Januar 30) und Andreas (1304 Februar 19–1315 April), vgl. Eubel 1, s. v.*
[4] *Vg. N 14 f.*
[5] *Vgl. N*[a] *12, N 37.*

QV 372 Nota.

*Item nota, quod, si aliquis episcopus conqueritur de clericis sibi subditis,
quod sibi procurationes nomine visitationis debitas exhibere indebite contradicunt, non debet in illa littera apponi illa clausula* Testes, *eo quod eo ipso,*
H f. 50' *quod quis consistit in diocesi alicuius prelati, intelliguntur | sibi subesse et
tenentur ad solutionem procurationum, que debentur ratione visitationis secundum ius commune, nisi dicat aliquis se exemptum.*[1]

QV 373 Nota.

*Item nota, quod non expedit exprimi civitas vel diocesis conquerentis sed
rei nisi in litteris super monachatu.*[2]

QV 373a Nota.

*Item nota, quod unus potest in eadem littera conqueri, etiam si sint trium
civitatum vel diocesium, plurium autem non potest; et ideo oportet, quod iudices
sint eiusdem civitatis et diocesis.*[3]

QV 374 Nota.

S f. 43 *| Item nota, quod, cum quis conqueritur super debitis vel pecunie summa,
semper ponitur* usuris cessantibus *vel* proviso, ne quid usurarum nomine

QV 372   *P 388c f. 38; V 372 f. 47';
H 430b f. 50/50'; S 337 f. 42'.*
[1] *Üb. om P.*
[3] quod – exhibere] vel super procurationibus nomine visitationis sibi
debitas ei exhibere *H* | quod] vel
V | procurationis *S*
[4] littera illa *H* | poni *H* | illa 2° *om
H* | eo 2°] coram *H*
[5] quod] quando *H* | quis] aliquis *P*
[6] que debentur *om P.*

QV 373   *P–; V 373 f. 47'; H 430c f.
50'; S 338 f. 42'.*

[2] non *om H* | civiꞇ vel dioꞓ *V* | sed]
et *H*
[3] littera *H.*

QV 373a   *P 388d f. 38; V–; H–; S
339 f. 42'.*
[1] *Üb. om P.*
[3] plurimum *S*
[4] eiusdem – diocesis] de eisdem civiꞇ
et dioꞓ *S.*

QV 374   *P 388e f. 38; V 374 f. 47';
H 430d f. 50'; S 340 f. 43.*
[1] *Üb. om P.*
[2] vel] et *V* | vel – 4 requiratur *om H* |
quis *zu* quid *korr. P* : quis *VHS*

---

[1] *Über den Fortfall der Klausel bei Reskripten wegen Prokurationen vgl.
N 62, 26 Zusatz m; dazu Herde, Zeugenzwang, in: Traditio 18, 281, u. Bd. 1 S. 232.*
[2] *Vgl. N 7.*   [3] *Vgl. N 5 u. N 38.*

requiratur. *Et hoc intellige, nisi conqueratur patriarcha, archiepiscopus vel*
episcopus, capitulum vel conventus aut aliquod collegium vel rector nomine 5
ecclesie vel alius, de quo non sit presumptio, quod usuras extorqueret.[1]

QV 375 Nota.

Et notandum est, quod, quandocumque impetrantur littere ad tres iudices,
in fine post | *illam clausulam* Testes *debet poni illa clausula* : Quod si non   *V f. 48*
omnes etc., *nisi alter trium fuerit episcopus, et tunc non dicitur* : duo vestrum,
sed : tu, frater episcope, cum eorum altero ea nichilominus exequaris. *Sed* 5
si sint duo episcopi et tertius decanus vel alius, non mutatur illa clausula :
Quod si non omnes, *sed ponitur tota per ordinem.*[2]

QV 375a Nota.

| *Item nota, quod, quando conqueritur mulier de laicis extra patrimonium*   *P f. 38'*
beati Petri sive cum viro sive per se, debet sequi post verba illa : terris, debitis,
possessionibus et rebus aliis : ad dotem ipsius spectantibus, *nisi esset*
pauper vidua vel orphana; et tunc haberet indifferenter contra omnes sub forma 5
inferius annotata.[3]

QV 376 = Q 14, 3a.

QV 377 Conqueritur vidua vel pauper orphana super terris.

Iud. Querelam . . vidue (*vel pauperis orphane*) recepimus continentem,
quod . . laicus et quidam alii laici . . civitatis et diocesis super domibus, terris,

---

[4] intelligitur *PH* : intelligite *V*
[5] conventus] canonicus *S* | nomine]
   om P : *hinter* ecclesie *H*
[6] extorqueat *H* : extorquet *S*.
QV 375   *P–; V 375 f. 47'/48; H 430e*
   f. 50'; S 341 f. 43.
[1] *Üb. om S.*
[3] in fine *om V* | non *einkorr. v. and.*
   Hd. V
[4] nisi] si vero *H* | et *om H*
[6] si *om S* | illa] alia *H*.
QV 375a   *P 388 f. 38'; V 375a f. 48;*
   H 430f f. 50'; S 342 f. 43.

[1] *Üb. om PVH.*
[2] quandocumque *S*
[3] debent *VHS* | verba] *hinter* illa *P* :
   om H | debitis *om VHS*
[4] ipsius] illius *P*
[5] vidua *om H*
[6] annotata] ā | tata *H*.
QV 377   *P 386 f. 38 (Üb. Index f.*
   6'); V 377 f. 48; H 432 f. 50'; S
   344 f. 43.
[2] . . vidue] vidue . . *P*
[3] quidam – laici] . . clericus *P* | . . 2°
   om H | terris domibus *H*

---

[1] *Vgl. N*a *4, N 44, K 16.*   [2] *Vgl. N*a *5, N 32–36.*   [3] *Vgl. QV 377.*

possessionibus et rebus aliis iniuriantur eidem. – mandamus, quatinus illos,
5 sub quorum iurisdictione iniuriatores ipsi consistunt, moneas attentius et
inducas, ut eidem pauperi super hiis exhiberi faciant iustitie complementum,
alioquin tu partibus convocatis audias causam et appellatione remota usuris
cessantibus debito fine decidas, faciens *etc.*

QV 378 Nota.

H f. 51
S f. 43'

| *Et nota, quod pauper orphanus, pauper vidua vel orphana non possunt si-*
mul agere contra clericos et laicos sed divisim, quoniam contra clericos debet
dici in conclusione : partibus convocatis, *contra laicos vero dici debet* : man-
5 damus, quatinus illos *etc. ut supra.*[1]

QV 379 Nota.

Item nota, quod, si due persone simul in eadem littera conqueruntur, di-
cendum est ante conclusionem : et rebus aliis: ad eos communiter pertinentibus (*vel* spectantibus), *etiam si sint fratres carnales.*[2]

V f. 48'

QV 380 | Conqueruntur magister et fratres hospitalis super spoliatione animalium et librorum.

Iud. Conquesti sunt nobis dilecti filii .. magister et fratres hospitalis
de .., quod .. abbas et conventus monasterii de .., I. de .. et quidam alii
5 clerici et laici .. civitatis et diocesis ipsos quibusdam animalibus, libris et
quadam quantitate bladi et rebus aliis contra iustitiam spoliarunt. – mandamus, quatinus partibus convocatis *etc.*

---

[4] possessionibus *om P.*

QV 378 *P 387a f. 38; V 378 f. 48;*
H 433 f. 50'/51; S 345a f. 43'.
[1] *Üb. om P.*
[2] vel] et pauper *VH.*

QV 379 *P 387b f. 38; V 379 f. 48;*
H 433a f. 51; S 345b f. 43'.
[1] *Üb. om P.*
[2] conquerantur *P* | est dicendum
VH
[3] spectantibus vel pertinentibus *P*
[4] etiam si] etiam *einkorr. P* : si *VHS.*

QV 380 *P 389 f. 38' (Üb. Index f.*
6'); V 380 f. 48'; H 434 f. 51; S
346 f. 43'.
[1] Conqueritur *P* : Conquerunt *S* | ..
magister *V* | .. hospitalis *V*
[2] animalium – librorum *om S*
[3] .. *om H*
[4] monasterii *om H* | I. – 5 et 2° *om P*
[5] et laici *om H* | .. *om S* | libri *H*
[6] quedam *V* | mandamus quatinus
om VS
[7] etc. *om VHS.*

---

[1] *QV 377.*   [2] *Vgl. N 40.*

QV 381 Super eodem pro electo.[1]

In eodem modo pro . . electo de . ., quod venerabilis frater noster . . episcopus super decimis, argenti fodinis de . . ad ecclesiam suam spectantibus ⟨et rebus aliis⟩ iniuriatur eidem. – partibus convocatis.

QV 382 Contra opponentes se collationi sibi facte de beneficio.

In eodem modo pro . . clerico, quod, cum capitulum secularis ecclesie de . . quoddam vacans beneficium, quod *sic* vulgariter appellatur, prout ad eos pertinet, sibi duxerint canonice conferendum, . . abbas ipsius ecclesie ei super hoc contra iustitiam se opponit. – partibus convocatis.

QV 383 Contra nolentes restituere depositum.

Iud. Dilecti filii . . et . . cives et mercatores Florentin.[2] nobis conquerendo monstrarunt, quod . . abbas, . . prior et . . thesaurarius ecclesie de . . . . diocesis quandam eorum pecunie summam, quam penes quondam . . abbatem dicte ecclesie ac priorem et thesaurarium predictos nomine ipsorum civium fiducialiter ⟨duxerint⟩ deponendam, contra iustitiam detinent et eis reddere contradicunt. – partibus convocatis.

QV 384 Contra nolentes exhibere pro labore mercedem.[3]

In eodem modo pro G. de . . clerico, quod, cum ipse . . rectori ecclesie de . .

QV 381 *P–; V 381 f. 48'; H 435 f. 51; S–.*
[2] In] Iud. *H* | . . 1° *om H*
[4] et rebus aliis *scr.] om VH.*
QV 382 *P–; V 382 f. 48'; H 436 f. 51; S 347 f. 43'.*
[1] Contra *om H*
[3] In] Iud. *H* | . . clerico] clerico . . *H* : clerico *S* | . . capitulum *S*
[4] quendam *S* | vacans *om H* | sic . . *H*
[5] duxerit *VS* | . . abbas] tamen abbas *H* | ei *om H*
[6] convocatis] etc. *add H.*
QV 383 *P 390 f. 38' (Üb. Index f. 6'); V 383 f. 48'; H 437 f. 51; S 348 f. 43'.*
[1] nolentem *PH²*

[2] Iud. *om VHS* | Florentie *S*
[3] . . prior] et prior *PV* : prior *H* : . . et prior *S* | . . 3° *om H* | de *om S* | . . 5° *om H*
[4] quam *om PS*
[6] duxerint *scr.] om PVHS* | deponendam *scr.]* deponentem *PS* : deponentes *VH*
[7] contradicunt] mandamus quatinus *add H.*
QV 384 *P 391 f. 38' (Üb. Index f. 6'); V 384 f. 48'; H 438 f. 51; S 349 f. 43'.*
[1] nolentem *H*
[2] In eodem modo *om H* | de 1° *om S* | ipse *om S* | . . rectori] rectori . . *PVS*

[1] *Vgl. K 86.*   [2] *Florenz.*   [3] *Vgl. K 140.*

5   et aliis . . civitatis et diocesis diu servierit apud sedem apostolicam fideliter
et devote, iidem tamen promissam sibi pro labore mercedem ei denegant
contra iustitiam exhibere. – partibus convocatis.

QV 385 = K 30b.
QV 385a = K 30ba.
QV 386 = K 30c.
QV 387 = K 30d.
QV 388 = K 30e.
QV 388a = K 30f.
QV 389 = K 30g.
QV 389a = K 30ga (nur P 399).
QV 390 = K 30h.
QV 391 = K 30i.

QV 392   Contra impedientem laboratorem rectoris ecclesie.

Iud. Conquestus est nobis . . de . . rector ecclesie de . . . . diocesis, quod
. . de . . laicus . . diocesis ad ipsius rectoris gravamen aspirans agricultores,
quibus idem rector terras ipsius ecclesie excolendas committit, quominus
5   terras easdem excolere valeant, contra iustitiam impedire presumit in dictorum colonum, rectoris et ecclesie non modicum preiudicium et gravamen. –
mandamus, quatinus partibus convocatis *etc.* Testes *etc.*[1]

QV 393 = K 30k.
QV 394 = K 30l.
QV 394a (nur S 362) = K 30m.
QV 394b (nur P 411) = Q 10, 1.
QV 394c (nur P 412) = Q 13, 1.
QV 394d (nur P 413) = Q 13, 2.
QV 395 = Q 5, 6.

---

[3] et 1° – et 2° *om P* | . . diocesis *P*
[4] idem *P* | promissum *PV* | sibi *om*
    P | eis *VS*
[5] exhibere] mandamus quatinus *add*
    H.
QV 392   *P 402 f. 39 (Üb. Index f.*
    6'); V 392 f. 49'; H 448 f. 52; S
    359 f. 44'.
[1] laborem *H²*: laborantem *S*

[2] de . . *om PH* | . . diocesis] diocesis . .
    H
[3] . . diocesis] diocesis . . *H* | agricol-
    tores *(!) S*
[4] rector] ecclesie *add S* | excollendas
    S | commisit *H*
[5] colere *H* : excollere *S* | valeat *P*
[6] colonum *om PVH*
[7] etc. 1° *om P.*

---

[1] *Die Testes-Klausel wird gesetzt; in N 62 finden sich für diesen Fall keine
Bestimmungen über die Nichtanwendung.*

QV 395a Contra Iudeos.

Iud. M. de .. laicus .. diocesis nobis conquerendo monstravit, quod R. de .. et quidam alii Iudei .. civitatis et diocesis quandam pecunie summam sibi debitam contra iustitiam detinent et ei solvere contradicunt. – mandamus, quatinus, si est ita, dictos Iudeos, ut ei de pecunia satisfaciant, ut   5 tenentur, per subtractionem communionis fidelium appellatione remota cogatis.[1]

QV 395b *Iud.* .. et .. recepimus conquerentes, quod .. et quidam alii Iudei Laudunen.[2] multa extorserunt et adhuc *etc.*[3] *usque* pravitatem – mandamus, quatinus, si est ita, dictos *etc.*[4] Attentius *non ponatur.*[5] Testes *etc.*[6]

QV 395c Super eisdem.

Iud. M. rector ecclesie .... diocesis nobis conquerendo monstravit, quod R. et quidam alii Iudei in parrochia ipsius ecclesie habitantes de proventibus et possessionibus, que a Christianis devenerunt ad ipsos, de decimis et oblationibus debitis eidem ecclesie satisfacere contradicunt in ipsius rectoris   5 preiudicium et gravamen. – mandamus, quatinus, si est ita, dictos Iudeos ad debitam satisfactionem decimarum et oblationum ipsarum monitione premissa per subtractionem *etc.*[4]

QV 395d Contra eosdem.

| *Iud.* R. de .... diocesis nobis conquerendo monstravit, quod .. et   *S f. 45'*

QV 395a *P 405 f. 39' u. 415 f. 40'*
(= P') (Übb. jeweils Index f. 6');
V–; H–; S 364 f. 45.
[2] M.] .. *P'S* | laicus] clericus *P'S* | .. diocesis *om P'S* | R.] B. *P'S*
[3] de .. *om P'S*
[4] ei] sibi *P*
[5] pecunia] ipsa *add P'S.*

QV 395b *P –; V –; H –; S 365 f. 45.*

QV 395c *P 406 f. 39' u. 416 f. 40'*
(= P') (Übb. jeweils Index f. 6');
V –; H –; S 366 f. 45.
[1] *P' Üb.:* Contra eosdem. – *Üb. om S.*

[2] M. *om P'S* | ecclesie ..] .. ecclesie *PP'* : ecclesie de .. *S* | .. diocesis *om P'S*
[3] R.] de .... diocesis *add P*
[4] que *scr.*] qui *P* : *om P'* : quas *S* | Christianis] in eadem parrochia *add P' (einkorr.)* : in parrochia *add S*
[7] debitam *om P'.*
QV 395d *P 407 f. 39' u. 417 f. 40'*
(= P') (Übb. jeweils Index f. 6');
V –; H –; S 367 f. 45'.
[1] eosdem] Iudeos *S*
[2] .. diocesis *om P'S*

---

[1] *Vgl. Bd. 1 S. 253.*   [2] *Laon.*   [3] *Vgl. K 16 ff.*
[4] *Ergänzung nach QV 395a.*   [5] *Vgl. K 19i.*
[6] *Die Testes-Klausel wird bei Wuchersachen angewandt, wenn Juden angeklagt sind, vgl. K 19i.*

quidam alii Iudei quasdam terras et res alias ipsius titulo pignoris detinent obligatas, licet ex eis perceperint ultra sortem. – mandamus, quatinus, si est
5 ita, dictos Iudeos, ut prefato *etc.*[1]

QV 396 Contra eosdem pro abbate et conventu.

Iud. Ad audientiam nostram noveris pervenisse, quod, licet .. abbas et conventus monasterii de .. ... ordinis .. diocesis I. et quibusdam aliis Iudeis .. diocesis de sorte cuiusdam quantitatis pecunie, in qua tenebantur
5 eisdem, debitam satisfactionem impendant et, si aliquid de sorte desit, illud ipsis restituere sint parati, nichilominus tamen dicti Iudei instrumenta super pecunia confecta eisdem abbati et conventui restituere denegant, nisi prius eis plenaria exhibeatur satisfactio de usuris. – mandamus, quatinus, si est ita, dictos Iudeos, ut sua sorte contenti instrumenta predicta
10 restituant et ab usurarum exactione desistant, monitione premissa per subtractionem communionis fidelium *etc.*[1]

QV 397 = K 150 (hier mit stark verderbtem Text).
QV 398 = K 30n.
QV 399 = K 30o.
QV 400 = K 30p.

---

[3] Iudei .. *P*
[4] perceperit *P* : perceperunt *S*
[5] prefato .. etc. *P'*.

QV 396 *P 408 f. 39' u. 418 f. 40'*
(= P') (Übb. jeweils Index f. 6');
V 396 f. 50; H 452 f. 52'; S 368 f.
45'; R 478 f. 45'.
[1] *R Üb.:* Conqueritur abbas de Iudeis, qui eum molestant super sorte, licet eis quasi in totum satisfecerint *(!)*.
[2] Iud. *om R* | pervenisse noveritis *P* | .. *om H*
[3] de – diocesis] .. *R* | .. diocesis ..

ordinis *P* | .. diocesis] *om VS* : diocesis .. *H* | quod I. *P* | et *om S* | quibusdam aliis] .. *P'* : F. *R*
[4] .. diocesis *om R* | tenebatur *P*
[5] impenderitis *P* : impenderint *P' HR* | aliquod *H*
[6] ipsis] eisdem *R* | tamen *om PS* | dicti] ipsi *P'* | instrumenta] tamen *add P'*
[7] super] dicta *add VHR* | denegarunt *VHR*
[8] plenaria *om P* | adhibeatur *R*
[9] instrumenta] ipsa *add P*
[11] substractionem *H* | communionis fidelium *om PP'R*.

---

[1] *Ergänzung nach QV 395a.*

QV 400a Conqueritur spoliatus ecclesia, quam diu possederat sine lite.

Iud. Conquestus est nobis 〈Arnaldus〉 de . . rector ecclesie de . ., quod . . de . . clericus . . diocesis ipsum eodem ecclesia, quam canonice fuerat assecutus et aliquamdiu possederat sine lite, contra iustitiam spoliavit. Cum 5 igitur spoliatis iniuste sit restitutionis beneficio succurrendum, discretioni tue per apostolica scripta mandamus, quatinus partibus convocatis et 〈beneficio〉 eodem Arnaldo, sicut iustum fuerit, restituto audias causam et appellatione remota debito fine decidas, faciens, quod decreveris, per censuram ecclesiasticam firmiter observari. Testes autem, | qui fuerint *P f. 41* nominati, si se gratia, odio vel timore subtraxerint, censura simili appellatione cessante compellas veritati testimonium perhibere, proviso, ne aliquis extra suam civitatem et diocesim auctoritate presentium ad iudicium evocetur nec procedatur in aliquo contra eum.[1] Dat. *etc.*

QV 401 De occupatione ecclesie.

Iud. Conquestus est nobis I. de . . rector ecclesie de . ., quod P. de . . clericus . . diocesis eandem ecclesiam, quam canonice fuerat assecutus et aliquamdiu possederat sine lite, contra iustitiam occupavit et eam detinet occupatam in ipsius 〈I.〉 preiudicium et gravamen. Ideoque discretioni tue 5 per apostolica scripta mandamus, quatinus partibus convocatis audias causam et appellatione remota debito fine decidas, faciens, quod decreveris, per censuram ecclesiasticam firmiter observari. Testes autem *etc.*, proviso *etc.*[2]

QV 401a (nur S 375) = Q 2, 2.

QV 400a   *P 423 f. 40'/41 (Üb. Index f. 6'); V –; H –; S 373 f. 46.*

[1] possiderat *S*
[3] Arnaldus *scr., vgl. Z. 8]* . . *PS* | quod – 4 de . . *om S*
[5] possiderat *S*
[6] beneficio restitutionis *S*
[8] beneficio *scr.] om PS* | Arnaldo] Ar^do *P* : . . *S*
[11] vel – 12 perhibere *om P.*

QV 401   *P 409 f. 39' u. 424 f. 41 (= P') (Übb. jeweils Index f. 6'); V 401 f. 50'; H 457 f. 53; S 374 f. 46.*

[2] I. de . .] . . de . . *P'VS* : . . *H* | de . . 2°] . . diocesis *add P* : . . *H*
[3] . . diocesis] diocesis . . *H* | fuit *H*
[4] aliquandiu *V* | possedit *H* : possiderat *S* | eam] etiam *H*
[5] I. *scr.] om PS* : . . *H*
[8] ecclesiasticam *om S* | autem *om PP'* | proviso etc. *om P'.*

---

[1] *Die Testes-Klausel wird angewendet, denn in N 62 findet sich keine Bestimmung über eine Nichtanwendung in diesem Fall. Über den Gerichtsort vgl. N 5.*
[2] *Vgl. QV 400a mit Anm. 1.*

QV 401b   Dilectus filius .. de .. canonicus ecclesie .. de .. ⟨Traiecten.⟩[1] diocesis in nostra proposuit presentia constitutus, quod ipse studio divini iuris, theologice videlicet facultatis, quod de mandato nostro apud sedem apostolicam regitur, immoratur.[2] Cum autem felicis recordationis Honorius papa III., predecessor noster, duxerit statuendum, ut studentes in facultate predicta per quinque annos percipiant de licentia dicte sedis proventus beneficiorum suorum ecclesiasticorum non obstante aliqua consuetudine vel statuto[3], ac postmodum pie memorie Innocentius papa IIII., predecessor noster, statuit, ut in dicta facultate studentes penes sedem talibus omnino privilegiis, libertatibus et immunitatibus gaudeant, quibus gaudent studentes in scolis, ubi generale regitur studium, ac percipiant integre proventus suos ecclesiasticos sicut illi,[4] nos volentes, ut constitutiones predicte penes eundem canonicum observentur, ut sit ei mora, quam occasione dicti studii apud eandem sedem contrahit, fructuosa, – mandamus, quatinus vos vel duo aut unus vestrum per vos vel alium seu alios eidem canonico apud sedem predictam huiusmodi studio insistenti faciatis fructus, redditus et proventus canonicatuum et prebendarum dicte Daventren.[5] et .. dicte diocesis ecclesiarum, quos in eisdem ecclesiis obtinet, cottidianis dumtaxat distributionibus exceptis iuxta predictarum constitutionum tenores per idem quinquennium integre ministrari, proviso, ne in fraudem constitutionum ipsarum aliquid attemptetur; contradictores *etc.*[6] Dat. *etc.*

QV 402   „Preces et mandata" pro clerico, quod recipiatur ad servitium infirmorum.[7]

Dilectis filiis .. priori et fratribus domus dei de .... diocesis. Cum dilectus filius .. de .. clericus, lator presentium, cupiat, sicut asserit, una

---

QV 401b   *P –; V –; H –; S 375a f. 46'.*

[1] Traiecten. *scr.*] *om S*
[3] theoloice *(!) S*
[9] ut *einkorr. S*
[17] et 1° *om S* | Daventrñ *S*
[18] optinet *S*

[21] Datum *S.*

QV 402   *P –; V 402 f. 50'/51; H 458 f. 53; S –.*

[3] .. priori] magistro *H* | fratribus .. *H* | .. 3° *om H*
[4] .. de ..] talis de .. *H*

---

[1] *Utrecht. Die Ergänzung ergibt sich durch die Nennung von Deventer (vgl. Anm. 5), das in der Diözese Utrecht liegt.*
[2] *Vgl. Bd. 1 S. 348 f.*
[3] *X 5, 5, 5; dazu Bd. 1 S. 348.*
[4] *Vgl. π 2, S. 74 Anm. 1. Es handelt sich um VI° 5, 7, 2.*
[5] *Deventer.*
[6] *Ergänzung Q 23, 52.*
[7] *Vgl. K 185a ff.*

vobiscum in infirmis et pauperibus domus vestre domino famulari, univer- 5
sitatem vestram rogamus, monemus et hortamur attente per apostolica
vobis scripta | mandantes, quatinus ipsum ob reverentiam apostolice sedis   *V f. 51*
et nostram ad servitium infirmorum et pauperum predictorum recipiatis
in socium et in fratrem et sincera in domino caritate tractetis. Dat. *etc.*

QV 403   Super eodem „Cum olim".[1]

Cum olim dilectis filiis .. priori et fratribus domus dei de .... diocesis
nostris dederimus litteris in mandatis, ut dilectum filium M. de .. clericum
cupientem una cum eis in infirmis et pauperibus domus eiusdem domino
famulari ad servitium infirmorum et pauperum eorundem reciperent in   5
socium et in fratrem et sincera in domino caritate tractarent, iidem prior
et fratres mandatis huiusmodi obauditis id efficere hactenus non curarunt,
prout eiusdem clerici labor ad nos indicat iteratus. Volentes igitur dictum
clericum in huiusmodi suo laudabili proposito confovere, discretioni tue
per apostolica scripta mandamus, quatinus, si est ita, prefatos priorem et   10
fratres ex parte nostra moneas et inducas, ut dictum clericum in prelibata
domo ad servitium infirmorum et pauperum predictorum in socium et in
fratrem recipiant et sincera in domino caritate pertractent iuxta predictarum continentiam litterarum, alioquin rescribas nobis causam rationabilem,
si qua subsit, quare id fieri non debeat vel non possit. Dat. *etc.*   15

QV 404 | Contra illos, qui denegant dare salarium procuratori.[2]   *H f. 53'*

Iud. Sua nobis dilectus filius I. de .. canonicus .. ecclesie conquestione
monstravit, quod, licet ipse capitulo eiusdem ecclesie diu serviverit in

---

5 in *om H*
6 attente *om H*
7 vobis *om H* | sedis apostolice *H*
8 recipiatis] eundem *add V*
9 Datum *H.*

4 in *om H* | pauperibus *doppelt V*
5 eorundem *om H*
11 prelibata] eadem *H*
13 dictarum *H*
15 debeat vel non *om H* | etc. *om H.*

QV 403   *P –; V 403 f. 51; H 459 f. 53; S –.*
2 .. diocesis] diocesis .. *H*
3 M .. de .. *V*

QV 404   *P 410 f. 39' (Üb. Index f. 6'); V 404 f. 51; H 460 f. 53'; S –.*
2 I.] .. *VH* | canonicus .. ecclesie *om H* | conquerendo *P*

---

1 *Vgl. K 201 ff.*
2 *Vgl. K 140.*

Romana curia in procurationis officio fideliter et devote, iidem tamen
5 capitulum promissam sibi pro labore mercedem contra iustitiam denegant
exhibere. – fraternitati tue per apostolica scripta mandamus, quatinus partibus convocatis *etc.* Testes *etc.*[1]

QV 405   „Preces et mandata" pro clerico.[2]

Dilectis filiis . . priori et conventui monasterii de . . ordinis sancti Augustini . . diocesis. Cum . . de . . clericus, lator presentium, cupiat, sicut
asserit, una vobiscum in monasterio vestro sub regulari habitu domino
5 famulari, universitatem vestram *etc. ut supra*[3] quatinus ipsum ob reverentiam
apostolice sedis et nostram recipiatis in canonicum et in fratrem etc. *ut
supra.*[1]

---

[4] in] pro *V* | idem *P*
[5] iustitiam] sibi *add H* | denegat
P.

QV 405   *P* –; *V* 405 *f. 51; H* 461 *f.*
53'; S –.
[1] *Üb. om V.*
[6] sedis apostolice *H.*

---

[1] *Die Testes-Klausel wird angewendet; in N 62 findet sich für diesen Fall
keine gegenteilige Bestimmung.*
[2] *Vgl. K 185 a ff.*
[3] *Vgl. QV 402.*

Namenregister

Für die Einreihung ist die mittelalterliche Orthographie maßgebend; daher ist nie ae, sondern stets e geschrieben. Ferner ist y bei i, th auch bei t zu suchen. In Klammern die moderne Namensform und die Lage der Orte. Nicht berücksichtigt sind alle bloßen (oft fiktiven) Buchstaben (wie N) statt der Namen, wenn sie nicht mit ausgeschriebenen Namen, mit sonstigen näheren Angaben oder mit Amtsbezeichnungen verbunden sind, wobei sie zumeist unter diesen eingereiht wurden.

A

A. *vgl.* Bruni; Camen.; Castelle; Cripteferrate; Reatin.; Ruthenen.; Tutellen.; s. Vincentii; Vultuen.

Abraham, Iudeus Carpentoraten. diocesis K 21.

Acerrarum episcopus Nᵃ 1; comes Nᵃ 1 *(Acerra n. von Neapel)*.

Achaye, uxor principis QV 351 *(Fürstentum Achaia während der Lateinerherrschaft auf dem Peloponnes)*.

Ademarius, frater domus s. Marie Theotonicorum Ierosolimitan. in Marburg K 69.

s. Adriani, diac. card. O. N 18.

s. Adriani de Valle Gratis, mon. archimandrita et conventus δ 7 *(Basilianerkloster S. Adriano über dem Tal des Crati n. von Cosenza in Kalabrien)*.

Agennen. episcopus S. K 195 b dioc. mon. ord. s. Augustini K 195 b *(Agen sö. von Bordeaux)*.

Agnes K 194; monialis mon. s. Francisci Perusin. Q 22,13 b filia militis Pragen. diocesis K 155 a.

s. Agnetis Reatin., mon. s. Aug., priorissa et conventus K 191 S. et M. moniales K 235 *(Sant' Agnese in Rieti)*.

s. Agricoli Avinionen., eccl. sacrista N 25 *(Saint-Agricol in Avignon)*.

Aguranda, Aquinetus, Iacob et Iudas de Iudei K 30 *(Aigurande-sur-Bouzanne, sw. von Bourges)*.

Aymardus Salpen. olim Lucerin. episcopus Q 11, 3.

Alatrin. episcopus K 57 n *(Alatri sö. von Rom)*.

Alben., eccl. b. Marie Magdalene prepositus Q 16, 11 a *(Chiesa della Maddalena in Alba, Piemont)*.

Alberti, Angelucius pauper orphanus Florentin. π 11 Iohannes monachus prioratus ordinis Cluniacen. Matisconen dioc. K 64.

Albertinus Melioris, laicus Spoletan. dioc. Q 14, 4.

Albertus, magister phisicus civis Vicentin. QV 263 de Baro laicus K 36 dictus Beye armiger K 46 c quondam Iohannis Theobaldi natus civis Paduan. K 30 r de Luca laicus K 34 Proenzal. dictus Bagoti civis Paduan. K 30 r.

Albigenses heretici K 200.

Albrandini, Nicolaus miles de Reate K 17.

de Alcantara, domus militie Calatraven. ord. Cist. K 77. 100 *(Alcántara, Spanien)*.

Alegrio, Hugo dictus K 30 v *(Allègre)*. Pontius de, canonicus Anicien. K 30v.

Alexander IV., declaratio Q 27, 1. 2.

Alexander, canonicus Ostien. K 19 d.

Alfonsus Petri, rector eccl. δ 13 Pelagii magister scolarium eccl. Ulixbonen. δ 13.

Alienoris, uxor Anthonii de Luna militis Cesaraugustan. K 164 d.

Amari Galterius, clericus Aquilen. K 8 Raynaldus, pauper orphanus Aquilen. K 7.

de Amoribus, Iohannes, rector eccl. Constantien. diocesis K 183 b.

Anagnin. cives K 30h; Q 18, 3 *(Anagni sö. von Rom)*.

s. Anastasie, presb. card. tit., H., Q 5, 7 b.

Andegaven. episcopus Q 26, 4 Iudei K 30 g *(Angers)*.

Andrea de . . K 99 fa.

Andreas, civis Narnien. K 9 Iohannis presbiter K 33 de Anticulo laicus K 67 b de s. Laurentio laicus K 35 Pauli civis Reatin. K 3 Petri laicus K 32.

s. Andree, eccl. cath. in Scotia prior N 25 *(St. Andrews, Schottland)* Tiburtin. prioratus monachi K 188. 202 *(S. Andrea in Tivoli ö. von Rom)*.

Andree, Iohannes laicus π 10 Martinus civis Reatin. K 10 Petrus laicus π 10.

Androinus de Trebis laicus K 31.

s. Angeli, diac. card., R. N 18.

s. Angeli de Lombardis dioc., mon. s. Salvatoris de Guilleto monialis K 221 b *(Sant'Angelo dei Lombardi ö. von Avellino)*.

s. Angeli, eccl. de . . Q 23, 4.

s. Angeli in Formis, mon. Capuan. dioc. Q 23, 61 *(S. Angelo in Formis ö. von Capua)*.

s. Angeli Reatin., eccl. archipresb. K 9 prepositus π 14 prepositus R. K 49 *(S. Angelo in Rieti)*.

Angeli, Arnaldus civis Reatin. π 7 Franciscus civis Reatin. K 15. 28; F. civis Romanus K 29; clericus Interampnen. K 93; clericus Reatin. K 60; M. rector ecclesie Q 11, 5 I. civis Interampnen. K 1. 2; presbiter Viterbien. K 71 g Iohannes civis Viterbien. K 19 Martinus civis K 70 P. de . . laicus K 51 Petrus civis Reatin. K 28 S. civis Romanus K 29.

Angelica Petri, puella K 190.

Angelucius Alberti, pauper orphanus Florentin. π 11.

Angelus, civis Narnien. K 9; civis Parisien. K 50; monachus mon. s. Salvatoris Reatin. K 59 Blasii de Viterbio nobilis vir K 19 Faraonis civis Gaietan. K 138 Petri civis Aquilen. K 6; civis Reatin K 11 f; de Urbe *(Rom)* clericus K 18; de Reate laicus K 187 Philippi civis Reatin. π 8 de Urbeveteri, frater O. P. Viterbien. π 21 Symonis clericus K 61.

Anglia, rex B. *(fiktiv)* N 17 a; hospitalis s. Iohannis Ierosolimitan. in, prior et fratres Q 12, 1 a *(England)*.

Anglonen. dioc., mon. de Carbone δ 10 *(Anglona, abgeg. nö. von Tursi in Lukanien)*.

s. Aniani de . ., eccl. Q 23, 36.

Anicien. episcopus Q 23, 21. 55 electus G. Q 23, 21. 55

Pontius de Alegrio canonicus K 30 v
(Le Puy).

de Anticulo, Hugo et Andreas laici K
57 b (Anticoli Corrado nw. von Subiaco, oder Fiuggi, bis 1911 Anticoli
di Campagna, nö. von Anagni).

s. Antonii, mon. Viennen. dioc. abbas
et conventus Q 7, 1 (Saint-Antoine
nw. von Saint-Marcellin, Isère).

Antonius de Aretio laicus K 164 c
de Luna miles Cesaraugustan. K 164 d
Benedicti civis Senen. K 164 c.

de Aprano, Paganus clericus Gaietan.
diocesis Nᵃ 2. 21 (abgeg. bei Gaeta?).

Aquilen. archipresbiter π 7
civis π 8. 14, K 6. 7. 13. 14
civitas et diocesis K 6
clericus K 8
pauper orphanus K 7. 8
Angelus Petri civis K 6
Bonushomo Mathei civis π 14
Galterius Amari clericus K 8
Galterius Morelli civis K 6
Franciscus Petri pauper orphanus
K 8
Iohannes Petri pauper orphanus K 8;
civis K 7
P. Francisci civis K 13. 14
Petrus Galtheri civis π 14
Raynaldus Amari pauper orphanus
K 7 (L'Aquila).

Aquinaten. canonicus Nᵃ 21
dioc. nobilis vir P. dominus de . ., P.
et M. de . . laici Nᵃ 7 (Aquino n. von
Neapel).

Aquinetus de Aguranda, Iudeus Bituricen. diocesis K 30.

Aragonum regina Maria N 13 (Aragon).

Ardenburgen. eccl., Tornacen. dioc.,
provisores fabrice Q 23, 102 (Aardenburg nw. von Brügge).

Arelaten. Iudei Moises et Astruc K 38
(Arles).

Aretium, civitas K 67
Antonius de laicus K 164 c (Arezzo).

Arnaldus, Angeli civis Reatin. π 7
miles K 24
(Novelli) abbas Fontis Frigidi, vicecancellarius N 57
de . . rector eccl. QV 400 a.

Asten. dioc., clericus K 99 a
cives K 30 x b
universitas ville de Summaripa de
Bosco Q 16, 11 a
Sinibaldus de Solerio clericus Q 16,
11 a (Asti).

Astruc Iudeus Arelaten. K 38.

s. Augustini ordo N 62, π 4. 24, K 19 h.
195 b. 221. 226. 235. 238 b, Q 1, 3 a.
7, 1. 8, 1 b. 8, 1 c. 15, 55. 23, 103. 108,
QV 405. Vgl. ordo Heremitarum s.
Augustini.

Aureliacen., mon. Claromonten. dioc.
abbas et conventus Q 5, 6 (Benediktinerkloster Saint-Géraud in Aurillac).

Auxitan. dioc., mon. . . Q 1, 3 a (Auch
w. von Toulouse).

Avellinen. dioc., mon. s. Marie de
Monte Virginis abbas et conventus K 12 b (Avellino ö. von Neapel).

Aversan. episcopus Q 23, 3. 41 (P.).
56
electus Q 23, 56
domus s. Iohannis Q 5, 6 b (Aversa
n. von Neapel).

Avinionen. Z 13
rectores ecclesiarum Q 23, 95
s. Agricoli eccl. sacrista N 25
s. Clare mon. abbatissa et conventus Q 23, 104
dioc., personatus eccl. de . . Q 23,
33 (Avignon).

B

B. *vgl.* Anglia; Cripteferrate; Francisci; Fundan.; Misnen.; Pampilonen.; Parisien.; Penitentie Iesu Christi; Pragen.; Roma; s. Stephani; Umari; Vultuen.

B. Francisci N 12. 62 (Zus. c).

Babilonie soldanus N 17 *(Mameluken-sultane von Ägypten, genannt nach Babylon, arab. al-Fusṭāṭ, bei Kairo).*

Babucum, castri universitas hominum K 65 *(Boville Ernica, früher Bauco, bei Frosinone sö. von Rom).*

Bagoti, Albertus Proenzal. dictus, civis Paduan. K 30 r.

Baionen. dioc., rectores Q 23, 97 *(Bayonne).*

de Balma, mon. Bisuntin. dioc. administratores Q 23, 60 *(Baume-les-Messieurs, heute Saint-Claude nw. von Genf).*

Barchinonen. episcopus K 164 d
civis QV 277
domus b. Marie de Mercede captivorum magister et fratres Q 1, 3 a *(Barcelona).*

de Baro, Albertus K 36
Henricus filius Alberti K 36 *(Bar-le-Duc?).*

de Barro, Lucius, miles Sedunen. K 40.

s. Bartholomei, mon. Londonien prior et conventus Q 26, 7 *(Benediktiner-priorat St. Bartholomew's in London).*

Bartholomei Guido, rector eccl. Q 1, 3.

Bartholomeus de .. monachus K 62.

s. Basilii ordo δ 10, K 213 a. 227 a.

Basire, Io. corrector K 165 d.

Beatrix de Burgundia Q 23, 60.

de Bedaco, Petrus presb. Vasaten. dioc. Q 26, 1.

Bella uxor K 19 d.

Belnen., domus leprosarie Cabilonen.

dioc. magister et fratres Q 4, 7 a *(Beaune, Côte-d'Or).*

Belvacen., eccl. archidiaconus de Belvaco in Q 23, 70 *(Beauvais).*

s. Benedicti ordo π 1. 19. 27, K 11 b. 12 b. 69. 107 a. 185 a. 186 a. 188. 190 a. 192. 195 a. 201. 202. 204. 213. 220. 221 a. 221 b. 225 a. 225 d. 238 d. 238 e. 238 f, Q 1, 3 a. 2, 3. 3 a. 3, 2 a. 4, 1. 5, 6. 7 b. 11, 4. 22, 13 b. 23, 58. 59. 60. 61. 77. 80. 82. 105. 107. 110. 25, 1. 26, 1. 6. 7, QV 263. 277. 281.

Benedicti, Antonius civis Senen. K 164 c.

Benedictus (papa) XI. *(Aussteller)* π 5; constitutio K 125.

Benedictus (papa) XII. N 57; constitutio N 61, K 11 f. 238 a. 238 b; mandatum N 34.

Beneventan. archiepiscopus K 221 a, Q 23, 111
eccl. capitulum, presbiter Q 23, 111
mon. s. Sophie monachus K 221 a *(Benevent).*

Bernardi, Petrus laicus Parisien. dioc. K 35.

Bernardus Scarrerii, prior mon. s. Marie de Monte Serrato QV 277.

Berta, vidua Reatin. dioc. π 9
Petri mulier Parisien. dioc. K 34.

Bertrandus Rostagni clericus QV 276.

Bethlehemitan. eccl. episcopus et capitulum Q 8, 1 c *(Bethlehem).*

Beye, Albertus dictus, armiger K 46 c.

Bisuntin. dioc. mon. de Balma administratores Q 23, 60 *(Besançon).*

Bituricen. archiepiscopus Q 1, 3 b. 23, 39
capitulum Q 23, 39
prioratus de sancto Fulgentio Q 15, 55
provincia K 221
dioc., Iudei K 30; mon. Pleni Pedis prepositus et conventus Q 15, 55 *(Bourges).*

Blancus Bruni clericus K 33.

Blasii, Angelus nobilis vir de Viterbio K 19
Iohannes de Urbe *(Rom)* aurifex K 16.

Boemie regnum Q 13, 1 *(Böhmen)*.

Bona Iohannis, mulier K 19 a.

Bonifatius (papa) VIII. *(Aussteller)* Z 2. 11, Nª 1. 2. 7. 13. 21, N 15. 16. 62 (Zus.), Q 11, 3
felicis recordationis K 30 xc. 164 d, Q 1, 3. 16, 11 a. 21 a, 1. 22, 18, QV 263
constitutio Nª 20. 21, N 1. 25, K 164 d, Q 1, 3. 7, 1. 16, 11 a.

Bonifatius (papa) IX N 62 (Zus. c.).

Bononia K 139 *(Bologna)*.

Bonushomo Mathei, civis Aquilen. π 14.

de Bosco, Iohannes clericus K 15 d.

de Brada, Petrus et Iohannes laici K 33 *(abgeg. bei Noyon?)*.

Branchi, Petrus et Iohannes K 34.

de Bria, Guillelmus K 24 *(Brie, welches?)*.

Brivaten. officialis N 24 *(Brioude, Haute-Loire)*.

Brundisin. cantor Q 23, 47 *(Brindisi)*.

Bruni, A. presbiter K 57 c
Blancus clericus K 33.

Bullien. mon. Lemovicen. dioc. abbas Q 5, 6 *(Beuil bei Limoges)*.

Burdegalen. eccl. decanus Q 23, 64 dioc., eccl. s. Marie de . . QV 357
Burdegalis *(Ausstellungsort)* Q 25, 1 *(Bordeaux)*.

de Burgonovo mon. s. Marie abbatissa et conventus N 62 (Zus. 3) *(Borgonovo ö. von Penne in den Marken)*.

de Burgundia, Beatrix Q 23, 60 *(Burgund)*.

C

C. *vgl.* Constantien.; Parisien.; Vultuen.

C. Sicilie rex Nª 1.

Cabilonen. dioc., domus leprosarie Belnen. magister et fratres Q 4, 7 a *(Chalon-sur-Saône)*.

Cahalles, Petrus et Iohannes laici dicti K 64.

Calamus laicus K 44.

de Calatrava, militia ord. Cist. N 62 (Zus. 3)
domus de Alcantara K 77. 100 *(Ritterorden von Calatrava)*.

Camaldulensis ordo N 62 (Zus. 3) *(Kamaldulenserorden, Stammkloster Camaldoli sö. von Florenz)*.

Camen. mon. A. monachus K 71 c *(Zisterzienserkloster Kamenz in Niederschlesien)*.

Cameracen. s. Venantii prior N 25 dioc. K 99 a *(Cambrai)*.

Campellen., Nicolaus clericus Gaietan. dioc. Nª 21 *(Campello sul Clitunno n. von Spoleto?)*.

de Campello, P. laicus K 57 c *(wie oben?)*.

Campidonen. mon. Constantien. dioc. administrator Q 23, 107 *(Kempten im Allgäu)*.

de Caneto, eccl. s. P. Ruthenen. dioc. perpetuus capellanus B.Umari; prior K 179 c *(Canet-de-Salars bei Rodez)*.

Cantuarien. archiepiscopus Q 26, 7 *(Canterbury)*.

Capuan., archidiaconus, decanus Nª 1 dioc. mon. s. Angeli in Formis Q 23, 61 *(Capua)*.

de Carbone, mon. Anglonen. dioc. δ 10 *(Carbone n. von Castrovillari in Lukanien)*.

Cardonis, Fulcandus clericus Lemovicen. dioc. K 30.

Carmeli mons *vgl.* b. Marie.

Carnoten. dioc., mon. Tyronen. abbas et conventus Q 11, 4 *(Chartres)*.

Carolus Romanorum imperator N 13 *(Karl IV.)*.

C(arolus) rex Sicilie Nᵃ 1 *(Karl II. von Sizilien)*.

Carpentoraten dioc., Iudei Mosse et Abraham K 21 *(Carpentras nö. von Avignon)*.

Casanova, mon. Pennen. dioc. frater conversus T. Q 1, 2 *(Zisterzienserkloster Casanova bei Penne in den Marken)*.

Casertan. episcopus π 1 (Var.) *(Caserta n. von Neapel)*.

Casinen. mon. abbas et conventus K 225a, Q 23, 42. 59. 82
abbas K 225c
Guillelmus monachus K 225a *(Montecassino)*.

Castelle ac Legionis rex A. N 18 *(Kastilien und León)*.

Castrum Spine *vgl.* Spine.

Cathalaunen., domus fratrum Heremitarum π 4 *(Châlons-sur-Marne)*.

Caturcen. episcopus Q 14, 3a. 16, 6
capitulum K 179b
officialis Q 16, 6
civis B. de .. Q 16, 5. 6
dioc., eccl. de .. perpetuus vicarius K 179b *(Cahors)*.

Caturcum K 95 *(wie oben)*.

Caurien. dioc., domus de Alcantara militie Calatraven. K 77 *(Coria, w. von Madrid)*.

s. Cecilie Reatin. eccl., archipresbiter K 9
prepositus et capitulum K 12a
canonicus Franciscus Iohannis K 49, Iohannes Thome K 12a.

Cenadien. dioc., eccl. Oradien. prepositus K 99b *(Csanád, Ungarn)*.

Cesaraugustan. dioc., Anthonius de

Luna et Alienoris uxor eius K 164d *(Zaragoza)*.

Christoforus comes Esculan. K 68.

Cistercien. ordo N 62 (Zus. 3), π 23, K 11f. 43a. 46. 74. 77. 185b. 219. 230. 238a. 238c. 238d, Q 1, 2. 6, 7b, 14, 16. 17, 16, 4a
abbas Fontis Frigidi Ar(naldus Novelli) N 57.

Civitas s. Marie *vgl.* Maria

s. Clare, ordo K 190. 205, Q 23, 104
mon. Avinionen. abbatissa et conventus Q 23, 104 *(Klarissenorden)*.

Claramonten. eccl. prepositus R. Q 14,2
cellaria Q 14, 2
dioc., officialis Brivaten. N 24; B. de .. laicus K 30v; mon. Aureliacen. abbas et conventus Q 5, 6
foridecanus in eccl. de Q 23, 78 *(Clermont)*.

Clemens (papa) V *(Aussteller)* Z 2 (Var.). 6. 10 (Zus.). 11 (Var.), Q 13, 1, 26, 1
N 57. 61, K 5, 12b. 205b. 223, Q 26, 1. 10.

Cluniacen. ordo N 28. 62 (Zus. 3)
mon. Matisconen. dioc. abbas et conventus K 64 *(Cluny)*.

Cola Rubei, presbiter K 19.

Colimbrien. canonicus Gonsalvus Gemetii δ 13
civis K 71b
dioc., clericus Dominicus Geraldi K 71b *(Coimbra n. von Lissabon)*.

Coliseum, de Urbe K 57o *(Kolosseum in Rom)*.

Colonien., civis D. K 238g
dioc., mon. s. Vite de Gladebach abbas QV 281
clericus Lambertus de .. K 80 *(Köln)*.

Comaclen. dioc., mon. Pomposian. abbas QV 263 *(Comacchio n. von Ravenna)*.

Constantien. episcopus K 99h. 183b
(Konstanz, Coutances?) Q 23, 107
(Konstanz)
  civitatis et dioc. laici K 99h
  dioc. Q 23, 31; eccl. s. Iuliani de ..
  rector Q 23, 24; parrochialis eccl.
  de .. rector Iohannes de Amoribus K
  183b; Guillelmus, Thomas Obelini
  presbiteri K 183b
  fabrica eccl. Q 23, 32 (Coutances?)
  prepositus C. Q 23, 107 (Konstanz).
Constantinopolitan. patriarcha Nª 1
  (Konstantinopel).
Cremonen. civis Martinus Petri K 74
  (Cremona).
Cripteferrate, mon. δ 8; abbas G., G.,
  A. et B. monachi K 213a; abbas et
  conventus K 227a (Basilianerklo-
  ster Grottaferrata sö. von Rom).
Crucifixi capella Q 23, 27.
s. Crucis, eccl. secularis Roman. abbas
  P. K 29 (S. Croce in Gerusalemme in
  Rom).
Cuman., mon. s. Iuliani monachus K
  186a (Como).
Cunradus monachus Porte s. Marie
  Maguntin. dioc. K 238h.
Curien., prior et fratres Predicatorum
  K 126
  civitas K 126 (Chur).

D

D vgl. Colonien.; Vultuen.
Damasci soldanus N 17 (Damaskus).
Dannes, Fulchetus de K 24 (abgeg. bei
  Saintes?).
Danubii flumen K 71a (Donau).
Daventren. eccl. QV 401b (Deventer).
Dominici, I. magister portionarius
  Placentin. Q 14, 8.
Dominicus Geraldi clericus K 71b
  Iohannes laicus K 38.

E

E vgl. Placentin.
Eduen. eccl. K 182
  officialis K 182
  civitatis et dioc. laici K 99g (Autun).
  s. Egidii, mon. monachus Iohannes
  (Saint-Gilles bei Nîmes?).
Egidii, Petrus clericus K 193.
Egitanien. episcopus K 100
  capitulum K 100
  dioc., hospitale s. Iohannis Ieroso-
  limitan. prior K 100; domus militie
  Templi Ierosolimitan. preceptor K
  100; domus de Alcantara ordinis de
  Calatrava magister et fratres K 100
  (Idanna, Portugal).
Eysteten. decanus et capitulum K 57p
  (Eichstätt).
Elias Iohannis clericus K 33.
Elizabeth Homgrave mulier K 164b.
Engolismen. dioc., miles Willelmus
  de .. K 24 (Angoulême).
Esculan., comes Christoforus K 68
  (Ascoli Satriano in Apulien).
s. Eustachii diaconus card. R. K 57k.

F

F. vgl. Angeli; Florentin.; s. Lucie;
  Martini; Misnen.; Ruthenen.; Tre-
  coren.
F. imperator Romanorum (Friedrich
  II.) N 17a.
Fabri, Helias clericus K 58. 62i
  Hugo civis K 70
  Petrus laicus K 21.
Facii, Petrus, I. et M. laici Taurinen.
  dioc. K 30q.
Faraonis, Angelus civis Gaietan. K 138.
de Ferrariis, mon. s. Leonardi Pic-
  taven. dioc. Q 11, 4
  abbas Q 11, 4

Robertus qui pro abbate se gerit
Q 11, 4 *(Ferrière-en-Parthenay bei
Bressuire, Deux-Sèvres)*.

Ferrarien. episcopus, Guido QV 263
(Ferrara).

Flore, Laurentius laicus K 34.

Florentin. electus F. K 185
cives Vannus et Zazo Vandi π 11;
cives et mercatores QV 383
civitas K 164c
clericus T. Lapi K 71h
eccl. canonici N 22
pauper orphanus Angelucius
Alberti π 11 *(Florenz)*.

Florii, Petrus laicus Morinen. dioc. K
31.

Fontis Ebraldi ordo N 62 (Zus. 3)
(Fontevrault bei Angers).

Fontis Frigidi Ar(naldus Novelli)
abbas, vicecancellarius N 57 *(Zisterzienserkloster in der Diözese Narbonne)*.

de Foresta domus Remen. dioc. K 43a
*(Besitz des Zisterzienserklosters Igny,
Diözese Reims)*.

in Formis, *vgl.* mon. s. Angeli.

de Fractis, archipresbiter Q 16, 8. 8a
Nicolaus Raynulfi subdiaconus Q
26, 2
Nicolaus, clericus Gaietan. dioc. Nᵃ
2 *(Ausonia nö. von Gaeta)*.

Franci, I. pauper orphanus Narnien.
π 12.

Francia, hospitale s. Iohannis Ierosolimitan. in, preceptor et fratres
(prior et fratres) K 116, Q 6, 3, QV
369a *(Johanniter in Frankreich)*
Francorum rex P(hilippus VI.) N 13;
regina Iohanna N 17a *(Frankreich)*.

s. Francisci, mon. Perusin. monialis
Agnes Q 22, 13b.

Francisci, B. N 12. 62 (Zus. c)
P. civis Aquilen. K 13. 14; presbiter
K 61

Petrus monachus K 64.

Franciscus K 30q. 208; rector eccl. K
12c; clericus ss. Quadraginta iuxta
Coliseum de Urbe *(Rom)* K 57o
Angeli civis Reatin. K 15. 28; cleri-
cus Interampnen. K 93
Iohannis canonicus s. Cecilie
Reatin. K 49
de Mala Clocaria mon. s. Vincentii
de Vulturno monachus π 1
Martini armiger de Urbe *(Rom)* K
17
Petri pauper orphanus Aquilen. dioc.
K 8
Raynaldi laicus K 61
iudex Q 18, 3.

s. Frontonis, eccl. Petragoricen. cantor
Q 26, 1 *(Saint-Front in Périgueux)*.

Fulcandus Cardonis, clericus Lemovicen. dioc. K 30.

Fulchetus de Dannes laicus K 24.

de s. Fulgentio, prioratus Bituricen.
G. prior Q 15, 55 *(Saint-Fulgent in
Bourges)*.

Fulginat. miles M. Q 14, 4 *(Foligno)*.

de Fulgineo, frater P. monachus mon.
s. Pastoris de Reate π 23 *(wie oben)*.

Fundan. episcopus Q 17, 1. 2.
civis B. K 117a *(Fondi nw. von
Gaeta)*.

Furnen. villa, scultetus vel scabinus
N 59 *(Furnes, Westflandern)*.

G

G *vgl.* Cripteferrate; de s. Fulgentio;
Guillelmi; s. Nicolai in carcere Tul-
liano; Pedagerii; Pinguen.; Pleni
Pedis; Pragen.; Trecoren.; Uticen.;
Xanctonen.

Gaitan. episcopus Nᵃ 2, δ 9, K 99d,
Q 19, 5. 22, 8. 23, 57. 26, 2; M. episcopus Q 26, 2

canonicus K 117a

clerici: Nicolaus Campellen. Nª 21;
Nicolaus de Fractis Nª 22; Paganus
de Aprano Nª 2. 21

cives K 138

civitas et dioc. Nª 21

eccl. archipresbiter Q 17, 1 *(Gaeta)*.

Galtheri, Petrus civis Aquilen. π 14.

Galterius, Amari clericus Aquilen. K 8
Morelli civis Aquilen. K 6
archipresbiter s. Rufi K 65.

Gemetii, Gonsalvus canonicus Colimbrien. δ 13.

s. Genovefe, mon. Parisien. dioc. K
19h *(Augustinerchorherrenstift
Sainte-Geneviève in Paris)*.

Geraldi, Dominicus clericus Colimbrien.
diocesis K 71b.

Gladebach, mon. s. Viti Colonien. dioc.
abbas QV 281 *(Mönchen-Gladbach)*.

Gonsalvus Gemetii, canonicus Colimbrien. δ 13.

Grandimontensis ordo N 62 (Zus. 3)
(Orden von Grandmont, bei Limoges).

Gratianopolitan. cives, S. et P. de . .,
I. T. et. H. de . . K 57q *(Grenoble)*.

Gratis, mon. s. Adriani de Valle δ 7
(Crati, Fluß in Kalabrien).

Gregorii, Petrus laicus K 50.

Gregorius papa (IX., X.) Q 14, 11.

Gregorius papa IX., constitutio K
195a. 220. 221. 221a.

Gregorius X., constitutio K 149. 227.

Guido episcopus Ferrarien. QV 263
Bartholomei rector eccl. Q 1, 3.

Guillelma K 30v.

s. Guillelmi ordo, mon. Porte s. Marie
Maguntin. dioc. monachus Cunradus
K 238h *(Wilhelmitenorden)*.

Guillelmi, Raynulphus et G. clerici K
24.

Guillelmus (Willelmus) presbiter K
15b; laicus K 24. 30v. 44. 46b;
monachus K 225a; rector eccl. K

183b; miles Engolismen. dioc. K 24.
miles Xanctonen. dioc. K 24
de Bria miles Xanctonen. dioc. K 24
Yspani laicus Xanctonen. dioc. K 24
Lamberti rector eccl. de . . Xanctonen. dioc. K 24
Martini pauper orphanus π 12
de Massa clericus K 72.

de Guilleto, mon. s. Salvatoris s. Angeli
de Lombardis dioc. monialis K 221b
*(Benediktinerkloster S. Salvatore de
Gulieto ö. von Avellino bei Neapel)*.

Guioneta uxor Trecoren. dioc. K 27.

H

H. *vgl.* s. Anastasie; Gratianopolitan.;
s. Iulica; de Manhaco.

Hambinam Mosse, Iudeus habitator
Narnien. K 10.

de s. Helia, eccl. abbas secularis Marsican. dioc. K 68 *(S. Elia, abgeg. in
oder bei Opi sö. von Avezzano im
Marserland)*.

Helprun, eccl. rector Wratislavien.
dioc. K 71a *(Hellbrunn, welches?,
Diöz. Breslau)*.

Helias Fabri clericus K 58. 62i.

Henrici, Hugo civis Parisien. π 13.

Henricus laicus K 15c
Alberti de Baro laicus K 36
B. civis Vicentin. QV 263
dictus de Rotemburgh, laicus
Herbipolen. dioc. K 57p
Martini, civis Parmen. π 24
Petri, canonicus mon. Premonstra-
ten. ord. π 25.

Herbipolen. dioc., laicus Henricus dictus de Rotemburgh K 57p *(Würzburg)*.

Heremitarum s. Augustini ordo π 4. 22.

Hermannus archidiaconus K 57e
miles K 46a.

Homgrave, Elizabeth mulier K 164b
Thomas miles, nobilis vir K 164b.
Honorius papa III., constitutio QV
401b.
Hugo, comes N 14
dictus Alegrio K 30v
de Anticulo laicus K 57b
Fabri civis K 70
Henrici civis Parisien. π 13.
Humiliatorum ordo N 62 (Zus. 3);
sorores K 81 *(Humiliatenorden)*.

I

I. *vgl.* Angeli; Dominici; Facii; Franci;
Gratianopolitan.; Iarrosen.; Inter-
ampnen.; Iordani; s. Laurentii;
Manytie; Martini; s. Petri; Placen-
tin.; de Porta; Pragen.; Reatin.;
Rossanen.; Senonen.; Tiburtin.;
Tullen.
Iacob de Aguranda Iudeus Bituricen.
dioc. K 30.
s. Iacobi militia Templi Q 6, 4
de Spata extra muros Ulixbonen.
ordo militie Q 8, 2b *(Ritterorden des
hl. Jakobus)*.
s. Iacobi Narnien. prioratus moniales
K 189.
Iacobi, Raynaldus civis Reatin. K 28.
Iacobini vgl. Lustus.
I(acobus) episcopus Reatin. K 47.
Iacobus Petri, clericus Reatin. K 219.
Iannucius Odonis de Reate clericus
K 186. 201.
Iarrosen. mon. Patavien. dioc. I. abbas
K 99f *(Prämonstratenserkloster Ge-
ras in Niederösterreich)*.
Ydrontin. dioc. mon. Neritonen. abbas
et conventus Q 23, 77 *(Otranto)*.
Ierosolimitan., *vgl.* s. Iohannis, s. Marie
Theotonicorum, Templi militia.
Ierusalem rex, F. imperator Romano-
rum N 17a *(Jerusalem)*.

Innocentius (papa) III. Z 10 *(Innocenz
IV.?)*, Q 26, 1. 2. 3. 6
constitutio QV 401b.
Interampnen. episcopus K 55
archipresbiter K 2
clericus Paulus Ludovici π 12; Franciscus Angeli K 93
I. Angeli civis K 1.2
Symon de Interampna, frater ord.
Heremitarum π 22 *(Terni nö. von
Rom)*.
Introducum Reatin. dioc. π 14 *(Antrodoco ö. von Rieti)*.
Iohanna Francorum regina N 17a.
Iohanna vidua N 12
soror et professa hospitalis K 225b.
Iohannes abbas Q 16, 4a; qui pro
abbate se gerit mon. s. Vincentii de
Vulturno π 1
monachus K 185b. 208. 220
rector eccl. K 112, Q 23, 19. 31
monachus K 208
presbiter monachus K 185b
laicus N 12, K 19f (vel clericus).
30v. 36. 41. 41g
armiger Trecoren. dioc. K 27
civis K 41g
civis et mercator Romanus Q·14, 8
miles K 46
Alberti monachus K 64
de Amoribus rector eccl. K 183b
Andree laicus π 10
Angeli civis Viterbien. K 19
de Baro laicus K 36
Basire corrector K 164d
Blasii aurifex de Urbe K 16
de Bosco clericus K 15d
de Brada laicus K 33
dictus Branchi laicus Parisien.
dioc. K 34
dictus Cahalles laicus K 64
de Luca presbiter K 34
s. Egidii de . . monachus K 220
Petri civis Reatin. π 7; civis

Lamartini, Paulus, miles Reatin. π 15. 16, K 20.

Lamberti, Guillelmus rector eccl. Xanctonen. dioc. K 24.

Lambertus clericus Colonien. dioc. K 80; canonicus K 82.

Lanfranci, Ubertus civis Parisien. π 13.

Lapi, T. clericus Florentin. K 71h

Lateran. *(Ausstellungsort)* Z 12. 16, Nᵃ 2, Q 11, 3. 4.

Lateranen. concilium N 62 (Zus. 2), δ 4, K 16. 19. 19a. 19b. 19f. 19g. 21. 28. 29. 30f. 30ga. 30h. 30q. 30r. 30t. 30v. 30x. 31. 33. 35. 41b. 41c. 42. 100. 101. 102. 103. 225d, QV 267. 268. 271. 272. 274. 277.

Laudunen. eccl. canonicus Q 23, 91; G. de .. canonicus Q 23, 72 Iudei QV 395b *(Laon)*.

s. Laurentii in Lucina presb. card. tit. I. N 18.

s. Laurentii mon. Novarien. abbas et conventus K 186a *(ehem. Benediktinerkloster S. Lorenzo del Pozzo in Novara)*.

de s. Laurentio, Andreas laicus K 35 *(Saint-Laurent, welches?)*.

Laurentius Iohannis laicus Parisien. dioc. K 34 Flore laicus K 34.

Laventin. episcopus Q 11, 9a *(Lavant)*.

s. Lazari domus magister et fratres Q 6, 7c hospitalis Mediolanen. fratres Q 21a, 1 *(Spital S. Lazzaro all'Arco Romano in Mailand)*.

Legionis rex *vgl.* Castelle rex.

Lemovicen. episcopus K 221 archidiaconus K 184 rectores ecclesiarum F. de .. et P. de .. K 184 dioc., mon. canonicus K 221; mon. s. Martini Tutellen. abbas Q 23, 80; mon. Bullien. abbas Q 5, 6

Fulcandus Cardonis clericus K 30 *(Limoges)*.

Leodien. dioc., prepositatus de Mersen Q 5, 7b Otto dominus ville de .. K 46a *(Lüttich)*.

s. Leonardi mon. de Ferrariis Robertus, qui pro abbate se gerit, ac conventus Q 11, 4 *(Benediktinerkloster Saint-Léonard in Ferrière)*.

Leonen. eccl. clerici Q 23, 93 *(León)*.

Licien. clericus P. de .. Q 21a, 2 universitas civitatis Q 21a, 2 *(Lecce)*.

de Linais eccl. K 79 *(Linas bei Corbeil)*.

Lincolnien, dioc., I. vidua, R. de .. miles Q 12, 1a *(Lincoln)*.

Lingonen. eccl. decanus K 185f civitatis et dioc. laici K 99g dioc., domus leprosorum de Iusana curia K 185f *(Langres)*.

Londonien. episcopus Q 26, 7 presbiter Q 26, 7 ecclesia Q 26, 7 mon. s. Bartholomei prior et conventus Q 26, 7 *(London)*.

de Luca, presbiteri Iohannes et Petrus K 34 Albertus laicus K 34 *(Luce, welches?)*.

Lucan. episcopus Q 4, 2a. 5, 1. 2 *(Lucca)*.

Lucerin. episcopus Aymardus Q 11, 3 eccl., nunc civitatis s. Marie *vgl.* s. Marie *(Lucera in Apulien)*.

s. Lucie eccl., rector F. K 53.

s. Lucie de Reate, mon. abbatissa et conventus K 190. 205 *(Klarissenkloster S. Lucia in Rieti)*.

Lucionen. episcopus Q 23, 58 capitulum Q 23, 58 mon. abbates et conventus Q 23, 58 *(Luçon)*.

Lucius de Barro miles Sedunen. K 40.

Ludovici, Paulus clericus Interampnen. π 12.

Lugdunen. concilium π 2, K 227
prior et fratres Predicatorum K 57q *(Lyon)*.

de Luna, Alienoris uxor K 164d
Anthonius miles Cesaraugustan. K 164d *(Adelsfamilie von Zaragoza)*.

Lupi, Petrus rector eccl. K 71b.

Lustus Iacobini Thetinis Mathesii civis Vicentin. QV 263.

M

M. *vgl.* s. Agnetis; Angeli; Aquinaten.; Facii; Fulginat.; Gaitan.; s. Iohannis; Iordani; Maguntin.; s. Marie in via lata; s. Petri; Reatin.; Regin.

M. *vgl.* s. Marie in via lata diac. card.

Magdalena, *vgl.* Marie Magdalene.

Maguntin. eccl., prepositura K 172
prepositi officialis K 172
thesaurarius Q 23, 46
civis G. K 27a
Iudeus Ioseph de .. K 27a
Iudea Mimia K 27a
dioc., domus s. Marie Theotonicorum in Marburg *vgl.* Marburg; mon. ord. s. Benedicti K 69; mon. Porte s. Marie ord. s. Guillelmi monachus Cunradus K 238h *(Mainz)*.

de Mala Clocaria, Franciscus monachus mon. s. Vincentii de Vulturno π 1.

de Manhaco, eccl. H. capellanus K 179a *(Manhac bei Rodez)*.

Manytie, I. frater ord. s. Augustini K 238b.

s. Mansueti mon. Tullen. abbas Q 23, 60 *(Benediktinerkloster Saint-Mansuy in Toul)*.

Marburg, domus s. Marie Theotonicorum Ierosolimitan. K 69 *(Marburg/Lahn)*.

s. Marcelli mon. K 15a.

Margareta puella litterata K 189
mulier K 195
Petri puella litterata K 205.

Maria Aragonum regina N 13.

Maria (mulier, uxor, vidua) N 12, π 8, K 4. 5. 34. 198; abbatissa Q 26, 5
Iohannis mulier K 61
Pauli mulier K 50
Petri mulier K 19a. 191.

s. Marie, ordo fratrum servorum frater R. de .. presbiter K 228 *(Servitenorden)*.

b. Marie de .., mon. abbas et conventus QV 356.

s. Marie de .., eccl. Burdegalen. dioc. portionarius QV 357.

s. Marie de Burgonovo mon. abbatissa et conventus N 62 (Zus. 3) *(Johanniterhaus in Borgonovo, Kommune Torricella Sicura ö. von Penne in den Marken)*.

s. Marie civitas, olim Lucerina, eccl. archidiaconus Iohannes de s. Severo Q 11, 3 *(Lucera in Apulien, nach der Zerstörung i. J. 1300 zeitweilig so benannt)*.

s. Marie in Cosmedin diac. card. R. K 57.

s. Marie de .. eccl. Ulixbonen, dioc. clericus Petrus Stephani δ 13.

b. Marie de Mercede captivorum Barchinonen. magister et fratres Q 1, 3a *(Mercedarier)*.

b. Marie de Monte Carmeli ordo, domus K 66
fratres K 94 *(Karmeliter, benannt nach dem Berge Karmel bei Haifa)*.

s. Marie de Monte Serrato, mon. Vicen. dioc. prior Bernardus Scarrerii QV 277 *(Benediktinerkloster Montserrat bei Barcelona)*.

s. Marie de Monte Virginis, mon. Avellinen. dioc. abbas et conventus K

12b *(Benediktinerkloster Montever-gine ö. von Neapel)*.

s. Marie Nove, eccl. de Urbe canonicus π 24; canonicus P. K 226 *(Augusti-nerchorherrenstift S. Maria Nova, heute S. Francesca Romana al Foro Romano in Rom)*.

s. Marie Porta *vgl.* Porte.

s. Marie virginis site in opido de Stetha capelle rector Q 11, 2b.

s. Marie Theotonicorum Ierosolimitan. domus in Marburg commendator et fratres K 69 *(Deutschordenshaus in Marburg/Lahn)*.

s. Marie in via lata diac. card. M. N 18.

b. Marie Magdalene Alben. eccl. pre-positus Q 16, 11a *(Chiesa della Maddalena in Alba, Piemont)*.

Marochitanus rex N 17 *(Marokko)*.

Marsican. dioc., abbas secularis eccl. de s. Helia K 68; Christoforus comes Esculan. *(Marsi, abgeg. bei S. Bene-detto dei Marsi am Ostufer des ehem. Lago Fucino)*.

s. Martini, mon. Tutellen. Lemovicen. dioc. abbas Q 23, 80 *(Benediktiner-kloster S. Martin in Tulle)*.

s. Martini de . . prioratus prior Q 3, 2b.

tit. s. Martini in montibus presb. card. P. Q 22, 19.

Martini, F. civis Romanus K 18
Franciscus de Urbe armiger K 17
Guillelmus pauper orphanus Nar-nien. π 12
Henricus civis Parmen. π 24
I. civis Reatin. K 47
Iospertus civis Barchinonen. QV 277
P. laicus π 6, K 2. 3. 4. (civis Reatin.) 11a (laicus Reatin.); clericus Reatin. K 15. 60; clericus K 73
Paulus clericus K 29
Petrus civis Reatin. K 1; clericus Reatin. K 93; civis Viterbien. K 19.

Martinus monachus K 208; laicus K 225b
Andree civis Reatin. K 10
Angeli civis K 70
Iohannis capellanus Q 23, 73
Petri civis Cremonen. K 74; clericus K 188. 202
Thome clericus Reatin. π 10.

de Massa, Guillelmus clericus K 72 *(Massa Marittima, Lombarda?)*.

Massilien. dioc. clericus Raymundus Q 24, 1
mon. ord. s. Benedicti priorissa et conventus K 190a
mon. s. Victoris abbas et conventus Q 23, 110 *(Marseille)*.

Mathei, Bonushomo civis Aquilen π 14.

Mathesii *vgl.* Lustus.

Matheus Petri, laicus Reatin. dioc. π 9.

Matisconen. dioc., mon. Cluniacen. abbas et conventus K 64; prioratus de . . K 64
laicus I. K 200 *(Mâcon)*.

Mazarti, Rostagnus laicus Sideronis K 71h.

Mendicantes, Mendicantium ordo N 34. 62 (Zus. 3), *vgl.* Minorum, Predi-catorum ordo.

Mediolanen. hospitalis s. Lazari ma-gister et fratres Q 21a, 1
civitatis potestas, iudices etc. Q 21a, 1 *(Mailand)*.

Meldula, castrum novum de Q 14, 15 *(wohl Castelnuovo abgeg. bei Meldola s. von Forlì)*.

Melfien. eccl. canonicus P. de . . δ 3 *(Melfi in Apulien)*.

Melioris, Albertinus laicus Spoletan. dioc. Q 14, 4.

de Mercede captivorum *vgl.* b. Marie.

de Mersen, prepositatus de, Leodien. dioc. Q 5, 7b *(Meersen nö. von Lüttich, in Holland)*.

Meten. episcopus Q 26, 5

dioc., mon. Q 26, 5; presbiter Q 26, 5

eccl. decani et capituli Q 6, 2 *(Metz)*.

Michahel laicus Taurinen. dioc. K 30q.

Mimaten. episcopus Q 2, 3b

civitatis et dioc. laici Q 2, 3b *(Mende s. von Clermont-Ferrand)*.

Mimia Iudea Maguntin. K 27a.

Minden. episcopus Q 14, 17

clerus Q 14, 17 *(Minden)*.

Mindonien. episcopus K 83

electus K 83

dioc. K 83 *(Mondoñedo im spanischen Galizien)*.

Minorum, ordo fratrum, guardianus N 1. 35; Narnien. π 18; Spoletan. K 3; et fratres K 125; P. K 47.

custos et fratres K 225

minister generalis K 238c

presbiter K 238c

frater, P. de . . Q 22, 13a; Paulus Iohannis de Urbe π 20.

Misnen. dioc., presbiter B. de . . K 76; F. dominus ville de K 76 *(Meißen)*.

Moises Iudeus Arelaten. K 38.

de Monte Carmeli *vgl.* b. Marie.

de Monte Serrato *vgl.* s. Marie.

de Monte Virginis *vgl.* s. Marie.

Montis sacri, mon. Sipontin. dioc. abbas et conventus Q 25, 1 *(Benediktinerkloster S. Trinità auf dem Monte Sacro im Garganogebirge nö. von Foggia)*.

Montisregalis archiepiscopus δ 10 *(Monreale bei Palermo)*.

Morelli, Galterius civis Aquilen. K 6.

Morinen. dioc., Petrus Florii laicus K 31 *(Thérouanne in Flandern)*.

Mosse Iudeus Carpentoraten. dioc. K 21

Hambinam Iudeus habitator Narnien. K 10.

N

de Nantelio, mon. Pictaven. dioc. abbas Q 26, 1 *(Benediktinerkloster Nanteuil en Vallée)*.

Narnien. episcopus K 1. 9. 55

eccl. prepositus π 17; archipresbiter π 18

canonicus π 18, K 89

prioratus s. Iacobi moniales K 189

fratres Minores π 18

fratres Predicatorum π 18, K 4

cives Angelus et Andreas K 9

Iudeus Hambinam Mosse K 10

pauperes orphani Guillelmus Martini et I. Franci π 12

prioratus s. Iacobi moniales K 189

dioc., mon de . . abbas π 15. 16; mon. de Strocono abbas et conventus K 204 *(Narni nö. von Rom)*.

de Neapoli, Iose Scandafolia Iudeus K 138.

Neapolitan. archiepiscopus Nᵃ 1. 7. 17, Q 23, 53. 54

eccl. Q 23, 54

archipresbiter Nᵃ 7

capitulum Q 23, 54

canonicus P. Nᵃ 7

mon s. Sebastiani abbas K 238f; monachus Stephanus de Neapoli K 238f *(Neapel)*.

Nemoris, Philippus civis Placentin. K 30ga.

Neriton., mon. Ydrontin. dioc. abbas et conventus Q 23, 77; abbas et conventus ac capitulum Q 23, 105 *(Nardò sw. von Lecce in Apulien)*.

Ni. Phy. archidiaconus K 99b.

s. Nicolai in carcere Tulliano diac. card. G. Q 23, 61.

Nicolai, P. clericus Parisien. dioc. K 19h.

Nicolaus dominus castri N 19; clericus K 15d, Q 13, 2

clericus, B. de .. presbiter Q 15, 24.
25; P. de .. laicus Q 15, 36. 37. 46. 48
civis: Ubertus Lanfranci, Hugo Henrici π 13; Angelus K 50; .. Q 13, 3
dioc., mon. s. Genovefe abbas et
conventus K 19h
mon s. Petri, P. de .. secularis capellanus altaris s. Iohannis Q 23, 94
mon. s. Victoris abbas et conventus K 39 *(Paris)*.
Parmen. episcopus Papinianus S. R. E.
vicecancellarius K 10
civis Henricus Martini π 24
civitas K 78 *(Parma)*.
s. Pastoris mon. de Reate, P. de Fulgineo monachus π 23; Iacobus Petri
clericus Reatin. novicius K 219 *(Zisterzienserkloster S. Pastore bei Rieti)*.
Patavien. dioc. laici K 71a
mon. Iarrosen. abbas K 99f *(Passau)*.
de Patricio *vgl.* eccl. s. Thome.
s. Pauli de Urbe, mon. abbas π 27;
abbas et conventus K 188. 202 *(Benediktinerkloster S. Paolo fuori le
mura in Rom)*.
Pauli, Andreas civis Reatin. K 3
Maria mulier K 50.
Paulus Iohannis, frater ord. Minorum
π 20; clericus Viterbien. K 19
Lamartini miles Reatin. π 15. 16, K 20
Ludovici clericus Interampnen. π 12
Martini clericus Romanus K 29
Petri clericus Reatin. K 59.
Pedagerii, G. notarius laicorum habitatorum loci Sideronis K 71h.
Pelagii, Alfonsus magister scolarium
eccl. Ulixbonen. δ 13.
Penestrinus episcopus S. N 18 *(Palestrina)*.
penitentiarie scriptor .. K 57o.
Penitentie Iesu Christi ord. frater B.
presbiter K 227 *(Bußbrüder)*.

Pennen. eccl. capitulum N 62 (Zus. 3)
dioc. mon. Casenove T. conversus
Q 1, 2 *(Penne ö. von Pescara in den
Marken)*.
Perusin., mon. s. Francisci monialis
Agnes Q 22, 13b
Iudei K 30a *(Perugia)*.
Petragoricen. episcopus Q 26, 6
eccl. s. Frontonis cantor Q 26, 1
dioc., presbiter Q 26, 6; mon. Sarlaten. abbas Q 26, 6 *(Périgueux)*.
b. Petri patrimonium Nᵃ 5. 11, π 6,
QV 360b. 375a; in Tuscia N 47.
s. Petri eccl., canonicus M. de .. K 54
Senonen. dioc., I. et Franciscus
rectores K 12c.
s. Petri mon. abbas et conventus K
238d.
s. Petri mon. Parisien. secularis capellanus altaris s. Iohannis P. de ..
Q 23, 94 *(Benediktinerkloster Saint-
Pierre oder Saint-Merry in Paris)*.
Petri, A. civis Reatin. K 47
Alfonsus, rector eccl. de .. Ulixbonen. dioc. δ 13
Andreas K 32
Angelica puella litterata K 190
Angelus civis Aquilen. K 6; civis
Reatin. K 11f; de Reate laicus K
187; de Urbe clericus K 18
Berta mulier Parisien. dioc. K 34
Franciscus, pauper orphanus Aquilen. dioc. K 8
G. civis Aquilen. π 8
Henricus canonicus mon... ord. Premonstraten. π 25
I. rector eccl. de .. Pragen. dioc.
Q 11, 4
Iacobus clericus Reatin. K 219
Iohannes civis Reatin. π 7; civis
Aquilen. K 7; pauper orphanus
Aquilen. dioc. K 8; presbiter K 33;
laicus K 39
Margareta puella litterata K 205

Maria mulier K 19a; de Reate mulier K 191

Martinus civis Cremonen. K 74; clericus K 188. 202

Matheus laicus Reatin. dioc. π 9

Paulus clericus Reatin. K 59

R. laicus K 71d

Stephanus monachus K 196.

de Petromonte, domina K 99a.

Petrus Z 13; dominus N 19; laicus K 5. 24. 36; civis Reatin. π 27; laicus Taurinen. dioc. K 30q; monachus K 62. 208; canonicus mon. Lemovicen. dioc. K 221; professor ord. s. Augustini Q 1, 3a; presbiter Q 17, 1

de .. miles K 30f.

Andree laicus π 10

Angeli civis Reatin. K 28

de Bedaco presbiter Vasaten. dioc. Q 26, 1

Bernardi laicus Parisien. dioc. K 35

de Brada laicus K 33

dictus Branchi laicus Parisien. dioc. K 34

dictus Cahalles laicus K 64

Egidii clericus K 193

Fabri laicus K 21

Florii laicus Morinen. dioc. K 31

Francisci monachus K 64

Galtheri civis Aquilen. π 14

Gregorii de .. laicus K 50

de Luca presbiter K 34

Lupi rector ecclesie de .. K 71b

Martini civis Reatin. K 1; clericus Reatin. K 93; civis Viterbien. K 19

de Reate, mon. s. Salvatoris Reatin. monachus K 204

Rubei laicus K 40

Rubeus laicus K 33

Stephani clericus Ulixbonen. dioc. δ 13

Symonis mon. s. Salvatoris Reatin. monachus π 19, K 192; mon. de .. monachus K 11f

Textoris abbas mon. s. Saturnini Tholosan., vicecancellarius Q 3, 2a.

Philippi, Angelus civis Reatin. π 8.

Philippus clericus Parisien. dioc. K 32

Nemoris civis Placentin. K 30ga.

Pictaven. episcopus δ 12, K 62i, Q 14, 5. 20, 1

decanus Q 14, 5

dioc., mon. de Nantelio abbas Q 26, 1; mon Lucionen. abbates et conventus Q 23, 58; mon. s. Leonardi de Ferrariis Q 11, 4 *(Poitiers)*.

Pictavis N 57, δ 13 *(wie oben)*.

Pinguen. canonicus G. Q 17, 2a *(Bingen)*.

Placentin. episcopus E. Q 14, 8; episcopus K 143

portionarius I. Dominici Q 14, 8

civitas K 78

civis Philippus Nemoris et I. eius uxor K 30ga

dioc. plebes K 143 *(Piacenza)*.

Pleni Pedis, mon. Bituricen. dioc. G. prepositus et conventus Q 15, 55 *(Augustinerchorherrenstift Plaimpied sö. von Bourges)*.

Pomposian., mon. Comaclen. dioc. abbas QV 263 *(Pomposa n. von Ravenna)*.

Pontius de Alegrio, canonicus Anicien. K 30v.

de Porta, I. laicus K 45.

Porte s. Marie, mon. Maguntin. dioc. monachus Cunradus K 238h *(Wilhelmitenkloster Marienpfort bei Bad Kreuznach)*.

de Portu, in eccl. Tullen. archidiaconus Q 23, 60 *(S. Nicolas-du-Port bei Nancy)*.

Portuen. episcopus K 55 *(Porto, abgeg. sw. von Rom)*.

Pragen. episcopus, G. Q 11, 5; I. Q 22, 12d

officialis, acolitus Q 22, 12d

eccl. Q 22, 12 d

miles B., filia Agnes K 155 a

dioc., eccl. de . . rector: I. Petri; M. Angeli Q 11, 5 *(Prag)*.

Predicatorum, ordo fratrum: prior N 1. 35; instituta K 191. 235, Q 23, 7. 108

frater Angelus de Urbeveteri π 21

prior provincialis K 235

professus Guido episcopus Ferrarien. QV 263

Curien. K 126

Lugdunen. prior et fratres K 57 q

Narnien. prior π 18, K 4

Viterbien. π 21.

Premonstraten. ordo N 62 (Zus. 3), K 226

abbas Q 22, 7. 20. 20 a

Romane provincie abbates et priores K 195 c

mon. Iarrosen. Patavien. dioc. abbas I. K 99 f

Henricus Petri canonicus π 25.

Proenzal., Albertus dictus Bagoti, laicus K 30 r.

Q

ss. Quadraginta iuxta Coliseum de Urbe, canonicus Franciscus K 57 o *(Kirche in der Nähe des Kolosseums in Rom)*.

R

R. *vgl.* s. Angeli diac. card.; s. Angeli Reatin.; Claramonten.; s. Eustachii; s. Marie in Cosmedin.; Ravennat.; Reatin.; Uticen.; Vicentin.

Raymundus Massilien. dioc. clericus Q 24, 1.

Raynaldi, Franciscus laicus K 61.

Raynaldus Amari pauper orphanus Aquilen. K 7

Iacobi civis Reatin. K 28

Stephani civis Aquilen. π 14.

Raynulfi, Nicolaus de Fractis subdiaconus Q 26, 2.

Raynulphus, Guillelmi filius, clericus K 24.

Rapollan. dioc., mon. Vultuen. ord. s. Benedicti abbas et conventus K 185 a *(Rapolla in Apulien)*.

Ratisponen. dioc., mon. sancti . . ord. Cistercien. K 185 b *(Regensburg)*.

Ravennat. archiepiscopus R., P. predecessor suus Q 14, 15

archiepiscopus R. tunc episcopus Vicentin. QV 263

ecclesia Q 14, 15 *(Ravenna)*.

Reatin. episcopus π 15. 16. 19, K 3. 9. 55. 56. 58. 102. 104. 139. 142. 219

episcopus A. K 48; I. K 47

capitulum eccl. π 17. 18, K 4. 139

canonicus K 6. 48. 92. 104. 137; P. canonicus K 139

clericus π 10, K 15. 59. 60. 93. 186. 201. 214. 216. 219

decanus et capitulum K 137

eccl. s. Angeli prepositus π 14, archipresbiter K 9, prepositus R. K 49

eccl. s. Cecilie archipresbiter K 9, Iohannes Thome canonicus K 12 a, Franciscus Iohannis canonicus K 49

eccl. s. Iohannis archipresbiter T. π 17. 18, archipresbiter π 19, K 48

eccl. s. Rufi archipresbiter π 14. 19, K 48. 65

ord. Heremitarum s. Augustini frater Symon de Interampna π 22

mon. s. Agnetis ord. s. Augustini sub cura fratrum Predicatorum priorissa et conventus K 191, S. et M. sorores K 235

mon. s. Lucie ord. s. Clare abbatissa et conventus K 190. 205

mon. s. Pastoris ord. Cistercien. P. de Fulgineo monachus π 23, Iacobus Petri novicius K 219

mon. s. Salvatoris ord. s. Benedicti
abbas π 14, K 11b. 213, Petrus Symonis monachus π 19, K 192, abbas
et conventus K 11a.186.201, Angelus
monachus K 59, Petrus de Reate
monachus K 204

monachus Petrus Symonis K 197

laicus dioc. P. Martini K 11a, F.
de .. π 9, Matheus Petri π 9

laicus Angelus Petri K 187

miles Paulus Lamartini π 15. 16, K
20, Nicolaus Albrandini K 17

civitas, civis u. ä. N 4, π 7. 8. 15.
16. 19. 20. 27, K 1. 3. 4. 10. 11f. 15.
17. 28. 47; vgl. Andreas Pauli,
Angelus Petri, Angelus Philippi, Ar-
naldus Angeli, Franciscus Angeli,
Iohannes Petri, Martini I., Martini
P., Martinus Andree, Petri A., Petrus,
Petrus Martini, Thomas

mulier K 191

uxor Maria π 8, K 4

vidua dioc. Berta π 9

dioc. N 4, π 7. 9. 14, K 5. 11a. 214.
216 (Rieti).

Regin., plebis sancti .. archipresbiter
M. K 75

civis I. quondam clericus K 75 (Reggio, Emilia oder Calabria?).

Remen. archidiaconus Q 23, 69

officialis K 131

mon. s. Remigii abbas et conventus
K 99g

civ. et dioc. laici, comites, barones,
nobiles, mulieres K 43a. 99g

dioc. mon. de .. Cisterciensis ord.
abbas et conventus K 43a; domus
de Foresta K 43a; laicus Symon K
43a (Reims).

s. Remigii mon. Remen. abbas et conventus K 99g (Benediktinerkloster
Saint-Remy in Reims).

Ricardi Fre. miles K 30xb.

Riccardus de .. miles K 46.

Ricius, Stephanus laicus de Urbe K 16.

in Rhodo, domus hospitalis s. Iohannis
Iherosolimitan. fratres N 62 (Zus. 3)
(Insel Rhodos).

Robertus, abbas in mon. s. Leonardi de
Ferrariis Q 11, 4.

in Rodio, hospitalis s. Iohannis Ierosolimitan. magister Q 5, 6b (Rodio
s. von Salerno).

Roma (de Urbe, Romanus), cardinalis
vgl. bei ihren Titeln u. Bistümern

eccl. s. Crucis, abbas secularis P.
K 29

eccl. s. Marie Nove ord. s. Augustini
canonicus π 24; canonicus P. K 226

eccl. ss. Quadraginta iuxta Coliseum,
clericus Franciscus K 57o

eccl. s. Stephani in Celiomonte, canonicus M. B. K 57o

mon. s. Pauli ord. s. Benedicti abbas
(et conventus) π 27, K 188. 202

ord. Minorum frater Paulus Iohannis π 20

hosp. s. Spiritus in Saxia N 42; frater P. π 26; preceptor et fratres K
193; commendator et fratres Q 12, 1

canonicus K 48

clericus K 18. 29 vgl. Angelus Petri,
Paulus Martini

civis F. Martini K 18; cives I. et M.
Iordani, F. et S. Angeli K 29; civis
et mercator Iohannes Q 14, 8

civitas et dioc. K 29

habitator Ysaac Iudeus π 28

laicus Stephanus Ricius K 16

armiger Franciscus Martini K 17

aurifex Iohannes Blasii K 16

Iudeus Ysaac π 28

mercator (et civis) Iohannes Q 14, 8
(Rom).

Romana curia, studentes in scolis apud
R-am c-am π 2; K 150a, Q 15, 26
servivit in procurationis officio in
QV 404

eccl. vicecancellarius s. vicecancellarius.

Romanorum imperator F. N 17a
Carolus N 13 (Zus.).

Romanus π 28.

Rossanen. clericus I. de . . δ 5
cives δ 5, Q 19, 1 *(Rossano in Kalabrien)*.

Rostagni, Bertrandus, Rostagnus clerici, Rostagnus de . . laicus QV 276.

Rostagnus clericus, de . . laicus QV 276
Mazarti laicus loci Sideronis K 71h.

de Rotemburgh, Henricus dictus K
57p *(Rothenburg ob der Tauber)*.

Rothomagen. prov., generale capitulum monachorum ord. s. Benedicti K 220 *(Rouen)*.

Rubei, Cola presbiter K 19
Petrus laicus K 40.

Rubeus, Petrus laicus K 33
P. dictus laicus K 57b

s. Rufi, eccl. Reatin. archipresbiter
π 14. 19, K 48. 65.

Ruthenen. archidiaconus A. K 179a
dioc. eccl. de s. Iulica et de Manhaco
perpetuus capellanus H. K 179a; s.
P. de Caneto prior, perpetuus capellanus B. Umari K 179c
laici P. et F. K 62 *(Rodez)*.

S

S. *vgl.* Agennen.; s. Agnetis; Angeli;
Gratianopolitan.; Penestrinus; Reatin.

de Sabello, Pandulphus notarius pape
K 57o *(Savelli, röm. Geschlecht)*.

s. Sabine, presb. card. tit. P. N 18.

de Salicibus eccl. K 79 *(Saulx-les-Chartreux bei Corbeil)*.

Salpen. episcopus, Aymardus Q 11, 3
(Salpi, abgeg. am heutigen Lago di Salpi nw. von Bari).

Salsen. mon. abbas et conventus K 46c

(Benediktinerkloster Selz in der Diözese Straßburg).

s. Salvatoris Reatin., mon. ord. s.
Benedicti abbas (et conventus) π 14,
K 11a. 11b. 186. 192. 201 204. 213
monachus Angelus K 59; Petrus de
Reate K 204; Petrus Symonis π 19,
192 *(Benediktinerkloster S. Salvatore Maggiore bei Rieti)*.

s. Salvatoris de Guilleto, mon. ord. s.
Benedicti monialis K 221b *(Benediktinerkloster S. Salvatore de Gulieto ö. von Avellino)*.

Sanctonen. canonicus K 57o *(Saintes)*.

Sarlaten. episcopus Q 26, 6
mon. ord. s. Benedicti abbas Q 26, 6
(Sarlat bei Périgueux).

Sarraceni N 17.

s. Saturnini Tholosan. mon. P. abbas,
vicecancellarius Q 3, 2a.

Saxia *vgl.* Roma u. s. Spiritus.

Scandafolia, Iose de Neapoli Iudeus
K 138.

Scarrerii, Bernardus prior mon. s. Marie de Monte Serrato QV 277.

Scotia, cathedralis eccl. s. Andree in
prior N 25 *(Schottland)*.

scriptor penitentiarie O. K 57o.

s. Sebastiani mon. ord. s. Benedicti,
abbas K 238f
monachus Stephanus de Neapoli K
238f *(Benediktinerkloster S. Teodoro e Sebastiano in Neapel)*.

Secovien. dioc., eccl. prope Stancz in
Stiria Q 11, 9a *(Seckau)*.

Sedunen., Lucius de Barro miles K 40
(Sitten).

Senen., civis Antonius Benedicti K
164c *(Siena)*.

Senonen. officialis Q 14, 22. 15, 20. 33
curia metropolitana Q 15, 19. 20. 24.
33. 36
canonici Q 23, 99
dioc., rector et portionarii eccl. de . .

Q 23, 100; eccl. s. Petri de . . I. et
Franciscus rectores K 12c; clerici,
presbiteri, laici K 33. 57e
civitas, cives (dioc.) K 30i. 33 *(Sens)*.

Servorum s. Marie ordo K 228 *(Servitenorden)*.

s. Severini mon., abbas et conventus
K 44.

de s. Severo, Iohannes archidiaconus
eccl. civitatis s. Marie olim Lucerine
Q 11, 3 *(San Severo n. von Lucera in
Apulien)*.

Sicilia, hosp. s. Iohannis Ierosolimitan.
in, fratres Q 23, 14
rex F. N 17a; C. N^a 1
regina M. Q 1, 2 *(Sizilien, Königreich
und Insel)*.

Sideronis loci, notarius laicorum G.
Pedagerii K 71h
laicus balivus Rostagnus Mazarti K
71h.

Symon de Interampna, frater ord.
Heremitarum s. Augustini Reatin.
π 22
laicus Remen. dioc. K 43a.

Symonis, Angelus clericus K 61
Petrus monachus mon. s. Salvatoris
Reatin. π 19, K 192; monachus K
11f; de Reate monachus K 197.

Sinibaldus de Solerio clericus Asten.
Q 16, 11a.

Sipontin. dioc., mon. Montis sacri ord.
s. Benedicti abbas et conventus
Q 25, 1 *(Siponto, abgeg. bei Manfredonia in Apulien)*.

Siracusan. civitas et dioc. Q 23, 14
(Syrakus in Sizilien).

Sistaricen. cives QV 350b *(Sisteron s.
von Grenoble)*.

de Solerio, Sinibaldus clericus Asten.
Q 16, 11a *(Solero w. von Alessandria
in der Lombardei)*.

s. Sophie mon. Beneventan. ord. s.
Benedicti monachus P. K 221a

(Benediktinerkloster S. Sofia in Benevent).

de Spata, militia s. Iacobi extra muros
Ulixbonen. mon. de . . commendatrix et sorores Q 8, 2b *(Ritterorden
von Santiago de Compostela)*.

Spine, Castri archipresbiter Q 5, 4
*(Castelspina s. von Alessandria in
der Lombardei)*.

s. Spiritus in Saxia de Urbe, hosp. N 42
preceptor (commendator) et fratres
K 193, Q 12, 1
frater P. π 26 *(Spital S. Spirito in
Sassia in Rom)*.

Spoletan., fratrum Minorum guardianus K 3
hospitalis novi de Spoleto preceptor
et fratres Q 8, 1b
dioc., Venturella clericus et Albertinus Melioris laicus Q 14, 4 *(Spoleto)*.

Stancz in Stiria Secovien. dioc. eccl.
sancti . . Q 11, 9a *(Stainz sw. von
Graz)*.

s. Stephani in Celiomonte, canonicus
M. B. K 57o *(S. Stefano Rotondo in
Rom)*.

Stephani Petrus, clericus eccl. s. Marie de . . Ulixbonen. dioc. δ 13
Raynaldus civis Aquilen. π 14.

Stephanus de Neapoli monachus mon.
s. Sebastiani Neapolitan. K 238f
Petri monachus K 196
Ricius laicus de Urbe K 16
clericus K 99b
civis Trecoren. drapperius K 27.

Stetha, capitulum, rector capelle b.
Marie virginis situm in opido de
Q 11, 2b.

Stiria *vgl.* Stancz *(Steiermark)*.

de Strocono, mon. ord. s. Benedicti
Narnien. dioc. abbas et conventus
K 204 *(Stroncone sö. von Narni)*.

Suessionen. dioc., mon. de . . Pre-

monstraten. ord. canonicus K 195 c
(Soissons).

Summaripa de Bosco, universitas ville
de, Asten. dioc. Q 16, 11 a *(Sommariva del Bosco, s. von Turin)*.

T

T. *vgl.* Casanova; Gratianopolitan.; s.
Iohannis; Lapi; Pennen.; Reatin.

Tadea mulier Florentin. K 164 c.

Taurinen. dioc. laici K 30 q *(Turin)*.

Templi Ierosolimitan. militie, domus
Q 6, 4 a
domus Egitanen. dioc. preceptor
K 100 *(Templerorden)*.

Terra Sancta Q 13, 2. 24, 2.

Theobaldi, Albertus quondam Iohannis natus civis Paduan. K 30 r.

Theotonicorum *vgl.* s. Maria.

Thetinis *vgl.* Lustus.

Tholosan., abbas de . . in eccl. Q 23, 50
mon. s. Saturnini abbas P. vicecancellarius Q 3, 2 a *(Toulouse)*.

Thomas laicus K 72
laicus filius Guillelmi Yspani K 24
Homgrave miles nobilis vir K 164 b
Obelini presbiter Constantien. dioc.
K 183 b
Reatin. civis Reatin. π 19. 20.

s. Thome de Patricio, eccl. rector K
62 h.

Thome, Iohannes canonicus eccl. s.
Cecilie Reatin. K 12 a
Martinus clericus Reatin. π 10.

Tiburtin. episcopus K 96
canonicus I. K 96
prioratus s. Andree monachi K 188.
202 *(Tivoli)*.

Tyronen., mon. ord. s. Benedicti Carnoten. dioc. abbas et conventus Q
11, 4 *(Benediktinerkloster Tiron-le-
Rotrou sw. von Paris)*.

Tornacen. dioc., Ardenburgen. eccl.

provisores fabrice Q 23, 102 *(Tournai)*.

Traiecten. dioc., eccl. Daventren. et . .
canonicus QV 401 b *(Utrecht)*.

de Trebis, Androinus laicus K 31 *(Trevi nel Lazio, sö. von Rom?)*.

Trecen. eccl. decani, scabini, consules
et universitas civitatis K 149 *(Troyes)*.

Trecoren., civis Stephanus de . . drapperius K 27
(civitatis et) dioc.: F. de . . armiger
et Guioneta uxor, G. de . . clericus,
Iohannes de . . armiger K 27 *(Tréguier in der Bretagne)*.

Tullen., episcopus Io. Q 26, 5
mon. s. Mansueti abbas Q 23, 60
archidiaconus de Portu in eccl. Q
23, 60
prior prioratus de . . Q 23, 60 *(Toul)*.

Tulliano, in carcere *vgl.* s. Nicolai.

Turonen., officialis K 116 a, Q 16, 1
decanus et capitulum Q 16, 1
(Tours).

Tuscia, patrimonium b. Petri in N 47
(Tuszien).

Tusculan., episcopus O. N 18 *(Tusculum, abgeg. sö. von Rom)*.

Tutellen., mon. s. Martini abbas A.,
postea episcopus Q 23, 80 *(Tulle sö.
von Limoges)*.

U

Ubertus Lanfranci civis Parisien. π 13.

Ulixbonen., episcopus δ 13
magister scolarium Alfonus Pelagii δ 13
dioc., eccl. s. Marie de . . perpetuus
portionarius Petrus Stephani δ 13
militia s. Iacobi de Spata extra muros
Q 8, 2 b *(Lissabon)*.

Ulricus de . . laicus K 30 x.

Umari B. eccl. s. P. de Caneto Ruthe-

nen. dioc. perpetuus capellanus K
179 c.

de Urbe *vgl.* Roma.

de Urbeveteri, frater Angelus ord.
Predicatorum Viterbien. π 21 *(Orvieto)*.

Usciti heretici Q 13, 1.

Uticen. episcopus G. K 109
dioc., prioratus de . . R. de . . prior
K 109 *(Uzès)*.

V

Vallisumbrose ordo N 62 (Zus. 3)
*(Vallombrosanerorden, Stammkloster
Vallombrosa sö. von Florenz)*.

Vandi, Vannus et Zazo cives Florentin. π 11.

Vannus Vandi civis Florentin. π 11.

Vasaten., episcopus Q 26, 1
dioc., presbiter Petrus de Bedaco Q
26, 1 *(Bazas sö. von Bordeaux)*.

s. Venantii Cameracen. prior N 25.

Ventura canonicus Reatin. K 48.

Venturella clericus Spoletan. dioc. Q
14, 4.

Verulan. episcopus Q 18, 3
canonici Q 18, 3 *(Veroli sö. von
Rom)*.

vicecancellarius, Ar. abbas Fontis Fri-
gidi Cistercien. ord. N 57
I. § 12
Papinianus (Parmen. episcopus) K
10, QV 276
P. abbas mon. s. Saturnini Tholosan.
Q 3, 2 a.

Vicen. episcopus K 164 d
dioc., mon. s. Marie de Monte Serrato
ord. s. Benedicti prior Bernardus
Scarrerii QV 277 *(Vich n. von Barcelona)*.

Vicentin. episcopus K 143; R. episcopus QV 263
vicarius episcopi QV 263

cives: magister Albertus phisicus,
Lustus Iacobini Thetinis Mathesii,
Henricus B., R. mulier QV 263 *(Vi-
cenza)*.

s. Victoris Massilien., mon. ord. s.
Benedicti abbas, conventus Q 23,
110 *(Benediktinerkloster St. Victor
in Marseille)*.

s. Victoris Parisien. mon. abbas et
conventus K 39 *(Augustinerchorherrenstift St. Victor in Paris)*.

Viennen. domicellus K 57 q
dioc. mon. s. Antonii ord. s. Augustini
abbas et conventus Q 7, 1 *(Vienne)*.

s. Vincentii de Vulturno mon. ord. s.
Benedicti Franciscus de Mala Clocaria et A. de . . monachi π 1 *(Benediktinerkloster S. Vincenzo al Volturno bei Isernia)*.

Viterbien., frater Predicatorum Angelus de Urbeveteri π 21
clericus Paulus Iohannis K 19
presbiter Cola Rubei K 19; I. Angeli K 71 g
nobilis vir Angelus Blasii de Viterbio
domicellus K 19
cives Petrus Martini et Iohannes
Angeli K 19 *(Viterbo)*.

s. Viti Gladebach mon. ord. s. Benedicti Colonien. dioc. abbas QV 281 *(Benediktinerkloster St. Veit in Mönchen-Gladbach)*.

de Vulturno *vgl.* s. Vincentii.

Vultuen. mon. ord. s. Benedicti Rapollan. dioc. abbas (et conventus) δ
3. 4, K 185 a
canonici A. et B., presbiteri C. et D.
δ 3 *(Badia di Monticchio auf dem
Monte Vulture sw. von Melfi in Apulien)*.

W

Wacien. episcopus Q 4, 2
prepositus et capitulum eccl. Q 4, 1 a

(Vácz [Waitzen] in Ungarn, n. von Budapest).

Willelmus *vgl.* Guillelmus.

Wratislavien. dioc., eccl. de Helprun rector K 71a *(Breslau)*.

X

Xanctonen. dioc., clerici Raynulphus et G. K 24

rector eccl. de .. Guillelmus Lamberti K 24

laici Petrus, Fulchetus de Dannes, Guillelmus Yspani, Thomas K 24

milites Arnaldus, Guillelmus, Guillelmus de Bria K 24 *(Saintes)*.

Z

Zazo Vandi, civis Florentin, π 11.

Wortregister

Aufgeführt wurden in der Regel inhaltlich wichtige Stellen, vornehmlich vom Verb ausgehend, so daß dem Benutzer eine differenzierte Auswahl geboten wird, die das Auffinden gesuchter Zusammenhänge durch Querverweise erleichtert. Auf diese Weise lassen sich auch die vollständigen Fassungen verkürzter Formeln leicht auffinden, sofern sich nicht im Sachapparat entsprechende Hinweise finden. Zusätzlich benutze man das Register zum ersten Band.

A

abbas Nᵃ 1. 5, N 1 Zus. c. 16. 23. 40. 44. 62, π 1. 3. 27, δ 8, K 30 ba. 39. 45. 46. 57. 62. 74. 78 a. 98. 99 g. 142. 144. 145. 185 a. 218 a. 238 a, Q 2, 1. 4, 4. 5, 6 a. 9, 1 a. 14, 4 a. 18. 22, 7. 20. 23, 5
   s. bonum, dare, detrimentum, discernere, gerere, habere, nonnullus, obedire, pertinere, preiudicium, prestare, providere, teneri.
abbatia s. assumere, posse, spectare, valere.
abbatissa K 236, Q 23, 8
   s. gerere, pertinere, preiudicium.
abducere
   animalia K 134
   = in predam K 62 h. 75
   homines de corpore K 77
   s. presumere.
abicere
   habitum monachalem K 213 b
   = regularem K 238 b.
abolere
   geniture maculam honestate morum Q 22, 20 a
   pudicitia morum pudorem originis Q 22, 20 b
   s. satagere.
absentare
   se de facto K 175; iure non posse K 175

= per contumaciam K 175, Q 14, 21
a-sens non per contumaciam Q 15, 27.
absolutio
   monachorum s. littera
   s. assequi, beneficium, impendere, merere, obtinere, recipere.
absolvere
   ea conditione δ 11
   excommunicatos ab excommunicationum sententiis K 214. 215, QV 281
   fideiussores a fideiussione N 62 Zus. 2. 3, K 28. 30. 30 v. 62 e. 71, QV 276. 277
   iuxta formam ecclesie K 214. 215. 218. 236, QV 281
   novicium K 219. 219 a
   regulares personas et seculares K 218. 236
   s. discretus, facere, forma, mandare, mittere, venire.
abstergere
   geniture maculam Q 22, 20 b.
abusive s. habere, noscere.
accedere
   ad castrum K 62 h
   = domum K 62 f. 66. 155 a
   = ecclesiam K 68. 123. (QV 258 b)
   = eius requisitionem K 155 a
   = grangiam K 74
   = locum π 1

= monasterium K 62ka
= plebem K 75
= presentiam nostram (scil. pape) π 1, Q 22, 1. 2. 4. 5. 9a. b. 12c. d. 14.18
= prioratum K 64
= sedem apostolicam K 150a
= villam K 76. 77
causa peregrinationis et pro negotiis promovendis K 150a
= recreationis K 155a
hostiliter K 62h. 75. 77
manu armata K 62ka. 64. 68. 76
nequiter K 62f. 74
personaliter π 1
propter inundationes aquarum et alia viarum discrimina hiemali presertim tempore nequire QV 258b
sine licentia K 139
temere K 66
tempore nocturno K 62f. h
s. capere, detinere.
accendere
zelo fidei ac devotionis Q 13, 1. 2. (3a). 4a. b.
acceptare
arbitrium Q 14, 14. 20
compromissum Q 14, 20
s. ducere.
accolitus Q 22, 9b.
accusare
super homicidio Q 18, 3.
acquiescere
monitis a. nolle Q 26, 3.
acquirere
scientie margaritam K 139
vite necessaria K 200
s. efficere.
acriter s. vulnerare.
acta
iudicii s. exhibere, redigere
copia a-torum s. concedere
s. concedere, copia, denegare, facere.
actor Nᵃ 8. 20. 22, N 5, QV 317, 5
s. exprimere.

actus
diffamationis K 73a, 2
fornicarius s. cognoscere
legitimus s. admittere
nepharius s. extendere.
adaugere
census δ 4, K 100–103
pensiones K 101. 103.
addere
iudicem Q 18, 1. 2. 3.
adesse
(specialius et) efficacius Q 6, 3. 5. 6. 6b. 7c
s. convenire.
adherere
adultere impudenter K 157.
adhibere
ad reformationem (scil. ecclesiarum et monasteriorum) partes apostolice sollicitudinis π 1
per sedem apostolicam salubre remedium K 213b
s. petere.
adicere
certam penam et iuramentum Q 14, 17
penas K 28–30. 30 s. 43a. 46a. 62e. 71, Q 23, 1. 38. 52. 58–60, QV 276
vix posse ut resurgat Q 1, 1, QV 358
s. resurgere.
adiectio
penarum s. obstare.
adimplere
mandatum nostrum (scil. pape) δ 13, Q 16, 6. 11. 17, 2. 26, 9
propositum K 237
s. neglegere, valere.
adipisci
canonicatum K 137, Q 11, 1. 22, 14
canonice K 80. 91. 137, Q 11, 1–2a. 22, 14, QV 367
capellam Q 11, 2a
ecclesiam K 80. 91, Q 11, 8. 22, 20f
iustis modis Q 9, 1. 1a. 2a

= inquisitione K 30 ba, 8
= obedientia N 62, 22. K 30 ba, 9;
denegata N 62 Zus. 1
= reverentia N 62, 22, K 30 ba, 9
in remotis N 4 Zus. b, K 195 b, Q 22,
12 b
misericorditer Q 22, 20 e
non posse N 12 Zus. b. 62 Zus. 2, 1,
QV 378
penitentiam (salutarem) K 195 a.
213 b. 220. 221. 238 a
pro clerico verberato N 62 Zus. 2, 1
= converso N 62 Zus. 2, 2
= monacho N 62 Zus. 2, 2
= religioso N 62 Zus. 2, 2
super causa matrimoniali N 61, Q 15,
34
= censibus δ 4, K 100 Zus. b
= debitis Nª 4, Q 15, 14. 17. 36
= decimis Nª 2 Zus. a
= iniectione manuum N 61. 62 Zus.
1, 12
= iniuria sibi illata N 62 Zus. 2, 2
= iuramento extorto K 28 Zus. a
= pecunie summa Nª 4, Q 15, 14.
17. 36
= pensione (-ibus) δ 4, K 100 Zus. b
= pignorum detentione N 61
= redditibus δ 4
= spolio decimarum Nª 15 Zus. a
= terris N 62 Zus. 1, 12, K 30 ba, 17.
62 c, 1
= usuris N 61. 62, 1. 2. Zus. 1, 7,
K 19 c. 30 ba, 15. 17
s. debere, ministrare, posse.
aggravare
indebitis exactionibus δ 6, K 147,
Q 19, 2, QV 364.
aggregare
capellanorum nostrorum (scil. pape)
consortio π 5.
agitare
pravorum hominum molestiis -ri
Q 9, 2. 2 a. 13, 1. 4.

agnoscere
viam veritatis N 17.
agricultor s. impedire.
alcades s. dinoscere, ius, pertinere, ponere.
alienare
bona mobilia et immobilia Q 2, 3
castra Q 2, 3
domos Q 2, 3
illicite Q 23, 106
nemora Q 2, 3
pascua Q 2, 3
possessiones Q 2, 3. 23, 106
prata Q 2, 3. 23, 106
terras Q 2, 3
villas Q 2, 3
s. facere, invenire, lesio, presumere.
alienatio s. interdicere, pretextus.
alienus s. constituere, ius, potestas,
preiudicium.
aliquamdiu s. gerere, includere, possidere, retinere, tractare.
aliquatenus s. intromittere, nolle, suffragari, velle.
allegare
exemptionem N 62 Zus. m.
alligare
infelicem animam Q 3, 1. 1 a. 2 a
s. crimen, detinere.
altare s. asportare, conferre, mappa,
spectare.
amicabilis s. constitutio, intervenire,
sopire.
amor
divini nominis N 17.
amovere
a beneficiis Q 22, 20 h
= prioratibus, grangiis, domibus et
obedientiis monachos K 225 c
detentorem K 171
s. consuevisse, procurare.
amplius
non a. s. extendere.
anima s. alligare, crimen, cura, deti-

nere, discurrere, exire, expedire,
facere, gerere, habere, levitas, periculum, providere, recedere, recipere,
salus.

animal s. abducere, capere, decima,
detinere, exigere, extorquere, fetus,
nutrimenta, obtinere, spoliare, vadiare.

animus s. exire, indurare, levitas, recedere, sustinere.

annectere
ecclesiam (-as) archipresbiteratui
Q 23, 74
= mense episcopali Q 11, 9a.

annuatim s. ducere, percipere, recipere,
requirere.

annuere
precibus Q 24, 1, QV 353.

annus
nubilis s. existere
pubertatis s. attingere
s. complere, exire, proventus, sustinere.

annuus s. assignare, concedere, pensio,
redditus, tenere.

antiquus s. consuetudo, noscere.

anxianus s. conquerii

apostatare
temeritate propria K 238 b.

apparere
ex tenore littere aliquis non expressus vocandus K 73a, 4
per religionis habitum aut (vel) professionem expressam etc. a., quod
voluerit vitam mutare K 219. 230
super concessione decimarum publica instrumenta non a. Q 25, 1.

appellare (= appellieren)
a gravamine (illato) N 6 Zus. b, Q 15,
4. 5. 23. 45. 56
a sententia (diffinitiva, lata) N 62
Zus. 1, 18, Q 15, 14. 25. (34)
ad archidiaconum Q 15, 49
= audientiam Q 15, 39; metropoli-

tani Q 15, 31; nostram (scil. pape)
δ 11, K 148. 173, Q 15, 15. 16. 19. 20.
25. 29. 31. 34. 57. 58. 16, 8
= curiam episcopi Q 15, 26; metropoliticam Q 15, 19. 20. 24. 33. 36;
Romanam Q 15, 26
= legatum Q 15, 26
= metropolitanum Q 15, 18a. 19.
26. 35
= papam Q 15, 19. 49. 59a
= sedem apostolicam K 172. 175.
177. 182. 183. 185, Q 15, 18a. 24. 27.
31. 33. 35. 45. (46). 48–50. 52. 58.
17, 2a. 18, 3
ante sententiam diffinitivam Q 15, 2
in causa matrimoniali N 6 Zus. a
(= nennen) mortuum non a. carissimum filium nec dilectum filium nec
nobilem nec etiam fratrem N 20
s. debere, ducere, velle.

appellatio
frivola s. interponere, obiectum, obstaculum, obstare
frustratoria s. interponere, obstaculum
s. articulus, causa, cessare, cognoscere, constare, contempnere, emittere, excommunicare, ferre, finire,
impetrare, infirmare, intericere, interponere, invenire, littera, nequire,
postponere, procedere, promulgare,
prosequi, remedium, removere, supponere, tollere.

applicare
bona usibus propriis nequiter Q 1, 2.

apponere
ad reformationem ipsius (scil. monasterii) consilium QV 358
formam in compromisso Q 14, 22
s. ducere, ferre.

approbare
compositionem Q 11, 4
consuetudinem s. dort
ordines K 227

processum Q 15, 12. 36. 39

statum, ordinem seu regulam nolle nec intendere K 238g

asperitatem regularis observantie non a. K 230

s. licentia, nolle, ordo, transire.

aqua

maledictionis s. bibere

salsa s. colligere, facere

s. accedere, inundatio.

arbiter s. comparere, compromittere, eligere, probare, remittere.

arbitrari

causam non curare Q 14, 22

s. preiudicium

arbitrator s. compromittere.

arbitrium

equum Q 14, 3a. 4a. 7. 12. 14. 20–22

iniquum Q 14, 4. 4a. 19

iuxta proprie voluntatis a. s. distribuere

= tue discretionis a. s. suspendere

pro sue voluntatis a-trio s. assignare, consuevisse

s. acceptare, compellere, confirmare, contradicere, denuntiare, differre, ducere, ferre, habere, mandare, observare, observatio, proferre, promulgare, recipere, revocare, terminare.

arbor s. fructus, obtinere.

archidiaconus Na 1, N 28. 29, K 184, Q 5, 3. 11, 3. 15, 25. 38

s. capere, conferre, movere, nonnullus, officialis, pertinere, spectare, vertere.

archiepiscopus Na 1. 4. 12, N 1. 2. 15. 22. 30. 37. 44. 62 Zus. 1, 9, δ 10, K 57a, Q 23, 38. 53

s. agere, contradicere, impetrare, pertinere.

archimandrita δ 10.

archipresbiter N 28, Q 5, 4. 15, 29. 23, 4.

archipresbiteratus s. annectere, concedere, lesio, prestare, spectare.

argentum s. decima, ducere, fodina, iniuriari.

arma s. spoliare.

armatus s. accedere, associare, congregare, manus, multitudo, occupare.

armiger N 9, K 17. 20b. 27. 46c. 99.

arrestare

clericum temere et de facto K 71h

s. detinere, facere, preiudicium.

arrestatio s. constare.

arripere

iter (transmarinum) N 62, 11, Q 13, 1. 2. 4a. b. 24, 1. 2, QV 317

= causa peregrinationis et pro negotiis promovendis ad sedem (scil. apostolicam) veniendi Q 24, 1

s. post.

articulus

appellationis s. finire

s. suboriri.

artus s. desiderare, evitare, intrare, semita, transferre, via.

ascribere

militie clericali Q 22, 4. 8. 9

s. desiderare.

asperitas

ordinis s. sustinere, valere

regularis observantie s. approbare.

aspirare

ad bona nuptiarum K 151

= frugem vite melioris K 226

= gravamen (-mina) K 183a, QV 392.

asportare

bona K 62h. 66. 74–76

bladum (quantitatem b-di) K 75. 134

campanas K 66

capras K 75

lectos K 75

libros K 66

mappas altaris K 66

nequiter K 62h. 68. 74

pannos laneos et lineos K 76

pecunie summam K 212

porcos K 75

reliquias sanctorum K 68

temere K 75

violenter K 212

s. preiudicium, presumere.

assensus

facilis Q 11, 1

gratus Q 8, 1–1b. 9, 1–2a. 11, 1. (2). 2a. (8. 9a). 13, 1. (3). 4a. 27, 1. (2)

procuratorum N 5, π 14, K 9

s. concurrere, prebere, prestare, vendere.

assequi

beneficium absolutionis K 61. 62d. 69

= ecclesiasticum K 146, Q 22, 18. 26, 1–3. (4. 5). 6. (7). 8. (9. 10)

= perpetuum K 96, QV 357

canonicatum K 88. 94a. 97. 99fa

canonice K 88–91. 94a–97. 99b. d. e. fa. 183b, QV 357. 400a. 401

ecclesiam K 91. 99d. e. 183b. 400a. 401

pacifice K 88. 92

prebendam K 88. 89. 90 (= possessionem p-de). 92. 94a. 97. 99fa, QV 325a

preposituram K 99b

rectoriam hospitalis K 95

licet ultra sortem fuerit assecutus K 42, QV 271

s. impedire, valere.

asserere

ius advocatie alicui competere Q 14, 4a

ipsum adulterum (esse) K 73, QV 282a

= falsarium (esse) K 73. 73a, QV 282a

= furem K 73

= homicidam K 73

= hominem fore de corpore δ 5. 6 (ohne hominem), Q 19, 1. 2

= latronem K 73

= (periurii vel homicidii et) aliis fore criminibus irretitum K 72. 73, QV 282a

= vitio incontinentie laborare K 72

monasterium esse lesum Q 14, 18

se a vero patrono presentatum Q 15, 56

= dampna gravia et expensas incurrisse K 72. 138, Q 1, 3, QV 282a

= ecclesiam obtinere Q 11, 9a

= executorem deputatum esse K 175

= iudicem esse Q 15, 56

= in scolis studuisse π 2

= litteras impetrasse Q 15, 57

= nullo umquam tempore (decimas) exsolvisse Q 3,2

falso a-rens δ 5, K 72–73a, Q 16, 11a. 18, 3. 19, 1, QV 282a

sicut (ut) a-rit (-runt, -ritur) Nᵃ 21. 22 Zus. a, N 4, K 46 ca. 151 Zus. a. 177. 185a–190. 191–195a. 196. 197. 204. 220–221b. 224. 227. 231. 238a. c. d, Q 1, 3. 16, 11a. 18, 2. 22, 4. 6. 8. 9. 15–17. 26, 1–8. 10, QV 316. 317. 346a. 356. 402. 405.

assertio s. iuvare, niti.

assignare

annuam pensionem K 146

bona propter nuptias K 164d

clericis secularibus beneficium K 146

partem domus K 162

possessiones K 124. 127

pro sue voluntatis arbitrio K 162

redditus K 128, QV 258b

securum locum Q 18, 3

sibi (decimas) in perpetuum beneficium Nᵃ 2 Zus. a, K 15. 93

sustentationem congruam Q 1, 1

s. consuevisse, renuere.

assistere

contra (adversus) predonum, raptorum et invasorum audaciam Q 4, 1. 2. 3

presidio defensionis Q 6, 1. 3. (5. 6b). 7a. c

= protectionis, defensionis et tuitionis Q 7, 1

= efficaci Q 4, 1. 2. 3. 7, 1

s. teneri.

associare

sibi multitudinem armatorum K 77

= in hac parte complices K 71. 71a. 99c. 150a.

assumere

ad abbatiam Q 22, 13. 13b

= audaciam delinquendi K 218a

= dignitatem (-es) ordinis Q 22, 7. 13. 20

= prelaturam ordinis Q 22, 13b

= (regulares) administrationes ordinis Q 22, 3. 7. 13. 13b. 15 Zus. a. 20

= regimen monasterii K 99f

canonice K 99f. 213a

crucis signaculum Q 24, 2

in sedis apostolice capellanum de facto et subreptive K 238b

occasionem debitam K 139

signum vivifice crucis Q 13, 1. 2. 4a. b. 24, 2

spiritum rebellionis Q 11, 4

s. posse, procurare, valere.

astringere

auctoritate apostolica vinculo excommunicationis K 129

se vinculo professionis K 230; proprii iuramenti K 15c.

attemptare

contra constitutionem Q 16, 11a

= iustitiam Q 2. 3

in fraudem constitutionum QV 401b

quicquid super hoc δ 13, Q 24, 1. 2

temere π 2, Q 15, 1. 4. 5. 9. 10. 45. 46. 50. 53. 54

s. constare, contingere, decernere, invenire, preiudicium, revocare.

attendere

circa idoneitatem persone Q 22, 1. (2). 5. (7). 8. 9a

petitionem contrariam esse iuri δ 13

s. considerare.

attentius

provisurus N 62 Zus. 1, 20, K 16. (17). 18. 19. 19a. g. 20b. 21 Zus. b. 22. (23. 24). 28. 29. 30ga. h. q. r. (t). v. xa. (xc. xd). 31. (32. 36). 39. (41a). b. (f. 42. 46a), Q 4, 1. 2. 3. 6, 1. 1a. 13, 2. 4b, QV 267. 268. 272. 274. 277.

= non dare N 62 Zus. 1, 8, K 16. 19i. (20. 20a. 21. 38)

= non ponere N 62 Zus. 1, 9, K 19i. 30ba, 16, QV 395b

s. inducere, monere.

attestatio s. bullare.

attinere

linea consanguinitatis Q 22, 20c.

attingere

annos pubertatis K 164c.

attollere

suspitionem de natalibus Q 22, 20e.

attribuere

laicis in clericos et personas ecclesiasticas nullam potestatem Q 21a, 2

potestatem et iurisdictionem Q 7, 1.

auctor

pacis s. famulari.

auctoritas

apostolica K 129. 150a. 195a. 220. 221. 238a, Q 1, 1. 8, 1–1b. 9, 1. 1a. 2a. 11, 1–3. 5–8. 9a–12, 1a. 14, 1. 3. 3a. 17. 15, 29. 45. 16, 7. 7a. 22, 13a. b. 20a. b. d. 23, 61. 79, QV 325a

delegata Q 16, 11a

litterarum pape δ 11, Q 15, 18. 40. 43. 52

nostra (scil. pape) Nᵃ 12, N 37. 62 Zus. 1, 20, π 16, K 16. 18. 19g. 20b. 21 Zus. b. 22. 28. 30ga. h. q. v. 232,

s. debere, invocare, renuntiare, suffragari.

B

baro N 14. 57
  s. conqueri, nonnullus.
benedictio
  nubentium K 120a–c
  s. exigere, extorquere.
beneficium
  absolutionis K 59. 61. 62d. 69. 71c.
  214. 215. 236, Q 15, 28, QV 281
  competens K 571. 146
  ecclesiasticum K 571. 146, Q 22, 1. 2.
  4. 5. 8. 9a–10. 12. 12d. 14. 17–19.
  20a. f. 26, 1–3. 6. 8–10, QV 401b
  perpetuum Nᵃ 2 Zus. a, K 15. 93.
  96, QV 357
  restitutionis K 95. 99b. fa, QV 400a
  = in integrum Q 1, 3. 14, 15. 16. 18
  s. assequi, assignare, collatio, conferre, contingere, denegare, habere,
  impetrare, merere, obligare, obtinere, onus, pertinere, posse, possidere, privare, promittere, proponere, proventus, providere, qualitas,
  quantitas, recipere, renuntiare, reperire, requirere, residere, spoliare,
  spoliatio, subvenire, succedere, succurrere, vacare, valere.
beneplacitum
  divinum s. exequi, impedire
  nostrum (scil. pape) s. obedire
  s. nolle, satisfacere.
benevolentia
  paterna s. curare, prosequi.
benignitas
  apostolica s. largiri, mandare, subvenire
  sedis apostolice s. curare
  solita s. largiri
  s. dulcedo, emollire, experiri.
benignus s. invenire, recipere.

bibere
  aquam maledictionis Q 6, 2.
biennium s. subtrahere, suspendere.
bladum s. asportare, iniuriari, oriri,
  quantitas, solvere, spoliare.
bonum (-na)
  abbatis Q 23, 110
  conventus Q 23, 110
  correctionis QV 358
  crucesignatorum Q 24, 2
  dotalia K 164. 164d
  ecclesiastica K 200, Q 4. 3. 3a. 7a.
  13, 1. 2
  ecclesie N 43 Zus. a
  episcopi (spectantes ad episcopum)
  K 55. 56. 57d. l. n
  fabrice ecclesie Q 23, 32. 102
  hereditaria K 57f, QV 315h
  immobilia K 99g. h, Q 2, 1. 2. 3.
  14, 4a, QV 315h
  massariarum Q 1, 2
  mobilia Q 2, 3, QV 315h
  monasterii π 1, K 99f. 227a. 235.
  238f, Q 14, 4a. 10. Q 23 passim
  mundana Q 13, 1. 2
  nuptiarum K 151
  patris sui Q 22, 20c
  presbiteri K 15b
  testatoris K 51. 52. 55. 57. 57b. n
  s. adipisci, administratio, alienare,
  applicare, aspirare, asportare, asserere, assignare, auferre, capere, concedere, concipere, confirmare, consumere, contingere, convertere, corrigere, dare, debere, deputare, detinere, detentor, devenire, dilapidare,
  dinoscere, discernere, dispensare II,
  dissipare, distrahere, distribuere,
  dividere, donare, erogare, exhibere,
  extendere, gerere, habere, indigere,
  infeudare, iniuriari, interdicere, invadere, mandare, molestare, nonnullus, novisse, obligare, obtinere,
  occultare, occupare, pertinere, per-

venire, possidere, presumere, procurare, recipere, reddere, reformare,
repetere, restituere, retinere, revelare, spectare, spoliare, subtrahere,
succedere, sufficere, suscipere, tenere, vadiare, vendere, vendicare.
bonus s. conversatio, diffamare, memoria, vir, vita.
brachium
seculare s. auxilium, invocare.
bullare
attestationes N 62 Zus. m
litteras cum filo canapis Z 1. 11;
cum serico Z 1. 2, N 62, 16. 26a.
burgensis s. nonnullus.

C

cadere
in constantem s. posse.
calumpnia s. obnubilare, tenebre.
cameraria s. spectare.
camerarius K 79, Q 23, 20.
campana s. asportare, pulsare.
canapis s. bullare.
cancellaria
nostra (scil. pape) s. credere, emanare
s. transire.
cancellarius N 28.
canon
sententie promulgate s. incidere
s. incurrere, sententia, statutum,
subvenire.
canonica
secularis s. opprimere.
canonicatus s. adipisci, assequi, conferre, confirmare, impedire, obtinere, occupare, pertinere, possidere,
recipere, retinere, spoliare, vacare.
canonice s. adipisci, assequi, assumere,
conferre, ducere, existere, facere,
instituere, obtinere, presentare, proponere, providere, recipere, unire.

canonicus (Adj.) s. cognoscere, debere,
decernere, decidere, exhibere, facere, finis, hora, institutum, ius, iustitia, obsistere, pena, portio, presumere, providere, punire, reddere, renuntiare, subtrahere.
canonicus (Subst.) N 9. 22, K 99. 137.
139, Q 15, 34. 42. 23, 16
secularis Q 23, 77. 105
c-ci antiquiores ipsius ecclesie K 92
= cathedralium ecclesiarum N 1.
25 Zus. b. 29, QV 317, 2
s. committere, dare, debere, gerere,
instituere, nonnullus, optare, preiudicium, receptio, recipere.
cantor N 28, Q 23, 86.
cantoria s. spectare.
capella
propria QV 351
s. adipisci, confirmare, construere,
contingere, fundare, iniuriari, licentia, medietas, possidere, presentare, proventus, situs, spectare,
vacare.
capellania
perpetua s. obtinere, spectare.
capellanus
apostolice sedis s. assumere
noster (pape) Nᵃ 4, N 44 Zus. a, π 5,
Q 5, 3
perpetuus K 179a, Q 23, 17. 72
proprius s. habere, licentia
s. aggregare, dare, exercere, gubernare.
capere
accedentes ad sedem apostolicam
vel recedentes ab ea K 150a
aliquem K 62e. ka. 65. 71e. g
= ausu sacrilego K 61. 62a. k. 67.
71a. d. 150a
animalia et bona monasterii K 227a
archidiaconum K 150a
clericum K 78a
conversos K 227a

dei timore postposito K 71 g

monachos K 62 k. 64. 227 a

nequiter K 62 e. 71

per secularem iustitiam temere et malitiose K 78 a

perpetuum vicarium K 62 e

rectorem ecclesie K 71

s. detinere, facere, iniectio, presumere.

capitaneus N 57
  s. conqueri.

capitulum Nᵃ 4, N 4. 44. 62 Zus. 1, 9, π 18, K 37. 97, Q 6, 2. 23, 23
  canonicorum secularium s. instituere ecclesie cathedralis N 3, π 17
  s. contemptus, pertinere, preiudicium, presidentes, spectare.

capra s. asportare.

captio s. incurrere.

captivare s. tenere.

captivus s. detinere, facere.

caracter
  clericalis s. insignire.

carcer s. conqueri, constare, custodia, detentio, detinere, facere, mancipare, mancipatio.

carceralis s. custodia, detinere, mancipare.

cardinalis (-es) N 18, K 57 k, Q 6, 7 d
  diaconus Q 14, 5. 23, 61
  presbiter Q 5, 7 b. 22, 19. 23, 79.

carere
  commodo litterarum Q 15, 55
  viribus Q 4, 1. 2. 3. 6, 1. 1 a. 13, 2. 4 b
  s. decernere.

carissimus
  (in Christo) filius (in Titulatur) Nᵃ 1, N 13. 17 a. 18. 20
  s. appellare.

caritas
  fraterna s. tractare
  sincera s. pertractare, tractare
  s. affectus, facere, habere.

carnalis s. frater, subsequi.

carnaliter s. cognoscere.

caro s. existere, ingredi, via.

casale s. concedere.

cassare
  receptiones et prebendas per constitutionem pape δ 11.

castellanus Nᵃ 9, N 57
  s. conqueri, impetrare.

castigare
  temeritatem correctionis verbere Q 4, 4.

castitas s. vovere.

castrum s. accedere, alienare, concedere, donare, habere, homo, impetrare, infeudare, possidere, questio, tenere, transferre, universitas, vendere, vendicare, vertere.

cathedralis s. canonicus, committere, debere, ecclesia, erigere.

catholicus s. corrumpere, pretextus, puritas.

causa
  appellationis N 59 Zus. a. 62, 21, K 30 ba, 10, Q 15, 14–16. 19. 20. 27. 28–31. 33. 36. 39
  certa K 238 h, Q 22, 12 d. 23, 80
  depositi K 15 b
  diffinitiva Q 15, 29. 41
  honesta K 185 b. 186 a. 201 a. 204. 238 c. d
  iusta K 192
  legitima K 15 c. d. 186 a. 238 h, Q 22, 1 b. 23, 80
  mutui teneri Q 14, 8
  matrimonialis Nᵃ 23, N 4 Zus. b. 6 Zus. a. 34 Zus. b. 61. 62, 3, K 30 ba, 2. 142. 151, Q 15, 34. 35. 54
  rationabilis K 185 b. 192. 201. 201 a. 204. 237. 238 c. d, Q 15. 24, QV 346 b. 403
  recreationis K 155 a
  suspicionis δ 13
  sine c. rationabili s. denegare, eicere,

impedire, promulgare, servare, supponere
s. accedere, adiungere, agere, appellare, arbitrari, arripere, audere,
cognitio, cognoscere, committere,
constituere, debere, decidere, decisio, defendere, dimittere, emittere,
erigere, habere, impetrare, instruere,
niti, pertinere, pertractare, posse,
probare, procedere, promittere, recommendare, remittere, rescribere,
scribere, sopire, spectare, subdelegare, subesse, supersedere, supponere, suscipere, suspendere, tenere,
teneri, terminare, trahere, usurpare,
vertere.

cautio
fideiussoria s. prestare
idonea s. facere, prestare
sufficiens s. prestare, recipere
s. cogere, dare, exhibere, obstare.

cavere
in constitutione expresse Q 16, 11 a.
21 a, 1
constitutione Q 1, 3. 7, 1.

cavillatio s. retardare.

cecus s. cupiditas, seducere.

cedere
iuri suo Q 15, 55
s. compellere.

celare
aliquid tergiversatione K 235
s. posse.

celebrare
(divina) officia K 123. 124. 127. 128.
214. 215, Q 1, 3 b. 15, 42. 44, QV 281;
submissa voce QV 351 a
divortium quoad thorum et mutuam
servitutem (= tacitum) K 164 d
missarum sollem(p)nia K 127, Q 1,
3 b
temere K 123
s. facere, impedire, mandare, preiudicium, presumere, teneri, valere.

celer s. succurrere.

cellaria s. pertinere.

celum s. gerere, regnare.

censere
illegitimum Q 22, 20 a.

censura
per c-ram ecclesiasticam (eandem,
similem) (cogere, compellere, compescere, facere) Na 2. 12, N 37, π 3. 6.
11. 12. 15. 16. 28, δ 9. 10, K 1. 10.
11 d. f. 16. 18–19 b. d. e. g. 20 b. 24.
28. 29. 30 f. ga–k. o. s. t. v. x. 32.
33. 37. 39. 40. 41 b. d. f–43 a. 57 f.
h. k. 62 e. 71. 71 g. 72. 99 g. h. 120.
120 b. 152. 154. 155. 156. 157. 159
Zus. a. 164 d. 208. 212. 213 a. 220.
221. 225. 225 b. 238 e. f, Q 1, 2. 3 a.
2, 1. 2. 3, 1–2 a. 4, 1. 2. 6, 1 a. 7 b.
13, 4 b. 14, 6. 9–11. 20. 22. 15, 6. 8.
13. 34. 40–42. 46. 57. 16, 5. 19, 5.
21 a, 2. 23, 52, QV 263. 267. 268. 271.
272. 277. 350 b. 371. 400 a. 401

census s. adaugere, agere, concedere,
detentor, detinere, exhibere, habere,
imponere, iniuriari, littera, occultare, prestare, proviso, solvere, tenere, teneri.

certus s. asserere, causa, cognoscere,
compromittere, erigere, forma, habere, impetrare, iuramentum, locare, locus, mendicitas, numerus,
obligare, ordinare, quantitas, pena,
providere, redditus, scire, solvere,
statutum, suspendere, tempus, terminare, terminus, titulus, trahere,
velle, vendere.

cessare
a correctione K 213
= divinis officiis K 149
ab iniuriis et molestiis Q 6, 7 b
appellatione c-sante Na 2, π 6, K 1.
16. 19. 71 h
usuris c-santibus Na 4, N 44. 49,
Zus. a, π 6. 9. 11–13. 16. 17, K 1. 3.

5. 9. 10. 11 f. 19 b. 27. 47. 48. 50–53.
57 b. 62 e. 238 g, Q 1, 1. 3. 15, 12. 14.
15. 17. 20. 31. 32. 36. 41. 16, 5. 6,
QV 350 b. 374. 377
   s. cogere, libitum, preiudicium.
Christianus s. devenire, distinguere,
   habitus.
cibus s. communicare.
cimiterium K 113. 116–118
   s. existere, extrahere, habere, noscere.
circumspectio
   sedis apostolice K 164 a
   tua K 214. 215, Q 1, 1. 22, 19, QV
   281
   s. fieri, obtinere.
citare
   ad locum non tutum Q 18, 3
   auctoritate litterarum nostrarum
   (scil. pape) coram sacrista δ 11
   eos communiter Q 15, 55
   legitime K 116 a, Q 15, 43. 26, 1. 3. 5
   malitiose Q 15, 55
   partes non posse QV 317
   sub pena excommunicationis δ 12,
   Q 20, 1
   non (nec) citatus (-ti) K 131. 148.
   175, Q 15, 27. 16, 1. 3
   s. facere, monere.
civilis s. ius, renuntiare.
civis
   crucesignatus π 13. 14
   s. compellere.
civitas s. convenire, debere, evocare,
   exprimere, facere, habere, impetrare,
   intrare, pertractare, ponere, posse,
   proviso, statutum, trahere, universitas.
clarus s. memoria.
claudere
   alicui viscera pietatis K 207
   ianuas QV 351. 352. 353
   se in claustris Q 6, 7 b
   s. ducere.

claustrum s. claudere, eicere, exire,
   redire, revocare.
clericalis s. ascribere, caracter, desiderare, habitus, insignire, militia, recedere.
clericus Nᵃ 8. 14, N 9. 49. 51. 62, δ 4,
   K 15. 18. 19. 19 h. 30 xc. 32. 33. 37.
   57 a. m. 60. 149. 185 a. 186. 193. 201.
   206, Q 15, 18. 22, 2. 9
   coniugatus N 62 Zus. d
   crucesignatus Nᵃ 10, N 47 Zus. a.
   62 Zus. 1, 1, QV 359. 362
   excommunicatus N 62, 26, K 30 ba,
   12
   testator K 57 a, 1
   verberatus N 62 Zus. 2, 1
   volens hospitale intrare K 193
   c-ci concubinarii Q 22, 20 g
   = in minoribus ordinibus constituti
   Nᵃ 14 Zus. c, N 12 Zus. a, K 110.
   (183 b), Q 15, 34. 22, 14
   = seculares K 146
   = uxorati K 110, Q 22, 20 g
   s. agere, arrestari, assignare, attribuere, capere, compellere, confovere, conqueri, consanguinis, constituere, consuevisse, eicere, exercere, exhibere, facere, filius, gerere,
   habere, impetrare, movere, nonnullus, pertinere, preiudicium, premere,
   presentare, procurator, recipere, servare, situs, subesse, subvenire.
cogere
   ab iniuriis et molestiis cessare Q 6,
   7 d
   ad dimittendum possessiones K 124
   = presentiam nostram (scil. pape)
   redire K 234
   = receptionem (scil. monachorum,
   monialium) K 195 a. 220–221 a.
   238 a
   = restitutionem (domorum, fructuum, nemoris, terrarum, vinearum)
   K 45. 46. 46 ca

= satisfactionem decimarum et oblationum (QV 395c)
aliquem mendicare K 238e
iuramentum ac fideiussoriam cautionem prestare K 71
necessitate K 45. 46b
pecunie quantitatem promittere K
62e. 71g; solvere K 62e. 63. 71
per censuram ecclesiasticam Q 6, 7d
= subtractionem communionis fidelium QV 395a. (c). 396
= vim et metum K 62e. 63. 71. 71g
pro necessariorum defectu extendere
manus Q 26, 8
salva ordinis disciplina K 195a.
220–221a. 238a
s. curare, discretum, facere, mandare.
cogitare
de propria salute Q 11, 2b. 12, 1.
1a.
cognitio
cause (-arum) s. habere, pertinere,
spectare, usurpare
s. presumere.
cognomen s. dare, debere.
cognoscere
de appellatione Q 15, 2
= causa suspicionis δ 13
= causis sibi commissis non posse
QV 317, 3
= questione Nᵃ 16, QV 361c
= re N 56
= reditu vel obitu certissime Q 13,
1. 2. 4a. b. 24, 2
= sententia (diffinitiva) Q 15, 3. 34
= utroque processu Q 15, 2. 3. 12.
34. 36. 39
legitime Q 15, 2. 3. 34. 36. 39
merita cause Q 15, 36. 40. 41
mulierem actu fornicario carnaliter
K 164c. d
veritatem K 57k. 120a. b
s. habere, questio, res.

cohabitare
absque metu persone nequire K 164d
= periculo mortis non posse K 164b
alicui K 164a.
cohibere
a perversitate Q 4, 2. 2a.
collabi
monasterium per malitiam et negli-
gentiam c-lapsum est QV 358.
collatio
beneficii N 62, 24, K 30ba, 13
ecclesiarum K 144
prebendarum QV 325a
s. detinere, noscere, obligare, pertinere, pretextus, spectare.
collecta s. compellere, contribuere, deputare, exigere, imponere.
collector s. deputare.
collegiata s. ecclesia, erigere.
collegium Nᵃ 4, N 44. 62 Zus. 1, 9
s. conqueri.
colligere
aquam salsam K 78
redditus et proventus Q 1, 1
s. facere.
colonus s. preiudicium.
color s. querere, supponere.
comburere
domos K 62h.
comes N 14. 57
s. conqueri, nonnullus.
comestabulus (cone-) Nᵃ 9, N 57.
commendare
fame laudabilis testimonio π 5.
commendator s. homo, preiudicium.
commendatrix s. gubernare.
commiscere
mulieribus dampnabiliter K 150
s. distinguere, posse.
commissarius s. officialis.
commissio s. facere.
committere
adulterium K 164d
auctoritate apostolica Q 23, 61

causam (-as) audiendam (-as) N 1.
34 Zus. b, Q 15, 49

= diocesanis episcopis K 151.
164 c

= matrimonialem Nᵃ 23, N 6, K
151

= ordinariis propriis Nᵃ 23

= non c. nisi personis dignitate preditis vel personatum obtinentibus
sive cathedralium ecclesiarum canonicis vel officialibus N 1

= non debere Q 15, 54

curam exercere Q 4, 2. 2 a

= et administrationem in spiritualibus et temporalibus monasterii Q 23,
61

domos K 225 c

enormia, que oculos divine maiestatis offendunt K 213 b

examinationem Q 26, 1. 3. 4. (5)

furta K 213 b

grangias K 225 c

homicidia K 213 b

in derogationem monastici ordinis
aliquid K 213 b

= legem K 16. 18. 19 b. (f). g. 20 b.
21 Zus. b. 25. 27. 28. 30 ga. h. q. v.
(33–35), QV 274. 277

litteram in diocesim rei Nᵃ 18; extra
diocesim Nᵃ 19. 20. 22

negotium (-ia) per sedis apostolice
litteras N 1 Zus. c. 35, K 236

obedientias K 225 c

per dietam Nᵃ 19; infra duas vel tres
dietas N 34 Zus. b

prioratus K 227 c

rapinas K 213 b

sententias confirmandas K 30 ba, 2

terras excolendas QV 392

vices suas K 164 d, Q 15, 49. 17, 2 a.
18, 2, QV 263

non c. s. audire

s. audire, cognoscere, consuevisse,
debere, dicere, ducere, intromittere,

periculum, posse, precludere, presumere, remedium, scandalum, subdelegare.

commixtio s. excessus, presumere.

commode s. requirere, sustentare.

commodum s. carere, decernere, facere, gaudere.

commorari

Anagnie Q 18, 3

apud locum K 30 xb

ibi personaliter non audere Q 22,
20 g

in civitate K 164 c

= diocesi K 71 Zus. a

= monasterio K 161

= prioratibus, domibus et aliis locis
ecclesiasticis contra statuta concilii
K 225 d

= provinciis K 30 xc.

s. dispendium, preiudicium.

commotio s. dare.

commune (Gemeinde) Nᵃ 9.

communicare

aliis Q 21, 1

excommunicato K 113 a

vobiscum in cibo et potu Q 21, 1

s. prohibere.

communio

fidelium s. cogere, compellere, facere,
subtractio

s. teneri.

communire

apostolico presidio Q 14, 1. 2

presentis scripti patrocinio Q 8, 1.
(1 a). 1 b. 9, 1–2 a. 11, 1. 2 a–3. 5–
7. (8). 9 a. 12, (1). 1 a. 13, 1. 4 a. 14,
(1). 3 a

s. convenire, decere.

communis s. debere, degere, forma,
impetrare, ius, nuntiare, vita.

communiter s. citare, erogare, pertinere, spectare.

commutare

terrena pro celestibus et transitoria

pro eternis felici (salubri) commercio Q 11, 2b. 12, 1. 1a

s. cupere.

comparare

inobedientie vitium, quod ydolatrie c-tur K 234.

comparere

certo termino Q 11, 4

contumaciter non curare K 116a, Q 11, 4. 15, 43

coram arbitris Q 14, 21

in prefixo termino peremptorio π 1, K 116a, Q 15, 43

per se vel procuratorem idoneum Q 11, 4

personaliter π 1, Q 15, 24

simul et semel coram tot diversis iudicibus non valere Q 15, 55

s. debere.

compati

afflictis Q 4, 7

nequaquam necessitatibus monachorum π 1

s. nonnullus.

compellere

ad contribuendum in talliis et collectis Q 21a, 2

= deferendum signum K 150

= domum redire Q 1, 3a

= executionem testamentorum K 57h

= exequendum arbitrium etc. Q 14, 20. 26, 1. 8. 9; c-li non posse K 237

= faciendam residentiam K 136. (QV 350)

= (pro-)ferendum equum arbitrium Q 14, 20. 22

= hoc K 234

= observantiam iuramenti K 15c

= observationem arbitrii Q 14, 12. (13). 14; compositionis Q 14, 8. 10. 11. 15, 13

= provisionem Q 26, 3

= relaxandum (iuramentum, obligationes) K 30f. t. 39. (41f. 43, QV 272)

= rescindendum venditionem K 46b

= restituendas litteras K 30t

= restituendum terras et possessiones K 46b

= restitutionem pecunie K 40. 41d

= satisfactionem decimarum K 133

auctoritate nostra (scil. pape) Q 14, 8. 26, 8. 9

invitos iuri suo cedere vel dampnosas pactiones inire Q 15, 55

iuste K 234

non omittere Q 1, 2

per censuram ecclesiasticam (eandem, similem) (cives, clericos, conversos, usurarios etc.) Nᵃ 2, N 62 Zus. 2, 3 (= c-ra e-ca). π 3. 6. 16, δ 9, K 1. 16. 18–19b. d. (e). g. 20b. (24). 28. 29. 30f. g. h. (i. k. o. s). t. v. (x). 32. (33). 37. 39. 40. (41b). d. (f–43). 43a. 57f. h. k. 62e. 71. 99g. h. 120. 152. 154. 155. 156. 157. 159 Zus. a. 208. 212. 213a. 225. 225b. 238e. f, Q 1, 2. 3a. 2, 1. 3, 1–2a. 14, 10. 11. 20. 22. 15, 13. 19, 5. 21a, 2, QV (267). 268. (271. 272). 277. 400a

= penam (cives, laicos, usurarios etc.) N 62 Zus. 2, 3, K 16. 17. 19–19b. (f). g. 21 Zus. b. (23. 24). 28. 29. 30f. ga. h. (i). q. r. (s). t. v. (x). xa. 31. (33. 35). 37. (41. 41b). c. (e. f. 42. 43). 46a, Q 14, 12. 14, QV (267). 268. (271. 272). 274. 277

= subtractionem communionis fidelium (Iudeos) K 19 d. (e). 21. 27a. 30. 30g. h. (u. 38). 133. 150, QV 276; proventuum K 136. (QV 350); reddituum K 128

previa ratione δ 8. 9, K 43. 57f. 71. 99h. 133. 136. 154. 164b, Q 2, 2. 3, 1–2a. 14, 8. 14. 19, 4–5

testimonium perhibere N^a 2, π 6. 16,
K 1. 16, QV 400 a
s. discretum, facere, mandare, posse,
presumere, valere.
comperire K 164 a, Q 22, 20 c
s. existere.
compescere
ab impedimento aliquem K 151
per censuram ecclesiasticam K 120 b.
220. 221, Q 4, 1. 2. 6, 1 a. 13, (2). 4 b.
23, 52
temeritatem Q 6, 7 d
s. mandare, remedium.
competens s. beneficium, habere, implere, iniungere, monitio, penitentia,
prefigere, providere, restituere, revelare, scientia, spatium, terminus.
competenter s. satisfacere.
competere
sibi ius advocatie Q 14, 4 a
s. asserere, pretendere.
complacere
omnibus nequire Q 6, 5.
complementum
iustitie N^a 7, Q 6, 7 a. 7, 1, QV 346.
377
s. exhibere, facere.
complere
annum quartumdecimum K 219 a.
229
vota, que a rationis tramite non discordant, effectu prosequente Q 11, 1.
2 a
s. exire.
complices s. associare.
componere
cum aliquo Q 14, 8
s. habere.
compositio
amicabilis Q 14, 1–3. 6. 8–11. 15. 18
s. approbare, compellere, confirmare, contradicere, evenire, facere,
habere, inire, intervenire, mandare,
observare, observatio, promittere,

recipere, renuere, roborare, servare,
sopire, valere, vallare.
compositor s. compromittere.
compromissum s. acceptare, apponere,
denuntiare, excedere, exprimere,
forma, mandare, proferre, recipere,
servare, suscipere.
compromittere
concorditer Q 14, 3 a. 4. 7. 12. 14.
19. 20. 22
in amicabilem (-es) compositorem
(-es) Q 14, 3 a. 4. 14. 22
= arbitrum (-os) (arbitratorem/ -es)
Q 14, 3 a. 4. 4 a. 7. 12. 14. 17. 19–22
= iudicem Q 14, 7
sub certa forma Q 14, 3 a. 21; pena
Q 14, 4. 7. 12. 14. 22
s. curare.
computare
fructus in sortem K 40. 41. 41 c. d. e.
f. g. 43. 46 a, QV 272
s. iuramentum, renuere.
conatus s. interesse, obviare, refrenare,
resistere, velle.
concedere
ad firmam vel sub censu annuo Q 23
passim
= non modicum tempus [vel] perpetuo Q 23 passim
= perpetuum censum Q 2, 3
= vitam K 225 c, Q 23 passim
aliquid N 1 Zus. c. 35, π 18, K 3
bona (monasterii, mobilia et immobilia) Q 2, 3. Q 23 passim
casalia Q 23 passim
castra Q 2, 3. Q 23 passim
copiam actorum Q 15, 49
decimas (N 52 Zus. a) Q 23 passim.
Q 27, 2
domos K 225 c, Q 2, 3. Q 23 passim
facultatem liberam detinendi eos
mancipatos K 213 b
= utendi privilegiis et indulgentiis
Q 10, 1

grangiam (-as) K 225c, Q 23 passim
immunitates Q 8, 1–1 b. (c)
indulgentiam (-as) N 1 Zus. c. 35.
62 Zus. 1, 17, K 85. 234. Q 6, 3
iura Q 23 passim
iurisdictiones Q 23 passim
lacus Q 23, 38 u. passim
libertates Q 8, 1–1 b. (c)
licentiam construendi capellam QV
258 b
= habendi proprium capellanum
QV 258 b
= transeundi ad ordines approbatos
K 227
= transferendi ad alium ordinem
K 238 h
litteras Nª 14
molendina Q 23 passim
monitorem Q 26, 8. (10)
nemora Q 2, 3. Q 23 passim
obedientias K 225 c
pascua Q 2, 3. Q 23 passim
pensionem annuam liberaliter K
571
piscarias Q 23, 38 u. passim
possessiones Q 2, 3. Q 23 passim
postulata QV 258 b
prata Q 2, 3. Q 23 passim
prioratus K 225 c
privilegia Q 6, 3. 10, 1
redditum annuum (redditus) K 145,
Q 23 passim
sive per privilegia seu alias indulgentias Q 8, 1–1 b. (c)
stagna Q 23 passim
terras Q 2, 3. Q 23 passim
villas Q 2, 3
vineas Q 23 passim
s. dicere, dignari, ducere, lesio, preiudicium, presumere, recusare, venire.
concessio
decimarum s. apparere, facere, instrumentum
s. detinere, Ea, que de bonis, ef-

fectus, habere, impedire, obstare,
pretextus.
concilium
generale (s. auch Lateranen.) N 62,
17, K 112. 218. 227. 228. 236, Q 9, 1 a.
16. 5–8. 11. 20 f. 22
s. adaugere, adimere, commorari,
communire, existere, ferre, imponere, instituere, procedere, promulgare, statuere, statutum.
concipere
bona K 46 a
contra aliquem odii rancorem K 238 e
domum (-os) K 30 ga. 42, QV 271
possessiones K 46 a
sub false venditionis specie in fraudem usurarum simulate K 30 ga. 42.
46 a, QV 271
terras K 30 ga. 46 a
vineas K 30 ga.
conclusio Q 15 passim.
concordia s. diffinire, terminare.
concorditer s. compromittere.
concremare
ausu sacrilego K 68
dei timore postposito K 68
ecclesiam et eius domos K 68
villam K 76
s. presumere.
concrematio s. constare.
concubinarius s. clericus.
concurrere
iustis postulationibus grato assensu
Q 8, 1. 1 a. b. (c). 9, 1. 1 a. 2. 2 a. (3).
11, 1. (2). 2 a. (8. 9 a). 13, 1. (3). 4 a.
27, 1. (2).
condempnare
in expensis Q 15, 1. 11. 45. 50. 55.
condicio (-itio) s. existere, intrare, persona, sequi.
condignus s. nuntiare, observare, satisfactio.
conductor
pedagiorum s. deputare.

conestabulus s. conqueri, impetrare.

conferre

  aliquid cum omnibus iuribus Q 11, 3. 5–7; pertinentiis K 174, Q 11, 3. 5–7; redditibus K 174

  altaria K 174

  archidiaconatum Q 11,3

  beneficium K 96, QV 382

  canonicatum Q 11, 6. 22, 14

  canonice K 174, Q 11, 3. 5–7, QV 382

  ecclesiam K 167. 182, Q 11, 5. 7. 15, 58

  pecunie summam (N^a 4, N 46), K 94

  prebendam Q 11, 6. 22, 14

  se ad sedem apostolicam non posse propter viarum discrimina Q 22, 17; pericula Q 22, 6

  sibi in elemosinam N^a 4, N 46, K 94

  s. ducere, libitum, preiudicium.

confessio s. audire, obstare.

conficere

  instrumentum (-ta) N 62, 25, K 28. 30. 30ba, 11. 30ga. k. o. v. 43a. 46a. 99a. 138, Q 1, 3. 12, 1. 1a. 14, 3a. 5. 8. 23, 1. 38. 52. 58–60. 78. 25, 1, QV 396

  litteras (patentes) N 62, 25, δ 11, K 28. 30. 30ba, 11. 43a. 62e. 71. 146, Q 11, 2b. 3. 5–7. 9. 14, 2. 3. 6. 10. 11

  s. facere.

confinium s. deputare.

confirmare

  aliquid cum pertinentiis suis Q 11, 1–2a. 8. 9a

  arbitrium N 62, 10, K 30ba, 6, Q 14 passim

  auctoritate apostolica Q 8, 1–1b. 9, 1. 1a. 2a. 11, 1–3. 5–8. 9a–12, 1a. 14, 1. 3. 3a, QV 325a

  bona Q 9, 1. 1a. 2a

  canonicatum Q 11, 1

  capellam Q 11, 2a

compositionem Q 14 passim. 15, 13

decimas Q 9, 1. 1a

domos Q 9, 1. 2a

ecclesiam Q 11, 8. 9a

exemptiones Q 8, 1–1b

immunitates Q 8, 1–1b

libertates Q 8, 1–1b

nemora Q 9, 1a

ordinem K 227

ortos Q 9, 1

pascua Q 9, 1a

perpetuam vicariam Q 11, 2

possessiones Q 9, 1a. 2a

prata Q 9, 1a. 2a

prebendam Q 11, 1

receptionem (scil. in canonicum et in fratrem) QV 325a

redditus Q 9, 2a

sententiam (diffinitivam, excommunicationis) N 62, 19. 20, K 30ba, 3, Q 15, 6–8. 14–16. (19). 20. 27. 29. 31. 33. 41

= non posse N 62 Zus. h

silvas Q 9, 2a

terras Q 9, 1. 2a

vineas Q 9, 1. 2a

s. committere, dicere, mandare, petere, procurare.

confirmatio s. confirmare, littera, merere, obstare, obtinere, roborare.

confiteri

  de aliquo crimine N 62 Zus. c'.

conformare

  se ordinis institutis Q 1, 3a.

confovere

  clericum (monachum) in laudabili proposito K 201. 204, QV 346b. 403

  contra malignorum audaciam Q 6, 7d

  protectionis munimine Q 9, 2. 2a. 13, 1. 4

  s. consuevisse, teneri, velle.

confringere

  hostia ausu temerario K 66.

congregare

multitudinem armatorum K 62h.

congruus s. assignare, habere, subministrare, sustentatio.

coniugalis s. affectio, affectus, desiderare, exhibere, pertractare, tractare,
uti.

coniugatus s. clericus, gignere.

coniungere

in quarto affinitatis gradu K 164a.

conqueri

contra aliquem (-os) Nª 3 Zus. b,
N 57, K 28 Zus. b

= anxianos N 57

= baronem N 57

= capitaneum N 57

= castellanum N 57

= clericum (-os) Nª 14, N 62 Zus. c,
K 185 Zus. a, QV 360a

= comitem N 57

= conestabulum N 57

= consiliarios N 57

= dominum habentem generalem
administrationem N 57

= ducem N 57

= exgravatorem N 57

= iudicem N 57

= laicum (-os) Nª 14, N 62 Zus. c,
QV 360a

= nobilem N 57

= potestatem N 57

= rectorem universitatis N 57

= scabinum N 57

= scultetum N 57

= secularem officialem N 57

= vicecomitem N 57

de clericis N 54b, 62 Zus. 1, 8. 9, K
19i; subditis QV 372

= collegio Nª 20

= episcopo Nª 20

= Iudeo (-is) N 44 Zus. a. 62 Zus. 1,
9, K 19i. 30ba, 16

= laicis Nª 6. 14 Zus. c. 16, N 44
Zus. a, K 19i, QV 360b. 361c

= nobili N 62 Zus. 1, 19

= obedientia denegata N 62 Zus. 1

= paupere orphano (-na) Nª 7,
(π 11. 12, K 7. 8, QV 346. 359)

= personis inferioribus Nª 20

= universitate Nª 20

extra patrimonium Petri Nª 6, N 48,
QV 360b. 375a

non posse QV 360a. b. 361c; contra
aliquem (-os) Nª 14, QV 360a; de
alicui Nª 16, QV 360b. 361c; per se
K 62. 62fa

(simul) in eadem littera QV 373a.
379

super carceris mancipatione N 62
Zus. 1, 16

= debitis N 43–46. 55. 57, QV 361a.
374

= decimis Nª 14 Zus. c. 15, N 52,
K 15. 93, QV 361b

= diffamatione K 73a, 4

= donatione propter nuptias Nª 14
Zus. c. 16, N 56, QV 361c

= dote Nª 14 Zus. c. 16, QV 361c

= executione testamenti K 57a, 2

= iniectione manuum N 62 Zus. 1,
14. 16

= iniuriis (sibi illatis) Nª 15, N 53,
QV 361b

= iure patronatus Nª 14, N 55 Zus.
56, K 183

= matrimonio (-iis) Nª 14 Zus. c. 16,
N 56, QV 361c

= pecunie (-arum) summa (-is) Nª
14 Zus. c, N 44. 46, QV 361a. 374

= pignorum detentione Nª 14, N 55,
QV 360a

= possessionibus Nª 14 Zus. c, N 55.
57

= sanguinis effusione N 62 Zus. 1,
16

= terris Nª 4 Zus. c, N 43. 44. 55. 57

= usuris Nª 14, N 55. 62 Zus. 1. 8. 9.
20, K 19i. 30ba, 16, QV 360a

s. audire, dare, exprimere, iniuriari,
posse.
consanguineus
    sacerdotum et clericorum s. nonnul-
    lus.
consanguinitas s. attinere, gradus,
linea.
conscientia
    tua s. intendere, onerare.
consensus s. prebere, presumere.
consentire
    in (virum) K 164c.
consequens s. teneri.
consequi
    a domino gratiam Q 22, 20a.
conservatio
    terre sancte s. convertere.
conservator s. dare.
conservatoria s. littera.
considerare
    diligenter, que circa idoneitatem
    persone fuerint attendende Q 22, 1.
    (2). 5. (7). 8. 9a. (12c. d. 14. 16. 20).
consiliarius s. conqueri.
consilium s. apponere, ducere, impetrare, spiritus.
consistere
    in seculo K 225a
    sub apostolice sedis defensione Q 24, 2
    = iurisdictione alicuius QV 346.
    377.
consortium
    capellanorum s. aggregare
    coniugale s. desiderare, uti
    infirmorum et pauperum s. recipere
    sororum s. recipere
    s. ingerere, inhibere.
conspiratio s. incidere, innodare, offensa.
constare
    de arrestatione K 71h
    = carceris mancipatione N 62 Zus.
    1, 16, K 62b. 63. 65
    = concrematione ecclesie K 68

    = detentione (carceris) K 63. 65. 71h
    = hostiorum fractione K 66
    = iniectione manuum N 62 Zus. 1,
    16, K 62. 62b. (g). 63. 65. 71 Zus. a
    = occupatione K 117a
    = pignoris (-rum) detentione K 34.
    41a, QV 268
    = plano sine strepitu et figura iudi-
    cii K 30r. xc
    = premissis K 30r; non c. Q 14, 18.
    19
    = sanguinis effusione N 62 Zus. 1,
    16, K 65
    = usurarum extorsione K 19b. 25.
    (26). 27. (30d. n)
    ecclesiam esse lesam Q 14, 15
    legitime K 117a
    monasterium esse lesum (Q 14. 16–18)
    quicquid post appellationem temere
    attemptatum tibi Q 15, 9. (10). 46.
    (47). 53. (54)
    quod de iusto pretio venditionis tem-
    pore defuisse K 46ca.
constituere
    apud sedem apostolicam Q 24, 1
    executorem (-es) testamenti K 57i.
    m
    in dignitate Q 15, 54
    = dignitatibus et (seu) personatibus
    K 99g. h, Q 2, 2. 3. 3b
    = iudicio iudicialem ordinem K
    227a
    = minoribus ordinibus c-tuti clerici
    N^a 14 Zus. c, N 12. Zus. a, K 110.
    183b, Q 15, 34. 22, 14
    massarie constitute infra regni con-
    finia Q 1, 2
    sub potestate aliena N 12 Zus. b
    c-tutus in itinere causa peregrina-
    tionis et pro expediendis negotiis ad
    sedem apostolicam veniendi K 71a
    s. clericus, deputare.
constitutio
    apostolica K 238h

de duabus et una dietis N 34 Zus. b,
K 85. 164d, Q 1, 3. 6, 7d. 7, 1. 14, 8,
QV 263
pro studentibus π 2
s. Benedictus, Bonifatius, Gregorius
papa, attemptare, cassare, cavere,
contradicere, decernere, edere, fraus,
observare, obstare, permittere, renuntiare, roborare, servare, tenor.
construere
    capellam in proprio fundo QV 258b
    domos K 113. 114
    infra fines parrochie ecclesie aliquid
    K 114
    officinas K 114
    non vereri K 113
    post denuntiationem novi operis ali-
    quid K 113. 114
    propria temeritate aliquid K 113
    s. concedere, incipere, licentia, preiu-
    dicium.
consuetudo
    antiqua et approbata (et hactenus
    pacifice observata) K 92. (116a).
    165. 170. 172. (173. 175. 182. 184),
    Q 11, 4. 14, 3. 15, 16. 17. 25. 35. 37.
    (38). 46. (48. 50). 59
    corruptela potius dicenda K 120.
    120b, Q 3, 1. 1a. 2a
    laudabilis K 120. 120a
    monasterii K 238h
    ordinis (-um) K 226. 238h, Q 22,
    13b
    patrie K 50
    prava K 120b. 227a, Q 3, 1–2a
    s. corrumpere, dicere, esse, intro-
    ducere, observare, obstare, optare,
    presentare, pretextus, roborare.
consuetus s. exhibere, forma, impe-
    trare.
consuevisse
    ab eo tempore, cuius contrarii me-
    moria non existit, episcopalia iura
    percipere δ 10

aliquid iuxta sue voluntatis arbitrio
    committi et amoveri K 225c
clericis secularibus assignari K 146
corpora sepeliri K 118
ecclesiam retinere K 171
ex pietatis officio diligere Q 9, 2. 2a.
    13, 1. 4. 4a
litteram dare Q 15, 59
monasterium in spiritualibus reflo-
    rere ac in temporalibus habundare
    QV 358
munimine protectionis confovere
    Q 9, 2. 2a. 13, 1. 4
officium visitationis et correctionis
    exercere δ 10
per aliquem gubernari K 12c, Q 23,
    19. 30. 31. 36. 109
procurationes recipere δ 10
religionis habitum dare K 219. 230
secundum communem formam scri-
    bere Q 26, 8
s. scribere.
consul s. preiudicium.
consulere
    quieti K 227a
    = religiosorum sollicite Q 4, 5
    s. velle.
consumere
    bona π 1, Q 1, 1; usurarum voragine
    Q 1, 1.
contempnere
    appellationem K 185, Q 15, 15. 20.
    25. 34. 26. 57
    contumaciter parere K 129
    divinum verbum audire K 123
    ecclesiastica sacramenta recipere
    K 123
    matrimonii sacramentum K 164d
    propria temeritate K 123
    omnino K 176
    s. ferre, promulgare, supponere.
contemptus
    capituli Q 1, 3c
    ecclesiastice discipline K 129, Q 15, 42

magistri et fratrum Q 1, 3a
in alicuius c-tum (detinere, percipere, presumere, redire) K 129. 155a,
Q 1, 3a. c. 15, 42.

contendere
sibi ius dominii vendicare Q 2, 3.

contentio s. relabi.

contentus
sua sorte c-tus (-ta, -ti) K 16–19b.
d. f–h. 21–23. (25. 26). 27a. 28. 30.
30ga. i. q–t. v. x. xa. 31–35. 37–39.
41a. b. (c). f–43. 46a, QV 267. 268.
271. 272. 274. 276. 396.

contestare
litem Q 15, 52.

contestatio (litis) s. procedere.

continentia
litterarum K 201. 202. 204. 205b.
234. 237, Q 15, 1. 4. 9. 10. 45. 56. 16,
7. 17, 1–18, 2. 26, 8. 9, QV 346b. 403
s. pertractare, procedere, providere,
tractare.

continere
cum littere iustitiam nequaquam δ 13
petitio nobis exhibita (exposita) c-
bat, quod . . . Q 1, 2. 11, 2b. 5–7. 9.
12, 1. 1a. 14, 1–3
prout littere c-bant K 237
non c. s. credere
s. dicere.

contingere
ad episcopatus honorem evocari Q
22, 20b
beneficium obtinere Q 22, 1. 1a. 2. 5.
8. 9a. (b). 10. 12
capellam vacare Q 11, 2b
liberas personas iure successionis c.
possessiones et alia bona mobilia et
immobilia QV 315h
per occupationem vel errorem δ 13
pro defectu probationum ius deperire Q 25, 1
quicquid super hoc attemptari δ 13
specialiter interdici QV 351. 352

super aliquas res molestari Q 6, 7d;
sibi molestias, inimicitias, iniurias
erogari Q 6, 7d
= hoc litteras impetrare Q 1, 3
sententias per presumptionem cuiuspiam taliter promulgari Q 21, 1
s. decernere.

contractus s. reclamare.

contradicere
admittere aliquem ad ecclesiam K
168
= archiepiscopum eiusque vicarios
ad visitandum δ 10
arbitrio (arbitrium observare) Q 14,
4. 4a. 12–14
constitutionem (ob-)servare Q 14,
9–11
de iuribus episcopalibus respondere
δ 10
id efficere K 57i. 124. (127)
in audientia publica litteris δ 11
indebite δ 9. 10. K 15b–d. 19f. 23.
24. 26. 30a. l. n. p–r. u. v. x–xb.
41c. 42. 46a. 48. 49. 51. 52. 54. 56.
57. 57d. e. g. l. m. p. 119. 124–126.
133. 138. 168. 185 Zus. a. 238f, Q 3,
1–2a. 14, 9–14. 19, 5, QV 372
penitus et invite K 161
res etc. in pios usus erogare (-ri) K
54. 57g
= (debitas) exhibere δ 9. 10, K 15d.
49. 52. 57e. 119. 125. 126. 185 Zus. a,
Q 19, 5, QV 372
= restituere K 15b. 46a
= reddere δ 1, K 15b. 30k. o. 41c.
42. 238f, QV 363. 383
sibi (ei, eis, eidem) satisfacere K 15b.
19f. 23. 24. 26. 30 (a. l.) n. p–r. u.
(v). x–xb. 48. (51. 56). 57. 57d. (l.
m. p. 138), QV 395c
solvere pecuniam K 15c; decimas K
133, Q 3, 1–2a; pecunie summam
QV 395a
s. audire, preiudicium, procurator.

contradictio s. obstaculum, recipere,
tollere.

contradictores

per censuram ecclesiasticam compescere s. compescere.

contrahere

legitime K 152–156. 164c, Q 22, 20e

maculam geniture ex prohibita pa-
rentium copula Q 22, 13a

matrimonium in facie ecclesie K
155a

= per verba de presenti K 152–156.
164c

pater cum matre virgine Q 22,
20e.

contrarium s. attendere, consuevisse,
existere, ius, memoria, mutare, tempus.

contribuere

in talliis et collectis Q 21a, 2

s. compellere.

contumacia s. absentare, promulgare,
satisfacere.

contumax s. comparere, contempnere,
facere, parere, recusare, reputare.

convenire

auctoritate apostolica Q 16, 9

coram officiali K 116a, Q 16, 5. 6

de iure non posse nec debere δ 11

ex delegatione apostolica Q 16, 5. 6

infra civitatem et diocesim secure
nequire Nᵃ 21, N 4, K 6, Q 16, 11a,
QV 316, 3. 317

non posse N 12 Zus. a

super aliquo criminali N 62, 7, K
19c. 30ba, 14

= decimis Q 16, 9

= quadam pecunie summam et rebus aliis K 116a, Q 16, 5. 6

c-nit nos adesse Q 6, 3. 5. 6. 6b. 7c;
defensare iura et bona cardinalium
Q 6, 7d

= in dotem dare K 162

= presidio communiri Q 14, 1.

conventio

iudicum π 18, Q 1, 3. 14, 8

locorum Q 1, 3

s. convenire.

conventus s. bonum, dare, detrimentum, discernere, instituere, pertinere, preiudicium, providere, scribere, spectare.

conversa s. habere, recipere.

conversare

laudabiliter K 238e, Q 22, 15 Zus. a

= in locis Q 22, 3; monasteriis (ordine) Q 22, 13. 15 Zus. a

s. existere.

conversatio

bone c-tionis K 214. 215, Q 22, 1. 5. 7.
8. 9a

mala s. persona.

conversus

c-si ad religionem Q 22, 3. 13

s. agere, capere, compellere, corrigere, detinere, excessus, habere,
nonnullus, procedere, recipere, vadiare.

convertere

bona in conservationem terre sancte
et alia pietatis opera Q 6, 4a

in proprium (-os) usum (-us) summam (-as) pecunie (-arum) K 57g,
QV 263

= utilitatem monasterii pecuniam
K 138. 214. 215. 217. (218). 236, QV
281

residuum in solutionem debitorum
Q 1, 1.

convincere

de aliquo crimine N 62 Zus. c'.

convocare

partibus c-atis Nᵃ 2. 7. 8. 21, N 47
Zus. a. 51. 54b. 62 Zus. 1, 1. 4. 5. 13,
π 3a. 6–18. 27. 28, δ 1–3. 5–7. 10,
K 1–11a. 12a–13. 15. 15b–d. 19b.
c. e. 26. 27. 30ba, 17. 30n. xd. 34. 45.

46. 46b–57d. g. i. 1–58. 62b. c. f–i.
70. 70f. 72. 73a. 75–94. 95. 97–99d.
f. 100–111. 112 Zus. a. 113–115. 117.
118. 122. 125. 126. 129–132. 134.
135. 138–140. 142–149. 150b. 153.
155a. 162. 163. 165. 166. 174. 176.
178–179b. 180. 181. 183a. 184. 185.
210. 225a. 238g, Q 1, 3. 3b. c. 2, 2a.
14, 19. 15, 11. 16, 1–4a. 19, 1–3,
QV 263. 282a. 346. 350b. 359. 362–
369a. 377. 378. 380–384. 392. 400a.
401. 404
s. vocare.
convolare
    ad monasterium QV 315h.
copia
    actorum s. concedere
    litterarum (apostolicarum) s. dene-
    gare, facere, habere, negare.
copula
    carnalis s. subsequi
    quam fedus matrimonii non excusat
    s. gignere
    s. contradicere, prohibere.
copulare
    in anime sue periculum, plurimo-
    rum scandalum, iniuriam et iactu-
    ram K 225b
    = facie ecclesie Q 22, 20c
    matrimonialiter K 151. (164a). 225b,
    (Q 22, 20c)
    s. iactura, impedire, iniuria, pericu-
    lum, scandalum, valere.
corporalis s. inducere, possessio.
corpus
    excommunicati, fidelium s. discer-
    nere
    unum corpus esse N 40, Q 23, 101
    c-ra defunctorum s. extrahere
    s. asserere, consuevisse, decedere,
    exhumare, facere, homo, iactare,
    mandare, pervenire, posse, presu-
    mere, recipere, sepelire, tradere, tu-
    mulare.

correctio s. bonum, castigare, consue-
    visse, corrigere, effugere, exercere,
    indigere, novisse, officium, procede-
    re, reformare, spectare, temeritas,
    valere.
corrigere
    excessus monachorum et converso-
    rum K 218a
    in capite quam in membris ea, que
    correctionis bona noveris indigere
    QV 358
    s. exequi.
corripere
    excessus Q 22, 20h.
corrumpere
    laudabilem consuetudinem pretextu
    puritatis catholice fermento hereti-
    ce pravitatis K 120. 120a.
corruptela s. consuetudo, dicere.
cotidianus s. distributio, exhibere,
    pars, subtrahere.
credere
    tales litteras, cum iustitiam non
    contineant, a cancellaria nostra
    (scil. pape) non c. emanasse δ 13.
creditor K 40. 41d. 47. 57f
    s. relocare.
crimen
    homicidii K 73
    periurii K 73
    tanto graviora sint c-mina, quanto
    diutius infelicem animam detinent
    alligatam Q 3, 1. 1a. 2a
    s. agere, asserere, confiteri, convin-
    cere, irretire.
criminalis s. convenire.
crucesignatus Nª 10. 11. 13. 14, N 47.
    55. 56. 62, 16. 62 Zus. 1, 1, π 13. 14,
    K 6, Q 13 (ganz). 24, 2, QV 359.
    360a. 362. 366
    s. bonum, civis, clericus, dicere, im-
    petrare, laicus, littera, miles, preiu-
    dicium, privilegium, procurator,
    protectio.

crudelitas

tanta est K 164 d.

crux s. assumere, signum.

culpa s. exigere, iniungere, modus.

culpabilis s. existere, invenire.

cultus

divinus Q 4, 1. 1 a

s. vacare.

cum autem ... Nᵃ 21. 22, N 2–6.
57 Zus. a. 62 Zus. b. 1, 21, π 1. 7. 9,
K 6. 19. 99 h. 195 a. d. 214. 215. 220–
221 a. 238 a, Q 2, 1. 16, 11 a, QV 276.
281. 316. 317. 401 b

= frustra ... K 16. 20 b. 21 Zus. b.
22. 28 Zus. a. 30 q. 36, QV 274

= igitur ... K 95. 99 e. fa. 195 b.
200. 218 a. 221 b, Q 3 ganz. 4, 7.
6, 2. 3. 5. 7. 13, 4 a. 14, 3. 4 a. 22, 20 b,
QV 357. 358. 400 a

= itaque ... K 221 b. 227. 227 a,
Q 4, 1–6. 7 a. c. 6, 1. 1 a 7 c. 22, 3.
13. 20 a. d. 23, 111

= olim ... N 62, 13, K 201–205.
205 b–207. 232. 233, QV 346 b. 358.
403

= secundum apostolum N 62, 15,
Q 26 ganz.

cupere

cum humilitate redire K 185 d. e.
195 a. 196. 220. 221. 221 a. 238 a,
QV 356

domino famulari K 185 a. b. f. 186–
190. 191–195. 201–204. (205). 206.
223. (231). 232. 233. (237). 238 c. d,
QV 346 a. b. 402. 403. 405

in salutem singulorum et scandalis et
malis obviare K 164 d

mundi relinquere vanitates K 222

sibi de remedio providere K 164 a

terrena pro celestibus et transitoria
pro eternis commutare Q 11, 2 b. 12,
1. 1 a

cupiditas

ceca s. seducere

propria s. devincere

s. satisfacere.

cura

animarum s. gerere, habere

ecclesie s. pertinere, spectare

fratrum s. vivere

regiminis s. exercere

s. committere, deservire.

curare

ad restitutionem cogere K 45

compromittere eo modo Q 14, 4 a

= super hoc Q 14, 14

misericorditer (dispensare, legitimare) Q 22, 1. 2. 3. 5. 8. (12 c). 13.
14–19. 20 d. f

paterna benevolentia Q 6, 7 d

= diligentia Q 23, 56

= sollicitudine K 99 g. 120 a. 164.
177, Q 2, 2. 3. 19, 5. 20, 1. 21, 1.
25, 1, QV 263. 325 a

pecunie summam etc. recommendare K 15 b

per discretum aliquem cogi K
124

providere eis (sibi) K 120 a. 177,
Q 6, 7 d. 19, 5. 20, 1. 23, 56. 25, 1,
QV 263. 325 a

= de benignitate apostolica K 219 a.
229

= indempnitati K 164, Q 2, 3

= ob reverentiam apostolice sedis
et nostram (scil. pape) K 200

subvenire sibi (eidem, eis) K 99 g,
Q 2, 2. 6, 7 d. 14, 15. 16

testes prudenter recipere et diligenter examinare Q 25, 1

non c. s. arbitrari, comparere, dispendium, efficere, exhibere, facere,
iactura, libitum, parere, periculum,
preiudicium, procedere, recipere,
recolligere, redire, scandalum, tractare, traducere.

curia

episcopi, metropolitica s. appellare

Romana s. appellare, remeare, studens

s. ducere, mittere, prevalere, stilus.

custodia

carceralis, carceris s. mancipare.

custodire

massarias Q 1, 2

s. deputare, ducere.

custos

pedagiorum s. deputare.

D

dampnabiliter s. commiscere, dare, ducere, vagari.

dampnatus s. excessus, presumere.

dampnosus s. compellere, inire, pactio.

dampnum

in alicuius iniuriam, preiudicium, d. non modicum et gravamen (facere) K 78a

s. afficere, asserere, detinere, incurrere, inferre, presumere, reputare, satisfactio.

dare

aliquid de iure aliis K 225a

bona dotalia K 164d

cautiones K 28. 30. 46a, QV 276

clausulam „proviso . . .“ § 4, K 100 Zus. b

= „testes“ N 62 Zus. a. 1. 8, K 19i. 21, s. testis

cognomen in canonico et perpetuo capellano Q 23, 72

= in conquerente et in eo, de quo conqueritur N 8

fideiussores K 28. 30. 30g. v. 62e. 71, QV 276

in commotionem dampnabiliter pedes K 238f

= dotem partem domus et res alias nomine uxoris sue K 162

iudices sive conservatores N 25 Zus. b

= non d. monachis contra abbatem et conventum N 54a, π 3b, K 211

litteram (-as) K 30ga. s. v. 46a. 183. 225c, Q 23, 1. (3. 13). 15. 16. (17. 18). 19. 38. 52. (55). 58–60. 66. 74. 78, QV 276

= non dare Nᵃ 14 Zus. c, N 57 Zus. a, K 15 Zus. a, QV 274

litteris in mandatis K 116a. 201. (201a). 202–205. 205b–207. 223. 232–234. 237, Q 16, 5–7. 17, 1. 26, 8. 9, QV 346b. 403

materiam evagandi K 218. 236

pecunie summam et res alias K 57b

per manus executorum K 57b

= vicecancellarium Q 4, 2

prioratum suum nepoti N 62 Zus. 1

procuratori salarium QV 404

publica instrumenta QV 276

religionis habitum profitentibus K 219. 230

terras K 57b. 225a

non d. s. auch attentius, proviso, testis

s. consuevisse, convenire, debere, denegare, detrimentum, mandare, posse, precipere.

debere

alicui impertiri patrocinium Q 4, 6; suffragium Q 22, 20g

= provideri K 119

appellari primo ad illum, qui commisit, et tandem ab illo, qui noluit revocare gravamen, ad sedem apostolicam Q 15, 49

bona in pios usus erogari K 55. 57n

causa probari § 13

cognomen dari N 8, Q 23, 72

de iure requiri K 55. 57 n. 176. 183

desiderium impediri K 151

ecclesias visitare K 184

equales esse linee N 12b

equitas multiplicari Q 6, 2

exprimi civitas et diocesis K 57a, 5

= monasterium N 23

fieri cum serico N 62 Zus. 1, 17

= mentio N 1 Zus a

firma et illibata persistere Q 14, 1

fortius obviare Q 22, 20h

iudices d-ent esse vel dignitatem seu personatum obtinentes aut cathedralium ecclesiarum canonici QV 317, 2

littera non debet ultra exire in una linea vel incipere quam in alia N 12b

nichil magis rebus d-etur humanis, quam ut testatorum voluntates ultime firmiter observentur K 57h

ordinem exprimere N 8a

personaliter comparere Q 15, 24

plena securitate gaudere K 150a

portionem canonicam ratione parrochie K 119. 125

procurationes ratione visitationis K 185 Zus. a, QV 372

= recipere K 184

propitius esse sub religionis habitu studio vacantibus pie vite Q 6, 1. 1a

proprium nomen poni N 22 Zus. a

„proviso . . ." poni N^a 9

redditum (-us), talliam (-as) etc. δ 8, Q 19, 4. 4a

secundum ius commune K 185 Zus. a, QV 372

se nominare patronum K 183

spatia habere N 12b

statutum observare K 195d. 221b. 238a

super hiis agere Q 22, 20e

temeritas elidi Q 4, 2. 2a

ultra tres dioceses vel civitates poni N 38

non d. s. affligere, committere, convenire, dicere, distare, dividere, existere, facere, fieri, obedire, proviso, suffragari, testis

s. fieri, habere, impedire, testis.

(debitus)

de iure K 94a. 99fa. 137, Q 11, 3. 5–7, QV 325a

nomine visitationis QV 372

ratione ecclesiarum Q 3, 1a

= visitationis δ 10. K 185 Zus. a

sibi et nulli alii QV 325a

s. affectio, assumere, conqueri, contradicere, decima, decidere, effectus, executio, exhibere, facere, finis, habere, impendere, obedientia, obtinere, occasio, perducere, persolvere, pretermittere, rependere, restituere, revelare, reverentia, revocare, robur, satisfacere, satisfactio, solutio, solvere, status, terminare.

debitor s. convertere, onus, premere, sufficere.

debitum

officii K 213. 218a. 225c

= pastoralis π 1, Q 7, 1. 22, 20g

pecuniarium K 113a, Q 16, 11a

de d-tis s. satisfacere

super d-tis s. agere, conqueri, exequi, exercere, impetrare, iniuriari, littera, occurrere, onus, premere, trahere

s. innodare, intendere, nuntiare, procurare, teneri.

decanatus s. spectare, subicere.

decanus N^a 1. 5, N 26. 28. 40, Q 15, 24. 38

s. gubernare, movere, nonnullus, officialis, pertinere, preiudicium, vertere.

decedere

corpora K 129

d-dentium prebende K 92

= sepultura K 126

s. optare.

decere

nos decet presidio communire Q 14, 2.

decernere
  irritum per constitutionem Q 16,
  11 a
  = et inane, quicquid super hoc contigerit attemptari δ 13
  irritas et inanes sententias Q 21, 1;
  receptiones et prebendas δ 11
  litterarum commodo carere Q 15, 55
  quod canonicum fuerit Q 15, 34. 42
  = iustum fuerit Q 15, 2. (3). 57
  tam litteras quam etiam processum
  omnino carere viribus ac (et) nullius
  fore firmitatis Q 4, 1. 2. 3. 6, 1. 1 a.
  13, 2. 4 b
  venditiones et obligationes nullas
  esse Q 23, 111
  s. facere.
decidere
  debito fine (causam) Nᵃ 2, π 6. (9).
  11. 12. 15–18, δ 10, K 1. 3. 10. 19 b.
  21 Zus. b. 72, Q 15, 46. 16, 5. 6. 17,
  2 a, QV 263. 350 b. 377. 400 a. 401
  canonico fine (causam) Q 16, 11.
decima
  argenti fodinarum K 85. 86
  de ortis, virgultis, nutrimentis animalium Q 9, 2. 2 a
  = proventibus domorum et possessionum K 133
  debita Q 3, 1–2 a
  novalium Q 27, 1. 2
  de d-mis s. declaratio, satisfacere
  super d-mis s. agere, audire, conqueri, convenire, impetrare, iniuriari, iudicare, littera, movere, oriri,
  parere, questio, satisfacere, trahere
  s. agere, apparere, asserere, assignare, cogere, communire, compellere, concedere, concessio, confirmare, declaratio, detentor, detinere, exhibere, exigere, existere, exsolvere, extorquere, facere, fundare,
  instrumentum, moderatio, obligare,
  obtinere, occultare, percipere, per-

solvere, possessio, possidere, prestare, proventus, reddere, reservare,
satisfactio, solvere, spoliare, spolium, tenere.
decipere
  (in venditione) ultra dimidiam iusti
  pretii K 45. 46. 46 b. ca
decisio
  cause s. adiungere.
declaratio
  Alexandri pape IV. (de decimis
  novalium) Q 27, 1. 2
  s. edere.
declinare
  in dubiis in meliorem partem Q 22,
  20 e.
decolorare
  illegitimitatis macula minime d-rat
  illegitime genitos, quos vite decorat
  honestas Q 22, 20 b.
decorare
  titulo legitimitatis Q 22, 20 c
  vite honestas Q 22, 20 b
  s. decolorare.
decretalis s. obligare.
deducere
  fructus K 40.
deesse
  aliquid iusto pretio tempore venditionis K 46 b. ca
  quid sorti K 41. 41 e, QV 396
  s. constare, recipere, restituere,
  supplere.
defectus
  natalium N 62, 14. Q 22 passim
  necessariorum s. cogere
  probationum s. contingere
  s. dispensare, ducere, littera, obstare, obtinere, pati, redimere, studere.
defendere
  causam alterius K 130
  s. niti, promittere, teneri.

defensare
  iura et bona cardinalium Q 6, 7 d
  s. convenire.
defensio
  apostolice sedis s. consistere
  propria s. suffragari
  s. assistere, extendere, presidium,
  teneri.
defensor s. habere.
deferre
  appellationi Q 15, 11
  clericalem tonsuram K 110
  litteras apostolicas ad vicecancellarium δ 12, Q 20, 1
  res Q 21 a, 1
  signum, quo a Christianis qualitate
  habitu (Iudei) distinguantur K 150
  tibi in hoc, qui loci diocesanus existis
  QV 258 b
  s. compellere, iniungere, velle.
deficere
  tota rubrica d-cit secundum stilum
  modernum K 95 Zus. a.
deflere
  in reclusorio sua peccata K 198
  s. desiderare.
deformatio
  monasterii s. imputare, posse.
defraudare
  ecclesiam in divinis officiis K 136,
  (QV 350)
  piam intentionem (testatoris, testatricis) K 54. 57 g. q, Q 5, 7 a, QV 263.
defunctus s. corpus, extrahere, facere,
  probare, satisfacere, voluntas.
degere
  sub communi vita Q 9, 2. 2 a.
delectari
  in observantia mandatorum domini
  Q 4, 1 a; pacis Q 14, 2
  s. posse.
delegatio
  apostolica s. convenire, promulgare,
  trahere, vertere.

delegatus Q 15, 9, 49, 54
  s. auctoritas, habere, iurisdictio,
  supponere, vertere.
deliberatio
  pia s. donare
  provida s. donare, statuere.
delicie s. hortus.
demeritum s. exigere.
denegare
  acta redigi facere Q 15, 45
  aliquem audire δ 11, Q 15, 50
  = ad ordines promovere K 183 b
  aliquid exhibere π 3, δ 7, K 57 b. k.
  110. 113 a. 116. 137. 140. 160. 184.
  208. 213 a. 238 e, Q 11, 4. 19, 3, QV
  384. 404
  contra iustitiam π 3, δ 7. 11, K 57 b.
  110. 113 a. 116. 137. 140. 165. 169.
  172. 173. 184. 208. 213 a. 238 e, Q
  11, 4. 15, 24. 45. 50. 57–59. 19,3,
  QV 384. 404
  copiam litterarum facere Q 15, 57
  de beneficio providere K 146
  ecclesiasticam sepulturam K 116 a
  indebite res erogare QV 263
  instrumenta restituere QV 396
  licentiam K 226
  minus iuste K 145. 183 b
  presentatum ad ecclesiam admittere
  K 165. 167. 169. 172. 173, Q 15, 58.
  59
  procuratorem admittere Q 15, 24
  redditum solvere K 145
  salarium dare QV 404
  sine causa rationabili K 238 e
  s. agere, conqueri, ducere, existere,
  incidere, libitum, obedientia, periculum, preiudicium, scandalum.
denigrare
  ecclesie honestatem Q 22, 20 h.
dens s. extrahere, facere, presumere.
denuntiare
  aliquem excommunicatum K 109
  non teneri ad penam aliquam Q 14, 4.

19; ad regularem observantiam K
219. 219a. 229. 230

nullum esse arbitrium Q 14, 4; compromissum Q 14, 19

sententiam penitus non tenere Q
15, 1. 9. 14. 15. 20. (30). 34. 46. 53

s. discretum, facere, mandare.

denuntiatio

novi operis s. construere

s. facere.

dependere

una ecclesia ab alia d-det K 13. 14.
171. (179b)

s. dinoscere.

deperire

ius suum Q 25, 1

s. contingere.

deponere

pecunie summam QV 383

querimoniam de episcopo QV 370
= non d. K 62e. 71

s. ducere.

deposcere

licentiam humili supplicatione K
226.

depositum s. causa, recommendare.

deputare

ad exigendum pedagia pedagiorum
custodes seu conductores Q 21a, 1;
tallias et collectas collectores Q 21a,
2

administratorem (-es) monasterii in
spiritualibus et temporalibus Q 23,
60. 107

auctoritate ordinaria Q 23, 107

bona illicite K 57h

executorem super provisione K 175
fiducialiter Q 1, 2

iudex (-ices) a sede apostolica deputatus (-i) K 164d, Q 15, 49

per sedem apostolicam deputati administratores Q 23, 60

solitariis monachis socios K 225d

super massariis custodiendis et pro-

curandis infra regni confinia constitutis aliquem Q 1,2

s. asserere, ducere, presumere.

derelinquere

habitum regularem temere K 235.

derogare

per prescriptionem vel alias legitime
Q 10, 1.

derogatio

ecclesiastice libertatis s. presumere

monastici ordinis s. committere.

deservire

domino K 219. 227. 230

ecclesie generali plus ceteris Q 6, 7d

in religione K 219. 230

per vicarium curam gerentem Q3, 2a.
b; idoneum Q 13, 2a

s. desiderare, dinoscere, facere, velle.

desiderare

cum humilitate (humiliter) K 185c.
197. 224

domino deservire K 227; famulari
K 228. Q 22, 16

legitime uti consortio coniugali K
151

militie clericali ascribi Q 22, 4. 8. 9

peccata deflere K 198

se tradere servituti K 222

= transferre ad ordinem K 226; ad
religionem Q 22, 16

transire ad ecclesiam K 228; ad
monasterium K 227

viam semite artioris intrare K 222.

desiderium s. debere, impedire, prebere.

desistere

ab exactione K 120, Q 21a, 2, QV
277

= usurarum exactione K 17–19b. d.
g. 20b. 21. 23. 27a. 28. (29).
30 ba, 15.30h. i. q. t. x. xa. 35. 41b,
QV 276. (277). 396; extorsione K
30

= impedimento K 154. 155

prioratus K 225c

proventus decimarum K 44

redditus K 41f. 135, Q 5,1. 6. 6a

silvas K 46c

terram (-as) K 30ga. 31. (32). 33–35.
37. 38. 40–41a. c–g. 43. 46c. 225a,
Q 5,1. 6, QV 267. 272. 363. 395d

villam K 155a

vineas K 30ga. 37. 41a. 46c, Q 5, 1. 6
s. concedere, contemptus, crimen,
dampnum, dispendium, facere, iniuria, periculum, preiudicium, presumere.

detractio s. impingere.

detrimentum

abbatis Q 5, 6a

conventus Q 5, 6a

grave π 1

monasterii δ 8, K 225c, Q 5, 6. 6a.
19, 4. 4a

non modicum δ 8, K 99g. h, Q 2, 1. 2.
5, 1. 6. 6a. 19, 4. 4a

salutis proprie K 218. 236

sedis episcopalis Q 5, 1

in alicuius d. (dare, non solvere,
presumere) δ 8, K 218. 225c. 236,
Q 5,1. 6. 6a. 19,4. 4a

s. imminere, preiudicium, subiacere.

deus

verus et vivus s. diligere, timere

s. capere, concremare, domus, ecclesia, elidere, frangere, habere, inicere, iniectio, iudicium, minister,
percutere, postponere, presumere,
prosequi, timor, zelus.

devastare

domos contra iustitiam incendio K
134.

devenire

a Christianis ad Iudeos domus K
133; possessiones K 133, QV 395c;
proventus K 133, QV 395c

ad aliquos bona iure successionis K
30p

ad heredem terre et nemus K 46.

devincere

propria cupiditate Q 1, 2.

devote s. servire.

devotio

pia fidelium s. introducere.

devotus s. diligere, exhibere, famulari.

dexter s. manus, mutilare.

diaconus Q 22, 1. 1a. 9a. 11

s. gignere.

dicere

ecclesiam vacare Q 22, 12c

in femina semper mulier, nisi dicatur uxor, soror, filia et hiis similia
vel pauper orphana, domicella vel
vidua N 11

Iudea non dicitur mulier nec civis
N 10; nec mater nec filia nec soror
nec vidua sed tantummodo Iudea
N 10 Zus. c

Iudeus non dicitur clericus vel laicus
nec civis N 10; sed tantummodo
Iudeus N 10 Zus. c

nemini „dominus" vel „domina" N
19

non dicitur executor testamenti sed
executor ultime voluntatis N 62 Zus.
1, 3, K 47, 2. 57a, 2

per sedem apostolicam confirmatus
fuisse K 227

(prava) consuetudo potius dicenda
est corruptela K 120. 120b, Q 3, 1.
1a. (2). 2a

se crucesignatum Nᵃ 11. 14, N 47. 55,
K 6, QV 360a; non d. Nᵃ 16 Zus. a,
N 56

= diffamatum N 54

= exemptum K 185 Zus. a, QV 372

= falso patronum K 177

= mancipatum N 54

= pauperem orphanum Nᵃ 14

= verberatum Nᵃ 15, N 54, QV 361b

dicitur aliquid ad aliquem pertinere
K 185f. 231. 232, Q 14, 2. 3. 26, 7

= facultates habere Q 23, 7. 108
= indulgentia aliqua esse concessum N 1 Zus. c. 35, π 18, K 3
= litteras impetrasse δ 13, Q 23, 1.
(2. 3. 5. 11. 12. 16. 21). 38. (42. 45).
52. (55. 56). 58. 59. (63. 65. 66. 72.
80)
= monasterium esse lesum Q 14, 17
= vices suas commississe Q 18,2
prout dicitur plenius contineri in
instrumento K 99a. 138, Q 1, 3. 12,
1. 1a. 14, 3a. 5. 8; in litteris δ 11,
K 146, Q 11, 2b. 3. 5–7. 9. 14, 2. 3. 6.
10. 11.

dictio
prima s. littera.

dictum
testium s. redigere
s. facere.

dieta s. committere, constitutio, distare, evocare, trahere.

diffamare
aliquem super hoc apud bonos et
graves K 72. (73), QV 282a
s. dicere.

diffamatio s. actus, conqueri, impetrare, littera.

differre
effectum gratie K 237
= presentium Q 1, 1
hactenus arbitrium proferre Q 14,
20
non d. s. spoliare, restituere
s. preiudicium, valere.

diffinire
aliquid iudicio vel concordia Q 14,
2.

diffinitivus s. appellare, causa, confirmare, ferre, infirmare, parere,
proferre, promulgare, sententia, sequi, terminare.

diffugium
malignantium s. invenire
peccatorum s. trahere.

dignari
alicui providere de aliqua re K 113a.
164d. 219. 238e, Q 16, 11a. 23, 58
aliquem dispensare Q 22, 4. 9a
aliquid mandare K 164d
licentiam concedere K 238h, QV
258b.

dignitas
ecclesiastica s. obtinere, presumere
in ecclesia s. existere
ordinis s. assumere
s. committere, constituere, debere,
habere, persona, posse, recipere,
spoliare, valere, vertere.

dilapidare
bona (monasterii) π 1, K 164
s. incipere.

dilectio
paterna s. prosequi.

dilectus
filius (in Titulatur) Nª 1, N 14–16.
17a. 18. 20
s. appellare.

diligenter s. considerare, curare, inducere, monere.

diligentia
paterna s. curare, providere.

diligentius s. intendere.

diligere
devotos et humiles filios propensius
Q 9, 2. 2a. 13, 1. 4. 4a
deum verum et vivum N 17
s. consuevisse.

dimidium
iusti pretii s. decipere.

diminutio s. percipere.

dimittere
adulterum (-am) K 157. 225b
domos, prata et alia libere δ 8, Q 19, 4.
4a
ex causa legitima scribere Q 22, 1b
possessiones K 124
propria temeritate K 157–159. 161
uxorem K 157. 158. 159 Zus. a. 161

virum K 159
s. cogere, scribere.
dinoscere
ad aliquem pertinere d-citur institutio K 165. Q 15, 59; ius ponendi
alcades K 83
administrationes gessisse K 238f
aliquem ecclesie deservire Q 6, 7d
aliquid in hac parte statutum fore
K 195d. 221b. 238a
bona sufficere K 15b. 56. 57d. e. p
ecclesiam ab alia dependere K 151
monasterium lesum esse Q 14, 16
officium foridecanatus esse Q 23, 78
pium esse N 62, 23, Q 4, 1. 1a
s. consuetudo.
diocesanus s. committere, deferre, episcopus, existere, lex, locus, subicere.
diocesis
in Titulatur N 24
Romana K 29
s. audire, committere, commorari,
convenire, debere, distare, evocare,
exprimere, facere, finis, intrare, pertractare, ponere, posse, proviso,
reus, subdelegare, trahere, transire.
dirigere
litteras iudici Q 15, 59a
preces per nostras (scil. pape) litteras
et mandata K 237
scripta nostra (scil. pape) pro (super) provisione K 200, Q 26, 8. (10)
statum ecclesiarum et monasteriorum salubriter π 1
s. intendere.
diruere
domos K 62h. 134.
discernere
bona (scil. abbatis) a bonis (scil.
conventus) omnino Q 23, 110; ecclesie N 43 Zus. a
corpus (scil. excommunicati) a fidelium corporibus K 117a

non d. inter bonum et malum Q 4, 3a
s. posse.
disciplina
ecclesiastica K 129, Q 15, 42
ordinis K 219. 230
regularis K 218a
salva d. ordinis s. cogere, recipere
s. cogere, contemptus, ducere, effugere, iugum, placere, profiteri, recipere.
discordare s. complere.
discretio
tua K 185f. 218. 236, Q 5, 6. 22, 1–5. 10
Zus. a –12. 20
= (vestra) in Titulatur N 30. 31
s. arbitrium, obtinere, rogare, suspendere.
discretus
per d-m aliquem absolvere, cogere,
compellere, denuntiare K 15c. 46b.
124. 218. 236, Q 14, 4. 19
s. curare, facere, mandare.
discrimen s. accedere, conferre.
discurrere
non vereri per loca minus honesta in
anime sue periculum et monasterii
non modicam lesionem ac iniuriam et
iacturam K 238f
s. iactura, iniuria, lesio, periculum.
dispendium
fame sue K 219a. 229, Q 1, 2
salutis proprie K 120a. c. 161. 225.
225c
= sue K 120. 120b, Q 1, 2. 3a
in d. alicuius (detinere, exigere, extorquere, facere, non curare id efficere vel redire, opponere, presumere,
transire) K 120–120c. 161. 225.
225c, Q 1, 2. 3a
s. efficere, occurrere, pati, preservare, teneri, velle.
dispensare I (= dispensieren)
aliquem de misericordia, que superexaltat iudicio K 214. 215, QV 281

auctoritate apostolica Q 22, 13 a. b.
20 a. b. d
= nostra Q 22, 1. 2. 3. 5. 7. 8. 9 a. b.
10 Zus. a. 11. 12. 13. 14. 15. 19. 20 f
= presentium Q 22, 20 e
misericorditer Q 22, 1. 2–5. 8. 9 a. 13.
14–19. 20 a. f
super defectu natalium Q 22 passim
s. curare, dignari, ducere, existere,
largiri, licentia, licere.
dispensare II (= ausgeben)
bona testatoris pro sua voluntate
K 55. 57 n.
dispensatio
super defectu natalium s. obtinere
s. admittere, gratia, littera, obtinere, suffragari.
dispensator
largus Q 22, 20 a.
disponere
de ecclesia K 183 b
s. posse.
dispositio
testatoris s. erogare.
dissimulatio s. nolle, sequi, transire.
dissipare
bona enormiter Q 22, 20 g.
dissolutus s. ducere, vita.
distare
ultra unam dietam a fine diocesis QV
317.
distinguere
Iudeos a Christianorum habitu K 150
s. deferre, signum.
distrahere
bona π 4, Q 23 passim
dotalia K 164
s. extendere, invenire.
distribuere
bona iuxta proprie voluntatis arbitrium non vereri K 57 h.
distributio
cotidiana s. exhibere, pars, subtrahere.

districtus s. inhibere.
diu s. retardare, servire.
diurnitas
temporis peccatum non minuit sed
augmentat Q 3, 2.
diutius s. tenere.
diversus s. impetrare, suboriri.
divertere
se a milite (viro suo) K 164 d.
dividere
bona inter aliquos equalibus portionibus K 57 q
nomen proprium non debet d-di in
litteris papalibus N 12 a.
divinus s. amor, audire, beneplacitum,
celebrare, cessare, committere, cultus, defraudare, enormia, exequi,
facere, immiscere, immorari, impedire, inardescere, interdicere, ius,
laus, licere, maiestas, mancipare,
nomen, obsequium, oculus, offendere, officium, presumere, prophanare, recipere, regere, servitus,
studium, teneri, timor, tradere, vacare.
divortium s. celebrare, fieri, mandare.
docere
coram aliquo legitime Q 15, 50. 52.
doctrinalis s. elicere, notula.
domicella s. dicere.
domina
in Titulatur N 19
s. dicere.
dominatio s. aufugere.
dominium
universale Q 3, 1. 1 a. 2 a
s. contendere, exprimere, ius, locus,
morari, reservare, reverti, signum,
subducere, subtrahere, transferre,
vendicare.
dominus
in Titulatur N 19
inferior N 14 Zus. a
papa Z 1. 2. 9. 11, N 19

perpetuus K 219. 230

secularis N 57

temporalis N 14 Zus. a

s. conqueri, consequi, cupere, delectari, deservire, desiderare, dicere, famulari, fiducia, gerere, gloriari, lineare, littera, mandatum, manus, nomen, nonnullus, observantia, obtinere, percutere, pertractare, posse, prestare, recipere, requirere, reservare, tangere, tractare, velle, visitare, vocare.

domus

dei K 185f. 206, QV 402. 403

ecclesiastica K 225d

ecclesie K 68

hospitalis Q 5, 6b

leprosaria Q 4, 7a

leprosorum K 185f, Q 1, 3b. 4, 7. 9, 2a

de d-mo (-ibus) s. ordinare

super d-mo (-ibus) s. iniuriari, trahere

s. accedere, alienare, amovere, assignare, cogere, comburere, committere, commorari, concedere, concipere, concremare, confringere, construere, dare, decima, devastare, detinere, dimittere, diruere, donare, emere, erogare, exire, exhibere, famulari, incipere, includere, infeudare, iniuriari, obligare, occultare, occupare, oriri, pars, pertinere, possidere, proventus, recipere, reddere, redire, renuere, repetere, restitutio, spectare, tenere, teneri, vendere.

donare

aliquod cum omnibus iuribus et pertinentiis Q 12, 1. 1a

bona mobilia et immobilia Q 2, 3

castra Q 2, 3

domos Q 2, 3

manerium Q 12, 1a

nemora Q 2, 3

pascua Q 2, 3

pia et provida deliberatione Q 12, 1. 1a

possessiones Q 2, 3. 12, 1

prata Q 2, 3

pro sua et parentum suorum animarum salute Q 12, 1

= suo et parentum suorum animarum remedio Q 12, 1a

terras Q 2, 3. 12, 1

villas Q 2, 3

s. presumere.

donatio

propter nuptias s. conqueri.

dos s. conqueri, convenire, dare, facere, fructus, percipere, spectare.

dotalis s. bonum, dare, distrahere extendere, interdicere, mandare, restituere.

dotare s. fundare.

drapperius K 27.

ducere

ad audientiam, curiam etc. appellandum δ 11, K 173, Q 15, 15. 16. 19. 20. 25. 27. 29. 31. 34

= nostram (scil. pape) providentiam recurrendum Q 15, 55

= providentiam sedis apostolice incurrendum Q 23, 111

= reformationem consilium non d. apponendum QV 358

= se revocandas vices suas Q 15, 49

arbitrium acceptandum Q 14, 14

canonice (auctoritate ordinaria) conferendum Q 11, 3. 5–7, QV 382

committendam alicui examinationem Q 26, 1. 3. 4. (5); negotium K 236

infra tempus legitimum non d. appellandum Q 15. 41

licentiam denegandum K 226

misericorditer aliquid inchoandum K 207

ordinandum, ut professoribus ordinum in illis liceat remanere K 227
pecunie summam fiducialiter deponendam QV 383
rationabiliter proponendum Q 26, 1. 3
redditum decem marcharum argenti concedendum K 145
statuendum, ut requirant sollicite annuatim K 195a. 220–221a. 238a;
ut studentes percipiant proventus QV 401b
super custodiendis et procurandis massariis duputandum aliquem Q 1, 2
= defectu natalium dispensandum Q 22, 19. 20f
testes producendos Q 25, 1
viscera pietatis claudenda K 207
vitam penitus dissolutam π 1
= per seculum absque iugo discipline dampnabiliter vagabundam K 212
= regularem K 225d
s. periculum, posse, scandalum.
dulcedo
benignitatis s. emollire, experiri.
dumtaxat s. pertinere.
durities s. emollire, experiri, posse, velle.
dux N 14. 57
s. conqueri.

E

ea, que de bonis N 62 Zus. 1, 21, π 4, Q 23 passim, QV 317
in maiori forma Q 23.
ecclesia
in Titulatur N 22–23a. 25. 28. 29
cathedralis N 1. 25. 25 Zus. b, QV 317, 2
collegiata N 23 Zus. a. 25 Zus. b, Q 23, 64

dei K 120. 120a
maior N 29
parrochialis (K 121, Q 1, 3a. 2b). 11, 9a. 22, 20h
Romana π 1, (δ 8), K 12b. (221a. 236), Q 4, 1. 5, 6. 6, (1a). 7c. (7, 1). 23, 5. (59). 77. 82. 105, QV 263
secularis N 23 Zus. a. b. 25 Zus. b
de e. s. disponere
super e. (e-iis) s. iniuriari, littera, questio
s. accedere, adhibere, adimere, adipisci, administratio, admittere, annectere, assequi, asserere, bonum, canonicus, capere, collatio, committere, concremare, conferre, confirmare, constare, construere, consuevisse, contrahere, copulare, cura, debere, debitus, defraudare, denegare, denigrare, dependere, deservire, desiderare, detinere, dicere, dignitas, dinocere, dirigere, domus, eicere, erigere, existere, fabrica, facere, facies, forma, fundare, gubernare, habere, habitare, homo, honestas, impedire, impendere, indempnitas, iniuriari, instituere, introducere, intrudere, lesio, matrix, medietas, monere, nonnullus, obtinere, occupare, pars, pertinere, portio, posse, possidere, preiudicium, presentare, prestare, presumere, pretermittere, prosequi, proventus, providere, recipere, rector, redundare, reformatio, removere, residere, retinere, reverti, spectare, spoliare, status, subicere, subvenire, succedere, tenere, terra, transire, unire, vacare, vertere, visitare.
ecclesiasticus s. beneficium, bonum, contemptus, denegare, derogatio, dignitas, disciplina, domus, exhibere exigere, existere, extendere, extorquere, honestas, iactare, impetrare,

inficere, interdictum, invadere, iudex, liber, libertas, ministrare, moliri, nonnullus, obtinere, ordo, persona, posse, presumere, procurare, prosequi providere, questio, proventus, rapere, recipere, reperire, res, respicere, sacramentum, sepultura, spoliatio, supponere, terra, tradere, vir.

edere

constitutionem (-es) (in concilio generali) π 2, K 85. (125). 126. 149, Q 1, 3. 7, 1. 14, 8. 16, 11a, QV 263
declarationem Q 27, 1. 2
penam contra usurarios N 62 Zus. 2, 3, K 16. 19. 19a. g. 21 Zus. b. 28. 30f. ga. h. (k. o). p. r. t. v. 31. 41c, QV 268. 274. 277.

effectus

concessionis s. impedire
debitus s. perducere
gratie, presentium s. differre, impedire
s. complere, prosequi, valere.

efficax s. adesse, assistere, obligare.

efficere

ad acquirenda vite necessaria inutilem K 200
aliquid K 57i. 124. 127. 128; (hactenus) non curare K 201. 202. 204. (205). 207. 223. 234. 237, QV 346b. 403; in sue salutis ac fame dispendium et eiusdem regine non modicum preiudicium et iacturam Q 1, 2
Iudeus nunc Christianus effectus K 138
s. contradicere, dispendium, facere, iactura, libitum, preiudicium, pretermittere.

effluere

terminus solutionis Q 1, 3.

effugere

correctionem et regularem disciplinam K 218a.

effusio

sanguinis N 62 Zus. 1, 16, K 60. 62d. i. 65. 71d. e
s. conqueri, constare, inicere, iniectio.

eicere

a (de) claustro K 185c
= monasterio K 195a. (d). 197. 220. 221, QV 356
clericos K 135
exinde (scil. de ecclesia) K 135
inde (scil. de monasterio) K 74
monachum (-os) K 74. 185c. 195a. (d). 197. 221, QV 356
sine causa rationabili K 195a. 197. 221, QV 356
turpiter K 74
violenter K 135.

elargiri

licentiam transferendi K 238h.

electio s. habere, pretendere, titulus.

electus N 16. 22 Zus. a
s. scribere.

elemosina s. conferre, legare.

elicere

notulam doctrinalem K 14.

elidere

temeritatem presumentium ministros dei prosequi Q 4, 2. 2a
s. debere.

eligere

arbitros δ 13
sepeliri apud ecclesiam K 125; locum K 126
sepulturam K 115. 117. 119.

emanare

littere a cancellaria δ 13
s. credere.

emere

domos K 46ca
fructus K 45
nemus K 46
terras K 46
vineas K 46ca
s. recipere.

emittere

appellationis causam ad nos (scil. papam) Q 15, 33

in monasterio professionem (regularem) K 46 c. 225 a. 238 e.

emollire

benignitatis dulcedine duritiem K 234

s. experiri, posse, velle.

emulus s. interficere.

enormis s. committere, dissipare, excessus, lesio, redundare.

episcopalis s. detrimentum, exercitium, incumbere, iurisdictio, ius, lesio, mensa, onus, percipere, pertinere, prestare, spectare.

episcopatus s. contingere, evocare, honor.

episcopus Nᵃ 1. 4. 5. 12. 20, N 1. 2. 6 Zus. a. 15. 22. 30. 31. 34. 37. 43. 44. 54 b. 62 Zus. 1, 9, π 3 a. 15. 16, δ 9, K 3. 9. 20. 47. 48. 55. 57 a. d. l. m. n. 58. 85. 96. 99 d. h. 100. 103. 104. 109. 142–144. 148. 150 b. 178. 183 b, Q 2, 3 b. 4, 2 a. 5, 1. 2. 7 a. 6, 5. 8, 1 c. 11, 6. 23, 3. 52, QV 370

s. agere, appellare, bonum, committere, conqueri, curia, deponere, habere, homo, impetrare, nonnullus, officialis, ommittere, pertinere, predecessor, preficere, preiudicium, probare, providere, reverti, spectare, subesse, sufficere, tenere, transferre, vertere.

equalis s. debere, dividere, habere, linea, portio, spatium.

equitas s. debere, exigere, multiplicare.

equus (Adj.) s. arbitrium, compellere, ferre, promulgare, terminare.

equus (Subst.) s. iniuriari, spoliare.

erigere

ecclesiam ex certis causis legitimis in cathedralem Q 23, 80; in collegiatam Q 23, 64.

erogare

bona Q 5, 7. 7 a

= mobilia et immobilia QV 315 h

= testatoris K 55. 57 n

communiter K 54. 55. 57 g. n

domos K 46 c. 57 o

in pios usus Nᵃ 4, N 46, K 47. 50. 53–56. 57 c. g. k. n. o. 94 Zus. a, Q 5, 7. 7 a, QV 263

iuxta dispositionem testatoris QV 263

libere K 46 c, QV 315 h

pecunie (-arum) summam (et res alias) (Nᵃ 4, N 46), K 15 d. 47. 50. 53. 54. 56. 57 c. g. k. (94 Zus. a), Q 5, 7. 7 a, QV 263.

per manus alicuius (scil. executoris) K (15 d). 47. 50. 53–56. 57 c. g. k. n. o, Q 5, 7. 7 a, QV 263

possessiones K 46 c. 57 c. o, QV 315 h

silvas K 46 c

super fructibus, redditibus et proventibus prebendarum molestias, inimicitias, iniurias Q 6, 7 d

terras K 46 c. 57 c. o

vineas K 46 c

s. contingere, contradicere, debere, denegare, mandare, posse, precipere.

error s. contingere, presumere, velamentum.

eternus s. premium, rependere, retributio.

evagari

extra monasterium non vereri K 238 f

periculosius (scil. moniales) K 195 d. 238 a

s. dare, materia.

evenire

tandem ad compositionem Q 14, 16.

evitare

ab omnibus artius e-ri K 59–61. 62 a. 65. 66. (67). 71 Zus. a. (71 a). 71 c. e. g. h

s. facere.

evocare

ad episcopatus honorem Q 22, 20 b
= iudicium Nª 9 Zus. a, N 57 Zus. a.
61 Zus. a. c, Q 15, 32. 16, 11 a. 17, 2 a.
18, 3; non extra suam civitatem et
diocesim QV 400 a; ultra unam dietam a finibus diocesis K 164 d, Q 7, 1
s. contingere, facere, vocare.

exactio

indebita s. aggravare, molestare
secularis s. exemptio, indulgere, obtinere, possidere
usurarum s. desistere, requiescere
s. desistere, perversitas.

examen s. remittere, spectare.

examinare

testes Q 25, 1
s. curare.

examinatio s. committere, ducere.

excedere

formam compromissi Q 14, 4. 4 a.

exceptio

dilatoria Q 15, 45. 50. 56
peremptoria Q 15, 45. 50. 56
s. proponere.

excessus

dampnate commixtionis K 150
expressus N 62 Zus. g
gravis et enormis K 214. 215, QV
281
monachorum et conversorum K 218
a
s. corrigere, corripere, exequi, inquirere, narrare, patrator, posse, presumere, punire, remanere.

excipere s. exceptio, proponere.

excludere

interdictos et excommunicatos a divinis officiis QV 351. (351 a). 352.
353.

excolere

terras QV 392
s. committere, impedire, valere.

excommunicare

aliquem N 16, Q 15, 22, QV 370;
post appellationem Q 15, 21. 53
quodammodo Q 21, 1
e-cari non posse N 34 Zus. b. 62
Zus. 3, K 11 f Zus. a. 15 e. 85. 164 d.
237, Q 1, 1. 2. 7, 1, QV 358
s. excommunicatus.

excommunicatio

maior Q 1, 3 c. 21, 1
s. absolvere, astringere, citare, confirmare, ferre, incidere, incurrere,
innodare, laqueus, ligare, observare, pena, proferre, promulgare,
publicare, relaxare, roborare, sententia, sustinere, vinculum.

excommunicator s. mandare.

excommunicatus s. absolvere, clericus,
corpus, denuntiare, discernere, excludere, existere, facere, habere,
mandare, nuntiare.

excusare

excusationes Q 3, 2
non e. s. copula, gignere.

excusatio s. excusare.

executio

debita K 57 h
iurisdictionis N 62 Zus. 3
ordinum K 163. 214. 215, Q 22, 1. 5.
10 Zus. a. 12. 15 Zus. a
testamenti N 62 Zus. 1, 3–5, K 15 d.
47. 50. 53. 56. 57 a, 2–4. 57 c. f. g.
k. o, Q 5, 7. 7 a, QV 263
ultime voluntatis K 57 a
voti sui Nª 10, N 47. 62 Zus. 1, 3,
π 13. 14, K 6, QV 360 a. 366
s. compellere, conqueri, facere, impedire, impetrare, prosequi, retardare, suscipere, suspendere, valere.

executor

super provisione K 175
testamenti (-orum) N 62 Zus. 1, 3.
4, K 15 d. 47. 49. 51–54. 56. 57.
57 a, 2. 57 b. c. e–k. m. o, QV 263

ultime voluntatis N 62 Zus. 1, 3,
K 47, 2. 48. 55. 57a, 2. 57d. l. n,
Q 5, 7. 7a

executrix
testamenti K 50. 57a, QV 263
s. posse.

exemptio
secularium exactionum s. indulgere,
obtinere, possidere
s. allegare, confirmare.

exemptus s. dicere.

exequi
divina beneplacita Q 6, 1. 1a
fideliter Q 4, 1. 2. 3. 6, 1. 1a. 13, 2. 4b
id (ea) Nᵃ 5, N 33. (34 Zus. b), Q 26,
1
debitum officii adversus aliquem Q
22, 20g; in corrigendis excessibus
libere K 218a
mandatum nostrum (scil. pape) Q
4, 1. 2. 3. 6, 1. 1a. 13, 2. 4b
prudenter Q 4, 2. 3. 13, 2. 4b
sapienter Q 4, 1. 6, 1. 1a
s. compellere, impedire, interesse.

exercere
circa correctionem subditorum suorum libere officii sui debitum K 213
curam (regiminis) salubriter Q 4, 2.
2a
in monasterio, plebibus et capellanis
indebitam iurisdictionem K 143; in
monasterio visitationis et correctionis officium per se vel alios personas idoneas δ 10
negotia laicalia K 110
s. committere, consuevisse, presumere, valere.

exercitium
episcopalis iurisdictionis s. pertinere.

exgravator N 57
s. conqueri.

exhaurire
expensis Q 15, 55.

exhibere
acta iudicii Q 15, 45
aliquid non curare K 99g. h, Q 2,
1. 2. 5, 1. 6. 6a. 7. 7a
bona Q 5, 1. 6. 6a. 7. 7a
canonicam iustitiam scilicet quartam partem debitam (scil. ratione
sepulture) K 126
censum (-us) δ 8, K 99g. h, Q 2, 1. 2.
5, 1. 6. 6a. 19, 4. 4a
coniugalem (-es) affectum (-us) K
160; non posse K 164b
debita et consueta opera δ 9, Q 19,
5; servitia δ 7. 9, K 110, Q 19, 3. 5
debitam cautionem K 164b; (et) canonicam portionem K 116. 119. 125;
obedientiam et reverentiam π 3, K
208. 213a. 238f, Q 1, 3a. 11, 4
debitas procurationes δ 10, K 184.
185, QV 372
decimas Q 5, 1. 6. 6a
domos Q 5, 1. 6
ecclesiastica sacramenta K 113a.
122. 129
guidagia Q 21a, 1
instrumenta publica Q 5, 1. 6
integre K 99g, Q 2, 1. 2
iustitie complementum Nᵃ 7, QV 346.
377; per viam iudicii Q 6, 7a. 7,1
legata Q 5,6
mandatum sufficiens Q 15, 24
nemora Q 5, 1. 6
obsequium familiare nequire K 113a
partem de cotidianis distributionibus
de iure debitam K 137
patrocinium non vereri K 130
pecunie summam (pecuniam) (et
res alias) K 15d. 40. 49. 52. 57b.e.
k, Q 5, 7. 7a
pedagia Q 21a, 1
per manus executorum K 52
petitionem δ 9. 12, K 205, Q 11, 2b.
3. 5–7. 9. 12, 1. 1a. 14, 1–3. 20, 1,
QV 281

plenariam satisfactionem de usuris
QV 396

prata Q 5, 1. 6

promissam pro labore mercedem K
140, QV 384. 404

redditum (-us) δ 8, K 99g. h, Q 2, 1.
2. 5, 1. 6. 6a. 19, 4. 4a

se pro clericis Q 22, 20g

tallias δ 8, Q 19, 4. 4a

terras K 57b, Q 5, 1. 6

vineas Q 5, 1. 6

vite necessaria K 141. 238e

non e. s. teneri

s. continere, contradicere, denegare,
facere, nolle, patefacere, precipere,
preiudicium, procurator, teneri.

exhumare

corpus K 117a

s. facere.

exigere

contra iustitiam K 120. 120a. 185

culpis (et demeritis) exigentibus N
62 Zus. g, K 99c, 185c

decimas de ortis et virgultis seu animalium nutrimentis Q 9, 2. 2a (3)

fructus K 41c

indebite Q 21a, 1

iustitia exigente K 235, Q 11, 4. 15,
41. 43

pecunie quantitatem K 120c

= summam K 120a. b; pro benedictionibus nubentium et aliis ecclesiasticis sacramentis K 120a–c;
pro mortuorum obsequiis K 120a–c;
pro sepulturis K 120–120c

pedagia Q 21a, 1

procurationes ratione visitationis K
185

tallias et collectas Q 21a, 2

tam vigor equitatis quam ordo exigit rationis Q 8, 1. 1b. 9, 1a. 11, 2b

vestes mortuorum K 120

s. deputare, dispendium, extendere,
moliri, presumere, promulgare.

exinde s. eicere, rependere.

exire

animi levitate K 185d. e. 196. 207.
220. 221a. 224. 235. 238a, Q 1, 3a

a domo Q 1, 3a

= monasterio K 185d. e. 196. 207.
220. 221a. 235. 238a

claustrum K 244

monasterium, antequam quartumdecimum annum compleret K 219a.
229

= infra tempus probationis K 230

s. debere, redire.

existere

a sede (scil. apostolica) indultum
K 164d. 237

alicuius familiaris Nª 22 Zus. a

= frater K 30xb

= heres (-edes) K 19f. 22–26. 30c. l
–n. r. u. x. xa. 41g. 46a

= parrochiani K 123

= sorores K 30xb

canonice et rite privatus K 99c

compertum K 164a, Q 22, 20c

culpabiles K 65. 71 Zus. a

de sorte satisfactum K 41f. 43, QV
272

diocesanus loci QV 258b

dispensatum Q 22, 18

ecclesiastica sepultura denegata K
116a

excommunicatus K 238b

e litteris aliquid secutum Q 20, 1

in cimiterio publice corpus tumulatum K 117a

= ecclesia dignitas (scil. cameraria)
Q 23, 20

= quarum (scil. decimarum) possessione Nª 15 Zus. a

= seculo K 46c, QV 315h

indulgentia generalis vel specialis
cuiuscumque tenoris N 34 Zus. b.
62 Zus. 3, K 11f. 15e. (226). 237

infra nubiles annos K 164c

= tempus pubertatis K 219a. 229
iuramenti religio (iuramentum) non
iniquitatis vinculum sed iustitie debet e. firmamentum K 30i. 41f.
43. QV 272
iurisdictio legitime perpetuata Q 7, 1
laudabiliter conversatus K 228e
obligatum pro pecunia K 40
olim tunc Iudeus K 138
ordinem professus K 238h
persone cuiusque dignitatis, status,
gradus, ordinis vel condicionis etc.
K 30xc, Q 7, 1
post generale concilium institutus
K 227. 228
viam universe carnis ingressus K
117a
non e. de incestu vel adulterio aut
regulari genitus Q 22, 7; de terris ecclesie Nᵃ 14 Zus. b; feudales (-ia)
K 46c, QV 315h Zus. a; locus
idoneus N 34 Zus. b; memoria
contrarii δ 10; presidentes huiusmodi K 195a. 221–221b. 238a
s. consuevisse, deferre, invenire,
nuntiare, tempus.
exoriri
questio super aliqua re Q 14, 1.
expavescere
non e. s. afficere, subtrahere.
expedire
negotia K 71a. 138
saluti aliquorum K 214. 215, QV 281
= anime (-arum) K 218. 236, Q 22, 1.
2. 3. 5. (7). 8. 9a. b. 10 Zus. a. (11).
12. 13. (14. 20f)
non e. s. exprimere
s. constituere, facere.
expensa s. asserere, condempnare, exhaurire, incurrere, ministrare.
experientia
observantie regularis K 230.
experiri
utrum benignitatis dulcedine possit

durities emolliri K 234
s. velle.
exponere
petitionem Q 1, 2
se morti non formidare Q 6, 4
s. continere.
expressus s. apparere, excessus, facere,
habere, mentio, narrare, vocare.
exprimere
civitatem et diocesim, de qua est ille, qui iniuriatur conquerenti K 57a,
5; conquerentis non expedit QV 373
diocesim actoris Nᵃ 18
formam in compromisso Q 14, 20
locum sui dominii non e. N 62 Zus.
1, 19
monasterium N 23
nomen proprium iudicis delegati Q
15, 54
ordinem N 8a
penam in compromisso Q 14, 14
professionem K 219. 230
se aliquod ius habere K 183
s. apparere, debere, ferre.
exsolvere
decimas Q 3, 1a. (2)
redditum (-us) δ 8, Q 19, 4. 4a
talliam (-as) δ 8, Q 19, 4. 4a
s. asserere.
extendere
manus ad bona ecclesiastica rapienda Q 4, 3a; ad rapiendum et invadendum Q 4, 3. 7a; ad dotalia distrahenda K 164; ad illicita K 213b,
Q 26, 8
= improbas Q 4, 3. 3a. 7a
= irreverentius Q 4, 3. 7a
se ad actus nepharios Q 1, 2
non amplius violentia se e-dat, quam
defensio vel rebellio monachorum
exigitur K 213b
s. cogere.
extirpare
vineas K 134.

residentiam debitam K 136, QV
350; personalem Q 22, 14
rite Q 14, 1. 5. 6. 8. (11). 15, 13
se promoveri ad ordines inscia uxore
K 163
sententiam publicari ubi et quando
expedire videris Q 5, 1. 6. (6a). 7a
= relaxari Q 16, 5
= (-as) robur obtinere Q 11, 4. 15,
40. 41. (42). 44
sibi copiam litterarum Q 15, 57
sine pravitate Q 14, 1. 5. 6. 8. 9. 10.
15, 13
sponte Q 11, 5
subveniri Q 14, 18
= pro sustentatione sua K 147
s. compellere, denegare, dispendium,
forma, habere, impedire, iniuria, invenire, pertinere, presumere, pretermittere, procedere, scandalum, teneri, valere, visitare.
facies
ecclesie s. contrahere, copulare.
facilis s. assensus, incurrere, prebere.
factum
de facto s. absentare, arrestare, imponere, nuntiare, promulgare, providere, vendere.
facultas
theologica QV 401b
s. concedere, dicere, habere, studens.
falsarius s. asserere.
falsus s. concipere, dicere, species,
venditio.
fama
laudabilis s. commendare, testimonium
sua s. dispendium, efficere, pati.
familia s. suscipere.
familiaris s. exhibere, existere, obsequium, teneri.
famulari
cum (in) infirmis et pauperibus (domus scil. leprosorum, hospitalis) do-

mino K 185f. 193. 194. 206. 232. 233,
QV 402. 403
= monialibus domino K 189
= monachis domino K 188. 202
= sororibus domino K 195. 232. 233
eo devotius quo quietius pacis auctori Q 4, 5. 6, 7b
in hospitali domino K 232
= monasterio domino K 185a. b.
186–187. 190. 191. 192. 201. 201a.
204. 205. 223. (231). 238c. d, QV
346a. b. 405
= prioratu domino K 188
perpetuo domino K 195. 228, Q 22, 16
sub regulari habitu domino K 185a.
186. 187–190. 191. 201. 202. 205.
223. 228. (231). 238c. d, QV 346a. b.
405
s. cupere, desiderare.
fatigare
laboribus Q 15, 55.
fautor K 74.
favor
noster (scil. pape) s. impertiri, suffragium
oportunus s. presidium, prosequi.
fedus
matrimonii s. copula, gignere.
felix s. recordatio.
femina s. dicere.
feodum s. feudum.
fermentum
heretice pravitatis s. corrumpere.
ferre
equum arbitrium Q 14, 3a. 7. 14;
iuxta formam appositam Q 14, 22
sententiam diffinitivam Q 15, 23. 30
= excommunicationis N 62, 17.
Zus. 1, 18, Q 15, 1. 9. 14. 15. 20. (21.
22). 25. 30. (31). 34. (42). 46. (47).
51. 53; appellatione contempta Q 15,
20. 25. 34. 46; auctoritate apostolica K 150a; contra statuta concilii
generalis N 62, 17

s. appellare, compellere, invenire, sententia, sequi.

fetus
     animalium s. obtinere.

feudalis s. existere.

feudum s. detinere, fundare, tenere.

ficticius s. impedimentum, opponere.

fideiussio s. absolvere.

fideiussor s. absolvere, dare.

fideiussorius s. cautio, cogere, prestare.

fidelis s. cogere, communio, compellere,
     corpus, devotio, discernere, facere,
     introducere, moliri, opprimere, sub-
     tractio.

fideliter s. exequi, intimare, servire,
     transmittere.

fides s. moliri, negotium, obstare, op-
     primere, prestare.

fiducia
     in domino plena s. obtinere; specia-
     lis s. gerere, obtinere.

fiducialiter s. deputare, ducere.

fieri
     absque gravi scandalo K 195a. 220–
     221a. 238a
     cum serico N 62 Zus. 1, 17 (s. bul-
     lare)
     debet mentio de ipsorum (scil. re-
     gularium) ordine N 1 Zus. a
     divortium de circumspectione sedis
     apostolice K 164a
     id non debere vel non posse K 201.
     (203. 204). 237, Q 14, 20, QV 346b.
     403
     in nostris (scil. pape) litteris mentio-
     nem oportet specialem K 237
     s. debere, mandare, posse.

figura
     iudicii s. audire, constare.

filia
     in Titulatur N 11
     s. dicere.

filius
     presbiteri Q 22, 14

filii sacerdotum et clericorum s. nonnullus
     s. appellare, carissimus, dilectus,
     diligere, gignere, ignorare, insanire,
     nonnullus.

filum
     canapis s. bullare.

finire
     articulum appellationis Q 15, 33.

finis
     canonicus s. decidere
     debitus s. decidere, terminare
     diocesis s. distare, evocare
     parrochie s. construere
     s. imponere.

firma s. concedere, locare.

firmamentum
     iustitie s. existere.

firmare
     iuramento Q 11, 4.

firmitas s. decernere, obtinere, robora-
     re, robur, vallare.

firmiter s. debere, inhibere, observare,
     procurare.

firmus s. debere, persistere.

flagellum s. affligere.

fodina
     argenti s. decima, iniuriari.

foragium s. solvere.

foridecanatus s. dinoscere, officium,
     spectare.

forma
     contra f-mam s. venire
     in f. s. Ea, que de bonis, ferre, im-
     petrare
     iuxta f-mam s. absolvere, facere,
     ferre, impendere, proferre, provide-
     re, relaxare, reperire
     secundum f-mam s. consuevisse,
     procedere, scribere
     sub f. s. compromittere, impetrare
     certa δ 11. 13, K 117a, Q 14, 3a. 21
     compromissi Q 14, 3a–4a

communis Q 16, 11a. 17, 2a. 18, 2. 3.
23, 1. 38. 52. 58. 59. 26, 8
consueta Q 18, 1, QV 263
ecclesie K 214. 215. 218. 236, Q 1, 1.
15, 28. 29. 16, 5. 6, QV 281
maior Q 23 passim
mandati apostolici Q 26, 3
observanda K 116a
prescripta Q 26, 2
testamenti K 55. 57n
tradita K 237, Q 26, 8
s. apponere, excedere, exprimere,
observare, posse, servare, tradere.
formidare
non f. s. exponere, nonnullus, recipere.
fornicarius s. actus, cognoscere.
fortis s. debere, impertiri, impugnare.
fovere
pie protectionis gratia Q 4. 7.
fractio
hostiorum s. constare.
fragilitas
sexus s. suffragari.
frangere
hostia K 62f. 64
portas dei timore postposito K 62
ka
violenter K 62f
s. iniectio.
frater
carnalis QV 379
professus K 69
s. appellare, confirmare, cura, existere, institutum, pertinere, preiudicium, providere, receptio, recipere,
venerabilis, vivere.
fraternitas
tua (in Titulatur) N 30.
fraternus s. caritas, tractare.
fraudulenter s. opponere.
fraus

in f-dem constitutionum QV 401b;
privilegiorum Q 21, 1; usurarum K
30ga. 42. 46a, QV 271
in f-dem alicuius s. attemptare, concipere, promulgare, proviso
s. transire.
frivolus s. appellatio, interponere,
obiectum, obstaculum, obstare.
fructus
arborum Q 3, 2
dotis K 155a
prati K 45
prebende δ 3, K 12a. 82. 117a. 139,
QV 368
de f-tibus s. satisfacere
super f-tibus s. erogare, impedire,
iniuriari, molestare
s. cogere, computare, deducere, detinere, emere, exigere, iuramentum,
moliri, obtinere, occupare, percipere,
renuere, repetere, restitutio, subtrahere, valere, vendere.
frumentum s. iniuriari, quantitas.
frustra s. invocare.
frustratorius s. appellatio, interponere, obstaculum.
frux s. aspirare.
fugitivus s. statuere.
fulcire
potentia (f-tus) K 89. 183a
si quod proponitur (-neretur), veritate f-citur K 185b. 186a. 192. 238c. d.
fundare
pariter et dotare capellam Q 11, 2b
se eas (scil. decimas) in feodum ab
ecclesia tenere N 52 Zus. a.
fundatio s. pertinere, tempus.
fundus s. construere.
funeralia s. pervenire.
fur s. asserere.
furtive s. subtrahere.
furtum s. committere.

G

gaudere

commodo K 171

omnino privilegiis, libertatibus et immunitatibus QV 401 b

plena securitate K 150 a

s. debere, facere.

generalis s. adimere, administratio, audire, communire, concilium, conqueri, existere, ferre, habere, indulgentia, instituere, interdictum, licentia, procedere, proferre, promulgare, publicare, regere, sententia, statuere, statutum, studium, tempus.

generare

auctoritate presentium preiudicium K 237

s. nolle.

genitura s. abolere, abstergere, macula.

gerere

administrationem (-es) bonorum monasterii aliquamdiu (pro tempore) K 99 f. 238 f

in domino fiduciam specialem π 1

= vacuum canonici nomen QV 325 a

laudabiliter et solerter K 99 f

per proprium vicarium curam (animarum) parrochianorum Q 3, 2 a. b

regis pacifici, qui regnat in celis, vices immeriti in terris Q 6, 7 d

se pro abbate π 1, Q 11, 4

= abbatissa Q 23, 60

= canonico K 90

= clerico K 99 fa

= perpetuo vicario K 89

= suscepto negotio infideliter Q 1, 2

s. deservire, dinoscere.

gignere

de coniugato genitus Q 22, 12 a. 16

= diacono Q 22, 1. 9 a. 12 a. 18

= incestu vel adulterio aut regulari Q 22, 7

= patre monacho Q 22, 15

= presbitero Q 22, 3. 4. 12 a. 13. 14. 19. 20 f

= (ex) soluto (-ta) Q 22, 1. 2. 4. 5. 8. 9–11. (12). 12 a. d–19. 20 a. b. d. f

= subdiacono Q 22, 12 a. 20 b

ex copula, quam fedus matrimonii non excusat Q 22, 20 a

filium Q 22, 20 c

illegitime Q 22, 20 b. h

s. decolorare, existere.

gloriari

in malitia Q 4, 1. 1 a. 7, 1

= observantia mandatorum domini Q 4, 1

= rebus pessimis Q 4, 7 a

s. nonnullus, obsistere, posse.

gradus

quartus affinitatis s. coniungere

= consanguinitatis Q 22, 20 c

s. existere, persona.

grangia s. accedere, amovere, committere, concedere, detinere, ordinare, possidere, restituere, tenere.

gratia

dispensationis s. admittere, obtinere, suffragari

protectionis s. fovere

provisionis s. prosequi

specialis s. facere, invenire

s. differre, effectus, impedire, impertiri, merere, posse, rependere, solutio, subtrahere, testis.

gratis s. rescribere.

gratus s. assensus, concurrere, habere.

gravamen s. appellare, aspirare, dampnum, debere, inferre, nolle, preiudicium, revocare.

gravare

indebite δ 11, K 183 b, Q 15, 45. 49. 50. 52. 57. 18, 3

s. sentire.

gravis s. concedere, detrimentum, diffamare, excessus, fieri, imminere, impugnare, includere, incurrere, inferre, iniuria, lesio, posse, preiudicium, scandalum, subiacere.

guardianus Minorum N 1. 35, π 18, K 47.

gubernare

ecclesiam K 12 c, Q 23, 19. 30. 31. 36. 97. 109

monasterium N 26, K 106. 119. 190 a. 191, Q 8, 2 b. 15, 55. 23, 6. 7. 10. 61. 84. 98. 108, QV 277

per commendatricem Q 8, 2 b

= capellanos Q 23, 30

= decanum N 26

= magistram Q 23, 84

= prespositum N 26, K 106, Q 15, 55. 23, 10. 61

= priorem (-orissam) N 26, K 119. 190 a. 191, Q 23, 6. 7. 9. 98. 108, QV 277

= rectores K 12 c, Q 23, 19. 31. 36. 97. 109

prioratus Q 23, 9

s. consuevisse, solere.

guidagium s. exhibere, solvere, teneri.

H

habere

ad congruam sustentationem redditus aut proventus seu possessiones K 227.

administrationem bonorum fabrice (scil. ecclesie) Q 23, 32. 102

aliquid questionis K 227 a

capellanum proprium QV 258 b

cimiteria abusive K 118

cognitionem cause N 36

copiam litterarum Q 15, 57

curam animarum Q 22, 1. 2. 4. 5. 8. 9 a. 14. 17–19. 20 b. g

de concessione huiusmodi plenam et expressam mentionem N 1 Zus. c. 35, π 18, K 3

= questione vel re cognoscere Nᵃ 16, N 56, QV 361 c

debet h. littera competentia spatia et equalia a lateribus N 12 b

dignitatem Nᵃ 1

ex privilegiis sedis apostolice facultates Q 23, 7. 108; proprium Q 23, 103 exommunicatum Q 16, 5. 6

facultatem (scil. de beneficio providere) K 146

generalem administrationem N 57; super aliquam civitatem vel castrum aut villam Nᵃ 9

in aliquem nullam iurisdictionem ordinariam seu delegatam K 108. 132. 227 a, Q 16, 2. 4. 4 a. 17, 1

= electione aliquod ius K 183

liberum arbitrium ad statum pristinum redeundi K 230

licentiam (transferendi, -eundi) ex rationabili (legitima, iusta) et honesta causa K 185 b. 186 a. 192. 201 a. 204. (225). 238 c. d

= nullatenus posse K 139

litteram (-as) super censibus vel pensionibus K 100 Zus. b

= rescribendam Q 4, 2 a Zus. a

notitiam aliquorum omnino non posse Q 5, 3

nullum preter Romanum pontificem episcopum vel pastorem Q 6, 4 a

personatum Nᵃ 1

partem hereditatis K 57 q

potestatem super instituendis rectoribus K 172

= specialem Q 22, 19

pre oculis solum deum π 1

privilegium a sede apostolica K 125 proprium (scil. canonici, conversi, -se, monachi, moniales) K 214. 215. 217, QV 281

ratum (-am) et gratum (-am) arbitrium Q 14, 3 a; compositionem Q 14, 1; quod super hoc (pie et) provide

factum est Q 11, 2b. 3. 5–7. 12, 1.
1a, (QV 325a); receptionem QV
325a
speciale mandatum et componendi
et transigendi Q 14, 8
specialem caritatis affectum Q 6, 4a
statutum de certo monialium numero K 237
suspectum (-as, -os) Nᵃ 23, N 6 Zus.
b; litteras non immerito δ 13
symoniacum in monasterio ingressum K 218. 236
uxores (scil. clerici) K 110
veritatem K 201a. 204
zelum dei QV 258
non h. abbates proprios K 195a.
220–221a. 238a; certam notitiam K
164d; debitam reverentiam Q 6, 7a;
presidentes huiusmodi K 195d; preter Romanum pontificem alium defensorem Q 6, 3. 7c; prolem legitimam Q 22, 20d; unde valeat sustentari K 141
s. concedere, conqueri, debere, dicere, exprimere, impedire, interdicere, licentia, noscere, persona,
posse, questio, res.
habitare
in parrochia ecclesie (scil. Iudei) K
133
= unum K 225d.
habitus
Christianorum K 150
clericalis K 71h
monachalis K 213b
regularis K 185e. 186. 187–190. 191.
201. 202. 205. 223. 228. (231). 235.
238b–d, QV 346a. b. 405
religionis N 62, 23, K 219. 230, Q 6,
1. 1a
s. abicere, apparere, consuevisse,
dare, debere, deferre, derelinquere,
distinguere, famulari, littera, recedere, signum, vacare.

habundare
in temporalibus QV 358
s. consuevisse.
hactenus s. consuetudo, differre, efficere, noscere.
hereditarius s. bonum, detinere, ius,
pertinere, spectare.
hereditas s. habere, impedire, pars,
possidere, uti.
heres N 62 Zus. 1, 20, K 15b. 19f. 22–
26. 30a. c. l–n. q. r. u. v. x. xa. 36.
41g. 46–46b. 57p. q. 120, Q 11, 2b
universalis K 46a
s. devenire, existere, instituere, manus, pervenire, reservare.
hereticus
h-ci Albigenses K 200
= Usciti Q 13, 1 Zus. a
s. corrumpere, fermentum, inquisitor, pravitas.
hiemalis s. accedere, tempus.
homicida s. asserere.
homicidium s. accusare, asserere, committere, crimen, irretire.
homo
de castro K 118
= corpore commendatoris et fratrum K 77; eorum δ 5, Q 19, 1; episcopi et ecclesie δ 9, Q 19,5; monasterii δ 6. 7, Q 19, 2. 3. 4a
pravus Q 9, 2. 2a. 13, 1. 4
s. abducere, agitare, asserere, nonnullus, preiudicium.
honestas
ecclesiastici ordinis s. inficere, moliri,
respicere
ecclesie s. denigrare
morum s. abolere
vite s. decolorare.
honestus s. causa, discurrere, habere,
locus, vita.
honor
dei s. fundare
episcopatus s. contingere, evocare.

hora
   canonica K 137, QV 352
   s. licere, reddere.
hortari s. rogare.
hortus (ortus)
   deliciarum QV 358
   s. confirmare, decima, exigere, extorquere, obtinere, possidere.
hospitale s. assequi, domus, famulari,
   intrare, pertinere, possidere, preceptor, preiudicium, recedere, rectoria,
   redire, spectare, spoliare, velle.
hostiliter s. accedere.
hostium s. ostium.
humanus s. debere, prospicere, res.
humilis s. deposcere, diligere, multiplicare.
humilitas s. cupere, desiderare, redire.
humiliter s. desiderare, incurrere, obedire, postulare, redire, requirere.

I

iactare
   corpus procul ab ecclesiastica sepultura K 117a
   s. facere.
iactura
   in alicuius iacturam (copulare, discurrere, id efficere non curare) K
   225b. 238f, Q 1, 2
   s. affligere, efficere, pati, posse, preiudicium, sequi.
ianua s. claudere.
ideoque . . . N 30. 31 Zus. a.
idolatria s. comparare.
idoneitas
   persone s. attendere, considerare,
   proponere.
idoneus s. cautio, deservire, exercere,
   existere, facere, instituere, interesse,
   locus, persona, prestare, procurator,
   reperire, videre.
ignarus

iuris K 214. 215, QV 281
   spoliationis non i. K 99b
   s. facere.
ignis s. inflammare, succendere.
ignorantia
   iuris s. uti.
ignorare
   nonnullos iniquitatis filios prorsus
   Q 5, 1. 2. 4–6a. 7. 7a.
illegitimitas s. decolorare, macula, obstare.
illegitimus s. censere, decolorare, gignere.
illibatus s. debere, persistere.
illicitus s. alienare, deputare, detentor,
   detinere, extendere, invenire, occupare, vendere.
imitator
   paterne incontinentie non esse sed
   bone conversationis et vite Q 22, 1.
   5. 7. 8. 9a.
immediate s. spectare, subicere, succedere.
immemor s. facere.
immerito s. habere, impertiri.
immeritus s. gerere.
imminere
   grave preiudicium Q 2, 2
   non modicum detrimentum K 99g.
   h, Q 2, 1. 2.
immiscere
   se divinis officiis K 217, Q 22, 1. 5.
   10
   s. presumere.
immobilis s. asserere, bonum, concedere, erogare, recommendare, res,
   tenere, vendere.
immorari
   studio divini iuris QV 401b.
immunitas s. concedere, confirmare,
   obtinere, omnes, possidere.
impedimentum
   appellationis s. tollere
   ficticium s. opponere

iustum s. detinere
s. compescere, desistere, mandare, obstare.

impedire
ad sedem apostolicam venientes et recedentes ab ea K 71a
agricultores QV 392
aliquem (-os), ne cuiquam matrimonialiter copulari valeat K 151
=, quominus possit ecclesiam possidere K 91; valea(n)t (canonicatum et) prebendam assequi K 88. 92; possidere K 94a; fructus percipere K 94a. 99a; missarum sollemnia et alia divina officia celebrare Q 1, 3b; partem hereditatis uti et habere K 57q; possessionem (-es) possidere K 57; nancisci K 90; et terras retinere K 99a; puteos facere ac puteis uti K 78; terras excolere QV 392
contra iustitiam K 57q. 78. 87. 88. 90–92. 94a. 99a. 151, Q 1, 3b, QV 392
effectum concessionis K 226
= gratie K 237
= presentium Q 1, 1
executionem iurisdictionis quomodolibet N 62 Zus. 3
= testamenti N 62 Zus. 1, 4, K 47. 48. 50. 53. 56. 57a, 3. 57c. f. g. k. o, Q 5, 7. 7a
= ultime voluntatis K 57a
= voti sui Nª 10, N 47. 62 Zus. 1, 3, π 13. 14, K 6, QV 360a. 366
gratiam K 234
id presumente (-ibus) temere K 154. 155
indebite non i. Q 19, 4. 4a
in divinis beneplacitis exequendis malignorum obstaculis non posse i-ri Q 6, 1. 1a
sine causa rationabili malitiose K 151
nihil obstat, per quod desiderium debeat i-ri K 151

s. debere, molestare, posse, preiudicium, presumere, valere.

impendere
iuxta formam ecclesie absolutionis beneficium K 236, Q 15, 28
officium visitationis K 184
(plenam et) debitam satisfactionem K 74, Q 5, 1. (4). 6. 6a. 7a. (22, 14), QV 396.

imperator N 13.

imperfectus s. nolle, relinquere.

impertiri
contra pravorum incursus apostolicum fortius patrocinium Q 4, 6
libenter misericordiam Q 22, 20a
non immerito favoris nostri (scil. pape) suffragium Q 22, 20g
s. debere.

impetere
aliquem contra iustitiam multipliciter δ 5, Q 19, 1.

impetrare
contra aliquem N 34 Zus. b. 54. 56. 61. 62 Zus. 3
= archiepiscopum Nª 12, N 37
= castellanum Nª 9
= clericum (-os) Nª 8, N 49. 51. 62 Zus. a'. c. 1, 10. 11, K 7. 16. 62c. 2. 73a, 3
= comestabulum Nª 9
= consilium Nª 9
= episcopum Nª 12, N 37. 62 Zus. 1, 13
= Iudeum N 49 Zus. a, K 21 Zus. a
= laicum (-os) Nª 8. 11. 14 Zus. b, N 47. 50. 51. 55. 56. 62 Zus. a'. c. 1, 10. 11, K 7. 16. 76 Zus. a
= monachos K 62d
= mulieres N 62 Zus. 1, 10
= nobilem Nª 9, N 59 Zus. a. 60, K 5
= omnes religiosos K 15e
= patriarcham Nª 12
= potestatem Nª 9

= universitatem (castri, civitatis, ville) N 61 Zus. a–c, K 5

in causa appellationis N 59 Zus. a

= (sub) (certa, communi, consueta) forma δ 11. 13, K 117a, Q 16, 11a. 17, 2a. 18, 1–3. 23, 1. 38. 52. 58. 59, QV 263

= maiori forma Q 23 passim

indulgentias Q 1, 3. 14, 8

iudices non i. QV 317, 4

litteras Nᵃ 5, N 62 Zus. 3, K 117a, Q 14, 17. 15, 32. 16, 11a. 17, 2a. 18, 2. 3, QV 263. 375

= apostolicas Nᵃ 34 Zus. b, δ 12, K 30s, Q 1, 3. 14, 8. 15, 57. 18, 1. 20, 1

= a sede apostolica Q 15, 55. 23, 1. (2. 3. 5. 11. 12. 16. 21). 38. (42. 45). 52. 55. (56). 58. 59. (63. 65. 66. 72. 80)

= coram diversis iudicibus uno eodemque tempore Q 15, 55

= nostras (scil. pape) δ 11. 13, Q 15, 27. 39

non posse contra aliquem Nᵃ 8. 9, N 51. 55, K 73a, 3; extra patrimonium (s. Petri) Nᵃ 11, N 47

per audientiam N 34 Zus. b

pro clerico crucesignato Nᵃ 10, N 47 Zus. a. 62 Zus. 1, 1

= laico crucesignato Nᵃ 10, N 47 Zus. a. 62 Zus. 1, 1

simul in eadem littera N 51. 62 Zus. a', K 16

super beneficio N 62, 24, K 30 ba, 13. 95

= debitis N 47. 49, K 9

= decimis K 15 Zus. a

= diffamatione K 73a, 3

= executione testamenti N 62 Zus. 1, 3–5, K 57a, 2–4

= manuum iniectione N 61. 62 Zus. 1, 10. 11. (13)

= matrimonio N 61

= pecunie summa K 9

= possessionibus N 47. 49 Zus. a

= re ad laicos spectante Nᵃ 14 Zus. b

= spiritualibus K 95

= spoliatione beneficii vel rei ecclesiastice K 76 Zus. a

= terris, debitis N 47. 49. 61 Zus. c, K 9

= usuris N 49. 61. 62 Zus. a'. 1, 6, K 21 Zus. a

s. asserere, audire, contingere, dicere, posse, renuntiare.

impetratio

litterarum QV 371, 6.

impietas s. inflammare, succendere.

impingere

aliquid detractionis K 230.

implere

infra competentem terminum non i. Q 5, 1. 6. 6a. 7a

mandatum nostrum (scil. pape) K 198

preces nostras (scil. pape) K 200.

implorare

contra insolentiam apostolicum presidium Q 22, 20g

remedium apostolice sedis Q 5, 1. 6. 6a. 7a.

imponere

contra statuta concilii censum (-sus) δ 4, K 100. 102; pensionem K 103

finem litibus Q 14, 21. 17, 1

novas servitutes de facto, cum de iure non potest Q 2, 3

penam N 59 Zus. a

penitentiam salutarem K 214. 215, Q 22, 1. 5. 10 Zus. a–12. 14

tallias et collectas pro tempore Q 21a, 2

s. presumere.

improbus s. extendere, manus.

impugnare

fortius et gravius Q 6, 3

s. presumere.

impunitus s. remanere.

imputare

   deformationem monasterii alicui QV
   358

   s. posse.

inanis s. decernere, nuntiare, studere.

inardescere

   pro divinis officiis audiendis laudabilius QV 351.

incaustum s. lineare.

incedere

   per seculum vagabundus K 238 b.

incendium s. devastare.

incestus s. existere, gignere.

inchoare

   aliquid misericorditer K 207

   s. ducere.

incidere

   in canonem sententie promulgate K
   213 b

   = excommunicationis laqueum super (pro) violenta iniectione manuum
   et pro detentione proprii etiam pro
   denegata obedientia seu conspirationis offensa K 214. 215. (216). 217,
   QV 281

   s. iniectio.

incipere

   bona dilapidare K 164

   domus et officinas construere K 114

   pie K 223

   s. debere.

inclinatus

   alicuius precibus Q 23, 24. (28).
   29–34. 36. (77). 81. 82. 85. (94). 95.
   97–103. (105). 107. (108). 109–110 a,
   QV 315 h. 351–352

   = supplicationibus Q 10, 1. 11, 2 b.
   3. 5–7. (9). 12, 1. 1 a. 14, 1. 3. 3 a.
   21, 1. 22, 7. 17. 20. 20 c. e. g. 23, 56.
   25, 1, QV 325 a.

inclitus s. recordatio.

includere

in domo sua contra voluntatem in
gravem iniuriam aliquamdiu K 67 a

s. presumere, tenere.

incontinentia

   paterna s. imitator

   s. laborare, vitium.

incrustare

   vas sincerum K 230

   s. niti, nonnullus.

incumbere

   sibi (episcopalia et alia) onera K 107.
   179 a. 183 a

   s. supportare.

incurabilis s. visitare.

incurrere

   dampna gravia et expensas K 72.
   138, Q 1, 3, QV 282 a

   facilius odia Q 6, 5

   humiliter ad providentiam sedis
   apostolice Q 23, 111

   maiorem excommunicationem Q 21,
   1

   sententiam (-as) canonis pro violenti
   manuum iniectione, captione et
   detentione K 150 a

   = excommunicationis K 71 a; et
   interdicti Q 21 a, 1

   s. asserere, noscere.

incursus

   pravorum s. impertiri.

indebite s. contradicere, denegare, detinere, exigere, extorquere, gravare,
impedire, molestare, recusare, spoliare, subtrahere.

indebitus s. aggravare, exactio, exercere, iurisdictio, molestare, presumere.

indempnis s. promittere, recusare, servare.

indempnitas

   ecclesie Q 23, 106

   monasterii Q 2, 3. 10, 1

   prioratuum et membrorum ipsorum
   Q 2, 3

sua (scil. mulieris) K 164

s. curare, precavere, providere, velle.

indicare

sicut (prout) eiusdem labor ad nos
indicat iteratus K 201. 202. 204.
223, QV 346 b. 403.

indigere

bona correctionis QV 358

visitationis et inquisitionis officio
π 1

s. corrigere, novisse, reformare.

indignus

non i. s. reperire.

inducere

aliquem ad providendum diligenter
Q 26, 3

= attentius K 225 d, Q 14, 20, QV
377

= ex parte nostra (scil. pape) K 201.
204. 234, Q 17, 2 a, QV 346 b. 403

in corporalem possessionem prebende QV 325 a.

induere

pannis laneis et lineis K 150 a.

indulgentia

apostolica (apostolice sedis, pape)
N 1 Zus. c. 34 Zus. b. 35. 62 Zus. 1,
17. 3, π 18, K 3. 11 f. 15 e. 85. 226.
234. 237, Q 1, 1. 3. 7, 1. 10, 1. 14, 8

cuiuscunque tenoris N 34 Zus. b.
62 Zus. 3, K 11 f. 15 e. 226. 237, Q
1, 1

generalis vel specialis N 34 Zus. b.
62 Zus. 3, K 11 f. 15 e. 237

s. concedere, dicere, existere, facere,
impetrare, littera, obstare, renuntiare, tenor, uti, venire.

indulgere

auctoritate presentium Q 22, 20 c.
27, 1, QV 351. 352. 353

libertates, immunitates, exemptiones secularium exactionum rationabiliter Q 8, 1–1 b

malitiis hominum Q 15, 55.

indultum

privilegiorum sedis apostolice Q 6, 1.
1 a. (7 c)

sedis apostolice N 34 Zus. b. 62 Zus.
3, K 11 f. Zus. a. 15 e. 164 d. 237,
Q 1, 1. 2. 7, 1. 21, 1, QV 358 a

contra i-ta s. permittere

s. existere, facere, littera, obstare,
promulgare.

indurare

animo i-rato Q 15, 42

s. sustinere.

infelix s. alligare, anima, crimen.

inferior s. conqueri, dominus, persona.

inferre

dampna (gravia) K 62 ka. 74. 77

gravamen N 6 Zus. a

iniuriam (-as) N 53. 62 Zus. 2, 2,
K 62 ka. 74. 77

molestias K 227 a

s. agere, appellare, conqueri, presumere.

infeudare

castra, villas, terras, domos, possessiones, prata, pascua, nemora et
alia bona mobilia et immobilia Q 2, 3

s. presumere.

infeudatio s. pretextus.

inficere

ecclesiastici ordinis honestatem Q
22, 20 g

s. moliri.

infidelis s. gerere.

infirmare

contra iustitiam Q 15, 36. 39

per appellationem Q 15, 1. 2

processum Q 15, 12. 36

sententiam Q 15, 12. 18 a. 33. 39

= diffinitivam Q 15, 14–16. 20. 23.
29. 31

s. procurare.

infirmus s. consortium, famulari, recipere, servitium.

inflammare

succensa velut ignis impietas contra aliquos validius i-metur Q 6, 6. 6 b.

ingerere

se in consortium Q 9, 3

s. inhibere.

ingredi

viam universe carnis K 57 l. 117 a, QV 263

s. existere.

ingressus

symoniacus s. habere.

inherere

vestigiis predecessoris Q 26, 1. 3. (4).

inhibere

auctoritate nostra (scil. pape) firmiter Q 2, 3

= presentium districtius K 227 a, Q 21, 1

ne quis in consortium se ingerat Q 9, 3

s. procurare.

inhibitio s. audire.

inhonestus s. persona.

inicere

in aliquem manus N 62 Zus. 1, 15; dei timore postposito K 58–60. 62. 62 d. 69. 70. 71 b. c; temere K 58–60. 62. 62 d. 69. 70. 71 b. c; usque ad effusionem sanguinis K 60. 62 d. i; violentas N 62 Zus. 1, 13. K 58–60. 62. 62 c, 2–4. 62 d. i. 69. 70. 71 b. c; violenter K 150 a.

iniectio

manuum N 61. 62, 5. 62 Zus. 1, 10–12. 14. 16, K 62. 62 b. g. 71 Zus. a; dei timore postposito temere violenta K 62 a. e. ea. ka–65. 71. 71 a. d. e; usque ad effusionem sanguinis K 65. 71 d. e

non absque (sine) i-ione manuum (capere, frangere, carceri mancipare) K 62 a. e. ea. ka–65. 71. 71 a. d. e

pro violenta (-ti) manuum i-ione K 150 a. 214–218. 236, QV 281

s. agere, conqueri, constare, facere, impetrare, incidere, incurrere, innodare.

iniector

manuum K 62 g. 214–216, QV 281

s. mittere.

inimicitia s. contingere, erogare.

iniquitas s. existere, ignorare, nonnullus, potens, vinculum.

iniquus s. arbitrium, promulgare, sententia.

inire

compositionem minus provide Q 14, 17

dampnosas pactiones invitos Q 15, 55

s. compellere.

iniungere

pro modo culpe penitentiam competentem K 214. 215, QV 281

quod de iure fuerit i-gendum K 214. 215. (217. 218), Q 16, 5. 6. (7. 8. 11), QV 281

ut litteras deferret ad vicecancellarium δ 12, Q 20, 1.

iniuria

gravis K 67 a

personalis K 15

in i-riam alicuius (copulare, detinere, discurrere, facere, percipere, tenere) K 67 a. 78 a. 155 a. 225 b. 238 f, Q 1, 3 c

super i. (i-iis) s. agere, audire, conqueri

s. affligere, cessare, contingere, dampnum, erogare, includere, inferre, lacessire, pati, presumere, reputare, satisfacere, satisfactio.

iniuriari

conquerenti K 57 a, 5

eidem (allgemein) N 47. 62 Zus. 1, 4, QV 360 a

super bonis π 23

= capella K 84, (QV 369a)

= censu (-ibus) δ 4, K 100–102. 104, Q 2, 2a

= debitis Nᵃ 2. (4). 7. 13. 21. (N 62, 2. 5. Zus. 1, 5), π 6–9. 11–13. 17. 19–22. 26–28, K 1. 4. (7). 10. 11a. d Zus. f. (15a). 19b. e. (21 Zus. b). 25–27. 30xd. 34. (57a, 4). 62. 70, Q 2, 2a, QV 350a. b. 359. 362. 366. 368

= decimis δ 1, K 13. 15. 85. 86. 93, QV 381

= domibus K 57o, QV 377

= ecclesia (-iis) K 79. 81, (QV 369)

= equo K 8

= fodinis argenti QV 381

= fructibus prebende etc. δ 2. 3, K 12a. c. 82, QV 3441. 368

= iure patronatus K 178

= quantitate bladi K 84; frumenti K 12b

= pecunie (-arum) summa (-is) (Nᵃ 4, N 62 Zus. 1, 5), π 10. 14–16. 18, K 2. 3. 5. 6. 9. 12a. b. 47. 50. 53. (57a, 4). 57c. 94. (238g), Q 16, 11a, QV 3441

= pensione (-ibus) K 101. 103. 104. 106

= perpetua vicaria K 80, QV 367

= possessionibus Nᵃ 2. (6). 7. 13. 21, (N 62 Zus. 1, 5), π 6–9. 11–13. 17. 19–22. 27. 28, K 1. 4. 10. 11a. 19b. e. 25–27. 30xd. 34. (41a). 57c. o. 62. 70, Q 2, 2a, QV 3441. 350a. b. 359. 362. 366. (368). 377

= prebenda K 12a

= proventibus K 12c, QV 3441

= redditibus K 12c. 83, Q 2, 2a

= rebus (aliis) Nᵃ 2. (6). 7. 13. 21, (N 62 Zus. 1, 6), π 6–12. 14–22. 25–28, δ 1–4, K 1–6. 8–11a. 11f–13. 19b. e. 25–27. 30xd. 34. 47. 50. 53. 57c. o. 62. 62b. 70. 80–84. 94. 100–104. 106.

178, Q 2, 2a, QV 268. 3441. 350a. b. 359. 362. 366. (368–369a). 377. (379)

= terris Nᵃ 2. (6). 7. 13. 21, (N 62, 2. 5. Zus. 1, 5. 6), π 6–9. 11–13. 17. 19–28, K 1. 4. (7). 10–11a. (11b–e). f. (15a. 16). 19b. e. (21 Zus. b). 25–27. (30ba, 17. d. e. n). xd. 34. (41a. 57a, 4). 57c. (i). o. 62. 62b. (g). 70. 83, Q 2, 2a, QV 268. 3441. (346). 350a. b. 359. 362. 366. (368). 377

universitas non i. N 59 Zus. a

s. exprimere.

iniuriator K 71f, Q 6, 7a, QV 346. 377.

iniuste s. spoliare.

innocentia s. obruare.

innodare

excommunicationis maioris vinculo publice Q 1, 3c

= sententia K 150b; pro quodam pecuniario debito K 113a

= vel suspensionis vinculo pro violenta iniectione manuum seu pro detentione proprii vel inobedientie vitio aut conspirationis offensa K 218. 236.

innotescere

per litteras Q 26, 1.

inobedientia s. comparere, innodare, vitium.

inquirere

super excessibus N 62 Zus. e

= hoc veritatem K 112. 219a. 229.

inquisitio s. agere, indigere, novisse, officium.

inquisitor

heretice pravitatis N 1 Zus. d.

insanire

in filios patientie protervitas plurimorum Q 4, 4.

inscius s. facere.

inserere

privilegium in litteris alterius pontificis Z 10 Zus. 5.

insidie s. pati.

insignire

clericali caractere Q 22, 9. 18, QV
346 a.

insistere

in quiete spiritus Q 6, 4 a

s. posse.

insolentia s. implorare.

instantia

ad i-tiam alicuius K 71 h. 183 b, Q
16, 1. 2. 18, 1.

instituere

ad oppressorum subsidium aliquid
K 213

= presentationem patroni clericum
K 177

alium ibidem (scil. in ecclesia) K 168

canonice Q 22, 20 g

contra iustitiam K 177

conventus monachorum et capitulum canonicorum secularium in
monasterio Q 23, 77. 105

in ecclesia (eadem) aliquem K 177.
182. 183; rectores K 144. 172; talem
K 174

= rectorem K 176, Q 11, 2 b. 9

= voluntate ultima heredes K 57 q

legitime Q 11, 2 b. 9

personam idoneam Q 22, 20 g

post generale concilium ordinem K
227. 228

s. existere, habere, libitum, noscere,
preiudicium, procurare.

institutio s. dinoscere, opponere, pertinere.

institutum

canonicum s. presumere

fratrum Predicatorum s. vivere

ordinis s. conformare

s. suscipere.

instruere

causam Q 15, 45.

instrumentum

publicum K 28. 30. 30 ga. k. o. v.

43 a. 46 a. 99 a. 138, Q 1, 3. 5, 1. 6.
12, 1. 1 a. 14, 3. 5. 8. 23, 1. 38. 52.
58–60. 78. 25, 1, QV 276. 396; super
concessione decimarum Q 25, 1;
pecunia QV 396

s. apparere, conficere, dare, denegare, detinere, dicere, exhibere, extorquere, facere, obstare, occultare,
reddere, restituere.

insultus s. reprimere, vacare.

integer s. beneficium, exhibere, manere,
percipere, remanere, renuntiare, restitutio, subvenire.

integritas s. percipere, restituere.

intellegere

episcopo, prelato subesse K 185 Zus.
a, QV 372

veritatem K 236

s. posse.

intendere

ad dirigendum iuxta pastoralis officii debitum π 1

= reformationem monasterii diligentius π 1

laudibus divinis Q 6, 7

profectibus ecclesiarum salubriter
Q 7, 1

religionem intrare Q 22, 15

super aliquibus conscientiam onerare
Q 22, 1. 3. 5. 8. 9 a. 13

vi opprimere K 62 f

non i. s. approbare

s. posse.

intentio

pia (testatoris, testatricis) s. defraudare

s. intrare.

interdicere

alienationem bonorum dotalium penitus K 164

redditus aut proventus seu possessiones habere K 227

specialiter QV 351. 352

i-ci non posse N 34 Zus. b. 62 Zus. 3,

K 11f. 15e. 85. 164d. 237, Q 1, 1. 2.
7, 1, QV 358
s. contingere, excludere.

interdictum
ecclesiasticum K 148. 185, Q 16, 3.
11a
generale terre QV 351. 352. 353
s. audire, facere, incurrere, nuntiare,
proferre, promulgare, sententia, supponere, tempus.

interdictus N 16, QV 370
s. excludere.

interesse
omnes hiis exequendis non posse s.
quod si non omnes
per se ipsum vel idoneum responsalem Q 26, 1. 3. (5)
nostra i-est conatibus resistere Q 4,
3. 3a. 7a; lesis monasteriis subvenire
Q 23, 42; super hoc providere Q 14,
4a. 23, 1–3. 5. 11. 12. 16. (21). 38.
45. 50–52. (55). 59. 63. 65. (66. 72.
80).

interficere
aliquem Q 18, 3
miserabiliter ab emulis i-ectus K
116a.

intericere
appellationem ad nos (sedem apostolicam) K 171, Q 15, 14. 15. 20.
22. 16, 8
legitime Q 15, 14. 15. 20. 22
renuntiationes, confessiones etc. Q
1, 1.

interponere
appellationem legitime Q 15, 34
iuramenta Q 23, 1. 38. 52. 58–60
obstaculum appellationis frivole K
218a; frustratorie K 213.

intervenire
i-nit amicabilis compositio Q 14, 1–3.
6. 8–11. 15. 18
= iuramentum Nª 14.

intimare
nobis (scil. pape) per litteras fideliter
π 1, K 234, (Q 22, 20g)
s. procurare, studere.

intrare
civitatem seu diocesim non audere
N 4, QV 317
hospitale K 193
monasterium K 219a. 229
= ea condicione K 230; intentione
K 219
ordinem Q 22, 15 Zus. a
religionem Q 22, 15
viam semite artioris K 222
s. desiderare, intendere, velle.

introducere
laudabilem consuetudinem erga dei
ecclesiam pia devotione fidelium K
120. 120a.

intromittere
se de hiis aliquatenus non i. Q 4, 1.
2. 3. 6, 1a; nullatenus Q 13, 2. 4b;
ullatenus non i. Q 6, 1
= de negociis, que ipsis per eiusdem
(scil. apostolice) sedis litteras committuntur N 1 Zus. c. 35, π 18, K 3.

intrudere
aliquem in ecclesia K 183
per potentiam Q 23, 111
se in ecclesia K 166. 180, Q 23, 111;
monasterio K 99f
temeritate propria K 99f. 166
s. preiudicium, procurare.

inundatio
aquarum s. accedere.

inutilis s. efficere.

invadere
bona ecclesiastica Q 4, 3. 7a
villam K 77
s. extendere, presumere.

invalescere
ne temeritas i-cat Q 4, 4.

invasor s. assistere, audacia.

invenire

alienata (bona) illicite vel distracta π 4, Q 23 passim

aliquos culpabiles extitisse K 65. 71 Zus. a

= precipuos patratores (esse) K 65–67. 71 Zus. a. 71e

appellationis remedium non ad diffugium malignantium sed oppressorum suffragium K 218a

obiectores Q 4, 3. 3a. 7a. 6, 6. 6b

processum legitimum Q 15, 12. 36. 39

quicquid post appellationem temere attemptatum Q 15, 1. 4. 45. 50

rem ita esse K 229

sedem apostolicam benigniorem in faciendo gratiam specialem QV 353

sententiam post appellationem esse latam (vel promulgatam) Q 15, 1. 9. 14. 15. 20. (21. 22. 25). 34. 46. (47. 51). 53

voluntarios receptores K 238h.

investire

de redditibus K 145.

invidere

libertatibus Q 21, 1.

inviolabiliter s. observare.

invitus s. compellere, contradicere, detinere, inire, sepelire.

invocare

auxilium legis frustra K 16. (19b). 20b. 21 Zus. b. (22. 28 Zus. a). 30q, QV 274

= brachii secularis K 30r.

irrequisitus

eo i-to K 55. 57n. 183

ipsis i-tis K 176.

irretire

criminibus π 1, K 72. 73, QV 282a

homicidiis π 1

s. asserere.

irreverentius s. extendere.

irritus s. decernere, nuntiare, procurare, revocare, studere.

iter s. arripere, constituere, post.

iteratus s. indicare.

Iudea

non dicitur mulier nec civis N 10; nec uxor nec mater nec filia nec soror nec vidua sed tantummodo I. N 10 Zus. c

multa extorsit K 27a

vocatur I. N 11 Zus. a.

Iudeus (-i)

contradicunt decimas solvere K 133

denegant de decimis satisfacere QV 395c

= instrumenta restituere QV 396

detinent pecunie summam QV 395a. 396

effectus Christiane religionis K 138

habitant in parrochia ecclesie K 133

salutatio N 17

super pignoribus K 38, QV 395d

= terris, debitis etc. π 28, K 10. 11d Zus. a. 19e

= usuris N 62 Zus. 1, 9, K 19d. 21. 27a. 30. 30a. ba. g. h. u. xc, QV 395b

vocatur I. N 10 Zus. b. 11 Zus. a, K 138

ad I-os res devenerunt K 133, QV 395c

contra I-um (-os) impetrare N 49 Zus. a, K 21 Zus. a

de I-eo (-is) conqueri N 44 Zus. a. 62 Zus. 1, 9, K 19i. 30ba, 16

quando scribitur I-is non dicitur nec clericus nec laicus nec civis N 10

I-os distinguere a Christianorum habitu K 150

I-orum iudicium Q 21, 1

s. dicere.

iudex

allgemein N 5. 6 Zus. a. 7. 21. 34. 36. 57, QV 373a

ecclesiasticus Nᵃ 16, N 56, QV 361c

secularis K 78a

s. adesse, asserere, comparere, com-

promittere, conqueri, conventio, dare, debere, delegatus, deputare, impetrare, ordinarius, questio, remittere, renuntiare, res, scire, vertere.

iudicare

inter eos (aliquid) N 54a, π 3b, K 211

iudicio Iudeorum Q 21, 1

res iudicata super decimis et rebus
aliis K 129

s. parere, posse, res, transire, videri.

iudicialis s. ordo.

iudicium

Iudeorum Q 21, 1

occultum dei K 199, Q 4, 6

penitentiale K 112

s. actor, audire, constare, constituere, detegere, diffinire, dispensare I,
evocare, exhibere, facere, figura, iudicare, percutere, procedere, redigere, superexaltare, terminare, trahere, via, videri.

iugum

discipline s. ducere.

iuramentum

certum Q 14, 11. 17

de non computandis fructibus in
sortem K 41f. g. 43; repetendis rebus K 19g. 28. 30. 30f. g. h. i. s. t. v.
41g. f. 43, QV 271. 272. 276

= non veniendo contra venditionem K 43a

proprium K 15c

contra i. s. venire

s. adicere, agere, adstringere, cogere,
compellere, existere, extorquere, firmare, interponere, intervenire, observantia, observare, obstare, prestare, relaxare, religio, teneri, vallare, venire, vinculum.

iurisdictio

episcopalis Q 26, 7

indebita K 143

ordinaria seu delegata K 108. 132.

227a, Q 16, 2. 4. 4a. 17, 1
spiritualis Q 11, 4

s. attribuere, concedere, consistere,
executio, exercere, exercitium, existere, habere, impedire, noscere, obtinere, occupare, pertinere, possidere, presumere, tenere, usurpare.

ius

advocatie Q 14, 4a

alieni iuris preiudicium Q 27, 1. 2,
QV 258b. 315h

canonicum Q 1, 3

civile Q 1, 3

commune N 62 Zus. m, K 185 Zus. a,
QV 372

contrarium iuri δ 13

divinum QV 401b

dominii Q 2, 3

episcopale δ 10

hereditarium K 46c, Q 14, 2. 22, 20g

parrochiale Q 14, 16

patronatus Nᵃ 14. 16, N 55 Zus. a.
56, K 168. 178. 180. 183, Q 11, 2b

ponendi alcades K 83

presentandi K 174

successionis K 30p, QV 315h

utriusque partis Q 16, 4a

de iure s. absentare, convenire, dare,
debere, debitus, facere, imponere,
iniungere, posse, remittere, requirere, spectare, videre

pleno i-re s. subicere

super i-re s. conqueri, iniuriari,
questio

s. admittere, asserere, attendere,
auxilium, cedere, compellere, competere, concedere, conferre, consuevisse, contendere, contingere, contradicere, debere, deperire, detinere,
devenire, dinoscere, donare, exhibere, exprimere, gerere, habere, ignarus, ignorantia, immorari, molestare, observare, obtinere, occultare,
ordo, percipere, permissio, pertine-

re, posse, possidere, preiudicium, prestare, pretendere, prevalere, prosecutio, recipere, regere, renuntiare, reservare, respondere, revocare, spectare, studium, suboriri, tempus, tenere (-ri), titulus, uti, valere, vendicare.

iustitia

canonica K 126

secularis K 78a

contra i-tiam s. attemptare, denegare, detinere, devastare, exigere, extorquere, impedire, infirmare, instituere, molestare, occupare, opponere, presumere, recusare, renuere, spoliare, subtrahere, supponere s. capere, complementum, continere, credere, exhibere, exigere, existere, facere, firmamentum, littera, mediari, promulgare, prosequi, velle.

iustus

minus iuste s. denegare, detinere, percipere

s. adipisci, causa, cognoscere, compellere, concurrere, constare, decernere, decipere, deesse, detinere, dimidium, habere, impedimentum, modus, obtinere, percipere, pertinere, possidere, postulatio, prebere, pretium, titulus.

iuvare

assertionem veritate K 228.

L

labefacere

pravitate symoniaca π 1.

labium s. mutilare.

labor s. exhibere, indicare, merces, promittere.

laborare

vitio incontinentie π 1, K 72

s. asserere.

lacessire

molestiis et iniuriis Q 4, 4

s. reputare.

lacus s. concedere.

laicalis s. exercere, negotium, potentia.

laicus Nᵃ 6. 8. 10. 14–16, N 9. 47. 49. 52–56. 62, 1. 2. Zus. c. e. 1, 10–12, K 15. 16. 19c. 20b. 30ba. 30o, 30xa, 30xc. 31. 51. 52. 57b–g. 61. 62c, 1. 183. 187. 203, Q 15, 17. 21a, 2, QV 360a. b. 361b. c. 378

crucesignatus Nᵃ 10. 11. 13, N 55. 56, K 6, Q 13, 3. (3a). 4a. 24, 2, QV 359. 360a. 362. 366.

laneus s. asportare, auferre, induere, pannus, spoliare, vestis.

lapsus

temporis s. obstare.

laqueus

excommunicationis s. incidere.

largiri

licentiam dispensandi de (ex) benignitate apostolica (solita) Q 22, 7. 20.

largus s. dispensator.

latro s. asserere.

latus s. habere.

laudabilis s. commendare, consuetudo, fama, introducere, suffragari, testimonium.

laudabiliter s. conversare, existere, gerere.

laudabilius s. inardescere.

laus

divina s. intendere

s. posse.

ledere

lesum (-am) s. asserere, constare, dicere, dinoscere, interesse.

legare

alicui pecunie summam et res alias K 52. 57b. i

= terras K 57b

in elemosinam K 57q

= ultima voluntate K 52. 57b. i. q.

legatum s. detinere, exhibere, occultare.

legatus

apostolice sedis K 175, Q 22, 19. 20f

s. appellare.

legitimare Q 22, 20d

s. curare.

legitime s. constare, contestare, contrahere, debere, derogare, desistere, docere, existere, instituere, intericere,
interponere, perpetuare, procedere,
procurare, revocare, tenere, uti.

legitimitas s. decorare, titulus.

legitimus s. actus, admittere, causa, dimittere, ducere, erigere, habere, invenire, presentare, presumere, processus, procurare, proles, prosequi,
scribere, servare, tempus, teneri.

legumen s. obtinere.

lenimentum

penarum s. recipere.

lepra s. affligere, morbus, percutere, visitare.

leprosarius s. domus.

leprosus K 185f. 199, Q 1, 3b. 4, 6. 7.
7a. 6, 7c. 9, 2. 2a. (3. 21a, 1)

s. domus, famulari.

lesio

archipresbiteratus Q 23, 74

ecclesie (-arum) Q 14, 15. 23, 64. 74.
106

enormis Q 14, 15

gravis K 43a, Q 23, 1. 19. 38. 51. 52.
58–60. 64. 74. (75). 80

medietatis ecclesie Q 23, 19

mense episcopalis Q 23, 38. 52. 80

monasterii K 43a. 238f, Q 23, 1. 58–
60

non modica K 238f, Q 2, 3. 23,
106

plebanatus Q 23, 51. (75)

in (enormem, gravem, non modicam) l-onem alicuius (alienare, concedere, discurrere, redundare, ven-

dere) K 43a. 238f, Q 14, 15. Q 23
passim

s. sustinere.

letari s. nonnullus.

levitas

animi s. exire, recedere.

lex

diocesana s. subicere

s. auxilium, committere, invocare,
suffragari.

libenter s. impertiri.

liber (Adj.) s. facere, habere, licentia,
posse, privilegium, recipere, sepultura, vacare.

liber (Subst.)

ecclesiasticus, medicinalis K 71g

s. asportare, detinere, restituere,
spoliare.

liberaliter s. concedere.

liberatio s. promittere, solvere.

libere s. dimittere, erogare, exequi,
exercere, offerre, optare, posse, succedere, traducere, valere.

liberius s. vacare.

libertas

ecclesiastica s. derogatio, presumere

maior Q 6, 3

s. concedere, confirmare, ducere, indulgere, invidere, obtinere, omnes,
possidere.

libitum

pro sue voluntatis l-to (admittere
denegare, cessare, conferre, id efficere non curare, instituere) K 96.
144. 149. 167. 168. 174. 182, Q 1, 2.
15, 58. 59. 16, 11a

s. reputare.

licentia

apostolice sedis Q 22, 20b, QV 401b

construendi capellam QV 258b

de l. (alicuius, huiusmodi) (ordinare, percipere, promovere, proponere, prosequi, suscipere, transferre)
K 139. 185b. 186a. 192. 201a. 204.

238c. d, Q 22, 20e. 26, 7, QV 263. 401b

dispensandi Q 22, 7. 20

habendi capellanum proprium QV 258b

generalis K 227

libera K 185b. 186a. 192. 201a. 204. 238c. d

matris tue Q 22, 20e

nubendi K 164

specialis Q 22, 20b

transeundi ad aliud monasterium eiusdem (predicti) ordinis K 192. 201a. 204; ad alium ordinem K 225. 238d; ordines approbatos K 227

transferendi ad aliud monasterium eiusdem ordinis K 185b. 186a; ad alium ordinem K 238c. h

s. accedere, concedere, denegare, deposcere, dignari, ducere, elargiri, habere, largiri, obtinere, ordinare, postulare, recipere.

licere

ad statum pristinum remeare K 219

divina officia audire QV 352

horas reddere QV 352

professoribus ordinum in illis remanere K 227

proponere quicquid rationabiliter duxeris proponendum Q 26, 1. 3

tibi dispensare K 214. 215, QV 281

non l. s. promulgare

s. ducere.

licite s. posse, retinere, valere.

ligare

aliquem nulla excommunicatione K 109

manus post tergum K 65

l-atus (-te, -ti) sententia (scil. excommunicationis) K 117a; sic (scil. excommunicatione) K 214. 215. 217, Q 15, 42, QV 281

s. existere.

linea

consanguinitatis s. attinere

equalis N 12b

s. debere.

lineare

litteras domini pape cum plumbo vel cum incausto Z 9.

lineus s. asportare, auferre, induere, pannus, spoliare, vestis.

lis s. contestare imponere, possidere, procedere.

littera

apostolica N 34 Zus. b, δ 12, Q 15, 57. 18, 1. 20, 1

confirmationis Q 23, 1. 38. 52. 58. 59

conservatoria N 25 Zus. b, Q 7, 1

contra indulta N 62, 23

= tenorem privilegiorum vel indulgentiarum N 62, 8

crucesignatorum N 62, 16

de absolutione monachorum N 62, 18

dispensationis N 62, 14

domini pape Z 1. 9

indulgentiarum Z 10 Zus. a, 1

iustitie N 34 Zus. b

nostra (scil. pape) δ 11, Q 15, 18. 40. 43. 52

papalis N 12a

patens N 62, 24, K 30ba, 13

prime dictionis Z 4

pro laico Q 13, 1 Zus. b

revocatoria Q 15 passim

sedis apostolice N 1 Zus. c. 35, Q 17, 1

simplicis querele N 61 Zus. a

sub religionis habitu N 62, 23

super appellatione N 61 Zus. a, δ 13, Q 15, 39. 17, 2a. 18, 3

= censibus K 100 Zus. b

= debitis N 62, 2. 5, Q 15, 27. 57. 18, 1

= decimis K 15 Zus. a

= defectu natalium N 62, 14

= diffamatione N 62, 4

= ecclesia δ 12, Q 20, 1

= monachatu N 62, 12, QV 373

= pecunie summa Nᵃ 8 Zus. b

= pensionibus K 100 Zus. b

= possessionibus Q 15, 27. 57. 18, 1

= terris Nᵃ 8 Zus. b, N 62, 1. 2. 5, K 16, Q 15, 27. 57. 18, 1

= usura (-is) N 62, 1. Zus. 2, 2, QV 274

suspecta Z 9

s. apparere, asserere, auctoritas, auditor, bullare, carere, citare, committere, compellere, concedere, conficere, conqueri, continentia, continere, contingere, contradicere, copia, credere, dare, debere, decernere, deferre, denegare, dicere, dirigere, dividere, emanare, existere, facere, fieri, habere, impetrare, impetratio, iniungere, innotescere, inserere, intimare, intromittere, lineare, mandare, munire, negare, nomen, nuntiare, obligare, obstare, pertractare, ponere, posse, procedere, providere, recipere, renuntiare, rescribere, restituere, sequi, studere, taxare, tenor, tractare, trahere, transire, vacare, vocare.

litteratus s. puella.

locare

terras et possessiones usque ad certum tempus ad firmam K 99 a.

locatio s. revocare.

locator K 99 a.

locus

certus s. solvere, trahere

diocesanus loci s. deferre

idoneus s. existere

minus honestus s. discurrere

non tutus s. citare

oportunus s. providere

securus s. assignare, trahere

sui dominii s. exprimere

s. adipisci, appellare, conventio, episcopus, ommittere, suscipere.

lucrum

usurarum s. pervenire.

lumen

oculorum s. privare.

lux

veritatis s. obnubilare.

M

macula

geniture s. abolere, abstergere, contrahere

illegitimitatis s. decolorare, obstare

s. satagere.

magister

scolarium N 28

s. contemptus, pertinere, providere.

magistra s. gubernare, pertinere.

maiestas

divina s. committere, oculus, offendere.

maior s. Ea, que de bonis, ecclesia, excommunicatio, forma, impetrare, incurrere, innodare, libertas.

maledictio s. aqua, bibere.

malefacere s. nonnullus.

malignantes s. diffugium, invenire.

malignus s. audacia, confovere, impedire, obviare, ponere, quia.

malitia s. collabi, gloriari, indulgere, nonnullus, obsistere, obviare, velle.

malitiose s. capere, citare, facere, impedire, occultare.

malum s. cupere, discernere, obviare, velle.

malus s. conversatio, persona, rescribere, rubrica.

mancipare

ausu sacrilego K 62 e. 71

carceri N 54, K 61. 62 k–63. 67. 71 g. 78 a

ma, gloriari, habere, implere, neglegere, obaudire, observantia, preces,
procurator, providere, recipere, tenor, transire.

manere
  omnia integra et quieta Q 13, 1. 2.
  24, 2.

manerium s. donare, situs.

manifestus s. offensa, proferre, promulgare, priviso.

manualis s. obedientia, prestare, reverentia.

manus
  armata s. accedere, occupare
  dextra s. mutilare
  domini s. tangere, visitare
  executoris (-rum) s. dare, erogare,
    exhibere, satisfacere
  heredis s. pervenire
  improba s. extendere
  s. agere, cogere, conqueri, constare,
    extendere, facere, impetrare, inci-
    dere, incurrere, inicere, iniectio, in-
    iector, innodare, ligare, mittere, mu-
    tilare, pervenire, requirere.

mappa
  altaris s. asportare.

marcha s. ducere.

margarita
  scientie s. acquirere.

maritalis s. affectio, pertractare, tractare.

massaria s. bonum, constituere, custodire, deputare, ducere, procurare.

mater s. licentia.

materia
  evagandi s. dare
  questionis s. oriri, suboriri.

matrimonialis s. agere, appellare, causa, committere, copulare, usurpare,
  vertere.

matrimonium N 34 Zus. a
  s. conqueri, contempnere, contrahere, copula, fedus, gignere, impe-

trare, questio, sacramentum, vertere, vilipendere.

matrix
  ecclesia s. removere.

mediari
  mediante iustitia Q 2, 1
  mediantibus bonis viris Q 14, 6.

medicinalis s. liber.

medietas
  capelle Q 23, 30
  ecclesie K 12 c, Q 23, 19
  s. lesio, spectare.

membrum s. corrigere, indempnitas,
  minari, molestare, periculum, providere, reformare, tenere.

memoria
  contrarii δ 10
  bone m-rie N 20. 62 Zus. 1, 3, K 47.
    48. 55. 56. 57 a, 2. d. k–n, Q 5, 7. 7 a.
    11, 5. 14, 2. 8. 15. 16. 22, 18. 19. 20 f.
    26, 2. 5. 6
  clare m-rie N 20
  pie m-rie QV 401 b
  sancte m-rie N 20
  s. consuevisse, existere, tempus.

mendicare
  in opprobrium ordinis K 238 e
  s. cogere.

mendicitas
  certa K 227.

mensa
  episcopalis s. annectere, lesio, per-
    tinere, prestare, spectare.

mentio
  plena et expressa s. facere, habere
  specialis s. fieri
  s. debere, fieri.

merces
  pro labore s. promittere
  s. exhibere, nolle, satisfacere.

merere
  gratiam π 5
  obtinere beneficium absolutionis K
    59. 71 c

= nullam confirmationem a sede
apostolica K 228.

merito s. perhorrescere.

meritorium s. reputare.

meritum s. profectus, redimere, suffragari.

metropolitanus Q 15, 59a
s. appellare, audientia, officialis,
velle.

metropoliticus s. appellare, curia.

metuere
non m. s. revelare.

metus
per vim et m-tum s. cogere, posse
s. cohabitare.

miles
N 9. 19 Zus. a, K 17. 30f. t. 40. 43.
46. 46a. 51. 62a. d–ea. 71. 99g.
155a. 164b. d. 178. 180, Q 15, 29.
16, 7. 7a, QV 258b. 267. 272. 359.
362. 363
crucesignatus Q 13, 4
s. nonnullus, preiudicium, relicta.

militia
clericalis s. ascribere, desiderare.

minari
alicui mortem et pericula membrorum Q 22, 20g.

minime s. decolorare, teneri.

minister
dei s. elidere, presumere, prosequi.

ministrare
ecclesiastica sacramenta K 114. 121
expensas non velle K 238e
in susceptis ordinibus Q 22, 1. 2. 3.
5. 9b–12. 12d. 15 Zus. a. 20f
vite necessaria K 238e; ad agendam
(-um) penitentiam salutarem K 195
a. (b–d). 220–221a. (b. c). 238a
s. non obstante, posse, preiudicium,
procurare.

minor s. clericus, constituere, ordo.

minuere
non m. s. diurnitas.

miserabiliter s. interficere, mutilare.

misericordia s. dispensare, impertiri,
pati, procurare.

misericorditer s. agere, curare, dispensare, ducere, inchoare, relaxare.

missa s. celebrare, impedire, sollem(p)-
nia, teneri.

mittere
ad apostolicam sedem (scil. manuum
iniectores) absolvendos K 214. 215.
(216), QV 281
= curiam non m. K 59 Zus. a.

mobilis s. bonum, concedere, erogare,
recommendare, res, tenere, vendere.

moderatio
in decimis Q 9, 1a
s. concilium generale.

modernus s. deficere, stilus.

modicus
non m. s. alienare, dampnum, detrimentum, discurrere, efficere, imminere, lesio, preiudicium, superrestare, sustinere, tempus
s. concedere.

modus
culpe s. iniungere
iustus s. adipisci.

molendinum s. concedere, destruere,
obtinere, possidere, tenere.

molestare
aliquem (-os) contra iustitiam δ 5,
Q 19, 1
= in bonis Q 4, 1. 2. 3. 7, 1
= in iuribus Q 7, 1
= in membris Q 7, 1
= in persona (-is) Q 4, 1. 2. 3. 6,
7a. 7, 1
= in rebus Q 6, 7a
= indebitis exactionibus δ 6, K 147,
Q 19, 2, QV 364
indebite π 2, Q 6, 1. 1a. 7a. 7, 1. 13,
2. 4b
multipliciter δ 5. 11, Q 4, 7. 7, 1

super aliquibus rebus non impedire
vel m. Q 19, 4. 4a

= bonis Q 4, 7

= fructibus Q 6, 7d

= possessionibus Q 4, 7

= provisione δ 11

= redditibus π 2, Q 6, 7d

= solutione Q 1, 1

s. contingere, obviare, permittere,
presumere.

molestator s. obviare.

molestia s. affligere, agitari, cessare,
contingere, erogare, inferre, lacessire, obviare, pati, precavere, presumere, prospicere, reputare, velle.

moliri

ecclesiastici ordinis honestatem inficere Q 22, 20g

fidem et fideles opprimere Q 13, 1
Zus. a

fructus exigere K 41c.

monacha s. recipere.

monachalis s. abicere, debere, facere,
habitus, presumere, professio.

monachatus s. littera.

monachus

solitarius s. deputare

s. absolutio, admittere, agere, amovere, capere, cogere, compati, confovere, conventus, corrigere, dare,
detinere, eicere, excessus, extendere,
facere, famulari, gignere, habere,
impetrare, instituere, littera, nonnullus, precipere, procurare, receptio,
recipere, revocare, vadiare, vulnerare.

monasterium s. accedere, adhibere,
administratio, administrator, asserere, assumere, bonum, capere, collabi, committere, commorari, concedere, consuetudo, consuevisse, conversare, convertere, debere, deformatio, deputare, desiderare, detinere, detrimentum, dicere, dinoscere,

dirigere, discurrere, eicere, emittere,
evagari, exercere, exire, exprimere,
famulari, gerere, gubernare, habere,
homo, imputare, indempnitas, interesse, intrare, intrudere, lesio, licentia, nonnullus, obstare, pertinere,
posse, possidere, precavere, preiudicium, premere, privare, probare,
providere, recedere, recipere, redire,
reformatio, regimen, sacristia, spectare, status, statutum, subicere, suboriri, subvenire, suspendere, tenere,
transferre, transire, tribuere, vadiare, vagari, visitare.

monasticus s. committere, derogatio,
ordo.

monere

aliquem ad providendum diligenter
Q 26, 3

= attentius Nᵃ 7, K 225d, Q 14, 20,
QV 377

= ex parte nostra (scil. pape) K 201.
204. 234, Q 17, 2a, QV 346b. 403;
publice in ecclesiis coram populo Q
5, 1. 6. 6a. 7a

diligenter monitus (-te) K 117a. 235

non monitus nec citatus K 131. 148.
175, Q 16, 1. 3

s. rogare.

moneta s. quantitas, supponere.

monialis s. cogere, evagari, famulari,
habere, monacha, nonnullus, receptio, statutum, vagari.

monitio

competens Q 16, 5–8. 10

s. facere, obaudire, premittere, procedere.

monitor s. concedere, obaudire.

mora

in m. aliquem presentandi K 166. 176.
177

s. tractare, trahere.

morari

sub alicuius obedientia K 212. 225c

= aliorum dominio δ 8, Q 19, 4. 4 a

= ordinis observantia K 235.

morbus

lepre s. affligere, percutere, visitare.

mors s. cohabitare, exponere, minare, periculum, vacare.

mortuus s. appellare, exigere, extorquere, obsequium, sepultura, vestis.

mos

patrie K 57 a, 6

s. abolere, honestas, pudicitia.

motus

proprius K 97. 99 d. 109. 150 b, Q 16, 10

s. nuntiare, promulgare, spoliare, supponere.

movere

questionem coram archidiacono vel decano vel eorum officialibus sive inter clericos sive inter laicos Q 15, 24

= super decimis Q 25, 1

s. timere.

mulier

N^a 6, N 10–12 Zus. b. 39. 48. 49. 62 Zus. 1, 10, K 15 b. 19 a. 21 Zus. b. 30 m. 34. 50. 54. 57 a, 6. 61. 62 d. 112. 150. 152. 153–155. 156–158. 159 Zus. a. 160. 161. 163–164 b. 191. 195, Q 15, 15. 16. 34. 35, QV 375 a

nobilis N 19 Zus. a, K 57 i. 99 a. 164 d, Q 12, 1 a. 22, 20 c, QV 351

pauper K 198

s. cognoscere, commiscere, dicere, impetrare, indempnitas, posse, preiudicium, redire, traducere.

multare

pecuniaria pena Q 18, 3.

multiplicare

humilium equitatem Q 6, 2

s. debere.

multipliciter s. impetere, molestare.

multitudo

armatorum s. accedere.

mundanus s. bonum.

mundus s. cupere, ponere, quia, relinquere, vanitas.

munimen

apostolicum s. petere, roborare protectionis s. confovere.

munimentum

publicum s. redigere.

munire

litteras sigillo (-is) K 146, Q 11, 2 b. 3. 5–7. 9.

mutare

in contrarium voluntatem Q 14, 14

vitam K 219. 230

s. velle.

mutilare

naso et labio superiori ac dextra manu miserabiliter K 200.

mutuare

pecunie quantitatem K 138.

mutuus s. causa, celebrare, recipere, servitus, teneri.

N

nancisci

possessionem prebende K 90

s. impedire, valere.

narrare K 21 Zus. b, Q 15, 34–36. 40–45. 49. 50. 52. 57. 59

nonnullos excessus expressos N 62 Zus. g.

nasus s. mutilare.

natalis s. attollere, defectus, dispensare, ducere, littera, obstare, obtinere, pati, redimere, suspicio.

natura s. spectare.

necessaria

vite s. acquirere, efficere, exhibere, facere, ministrare, procurare, providere, subministrare

s. cogere, defectus.

necessitas s. cogere, compati.

negare

  copiam litterarum apostolicarum Q
  15, 56.

neglegere

  alicui providere Q 26, 1

  mandatum infra prescriptum tempus adimplere δ 13, Q 16, 6. 11. 17, 2.
  26, 9.

negligentia s. collabi, torpere, videri.

negotium

  pacis et fidei K 200

  n-tia laicalia K 110

  s. accedere, arripere, committere,
  constituere, ducere, exercere, expedire, intromittere, pertractare, procedere, promovere, prorogatio, remittere, retardare, supersedere, suscipere.

nemus s. alienare, cogere, concedere,
  confirmare, detinere, devenire, donare, emere, exhibere, infeudare,
  obligare, occultare, possidere, restitutio, succidere, tenere, vendere.

nepharius s. actus, extendere.

nepos s. dare.

nequaquam s. compati, continere, obstare.

nequire

  appellationem prosequi K 177

  s. adire, cohabitare, complacere,
  convenire, exhibere, pertractare,
  supportare, sustentare, teneri.

nequiter s. accedere, applicare, asportare, capere, presumere.

nequitia s. obviare.

nescire s. nonnullus.

niti

  adhuc extorquere K 17–19. 19 b. d.
  g. h. 20. 20 b. 21. 25. 27. 28–30 b. 30 ba,
  15. (30 d). 30 m. q. s. t. x. xb. 35. 37.
  41 b. g, QV 276. 277

  assertio veritate nititur K 227

  in causa defendere Nª 22 Zus. a

  vas sincerum incrustare K 230

s. nonnullus.

nobilis

  Nª 9, N 9. 19 Zus. a. 57. 58. 59 Zus.
  a. 60. 62 Zus. 1, 17. 19, K 5. 19. 19 c.
  46 a. 57 i. 68. 77. 99 a. 110. 119. 131.
  147. 164 b. d. 177, Q 2, 1. 2. 12, 1. 1 a.
  16, 1. 19, 1. 22, 20 c, QV 258 b. 351

  s. agere, appellare, conqueri, impetrare, mulier, nonnullus, vidua, vir.

nocturnus s. accedere, tempus.

nocumentum s. occurrere.

nolle

  alicui parere Q 15, 29

  aliquatenus suffragari N 34 Zus. b

  aliquem forte recipere K 234

  aliquid imperfectum relinquere K
  207. 223

  beneplacitis obedire K 234

  ea sub dissimulatione transire π 1

  gravamen revocare Q 15, 49

  mercedem exhibere QV 384

  preiudicium generari K 237

  statum, ordinem seu regulam approbare K 238 g

  s. approbare, debere.

nomen

  divinum N 17

  domini Q 4, 1. 3. 7 a. 6, 1. 1 a. 7 a

  = pape Z 2. 11

  numerus nominum in una littera N
  39

  proprium N 12 a. 22 Zus. a

  s. amor, debere, debitus, dividere,
  extorquere, gerere, nonullus, ponere,
  procuratio, proviso, recipere, requirere, timor.

nominare

  se patronum K 183

  testes Nª 2, π 6. 16, K 1. 16, QV
  400 a

  s. debere, testis.

nonnullus

  n-la bona Q 5, 1. 6. 6 a. 7. 7 a

  n-le converse K 217

= ecclesiastice persone K 99g. h, Q 2, 2. 3. 3b
= moniales K 217
n-li abbates K 225c, Q 23, 58
= archidiaconi Q 21, 1
= barones K 99g, Q 2, 1. 2. 3. 3, 2
= burgenses δ 8, Q 19, 4. 4a
= canonici K 214. 215
= clerici K 99g. h. 110. 227a, Q 2, 1. 2. 3a. b. 6, 3. 7a. 23, 1. 38. 52. 58–60. 74
= comites K 99g, Q 2, 2. 3
= conversi K 213. 214. 215. 218a, QV 281
= decani Q 21, 1
= episcopi Q 21, 1. 23, 21. 55–57
= executores testamentorum K 57h
= homines (monasterii) δ 8, K 77, Q 19, 4. 4a
= iniquitatis filii Q 5, 1–6a. (6b). 7. 7a. (b)
= laici K 99g. 227a, Q 2, 1. 2. 3. 3a. 3, 2. 6, 3. 7a. 23, 1. 38. 52. 58–60. 74
= milites K 99g, Q 2, 1. 2. 3. 3, 2
= monachi K 213. 213b. 218a. (225c), QV 281
= nescientes afflictis compati Q 4, 7
= nobiles K 99g, Q 2, 1. 2
= officiales Q 21, 1
= parrochiani Q 3, 1. 1a. 2a. b
= predecessores episcopi Q 23, 57
= prepositi Q 23, 61
= priores Q 23, 79
= professores ordinis Q 22, 7. 10
= rectores ecclesie Q 23, 64
= sacerdotum et clericorum filii et consanguinei Q 22, 20g
= vas nitentes incrustare sincerum K 230
= vicarii Q 21, 1
= qui exultant in rebus pessimis Q 4, 2. 2a
= qui fuerunt pro tempore (abbates,

predecessores, prepositi) Q 23, 57. 58. 61; gloriantur in malitia Q 7, 1; in rebus pessimis Q 4, 7a; letantur, cum malefecerint Q 4, 2. 2a. 7a; nomen domini recipere in vacuum non formidant Q 4, 1. (1a). 3. 7a. 6, 1. 1a. (2). 7c.
noscere
    n-citur (-catur, -cuntur) ab antiquo instituta fore Q 23, 77. 105
    = ad aliquem collatio pertinere K 144; ratione sepulture pervenisse K 126
    = ad subsidium oppressorum esse institutum K 213
    = hactenus cimiteria habuisse K 118
    = sententiam (-as) incurrisse K 71a. 150a, Q 21a, 1
    = spiritualem iurisdictionem obtinere Q 11, 4.
noster (in Titulatur) N 13–15, QV 370.
notarius pape N 1 Zus. d.
notitia s. habere, pervenire.
notorius K 235.
notula N 55, K 6. 19
    doctrinalis K 14. 62c. 183
    s. elicere.
novalis s. decima, percipere.
novicius s. absolvere, status.
novisse
    ad audientiam nostram (scil. pape) pervenisse K 19g. 30f. 41f. 62e, Q 1, 1, QV 271. 272. 396
    indigere bona correctionis QV 358
    = visitationis et inquisitionis officio π 1.
novus s. imponere, servitus.
nubere s. benedictio, exigere, extorquere, licentia, postulare.
nubilis s. annus, existere.
nullatenus s. habere, intromittere, posse, promittere, relaxare.

numerus
  certus s. habere, statutum
  s. nomen.
nuntiare
  aliquem (-os) excommunicatum (-os)
  publice K 59–61. 62a. 65. 66. 71
  Zus. a. 71c. e. g. h. 74, Q 21a, 1;
  de facto K 150b; et suspensos Q 16,
  4a; motu proprio K 109. 150b; pro
  quodam pecuniario debito K 113a;
  temeritate propria K 108. 108a, Q
  16, 4a; usque ad satisfactionem condignam K 71a
  commune interdictum Q 21a, 1
  irritum et inane litteras et quicquid
  ex ipsis secutum existit Q 20, 1
  s. facere, mandare, studere, temeritas.
nuptie s. aspirare, assignare, bonum,
  conqueri, donatio.
nutrimenta
  animalium s. decima, exigere, extorquere.

O

obaudire
  mandata etc. K 201. 202. 204. 237,
  Q 26, 8, QV 346b. 403
  = (-um) nostra (-rum) (scil. pape)
  K 234. 237, Q 26, 8. 10
  monitiones monitoris Q 26, 10
  preces K 234. 237.
obedientia
  debita s. exhibere
  denegata s. conqueri, incidere
  manualis s. prestare
  s. agere, amovere, committere, concedere, detinere, morari, ordinare,
  pena, precipere.
obedire
  abbati non debere in omnibus N 62
  Zus. 1
  nostris (scil. pape) beneplacitis humiliter K 234

s. nolle, teneri.
obiector s. invenire.
obiectus
  frivole appellationis s. obstare.
obitus s. cognoscere.
oblatio s. cogere, decernere, satisfacere,
  satisfactio.
obligare
  pignori decretales suas K 111
  = nonnullas vineas Q 23, 111
  = temeritate propria Q 23, 111
  se ad id sub certa pena efficaciter
  K 99a; ad collationem beneficii per
  patentes litteras N 62, 24, K 30ba,
  13
  titulo pignoris bona K 46a; decimas
  K 37; domos K 30ga. 37, QV 267.
  271; nemora K 37; possessiones K
  33. 34. 36. 37. 39. 41. 41e. f. 43.
  46a; prata K 37; proventus decimarum K 44; redditus K 41f; terram
  (-as) K 30ga. 31. (32). 33–35. 37. 38.
  40–41a. 41c–g. 43. 46a, QV 267.
  272. 395d; vineas K 30ga. 37. 41a
  s. detinere.
obligatio s. compellere, relaxare.
obligatus s. existere.
oblivisci
  proprie salutis K 130.
obmittere
  non o. s. compellere.
obnubilare
  calumpnie tenebris lucem veritatis
  K 230.
obruere
  innocentiam Q 6, 6a.
obsequium
  divinum Q 9 passim
  familiare K 113a
  o-quia mortuorum K 120a–c
  s. exhibere, exigere, extorquere,
  mancipare, teneri.
observantia
  iuramenti s. compellere

mandatorum domini s. delectari, gloriari

ordinis s. morari

pacis s. delectari

regularis s. approbare, asperitas, denuntiare, experientia, transferre.

observare

arbitrium Q 14, 4a. 7. 12. (13). 14

compositionem N 62 Zus. f, Q 14, 3. 5. 6. 8–10. 15, 13

constitutionem (-es) π 2, QV 401b

consuetudinem K 92. 120. 120a. 165. 170. 172, Q 11, 4. 14, 3. 15, 16. 25. 35. 37. 46. 59

formam K 116a

firmiter π 6. 11. 12. 15. 16. 28, δ 10, K 1. 3. 10. 11d. f. 21 Zus. b. 57h. 71g. 72. 150. 164d. 195c. 221a, Q 14, 5–7. 15, 6. 13. 34. 40. 42. 46. 57. 16, 5, QV 263. 350b. 400a. 401

inviolabiliter K 221a. c, Q 11, 4. 15, 7. 8. 40. 41. 44

iuramentum N 55 Zus. a

ordinem iuris Q 15, 36. 40. 41

pacifice K 92. 165. 170. 172, Q 11, 4. 14, 1. 3. 9. 15, 16. 25. 35. 37. 46. 59

sententiam (-as) (scil. excommunicationis) N 62 Zus. h, Q 11, 4. 15, 6–8. 40–42. 44

statutum K 150. 195a. c. (d). 220–221c. 238a

= non o. K 150

testatorum voluntates ultimas K 57h

usque ad satisfactionem condignam N 62 Zus. h, Q 11, 4. 15, 7. 8. 41. 44

s. consuetudo, contradicere, debere, facere, forma, mandare, renuere, velle.

observatio

arbitrii, compositionis s. compellere.

obsistere

canonicum aliquod non o. K 183b

= sibi nichil K 151

gloriantibus in malitia taliter Q 4, 1. 1a

nisi rationabile quid obsistat Q 14, 20. 22. 26, 8. 9.

obstaculum

(frivole, frustratorie) appellationis s. interponere, tollere

contradictionis s. sufferre

s. impedire.

obstare

non (nequaquam) o-ante (-ibus) appellatione frivola K 213; cautionibus K 28. 30. 46a, QV 276; concessionibus K 225c; confessionibus Q 1, 1; confirmationibus Q 23, 1. 38. 52. 59; consuetudine (-nibus) K 226. 238h, Q 3, 1. 1a. 2a. 22, 13b, QV 401b; constitutione (-nibus) K 164d. 238h, Q 6, 7d. 22, 13b, QV 263; defectu (scil. natalium) Q 22, 2–4. 7. 8. 9a. b. 12d–20b; et aliis premissis Q 22, 1. 5. 10; fide K 30s; frivole appellationis obiectu K 218a; illegitimitatis macula Q 22, 3. 13; impedimento Q 22, 20c; indulgentia (-iis) N 1 Zus. c. 35, π 18, K 3. 4. 85. 226; instrumentis K 28. 30. 30ga. v. 41g. 43a. 46a, Q 1, 1. 23, 1. 38. 52. 59, QV 276; iuramento (-is) K 30g, Q 1, 1. 14, 4a. 23, 1. 38. 52. 59; lapsu temporis K 177; litteris K 28. 30. 30s. v. 43a. 46a. 62e. 70. 72. 225c, Q 1, 1. 23, 1. 38. 52. 59, QV 276; ommissione Q 10, 1; penarum adiectionibus Q 1, 1; penis K 28. 30. 30s. 43a. 46a. 62e. 70. 72, Q 23, 1. 38. 52. 59, QV 276; renuntiationibus K 28. 30. 43a. 46a, Q 1, 1. 23, 1. 38. 52. 59, QV 276; si eidem ordini (vel alicui) sit indultum N 34 Zus. b. 62 Zus. 3, K 11f. Zus. a. 15e, Q 1, 1. 2. (6, 7a). 7, 1, QV 358; si monasterium ipsum statutum habeat roboratum K 237; statuto (-tis) K 226.

234. 238h, Q 22, 13b, QV 401b; venditione K 30ga. 42. 46a, QV 271

nihil o-stat s. impedire.

obtinere

aliquid K 92

beneficium absolutionis K 59. 71c; non o. K 214. 215, QV 281

= ecclesiasticum Q 22, 1. 2. 4. 5. 8. 9a–10. (12). 12d. 14. 17–19. 20f

bona Q 3, 1. 1a. 2a

canonicatum Q 1, 3c

canonice K 107a. 121. 179b, Q 3, 1a. 2b. 22, 20h

de tua circumspectione (discretione) plenam in domino fiduciam K 214. 215. 218. 236, Q 1, 1. 22, 15. (19). 20. (20f), QV 281

decimas Q 25, 1

dignitatem (-es ecclesiasticas) Q 22, 20h, QV 317, 2

dispensationis gratiam Q 22, 1. (2). 5. 6. 8. 9a. (14–16). 17. 19

duas vel reliquam tertiam partes ecclesie Q 23, 109

ecclesiam (-as) parrochialem (-es) K 107a. 121, Q 3, 1a. 2b. 11, 9a. 22, 20h

fetus animalium Q 3, 2

fructus Q 6, 7d

= arborum Q 3, 2

in usus proprios K 107a. 121. 179b, Q 3, 1a. 2b. 11, 9a

ius patronatus K 180

= presentandi K 174

iuste et pacifice (scil. libertates et immunitates concessas nec non libertates et exemptiones secularium exactionum indultas) Q 8, 1a. b

legumina Q 3, 2

licentiam transeundi K 225

= (scil. transferendi) non o. Q 1, 3a

molendina Q 3, 1–2a

nullam confirmationem (scil. ordinis) a sede apostolica K 228

(nullam) dispensationem super defectu natalium Q 22, 20h; non o. Q 22, 1. 5. 10. (11)

ortos Q 3, 1–2a

perpetuam (–as) capellaniam (–as) K 179a. c, Q 23, 73. 94

= vicariam Q 23, 2

personatum (–us) N 1, Q 22, 20 h, QV 317, 2

portionem ecclesie Q 23, 31. 36. 97

possessiones K 99a, Q 3, 1. 1a. 2

prata Q 3, 1–2a

prebendam Q 1, 3c. 23, 16. 72

proventus K 179b, Q 6, 7d

redditus Q 6, 7d

robur firmitatis debitum Q 11, 4. 15, 40. 41. 42. 44

salinas Q 3, 2

specialem fiduciam in domino K 164d

spiritualem iurisdictionem Q 11, 4

terras K 99a, Q 3, 1–2a

vineas Q 3, 1–2a

s. asserere, committere, contingere, debere, facere, merere, noscere, persona, posse, presumere, proponere, suffragari, valere.

obviare

conatibus malignorum Q 4, 2

= molestatorum Q 7, 1

et scandalis et malis K 164d

malitie (-iis) (molestantium) K 227a, Q 4, 1. 3. 7a. 6, 1a (= molestatorum)

molestiis molestantium Q 6, 1

nequitiis perversorum Q 4, 5

temeritati Q 22, 20h

s. cupere, debere, velle.

occasio

debita s. assumere

s. solvere, supponere.

occultare

bona Q 5, 1. (2). 6. 6a. (b). 7a

census Q 5, 1. (2. 4. 5). 6. 6a

decimas Q 5, 1. (2. 4. 5). 6. 6a. (b)

procurationis K 140, QV 404

visitationis π 1, δ 10, K 184

s. audire, celebrare, cessare, consuevisse, debitum, defraudare, dinoscere, exercere, exequi, facere, immiscere, impedire, impendere, inardescere, indigere, intendere, licere, novisse, occurrere, onus, perducere,
presumere, procedere, procurare,
procuratio, promovere, prophanare,
servire, sortiri, spectare, teneri, valere.

oleum s. quantitas, spoliare.

olim s. existere.

ommissio s. obstare.

ommittere

episcopum loci Q 15, 26

s. appellare.

omnes libertates et immunitates Q 8
passim.

omnino s. desistere, discernere, ducere,
habere, reclamare.

onerare

super aliquibus tuam conscientiam
Q 22, 1. 3. 5. 8. 9a. 13

s. intendere.

onus

beneficii s. requirere

debitorum, paupertatis s. premere

o-ra episcopalia s. incumbere

= officii s. sortiri.

oportunus s. favor, locus, presidium,
prosequi, providere, remedium, tempus.

opponere

impedimenta ficticia fraudulenter K
120b

se contra iustitiam K 83. 170. 181,
QV 382

= institutioni K 170. 181

= super hoc K 83, QV 382

= temere, quominus idem traducat
mulierem K 153

s. dispendium, scandalum.

oppressor s. invenire, noscere, suffragium.

opprimere

canonicam secularem vi K 62f

fidem et fideles Christi Q 13, 1 Zus.
a

s. instituere, intendere, moliri, subsidium.

opprobrium

ordinis s. mendicare.

optare

libere prebendas canonicorum decedentium K 92

prebendam iuxta consuetudinem K
92

s. posse.

opus

pietatis s. convertere

s. construere, denuntiatio, exhibere.

ordinare

ad presentationem alicuius Q 26, 1.
3–7

aliquid K 227

de licentia alicuius Q 26, 7

= prioratibus, grangiis, domibus et
obedientiis K 225c

in presbiterum Q 26, 1. 3. 5–7

= subdiaconum Q 26, 2. 4. 8. 10

sine certo titulo Q 26, 1–3. 6. 8

s. ducere, procurare, providere.

ordinarius Q 15, 49. 59a

s. auctoritas, deputare, ducere, habere, iudex, iurisdictio, proprius,
supponere, vertere.

ordinator s. providere.

ordo

approbatus K 227

ecclesiasticus Q 22, 20g

iudicialis K 227e

iuris Q 15, 36. 40. 41

minor N^a 14 Zus. c, N 12 Zus. a, K
110. 183b, Q 15, 34. 22, 14

monasticus K 213b

regularis K 195a. 220–221a. 238a

regularium N 1 Zus. a

sacer K 163, Q 22, 7. 9b. 12d. 20–20b

superior Q 22, 2. 5. 9b. 10

s. administratio, approbare, asperitas, assumere, clericus, cogere, committere, confirmare, conformare, constituere, consuetudo, debere, denegare, derogatio, desiderare, dignitas, disciplina, ducere, executio, exigere, existere, exprimere, facere, honestas, inficere, instituere, institutum, intrare, licentia, licere, mendicare, ministrare, moliri, morari, nolle, nonnullus, observantia, observare, obstare, obtinere, officium, opprobrium, persona, placere, posse, pretermittere, professor, profiteri, promovere, recedere, recipere, remanere, requirere, respicere, rigor, sacerdotium, scire, statutum, suscipere, suspendere, sustinere, teneri, tolerare, transferre, transire, valere.

origo s. abolere, pudor.

oriri

materia questionis super aliqua re orta est Q 14, 2. 4a. 19. 20; bladi et vini quantitate Q 14, 3a; decimis Q 14, 3a; domibus Q 14, 4; pecunie (-iarum) summa (-is) Q 14, 4. 8. 14; possessionibus Q 14, 4; terris Q 14, 4; vineis Q 14, 4.

orphana (-us)

pauper Na 6–8. 11. 14, N 10 Zus. a. 11. 47. 48. 50. 51. 55, π 11. 12, K 7. 8, QV 346. 359. 375a. 377. 378

s. conqueri, dicere, impetrare, querela, recipere.

ortus I

odiosus Q 22, 20b.

ortus II s. hortus.

ostium (hostium) s. confringere, constare, fractio, frangere.

ovis s. spoliare.

P

pacificus s. assequi, consuetudo, gerere, observare, obtinere, possidere, rex valere.

pactio

dampnosa s. compellere, inire.

pannus

laneus et lineus s. asportare, auferre, induere

s. spoliare.

papalis s. dividere, littera.

par s. transferre.

paradisus

domini QV 358.

paratus

coram aliquo legitime docere Q 15, 50. 52.

parere

sententie diffinitive Q 15, 27. 29; contumaciter non curare Q 15, 41

rei iudicate super decimis et rebus aliis K 129

s. contempnere, nolle, recusare.

parrochia s. construere, debere, finis, habitare, ratio.

parrochialis s. ecclesia, ius, obtinere, presumere, suboriri.

parrochianus K 113a. 114. 116. 117. 119–120a. 121–123. 125. 129. 136, Q 3, 1. 1a. 2a. b

s. existere, gerere, nonnullus, pervenire.

pars

de cotidianis distributionibus s. exhibere, subtrahere

domus s. assignare, dare, renuere

ecclesie s. obtinere, spectare

hereditatis s. habere, impedire, possidere, uti

melior s. declinare

quarta (scil. ratione sepulture) s. exhibere

utraque s. ius, recipere

s. inducere, monere, videre.

partes s. adhibere, citare, convocare, remittere.

pascuum a. alienare, concedere, confirmare, donare, infeudare, possidere, tenere, vendere.

pastor s. habere, preficere, vacare.

pastoralis s. debitum, intendere, occurrere, officium.

patefacere
    prout exhibita petitio p-fecit K 205.

patens s. littera, obligare.

pater
    monachus s. gignere
    s. bonum, succedere.

paternus s. affectus, benevolentia, dilectio, imitator, incontinentia, prosequi.

pati
    defectum natalium Q 22 passim
    dispendium fame sue K 219a. 229
    hoc non p. K 195a. 220. 221. 221a. 222 (= hec). 238a
    iacturas Q 6, 1–2. 7c
    iniuriam N 62 Zus. 1, 14. 15, K 59–61. 62a. c, 3.d. 65. (66). 71 Zus. a. 71c. e. g. 214. 216, Q 6, 1a. 2. 7c
    insidias Q 6, 5
    misericordiam pro Christo K 200
    molestias Q 6, 1
    se traduci K 152
    non p. s. traducere
    s. dispendium, procurare, satisfacere.

patientia s. insanire.

patrator
    precipuus excessus K 67
    = sacrilegii K 65. 66. 71 Zus. a. 71e
    = sceleris K 71g
    s. invenire, reperire.

patria s. consuetudo, mos.

patriarcha Nᵃ 1. 4. 12, N 2. 15. 22. 44. 62 Zus. 1, 3, K 57a
    s. agere, impetrare.

patrimonium

sancti Petri s. conqueri, impetrare.

patrocinium s. communire, debere, exhibere, impertiri, teneri.

patronatus s. conqueri, iniuriari, ius, obtinere, pertinere, questio, reservare, spectare.

patronus (-na)
    a vero (-a) p-no (-na) presentatus K 165. 167. 169. 170. 172. 173. 175. (181). 182, Q 11, 9. 15, 56. 58. 59
    s. asserere, debere, dicere, nominare, percipere, pertinere, preiudicium.

pauper s. conqueri, consortium, dicere, famulari, mulier, orphanus, pertinere, querela, recipere, servitium, vidua.

paupertas s. onus, premere.

pax s. auctor, delectare, famulari, negotium, observantia.

peccare s. audacia, refrenare.

peccator s. diffugium, trahere.

peccatum s. augmentare, deflere, desiderare, diurnitas, revelare.

pecunia
    p-nie quantitas s. dort
    = summa s. dort
    super p. s. instrumentum
    s. compellere, contradicere, convertere, detentor, existere, procurare, reddere, relocare, restituere, restitutio, revelare, satisfacere, solvere.

pecuniarius s. debitum, innodare, multare, nuntiare, pena, supponere.

pecus s. satisfacere, spoliare.

pedagium s. conductor, custos, deputare, exhibere, exigere, extorquere, solvere, teneri.

pena
    canonica Q 15, 42
    certa K 99a, Q 14, 4. 7. 12. 14. 17. 22
    excommunicationis δ 12, Q 20, 1
    obedientie N 62 Zus. 1
    pecuniaria Q 18, 3
    contra usurarios s. edere

sub p. s. citare, compromittere, obligare, precipere

s. adicere, adiectio, compellere, denuntiare, exprimere, facere, imponere, lenimentum, multare, obstare, punire, recipere.

penitentia

competens K 214. 215, QV 281

salutaris K 195a. 214. 215. 220. 221. 238a, Q 22, 1. 5. 10 Zus. a–12. 14, QV 281

s. agere, imponere, iniungere, ministrare, peragere.

penitentialis s. detegere, iudicium.

penitus s. contradicere, denuntiare, ducere, interdicere, requiescere.

pensio

annua K 571. 146

de p-one s. satisfacere

super p-one (-ibus) s. agere, habere, iniuriari, littera

s. adaugere, assignare, concedere, imponere, occultare, prestare, proviso, retinere, subtrahere.

peragere

penitentiam K 214. 215, QV 281.

percipere

annuatim tantum de fructibus etc. ecclesie p-iunt patroni K 107. 107a. 179–179c, QV 365

cum integritate K 99g. h. 124. 128, Q 2, 1. 2

de licentia sedis apostolice QV 401b

decimas novalium Q 27, 1. 2

= quasi in iure Na 15 Zus. a

episcopalia iura δ 10

fructus (de f-tibus) K 40. 41. 41 (c). d–g. 43. 46a. 74. 94a. 99a. g. h. 107. 107a, Q 1, 3. 2, 1. 2. 22, 14, QV 271. 272

= dotis K 155a

integre Q 1, 3

iuste Q 27, 1

minus iuste K 155a

proventus (de p-tibus) K 107a. 124.

136. 179. 179b. 183a, Q 1, 3, QV 350. 365. 401b

redditus (de r-tibus) K 107a. 128. 179a. c. 183a, Q 1, 3

sine diminutione K 136

ultra sortem K 30ga. 31–39. 41a. b. f. g. 42. 43. 44. 46a, QV 267. 268. 271. 272. 395d

s. consuevisse, contemptus, ducere, impedire, iniuria, licentia, preiudicium, valere.

percutere

occulto dei (domini) iudicio morbo lepre p-cussus K 199, Q 4, 6

s. affligere.

perducere

aliquid per sollicitudinem officii nostri (scil. pape) ad debitum effectum Q 8, 1. 1b. (c. 9, 1). 1a. 11, 2b. (3. 5–7. 9. 12, 1. 1a. 14, 3. 3a).

peregrinatio s. accedere, arripere, constituere.

peremptorius s. comparere, terminus.

perhibere

testimonium veritati Na 2, π 6. (7. 8. 14). 16, K 1. 16, QV 400a

s. compellere.

perhorrescere

potentiam merito Na 20. 21. 22 Zus. a, N 4, K 6. 19, Q 16, 11a, QV 316, 3.

periculosus s. evagari, vagari.

periculum

membrorum Q 22, 20g

mortis K 164b

viarum Q 22, 6

in p. sue (-arum) anime (-arum) (committere, copulare, non curare, denegare, detinere, discurrere, ducere, presumere, pretermittere, non vereri) K 57h. 74. 113a. 128. 130. 212. 213b. 225c. 238f, Q 5, 1. 6. 6a. 7a. 15, 42

s. cohabitare, conferre, minari.

periurium s. crimen.

permissio

  iuris s. posse.

permittere

  non p. aliquem molestari Q 1, 1. 4, 1.
2. 3. 7, 1; contra constitutionem
π 2; contra indulta privilegiorum
sedis apostolice (N 62, 23), Q 6, 1.
1a. (7c); contra protectionis et
constitutionis nostre (scil. pape)
tenorem Q 13, 2. 4b

  se ab eo (-dem viro) traduci K 154.
155.

perpendere

  super hoc nullam satisfactionem K
117a.

perperam s. procedere.

perpetuare

  iurisdictionem legitime Q 7, 1

  s. existere.

perpetuus

  in p-tuum s. reservare

  s. adipisci, beneficium, capellania,
capellanus, capere, concedere, confirmare, dare, dominus, famulari,
gerere, iniuriari, obtinere, portionarius, possidere, proventus, spectare,
spoliare, velle, vicaria, vicarius.

persistere

  firma Q 14, 1. 2

  illibata Q 14, 1

  s. debere.

persolvere

  decimas (debitas) Q 3, 1. 1a. 2. 2a

  pecunie quantitatem ad requisitionem K 138.

persona

  cuiusque dignitatis, status, gradus,
ordinis vel condicionis K 30xc

  dignitate predita vel personatum ob-
tinens N 1

  ecclesiastica K 99g. h, Q 2, 2. 3. 3b.
6, 2. 7d. 21a, 1. 2

  habens personatum vel aliam dignitatem Nᵃ 1

idonea δ 10, K 168, Q 11, 2b. 22,
20g

inferior Nᵃ 1. 20, QV 370

inhonesta et male conversationis π 1

regularis K 218. 236

religiosa Q 6, 3. (5. 6b). 7c

secularis K 218. 236

singularis Nᵃ 9 Zus. a, N 57 Zus. a. 61
Zus. a. c

s. absolvere, attendere, attribuere,
cohabitare, committere, conqueri,
considerare, exercere, existere, idoneitas, instituere, molestare, nonnullus, pertinere, presentare, proponere, prosequi, proviso, spectare,
suscipere, teneri, terra.

personalis s. audire, facere, iniuria.

personaliter s. accedere, commorari,
comparere, debere, residere.

personatus s. committere, constituere,
debere, habere, obtinere, persona,
presumere, spectare.

pertinentia s. conferre, confirmare, donare.

pertinere

  ad aliquem (-os) a tempore fundationis seu populationis K 83; beneficium Q 11, 6, QV 382; bona, possessiones, res, terre etc. Nᵃ 17, N 40.
41. 43, π 10. 12. 14, K 3. 46c. ca. 78.
100. 101. 225c, Q 12, 1. 1a. 14, 3. 23,
34. 105; canonicatus Q 11, 6; causarum cognitio Q 14, 3. 15, 16. (17).
25. 35. 37. (38). 46. (48. 50); cellaria Q 14, 2; collatio ecclesiarum
K 144; communiter Nᵃ 17, N 40,
π 10. 14, K 3. 100. 101. 231. 232,
Q 23, 34; cura et administratio ecclesie K 182; exercitium episcopalis
iurisdictionis Q 26, 7; institutio K
165. 169. 170. 172, Q 15, 59; iure
hereditario Q 14, 2; ius patronatus
K 168; ius ponendi alcades K 83;
iusto titulo K 46 ca; personas

recipi facere K 185f. 188. 189.
195. 202; prebenda Q 11, 6; prioratus K 188. 189. 195. 202; receptio (canonicorum, sororum) K
231. 232; reformatio π 1; representatio K 175

ad abbatem (-tissam) K 46c. 232, Q
23, 105

= archidiaconum K 175, Q 15, 25.
35. (48. 50). 59

= archiepiscopum K 182

= capitulum Q 23, 105, QV 382

= clericos Q 23, 34

= collationem Q 11, 6

= conventum K 46c. 232, Q 23,
105

= decanum Q 15, 25. 35. (38. 48)

= domum N 41

= episcopum K 83. 169

= fratres Q 14, 2

= hospitale N 41, K 78

= magistrum (-am) K 231. 232

= mensam episcopalem N 43

= monasterium K 188. 189. 195.
202. 225c

= officialem K 172, Q 15, 16. (17).
25. 35. 37. (38). 46. (48. 50)

= patrones K 170

= pauperes π 12

= prepositum K 165

= priorem K 168

= Romanam ecclesiam nullo medio
(mediante) π 1, δ 8, K 12b. 221a.
236, Q 2, 3a. 4, 1. 6, 1a. 7, 1. 23,
59. 77. 82. 105. 23, 5, QV 263

= sorores K 232

s. dicere, dinoscere, noscere.

pertractare
affectione coniugali K 159

= maritali K 157. 159 Zus. a
causam K 29
negotium K 43a
propter potentiam alicuius causa
infra (Romanam) civitatem seu diocesim p-ri secure nequit (non potest)
K 29. 43a
sincera in domino caritate iuxta
continentiam litterarum K 201. 204.
205b. (206. 223). 234. (238e), QV
346b. 403.

pervenire
ad aliquem funeralia ratione corporum parrochianorum K 125; lucra
usurarum K 19f. 23. 24. 26. 301. n.
p-r. v. x. xb; ratione sepulture K
126

= audientiam nostram (scil. pape)
(N 62 Zus. 2, 3), K 19g. 28–30. 30f–i.
s. t. v. xc. 39. 41a. f–43a. 62e. 71, Q
1, 1. 14, 4a, Q 23 passim, QV 271.
272. (274). 276. 277. 396

= aures nostras (scil. pape) QV 358

= heredem bona K 57 p

= heredes terre, possessiones et
bona K 46a

= manus heredis bona K 15b

= notitiam alicuius K 175, Q 15, 27
s. noscere, novisse.

perversitas
exactionis et extorsionis s. desistere
s. cohibere.

perversus s. obviare.

petere
procurationem N 62 Zus. m
remedium adhiberi K 213b
sententia apostolico munimine roborari N 62 Zus. i, K 235, Q 14, 1–
3. 6

= confirmari Q 15, 6–8, 40
super hoc sibi provideri Q 1, 2; subveniri K 218a
suppliciter Q 1, 2
s. preiudicium, valere.

petitio s. attendere, continere, exhibere, exponere, patefacere.

pietas s. claudere, consuevisse, convertere, ducere, officium, opus, viscera.

pignus s. agere, conqueri, constare, detentio, detentor, detinere, obligare, restituere, titulus.

piscaria s. concedere.

pius s. debere, defraudare, deliberatio, dinoscere, donare, erogare, facere, fovere, habere, incipere, intentio, memoria, protectio, studium, usus, vacare, vita.

placere
   sibi aliquid N 62 Zus. 1
   = ordinis disciplina K 230
   s. posse, precipere.

plebanatus s. lesio, spectare.

plebanus N 28.

plebs s. accedere, exercere.

plenarius s. exhibere, satisfactio.

plenus s. debere, dicere, facere, fiducia, gaudere, habere, impendere, intellegere, ius, mentio, obtinere, restituere, satisfactio, spectare, subicere.

plumbum s. lineare.

ponere
   alcades K 83
   in nullo rescripto ultra tres dioceses (vel civitates) Nª 3, N 38
   mundum in maligno Q 4, 3. 3a. 7a
   proprium nomen (scil. in littera) N 22 Zus. a
   non p. s. attentius, proviso, quod, testis
   clausulam „testes", „usuris cessantibus" s. dort
   s. debere, dinoscere, ius, pertinere, proviso, quia.

pontifex
   Romanus s. habere.

populatio s. pertinere, tempus.

populus s. monere.

porcus s. asportare.

porta s. frangere.

portio
   canonica s. debere, exhibere, providere, subtrahere

ecclesie s. obtinere, spectare

equalis s. dividere.

portionarius
   perpetuus δ 13, Q 23, 100. 101.

posse
   ad abbatiam, administrationem, dignitatem etc. assumi Q 22, 3. 13. 15 Zus. a
   = hoc compellere K 234
   = ordines promoveri Q 22, 2–5. 8. 9a–10. 12d. 13. 14. 19
   absque gravi scandalo fieri K 195a. 220–221a. 238a
   alicui deformatio monasterii imputari QV 358
   = precipere, quicquid sibi placet N 62 Zus. 1
   = providere Q 26, 2
   aliquid erogare K 46c, QV 315h
   = iudicare N 54a, π 3b
   beneficium ecclesiasticum obtinere Q 22, 1. 2. 4. 5. 8. 9a–10. (12). 12d. 14. 17–19. 20f
   causam committere N 34 Zus. b
   contra aliquem conqueri Nª 14, QV 360a. b; impetrare N 49. 50
   corpora discerni K 117a
   de ecclesia disponere K 183b
   = iure requiri K 55. 57n. 176. 183
   duritiem emollire K 234
   ecclesiam possidere K 91
   ex forma litterarum sententiam excommunicationis promulgare K 117a
   excessus presumi K 150
   executrix (testamenti) esse K 50. 57a, 6
   extra civitatem vel diocesim trahi N 2. (5. 6 Zus. a), QV 317, 3
   gratiam impedire K 234
   iactura sequi Q 22, 20h
   in eadem littera conqueri QV 373a
   = monasteriis recipi K 195a. 220–221a. 238a

= ordinibus ministrare Q 22, 1. 3. 5.
9 b–12. 12 b. 15 Zus. a. 20 f.
= presbiterum promoveri Q 22, 11
= quiete spiritus insistere Q 6, 4 a
iuris permissione licite Q 22, 3. 13
laudibus intendere Q 6, 7
libere aliquid dare K 225 a
liberius delectari Q 4, 1 a
= gloriari Q 4, 1
mulieribus commisceri K 150
nulla tergiversatione celari K 235
plenius veritatem intellegere K 236
per vim et metum, qui cadere possunt
in constantem K 62 e. 63. 71. 71 g
prebendas optare K 92
prestante domino adipisci Q 9, 1. 1 a.
2 a
pro alicui agere N 62 Zus. 2, 2
vitam regularem ducere K 225 d
non p. s. absentare, adire, agere,
appellare, audire, citare, cognoscere,
cohabitare, committere, compellere,
conferre, confirmare, conqueri, convenire, excommunicare, exhibere,
fieri, habere, impedire, impetrare,
imponere, interdicere, interesse, pertractare, preiudicium, probare, providere, remanere, subdelegare, supportare, suspendere, sustentare, sustinere, terminare, trahere
nullatenus p. s. habere
vix p. s. adicere
s. experiri, impedire, sequi, velle.

possessio
corporalis QV 325 a
decimarum Nᵃ 15 Zus a
prebende K 90
de p-onibus s. satisfacere
super p-onibus s. attendere, conqueri, impetrare, iniuriari, littera,
molestare, oriri, questio, trahere,
vertere
s. alienare, assequi, assignare, cogere, compellere, concedere, conci-

pere, confirmare, contingere, decima, detentor, detinere, dimittere,
donare, erogare, habere, impedire,
inducere, infeudare, interdicere, locare, nancisci, obligare, obtinere,
occultare, occupare, pertinere, pervenire, posse, procurare, proventus,
recipere, repetere, restituere, retinere, spectare, tenere, trahere, vendere.

possidere
aliquamdiu K 57 q. 89. 91. 94 a. 95–
97. 99 b. d. e. fa. 183 b, QV 357. 400 a.
401
beneficium K 96, QV 357
bona K 99 g, Q 2, 1. 9, 1. 1 a. 2 a. 13,
1. 2. 4 a. b
canonicatum K 94 a. 97. 99 fa, Q 11,
1
capellam Q 11, 2 a
castra K 99 h
decimas Q 9, 1. 1 a
domos K 99 g. h, Q 2, 1. 9, 1. 2 a
ecclesiam K 91. 99 d. e. 183 b, Q 11,
8. 9 a, QV 400 a. 401
grangias K 99 g. h
iura K 99 h
iurisdictiones K 99 h
iuste et pacifice Q 8, 1. 9, 1. 1 a. 2 a;
quiete Q 11, 1–2 a. 8. 9 a
libertates et immunitates nec non
libertates et exemptiones secularium
exactionum Q 8, 1
molendina K 99 h
nemora K 99 h, Q 9, 1 a
ortos Q 9, 1
pacifice K 57 q. 87; et quiete K 88.
91. 95. 99 b. d. e. fa–h. 183 b, Q 2, 1
partem hereditatis K 57 q
pascua K 99 h, Q 9, 1 a
perpetuam vicariam Q 11, 2
possessionem (-es) K 87. 99 g. h, Q
2, 1. 9, 1 a. 2 a
prata K 99 h, Q 9, 1 a. 2 a

prebendam K 89. 94a. 97. 99fa, Q
11, 1

preposit_uram K 99b

rationabiliter Q 9, 1. 1a. 2a. 13, 1. 2.
4a. b

rectoriam hospitalis K 95

redditus Q 9, 2a

regimen monasterii K 99c

silvas Q 9, 2a

sine lite K 96. 97, QV 357. 400a. 401

terras K 99g. h, Q 2, 1. 9, 1. 2a

villas K 99h, Q 2, 1

vineas K 99g, Q 2, 1. 9, 1. 2a

s. impedire, posse, valere.

post iter arreptum N 62, 11, Q 24 passim, QV 317, 6.

postponere

appellationem (a-tione p-sita) π 19,
K 220. 221, Q 4, 1. 2. 6, 1a. 7, 1.
13, 4b. 15, 2. 3. 42. 23, 52

dei timorem K 58–60. 62. 62a. d–
ea. ka–65. 68–71e. g

non p. s. procedere

s. concremare, cupere, frangere, inicere, iniectio.

postulare

alii nubendi licentiam K 164c

providere (-ri) humiliter K 214. 215.
217, QV 281

= per sedem apostolicam K 213.

postulatio

iusta s. concurrere

s. pretendere, titulus.

potens

iniquitate Q 7, 1.

potentia

laicalis K 89

s. fulcire, intrudere, perhorrescere,
pertractare, suffragari.

potestas (= podestà) Nᵃ 9, N 57. 67

s. conqueri, impetrare.

potestas

aliena s. constituere

privilegiorum s. servare

specialis (scil. apostolice sedis) s. habere

s. attribuere, habere.

potus s. communicare.

pratum s. alienare, concedere, confirmare, detinere, dimittere, donare,
exhibere, fructus, infeudare, obligare, obtinere, occultare, possidere,
tenere, teneri, vendere.

pravitas

heretica s. corrumpere, fermentum,
inquisitor

symoniaca s. labefacere

usuraria s. extorquere

s. facere.

pravus s. agitare, consuetudo, dicere,
homo, impertiri, incursus, pretextus, resistere.

prebenda s. adipisci, assequi, cassare,
collatio, conferre, confirmare, decedere, decernere, detinere, erogare,
fructus, impedire, inducere, iniuriari, nancisci, obtinere, occupare,
optare, pertinere, posse, possessio,
possidere, proventus, recipere, retinere, spectare, spoliare, subtrahere,
vacare, valere.

prebere

iustis desideriis facilem assensum
(consensum) Q 11, 1. (2). 2a. (8).

precavere

molestiis Q 7, 1

monasterii indempnitati Q 10, 1

s. velle.

precentor N 28.

preceptor

hospitalis N 41, K 117

s. preiudicium.

preces

forma „preces et mandata" K 185a–
200. 205a. 222–224. 227. 228. 231.
237. 238c. d, QV 346a. 356. 402. 405

s. dirigere, implere, inclinatus, obaudire.

precipere
  aliquid dari K 57 b
  = erogari (in pios usus) Nᵃ 4, N 46,
  K 15 d. 47. 50. 53. 56. 57 g. k. o. 94
  Zus. a, QV 263
  = exhiberi K 52
  de aliquibus rebus satisfieri K 48.
  57 d
  in testamento K 15 d
  = ultima voluntate K 48. 57 d
  sub pena obedientie quicquid sibi
  placet N 62 Zus. l
  s. posse.
precipuus s. invenire, patrator, reperire.
precludere
  aditum committendi similia Q 6, 7 d
  s. remedium.
preda s. abducere.
predecessor
  episcopi Q 23, 57
  noster (scil. pape) K 125. 149. 164 d.
  195 a. 205 b. 220–221 a. 223. 238 a,
  Q 1, 3. 7, 1. 16, 11 a. 21 a, 1. 26, 1–3.
  10, QV 263. 401 b
  s. inherere, nonnullus.
preditus s. committere, persona.
predo
  contra p-dones Q 14 passim
  s. assistere, audacia.
preficere
  in episcopum et pastorum Q 23, 80.
prefigere
  competentem terminum π 1, K 116 a,
  Q 5, 1. 6. 6 a. 7 a. 15, 43
  s. comparere.
preiudicium
  abbatis δ 8, K 46 c. 99 f. 118. 121.
  123. 180. 212. 225 a, Q 2, 2. 19, 4. 4 a
  abbatisse K 115. 123
  canonici K 89
  capituli K 176
  clerici K 71 h. 78 a. 129. 135. 167. 174,
  Q 15, 42. 58. 21 a, 2. 24, 1

colonum QV 392
commendatoris K 77
consulum K 149
conventus δ 8, K 46 c. 57 q. 115. 118.
  121. 123. 180. 212. 225 a, Q 2, 2. 19,
  4. 4 a
crucesignati Q 24, 2
decani K 176
ecclesie δ 9, K 62 h. 113. 114. 121.
  133. 171, Q 1, 3 c. 19, 5, QV 392
episcopi δ 9, K 142–144, Q 17, 1. 19,
  5
fratrum K 77. 117, Q 1, 3 b
grave K 71 h, Q 2, 2. 21 a, 2
hominum K 124
iuris Q 27, 1. 2, QV 258 b. 315 h
laici K 128, Q 24, 2
militis K 155 a
monasterii K 46 c. 74. 225 a. 235
mulieris K 161
non modicum δ 1, K 46 c. 57 q. 74.
  89. 99 b. f. 128. 129. 155 a. 183 b.
  225 a. 235, Q 1, 2. 16, 11 a, QV 392
patronorum ecclesie K 166
preceptoris hospitalis K 117
prepositi K 99 b
presbiteri Q 15, 59
prioris K 57 q. 163
rectoris ecclesie δ 1, K 122. 171. 182.
  183 a. b, Q 14, 20–22, QV 392. 395 c.
  401
scabinorum K 149
universitatis K 149, Q 16, 11 a
  in alicuius p. (attemptare, detinere
  arrestatum, id efficere non curare,
  instituere, intrudere, non redundare) K 71 h. 183, Q 14, 3 a. 24, 1. 2; et
  detrimentum (non solvere) δ 8, Q 19,
  4. 4 a; et gravamen (admittere, asportare, celebrare, cessare, commorari, conferre, construere, contradicere, denegare, detinere, differre, exhibere, id efficere pretermittere, impedire, instituere, ministra-

re, non curare arbitrari vel procedere, occupare, percipere, presumere, se procurare institui vel intrudi, supponere, terminare non posse) δ 1. 9, K 46c. 57q. 62h. 71h. 74.
77. 78a. 89. 99b. f. 113. 114. 115.
117. 118. 121–124. 128–130. 133.
135. 142–144. 149. 155a. 161. 166–
168. 171. 174. 176. 180. 182.
183a. b. 212. 225a. 235, Q 1, 3b. c.
14, 20–22. 15, 42. (43). 58. 59. 16,
11a. 17, 1. 19, 5. 21a, 2, QV 392.
395c. 401; et iacturam Q 1, 2
sine iuris p-cio alieni (concedere, petere, precipere, recipere, retinere,
valere) Q 27, 1. 2, QV 258b. 315h
s. dampnum, efficere, generare, imminere, ius, nolle.
prelatura s. assumere, valere.
prelatus
    superior s. officialis.
premere
    onere debitorum monasterium Q 1, 1
    = paupertatis clericum K 141.
premittere
    absolutionem debitam K 116a
    monitionem (m-ione p-missa) δ 8.
    9, K 18. 19b. d. 20b. 21. 24. 27a–
    30. 30f–i. s–v. x. 32. 33. 37–40. 41b.
    d. f. g. 42–43a. 57f. h. k. 62e. 71.
    99g. h. 120–120b. 128. 133. 136. 150.
    152. 154. 155. 156. 157. 159. 160. 208.
    212. 213a. 225. 225b. 238e. f, Q 1,
    3a. 2, 1. 2. 3, 1–2a. 6, 7d. 14, 8. 10–
    12. 14. 22. 15, 19. 41. 16, 5–8. 10. 19,
    4. 5. 21a, 2. 26, 8. 9, QV 267. 268.
    271. 272. 276. 277. 350. 395c. 396
    s. constare, obstare, providere.
premium
    eterne retributionis s. rependere.
prepositura s. assequi, detinere, occu-
    pare, possidere, spectare, spoliare.
prepositus Na 1, N 26. 28, K 37. 49.
    99b. 108, Q 23, 10

s. gubernare, nonnullus, pertinere,
    preiudicium.
presbiter K 112, Q 22, 1. 12. 14
    s. bonum, gignere, ordinare, posse,
    preiudicium, procedere, promovere,
    sufficere.
prescriptio s. derogare.
prescriptus s. facere, forma, neglegere,
    tempus.
presens s. auctoritas, communire, dis-
    pensare I, generare, indulgere.
presentare
    ad capellam Q 11, 2b
    = (vacantem) ecclesiam K 165. 167–
    173. 175. (181). 182, Q 11, 9. 15, 56.
    58. 59
    aliquem canonice K 165. 167–170.
    172. 173. 175. (181). 182, Q 11, 9. 15,
    58. 59
    = minus canonice K 171
    clericum (-os) K 171. 173
    infra legitimum tempus K 166. 176.
    177
    iuxta consuetudinem K 173
    personam idoneam K 166. 168. 176.
    177, Q 11, 2b
    non fuisse p-tatus K 174
    s. asserere, denegare, ius, obtinere,
    patronus.
presentatio s. admittere, facere, in-
    stituere, ordinare.
presentator s. providere.
presentia
    pape (nostra) s. cogere, redire, trans-
    mittere.
preservare
    propensius a dispendiis Q 6, 7d
    s. teneri, velle.
presidentes
    capitulo (-is) K 195a. c. d. 220. 221–
    221b. 238a
    s. existere, habere.
presidium
    apostolicum s. communire, implorare

defensionis s. assistere, teneri
favoris oportuni s. prosequi
protectionis et tuitionis s. assistere
s. convenire, decere.
prestare
   aliquid abbati Q 11, 4
   = archipresbiteratui Q 5, 4
   = ecclesie Q 5, 5
   = mense episcopali Q 5, 2
   assensum Q 23, 111
   cautionem fideiussoriam K 62c. 71
   = idoneam K 164
   = sufficientem Q 15, 29
   census Q 5, 2. 4. 5
   decimas Q 5, 2. 4. 5
   fidem K 30s
   iura Q 5, 2
   iuramentum (super hoc) N 62, 9, K
   30ba, 5. 30g. s. 43a. 62e. 71. 130.
   153, Q 14, 4a. 10. 11
   manualem obedientiam et reverentiam Q 11, 4
   pensiones Q 5, 4. 5
   redditus Q 5, 2. 4. 5
   terragia Q 5, 4. 5
   domino p-ante s. posse
   s. cogere, facere, teneri, venire.
presumere
   absque consensu legitimo novas
   servitutes imponere Q 2, 3
   aliquem abducere K 75. 77
   = capere K 62e. ka. 64. 71. 150a.
   227a
   = compellere Q 21a, 2
   = detinere K 61. 62k–63. 150a.
   155a. 227a
   = impedire K 57q. 78. 87. 88. 90–
   92. 94a. 99a. 151, Q 1, 3b, QV
   392
   = impugnare Q 6, 3
   = inclusum tenere K 67a
   = mancipare carceri K 62ka
   = molestare Q 6, 7a
   = retinere K 150a

= vadiare K 227a
= vulnerare K 64
aliquid alienare Q 2, 3
= asportare K 66. 75. 76. 212
= auferre K 150a
= concedere Q 2, 3
= detinere K 57f. 225c. 227a, Q 5,
1. 6. 6a. 7. 7a. 22, 20g
= donare Q 2, 3
= exigere Q 9, 2. 2a. (3). 21a, 1
= extorquere K 77, Q 21a, 1
= infeudare Q 2, 3
= occupare K 227a, Q 22, 20g
= vadiare K 227a
= vendere Q 2, 3
ausu sacrilego K 67a
= temerario K 76
bona deputare K 57h
bonis spoliare K 150a
cognitionem causarum usurpare K
142
contra aliquem procedere K 164d
= instituta canonica Q 21a, 3
= iustitiam K 143
corpora extrahere K 117
= sepelire K 115. 118
= tumulare K 129
dampna, iniurias, molestias inferre
K 77. 227a
dampnate commixtionis excessus
sub erroris velamento p-mi potest K
150
dentes extrahi facere K 77
divina officia celebrare, prophanare
Q 15, 42
in derogationem ecclesiastice libertatis Q 21a, 2
iurisdictionem exercere et usurpare
K 143
ministros dei prosequi Q 4, 2. 2a
nequiter K 66. 75
ecclesias parrochiales, personatus et
alias dignitates ecclesiasticas obtinere Q 22, 20h

professionem monachalem facere K
161

puteos facere ac puteis iam factis
uti K 78

se divinis officiis immiscere K 217

= transferre δ 9, Q 19, 5

sententiam promulgare Q 4, 1. 2. 3.
6, 1a. 21, 1

servitutes imponere Q 2, 3

succedere in ecclesiis Q 22, 20g

temeritate propria K 62ka. 67a. 77.
150a. 227a, Q 2, 3. 21a, 2

vices suas committere K 164d

villam concremare K 76

= invadere K 77

s. contemptus, detrimentum, dispendium, elidere, impedire, periculum, posse, preiudicium, scandalum.

presumptio s. contingere.

presumptor s. refrenare, subvenire.

pretendere
nullum electionis, postulationis vel
alterius iuris titulum K 99f
sibi ius advocatie competere Q 14,
4a.

pretermittere
ad alium ordinem transire K 225
id efficere K 128. 234
in ecclesia residentiam facere K 136,
Q 14, 22, QV 350
s. periculum, preiudicium, scandalum.

pretextus
alienationis Q 2, 3
collationis Q 15, 58
concessionis K 225c, Q 2, 3
consuetudinis (prave) K 120. 120b.
227a
donationis Q 2, 3
infeudationis Q 2, 3
puritatis catholice K 120. 120a
spoliationis K 99b. e
tonsure K 110
venditionis Q 2, 3

s. corrumpere, deferre, detinere, occupare.

pretium
iustum s. constare, decipere, dimidium, deesse, supplere
s. recipere.

prevalere
stilus (curie) iuri Na 23, N 6.

previus s. compellere, procedere, ratio.

primiceriatus s. spectare.

primicerius Q 23, 87.

prior N 25. 26. 62 Zus. 1, K 41f. 57q.
119. 163. 168. 190a. 191. 231, Q 3,
1a. 6, 3. 23, 6. 7. 9. 79. 89. 98. 108.
26, 7, QV 277
Predicatorum N 1. 35, K 57q
secularis N 23 Zus. b
s. gubernare, nonnullus, pertinere,
preiudicium, scribere.

prioratus s. accedere, amovere, committere, commorari, concedere, dare,
detinere, famulari, gubernare, indempnitas, ordinare, pertinere, probare, providere, recipere, spectare,
tenere.

priorissa s. gubernare.

pristinus s. habere, licere, redire, remeare, status.

privare
beneficio N 62 Zus. g
oculorum lumine K 200
regimine monasterii K 99c
s. existere.

privatio s. vacare.

privilegium
(sedis apostolice) Z 10 Zus. a, 5, K
125, Q 6, 1. 1a. 3. (7c). 10, 1. 21, 1,
QV 401b
= crucesignatorum Q 13 passim
= de libera sepultura K 125
= speciale Q 23, 7. 103. 108
contra p-gia N 34 Zus. b, Q 6, 3
s. concedere, facere, fraus, gaudere,
habere, indultum, littera, permitte-

re, potestas, promulgare, servare,
tenor, uti, venire, vis.

probare

causam non coram arbitris sed coram episcopo δ 13

hoc defunctis testibus p-ri de facili
non potest Q 22, 20e

subiectionem (scil. prioratus sub
monasterio) N 62 Zus. h

s. debere.

probatio s. contingere, defectus, exire,
tempus.

procedere

ad correctionem K 213

= litis contestationem nondum Q
18, 1. 2

= monitionem faciendam K 237

auctoritate nostra (scil. pape) N 62
Zus. 1, 20, K 16. (18). 19g. 20b. 21
Zus. b. 22. 28. 30ga. h. q. v, Q 7, 1,
QV 274. 277

= ordinaria Q 15, 59a

contra aliquem (quoscunque) K
164d, Q 15, 59a

= presbiterum iuxta statuta concilii generalis K 112

ex officio (scil. papa) K 43a

in (appellationis) causa N 62, 21,
K 30ba, 10, Q 15, 1. 4. 9. 10. 14–16.
18. 19. 20. 24. 25. 27. (28). 29. (30).
31. 33–36. 39. 45. (47). 56. 16, 5–7.
9. 17, 1–18, 2; non curare Q 17, 1.
2a. (26, 8); postponere Q 17, 2

= negotio N 62 Zus. 1, 20, K 16. 19g.
20b. 21 Zus. b. 22. 28. 30ga. h. q. v,
QV 274. 277

iudicium sine suspicione p-dit Q 18,
1. (2. 3)

iuxta continentiam litterarum Q 15,
1. 4. 9. 10. 45. 56. 16, 7. 17, 1–18, 2

legitime N 62, 21, K 30ba, 10, Q 15,
14–16. 20. 27. 29. 31. 33

perperam Q 15, 15. 18. 19. 20. 24. 25.
29. 34–36. 39

previa ratione Q 14, 21. 15, 1. 4. 9.
10. 45. 16, 5–7. 9. 17, 1–18, 2

secundum formam traditam K 237

super hoc QV 263

s. preiudicium, presumere, valere.

processus

legitimus Q 17, 2a

s. approbare, cognoscere, decernere,
infirmare, invenire, reprobare, servare.

procul s. facere, iactare.

procurare

aliquibus procurantibus K 137

de aliquibus rebus ordinare K 225c

firmiter inhibere Q 2, 3

iuxta officii debitum aliquid K 225c

legitime revocare Q 23 passim

massarias Q 1, 2

misericordiam pro Christo patienti-
bus, scilicet vite subsidium, de bonis
ecclesiasticis K 200

monachos amovere K 225c

nobis (= pape) intimare π 1

restituere bona K 235

= pecuniam K 41d

= possessiones K 235

= terras K 235

revocare aliquid in irritum Q 2, 3

= legitime Q 23 passim. 24, 1. 2

se assumi K 238b

= institui K 176

= intrudi K 180, Q 23, 111

= recipi Q 1, 3a

sententiam confirmare vel infirmare
Q 15, 14–16. 20. 27. 29. 31. (33)

(vite) necessaria ministrare K 238e

non p. s. recolligere

s. deputare, ducere, preiudicium.

procuratio

visitationis nomine QV 372

= ratione δ 10, K 184. 185

s. consuevisse, debere, exhibere, exigere, extorquere, officium, petere,
recipere, servire, solutio, teneri.

procurator K 140, Q 1, 2
 clerici Q 15, 24
 crucesignati QV 362
 idoneus Q 11, 4
 in audientia publica contradixit δ 11
 mandatum sufficiens exhibens Q 15,
 24
 salarium p-ris QV 404
 vgl. admittere, assensus, comparere,
 dare, denegare.
producere
 testes super aliqua re Q 25, 1
 s. ducere.
profanare s. prophanare.
profectus
 meritorum s. redimere
 s. intendere.
proferre
 arbitrium Q 14, 4a; iuxta formam
 in compromisso expressam Q 14, 20
 sententiam (-as) Q 15, 31. 59a. 16, 5
 = diffinitivam Q 15, 36
 = excommunicationis (generalem)
 Nᵃ 7. (9), N 57. (60), K 5, Q (2, 2. 3).
 5, 1. 6. 7a. 21, 1
 = interdicti Nᵃ 7. (9), N 57, K 5,
 Q (2, 3). 21, 1
 = rationabiliter (sicut r. est p-lata)
 N 62 Zus. i, Q 11, 4. 15, 7. 8. 41.
 (42). 44
 s. compellere, differre.
professio
 monachalis K 161
 regularis K 46c. 238e
 s. apparere, astringere, emittere,
 exprimere, facere, presumere, vinculum.
professor
 ordinis s. ducere, licere, nonnullus.
professus s. existere, frater.
proficisci
 in terre sancte subsidium Q 13, 1. 2.
 (3a). 4a. b
 s. proponere.

profiteri
 disciplinam (scil. ordinis) K 219
 s. dare.
prohibere
 communicare aliis Q 21, 1
 copula p-bita Q 22, 13a
 s. contrahere.
proles s. habere, legitimare.
promittere
 causam defendere K 130
 compositionem servare Q 14, 11
 de beneficio alicui providere K 146
 indempnem servare aliquem K 111
 nullatenus aliquid revocare K 99a
 pro labore mercedem K 57m. 140,
 QV 384. 404
 = liberatione pecunie quantitatem
 K 62e. 71. 71g
 se soliturum Q 1, 3
 s. cogere, exhibere, satisfacere.
promovere
 ad administrationes et officia ordinis Q 22, 13a
 = ordines K 183b; omnes Q 22, 2–4.
 8. 9a. 14–19; sacros K 163, Q 22, 7.
 9b. 12d. 20–20b; superiores Q 22,
 2. 5. 9b. 10
 in presbiterum Q 22, 1a. 11; de licentia uxoris (= matris) Q 22, 20e
 negotium K 150a, Q 24, 1
 statutis temporibus K 183b, Q 22,
 1a. 2. 8. 9a–10. 14
 s. accedere, arripere, denegare, facere, posse, teneri, valere.
promulgare
 arbitrium equum Q 14, 12
 = iniquum Q 14, 4. 19
 sententiam (-as) K 213b
 = apostolica sive quacumque alia
 auctoritate Q 1, 1
 = appellatione contempta Q 15, 57
 = contra statuta concilii generalis
 Q 16, 5–7. 8. (11)
 = de facto K 131. 150b, Q 16, 1. 2

= diffinitivam Q 15, 12. 15. 16. 19.
20. 24. 25. 27–29. 31. 33. 34. 36. 40
= excommunicationis K 108. 116a.
117a. 131. 132. 235, Q 1, 1. 4, 1. 2. 3.
11, 4. 15, 1. 27–29. 41. (42). 43. 57.
16, 1. 2. 4. 5–7. 8. 17, 1. 21, 1
= exigente iustitia K 235, Q 11, 4.
15, 41. 43
= in fraudem privilegiorum Q 21, 1
= iniquam Q 15, 15. 16. 19. 20. 24.
25. 27. 29. 34
= interdicti K 131, Q 1, 1. 4, 1. 2. 3.
6, 1a. 11, 4. 16, 1. 21, 1
= non ex delegatione apostolica Q
15, 12; cum eis non liceat ex sedis
apostolice indulto Q 21, 1
= proprio motu K 150b, (Q 16, 10)
= propter contumaciam manifes-
tam K 116a, Q 15, 43
= sine causa rationabili K 131, Q 16,
1. 5–7. 8. (10)
= suspensionis Q 1, 1. 4, 1. 2. 3. 16,
4a
= temeritate propria K 108. 132,
Q 16, 2. 4. 4a. 17, 1
s. canon, contingere, incidere, motus, posse, presumere.
promulgatio Q 15, 44.
propensius s. diligere, preservare.
prophanare
divina officia, quantum in eo est
Q 15, 42
s. presumere.
propitius s. debere.
proponere
eundem vicarium sibi fore ea ratione suspectum δ 13
exceptionem peremptoriam Q 15, 52
excipiendo Q 15, 50. 52
in subsidium terre sancte proficisci
Q 13, 1. 2. (3a). 4a. b
nichil rationabile K 237
quod de licentia p-nitur K 185b.
186a. 192. 201a. 204. 238c. d

se canonice adeptum K 80, Q 11, 1–
2a. 8. 22, 14, QV 367; obtinere K
121, Q 25, 1
tam super idoneitate persone quam
etiam super qualitate et quantitate
beneficii quicquid rationabiliter proponendum Q 26, 1. 3
s. ducere, fulcire, licere.
propositum s. adimplere, confovere,
protestari, valere, velle.
proprietas s. revocare.
proprium s. detentio, facere, habere,
incidere, innodare, proviso, resig-
nare.
proprius s. apostatare, arbitrium, applicare, auctoritas, capellanus, committere, construere, contempnere,
convertere, cupiditas, debere, defensio, detrimentum, devincere, dimittere, dispendium, distribuere, dividere, gerere, habere, innodare, intrudere, iuramentum, licentia, motus, nomen, nuntiare, obligare, oblivisci, obtinere, ordinarius, ponere,
presumere, promulgare, res, salus,
solvere, spoliare, subtrahere, suffragari, supponere, temeritas, usus,
vicarius, voluntas.
prorogatio
negotii s. retardare.
prorsus s. ignorare.
prosecutio
iuris s. admittere.
prosequi
appellationem non p. K 177
benevolentia paterna aliquem π 5
dilectione paterna aliquem π 1
ecclesias et personas ecclesiasticas
non desistere Q 6, 2
effectu prosequente Q 11, 1. 2a
executionem (testamenti) N 62 Zus.
1, 4, K 15d. 47. 57a, 3, QV 263
infra legitimum tempus non p. K
177

ministros dei Q 4, 2. 2a

paterno affectu aliquem Q 1, 2

pro nostra (scil. pape) et apostolice sedis reverentia favoris oportuni presidio Q 6, 1a

provisionis nostre gratiam K 200

suam iustitiam Q 15, 55

s. complere, elidere, licentia, nequire, presumere, tempus, velle.

prospicere

se humanis molestiis non subesse Q 6, 7.

protectio

beati Petri et nostra (scil. pape) Q 9, 1–2a. 13, 1. 2. 4a. b

crucesignatorum Q 13 passim

pia Q 4, 7

s. assistere, confovere, fovere, gratia, munimen, permittere, presidium, suscipere, tenor.

protervitas s. insanire.

protestari

propositum K 219.

proventus

beneficiorum ecclesiasticorum QV 401b

decimarum K 44

domorum K 123

ecclesie K 135. 136. 179, Q 1, 3, QV 350. 365

possessionum K 124. 133

prebendarum Q 6, 7d

unius anni Q 1, 3

vicarie perpetue et capelle K 179b

super p-tibus s. erogare, iniuriari

s. compellere, decima, detinere, devenire, ducere, habere, interdicere, obligare, obtinere, occupare, percipere, satisfacere, spectare, subtractio, vendere.

providentia

nostra (scil. pape) Q 15, 55

sedis apostolice K 218a. 230, Q 1, 2. 23, 111

s. ducere, incurrere, providere, recurrere, subvenire.

providere

anime tue saluti K 238h

auctoritate apostolica K 195a. 220. 221. 238a

= nostra (scil. pape) QV 325a

canonice K 97

de ecclesia K 87

= facto K 175

= loco oportuno K 198

= oportuno remedio K 113a. 238e, Q 14, 4a. 23, 1–3. 5. 11. 12. 16. (21). 38. 45. 50–52. 58. 59. 63. 65; non posse K 43a

= portione canonica K 119

= prioratu Q 23, 79

= salubri remedio K 164a

ecclesie Q 19, 5

in (de) competenti beneficio ecclesiastico K 571. 146, Q 26, 2

de premissis K 164d

= vite necessariis K 200

indempnitati (ecclesie, monasterii, prioratuum et membrorum ipsorum, sue) K 164, Q 2, 3. 23, 106

iuxta continentiam litterarum Q 26, 8. 9

= formam mandati apostolici Q 26, 3

= mandatum nostrum (scil. pape) Q 26, 1

= prescriptam formam Q 26, 2

monasterio Q 1, 1. 14, 4a. 25, 1

ob reverentiam apostolice sedis et nostram (scil. pape) K 198. 200

ordinatis sine certo titulo per ordinatores vel presentatores seu successores eorum Q 26, 1. (2). 3. 6

oportune K 164d

paterna diligentia Q 16, 11a

= sollicitudine K 219. 225c, Q 1, 1

per apostolice sedis circumspectam providentiam Q 1, 2

quieti (abbatis, conventus, episcopi,

fratrum, magistri) Q 4, 1. 2. 3. 7a.
6, 1. 1a. 7c. 21, 1
sibi (ei, eidem, eis) K 571. 113a. 119.
120a. 146. 177. 198. 213. 219. 219a.
229. 238e, Q 1, 2. 6, 7d. 16, 11a.
19, 5. 20, 1. 23, 56. 25, 1. 26, 1–3.
8, QV 263. 325a
super hiis eorum (-arum) saluti K 214.
215. 217, QV 281
= hoc K 113a. 120. 164. 177. 219.
225c. 238c, Q 1, 2. 2, 3. 6, 7d. 14,
4a. 16, 11a. 20, 1. 23, 1–3. 5. 11. 12.
16. (21). 38. 45. 50–52. 56. 58. 59.
63. 65. 25, 1, QV 263. 325a
s. cupere, curare, facere, debere,
denegare, dignari, habere, inducere,
interesse, monere, neglegere, petere,
posse, promittere, velle.
providus s. deliberatio, donare, facere,
habere, inire, statuere.
provisio s. compellere, deputare, dirigere, executor, facere, gratia, molestare, prosequi, teneri.
proviso . . .
ne aliqua (-e) singularis (-es) persona
(-e) . . . Na 9 Zus. a, N 57 Zus. a. 61
Zus. a. c
= aliquis extra suam civitatem et
diocesim . . . QV 400a. 401
= census ipse (-i) . . . δ 4, K 99g. h.
100–102. 104–106
= in fraudem QV 401b
= in terram (-as) . . . Na 7. 9. 13,
N 58. 60. 61. 62 Zus. 1, 7, 18, 19, K
19. 26. 57i. 68. 77, Q 2, 1. 2. 3
= in universitatem . . . Na 9, N 57.
59. 60. 61, K 5. 19c. 65–67. 78
= pensio(nes) . . . K 101. 103
= quid usurarum nomine . . . QV 374
quod huiusmodi proprium . . . K
236; idem rector . . . Q 13, 2a; si
pro manifesta offensa . . . Q 15, 59a.
16, 5 (6–11)
s. dare, debere, exulare.

provocatio s. suspendere, transire.
prudens s. curare, exequi, recipere.
pubertas s. annus, attingere, existere,
tempus.
publicare
generalem excommunicationis sententiam sollempniter Q 5, 1. 6. 7a
s. facere.
publicus s. apparere, audientia, contradicere, dare, exhibere, existere,
innodare, instrumentum, monere,
munimentum, nuntiare, occultare,
procurator, redigere, suspendere,
tribuere.
pudicitia
morum s. abolere.
pudor
originis s. abolere.
puella
litterata K 189. 190. 205. 234
s. recipere.
pulsare
campanas non p. QV 351a–353.
punire
pro excessu pena canonica Q 15, 42
s. facere.
puritas
catholica s. corrumpere, pretextus.
puteus s. facere, impedire, presumere,
uti, valere.

Q

qualitas
beneficii s. proponere.
quantitas
beneficii s. proponere
bladi et vini s. iniuriari, oriri, spoliare
certa s. vendere
frumenti s. iniuriari, vendere
monete s. supponere
olei s. spoliare
pecunie s. cogere, exigere, extor-

quere, mutuare, persolvere, promittere, recipere, solvere, spoliare,
supponere, teneri, vendere.

quartus (-ta) s. coniungere, exhibere,
gradus, pars.

querela
pauperis orphane QV 377
simplex N 62 Zus. a, Q 15, 59
vidue QV 377
s. littera, recipere.

querere
quesito colore Q 16, 11a
s. supponere.

querimonia s. deponere, destinare.

questio
matrimonii Q 15, 34. 35
super castris, possessionibus, terris
Q 14, 15
= decimis Q 25, 1
= ecclesiis Q 14, 17
= iure patronatus vel alia re, de
qua specialiter habeat cognoscere
iudex ecclesiasticus Nᵃ 16, QV 361c
s. audire, cognoscere, exoriri, habere,
materia, movere, oriri, satisfacere,
suboriri, timere, vertere.

questus s. tribuere.

quia mundo posito in maligno . . . Q 4,
3. 3a. 7a.

quies s. consulere, insistere, posse, providere, velle.

quietus s. famulari, manere, possidere,
remanere.

quocirca . . . N 30. 31

quod si non omnes (. . . allgemein) Nᵃ
5. 7, N 1 Zus. c. 32 Zus. a. 33. 34. 35
Zus. a. 36, π 14. 19, K 9; non ponere
N 32.

quodammodo s. excommunicare, vendicare.

quominus s. opponere, valere.

quomodolibet s. impedire.

quondam
allgemein N 20.

R

rancor
odii s. concipere.

rapere
bona ecclesiastica Q 4, 3. 3a. 7a
s. extendere.

rapina s. committere.

raptor s. assistere, audacia.

ratio
previa s. compellere, procedere
ratione aliqua s. debere, debitus,
exhibere, exigere, extorquere, noscere, pars, pervenire, procuratio,
proponere, recipere, spectare, suspectus
s. complere, exigere, reddere, trames.

rationabilis s. causa, denegare, eicere,
habere, impedire, obsistere, promulgare, proponere, rescribere, servare,
subesse, supponere.

rationabiliter s. ducere, indulgere, licere, possidere, proferre, proponere.

ratus s. habere.

reagium s. solvere.

rebellio s. assumere, extendere, spiritus.

recedere
a monasterio K 212
= sede apostolica K 71a. 150a
ab hospitali K 225b
= ordine K 225
animi levitate K 212. 225b
in clericali habitu K 71h
s. capere, detinere, impedire.

receptio
canonicorum, sororum s. pertinere
in canonicum, fratrem s. confirmare
monachorum, monialium s. cogere
s. cassare, decernere, facere, habere,
teneri.

receptor
voluntarius s. invenire.

recidivus s. relabi.

recipere
ab utraque parte sponte Q 14, 1. 3 a.
5. 6. 8. 9. 15, 13
ad divina parrochianos K 121. 122.
129; excommunicatum clericum N
62, 26. K 30 ba, 12
= servitium infirmorum et pauperum K 185 f. 193. 194. 206. 232.
233, QV 402. 403
arbitrium Q 14, 3 a
auctoritate nostra (scil. pape) K 237
beneficium ecclesiasticum Q 22, 20 a;
ac alia dignitates Q 22, 20 b
benigne K 207
bona K 116, QV 315 h
canonicatum et prebendam Q 22, 14
canonice QV 325 a
clericum K 201. 202, QV 346 b. 403
compositionem Q 14, 1. 3. 5. 6. 8. 9.
(10). 11. 15, 13
compromissum Q 14, 3 a
contradictionem K 4
ecclesiastica sacramenta K 123, QV
258 b
in canonicum K 228, QV 325 a. 405
= consortium (-o) infirmorum et
pauperum K 223; sororum K 194.
195. 233
= conversam K 191
= conversum K 187. 203
= domo K 185 f. 199
= ecclesia δ 11
= fratrem K 185 a. b. f. 186. 188.
192. 193. 199. 201–202. 204. 206.
222. 223. 227. 228. 238 c, Q 1, 3 a,
QV 325 a. 346 a. b. 402. 403. 405
= monacham K 189. 190. 234. 237
= monachum K 185 a. b. 186. 188.
192. 201–202. 204. 222. 223. 227.
238 c, Q 1, 3 a, QV 346 a. b
= monasterio (-iis) K 185 b. c. 195 a.
201. 203. 220–221 a. 237. 238 a, QV
346 b
= prioratu K 188. 189. 195. 202

= sociam K 191. 232
= socium K 185 f. 187. 193. 199.
203. 206, QV 402. 403
= sororem K 189. 190. 232. 234.
237
iura utriusque partis Q 14, 4 a
mandatum speciale (scil. pape) Nᵃ 7,
N 57
nomen domini in vacuum non formidare Q 4, 1. 3. 7 a. 6, 1. 1 a. 7 c
numquam sine licentia sedis apostolice aliquid Q 22, 20 b
ob reverentiam apostolice sedis et
nostram (scil. pape) K 185 a–c. f.
186. (187). 188–190. 191–195. 196.
197. 199. 207. 222. 227. 228. 238 c,
QV 346 a. 356. 402. 405
ordines K 214. 215, Q 22, 1. 1 a. 5.
10–12, QV 281
pecunie quantitatem K 15 b. 130;
mutuo K 111
= summam K 57 g
penarum lenimenta Q 4, 7
possessiones QV 315 h
pretium, pro quo aliquid emptum
fuit K 45. 46. (46 ca)
procurationes δ 10, K 184
puellam K 234; non curare K 237
querelam vidue vel pauperis orphane
QV 377
ratione corporum K 116
= visitationis δ 10, K 184
redeuntem K 185 c. e. 196. 197. 207,
QV 356
resignationem liberam Q 11, 5. 6.
22, 14
salva ordinis disciplina K 185 c. e.
196. 197. 207, QV 356
satisfactionem K 116 a
secundum mandati nostri (scil. pape)
tenorem K 207
= ordinem regularem K 195 a. 220–
221 a. 238 a
si quod sorti defuerit K 41. 41 e

sufficientem cautionem Q 16, 5. 6
tantum de bonis monasterii annuatim Q 14, 10
temere K 15b. 121. 122. 129
testes prudenter Q 25, 1
ultra sortem QV 267. 268
uxorem suam K 157. 159 Zus. a
non r. iura Q 14, 4a; litteras Q 15, 56
s. consuevisse, contempnere, curare, debere, facere, mandare, nolle, nomen, pertinere, posse, procurare.

reclamare
ab huiusmodi contractu omnino K 164c.

reclusorium s. deflere.

recolligere
terram non curare K 40
= non procurare K 41d.

recommendare
pecunie summam et alias res mobiles et immobiles alicui ex causa depositi K 15b
s. curare.

recordatio
felicis r-tionis N 20, K 30xc. 125. 149. 164d. 195a. 205b. 220–221a. 223. 227. 238a. b, Q 1, 3. 7, 1. 14, 11. 16, 11a. 21a, 1. 22, 18. 26, 1–4. 6. 10. 27, 1. 2, QV 263. 401b
inclite r-tionis N 20.

recreatio s. accedere, causa.

rector
ecclesie N^a 4, N 44, π 2, δ 1, K 12c. 13. 53. 67a. 86. 99d. 113a. 120a–c. 136. 176. 183a, Q 3, 1. 5, 5. 11, 2a. b. 23, 12
universitatis N 57
s. gubernare, habere, instituere, proviso, universitas.

rectoria
hospitalis s. assequi, possidere, spoliare.

recurrere
ad nos (scil. papam) Q 2, 1

= nostram (scil. pape) providentiam Q 15, 55
s. ducere.

recusare
contra iustitiam admittere K 165;
audire Q 15, 52; concedere Q 15, 49
contumaciter parere rei iudicate K 129
indebite satisfacere K 117a
indempnem servare K 111.

reddere
decimas δ 1, QV 363
domino horas canonicas submissa voce QV 352
domum K 42
instrumenta K 30k. o
pecuniam (pecunie summam) K 15b, QV 383
rationem de administrationibus (scil. bonorum monasterii) K 238f
terram (-as) K 41c, QV 363
s. contradicere, licere.

redditus
annuus δ 4, K 99g. h. 145. 183a, Q 2, 1–2a, Q 23 passim
certus K 128
sufficiens QV 258b
de r-tibus s. percipere
super r-tibus s. agere, erogare, iniuriari, molestare
s. assignare, compellere, concedere, conferre, confirmare, debere, denegare, detentor, detinere, ducere, exhibere, exsolvere, habere, interdicere, investire, obligare, obtinere, occultare, occupare, percipere, possidere, prestare, solvere, spectare, subtractio, tenere, teneri, vendere.

redemptio s. extorquere.

redigere
acta iudicii in autenticam scripturam Q 15, 45
dicta eorum (scil. testium) in publica munimenta Q 25, 1

s. denegare, facere.

redimere

defectum natalium meritorum profectu Q 22, 20 a

s. studere.

redire

ad eam (scil. mulierem) K 161

= domum, a qua exivit Q 1, 3 a

= hospitale K 225 b

= illud K 185 e (scil. monasterium). K 224 (scil. claustrum), QV 356 (scil. monasterium)

= monasterium K 185 c. d. 195 a. (d). 212. 220. 221. 221 a. 235. 238 a. f

= nostram (scil. pape) presentiam K 234

= statum pristinum K 230

= virum suum K 159

= vos K 197

cum humilitate K 185 c–e. 195 a. 196. 197. 220. 221. 221 a. 238 a, QV 356

humiliter K 185 c. e. 196. 197. 207. 224, QV 356

in sue salutis dispendium, alicuius contemptum et scandalum plurimorum non curare Q 1, 3 a

s. cogere, compellere, contemptus, cupere, desiderare, dispendium, habere, monere, recipere.

reditus s. cognoscere.

redundare

in alterius preiudicium non r. Q 14, 3 a

= enormem ecclesie lesionem Q 14, 15

s. lesio, preiudicium.

reflorere

in spiritualibus QV 358

s. consuevisse.

reformare

in capite quam in membris ea, que correctionis bona noveris indigere QV 358.

reformatio

ecclesiarum s. adhibere

monasterii (-orum) s. adhibere, apponere, intendere, prosequi, suboriri

s. ducere, pertinere.

refrenare

conatus presumptorum Q 6, 7 c

peccandi audaciam Q 4, 5

s. velle.

regere

studium divini iuris, quod apud sedem apostolicam regitur QV 401 b; generale regitur QV 401 b.

regimen

monasterii s. assumere, possidere, privare

s. cura, exercere.

regnare

in celis Q 6, 7 d

s. gerere.

regula s. approbare, nolle.

regularis s. absolvere, approbare, asperitas, denuntiare, derelinquere, disciplina, ducere, effugere, emittere, existere, experientia, famulari, fieri, gignere, habitus, observantia, ordo, persona, posse, professio, recipere, transferre, vita.

relabi

in recidive contentionis scrupulum Q 14, 1.

relaxare

iuramentum N 62 Zus. 2, 3, K 19 g. 28. 30. 30 f. ga–i. s. t. v. 39. 41 f–43 a. 62 e. 71, QV 271. 272. 276. 277

iuxta formam ecclesie Q 1, 1. 15, 29. 16, 5. 6

misericorditer N 62 Zus. 1, 17

nullatenus Q 15, 59 a. 16, 5. (6)

obligationes K 30 t

sententiam (excommunicationis) N 62, 17, Q 1, 1. 15, 29. 16, 5–7. (8. 9. 10. 11)

s. compellere, facere, forma, mandare.

relicta N 12, K 99a, QV 263. 350a
  Iudei K 19d. 27a
  militis Q 12, 1a.
religio
  Christiana K 138
  iuramenti K 30i
  s. apparere, consuevisse, conversus, dare, deservire, desiderare, existere, habitus, intendere, intrare, littera, transferre, vacare, velle.
religiosus N 8a, K 11a–f. 15e. 37. 66. 94, Q 4, 5. 22, 3
  s. agere, impetrare, persona, teneri.
relinquere
  imperfectum aliquod K 207. 223
  vanitatem mundi K 222, QV 315h
  s. cupere, nolle.
reliquie
  sanctorum s. asportare.
relocare
  pecuniam creditori sub usuris K 47.
remanere
  excessus impuniti K 213. 213b. 218a
  in ordine non posse K 238h
  = ordinibus K 227
  = seculo K 46a. 225a, QV 315h
  omnia integra et quieta Q 13, 4a. b
  s. ducere, licere.
remeare
  a curia Romana K 150a
  ad propria K 150a
  = statum pristinum K 219
  s. licere.
remedium
  anime Q 11, 2b. 12, 1a
  apostolice sedis Q 5, 1
  appellationis K 218a
  per quod temeritas compescatur et aditus committendi similia precludatur Q 6, 7d
  oportunum K 43a. 99. 113a. 238e, Q 2, 2. 14, 4a. 23, 1–3. 5. 11. 12. 16. (21). 38. 45. 50–52. 58. 59. 63. 65

salubre K 164a. 213b
  s. adhibere, cupere, donare, implorare, invenire, petere, providere, subvenire.
remissio s. facere.
remittere
  aliquem ad alium (scil. a papa) Q 22, 1. (1b). 2. 4. 5. 8. 9a. 12c. d. 15 Zus. a. 16. (18)
  causam ad arbitros Q 14, 21
  negotium Q 15, 55
  partes ad eos, ad quos eas de iure videritis remittendas Q 15, 55; ad examen prioris (eiusdem) iudicis Q 15, 1. 4. (5. 9). 45. (46). 50. (53); successoris Q 15, 54
  s. videre.
remotus s. agere.
removere
  appellatione remota Nᵃ 4, N 44. 62 Zus. 2, 3, π 3. 6. 7. 9. 11. 15–18. 28, δ 9. 10, K 1. 3. 5. 11. 11f. 16. 19. 19b. d. g. 21. 27–28. 30. 30g–h. q. r. t. v. 31. 32. 39. 40. 41d. 43a. 57f. 59–61. 62a. e. 65. 66. 71. 71c. e. g. 72. 96. 99g. h. 120. 120b. 128. 133. 136. 152–155. 156. 157. 159 Zus. a. 164b. d. 208. 212. 213a. 225. 225b. 238e. f, Q 1, 3a. 2, 1. 2. 3, 1–2a. 6, 7d. 11, 4. 14, 10. 11. 14. 15. 20. 22. 15, 1. 4–9. 13–16. 20. 29. 31. 34. 40–42. 44–46. 57. 16, 5–7. 8. 11. 17, 1. 18, 1. 2. 19, 5. 21a, 2, QV 263. 268. 274. 276. 277. 350b. 377. 395a. 400a. 401
  ab ecclesia matrice remotus esse QV 258b.
renuere
  compositionem contra iustitiam observare Q 14, 8
  fructus in sortem computare K 41. 41e
  partem domus et res alias assignare K 162.

renuntiare

beneficio restitutionis in integrum Q 1, 3

constitutioni(bus) de duabus (et una) dietis Q 1, 3. 14, 8

conventioni iudicum Q 1, 3. 14, 8

iuris canonici et civilis auxilio Q 1, 3

litteris et indulgentiis impetratis et impetrandis Q 1, 3. 14, 8. (17).

renuntiatio s. facere, obstare.

rependere

retributionis eterne premium et exinde solutionem debitam gratiarum K 200.

reperire

aliquem idoneum esse Q 26, 1. 3. 8; et ecclesiastico beneficio non indignum Q 26, 1. 3; iuxta formam traditam Q 26, 8

aliquos precipuos patratores esse K 71 g.

repetere

non r. bona K 46 a

= domum QV 271

= fructus QV 271

= possessiones K 41 f. 43. 46 a, QV 272

= terras K 41 f. 43. 46 a, QV 272

= usuras K 19 g. 28. 30. 30 f. g. h. i.

s. t. v. 41 g, QV 276

s. iuramentum.

repeticio s. vitare.

representatio s. pertinere.

reprimere

insultus Q 4, 1. 1 a

s. vacare.

reprobare

processum Q 15, 12. 36. 39.

reputare

eosdem, cum non essent pro sue voluntatis libito, contumaces Q 16, 11 a

sibi meritorium eos dampnis afficere ac molestiis et iniuriis lacessire Q 4, 4.

requiescere

ab usurarum exactione penitus K 30 s.

requirere

commode de iure K 55. 57 n. 176. 183

de (in) ordine suo sollicite annuatim K 195 a. 220–221 a. 238 a

humiliter K 113 a, Q 15, 45. 49. 57. 17, 1. 18, 3

super hoc K 138. 183 b

usurarum nomine QV 374

ne sanguis eius a domino de vestris manibus r-atur K 207

sicut (prout) onus beneficii r-et Q 22, 1. 1 a. 2. 5. 8. 9 a–10. 12

s. debere, ducere, posse, proviso.

requisitio s. accedere, persolvere.

res

de qua habet cognoscere iudex ecclesiasticus N 56

ecclesiastica K 76 Zus. a

humana K 57 h

iudicata K 129, Q 15, 50

mobilis et immobilis K 15 b. 46 ca

pessima Q 4, 2. 2 a. 7 a

propria Q 21 a, 1

s. cognoscere, convenire, dare, debere, erogare, exhibere, exultare, gloriari, habere, impetrare, iniuriari, invenire, iudicare, legare, molestare, nonnullus, parere, pertinere, precipere, questio, recommendare, restituere, satisfacere, spectare, spoliare, suboriri, teneri, transire, vendere.

rescindere

venditionem K 46 b

s. compellere.

rescribere

causam rationabilem K 201. (202. 204. 205 b). 237, QV 346 b. 403

litteram (-as) N 14 Zus. a. 24. 62 Zus. 1, 5, Q 11, 2 a; gratis Z 17 b,

s. consuevisse, impedire, preiudicium, presumere, valere.

retributio

eterna s. premium, rependere.

retroagere

tempora r-acta Q 10, 1.

reus (allgemein) Nᵃ 8. 20. 22, N 5, QV
317, 5

diocesis rei N 7

impetrans eiusdem diocesis cum reo
QV 317, 1.

revelare

bona a se debita Q 5, 1. 6. 6a

commissa (peccata) non metuere K
112

infra competentem terminum Q 5, 1.
6. 6a. 7a

pecuniam et bona Q 5, 7a.

reverentia

debita s. exhibere, habere

manualis s. prestare

ob r-iam apostolice sedis et nostram
(scil. pape) s. curare, providere, recipere

pro nostra (scil. pape) et apostolice
sedis r. s. prosequi

super r. s. agere.

reverti

ad episcopi et ecclesie dominium δ 9,
Q 19, 5

= se K 224.

revocare

ad ius et proprietatem Q 23 passim

arbitrium Q 14, 4. 4a

gravamen Q 15, 49

in irritum attemptata Q 2, 3

= statum debitum Q 15, 1. 4. (5). 9.
(10). 45. 46. (49). 50–53. 24, 1. 2

legitime Q 23 passim, Q 24, 1. 2

locationem et venditionem nullatenus K 99a

monachos ad claustrum K 225d

s. debere, ducere, nolle, procurare,
promittere.

revocatio s. revocare.

revocatoria s. littera.

rex (allgemein) N 13. 18

pacificus s. gerere.

rigor

ordinis s. tolerare.

rite s. existere, facere.

roborare

apostolico munimine N 62 Zus. i,
K 235, Q 14, 1–3. 6

compositionem Q 14, 1–3. 6

confirmatione sedis apostolice seu
quacunque firmitate alia K 237, Q
22, 13a. b

constitutiones Q 22, 13a. b

consuetudines Q 22, 13a. b

sententiam excommunicationis N 62
Zus. i, K 235

statutum K 237, Q 22, 13a. b

s. obstare, petere.

robur

debitum firmitatis s. obtinere

s. facere.

rogare

universitatem vestram r., monere et
hortari K 185a–c. (d. e). f. (= discretionem tuam) 186–190. 191–195.
196. 197. 200. 222. 227. 228. 238c,
QV 346a. 356. 402. (405).

Romanus s. appellare, civitas, curia,
diocesis, ecclesia, habere, pontifex,
remeare, studens, subicere.

rubrica

mala s. rescribere

s. deficere.

S

sacer s. ordo, promovere.

sacerdos s. consanguineus, filius, nonnullus.

sacerdotium

ordo s-tii Q 15, 42.

sacramentum

ecclesiasticum K 113a. 114. 120a–123. 129, QV 258b

matrimonii K 164d

s. contempnere, exhibere, exigere, extorquere, ministrare, recipere, vilipendere.

sacrilegium s. patrator.

sacrilegus (Adj.) s. ausus, capere, concremare, mancipare, presumere, vulnerare.

sacrilegus (Subst.) N 62 Zus. 1, 11, K 59–62b. 62d. e. g. 63. 64. 67–71. 71b. c.

sacrista N 23. 25 Zus. b, δ 11, K 19b. 119

s. citare, scribere.

sacristia

monasterii s. spectare.

sal s. facere.

salarium s. dare, denegare, procurator.

saline s. obtinere.

salsus s. aqua, colligere, facere.

saluber s. adhibere, dirigere, exercere, intendere, providere, remedium.

salus

anime (-arum) K 218. 236. 238h, Q 12, 1. 22, 1. 3. 5. 8. 9a. b. 10 Zus. a. 12. 13

propria K 120a. c. 130. 161. 218. 225. 225c. 236, Q 11, 2b. 12, 1. 1a

sua K 120. 120b, Q 1, 2. 3a

s. detrimentum, dispendium, donare, efficere, expedire, oblivisci, redire, videre.

salutaris s. agere, imponere, ministrare, penitentia.

salvus s. cogere, communire, disciplina, recipere.

sanctus s. asportare, memoria, proficisci, proponere, reliquie, subsidium, terra.

sanguis s. conqueri, constare, effusio, inicere, iniectio, requirere.

sanus s. spiritus.

sapienter s. exequi.

satagere

maculam abolere Q 22, 20a.

satisfacere

competenter N 62 Zus. 1, 14, K 59–62. 62a. c, 3. d. k. 64. 65. 67. 69. (70). 71 Zus. a. 71c. e. g. h. 214. 216, Q 21a, 1

creditoribus K 57f

cupiditati K 120b

de debitis K 57f

= decimis QV 395c

= fructibus K 117a

= iniuria K 67

= mercede promissa non s. K 57m

= oblationibus debitis QV 395c

= pecunia (et rebus aliis) K 15b. 138, Q 1, 3. 15, 52, QV 395a

= pecunie summa et rebus aliis K 48. 49. 51. 56. 57d. e

= pecoribus K 57p

= pensione K 57l

= possessionibus QV 395c

= proventibus QV 395c

= questionibus K 227a

= sorte K 41f. 43, QV 272

= transgressione Q 21a, 1

= usuris K 19f. 23. 24. 26. 30a. l. n. p–r. u. v. x–xb. 57

= vaccis K 57

iuxta beneplacitum K 227a

= defuncti voluntatem K 57p

= statuta Q 18, 3

passo (-is) iniuriam (N 62 Zus. 1, 14), K 59–61. 62a. c, 3. d. 65. (66). 71 Zus. a. 71c. e. g. 214. 216

per manus executoris (-rum) K 48. 49. 51. 56. 57. 57d–f

pro contumacia K 116a

s. contradicere, existere, mandare, precipere, recusare.

satisfactio

condigna N 62 Zus. h, K 71a, Q 11, 4. 15, 7. 8. 41. 44

sincerus s. caritas, incrustare, niti,
   nonnullus, pertractare, tractare, vas.
singularis s. persona, proviso.
situs
   capella s-ta in manerio clerici K
   127.
socer K 162.
socius (-a) s. recipere.
solere
   s-itus (-ta, -tum) per aliquem gubernari N 26, K 106. 119. 190a. 191,
   Q 8, 2b. 15, 55. 23, 6. 7. 9. 10. 61.
   84. 97. 98. 108, QV 277
   victum tribuere K 227.
solerter s. gerere.
solitarius s. deputare, monachus.
solitus s. benignitas, largiri.
sollem(p)nia
   missarum s. celebrare, impedire,
   teneri.
sollempniter s. publicare.
sollicite s. ducere, requirere.
sollicitudo QV 358
   apostolica s. adhibere
   paterna s. curare, providere, subvenire
   s. perducere.
solutio
   debita K 200
   debitorum Q 1, 1
   gratiarum K 200
   procurationum K 185 Zus. a, QV
   372
   usurarum Q 1, 1
   s. convertere, effluere, molestare, rependere, sufficere, teneri, terminus.
solutus (-ta) s. gignere.
solvere
   censum (-us) δ 8, Q 19, 4. 4a
   certo loco et termino Q 1, 3
   de vino et blado nulli pedagia, usagia, foragia, reagia Q 8, 2a
   decimas (debitas) K 133, Q 3,1–2a
   guidagia Q 21a, 1

hac occasione non s. δ 8, Q 19, 4. 4a
   infra certum terminum K 15c
   pecuniam K 15c
   pecunie quantitatem K 62e. 63. 71,
   Q 1, 3
   = summam QV 395a
   pedagia Q 21a, 1
   pro liberatione sua K 62e. 63. 71
   = rebus suis propriis Q 21a, 1
   redditum (-us) δ 8, K 145, Q 19, 4.
   4a
   talliam (-as) δ 8, Q 19, 4. 4a
   s. cogere, contradicere, denegare,
   detrimentum, preiudicium, promittere, teneri.
sopire
   causam amicabili compositione Q
   14, 5.
soror s. consortium, dicere, existere,
   famulari, pertinere, receptio, recipere, vagari.
sors
   de s-te s. existere, satisfacere, satisfactio
   in s-tem s. computare
   ultra s-tem s. assequi, percipere, recipere, renuere
   s. contentus, deesse, recipere, restituere.
sortiri
   onera officii nostri Q 6, 5.
spatium
   competens et equale s. habere
   s. debere.
specialis s. adesse, contingere, existere,
   facere, fiducia, fieri, gerere, gratia,
   habere, indulgentia, interdicere, invenire, mandatum, mentio, obtinere, potestas, privilegium, questio, recipere, reservare, titulus.
species
   false venditionis s. concipere.
spectare
   ad aliquem (aliquos) altaria K 174;

archidiaconatus Q 11, 3; bona, possessiones, res, terre etc. Nᵃ 2 Zus. a. 6. 14 Zus. b. c. 17, N 41. 43. 48. 62 Zus. 1, π 8. 9. 15. 18, δ 1. 2, K 4. 5. 8. 9. 12c. 15b. d. 27. 30ga. 46b. c. 47–50. 52–56. 57b. c–e. g. k–p. 78. 85. 86. 95 Zus. a. 107a. 183a, Q 1, 2. 2, 2a. 5, 1–3. 6–7a. 11, 2b. 14, 3a. 15. 16, 7. 7a, Q 23 passim, QV 263. 3441. 350a. b. 362. 363. 375a. 381; capella K 84, QV 369a; causarum cognitio Q 15, 16; cause N 34 Zus. a; collatio QV 325a; communiter Nᵃ 14 Zus. b. c. 17, π 18, K 8. 30ga. 46b, Q 23, 7. 29. 34. 39. 54. 58. 77. (93). 95. (96). 99. 100, QV 379; correctio K 213; cura et administratio ecclesie K 182; de natura N 34 Zus. a; de iure δ 1; ecclesia K 79. 119, Q 11, 5. 7, QV 369; immediate Q 15, 59; iure hereditario K 46c; ius patronatus K 178; pleno iure K 178, QV 369a; prioratus Q 15, 55; ratione archidiaconatus Q 5, 3; r. camerarie K 79; r. persone sue N 62 Zus. 1, 2, K 12d. 47–49. 53. 55. 56. 57a. d. e. k–o, Q 5, 7. 7a. 11, 2b; r. prebende Q 5, 3; redditus K 12c. 107a. 183a; villa K 155a

ad abbatiam Q 23, 50
= archidiaconatum Q 23, 69. 70
= archipresbiteratum Q 23, 74
= camerariam Q 23, 20
= cantoriam Q 23, 18. (47). 67. (86)
= capitulum π 18, Q 23, 29. 54. 58. 77
= collationem Q 11, 3. 5
= conventum Q 23, 77
= decanatum Q 23, 28. (48). 64. (68. 90)
= domum (hospitalis) N 41, Q 5, 6b
= dotem Nᵃ 6. (14), N (47). 48, π 8. 9, K 4. 5. 27. 155a, Q 16, 7. 7a, QV 350a. b. (360a). 375a

= ecclesiam (-as) Nᵃ 2 Zus. a, δ 1, K 85. 86. 183a, Q 2, 2a. 14, 3a. 15. 23, 4. 74, QV 325a. 3441. 363. 381
= episcopum K 57d. 1
= examen N 34 Zus. a
= fabricam ecclesie Q 23, 32. 102
= foridecanatum Q 23, 78
= hospitale N 41, K 78
= medietatem (scil. rectoris) ecclesie K 12c, Q 23, 19
= mensam episcopalem N 43, π 15, K 9, Q 1, 2. 23, 3. (21). 38. 52. 55. 80. 81
= monasterium Q 5, 6. 6a. 15, 55. 23, 5, QV 369
= officium K 213
= partes suas ecclesie Q 23, 109
= perpetuam (-as) capellaniam (-as) Q 23, 17. 25. (26). 27. 30. (73. 92). 94. (96). 110a; vicariam δ 2, K 107a, Q 23, 2
= personatum ecclesie Q 23, 33
= plebanatum Q 23, 51. 75
= portionem (ecclesie) Q 23, 31. 36. 97
= prebendam Q 23, 16. 72. (91)
= prep3osituram (Q 23, 88)
= primiceriatum (Q 23, 87)
= prioratum (-us) Q 23, 5. 15. 37
= sacristiam monasterii K 119
= thesaurariam Q 23, 46. 66
s. bonum.
spiritualia s. administratio, administrator, committere, consuevisse, deputare, impetrare, reflorere, suspendere.
spiritualis s. iurisdictio, noscere, obtinere.
spiritus
rebellionis s. assumere
s-tum consilii sanioris Nᵃ 1, N 16
s. insistere.
spoliare
animalibus K 98, QV 380

armis K 71g
auctoritate propria K 96
beneficiis non differre Q 22, 20g
bonis K 71. 71g. 150a
canonicatu K 97. 99fa
contra iustitiam Nᵃ 15 Zus. a, K 95.
97–99. 99d. e. fa, QV 357. 400a
decimis Nᵃ 15 Zus. a
dignitatibus Q 14, 5
ecclesia K 99d. e, QV 400a
equis K 99c
indebite K 99b
iniuste K 95. 99b. fa, QV 400a
libris K 71g. 98, QV 380
motu proprio K 97. 99d
ovibus K 99
pannis K 71
pecoribus K 57p
pecuniarum summis K 71g. 99c
per violentiam K 99c
perpetuo beneficio K 96, QV 357
prebenda K 97. 99fa
prepositura K 99b
quantitate (-ibus) bladi K 98, QV
380
= olei K 99c
= pecunie K 98
= vini K 99c
rectoria (scil. hospitalis) K 95
temere K 99b
vaccis K 57p. 99
vestibus laneis et lineis K 71g
s. presumere, succurrere.
spoliatio
beneficii vel rei ecclesiastice s. impetrare
s. ignarus, occupare, pretextus.
spolium
decimarum s. agere.
sponte s. facere, recipere.
stagnum s. concedere.
stare
matrimonium stante inter ipsos K
164d.

statuere
circa aliquem iuxta generalis statuta
concilii K 218. 236
= fugitivos et eiectos K 195d. 221b.
238a
in sacro generali concilio provida
deliberatione statutum est K 150,
Q 24, 2
s. debere, ducere, facere, observare,
promovere, tempus, velle.
status
debitus s. revocare
ecclesiarum et monasteriorum s.
dirigere
novicii K 219. 230
pristinus s. habere, licere, remeare,
redire
s. approbare, existere, nolle, persona.
statutum
canonum K 141
concilii generalis N 62, 17, K 112.
218. 236, Q 16, 5–7. 8. (11)
= Lateranensis δ 4, K 100. (101).
102. 103. 225d
civitatis Q 18, 3
de certo monialium numero K 234.
237
monasterii K 238h
ordinis (-num) K 226. 238h, Q 22,
13b
contra s-ta concilii s. adaugere,
commorari, ferre, imponere, promulgare
iuxta s-ta concilii s. procedere, satisfacere, statuere
secundum s-ta canonum s. subvenire
s. habere, obstare, roborare, vallare.
statutus s. dinoscere, tempus.
stilus
curie s. prevalere
modernus s. deficere.
strepitus
iudicii s. audire, constare.

studens (-entes)

in facultate theologica apud sedem apostolicam QV 401 b

= scolis apud Romanam curiam π 2

s. constitutio.

studere

defectum redimere Q 22, 20 a

eam traducere K 156

in scolis π 2

litteras etc. irritum et inane nuntiare Q 20, 1

nobis intimare K 234

s. asserere, ducere.

studium

divini iuris s. immorari, regere

generale s. regere

pie vite s. debere, vacare.

subdelegare

(causas sibi commissas) extra diocesim non posse Nᵃ 22, QV 317.

subdiaconus Q 22, 1. 5. 10

s. gignere, ordinare.

subditus

clerici episcopo s-ti K 185 Zus. a

s. exercere.

subducere

se plerumque a dominio δ 8, Q 19, 4. 4 a.

subesse

causa rationabilis non s. Q 15, 24

sibi (scil. clerici episcopo) K 185 Zus. a, QV 372

non s. s. prospicere

s. conqueri, intellegere.

subiacere

gravibus detrimentis π 1.

subicere s. subiectus.

subiectio s. probare.

subiectus

decanatui K 185 f

immediate N 62 Zus. l, Q 6, 3. 7 c. 23, 5

lege diocesana K 143. 225 d

monasterio N 62 Zus. l, K 188. 189. 195. 202, Q 23, 5. 76

nobis (scil. pape) et ecclesie Romane Q 6, 7 c

pleno iure K 185 f. 188. 189. 195. 202, Q 23, 5. 76

sedi apostolice Q 6, 3.

subministrare

alicui vite necessaria congrue Q 26, 1. 3.

submittere

voce submissa QV 351 a–353

s. audire, celebrare, reddere, vox.

suboriri

materia questionis suborta est super aliqua re Q 14, 6. 11; super iure parrochiali et rebus aliis Q 14, 16; super reformatione monasterii Q 14, 9

questio suborta est super aliqua re Q 14, 3. 12; super diversis articulis Q 14, 10.

subreptive s. assumere.

subsequi

carnalis inter eos copula K 155 a.

subsidium

oppressorum s. instituere

terre sancte s. proficisci, proponere, transfretare

vite s. procurare

s. noscere.

subtractio

communionis fidelium π 28, K 10. 11 d. 19 d. e. 21. 27 a. 30. 30 g. h. u. 38. 133. 150, QV 276. 395 a. c. 396

proventuum K 136, QV 350

reddituum K 128

s. cogere, compellere, facere.

subtrahere

contra iustitiam K 146

fructus prebende per biennium K 139

furtive Q 1, 2

indebite K 137

multa de bonis non expavescere Q 1, 2

partem de cotidianis distributionibus K 137

pensionem K 146

portionem canonicam K 119

se a dominio δ 7. 9, Q 19, 3. 5

= gratia, odio vel timore (scil. testes) Na 2, π 6. 16, K 1. 16, QV 400a

temere δ 7. 9, Q 19, 3. 5

temeritate propria K 119

s. testis.

subvenire

adversus presumptores alicui Q 6,
7d

clerico K 141

(de oportuno) remedio alicui K 99g,
Q 2, 2. 6, 7d

ecclesie Q 14, 15

monasterio (-riis) Q 14, 18. 23, 42

per beneficium restitutionis in integrum Q 14, 15. 16. (17). 18

= (de) sedis apostolice providen-
tia(m) K 218a. 230

secundum statuta canonum K 141

super hoc K 99g. 230, Q 14, 15. 16

= hiis de benignitate apostolica Q
23, 106

s. curare, facere, interesse, mandare,
petere, supplicare.

succedere

ausu temerario Q 22, 20g

immediate patribus Q 22, 20h

in beneficiis Q 22, 20g. h

= ecclesiis Q 22, 20g

= patris sui bonis Q 22, 20c

libere Q 22, 20c

s. presumere, valere.

succendere

impietatem velut ignem Q 6, 6. 6b

s. inflammare.

succentor N 28.

successio s. contingere, devenire, ius.

successor s. providere, remittere.

succidere

nemora K 134.

succurrere

alicui celeriter Q 1, 1

= celerius QV 358

per sedem apostolicam Q 1, 1

spoliatis restitutionis beneficio K 95.
99b. fa, QV 400a.

sufficere

ad id bona K 15d. 48. 49. 57e. p;
episcopi K 56. (57d. l); presbiteri
K 15b; testatoris K 51. 52. 57. 57b

residuum ad solutionem usurarum
Q 1, 1

s. dinoscere.

sufficiens s. cautio, exhibere, mandatum, prestare, procurator, recipere,
redditus.

suffraganeus Q 15, 18a

s. officialis.

suffragari

ad dispensationis gratiam obtinendam Q 22, 1. 5. 8. 9a

aliquatenus N 34 Zus. b. 62 Zus. 3

auxilium legis non debere K 19g. 28.
30g. h. v. (39), QV 277

merita Q 22, 1. 5. 8. 9a. 13. 19

propter fragilitatem sexus minus
proprie defensionis potentia Q 6,
6. 6a. b

testimonio laudabili Q 22, 13a. b

s. nolle, velle.

suffragium

favoris nostri (scil. pape) s. impertiri

oppressorum s. invenire

s. debere.

sumere

ultionem K 227a

s. audere.

summa

pecunie s. agere, asportare, attendere, auferre, conferre, conqueri, contradicere, convenire, convertere, curare, dare, deponere, detinere, ducere, erogare, exhibere, exigere,

extorquere, impetrare, iniuriari, legare, littera, occultare, oriri, recipere, recommendare, reddere, satisfacere, solvere, spoliare, teneri, trahere.

superexaltare
iudicium K 214. 215, QV 281
s. dispensare I.

superior s. officialis, ordo, prelatus, promovere.

superrestare
adhuc non modicum de tempore K 99a.

supersedere
cause Q 15, 11. 54
negotio Q 15, 54.

supplere
quod de iusto pretio deest K 45. 46. 46b. 46ca.

supplicare
sibi subveniri K 230.

supplicatio
humilis s. deposcere
s. inclinatus.

suppliciter s. petere.

supponere
ecclesiastico interdicto appellatione contempta K 185; auctoritate ordinaria vel delegata Q 16, 11a; a. propria K 148. Q 16, 3. (10); contra iustitiam Q 16, 11a; motu proprio (Q 16, 10); pro pecuniario debito vel pro cuiusvis monete vel pecunie quantitate sub quacunque occasione vel causa seu quovis quesito colore Q 16, 11a; sine causa rationabili K 148. (Q 16, 10); temere K 185
s. preiudicium.

supportare
incumbentia sibi onera nequire K 183a; non posse K 107a. 179a.

surdus s. transire.

suscipere
causam terminandam Q 14, 21
compromissum Q 14, 4a
cum familia Q 13, 1. 4a. b
= omnibus bonis Q 9, 1. 1a. 2a. 13, 1. 2. 4a. b
executionem (testamenti) N 62 Zus. 1. 4, K 15d. 47. 57a, 3, QV 263
instituta Q 14, 17
negotium Q 1, 2
ordines Q 22, 1. 2. 3. 5. 9b–12. 12d. 15 Zus. a. 20f.
personam (-as) tuam Q 13, 1. 4a
= vestras et locum Q 9, 1–2a
sub beati Petri et nostra (scil. pape) protectione Q 9, 1–2a. 13, 1. 2. 4a. b
s. gerere, licentia, ministrare.

suspectus
ea ratione δ 13
s. habere, littera, proponere.

suspendere
ab administratione (monasterii, spiritualium et temporalium per biennium) Q 22, 12d. 23, 60
= executione ordinum K 163. 214. 215, Q 22, 1. 5. 10 Zus. a–12. 15 Zus. a
aliquem Q 16, 4a
ex certis causis Q 22, 12d
iuxta tue discretionis arbitrium Q 22, 1. 5. 10 Zus. a–12
nulla provocatione suspensa Q 15, 50
s-di non posse N 34 Zus b. 62 Zus. 3, K 11f Zus. a. 15e. 164d. 237, Q 1, 1. 2. 7, 1, QV 358
s. facere, mandare, nuntiare, transire.

suspensio s. innodare, promulgare, sententia, vinculum.

suspensus N 16
s. tenere.

suspicio s. attollere, causa, cognoscere, procedere.

sustentare

de residuo commode s-tari nequire K 179. 179 b. 183 a, QV 365; non posse K 107. 107 a. 179 a. (c), Q 14, 10

non habere, unde valeat s. K 141

s. habere, valere.

sustentatio

congrua s. assignare, convertere, habere

s. facere.

sustinere

asperitatem ordinis K 219; non posse K 225

excommunicationis sententiam per annum et amplius animo indurato Q 15, 42. (43)

non modicam lesionem Q 2, 3

s. valere.

T

tallia s. compellere, contribuere, debere, deputare, exhibere, exigere, exsolvere, imponere, teneri.

tangere

manu domini tacti Q 4, 7.

taxare

litteras Z 4.

temerarius s. ausus, confringere, presumere, succedere.

temere s. accedere, arrestari, asportare, attemptare, capere, celebrare, derelinquere, impedire, inicere, iniectio, occupare, occultare, opponere, recipere, spoliare, subtrahere, supponere, venire.

temeritas

propria K 62 ka. 67 a. 77. 99 f. 108. 108 a. 113. 119. 123. 132. 150 a. 157–159. 161. 166. 227 a. 238 b, Q 2, 3. 16, 2. 4. 4 a. 17, 1. 21 a, 2. 23, 111

s. apostatare, castigare, compescere,

construere, contempnere, debere, elidere, intrudere, invalescere, nuntiare, obligare, obviare, presumere, promulgare, remedium, subtrahere, velle.

temporalia s. administratio, administrator, committere, consuevisse, deputare, habundare, suspendere.

temporalis s. dominus.

tempus

certum K 45. 99 a, Q 14, 21

cuius contrarii memoria non existit § 10

fundationis seu populationis K 83

generalis interdicti QV 353

hiemale QV 258 b

legitimum K 166. 176. 177, Q 15, 41

nocturnum K 62 f. h

non modicum (de t-re) K 99 a, Q 23 passim

oportunum K 113 a

prescriptum § 13, Q 16, 6. 11. 17, 2. 26, 9

probationis K 230

pubertatis K 219 a. 229

statutum K 183 b, Q 22, 1 a. 2. 8. 9 a–10. 14; a iure Q 22, 1. 5. 10. 18

venditionis K 46 b. ca

ad t. s. concedere

infra t. s. ducere, existere, exire, neglegere, presentare, prosequi, terminare

pro t-re (abbates, prepositi etc.) § 10, Q 23, 57. 58. 61; s. gerere, imponere, nonnullus

usque ad t. s. locare, retinere, vendere

s. accedere, audire, constare, consuevisse, deesse, diurnitas, impetrare, lapsus, obstare, pertinere, promovere, retroagere, superrestare.

tenax s. servus.

tenebre

calumpnie s. obnubilare.

tenere

ab episcopo K 99 h

= monasterio K 99 g, Q 2, 1. 2. 3

= prioratibus et membris Q 2, 3

aliquem captivatum K 62 e

= contra voluntatem inclusum K 67 a

bona (mobilia et) immobilia K 99 g. h, Q 2, 1. 2. 3

castra K 99 h, Q 2, 3. (3 b)

causam diutius in suspenso Q 14, 20. 17, 1. 2 a

decimas N 52 Zus. a

domos K 99 g. h, Q 2, 1. 2. 3. (3 a)

ecclesiam K 99 d

grangias K 99 g. h, Q 2, 1

in feodum N 52 Zus. a. K 99 g

iura K 99 h

iurisdictiones K 99 h

legitime N 52 Zus. a

molendina K 99 h, Q 2, 1

nemora K 99 g. h, Q 2, 1. 3

pascua K 99 h, Q 2, 1. 3

prata K 99 g. h, Q 2, 1. 3

possessiones K 99 g. h, Q 2, 1. 2. 3

sub censu annuo seu redditu K 99 g. h, Q 2, 1. 2. 3

terras K 99 g. h, Q 2, 1. 2. 3. (3 a)

uxorem alterius per violentiam in domo K 155 a

villas K 99 h, Q 2, 1. 3. (3 b)

vineas K 99 g, Q 2, 1

s. fundare, iniuria, presumere.

teneri

abbati obedire (scil. monachus) N 62 Zus. 1

ad familiare obsequium et per consequens ad communionem sine qua illud nequeunt exhibere K 113 a

= solutionem procurationum K 185 Zus. a, QV 372

alicui aliquid prestare Q 5, 2. 4. 5. 11, 4

= in debitis K 57 f; pecunie quanti-

tate K 15 c; p. summa (et rebus aliis) K 15 d. 48. 49. 51. 56. 57 d. e. 71 h, Q 14, 8

alicuius iura a dispendiis preservare Q 6, 7 d; contra audaciam confovere Q 6, 7 d

= causas defendere et contra ipsum in causis non exhibere alicui patrocinium iuramento prestito K 130

defensionis presidio religiosis personis assistere Q 6, 3. (5. 6 b). 7 c

ex causa legitima K 15 c. d; mutui Q 14, 8

infra annum ad ordines promoveri K 183 b

missarum sollempnia et alia divina officia celebrare K 127

minime ad exhibendum et solvendum pedagia et guidagia Q 21 a, 1; ad receptionem vel provisionem alicuius K 237

nulli aliquid solvere Q 8, 2 a

officia divina celebrari facere K 124. 128

redditus, tallias, census et alia exhibere de domibus, pratis, terris, vineis et rebus aliis δ 8, Q 19, 4. 4 a

ut t-e(n)tur K 99 g. h. 123. 124. 154. 156. 157. 160. 161. 164 b. 208. 212. 213 a. 225. 238 e. f, Q 1, 2. 3 a. 2, 1. 2. 3, 1–2 a. 19, 4. 4 a

non t. s. denuntiare, intromittere.

tenor

littere K 73 a, 4

mandati K 207. 223

privilegiorum et indulgentiarum N 62, 8, K 30 ba, 4

protectionis et constitutionis Q 13, 2. 4 b

contra t-rem s. littera, permittere

ex t-re s. apparere

iuxta t-rem s. admittere

secundum t-rem s. recipere

s. existere, indulgentia.

tergiversatio s. celare, posse.

tergum s. ligare.

terminare

causam equo arbitrio Q 14, 4a. 21.
22

= debito fine Q 15, 49

= infra certum tempus Q 14, 21

= non posse Q 14, 21

= per diffinitivam sententiam Q 15,
50

ea, que iudicio vel concordia t-nan-
tur Q 14, 1

s. preiudicium, suscipere.

terminus

certus K 15c, Q 1, 3. 11, 4

competens π 1, K 116a, Q 5, 1. 6. 6a.
7a. 15, 43

peremptorius π 1, K 116a, Q 15, 43

solutionis Q 1, 3

infra t-num s. implere, revelare, restituere, solvere

s. comparere, effluere, prefigere.

terra

ecclesiasticarum personarum et ecclesiasticorum virorum Q 6, 7d

ecclesie Nª 14 Zus. b

sancta Q 6, 4a. Q 13 passim. Q 24, 2

super t-ris s. agere, attendere, conqueri, impetrare, iniuriari, littera,
oriri, trahere

s. alienare, cogere, committere, compellere, concedere, concipere, confirmare, conservatio, convertere, dare, detinere, devenire, donare, emere, erogare, excolere, exhibere, gerere, impedire, infeudare, legare, locare, obligare, obtinere, occultare,
occupare, pertinere, pervenire, possidere, procurare, proficisci, proponere, proviso, questio, recolligere, reddere, repetere, restituere, restitutio, retinere, spectare, subsidium, tenere, teneri, trahere, transfretare,

valere, velle, vendere, vendicare,
vertere.

terragium s. occultare, prestare.

testamentum s. conqueri, constituere,
dicere, executio, executor, executrix, forma, impedire, impetrare,
nonnullus, posse, precipere, prosequi,
retardare, suscipere, venire.

testator s. bonum, clericus, debere, defraudare, dispensare II, dispositio,
erogare, intentio, observare, sufficere, voluntas.

testatrix s. defraudare, intentio.

testimonium

fame laudabilis s. commendare

laudabile s. suffragari

veritati s. perhibere

s. compellere.

testis

clausula(m): testes (qui fuerint nominati, si se gratia, odio vel timore
subtraxerint . . .) Nª 2. 5. 7. 12. 13.
N 1 Zus. c. 33. 34 Zus. b. 35. 37. 57.
61 Zus. a. 62 Zus. 2, 3. Zus. 3, π 6.
11–16. 18–26. 27, δ 3. 4. 8. 10, K 1.
3–10. 11d Zus. a. f. 12b. 15e. 16. 17.
19d–g. i. 20. 20b. 21 Zus. b–23. 25.
26. 27a. 28. 30. 30g. h. q. r. t. v. xa.
31. 34–36. 38. 41. 41c. e. 42. 43a.
46ca–53. 57b–d. f. o. 62. 62d. h.
63–65. 67. 68. 70. 71 Zus. a. 71e. g.
h. 75. 77. 78. 96. 99g–106. 120a. 125.
126. 133. 238e, Q 2, 1–3. 3, 1–2a.
14, 4. 9. 15, 1. 4. 5. 9. 54. 55. 57.
16, 1. 4a. 11. 19, 4. 4a. 23, 31. 38. 52.
59. 64. 81, QV 271. 274. 276. 277.
350b. 375. 392. 395b. 400a. 401. 404

= dare N 62 Zus. a. 1, 8, K 19i. 21

= debet apponi QV 372; esse Q 15,
59a

= ponere QV 371

= sic ponere N 62 Zus. l. 1, 9, K 104

= non dare N 62 passim, K 16.18–19
a. c. i. 20a Zus. a. 24. 27. 29. 30ba

passim. 32. 33. 39. 43. 58. 62a–c. 66. 72. 138. 151–153. 164b. d. 185 Zus. a. 238f, Q 1, 3. 15, 45. 46. 50. 53. 59a. 24, 1, QV 267

= non debet esse N 62 Zus. g; poni N 62 Zus. m

= non ponere N 62 Zus. 1, 9, K 78a, Q 15, 12. 34

sine t. Q 15, 42

s. admittere, appellare, curare, ducere, examinare, nominare, probare, producere, recipere, subtrahere.

theologicus s. facultas, studens.

thesauraria N 28

s. spectare.

t(h)orus s. celebrare.

timere

deum verum et vivum N 17

questionem moveri Q 25, 1

viam veritatis N 17.

timor

dei K 58–60. 62. 62a. d–ea. ka–65. 68–71e. g

divini nominis N 17

s. capere, concremare, inicere, iniectio, postponere, subtrahere, testis.

titulus

certus Q 26, 1–3. 6. 8

electionis, postulationis vel alterius iuris K 99f

iustus K 46ca

legitimitatis Q 22, 20c

pignoris K 30ga. 31–41a. c. g. 43. 44. 46a, QV 267. 271. 272. 395d

specialis Q 3, 1. 1a. 2a

s. decorare, detinere, obligare, ordinare, pertinere, providere, pretendere, reservare, velle.

tolerare

aliquid non esse t-randum K 227a

rigorem ordinis non valere K 219.

tollere

impedimento appellationis sublato

K 150; obstaculo appellationis Q 14, 12. 15, 13. 36. 39. 22, 20h. 26, 8. 9; contradictionis Q 22, 20h.

tonsura s. deferre, pretextus.

tormentum s. affligere.

torpere

in hiis aliqua negligentia QV 358

s. videri.

tractare

fraterna (in domino) caritate K 185c. 207. 222. 223; iuxta continentiam litterarum K 237

non curare affectione coniugali K 159; maritali K 158. 159 Zus. a. 163

moram aliquamdiu K 219a. 229

sincera in domino caritate K 185a. b. (c). f. 186. 187–190. 191–195. 196. 197. 199. 201. (201a). 202. 204. 206. 227. 228. (233. 234). 237. 238c, QV 346a. b. 356. 402. 403

s. facere

tradere

corpus (-ora) ecclesiastice sepulture K 116. 116a

formam K 237, Q 26, 8

se divine servituti K 222

s. desiderare, facere, forma, procedere, reperire.

traducere

ipsam (eam) (scil. mulierem) in uxorem K 153. 155a; non curare K 156

se (scil. mulier) a viro (eo) traduci non patitur K 152. 154. 155; libere K 152. 154

s. opponere, pati, permittere, studere.

trahere

ad iudicium non t. Q 1, 3. 7, 1; trahi non posse N 34 Zus. b. N 62 Zus. 3, K 11f Zus. a. 15e

= peccatorum diffugium aliquid K 213

auctoritate apostolica Q 15, 29. 45. 16, 7. 7a

gare, mandare, observare, precipere, voluntas.

ultio s. audere, sumere.

unire

 canonice (scil. ecclesias) K 179 a.

universalis s. dominium, heres, reservare, signum.

universitas

 castri N 3. 57. 61 Zus. c, K 5

 civitatis N 3. 57. 61 Zus. c, K 5. 149

 rectorum K 86

 vestra (= Anrede) s. rogare

 ville N 3. 57. 61 Zus. c, K 5. 71 e. (g), Q 16, 11 a

 s. conqueri, impetrare, iniuriari, mandare, preiudicium, proviso, rector.

universus s. existere, ingredi, via.

usagium s. solvere.

usura s. agere, cessare, concipere, conqueri, constare, consumere, desistere, exactio, exhibere, extorquere, extorsio, fraus, impetrare, littera, lucrum, pervenire, proviso, relocare, repetere, requiescere, requirere, restituere, satisfacere, satisfactio, solutio, sufficere, vorago.

usurarius (Adj.) s. extorquere, pravitas.

usurarius (Subst.) K 16. 17. 19. 19 a. b. g. h. 20. 21 Zus. b. 22. 24. 25. 27. 28. 29. 30 b. f. g. s. t. xa. 35. 37. 41 b, QV 274

 s. compellere, edere, pena.

usurpare

 sibi cognitionem causarum matrimonialium K 142

 = indebitam iurisdictionem K 143

 s. presumere.

usus

 pius s. erogare

 proprius s. applicare, convertere, obtinere.

uterque s. littera, pars.

uti

 consortio coniugali K 151

 legitime K 151

 privilegiis et indulgentiis Q 10, 1

 = per simplicitatem et iuris ignorantiam non u. Q 10, 1

 partem hereditatis K 57 q

 puteis K 78

 s. concedere, debere, desiderare, impedire, presumere, valere.

utilitas s. convertere.

uxor

 N 4 Zus. b. 11. 39. 47, π 8, K 4. 27. 30 ga. xb. 46 c. 62 d. 71 d. 110. 113 a. 151. 155. 155 a. 157–162. 164 b. d, Q 13, 3 a. 16, 7. 7 a. 22, 20 c, QV 350 b. 351. 353. 359

 Iudea K 19 d, QV 276

 s. dare, dicere, dimittere, facere, habere, recipere, tenere, traducere.

uxoratus s. clericus.

V

vacare

 beneficium Q 11, 6

 canonicatus K 88. 94 a. 99 fa, Q 11, 6. 17, 2 a

 capella Q 11, 2 b

 ecclesia (-e) K 165–170. 172. 173. 175. 177. 181. 182, Q 11, 5. 9. 15, 56. 58. 59. 22, 12 b. c

 = tamquam K 183 b

 in littera pro laico (clausula) Q 13, 1 Zus. b

 pastore Q 22, 12 c

 per liberam resignationem Q 11, 5. 6

 = mortem K 88. 92, Q 17, 2 a

 = privationem K 94 a. 99 fa

 prebenda K 88. 92. 94 a. 99 fa, Q 11, 6. 17, 2 a, QV 325 a

 repressis insultibus divino cultui liberius Q 4, 1. 1 a

sub religionis habitu pie vite studio Q 6, 1. 1a

s. contingere, debere, dicere, presentare.

vacca s. satisfacere, spoliare.

vacuus

in v-cuum s. gerere, nonnullus, recipere.

vadiare

monachos, conversos, animalia et bona monasterii K 227a

s. presumere.

vagabunditas K 59 Zus. a.

vagabundus s. ducere, incedere, vita.

vagari

per seculum dampnabiliter (scil. sorores monasterii monialium) K 235; periculosius (scil. moniales) K 221b

valere

ad administrationes, officia, ordines promoveri Q 22, 7. 13a. 20–20b

= correctionem procedere K 213

= executionem compellere K 57h

= ordinem transire K 226

aliquid retinere K 99a, Q 22, 14. 20f

asperitatem ordinis sustinere K 219

assumi ad abbatiam Q 22, 13b; administrationem (-es) Q 22, 7. 13b. 20; dignitates Q 22, 7. 20; prelaturam Q 22, 13b

beneficium obtinere Q 22, 19

= etc. recipere Q 22, 20a. b

cuiquam copulari K 151

effectum impediri K 226; vel differri K 237. Q 1, 1

executionem impediri N 62 Zus. 3

fructus percipere K 94a. 99a

libere celebrare Q 1, 3b

= exercere debitum officii K 213

= facere puteos K 78

= nancisci possessionem prebende K 90

= succedere in bonis Q 22, 20c

licite Q 22, 13a. b

pacifice prebendam assequi K 88. 92

= possidere possessionem ecclesie K 87

plura extorquere K 30k. o

prebendam assequi, possidere K 88. 92. 94a

propositum adimplere K 237

puteos facere ac puteis iam factis uti K 78

quominus ... K 78. 87. 88. 90–92. 94a. 99a

se transferre K 238h

sine iuris preiudicio petere, recipere et etiam retinere QV 315h

terras excolere QV 392

unde sustentari K 141

non v. s. comparere, tolerare

s. habere, impedire, sustentare.

validus s. inflammare.

vallare

compositionem iuramento Q 14, 16

statutum quacunque firmitate K 234.

vanitas

mundi s. cupere, relinquere.

vas

sincerum s. incrustare, niti, nonnullus.

velamentum

erroris s. presumere.

velle

ad metropolitanum appellare Q 15, 26

aliquatenus suffragari N 62 Zus. 3

aliquem in proposito confovere K 201. 204, QV 346b. 403

conatibus, malis, malitiis, molestiis, temeritati obviare K 227a, Q 4, 1. 2. 3. 7a. 6, 1. 1a. (2). 7, 1. 22, 20h

conatus refrenari Q 6, 7c

domino perpetuo deservire K 219. 230

experiri, utrum durities possit emolliri K 234

hospitale intrare K 193

iura a dispendiis preservare Q 6, 7d

iustitiam prosequi Q 15, 53

precavere indempnitati Q 10, 1

= molestiis Q 7, 1

quieti consulere K 227a

religionem intrare Q 22, 15

sine certo titulo ordinatis providere Q 26, 1. (2). 3. (6)

statutum observari K 150

super aliqua re providere K 225c. 238h, Q 1, 1. 4, 1. 2. 3. 7a. 6, 1. 1a. (2). 7c. 23, 106. 26, 1. 3

terram restituere K 40. 41d

tibi in hoc deferre QV 258b

vitam mutare K 219. 230

non v. s. ministrare

s. apparere.

vendere

bona mobilia et immobilia Q 2, 3

castra Q 2, 3

de facto K 43a

domum (-os) K 43a. 46ca, Q 2, 3

fructus K 45. 99a, Q 1, 3

illicite Q 23, 111

nemus (-ora) K 46, Q 2, 3

pascua Q 2, 3

possessiones K 46b. ca, Q 2, 3

prata Q 2, 3

pro certa (-is) quantitate (-ibus) pecunie aliquid K 45. 46. 46b. ca, Q 1, 3; et frumenti K 43a

proventus Q 1, 3

redditus Q 1, 3

res mobiles et immobiles K 46ca

sine assensu K 43a

terras K 46. 46b, Q 2, 3

usque ad certum tempus K 45

villas Q 2, 3

vineas K 46ca, Q 23, 111

s. lesio, presumere.

vendicare

sibi in castris, villis, terris et aliis bonis quodammodo ius dominii Q 2, 3

s. contendere.

venditio

falsa K 30ga. 42. 46a, QV 271

s. compellere, concipere, constare, decernere, decipere, deesse, iuramentum, obstare, pretextus, rescindere, revocare, species, tempus, venire.

venerabilis

frater (in Titulatur) N^a 1, N 15. 20.

venire

ad sedem (apostolicam) K 71a, Q 24, 1; absolvendi K 61. 62a. (62b. d–ea). 65. (66. 67. 68. 70. 71). 71 Zus. a. 71e. g. h

contra iuramentum (prestitum) N 62, 9, K 15c. 30ba, 5. 153, Q 14, 10. 11

= privilegia et indulgentias a sede apostolica concessas Q 6, 3

= testamenti formam K 55. 57n

= venditionem K 43a

temere N 62, 9, K 15c. 30ba, 5. 55. 57n. 153, Q 6, 3. 14, 10. 11

s. arripere, constituere, impedire, iuramentum.

verber s. afficere, affligere, castigare.

verberatus s. agere, clericus, dicere.

verbum

divinum s. audire, contempnere

s. contrahere, servare.

vereri

non v. s. construere, discurrere, distribuere, evagari, exhibere, periculum, scandalum.

veritas s. agnoscere, cognoscere, fulcire, habere, intellegere, inquirere, iuvare, lux, niti, obnubilare, perhibere, posse, testimonium, timere, via.

vertere

causam coram archidiacono vel decano Q 15, 35; ordinario vel iudice delegato Q 15, 36

= matrimonialem Q 15, 35

= super dignitatibus et rebus aliis Q 14, 5

questionem Q 14, 7

= auctoritate apostolica Q 14, 17

= coram archidiacono vel decano Q 15, 35; c. episcopo Q 14, 17. 15, 34; c. officiali Q 14, 7. 15, 34. 35

= matrimonii Q 15, 34. 35

= non ex delegatione apostolica Q 14, 21. 15, 5. 34. 35

= super castris Q 14, 15; ecclesiis Q 14, 17; possessionibus Q 14, 15; terris Q 14, 15.

verus s. deus, diligere, patronus, timere.

vestigium s. inherere.

vestis

lanea et linea s. spoliare

mortuorum s. exigere, extorquere.

via

iudicii Q 6, 7 a. 7, 1

semite artioris K 222

universe carnis K 571. 117 a, QV 263

veritatis N 17

s. accedere, agnoscere, conferre, desiderare, exhibere, existere, ingredi, intrare, periculum, timere.

vicaria

perpetua s. adipisci, confirmare, iniuriari, obtinere, possidere, proventus, spectare.

vicarius

ecclesie δ 2

episcopi N 2 Zus. a

perpetuus s. capere, gerere

proprius s. gerere

s. contradicere, deservire, facere, nonnullus, proponere.

vicecancellarius s. dare, deferre.

vicecomes s. conqueri.

vices s. committere, dicere, presumere.

victus s. solere, tribuere.

videre

ad hoc idoneos esse QV 358

partes remittere ad eos, ad quos eas de iure remittendas videris Q 15, 55

s. facere, remittere.

videri

aliqua negligentia torpere QV 358

iudicari iudicio Iudeorum Q 21, 1

saluti expedire K 214. 215. 218. 236, Q 22, 1. 2. 3. 5. (7). 8. 9 a. b. 10 Zus. a. (11). 12. 13. (14), QV 281.

vidua Nᵃ 6. 14, N 11. 48. 50. 55, K 5. 30 n. 99 a, QV 360 a. 377

Iudei K 27 a

laici N 12, π 9, K 5. (26. 30 n), QV 350 a. 375 a

nobilis Q 12, 1 a

pauper Nᵃ 8, QV 359. 378

s. dicere, querela, recipere.

vigor s. exigere.

vilipendere

matrimonii sacramentum K 164 d.

villa s. accedere, alienare, concedere, concremare, detinere, donare, infeudare, invadere, occupare, possidere, presumere, spectare, tenere, transferre, universitas, vendere, vendicare.

vinculum

excommunicationis K 129, Q 1, 3 c

iniquitatis K 30 i. 41 f. 43, QV 272

iuramenti K 15 c

professionis K 230

suspensionis K 218. 236

s. astringere, existere, innodare.

vinea s. cogere, concedere, concipere, confirmare, detinere, emere, erogare, exhibere, existere, extirpare, obligare, obtinere, occultare, occupare, oriri, possidere, restitutio, tenere, teneri, vendere.

vinum s. oriri, quantitas, solvere, spoliare.

violentia s. auferre, detinere, extendere, occupare, spoliare, tenere.

violentus (violens) s. asportare, eicere, frangere, incidere, incurrere, inicere, iniectio, innodare.

vir K 156–158. 160. 161. 163. 164
  bonus Q 14, 6
  ecclesiasticus Q 6, 7d
  nobilis N 19 Zus. a, K 46a. 68. 77. 110. 119. 131. 147. 164b. d. 177, Q 12, 1. 16, 1. 19, 1, QV 258b. 353
  s. dimittere, facere, mulier, permittere, redire, terra, traducere.

virgultum s. decima, exigere, extorquere.

vis
  privilegiorum s. servare
  per vim et metum s. cogere, posse
  s. carere, decernere, intendere, opprimere.

viscera
  pietatis s. claudere, ducere.

visitare
  ecclesias K 184
  = non v. nec v-ri facere K 185
  incurabili morbo lepre gravius manus domini v-tat Q 9, 3
  monasterium δ 10
  s. admittere, contradicere, debere, facere.

visitatio s. consuevisse, debere, debitus, exercere, exigere, extorquere, impendere, indigere, novisse, officium, procuratio, recipere.

vita
  bona Q 22, 1. 5. 7. 8. 9a
  communis Q 9, 2. 2a
  dissoluta π 1
  honesta K 214. 215
  melior K 226
  pia Q 6, 1. 1a
  regularis K 225d
  vagabunda K 212
  ad v-tam s. concedere

s. acquirere, aspirare, debere, decolorare, degere, ducere, efficere, exhibere, facere, honestas, ministrare, mutare, necessaria, posse, procurare, providere, studium, subministrare, subsidium, vacare, velle.

vitare
  repeticionem N 1 Zus. d.

vitium
  incontinentie π 1, K 72
  inobedientie K 218. 234. 236
  symonie Q 22, 1. 5. 10
  s. comparare, innodare, laborare.

vivere
  sub cura et secundum instituta fratrum Minorum, Predicatorum etc. N 62 Zus. 3, K 191. 235, Q 23, 7. 108.

vivificus s. assumere, signum.

vivus s. deus, diligere, timere.

vix s. adire, posse.

vocare
  in litteris neminem dominum N 19; Iudeum (Iudeam) N 10 Zus. b. 11 Zus. a, K 138
  non expressus vocandus K 73a, 4
  vocatis, qui fuerint evocandi (Nᵃ 13, N 62 Zus. 3), π 19. 20. (21–26), δ 4, K 11f. 20b. (73a, 4). 96. (116. 119. 123. 124. 137. 151. 164a. c). 164d. (167–173. 175. 177. 182), Q 6, 7a. 14, (4). 4a. 15. (18. 15, 11). 23. (24. 56). 57. (58. 59). 16, 11a
  s. apparere, convocare.

voluntarius s. invenire, receptor.

voluntas
  defuncti K 57p
  propria K 57h
  sua K 55. 57n. 96. 144. 149. 162. 167. 168. 174. 182. 225c, Q 1, 2. 15, 58. 59. 16, 11a
  testatoris K 57h
  ultima N 62 Zus. 1. 3, K 47–49. 51. 52. 55–57. 57a, 2. 57b–f. h. i. l–n. p. q, Q 5, 7. 7a

contra v-tatem s. includere, tenere s. arbitrium, assignare, consuevisse, debere, dicere, dispensare II, distribuere, executio, executor, impedire, instituere, legare, libitum, mandare, mutare, observare, precipere, reputare, satisfacere.

vorago
usurarum s. consumere.

votum s. complere, executio, impedire.

vovere
castitatem Q 22, 20e.

vox
submissa s. audire, celebrare, reddere
s. submittere.

vulnerare
monachos ausu sacrilego acriter K 64
s. presumere.

Z

zelus
dei s. habere.

Incipitverzeichnis

Nicht aufgenommen wurden die gewöhnlichen und unspezifischen Einleitungen der Klageformeln (Conquestus est nobis; Sua nobis ... conquestione; Ad audientiam nostram; Significavit [exposuit] nobis u.ä.), mit denen die meisten Reskripte beginnen. Hinter jedem dieser Incipits wären zahllose Nummern aufzuführen, so daß dadurch keine Hilfe für das Auffinden einzelner Formeln gegeben würde; in diesen Fällen ist das Wortregister zu benutzen. Aufgenommen wurden vielmehr die charakteristischen Incipits vor allem von Formeln mit Arengen.

Sacrosancta Romana ecclesia Q 9, 2.
　　2a. 13, 1. 3. 4. 4a.
Sic insanivit Q 4, 4.
Solet annuere sedes Q 8, 1a. 2. 2a. 2b.
Sub religionis habitu Q 6, 1. 1a.

Temeritati quorundam Q 22, 20h.
Testimonio tibi laudabili Q 22, 13b.

Ut eo libentius QV 351a.
Ut erga sedem QV 353.

Virtutibus clarens π 5.
Volentes circa π 2.